오정화
세법

세법 1000제

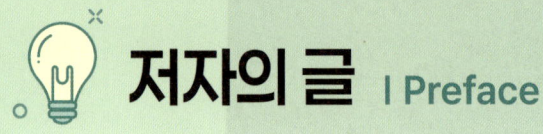

저자의 글 | Preface

이 책을 펼친 여러분!

공무원시험에서의 세법은 계산형 문제의 비중이 상당히 낮습니다. 조문내용의 객관식 서술형 문제가 90% 이상을 차지하고 있기 때문입니다. 따라서 세법시험의 이러한 특성 상 수험생 여러분들은 전략을 잘 세우셔야 합니다. 강약조절이 정말 중요한 과목이라고 할 수 있습니다. 이러한 세법 강약조절을 효과적으로 할 수 있도록 본서는 LEVEL1, LEVEL2, LEVEL3, 총 3개의 항목으로 구분되어 있습니다. 공무원 기출문제를 응용하여 모든 문제를 '옳은 것을 고르라'는 지문으로 바꾸어 LEVEL1을 구성했으며, 회계사 및 세무사 시험의 기출지문들을 변형하여 LEVEL2를 구성했습니다. 또한 LEVEL3는 계산형 문제를 대비하여 공무원시험에서 출제될 수 있는 계산형 문제들을 배치했습니다. 기본기가 부족한 수험생부터 응용력이 부족하다고 느끼는 수험생까지 이 책을 통해서 자신감을 회복할 수 있기를 바랍니다.

본서는 공무원 기출, 회계사, 세무사 등 문제를 하나하나 분석해서 조금 더 공무원시험에 적합하게 선별 및 수정 응용하여 문제를 만들었습니다. 기존 공무원 기출문제로 갈증이 해소되지 않은 수험생들에게 좋은 교재가 될 것입니다. 또한 기본서와 오진다 링크를 통해서 바로바로 문제와 관련된 개념들을 찾아볼 수 있게 하여 수험생들이 부족한 부분을 빠르게 채울 수 있게끔 구성하였습니다.

매년 수험생들에게 최상의 무기를 착장시켜 전쟁터에 보내야 한다는 열망이 이번 교재 작업을 통해 어느 정도 실현이 된 듯합니다. 기출문제 풀이로만은 착장되지 않았던 실력이 본서를 통해 완성될 것이라고 확신합니다.

날씨가 꽤나 쌀쌀해졌습니다. 준비한 계획대로 계속 공부를 이어가는 수험생도 있을 것이고, 불안감에 공부가 되지 않는 수험생도 있을 줄 압니다. 세법과 회계학을 포함하여 공무원 시험과목 전체를 부족함 없이 공부한다는 것은 불가능합니다. 부족하다고 느끼는 것은 당연한 것입니다. 부족하지만 최대한 채워 넣는다고 생각하며 마지막까지 페이스를 잃지 않는 것이 합격에 가까워지는 방법이라고 생각합니다.

시스템 세법의 핵심인 세법 천제의 커리큘럼까지 열심히 따라와 준 수험생이라면, 반드시 좋은 결과가 있을 것이라고 확신합니다. '나는 결국 해내는 사람이다.'라는 말을 자기 자신에게 할 수 있는 그날이 오기를 간절히 고대합니다.

마지막으로 '오정화' 이름 석 자를 믿고 따라와 주신 많은 수험생들에게 고개 숙여 감사드립니다. 제가 그들에게 의지가 되듯이, 저 역시 수험생들의 칭찬과 기대 속에 희망이 생깁니다. 시험장에서 저를 떠올리며 많은 분들이 웃을 수 있도록 부단히 노력하겠습니다.

2025년 11월
오 정 화

문제풀이의 짜임새 있는 구성 & 기본서 및 오진다 연계

공무원 기출 및 세법 과목이 출제되는 시험의 문제를 변형하여 철저히 응용 문제를 연습할 수 있도록 구성하고 해설을 읽는 것만으로도 함정이 어디인지, 어느 부분이 부족했는지를 파악할 수 있도록 구성하였다. 더불어 기본서 진도에 맞추어 기본서 및 오진다를 병행 학습할 수 있도록 세법천제의 모든 문항에는 기본서와 오진다의 관련 페이지를 표시하였다.

LEVEL 1

CHAPTER 01 조세법 총론

001

조세의 특성에 관한 설명으로 옳은 것은?

① 국가질서유지를 목적으로 부과하는 벌금·과료 등은 조세에 분류된다.

② 납세의무자는 국가가 제공하는 국방·치안·기타 사회복지의 혜택을 받고 이에 대한 대가로 조세를 납부하기 때문에 조세는 개별적인 보상의 성격을 갖는다.

③ 조세는 법률에 규정된 과세요건을 충족한 모든 자에게 부과되며, 과세요건이 충족되면 당사자의 의사에 따라 조세가 부과된다.

④ 조세는 금전납부를 원칙으로 하되 「상속세 및 증여세법」의 경우에는 예외적인 물납규정을 두고 있다.

세법1 Link p.16
오진다 Link p.9

출제 가능 지수
난이도

002

다음 중 국세에 해...

(가) 인지세
(나) 자동차세
(사) 교육세

① (가), (나), (다), (사)...
③ (나), (라), (바), (사), (아), (자)...

LEVEL 3

CHAPTER 05 국세와 일반채권과의 관계

세법1 Link p.89-91, 93
오진다 Link p.43-45, 47

출제 가능 지수
난이도

153

한국세무서는 거주자 甲의 2021년도 귀속분 소득세 100,000,000원이 체납되어 거주자 甲 소유의 주택 D를 2023년 6월 1일에 압류하여 2023년 7월 20일에 매각하였다. 다음 자료에 따라 주택D의 매각대금 100,000,000원 중 거주자 甲이 체납한 소득세로 징수할 수 있는 금액은?

- 거주자 甲의 소득세 신고일: 2022년 5월 30일
- 강제징수비: 5,000,000원
- 주택D에 설정된 저당권에 따른 피담보채권(저당권 설정일: 2022년 6월 2일): 40,000,000원
- 주택D에 대한 임차보증금: 20,000,000원(해당 임차보증금에 대하여는 대항요건을 갖춘 확정일자를 2022년 6월 5일에 받았으며, 이 중「주택임대차보호법」에 따른 우선변제금은 14,000,000원임)
- 거주자 甲이 운영하는 기업체 종업원의 임금채권: 30,000,000원 중「근로기준법」에 따른 우선변제금액은 18,000,000원임

① 15,000,000원 ③ 37,000,000원
② 63,000,000원 ④ 70,000,000원

단계별 학습을 위한 3단계 Level 시스템

수험생의 학습 난이도와 7·9급 준비 여부에 따른 단계별 학습을 위해 문제의 난이도별 Level 1, 2, 3으로 구분하였다. 본서는 최신 출제경향을 반영한 총 1,000문제로 구성되었으며, Level 1, 2, 3의 비중은 각각 20%, 60%, 20%로 안배하였다.

시스템 세법의 막바지 여정

본서는 시스템 세법 커리큘럼의 마무리로, 그동안 이론과 기출문제집으로 다졌던 기본 실력을 확인하고 짧은 시간에 완성도를 높일 수 있도록 구성되어 있다. 공무원 기출과 타시험 기출을 총망라하여 응용문제를 구성하였으므로 실력을 향상시키기에 더할 나위 없이 좋을 것이다.

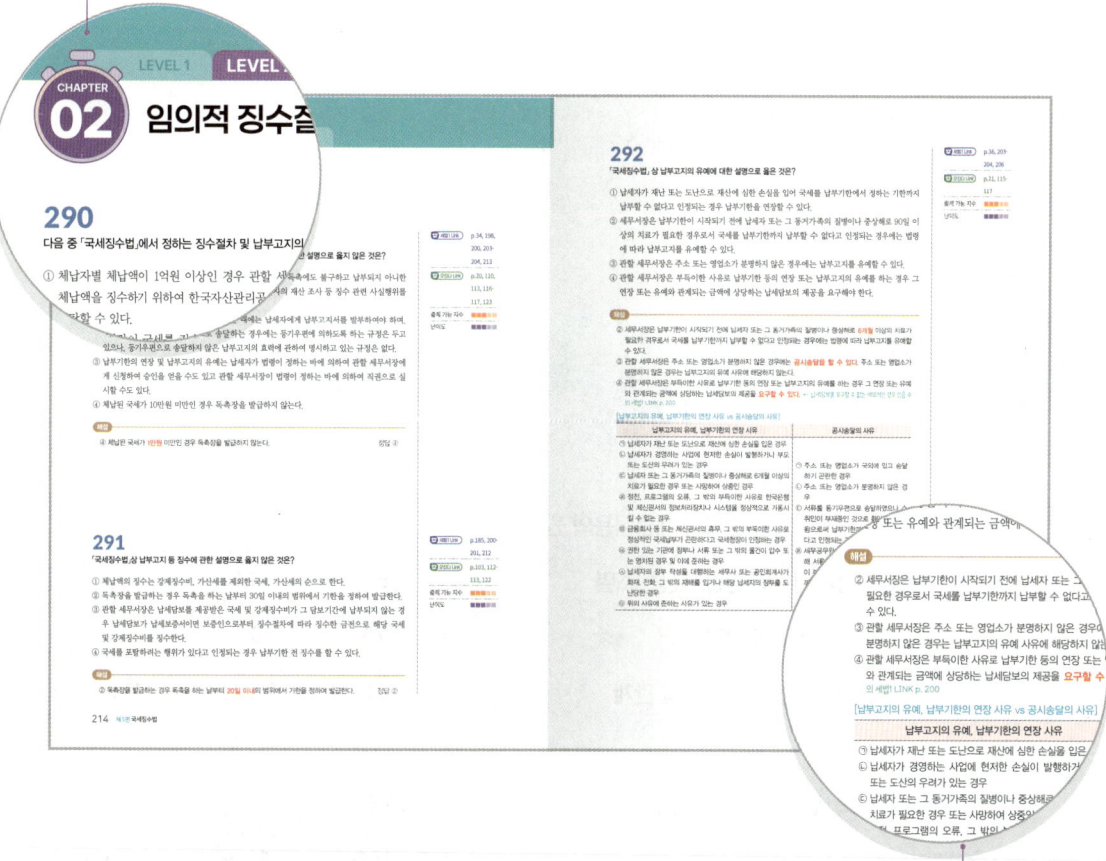

실력 향상을 위한 상문하해 구조의 문제와 해설

공무원 시험에서의 세법 과목은 세법 조문을 그대로 출제하는 경향이 있으므로 기본서의 조문을 자주 눈에 익히도록 연습한다면, 시험장에서는 선지를 읽고 정오 판단을 빨리 내릴 수 있을 것이다. 다만, 빠르게 정답을 골라내기 위해서는 다양한 선지를 접하여 문제를 푼 뒤, 어느 부분에서 틀릴 수 있는지 한눈에 파악하는 것이 중요하다. 휘발성이 강한 과목이므로 문제 풀이 후 해설을 바로 확인할 수 있도록 상문하해 구조로 구성하였다. 실전의 긴장감을 유지한 채 문제를 풀어보고, 정답과 해설을 통해 부족했던 부분을 빠르게 확인하여 보완함으로써 실력 향상이 될 수 있도록 하였다.

차례 | Contents

차례 | Contents

제 **1** 편

조세법 총론

조세법 총론

001

조세의 특성에 관한 설명으로 옳은 것은?

세법1 Link   p.14
세법2 Link   p.551
오진다 Link   p.8, 537
출제 가능 지수 ■■■□□
난이도   ■■□□□

① 국가질서유지를 목적으로 부과하는 벌금·과료 등은 재정수입의 조달이 목적이므로 조세로 분류된다.
② 납세의무자는 국가가 제공하는 국방·치안·기타 사회복지의 혜택을 받고 이에 대한 대가로 조세를 납부하기 때문에 조세는 개별적인 보상의 성격을 갖는다.
③ 조세는 법률에 규정된 과세요건을 충족한 모든 자에게 부과되며, 과세요건이 충족되면 당사자의 의사에 따라 조세가 부과된다.
④ 조세는 금전납부를 원칙으로 하되 「상속세 및 증여세법」의 경우에는 예외적인 물납규정을 두고 있다.

해설

① 국가질서유지를 목적으로 부과하는 벌금·과료 등은 재정수입의 조달이 **목적이 아니므로 조세로 분류되지 않는다.**
② 납세의무자는 국가가 제공하는 국방·치안·기타 사회복지의 혜택을 받지만 그렇다고 이것이 조세 납부에 대한 **개별적·직접적 보상은 아니다.** 조세는 직접적 반대급부 없이 부과된다.
③ 조세는 법률에 규정된 과세요건을 충족한 모든 자에게 부과되며, 과세요건이 충족되면 당사자의 의사에 **관계없이** 조세가 부과된다.

정답 ④

002

다음 중 국세에 해당하는 것으로만 묶어 놓은 것은?

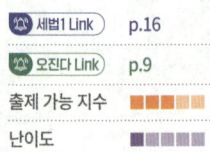
세법1 Link   p.16
오진다 Link   p.9
출제 가능 지수 ■■■■□
난이도   ■□□□□

(가) 인지세	(나) 취득세	(다) 주세
(라) 자동차세	(마) 종합부동산세	(바) 레저세
(사) 교육세	(아) 농어촌특별세	(자) 교통·에너지·환경세

① (가), (나), (다), (라), (사), (자)
② (가), (다), (마), (사), (아), (자)
③ (나), (라), (바), (사), (아), (자)
④ (다), (마), (바), (사), (아), (자)

해설

취득세, 자동차세, 레저세는 지방세에 해당한다.

정답 ②

003

조세평등주의에 대한 설명으로 옳은 것은? (단 다툼이 있는 경우 판례에 의함)

① 조세의 과세요건 및 부과·징수 절차는 입법부가 제정하는 법률로 정해져야 한다.
② 사업연도 중에 법률을 개정하여 그 사업연도 초에 발생한 소득에 대하여 과세하는 것은 소급과세금지 원칙에 반하지 않는다.
③ 경제적 사실과 법적 형식이 다를 경우 경제적 실질에 따라 과세한다.
④ 조세에 관한 세법의 규정은 명확하고 상세해야 하며 여러 의미로 해석되지 않아야 한다.

세법1 Link   p.17-18
오진다 Link   p.9
출제 가능 지수 ■■■■■
난이도 ■■■■■

> **해설**
>
> ①, ②, ④ **조세법률주의**와 관련된 내용이다.   정답 ③

004

다음 중 조세법률주의에 대한 설명으로 옳은 것은? (단 다툼이 있는 경우 판례에 의함)

① 세법상 문리해석에 의할 수 없는 경우에는 유추해석이나 확장해석도 세법의 해석방법으로 인정된다.
② 새로운 세법의 효력발생 전에 완결된 사실에 대하여 해당 새로운 세법을 적용해서는 안 된다.
③ 조세에 관한 세법의 규정은 명확하고 상세해야 하며 여러 의미로 해석될 수 있어야 한다.
④ 과세요건을 시행령에서 규정하도록 위임할 수 있으며 포괄위임은 과세요건 법정주의를 위배하지 않으므로 허용된다.

세법1 Link   p.17
오진다 Link   p.9-10
출제 가능 지수 ■■■■■
난이도 ■■■■■

> **해설**
>
> ① 세법상 문리해석만으로는 그 의미를 확정할 수 없는 경우에 한정하여 보충적·제한적으로 논리해석이 허용될 수는 있지만 유추해석이나 확장해석은 **허용되지 않는다**.
> ③ 조세에 관한 세법의 규정은 명확하고 상세해야 하며 여러 의미로 해석되지 **않아야 한다**.
> ④ 과세요건을 시행령에서 규정하도록 위임할 수 있으나 포괄위임은 과세요건 법정주의를 **위배하는 것으로 허용되지 않는다**.   정답 ②

005

조세법의 법원에 대한 설명으로 옳은 것은?

① 「헌법」은 국가의 최고법규로서, 그에 위반하는 조세법규와 과세관청의 행위는 원칙적으로 유효하다.
② 세법은 국세에 관한 법률과 지방세에 관한 법률로 구분이 가능하다.
③ 우리나라가 외국과 체결한 조세조약은 조세법의 법원이 아니다.
④ '법률'이란 입법기관인 국회의 의결을 거치지 않고 행정부가 제정하는 법규를 말한다.

세법1 Link   p.18
오진다 Link   p.10
출제 가능 지수 ■■■■■
난이도 ■■■■■

> **해설**
>
> ① 「헌법」은 국가의 최고법규로서, 그에 위반하는 조세법규와 과세관청의 행위는 **무효**이다.
> ③ 우리나라가 외국과 체결한 조세조약은 법률과 마찬가지로 조세법의 법원이 **된다**.
> ④ **'명령'**이란 입법기관인 국회의 의결을 거치지 않고 행정부가 제정하는 법규를 말한다.   정답 ②

006

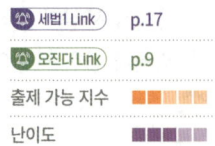

세법1 Link   p.17
오진다 Link   p.9
출제 가능 지수 ■■■
난이도   ■■■■

2000.1.27.에 헌법재판소는 구 법인세법(1990.12.31. 법률 제4282호로 개정되기 전의 것) 제59조의 2 제1항에 대하여 「헌법불합치」판결을 내렸는데, 그 판결문의 내용은 다음과 같다.

> "96헌바95, 97헌바1·36·64(병합)[헌법불합치] 2000.1.27.
> 구 법인세법(1990.12.31. 법률 제4282호로 개정되기 전의 것) 제59조의2 제1항과 구 법인세법(1998.12.28. 법률 제5581호로 전문개정되기 전의 것) 제59조의2 제1항은 국민의 재산권과 관련된 중요한 사항 내지 본질적 요소인 특별부가세의 과세대상의 범위를 구체적이고 명확하게 규정하지 아니한 채 과세대상이 되는 '토지 등'의 범위를 시행령에 포괄적으로 위임함으로써, 특별부가세 납세의무자로 하여금 과세대상의 범위를 전혀 예측할 수 없게 하고, 나아가 행정부의 자의적인 행정입법권의 행사에 의하여 국민의 재산권이 침해될 여지를 남김으로써…… (이하 생략)."

위의 판결문에서 헌법불합치판결을 내린 근거로서 가장 적합한 것은?

① 소급과세금지   ② 조세법률주의
③ 실질과세의 원칙   ④ 조세평등주의

해설

② 헌법재판소는 과세요건을 명확하게 규정하지 않은 채 **구체적으로 범위를 정하지 않고 이를 포괄적으로 시행령에 위임**한 조세법규에 대하여 「헌법」상 **조세법률주의 원칙에 위반**된다는 이유로 여러 차례에 걸쳐 위헌결정을 내린 바 있다. 특별부가세의 과세요건을 시행령에 **포괄적으로 위임한 것은 조세법률주의의 내용 중 과세요건 법정주의에 위배**된다는 것이 판결의 주요 내용이다.   정답 ②

007

다음 중 조세평등주의를 구현하는 제도 및 하부원칙으로만 묶인 것은?

세법1 Link p.17-18
오진다 Link p.9
출제 가능 지수 ■■■■■
난이도 ■■■■■

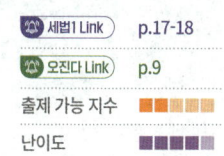

ㄱ. 실질과세의 원칙	ㄴ. 초과누진세율	ㄷ. 소급과세의 금지
ㄹ. 부당행위계산의 부인	ㅁ. 금융소득종합과세	

① ㄱ, ㄴ   ② ㄱ, ㄴ, ㄷ   ③ ㄱ, ㄷ, ㅁ   ④ ㄱ, ㄴ, ㄹ, ㅁ

해설

조세평등주의는 동일한 상황하의 납세자는 동일한 조세를 부담해야 한다는 원칙인 수평적 공평과 담세력이 큰 납세자가 담세력이 작은 납세자보다 많은 조세를 부담해야 한다는 원칙인 수직적 공평으로 나눌 수 있다. 초과 누진세율과 금융소득종합과세는 수직적 공평에 해당하며 실질과세원칙, 부당행위계산의 부인은 수평적 공평에 해당하며, 이 외에 의제배당, 간주임대료 등도 수평적 공평에 해당한다. **소급과세원칙은 조세법률주의**를 구현하는 하부원칙이다.

정답 ④

제 **2** 편

국세기본법

CHAPTER

총칙

008

「국세기본법」상 용어의 정의로 옳은 것은?

세법1 Link   p.24-26
오진다 Link   p.15
출제 가능 지수
난이도

① '국세'란 국가가 부과하는 조세 중 소득세, 법인세, 상속세와 증여세, 종합부동산세, 부가가치세, 개별소비세, 교통·에너지·환경세, 주세, 인지세, 증권거래세, 교육세 및 농어촌특별세 및 관세를 말한다.

② '원천징수'라 함은 세법에 의하여 원천징수의무자가 국세(이에 관계되는 가산세를 포함함)를 징수하는 것을 말한다.

③ '납세의무자'라 함은 세법에 의하여 국세를 납부할 의무(국세를 징수하여 납부할 의무를 포함함)가 있는 자를 말한다.

④ '강제징수비'라 함은 법령의 규정에 의한 재산의 압류·보관·운반과 매각에 소요된 비용을 말한다.

해설

① '국세'란 국가가 부과하는 조세 중 소득세, 법인세, 상속세와 증여세, 종합부동산세, 부가가치세, 개별소비세, 교통·에너지·환경세, 주세, 인지세, 증권거래세, 교육세 및 농어촌특별세를 말한다. **관세는 포함되지 않는다.**

② '원천징수'라 함은 세법에 의하여 원천징수의무자가 국세(이에 관계되는 가산세를 **제외**함)를 징수하는 것을 말한다.

③ 「국세기본법」상 '납세의무자'란 세법에 따라 국세를 납부할 의무(국세를 징수하여 납부할 의무는 **제외한다**)가 있는 자를 말한다. '납세자'란 납세의무자(연대납세의무자와 납세자를 갈음하여 납부할 의무가 생긴 경우의 제2차 납세의무자 및 보증인을 포함한다)와 세법에 따라 국세를 징수하여 납부할 의무를 지는 자를 말한다.

[납세자와 납세의무자]

납세자	
징수납부의무자	**납세의무자**
원천징수의무자, 부가가치세 대리납부의무자	본래의 납세의무자, 연대납세의무자,
납세조합원 소득세 징수납부의무자	제2차 납세의무자, 납세보증인

[용어 문제에서 주의 사항]

㉠ 국세에 관세를 **포함하지 않음** ← 포함이라고 함정

㉡ 세법에 「국세기본법」·「지방세법」·「관세법」은 **포함하지 않음** ← 포함이라고 함정

㉢ 강제징수비는 국세에 **속하지 않음** ← 국세에 속한다고 함정

㉣ 납세의무자에 국세를 징수하여 납부할 의무자 **제외** ← 포함이라고 함정

㉤ 세법에 따라 원천징수의무자가 국세(이에 관계되는 가산세는 **제외**)를 징수하는 것 ← 포함이라고 함정

정답 ④

009

세법1 Link p.28-31
오진다 Link p.17-19

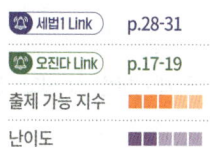

「국세기본법」상 기간과 기한에 대한 설명으로 옳은 것은 모두 몇 개인가?

ㄱ. 「국세기본법」 또는 세법에서 규정하는 기간의 계산은 「국세기본법」 또는 그 세법에 특별한 규정이 있는 것을 제외하고는 「민법」에 따른다.

ㄴ. 기간을 주, 월, 연으로 정한 때는 역(曆)에 따라 계산한다.

ㄷ. 「국세기본법」 또는 세법에서 규정하는 신고기한 만료일 또는 납부기한 만료일에 통신상의 장애로 국세정보통신망의 가동이 정지되어 전자신고나 전자납부를 할 수 없는 경우에는 그 장애가 복구되어 신고 또는 납부할 수 있게 된 날을 기한으로 한다.

ㄹ. 우편으로 과세표준신고서, 과세표준수정신고서, 경정청구서 또는 과세표준신고·과세표준수정신고·경정청구와 관련된 서류를 제출한 경우로서 우편날짜도장이 찍히지 않았거나 분명하지 않은 경우에는 신고서가 도달한 날에 신고된 것으로 본다.

ㅁ. 천재지변 등의 사유로 세법에서 규정하는 신고를 정해진 기한까지 할 수 없다고 관할 세무서장이 인정하는 경우에는 납세자의 신청이 없는 경우에도 그 기한을 연장할 수 있다.

ㅂ. 「국세기본법」 또는 세법에서 규정하는 신고, 신청, 청구, 그 밖에 서류의 제출, 통지, 납부 또는 징수에 관한 기한이 토요일 및 일요일, 공휴일 및 대체공휴일, 근로자의 날일 때에는 토요일 및 일요일, 공휴일 및 대체공휴일, 근로자의 날의 다음 날을 기한으로 한다.

① 1개　　　　② 2개　　　　③ 3개　　　　④ 4개

해설

ㄷ. 「국세기본법」 또는 세법에서 규정하는 신고기한 만료일 또는 납부기한 만료일에 통신상의 장애로 국세정보통신망의 가동이 정지되어 전자신고나 전자납부를 할 수 없는 경우에는 그 장애가 복구되어 신고 또는 납부할 수 있게 된 날의 **다음 날**을 기한으로 한다.

ㄹ. 우편으로 과세표준신고서, 과세표준수정신고서, 경정청구서 또는 과세표준신고·과세표준수정신고·경정청구와 관련된 서류를 제출한 경우로서 우편날짜도장이 찍히지 않았거나 분명하지 않은 **경우에는 통상 걸리는 배송일수를 기준으로 발송한 날로 인정되는 날**에 신고되거나 청구된 것으로 본다.

정답 ④

010

「국세기본법」상 신고, 신청, 청구, 제출 또는 통지기한의 연장사유에 해당하는 것을 모두 고르면?

세법1 Link p.31, 203
오진다 Link p.18-19, 116

출제 가능 지수 ■■■□□
난이도 ■■□□□

> ㄱ. 천재지변
> ㄴ. 납세자가 화재, 전화 그 밖의 재해를 입거나 도난을 당한 경우
> ㄷ. 사업에 현저한 손실이 발생하거나 부도 또는 도산의 우려가 있는 경우
> ㄹ. 납세자 또는 동거가족이 질병이나 중상해로 6개월 이상의 치료 또는 사망하여 상중인 경우
> ㅁ. 권한 있는 기관에 장부나 서류가 압수 또는 영치된 경우
> ㅂ. 납세자의 장부 작성을 대행하는 세무사 또는 공인회계사가 화재, 전화, 그 밖의 재해를 입거나 도난을 당한 경우

① ㄱ, ㄴ, ㄷ,

② ㄱ, ㄴ, ㄷ, ㄹ, ㅁ

③ ㄱ, ㄴ, ㄷ, ㄹ, ㅁ, ㅂ

④ ㄱ, ㄴ, ㄹ, ㅁ, ㅂ

해설

납세자가 경영하는 사업에 현저한 손실이 발생하거나 부도 또는 도산의 우려가 있는 경우는 「국세징수법」상 **납부기한 등의 연장사유에 해당**한다. 신고, 신청, 청구 등의 기한연장사유에 해당하지 않음에 주의한다.

신고, 신청, 청구 등 기한연장	납부기한 등의 연장
① 천재지변	① 재난·도난으로 **재산에 심한 손실을 입은 경우**
② 화재, 전화, 그 외 재해, 도난	② **사업에 현저한 손실이 발생하거나 부도 또는 도산의 우려가 있는 경우** ← 함정 주의
③ 납세자 또는 동거가족이 질병이나 중상해로 6개월 이상의 치료 또는 사망하여 상중인 경우	③ 납세자 또는 동거가족이 질병이나 중상해로 6개월 이상의 치료 또는 사망하여 상중인 경우
④ 정전, 프로그램의 오류나 그 외 사유로 한국은행·체신관서의 정보통신망의 비정상	④ 정전, 프로그램의 오류나 그 외 사유로 한국은행·체신관서의 정보통신망의 비정상
⑤ 금융회사 등 또는 체신관서의 휴무나 그 외 사유로 정상적인 세금납부가 곤란하다고 국세청장이 인정하는 경우	⑤ 금융회사 등 또는 체신관서의 휴무나 그 외 사유로 정상적인 세금납부가 곤란하다고 국세청장이 인정하는 경우
⑥ 권한 있는 기관에 장부·서류가 압수·영치	⑥ 권한 있는 기관에 장부·서류가 압수·영치
⑦ 납세자의 장부 작성을 대행하는 세무사 또는 공인회계사가 화재, 전화, 그 밖의 재해를 입거나 도난을 당한 경우	⑦ 납세자의 장부 작성을 대행하는 세무사 또는 공인회계사가 화재, 전화, 그 밖의 재해를 입거나 도난을 당한 경우
⑧ 그 밖에 ②, ③ 또는 ⑥에 준하는 사유가 있는 경우	⑧ 위 ①~③에 준하는 사유가 있는 경우

[사업에 현저한 손실이 발생하거나 부도 또는 도산의 우려가 있는 경우]

> ㉠ 사업에 관한 허가 등을 제한하지 아니함 (Link−세법1 p.188)
> ㉡ 체납자료를 제공하지 아니함 (Link−세법1 p.189)
> ㉢ 납부기한 등을 연장하거나 납부고지를 유예할 수 있음(Link−세법1 p.201) ← 그러나 신고, 신청, 청구, 서류제출, 통지 등 기한연장 사유는 아님에 주의

정답 ④

011

세법1 Link   p.32
오진다 Link   p.18-19
출제 가능 지수 ■■■■■
난이도   ■■□□□

「국세기본법」상 천재지변 등으로 인한 기한의 연장 등에 관한 설명으로 옳은 것은?

① 기한을 연장하는 경우 신고와 관련된 기한연장은 6개월을 초과하지 아니하는 범위 안에서 관할 세무서장이 이를 연장할 수 있다.
② 납세자가 화재·전화 그 밖의 재해를 입거나 도난을 당하여 신고기한을 연장하는 경우 관할 세무서장은 납부할 금액에 상당하는 담보의 제공을 요구할 수 있다.
③ 관할 세무서장은 기한을 연장하였을 때에는 문서로 지체 없이 관계인에게 통지해야 하며, 기한 만료일 5일 전까지 한 기한 연장 신청에 대해서는 기한 만료일 전에 그 승인 여부를 통지해야 한다.
④ 기한의 연장을 받으려는 자는 기한 만료일 3일 전까지 문서로 관할 세무서장에게 신청해야 한다.

해설

① 기한을 연장하는 경우 신고와 관련된 기한연장은 **9개월**을 초과하지 아니하는 범위 안에서 관할 세무서장이 이를 연장할 수 있다.
② **신고기한 연장**에 있어서는 **담보의 제공을 요구하거나 요건으로 할 수 없다.** ← 단, 관할 세무서장은 부득이한 사유로 납부기한 등의 연장 또는 납부고지의 유예를 하는 경우 그 연장 또는 유예와 관계되는 금액에 상당하는 납세담보의 제공을 요구할 수 있음에 주의
③ 관할 세무서장은 기한을 연장하였을 때에는 문서로 지체 없이 관계인에게 통지해야 하며, 기한 만료일 **3일** 전까지 한 기한 연장 신청에 대해서는 기한 만료일 전에 그 승인 여부를 통지해야 한다.
정답 ④

012

세법1 Link   p.33, 36
오진다 Link   p.19-21
출제 가능 지수 ■■■■■
난이도   ■■■□□

「국세기본법」상 서류의 송달과 관련하여 가장 적절한 것은?

① 세무서의 게시판이나 그 밖의 적절한 장소를 이용하여 공시송달을 할 때에는 다른 공시송달 방법과 함께 하여야 한다.
② 송달받아야 할 자가 송달할 장소에 없는 경우에는 송달할 장소에 서류를 둘 수 있다.
③ 송달받아야 할 사람이 교정시설 또는 국가경찰관서의 유치장에 체포·구속 또는 유치된 사실이 확인된 경우에는 해당 교정시설의 장 또는 국가경찰관서의 장에게 송달한다.
④ 공시송달의 경우 서류의 주요 내용을 공고한 날부터 10일이 지나면 서류 송달이 된 것으로 본다.

해설

① **국세정보통신망**을 이용하여 공시송달을 할 때에는 다른 공시송달 방법과 함께 하여야 한다.

> ㉠ 국세정보통신망
> ㉡ 세무서의 게시판이나 그 밖의 적절한 장소
> ㉢ 해당 서류의 송달장소를 관할하는 특별자치시·특별자치도·시·군·구의 홈페이지, 게시판이나 그 밖의 적절한 장소
> ㉣ 관보 또는 일간신문에 게재하는 방법

② 교부송달 또는 등기우편송달의 경우에 송달장소에서 송달받을 자를 만나지 못한 때에는 그 사용인이나 그 밖의 종업원 또는 동거인으로서 사리를 판별할 수 있는 자(보충수령인)에게 서류를 송달할 수 있다. 다만, **서류를 송달받아야 할 자 또는 보충수령인이 정당한 사유 없이 수령을 거부**하는 경우에는 송달할 장소에 서류를 두고 오는 '유치송달'이 가능하다. 즉, 송달받을 자가 부재중이라 하여 무조건 유치송달이 가능한 것은 아니다.
④ 공시송달의 경우 서류의 주요 내용을 공고한 날부터 **14**일이 지나면 서류 송달이 된 것으로 본다.
정답 ③

013

「국세기본법」상 서류의 송달에 대한 설명으로 옳은 것은?

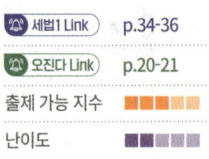
세법1 Link p.34-36
오진다 Link p.20-21
출제 가능 지수 ■■■□□
난이도 ■■■□□

① 서류를 교부하였을 때에는 송달서에 수령인이 서명 또는 날인하게 해야 한다. 이 경우 수령인이 서명 또는 날인을 거부하면 그 송달은 효력이 없다.
② 전자송달의 경우에는 송달받을 자가 지정한 전자우편주소에 저장된 때(국세정보통신망에 저장하는 경우에는 출력된 때)에 그 송달을 받아야 할 자에게 도달한 것으로 본다.
③ 납부고지서가 송달되기 전에 납세자가 국세정보통신망을 통해 소득세 중간예납세액과 부가가치세 예정고지세액·예정부과세액을 계좌이체의 방법 또는 신용카드 등으로 국세를 전액 자진납부한 경우 납부한 세액에 대해서는 자진납부한 시점에 전자송달을 신청한 것으로 본다.
④ 납부고지서의 송달을 우편으로 할 때는 일반우편으로 해야 한다.

해설

① 서류를 교부하였을 때에는 송달서에 수령인이 서명 또는 날인하게 해야 한다. 이 경우 수령인이 서명 또는 날인을 거부하면 그 사실을 송달서에 적어야 하며, 이 경우에도 **송달의 효력에는 영향이 없다.**
② 전자송달의 경우에는 송달받을 자가 지정한 전자우편주소에 **입력**된 때(국세정보통신망에 저장하는 경우에는 **저장**된 때)에 그 송달을 받아야 할 자에게 도달한 것으로 본다.
④ 납부의 고지·독촉·강제징수 또는 세법에 따른 정부의 명령과 관계되는 서류의 송달을 우편으로 할 때는 **등기**우편으로 해야 한다.

정답 ③

014

「국세기본법」상 서류의 송달에 대한 설명으로 옳은 것은?

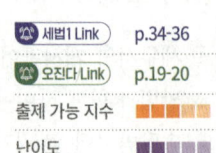
세법1 Link p.34-36
오진다 Link p.19-20
출제 가능 지수 ■■■■□
난이도 ■■■□□

① 법인세 중간예납세액의 납부고지서, 부가가치세 예정고지세액의 납부고지서로서 50만원 미만에 해당하는 납부고지서의 송달을 우편으로 할 때는 일반우편으로 할 수 있다.
② 우편에 의한 송달의 경우 해당 우편물의 우편날짜도장이 찍히지 않았거나 분명하지 않은 경우에는 통상 걸리는 배송일수를 기준으로 도달한 날로 인정되는 날에 도달한 것으로 간주한다.
③ 서류를 송달받아야 할 자의 주소 또는 영업소가 국외에 있고 송달하기 곤란한 경우, 서류의 주요 내용을 공고한 날부터 14일이 지나면 서류 송달이 된 것으로 본다.
④ 세무서의 게시판이나 그 밖의 적절한 장소를 이용하여 공시송달을 할 때에는 다른 공시송달 방법과 함께 하여야 한다.

해설

① **소득세** 중간예납세액의 납부고지서, 부가가치세 예정고지세액의 납부고지서로서 50만원 미만에 해당하는 납부고지서의 송달을 우편으로 할 때는 일반우편으로 할 수 있다.
② **송달**의 경우 해당 우편물이 **송달받아야 할 자에게 도달한 때부터** 효력이 발생한다. 송달일에 대해서는 간주 규정을 적용하지 않는다. ← 우편으로 과세표준신고서 등을 제출하는 경우와 헷갈리지 않도록 주의
④ 세무서의 게시판이나 그 밖의 적절한 장소를 이용하여 공시송달을 할 때에는 **다른 공시송달 방법과 함께 할 필요가 없다.** ← 국세정보통신망을 이용하여 공시송달을 할 때에는 다른 공시송달 방법과 함께 해야 함 주의

정답 ③

015

세법1 Link p.34-36
오진다 Link p.20-21
출제 가능 지수 ■■■■□
난이도 ■■■□□

「국세기본법」상 서류의 송달에 대한 설명으로 옳은 것은?

① 세법에 따른 정부의 명령에 관계되는 서류의 송달을 우편으로 할 때는 일반우편에 의하여야 하는 것이 원칙이다.
② 전자송달은 서류를 송달받아야 할 자가 그 방법을 신청한 경우에만 적법한 송달방법이 된다.
③ 독촉장은 전자송달이 불가능하다.
④ 교부·우편 및 전자송달에 의하여 송달하는 서류는 그 송달을 받아야 할 자가 확인한 때부터 효력이 발생한다.

해설

① 납부의 고지·독촉·강제징수 또는 세법에 따른 정부의 명령과 관계되는 서류의 송달을 우편으로 할 때는 **등기**우편으로 해야 한다.
② 전자송달은 정보통신망을 이용한 송달을 말하며, 서류를 송달받아야 할 자가 **신청한 경우**에만 한다.
③ **독촉장은 전자송달이 가능하다.** 전자송달이 가능한 서류와 구체적인 방법은 다음과 같다.

전자송달 할 수 있는 서류	전자송달의 구체적인 방법
㉠ 납부고지서, 독촉장 ㉡ 국세환급금통지서	국세청장이 해당 납세자로 하여금 국세정보통신망에 접속하여 해당 서류를 열람할 수 있게 해야 함
㉢ 신고안내문 ㉣ 그 밖에 국세청장이 정하는 서류	국세청장이 해당 납세자가 지정한 전자우편주소로 송달해야 함

④ 교부·우편 및 전자송달에 의하여 송달하는 서류는 그 송달을 받아야 할 자에게 **도달한 때**부터 효력이 발생한다.

정답 ②

016

세법1 Link p.37-39
오진다 Link p.21-22
출제 가능 지수 ■■■■□
난이도 ■■■□□

「국세기본법」상 법인 아닌 단체에 대한 설명으로 옳은 것은?

① 법인 아닌 단체가 「국세기본법」에 의하여 법인으로 의제되지 않더라도 「소득세법」에 의하여 그 단체를 1거주자로 보아 과세할 수도 있다.
② 법인으로 보는 법인 아닌 단체의 국세에 관한 의무는 그 대표자나 관리인이 이행할 수 있다.
③ 법인으로 보는 법인격 없는 단체는 상속세 및 증여세 납세의무가 없다.
④ 법인격이 없는 단체 중 공익을 목적으로 출연된 기본재산이 있는 재단으로서 등기되지 아니한 것으로서 수익을 구성원에게 분배하는 것은 법인으로 보아 「국세기본법」과 세법을 적용한다.

해설

② 법인으로 보는 법인 아닌 단체의 국세에 관한 의무는 그 대표자나 관리인이 **이행하여야 한다.**
③ 법인으로 보는 법인격 없는 단체는 「상속세 및 증여세법」상 **비영리법인**으로 보므로 **상속세 및 증여세 납세의무가 있다.**
④ 법인격이 없는 단체 중 공익을 목적으로 출연된 기본재산이 있는 재단으로서 등기되지 아니한 것으로서 수익을 구성원에게 **분배하지 아니하는** 것은 법인으로 보아 「국세기본법」과 세법을 적용한다.

정답 ①

017

「국세기본법」상 법인으로 보는 단체 등에 대한 설명으로 옳은 것은?

세법1 Link   p.37-40

세법2 Link   p.290

오진다 Link   p.21-22,
             427

출제 가능 지수 ■■■■■

난이도   ■■■■■

① 「국세기본법」에 따른 법인으로 보는 법인 아닌 단체는 「법인세법」상 영리법인에 해당한다.

② 법인으로 보는 단체 외의 법인 아닌 단체에 해당하는 국외투자기구를 「소득세법」에 따라 국내원천소득의 실질귀속자로 보는 경우 그 국외투자기구는 1거주자로서 소득세를 납부할 의무를 진다.

③ 전환 국립대학 법인이 해당 법인의 설립근거가 되는 법률에 따른 교육·연구 활동에 지장이 없는 범위 외의 수익사업을 하는 경우의 납세의무를 적용할 때에는 국립대학 법인으로 전환되기 전의 국립학교 또는 공립학교로 보지 아니하고 전환 국립대학 법인을 별도의 법인으로 본다.

④ 주무관청의 허가 또는 인가를 받아 설립된 단체로서 등기되지 아니하고 수익을 구성원에게 분배하지 않는 경우에는 대표자나 관리인이 관할 세무서장에게 신청하여 승인을 받아야 법인으로 본다.

해설

① 「국세기본법」에 따른 법인으로 보는 법인 아닌 단체는 「법인세법」상 **비영리**법인에 해당한다.

② 법인으로 보는 단체 외의 법인 아닌 단체에 해당하는 국외투자기구를 「소득세법」에 따라 국내원천소득의 실질귀속자로 보는 경우 그 국외투자기구는 **1비거주자**로서 소득세를 납부할 의무를 진다.

④ 주무관청의 허가 또는 인가를 받아 설립된 단체로서 등기되지 아니하고 수익을 구성원에게 분배하지 않는 경우에는 관할 세무서장의 **승인 없이도 요건을 만족하면 당연법인으로 보아** 「국세기본법」과 세법을 적용한다.

정답 ③

CHAPTER **01** 총칙

018

「국세기본법」상 총칙에 관한 설명으로 옳지 않은 것은?

① '세무공무원'에는 국세청장, 지방국세청장, 세무서장 또는 그 소속 공무원뿐만 아니라 세법에 따라 국세에 관한 사무를 세관장이 관장하는 경우의 그 소속 공무원도 포함한다.

② '납세자'란 납세의무자(연대납세의무자와 납세자를 갈음하여 납부할 의무가 생긴 경우의 제2차 납세의무자 및 보증인을 포함한다)와 세법에 따라 국세를 징수하여 납부할 의무를 지는 자를 말한다.

③ '공과금'이란 「국세징수법」에서 규정하는 강제징수의 예에 따라 징수할 수 있는 채권 중 국세, 관세, 임시수입부가세, 지방세와 이에 관계되는 강제징수비를 제외한 것을 말한다.

④ 「관세법」에서 세관장이 부과·징수하는 국세에 관하여 「국세기본법」에 대한 특례규정을 두고 있는 경우에는 「국세기본법」에서 정하는 바에 따른다.

해설

④ 「관세법」에서 세관장이 부과·징수하는 국세에 관하여 「국세기본법」에 대한 특례규정을 두고 있는 경우에는 **「관세법」에서 정하는 바에 따른다.**
정답 ④

세법1 Link   p.25, 27-28
오진다 Link   p.15-16
출제 가능 지수
난이도

019

세법1 Link p.28-31
오진다 Link p.17
출제 가능 지수 ■■■■□
난이도 ■■■■□

「국세기본법」상 기간과 기한에 관한 설명으로 옳지 않은 것은?

① 과세표준신고서를 국세정보통신망을 이용하여 제출하는 경우에는 국세정보통신망에 입력된 때에 신고된 것으로 본다.

② 기간을 일·주·월·연으로 정한 때에는 기간의 초일은 산입하지 않는다. 다만, 그 기간이 오전 0시부터 시작하는 때에는 초일을 산입한다.

③ 「국세기본법」 또는 세법에서 규정하는 징수에 관한 기한이 공휴일에 해당하는 때에는 그 공휴일의 다음 날을 기한으로 한다.

④ 월의 처음으로부터 기간을 기산하지 않는 때에는 최후의 월에서 그 기산일에 해당하는 날의 전일로 기간이 만료하므로 2월 5일부터 2월이라 하면 해당 기간의 기산일은 2월 6일이며 만료일은 4월 5일이다.

해설

① 과세표준신고서를 국세정보통신망을 이용하여 제출한 경우에는 해당 신고서가 **국세청장에게 전송된 때**에 신고된 것으로 본다. ← 납부고지서, 국세환급금통지서 및 신고안내문 등 전자송달의 경우에는 송달받을 자가 지정한 전자우편주소에 입력된 때(국세정보통신망에 저장하는 경우에는 저장된 때)에 그 송달을 받아야 할 자에게 도달한 것으로 본다.   정답 ①

020

세법1 Link p.26, 30-31, 203
오진다 Link p.16-18, 116
출제 가능 지수 ■■■■□
난이도 ■■□□□

「국세기본법」상 전자신고와 납부 등에 관한 다음 설명으로 옳지 않은 것은?

① 전자신고란 과세표준신고서 등 세법에 의한 신고관련서류를 국세정보통신망을 이용하여 신고하는 것을 말한다.

② 전자신고 또는 전자청구된 경우 과세표준신고 또는 과세표준수정신고와 관련된 수출대금입금증명서 등 전자신고를 할 때 제출하여야 하는 관련 서류로서 국세청장이 지정하여 고시하는 서류에 대해서는 대통령령으로 정하는 바에 따라 10일의 범위에서 제출기한을 연장할 수 있다.

③ 전자신고기한 만료일에 정전, 프로그램의 오류 등으로 국세정보통신망의 가동이 정지되는 경우에는 그 장애가 복구된 날을 기한으로 한다.

④ 납부기한 만료일에 정전, 프로그램의 오류 등으로 한국은행 및 체신관서 정보통신망의 정상적인 가동이 불가능한 때에는 납부기한을 연장할 수 있다.

해설

③ 전자신고기한 만료일에 정전, 프로그램의 오류 등으로 국세정보통신망의 가동이 정지되는 경우에는 그 장애가 복구된 날의 **다음 날**을 기한으로 한다.   정답 ③

021

「국세기본법」상 신고와 접수증에 관한 다음 설명 중 옳은 것은?

세법1 Link   p.31, 136, 172
오진다 Link   p.18, 95
출제 가능 지수 ■■■■□
난이도   ■■■□□

① 과세표준신고서 등을 전자신고하는 경우 납세지 관할 세무서장에게 전송된 때에 신고된 것으로 본다.
② 「국세기본법」에 따른 이의신청·심사청구 또는 심판청구를 할 때 불복청구기한까지 우편으로 제출한 불복청구서가 불복청구기간을 지나서 도달한 경우에는 통상 걸리는 배송일수를 기준으로 발송한 날로 인정되는 날에 적법한 청구를 한 것으로 본다.
③ 납세자가 신고서 등의 서류를 우편으로 제출하는 경우 그 접수사실을 우편으로 통보해야 한다.
④ 납세자로부터 과세표준신고서 등을 국세정보통신망을 통해 받은 때에는 그 접수사실을 전자적 형태로 통보할 수 있다.

해설

① 과세표준신고서 등을 전자신고하는 경우 **국세청장에게 전송된 때**에 신고된 것으로 본다.
② 「국세기본법」에 따른 이의신청·심사청구 또는 심판청구를 할 때 불복청구기한까지 우편으로 제출한 불복청구서가 불복청구기간을 지나서 도달한 경우에는 **그 기간의 만료일**에 적법한 청구를 한 것으로 본다.
③ 납세자가 신고서 등의 서류를 우편으로 제출하는 경우 **접수증을 발급하지 않을 수 있다.**   정답 ④

022

「국세기본법」에서 정하는 기한 연장에 대한 설명으로 옳은 것은?

세법1 Link   p.31-32
오진다 Link   p.18-19
출제 가능 지수 ■■■□□
난이도   ■■□□□

① 납세자 또는 동거가족이 질병이나 중상해로 3개월 이상의 치료가 필요하거나 사망하여 상중인 경우에는 법인세 신고기한을 연장할 수 있다.
② 재해를 입은 납세자가 신고기한을 연장하고자 하는 경우에는 신고기한까지 신청하는 것이 원칙이다.
③ 천재지변 등으로 인한 기한연장은 3월 이내로 하되, 기한연장의 사유가 소멸되지 아니한 경우 1월의 범위 안에서 다시 연장할 수 있고 신고와 관련된 기한 연장은 9월을 초과할 수 없다.
④ 기한의 연장은 납세자의 신청에 의해서만 가능하고 관할 세무서장이 직권으로 연장할 수는 없다.

해설

① 납세자 또는 동거가족이 질병이나 중상해로 **6개월** 이상의 치료가 필요하거나 사망하여 상중인 경우에는 법인세 신고기한을 연장할 수 있다.
② 기한연장을 받고자 하는 경우에는 **기한 만료일 3일 전**까지 문서로 신청하는 것이 원칙이며 예외적으로 관할 세무서장이 기한 만료일 3일 전까지 신청할 수 없다고 인정하는 때에는 기한의 만료일까지 신청하게 할 수 있다.
④ 기한의 연장은 납세자의 신청에 의해서도 가능하고, 관할 세무서장이 **직권으로도 가능**하다.   정답 ③

023

세법1 Link p.30-32, 203

오진다 Link p.17-19, 116

출제 가능 지수 ■■■■□

난이도 ■■■■□

「국세기본법」에서 정하는 기한과 기간의 설명으로 옳은 것은?

① 국세의 신고에 관한 기한이 「근로자의 날 제정에 관한 법률」에 의한 근로자의 날에 해당하는 때에는 근로자의 날을 기한으로 한다.

② 납세자가 경영하는 사업에 현저한 손실이 발생하거나 부도 또는 도산의 우려가 있는 경우에는 법인세 신고기한을 연장할 수 있다.

③ 재해를 입은 납세자가 신고기한을 연장하고자 하는 경우 신고기한의 만료일 3일 전까지 구두로 신청하면 적법한 신청을 한 것으로 본다.

④ 납세자의 장부작성을 대행하는 세무사가 화재, 전화, 그 밖의 재해를 입거나 도난을 당한 경우에도 신고기한의 연장을 신청할 수 있다.

해설

① 「국세기본법」 또는 세법에서 규정하는 신고, 신청, 청구, 그 밖에 서류의 제출, 통지, 납부 또는 징수에 관한 기한이 토요일 및 일요일, 공휴일 및 대체공휴일, 근로자의 날일 때에는 토요일 및 일요일, 공휴일 및 대체공휴일, **근로자의 날의 다음 날**을 기한으로 한다.

② 납세자가 경영하는 사업에 현저한 손실이 발생하거나 부도 또는 도산의 우려가 있는 경우에는 법인세 **납부**기한을 연장할 수 있다.

③ 재해를 입은 납세자가 신고기한을 연장하고자 하는 경우에는 기한 만료일 3일 전까지 **문서**로 관할 세무서장에게 신청해야 하는 것이 원칙이며 이 경우 해당 행정기관의 장은 기한연장을 신청하는 자가 기한 만료일 3일 전까지 신청할 수 없다고 인정하는 경우에는 기한의 만료일까지 신청하게 할 수 있다.

정답 ④

024

「국세기본법」에서 규정하고 있는 기한의 연장에 대한 설명으로 옳지 않은 것은?

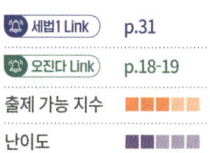
세법1 Link   p.31
오진다 Link   p.18-19
출제 가능 지수 ■■■■□
난이도 ■■■□□

① 납세자의 동거가족의 사망으로 상중이어서 세법에서 규정하는 신고를 정하여진 기한까지 할 수 없다고 인정되는 경우에는 관할 세무서장은 신고기한을 연장할 수 있다.

② 금융회사 등(한국은행 국고대리점 및 국고수납대리점인 금융회사 등만 해당) 또는 체신관서의 휴무는 기한연장사유에 해당하지 않는다.

③ 납세자가 도난을 당하여 세법이 규정하는 신고를 정하여진 기한까지 할 수 없다고 인정되는 경우에는 관할 세무서장은 신고를 연장할 수 있다.

④ 권한 있는 기관에 장부·서류가 압수되어 세법이 규정하는 신고를 정하여진 기한까지 할 수 없다고 인정되는 경우에는 관할 세무서장은 신고기한을 연장할 수 있다.

해설

② 금융회사 등(한국은행 국고대리점 및 국고수납대리점인 금융회사 등만 해당) 또는 체신관서의 휴무는 **기한연장의 사유에 해당**한다.

[금융회사 또는 체신관서의 휴무] (Link−세법1 p.31, 201, 204)

㉠ 신고, 신청, 청구, 그 밖에 서류의 제출 또는 통지 등 일반적인 기한 연장사유에 해당함
㉡ 납부기한 등을 연장하거나 납부고지를 유예할 수 있음
㉢ 납부기한 등의 연장 또는 납부고지의 유예를 하는 경우라 하더라도 납세담보를 요구할 수 없는 사유임

정답 ②

025

「국세기본법」상 서류송달에 관한 다음 설명 중 옳지 않은 것은?

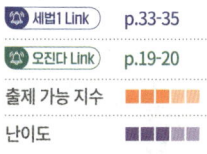
세법1 Link   p.33-35
오진다 Link   p.19-20
출제 가능 지수 ■■■■□
난이도 ■■■■□

① 납부의 고지·독촉·강제징수 또는 세법에 따른 정부의 명령에 관계되는 서류의 송달을 우편으로 할 때는 등기우편으로 해야 하지만, 부가가치세 예정고지세액이 50만원 미만인 경우에는 일반우편으로 송달할 수 있다.

② 전자송달은 서류를 송달받아야 할 자가 신청한 경우에만 행하며 국세정보통신망의 장애로 인하여 전자송달이 불가능한 경우에는 교부 또는 우편송달에 의할 수 있다.

③ 송달받아야 할 사람이 교정시설 또는 국가경찰서의 유치장에 체포·구속 또는 유치된 사실이 확인되는 경우에는 그의 배우자 또는 직계존비속에게 송달한다.

④ 상속이 개시된 경우 상속재산관리인이 있을 때에는 상속재산관리인의 주소 또는 영업소에 서류를 송달한다.

해설

③ 송달받아야 할 사람이 교정시설 또는 국가경찰관서의 유치장에 체포·구속 또는 유치된 사람인 경우 **교정시설 및 국가경찰관서의 장**에게 송달한다.

정답 ③

026

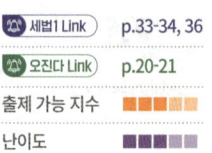
세법1 Link p.33-34, 36
오진다 Link p.20-21
출제 가능 지수 ■■■□□
난이도 ■■■■□

「국세기본법」상 교부송달에 관한 설명으로 옳지 않은 것은?

① 서류의 송달을 받아야 할 자가 송달받기를 거부하지 아니한다면 송달을 받을 장소 이외의 다른 장소에서 서류를 교부하더라도 적법한 서류의 송달에 해당한다.

② 송달장소에서 송달받을 자를 만나지 못한 때에는 서류의 송달을 받아야 할 자의 사용인 또는 동거인으로서 사리를 판별할 수 있는 자에게 서류를 교부하더라도 적법한 송달에 해당한다.

③ 서류를 송달할 장소에서 송달을 받을 자가 정당한 사유 없이 그 수령을 거부하는 때에는 유치 송달 또는 공시송달의 방법에 의하여 서류를 송달하여야 한다.

④ 서류를 송달할 수 없는 일정한 사유에 해당하는 경우에만 공시송달에 의하며 이외의 경우에는 교부송달, 우편송달 또는 전자송달에 의하는 것이 원칙이다.

해설

③ 서류를 송달할 장소에서 송달을 받을 자가 정당한 사유 없이 그 수령을 거부하는 때에는 유치송달이 가능하다. 그러나 **공시송달의 사유에는 해당하지 않는다.** 공시송달은 송달받아야 할 자에게 매우 불리한 결과가 될 수 있으므로 그 요건을 엄격하게 해석한다. 법으로 정하는 공시송달의 사유는 다음과 같다.

㉠ 주소 또는 영업소가 국외에 있고 송달하기 곤란한 경우
㉡ 주소 또는 영업소가 분명하지 않은 경우
㉢ 서류를 송달받아야 할 자가 송달할 장소에 없는 다음에 해당하는 경우

  ⓐ 서류를 등기우편으로 송달하였으나 수취인이 부재중(不在中)인 것으로 확인되어 반송됨으로써 납부기한까지 송달이 곤란하다고 인정되는 경우
  ⓑ 세무공무원이 2회 이상 납세자를 방문[처음 방문한 날과 마지막 방문한 날의 사이의 기간이 3일(기간을 계산할 때 공휴일, 대체공휴일, 토요일 및 일요일은 산입하지 않음) 이상이어야 한다]해 서류를 교부하려고 하였으나 수취인이 부재중(不在中)인 것으로 확인되어 납부기한까지 송달이 곤란하다고 인정되는 경우

정답 ③

027

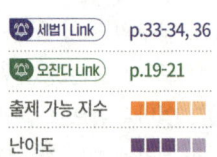
세법1 Link p.33-34, 36
오진다 Link p.19-21
출제 가능 지수 ■■■■□
난이도 ■■■■□

다음 중 「국세기본법」상 적법한 서류의 송달에 해당하지 않는 것은?

① 강제징수에 관계되는 서류를 일반우편으로 송달하는 경우

② 40만원에 해당하는 소득세 중간예납세액의 납부고지서를 일반우편으로 송달하는 경우

③ 주민등록표, 법인등기부등본 등에 의하여도 주소 또는 영업소를 확인할 수 없어서 납부고지서의 주요 내용을 공시송달하는 경우

④ 납부고지서를 송달받아야 할 자가 송달받아야 할 장소에서 정당한 사유 없이 수령을 거부하여 세무공무원이 거부하는 사람 앞에 서류를 놓고 나오는 경우

해설

① 납부의 고지·독촉·**강제징수** 또는 세법에 따른 정부의 명령에 관계되는 서류를 우편으로 송달할 때는 **등기우편**으로 송달해야 한다.

정답 ①

028

세법1 Link p.33-34, 36
오진다 Link p.19-21
출제 가능 지수 ■■■■□
난이도 ■■■■□

「국세기본법」상 서류의 송달에 관한 설명으로 옳은 것은?

① 세무공무원이 납세자를 방문해 서류를 교부하려고 하였으나 수취인이 부재중인 것으로 확인되어 납부기한까지 송달이 곤란하다고 인정되는 경우에는 공시송달을 할 수 있다.

② 납세의무자, 그 종업원 또는 동거인으로서 사리를 판별할 수 있는 사람이 부재하는 경우에는 송달할 장소에 서류를 둘 수 있다.

③ 납부고지서의 우편송달은 등기우편으로만 하여야 한다.

④ 「국세기본법」은 서류를 등기우편으로 송달하였으나 수취인이 부재중인 것으로 확인되어 반송됨으로써 납부기한 내에 송달이 곤란하다고 인정되는 경우에는 공시송달을 할 수 있다고 규정하고 있다.

해설

① 세무공무원이 **2회 이상 납세자를 방문**[처음 방문한 날과 마지막 방문한 날 사이의 기간이 3일(기간을 계산할 때 공휴일, 대체공휴일, 토요일 및 일요일은 산입하지 않음) 이상이어야 함]하여 서류를 교부하려고 하였으나 수취인이 부재중인 것으로 확인되어 납부기한까지 송달이 곤란하다고 인정되는 경우에는 공시송달을 할 수 있다.

② 교부송달 또는 등기우편송달의 경우에 송달할 장소에서 서류를 송달받아야 할 자를 만나지 못하였을 때에는 그 사용인이나 그 밖의 종업원 또는 동거인으로서 사리를 판별할 수 있는 사람에게 서류를 송달할 수 있으며, 서류를 송달받아야 할 자 또는 그 사용인이나 그 밖의 종업원 또는 동거인으로서 사리를 판별할 수 있는 사람이 **정당한 사유 없이 서류 수령을 거부할 때**에는 송달할 장소에 서류를 둘 수 있다.

③ 납부고지서의 우편송달은 등기우편으로만 해야 하지만 다음에 해당하는 납부고지서로서 50만원 미만에 해당하는 납부고지서는 **일반우편 송달이 가능**하다.

> ㉠ 소득세 중간예납세액의 납부고지서
> ㉡ 부가가치세 예정고지세액의 납부고지서
> ㉢ 신고납부제도를 취하는 국세에 대한 과세표준신고서를 법정신고기한까지 제출하였으나 과세표준신고액에 상당하는 세액의 전부 또는 일부를 납부하지 않아 발급하는 납부고지서

정답 ④

029

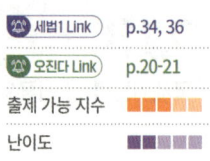

세법1 Link p.34, 36
오진다 Link p.20-21
출제 가능 지수 ■■■■□
난이도 ■■■□□

「국세기본법」상 서류 송달의 효력 발생에 관한 설명으로 옳지 않은 것은?

① 명의인에게 서류가 도달한 때에 송달의 효력이 발생한다.

② 전자송달의 경우에는 송달받을 자가 지정한 전자우편주소에 입력된 때(국세정보통신망에 저장하는 경우에는 저장된 때)에 그 송달을 받아야 할 자에게 도달된 것으로 본다.

③ 수령인이 서류를 수령한 경우에는 서명날인 유무에 관계없이 송달의 효력이 발생하며, 수령인이 송달서에 서명날인을 거부하면 그 사실을 송달서에 적어야 한다.

④ 등기우편에 의하여 송달한 서류는 도달되었으리라고 추정되는 때에 송달된 것으로 본다.

해설

④ 우편송달은 송달받아야 할 자에게 도달한 때로부터 송달의 효력이 발생하며 송달일에 대해서는 간주 규정을 적용하지 않는다. 즉, 서류제출은 '우편도장이 찍히지 않았거나 분명하지 않은 경우'에 '통상 걸리는 배송일수를 기준으로 발송한 날로 인정되는 날'의 간주규정이 있으나 **서류 송달은 간주규정이 없다.** 정답 ④

030

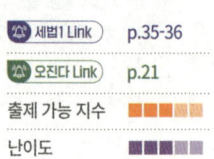

세법1 Link p.35-36
오진다 Link p.21
출제 가능 지수 ■■■■□
난이도 ■■■□□

「국세기본법」상 공시송달에 관한 설명으로 옳지 않은 것은?

① 주민등록표, 법인등기부 등에 의해서도 주소 또는 영업소를 확인할 수 없는 경우로 선량한 관리자의 주의로 송달을 받아야 할 자의 주소 또는 영업소를 조사하였으나 그 주소 또는 영업소를 알 수 없는 경우 공시송달할 수 있다.

② 정보통신망의 장애로 전자송달이 불가능한 경우 공시송달을 해야 한다.

③ 세무공무원이 2회 이상 납세자를 방문(공휴일, 대체공휴일, 토요일 및 일요일을 제외한 처음 방문한 날과 마지막 방문한 날의 기간이 3일 이상임)하여 서류를 교부하려고 하였으나 수취인이 부재중인 것으로 확인되어 납부기한 내에 송달이 곤란하다고 인정되는 경우 공시 송달할 수 있다.

④ 서류를 등기우편으로 송달하였으나 수취인이 부재중인 것으로 확인되어 반송됨으로써 납부기한 내에 송달이 곤란하다고 인정되는 경우 공시송달할 수 있다.

해설

② 정보통신망의 장애로 전자송달이 불가능한 경우나 그 밖에 전자송달이 불가능한 경우로서 국세청장이 정하는 경우에는 **교부 또는 우편의 방법으로** 송달할 수 있다. 정답 ②

031

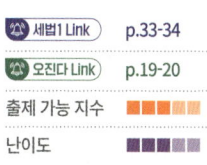

세법1 Link   p.33-34
오진다 Link   p.19-20
출제 가능 지수 ■■■□
난이도   ■■■■

「국세기본법」상 서류의 송달에 대한 설명으로 옳지 않은 것은?

① 연대납세의무자에게 서류를 송달할 때 대표자가 없으면 납부의 고지와 독촉에 관한 서류를 제외하고는 연대납세의무자 중 국세를 징수하기에 유리한 자를 명의인으로 한다.

② 「소득세법」에 따른 중간예납세액의 납부고지서는 금액에 관계없이 일반우편으로 송달할 수 있다.

③ 상속이 개시된 경우 상속재산관리인이 있을 때에는 그 상속재산관리인의 주소 또는 영업소에 송달한다.

④ 서류를 교부하였을 때에는 송달서에 수령인이 서명 또는 날인하게 하여야 하고, 수령인이 서명 또는 날인을 거부하면 그 사실을 송달서에 적어야 한다.

해설

② 우편송달의 경우 일반적으로는 등기우편이든 일반우편이든 상관없지만 납부의 고지·독촉·강제징수 또는 세법에 따른 정부의 명령에 관계되는 서류의 송달을 우편으로 할 때는 등기우편으로 해야 한다. 그러나 소득세 중간예납세액이 **50만원 미만**에 해당하는 납부고지서는 일반우편으로 송달할 수 있다.   정답 ②

032

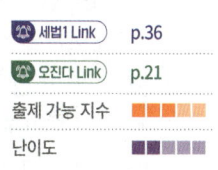

세법1 Link   p.36
오진다 Link   p.21
출제 가능 지수 ■■■■□
난이도   ■■□□□

「국세기본법」에서 규정하고 있는 서류송달의 효력발생에 대해 다음 설명 중 옳지 않은 것은?

① 서류를 교부송달하는 경우 송달을 받아야 할 자에게 도달한 때로부터 효력이 발생한다.

② 전자송달의 경우 송달받을 자가 지정한 전자우편주소에 입력된 때에 그 송달을 받아야 할 자에게 도달한 것으로 본다.

③ 공시송달의 경우 공고한 날로부터 7일이 지난 때 송달이 된 것으로 본다.

④ 우편에 의하여 송달하는 서류는 송달받아야 할 자에게 도달한 때부터 효력이 발생한다.

해설

③ 공시송달의 경우 공고한 날로부터 **14일**이 지난 때 송달이 된 것으로 본다.   정답 ③

033

「국세기본법」상 법인 아닌 단체의 납세의무에 관한 설명으로 옳지 않은 것은?

① 요건을 갖추어 법인으로 신청한 법인 아닌 단체는 관할 세무서장의 승인을 받은 날이 속하는 과세기간과 그 과세기간이 끝난 날부터 2년이 되는 날이 속한 과세기간까지는 「소득세법」에 따른 거주자 또는 비거주자로 변경할 수 없다.

② 「국세기본법」상 법인으로 보지 아니하는 법인 아닌 단체는 「소득세법」상 거주자 또는 비거주자로 보되 구성원간 이익의 분배방법이나 분배비율이 정해져 있거나 사실상 분배되는 것으로 확인되는 경우에는 구성원들이 공동사업을 하는 것으로 보아 구성원별로 소득세를 과세한다.

③ 주무관청의 허가 또는 인가를 받아 설립되거나 법령에 따라 주무관청에 등록한 단체로서 수익을 구성원에게 분배하지 아니하는 것은 등기를 하지 않았어도 법인으로 다루어지며 「법인세법」에 따른 각 사업연도의 소득(수익사업에서 발생하는 소득으로 한정) 및 토지 등 양도소득에 대해서만 법인세 납세의무를 진다.

④ 「국세기본법」상 관할 세무서장의 승인을 얻어 법인으로 보는 법인 아닌 단체는 그 승인일을 법인의 최초 사업연도 개시일로 한다.

해설

① 요건을 갖추어 법인으로 신청한 법인 아닌 단체는 관할 세무서장의 승인을 받은 날이 속하는 과세기간과 그 과세기간이 끝난 날부터 **3년**이 되는 날이 속한 과세기간까지는 「소득세법」에 따른 거주자 또는 비거주자로 변경할 수 없다.

정답 ①

세법1 Link   p.38-39
세법2 Link   p.17, 21
오진다 Link   p.21-22, 282, 285
출제 가능 지수 ■■■■□
난이도 ■■■■□

034

다음은 「국세기본법」상 법인 아닌 단체에 대한 설명으로 옳지 않은 것은?

① 수익을 구성원에게 분배하지 않으면서 공익을 목적으로 출연된 기본재산이 있는 재단으로서 등기되지 아니한 것은 법인으로 본다.

② 법인으로 보지 않는 법인 아닌 단체 중 이익의 분배 방법 및 비율이 정해져 있는 경우에는 그 단체를 1거주자(또는 1비거주자)로 본다.

③ 수익을 구성원에게 분배하지 않으면서 주무관청의 인·허가를 받아 설립되거나 법령에 따라 주무관청에 등록한 사단, 재단, 그 밖의 단체로서 등기되지 아니한 것은 대표자나 관리인이 관할 세무서장에게 신청하여 승인을 받지 않아도 법인으로 본다.

④ 법인으로 보는 법인 아닌 단체는 「법인세법」상 비영리법인으로 본다.

해설

② 법인으로 보지 않는 법인 아닌 단체 중 **이익의 분배 방법 및 비율이 정해져 있지 않은 경우**에는 그 단체를 1거주자(또는 1비거주자)로 본다.

정답 ②

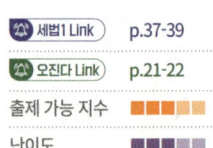

세법1 Link   p.37-39
오진다 Link   p.21-22
출제 가능 지수 ■■■■□
난이도 ■■■■□

035

세법1 Link   p.37-39
오진다 Link   p.21-22
출제 가능 지수   ■■■■□
난이도   ■■■■□

「국세기본법」상 관할 세무서장에게 신청 후 승인을 받은 '법인으로 보는 단체'에 관한 설명으로 옳은 것을 모두 고른 것은?

> ㄱ. 공익을 목적으로 출연된 기본재산이 있는 재단으로서 등기되지 아니할 것을 요건으로 한다.
> ㄴ. 주무관청의 허가를 받아 설립된 단체로서 등기되지 아니할 것을 요건으로 한다.
> ㄷ. 단체의 수익을 구성원에게 분배하지 않을 것을 요건으로 한다.
> ㄹ. 단체 자신의 계산과 명의로 수익과 재산을 독립적으로 소유·관리할 것을 요건으로 한다.
> ㅁ. 관할 세무서장의 승인을 받은 날이 속하는 과세기간과 그 과세기간이 끝난 날부터 3년이 되는 날이 속하는 과세기간까지는 원칙적으로 「소득세법」에 따른 거주자 또는 비거주자로 변경할 수 없다.
> ㅂ. 단체의 조직과 운영에 관한 규정을 가지고 대표자나 관리인을 선임하고 있을 것을 요건으로 한다.

① ㄱ, ㄷ, ㅁ
② ㄷ, ㄹ, ㅁ, ㅂ
③ ㄱ, ㄴ, ㄷ, ㅂ
④ ㄱ, ㄴ, ㄹ, ㅂ

해설

② ㄱ, ㄴ 수익을 구성원에게 분배하지 않으면서 다음 요건을 만족하는 법인격이 없는 단체는 **당연법인**으로 보아 「국세기본법」과 세법을 적용한다.

> ㉠ 주무관청의 허가 또는 인가를 받아 설립되거나 법령에 따라 주무관청에 등록한 사단, 재단, 그 밖의 단체로서 등기되지 않은 것
> ㉡ 공익을 목적으로 출연된 기본재산이 있는 재단으로서 등기되지 않은 것

ㄷ, ㄹ, ㅁ, ㅂ '당연법인으로 보는 단체' 외의 법인 아닌 단체 중 다음의 요건을 모두 갖춘 것으로서 대표자나 관리인이 관할 세무서장에게 신청하여 승인을 받은 것도 법인으로 보아 「국세기본법」과 세법을 적용한다. 이 경우 해당 사단, 재단, 그 밖의 단체의 계속성과 동질성이 유지되는 것으로 본다.

> ㉠ 단체의 조직과 운영에 관한 규정을 가지고 대표자나 관리인을 선임하고 있을 것
> ㉡ 단체 자신의 계산과 명의로 수익과 재산을 독립적으로 소유·관리할 것
> ㉢ 단체의 수익을 구성원에게 분배하지 아니할 것

정답 ②

036

세법상 '인격'에 대한 설명으로 옳지 않은 것은?

세법1 Link p.37-39
오진다 Link p.21-22
출제 가능 지수 ■■■□□
난이도 ■■□□□

① 법령에 의해 주무관청에 등록한 사단으로서 수익을 구성원에게 분배하지 아니하는 것은 당연법인으로 보는 단체이며 해당 단체는 관할 세무서장의 승인 없이도 요건을 만족하면 법인으로 보아 「국세기본법」과 세법을 적용한다.

② 일정요건을 갖추어 법인으로 의제된 법인격 없는 단체는 「법인세법」상 영리법인으로 본다.

③ 신청에 따라 법인으로 보는 단체는 그 신청에 대하여 관할 세무서장의 승인을 받은 날이 속하는 과세기간과 그 과세기간이 끝난 날부터 3년이 되는 날이 속하는 과세기간까지는 「소득세법」에 따른 거주자(또는 비거주자)로 변경할 수 없다.

④ 법인으로 보지 않는 단체로서 구성원 간 이익의 분배방법이나 분배비율이 정해져 있지 않거나 확인되지 않아 1거주자 또는 1비거주자로 간주되는 법인격 없는 단체의 소득은 대표자의 다른 소득과 합산과세하지 않는다.

해설

② 일정요건을 갖추어 법인으로 의제된 법인격 없는 단체는 「법인세법」에 따른 **비영리법인으로 본다.**   정답 ②

국세부과의 원칙과 세법적용의 원칙

037

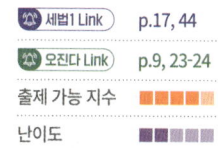

세법1 Link   p.17, 44
오진다 Link   p.9, 23-24
출제 가능 지수   ■■■■■
난이도   ■■■□□

「국세기본법」상 실질과세의 원칙에 대한 설명으로 옳은 것은?

① 과세의 대상이 되는 소득, 수익, 재산, 행위 또는 거래의 귀속이 명의일 뿐이고 사실상 귀속되는 자가 따로 있을 때에는 명의자를 납세의무자로 하여 세법을 적용한다.

② 제3자를 통한 간접적인 방법으로 거래한 경우 「국세기본법」 또는 세법의 혜택을 부당하게 받기 위한 것인지 여부와 관계없이 그 경제적 실질 내용에 따라 당사자가 직접 거래를 한 것으로 보거나 연속된 하나의 행위 또는 거래를 한 것으로 보아 「국세기본법」 또는 세법을 적용한다.

③ 세법 중 과세표준의 계산에 관한 규정은 소득, 수익, 재산, 행위 또는 거래의 명칭이나 형식에 관계없이 그 실질내용에 따라 적용한다.

④ 「소득세법」 및 「법인세법」상 부당행위계산부인은 실질과세원칙의 구체적인 사례가 아니라 조세법률주의에 그 근거를 두고 있다.

해설

① 과세의 대상이 되는 소득, 수익, 재산, 행위 또는 거래의 귀속이 명의일 뿐이고 사실상 귀속되는 자가 따로 있을 때에는 **사실상 귀속되는 자**를 납세의무자로 하여 세법을 적용한다.

② 제3자를 통한 간접적인 방법이나 둘 이상의 행위 또는 거래를 거치는 방법으로 「국세기본법」 또는 세법의 혜택을 **부당하게 받기 위한 것으로 인정되는 경우**에는 그 경제적 실질내용에 따라 당사자가 직접 거래를 한 것으로 보거나 연속된 하나의 행위 또는 거래를 한 것으로 보아 「국세기본법」 또는 세법을 적용한다.

④ 「소득세법」 및 「법인세법」상 부당행위계산부인은 실질과세원칙의 구체적인 사례에 **해당**되며 **조세평등주의**에 그 근거를 두고 있다.

정답 ③

038

세법1 Link   p.44-45

오진다 Link   p.23-24

출제 가능 지수 ■■■■□

난이도 ■■■■□

「국세기본법」상 실질과세의 원칙에 대한 설명으로 옳은 것은?

① 실질과세의 원칙은 조세법률주의에 대한 침해 여부와 관계 없이 적용되어야 한다.

② 「국세기본법」에서 규정하고 있는 실질과세의 원칙에 반하는 규정을 다른 세법에서 규정하는 경우, 해당 세법 규정은 효력이 없다.

③ 실질과세의 원칙은 소득 귀속자에 관한 실질과세, 거래 내용에 관한 실질과세, 우회거래에 관한 실질과세의 원칙으로 이루어져 있다.

④ 과세의 대상이 되는 소득, 수익, 재산, 행위 또는 거래의 귀속이 명의일 뿐이고 사실상 귀속되는 자가 따로 있을 때에는 명의자를 납세의무자로 하여 세법을 적용한다.

해설

① 실질과세의 원칙은 조세법률주의에 대한 **침해를 최소화하도록 제한적으로** 적용되어야 한다.

② 국세에 관하여 세법에 별도의 규정이 있는 경우를 제외하고는 「국세기본법」에서 정하는 바에 따른다. 즉 「국세기본법」에서 규정하고 있는 실질과세의 원칙에 반하는 규정을 다른 세법에서 규정하는 경우, **해당 세법 규정은 효력이 있다.**

④ 과세의 대상이 되는 소득, 수익, 재산, 행위 또는 거래의 귀속이 명의일 뿐이고 사실상 귀속되는 자가 따로 있을 때에는 **사실상 귀속되는 자**를 납세의무자로 하여 세법을 적용한다.

정답 ③

039

세법1 Link   p.44, 46-47, 51

오진다 Link   p.24-26

출제 가능 지수 ■■■■□

난이도 ■■■□□

「국세기본법」상 세법적용의 원칙에 관한 설명으로 옳은 것은?

① 2 이상의 행위 또는 거래를 거치는 방법으로 세법의 혜택을 부당하게 받기 위한 것으로 인정되는 경우에는 그 경제적 실질내용에 따라 연속된 하나의 행위 또는 거래를 한 것으로 보아 세법을 적용한다.

② 세무공무원이 그 재량에 의하여 직무를 수행함에 있어서는 과세의 형평과 해당 세법의 목적에 비추어 일반적으로 적당하다고 인정되는 한계를 엄수해야 한다.

③ 납세의무자가 세법에 의하여 장부를 비치·기장하고 있는 때에는 해당 국세의 과세표준의 조사와 결정은 그 비치·기장한 장부와 이에 관계되는 증빙자료에 의하여야 한다.

④ 납세자가 그 의무를 이행함에 있어서는 신의에 따라 성실히 하여야 한다. 세무공무원이 그 직무를 수행함에 있어서도 또한 같다.

해설

①, ③, ④는 **국세부과의 원칙**에 관한 내용이다.

정답 ②

040

다음은 「국세기본법」에서 규정하고 있는 국세부과의 원칙과 세법적용의 원칙에 대한 설명으로 옳은 것은?

세법1 Link   p.45, 50, 51
오진다 Link   p.23-25
출제 가능 지수 ■■■■■
난이도   ■■■■■

① 회사의 주주로 명부상 등재되어 있더라도 회사의 대표자가 임의로 등재한 것일 뿐 회사의 주주로서 권리행사를 한 사실이 없는 경우에는 그 명의자인 주주를 세법상 주주로 보지 않는 것은 실질과세의 원칙을 적용한 예로 볼 수 있다.

② 국세행정의 관행이 일반적으로 납세자에게 받아들여진 후에는 그 관행에 의한 행위 또는 계산은 정당한 것으로 보며, 새로운 관행에 의하여 소급하여 과세하지 않도록 한 것은 소급과세금지의 원칙을 적용한 것으로서 국세부과의 원칙을 실현한 규정으로 볼 수 있다.

③ 세법의 해석 및 이와 관련되는 「국세기본법」의 해석에 관한 사항을 심의하기 위하여 국세청에 국세예규심사위원회를 둔다.

④ 국세예규심사위원회의 위원은 공정한 심의를 기대하기 어려운 사정이 있다고 인정될 때에는 위원회 회의에서 기피되거나 제척하여야 한다.

해설

② 국세행정의 관행이 일반적으로 납세자에게 받아들여진 후에는 그 관행에 의한 행위 또는 계산은 정당한 것으로 보며, 새로운 관행에 의하여 소급하여 과세하지 않도록 한 것은 소급과세금지의 원칙을 적용한 것으로서 **세법적용의 원칙**을 실현한 규정으로 볼 수 있다.

③ 세법의 해석 및 이와 관련되는 「국세기본법」의 해석에 관한 사항을 심의하기 위하여 **기획재정부**에 국세예규심사위원회를 둔다.

④ 국세예규심사위원회의 위원은 공정한 심의를 기대하기 어려운 사정이 있다고 인정될 때에는 위원회 회의에서 **제척**되거나 **회피**하여야 한다.

정답 ①

041

세법1 Link   p.49, 51
오진다 Link   p.25
출제 가능 지수 ■■■■■
난이도   ■■■■■

「국세기본법령」상 세법 해석에 대한 설명으로 옳은 것은?

① 세법해석을 위하여 국세청에 국세예규심사위원회를 둔다.

② 기획재정부장관 및 국세청장은 세법의 해석과 관련된 질의에 대하여 세법해석의 기준에 따라 해석하여 회신하여야 한다.

③ 세법이 새로 제정되거나 개정되어 이에 대한 기획재정부장관의 해석이 필요한 경우 해당 질의에 대한 해석을 기획재정부장관이 국세청장에게 회신해야 한다. 이 경우 회신한 문서의 사본을 민원인에게 송부해야 한다.

④ 국세청장은 세법의 해석과 관련된 질의가 세법과 이와 관련되는 「국세기본법」의 입법취지에 따른 해석이 필요한 사항에 해당하는 경우 기획재정부장관에게 해석을 요청하지 않고 민원인에게 직접 회신할 수 있다.

해설

① 세법해석을 위하여 **기획재정부**에 국세예규심사위원회를 둔다.

③ 다음 중 어느 하나에 해당하는 경우에는 기획재정부장관이 **직접 회신할 수 있으며**, 이 경우 회신한 **문서의 사본을 국세청장에게 송부**해야 한다(국기령 10 ⑤).

⊙ 세법 및 이와 관련되는 이 법의 입법취지에 따른 해석이 필요한 사항과 「관세법」 등의 입법 취지에 따른 해석이 필요한 사항 등 아래 ④의 ⊙~ⓒ 중 어느 하나에 해당하여 국세예규심사위원회의 심의를 거쳐야 하는 질의

ⓛ 국세청장의 세법 해석에 대하여 다시 질의한 사항으로서 국세청장의 회신문이 첨부된 경우의 질의(사실판단과 관련된 사항은 제외)

ⓒ 세법이 새로 제정되거나 개정되어 이에 대한 기획재정부장관의 해석이 필요한 경우

ⓔ 그 밖에 세법의 입법 취지에 따른 해석이 필요한 경우로서 납세자의 권리보호를 위하여 필요하다고 기획재정부장관이 인정하는 경우

④ 국세청장은 세법의 해석과 관련된 질의가 다음 중 어느 하나에 해당하는 경우에는 **기획재정부장관에게 의견을 첨부하여 해석을 요청해야 한다**(국기령 10 ③).

⊙ 세법 및 이와 관련되는 「**국세기본법」의 입법취지에 따른 해석이 필요한 사항**과 「관세법」 및 이와 관련되는 「자유무역협정의 이행을 위한 관세법의 특례에 관한 법률」·「수출용 원재료에 대한 관세 등 환급에 관한 특례법」의 입법 취지에 따른 해석이 필요한 사항

ⓛ 기존의 세법 및 이와 관련되는 이 법의 해석 또는 일반화된 국세 행정의 관행을 변경하는 사항과 「관세법」 및 이와 관련되는 「자유무역협정의 이행을 위한 관세법의 특례에 관한 법률」·「수출용 원재료에 대한 관세 등 환급에 관한 특례법」 해석 또는 일반화된 관세 행정의 관행을 변경하는 사항

ⓒ 그 밖에 납세자의 권리 및 의무에 중대한 영향을 미치는 사항

정답 ②

042

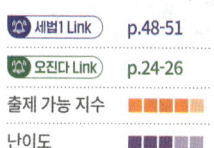

세법1 Link p.48-51
오진다 Link p.24-26
출제 가능 지수 ■■■■■
난이도 ■■■■□

「국세기본법」상 국세부과 및 세법적용의 원칙에 관한 설명이다. 옳은 것은?

① 세법의 해석이나 국세행정의 관행이 일반적으로 납세자에게 받아들여진 후에는 그 해석이나 관행에 의한 행위 또는 계산은 정당한 것으로 보며, 새로운 해석이나 관행에 의하여 소급하여 과세되지 아니한다.

② 세법을 해석·적용할 때에는 과세의 형평과 해당 세법의 목적에 비추어 국가의 과세권이 침해되지 아니하도록 하여야 한다.

③ 세무공무원이 국세의 과세표준을 조사·결정할 때에는 세법에 특별한 규정이 있는 경우에도 해당 납세의무자가 계속하여 적용하고 있는 기업회계의 기준 또는 관행으로서 일반적으로 공정·타당하다고 인정되는 것은 존중하여야 한다.

④ 세법 이외의 법률 중 국세의 부과·징수·감면 또는 그 절차에 관하여 규정하고 있는 조항에 대해서는 세법해석의 기준과 소급과세금지원칙을 적용함에 있어 세법으로 보지 않는다.

해설

② 세법을 해석·적용할 때에는 과세의 형평과 해당 조항의 합목적성에 비추어 **납세자의 재산권**이 부당하게 침해되지 않도록 해야 한다.

③ 세무공무원이 국세의 과세표준을 조사·결정할 때에는 해당 납세의무자가 계속하여 적용하고 있는 기업회계의 기준 또는 관행으로서 일반적으로 공정·타당하다고 인정되는 것은 존중해야 한다. **다만, 세법에 특별한 규정이 있는 것은 그렇지 않다.**

④ 세법 외의 법률 중 국세의 부과·징수·감면 또는 그 절차에 관하여 규정하고 있는 조항은 세법해석의 기준과 소급과세금지원칙을 적용함에 있어 **세법으로 본다.**

정답 ①

국세부과의 원칙과 세법적용의 원칙

043

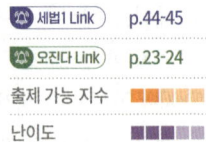

세법1 Link   p.44-45
오진다 Link   p.23-24
출제 가능 지수 ■■■■■
난이도   ■■■■■

「국세기본법」상 실질과세 원칙에 관한 설명으로 옳지 않은 것은?

① 과세소득의 계산과정에 있어서 거래의 형식적인 명의인과 실질상의 귀속자가 다른 경우에 그 실질에 따라서 조세법률관계를 규율한다는 원칙이다.

② 과세표준의 계산에 있어서는 소득, 수익, 재산, 행위 또는 거래의 명칭이나 형식에 관계없이 그 실질 내용에 따른다는 원칙이다.

③ 경제적 실질을 법적 형식에 우선하여 고려하는 조세평등주의를 구체적으로 실현하는 사항이므로 조세법률주의에 우선하여 적용하여야 한다.

④ 제3자를 통한 간접적인 방법으로 「국세기본법」 또는 세법의 혜택을 부당하게 받기 위한 것으로 인정되는 경우에는 그 경제적 실질 내용에 따라 당사자가 직접 거래를 한 것으로 보거나 연속된 하나의 행위 또는 거래를 한 것으로 보아 「국세기본법」 또는 세법을 적용한다.

해설

③ 실질과세의 원칙은 **조세법률주의를 침해하지 않는 범위 내에서 허용**된다는 한계가 있다.

[참고] 대법원 2012.1.19. 선고 2008두8499 전원합의체 판결

> 실질과세원칙은 조세법의 기본원리인 조세법률주의와 대립관계에 있는 것이 아니라 조세법규를 다양하게 변화하는 경제생활관계에 적용함에 있어 예측가능성과 법적 안정성이 훼손되지 않는 범위 내에서 합목적이고 탄력적으로 해석함으로써 조세법률주의의 형해화를 막고 실효성을 확보한다는 점에서 조세법률주의와 상호보완적이고 불가분적인 관계에 있다.

정답 ③

044

세법1 Link p.45-46, 48
오진다 Link p.24
출제 가능 지수 ■■■■■
난이도 ■■■■■

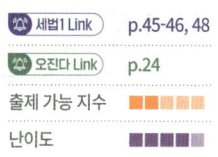

「국세기본법」상 국세부과의 원칙에 대한 설명으로 옳은 것은?

① 정부는 국세를 감면한 경우에 필요하다고 인정하면 세법에서 정하는 바에 따라 감면한 세액에 상당하는 자금 또는 자산의 운용 범위를 정할 수 있다.
② 실질과세의 원칙은 「국세기본법」상 원칙으로 개별세법상 특례 규정이 없는 원칙이다.
③ 신의성실의 원칙은 납세자에게만 요구되는 원칙이다.
④ 신의성실의 원칙은 조세법률주의의 합법성 원칙보다 우선적용되어야 한다.

해설

② 실질과세의 원칙은 「국세기본법」상 지켜야 할 원칙이지만 개별세법상 **특례 규정이 있다.**(ex 「상속세 및 증여세법」 명의신탁재산의 증여의제, 「법인세법」상 소득의 귀속이 불분명한 경우 대표자 상여 처분)
③ 신의성실의 원칙은 **과세관청과 납세자 쌍방**에 그 준수가 요구된다. 그러나 납세자가 신뢰를 배반한 경우에는 각종 혜택의 취소, 가산세의 부과, 조세범처벌 등 여러 가지 제재수단이 마련되어 있으므로 현실적으로 신의칙은 **주로 과세관청에 적용되는 원칙**이다.
④ 판례는 합법성 원칙이 신의성실의 원칙보다 더 중요한 원칙이라고 보므로 신의성실의 원칙은 **조세법률주의의 합법성 원칙에 제한을 받는다**고 볼 수 있다.

정답 ①

045

세법1 Link p.44, 47
오진다 Link p.23-24
출제 가능 지수 ■■■■■
난이도 ■■■■■

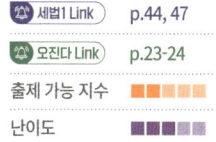

「국세기본법」상 국세부과의 원칙에 관한 설명으로 옳지 않은 것은?

① 과세의 대상이 되는 소득, 수익, 재산, 행위 또는 거래의 귀속이 명의일 뿐이고 사실상 귀속되는 자가 따로 있을 때에는 사실상 귀속되는 자를 납세의무자로 하여 세법을 적용한다.
② 납세의무자가 세법에 따라 장부를 갖추어 기록하고 있는 경우에는 해당 국세 과세표준의 조사와 결정은 그 장부와 이와 관계되는 증거자료에 의하여야 한다.
③ 행정기관의 장은 해당 납세의무자 또는 그 대리인이 요구하면 결정서를 열람 또는 복사하게 하거나 그 등본 또는 초본이 원본과 일치함을 확인해야 한다.
④ 세무공무원과의 일반론적인 상담 후 차후에 그 상담 내용에 반하는 적법한 처분이 이루어진 경우 해당 처분은 신의성실의 원칙에 반하는 것이므로 효력이 없다.

해설

④ 세무공무원에게 신의성실원칙을 적용하기 위해서는 다음의 요건이 필요하다.

> ㉠ 납세자의 신뢰의 대상이 되는 과세관청의 공적 견해표시가 있어야 한다.
> ㉡ 납세자가 과세관청의 견해표시를 신뢰하고, 그 신뢰에 납세자의 귀책사유가 없어야 한다.
> ㉢ 납세자가 과세관청의 견해표시에 대한 신뢰를 기초로 하여 어떤 행위를 해야 한다.
> ㉣ 과세관청이 당초의 견해표시에 반하는 적법한 행정처분을 해야 한다.
> ㉤ 과세관청의 그러한 배신적 처분으로 인하여 납세자가 불이익을 받아야 한다.

즉, 일반론적인 세무공무원의 상담은 과세관청의 공적 견해표시에 해당하지 않으므로 (「국세기본법 집행기준 15-0-4), 그 상담 내용에 반하는 적법한 처분이 이루어진 것만으로는 **신의성실의 원칙을 위반했다고 볼 수 없다.**

정답 ④

046

「국세기본법」상 국세부과의 원칙과 관련이 없는 것은?

① 법적안정성 및 예측가능성의 보장을 위해 법규의 제정·개정 전에 완료한 사실에 대해 새로 제정·개정된 법규 등을 소급하여 적용하지 않는다.
② 세무서장이 종합소득 과세표준과 세액을 경정하는 경우 거주자가 추계신고한 경우에도 소득금액을 계산할 수 있는 장부 기타 증빙서류를 비치·기장하고 있는 때에는 그 장부 기타 증빙서류에 근거하여 실지조사결정해야 한다.
③ 거래의 형식은 매매이나 그 실질이 증여이면 증여로 보아 증여세를 과세한다.
④ 정부는 국세를 감면한 경우에 그 감면의 취지를 성취하거나 국가정책을 수행하기 위하여 필요하다고 인정하면 세법에서 정하는 바에 따라 사후관리를 한다.

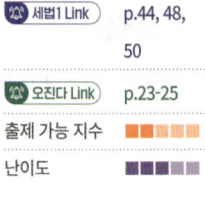

세법1 Link   p.44, 48, 50
오진다 Link   p.23-25
출제 가능 지수 ■■■■■
난이도 ■■■■■

해설

① 해당 선지는 소급과세금지에 대한 설명으로 **세법적용의 원칙**에 해당한다.   정답 ①

047

「국세기본법」상 국세부과 및 세법적용의 원칙에 관한 설명으로 옳지 않은 것은?

① 세무공무원이 국세의 과세표준을 조사·결정할 때에는 세법에 특별한 규정이 없으면 납세의무자가 계속하여 적용하고 있는 기업회계의 기준 또는 관행으로서 일반적으로 공정·타당하다고 인정되는 것은 존중하여야 한다.
② 둘 이상의 행위 또는 거래를 거치는 방법으로 세법의 혜택을 부당하게 받기 위한 것으로 인정되는 경우에는 각각의 행위 또는 거래를 기준으로 「국세기본법」 또는 세법을 적용하여 과세한다.
③ 세법을 해석·적용할 때에는 과세의 형평과 해당 조항의 합목적성에 비추어 납세자의 재산권이 부당하게 침해되지 않도록 하여야 한다.
④ 과세관청의 공적인 언동을 신뢰하고 행한 납세자의 행위가 세법에 위배되어 과세관청이 공적인 언동에 반하는 적법한 처분을 하는 경우 신의성실원칙에 어긋난다.

세법1 Link   p.44, 46, 48, 51
오진다 Link   p.23-26
출제 가능 지수 ■■■■■
난이도 ■■■■■

해설

② 둘 이상의 행위 또는 거래를 거치는 방법으로 세법의 혜택을 부당하게 받기 위한 것으로 인정되는 경우에는 그 경제적 실질내용에 따라 **연속된 하나의 행위 또는 거래를 한 것으로 보아** 「국세기본법」 또는 세법을 적용한다.   정답 ②

048

「국세기본법」상 국세부과와 세법적용의 원칙에 관한 설명으로 옳지 않은 것은?

세법1 Link   p.46-47, 50
오진다 Link   p.23-25
출제 가능 지수 ■■■■■
난이도 ■■■■■

① 신의·성실의 원칙은 세무공무원뿐만 아니라 납세자에게도 적용되는 원칙이다.

② 국세를 조사·경정할 때 납세의무자가 세법에 따라 장부를 갖추어 기록하고 있는 경우 장부의 기록내용이 사실과 다르거나 누락된 것이 있을 때에는 그 부분에 대해서만 정부가 조사한 사실에 따라 결정할 수 있다.

③ 근거과세의 원칙에 의하면 납세자가 세법에 따른 장부를 비치·기장하고 있지 아니하여 그에 의하여 수입금액 혹은 소득금액을 계산할 수 없는 경우에도 수입금액 혹은 소득금액을 추정하여 과세할 수 없다.

④ 국세를 납부할 의무 혹은 징수하여 납부할 의무가 성립한 소득에 대해서는 그 성립한 후의 새로운 세법에 따라 소급하여 과세하지 아니한다.

해설

③ 근거과세의 원칙은 납세의무자가 세법에 따른 장부를 갖추어 기록하고 있는 경우에 해당한다. 즉, 장부를 비치·기장하지 않고 있는 경우에는 근거과세의 원칙이 적용될 수 없다. 그러므로 과세관청은 납세의무자가 장부를 비치·기장하고 있지 않은 경우에는 근거과세의 원칙과는 별개로 수입금액 혹은 소득금액을 **추정하여 과세할 수 있다.**

정답 ③

049

「국세기본법」상 신의성실의 원칙에 관한 판례의 내용으로 옳지 않은 것은?

세법1 Link p.46-47
오진다 Link p.24
출제 가능 지수 ■■■■□
난이도 ■■■■□

① 조세법률주의에 의하여 합법성이 강하게 작용하는 조세 실체법에 대한 신의성실의 원칙 적용은 합법성을 희생하여서라도 구체적 신뢰보호의 필요성이 인정되는 경우에 한하여 허용된다.

② 과세관청이 납세의무자에게 부가가치세 면세사업자용 사업자등록증을 교부하였다면 그가 영위하는 사업에 관하여 부가가치세를 과세하지 아니함을 시사하는 언동이나 공적인 견해를 표명한 것으로 볼 수 없다.

③ 납세의무자가 자산을 과대계상하거나 부채를 과소계상하는 등의 방법으로 분식결산을 하고 이에 따라 과다하게 법인세를 신고·납부하였다가 그 과다납부한 세액에 대하여 취소 소송을 제기하여 다툰다는 것만으로도 신의성실의 원칙에 위반될 정도로 심한 배신행위를 하였다고 할 수 없다.

④ 과세관청에게 신의성실의 원칙을 적용하기 위해서는 객관적으로 모순되는 행태가 존재하고, 그 행태가 납세의무자의 심한 배신행위에 기인하였으며, 그에 기하여 야기된 과세관청의 신뢰가 보호받을 가치가 있는 것이어야 한다.

해설

① 과세관청이 납세자에게 행한 처분이 적법하더라도 그 처분이 신의성실의 원칙을 위배했다면 납세자는 그 처분의 취소를 청구할 수 있으나 **조세법률주의의 제약하에 개별적으로 납세자의 신뢰를 보호할 가치가 큰 경우에 한해서만 적용**된다.

② 과세관청이 납세의무자에게 면세사업자등록증을 교부하고, 수년간 면세사업자로서 한 부가가치세 예정신고 및 확정신고를 받은 행위만으로는 과세관청이 납세의무자에게 그가 영위하는 사업에 관하여 부가가치세를 과세하지 아니함을 **시사하는 언동이나 공적인 견해를 표명한 것이라고 할 수 없다**(대법2001두9370, 2002.09.04.).

③ 납세의무자가 자산을 과대계상하거나 부채를 과소계상하는 등의 방법으로 **분식결산**하고 이에 따라 과다하게 법인세를 신고, 납부하였다가 그 과다납부한 세액에 대하여 **취소소송을 제기하여 다툰다는 사정만으로 신의성실의 원칙에 위반될 정도로 심한 배신행위를 하였다고 볼 수는 없다**(대법2005두6300, 2006.01.26.).

④ **납세자**에게 신의성실의 원칙을 적용하기 위해서는 객관적으로 모순되는 행태가 존재하고, 그 행태가 납세의무자의 심한 배신행위에 기인하였으며, 그에 기하여 야기된 과세관청의 신뢰가 보호받을 가치가 있어야 한다.

정답 ④

050

세법1 Link p.46
오진다 Link p.24
출제 가능 지수 ■■■□□
난이도 ■■■■□

「국세기본법」 제15조의 "신의성실의원칙"은 납세자와 과세관청에게 모두 적용되는 개념이다. 그러나 현실적으로는 납세자의 과세관청에 대한 신뢰이익의 보호가 중요하다고 할 수 있는데 이러한 측면에서 학설과 판례에 따른 신의성실의 원칙의 적용 요건 중 옳지 않은 것은?

① 과세관청이 납세자에게 신뢰의 대상이 되는 공적인 견해표시를 하여야 한다.
② 납세자가 과세관청의 견해표시가 정당하다고 신뢰하는 데에 납세자의 귀책사유가 없어야 한다.
③ 과세관청이 당초 견해표시에 반하는 처분을 하여야 하며, 이러한 처분의 적법 또는 위법 여부를 따지지 않는다.
④ 과세관청의 처분이 납세자의 이익을 침해하지 않는다면 신의성실 원칙의 적용은 불필요하다.

해설

③ 과세관청이 당초 견해표시에 반하는 처분을 하여야 하며, 이러한 처분은 **적법해야 한다.**   정답 ③

051

세법1 Link p.46-47
오진다 Link p.24
출제 가능 지수 ■■■□□
난이도 ■■■■□

「국세기본법」상 신의성실의 원칙에 관한 설명으로 옳지 않은 것은?(다툼이 있는 경우 판례에 따름)

① 조세실체법에 대한 신의성실의 원칙 적용은 합법성을 희생하여서라도 구체적 신뢰보호의 필요성이 인정되는 경우에 한하여 허용된다.
② 세무서 직원들이 명시적으로 부가가치세 면제대상으로 세무지도를 하여 납세자가 이를 믿고 부가가치세를 거래징수하지 않았으나 그 이후에 과세관청이 한 부가가치세 과세처분은 신의성실의 원칙에 위반된다.
③ 납세의무자가 인터넷 국세종합상담센터의 답변에 따라 세액을 과소신고·납부한 경우 그 답변은 과세관청의 공식적인 견해표명에 해당하지 않는다.
④ 납세의무자가 자산을 과대계상하는 방법으로 분식결산을 하고 이에 따라 법인세를 과다신고·납부한 후 그 과다납부한 세액에 대한 감액을 주장하는 경우 납세의무자에게 신의성실의 원칙이 적용되어 과다납부한 세액을 환급하지 않는다.

해설

② [참고] 대법원 1990. 10. 10., 선고, 88누5280
세무서 직원들이 명시적으로 부가가치세 면제대상이라는 세무지도를 한 경우 과세관청의 공적인 견해표명이므로 해당 과세처분은 신의성실의 원칙에 위반되는 행위로서 위법하다.
③ [참고] 대법원 2009. 4. 23. 선고 2007두3107
인터넷 국세종합상담센터의 답변에 따라 세액을 과소신고·납부하게 되었다 하더라도 그 답변은 과세관청의 공식적인 견해표명이 아니라 상담직원의 단순한 상담에 불과하므로 납세의무자의 신고·납세의무의 위반을 탓할 수 없는 정당한 사유가 있다고 보기 어렵다.
④ 납세의무자가 자산을 과대계상하는 방법으로 분식결산을 하고 이에 따라 법인세를 과다신고·납부한 후 그 과다납부한 세액에 대한 감액을 주장하는 경우에는 **신의성실의 원칙이 적용되지 않는다.**   정답 ④

052

「국세기본법」상 세법해석에 관한 질의회신 절차와 방법에 관한 설명으로 옳지 않은 것은?

세법1 Link   p.48-49
오진다 Link   p.25
출제 가능 지수 ■■■□□
난이도 ■■■■□

① 세법의 해석과 관련된 질의에 대하여는 세법해석의 기준을 적용하여 해석해야 한다.

② 세법을 해석·적용할 때에는 과세의 형평과 해당 조항의 합목적성에 비추어 납세자의 재산권이 부당하게 침해되지 않도록 해야 한다.

③ 국세청장은 세법의 해석과 관련된 질의가 일반화된 관세 행정의 관행을 변경하는 사항에 해당하는 경우에는 관세청장에게 의견을 첨부하여 해석을 요청해야 한다.

④ 세법의 입법취지에 따른 해석이 필요한 경우로서 납세자의 권리보호를 위하여 필요하다고 기획재정부장관이 인정하는 경우에는 기획재정부장관이 직접 회신할 수 있다.

해설

③ 국세청장은 세법의 해석과 관련된 질의가 일반화된 관세 행정의 관행을 변경하는 사항에 해당하는 경우에는 **기획재정부장관**에게 의견을 첨부하여 해석을 요청해야 한다.

정답 ③

053

「국세기본법」상 국세부과와 세법적용에 관한 설명으로 옳은 것은?

세법1 Link   p.49-51
오진다 Link   p.24-26
출제 가능 지수 ■■■■□
난이도 ■■■■□

① 기획재정부장관, 국세청장, 세무서장은 세법의 해석과 관련된 질의에 대하여 「국세기본법」에 따른 세법해석의 기준에 따라 해석하여 회신해야 한다.

② 세법 외의 법률 중 국세의 부과·징수·감면 또는 그 절차에 관하여 규정하고 있는 조항은 세법의 해석·적용에 있어서는 이를 세법으로 본다.

③ 국세를 납부할 의무가 확정된 소득, 수익, 재산, 행위 또는 거래에 대해서는 그 확정 후의 새로운 세법에 따라 소급하여 과세하지 않는다.

④ 세무공무원은 국세의 과세표준을 결정·경정할 때에는 세법에 특별한 규정이 있는 경우에도 납세의무자가 계속하여 적용하고 있는 기업회계의 기준 또는 관행을 존중해야 한다.

해설

① **기획재정부장관, 국세청장**은 세법의 해석과 관련된 질의에 대하여 「국세기본법」에 따른 세법해석의 기준에 따라 해석하여 회신하여야 한다. **세무서장은 해당되지 않는다.**

③ 국세를 납부할 의무가 **성립**된 소득, 수익, 재산, 행위 또는 거래에 대해서는 그 **성립** 후 새로운 세법에 따라 소급하여 과세하지 아니한다.

④ 세무공무원이 국세의 과세표준을 조사·결정할 때에는 해당 납세의무자가 계속하여 적용하고 있는 기업회계의 기준 또는 관행으로서 일반적으로 공정·타당하다고 인정되는 것은 존중해야 한다. **다만, 세법에 특별한 규정이 있는 것은 그렇지 않다.**

정답 ②

054

세법1 Link p.50
오진다 Link p.25
출제 가능 지수 ■■■■■
난이도 ■■■■■

다음 중 「국세기본법」상 소급과세금지에 대한 설명으로 옳은 것은?

① 「국세기본법」은 새로운 입법에 의한 과세가 소급과세인지 여부를 판단하는 기준시점을 납세의무의 확정시점으로 규정하고 있다.

② 소급적용하는 것이 납세자에게 이익이 되는 경우에는 소급과세금지의 원칙에 위배되지 아니한다.

③ 부진정소급입법은 납세자에게 불리하면 원칙적으로 허용되지 않는다.

④ 세법의 해석이나 국세행정의 관행이 일반적으로 납세자에게 받아들여진 후에는 그 해석이나 관행에 의한 행위 또는 계산은 정당한 것으로 보며, 새로운 해석이나 관행에 의하여 소급하여 과세된다.

해설

① 「국세기본법」은 새로운 입법에 의한 과세가 소급과세인지 여부를 판단하는 기준시점을 납세의무의 **성립시점**으로 규정하고 있다.

③ 부진정소급입법은 납세자에게 **불리하더라도 원칙적으로 허용되며,** 납세자의 구법에 대한 신뢰가 보호할 가치가 있다고 할 특단의 사정이 있는 경우에만 예외적으로 허용되지 않는다.

④ 세법의 해석이나 국세행정의 관행이 일반적으로 납세자에게 받아들여진 후에는 그 해석이나 관행에 의한 행위 또는 계산은 정당한 것으로 보며, 새로운 해석이나 관행에 의하여 소급하여 **과세되지 않는다.**   정답 ②

055

세법1 Link p.50
오진다 Link p.25
출제 가능 지수 ■■■■■
난이도 ■■■■■

「국세기본법」에서 규정하고 있는 '소급과세금지의 원칙'에 대한 설명으로 옳지 않은 것은?

① 소급과세금지의 원칙이란 납세의무가 성립한 후에 새로운 세법 또는 해석·관행에 의하여 소급하여 과세할 수 없다는 원칙이다.

② 기본통칙에 따르면, 세법의 해석 또는 국세행정의 관행이 일반적으로 납세자에게 받아들여진 후라 함은 성문화된 근거가 있어야 한다.

③ 소급과세금지의 원칙은 세법적용의 원칙 중 하나로 세법의 해석과 적용 시 공무원이 따라야 할 기본적 지침이다.

④ 소급과세 금지의 원칙은 법적 안정성과 예측가능성을 보장함으로써 국민의 재산권을 보장하기 위한 것이다.

해설

② 기본통칙에 따르면, 세법의 해석 또는 국세행정의 관행이 일반적으로 납세자에게 받아들여진 후라 함은 **성문화의 여부에 관계없이** 행정처분의 선례가 반복됨으로써 납세자가 그 존재를 일반적으로 확신하게 된 것을 말한다.

[기본통칙] 국기통 18-0…1

법 제18조 제3항에서 "세법의 해석 또는 국세행정의 관행이 일반적으로 납세자에게 받아들여진 후"라 함은 성문화의 여부에 관계없이 행정처분의 선례가 반복됨으로써 납세자가 그 존재를 일반적으로 확신하게 된 것을 말하며 명백히 법령위반인 경우는 제외한다.

정답 ②

056

「국세기본법」상 중장기 조세정책운용계획에 관한 설명으로 옳지 않은 것은?

세법1 Link   p.52
오진다 Link   p.26
출제 가능 지수   ■■■■
난이도   ■■■■■

① 기획재정부장관은 효율적인 조세정책의 수립과 조세부담의 형평성 제고를 위하여 5년마다 중장기 조세정책운용계획을 수립해야 한다.
② 중장기 조세정책운용계획에는 조세정책의 기본방향과 목표, 주요 세목별 조세정책 방향, 비과세·감면 제도 운용 방향, 조세부담 수준, 그 밖에 대통령령으로 정하는 사항이 포함되어야 한다.
③ 중장기 조세정책운용계획은 「국가재정법」에 따른 국가재정운용계획과 연계하여 수립되어야 한다.
④ 중장기 조세정책운용계획을 수립할 때는 해당 연도부터 5개 연도 이상의 기간에 대한 조세정책운용계획을 수립해야 한다.

해설

① 기획재정부장관은 효율적인 조세정책의 수립과 조세부담의 형평성 제고를 위하여 **매년** 중장기 조세정책운용계획을 수립해야 한다.

정답 ①

납세의무의 성립, 확정, 소멸

057

세법1 Link p.57-58
오진다 Link p.27-28
출제 가능 지수
난이도

「국세기본법」상 납세의무의 성립시기에 관한 설명으로 옳은 것은?

① 납세조합이 징수하는 소득세와 예정신고납부하는 소득세는 과세표준이 되는 금액이 발생한 날에 성립한다.
② 금융업자의 수익금액에 부과되는 교육세는 해당 금융업자의 법인세 납세의무가 확정하는 때에 성립한다.
③ 청산소득에 대한 법인세는 해당 법인의 잔여재산이 확정되는 때에 성립한다.
④ 수시부과하여 징수하는 국세를 납부할 의무는 수시부과할 사유가 발생한 때에 성립한다.

해설

① 납세조합이 징수하는 소득세와 예정신고납부하는 소득세는 **과세표준이 되는 금액이 발생한 달의 말일**에 성립한다.
② 금융·보험업자의 수익금액에 부과되는 교육세는 **과세기간이 끝나는 때**에 성립한다.
③ 청산소득에 대한 법인세는 해당 법인이 **해산하는 때**가 된다.   정답 ④

058

세법1 Link p.57-58
오진다 Link p.27-28
출제 가능 지수
난이도

「국세기본법」상 납세의무의 성립시기에 대한 설명으로 옳은 것은?

① 종합부동산세를 신고하는 경우에는 신고하는 때에 성립한다.
② 원천징수하는 소득세·법인세를 납부할 의무는 소득금액 또는 수입금액을 지급하는 때에 성립한다.
③ 상속세는 상속신고를 완료하는 때가 된다.
④ 수입재화의 경우 부가가치세를 납부할 의무는 과세기간이 끝나는 때에 성립한다.

해설

① 종합부동산세를 납부할 의무는 **과세기준일**에 성립한다.
③ 상속세는 특정한 행위시점을 기준으로 수시로 부과하는 국세다. 따라서 상속세의 경우 **상속을 개시하는 때**에 납세의무가 성립한다.
④ 수입재화에 대한 부가가치세의 경우에는 **세관장에게 수입신고를 하는 때** 납세의무가 성립한다.   정답 ②

059

「국세기본법」상 납세의무의 성립에 대한 설명으로 옳은 것은?

세법1 Link p.57-58
오진다 Link p.27-28
출제 가능 지수 ■■■■□
난이도 ■□□□□

① 청산소득에 대한 법인세는 잔여재산가액이 확정되는 때에 성립한다.
② 무신고가산세는 가산할 국세의 납세의무가 성립한 때 납세의무가 성립한다.
③ 금융업자의 수익금액에 부과되는 교육세는 과세기간이 끝나는 때에 납세의무가 성립한다.
④ 예정신고 · 납부하는 소득세는 과세표준이 되는 금액이 발생한 날에 납세의무가 성립한다.

해설

① 청산소득에 대한 법인세는 그 법인이 **해산하는 때**에 성립한다.
② 무신고가산세는 **법정신고기한이 경과하는 때** 납세의무가 성립한다.
④ 예정신고 · 납부하는 소득세는 **과세표준이 되는 금액이 발생한 달의 말일**에 납세의무가 성립한다.   정답 ③

060

「국세기본법」상 납세의무의 성립시기로 옳은 것은?

세법1 Link p.57
오진다 Link p.27-28
출제 가능 지수 ■■■■□
난이도 ■□□□□

① 부가가치세는 과세기간이 끝나는 때 납세의무가 성립한다. 단, 수입재화의 경우에는 세관장에게 수입신고를 하는 때 납세의무가 성립한다.
② 각 사업연도 소득에 대한 법인세는 납세의무자가 과세표준과 세액을 정부에 신고했을 때 납세의무가 성립한다.
③ 상속세는 상속세과세표준과 세액을 정부에 신고했을 때에 납세의무가 성립한다.
④ 중간예납하는 소득세는 과세표준이 되는 금액이 발생한 달의 말일에 납세의무가 성립한다.

해설

② 각 사업연도 소득에 대한 법인세는 **과세기간이 끝나는 때** 납세의무가 성립한다.
③ 상속세는 **상속이 개시되는 때** 납세의무가 성립한다.
④ 중간예납하는 소득세는 **중간예납기간이 끝나는 때** 납세의무가 성립한다.   정답 ①

061

「국세기본법」상 납세의무의 성립시기로서 옳은 것은?

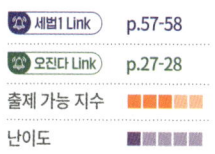
세법1 Link p.57-58
오진다 Link p.27-28
출제 가능 지수
난이도

① 증권거래세: 과세표준과 세액을 정부에 신고했을 때
② 금융·보험업자의 수익금액에 부과되는 교육세: 본세의 납세의무가 성립한 때
③ 증여세: 증여에 의하여 재산을 취득하는 때
④ 수입재화에 대한 부가가치세: 과세기간이 끝나는 때

해설

① 증권거래세는 **증권의 매매거래가 확정되는 때**에 성립한다. 증권거래세는 과세표준과 세액을 정부에 신고했을 때에 확정된다.
② 교육세는 원칙적으로 본세의 납세의무가 성립한 때 성립된다. 그러나 금융·보험업자의 수익금액에 부과되는 교육세는 **과세기간이 끝나는 때**에 성립한다.
④ 부가가치세와 같이 과세기간이 정해진 국세는 기간단위로 과세하는 국세이므로 과세기간이 끝나는 때 납세의무가 성립한다. 다만, 수입재화에 대한 부가가치세의 경우에는 **세관장에게 수입신고를 하는 때** 납세의무가 성립한다.

정답 ③

062

「국세기본법」상 납세의무의 성립과 확정에 대한 설명으로 가장 적절한 것은?

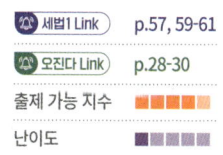
세법1 Link p.57, 59-61
오진다 Link p.28-30
출제 가능 지수
난이도

① 소득세 과세표준신고서를 법정신고기한까지 제출한 자의 수정신고는 당초의 신고에 따라 확정된 과세표준과 세액을 증액하여 확정하는 효력이 없다.
② 소득세 과세표준신고서를 법정신고기한까지 제출한 자의 수정신고는 당초 신고에 따라 확정된 세액에 관한 세법에서 규정하는 권리 의무관계에 영향을 미친다.
③ 세법에 따라 당초 확정된 세액을 증가시키는 경정은 당초 확정된 세액에 관한 세법에서 규정하는 권리 의무관계에 영향을 미치지 아니한다.
④ 상속세는 상속이 개시되는 때, 증여세는 증여에 의하여 재산을 취득하는 때에 각각 납세의무가 성립하고, 「상속세 및 증여세법」에 따라 납부의무가 있는 자가 신고하는 때에 확정된다.

해설

① 소득세 과세표준신고서를 법정신고기한까지 제출한 자의 수정신고는 당초의 신고에 따라 확정된 과세표준과 세액을 증액하여 확정하는 효력을 **가진다**.
② 소득세 과세표준신고서를 법정신고기한까지 제출한 자의 수정신고는 당초 신고에 따라 확정된 세액에 관한 세법에서 규정하는 권리 의무관계에 영향을 **미치지 아니한다**.
④ 「상속세 및 증여세법」은 납세자에게 신고의무가 있음에도 불구하고 정부부과세 세목이므로 **신고하는 때에 확정되는 것이 아니다.** 따라서 상속세 및 증여세의 경우 해당 국세의 과세표준과 세액을 **정부가 '결정(즉 부과처분)'하는 때에 확정**된다.

정답 ③

063

「국세기본법」상 납세의무에 대한 설명으로 옳은 것은?

세법1 Link   p.58-59, 66
오진다 Link   p.28-29, 31
출제 가능 지수   ■■■■□
난이도   ■■■■□

① 농어촌특별세는 본세의 과세기간이 끝나는 때에 납세의무가 성립된다.
② 국세 부과의 제척기간이 만료되면 기산일에 소급하여 부과권이 소멸하므로 징수권도 발생하지 아니한다.
③ 상속세의 경우 납세의무자의 신고는 세액을 확정시키는 효력이 있다.
④ 신고납부제도가 적용되는 세목일지라도 과세표준과 세액을 정부가 결정한 경우에는 그 결정하는 때를 납세의무 확정시기로 한다.

해설

① 농어촌특별세는 **본세의 납세의무가 성립하는 때**에 납세의무가 성립된다.
② 제척기간이 만료되면 **장래를 향하여** 부과권이 소멸되므로 그 후에는 징수권을 포함한 국세부과에 관한 어떠한 행위도 할 수 없게 된다. ← 부과권은 장래를 향하여 소멸, 징수권은 기산일에 소급하여 소멸함을 주의
③ 상속세의 경우 납세의무자의 신고는 세액을 확정시키는 효력이 **없다**.

정답 ④

064

「국세기본법」상 납세의무가 성립하는 때에 특별한 절차 없이 그 세액이 확정되는 국세만을 모두 고르면?

세법1 Link   p.60
오진다 Link   p.29
출제 가능 지수   ■■■■□
난이도   ■■□□□

> ㄱ. 예정신고납부하는 소득세
> ㄴ. 납세조합이 징수하는 소득세
> ㄷ. 중간예납하는 법인세(세법에 따라 정부가 조사·결정하는 경우는 제외한다)
> ㄹ. 중간예납하는 소득세
> ㅁ. 원천징수 등 납부지연가산세(납부고지서에 따른 납부기한 후의 가산세로 한정한다)
> ㅂ. 수시부과하여 징수하는 국세
> ㅅ. 인지세
> ㅇ. 원천징수하는 법인세

① ㄱ, ㄴ, ㄷ   ② ㄴ, ㄹ, ㅁ, ㅅ   ③ ㄴ, ㄷ, ㅁ, ㅅ, ㅇ   ④ ㄴ, ㄹ, ㅁ, ㅅ, ㅇ

해설

납세의무가 성립하는 때에 특별한 절차 없이 그 세액이 확정되는 국세는 다음과 같다.

인지세	과세문서를 작성하는 때
원천징수하는 소득세·법인세	소득금액 또는 수입금액을 지급하는 때
납세조합이 징수하는 소득세	과세표준이 되는 금액이 발생한 달의 말일
중간예납하는 법인세(세법에 따라 정부가 조사결정하는 경우는 제외)	중간예납기간이 끝나는 때
납부지연가산세 및 원천징수납부 등 납부지연 가산세(납부고지서에 따른 납부기한 후의 가산세로 한정)	납부고지서에 따른 납부기한이 지난 후 1일마다 그 날이 경과하는 때

정답 ③

065

다음 중 「국세기본법」상 납세의무의 확정시기로 옳은 것은?

① 소득세는 과세기간이 끝나는 때
② 증권거래세는 해당 매매거래가 확정되는 때
③ 종합부동산세를 신고하는 경우에는 신고하는 때
④ 상속세는 상속개시일

세법1 Link   p.59
오진다 Link   p.29
출제 가능 지수 ■■■■■
난이도   ■■■■■

해설

① 소득세는 과세표준과 세액을 **신고하는 때**
② 증권거래세는 과세표준과 세액을 **신고하는 때**
④ 상속세는 상속개시일에 납세의무가 성립된다. 상속세는 납세자에게 신고의무가 부여되나, 정부부과과세 세목이므로 납세의무자의 과세표준신고가 아무리 정당하다 하더라도 정부는 반드시 과세표준과 세액의 결정을 해야 한다. 따라서 상속세는 **정부가 결정하는 때**에 납세의무가 확정된다.   정답 ③

066

「국세기본법」상 납세의무의 성립 및 확정에 대한 설명으로 옳은 것은?

① 추상적인 납세의무를 일정액의 현실적인 금전채무로 구체화하는 것이 납세의무의 성립이다.
② 상속세 및 증여세의 경우는 납세자가 과세표준을 신고해야 하나, 이 경우 납세자의 신고는 정부의 과세처분에 참고자료가 될 뿐이고 그 자체로서는 세액을 확정하는 기능을 갖지 못한다.
③ 원천징수하는 법인세는 납세의무가 성립하는 때에 특별한 절차없이 그 세액이 확정되지만, 원천징수하는 소득세는 과세표준이 되는 금액이 발생한 달의 말일에 확정된다.
④ 수시부과하여 징수하는 국세의 경우 과세표준과 세액을 정부가 결정하는 때에 성립한다.

세법1 Link   p.58-60
오진다 Link   p.28-30
출제 가능 지수 ■■■■■
난이도   ■■■■■

해설

① 추상적인 납세의무를 일정액의 현실적인 금전채무로 구체화하는 것이 납세의무의 **확정**이다.
③ 원천징수하는 법인세와 소득세는 납세의무가 성립하는 때(소득금액 또는 수입금액을 지급하는 때)에 특별한 절차없이 그 세액이 확정된다. **납세조합이 징수하는 소득세**는 과세표준이 되는 금액이 발생한 달의 말일에 확정된다.
④ 수시부과하여 징수하는 국세의 경우 **수시부과할 사유가 발생한 때**에 납세의무가 성립한다.

정답 ②

067

「국세기본법」상 납세의무의 소멸에 대한 설명으로 옳은 것은?

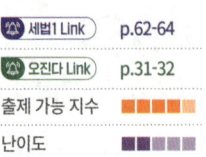
세법1 Link   p.62-64
오진다 Link   p.31-32
출제 가능 지수 ■■■■■
난이도   ■■■■■

① 과세관청이 국세를 부과할 수 있는 권리의 행사기간이 끝남에 따라 소멸하는 것을 국세징수권 소멸시효 완성이라 한다.
② 세무서장이 국세환급금으로 결정한 금액으로 체납된 국세 전부에 충당한 때 납세의무는 소멸한다.
③ 국세의 부과결정이 철회된 때 납세의무의 소멸한다.
④ 신고기한까지 상속세과세표준신고서를 제출하지 않은 경우 과세표준신고기한의 다음 날부터 10년 내에 상속세를 부과하지 않으면 상속세 납세의무의 소멸한다.

해설

① 과세관청이 국세를 부과할 수 있는 권리의 행사기간이 끝남에 따라 소멸하는 것을 **국세부과제척기간의 만료**라 한다.
③ 부과의 철회는 「국세징수법」에 의해 송달불능으로 징수유예한 국세의 징수가 불가능하다고 인정될 때 이루어진다. 부과철회 후 납세자의 행방 또는 재산을 발견한 경우에는 부과할 수 있다. 따라서 **부과의 철회는 납세의무의 소멸사유에 해당하지 않는다.** 반면, 유효하게 성립한 부과처분에 대하여 그 성립에 하자가 있음을 이유로 당초 부과시점으로 소급하여 그 처분의 효력을 상실시키는 **부과의 취소는 납세의무의 소멸사유에 해당한다.** ← 부과의 철회는 함정으로 자주 나오니 주의할 것
④ 신고기한까지 상속세과세표준신고서를 제출하지 않은 경우 과세표준신고기한의 다음 날부터 **15년** 내에 상속세를 부과하지 않으면 상속세 납세의무는 소멸한다. ← 상속세·증여세의 무신고 제척기간은 함정으로 자주 나오니 주의!

[납세의무의 소멸 개요]

구분		내용
실현되면서 소멸	㉠ 납부	세액을 국고에 납입함에 따라 소멸
	㉡ 충당	환급받을 세액을 납부할 다른 세액과 상계함에 따라 소멸
미실현상태에서 소멸	㉢ 부과의 취소	성립에 하자가 있음을 이유로 당초 부과시점으로 소급하여 그 처분의 효력을 상실시킴에 따라 소멸
	㉣ 국세부과 제척기간의 만료	국세를 부과할 수 있는 권리의 행사기간이 끝남에 따라 소멸
	㉤ 국세징수권 소멸시효 완성	국세를 징수할 수 있는 권리를 일정기간 행사하지 않아 소멸

정답 ②

068

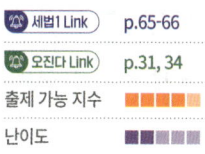
세법1 Link p.65-66
오진다 Link p.31, 34
출제 가능 지수 ■■■■■
난이도 ■■■■■

「국세기본법령」상 국세 부과제척기간에 대한 설명으로 옳은 것은?

① 과세표준과 세액을 신고하는 국세(「종합부동산세법」에 따라 신고하는 종합부동산세는 제외)의 경우 해당 국세의 과세표준신고기한의 다음 날을 국세 부과제척기간의 기산일로 한다. 이 경우 중간예납·예정신고기한과 수정신고기한은 과세표준신고기한에 포함되지 아니한다.

② 경정청구가 있는 경우 원칙적인 부과제척기간에도 불구하고 지방국세청장 또는 세무서장은 경정청구일부터 1개월이 지나기 전까지 해당 경정청구에 따라 경정이나 그 밖에 필요한 처분을 할 수 있다.

③ 소득공제를 받은 금액에 상당하는 세액을 의무불이행으로 인하여 징수하는 경우 국세 부과제척기간의 기산일은 법정납부기한의 다음날로 한다.

④ 상속세 및 증여세의 납세의무자가 해당 세액에 대한 연부연납을 신청한 경우 그 부과제척기간은 정지된다.

해설

② 경정청구가 있는 경우 원칙적인 부과제척기간에도 불구하고 지방국세청장 또는 세무서장은 경정청구일부터 **2개월**이 지나기 전까지 해당 경정청구에 따라 경정이나 그 밖에 필요한 처분을 할 수 있다.

③ 소득공제를 받은 금액에 상당하는 세액을 의무불이행으로 인하여 징수하는 경우 국세 부과제척기간의 기산일은 **해당 공제세액을 징수할 수 있는 사유가 발생한 날**로 한다.

④ 상속세 및 증여세의 납세의무자가 해당 세액에 대한 연부연납을 신청하더라도 그 부과제척기간은 **정지되지 않는다**. 제척기간은 권리관계를 조속히 확정시키려는 목적이므로 그 진행기간의 중단과 정지가 인정되지 않는다.

정답 ①

069

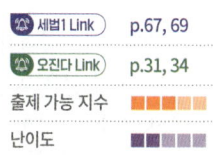
세법1 Link p.67, 69
오진다 Link p.31, 34
출제 가능 지수 ■■■■■
난이도 ■■■■■

「국세기본법」상 국세징수권 소멸시효에 대한 설명으로 옳은 것은?

① 과세표준과 세액의 신고에 의하여 납세의무가 확정되는 국세의 법정 신고납부기한이 연장되는 경우 그 연장된 기한일부터 기산한다.

② 과세표준과 세액을 정부가 결정, 경정 또는 수시부과결정하는 경우 납부고지한 세액에 대해서는 그 고지에 따른 납부기한일부터 기산한다.

③ 원천징수의무자로부터 징수하는 국세의 경우 납부고지한 원천징수세액에 대해서는 그 고지에 따른 납부기한의 다음 날부터 기산한다.

④ 국세징수권의 소멸시효가 완성되면 장래를 향하여 징수권이 소멸한다.

해설

① 과세표준과 세액의 신고에 의하여 납세의무가 확정되는 국세의 법정 신고납부기한이 연장되는 경우 그 연장된 기한의 **다음 날**부터 기산한다.

② 과세표준과 세액을 정부가 결정, 경정 또는 수시부과결정하는 경우 납부고지한 세액에 대해서는 그 고지에 따른 납부기한의 **다음 날**부터 기산한다.

④ 국세징수권의 소멸시효가 완성되면 기산일로 **소급하여 징수권이 소멸**한다.

정답 ③

070

「국세기본법」상 국세부과의 제척기간과 국세징수권의 소멸시효에 관한 설명으로 옳은 것은?

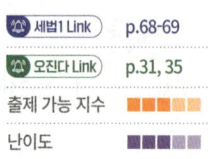
세법1 Link   p.68-69
오진다 Link   p.31, 35
출제 가능 지수   ■■■■■
난이도   ■■■■■

① 국세징수권 소멸시효는 세무공무원의 조속한 국세징수를 권고하려는 것이므로 국세부과의 제척기간과는 달리 진행기간의 중단이나 정지가 없다.

② 주된 납세자의 국세가 소멸시효의 완성에 의하여 소멸한 때 제2차 납세의무자, 납세보증인과 물적납세의무자에는 그 효력이 미치지 않는다.

③ 연부연납의 허가는 국세징수권 소멸시효의 중단사유에 해당한다.

④ 국세의 소멸시효가 완성한 때에는 그 국세의 강제징수비 및 이자상당세액에도 그 효력이 미친다.

해설

① 국세부과의 제척기간은 권리관계를 조속히 확정시키려는 것이므로 국세징수권 소멸시효와는 달리 진행기간의 중단이나 정지가 없다.

② 주된 납세자의 국세가 소멸시효의 완성에 의하여 소멸한 때에는 제2차 납세의무자, 납세보증인과 물적납세의무자에도 그 효력이 미친다.

③ 연부연납의 허가는 국세징수권 소멸시효의 정지사유에 해당한다.   정답 ④

071

「국세기본법」상 국세부과 제척기간과 국세징수권 소멸시효에 대한 설명으로 옳은 것은?

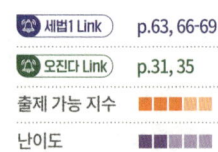
세법1 Link   p.63, 66-69
오진다 Link   p.31, 35
출제 가능 지수   ■■■■■
난이도   ■■■■■

① 국세부과의 제척기간이란 국세부과권의 법정존속기간을 말하며, 국세징수권의 소멸시효란 국가가 징수권을 일정기간 행사하지 아니하면 해당 권리를 소멸시키는 제도를 말한다.

② 국세징수권 소멸시효의 정지사유는 납부고지·독촉·교부청구·압류가 있다.

③ 국세징수권의 소멸시효는 분납기간, 징수유예기간, 체납처분 유예기간, 압류·매각유예기간, 연부연납기간 또는 세무공무원이 국세징수법에 따른 사해행위취소의 소를 제기하여 그 소송이 진행 중인 기간 및 1년 이상 국외체류 체납자의 국외체류기간에는 진행되지 아니한다.

④ 국세부과의 제척기간이 만료된 경우와 국세징수권이 소멸시효의 완성에 의하여 소멸하는 경우에도 이후 납세자의 행방 또는 재산이 발견되면 즉시, 부과·징수절차를 진행하여야 한다.

해설

② 국세징수권 소멸시효의 중단사유는 납부고지·독촉·교부청구·압류가 있다.

③ 국세징수권의 소멸시효는 분납기간, 징수유예기간, 체납처분 유예기간, 압류·매각유예기간, 연부연납기간 또는 세무공무원이 국세징수법에 따른 사해행위취소의 소를 제기하여 그 소송이 진행 중인 기간 및 6개월 이상 국외체류 체납자의 국외체류기간에는 진행되지 아니한다.

④ 국세부과 제척기간의 만료와 국세징수권 소멸시효 완성은 납세의무의 소멸사유에 해당하므로 이후에 납세자의 행방 또는 재산이 발견된다 하더라도 이미 소멸한 납세의무에 대해서는 부과·징수절차를 진행할 수 없게 된다.   정답 ①

072

세법1 Link   p.62-63, 68
오진다 Link   p.31, 32, 35
출제 가능 지수   ■■■■■
난이도   ■■■■□

「국세기본법」상 납부의무의 소멸에 대한 설명으로 옳은 것은?

① 국세 및 강제징수비를 납부할 의무는 국세를 부과할 수 있는 기간에 국세가 부과되지 아니하고 그 기간이 끝난 때에 소멸한다.
② 교부청구는 국세징수권 소멸시효에 영향을 미치지 않는다.
③ 납세자가 법정신고기한까지 부가가치세 과세표준신고서를 제출하지 않은 경우 부가가치세를 부과할 수 있는 날부터 5년을 부과제척기간으로 한다.
④ 체납자가 국외에 6개월 이상 계속 체류하는 경우 국세징수권의 소멸시효는 중단된다.

해설

② 교부청구가 있으면 국세징수권 **소멸시효는 중단**된다.
③ 납세자가 법정신고기한까지 부가가치세 과세표준신고서를 제출하지 않은 경우(무신고 시) 부가가치세를 부과할 수 있는 날부터 **7년**을 부과제척기간으로 한다.

구분	상속·증여세 외		상속·증여세
	일반거래	역외거래	
원칙	5년	7년	10년
무신고	**7년**	10년	**15년**
부정행위 (국세 포탈 등)	**10년**	15년	**15년**

④ 체납자가 국외에 6개월 이상 계속 체류하는 경우 해당 국외 체류기간에는 국세징수권의 소멸시효가 진행되지 않고 **정지**된다.

소멸시효의 중단 사유	소멸시효의 정지 사유 (정지 기간)
㉠ 납부고지 ㉡ 독촉 ㉢ 압류* ㉣ 교부청구	㉠ 세법에 따른 분납기간, 연부연납기간 ㉡ 세법에 따른 납부고지의 유예, 납부기한의 연장, 압류·매각의 유예기간 ㉢ 세무공무원이 사해행위 취소소송이나 채권자대위 소송을 제기하여 그 소송이 진행 중인 기간 ㉣ 국외에 6개월 이상 계속 체류하는 경우 해당 국외 체류 기간

* 압류금지재산 또는 제3자의 재산을 압류한 경우에 해당하여 「국세징수법」에 따라 압류를 즉시 해제하는 경우는 제외

정답 ①

073

현행 「국세기본법」상 국세부과의 제척기간과 국세징수권의 소멸시효에 대한 다음 설명 중 옳은 것은?

세법1 Link p.44, 47, 49
오진다 Link p.31, 34
출제 가능 지수 ■■■■□
난이도 ■■■□□

① 원칙적으로 과세표준과 세액을 신고하는 국세(종합부동산세 포함)의 부과제척기간 기산일은 과세표준 신고기한의 다음 날이다.
② 제척기간에는 소멸시효와 달리 중단과 정지가 없다.
③ 소멸시효가 완성되면 장래에 향하여 징수권이 소멸한다.
④ 국세징수권은 이를 행사할 수 있는 때로부터 10년간(10억원 이상의 국세는 15년간) 행사하지 않으면 소멸시효가 완성한다.

해설

① 원칙적으로 과세표준과 세액을 신고하는 국세(종합부동산세는 **제외**)의 부과제척기간 기산일은 과세표준 신고기한의 다음 날이다. 다만 다음과 같은 예외가 있다.

㉠ 종합부동산세 및 인지세	납세의무 성립일
㉡ 원천징수의무자 또는 납세조합에 대해 부과하는 국세	법정납부기한의 다음 날
㉢ 과세표준신고기한 또는 법정납부기한이 연장되는 경우	그 연장된 기한의 다음 날
㉣ 공제·면제·비과세 또는 낮은 세율의 적용 등에 따른 세액을 의무불이행 등의 사유로 징수하는 경우	공제세액 등을 징수할 수 있는 사유가 발생한 날

종합부동산세의 납세의무 성립일은 과세기준일이므로 부과제척기간 기산일은 6월 1일이다.
② 소멸시효의 경우 시효의 중단과 정지제도가 있지만 제척기간은 권리관계를 조속히 확정시키려는 목적이므로 그 진행기간의 중단과 정지가 없다.
③ 소멸시효가 완성되면 **기산일에 소급하여** 징수권이 소멸한다.
④ 국세징수권은 이를 행사할 수 있는 때로부터 **5년간(5억원** 이상의 국세는 **10년간)** 행사하지 않으면 소멸시효가 완성한다.
정답 ②

074

국세부과 제척기간과 국세징수권의 소멸시효에 관한 설명으로 옳은 것은?

세법1 Link p.66-68
오진다 Link p.31, 34-35
출제 가능 지수 ■■■■□
난이도 ■■■□□

① 납부고지는 국세징수권 소멸시효의 정지사유이다.
② 원천징수의무자가 징수하는 국세의 경우 납부고지한 원천징수세액의 소멸시효 기산일은 해당 원천징수세액의 법정납부기한이다.
③ 국세징수권 소멸시효는 세무공무원이 법령의 규정에 따른 사해행위취소의 소를 제기하여 그 소송이 진행 중인 기간 동안에는 진행되지 아니한다.
④ 국세부과 제척기간에는 제척기간의 중단 및 정지가 있다.

해설

① 납부고지는 국세징수권 소멸시효의 **중단**사유이다.
② 원천징수의무자 또는 납세조합으로부터 징수하는 국세의 경우 납부고지한 원천징수세액 또는 납세조합징수세액의 소멸시효 기산일은 **그 고지에 따른 납부기한의 다음 날**이다.
④ 국세부과 제척기간에는 제척기간의 중단 및 정지가 **없다**.
정답 ③

075

세법1 Link p.63, 65
오진다 Link p.32-33
출제 가능 지수 ■■■■■□
난이도 ■■■■■

「국세기본법」상 부과제척기간에 대한 설명으로 가장 적절한 것은?

① 납세자가 법정신고기한까지 과세표준신고서를 제출하지 아니한 경우 해당 국세를 부과할 수 있는 날부터 7년(역외거래의 경우 10년)을 부과제척기간으로 한다.

② 부정행위로 포탈한 국세가 법인세이면 이와 관련하여 법인세법에 따라 소득처분된 금액에 대한 소득세 또는 법인세에 대해서는 7년(역외거래의 경우 10년)을 부과제척기간으로 한다.

③ 심판청구에 대한 결정이 확정된 경우, 지방국세청장 또는 세무서장은 결정이 확정된 날부터 3년이 지나기 전까지 경정이나 그 밖에 필요한 처분을 할 수 있다.

④ 최초의 신고·결정 또는 경정에서 과세표준 및 세액의 계산근거가 된 거래가 그 거래와 관련된 「국세기본법」에 따른 심사청구, 심판청구, 「감사원법」에 따른 심사청구에 대한 결정이나 소송에 대한 판결(판결과 같은 효력을 가지는 화해나 그 밖의 행위를 포함)에 의하여 다른 것으로 확정된 경우, 지방국세청장 또는 세무서장은 판결이 확정된 날부터 2년이 지나기 전까지 경정이나 그 밖에 필요한 처분을 할 수 있다.

해설

② 납세자가 부정행위로 국세를 포탈하거나 환급·공제를 받은 경우 그 국세를 부과할 수 있는 날부터 **10년**(역외거래의 경우 **15년**)을 부과제척기간으로한다. 이 경우 부정행위로 포탈하거나 환급·공제받은 국세가 법인세이면 이와 관련하여 「법인세법」에 따라 소득처분된 금액에 대한 소득세 또는 법인세에 대해서도 또한 같다.

③ 심판청구에 대한 결정이 확정된 경우, 지방국세청장 또는 세무서장은 결정이 확정된 날부터 **1년**이 지나기 전까지 경정이나 그 밖에 필요한 처분을 할 수 있다.

④ 최초의 신고·결정 또는 경정에서 과세표준 및 세액의 계산근거가 된 거래가 그 거래와 관련된 「국세기본법」에 따른 심사청구, 심판청구, 「감사원법」에 따른 심사청구에 대한 결정이나 소송에 대한 판결(판결과 같은 효력을 가지는 화해나 그 밖의 행위를 포함)에 의하여 다른 것으로 확정된 경우, 지방국세청장 또는 세무서장은 판결이 확정된 날부터 **1년**이 지나기 전까지 경정이나 그 밖에 필요한 처분을 할 수 있다.

정답 ①

076

국세부과권의 제척기간에 대한 설명으로 옳은 것은?

세법1 Link   p.63-64
오진다 Link   p.32
출제 가능 지수 ■■■■□
난이도   ■■■□□

① 납세자가 법정신고기한 내에 소득세 과세표준신고서를 제출하지 아니한 경우: 해당 국세를 부과할 수 있는 날부터 5년간
② 상속세 납부의무가 있는 상속인 또는 수유자가 법정신고기한 내에 상속세 과세표준신고서를 제출하지 않은 경우: 해당 국세를 부과할 수 있는 날부터 10년간
③ 납세자가 역외거래에서 발생한 부정행위로써 법인세를 포탈한 경우: 해당 국세를 부과할 수 있는 날부터 15년간
④ 납세자가 부정행위로써 증여세를 포탈한 경우로서 국외에 있는 재산가액 60억 상당의 증여재산을 수증자가 취득한 경우: 해당 국세를 부과할 수 있는 날부터 15년간

해설

① 납세자가 법정신고기한 내에 소득세 과세표준신고서를 제출하지 아니한 경우: 해당 국세를 부과할 수 있는 날부터 **7년간**
② 상속세 납부의무가 있는 상속인 또는 수유자가 법정신고기한 내에 상속세 과세표준신고서를 제출하지 않은 경우: 해당 국세를 부과할 수 있는 날부터 **15년간**
④ 납세자가 부정행위로써 증여세를 포탈한 경우로서 그 포탈세액 산출의 기준이 되는 재산가액이 50억원 이하인 경우 등 일반적인 경우의 그 국세부과권의 제척기간은 해당 국세를 부과할 수 있는 날부터 15년간이다. 하지만 납세자가 부정행위로써 증여세를 포탈한 경우로서 국외에 있는 증여재산을 수증자가 취득한 경우는 특례제척기간이 적용되는 경우이므로 그 국세부과권의 제척기간은 **해당 재산의 증여가 있음을 안 날부터 1년간**이다.

정답 ③

077

「국세기본법」상 국세 부과의 제척기간과 관련하여 옳은 것은?

세법1 Link   p.65
오진다 Link   p.33
출제 가능 지수 ■■■■■
난이도   ■■■■■

ㄱ. 「국세기본법」 제26조의2제1항에서 규정하고 있는 일반적인 국세부과제척기간에도 불구하고 「국세기본법」 제7장에 따른 이의신청, 심사청구, 심판청구, 「감사원법」에 따른 심사청구 또는 「행정소송법」에 따른 소송에 대한 결정이나 판결이 확정된 경우 그 결정 또는 판결이 확정된 날부터 (A) 이내 필요한 처분을 할 수 있다.
ㄴ. 「국세기본법」에 따른 통상적인 경정청구가 있는 경우 경정청구일부터 (B) 이내 필요한 처분을 할 수 있다.
ㄷ. 「형사소송법」에 따른 소송에 대한 판결이 확정되어 뇌물 또는 알선수재 및 배임수재에 의하여 받는 금품이 발생한 것으로 확인된 경우 판결이 확정된 날부터 (C) 이내 필요한 처분을 할 수 있다.

	A	B	C		A	B	C
①	1년	2개월	1년	②	1년	1년	1년
③	1년	2개월	2개월	④	2개월	2개월	2개월

해설

① 기타 특례 제척기간은 대부분 **1년** 이내이나, 경정청구 또는 조정권고의 경우 **2개월**임을 주의하도록 한다.

정답 ①

CHAPTER
03 납세의무의 성립, 확정, 소멸

078

「국세기본법」상 납세의무의 성립시기에 관한 설명으로 옳지 않은 것은?

세법1 Link　　p.50, 57-58
오진다 Link　　p.25, 27-28
출제 가능 지수　■■■□□
난이도　■■■■□

① 내국법인인 ㈜한국의 제23기 사업연도(2023. 1. 1. ~ 12. 31.)의 법인세 납세의무는 2024. 3. 31.에 성립한다.
② 국세의 납세의무 성립시기는 새로운 세법 또는 해석이나 관행의 적용 시 소급과세 여부를 판정하는 기준시점이 된다.
③ 내국법인인 ㈜민국이 개인주주에게 지급하는 배당금에 대하여 원천징수하는 소득세의 납세의무는 해당 배당금을 지급하는 때에 성립한다.
④ 내국법인인 ㈜대한의 2023년 제1기 예정신고기간에 대한 부가가치세의 납세의무는 동 예정신고기간이 끝나는 때에 성립한다.

> **해설**
>
> ① 기간단위로 과세하는 법인세의 납세의무는 과세기간이 끝나는 때 성립한다. 그러므로 제2기 사업연도의 납세의무는 **2023.12.31.**에 성립한다.　　　　정답 ①

079

「국세기본법」상 납세의무의 성립에 관한 설명으로 옳지 않은 것은?

세법1 Link　　p.56-58
오진다 Link　　p.27-28
출제 가능 지수　■■■■□
난이도　■■■■□

① 국세에 부가되는 교육세는 해당 국세의 납세의무가 성립하는 때에 납세의무가 성립한다.
② 기간 과세되는 세목은 원칙적으로 그 과세기간이 끝나는 때에 납세의무가 성립한다.
③ 납세의무의 성립이란 세법이 정하는 과세요건이 충족되어 구체적 납세의무가 발생된 상태를 말한다.
④ 납세조합이 징수하는 소득세 또는 예정신고 납부하는 소득세는 그 과세표준이 되는 금액이 발생한 달의 말일에 납세의무가 성립한다.

> **해설**
>
> ③ 납세의무의 성립이란 세법이 정하는 과세요건이 충족되어 **추상적** 납세의무가 발생된 상태를 말한다. 구체적인 납세의무가 확정된 상태는 **납세의무의 확정**이라고 한다.　　　　정답 ③

080

「국세기본법」상 납세의무의 성립시기에 관한 설명으로 옳은 것은 몇 개인가?

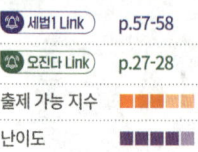
세법1 Link p.57-58
오진다 Link p.27-28
출제 가능 지수 ■■■□□
난이도 ■■■■□

> ㄱ. 납세조합이 징수하는 소득세: 과세기간이 끝나는 때
>
> ㄴ. 수입물품에 대한 개별소비세: 세관장에게 수입신고하는 때
>
> ㄷ. 청산소득에 대한 법인세: 그 법인이 해산하는 때
>
> ㄹ. 납부지연가산세: 0.022% 적용분은 법정납부기한 경과 후 1일마다 그 날이 경과하는 때, 3% 적용분은 법정납부기한이 경과하는 때
>
> ㅁ. 금융·보험업자의 수익금액에 부과되는 교육세: 본세의 납세의무가 성립한 때
>
> ㅂ. 수입재화에 대한 부가가치세: 세관장에게 수입신고하는 때

① 1개   ② 2개   ③ 3개   ④ 4개

해설

- ㄱ. 납세조합이 징수하는 소득세: **과세표준이 되는 금액이 발생한 달의 말일**
- ㄹ. 납부지연가산세: 0.022% 적용분은 법정납부기한 경과 후 1일마다 그 날이 경과하는 때, 3% 적용분은 **지정**납부기한이 경과하는 때 ← 원천징수 등 납부지연가산세의 3% 적용분은 법정납부기한이 경과하는 때가 맞음 주의
- ㅁ. 금융·보험업자의 수익금액에 부과되는 교육세: **과세기간이 끝나는 때**

정답 ③

081

「국세기본법」상 납세의무의 성립시기에 대하여 설명한 것으로 옳은 것은?

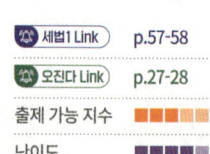
세법1 Link p.57-58
오진다 Link p.27-28
출제 가능 지수 ■■■□□
난이도 ■■■■□

> ㄱ. 부가가치세: 재화 또는 용역을 공급하는 때
>
> ㄴ. 과소신고 가산세: 가산할 국세의 납세의무가 성립하는 때
>
> ㄷ. 종합부동산세: 과세기준일
>
> ㄹ. 원천징수하는 소득세 또는 법인세: 과세기간이 끝나는 때
>
> ㅁ. 인지세: 과세문서를 작성하는 때
>
> ㅂ. 수시부과에 의하여 징수하는 국세: 수시부과 납부일
>
> ㅅ. 수입재화에 대한 부가가치세: 세관장에게 수입신고하는 때
>
> ㅇ. 상속세: 정부가 결정(부과처분)하는 때
>
> ㅈ. 증권거래세: 해당 매매거래가 확정되는 때

① ㄱ, ㄴ, ㅂ, ㄹ   ② ㄱ, ㄷ, ㄹ, ㅅ   ③ ㄷ, ㅁ, ㅅ, ㅈ   ④ ㄹ, ㅅ, ㅇ, ㅈ

해설

- ㄱ. 부가가치세: **과세기간이 끝나는 때**
- ㄴ. 과소신고 가산세: **법정신고기한이 경과하는 때**
- ㄹ. 원천징수하는 소득세·법인세: **소득금액 또는 수입금액을 지급하는 때**
- ㅂ. 수시부과에 의하여 징수하는 국세: **수시부과할 사유가 발생하는 때**
- ㅇ. 상속세: **상속이 개시되는 때**

정답 ③

082

「국세기본법」상 납세의무 성립시기가 빠른 순서대로 나열한 것은?

세법1 Link   p.58
오진다 Link   p.27-28
출제 가능 지수 ■■■■□
난이도 ■■■■■

> ㄱ. 부친이 2023.2.1.에 사망하여 대한씨에게 부과된 상속세에 대한 무신고 가산세
>
> ㄴ. 민국씨가 2023.2.1.에 취득한 부동산에 대한 종합부동산세
>
> ㄷ. 은행이 2023.2.1.에 만세씨에게 지급한 이자소득에 대하여 원천징수한 소득세
>
> ㄹ. 우리씨가 2023년에 중간예납한 소득세
>
> ㅁ. 나라씨가 금융업자로서 그 수익금액에 대하여 2023년에 부과 받은 교육세

① ㄱ — ㄷ — ㄴ — ㄹ — ㅁ   ② ㄷ — ㄴ — ㄹ — ㄱ — ㅁ
③ ㄴ — ㄱ — ㄷ — ㅁ — ㄹ   ④ ㄹ — ㄷ — ㄱ — ㄴ — ㅁ

해설

각 항목별 납세의무 성립시기는 다음과 같다.
ㄱ. 부친이 2023.2.1.에 사망하여 대한씨에게 부과된 상속세에 대한 무신고가산세: 2023.9.1.
ㄴ. 민국씨가 2023.2.1.에 취득한 부동산에 대한 종합부동산세: 2023.6.1.
ㄷ. 은행이 2023. 2.1.에 만세씨에게 지급한 이자소득에 대하여 원천징수한 소득세: 2023.2.1.
ㄹ. 우리씨가 2023년에 중간예납한 소득세: 2023.6.30.
ㅁ. 나라씨가 금융업자로서 그 수익금액에 대하여 2023년에 부과받은 교육세: 2023.12.31.   정답 ②

083

「국세기본법」상 납세의무의 성립과 확정에 관한 설명으로 옳지 않은 것은?

세법1 Link   p.59-60
오진다 Link   p.29-30
출제 가능 지수 ■■■■■
난이도 ■■■■■

① 청산소득에 대한 법인세의 납세의무는 그 법인이 해산 또는 합병을 하는 때에 성립하고 과세표준과 세액을 정부가 결정하는 때에 확정된다.

② 중간예납하는 법인세를 정부가 조사·결정하는 경우 납세의무는 중간예납기간이 끝나는 때에 성립하고 과세표준과 세액을 정부가 결정하는 때에 확정된다.

③ 수시부과하여 징수하는 법인세의 납세의무는 수시부과할 사유가 발생한 때에 성립하고 과세표준과 세액을 정부가 결정하는 때에 그 세액이 확정된다.

④ 수입주류에 대한 주세를 세법에 따라 기한후 신고하는 경우에는 세관장에게 수입신고를 하는 때에 해당 주세의 납세의무가 성립하고 과세표준과 세액을 정부가 결정하는 때에 확정된다.

해설

① 청산소득에 대한 법인세의 납세의무는 그 법인이 **해산하는 때**에 성립하고 과세표준과 세액을 정부에 **신고하는 때**에 확정된다. 합병에 의한 해산의 경우 해당 양도손익은 청산소득이 아닌 각사업연도소득으로 과세한다.   정답 ①

084

세법1 Link   p.57-58, 60
오진다 Link   p.27-30
출제 가능 지수   ■■■■■
난이도   ■■■■■

「국세기본법」상 납세의무의 성립과 확정에 관한 다음 설명 중 옳은 것은?

① 증권거래세의 납세의무는 해당 금액을 지급하는 때 성립한다.

② 중간예납하는 법인세(세법에 따라 정부가 조사결정하는 경우는 제외)의 납세의무는 중간예납 기간이 끝나는 때에 성립하고 특별한 절차 없이 그 세액이 확정된다.

③ 금융보험업자의 수익금액에 부과되는 교육세의 납세의무는 해당 매매거래가 확정되는 때에 성립하고 과세표준과 세액을 정부에 신고하는 때에 확정된다.

④ 중간예납하는 소득세는 납세의무가 성립하는 때에 특별한 절차 없이 그 세액이 확정된다.

해설

① 증권거래세의 납세의무는 해당 **매매거래가 확정되는 때** 성립한다.

③ 금융보험업자의 수익금액에 부과되는 교육세의 납세의무는 **과세기간이 끝나는 때**에 성립하고 과세표준과 세액을 정부에 신고하는 때에 확정된다.

④ 중간예납하는 소득세는 중간예납기간이 끝나는 때에 성립하고 **납세의무자가 소득세 과세표준과 세액을 정부에 확정신고 했을 때**(정부가 결정·경정하는 경우엔 결정·경정하는 때) 또는 정부가 결정(부과처분)하는 **때** 납세의무가 확정된다.

정답 ②

085

세법1 Link   p.58, 60-61, 63
오진다 Link   p.28-32
출제 가능 지수   ■■■■■
난이도   ■■■■■

「국세기본법」상 납세의무의 성립·확정 및 소멸에 관한 설명으로 옳은 것은?

① 가산세의 납세의무 성립시기는 가산할 국세의 납세의무가 성립되는 때이다.

② 원천징수하는 소득세·법인세는 소득금액 또는 수입금액을 지급하는 달의 말일에 납세의무가 성립하며, 동시에 특별한 절차 없이 납세의무가 확정된다.

③ 사기로 법인세를 포탈(역외거래 아님)한 경우 그 법인세의 납세의무가 성립한 날부터 15년의 기간이 끝난 날 이후에는 부과할 수 없다.

④ 세법에 따라 당초 확정된 세액을 증가시키는 경정은 당초 확정된 세액에 관한 「국세기본법」 또는 세법에서 규정하는 권리·의무관계에 영향을 미치지 아니한다.

해설

① '가산할 국세의 납세의무가 성립할 때'는 2019년 12월 31일 이전에 가산세와 관련된 국세의 납세의무가 성립한 부분만 적용된다. 2020년 1월 1일부터는 가산세는 **종류별로 구분하여 법정신고기한이 경과한 때 등**으로 규정하고 있다.

② 원천징수하는 소득세·법인세는 **소득금액 또는 수입금액을 지급하는 때** 납세의무가 성립되고, 동시에 특별한 절차 없이 납세의무가 확정된다.

③ 사기로 법인세를 포탈한 경우 그 국세를 **부과할 수 있는 날부터 10년**의 기간이 끝난 날 이후에는 부과할 수 없다.

정답 ④

086

㈜한국은 제22기(2022년 1월 1일~12월 31일) 귀속분 법인세 과세표준 및 세액을 신고하지 않았다. 이에 관할 세무서장은 과세표준과 세액을 결정하여 납부고지서를 2023년 5월 2일 발송하였다(고지서 받은 날: 2023년 5월 4일, 고지서상 납부기한: 2023년 5월 31일). ㈜한국의 제22기 귀속분 법인세 납세의무에 대한 설명으로 옳지 않은 것은? (단, 기한연장사유로서의 요일은 고려하지 아니한다.)

① 법인세 납세의무는 2022년 12월 31일에 성립한다.
② 법인세 납세의무 확정의 효력발생일은 2023년 5월 4일이다.
③ 법인세 부과제척기간의 기산일은 2023년 4월 1일이다.
④ 법인세 징수권의 소멸시효 기산일은 2023년 5월 5일이다.

세법1 Link   p.57, 59, 66-67
오진다 Link   p.27-29, 34-35
출제 가능 지수   ■■■■□
난이도   ■■■□□

해설

④ 법인세 징수권의 소멸시효 기산일은 **2023년 6월 1일**이다.

정답 ④

087

「법인세법」에 따라 처분되는 상여의 소득세에 대한 법인의 원천징수의무 성립시기는?

① 대표자가 소득금액변동통지를 받은 때
② 인정상여금액에 대한 소득귀속년도 종료일
③ 소득금액변동통지를 받은 달의 다음달 10일
④ 법인이 소득금액변동통지를 받은 때

세법1 Link   p.58
세법2 Link   p.418
오진다 Link   p.28, 487
출제 가능 지수   ■■■■□
난이도   ■■■■□

해설

④ 원천징수하는 소득세·법인세는 소득금액 또는 수입금액을 지급하는 때에 납세의무가 성립한다. 기본통칙에 따르면, 「법인세법」에 의하여 처분되는 인정상여 소득세의 원천징수의무 성립시기는 **법인이 소득금액변동통지를 받은 날에 그 소득금액을 지급한 것으로 의제**되어 법인의 원천징수의무가 성립됨에 유의하여야 한다.

[기본통칙] 국기통 26-2-0-2

「법인세법」에 의하여 처분되는 상여는 「소득세법」 제135조 제4항 및 동법시행령 제192조 제1항에 따라 법인이 소득금액변동통지서를 받은 날에 그 소득금액을 지급한 것으로 의제되어 법인의 원천징수의무가 성립하나 그 소득금액의 귀속사업연도 소득에 대한 국세부과의 제척기간이 만료되면 원천징수의무도 소멸한다.

정답 ④

088

「국세기본법」상 납세의무의 성립과 확정 등에 관한 설명으로 옳지 않은 것은?

세법1 Link   p.57, 59, 61
오진다 Link   p.28-30
출제 가능 지수
난이도

① 「소득세법」에서 과세대상으로 정하는 소득이 있으면 해당 과세기간이 끝나는 때에 소득세 납세의무가 성립한다.

② 「상속세 및 증여세법」에서 과세대상으로 정하는 증여가 있으면 그 증여에 의하여 재산을 취득하는 때에 증여세 납세의무가 성립한다.

③ 소득세의 납세의무자가 과세표준 및 세액을 신고하지 아니한 경우에는 정부가 이를 결정하는 때에 납세의무가 확정된다.

④ 소득세는 납세의무자가 과세표준 및 세액을 정부에 신고하는 때에 그 납세의무가 확정되지만, 신고의 내용에 잘못이 있는 경우에는 정부가 새로이 확정시킬 수 있으나 정부가 스스로 확정한 세액을 다시 고칠 수 없다.

해설

④ 소득세는 납세의무자가 과세표준 및 세액을 신고한 내용에 잘못이 있는 경우 정부는 새로이 확정시킬 수 있고, 정부가 스스로 확정한 세액의 경우에도 **경정(이미 확정된 납세의무의 내용을 변경하는 처분)할 수 있다.**

정답 ④

089

「국세기본법」상 국세의 납세의무 확정에 관한 설명으로 옳지 않은 것은?

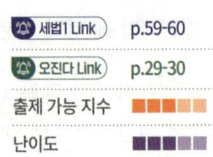
세법1 Link   p.59-60
오진다 Link   p.29-30
출제 가능 지수
난이도

① 원천징수하는 소득세 또는 법인세는 납세의무가 성립하는 때에 특별한 절차 없이 그 세액이 확정된다.

② 중간예납하는 법인세(세법에 따라 정부가 조사·결정하는 경우는 제외)는 납세의무가 성립하는 때에 특별한 절차 없이 그 세액이 확정된다.

③ 개별소비세, 주세, 증권거래세, 교육세 또는 교통·에너지·환경세의 과세표준과 세액을 정부가 결정하는 경우에는 그 결정하는 때에 세액이 확정된다.

④ 납세의무자가 종합부동산세의 과세표준과 세액을 신고하는 경우에도 정부가 종합부동산세의 과세표준과세액을 결정하는 때에 그 세액이 확정된다.

해설

④ 납세의무자가 종합부동산세의 과세표준과 세액을 신고하는 경우에는 **과세표준과 세액을 정부에 신고했을 때**에 그 세액이 확정된다.

정답 ④

090

「국세기본법」에 관한 설명으로 옳지 않은 것은?

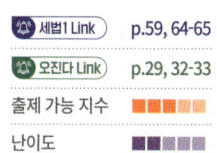

세법1 Link p.59, 64-65
오진다 Link p.29, 32-33
출제 가능 지수 ■■■□□
난이도 ■■□□□

① 국외에 있는 상속재산(재산가액 50억원 초과)을 상속인이 취득하면서 사기나 그 밖의 부정한 행위로 상속세를 포탈한 경우, 상속인이 사망하였더라도 해당 재산의 상속이 있음을 안 날부터 1년 이내에 상속세를 부과할 수 있다.

② 종합부동산세는 부과과세제도가 원칙이지만, 납세의무자가 신고하는 경우 그 신고하는 때 납세의무가 확정된다.

③ 「국세기본법」상 심사청구에 대한 결정에서 「소득세법」에 따른 국내원천소득의 실질귀속자가 확인된 경우에는 그 결정이 확정된 날부터 1년 이내에 당초의 부과처분을 취소하고 국내원천소득의 실질귀속자에게 경정결정이나 그 밖에 필요한 처분을 할 수 있다.

④ 원칙적인 부과제척기간이 지났더라도 「형사소송법」에 따른 소송에 대한 판결이 확정되어 뇌물 또는 알선수재 및 배임수재에 의하여 받는 금품이 발생한 것으로 확인된 경우 판결이 확정된 날부터 1년이 지나기 전까지 경정이나 그 밖에 필요한 처분을 할 수 있다.

해설

① 국외에 있는 상속재산을 상속인이 취득하면서 사기나 그 밖의 부정한 행위로 상속세를 포탈한 경우 특례에 따라 해당 재산의 상속이 있음을 안 날부터 1년 이내에 상속세를 부과할 수 있다. 그러나 **다만, 상속인이 사망한 경우와 포탈세액 산출의 기준이 되는 재산가액이 50억원 이하인 경우에는 적용되지 않는다.** 정답 ①

091

「국세기본법」상 국세 및 강제징수비의 납부의무 소멸에 관한 설명으로 옳은 것을 모두 고른 것은?

세법1 Link   p.62-63, 67-69
오진다 Link   p.31-32, 34-35
출제 가능 지수   ■■■■■
난이도   ■■■■■

> ㄱ. 부과의 철회는 납세의무의 소멸사유가 아니다.
> ㄴ. 납세자가 단순히 법정신고기한까지 과세표준신고서를 제출하지 아니한 경우 국세의 부과제척
>   기간은 10년(역외거래의 경우 15년)간이다.
> ㄷ. 납세자가 납부할 세액이 있음에도 불구하고 2022년 귀속 소득세를 법정신고납부기한까지 신
>   고 후 납부하지 않았다면 그 납세자에 대한 국세징수권의 소멸시효는 2023.6.1.부터 기산된
>   다.
> ㄹ. 국세징수권의 소멸시효가 완성되면 국세의 납부의무는 소멸하지만, 강제징수비는 최우선적으
>   로 변제되어야 하기 때문에 강제징수비에는 국세징수권의 소멸시효 완성의 효력이 미치지 아
>   니한다.
> ㅁ. 소멸시효는 압류가 진행 중인 기간 동안에는 진행하지 아니하며, 압류해제 후 잔여기간이 경
>   과하면 시효가 완성된다.

① ㄴ, ㄷ   ② ㄱ, ㄷ   ③ ㄴ, ㄹ   ④ ㄷ, ㅁ

해설

ㄴ. 납세자가 단순히 법정신고기한까지 과세표준신고서를 제출하지 아니한 경우 국세의 부과제척기간은 **7년**(역외거래의 경우 **10년**)간이다.

ㄹ. 국세징수권의 소멸시효가 완성되면 국세뿐만 아니라 **강제징수비에도 국세징수권 소멸시효 완성의 효력이 미친다.**

ㅁ. 압류는 소멸시효의 중단사유 중 하나로서 중단된 소멸시효는 **압류해제까지의 기간이 지난 때부터 새로 진행**한다.
                                                                      정답 ②

092

「국세기본법」상 납부의무의 소멸에 대한 설명으로 옳지 않은 것은?

세법1 Link   p.62, 67-68
오진다 Link   p.31, 34-35
출제 가능 지수   ■■■■■
난이도   ■■■■■

① 국세 및 강제징수비를 납부할 의무는 납부·충당되거나 부과가 취소된 경우 소멸한다.

② 소멸시효에 관하여는 「국세기본법」 또는 세법에 특별한 규정이 있는 것을 제외하고는 「민법」에
  따른다.

③ 국세의 징수를 목적으로 하는 국가의 권리는 이를 행사할 수 있는 때부터 5년(10억원 이상의
  국세는 10년)간 행사하지 아니하면 소멸시효가 완성된다.

④ 납부고지의 사유로 중단된 소멸시효는 고지한 납부기한이 지난 때부터 새로 진행한다.

해설

③ 국세의 징수를 목적으로 하는 국가의 권리는 이를 행사할 수 있는 때부터 5년(**5억**원 이상의 국세는 10년)간
  행사하지 아니하면 소멸시효가 완성된다.
                                                                      정답 ③

093

세법1 Link p.67, 69
오진다 Link p.31, 34

출제 가능 지수 ■■■■■
난이도 ■■■■■

「국세기본법」상 국세징수권의 소멸시효에 관한 설명으로 옳지 않은 것은?

① 과세표준과 세액의 신고에 의하여 납세의무가 확정되는 국세에 있어서 신고한 해당 세액에 대하여는 법정신고납부기한의 다음 날부터 소멸시효가 진행한다.
② 과세표준과 세액을 정부가 수시부과결정하는 경우에 고지한 해당 세액에 대하여는 그 납부고지에 의한 납부기한의 다음날부터 소멸시효가 진행한다.
③ 소멸시효가 완성된 납세의무는 장래에 향하여 소멸한다.
④ 주된 납세의무자의 국세가 소멸시효의 완성으로 인해 소멸하면 제2차 납세의무자로 지정된 자의 납세의무도 함께 소멸한다.

해설

③ 소멸시효가 완성되면 기산일에 **소급하여** 국세징수권이 소멸한다.

정답 ③

094

세법1 Link p.67-69
오진다 Link p.34-35

출제 가능 지수 ■■■■■
난이도 ■■■■■

「국세기본법」상 국세의 부과제척기간과 국세징수권의 소멸시효에 관한 설명으로 옳지 않은 것은?

① 납부고지한 인지세액에 대해서는 그 고지에 따른 납부기한의 다음 날이 국세징수권 소멸시효의 기산일이다.
② 국세의 소멸시효가 완성되는 경우 국세의 강제징수비 및 이자상당액에도 그 효력이 미친다.
③ 사해행위 취소소송의 제기로 인한 시효정지의 효력은 소송이 각하·기각 또는 취하된 경우에도 그 효력이 유효하다.
④ 소멸시효는 세법에 따른 매각의 유예기간에는 진행되지 아니한다.

해설

③ 사해행위 취소소송의 제기로 인한 시효정지의 효력은 소송이 각하·기각 또는 취하된 경우에는 **효력이 없다.**

정답 ③

095

대한씨는 2022년 1월 1일 ~ 12월 31일 소득세 과세표준 및 세액을 법정신고기한까지 신고·납부하지 않았다. 관할 세무서는 2023년 6월 30일 과세표준과 세액을 결정하여 납부고지서를 발송하였다(발송일: 2023년 7월 1일, 도달일: 2023년 7월 4일, 고지서상 납부기한: 2023년 7월 31일). 대한씨의 2022년 귀속 소득세 납세의무의 소멸에 대한 설명 중 옳은 것만을 모두 고른 것은? (단, 기한연장사유로서의 요일은 고려하지 아니하며, 대한씨는 성실신고 확인대상 납세자가 아님.)

세법1 Link   p.63, 66-67
오진다 Link   p.32, 34
출제 가능 지수 ■■■■■
난이도 ■■■■■

ㄱ. 법정신고기한의 다음 날, 즉, 2023년 6월 1일이 소득세 부과제척기간의 기산일이다.

ㄴ. 납부고지서를 발송하지 않았다면 제척기간이 만료된 후의 부과처분은 당연히 무효가 되므로, 납부고지를 2030년 5월 31일까지 하여야 한다.

ㄷ. 납부고지서 발송일의 다음 날(2023년 7월 2일)이 징수권 소멸시효의 기산일이다.

ㄹ. 대한씨가 납부할 세액이 5.4억원(가산세 9천만원 포함)인 경우 대한씨에 대한 국세징수권의 소멸시효는 10년이다.

---

① ㄱ, ㄴ   ② ㄱ, ㄹ   ③ ㄴ, ㄷ   ④ ㄷ, ㄹ

해설

ㄱ. 과세표준과 세액을 신고하는 국세(신고하는 종합부동산세는 제외)의 부과제척기간의 기산일은 과세표준신고기한의 다음 날이다. 대한씨의 2022년 귀속 소득세 과세표준신고기한은 2023.5.31.이므로 부과제척기간의 기산일은 2023.6.1.이다.

ㄴ. 납부고지서를 발송하지 않았다면 무신고에 해당한다. 무신고의 경우 제척기간은 국세를 부과할 수 있는 날부터 7년이다. 따라서 납부고지를 2030년 5월 31일까지 하여야 한다.

ㄷ. 정부가 결정하는 경우 납부고지한 세액의 소멸시효 기산일은 그 납부고지에 따른 납부기한의 다음 날이다. 따라서 납부고지서상 납부기한인 2023년 7월 31일의 다음 날(2023년 8월 1일)이 징수권 소멸시효의 기산일이다.

ㄹ. 국세에 대한 국세징수권의 소멸시효는 보통 5년이나, 5억원 이상의 국세의 경우 그에 대한 국세징수권의 소멸시효는 10년이다. 그러나 이때 국세의 금액은 가산세를 제외한 금액으로 하므로 대한씨가 납부할 국세(가산세 9천만원을 제외한 4.5억원)에 대한 국세징수권의 소멸시효는 5년이다.   정답 ①

096

「국세기본법」상 국세 부과제척기간에 관한 설명이다. 옳은 것은?

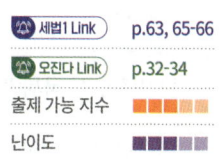

세법1 Link   p.63, 65-66
오진다 Link   p.32-34
출제 가능 지수
난이도

① 납세자가 역외거래에서 이중장부를 작성하여 법인세를 포탈한 경우 부과제척기간은 그 법인세를 부과할 수 있는 날부터 10년이다.
② 공제세액을 의무불이행의 사유로 징수하는 경우 해당 공제세액의 부과제척기간 기산일은 공제세액을 징수할 수 있는 사유가 발생한 날이다.
③ 「종합부동산세법」에 따라 신고하는 종합부동산세의 부과제척기간 기산일은 과세표준신고기한의 다음 날이다.
④ 심사청구에 대한 결정이 확정됨에 따라 그 대상이 된 과세표준과 연동된 다른 세목의 과세표준 조정이 필요한 경우 지방국세청장 또는 세무서장은 그 결정이 확정된 날부터 6개월이 지나기 전까지 경정이나 그 밖에 필요한 처분을 할 수 있다.

해설

① 납세자가 역외거래에서 이중장부를 작성하여 법인세를 포탈한 경우 부과제척기간은 그 법인세를 부과할 수 있는 날부터 **15년**이다.
③ 「종합부동산세법」에 따라 신고하는 종합부동산세의 부과제척기간 기산일은 **납세의무 성립일**이다. 종합부동산세는 정부부과제도를 원칙으로 하되, 예외적으로 신고납부를 인정하므로 과세형평을 위하여 제척기간의 기산일은 신고 여부에도 불구하고 납세의무 성립일로 한다.
④ 심사청구에 대한 결정이 확정됨에 따라 그 대상이 된 과세표준과 연동된 다른 세목의 과세표준 조정이 필요한 경우 지방국세청장 또는 세무서장은 그 결정이 확정된 날부터 **1년**이 지나기 전까지 경정이나 그 밖에 필요한 처분을 할 수 있다.

정답 ②

097

「국세기본법」상 국세의 부과제척기간과 국세징수권의 소멸시효에 관한 설명으로 옳은 것은?

세법1 Link p.63-64, 66-67
오진다 Link p.32, 34

출제 가능 지수 ■■■■□
난이도 ■■■■■

① 내국법인인 ㈜한국이 역외거래에 대해서 이중장부 작성을 하고 법인세를 포탈한 경우, 국세의 부과제척기간은 법인세를 부과할 수 있는 날부터 15년간이다.

② 내국법인인 ㈜민국의 2023년 제1기 부가가치세 예정신고세액에 대한 국세의 부과제척기간의 기산일은 2023.7.1.이다.

③ 국세징수권은 이를 행사할 수 있는 때부터 10년(5억원 이상의 국세는 5년)동안 행사하지 아니하면 소멸시효가 완성된다.

④ 부담부증여에 따라 증여세와 함께 양도소득세가 과세되는 경우로서 납세자가 부정행위로 해당 증여세를 포탈한 경우, 부담부증여와 관련되어 과세되는 양도소득세의 부과제척기간은 이를 부과할 수 있는 날부터 10년, 포탈한 증여세의 부과제척기간은 이를 부과할 수 있는 날부터 15년간이다.

해설

② 내국법인인 (주)민국의 2023년 제1기 부가가치세 예정신고세액에 대한 국세의 부과제척기간의 기산일은 제1기 확정신고기한의 다음 날인 2023.7.26.로 본다.

③ 국세징수권은 이를 행사할 수 있는 때부터 5년(5억원 이상의 국세는 10년) 동안 행사하지 아니하면 소멸시효가 완성된다.

④ 부담부증여에 따라 증여세와 함께 양도소득세가 과세되는 경우 양도소득세에 대한 부과제척기간은 증여세에 대하여 정한 기간을 따른다. 즉 해당 양도소득세의 부과제척기간은 해당 증여세와 마찬가지로 이를 부과할 수 있는 날부터 15년간이다.

정답 ①

098

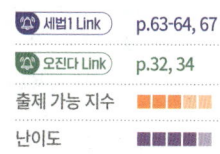
「국세기본법」상 국세의 부과제척기간 및 징수권 소멸시효에 관한 설명으로 옳은 것은? (단, 조세조약에 따른 상호합의절차의 신청은 없는 것으로 전제함)

① 거주자가 종합소득세 법정신고기한까지 과세표준신고서를 제출하지 아니한 경우(사기나 그 밖의 부정한 행위는 없음)에는 종합소득세를 부과할 수 있는 날부터 7년(역외거래는 15년)이 끝난 날 후에는 이를 부과할 수 없다.

② 5억원 미만의 국세의 징수를 목적으로 하는 국가의 권리는 이를 행사할 수 있는 때부터 5년간 행사하지 아니하면 소멸시효가 완성된다.

③ 법인이 사기나 그 밖의 부정한 행위로 법인세를 포탈한 경우 그와 관련하여 법인세법상 소득처분된 금액에 대한 소득세는 무신고한 경우에 해당하므로 해당 소득세를 부과할 수 있는 날부터 7년(역외거래에서 발생한 부정행위인 경우에는 15년)이 끝난 날 후에는 이를 부과할 수 없다.

④ 부담부증여에 따라 증여세와 함께 소득세가 과세되는 경우 그 증여세는 소득세의 부과제척기간을 따른다.

해설

① 거주자가 종합소득세 법정신고기한까지 과세표준신고서를 제출하지 아니한 경우(사기나 그 밖의 부정한 행위는 없음)에는 종합소득세를 부과할 수 있는 날부터 7년(역외거래는 **10년**)이 끝난 날 후에는 이를 부과할 수 없다.

③ 법인이 사기나 그 밖의 부정한 행위로 법인세를 포탈한 경우 그와 관련하여 「법인세법」상 소득처분 된 금액에 대한 소득세에 대해서는 그 소득세를 부과할 수 있는 날부터 **10년**(역외거래에서 발생한 부정행위인 경우에는 15년)이 끝난 날 후에는 이를 부과할 수 없다.

④ 부담부증여에 따라 증여세와 함께 소득세가 과세되는 경우 그 **소득세**는 **증여세**의 부과제척기간을 따른다.

정답 ②

099

「국세기본법」상 국세의 부과제척기간에 대한 설명으로 옳은 것은?

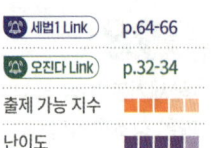

세법1 Link   p.64-66
오진다 Link   p.32-34
출제 가능 지수   ■■■■□
난이도   ■■■■■

① 소득공제를 받은 금액에 상당하는 세액을 의무불이행으로 인하여 징수하는 경우, 해당 세액에 대한 국세 부과제척기간의 기산일은 법정신고기한이 경과하는 때로 한다.

② 종합부동산세의 납세의무자가 과세표준과 세액을 신고한 경우 해당 종합부동산세에 대한 국세 부과제척기간의 기산일은 신고일의 다음 날로 한다.

③ 「국세기본법」에 따른 이의신청·심사청구·심판청구에 대한 결정이 있는 경우에는 원칙적인 부과제척기간에도 불구하고 그 결정이 확정된 날부터 1년이 지나기 전까지는 해당 결정에 따라 경정결정을 할 수 있다.

④ 납세자가 사기 기타 부정한 행위로 상속세를 포탈한 경우로서 국외에 소재하는 상속재산(재산 가액 50억원 초과)을 상속인이 취득한 경우에는 해당 재산의 상속을 개시하는 때부터 15년 이내에 상속세를 부과할 수 있다.

해설

① 소득공제를 받은 금액에 상당하는 세액을 의무불이행으로 인하여 징수하는 경우, 해당 세액에 대한 국세 부과제척기간의 기산일은 **해당 세액을 징수할 수 있는 사유가 발생한 날**로 한다.

② 종합부동산세의 경우 신고 여부 불문하고 해당 종합부동산세에 대한 국세 부과제척기간의 기산일은 **납세의무 성립일**로 한다.

④ 국외에 소재하는 상속재산(재산 가액 50억원 초과)을 상속인이 취득한 경우 특례 부과제척기간이 적용되어 해당 **재산의 상속이 있음을 안 날부터 1년 이내**에 상속세를 부과할 수 있다.

정답 ③

100

「국세기본법」상 부과제척기간에 관한 설명으로 옳은 것은?

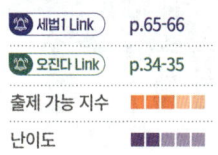

세법1 Link   p.65-66
오진다 Link   p.34-35
출제 가능 지수   ■■■■□
난이도   ■■■□□

① 「국세기본법」상 통상적인 경정청구 및 후발적 사유에 의한 경정청구가 있는 경우 경정청구일부터 2개월이 지나기 전까지는 해당 경정청구에 따라 경정결정이나 그 밖에 필요한 처분을 할 수 있다.

② 「행정소송법」에 따른 소송에 대한 판결이 있는 경우 그 판결이 확정된 날부터 2개월이 지나기 전까지는 해당 판결에 따라 경정결정이나 그 밖에 필요한 처분을 할 수 있다.

③ 「형사소송법」에 따른 소송에 대한 판결이 확정되어 뇌물 또는 알선수재 및 배임수재에 의하여 받는 금품이 발생한 것으로 확인된 경우 그 판결이 확정된 날부터 2개월이 지나기 전까지는 해당 판결에 따라 경정결정이나 그 밖에 필요한 처분을 할 수 있다.

④ 과세표준과 세액을 신고하는 국세(종합부동산세 제외)의 부과제척기간 기산일은 과세표준신고기한의 다음 날이며, 이 경우 중간예납·예정신고기한과 수정신고기한도 과세표준신고기한에 포함한다.

해설

② 「행정소송법」에 따른 소송에 대한 판결이 있는 경우 그 판결이 확정된 날부터 **1년**이 지나기 전까지는 해당 판결에 따라 경정결정이나 그 밖에 필요한 처분을 할 수 있다.

③ 「형사소송법」에 따른 소송에 대한 판결이 확정되어 뇌물 또는 알선수재 및 배임수재에 의하여 받는 금품이 발생한 것으로 확인된 경우 그 판결이 확정된 날부터 **1년**이 지나기 전까지는 해당 판결에 따라 경정결정이나 그 밖에 필요한 처분을 할 수 있다.

④ 과세표준과 세액을 신고하는 국세(종합부동산세 제외)의 부과제척기간 기산일은 과세표준신고기한의 다음 날이며, 이 경우 중간예납·예정신고기한과 수정신고기한은 과세표준신고기한에 **포함하지 않는다.**   정답 ①

04 납세의무의 확장

101

「국세기본법」상 납세의무의 승계 및 연대납세의무에 관한 설명이다. 옳은 것은?

① 법인이 합병한 경우 합병 후 존속하는 법인은 합병으로 소멸된 법인에 부과되거나 그 법인이 납부할 국세 및 강제징수비를 합병으로 승계된 재산가액을 한도로 납부할 의무를 진다.

② 법인이 분할 또는 분할합병한 후 소멸하는 경우 분할신설법인과 분할합병의 상대방 법인은 분할법인에 부과되거나 분할법인이 납부하여야 할 국세 및 강제징수비에 대하여 분할로 승계된 재산가액을 한도로 연대하여 납부할 의무가 있다.

③ 공유물, 공동사업 또는 그 공동사업에 속하는 재산과 관계되는 국세 및 강제징수비는 공유자 또는 공동사업자가 연대하여 납부할 의무를 지지 않는다.

④ 연대납세의무자 1인에 대하여 납부고지를 한 경우에도 다른 연대납세의무자에게 부과처분의 통지를 한 효력이 발생한다.

세법1 Link | p.33, 72, 75
오진다 Link | p.19, 38-39
출제 가능 지수 |
난이도 |

해설

① 법인이 합병한 경우 합병 후 존속하는 법인은 합병으로 소멸된 법인에 부과되거나 그 법인이 납부할 국세 및 강제징수비를 납부할 의무를 지며, 별도의 한도액이 규정되어 있지 않으므로 합병으로 소멸된 법인의 국세 등을 **전액 승계**한다.

③ 공유물, 공동사업 또는 그 공동사업에 속하는 재산과 관계되는 국세 및 강제징수비는 공유자 또는 공동사업자가 연대하여 납부할 **의무를 진다**.

④ 연대납세의무자 1인에 대하여 납부고지를 한 경우에도 다른 연대납세의무자에게 부과처분의 통지를 한 효력이 **발생하지 않는다**.

정답 ②

102

「국세기본법」상 납세의무의 승계에 대한 설명으로 옳은 것은?

세법1 Link   p.72-76
오진다 Link   p.38-39
출제 가능 지수 ■■■■□
난이도   ■■■■□

① 법인이 「채무자 회생 및 파산에 관한 법률」에 따라 신회사를 설립하는 경우 기존의 법인에 부과되거나 납세의무가 성립한 국세 및 강제징수비는 신회사가 연대하여 납부할 의무를 진다.

② 상속이 개시된 때에 그 상속인은 피상속인이 납부할 국세 및 강제징수비를 전액 납부할 의무를 진다.

③ 피상속인에게 한 처분은 상속으로 인한 납세의무를 승계하는 상속인에게는 효력이 없다.

④ 상속으로 납세의무를 승계함에 있어서 상속인이 2명 이상일 때에는 각 상속인은 피상속인이 납부할 국세 및 강제징수비를 「민법」에 따른 상속분에 따라 나누어 계산한 국세 및 강제징수비를 상속으로 받은 재산의 한도에서 분할하여 납부할 의무를 진다.

해설

② 상속이 개시된 때에 그 상속인은 피상속인이 납부할 국세 및 강제징수비를 **상속으로 받은 재산의 한도에서** 납부할 의무를 진다.

③ 피상속인에게 한 처분은 상속으로 인한 납세의무를 승계하는 상속인에 대해서도 효력이 **있다.**

④ 상속인이 2명 이상일 때에는 각 상속인은 피상속인에게 부과되거나 그 피상속인이 납부할 국세 및 강제징수비를 「민법」에 따른 상속분에 따라 나누어 계산하여 상속으로 받은 재산의 한도에서 **연대하여** 납부할 의무를 진다.

[상속인이 2명 이상인 경우]

연대하여 승계	각 상속인은 피상속인에게 부과되거나 그 피상속인이 납부할 국세 및 강제징수비를 「민법」에 따른 상속분에 따라 나누어 계산한 국세 및 강제징수비를 상속으로 받은 재산의 한도에서 연대하여 납부할 의무를 승계
절차	각 상속인은 그들 중에서 피상속인의 국세 및 강제징수비를 납부할 대표자를 정하여 상속 개시일부터 30일 이내에 대표자의 성명과 주소 또는 거소, 그 밖에 필요한 사항을 적은 문서(전자문서를 포함)로 관할 세무서장에게 신고하여야 함. 신고가 없는 경우에는 세무서장은 상속인 중 1명을 「대표자로 지정할 수 있으며 이 경우 세무서장은 그 뜻을 적은 문서로 지체 없이 각 상속인에게 통지하여야 함

정답 ①

103

「국세기본법」상 납세의무 승계 및 제2차 납세의무에 대한 설명 중 옳은 것은?

세법1 Link p.72-74, 80-81
오진다 Link p.37-40
출제 가능 지수 ■■■□□
난이도 ■■■□□

① 상속이 있는 경우, 한도 없이 납세의무가 있다.
② 사업양수인은 양도일 이전에 성립된 양수받은 사업에 관한 국세에 대해 납부의무가 있다.
③ 상장법인은 제2차 납세의무가 없다.
④ 법인의 합병으로 인한 납세의무의 승계 시에는 확정 여부에 관계없이 성립된 국세는 모두 승계된다.

해설

① 상속인은 피상속인의 국세 및 강제징수비를 **상속으로 받은 재산의 한도 내에서** 납부할 의무를 진다.
② 사업양수인은 양도일 **이전에 확정된 그 사업에 관한 국세**에 대하여 제2차 납세의무를 진다. 즉, 양도일 이전에 확정되지 아니한 국세와 사업에 관한 국세가 아닌 부동산을 양도함으로써 납부하여야 할 양도소득세에 대하여는 제2차 납세의무를 지지 않는다.
③ 국세의 납부기한 만료일 현재 법인의 무한책임사원 또는 과점주주(이하 '출자자')의 재산으로 그 출자자가 납부할 국세 및 강제징수비에 충당하여도 부족한 경우로서 출자자가 소유한 주식의 양도가 법률에 의해 제한되어 있거나 매수희망자가 없어 매각불능인 경우, 또는 그 법인이 외국법인인 경우로서 출자자의 소유주식 등이 외국에 있는 재산에 해당하여 「국세징수법」에 따른 압류 등 강제징수가 제한되는 경우에는 **법인이 제2차 납세의무를 진다.**

정답 ④

104

「국세기본법」상 납세의무의 확장에 대한 설명으로 옳은 것은?

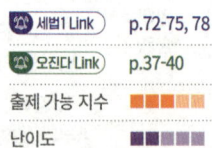
세법1 Link p.72-75, 78
오진다 Link p.37-40
출제 가능 지수 ■■■■□
난이도 ■■■□□

① 법인이 합병한 때에 합병 후 존속하는 법인은 합병으로 인하여 소멸된 법인이 납부할 강제징수비를 제외한 국세만을 납부할 의무를 진다.
② 상속이 개시된 때에 그 상속인은 피상속인에게 부과된 국세를 상속으로 인하여 얻은 재산의 가액에 상관없이 모두 납부할 의무를 진다.
③ 법인이 분할 또는 분할합병한 후 소멸하는 경우 분할신설법인과 분할합병의 상대방 법인은 분할법인에 부과되거나 분할법인이 납부하여야 할 국세 및 강제징수비 전부에 대해 연대하여 납부할 의무가 있다.
④ 비상장법인의 재산으로 그 법인에게 부과되거나 그 법인이 납부할 국세 및 강제징수비에 충당하여도 부족한 경우에는 그 국세의 납세의무의 성립일 현재 무한책임사원은 그 부족액에 대하여 제2차 납세의무를 진다.

해설

① 법인이 합병한 경우 합병 후 존속하는 법인은 합병으로 소멸된 법인이 납부할 **국세 및 강제징수비를 납부할 의무를 진다**(국기법 23).
② 상속이 개시된 때에 그 상속인은 피상속인에게 부과된 국세 등을 상속으로 인하여 얻은 **재산의 가액을 한도**로 납부할 의무를 진다.
③ 법인이 분할 또는 분할합병한 후 소멸하는 경우 분할신설법인과 분할합병의 상대방 법인은 분할법인에 부과되거나 분할법인이 납부하여야 할 국세 및 강제징수비에 대하여 **분할로 승계된 재산가액을 한도로** 연대하여 납부할 의무가 있다.

정답 ④

105

「국세기본법」상 납세의무의 확장에 대한 설명으로 옳은 것은?

세법1 Link p.73-75, 80-81

오진다 Link p.37-41

출제 가능 지수 ■■■□

난이도 ■■■■□

① 피상속인이 체결한 보험계약의 수익자로서 단독 상속인이 피상속인의 사망으로 상속재산으로 보는 보험금을 수령하고 상속을 포기한 경우 상속포기를 한 상속인은 피상속인이 납부할 국세를 전액 납부할 의무를 진다.

② 공동사업에 관계되는 부가가치세 및 강제징수비는 공동사업자가 연대하여 납부할 의무를 진다.

③ 법령이 정하는 바에 따라 제2차 납세의무를 지는 법인에는 비상장법인만 포함된다.

④ 사업이 양도·양수된 경우에 양도일 이후에 양도인의 납세의무가 성립한 그 사업에 관한 국세 및 강제징수비를 양도인의 재산으로 충당하여도 부족할 때에는 대통령령으로 정하는 사업의 양수인은 그 부족한 금액에 대하여 양수한 재산의 가액을 한도로 제2차 납세의무를 진다.

해설

① 피상속인이 체결한 보험계약의 수익자로서 단독 상속인이 피상속인의 사망으로 상속재산으로 보는 보험금을 수령하고 상속을 포기한 경우 상속포기를 한 상속인은 피상속인이 납부할 국세를 **그 보험금의 한도 내에서** 납부할 의무를 진다.

③ 법령이 정하는 바에 따라 제2차 납세의무를 지는 법인에는 비상장법인뿐만 아니라 **상장법인도 포함된다.**

④ 사업이 양도·양수된 경우에 **양도일 이전에 양도인의 납세의무가 확정된** 그 사업에 관한 국세 및 강제징수비를 양도인의 재산으로 충당하여도 부족할 때에는 법령으로 정하는 사업의 양수인은 그 부족한 금액에 대하여 양수한 재산의 가액을 한도로 제2차 납세의무를 진다.

[상속포기자]

「민법」에 따른 상속포기자는 피상속인의 납세의무를 승계하지 않음 (단, 상속인을 수익자로 하는 손해보험·생명보험 보험금 등을 받는 때에는 보험금을 상속받은 재산으로 보아 재산의 가액을 계산함)

정답 ②

106

「국세기본법령」상 제2차 납세의무에 대한 설명으로 옳은 것은?

세법1 Link   p.77-81
오진다 Link   p.40-41
출제 가능 지수   ■■■■■
난이도   ■■■■■

① 청산인의 경우 분배하거나 인도한 재산의 가액을 한도로, 잔여재산을 분배받거나 인도받은 자의 경우에는 각자가 받은 재산의 가액을 한도로 제2차 납세의무를 진다.

② 사업양수인의 제2차 납세의무에 있어서 사업양수인이란 사업장별로 그 사업에 관한 모든 권리(미수금에 관한 것을 포함)와 모든 의무(미지급금에 관한 것을 포함)를 포괄적으로 승계한 자로서 양도인과 특수관계인인 자이거나 양도인의 조세회피를 목적으로 사업을 양수한 자를 말한다.

③ A법인의 과점주주가 아닌 유한책임사원 甲의 재산으로 甲이 납부할 국세에 충당하여도 부족한 경우에는 A법인은 법률에 의하여 甲의 소유주식의 양도가 제한된 경우에만(「국세징수법」에 따라 공매할 수 없는 경우는 제외) 그 부족한 금액에 대하여 제2차 납세의무를 진다.

④ 유가증권시장에 상장된 법인의 과점주주는 그 법인의 재산으로 그 법인이 납부할 국세에 충당하여도 부족한 경우 그 부족한 금액에 대하여 제2차 납세의무를 진다.

해설

② 사업양수인의 제2차 납세의무에 있어서 사업양수인이란 사업장별로 그 사업에 관한 모든 권리(미수금에 관한 것은 **제외**)와 모든 의무(미지급금에 관한 것은 **제외**)를 포괄적으로 승계한 자로서 양도인과 특수관계인인 자이거나 양도인의 조세회피를 목적으로 사업을 양수한 자를 말한다.

③ A법인의 **무한책임사원 또는 과점주주** 甲의 재산으로 甲이 납부할 국세에 충당하여도 부족한 경우에는 A법인은 법률에 의하여 甲의 소유주식의 양도가 제한되거나(「국세징수법」에 따라 공매할 수 없는 경우는 제외) **매각이 불능인 경우 및 법인이 외국법인인 경우로서 출자자의 소유주식 등이 외국에 있는 재산에 해당하여 「국세징수법」에 따른 압류 등 강제징수가 제한되는 경우** 그 부족한 금액에 대하여 제2차 납세의무를 진다.

[법인의 제2차 납세의무]

국세의 납부기한 만료일 현재 법인의 무한책임사원 또는 과점주주(이하 '출자자')의 재산(그 법인의 발행주식 또는 출자지분은 제외)으로 그 출자자가 납부할 국세 및 강제징수비에 충당하여도 부족한 경우로서 정부가 출자자의 소유주식 또는 출자지분을 재공매하거나 수의계약으로 매각하려 하여도 매수희망자가 없는 경우이거나 법률 또는 그 법인의 정관에 의하여 출자자의 소유주식 또는 출자지분의 양도가 제한된 경우(「국세징수법」에 따라 공매할 수 없는 경우는 제외) 또는 그 법인이 외국법인인 경우로서 출자자의 소유주식 등이 외국에 있는 재산에 해당하여 「국세징수법」에 따른 압류 등 강제징수가 제한되는 경우에는 제2차 납세의무를 진다.

④ 유가증권시장에 상장된 법인의 과점주주는 그 법인의 재산으로 그 법인이 납부할 국세에 충당하여도 부족한 경우 그 부족한 금액에 대하여 제2차 납세의무를 **지지 아니한다**.

정답 ①

107

「국세기본법」상 사업양수인의 제2차 납세의무에 대한 설명으로 옳은 것은?

세법1 Link   p.81
오진다 Link   p.40-41
출제 가능 지수
난이도

① 사업양도일 이전에 양도인의 납세의무가 성립된 그 사업에 관한 국세 및 강제징수비를 양도인 의 재산으로 충당하여도 부족할 때에는 대통령령으로 정하는 사업의 양수인은 그 부족한 금 액에 대하여 양수한 재산의 가액을 한도로 제2차 납세의무를 진다.

② 사업을 양도함에 따라 납부하여야 할 사업용 부동산(토지·건물 등)에 대한 양도소득세는 해당 사업에 관한 국세가 아니므로 사업양수인은 제2차 납세의무를 지지 않는다.

③ 사업의 양도인에게 둘 이상의 사업장이 있는 경우에 하나의 사업장을 양수한 자는 양수한 사 업장 외의 다른 사업장과 관계되는 국세 및 강제징수비에 대해서도 제2차 납세의무를 진다.

④ 사업장별로 그 사업에 관한 모든 권리(미수금에 관한 것을 포함)와 모든 의무(미지급금에 관한 것을 포함)를 포괄적으로 승계한 사업양수인에 한하여 제2차 납세의무를 진다.

해설

① 사업양도일 이전에 양도인의 납세의무가 **확정**된 그 사업에 관한 국세 및 강제징수비를 양도인의 재산으로 충당하여도 부족할 때에는 대통령령으로 정하는 사업의 양수인은 그 부족한 금액에 대하여 양수한 재산의 가 액을 한도로 제2차 납세의무를 진다.

③ 사업의 양도인에게 둘 이상의 사업장이 있는 경우에 하나의 사업장을 양수한 자의 제2차 납세의무는 **양수한 사업장과 관계되는** 국세 및 강제징수비(둘 이상의 사업장에 공통되는 국세 및 강제징수비가 있는 경우에는 양수한 사업장에 배분되는 금액을 포함)에 대해서만 진다.

④ 사업장별로 그 사업에 관한 모든 권리(미수금에 관한 것을 **제외**)와 모든 의무(미지급금에 관한 것을 **제외**)를 포괄적으로 승계한 사업양수인에 한하여 제2차 납세의무를 진다.

정답 ②

108

「국세기본법」상 제2차 납세의무에 대한 설명으로 옳은 것은?

세법1 Link   p.77-81
오진다 Link   p.40-41
출제 가능 지수 ■■■■■
난이도 ■■■■■

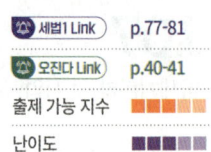

① 법인의 제2차 납세의무는 그 법인의 자산총액에서 부채총액을 뺀 가액을 그 법인의 발행주식 총액 또는 출자총액으로 곱한 가액에 그 출자자의 소유주식 금액 또는 출자액을 나누어 산출한 금액을 한도로 한다.

② 사업이 양도·양수된 경우에 양도일 이전에 양도인의 납세의무가 확정된 그 사업에 관한 국세 및 강제징수비를 양도인의 재산으로 충당하여도 부족할 때에는 대통령령으로 정하는 사업의 양수인은 그 부족한 금액에 대하여 대통령령으로 정하는 양수한 재산의 가액을 한도로 제2차 납세의무를 진다.

③ 법인이 해산한 경우에 그 법인에 부과되거나 그 법인이 납부할 국세 및 강제징수비를 납부하지 아니하고 청산 후 남은 재산을 분배하거나 인도하였을 때에 그 법인에 대하여 강제징수를 하여도 징수할 금액에 미치지 못하는 경우에는 청산인 또는 청산 후 남은 재산을 분배받거나 인도받은 자는 그 부족한 금액 전액에 대하여 제2차 납세의무를 진다.

④ 상장법인의 재산으로 그 법인에 부과되거나 그 법인이 납부할 국세 및 강제징수비에 충당하여도 부족한 경우에는 그 국세의 납부기간 만료일 현재 그 법인의 무한책임사원은 그 부족한 금액에 대하여 제2차 납세의무를 진다.

해설

① 법인의 제2차 납세의무는 그 법인의 자산총액에서 부채총액을 뺀 가액을 그 법인의 발행주식총액 또는 출자 총액으로 **나눈** 가액에 그 출자자의 소유주식 금액 또는 출자액을 **곱하여** 산출한 금액을 한도로 한다.

③ 법인이 해산한 경우에 그 법인에 부과되거나 그 법인이 납부할 국세 및 강제징수비를 납부하지 아니하고 청산 후 남은 재산을 분배하거나 인도하였을 때에 그 법인에 대하여 강제징수를 하여도 징수할 금액에 미치지 못하는 경우에는 청산인 또는 청산 후 남은 재산을 분배받거나 인도받은 자는 그 부족한 금액에 대하여 제2차 납세의무를 진다. 이에 따른 제2차 납세의무는 **청산인의 경우 분배하거나 인도한 재산의 가액을 한도로 하고, 그 분배 또는 인도를 받은 자의 경우에는 각자가 받은 재산의 가액을 한도로 한다.**

④ **법인(유가증권 및 코스닥상장법인은 제외)**의 재산으로 그 법인에 부과되거나 그 법인이 납부할 국세 및 강제징수비에 충당하여도 부족한 경우에는 그 국세의 **납세의무 성립일** 현재 그 법인의 무한책임사원(합명회사 사원, 합자회사 무한책임사원)과 과점주주 및 과점조합원은 그 부족한 금액에 대하여 제2차 납세의무를 진다.

정답 ②

109

「국세기본법」상 제2차 납세의무에 대한 설명으로 옳은 것은?

세법1 Link p.71, 80-81, 83
오진다 Link p.40-42
출제 가능 지수 ■■□□□
난이도 ■■□□□

① 사업양수인은 사업양도일 현재 사업양도인에게 납세의무는 성립하였지만 아직 확정되지 아니한 국세에 대하여는 제2차 납세의무를 지지 아니한다.

② 양도담보권자가 납부고지서 도달 전에 이미 그 재산을 제3자에게 양도한 경우에도 물적납세의무를 지울 수 있다.

③ 법인의 제2차 납세의무는 무한책임사원 또는 과점주주가 납부할 국세에 대하여 그 법인의 순자산가액을 법인의 발행주식총액으로 나눈 금액에 그 주주 등의 소유주식금액을 곱하여 산출한 금액을 한도로 하며, 발행주식총액 및 소유주식금액 계산 시 의결권 없는 주식을 제외한다.

④ 청산인 등의 제2차 납세의무에 있어서 강제징수를 집행하여도 징수할 금액에 부족한 경우의 판단은 그 법인에 대하여 현실적으로 강제징수를 실행하여야만 가능한다.

해설

② 양도담보권자가 납부고지서 도달 전에 이미 그 재산을 제3자에게 양도한 경우에는 물적납세의무를 지울 수 **없다**.

③ 법인의 제2차 납세의무는 무한책임사원 또는 과점주주가 납부할 국세에 대하여 그 법인의 순자산가액을 법인의 발행주식총액으로 나눈 금액에 그 주주 등의 소유주식금액을 곱하여 산출한 금액을 한도로 하며, 발행주식총액 및 소유주식금액 계산 시 의결권 없는 주식을 **포함**한다.

④ 청산인 등의 제2차 납세의무에 있어서 강제징수를 집행하여도 징수할 금액에 부족한 경우의 판단은 그 법인에 대하여 현실적으로 강제징수를 **실행함이 없이도** 가능하다.

정답 ①

110

「국세기본법」상 제2차 납세의무에 대한 설명으로 가장 옳은 것은?

세법1 Link p.77-81
오진다 Link p.40-41
출제 가능 지수 ■■■■□
난이도 ■■■□□

① 청산인 등의 제2차 납세의무는 청산인의 경우 분배하거나 인도한 재산의 가액을 한도로 하고, 그 분배 또는 인도를 받은 자의 경우에는 각자가 받은 재산의 가액을 한도로 한다.

② 「자본시장과 금융투자업에 관한 법률」에 따른 유가증권시장에 상장한 법인의 과점주주는 그 법인이 납부하는 국세에 대하여 제2차 납세의무를 진다.

③ 국세의 납부기한 만료일 현재 법인의 무한책임사원 또는 과점주주(이하 "출자자"라 함)의 재산(그 법인의 발행주식 또는 출자지분은 제외)으로 그 출자자가 납부할 국세 및 강제징수비에 충당하여도 부족한 경우로서 법률 또는 그 법인의 정관에 의하여 출자자의 소유주식 또는 출자지분의 양도가 제한된 경우(「국세징수법」에 따라 공매할 수 없는 경우를 포함) 그 법인은 제2차 납세의무를 지지 않는다.

④ 사업양수인의 제2차 납세의무에 있어서 사업양수인이란 사업장별로 그 사업에 관한 미수금을 포함한 모든 권리와 모든 의무를 포괄적으로 승계한 자를 말한다.

해설

② 「자본시장과 금융투자업에 관한 법률」에 따른 유가증권시장에 상장한 법인의 과점주주는 그 법인이 납부하는 국세에 대하여 제2차 납세의무를 **지지 아니한다**.

③ 국세의 납부기한 만료일 현재 법인의 무한책임사원 또는 과점주주의 재산(그 법인의 발행주식 또는 출자지분은 제외)으로 그 출자자가 납부할 국세 및 강제징수비에 충당하여도 부족한 경우로서 다음 어느 하나에 해당하는 경우 법인이 제2차 납세의무를 진다.

> ㉠ 매각불능: 정부가 출자자의 소유주식 또는 출자지분을 재공매하거나 수의계약으로 매각하려 하여도 매수희망자가 없는 경우
> ㉡ 강제징수제한: 그 법인이 외국법인인 경우로서 출자자의 소유주식 또는 출자지분이 외국에 있는 재산에 해당하여 「국세징수법」에 따른 압류 등 강제징수가 제한되는 경우
> ㉢ 양도제한: 법률 또는 그 법인의 정관에 의하여 출자자의 소유주식 또는 출자지분의 양도가 제한된 경우 (**「국세징수법」에 따라 공매할 수 없는 경우는 제외**)

④ '사업의 양수'란 계약의 명칭이나 형식에 관계없이 사업장별로 그 사업에 관한 모든 권리(미수금에 관한 것은 제외)와 모든 의무(미지급금에 관한 것은 제외)를 포괄적으로 승계하는 것을 말한다. 즉, 사업양수인의 제2차 납세의무에 있어서 '사업양수인'이란 사업장별로 그 사업에 관한 **미수금, 미지급금을 제외한** 모든 권리와 모든 의무를 포괄적으로 승계한 자를 말한다.

정답 ①

111

「국세기본법」상 출자자의 제2차 납세의무에 관한 설명으로 옳은 것은?

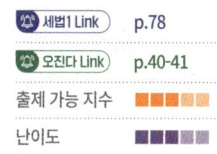
세법1 Link   p.78
오진다 Link   p.40-41
출제 가능 지수 ■■■■□
난이도   ■■■■□

① 비상장법인의 재산으로 그 법인이 납부할 국세에 충당하여도 부족한 경우에도 그 국세의 납세의무 성립일 현재 과점주주 및 과점조합원이 아닌 유한책임사원은 그 부족한 금액에 대하여 제2차 납세의무를 부담한다.

② 비상장법인의 재산으로 그 법인이 납부할 국세에 충당하여도 부족한 경우에도 그 국세의 납부기간 만료일 현재의 과점주주는 그 부족한 금액에 대하여 제2차 납세의무를 부담한다.

③ 비상장법인의 재산으로 그 법인이 납부할 국세에 충당하여도 부족한 경우에는 그 국세의 납세의무 확정일 현재의 합명회사 사원이 그 부족한 금액에 대하여 제2차 납세의무를 진다.

④ 비상장법인의 납세의무에 대하여 과점주주가 부담하는 제2차 납세의무는 그 부족한 금액을 그 법인의 발행주식 총수(또는 출자총액)로 나눈 금액에 해당 과점주주가 실질적으로 권리를 행사하는 주식수(또는 출자액)를 곱하여 산출한 금액을 한도로 한다.

해설

① 비상장법인의 재산으로 그 법인이 납부할 국세에 충당하여도 부족한 경우에도 그 국세의 납세의무 성립일 현재 과점주주 및 과점조합원이 아닌 유한책임사원은 그 부족한 금액에 대하여 제2차 납세의무를 **부담하지 않는다**.

② 비상장법인의 재산으로 그 법인이 납부할 국세에 충당하여도 부족한 경우에는 그 국세의 **납세의무 성립일** 현재의 무한책임사원(합명회사 사원, 합자회사 무한책임사원)과 과점주주 및 과점조합원이 그 부족한 금액에 대하여 제2차 납세의무를 부담한다.

③ 비상장법인의 재산으로 그 법인이 납부할 국세에 충당하여도 부족한 경우에는 그 국세의 납세의무 **성립일** 현재의 합명회사 사원이 그 부족한 금액에 대하여 제2차 납세의무를 진다.

정답 ④

112

「국세기본법」상 제2차 납세의무에 대한 설명으로 옳은 것은?

세법1 Link p.77-81
오진다 Link p.40-41
출제 가능 지수 ■■■■□
난이도 ■■□□□

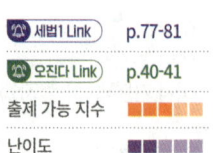

① 제2차 납세의무를 지는 과점주주란 주주 또는 유한책임사원 1명과 그의 특수관계인 중 그들의 소유주식 합계 또는 출자액 합계가 해당 법인의 발행 주식 총수 또는 출자총액의 100분의 50 이상이면서 그 법인의 경영에 대하여 지배적인 영향력을 행사하는 자들을 말한다.

② 청산인의 제2차 납세의무의 한도는 각자가 받은 재산의 가액으로 한다.

③ 법인의 제2차 납세의무의 한도는 그 법인의 자산총액에서 부채총액을 공제한 가액을 그 법인의 발행주식 총액 또는 출자총액으로 나눈 가액에 그 출자자의 소유주식금액 또는 출자액을 곱하여 산출한 금액을 한도로 한다.

④ 사업양도인의 재산으로 충당하고도 부족한 체납세액에 대하여 제2차 납세의무를 지는 사업양수인은 사업장별로 그 사업에 관한 모든 권리(미수금에 관한 것 포함)와 모든 의무(미지급금에 관한 것 포함)를 포괄적으로 승계한 자이다.

해설

① 제2차 납세의무를 지는 과점주주란 주주 또는 유한책임사원 1명과 그의 특수관계인 중 그들의 소유주식 합계 또는 출자액 합계가 해당 법인의 발행 주식 총수 또는 출자총액의 100분의 50을 **초과하면서** 그 법인의 경영에 대하여 지배적인 영향력을 행사하는 자들을 말한다.

② 청산인의 제2차 납세의무의 한도는 **그가 분배 또는 인도한** 재산의 가액으로 한다.

④ 사업양도인의 재산으로 충당하고도 부족한 체납세액에 대하여 제2차 납세의무를 지는 사업양수인은 사업장별로 그 사업에 관한 모든 권리(미수금에 관한 것 **제외**)와 모든 의무(미지급금에 관한 것 **제외**)를 포괄적으로 승계한 자이다.

정답 ③

113

「국세기본법」상 양도담보권자의 물적납세의무의 성립 및 존속요건에 대한 설명으로 옳은 것은?

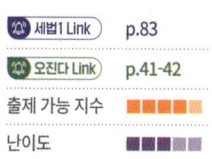
세법1 Link   p.83
오진다 Link   p.41-42
출제 가능 지수 ■■■■□
난이도   ■■■■□

① 납세자의 양도담보재산으로써 납세자의 국세 및 강제징수비를 징수하려면 양도담보권자가 국세 및 강제징수비를 체납하여야 한다.
② 양도담보권자에게 납부고지가 있은 후 납세자가 양도에 의하여 실질적으로 담보된 채무를 불이행하여 해당 자산이 양도담보권자에게 확정적으로 귀속되고 양도담보권이 소멸하는 경우에는 납부고지 당시의 양도담보재산이 계속하여 양도담보재산으로서 존속하지 않는 것으로 본다.
③ 납세자의 재산(양도담보재산 제외)에 대하여 강제징수를 하여도 징수할 금액에 미치지 못하는 경우에 해당하여야 한다.
④ 양도담보재산이 납세자가 체납한 국세의 법정기일 전에 담보의 목적이 되어야 한다.

해설

① 납세자의 양도담보재산으로써 납세자의 국세 및 강제징수비를 징수하려면 **납세자**가 국세 및 강제징수비를 체납하여야 한다.
② 양도담보권자에게 납부고지가 있은 후 납세자가 양도에 의하여 실질적으로 담보된 채무를 불이행하여 해당 자산이 양도담보권자에게 확정적으로 귀속되고 양도담보권이 소멸하는 경우에는 납부고지 당시의 양도담보재산이 계속하여 양도담보재산으로서 **존속하는 것으로** 본다.
④ 양도담보재산이 납세자가 체납한 국세의 법정기일 **후**에 담보의 목적이 되어야 한다. 즉, 국세의 법정기일 전에 담보의 목적이 된 양도담보재산의 경우에는 양도담보권자에게 물적납세의무를 지울 수 없다.　　　정답 ③

114

「국세기본법」상 양도담보와 관련된 설명으로 옳은 것은?

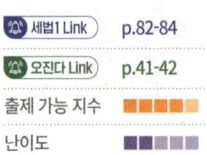
세법1 Link   p.82-84
오진다 Link   p.41-42
출제 가능 지수   ■■■■■
난이도   ■■■■■

① 「국세기본법」상 납세자가 국세 및 강제징수비를 체납한 경우에 그 납세자에게 국세의 성립일 후 담보의 목적이 된 양도담보재산이 있을 때에는 그 납세자의 다른 재산에 대하여 강제징수를 집행하여도 징수할 금액에 미치지 못하는 경우에만 「국세징수법」에서 정하는 바에 따라 그 양도담보재산으로써 납세자의 국세 및 강제징수비를 징수할 수 있다.

② 「국세기본법」상 세무서장은 납세자가 제3자와 짜고 거짓으로 재산에 양도담보 설정계약을 하고 그 등기를 함으로써 그 재산의 매각금액으로 국세를 징수하기가 곤란하다고 인정할 때에는 그 행위를 취소할 수 있다.

③ 납세자가 법정기일 전 1년 내에 친족이나 그 밖의 특수관계인과 양도담보설정계약을 한 경우 짜고 한 거짓으로 한 계약의 입증책임은 관할 세무서장에게 있다.

④ 「국세기본법」에서 양도담보재산이란 당사자 간의 계약에 의하여 납세자가 그 재산을 양도하였을 때에 실질적으로 양도인에 대한 채권담보의 목적이 된 재산을 말한다.

해설

① 「국세기본법」상 납세자가 국세 및 강제징수비를 체납한 경우에 그 납세자에게 국세의 **법정기일** 후 담보의 목적이 된 양도담보재산이 있을 때에는 그 납세자의 다른 재산에 대하여 강제징수를 집행하여도 징수할 금액에 미치지 못하는 경우에만 「국세징수법」에서 정하는 바에 따라 그 양도담보재산으로써 납세자의 국세 및 강제징수비를 징수할 수 있다.

② 「국세기본법」상 세무서장은 납세자가 제3자와 짜고 거짓으로 재산에 양도담보 설정계약을 하고 그 등기를 함으로써 그 재산의 매각금액으로 국세를 징수하기가 곤란하다고 인정할 때에는 **그 행위의 취소를 법원에 청구**할 수 있다.

③ 납세자가 법정기일 전 1년 내에 친족이나 그 밖의 특수관계인과 양도담보설정계약을 한 경우에는 이를 짜고 한 거짓계약으로 추정하며, 짜고 한 거짓계약이 아닌 경우에는 **납세자가** 이를 입증해야 한다.

정답 ④

115

「국세기본법」상 양도담보권자의 물적납세의무 중 옳은 것은?

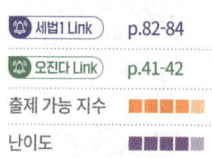
세법1 Link   p.82-84
오진다 Link   p.41-42
출제 가능 지수
난이도

① 납부고지가 있은 후 납세자가 양도에 의하여 실질적으로 담보된 채무를 불이행하여 해당 재산이 양도담보권자에게 확정적으로 귀속되고 양도담보권이 소멸하는 경우에는 양도담보권자의 물적납세의무는 소멸한다.

② 양도담보권자가 납부고지서 도달 전에 이미 그 재산을 제3자에게 양도한 경우에는 물적납세의무를 지울 수 있다.

③ 납부고지서가 고지된 후 압류되기 전에 제3자에게 양도한 경우 물적납세의무는 소멸하지 않는다.

④ 세무서장은 양도담보설정자의 체납액을 양도담보권자로부터 징수하고자 할 때에는 납부고지서에 의하여 고지하여야 하며, 양도담보권자가 고지된 납부기한까지 물적납세의무를 이행하지 아니한 경우에는 독촉 없이 바로 압류할 수 있다.

해설

① 납부고지가 있은 후 납세자가 양도에 의하여 실질적으로 담보된 채무를 불이행하여 해당 재산이 양도담보권자에게 확정적으로 귀속되고 양도담보권이 소멸하는 경우에는 납부고지 당시의 양도담보재산이 계속하여 **양도담보재산으로서 존속하는 것으로 본다.**

② 양도담보권자가 납부고지서 도달 전에 이미 그 재산을 제3자에게 양도한 경우에는 물적납세의무를 지울 수 **없다.**

③ 납부고지서가 고지된 후 압류되기 전에 제3자에게 양도한 경우 물적납세의무는 **소멸한다.**   정답 ④

116

「국세기본법」상 양도담보권자의 물적납세의무에 관한 설명으로 옳은 것은?

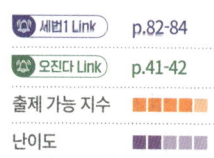
세법1 Link   p.82-84
오진다 Link   p.41-42
출제 가능 지수
난이도

① 제2차 납세의무자의 소유재산에 대한 양도담보권자는 물적납세의무를 지지 않는다.

② 양도담보권자가 물적납세의무를 부담하는가의 여부는 양도담보권의 설정일과 양도담보설정자가 체납한 국세의 법정기일의 선후(先後)와 밀접한 관련이 있다.

③ 납세자가 국세의 법정기일 전 1년 내에 저당권 설정계약을 한 경우에는 짜고 한 거짓계약으로 간주한다.

④ 양도담보권자에게 납부고지가 있기 전에 납세자가 양도에 의하여 실질적으로 담보된 채무를 불이행하여 해당 자산이 양도담보권자에게 확정적으로 귀속되고 양도담보권이 소멸하는 경우에는 물적납세의무를 지울 수 있다.

해설

① 제2차 납세의무자의 소유재산에 대한 양도담보권자는 물적납세의무를 **진다.**

③ 납세자가 국세의 법정기일 전 1년 내에 저당권 설정계약을 한 경우에는 짜고 한 거짓계약으로 **추정**한다.

④ 양도담보권자에게 납부고지가 있기 전에 납세자가 양도에 의하여 실질적으로 담보된 채무를 불이행하여 해당 자산이 양도담보권자에게 확정적으로 귀속되고 양도담보권이 소멸하는 경우에는 **물적납세의무를 지울 수 없다.**   정답 ②

LEVEL 1　　**LEVEL 2**　　LEVEL 3

CHAPTER
04 납세의무의 확장

117

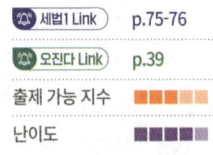

| 세법1 Link | p.75-76 |
| 오진다 Link | p.39 |

출제 가능 지수 ■■■■□

난이도 ■■■■■

「국세기본법」상 공동사업에 따른 연대납세의무에 관한 설명으로 옳지 않은 것은?

① 연대납세의무자 1인에게 조세채무 전액에 대해 부과처분을 할 수 있다.

② 연대납세의무자 1인이 조세채무 전액을 납부한 경우 다른 연대납세의무자에게 그 부담부분에 대하여 구상권을 가지게 된다.

③ 공동사업에 따른 납세의무라 하더라도 세목에 따라 연대납세의무의 성립 여부 등에 차이가 있을 수 있다.

④ 연대납세의무자 1인에 대한 부과처분의 무효 또는 취소의 사유는 다른 연대납세의무자에게 그 효력이 미친다.

해설

④ 연대납세의무자 1인에 대한 부과처분의 무효 또는 취소의 사유는 다른 연대납세의무자에게 그 **효력이 미치지 아니한다.**
　　　　　　　　　　　　　　　　　　　　　　　　　　　　　　　정답 ④

118

세법1 Link	p.75-76
세법2 Link	p.240
오진다 Link	p.19, 39, 398

출제 가능 지수 ■■■■□

난이도 ■■■■■

「국세기본법」상 연대납세의무에 관한 설명으로 옳지 않은 것은?

① 공동사업에 관한 부가가치세는 공동사업자가 연대하여 납부할 의무를 진다.

② 어느 연대납세의무자에 대하여 소멸시효가 완성한 때에는 그 부담부분에 한하여 다른 연대납세의무자도 그 납부의무를 면한다.

③ 납부의 고지와 독촉에 관한 서류는 연대납세의무자 모두에게 각각 송달하여야 한다.

④ 법인이 해산한 경우에 법인세법 제73조 및 제73조의2에 따라 원천징수하여야 할 법인세를 징수하지 아니하였거나 징수한 법인세를 납부하지 아니하고 잔여재산을 분배한 때에는 청산인과 잔여재산의 분배를 받은 자가 그 법인세 전부를 연대하여 납부할 책임을 진다.

해설

④ 법인이 해산한 경우에 법인세법 제73조 및 제73조의2에 따라 원천징수하여야 할 법인세를 징수하지 아니하였거나 징수한 법인세를 납부하지 아니하고 잔여재산을 분배한 때에는 청산인과 잔여재산의 분배를 받은 자가 **각각 그 분배한 재산의 가액과 분배받은 재산의 가액을 한도로** 그 법인세를 연대하여 납부할 책임을 진다.
　　　　　　　　　　　　　　　　　　　　　　　　　　　　　　　정답 ④

119

세법1 Link   p.73, 75-76
세법2 Link   p.302, 472
오진다 Link   p.37-39,
            428, 472
출제 가능 지수 ■■■■■
난이도 ■■■■■

다음 중 세법상 납세의무에 관한 설명으로 옳지 않은 것은?

① 공동사업에 관한 소득금액을 계산할 때 「소득세법」에 따라 주된 공동사업자에게 합산과세되는 경우 그 합산과세되는 소득금액에 대해서는 주된 공동사업자의 특수관계인은 「소득세법」에 따른 손익분배비율에 해당하는 그의 소득금액을 한도로 주된 공동사업자와 연대하여 납세의무를 진다.

② 법인이 「채무자 회생 및 파산에 관한 법률」에 따라 신회사를 설립하는 경우 기존의 법인에 부과되거나 납세의무가 성립한 국세 및 강제징수비는 신회사가 연대하여 납부할 의무를 진다.

③ 상속이 개시된 때에 그 상속인(수유자 포함) 또는 상속재산관리인은 피상속인에게 부과되거나 그 피상속인이 납부할 국세 및 강제징수비를 전액 승계한다.

④ 「소득세법」상 우회양도에 대한 부당행위계산부인에 있어서 증여자의 양도소득세에 대하여 특수관계인인 수증자(양도인)는 연대납세의무가 있다.

해설

③ 상속이 개시된 때에 그 상속인(수유자 포함) 또는 상속재산관리인은 피상속인에게 부과되거나 그 피상속인이 납부할 국세 및 강제징수비를 **상속으로 받은 재산의 한도**에서 납부할 의무를 진다.   정답 ③

120

세법1 Link   p.77, 81
세법2 Link   p.302, 472
오진다 Link   p.40, 428,
            502
출제 가능 지수 ■■■■■
난이도 ■■■■■

「국세기본법」상 납세의무의 범위에 관한 설명으로 옳지 않은 것은?

① 특수관계인에게 자산을 증여(배우자·직계존비속을 통한 양도 시 이월과세가 적용되는 경우는 제외)한 후 그 자산을 증여받은 자가 그 증여일부터 10년 이내에 다시 타인에게 양도한 경우로서 「소득세법」에 따라 증여자가 그 자산을 직접 타인에게 양도한 것으로 보는 경우에는 양도소득세에 대해 증여자와 수증자가 연대하여 납세의무를 진다.

② 거주자인 개인 간에 사업의 양도·양수가 있는 경우 사업양수인의 제2차 납세의무에 있어서 양도일 이전에 양도인의 납세의무가 확정된 해당 사업에 관한 국세에는 사업용 자산인 토지를 양도함에 따라 발생한 양도소득세가 포함된다.

③ 원천징수되는 소득으로서 종합소득과세표준에 합산되지 아니하는 소득이 있는 자는 그 원천징수되는 소득세에 대하여 납세의무를 진다.

④ 제2차 납세의무자는 주된 납세자의 재산에 강제징수를 집행하여도 징수할 금액에 부족한 경우에 한해 그 부족액에 대해서만 납세의무를 진다.

해설

② 양도일 이전에 양도인의 납세의무가 확정된 해당 사업에 관한 국세에는 부동산을 양도함에 따라 발생한 양도소득세가 **포함되지 않는다**.   정답 ②

121

「국세기본법」상 납세의무의 승계에 관한 설명으로 옳지 않은 것은?

세법1 Link p.72-74
오진다 Link p.36-37
출제 가능 지수 ■■■■□
난이도 ■■■□□

① 법인의 합병 시 합병 후 존속하는 법인 또는 합병으로 설립된 법인은 합병으로 소멸된 법인에게 부과되거나 그 법인이 납부할 국세 및 강제징수비를 납부할 의무를 진다.
② 피상속인에게 한 처분 또는 절차는 상속이 개시된 때에 납세의무를 승계한 상속인에 대하여도 동일한 효력이 있다.
③ 법정 요건이 충족된 경우라 할지라도 납세의무가 승계되기 위해선 과세관청의 별도의 처분이나 행위가 필요하다.
④ 상속이 개시된 때에 피상속인의 납세의무는 상속으로 받은 재산을 한도로 수유자를 포함한 상속인 또는 상속재산관리인에게 승계된다.

해설

③ 법정 요건이 충족되면 **어떠한 별도의 처분이나 행위도 필요없이** 당연히 납세의무가 승계된다.   정답 ③

122

다음 중 「국세기본법」상 납세의무의 승계에 대한 설명으로 옳지 않은 것은?

세법1 Link p.72-74
오진다 Link p.36-37
출제 가능 지수 ■■■■□
난이도 ■■■■□

① 상속인이 2명 이상일 때에 각 상속인은 그들 중에서 피상속인의 국세 및 강제징수비를 납부할 대표자를 정하여 상속세의 과세가액 및 과세표준 신고기한까지 대표자의 성명과 주소 또는 거소, 그 밖에 필요한 사항을 적은 문서(전자문서를 포함)로 관할 세무서장에게 신고하여야 한다.
② 법인이 합병한 때에 합병 후 존속하는 법인은 합병으로 인하여 소멸된 법인에게 부과되거나 그 법인이 납부할 국세 및 강제징수비를 납부할 의무를 진다.
③ 상속인이 있는지 분명하지 않을 때에는 상속인에게 해야 할 납부의 고지·독촉이나 그 밖에 필요한 사항은 상속재산관리인에게 해야 한다.
④ 법인의 합병으로 인한 납세의무의 승계 시에는 승계될 납세의무의 한도가 없으나, 상속으로 인한 납세의무의 승계 시에는 상속으로 받은 재산을 한도로 하여 납부할 의무를 진다.

해설

① 상속인이 2명 이상일 때에 각 상속인은 그들 중에서 피상속인의 국세 및 강제징수비를 납부할 대표자를 정하여 **상속 개시일부터 30일 이내에** 대표자의 성명과 주소 또는 거소, 그 밖에 필요한 사항을 적은 문서(전자문서를 포함)로 관할 세무서장에게 신고하여야 한다.   정답 ①

123

「국세기본법」상 납세의무에 관한 설명으로 옳지 않은 것은?

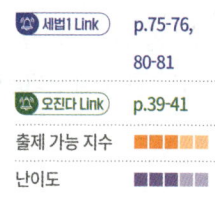
세법1 Link p.75-76, 80-81
오진다 Link p.39-41
출제 가능 지수
난이도

① 법인이 분할되거나 분할합병된 후 분할되는 법인이 존속하는 경우 분할법인, 분할신설법인, 분할합병의 상대방법인은 분할등기일 이전에 분할법인에 부과되거나 납세의무가 성립한 국세 및 강제징수비에 대하여 분할로 승계된 재산가액을 한도로 연대하여 납부할 의무가 있다.

② 사업양수인은 사업양도일 이전에 양도인의 납세의무가 성립되었으나 사업양도일까지 확정되지 않은 국세 및 강제징수비에 대하여 제2차 납세의무를 지지 아니한다.

③ 사업소득이 발생하는 「소득세법」에 따른 공동사업의 소득금액에 대해서는 공동사업자가 연대하여 소득세 납세의무를 진다.

④ 법인이 제2차 납세의무자가 되는 경우 그 법인에는 주권상장 여부와 관계없이 모든 법인이 포함된다.

해설

③ 「소득세법」에 따른 공동사업에서 발생하는 소득금액은 공동사업자 간 손익분배비율에 의하여 분배되었거나 분배될 소득금액에 **따라 공동사업자별로** 소득세 납세의무를 진다.   정답 ③

124

납세의무와 관련된 현행 「국세기본법」의 내용 중 옳지 않은 것은?

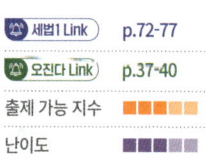
세법1 Link p.72-77
오진다 Link p.37-40
출제 가능 지수
난이도

① 변제, 대물변제, 공탁, 이행청구, 경개, 상계, 면제, 혼동, 시효의 완성, 채권자 지체 등의 사유가 연대채무자 1인에 대하여 생긴 경우에는 다른 연대채무자에게도 그 효력이 미친다.

② 제2차 납세의무자는 주된 납세자의 재산에 강제징수를 집행하여도 징수할 금액에 부족한 경우에 그 부족액에 대해 납부책임을 지는데 이러한 성질을 '보충성'이라고 하며, 그 부족액에 대해 일정 한도액만큼 납세의무를 진다.

③ 상속이 개시된 때에 그 상속인 또는 상속재산관리인은 피상속인에게 부과되거나 그 피상속인이 납부할 국세 및 강제징수비를 상속으로 인하여 얻은 재산을 한도로 하여 납부할 의무를 진다.

④ 법인이 분할 또는 분할합병한 후 소멸하는 경우 분할법인에 부과되거나 분할법인이 납부하여야 할 국세 및 강제징수비는 분할신설법인과 분할합병의 상대방 법인이 분할로 승계된 재산가액을 한도로 연대하여 납부할 의무가 있다.

해설

② 제2차 납세의무 중 무한책임사원의 제2차 납세의무는 **한도 없이 징수부족액 전액에 대하여** 보충적으로 부담한다.   정답 ②

125

「국세기본법」상 연대납세의무에 관한 설명으로 옳지 않은 것은?

세법1 Link p.75-76
오진다 Link p.39
출제 가능 지수 ■■■■□
난이도 ■■■■□

① 공동사업에 관한 부가가치세는 공동사업자가 연대하여 납부할 의무를 진다.
② 공동사업을 위하여 보유하고 있는 재산과 관계되는 국세 및 강제징수비는 공동사업자가 연대하여 납부할 의무를 진다.
③ 연대납세의무란 여러 명이 동일한 납세의무에 관하여 각자의 지분별로 나누어 납세의무를 부담하고, 그 가운데의 1인이 본인이 납부해야 할 국세 및 강제징수비를 납부해도 다른 납세의무자의 납부할 의무가 소멸하지 않는 납세의무를 말한다.
④ 공유물에 관계되는 국세에 대하여 공유자는 연대납세의무가 있다.

해설

③ 연대납세의무란 여러 명이 동일한 납세의무에 관하여 각각 **독립하여 전액의** 납세의무를 부담하고, 그 가운데의 **1인이 전액을 납부하면 모든 납세의무자의 납부할 의무가 소멸하는** 납세의무를 말한다. 정답 ③

126

다음 중 「국세기본법」상 연대납세의무에 관한 설명으로 옳은 것은?

세법1 Link p.75-76
오진다 Link p.39
출제 가능 지수 ■■■□□
난이도 ■■■■■

① 「소득세법」상 공동사업에서 발생하는 소득금액은 공동사업자들이 연대납세의무를 부담한다.
② 연대납세의무자 중 1인의 변제에 의하여 모든 연대납세의무자가 납세의무를 면하게 된 경우 그 1인은 다른 연대납세의무자 각자에게 전체 세액에 대하여 구상권을 행사할 수 있다.
③ 법인이 분할 또는 분할합병한 후 소멸하는 경우 분할법인에 부과되거나 분할법인이 납부하여야 할 국세 및 강제징수비는 분할신설법인과 분할합병의 상대방 법인이 전액 연대하여 납부할 의무가 있다.
④ 법인이 「채무자 회생 및 파산에 관한 법률」에 따라 신회사를 설립하는 경우 그 설립 전의 법인에 부과되거나 납세의무가 성립한 국세 및 강제징수비는 신회사 설립 전의 법인, 설립된 신회사가 연대하여 납부할 의무를 진다.

해설

① 「소득세법」에 따른 공동사업에서 발생하는 소득금액은 공동사업자 간 손익분배비율에 의하여 분배되었거나 분배될 소득금액에 따라 **공동사업자별로** 소득세 납세의무를 진다. 즉, 「소득세법」 규정이 「국세기본법」에 우선한다.
② 1인의 변제로 모든 연대납세의무자가 납세의무를 면하게 된 경우 그 1인은 **각 연대납세의무자가 부담해야 할 부분에 한하여** 구상권을 행사할 수 있다.
③ 분할 또는 분할합병한 후 소멸할 때, 분할법인에 부과되거나 분할법인이 납부하여야 할 국세 및 강제징수비는 분할신설법인과 분할합병의 상대방 법인이 연대납세의무를 부담하는데, 이때 한도는 전액이 아니라 **승계된 재산가액**으로 한다. 정답 ④

127

「국세기본법」상 납세의무에 대한 설명으로 옳지 않은 것은?

세법1 Link p.72-75, 78-81
오진다 Link p.37-41
출제 가능 지수 ■■■■□
난이도 ■■■■■

① 합병 후 존속하는 법인은 합병으로 소멸된 법인이 납부할 국세 및 강제징수비를 납부할 의무를 진다.

② 공동사업에서 발생하는 부가가치세는 공동사업자가 연대하여 납부할 의무를 진다.

③ 비상장법인의 재산으로 그 법인이 납부할 국세 및 강제징수비에 충당하여도 부족한 경우에는 그 국세의 납세의무 확정일 현재의 무한책임사원은 그 부족한 금액에 대하여 제2차 납세의무를 진다.

④ 사업이 양도·양수된 경우에 양도일 이전에 양도인의 납세의무가 확정된 그 사업에 관한 국세 및 강제징수비를 양도인의 재산으로 충당하여도 부족할 때에는 대통령령으로 정하는 사업의 양수인은 그 부족한 금액에 대하여 양수한 재산의 가액을 한도로 제2차 납세의무를 진다.

해설

③ 비상장법인의 재산으로 그 법인이 납부할 국세 및 강제징수비에 충당하여도 부족한 경우에는 그 국세의 납세의무 **성립일** 현재의 무한책임사원(합명회사 사원, 합자회사 무한책임사원)과 과점주주 및 과점조합원이 제2차 납세의무를 진다.

정답 ③

128

「국세기본법」 및 「소득세법」상 납세의무의 승계와 연대납세의무에 관한 설명으로 옳지 않은 것은?

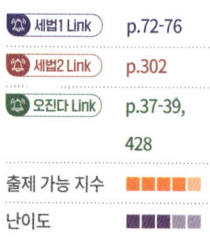
세법1 Link p.72-76
세법2 Link p.302
오진다 Link p.37-39, 428
출제 가능 지수 ■■■■□
난이도 ■■■■□

① 법인이 분할되거나 분할합병된 후 분할되는 법인이 존속하는 경우 분할법인, 분할신설법인 및 분할합병의 상대방 법인은 분할등기일 이후에 분할법인에 부과되거나 납세의무가 성립한 국세 및 강제징수비에 대하여 연대하여 납부할 의무가 있다.

② 법인이 「채무자 회생 및 파산에 관한 법률」 제215조에 따라 신회사를 설립하는 경우 기존의 법인에 부과되거나 납세의무가 성립한 국세 및 강제징수비는 신회사가 연대하여 납부할 의무를 진다.

③ 법인이 합병한 경우 합병 후 존속하는 법인 또는 합병으로 설립된 법인은 합병으로 소멸된 법인에 부과되거나 그 법인이 납부할 국세 및 강제징수비를 납부할 의무를 진다.

④ 「소득세법」상 공동사업자는 해당 공동사업자별로 납세의무를 지나 주된 공동사업자에게 합산과세되는 경우에는 주된 공동사업자의 특수관계인은 손익분배비율에 해당하는 그의 소득금액을 한도로 주된 공동사업자와 연대하여 납세의무를 진다.

해설

① 법인이 분할되거나 분할합병된 후 분할되는 법인이 존속하는 경우 분할법인, 분할신설법인 및 분할합병의 상대방 법인은 분할등기일 **이전에** 분할법인에 부과되거나 납세의무가 성립한 국세 및 강제징수비에 대하여 연대하여 납부할 의무가 있다.

정답 ①

129

「국세기본법」상 제2차 납세의무에 관한 설명이다. 옳은 것만을 모두 고른 것은?

세법1 Link p.75, 77-80
오진다 Link p.39-41
출제 가능 지수 ■■■□□
난이도 ■■■■□

ㄱ. 청산인의 제2차 납세의무 한도는 분배하거나 인도한 재산의 가액이며, 그 재산의 가액은 청산 후 남은 재산을 분배하거나 인도한 날 현재의 시가로 한다.

ㄴ. 합명회사의 재산으로 그 법인에 부과되거나 그 법인이 납부할 국세에 충당하여도 부족한 경우에는 그 국세의 납세의무 확정일 현재 그 합명회사의 사원에 해당하는 자가 그 부족한 금액에 대하여 제2차 납세의무를 진다.

ㄷ. 법인이 과점주주의 조세채무에 대하여 부담하는 제2차 납세의무는 당해 법인의 체납액에 과점주주의 지분비율을 곱하여 산출한 금액을 한도로 한다.

ㄹ. 분할법인이 납부해야 할 분할등기일 이전에 부과된 국세에 대하여 분할로 신설된 법인이 제2차 납세의무를 지는 경우가 발생할 수 있다.

① ㄱ

② ㄴ, ㄷ

③ ㄱ, ㄷ

④ ㄴ, ㄷ, ㄹ

해설

ㄴ. 합명회사의 재산으로 그 법인에 부과되거나 그 법인이 납부할 국세에 충당하여도 부족한 경우에는 그 국세의 납세의무 **성립일** 현재 그 합명회사의 사원에 해당하는 자가 그 부족한 금액에 대하여 제2차 납세의무를 진다.

ㄷ. 법인이 과점주주의 조세채무에 대하여 부담하는 제2차 납세의무는 당해 법인의 **순자산가액**에 과점주주의 지분비율을 곱하여 산출한 금액을 한도로 한다.

ㄹ. 분할법인이 납부해야 할 분할일 이전에 부과된 국세에 대하여 분할로 신설된 법인은 **연대납세의무**를 진다.

정답 ①

130

다음 중 「국세기본법」상 출자자의 제2차 납세의무에 관한 설명으로 옳지 않은 것은?

세법1 Link p.79
오진다 Link p.40-41
출제 가능 지수 ■■■■□
난이도 ■■■■□

① 유가증권시장 및 코스닥시장에 주식을 상장한 법인의 과점주주는 포함되지 않는다.
② 대한씨(40%)와 우리씨(15%) 사이, 또 우리씨와 나라씨(16%) 사이에 특수관계가 있고 대한씨, 우리씨, 나라씨 3명의 소유주식수가 총발행주식수의 50%를 초과하면서 법인의 경영을 사실상 지배하더라도 대한씨와 나라씨 사이에 특수관계가 없다면 나라씨는 과점주주로서의 제2차 납세의무가 없다.
③ 국세의 납세의무 성립일 현재 법인의 경영을 사실상 지배하는 대한씨, 대한씨의 사실혼 배우자 우리씨, 대한씨와 생계를 같이 하는 직계비속 나라씨의 소유주식수가 각각 총발행주식수의 40%, 15%, 16%인 경우, 대한씨, 우리씨, 나라씨 전원을 과점주주로 본다.
④ 무한책임사원은 징수부족액 전액 대하여, 과점주주는 부족액 중 과점주주의 지분비율에 해당하는 금액을 한도로 하여 제2차 납세의무를 진다.

해설

② **대한씨와 나라씨 사이에 특수관계가 없다 하더라도** 대한씨와 우리씨 사이, 또 우리씨와 나라씨 사이에 특수관계가 있는 한 대한씨, 우리씨, 나라씨 **모두 과점주주에 해당**한다.　　　　　　　　　정답 ②

131

「국세기본법」상 제2차 납세의무에 관한 설명으로 옳은 깃은?

세법1 Link p.77-80
오진다 Link p.40-41
출제 가능 지수 ■■■■■
난이도 ■■■□□

① 과점주주 또는 무한책임사원에 대한 법인의 제2차 납세의무 한도를 계산하는 경우 법인의 자산총액과 부채총액의 평가는 해당 법인의 사업연도 종료일 현재의 시가에 의한다.
② 법인(단, 유가증권 및 코스닥 상장법인은 제외)의 재산으로 그 법인에 부과되거나 그 법인이 납부할 국세 및 강제징수비를 충당하여도 부족한 경우에는 그 국세의 납부기한 만료일 현재 과점주주 및 과점조합원 또는 무한책임사원은 제2차 납세의무를 진다.
③ 무한책임사원이 제2차 납세의무를 지는 경우 무한책임사원은 징수부족한 국세 및 강제징수비 전액에 대하여 한도 없이 제2차 납세의무를 진다.
④ 청산인이 제2차 납세의무를 지는 경우 청산인은 징수부족한 국세 및 강제징수비 전액에 대하여 한도 없이 제2차 납세의무를 진다.

해설

① 자산총액과 부채총액의 평가는 해당 국세(둘 이상의 국세의 경우에는 납부기한이 뒤에 오는 국세의) **납부기간 종료일** 현재의 시가로 한다.
② 법인(단, 유가증권 및 코스닥 상장법인은 제외)의 재산으로 그 법인에 부과되거나 그 법인이 납부할 국세 및 강제징수비를 충당하여도 부족한 경우에는 **그 국세의 납세의무 성립일 현재** 과점주주 및 과점조합원 또는 무한책임사원은 제2차 납세의무를 진다.
④ 청산인이 제2차 납세의무를 지는 경우 청산인은 **분배하거나 인도한 재산의 가액을 한도로** 제2차 납세의무를 진다.　　　　　　　　　정답 ③

132

「국세기본법」 상 제2차 납세의무에 관한 설명으로 옳은 것은?

세법1 Link) p.77-81
오진다 Link) p.40-41
출제 가능 지수 ■■■■□
난이도 ■■■■□

① 청산인의 제2차 납세의무의 한도는 그가 받은 보수의 총액이며, 잔여재산을 분배받은 자의 제2차 납세의무의 한도는 그가 받은 재산의 가액으로 한다.

② 사업이 양도·양수된 경우에 양도일 이전에 양도인의 납세의무가 확정된 그 사업에 관한 국세 및 강제징수비를 양도인의 재산으로 충당하여도 부족할 때에는 사업의 양수인은 그 부족한 금액에 대하여 제2차 납세의무를 진다. 이 때 사업의 양수인은 양도인과 특수관계인인 자에 한한다.

③ 법인(유가증권 및 코스닥 상장법인은 제외)의 주주 1인과 그의 자녀가 그 법인의 주주명부상 발행주식 총수의 100분의 50을 초과하여 소유하는 경우 그들은 출자자의 제2차 납세의무를 부담하는 과점주주에 해당한다.

④ 국세의 납부기한 만료일 현재 법인의 과점주주인 출자자의 재산(그 법인의 발행주식 또는 출자지분은 제외)으로 그 출자자가 납부할 국세 및 강제징수비에 충당하여도 부족한 경우로서 정부가 출자자의 소유주식을 재공매하거나 수의계약으로 매각하려 하여도 매수희망자가 없는 경우 법인이 제2차 납세의무를 진다.

해설

① 청산인의 제2차 납세의무의 한도는 **분배하거나 인도한 재산의 가액**이며, 잔여재산을 분배받은 자의 제2차 납세의무의 한도는 그가 받은 재산의 가액으로 한다.

② 사업이 양도·양수된 경우에 양도일 이전에 양도인의 납세의무가 확정된 그 사업에 관한 국세 및 강제징수비를 양도인의 재산으로 충당하여도 부족할 때에는 사업의 양수인은 그 부족한 금액에 대하여 양수한 재산의 가액을 한도로 제2차 납세의무를 진다. 이 때 '사업의 양수인'이란 사업장별로 그 사업에 관한 모든 권리(미수금에 관한 것은 제외)와 모든 의무(미지급금에 관한 것은 제외)를 포괄적으로 승계한 자로서 **다음의 어느 하나에 해당하는 자**를 말한다.

> ㉠ 양도인과 특수관계인인 자
> ㉡ **양도인의 조세회피를 목적으로 사업을 양수한 자**

③ 과점주주란 주주 1명과 그의 특수관계인으로서 그들의 소유주식 합계 또는 출자액 합계가 해당 법인의 발행주식 총수 또는 출자총액의 **50%를 초과하면서 그 법인의 경영에 대하여 지배적인 영향력을 행사하는 자들**을 말한다. 따라서 형식상 주주명부에 등재되어 있는 것만으로는 출자자의 제2차 납세의무를 부담하는 과점주주라 할 수 없다.

④ 국세의 납부기한 만료일 현재 법인의 무한책임사원 또는 과점주주(이하 '출자자')의 재산(그 법인의 발행주식 또는 출자지분은 제외)으로 그 출자자가 납부할 국세 및 강제징수비에 충당하여도 부족한 경우로서 다음 어느 하나에 해당하는 경우 법인이 제2차 납세의무를 진다.

> ㉠ 정부가 출자자의 소유주식 또는 출자지분을 재공매하거나 수의계약으로 매각하려 하여도 매수희망자가 없는 경우
> ㉡ 그 법인이 외국법인인 경우로서 출자자의 소유주식 또는 출자지분이 외국에 있는 재산에 해당하여 「국세징수법」에 따른 압류 등 강제징수가 제한되는 경우
> ㉢ 법률 또는 그 법인의 정관에 의하여 출자자의 소유주식 또는 출자 지분의 양도가 제한된 경우(「국세기본법」에 따른 불복청구 절차가 진행 중이거나 행정소송이 계속 중인 국세의 체납으로 압류한 재산으로서 그 불복청구에 대한 결정이나 소에 대한 판결이 확정되기 전에 공매할 수 없는 경우는 제외)

정답 ④

133

세법1 Link p.77-78
오진다 Link p.40-41
출제 가능 지수
난이도

「국세기본법」상 제2차 납세의무에 관한 설명으로 옳은 것은?

① 주된 납세의무자에 대하여 현실적으로 강제징수를 한 결과 징수부족액이 발생한 경우가 아니면 제2차 납세의무를 지울 수 없다.

② 주된 납세의무자에 대한 납세의무가 확정되지 않은 경우에도 제2차 납세의무자에게 제2차 납세의무를 지울 수 있다.

③ 주된 납세의무에 대한 변경·소멸의 효력은 제2차 납세의무자에게도 미친다.

④ 상장법인의 재산으로 그 법인에 부과되거나 그 법인이 납부할 국세 및 강제징수비에 충당하여도 부족한 경우에는 그 국세의 납세의무 성립일 현재 그 법인의 무한책임사원(합명회사 사원, 합자회사 무한책임사원)과 과점주주 및 과점조합원이 그 부족한 금액에 대하여 제2차 납세의무를 진다.

해설

① **현실적인 강제징수를 하지 않더라도** 주된 납세의무자의 재산가액이 징수할 국세 등에 미달하는 것이 명백한 경우에는 **제2차 납세의무를 지울 수 있다.**

② 제2차 납세의무는 주된 납세의무가 **확정되어야만** 존재할 수 있다.

④ 법인(단, 유가증권 및 코스닥 **상장법인은 제외**)의 재산으로 그 법인에 부과되거나 그 법인이 납부할 국세 및 강제징수비에 충당하여도 부족한 경우에는 그 국세의 납세의무 성립일 현재 그 법인의 무한책임사원(합명회사 사원, 합자회사 무한책임사원)과 과점주주 및 과점조합원이 그 부족한 금액에 대하여 제2차 납세의무를 진다.

정답 ③

134

세법1 Link p.81-82
오진다 Link p.40-41
출제 가능 지수
난이도

「국세기본법」상 사업양수인의 제2차 납세의무에 관한 설명으로 옳지 않은 것은?

① 사업양수인의 제2차 납세의무의 대상이 되는 '그 사업에 관한 국세'에는 사업의 양도·양수에 따른 사업용 부동산의 양도로 인하여 납부하여야 할 양도소득세는 포함하지 않는다.

② 사업의 양수인이란 사업장별로 그 사업에 관한 모든 권리(미수금에 관한 것 제외)와 모든 의무(미지급금에 관한 것 제외)를 포괄적으로 승계한 자를 말하며, 둘 이상의 사업장 중 하나의 사업장을 양수한 자가 제2차 납세의무를 부담하는 경우에는 양수한 사업장과 관계되는 국세 및 강제징수비에 대해서만 제2차 납세의무가 있다.

③ 사업의 양도·양수계약이 그 사업장 내의 시설물, 비품 등 대상목적에 따라 부분별, 시차별로 별도로 이루어졌다 하더라도 결과적으로 사회통념상 사업전부에 관하여 행하여진 것이라면 사업양수인의 제2차 납세의무 발생요건이 되는 사업의 양도·양수에 해당한다.

④ 사업양수인의 제2차 납세의무의 한도를 의미하는 '양수한 재산의 가액'은, 거래금액과 시가의 차액의 규모와 관계없이, 사업양수인이 양도인에게 지급하였거나 지급하여야 할 금액으로 한다.

해설

④ 양수한 재산의 가액은 양수대가(사업양수인이 사업양도인에게 지급하였거나 지급하여야 할 금액)로 하되 **그 금액이 없거나 불분명한 경우에는 양수한 순자산의 시가**(양수한 자산 및 부채를 「상속세 및 증여세법」의 규정을 준용하여 평가한 후 그 자산총액에서 부채총액을 뺀 가액)로 한다. 다만, **양수대가와 시가와의 차액이 3억원 이상이거나 시가의 30% 이상인 경우에는 양수대가와 양수한 순자산의 시가 중 큰 금액**으로 한다.

정답 ④

135

다음 중 세법상 양도담보의 취급에 대한 설명으로 옳지 않은 것은?

세법1 Link p.83-84
오진다 Link p.41-42
출제 가능 지수 ■■■■□
난이도 ■■■■■

① 양도담보에 의한 소유권이전은 「부가가치세법」상 재화의 공급으로 본다.
② 양도담보재산이 채무의 변제에 충당된 경우에는 그 충당된 때에 「소득세법」상 양도로 본다.
③ 국세의 법정기일 전에 담보의 목적이 된 양도담보재산으로부터는 양도담보설정자의 국세 및 강제징수비를 징수할 수 없다.
④ 납세자가 국세의 법정기일 전 1년 내에 특수관계인과 양도담보 설정계약을 체결한 경우에는 짜고 한 거짓계약으로 추정한다.

해설

① 양도담보에 의한 소유권이전은 「부가가치세법」상 **재화의 공급으로 보지 않는다.**   정답 ①

136

세법상 양도담보와 관련된 규정에 대한 설명으로 옳지 않은 것은?

세법1 Link p.82-84
세법2 Link p.569
오진다 Link p.41-42, 544
출제 가능 지수 ■■■■□
난이도 ■■□□□

① 납세자가 국세 또는 강제징수비를 체납한 경우에 그 납세자에게 양도담보재산이 있을 때에는 그 납세자의 다른 재산에 대하여 강제징수를 하여도 징수할 금액에 미치지 못하는 경우에만 「국세징수법」에서 정하는 바에 따라 그 양도담보재산으로써 납세자의 국세 또는 강제징수비를 징수할 수 있다.
② 양도담보계약에 의하여 자산의 소유권을 이전하더라도 「소득세법」상 양도로 보지 아니한다. 다만, 양도담보계약을 체결한 후 그 계약을 위배하거나 채무불이행으로 인하여 해당 자산을 변제에 충당한 때에는 그 때에 이를 양도한 것으로 본다.
③ 양도담보의 목적으로 동산이나 부동산을 제공하더라도 「부가가치세법」상 재화의 공급에 해당하지 아니한다.
④ 「상속세 및 증여세법」상 상속받을 양도담보재산은 그 재산이 담보하는 채권액 등을 기준으로 대통령령으로 정하는 바에 따라 평가한 가액을 그 재산의 가액으로 한다.

해설

④ 양도담보재산은 그 재산이 담보하는 채권액 등을 기준으로 대통령령으로 정하는 바에 따라 평가한 가액과 **「상속세 및 증여세법」에 따라 평가한 가액 중 큰 금액을** 그 재산의 가액으로 한다.   정답 ④

국세와 일반채권과의 관계

137

「국세기본법」상 국세의 우선징수에 관한 설명으로 옳은 것은?

세법1 Link   p.89-90
오진다 Link   p.44-45
출제 가능 지수 ■■■■■
난이도   ■■■■■

① 지방세의 체납처분 또는 강제징수를 할 때 그 체납처분 또는 강제징수금액 중에서 부가가치세를 징수하는 경우의 그 지방세의 체납처분비 또는 강제징수비는 그 부가가치세에 우선한다.

② 경매에 의한 재산의 매각을 할 때 그 매각금액 중에서 법인세를 징수하는 경우의 그 경매에 소요된 비용은 그 법인세에 우선하지 못한다.

③ 종합소득세로 신고한 해당 세액에 대하여 그 신고일 이후에 저당권 설정등기를 한 재산의 매각에 있어서 그 매각대금 중에서 종합소득세를 징수하는 경우의 그 저당권에 의하여 담보된 채권은 그 종합소득세에 우선한다.

④ 파산절차에 의한 재산의 매각을 할 때 그 매각금액 중에서 증여세를 징수하는 경우의 그 파산절차에 소요된 비용은 그 증여세에 우선하지 못한다.

해설

② 경매에 의한 재산의 매각을 할 때 그 매각금액 중에서 법인세를 징수하는 경우의 그 경매에 소요된 비용은 그 법인세에 **우선한다.**

③ 종합소득세 법정기일은 그 신고일이다. 따라서 종합소득세로 신고한 해당 세액에 대하여 그 신고일 이후에 저당권 설정등기를 한 재산의 매각에 있어서 그 매각대금 중에서 종합소득세를 징수하는 경우의 그 저당권에 의하여 담보된 채권은 그 종합소득세에 **우선하지 못한다.**

④ 파산절차에 의한 재산의 매각을 할 때 그 매각금액 중에서 증여세를 징수하는 경우의 그 파산절차에 소요된 비용은 그 증여세에 **우선한다.**

정답 ①

138

甲세무서장은 법인세를 체납하고 있는 乙회사에 대하여 회사 소유 A부동산을 압류하고 이를 매각한 금액으로 법인세를 충당하려고 한다. 그런데 乙회사에게는 체불임금도 있고, A부동산을 담보로 한 丙은행 대출채권도 있다. 법인세의 법정기일 이전에 A부동산에 저당권이 설정된 경우 A부동산의 매각대금에 대한 변제 순위가 빠른 순서대로 바르게 나열된 것은?

① 丙은행 대출채권 > 법인세 > 최종 3월분 이외의 임금채권 > 최종 3월분 임금채권
② 최종 3월분 임금채권 > 최종 3월분 이외의 임금채권 > 丙은행 대출채권 > 법인세
③ 최종 3월분 임금채권 > 丙은행 대출채권 > 최종 3월분 이외의 임금채권 > 법인세
④ 최종 3월분 임금채권 > 丙은행 대출채권 > 법인세 > 최종 3월분 이외의 임금채권

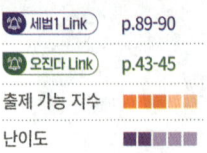
세법1 Link   p.89-90
오진다 Link   p.43-45
출제 가능 지수 ■■■■■
난이도 ■■■■■

해설

최종 3월분 임금채권 (3순위) > 丙은행 대출채권 (5순위) > 최종 3월분 이외의 임금채권 (6순위) > 법인세 (7순위)

[국세와 일반채권의 우선순위]

순위	법정기일 전 담보설정	법정기일 후 담보설정
1순위	① 강제집행·경매·파산절차 소요비용 ② 선집행 지방세·공과금의 체납처분비 또는 강제징수비	
2순위	국세의 강제징수비	
3순위	소액임차보증금 및 **최우선 변제대상 임금채권**	
4순위	재산 자체에 부과된 국세	
5순위	**담보채권** 및 확정일자를 갖춘 임대차보증금	국세
6순위	**기타의 임금채권**	담보채권 및 확정일자를 갖춘 임대차보증금
7순위	**국세**	기타의 임금채권
8순위	공과금 및 일반채권	공과금 및 일반채권

정답 ③

139

세법1 Link p.90, 96
오진다 Link p.45, 47
출제 가능 지수 ■■■■□
난이도 ■■□□□

「국세기본법」상 국세의 우선권에 관한 설명이다. 옳은 것은?

① 과세표준과 세액의 신고에 따라 납세의무가 확정되는 국세의 경우 신고한 해당 세액의 법정기일은 법정신고납부기한의 다음 날이다.
② 과세표준과 세액을 정부가 결정하는 경우 고지한 해당 세액의 법정기일은 그 납부고지서의 도달일이다.
③ 국세 강제징수에 따라 납세자의 재산을 압류한 경우에 다른 국세 및 강제징수비의 교부청구가 있으면, 교부청구된 다른 국세 및 강제징수비는 압류와 관계되는 국세 및 강제징수비보다 우선하여 징수한다.
④ 납세담보물을 매각하였을 때에는 그 국세 및 강제징수비는 매각대금 중에서 다른 국세 및 강제징수비와 지방세에 우선하여 징수한다.

해설

① 과세표준과 세액의 신고에 따라 납세의무가 확정되는 국세의 경우 신고한 해당 세액의 법정기일은 그 **신고일**이다.
② 과세표준과 세액을 정부가 결정하는 경우 고지한 해당 세액의 법정기일은 그 납부고지서의 **발송일**이다.
③ 국세 강제징수에 따라 납세자의 재산을 압류한 경우에 다른 국세 및 강제징수비의 교부청구가 있으면, **압류와 관계되는 국세 및 강제징수비는 교부청구된 다른 국세 및 강제징수비보다** 우선하여 징수한다.   정답 ④

140

세법1 Link p.90
오진다 Link p.45
출제 가능 지수 ■■■■□
난이도 ■■□□□

「국세기본법」상 국세의 법정기일로 옳은 것은?

① 양도담보재산에서 국세를 징수하는 경우: 그 납부고지서의 도달일
② 원천징수의무자나 납세조합으로부터 징수하는 국세와 인지세의 경우: 그 납세의무의 확정일
③ 「종합부동산세법」에 따라 신탁재산에서 징수하는 종합부동산세: 그 납세의무의 확정일
④ 「국세징수법」에 따라 확정 전 보전압류한 경우에 그 압류와 관련하여 확정된 국세: 그 납세의무의 확정일

해설

① 양도담보재산에서 국세를 징수하는 경우: 그 납부고지서의 **발송일**
③ 「종합부동산세법」에 따라 신탁재산에서 징수하는 종합부동산세: **그 납부고지서의 발송일**
④ 「국세징수법」에 따라 확정 전 보전압류한 경우에 그 압류와 관련하여 확정된 국세: **그 압류등기일 또는 등록일**
정답 ②

141

「국세기본법」상 법정기일 중 옳은 것은?

① 「종합부동산세법」에 따라 신탁재산에서 징수하는 종합부동산세 – 그 납세의무의 확정일
② 납세조합으로부터 징수하는 국세 – 그 납부고지서의 발송일
③ 제2차 납세의무자(보증인 포함)의 재산에서 징수하는 국세 – 그 신고일
④ 「부가가치세법」에 따라 신탁재산에서 징수하는 부가가치세 등 – 그 납부고지서 발송일

세법1 Link p.90
오진다 Link p.45
출제 가능 지수 ■■■■□
난이도 ■■■□□

해설

① 「종합부동산세법」에 따라 신탁재산에서 징수하는 종합부동산세 – **그 납부고지서 발송일**
② 납세조합으로부터 징수하는 국세 – **그 납세의무의 확정일**
③ 제2차 납세의무자(보증인 포함)의 재산에서 징수하는 국세 – **그 납부고지서의 발송일**

[~징수하는 국세 등의 법정기일 정리]

㉠ 제2차 납세의무자(보증인 포함)의 재산에서 **징수하는** 국세 ㉡ 양도담보재산에서 **징수하는** 국세 ㉢ 「부가가치세법」에 따라 신탁재산에서 **징수하는** 부가가치세 등 ㉣ 「종합부동산세법」에 따라 신탁재산에서 **징수하는** 종합부동산세	그 납부고지서의 발송일
㉤ 납세조합으로부터 **징수하는** 국세 ㉥ 원천징수의무자로부터 **징수하는** 국세	그 납세의무의 확정일

[그 외 법정기일 정리]

구분		법정기일
원칙	㉠ 과세표준과 세액의 신고에 따라 납세의무가 확정되는 국세(중간예납하는 법인세와 예정신고납부하는 부가가치세 및 양도소득세 포함)의 경우 신고한 해당 세액	그 신고일
	㉡ 과세표준과 세액을 정부가 결정·경정 또는 수시부과결정을 하는 경우 고지한 해당 세액	그 납부고지서의 발송일
예외	㉢ 인지세	그 납세의무의 확정일
	㉣ 「국세징수법」에 따라 납세자의 재산을 압류(확정 전 보전압류)하는 경우 그 압류와 관련하여 확정된 국세	그 압류등기일 또는 등록일

정답 ④

CHAPTER 05

국세와 일반채권과의 관계

142

「국세기본법」상 국세채권과 기타채권이 경합되는 경우 그 변제순서로 옳은 것은?

| 세법1 Link | p.89-91 |
| 오진다 Link | p.43-45 |

출제 가능 지수 ■■■■■
난이도 ■■■■■

ㄱ. 강제징수에 관계된 소득세
ㄴ. 강제징수비
ㄷ. 소득세에 대한 신고일 이전에 설정된 저당권에 의하여 담보된 채권
ㄹ. 「주택임대차보호법」에 의한 소액보증금 중 우선하여 변제 받을 수 있는 금액(최우선변제요건 충족)

① ㄴ → ㄹ → ㄱ → ㄷ
② ㄹ → ㄴ → ㄷ → ㄱ
③ ㄴ → ㄹ → ㄷ → ㄱ
④ ㄹ → ㄴ → ㄱ → ㄷ

 해설

소득세의 법정기일은 신고일이다. 따라서 소득세에 대한 신고일 이전에 설정된 저당권에 의하여 담보된 채권의 경우 소득세보다 우선한다. 국세와 다른 채권의 우선순위는 다음과 같다.

순위	법정기일 후 담보설정	구분
1순위	㉠ 강제집행·경매·파산절차 소요비용 ㉡ 선집행 지방세·공과금의 체납처분비 또는 강제징수비	
2순위	해당 국세의 강제징수비	ㄴ
3순위	소액임차보증금 및 최우선 변제대상 임금채권	ㄹ
4순위	재산 자체에 부과된 국세(예외 있음)	
5순위	담보채권 및 확정일자를 갖춘 임대차보증금(소액임차보증금 제외)	ㄷ
6순위	기타의 임금채권	
7순위	해당 국세	ㄱ
8순위	공과금 및 일반채권	

정답 ③

143

「국세기본법」 국세의 우선에 관한 설명으로 옳은 것은?

세법1 Link p.84, 89, 91, 96
오진다 Link p.44,47
출제 가능 지수 ■■■■□
난이도 ■■■■■

① 국세의 납세담보물을 매각한 경우 그 납세담보물을 지방세 체납처분에 의하여 압류한 경우에도 그 국세 및 강제징수비는 매각대금 중에서 지방세에 우선하여 징수한다.

② 파산 절차에 따라 재산을 매각할 때 그 매각금액 중에서 국세 및 강제징수비를 징수하는 경우 매각금액 배분은 강제징수비, 그 파산 절차에 든 비용, 국세 순으로 하여야 한다.

③ 납세자가 제3자와 짜고 거짓으로 재산에 저당권 설정 계약 및 등기를 하여 그 재산의 매각금액으로 국세를 징수하기 곤란하다고 인정하는 경우 세무서장은 그 행위의 취소를 할 수 있다.

④ 법정기일 전에 저당권이 설정된 재산을 매각하여 그 매각금액에서 해당 재산에 대하여 부과된 종합부동산세를 징수하는 경우 그 저당권에 의하여 담보된 채권은 그 종합부동산세 및 강제징수비에 우선한다.

해설

② 파산 절차에 따라 재산을 매각할 때 그 매각금액 중에서 국세 및 강제징수비를 징수하는 경우 매각금액 배분은 **그 파산 절차에 든 비용, 강제징수비,** 국세 순으로 하여야 한다.

③ 납세자가 제3자와 짜고 거짓으로 재산에 저당권 설정 계약 및 등기를 하여 그 재산의 매각금액으로 국세를 징수하기 곤란하다고 인정하는 경우 세무서장은 그 **행위의 취소를 법원에 청구할 수 있다.**

④ 재산에 대하여 부과된 상속세, 증여세 및 종합부동산세는 법정기일 전에 설정된 전세권, 질권 또는 저당권에 의하여 담보된 채권보다 **원칙적으로 우선한다.** 다만, 「주택임대차보호법」에 따라 대항요건과 확정일자를 갖춘 임차권에 의하여 담보된 임대차보증금반환채권 또는 같은 법에 따른 주거용 건물에 설정된 전세권에 의하여 담보된 채권은 그 확정일자 또는 설정일보다 법정기일이 늦은 해당 재산에 대하여 부과된 상속세, 증여세 및 종합부동산세의 우선 징수 순서에 대신하여 변제될 수 있다.

정답 ①

144

「국세기본법」상 국세우선권의 제한에 대한 설명으로 옳은 것은?

세법1 Link p.89-90, 93
오진다 Link p.44-45, 47
출제 가능 지수 ■■■■□
난이도 ■■■■□

① 「근로기준법」에 의한 최종 3월분 외 임금은 국세에 우선한다.

② 「주택임대차보호법」 또는 「상가건물 임대차보호법」에 따라 임차인이 우선하여 변제받을 수 있는 금액의 주택 및 상가 임차보증금은 국세보다 우선한다.

③ 법정기일 후에 전세권을 설정한 경우에는 전세권에 의하여 담보된 채권은 국세보다 우선한다.

④ 지방세 또는 공과금은 국세 또는 강제징수비보다 우선 징수된다.

해설

① 「근로기준법」에 의한 **최종 3월분 임금**은 국세에 우선한다.

③ 법정기일 **전**에 전세권을 설정한 경우에는 전세권에 의하여 담보된 채권은 국세보다 우선한다.

④ 공과금 자체는 국세 등에 우선하지 못하며, 지방세 자체는 국세와 동순위이므로 조세채권 상호 간의 우선순위를 따져서 징수한다. 즉 지방세 또는 공과금은 국세 또는 강제징수비보다 **우선 징수되지 않는다.** 정답 ②

145

세법1 Link p.89-91
오진다 Link p.44-45
출제 가능 지수 ■■■■□
난이도 ■■■■□

「국세기본법」상 국세의 우선에 관한 설명으로 옳지 않은 것은?

① 강제집행·경매 또는 파산 절차에 따라 재산을 매각할 때 그 매각금액 중에서 국세 및 강제징수비를 징수하는 경우 그 강제집행, 경매 또는 파산 절차에 든 비용은 국세 및 강제징수비보다 우선하여 징수한다.

② 과세표준과 세액을 정부가 결정·경정 또는 수시부과 결정을 하는 경우 고지한 해당 세액에 대한 법정기일은 그 납부고지서의 발송일이다.

③ 저당권이 설정된 토지에 대하여 부과된 종합부동산세는 그 설정일이 종합부동산세의 법정기일 전인 경우라 하더라도 그 저당권에 의하여 담보된 채권보다 우선한다.

④ 주택임대차보호법이 적용되는 임대차관계에 있는 주택을 매각할 때 그 매각금액 중에서 국세를 징수하는 경우 임대차에 관한 보증금 중 임차인이 우선하여 변제받을 수 있는 금액에 관한 채권은 강제징수비보다 우선하여 징수한다.

해설

④ 주택임대차보호법이 적용되는 임대차관계에 있는 주택을 매각할 때 그 매각금액 중에서 국세를 징수하는 경우 임대차에 관한 보증금 중 임차인이 우선하여 변제받을 수 있는 금액에 관한 채권은 국세보다 우선하여 징수하지만, **강제징수비보다 우선하여 징수하지 못한다**.

정답 ④

146

세법1 Link p.89, 91, 93, 96
오진다 Link p.44-45, 47
출제 가능 지수 ■■■■□
난이도 ■■■■□

「국세기본법」상 국세우선권에 관한 설명으로 옳은 것은?

① 공과금의 강제징수를 할 때 그 강제징수금액 중에서 국세 및 강제징수비를 징수하는 경우, 그 공과금 및 강제징수비는 국세 및 강제징수비보다 우선하여 징수된다.

② 납세담보물을 매각하였을 때에는 압류 순서에 관계없이 그 담보된 국세 및 강제징수비는 매각대금 중에서 다른 국세 및 강제징수비와 지방세에 우선하여 징수한다.

③ 소득세의 법정기일 전에 「주택임대차보호법」에 따른 대항요건과 확정일자를 갖춘 사실이 증명되는 재산을 매각할 때 그 매각금액 중에서 소득세를 징수하는 경우, 소득세는 그 확정일자를 갖춘 임대차계약서상의 보증금보다 우선 변제된다.

④ 사용자의 재산을 매각할 때 그 매각금액 중에서 국세를 징수하는 경우에 근로기준법상 최종 3월분 임금채권은 법정기일에 관계없이 강제징수비에 우선하여 변제된다.

해설

① 공과금의 강제징수처분에 있어서 공과금 자체에 대한 강제징수비는 다른 국세 및 강제징수비보다 우선할 수 있으나, 해당 공과금의 경우에는 다른 국세 및 강제징수비보다 **우선할 수 없다**.

③ 소득세의 법정기일 전에 「주택임대차보호법」에 따른 대항요건과 확정일자를 갖춘 사실이 증명되는 재산을 매각할 때 그 매각금액 중에서 소득세를 징수하는 경우, 그 확정일자를 갖춘 임대차계약서상의 보증금은 **소득세보다 우선 변제된다**.

④ 사용자의 재산을 매각할 때 그 매각금액 중에서 국세를 징수하는 경우에 근로기준법상 최종 3월분 임금채권은 법정기일에 관계없이 **국세**에 우선하여 변제된다.

정답 ②

147

「국세기본법」상 국세우선의 원칙을 설명한 것으로 옳지 않은 것은?

세법1 Link   p.88, 91, 96
오진다 Link   p.43-44, 47
출제 가능 지수 ■■■■□
난이도 ■■■■□

① '국세를 우선하여 징수한다'는 뜻은 납세자의 재산을 강제환가절차에 의해 매각(또는 추심)하는 경우에 그 매각대금(또는 추심금액) 중에서 국세 등을 우선하여 징수하는 것을 말하며, 강제매각(또는 추심)절차가 개시되기 전에 납세자가 임의로 국세보다 다른 채권을 먼저 변제하는 경우에는 국세우선권이 적용되지 않는다.

② 법정기일 전에 설정된 담보물권의 피담보채권은 해당 담보물에 부과된 국세에는 우선하지 못한다고 규정하고 있는데, 이에 해당하는 국세는 상속세와 증여세 그리고 종합부동산세이다.

③ 채권담보목적으로 가등기된 재산을 압류하는 경우 그 가등기에 기한 본등기가 압류 후에 행하여진 경우에는 그 가등기가 법정기일 전에 이루어진 경우라 하더라도 국세가 가등기에 의하여 담보된 채권에 우선한다.

④ 국세 상호 간의 우선관계는 납세담보 있는 국세, 압류에 관계되는 국세, 교부청구(참가압류 포함)한 국세 순이다.

해설

③ 채권담보목적으로 가등기된 재산을 압류하는 경우 그 가등기에 기한 본등기가 압류 후에 행하여진 경우에도 그 가등기가 법정기일 전에 이루어진 경우에는 가등기에 의하여 담보된 채권이 **국세에 우선한다.**   정답 ③

148

납세자의 재산을 강제매각절차에 의하여 매각할 때 국세의 우선 징수권에 관한 설명 중 옳은 것을 모두 묶은 것은? (단, 소액임차보증금채권 및 임금 관련 채권은 고려하지 아니한다)

세법1 Link   p.89-90, 93
오진다 Link   p.44-45, 47
출제 가능 지수 ■■■□□
난이도 ■■■■□

> ㄱ. 지방세나 공과금의 강제징수를 할 때 그 강제징수금액 중에서 국세 및 강제징수비를 징수하는 경우 그 지방세나 공과금의 강제징수비는 국세에 우선한다.
> ㄴ. 사용자의 재산을 추심할 때 그 추심금액 중에서 국세를 징수하는 경우에 「근로기준법」 또는 「근로자퇴직급여 보장법」에 따라 국세에 우선하여 변제되는 임금, 퇴직금, 재해보상금, 그 밖에 근로관계로 인한 채권은 국세보다 우선하여 징수한다.
> ㄷ. 국가의 조세채권은 담보물권이 설정되어 있지 아니한 민사채권보다 그 민사채권의 발생시기에 관계없이 우선한다.
> ㄹ. 국가의 결정에 의하여 납세의무가 확정되는 조세채권의 납부고지서 도달 전에 저당권이 설정되어 있는 민사채권의 경우 민사채권이 조세채권보다 우선한다.

① ㄱ, ㄴ   ② ㄴ, ㄷ   ③ ㄱ, ㄴ, ㄷ   ④ ㄴ, ㄷ, ㄹ

해설

ㄹ. 국가의 결정에 의하여 납세의무가 확정되는 조세채권의 납부고지서 **발송** 전에 저당권이 설정되어 있는 민사채권의 경우 민사채권이 조세채권보다 우선한다. 즉, 납부고지서 도달 전에 저당권이 설정되었더라도 납부고지서 발송일보다 설정일이 늦다면 조세채권이 민사채권보다 우선하게 된다.   정답 ③

149

「국세기본법」상 국세와 다른 채권의 관계에 관한 설명으로 옳지 않은 것은?

세법1 Link p.83, 90, 92, 96

오진다 Link p.41, 45, 47

출제 가능 지수 ■■■■■

난이도 ■■■■■

① 납세조합으로부터 징수하는 소득세를 납세의무의 확정일 전에 저당권이 설정된 재산을 매각하여 그 매각금액에서 징수하는 경우 그 소득세는 저당권에 의하여 담보된 채권에 우선하여 징수하지 아니한다.

② 국세 강제징수에 따라 납세자의 재산을 압류한 경우 다른 국세 및 강제징수비 또는 지방세의 교부청구가 있으면 압류와 관계되는 국세 및 강제징수비는 교부청구된 다른 국세 및 강제징수비 또는 지방세보다 우선하여 징수한다.

③ 「주택임대차보호법」에 따라 대항 요건과 확정일자를 갖춘 임차권에 의하여 담보된 임대차보증금반환채권은 해당 임차권이 설정된 재산이 국세의 강제징수 또는 경매 절차를 통하여 매각되어 그 매각금액에서 국세를 징수하는 경우 그 확정일자보다 법정기일이 늦은 해당 재산에 대하여 부과된 상속세, 증여세 및 종합부동산세의 우선징수 순서에 대신하여 변제될 수 있다.

④ 납세자가 국세 및 강제징수비를 체납한 경우에 그 국세의 법정기일 전에 담보의 목적이 된 그 납세자의 양도담보재산으로써 국세 및 강제징수비를 징수할 수 있다.

해설

④ 납세자가 국세 및 강제징수비를 체납한 경우에 그 납세자에게 양도담보재산이 있을 때에는 그 납세자의 다른 재산에 대하여 **강제징수를 하여도 징수할 금액에 미치지 못하는 경우에만** 그 국세의 법정기일 **이후에** 담보의 목적이 된 그 양도담보재산으로써 납세자의 국세 및 강제징수비를 징수할 수 있다. 정답 ④

150

「국세기본법」상 국세우선과 관련하여 법정기일로 옳지 않은 것은?

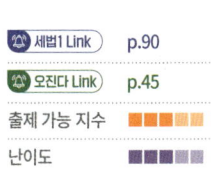

세법1 Link p.90

오진다 Link p.45

출제 가능 지수 ■■■■■

난이도 ■■■■■

① 중간예납하는 법인세, 예정신고납부하는 부가가치세 및 양도소득 과세표준을 예정신고하는 소득세의 경우 신고한 해당 세액에 대해서는 그 신고일

② 양도담보재산에서 국세를 징수하는 경우에는 법령에 따른 납부고지서의 발송일

③ 원천징수의무자로부터 징수하는 국세와 인지세의 경우에는 납부고지서의 발송일

④ 「부가가치세법」에 따른 신탁 관련 수탁자의 물적납세의무 규정에 따라 신탁재산에서 부가가치세 등을 징수하는 경우에는 법령에 따른 납부고지서의 발송일

해설

③ 원천징수의무자로부터 징수하는 국세와 인지세의 경우에는 그 **납세의무의 확정일** 정답 ③

151

「국세기본법」상 A에 대한 채권의 내역이 다음과 같을 때 A가 소유하는 주택의 경매에 따른 매각대금을 2번째 순위로 배분받을 수 있는 채권은? (단, 아래 기재된 채권 이외의 채권은 없음)

세법1 Link   p.89-93
오진다 Link   p.43-47
출제 가능 지수 ■■■■■
난이도   ■■■■□

ㄱ. 최종 3개월분의 임금채권
ㄴ. 해당 주택에 설정된 저당권에 의해 담보되는 채권(저당권 설정일 2023.3.6.)
ㄷ. 부가가치세 채권(무신고에 따른 납부고지서 발송일 2022.3.5. 도달일 2023.3.7.)
ㄹ. 대여금 채권(대여일 2022.3.2. 만기일 2023.3.1.)

① ㄱ   ② ㄴ   ③ ㄷ   ④ ㄹ

해설

부가가치세 채권의 법정기일은 발송일이다. 따라서 법정기일(2023.3.5.) 후 설정된 저당권(2023.3.6.)의 경우에 해당하므로 국세와 다른 채권의 우선순위는 다음과 같다.

순위	법정기일 후 담보설정	구분
1순위	⊙ 강제집행·경매·파산절차 소요비용 ⓒ 선집행 지방세·공과금의 체납처분비 또는 강제징수비	
2순위	해당 국세의 강제징수비	
3순위	소액임차보증금 및 최우선 변제대상 임금채권	ㄱ
4순위	재산 자체에 부과된 국세	
5순위	해당 국세	ㄷ
6순위	담보채권 및 확정일자를 갖춘 임대차보증금(소액임차보증금 제외)	ㄴ
7순위	기타의 임금채권	
8순위	공과금 및 일반채권	ㄹ

정답 ③

152

「국세기본법」상 국세의 우선에 관한 설명으로 옳은 것은?

세법1 Link p.83, 89, 90, 93, 96

오진다 Link p.42, 44, 47

출제 가능 지수 ■■■■□

난이도 ■■■■■

① 경매에 의한 재산의 매각을 할 때 그 매각금액 중에서 법인세를 징수하는 경우의 그 법인세는 그 경매에 소요된 비용에 우선한다.

② 「국세징수법」에 따라 양도담보권자에게 납부고지가 있은 후 납세자가 양도에 의하여 실질적으로 담보된 채무를 불이행하여 해당 재산이 양도담보권자에게 확정적으로 귀속되고 양도담보권이 소멸하는 경우에는 양도담보재산은 없는 것으로 본다.

③ 납세의무자를 채무자로 하는 임금채권(최종 3개월분의 임금채권이 아님), 국세채권(법정기일 2023.3.25.), 근저당권부 채권(설정일 2023.2.1.)이 있는 경우 임금채권은 국세채권에 우선한다.

④ 국세 강제징수에 따라 납세자의 재산을 압류한 경우에 다른 국세 및 강제징수비 또는 지방세의 교부청구(「국세징수법」 또는 「지방세징수법」에 따라 참가압류를 한 경우를 포함)가 있으면 교부청구된 다른 국세 및 강제징수비 또는 지방세는 압류와 관계되는 국세 및 강제징수비보다 우선하여 징수한다.

해설

① 경매에 의한 재산의 매각을 할 때 그 매각금액 중에서 법인세를 징수하는 경우의 그 경매에 소요된 비용은 **그 법인세에 우선한다.**

② 「국세징수법」에 따라 양도담보권자에게 납부고지가 있은 후 납세자가 양도에 의하여 실질적으로 담보된 채무를 불이행하여 해당 재산이 양도담보권자에게 확정적으로 귀속되고 양도담보권이 소멸하는 경우에는 납부고지 당시의 **양도담보재산이 계속하여 양도담보재산으로서 존속하는 것으로 본다.**

④ 국세 강제징수에 따라 납세자의 재산을 압류한 경우에 다른 국세 및 강제징수비 또는 지방세의 교부청구(「국세징수법」 또는 「지방세징수법」에 따라 참가압류를 한 경우를 포함)가 있으면 **압류와 관계되는 국세 및 강제징수비는 교부청구된 다른 국세 및 강제징수비 또는 지방세보다** 우선하여 징수한다.

정답 ③

CHAPTER 05

국세와 일반채권과의 관계

153

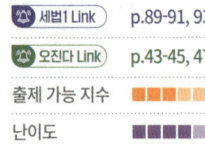
세법1 Link p.89-91, 93
오진다 Link p.43-45, 47
출제 가능 지수 ■■■□□
난이도 ■■■■■

한국세무서는 거주자 甲의 2021년도 귀속분 소득세 100,000,000원이 체납되어 거주자 甲 소유의 주택 D를 2023년 6월 1일에 압류하여 2023년 7월 20일에 매각하였다. 다음 자료에 따라 주택D의 매각대금 100,000,000원 중 거주자 甲이 체납한 소득세로 징수될 수 있는 금액은?

- 거주자 甲의 소득세 신고일: 2022년 5월 30일
- 강제징수비: 5,000,000원
- 주택D에 설정된 저당권에 따른 피담보채권(저당권 설정일: 2022년 6월 2일): 40,000,000원
- 주택D에 대한 임차보증금: 20,000,000원(해당 임차보증금에 대하여는 대항요건을 갖춘 확정일자를 2022년 6월 5일에 받았으며, 이 중 「주택임대차보호법」에 따른 우선변제금은 14,000,000원 임)
- 거주자 甲이 운영하는 기업체 종업원의 임금채권: 30,000,000원(이 중 「근로기준법」에 따른 우선변제금액은 18,000,000원)

① 15,000,000원 ② 37,000,000원
③ 63,000,000원 ④ 70,000,000원

해설

종합소득세의 법정기일은 신고일인 2022년 5월 30일이다. 따라서 2022년 6월 2일에 설정한 저당권은 국세(소득세)에 우선하지 않는다. 주택D의 매각대금 100,000,000원에 대한 우선변제 순위는 다음과 같다.

순위	법정기일 후 담보설정	금액	누계
1순위	강제징수비	5,000,000원	5,000,000원
2순위	소액임차보증금 최우선 변제대상 임금채권	14,000,000원 18,000,000원	19,000,000원 37,000,000원
3순위	종합소득세(법정기일: 2022.05.30)	100,000,000원 중 63,000,000원	100,000,000원
4순위	저당권에 대한 피담보채권(저당권 설정일:2022.06.02)	40,000,000원	
5순위	확정일자를 받은 임대차보증금(확정일자:2022.06.05)	6,000,000원	
6순위	기타의 임금채권	12,000,000원	

거주자 甲이 체납한 소득세로 징수될 수 있는 금액은 매각대금 1억원에서 종합소득세보다 우선변제되는 3,700만원을 제외한 **6,300만원이다.**

정답 ③

154

관할 세무서장은 개인사업자인 甲에 대한 세무조사 결과 종합소득세 8천만원을 증액경정하고 납부고지서를 2023년 5월 30일에 발송하여 2023년 6월 4일에 송달되었다. 그러나 甲이 종합소득세를 기한 내에 납부하지 않아 관할 세무서장은 甲 소유의 주택을 압류하여 공매하였으며, 매수인은 공매대금 1억원을 전액 납부하였다. 공매과정에서 배당을 신청한 채권자 및 채권액이 다음과 같을 때, 관할 세무서장이 배당받을 수 있는 금액은?

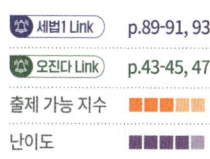
세법1 Link   p.89-91, 93
오진다 Link   p.43-45, 47
출제 가능 지수
난이도

> ○ 해당 주택을 공매하는데 든 비용: 4백만원
> ○ 「주택임대차보호법」에 따라 우선 변제받는 임차인의 임차보증금 중 일정액: 1,000만원
> ○ 종업원 乙에 대한 임금채권: 3,400만원(월 200만원 × 12개월, 재해보상금 1천만원)
> ○ 압류된 주택에 대한 A은행의 채권: 3,000만원(채권최고액 5,000만원, 근저당권 설정등기일: 2023년 6월 2일)

① 44,000,000원
② 60,000,000원
③ 70,000,000원
④ 90,000,000원

해설

종합소득세의 법정기일은 신고일이다. 그러나 과세표준과 세액을 정부가 결정하는 경우 고지한 해당 세액의 법정기일은 그 납부고지서의 발송일이다. 따라서 개인사업자인 甲의 종합소득세의 법정기일은 2023년 5월 30일이므로 2023년 6월 2일에 설정등기한 근저당권은 종합소득세에 우선하지 못한다. 공매대금에 대한 우선변제 순위는 다음과 같다.

순위	법정기일 후 담보설정	금액
1순위	강제집행·경매·파산절차에 소요비용	400만원
2순위	소액임차보증금	1,000만원
	최우선 변제대상 임금채권(200만원/월 × 3개월) + 재해보상금	1,600만원
3순위	종합소득세(법정기일: 2023. 5. 30.)	8,000만원
4순위	압류된 주택에 대한 A은행의 채권(담보설정일: 2023. 6. 2.)	3,000만원
5순위	기타의 임금채권	1,800만원

관할 세무서장이 배당받을 수 있는 금액은 공매대금 1억원에서 종합소득세보다 우선변제되는 3,000만원을 제외한 7,000만원이다.

정답 ③

155

세법1 Link   p.89-91, 93
오진다 Link   p.43-45, 47
출제 가능 지수   ■■■■□
난이도   ■■■■□

관할세무서장은 개인사업자인 채씨에 대한 세무조사 결과 종합소득세를 1억 6천만원으로 증액경정하고 납부고지서를 2023년 6월 30일 발송하였으며 이 고지서는 2023년 7월 2일에 송달되었다. 그러나 채씨가 종합소득세를 납부하지 않음에 따라 관할세무서장은 채씨 소유의 주택을 압류하여 공매에 부치게 되었고, 매수인은 공매대금 1억 7천만원을 전액 납부하였다. 이 과정에서 배당을 신청한 채권자 및 채권액은 다음과 같다. 관할세무서장이 배당받을 수 있는 금액은 얼마인가?

(1) 해당 주택에 대한 임차보증금 2천 5백만원(이 중 「주택임대차보호법」에 의한 우선변제금액은 1천 5백만원이며, 세입자는 2023년 7월 10일 확정일자를 받았다.)

(2) 종업원 나일해 씨의 임금채권 1천 2백만원(월 1백만원×12개월). 단, 퇴직금은 없는 것으로 가정한다.

(3) 압류된 주택에 대한 A은행의 채권 4천만원
    (저당권 설정등기일 : 2023. 7. 1.)

(4) 채씨의 공장 및 동 부지에 대한 A은행의 채권 2천 5백만원
    (저당권 설정등기일 : 2023. 1. 1.)

① 1억 6천 7백만원   ② 1억 5천 2백만원
③ 1억 2백만원   ④ 9천 3백만원

해설

순위	채권내역	채권액	배분액
1	최우선변제대상 소액보증금 및 임금채권	₩18,000,000	₩18,000,000
2	종합소득세	₩160,000,000	₩152,000,000
3	압류된 주택에 저당권에 의하여 담보된 채권액	₩40,000,000	–
4	확정일자를 받은 임차보증금	₩10,000,000	–
5	기타임금채권	₩9,000,000	–
6	일반채권	₩25,000,000	–
합계		₩262,000,000	₩170,000,000

*(3)의 채권은 압류재산인 주택에 국세의 법정기일(6월 30일) 이후인 7월 1일에 저당권에 의하여 담보된 채권이고, (1)의 임차보증금 또한 확정일자가 국세의 법정기일 이후이므로 이들 채권은 국세보다 후순위가 되어야 한다. (4)의 채권은 공매된 주택에 설정된 것이 아니기 때문에 일반채권에 해당한다.   정답 ②

156

증여세 관할세무서장이 갑의 토지(A)를 압류하여 2023년 12월 10일 ₩180,000,000에 매각하고 강제징수비 ₩10,000,000이 발생한 경우 다음 자료를 이용하여 부가가치세로 징수할 수 있는 금액을 계산한 것으로 옳은 것은?

세법1 Link   p.89-91, 93
오진다 Link   p.43-45, 47
출제 가능 지수 ■■■□□
난이도   ■■■■□

---

(1) 증여세 : ₩50,000,000

   (갑은 토지(A)를 2022년 6월 1일에 증여받고 증여세를 신고·납부하지 않았으며, 관할세무 서장은 갑에게 2023년 6월 5일에 증여세 납부고지서를 발송하였으나 갑은 이를 체납함)

(2) 대한은행 대출금 : ₩60,000,000

   (2023년 7월 5일 토지(A)에 저당권이 설정됨)

(3) 갑의 사업체에 종사하는 근로자들의 임금채권

   −최종 3월분 임금채권 : ₩10,000,000

   −기타 임금채권 : ₩20,000,000

(4) 부가가치세 : ₩100,000,000

   (2023년 7월 15일에 신고하였으나 납부하지 못함)

(5) 부가가치세 관할세무서장은 토지(A) 매각대금에 대해 증여세 관할세무서장에게 부가가치세의 교부를 청구함

---

① ₩0   ② ₩30,000,000

③ ₩50,000,000   ④ ₩90,000,000

해설

순위	채권내역	채권액	배분액
1	강제징수비	₩10,000,000	₩10,000,000
2	최종 3월분 임금채권	₩10,000,000	₩10,000,000
3	증여세[1]	₩50,000,000	₩50,000,000
4	대한은행 대출금	₩60,000,000	₩60,000,000
5	기타 임금채권[2]	₩20,000,000	₩20,000,000
6	부가가치세	₩100,000,000	₩30,000,000
합계		₩250,000,000	₩180,000,000

[1] 증여세는 담보설정일에 관계없이 담보채권에 원칙적으로 우선한다.

[2] 저당권 설정일이 부가가치세의 법정기일보다 빠르므로, 최종 3월분 임금채권뿐 아니라 기타 임금채권도 부가가치세에 우선한다.

정답 ②

157

관할세무서는 사업자인 거주자 甲의 체납 소득세를 징수하기 위하여 甲의 소유 토지를 압류하여 공매하였다. 다음 자료에 따라 관할세무서가 토지 매각대금 중 소득세로 징수할 수 있는 금액은 얼마인가?

세법1 Link   p.89-91, 93
오진다 Link   p.43-45, 47
출제 가능 지수 ■■■□□
난이도 ■■■■□

(1) 토지 매각대금	₩150,000,000
(2) 토지 공매비용	₩5,000,000
(3) 소득세 등(신고일 : 2023. 5. 10.)	
• 소득세	₩70,000,000
• 강제징수비	₩5,000,000
(4) 해당 토지에 설정된 가등기(설정일: 2023.4.20.)에 의해 담보된채권	₩40,000,000
(5) 해당 토지에 부과된 2022년분 종합부동산세 체납액	₩20,000,000
(6) 甲의 사업체에 종사하는 근로자들의 임금채권	
• 최종 3월분 임금과 퇴직금	₩30,000,000
• 기타의 임금채권	₩10,000,000
(7) 공과금 채권	₩20,000,000

① ₩30,000,000

② ₩40,000,000

③ ₩50,000,000

④ ₩60,000,000

해설

순위	채권내역	채권액	배분액
1	공매비용	₩5,000,000	₩5,000,000
2	강제징수비	₩5,000,000	₩5,000,000
3	3월분 임금	₩30,000,000	₩30,000,000
4	종합부동산세[1]	₩20,000,000	₩20,000,000
5	피담보채권	₩40,000,000	₩40,000,000
6	기타 임금채권[2]	₩10,000,000	₩10,000,000
7	소득세	₩70,000,000	₩40,000,000
8	공과금	₩20,000,000	–
합계		₩200,000,000	₩150,000,000

[1] 종합부동산세는 담보설정일에 관계없이 담보채권에 원칙적으로 우선한다.

[2] 담보설정일이 소득세의 법정기일보다 빠르므로, 최종 3월분 임금채권뿐 아니라 기타 임금채권도 소득세에 대하여 우선한다.

정답 ②

158

백두은행은 채무자 甲에 대한 대출금을 회수하기 위하여 甲이 소유한 주택의 경매절차를 진행하였다. 다음 자료에 의하여 주택의 경매가격 중 甲이 체납한 소득세로 징수될 금액을 계산하면?

세법1 Link p.89-91, 93
오진다 Link p.43-45, 47
출제 가능 지수 ■■■□□
난이도 ■■■■□

(1) 주택의 경매가격	₩80,000,000
(2) 경매비용	₩6,000,000
(3) 백두은행의 대출금	₩10,000,000
(주택에 대하여 2023년 6월 6일 저당권설정)	
(4) 한라은행의 대출금	₩40,000,000
(주택에 대하여 2023년 4월 4일 저당권설정)	
(5) 甲의 2022년 귀속 소득세(신고일: 2023년 5월 30일)	₩35,000,000
(6) 주택에 대한 임대보증금	₩20,000,000
(이 중 주택임대차보호법에 의한 우선변제금액은 ₩16,000,000이고, 전세권등기나 확정일자는 없음)	

① ₩4,000,000
② ₩8,000,000
③ ₩14,000,000
④ ₩18,000,000

해설

순위	채권내역	채권액	배분액
1	경매비용	₩6,000,000	₩6,000,000
2	소액보증금	₩16,000,000	₩16,000,000
3	대출금(한라은행)	₩40,000,000	₩40,000,000
4	소득세	₩35,000,000	₩18,000,000
5	대출금(백두은행)	₩10,000,000	–
6	임대보증금	₩4,000,000	–
합계		₩111,000,000	₩80,000,000

*신고한 소득세의 법정기일인 소득세 신고일(2023. 5. 30.)이 한라은행의 저당권설정일(2023. 4. 4.)보다는 늦으나 백두은행의 저당권설정일(2023. 6. 6.)보다는 빠르므로 소득세 체납액이 백두은행의 대출금보다 우선권을 갖는다.   정답 ④

159

「국세기본법」상 과세표준 신고에 관한 설명으로 옳은 것은?

① 전자신고를 하는 경우 동 전자신고를 할 때 제출하여야 할 관련서류는 15일 범위에서 제출기한을 연장할 수 있다.
② 납세자가 과세표준신고서 등을 우편으로 제출한 경우에는 도달한 날에 신고된 것으로 본다.
③ 납세자가 과세표준신고서를 그 신고 당시 해당 국세의 납세지를 관할하는 세무서장이 아닌 다른 세무서장에게 제출한 경우에도 그 신고의 효력에는 영향이 없다.
④ 납세자가 전자신고를 하는 경우에는 과세표준신고서를 신고 당시 해당 국세의 납세지를 관할하는 세무서장에게 제출해야 한다.

해설

① 전자신고 또는 전자청구된 과세표준신고·과세표준수정신고와 관련된 서류 중 전자신고 시 제출해야 하는 관련 서류로서 국세청장이 지정하여 고시하는 서류에 대해서는 **10일의 범위에서** 제출기한을 연장할 수 있다.
② 납세자가 과세표준신고서 등을 우편으로 제출한 경우에는 「**우편법」에 따른 우편날짜도장이 찍힌 날**에 신고된 것으로 본다.
④ 납세자가 전자신고를 하는 경우에는 과세표준신고서를 **지방국세청장이나 국세청장에게 제출할 수 있다.**

정답 ③

세법1 Link   p.30-31, 100
오진다 Link   p.18, 48
출제 가능 지수 ■■■■■
난이도   ■■■■■

160

「국세기본법」상 경정청구와 관련하여 옳은 것은?

① 최초 신고 및 수정신고한 국세의 과세표준 및 세액의 결정 또는 경정을 법정신고기한이 지난 후 10년 이내에 관할 세무서장에게 청구할 수 있다.
② 관할 세무서장 외의 세무서장이 한 결정 또는 경정결정처분은 그 효력이 있다.
③ 법정신고기한 내에 과세표준신고서를 제출한 자, 기한후과세표준신고서를 제출한 자 및 과세기준일이 속한 연도에 종합부동산세를 부과·고지받은 자는 경정청구를 할 수 있다.
④ 국세에 대한 경정청구는 당초 확정된 과세표준과 세액을 감액하여 확정하는 효력을 가진다.

해설

① 최초 신고 및 수정신고한 국세의 과세표준 및 세액의 결정 또는 경정을 법정신고기한이 지난 후 **5년** 이내에 관할 세무서장에게 청구할 수 있다.
② 관할 세무서장 외의 세무서장이 한 결정 또는 경정결정처분은 그 효력이 **없다.**
④ 경정청구는 그 자체만으로는 납세의무를 감액변동시키는 **확정력을 갖지 못하며**, 단지 과세관청으로 하여금 일정기간 내에 청구의 취지에 따른 결정 또는 경정을 해야 할 법률상의 의무를 지울 뿐이다.

정답 ③

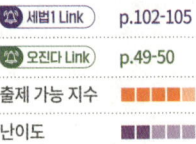

세법1 Link   p.102-105
오진다 Link   p.49-50
출제 가능 지수 ■■■■■
난이도   ■■■■■

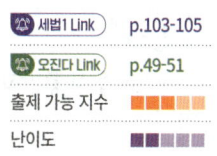
161

「국세기본법」상 경정청구에 대한 설명으로 옳은 것은?

① 근로소득만 있어 소득세 과세표준확정신고를 하지 않은 납세자는 경정청구를 할 수 없다.

② 법정신고기한까지 과세표준신고서를 제출한 납세자가 「국세기본법」 제45조의2 제1항에 따라 경정청구를 하려면(결정 또는 경정처분을 받은 경우는 제외) 법정신고기한이 경과한 후 3년 이내에 청구를 해야 한다.

③ 결정 또는 경정의 청구를 받은 세무서장은 그 청구를 받은 날로부터 3개월 이내에 과세표준 및 세액 등을 결정·경정하거나 결정·경정하여야 할 이유가 없다는 뜻을 그 청구를 한 자에게 통지해야 한다.

④ 최초의 신고·결정 또는 경정을 할 때 과세표준 및 세액의 계산 근거가 된 거래 또는 행위 등의 효력과 관계되는 계약이 해제권의 행사에 의하여 해제되거나 해당 계약의 성립 후 발생한 부득이한 사유로 법정신고기한이 지난 후 해제되거나 취소된 경우 후발적 사유로 인한 경정청구가 가능하다.

해설

① 「소득세법」상 분리과세소득, **연말정산대상소득** 및 퇴직소득 등 과세표준확정신고가 면제되는 소득이 있는 자 및 그 원천징수의무자는 **경정청구를 할 수 있다.**

② 법정신고기한까지 과세표준신고서를 제출한 납세자가 「국세기본법」 제45조의2 제1항에 따라 경정청구를 하려면(결정 또는 경정처분을 받은 경우는 제외) 법정신고기한이 경과한 후 **5년** 이내에 청구를 해야 한다.

③ 결정 또는 경정의 청구를 받은 세무서장은 그 청구를 받은 날로부터 **2개월** 이내에 과세표준 및 세액 등을 결정·경정하거나 결정·경정하여야 할 이유가 없다는 뜻을 그 청구를 한 자에게 통지해야 한다.   정답 ④

162

「국세기본법」상 후발적 사유에 의한 경정청구(제45조의2 제2항에 따른 경정청구)에 대한 설명으로 옳은 것은?

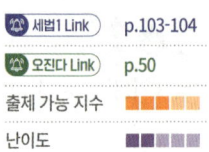

세법1 Link p.103-104
오진다 Link p.50
출제 가능 지수 ■■■□□
난이도 ■■□□□

① 국세의 과세표준 및 세액의 결정을 받은 자는 소득이나 그 밖의 과세물건의 귀속을 제3자에게로 변경시키는 경정이 있는 경우 「국세기본법」 제45조의2 제1항에서 규정하는 기간에도 불구하고 그 사유가 발생한 것을 안 날부터 3개월 이내에 경정을 청구할 수 있다.

② 최초에 결정한 과세표준 및 세액의 계산근거가 된 거래가 그에 관한 소송에 대한 판결에 의하여 다른 것으로 확정된 때에는 그 판결이 확정된 날부터 1년 이내에 후발적 사유에 의한 경정청구를 할 수 있다.

③ 최초의 신고·결정 또는 경정을 할 때 장부 및 증거서류의 압수, 그 밖의 부득이한 사유로 과세표준 및 세액을 계산할 수 없었으나 그 후 해당 사유가 법정신고기한이 지난 후 소멸한 경우엔 후발적 사유에 의한 경정청구를 할 수 없다.

④ 과세표준신고서를 법정신고기한까지 제출한 자에 한하여 후발적 사유가 발생하였을 때에 경정 등을 청구할 수 있다.

해설

② 후발적 사유가 발생하였을 때에는 통상적인 경정청구 등 청구기한에도 불구하고 **그 사유가 발생한 것을 안 날부터 3개월 이내에** 결정 또는 결정을 청구할 수 있다(국기법 45의2 ②).

③ 최초의 신고·결정 또는 경정을 할 때 장부 및 증거서류의 압수, 그 밖의 부득이한 사유로 과세표준 및 세액을 계산할 수 없었으나 그 후 해당 사유가 법정신고기한이 지난 후 소멸한 경우 후발적 사유에 의한 경정청구를 **할 수 있다.**

④ 과세표준신고서를 법정신고기한까지 제출한 자는 물론, 법정신고기한 내 과세표준신고서를 제출하지 않았더라도 **국세의 과세표준 및 세액의 결정을 받은 자 및 과세기준일이 속한 연도에 종합부동산세를 부과·고지받은 자**도 후발적 사유가 발생하였을 때에 경정 등을 청구할 수 있다.

정답 ①

163

「국세기본법」상 과세관청이 납세의무를 확정하는 결정을 한 후 이를 다시 경정하는 경우에 관한 설명으로 옳은 것은?

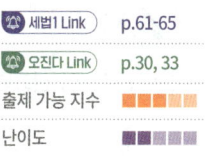
세법1 Link   p.61-65
오진다 Link   p.30, 33
출제 가능 지수 ■■■■■
난이도   ■■□□□

① 세법의 규정에 의해 당초 확정된 세액을 증가시키는 경정은 당초 확정된 세액에 관한 권리·의무 관계를 소멸시킨다.
② 과세관청의 당초 결정에 대하여 「행정소송법」에 따른 소송에 대한 판결이 확정된 경우, 판결확정일로부터 3개월이 지나기 전까지는 판결에 따라 경정결정이나 기타 필요한 처분을 할 수 있다.
③ 지방국세청장 또는 세무서장은 「국세기본법」에 따른 경정청구가 있는 경우 경정청구일부터 2개월이 지나기 전까지 경정이나 그 밖에 필요한 처분을 할 수 있다.
④ 세법의 규정에 의해 당초 확정된 세액을 감소시키는 경정은 당초 확정된 세액에 관한 권리·의무 관계에 영향을 미친다.

해설

① 세법에 따라 당초 확정된 세액을 증가시키는 경정은 당초 확정된 세액에 관한 「국세기본법」 또는 세법에서 규정하는 권리·의무관계에 **영향을 미치지 아니한다**(국기법 22의3 ①).
② 과세관청의 당초 결정에 대하여 「행정소송법」에 따른 소송에 대한 판결이 확정된 경우, 판결확정일로부터 **1년**이 지나기 전까지는 판결에 따라 경정결정이나 기타 필요한 처분을 할 수 있다.
④ 세법의 규정에 의해 당초 확정된 세액을 감소시키는 경정은 **그 경정으로 감소되는 세액 외의 세액에 관한 권리·의무 관계에 영향을 미치지 아니한다**.
                                                            정답 ③

164

「국세기본법」상 수정신고에 대한 설명으로 옳은 것은?

세법1 Link   p.101-102, 116
오진다 Link   p.49-50, 58
출제 가능 지수 ■■■□□
난이도   ■■□□□

① 기한후신고에 대한 수정신고는 기한후신고에 따라 확정된 과세표준과 세액을 증액하여 확정하는 효력을 가진다.
② 적법한 수정신고를 하였더라도 그 신고로 인하여 납세의무 확정 효력이 발생하지 않는 경우도 있다.
③ 과세표준신고액에 상당하는 세액을 자진납부하는 국세에 관하여 수정신고를 한 자는 과소신고세액 등을 추가로 납부하여야 하는데 이를 납부하지 않은 경우에는 수정신고에 따른 과소신고가산세를 감면하지 아니한다.
④ 납세자의 과소신고에 대해 관할 세무서장이 해당 세법에 따라 과세표준과 세액을 경정하여 통지한 경우 그 경정통지한 부분에 대해서도 수정신고를 할 수 있다.

해설

① 신고납부제도를 취하는 국세의 경우 당초의 신고가 납세의무를 확정하는 효력을 가지므로 해당 국세의 수정신고는 당초의 신고에 따라 확정된 과세표준과 세액을 증액하여 확정하는 효력을 가진다. 그러나 이는 당초 신고한 경우에만 해당하며, 기한후신고 및 기한후신고에 대한 수정신고는 세액이 확정되는 **효력이 없다**.
③ 과세표준신고액에 상당하는 세액을 자진납부하는 국세에 관하여 수정신고를 한 자는 과소신고세액 등을 추가로 납부하여야 하는데 이를 납부하지 않은 경우에도 수정신고에 따른 과소신고가산세를 **감면한다**.
④ 납세자의 과소신고에 대해 관할 세무서장이 해당 세법에 따라 과세표준과 세액을 경정하여 통지한 경우 그 경정통지한 부분에 대해서는 수정신고를 할 수 **없다**.
                                                            정답 ②

165

「국세기본법」상 신고와 통지에 대한 설명으로 옳은 것은?

① 납세자가 적법하게 기한후과세표준신고서를 제출한 경우 관할 세무서장은 세법에 따라 신고일부터 1개월 이내에 해당 국세의 과세표준과 세액을 결정하여 신고인에게 통지해야 한다.

② 기한후과세표준신고서를 제출한 자가 과세표준수정신고서를 제출한 경우, 관할 세무서장은 세법에 따라 신고일부터 1개월 이내에 해당 국세의 과세표준과 세액을 경정하여 신고인에게 통지해야 한다.

③ 납세자가 적법하게 경정청구를 한 경우 관할 세무서장은 그 청구를 받은 날로부터 3개월 이내에 과세표준 및 세액 등을 결정·경정하거나 결정·경정하여야 할 이유가 없다는 뜻을 그 청구를 한 자에게 통지해야 한다.

④ 통상적인 경정청구 등 청구기한에도 불구하고 후발적사유에 의한 경정청구는 해당 사유가 발생한 것을 안 날부터 3개월 이내에 결정 또는 경정을 청구할 수 있다.

> **해설**
>
> ① 납세자가 적법하게 기한후과세표준신고서를 제출한 경우 관할 세무서장은 세법에 따라 신고일부터 **3개월** 이내에 해당 국세의 과세표준과 세액을 결정하여 신고인에게 통지해야 한다.
> ② 기한후과세표준신고서를 제출한 자가 과세표준수정신고서를 제출한 경우, 관할 세무서장은 세법에 따라 신고일부터 **3개월** 이내에 해당 국세의 과세표준과 세액을 경정하여 신고인에게 통지해야 한다.
> ③ 납세자가 적법하게 경정청구를 한 경우 관할 세무서장은 그 청구를 받은 날로부터 **2개월** 이내에 과세표준 및 세액 등을 결정·경정하거나 결정·경정하여야 할 이유가 없다는 뜻을 그 청구를 한 자에게 통지해야 한다.
>
> 정답 ④

세법1 Link p.103-104, 106
오진다 Link p.50-51
출제 가능 지수 ■■■■□
난이도 ■■■□□

166

「국세기본법」상 가산세에 관한 설명이다. 옳은 것은?

① 가산세는 납부할 세액에서 공제하거나 환급받을 세액에 가산한다.

② 가산세는 해당 의무가 규정된 세법의 해당 국세의 세목으로 하며, 해당 국세를 감면하는 경우에는 가산세는 그 감면대상에 포함한다.

③ 과세표준신고서를 법정신고기한까지 제출한 자가 법정신고기한이 지난 후 1개월 이내에 수정신고한 경우에는 과소신고·초과환급신고가산세가 부과되지 아니한다.

④ 정부가 「국세기본법」에 따라 가산세를 부과하는 경우 납세자가 의무를 이행하지 아니한 데 대한 정당한 사유가 있는 때에는 해당 가산세를 부과하지 아니한다.

> **해설**
>
> ① 가산세는 납부할 세액에 **가산**하거나 환급받을 세액에서 **공제**한다.
> ② 가산세는 해당 의무가 규정된 세법의 해당 국세의 세목으로 한다. 다만, 해당 국세를 감면하는 경우에는 가산세는 그 감면대상에 **포함시키지 아니하는 것으로** 한다.
> ③ 과세표준신고서를 법정신고기한까지 제출한 자가 법정신고기한이 지난 후 1개월 이내에 수정신고한 경우에는 과소신고·초과환급신고가산세의 **90%를 감면**한다.
>
> 정답 ④

세법1 Link p.108, 115-116
오진다 Link p.53, 58
출제 가능 지수 ■■■■□
난이도 ■■■■□

167

세법1 Link p.108, 111-112

오진다 Link p.53, 56-57

출제 가능 지수 ■■■■■

난이도 ■■■■■

「국세기본법」상 가산세에 대한 설명으로 옳은 것은?

① 원천징수 등 납부지연가산세가 부과되는 부분에 대해서도 국세의 납부와 관련하여 납부지연가산세를 부과한다.

② 가산세는 납부할 세액에 가산하거나 환급받을 세액에서 공제한다.

③ 납부지연가산세를 적용할 때 납부고지서에 따른 납부기한의 다음 날부터 납부일까지의 기간(「국세징수법」에 따라 지정납부기한과 독촉장에서 정하는 기한을 연장한 경우에는 그 연장기간은 제외)이 3년을 초과하는 경우에는 그 기간은 3년으로 한다.

④ 「소득세법」에 따라 소득세를 원천징수하여 납부할 의무를 지는 자에게 원천징수 등 납부지연가산세를 부과하는 경우에는 납부하지 아니한 세액의 100분의 22에 상당하는 금액을 가산세로 한다.

해설

① 원천징수 등 납부지연가산세가 부과되는 부분에 대해서는 국세의 납부와 관련하여 납부지연가산세를 **부과하지 아니한다**.

③ 납부지연가산세를 적용할 때 납부고지서에 따른 납부기한의 다음 날부터 납부일까지의 기간(「국세징수법」에 따라 지정납부기한과 독촉장에서 정하는 기한을 연장한 경우에는 그 연장기간은 제외)이 **5년**을 초과하는 경우에는 그 기간은 **5년**으로 한다.

④ 「소득세법」에 따라 소득세를 원천징수하여 납부할 의무를 지는 자에게 원천징수 등 납부지연가산세를 부과하는 경우에는 납부하지 아니한 세액의 **100분의 50**(단 아래 ㉠의 금액과 ㉡중 법정납부기한의 다음 날부터 납부고지일까지의 기간에 해당하는 금액을 합한 금액은 100분의 10)**에 상당하는 금액을 한도로 하여 아래 ㉠과 ㉡의 금액을 합한 금액을 가산세**로 한다. 그 상세 산식은 다음과 같다.

> 원천징수 등 납부지연가산세 = MIN[㉠ + ㉡, ㉢]
> ㉠ 미납세액 · 과소납부세액 × 3%
> ㉡ 미납세액 · 과소납부세액 × 일수[*1] × $\dfrac{??}{100,000}$[*2]
> ㉢ 한도: 미납세액 · 과소납부세액 × 50%[*3]

[*1] 일수: 법정납부기한의 다음 날부터 납부일까지의 기간(납부고지일부터 납부고지서에 따른 납부기한까지의 기간은 제외한다. 이때, 납부고지서에 따른 납부기한의 다음 날부터 납부일까지의 기간(지정납부기한·독촉장에 정하는 기한을 연장한 경우 그 연장기간은 제외)이 5년을 초과하는 경우에는 그 기간은 5년으로 함

[*2] 체납된 국세의 납부고지서별·세목별 세액이 150만원 미만인 경우에는 ㉡의 가산세를 적용하지 아니함

[*3] 단, 위 ㉠의 금액과 ㉡ 중 법정납부기한의 다음 날부터 납부고지일까지의 기간에 해당하는 금액을 합한 금액은 10%를 적용함

정답 ②

168

「국세기본법」상 가산세에 대한 설명으로 옳은 것은?

세법1 Link   p.108, 111, 115, 117

오진다 Link   p.53, 57-59

출제 가능 지수   ■■■■□□

난이도   ■■■□□

① 과세전적부심사 결정·통지기간에 그 결과를 통지하지 아니한 경우 결정·통지가 지연됨으로써 해당 기간에 부과되는 납부지연가산세액의 100분의 90에 상당하는 금액을 감면한다.

② 체납된 국세의 납부고지서별·세목별 세액이 150만원 미만인 경우에는 납부고지서에 따른 납부기한의 다음 날부터(원천징수 등 납부지연가산세의 경우, 법정납부기한의 다음 날부터) 일수당 0.022%의 가산세를 적용하지 않는다.

③ 가산세는 해당 의무가 규정된 세법의 해당 국세의 세목으로 하며, 해당 국세를 감면하는 경우에는 가산세도 그 감면대상에 포함시킨다.

④ 가산세 부과의 원인이 되는 사유가 「국세기본법」에 따른 기한연장 사유에 해당하는 경우에도 해당 가산세를 부과한다.

해설

① 과세전적부심사 결정·통지기간에 그 결과를 통지하지 아니한 경우 결정·통지가 지연됨으로써 해당 기간에 부과되는 납부지연가산세액의 100분의 **50**에 상당하는 금액을 감면한다.

③ 가산세는 해당 의무가 규정된 세법의 해당 국세의 세목으로 하며, 해당 국세를 감면하는 경우에 가산세는 그 감면대상에 **포함시키지 않는다.**

④ 가산세 부과의 원인이 되는 사유가 「국세기본법」에 따른 기한연장 사유에 해당하는 경우에는 해당 가산세를 **부과하지 아니한다.**

[50% 감면]

「국세기본법」상 가산세액의 100분의 50에 상당하는 금액을 감면하는 사유는 다음과 같다.
㉠ 과세표준과 세액을 신고하지 아니한 자가 법정신고기한 경과 후 1개월 이내에 법령의 규정에 따라 기한후신고를 한 경우의 무신고가산세
㉡ 과세표준수정신고서를 제출한 과세표준과 세액에 관하여 경정이 있을 것을 미리 알고 제출한 경우를 제외하고 법정 신고기한 경과 후 3개월 초과 6개월 이내에 법령의 규정에 따라 수정 신고를 한 경우의 과소(초과환급)신고가산세
㉢ 과세전적부심사 결정·통지기간에 그 결과를 통지하지 않은 경우에는 결정·통지가 지연됨으로써 해당 기간에 부과되는 납부지연가산세
㉣ 세법에 따른 제출, 신고, 가입, 등록, 개설(이하 '제출등')의 기한이 지난 후 1개월 이내에 해당 세법에 따른 제출 등의 의무를 이행하는 경우 제출 등의 의무위반에 대하여 세법에 따라 부과되는 가산세
㉤ 예정신고 누락분(무신고 또는 과소신고, 초과환급신고)을 확정신고기한까지 신고한 경우 가산세

정답 ②

169

「국세기본법」상 가산세에 관한 설명으로 옳은 것은? (다툼이 있으면 판례에 따름)

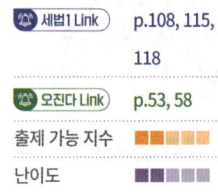
세법1 Link p.108, 115, 118
오진다 Link p.53, 58
출제 가능 지수 ■■■□□
난이도 ■■□□□

① 「소득세법」상 지급명세서 제출의무를 부담하는 자가 이를 고의적으로 위반한 경우에는 가산세의 한도를 두지 아니한다.
② 정부가 「국세기본법」에 따라 가산세를 부과하는 경우 납세자가 의무를 이행하지 아니한 데 대한 정당한 사유가 있는 때에도 해당 가산세는 감면하지 않는다.
③ 납세의무자가 대법원 판결과 다른 조세심판원의 결정취지를 그대로 믿어 세법에 규정된 신고·납부의무를 해태한 경우에는 가산세를 부과하지 않는다.
④ 국가가 가산세를 납부하는 경우는 없다.

해설

② 정부가 「국세기본법」에 따라 가산세를 부과하는 경우 납세자가 의무를 이행하지 아니한 데 대한 정당한 사유가 있는 때에는 해당 **가산세를 부과하지 아니한다.**
③ 납세의무자가 대법원 판결과 다른 조세심판원의 결정취지를 그대로 믿어 세법에 규정된 신고·**납부의무를 해태한 경우는** 납세자가 의무를 이행하지 아니한 데 대한 **정당한 사유에 해당하지 않으므로 가산세를 감면하지 않는다**는 것이 판례다.

[대법원 판례]

> 납세의무자가 대법원과 다른 견해에 선 국세심판소의 결정 취지를 납세자가 그대로 믿어 법에 규정된 신고·납부의무 등을 해태하게 되었다 하더라도 납세의무자에 그 의무의 해태를 탓할 수 없는 **정당한 사유가 있다고 할 수는 없다**(대법원 1999. 8. 20. 선고 99두3515 판결).

④ 국가, 지방자치단체 등에 해당 가산세 규정을 적용하지 않는다고 별도로 규정하지 않는 한 국가 등에 대해서도 원칙적으로 「국세기본법」 또는 세법에 따라 가산세를 **부과할 수 있다**.

[참고] 국가 등에 해당 가산세를 적용하지 않는 규정의 예시

> 「국세기본법」 제47조의5 3항 3호
> 「소득세법」 또는 「법인세법」에 따라 소득세 또는 법인세를 원천징수하여야 할 자가 국가, 지방자치단체 또는 지방자치단체조합인 경우 원천징수 등 납부지연가산세를 적용하지 아니한다.

정답 ①

170

「국세기본법」상 수정신고에 대한 설명으로 옳지 않은 것은?

① 「소득세법」 제73조제1항제1호(근로소득만 있는 자)에 따라 소득세 과세표준확정신고의무가 면제되는 자는 수정신고를 할 수 있는 자에 해당한다.

② 「소득세법」 제73조제1항제1호(근로소득만 있는 자)에 따라 소득세 과세표준확정신고의무가 면제되는 자는 경정청구를 할 수 있는 자에 해당한다.

③ 원천징수의무자가 연말정산 또는 원천징수에 의하여 근로소득자 등에 대한 소득세 또는 법인세를 납부(지급명세서를 제출기한까지 제출하지 않음)한 경우 경정청구를 할 수 있는 자에 해당한다.

④ 원천징수의무자의 정산과정에서 확정신고를 하지 아니할 수 있는 자의 소득을 누락한 경우(경정 등의 청구를 할 수 있는 경우는 제외) 수정신고를 할 수 있다.

> **해설**
>
> ③ 원천징수의무자가 연말정산 또는 원천징수에 의하여 근로소득자 등에 대한 소득세 또는 법인세를 납부하고 **지급명세서를 제출기한까지 제출한 경우에만** 경정청구할 수 있다.   정답 ③

세법1 Link   p.101, 105-106
오진다 Link   p.49, 51
출제 가능 지수 ■■■■□
난이도 ■■■■□

171

「국세기본법」상 신고와 경정청구에 관한 설명이다. 옳지 않은 것은?

① 과세표준신고서를 신고 당시 해당 국세의 납세지를 관할하는 세무서장 외의 세무서장에게 제출한 경우에도 그 신고의 효력에는 영향이 없다.

② 과세표준신고서를 법정신고기한까지 제출한 자는 과세표준신고서에 기재된 과세표준 및 세액이 세법에 따라 신고하여야 할 과세표준 및 세액에 미치지 못할 경우, 관할 세무서장이 결정 또는 경정하여 통지하기 전까지 법정기간 내에 과세표준수정신고서를 제출할 수 있다.

③ 과세표준신고서를 법정신고기한까지 제출한 자는 소득이나 그 밖의 과세물건의 귀속을 제3자에게로 변경시키는 결정 또는 경정이 있을 경우, 그 사유가 발생한 것을 안 날부터 2개월 이내에 결정 또는 경정을 청구할 수 있다.

④ 경정의 청구를 받은 세무서장은 그 청구를 받은 날부터 2개월 이내에 과세표준 및 세액을 경정하거나 경정하여야 할 이유가 없다는 뜻을 그 청구를 한 자에게 통지하여야 한다.

> **해설**
>
> ③ 과세표준신고서를 법정신고기한까지 제출한 자는 소득이나 그 밖의 과세물건의 귀속을 제3자에게로 변경시키는 결정 또는 경정이 있을 경우, 그 사유가 발생한 것을 안 날부터 **3개월** 이내에 결정 또는 경정을 청구할 수 있다.   정답 ③

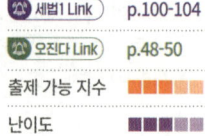
세법1 Link   p.100-104
오진다 Link   p.48-50
출제 가능 지수 ■■■■□
난이도 ■■■■□

172

「국세기본법」상 국제거래 등에 관련된 설명으로 옳지 않은 것은? (단, 조세조약과 「국제조세조정에 관한 법률」 관련 규정 등은 고려하지 아니한다)

세법1 Link   p.65, 108, 156

오진다 Link   p.33, 54, 84

출제 가능 지수   ■■■■■
난이도   ■■■■■

> ㄱ. 역외거래와 관련하여 원칙적인 제척기간이 지나기 전에 「국제조세조정에 관한 법률」에 따라 조세의 부과와 징수에 필요한 조세정보를 외국의 권한 있는 당국에 요청하여 조세정보를 요청한 날부터 1년이 지나기 전까지 조세정보를 받은 경우에는 조세정보를 받은 날부터 2년이 지나기 전까지 경정이나 그 밖에 필요한 처분을 할 수 있다.
> ㄴ. 납세의무자가 역외거래에서 발생한 부정행위로 법정신고기한까지 세법에 따른 국세의 과세표준신고를 하지 아니한 경우에는 「국세기본법」에 따른 무신고납부세액에 100분의 40을 곱한 금액을 가산세로 한다.
> ㄷ. 납세의무자가 법정신고기한까지 세법에 따른 국세의 과세표준을 신고한 경우로서 역외거래에서 발생한 부정행위로 납부할 세액을 과소신고한 경우에는 「국세기본법」에 따른 과소신고납부세액 등에 100분의 40을 곱한 금액을 가산세로 한다.
> ㄹ. 역외거래를 이용하여 세금을 탈루하거나 국내 탈루소득을 해외로 변칙유출한 혐의로 조사하는 경우에는 「국세기본법」에 따른 세무조사 기간의 제한 및 세무조사 연장기간의 제한을 받지 아니한다.

① ㄱ   ② ㄱ, ㄴ   ③ ㄱ, ㄴ, ㄷ   ④ ㄱ, ㄴ, ㄷ, ㄹ

해설

ㄱ. 역외거래와 관련하여 원칙적인 제척기간이 지나기 전에 「국제조세조정에 관한 법률」에 따라 조세의 부과와 징수에 필요한 조세정보를 외국의 권한 있는 당국에 요청하여 조세정보를 요청한 날부터 **2년**이 지나기 전까지 조세정보를 받은 경우에는 조세정보를 받은 날부터 **1년**이 지나기 전까지 경정이나 그 밖에 필요한 처분을 할 수 있다.

ㄴ. 납세의무자가 역외거래에서 발생한 부정행위로 법정신고기한까지 세법에 따른 국세의 과세표준신고를 하지 아니한 경우에는 「국세기본법」에 따른 무신고납부세액에 100분의 **60**을 곱한 금액을 가산세로 한다.

ㄷ. 납세의무자가 법정신고기한까지 세법에 따른 국세의 과세표준을 신고한 경우로서 역외거래에서 발생한 부정행위로 납부할 세액을 과소신고한 경우에는 「국세기본법」에 따른 과소신고납부세액 등에 100분의 **60**을 곱한 금액을 가산세로 한다.

정답 ③

173

「국세기본법」상 과세관할에 관한 설명으로 옳지 않은 것은?

세법1 Link p.100
오진다 Link p.48
출제 가능 지수 ■■■■□
난이도 ■■■■□

① 관할 세무서장 외의 세무서장이 한 국세의 과세표준과 세액의 결정 또는 경정결정 처분은 적법한 처분으로 보며 납세자는 소관 관할 세무서를 밝혀 납세의무를 이행하여야 한다.

② 전자신고를 하는 경우에는 납세지 관할 세무서장이 아닌 지방국세청장이나 국세청장에게 과세표준신고서를 제출할 수 있다.

③ 국세의 과세표준과 세액의 결정 또는 경정결정은 그 처분 당시 그 국세의 납세지를 관할하는 세무서장이 한다.

④ 과세표준신고서는 신고(전자신고 제외) 당시 해당 국세의 납세지를 관할하는 세무서장에게 제출하여야 하나, 관할 세무서장 외의 세무서장에게 제출된 경우에도 그 신고의 효력에는 영향이 없다.

해설

① 관할 세무서장 외의 세무서장이 한 국세의 과세표준과 세액의 결정 또는 경정결정 처분은 아무런 **효력이 없다**.

정답 ①

174

「국세기본법」상 수정신고 및 경정청구 등에 관한 설명으로 옳지 않은 것은?

세법1 Link p.102, 105
오진다 Link p.50-51
출제 가능 지수 ■■■■□
난이도 ■■■■□

① 납세의무자 대한씨가 100만원의 소득세를 법에서 정한 기한까지 신고하였는데, 그 후 300만원으로 수정신고한 경우 세액이 300만원으로 확정된다.

② 납세의무자 민국씨가 300만원의 소득세를 법에서 정한 기한이 지난 후 6개월 내에 신고한 경우 세액이 300만원으로 확정된다.

③ 납세의무자 만세씨가 200만원의 소득세를 법에서 정한 기한까지 신고하였는데, 그 후 100만원으로 감액경정을 청구한 경우 그 청구만으로는 세액이 100만원으로 확정되지 않는다.

④ 납세의무자 우리씨가 200만원의 상속세를 법에서 정한 기한까지 신고하였는데, 그 후 300만원으로 수정신고한 경우 세액이 300만원으로 확정되지 않는다.

해설

② 납세의무자 민국씨는 법에서 정한 기한이 지난 후 신고하였기 때문에, 이러한 기한후신고는 납세의무를 확정할 수 없다. 따라서 300만원으로 **확정되지 않는다**.

정답 ②

175

「국세기본법」상 수정신고와 경정청구에 대한 설명으로 옳지 않은 것은 모두 몇 개인가?

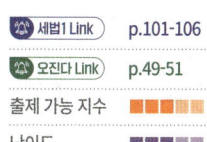

세법1 Link   p.101-106
오진다 Link   p.49-51
출제 가능 지수 ■■■■□
난이도 ■■■■□

ㄱ. 과세표준신고서에 기재된 결손금액이 세법에 의하여 신고하여야 할 결손금액에 미달하는 때에는 경정청구를 할 수 있다.

ㄴ. 과세표준신고서에 기재된 환급세액이 세법에 의하여 신고하여야 할 환급세액을 초과하는 경우 수정신고의 대상이 된다.

ㄷ. 법정신고기한 내에 과세표준신고서를 제출한 자뿐만 아니라 기한후과세표준신고서를 제출한 자 및 과세기준일이 속한 연도에 종합부동산세를 부과·고지받은 자도 「국세기본법」 45조의2 1항에 따른 통상적인 경정청구를 할 수 있다.

ㄹ. 최초의 신고·결정 또는 경정에 있어서 과세표준 및 세액의 계산근거가 된 거래 또는 행위 등이 그에 관한 「국세기본법」에 따른 심사청구, 심판청구, 「감사원법」에 따른 심사청구에 대한 결정이나 소송에 대한 판결(판결과 같은 효력을 가지는 화해나 그 밖의 행위를 포함)에 의하여 다른 것으로 확정된 때에는 이를 안 날로부터 3월 이내에 결정 또는 경정을 청구할 수 있다.

ㅁ. 과세표준신고서를 법정신고기한까지 제출한 자 또는 기한후과세표준신고서를 제출한 자는 과세표준 신고서에 기재된 과세표준 및 세액이 세법에 따라 신고하여야 할 과세표준 및 세액보다 큰 경우 과세표준수정신고서를 제출할 수 있다.

ㅂ. 결정 또는 경정의 청구를 받은 세무서장은 그 청구를 받은 날로부터 2개월 이내에 과세표준 및 세액의 결정 또는 경정이 곤란한 경우에는 청구를 한 자에게 관련 진행 사항 및 「국세기본법」에 따른 이의신청, 심사청구, 심판청구 또는 「감사원법」에 따른 심사청구를 할 수 있다는 사실을 통지하여야 한다.

① 1개   ② 3개   ③ 4개   ④ 5개

해설

ㅁ. 과세표준신고서를 법정신고기한까지 제출한 자 또는 기한후과세표준신고서를 제출한 자는 과세표준 신고서에 기재된 과세표준 및 세액이 세법에 따라 신고하여야 할 과세표준 및 세액보다 **적은 경우** 과세표준수정신고서를 제출할 수 있다. 과세표준 신고서에 기재된 과세표준 및 세액이 세법에 따라 신고하여야 할 과세표준 및 세액보다 큰 경우에는 경정청구를 할 수 있다.

정답 ①

176

다음 중 「국세기본법」상 수정신고, 기한 후 신고 또는 경정청구 등의 효력이 없는 것은?

세법1 Link p.101, 103-
104, 106
오진다 Link p.49-51
출제 가능 지수 ■■■■□
난이도 ■■■■■

① ㈜한국은 법인세 과세표준신고서를 법정신고기한 내에 제출하였으나 과세표준신고서에 기재된 결손금액이 세법에 의하여 신고하여야 할 결손금액을 초과하였으므로 관할 세무서장이 법인세의 과세표준과 세액을 경정하여 통지하기 전에 과세표준수정신고서를 제출하였다.

② ㈜민국은 법인세 과세표준신고서를 법정신고기한 내에 제출하였으나 과세표준과 세액의 계산근거가 된 거래가 판결에 의하여 다른 것으로 확정된 후 70일이 되는 날에 과세표준과 세액을 감액하는 경정을 청구하였다.

③ ㈜대한는 법인세 과세표준신고서를 법정신고기한 내에 제출하였으나 신고 후 30개월이 지난 후에 신고한 법인세의 과세표준과 세액을 증액하는 경정이 관할 세무서장에 의해 이루어졌다. 이에 대하여 경정결정의 통지를 받은 날부터 4개월 후에 관할 세무서장에게 경정을 청구하였다.

④ ㈜만세는 법정신고기한 내에 법인세 과세표준신고서를 제출하지 아니하였으나 관할 세무서장이 과세표준과세액을 결정하여 통지하기 전에 기한후과세표준신고서를 제출하였다.

해설

③ 결정·경정으로 법인세의 과세표준과 세액이 증액되었고, 이에 대한 경정청구는 해당 처분이 있음을 안 날부터 **3개월 이내**에 이루어져야 하기 때문에, **4개월 후에 이루어진 경정청구는 그 효력이 없다.**   정답 ③

177

「국세기본법」상 경정 등의 청구에 관한 설명으로 옳은 것은?

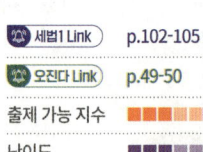
세법1 Link p.102-105
오진다 Link p.49-50
출제 가능 지수 ■■■■□
난이도 ■■■■□

① 과세표준신고서를 법정신고기한까지 제출한 자는 과세관청의 결정 또는 경정으로 인하여 증가된 과세표준 및 세액에 대하여는 법정신고기한이 지난 후 5년이 경과하였더라도 해당 처분이 있음을 안 날부터 3개월 이내에 경정을 청구할 수 있다.

② 과세표준신고서를 법정신고기한까지 제출한 자라도 상속세 또는 증여세에 관하여는 결정 또는 경정을 청구할 수 없다.

③ 과세표준신고서를 법정신고기한까지 제출한 자는 과세표준신고서에 기재된 과세표준 및 세액이 세법에 따라 신고하여야 할 과세표준 및 세액에 미치지 못할 때에는 경정을 청구할 수 있다.

④ 과세표준신고서를 법정신고기한 내에 제출한 자가 최초의 과세표준 및 세액에 대하여 수정신고를 한 경우에도 경정청구기한 내에는 수정신고한 내용에 대하여 경정을 청구할 수 있다.

해설

① 결정 또는 경정으로 인하여 증가된 과세표준 및 세액에 대해서는 해당 처분이 있음을 안 날부터 3개월 이내 (법정신고기한이 지난 후 **5년 이내로 한정**)에 경정을 청구할 수 있다.
② 상속세 및 증여세 등의 경우에는 정부가 부과하는 국세에 해당하지만 **경정을 청구할 수 있다.**
③ 과세표준 및 세액이 세법에 따라 신고하여야 할 과세표준 및 세액에 미치지 못할 때에는 경정청구가 아니라 **수정신고를 하여야 한다.**   정답 ④

178

「국세기본법」상 기한 후 신고와 추가자진납부에 관한 설명으로 옳지 않은 것은?

세법1 Link p.106-107
오진다 Link p.51-52
출제 가능 지수 ■■■■□
난이도 ■■■□□

① 법정신고기한까지 과세표준신고서를 제출하지 아니한 자는 관할 세무서장이 세법에 따라 해당 국세의 과세표준과 세액(가산세 포함)을 결정하여 통지하기 전까지 기한후과세표준신고서를 제출할 수 있다.

② 법정신고기한까지 과세표준신고서를 제출하지 아니한 자로서 기한후과세표준신고서를 제출할 수 있는 자는 납부할 세액이 있는 자만을 의미한다.

③ 기한 후 신고에는 납세의무를 확정하는 효력이 없다.

④ 과세표준신고서를 법정신고기한까지 제출하였으나 과세표준신고액에 상당하는 세액의 전부 또는 일부를 납부하지 아니한 자는 그 세액과 「국세기본법」 또는 세법에서 정하는 가산세를 세무서장이 고지하기 전에 납부할 수 있다.

해설

② 기한후과세표준신고서를 제출할 수 있는 자는 법정신고기한까지 과세표준신고서를 제출하지 아니한 자이기만 하면 된다. 따라서 **납부세액이 없다고 하더라도** 기한후과세표준신고서를 제출할 수 있다. 정답 ②

179

「국세기본법」상 과세표준신고서를 법정신고기한까지 제출한 자 또는 국세의 과세표준과 세액을 결정 받은 자가 후발적 사유의 발생을 이유로 경정청구를 할 수 있는 경우는 몇 개인가?

세법1 Link p.104
오진다 Link p.50
출제 가능 지수 ■■■■□
난이도 ■■■■■

ㄱ. 최초의 신고·결정 또는 경정을 할 때 과세표준 및 세액의 계산 근거가 된 거래 또는 행위 등의 효력과 관계되는 관청의 허가나 그 밖의 처분이 법정신고기한이 지난 후 취소된 경우

ㄴ. 소득이나 그 밖의 과세물건의 귀속을 제3자에게로 변경시키는 결정 또는 경성이 있을 때

ㄷ. 최초의 신고·결정 또는 경정에서 과세표준 및 세액의 계산 근거가 된 거래 또는 행위 등이 그에 관한 「국세기본법」에 따른 심사청구, 심판청구, 「감사원법」에 따른 심사청구에 대한 결정이나 소송에 대한 판결(판결과 같은 효력을 가지는 화해나 그 밖의 행위를 포함)에 의하여 다른 것으로 확정되었을 때

ㄹ. 조세조약에 따른 상호합의가 최초의 신고·결정 또는 경정의 내용과 다르게 이루어졌을 때

ㅁ. 결정 또는 경정으로 인하여 그 결정 또는 경정의 대상이 된 과세표준 및 세액과 연동된 다른 세목(같은 과세기간으로 한정)이나 연동된 다른 과세기간(같은 세목으로 한정)의 과세표준 또는 세액이 세법에 따라 신고하여야 할 과세표준 또는 세액에 미달할 때

ㅂ. 최초의 신고·결정 또는 경정을 할 때 장부 및 증거서류의 압수, 그 밖의 부득이한 사유로 과세표준 및 세액을 계산할 수 없었으나 그 후 해당 사유가 법정신고기한이 지난 후 소멸한 경우

① 3개 ② 4개 ③ 5개 ④ 6개

해설

ㅁ. 결정 또는 경정으로 인하여 그 결정 또는 경정의 대상이 된 과세표준 및 세액과 연동된 다른 세목(같은 과세기간으로 한정)이나 연동된 다른 과세기간(같은 세목으로 한정)의 과세표준 또는 세액이 세법에 따라 신고하여야 할 과세표준 또는 세액을 **초과**할 때 정답 ③

180

「국세기본법」상 수정신고와 경정청구에 대한 설명으로서 옳은 것은?

① 수정신고의 경우 요건을 충족한 경우 가산세를 일부 감면하는 규정이 있지만 경정청구의 경우는 가산세 감면에 대한 규정이 없다.

② 법정신고기한 내에 과세표준신고서를 제출한 자는 관할 세무서장이 각 세법에 따라 해당 국세의 과세표준과 세액을 결정 또는 경정하여 통지한 경우 그 통지한 부분에 대해서 수정신고 또는 경정청구를 할 수 있다.

③ 수정신고는 해당 국세의 세액을 확정하는 효력이 있는 반면 경정청구는 세액을 확정시키는 효력이 없다.

④ 수정신고 또는 경정청구를 받은 관할 세무서장은 신고 또는 청구를 받은 날로부터 2개월 이내에 신고 또는 청구에 대한 결과를 통지하여야 한다.

세법1 Link p.101, 102-105, 116

오진다 Link p.49-50, 58

출제 가능 지수 ■■■■□

난이도 ■■■■■

해설

② 관할 세무서장이 결정 또는 경정하여 통지한 경우 그 통지한 부분에 대해서는 **수정신고를 할 수 없다.**

③ 수정신고는 신고납세제도 세목의 세액을 확정하는 효력이 있으나, **정부부과제도 세목의 경우는 그러하지 아니하다.**

④ **수정신고의 경우**는 관할세무서장의 **결과 통지의무가 없다.**

정답 ①

181

「국세기본법」상 경정 등 청구에 관한 설명으로 옳은 것은?

① 「소득세법」에 따른 비거주자의 국내원천소득 중 분리과세소득에 해당하는 국내 원천소득이 있는 자 및 그 원천징수의무자는 경정청구를 할 수 있다.

② 국세의 과세표준 및 세액의 결정을 받은 경우 법정신고기한 내에 과세표준신고서를 제출한 자에 한하여 경정청구를 제기할 수 있다.

③ 국세의 과세표준 및 세액의 결정을 받은 자는 후발적 사유에 의한 경정청구를 제기하지 못한다.

④ 과세표준신고서에 기재된 결손금액이 세법에 의하여 신고하여야 할 결손금액에 미달하는 경우에 「국세기본법」에 따른 후발적 사유에 의한 경정청구를 할 수 있다.

세법1 Link p.102-103, 105

오진다 Link p.49-51

출제 가능 지수 ■■■■□

난이도 ■■■■■

해설

② 법정신고기한 내에 과세표준신고서를 제출한 자뿐만 아니라 **기한후과세표준신고서를 제출한 자 및 과세기준일이 속한 연도에 종합부동산세를 부과·고지받은 자도** 경정청구를 할 수 있다.

③ 후발적 사유로 인한 경정청구는 과세표준신고서를 **법정신고기한까지 제출한 자, 국세의 과세표준 및 세액의 결정을 받은 자 및 과세기준일이 속한 연도에 종합부동산세를 부과·고지받은 자**를 대상으로 한다.

④ 과세표준신고서에 기재된 결손금액이 세법에 의하여 신고하여야 할 결손금액에 미달하는 경우는 **통상적인** 경정청구 사유에 해당한다.

정답 ①

182

다음 상황에 따른 「국세기본법」상 증액경정에 관한 설명으로 옳지 않은 것은?

> ㈜한국은 2023년 귀속분 법인세를 법정신고기한까지 2억원을 신고하였다.
> 2025.3.20. 관할 과세관청은 증액경정에 의해 2023년 귀속분 법인세로 5천만원을 추가 고지하고, 2025.3.22. ㈜한국에게 송달되었다.

① 당초신고에 따라 확정된 세액 2억원에 대한 과세관청의 강제징수절차는 경정처분에 따라 영향을 받지 않는다.

② ㈜한국이 2025.3.25.에 증액경정에 대한 경정청구를 했다면 관할 세무서장은 그 청구를 받은 날부터 2개월 이내에 과세표준 및 세액을 결정 또는 경정하거나 결정 또는 경정하여야 할 이유가 없다는 뜻을 그 청구자에게 통지하여야 한다.

③ ㈜한국이 증액경정에 대한 경정청구를 하여 경정하여야 할 이유가 없다는 뜻을 통지받은 경우 그 통지를 받은 날부터 90일 이내에 이의신청을 제기할 수 있다.

④ 경정으로 증가된 세액 5천만원에 대하여 2025.7.1.에 경정청구를 한 경우에 해당 경정청구는 유효하다.

해설

④ 과세관청의 결정·경정으로 인하여 증가된 과세표준 및 세액에 대한 경정청구 기한은 **해당 처분이 있음을 안 날(2025. 3. 22.)을 기준으로 3개월인 2025.06.22.이다.** 그러므로 2025.7.1.의 경정청구는 유효하지 않다.

정답 ④

183

「국세기본법」상 가산세에 관한 설명으로 옳지 않은 것은?

① 가산세는 해당 의무가 규정된 세법의 해당 국세의 세목으로 하나 해당 국세를 감면하는 경우 가산세는 감면대상에 포함되지 아니한다.

② 정부는 가산세 부과의 원인이 되는 사유가 납세자 또는 동거가족이 질병이나 중상해로 6개월 이상의 치료가 필요하거나 사망하여 상중인 경우에 해당할 때에는 해당 가산세를 부과하지 아니한다.

③ 납세의무자가 법정신고기한까지 법인세의 과세표준 신고를 한 경우로서 착오에 의하여 과소신고를 한 때에는 과소신고납부세액의 100분의 10에 상당하는 금액을 가산세로 한다.

④ 납부지연가산세를 부과함에 있어 납세의무자가 법인세를 부정행위로 과소신고하면서 과세기간을 잘못 적용한 경우 실제 신고납부한 날에 실제 신고납부한 금액의 범위에서 신고납부하였어야 할 과세기간에 대한 법인세를 자진납부한 것으로 본다.

해설

④ 납부지연가산세를 부과함에 있어 과세기간을 잘못 적용한 경우 실제 신고납부한 날에 그 금액의 범위에서 신고납부하였어야 할 과세기간에 대한 법인세를 자진납부한 것으로 보는 규정은 **부정과소신고의 경우는 해당하지 않는다.**

정답 ④

세법1 Link   p.61, 103-104, 135
오진다 Link   p.30, 49-50, 70
출제 가능 지수
난이도

세법1 Link   p.108, 110, 115
오진다 Link   p.53, 56-57
출제 가능 지수
난이도

184

「국세기본법」상 가산세에 관한 설명으로 옳지 않은 것은?

> ㄱ. 가산세란 세법에서 규정하는 의무의 성실한 이행을 확보하기 위하여 세법에 따라 산출한 세액에 가산하여 징수하는 금액을 말한다.
> ㄴ. 과세표준신고서를 법정신고기한까지 제출한 자가 법정신고기한이 지난 후 1개월 이내에 수정신고한 경우 과소신고 가산세액의 100분의 50에 상당하는 금액을 감면한다.
> ㄷ. 무신고가산세 및 과소신고·초과환급신고가산세는 법정신고기한이 경과하는 때에 그 납세의무가 성립한다.
> ㄹ. 과세표준신고에 있어서 필수적인 첨부서류 등을 제출하지 아니함으로써 무신고로 간주되어 부과되는 가산세도 수정신고서를 제출하면 과소신고·초과환급신고 가산세가 감면된다.

① ㄱ, ㄴ ② ㄷ, ㄹ ③ ㄴ, ㄷ ④ ㄴ, ㄹ

해설

ㄴ. 과세표준신고서를 법정신고기한까지 제출하였다면, 법정신고기한이 지나고 1개월 이내 수정신고할 경우 가산세액의 100분의 **90**에 상당하는 금액을 감면한다.
ㄹ. 과세표준신고를 제출하였지만 필수적인 첨부서류 등을 제출하지 아니하여 신고된 것으로 보지 않음으로써 부과되는 가산세(영세율과세표준불성실가산세는 제외)는 수정신고서를 제출하더라도 수정신고에 의한 가산세 감면은 **적용되지 아니한다.**

정답 ④

세법1 Link p.58, 108, 116
오진다 Link p.28, 53, 58
출제 가능 지수 ■■■■□
난이도 ■■■■■

185

「국세기본법」상 가산세에 관한 설명으로 옳은 것은?

① 법정신고기한까지 상속세를 신고납부한 경우로서 법정신고기한 이후 매매, 감정, 수용, 경매, 공매가 있는 때에 평가심의위원회의 심의에 따라 상속재산을 평가하여 과세표준과 세액을 결정·경정한 경우 납부지연가산세 중 미납액·과소납부분 세액의 3% 가산세를 적용하지 아니한다.
② 신고 당시 소유권에 대한 소송으로 상속재산으로 확정되지 아니하여 상속세 과세표준을 과소신고한 경우 과소신고가산세를 부과한다.
③ 「부가가치세법」에 따른 사업자가 아닌 자가 부가가치세액을 환급받은 경우는 납부지연가산세의 적용대상에 해당하지 않는다.
④ 법령에 따른 세법해석에 관한 질의·회신 등에 따라 신고·납부하였으나 이후 다른 과세처분을 하는 경우 가산세를 부과하지 않는다.

세법1 Link p.113, 115
오진다 Link p.57-58
출제 가능 지수 ■■■■□
난이도 ■■■■□

해설

① 법정신고기한까지 상속세를 신고납부한 경우로서 법정신고기한 이후 매매, 감정, 수용, 경매, 공매가 있는 때에 평가심의위원회의 심의에 따라 상속재산을 평가하여 과세표준과 세액을 결정·경정한 경우 납부지연가산세 중 **지연일수마다 부과하는 미달납부·초과환급세액의 0.022%** 가산세를 적용하지 아니한다.
② 신고 당시 소유권에 대한 소송으로 상속재산으로 확정되지 아니하여 상속세 과세표준을 과소신고한 경우 과소신고가산세를 **부과하지 않는다.**
③ 「부가가치세법」에 따른 사업자가 아닌 자가 부가가치세액을 환급받은 경우에도 납부지연가산세의 **적용대상에 해당한다.**

정답 ④

186

세법1 Link p.109
오진다 Link p.54
출제 가능 지수
난이도

「국세기본법」상 가산세에 관한 설명으로 옳지 않은 것은?

① 「교육세법」 제9조에 따른 교육세 납세의무자 중 금융보험업자가 아닌 자가 법정신고기한까지 과세표준 신고를 하지 않은 경우에는 무신고가산세가 부과되지 않는다.

② 납세의무자가 법정신고기한까지 「종합부동산세법」에 따른 국세의 과세표준 신고를 하지 않은 경우에는 무신고가산세가 부과되지 않는다.

③ 「교육세법」 제9조에 따른 교육세 납세의무자 중 금융보험업자가 아닌 자가 법정신고기한까지 과세표준 신고를 한 경우로서 납부할 세액을 과소신고하거나 초과환급신고한 경우에는 과소 신고·초과환급신고가산세가 부과되지 않는다.

④ 납세의무자가 법정신고기한까지 「종합부동산세법」에 따른 국세의 과세표준 신고를 한 경우로서 납부할 세액을 과소신고하거나 초과환급신고한 경우에는 과소 신고·초과환급신고가산세가 부과되지 않는다.

해설

④ 납세의무자가 법정신고기한까지 「종합부동산세법」에 따른 국세의 과세표준 신고를 한 경우로서 납부할 세액을 과소신고하거나 초과환급신고한 경우에는 과소 신고·초과환급신고가산세가 **부과된다.**　　　정답 ④

187

세법1 Link p.115-117
오진다 Link p.57-59
출제 가능 지수
난이도

다음은 「국세기본법」상 요건을 갖춘 경우 가산세 감면을 받을 수 있는 사유들이다. 이 중 감면비율이 높은 순으로 나열한 것은?

ㄱ. 세법해석에 관한 질의·회신에 따라 신고·납부하였으나, 이후 번복된 과세처분을 하는 경우에 발생된 가산세
ㄴ. 법정신고기한이 지난 후 1년 6개월 초과 2년 내 수정신고 시의 과소신고가산세
ㄷ. 법정신고기한이 지난 후 1개월 초과 3개월 내에 기한후신고를 하는 경우의 무신고가산세
ㄹ. 제출·신고·가입·등록·개설의 기한이 지난 후 1개월 이내에 해당 세법에 따른 제출 등의 의무 이행 시 제출 등의 의무 위반에 대해 부과되는 가산세

① ㄱ → ㄴ → ㄷ → ㄹ　② ㄱ → ㄹ → ㄷ → ㄴ　③ ㄹ → ㄱ → ㄴ → ㄷ　④ ㄹ → ㄱ → ㄷ → ㄴ

해설

감면율	내용
100%	ㄱ. 세법해석에 관한 질의·회신에 따라 신고·납부하였으나, 이후 번복된 과세처분을 하는 경우에 발생된 가산세
50%	ㄹ. 제출·신고·가입·등록·개설의 기한이 지난 후 1개월 이내에 해당 세법에 따른 제출 등의 의무이행 시 제출 등의 의무 위반에 대해 부과되는 가산세
30%	ㄷ. 법정신고기한이 지난 후 1개월 초과 3개월 내에 기한후신고를 하는 경우의 무신고가산세
10%	ㄴ. 법정신고기한이 지난 후 1년 6개월 초과 2년 내 수정신고 시의 과소신고가산세

정답 ②

188

「국세기본법」상 가산세액의 감면율이 다른 하나는?

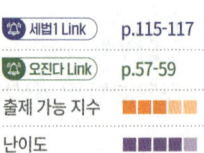

세법1 Link   p.115-117
오진다 Link   p.57-59
출제 가능 지수 ■■■■□
난이도   ■■■■■

① 과세표준과 세액을 신고하지 아니한 자가 법정신고기한 경과 후 1개월 이내에 법령의 규정에 따라 기한후신고를 한 경우 (무신고가산세에 한함)

② 「소득세법」에 따라 실손의료보험금 관련 의료비를 지출한 과세기간과 해당 보험금을 지급받은 과세기간이 달라 해당 보험금을 지급받은 후 의료비를 지출한 과세기간에 대한 소득세를 해당 보험금을 지급받은 과세기간에 대한 소득세 확정신고기한까지 수정신고하는 경우

③ 과세표준수정신고서를 제출한 과세표준과 세액에 관하여 경정이 있을 것을 미리 알고 제출한 경우를 제외하고 법정 신고기한 경과 후 3개월 초과 6개월 이내에 법령의 규정에 따라 수정 신고를 한 경우(과소신고가산세와 초과환급신고가산세에 한함)

④ 결정·통지가 지연됨으로써 해당기간에 부과되는 납부지연가산세에 있어서 법령의 규정에 따른 과세전적부심사 결정·통지기간 이내에 그 결과를 통지하지 아니한 경우

해설

② 정부는 「국세기본법」 또는 세법에 따라 가산세를 부과하는 경우 그 부과의 원인이 되는 사유가 다음 중 어느 하나에 해당하는 경우에는 해당 가산세를 부과하지 아니한다. 즉 **100%** 감면율을 적용한다.

㉠ 「국세기본법」 제6조에 따른 기한연장 사유에 해당하는 경우
㉡ 납세자가 의무를 이행하지 아니한 데에 정당한 사유가 있는 경우
㉢ 세법해석에 관한 질의·회신 등에 따라 신고·납부하였으나 이후 다른 과세처분을 하는 경우
㉣ 수용, 도시계획결정, 기타법률 규정 등으로 인해 세법상 의무이행을 할 수 없게 된 경우
㉤ 「소득세법」에 따라 실손의료보험금 관련 의료비를 지출한 과세기간과 해당 보험금을 지급받은 과세기간이 달라 해당 보험금을 지급받은 후 의료비를 지출한 과세기간에 대한 소득세를 수정신고하는 경우(해당 보험금을 지급받은 과세기간에 대한 소득세 확정신고기한까지 수정신고하는 경우로 한정)

나머지 지문 ①, ③, ④는 **50%** 감면율이 적용된다.

정답 ②

CHAPTER 07 국세환급금과 국세환급가산금

189

「국세기본법」상 국세환급금과 국세환급가산금에 대한 설명으로 가장 적절한 것은?

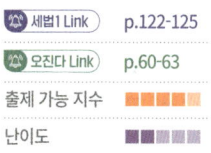

세법1 Link p.122-125
오진다 Link p.60-63
출제 가능 지수 ■■■■■
난이도 ■■■■■

① 세무서장은 국세환급금으로 결정한 금액을 세법에 따라 자진납부하는 국세에 충당하는 경우 납세자가 그 충당에 동의하지 않는 경우에도 충당한다.

② 국세환급금 중 충당한 후 남은 금액은 국세환급금의 결정을 한 날부터 20일 내에 납세자에게 지급하여야 한다.

③ 국세환급금채권자는 국세환급금에 관한 권리를 타인에게 양도하려는 경우 세무서장이 국세환급금통지서를 발급하기 전에 문서로 관할 세무서장에게 요구해야 한다.

④ 납세자가 「상속세 및 증여세법」에 따라 상속세를 물납한 후 그 부과의 전부 또는 일부를 취소하거나 감액하는 경정 결정에 따라 환급하는 경우에는 해당 물납재산으로 환급하고, 국세환급가산금을 지급하여야 한다.

해설

① 세무서장은 국세환급금으로 결정한 금액을 세법에 따라 자진납부하는 국세에 충당하는 경우 납세자가 그 충당에 **동의하는 경우에만** 충당한다.

② 국세환급금 중 충당한 후 남은 금액은 국세환급금의 결정을 한 날부터 **30일** 내에 납세자에게 지급하여야 한다.

④ 납세자가 상속세를 물납한 후 그 부과의 전부 또는 일부를 취소하거나 감액하는 경정결정에 따라 환급하는 경우에는 해당 물납재산으로 환급해야 하며, 국세환급가산금은 **지급하지 않는다.**

정답 ③

190

「국세기본법령」상 국세환급금과 국세환급가산금에 관한 설명으로 옳은 것만을 모두 고른 것은?

세법1 Link   p.122-123, 125, 127
오진다 Link   p.60-64
출제 가능 지수 ■■■□□
난이도   ■■■■□

ㄱ. 명의대여자에 대한 과세를 취소하고 실질귀속자를 납세의무자로 하여 과세하는 경우 명의대여자 대신 실질귀속자가 납부한 것으로 확인된 금액은 실질귀속자의 기납부세액으로 먼저 공제하고 남은 금액이 있는 경우에는 실질귀속자에게 환급한다.

ㄴ. 적법하게 납부된 후 법률이 개정되어 발생한 국세환급금의 국세환급가산금 기산일은 개정된 법률의 시행일의 다음 날로 한다.

ㄷ. 국세환급금의 소멸시효는 세무서장이 납세자의 환급청구를 촉구하기 위하여 납세자에게 하는 환급청구의 안내·통지로 인하여 중단되지 아니한다.

ㄹ. 국세환급금으로 결정한 금액을 체납된 국세 또는 강제징수비에 충당한 경우 체납된 국세 또는 강제징수비와 국세환급금은 체납된 국세의 법정납부기한과 대통령령으로 정하는 국세환급금 발생일 중 빠른 때로 소급하여 대등액에 관하여 소멸한 것으로 본다.

① ㄱ, ㄹ   ② ㄴ, ㄷ   ③ ㄱ, ㄴ, ㄷ   ④ ㄴ, ㄷ, ㄹ

해설

ㄹ. 국세환급금으로 결정한 금액을 체납된 국세 또는 강제징수비에 충당한 경우 체납된 국세 또는 강제징수비와 국세환급금은 체납된 국세의 법정납부기한과 대통령령으로 정하는 국세환급금 발생일 중 **늦은** 때로 소급하여 대등액에 관하여 소멸한 것으로 본다.

정답 ③

191

「국세기본법」상 국세환급에 대한 설명으로 옳은 것은?

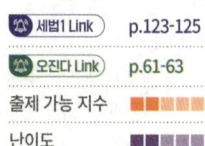
세법1 Link   p.123-125
오진다 Link   p.61-63
출제 가능 지수 ■■■□□
난이도   ■■■■□

① 당초 물납했던 재산으로 환급받는 물납재산환급의 경우에도 국세환급가산금을 지급한다.

② 세무서장은 국세환급금으로 결정한 금액을 납세자의 동의와 관계없이 대통령령으로 정하는 바에 따라 체납된 국세와 강제징수비에 충당하여야 한다. 이는 다른 세무서에 체납된 국세와 강제징수비에 충당하는 경우에도 같다.

③ 세무서장이 국세환급금의 결정이 취소됨에 따라 이미 충당되거나 지급된 금액의 반환을 청구하는 경우에는 「국세징수법」의 고지·독촉 및 강제징수의 규정을 준용하지 않는다.

④ 납세자의 신청에 따라 충당한 후 남은 금액이 20만원 이하이고, 지급결정을 한 날부터 6개월 이내에 환급이 이루어지지 아니하는 경우에는 납부고지에 의하여 납부하는 국세에 충당할 수 있다.

해설

① 당초 물납했던 재산으로 환급받는 물납재산환급의 경우에는 국세환급가산금은 **지급하지 않는다.**

③ 세무서장이 국세환급금의 결정이 취소됨에 따라 이미 충당되거나 지급된 금액의 반환을 청구하는 경우에는 「국세징수법」의 고지·독촉 및 강제징수의 규정을 **준용한다.**

④ 납세자의 신청에 따라 충당한 후 남은 금액이 20만원 이하이고, 지급결정을 한 날부터 **1년** 이내에 환급이 이루어지지 아니하는 경우에는 납부고지에 의하여 납부하는 국세에 충당할 수 있다.

정답 ②

192

세법1 Link   p.127
오진다 Link   p.64-65
출제 가능 지수 ■■■■■
난이도   ■■■■■

「국세기본법」상 국세환급가산금의 기산일에 대한 설명으로 옳은 것은? (단, 국세는 분할납부하지 않는다고 가정한다)

① 「소득세법」,「법인세법」,「부가가치세법」,「개별소비세법」 또는 「주세법」에 따른 환급세액의 신고, 환급신청, 경정(경정청구 포함) 또는 결정으로 인하여 환급하는 경우 – 경정 또는 결정일의 다음 날

② 적법하게 납부된 후 법률이 개정되어 발생한 국세환급금 – 개정일의 다음 날

③ 착오납부, 이중납부 또는 납부 후 그 납부의 기초가 된 신고 또는 부과를 경정(경정 청구 포함) 하거나 취소함에 따라 발생한 국세환급금 – 경정 또는 취소일의 다음 날

④ 적법하게 납부된 국세의 감면으로 발생한 국세환급금 – 감면 결정일의 다음 날

해설

① 「소득세법」·「법인세법」·「부가가치세법」·「개별소비세법」·「주세법」,「교통·에너지·환경세법」 또는 「조세특례제한법」에 따른 환급세액의 신고, 환급신청, 경정(경정청구 포함) 또는 결정으로 인하여 환급하는 경우 – **신고를 한 날(신고한 날이 법정신고기일 전인 경우에는 해당 법정신고기일) 또는 신청을 한 날부터 30일이 지난 날의 다음 날**(세법에서 환급기한을 정하고 있는 경우에는 그 환급기한의 다음 날의 다음 날) ← 다만, 환급세액을 법정신고기한까지 신고하지 않음에 따른 결정으로 인하여 발생한 환급세액을 환급할 때에는 해당 결정일부터 30일이 지난 날의 다음 날

② 적법하게 납부된 후 법률이 개정되어 발생한 국세환급금 – **개정된 법률의 시행일의 다음 날**

③ 착오납부, 이중납부 또는 납부 후 그 납부의 기초가 된 신고 또는 부과를 경정(경정 청구 포함) 하거나 취소함에 따라 발생한 국세환급금 – **국세 납부일의 다음 날**. 다만, 그 국세가 2회 이상 분할납부된 것인 경우에는 그 마지막 납부일로 하되, 국세환급금이 마지막에 납부된 금액을 초과하는 경우에는 그 금액이 될 때까지 납부일의 순서로 소급하여 계산한 국세의 각 납부일로 하며, 세법에 따른 중간예납액 또는 원천징수에 의한 납부액은 해당 세목의 법정신고기한 만료일에 납부된 것으로 본다.

정답 ④

193

「국세기본법령」상 국세환급금의 발생일로 옳은 것은?

① 적법하게 납부된 후 법률이 개정되어 환급하는 경우: 그 환급 결정일
② 적법하게 납부된 국세의 감면으로 환급하는 경우: 그 감면 결정일
③ 원천징수의무자가 원천징수하여 납부한 세액을 「국세기본법」 제45조의2 제5항에 따른 경정청구에 따라 환급하는 경우: 그 원천징수세액 납부일
④ 「조세특례제한법」에 따라 근로장려금을 환급하는 경우: 그 개정된 법률의 시행일

세법1 Link   p.127
오진다 Link   p.65

출제 가능 지수   ■■■■□
난이도   ■■■■□

해설

① 적법하게 납부된 후 법률이 개정되어 환급하는 경우: **그 개정된 법률의 시행일**
③ 원천징수의무자가 원천징수하여 납부한 세액을 「국세기본법」 제45조의2 제5항에 따른 경정청구에 따라 환급하는 경우: **원천징수세액 납부기한의 만료일**
④ 「조세특례제한법」에 따라 근로장려금을 환급하는 경우: **그 근로장려금의 결정일**

[국세환급금발생일]

구분		국세환급금 발생일
① 착오납부, 이중납부 또는 경정청구 등	㉠ 일반적인 경우	그 국세 납부일[*1]
	㉡ 2회 이상 분할납부된 경우	그 마지막 납부일
② 적법하게 납부된 국세의 감면으로 환급		그 감면 결정일
③ 적법하게 납부된 후 법률이 개정되어 환급		그 개정된 법률의 시행일
④ 「소득세법」, 「법인세법」, 「부가가치세법」, 「개별소비세법」, 「주세법」 또는 「조세특례제한법」에 따른 환급세액의 신고, 환급신청 또는 환급세액의 경정으로 인한 환급하는 경우		그 신고·신청일 다만, 환급세액을 신고하지 않은 경우(법정신고기한이 지난 후 법에 따라 기한후 신고를 한 경우를 포함)로서 결정에 의하여 환급세액을 환급하는 경우에는 해당 결정일
⑤ 환급세액을 법적 신고기한 내에 신고하지 아니하여 결정에 따라 환급하는 경우		해당 결정일
⑥ 원천징수의무자가 연말정산 또는 원천징수하여 납부한 세액을 경정청구에 따라 환급		연말정산 또는 원천징수 세액 납부기한의 만료일
⑦ 「조세특례제한법」에 따라 근로장려금 환급		근로장려금의 결정일

*1 세법에 따른 중간예납액 또는 원천징수에 따른 납부액인 경우에는 그 세목의 법정신고기한의 만료일   정답 ②

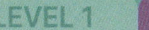

국세환급금과 국세환급가산금

194

세법1 Link   p.101, 106, 124

오진다 Link   p.49, 51, 63

출제 가능 지수 ■■■□□

난이도 ■■■■□

「국세기본법」상 과세와 환급에 관한 설명으로 옳은 것은?

① 기한후과세표준신고서를 제출한 자로서 세법에 따라 납부하여야 할 세액이 있는 자는 기한후과세표준신고서 제출과 동시에 그 세액을 납부하여야 한다.

② 과세표준신고서를 법정신고기한까지 제출한 자는 과세표준신고서에 기재된 과세표준 및 세액이 세법에 따라 신고하여야 할 과세표준 및 세액에 미치지 못할 때에는 법정신고기한이 지난 후 6개월 이내에 수정신고를 하여야 한다.

③ 세무서장이 국세환급금의 결정이 취소됨에 따라 이미 지급된 금액의 반환을 청구하는 경우에는 「국세징수법」의 고지·독촉 및 강제징수의 규정을 준용한다.

④ 납세자가 국세를 납부한 후 세무서장이 그 납부의 기초가 된 부과를 취소하는 경우 국세환급금에 관한 권리는 국세납부일부터 5년간 행사하지 아니하면 소멸시효가 완성된다.

해설

① 기한후과세표준신고서를 제출한 자로서 세법에 따라 납부하여야 할 세액이 있는 자는 그 세액을 납부해야 하지만 기한후과세표준신고서 **제출과 동시에 그 세액을 납부해야 하는 것은 아니다.**

② **수**정신고 기한은 **관할 세무서장이 해당 국세의 과세표준과 세액을 결정 또는 경정하여 통지하기 전으로서 일반적 부과제척기간이 끝나기 전까지**이다.

④ 납세자가 국세를 납부한 후 세무서장이 그 납부의 기초가 된 부과를 취소하는 경우 국세환급금에 관한 권리는 **이를 행사할 수 있는 때(부과취소일)**부터 5년간 행사하지 아니하면 소멸시효가 완성된다.   정답 ③

195

「국세기본법」상 국세의 환급에 대한 설명으로 옳은 것은?

세법1 Link p.122, 125
오진다 Link p.60-63
출제 가능 지수 ■■■■□
난이도 ■■■□

① 국세환급금의 소멸시효는 세무서장이 납세자의 환급청구를 촉구하기 위하여 납세자에게 하는 환급청구의 통지로 인하여 중단된다.
② 국세환급금과 국세환급가산금을 과세처분의 취소 또는 무효확인청구의 소 등 행정소송으로 청구한 경우 시효의 중단에 관하여 「민법」에 따른 청구를 한 것으로 본다.
③ 납세자가 상속세를 물납한 후 그 부과의 전부 또는 일부를 취소하거나 감액하는 경정 결정에 따라 환급하는 경우에는 해당 물납재산으로 환급하면서 국세환급가산금도 지급하여야 한다.
④ 2020년 1월 1일 이후 국세를 환급하는 분부터 과세의 대상이 되는 소득의 귀속이 명의일 뿐이고 실질귀속자가 따로 있어 명의대여자에 대한 과세를 취소하고 실질귀속자를 납세의무자로 하여 과세하는 경우 명의대여자 대신 실질귀속자가 납부한 것으로 확인된 금액은 명의대여자의 기납부세액으로 먼저 공제하고 남은 금액이 있는 경우에는 실질귀속자에게 환급한다.

해설

① 국세환급금의 소멸시효는 세무서장이 납세자의 환급청구를 촉구하기 위하여 납세자에게 하는 환급청구의 통지로 인하여 **중단되지 아니한다.**
② 국세환급금과 국세환급가산금을 과세처분의 취소 또는 무효확인청구의 소 등 행정소송으로 청구한 경우 시효의 중단에 관하여 「민법」상 소멸시효의 중단사유 중 하나인 '청구'를 한 것으로 본다.
③ 납세자가 상속세를 물납한 후 그 부과의 전부 또는 일부를 취소하거나 감액하는 경정 결정에 따라 환급하는 경우에는 해당 물납재산으로 환급해야 한다. 이 경우 **국세환급가산금은 지급하지 않는다.**
④ 2020년 1월 1일 이후 국세를 환급하는 분부터 과세의 대상이 되는 소득의 귀속이 명의일 뿐이고 실질귀속자가 따로 있어 명의대여자에 대한 과세를 취소하고 실질귀속자를 납세의무자로 하여 과세하는 경우 명의대여자 대신 실질귀속자가 납부한 것으로 확인된 금액은 **실질귀속자**의 기납부세액으로 먼저 공제하고 남은 금액이 있는 경우에는 실질귀속자에게 환급한다.

정답 ②

196

세법1 Link p.122, 125
오진다 Link p.60, 63
출제 가능 지수 ■■■■□
난이도 ■■■■□

다음 중 「국세기본법」상 국세의 환급에 관한 내용 중 가장 옳은 것은?

① 납세자가 상속세를 물납한 후 그 부과의 전부 또는 일부를 취소하거나 감액하는 경정결정에 따라 환급하는 경우에는 해당 물납재산으로 환급하여야 하며, 이 경우 국세환급가산금을 지급해야 한다.

② 물납재산의 환급에 있어 국가가 물납재산을 유지 또는 관리하기 위하여 지출한 비용은 납세자의 부담으로 하며 동 기간 동안 발생한 물납재산의 법정과실·천연과실은 국가에 귀속된다.

③ 상속세로 물납한 재산을 환급하는 경우 그 환급순서는 납세자의 신청을 우선으로 하되 신청이 없는 때에는 「상속세 및 증여세법」에서 규정하는 물납충당재산의 허가순서의 역순으로 환급하여야 한다.

④ 국세환급금에 관한 권리를 타인에게 양도하고자 하는 납세자의 경우 권리가 확정된 후에는 언제라도 일정한 사항을 기재한 문서로 소관세무서장에게 요구하면 된다.

해설

① 납세자가 상속세를 물납한 후 그 부과의 전부 또는 일부를 취소하거나 감액하는 경정결정에 따라 환급하는 경우에는 해당 물납재산으로 환급하여야 하며, 이 경우 **국세환급가산금을 지급하지 아니한다.**

② 물납재산의 환급에 있어 국가가 물납재산을 유지 또는 관리하기 위하여 지출한 비용은 **국가**의 부담으로 하며 동 기간 동안 발생한 물납재산의 법정과실·천연과실은 국가에 귀속된다.

④ 국세환급금에 관한 권리를 양도하고자 하는 납세자는, **국세환급금통지서를 발급하기 전**에 일정한 사항을 기재한 문서로 소관 세무서장에게 요구하여야 한다.   정답 ③

197

세법1 Link p.123-124
오진다 Link p.61-63
술제 가능 지수 ■■■■□
난이도 ■■■■□

「국세기본법」상 환급에 관한 설명으로 옳은 것은?

① 세무서장은 국세환급금으로 결정한 금액을 납부고지에 의하여 납부하는 국세 및 세법에 따라 자진납부하는 국세에 충당하는 경우에는 납세자의 동의 없이 세무서장의 직권으로 가능하다.

② 세무서장이 국세환급금의 결정이 취소됨에 따라 이미 지급된 금액의 반환을 청구하는 경우에는 「국세징수법」의 고지방법에 따른다.

③ 납세자가 국세를 납부한 후 세무서장이 그 납부의 기초가 된 부과를 취소하는 경우 국세환급금에 관한 권리는 이를 행사할 수 있는 날의 다음 날부터 5년간 행사하지 아니하면 소멸시효가 완성된다.

④ 국세환급금을 납부할 세액이나 체납된 국세 및 강제징수비에 충당하고자 하는 때에는 납세자의 신청이 있어야 한다.

해설

① 국세환급금으로 결정한 금액을 체납된 국세 및 강제징수비가 아닌 경우에는 임의적으로 세무서장의 직권으로 충당할 수 없다. 따라서 충당을 위하여 **납세자의 동의가 필요하다.**

③ 납세자가 국세를 납부한 후 세무서장이 그 납부의 기초가 된 부과를 취소하는 경우 국세환급금에 관한 권리는 **이를 행사할 수 있는 날**부터 5년간 행사하지 아니하면 소멸시효가 완성된다.

④ 국세환급금을 **체납된 국세 및 강제징수비에 충당**하고자 할 때에는 별도 **납세자의 신청 없이 세무서장이 직권으로 충당**한다.   정답 ②

198

「국세기본법」상 납부의무의 소멸에 관한 설명 중 옳은 것을 모두 묶은 것은?

세법1 Link 　　p.14, 62, 123
오진다 Link 　　p.8, 31, 61
출제 가능 지수 ■■■■□
난이도 ■■■■□

> ㄱ. 납세의무자의 납세의무는 해당 납세의무자는 물론 연대납세의무자, 제2차 납세의무자, 납세보
> 증인, 물적납세의무자의 납부에 의하여 소멸하지만, 그 밖에 이해관계가 있는 제3자가 해당 납
> 세의무자의 명의로 납부한 경우에는 소멸하지 아니한다.
>
> ㄴ. 납세의무자가 자신의 물건이나 권리의 소유권을 국가에 이전하고 납세의무에서 벗어날 수 있
> 게 하는 물납은 세법에서 정함이 없는 경우에도 인정된다.
>
> ㄷ. 납세의무자 대한씨가 100만원의 증여세 납부고지서를 받았고 소득세 100만원을 돌려받을 권
> 리가 있는 경우, 대한씨가 이러한 권리를 납부고지서상의 증여세에 충당할 것을 청구하면 그
> 청구한 날에 해당 세금을 납부한 것으로 본다.
>
> ㄹ. 납세의무자 민국씨가 200만원의 부가가치세를 체납하였고 소득세 200만원을 돌려받을 권리
> 가 있는 경우, 국가가 민국씨에게 소득세 200만원을 돌려주지 아니하고 이를 민국씨의 체납된
> 부가가치세 200만원에 충당하려면 민국씨의 동의를 받아야 한다.
>
> ㅁ. 세무서장이 국세환급금으로 결정한 금액을 체납된 국세 및 강제징수비에 충당한 경우 체납된
> 국세 및 강제징수비와 국세환급금은 체납된 국세의 법정납부기한과 국세환급금 발생일 중 늦
> 은 때로 소급하여 대등액에 관하여 소멸한 것으로 본다.

① ㄷ, ㅁ　　　　　② ㄹ, ㅁ　　　　　③ ㄱ, ㄷ　　　　　④ ㄷ, ㄹ, ㅁ

해설

ㄱ. 납세의무 소멸사유인 '납부'라 함은 해당 납세의무자는 물론 연대납세의무자, 제2차 납세의무자, 납세보증인, 물적납세의무자 및 **기타 이해관계가 있는 제3자 등에 의한 납부**를 말한다.

ㄴ. **조세의 물납은 세법에서 정한 경우에만 인정**된다. 현재 물납이 가능한 국세는 상속세이다.

ㄹ. **체납된 국세 및 강제징수비**(다른 세무서에 체납된 부분 포함)와 납부기한 전 징수 사유에 해당하는 납부고지에 의하여 납부하는 국세는 **납세자의 의사와 관계없이** 세무서장이 **직권으로 충당**한다.　　　　　정답 ①

199

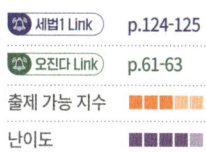

세법1 Link   p.124-125
오진다 Link   p.61-63
출제 가능 지수   ■■■□□
난이도   ■■■■■

「국세기본법」상 국세환급금에 관한 설명으로 옳지 않은 것은 몇 개인가?

> ㄱ. 물납재산을 환급하는 경우 「상속세 및 증여세법 시행령」에 따른 물납충당재산의 허가 순서대로 환급한다.
>
> ㄴ. 국세환급금 중 국세 및 강제징수비에 충당한 후 남은 금액이 20만원 이하이고, 지급결정을 한 날부터 1년 이내에 환급이 이루어지지 아니하는 경우에는 납부고지에 의하여 납부하는 국세에 충당할 수 있다.
>
> ㄷ. 국세환급금 중 국세 및 강제징수비에 충당한 후 남은 금액은 국세환급금의 결정을 한 날부터 25일 내에 납세자에게 지급하여야 한다.
>
> ㄹ. 납세자가 상속세를 물납한 후 그 부과의 전부 또는 일부를 취소하거나 감액하는 경정결정에 따라 환급하는 경우에 해당 물납재산이 임대 중에 있거나 그 성질상 분할하여 환급하는 것이 곤란한 경우 금전으로 환급해야 한다.

① 0개   ② 1개   ③ 2개   ④ 3개

해설

ㄱ. 물납재산을 환급하는 경우 「상속세 및 증여세법 시행령」에 따른 물납충당재산의 허가 순서의 **역순으로** 환급한다.

ㄷ. 국세환급금 중 국세 및 강제징수비에 충당한 후 남은 금액은 국세환급금의 결정을 한 날부터 **30일** 내에 납세자에게 지급하여야 한다.

정답 ③

200

세법1 Link   p.122, 124-125
오진다 Link   p.60-62
출제 가능 지수   ■■■■□
난이도   ■■■■□

「국세기본법령」상 국세환급금과 국세환급가산금에 관한 설명으로 옳지 않은 것은?

① 국세환급금을 충당할 경우에는 체납된 국세 및 강제징수비에 우선 충당해야 하며, 납세자가 납부고지에 따라 납부하는 국세에 충당하는 것을 신청한 경우에는 납부고지에 의하여 납부하는 국세에 우선 충당해야 한다.

② 원천징수의무자가 원천징수하여 납부한 세액에서 환급받을 환급세액이 있는 경우 그 원천징수의무자가 그 환급액을 즉시 환급해 줄 것을 요구하는 경우에는 즉시 환급한다.

③ 국세환급금의 소멸시효는 세무서장이 납세자의 환급청구를 촉구하기 위하여 납세자에게 하는 환급청구의 안내·통지 등으로 인하여 중단된다.

④ 세무서장은 국세환급금에 관한 권리의 양도 요구가 있는 경우에 양도인 또는 양수인이 납부할 국세 및 강제징수비가 있으면 그 국세 및 강제징수비에 충당하고, 남은 금액에 대해서는 양도의 요구에 지체 없이 따라야 한다.

해설

③ 국세환급금의 소멸시효는 세무서장이 납세자의 환급청구를 촉구하기 위하여 납세자에게 하는 환급청구의 안내·통지 등으로 인하여 **중단되지 아니한다**.

정답 ③

201

「국세기본법」상 국세환급가산금에 관한 설명으로 옳지 않은 것은?

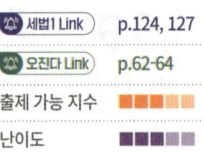

세법1 Link   p.124, 127
오진다 Link   p.62-64
출제 가능 지수 ■■■■□
난이도 ■■■■□

① 납세자의 국세환급가산금에 관한 권리는 행사할 수 있는 때로부터 5년간 행사하지 아니하면 소멸시효가 완성된다.

② 국세의 이중납부에 따라 발생한 국세환급금을 지급할 때에는 그 국세 납부일부터 지급하는 날까지의 기간과 시중은행의 1년 만기 정기예금 평균 수신금리를 고려하여 법령으로 정하는 이자율에 따라 계산한 금액을 국세환급금에 가산하여야 한다.

③ 국세환급금으로 결정한 금액을 법으로 정하는 바에 따라 국세 또는 강제징수비에 충당하게 되는 경우에는 국세환급가산금 기산일부터 충당하는 날까지의 기간과 금융회사 등의 예금이자율 등을 고려하여 법령으로 정하는 이자율에 따라 계산한 금액을 국세환급금에 가산해야 한다.

④ 경정 등의 청구 또는 불복청구 없이 고충민원의 처리에 따라 국세환급금을 충당하거나 지급하는 경우에는 국세환급가산금을 지급하지 아니한다.

해설

② 국세의 이중납부에 따라 발생한 국세환급금을 지급할 때에는 **국세환급가산금 기산일(그 국세 납부일의 다음 날)**부터 **지급결정을 하는 날**까지의 기간과 시중은행의 1년 만기 정기예금 평균 수신금리를 고려하여 법령으로 정하는 이자율에 따라 계산한 금액을 국세환급금에 가산하여야 한다.

[국세환급가산금 가산 배제]

⊙ 다음의 어느 하나에 해당하는 사유 없이 고충민원처리에 따른 국세환급금을 충당하거나 지급하는 경우

  ⓐ 경정 등의 청구
  ⓑ 이의신청, 심사청구, 심판청구, 「감사원법」에 따른 심사청구 또는 「행정소송법」에 따른 소송에 대한 결정이나 판결

ⓒ 상속세 물납 후 해당 물납재산으로 환급하는 경우

정답 ②

202

「국세기본법」상 국세환급가산금의 기산일에 대한 다음 설명 중에서 옳지 않은 것은?

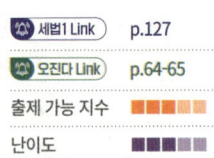

세법1 Link   p.127
오진다 Link   p.64-65
출제 가능 지수 ■■■■□
난이도 ■■■■□

① 착오납부 후 그 납부의 기초가 된 신고 또는 부과를 경정함으로 인한 국세환급금에 있어서는 그 납부일의 다음 날

② 소득세 환급세액을 경정(경정청구 포함) 또는 결정으로 인하여 환급하는 경우는 그 신청일로부터 30일이 지난 날의 다음 날

③ 부가가치세 환급세액을 법정신고기일 전에 신고하여 환급하는 경우 법정신고기일의 다음 날

④ 적법하게 납부된 국세에 대해 감면결정으로 인해 환급하는 경우는 해당 감면결정일의 다음 날

해설

③ 부가가치세 환급세액을 법정신고기일 전에 신고하여 환급하는 경우 **법정신고기일부터 30일이 지난 날의 다음 날**

정답 ③

203

세법1 Link	p.127
오진다 Link	p.64-65
출제 가능 지수	■■■■■
난이도	■■■■■

「국세기본법」상 국세환급가산금의 기산일에 관한 설명으로 옳지 않은 것은?

① 착오납부로 인한 국세환급금에 있어서는 그 납부일의 다음 날
② 적법하게 납부된 국세에 대한 감면으로 인한 국세환급금에 있어서는 그 감면 결정일의 다음 날
③ 적법하게 납부된 후 법률의 개정으로 인한 국세환급금에 있어서는 그 법률의 시행일의 다음 날
④ 「소득세법」에 의한 환급세액을 법정신고기한까지 신고하지 않음에 따른 결정으로 인하여 발생한 환급세액에 있어서는 그 결정일의 다음 날

해설

④ 「소득세법」에 의한 환급세액을 법정신고기한까지 신고하지 않음에 따른 결정으로 인하여 발생한 환급세액에 있어서는 그 **결정일부터 30일이 지난 날의 다음 날**

정답 ④

204

세법1 Link	p.125
오진다 Link	p.63
출제 가능 지수	■■■■■
난이도	■■■■■

「국세기본법」상 물납재산의 환급규정에도 불구하고 일반적인 환급규정에 따라 금전으로 환급해야 하는 사유로 옳은 것은?

ㄱ. 해당 물납재산이 매각된 경우
ㄴ. 해당 물납재산의 성질상 분할하여 환급하는 것이 곤란한 경우
ㄷ. 해당 물납재산이 임대 중인 경우
ㄹ. 납세자가 금전으로 환급해 줄 것을 요청하는 경우
ㅁ. 해당 물납재산이 다른 행정용도로 사용되고 있는 경우
ㅂ. 사용계획이 수립되어 해당 물납재산으로 환급하는 것이 곤란하다고 인정되는 경우
ㅅ. 해당 물납재산의 가치가 현저하게 낮아진 경우

① ㄱ, ㄴ, ㄷ, ㅁ, ㅅ　② ㄱ, ㄷ, ㄹ, ㅁ, ㅅ　③ ㄱ, ㄴ, ㄷ, ㅁ, ㅂ　④ ㄱ, ㄴ, ㅁ, ㅂ, ㅅ

해설

물납재산의 환급규정에도 불구하고 다음 중 어느 하나에 해당하는 경우에는 일반적인 환급규정에 따라 **금전으로 환급해야 한다**.

㉠ 해당 물납재산이 매각된 경우
㉡ 해당 물납재산의 성질상 분할하여 환급하는 것이 곤란한 경우
㉢ 해당 물납재산이 임대 중이거나 다른 행정용도로 사용되고 있는 경우
㉣ 사용계획이 수립되어 해당 물납재산으로 환급하는 것이 곤란하다고 인정되는 경우 등 국세청장이 정하는 경우

정답 ③

CHAPTER 08 조세불복제도

205

「국세기본법」상 불복절차에 대한 설명으로 옳은 것은?

세법1 Link p.130, 132, 135
오진다 Link p.66-68
출제 가능 지수 ■■■■■
난이도 ■■■■■

① 세법상의 처분에 의해 권리나 이익의 침해를 당한 자는 「국세기본법」상의 심사청구 또는 심판청구를 거친 경우에 한하여 행정소송을 제기할 수 있다.

② 제2차 납세의무자로서 납부고지서를 받은 자나 보증인도 이해관계인으로서 위법한 처분을 받은 자의 처분에 대하여 변경을 청구할 수 있으나 처분에 대한 취소청구는 특별위임이 있어야 가능하다.

③ 국세청의 감사결과로서의 시정지시에 따른 처분에 대하여 불복하려는 자는 이의신청을 거친 후에 심사청구 또는 심판청구를 제기할 수 있다.

④ 세법상의 처분에 대한 불복으로 「행정심판법」상의 행정심판을 청구할 수 없다.

해설

① 세법상의 처분에 의해 권리나 이익의 침해를 당한 자가 행정소송을 제기하기 위해서는 「국세기본법」상의 심사청구 또는 심판청구를 **거치거나 「감사원법」상의 심사청구를 거쳐야 한다.**

② 제2차 납세의무자로서 납부고지서를 받은 자나 보증인도 이해관계인으로서 위법한 처분을 받은 자의 처분에 대하여 **취소 또는 변경을 청구할 수 있다.**

③ 국세청장이 조사·결정 또는 처리하거나 하였어야 할 처분인 경우에는 하급기관인 세무서장이나 지방국세청장에게 이의신청을 하는 것은 의미가 없다. 그러므로 국세청의 감사결과로서의 시정지시에 따른 처분에 대해서는 **이의신청 없이 바로 심사청구 또는 심판청구를 하여야 한다**(국기령 44의2).

④ 「국세기본법」이 「행정심판법」에 우선한다. 즉, 「국세기본법」에 따른 불복청구에 대해서는 「국세기본법」에서 별도로 규정하지 않는 한 「행정심판법」을 적용하지 않도록 하고 있다. ← 국세청도 행정청에 해당되므로 원칙대로라면 행정심판 전치주의에 따라 행정청의 위법한 처분 그 밖에 공권력의 행사·불행사 등으로 국민의 권리 또는 이익이 침해될 경우 행정소송절차를 통하여 적정하게 해결해야 하지만 국세에 관한 행정처분은 전문성이 필요하므로, 국세에 관한 행정쟁송은 예외적으로 「국세기본법」에 따른 불복 또는 감사원 심사청구에 의해 이루어지며, 이를 적법하게 거치지 않으면 행정소송을 제기할 수 없도록 규정되어 있다.

[이의신청이 배제되는 경우]

㉠ 국세청의 감사결과로서의 시정지시에 따른 처분
㉡ 세법에 따라 국세청장이 하여야 할 처분

정답 ④

206

「국세기본법」상 불복제도에 대한 설명으로 옳은 것은?

세법1 Link   p.130-132
오진다 Link   p.66-68
출제 가능 지수   ■■■■□
난이도   ■■■□□

① 세무조사 결정에 대하여는 「국세기본법」에 의한 불복청구를 제기할 수 없다.

② 「국세기본법」 또는 세법에 의한 처분으로서 위법 또는 부당한 처분을 받거나 필요한 처분을 받지 못함으로써 권리 또는 이익의 침해를 당한 자는 「국세기본법」에 의한 심사청구 또는 심판청구를 제기할 수 있다.

③ 「국세기본법」에 의한 불복은 동일한 처분에 대하여는 심사청구와 심판청구를 중복하여 제기할 수 있다.

④ 불복의 대상인 처분이 국세청장이 조사·결정 또는 처리하거나 하였어야 할 것인 경우에는 관할 지방국세청장에게 이의 신청을 한다.

해설

① 세무조사 결정은 「국세기본법」상 불복청구의 대상에 해당된다.

[세무조사결정에 대한 불복청구]

세무조사결정이 있는 경우 납세의무자는 세무공무원의 질문에 대답하고 검사를 수인하여야 할 법적의무를 부담하게 되는 점, 납세의무자로 하여금 개개의 과태료 처분에 대하여 불복하거나 조사 종료 후의 과세처분에 대하여만 다툴 수 있도록 하는 것보다는 그에 앞서 세무조사결정에 대하여 다툼으로써 분쟁을 조기에 근본적으로 해결할 수 있는 점 등을 종합하면, 세무조사결정은 납세의무자의 권리의무에 직접 영향을 미치는 공권력의 행사에 따른 행정작용으로서 항고소송의 대상이 된다(대법 2009두23624).

③ 「국세기본법」에 의한 불복은 동일한 처분에 대하여는 심사청구와 심판청구를 중복하여 제기할 수 없다.

④ 불복의 대상인 처분이 국세청장이 조사·결정 또는 처리하거나 하였어야 할 것인 경우에는 이의신청이 배제된다.

정답 ②

207

「국세기본법」상 조세불복에 따른 권리구제에 대한 설명으로 옳은 것은?

세법1 Link   p.130, 132-
             133
오진다 Link   p.66-69
출제 가능 지수 ▪▪▪▪▫
난이도   ▪▪▪▫▫

① 국세에 관한 행정쟁송은 「국세기본법」에 따른 불복 또는 감사원 심사청구에 의해 이루어지며, 이를 거치지 아니한 경우에도 행정소송을 제기할 수 있도록 규정되어 있다.

② 「감사원법」에 따라 심사청구를 한 처분이나 그 심사청구에 대한 처분은 「국세기본법」상 불복청구의 대상이다.

③ 특정 법인의 법인세 과세표준을 결정 또는 경정하는 경우 법인세법 제67조에 따라 처분되는 배당과 관련하여 그 법인이 소득금액변동통지를 받는 경우 당해 소득금액변동통지는 행정소송의 대상이 되는 처분에 해당하지 않는다.

④ 「국세기본법」 또는 세법에 따른 처분으로서 위법 또는 부당한 처분을 받거나 필요한 처분을 받지 못함으로 인하여 권리나 이익을 침해 당한 사항이면 그 처분의 내용에 관계없이 무엇이든 불복청구의 대상으로 하는 개괄주의 방식을 채택하고 있다.

해설

① 국세에 관한 행정쟁송은 「국세기본법」에 따른 불복 또는 감사원 심사청구에 의해 이루어지며, 이를 적법하게 거치지 않으면 행정소송을 **제기할 수 없도록 규정되어 있다.**

② 「감사원법」에 따라 심사청구를 한 처분이나 그 심사청구에 대한 처분은 「국세기본법」상 불복청구의 **대상이 아니다.**
다음의 처분에 대해서는 「국세기본법」에 따른 불복을 할 수 없다.

> ㉠ 「조세범 처벌절차법」에 따른 통고처분
> ㉡ 「감사원법」에 따라 심사청구를 한 처분이나 그 심사청구에 대한 처분
> ㉢ 「국세기본법」 및 세법에 따른 과태료 부과처분

③ 특정 법인의 법인세 과세표준을 결정 또는 경정하는 경우 법인세법 제67조에 따라 처분되는 배당과 관련하여 그 법인이 소득금액변동통지를 받는 경우 당해 소득금액변동통지는 행정소송의 대상이 되는 처분에 **해당한다.**

정답 ④

208

「국세기본법령」상 조세불복의 대리인에 대한 설명으로 옳은 것은? (단, 지방세는 고려하지 않는다.)

세법1 Link p.134-135
오진다 Link p.69
출제 가능 지수
난이도

① 처분청은 변호사 또는 세무사 또는 「세무사법」에 따라 등록한 공인회계사를 대리인으로 선임할 수 없다.
② 이의신청인 등은 신청 또는 청구의 대상이 되는 금액이 5천만원 미만인 경우 그 배우자도 대리인으로 선임할 수 있다.
③ 대리인은 본인을 위하여 그 신청 또는 신청의 취하에 관한 모든 행위를 할 수 있다.
④ 개인으로서 소득 및 재산 요건을 충족한 심판청구인이 심판청구의 대상 세목이 상속세이고, 청구금액이 5천만원 이하인 경우 조세심판원에 세무사를 국선대리인으로 선정하여 줄 것을 신청할 수 있다.

해설

① 처분청은 변호사 또는 세무사 또는 「세무사법」에 따라 등록한 공인회계사를 대리인으로 선임할 수 **있다**.
③ 대리인은 본인을 위하여 그 신청 또는 청구에 관한 모든 행위를 할 수 있다. 다만, 그 **신청 또는 청구의 취하는 특별한 위임을 받은 경우에만 할 수 있다.**
④ 이의신청인 등은 재결청에 다음의 일정요건을 **모두 갖춘 경우** 변호사, 세무사 또는 「세무사법」에 따라 등록한 공인회계사를 대리인으로 선정해 줄 것을 신청할 수 있다.

㉠ 이의신청인 등이 개인으로서 종합소득금액이 5천만원 이하이고, 소유한 재산을 평가한 가액의 합계액이 5억원 이하인 경우
㉡ 이의신청인 등이 법인으로서 수입금액(기업회계기준에 따라 계산한 매출액)이 3억원 이하이고, 기업회계기준에 따라 계산한 자산가액이 5억원 이하인 경우
㉢ 5천만원 이하의 신청 또는 청구일 것
㉣ **상속세·증여세 및 종합부동산세가 아닌 세목**에 대한 신청 또는 청구일 것

정답 ②

209

「국세기본법」상 불복절차에 관한 설명으로 옳은 것은?

세법1 Link p.132, 135, 139-140
오진다 Link p.68-69, 73-74
출제 가능 지수 ■■■■□
난이도 ■■■□□

① 「국세기본법」 또는 세법의 규정에 의한 처분이 국세청장이 조사·결정 또는 처리하거나 하였어야 할 것인 경우를 제외하고는 그 처분에 대하여 심사청구 또는 심판청구에 앞서 이의신청을 할 수 있다.

② 「국세기본법」상의 심사청구에 대한 재조사 결정이 있는 경우 처분청은 재조사 결정일로부터 90일 이내에 결정서 주문에 기재된 범위에 한정하여 조사하고, 그 결과에 따라 취소·경정하거나 필요한 처분을 하여야 한다.

③ 국세처분에 관한 행정소송은 「행정소송법」의 규정에 불구하고 심사청구 또는 심판청구에 대한 결정의 통지를 받은 날로부터 60일 이내에 제기하여야 한다.

④ 국세청장은 심사청구의 내용이나 절차가 「국세기본법」 또는 세법에 적합하지 아니하나 보정할 수 있다고 인정하는 때에는 10일 이내의 기간을 정하여 보정할 것을 요구할 수 있다.

해설

① 「국세기본법」 또는 세법의 규정에 의한 처분이 국세청장이 조사·결정 또는 처리하거나 하였어야 할 것인 경우를 제외하고는 그 처분에 대하여 심사청구 또는 심판청구에 앞서 이의신청을 할 수 있는데 여기서 '국세청장이 조사·결정 또는 처리하거나 하였어야 할 것인 경우'란 다음을 말한다.

> ㉠ 국세청의 감사결과로서의 시정지시에 따른 처분
> ㉡ 세법에 따라 국세청장이 하여야 할 처분

② 「국세기본법」상의 심사청구에 대한 재조사 결정이 있는 경우 처분청은 재조사 결정일로부터 **60일** 이내에 결정서 주문에 기재된 범위에 한정하여 조사하고, 그 결과에 따라 취소·경정하거나 필요한 처분을 하여야 한다.

③ 국세처분에 관한 행정소송은 「행정소송법」의 규정에 불구하고 심사청구 또는 심판청구에 대한 결정의 통지를 받은 날로부터 **90일** 이내에 제기하여야 한다.

④ 국세청장은 심사청구의 내용이나 절차가 「국세기본법」 또는 세법에 적합하지 아니하나 보정할 수 있다고 인정하는 때에는 **20일** 이내의 기간을 정하여 보정할 것을 요구할 수 있다.

정답 ①

210

「국세기본법」상 심판에 관한 설명으로 옳은 것은?

세법1 Link p.142-143
오진다 Link p.76
출제 가능 지수 ■■■■■
난이도 ■■■■■

① 조세심판관회의는 담당 조세심판관 과반수 이상의 출석으로 개의하고, 출석조세심판관 3분의 2 이상의 찬성으로 의결한다.
② 원장이 아닌 상임조세심판관의 임기는 3년으로 하고 중임할 수 없다.
③ 조세심판원장은 심판청구를 받으면 이에 관한 조사와 심리를 담당할 주심조세심판관 1명과 배석조세심판관 2명 이상을 지정하여 조세심판관회의를 구성하게 한다.
④ 조세심판관합동회의는 조세심판원장이 회의마다 지정하는 12명 이상 20명 이내의 상임조세심판관(비상임조세심판관과 같은 수 이상) 및 비상임조세심판관으로 구성한다.

해설

① 조세심판관회의는 담당 조세심판관 **3분의 2** 이상의 출석으로 개의하고, 출석조세심판관 **과반수**의 찬성으로 의결한다.
② 원장이 아닌 상임조세심판관의 임기는 3년으로 하고 한 차례 **중임할 수 있으며**, 비상임조세심판관의 임기는 3년으로 하고 한 차례 연임할 수 있다.
④ 조세심판관합동회의는 조세심판원장이 회의마다 지정하는 12명 이상 20명 이내의 **상임조세심판관 및 비상임조세심판관(상임조세심판관과 같은 수 이상)**으로 구성한다.

정답 ③

211

「국세기본법」상 조세불복제도에 대한 설명으로 가장 적절한 것은?

세법1 Link p.135, 146-147
오진다 Link p.70, 78
출제 가능 시수 ■■■■■
난이도 ■■■■■

① 심판청구에 있어 담당 조세심판관은 여러 개의 심판사항을 병합하거나 병합된 심판사항을 여러 개의 심판사항으로 분리할 수 없다.
② 조세심판관회의는 심판청구에 따른 결정을 할 때 심판청구를 한 처분 외의 처분에 대해서는 그 처분의 전부 또는 일부를 취소 또는 변경하거나 새로운 처분의 결정을 할 수 있다.
③ 조세심판관회의는 심판청구에 따른 결정을 할 때 심판청구를 한 처분보다 청구인에게 불리한 결정을 하지 못한다.
④ 이의신청을 거친 후 심사청구 또는 심판청구를 하려면 이의신청에 대한 결정의 통지를 받은 날부터 30일 이내에 제기하여야 한다. 이때 결정기간 내에 결정의 통지를 받지 못한 경우에는 결정의 통지를 받기 전이라도 그 결정기간이 지난 날부터 심사청구 또는 심판청구를 할 수 있다.

해설

① 심판청구에 있어 담당 조세심판관은 여러 개의 심판사항을 병합하거나 병합된 심판사항을 여러 개의 심판사항으로 분리할 수 **있다.**
② 조세심판관회의는 심판청구에 따른 결정을 할 때 심판청구를 한 처분 외의 처분에 대해서는 그 처분의 전부 또는 일부를 취소 또는 변경하거나 새로운 처분의 결정을 **하지 못한다.**
④ 이의신청을 거친 후 심사청구 또는 심판청구를 하려면 이의신청에 대한 결정의 통지를 받은 날부터 **90일** 이내에 제기하여야 한다. 이때 결정기간 내에 결정의 통지를 받지 못한 경우에는 결정의 통지를 받기 전이라도 그 결정기간이 지난 날부터 심사청구 또는 심판청구를 할 수 있다.

정답 ③

LEVEL 1   **LEVEL 2**   LEVEL 3

CHAPTER **08**

조세불복제도

212

「국세기본법」과 다른 법률과의 관계에 대한 설명으로 옳은 것은 몇 개인가?

세법1 Link   p.124-125, 130-131

오진다 Link   p.63, 67

출제 가능 지수

난이도

ㄱ. 「국세기본법」은 「국세기본법」 또는 세법에 의한 위법·부당한 처분을 받은 경우에는 우선 「행정심판법」에 의한 심사청구·심판청구를 하도록 하고 있다.

ㄴ. 국세에 관한 처분에 대하여는 「국세기본법」의 규정에 따른 불복방법과 「감사원법」의 규정에 따른 불복방법도 있기 때문에 두 가지 불복방법을 동시에 이용할 수 있다.

ㄷ. 심사청구 또는 심판청구에 대한 재조사 결정에 따른 처분청의 처분에 대한 행정소송은 「국세기본법」에 따른 심사청구 또는 심판청구와 그에 대한 결정을 거치지 아니하면 제기할 수 없다.

ㄹ. 국세환급금의 소멸시효에 관하여는 「국세기본법」 또는 세법에 특별한 규정이 있는 것을 제외하고는 「민법」에 따른다.

ㅁ. 세무서장이 국세환급금의 결정이 취소됨에 따라 이미 충당되거나 지급된 금액의 반환을 청구하는 경우에는 「국세징수법」의 고지·독촉 및 강제징수의 규정을 준용한다.

---

① 0개   ② 1개   ③ 2개   ④ 3개

해설

ㄱ. 「국세기본법」은 「국세기본법」 또는 세법에 의한 위법·부당한 처분을 받은 경우에는 우선 **「국세기본법」**에 의한 심사청구·심판청구를 하도록 하고 있다. ← 참고로 「국세기본법」이 「행정심판법」에 우선한다. 즉, 「국세기본법」에 따른 불복청구에 대해서는 「행정심판법」을 적용하지 않도록 하고 있다.

ㄴ. 「국세기본법」과 「감사원법」은 선택적 지위에 있다. 그러므로 불복청구를 하고자 할 때, 「국세기본법」에 의한 규정과 「감사원법」에 의한 규정 중 선택하여 적용할 수 있다. 다만, 이를 **중복하여 적용할 수는 없다.** 즉 **두 가지 불복방법을 동시에 이용할 수 없다.**

ㄷ. 국세에 관한 행정쟁송은 「국세기본법」에 따른 불복 또는 감사원 심사청구에 의해 이루어지며, 이를 적법하게 거치지 않으면 행정소송을 제기할 수 없도록 규정되어 있다. 다만, 심사청구 또는 심판청구에 대한 재조사 결정에 따른 처분청의 처분에 대한 행정소송은 심사청구 또는 심판청구를 **거치지 않고도 제기할 수 있다.**

정답 ③

213

「국세기본법」상 심사청구에 관한 설명으로 옳지 않은 것은?

세법1 Link p.136, 138-140

오진다 Link p.70, 72-74

출제 가능 지수 ■■■■■

난이도 ■■■■■

① 심사청구의 대상이 되는 처분으로 권리나 이익을 침해당하지 않는 경우에는 각하결정을 한다.

② 심사청구는 천재 등으로 인한 기한의 연장사유에 해당되어 정한 기간에 심사청구를 할 수 없을 때에는 그 사유가 소멸한 날부터 10일 이내에 심사청구를 할 수 있다.

③ 심사청구의 보정요구를 받은 심사청구인은 보정할 사항을 서면으로 작성하여 국세청장에게 제출하거나, 국세청에 출석하여 보정할 사항을 말하고 그 말한 내용을 국세청 소속 공무원이 기록한 서면에 서명 또는 날인함으로써 보정할 수 있다.

④ 심사청구인은 송부받은 의견서에 대하여 항변하기 위하여 국세청장에게 증거서류나 증거물을 제출할 수 있으며, 국세청장이 요구하는 경우 정한 기한까지 해당 증거서류 또는 증거물을 제출하여야 한다.

해설

② 심사청구는 천재 등으로 인한 기한의 연장사유에 해당되어 정한 기간에 심사청구를 할 수 없을 때에는 그 사유가 소멸한 날부터 **14일** 이내에 심사청구를 할 수 있다.   정답 ②

214

「국세기본법령」상 조세불복제도에 대한 설명으로 옳지 않은 것은? (다툼이 있는 경우, 판례에 의한다.)

세법1 Link p.133, 137, 139, 147

오진다 Link p.68, 71, 73, 78

출제 가능 지수 ■■■■■

난이도 ■■■■■

① 국세청장이 심사청구의 내용이나 절차가 「국세기본법」 또는 세법에 적합하지 아니하여 20일 이내의 기간을 정하여 보정을 요구한 경우 보정기간은 심사청구기간 또는 심사청구에 대한 결정기간에 산입하지 아니한다.

② 심판청구에 대한 재조사결정의 취지에 따른 후속 처분이 심판청구를 한 당초 처분보다 청구인에게 불리하면 불이익변경금지원칙에 위배되어 후속 처분 중 당초 처분의 세액을 초과하는 부분은 위법하게 된다.

③ 「조세범 처벌절차법」에 따른 통고처분에 대해서는 불복할 수 없다.

④ 불복을 하더라도 압류 및 공매의 집행에 효력을 미치지 아니한다.

해설

④ 이의신청·심사청구 또는 심판청구를 하더라도 압류에 효력을 미치지 아니하는 것이 원칙(집행부정지 원칙)이다. 다만, 「국세기본법」에 의한 이의신청·심사청구 또는 심판청구가 계류 중에 있는 국세의 체납으로 인하여 압류한 재산에 대해서는 그 신청 또는 청구에 대한 결정이 확정되기 전에는 그 압류한 재산을 **공매할 수 없다**.

[불이익변경금지원칙 위배]

심판청구에 대한 결정의 한 유형으로 실무상 행해지고 있는 재조사결정은 재결청의 결정에서 지적된 사항에 관해서 처분청의 재조사결과를 기다려 그에 따른 후속 처분의 내용을 심판청구 등에 대한 결정의 일부분으로 삼겠다는 의사가 내포된 변형결정에 해당하고, 처분청의 후속 처분에 따라 그 내용이 보완됨으로써 결정으로서 효력이 발생하므로, **재조사결정의 취지에 따른 후속 처분이 심판청구를 한 당초 처분보다 청구인에게 불리하면 불이익변경금지원칙에 위배되어 후속 처분 중 당초 처분의 세액을 초과하는 부분은 위법하게 된다** (대법원 2016. 9. 28. 선고 2016두39382 판결).

[집행부정지 원칙의 예외]

㉠ 재결청이 인정하는 경우
㉡ 압류한 재산의 공매 (단, 부패·변질 또는 감량되기 쉬운 재산은 매각 가능)

정답 ④

215

「국세기본법」상 심사와 심판에 관한 설명으로 옳지 않은 것은?

세법1 Link p.140, 143, 145, 147
오진다 Link p.74-78
출제 가능 지수 ■■■■□
난이도 ■■■■□

① 조세심판관은 심판청구에 관한 조사 및 심리의 결과와 과세의 형평을 고려하여 자유심증으로 사실을 판단한다.

② 조세심판관은 심판청구일 전 최근 5년 이내에 불복의 대상이 되는 처분, 처분에 대한 이의신청 또는 그 기초가 되는 세무조사에 관여하였던 경우에는 그 심판관여로부터 제척된다.

③ 심판청구를 제기한 후 심사청구를 제기한 경우에는 그 심판청구를 각하하는 결정을 한다.

④ 조세심판관의 임기는 3년으로 하고, 한 차례만 중임할 수 있다.

해설

③ 심판청구를 제기한 후 심사청구를 제기한 경우에는 그 **심사청구를** 각하하는 결정을 한다.   정답 ③

216

「국세기본법」상 불복제도에 대한 설명으로 옳은 것은?

세법1 Link p.132-133
오진다 Link p.68
출제 가능 지수 ■■□□□
난이도 ■■■■□

① 「국세기본법」에 의한 심판청구에 대한 처분에 대해서는 「국세기본법」에 의한 심사청구가 가능하다.

② 「감사원법」에 의하여 심사청구한 처분에 대해서는 「국세기본법」에 의한 심사청구가 가능하다.

③ 「조세범처벌절차법」에 의한 통고처분에 대해서는 「국세기본법」에 의한 심사청구가 가능하다.

④ 지방국세청장의 조사에 따라 과세처분을 한 경우 「국세기본법」에 의한 이의신청이 가능하다.

해설

①, ② 심사청구 또는 심판청구에 대한 처분에 대해서는 이의신청, 심사청구 또는 심판청구를 제기할 수 없고 **행 정소송만 가능하다.**

③ 「조세범처벌절차법」에 의한 통고처분에 대해서는 **「국세기본법」에 따른 불복을 할 수 없다.**

④ 이의신청은 세무서장에게 하거나 세무서장을 거쳐 관할 지방국세청장에게 해야 하지만 다음의 경우에는 관할 지방국세청장에게 해야 하며, 세무서장에게 한 신청은 관할 지방국세청장에게 한 것으로 본다.

⊙ 지방국세청장의 조사에 따라 과세처분을 한 경우
ⓒ 세무서장에게 과세전적부심사를 청구한 경우

정답 ④

217

「국세기본법」상 심사와 심판에 대한 설명으로 옳은 것으로만 묶은 것은?

세법1 Link   p.133, 139-140

오진다 Link   p.68, 73-74

출제 가능 지수   ■■■■□

난이도   ■■■■■

> ㄱ. 「감사원법」에 따라 심사청구를 한 처분이나 그 심사청구에 대한 처분에 대해서는 「국세기본법」
>   에 따른 처분의 취소 또는 변경을 청구하거나 필요한 처분을 청구할 수 없다.
> ㄴ. 조세심판원장은 심판청구의 내용이나 절차가 「국세기본법」 또는 세법에 적합하지 않거나 보정
>   할 수 있다고 인정되면 20일 이내의 기간을 정하여 보정할 것을 요구할 수 있고, 보정할 사항
>   이 경미한 경우에는 직권으로 보정할 수 있다.
> ㄷ. 심판청구를 제기한 후 같은 날 심사청구를 제기한 경우에는 심사청구를 기각하는 결정을 한
>   다.

① ㄱ   ② ㄴ   ③ ㄱ, ㄴ   ④ ㄱ, ㄴ, ㄷ

해설

ㄴ. 조세심판원장은 심판청구의 내용이나 절차가 「국세기본법」 또는 세법에 적합하지 않거나 보정할 수 있다고
   인정되면 **상당한 기간 이내**에 보정할 것을 요구할 수 있고, 보정할 사항이 경미한 경우에는 직권으로 보정
   할 수 있다. ← [비교] 세무서장·국세청장은 이의신청·심사청구의 내용이나 절차가 국세기본법 또는 세법에 적합하지 않거나 보정할
   수 있다고 인정되면 20일 이내의 기간을 정하여 보정할 것을 요구할 수 있다.
ㄷ. 심판청구를 제기한 후 같은 날 심사청구를 제기한 경우에는 심사청구를 **각하**하는 결정을 한다.   정답 ①

218

다음은 「국세기본법」상의 조세불복제도에 관하여 기술한 내용으로 옳지 않은 것은?

세법1 Link   p.134, 140, 142, 147

오진다 Link   p.69, 73, 75, 78

출제 가능 지수   ■■■□□

난이도   ■■■■□

① 불복청구에 대한 결정을 함에 있어서 해당 청구를 한 처분보다 청구인에게 불이익이 되는 결
   정은 할 수 없다.
② 불복청구는 처분의 직접적 당사자인 납세자뿐만 아니라 제2차 납세의무자로서 납부고지서를
   받은 자, 양도담보권자의 물적납세의무 및 「부가가치세법」상 신탁 관련 수탁자의 물적납세의무
   를 지는 자로서 납부고지서를 받은 자, 납세보증인 등도 가능하다.
③ 심사청구에 대한 결정에 잘못된 기재, 계산착오, 그 밖에 이와 비슷한 잘못이 있는 것이 명백
   한 때에는 세무서장은 직권으로 또는 심사청구인의 신청에 의하여 이를 경정할 수 있다.
④ 불복청구의 내용이나 절차가 「국세기본법」 또는 세법에 적합하지 아니하나 보정할 수 있다고
   인정되면 20일 이내의 기간(심판청구의 경우는 상당한 기간)을 정하여 보정을 요구할 수 있는
   데 이러한 보정기간은 청구기간 및 결정기간에 산입되지 않는다.

해설

③ 심사청구에 대한 결정에 잘못된 기재, 계산착오, 그 밖에 이와 비슷한 잘못이 있는 것이 명백한 때에는 **국세
   청장**은 직권으로 또는 심사청구인의 신청에 의하여 이를 경정할 수 있다. ← 〈참고〉 이 규정은 이의신청과 심판청구에
   도 준용한다.   정답 ③

219

「국세기본법」상 심사와 심판에 관한 설명으로 옳지 않은 것은?

① 국세에 관한 행정소송은 「국세기본법」에 따른 심사청구나 심판청구 또는 「감사원법」에 따른 심사청구와 그에 대한 결정을 거치지 아니하면 제기할 수 없다.
② 이의신청인, 심사청구인 또는 심판청구인은 불복신청 또는 청구금액이 5천만원(지방세의 경우는 2천만원) 미만인 경우에는 그 배우자, 4촌 이내의 혈족 또는 그 배우자의 4촌 이내의 혈족을 대리인으로 선임할 수 있다.
③ 「국세기본법」에 따른 심사청구와 「감사원법」에 따른 심사청구를 중복제기하는 경우 「국세기본법」에 따른 심사청구를 제기한 것으로 본다.
④ 국세청장은 심사청구에 관한 결정을 할 때 심사청구를 한 처분 외의 처분에 대해서는 그 처분의 전부 또는 일부를 취소 또는 변경하거나 새로운 처분의 결정을 하지 못한다.

해설

③ 「국세기본법」에 따른 심사청구와 「감사원법」에 따른 심사청구를 중복제기하는 경우 **「감사원법」에 따른 심사청구**를 제기한 것으로 본다.   정답 ③

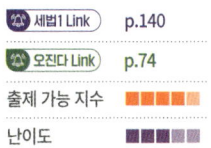

세법1 Link   p.130, 134, 137, 147
오진다 Link   p.67-69, 71, 78
출제 가능 지수
난이도

220

다음 중 「국세기본법」상 국세불복에 대한 결정으로 옳은 것으로 짝지어진 것은?

세법1 Link   p.140
오진다 Link   p.74
출제 가능 지수
난이도

> ㄱ. 불복청구 대상이 되는 처분이 존재하지 아니한 경우에는 그 청구를 각하하는 결정을 한다.
> ㄴ. 불복청구의 대상이 되는 처분에 의하여 권리나 이익을 침해당하지 아니하는 경우에는 청구가 이유 없다고 판단하여 그 청구를 기각하는 결정을 한다.
> ㄷ. 불복청구의 대리인이 아닌 자가 대리인으로 불복을 청구하는 경우에는 그 청구를 각하하는 결정을 한다.
> ㄹ. 심사청구가 적법하지 아니한 경우에는 청구가 이유 없다고 판단하여 그 청구를 기각하는 결정을 한다.

① ㄱ, ㄴ   ② ㄱ, ㄷ   ③ ㄴ, ㄷ   ④ ㄴ, ㄹ

해설

위 ㄱ~ㄹ 모두 그 청구를 **각하결정**하는 사유에 해당한다.

[각하 결정 사유]

> ㉠ 심판청구를 제기한 후 심사청구를 제기한 경우(같은 날 제기한 경우도 포함)
> ㉡ 법에 정한 청구기간이 지난 후에 청구된 경우
> ㉢ 법에 정한 보정기간에 필요한 보정을 하지 아니한 경우
> ㉣ 심사청구가 적법하지 아니한 경우
> ㉤ 불복청구 대상이 되는 처분이 존재하지 아니한 경우
> ㉥ 불복청구의 대상이 되는 처분에 의하여 권리나 이익을 침해당하지 아니하는 경우
> ㉦ 불복청구의 대리인이 아닌 자가 대리인으로 불복을 청구하는 경우

정답 ②

221

「국세기본법」상 심판에 관한 설명이다. 옳은 것은?

① 심판청구의 대상이 된 처분의 취소·경정 또는 필요한 처분을 하기 위하여 사실관계 확인 등 추가적으로 조사가 필요하여 재조사결정을 한 경우, 해당 재조사 결정에 따른 처분청의 처분에 대하여는 심판청구를 제기할 수 없다.
② 조세심판원이 심판청구에 대한 결정기간이 지나도 결정을 하지 못한 경우 심판청구인은 결정의 통지를 받기 전이라도 그 결정기간이 지난 날부터 행정소송을 제기할 수 있다.
③ 담당 조세심판관에게 공정한 심판을 기대하기 어려운 사정이 있다고 인정될 때에는 심판청구인은 그 조세심판관의 회피를 신청할 수 있다.
④ 조세심판관회의는 심판청구를 한 처분 외의 처분에 대해서도 그 처분의 전부 또는 일부를 취소 또는 변경하거나 새로운 처분의 결정을 할 수 있다.

> **해설**
>
> ① 심판청구의 대상이 된 처분의 취소·경정 또는 필요한 처분을 하기 위하여 사실관계 확인 등 추가적으로 조사가 필요하여 재조사결정을 한 경우, 해당 재조사 결정에 따른 처분청의 처분에 대하여는 심판청구를 제기할 수 **있다**.
> ③ 담당 조세심판관에게 공정한 심판을 기대하기 어려운 사정이 있다고 인정될 때에는 심판청구인은 그 조세심판관의 **기피**를 신청할 수 있다.
> ④ 조세심판관회의는 심판청구를 한 처분 외의 처분에 대해서는 그 처분의 전부 또는 일부를 취소 또는 변경하거나 새로운 처분의 결정을 **하지 못한다**.
>
> 정답 ②

세법1 Link   p.133, 135, 145, 147
오진다 Link   p.68-70, 77-78
출제 가능 지수 ■■■■□
난이도 ■■■■□

222

「국세기본법」상 심사와 심판에 관한 설명으로 옳지 않은 것은?

① 「감사원법」에 따라 심사청구를 한 처분이나 그 심사청구에 대한 처분에 대하여는 「국세기본법」상 불복청구를 할 수 없다.
② 재조사 결정에 따라 처분청의 처분이 있는 경우 해당 재조사 결정을 한 재결청에 대하여 심사청구 또는 심판청구를 제기할 수 있다.
③ 상호합의절차가 개시된 경우 상호합의절차의 개시일부터 종료일까지의 기간은 「국세기본법」에 따른 심사청구, 심판청구의 결정기간에 산입하지 아니하되 「국세기본법」에 따른 심사청구, 심판청구의 청구기간에 산입한다.
④ 조세심판관이 심판청구일 전 최근 5년 이내에 불복의 대상이 되는 처분, 처분에 대한 이의신청 또는 그 기초가 되는 세무조사에 관여하였던 경우에는 심판관여로부터 제척된다.

> **해설**
>
> ③ 상호합의절차가 개시된 경우 상호합의절차의 개시일부터 종료일까지의 기간은 다음 기간에 산입하지 아니한다.
>
> > ㉠ 행정소송, 「국세기본법」에 따른 심사청구, 심판청구의 **청구기간**
> > ㉡ 「국세기본법」에 따른 심사청구, 심판청구의 결정기간
>
> 정답 ③

세법1 Link   p.133, 135, 145
오진다 Link   p.68, 70, 77
출제 가능 지수 ■■■■□
난이도 ■■■■■

223

「국세기본법」상 국세불복에 관한 설명으로 옳은 것은?

세법1 Link p.133, 136-137, 146
오진다 Link p.68, 70-71, 78
출제 가능 지수 ■■■■□
난이도 ■■■■□

① 청구기한까지 우편으로 제출한 심사청구서가 청구기간을 지나서 도달한 경우에는 도달일에 적법한 청구를 한 것으로 본다.

② 이의신청, 심사청구 또는 심판청구는 세법에 특별한 규정이 있는 것을 제외하고는 해당 처분의 집행에 효력을 미치지 아니하나, 해당 재결청이 처분의 집행 또는 절차의 속행 때문에 불복청구인에게 중대한 손해가 생기는 것을 예방할 필요성이 긴급하다고 인정할 때에는 집행정지를 결정할 수 있다.

③ 심사청구 또는 심판청구에 대한 재조사 결정에 따른 처분청의 처분에 대해서는 심사청구 또는 심판청구를 거치지 않을 경우 행정소송을 제기할 수 없다.

④ 심판청구는 각각 개별적으로 심리함이 원칙이므로 담당 조세심판관은 어떤 경우에도 여러 개의 심판사항을 병합하거나 병합된 심판사항을 여러 개의 심판사항으로 분리할 수 없다.

해설

① 청구기한까지 우편으로 제출한 심사청구서가 청구기간을 지나서 도달한 경우에는 **그 기간의 만료일**에 적법한 청구를 한 것으로 본다.

③ 심사청구 또는 심판청구에 대한 재조사 결정에 따른 처분청의 처분에 대해서는 심사청구 또는 심판청구를 거치지 않더라도 바로 행정소송을 제기할 수 **있다.**

④ 심판청구는 각각 개별적으로 심리함이 원칙이지만 담당 조세심판관은 필요하다고 인정하면 여러 개의 심판사항을 병합하거나 병합된 심판사항을 여러 개의 심판사항으로 분리할 수 **있다.**

정답 ②

224

「국세기본법」상 불복청구에 관한 설명으로 옳지 않은 것은?

세법1 Link p.132, 134
오진다 Link p.68-69
출제 가능 지수 ■■■■□
난이도 ■■■■□

① 제2차 납세의무자로서 납부고지서를 받은 자는 본래의 납세의무자에게 부과된 종합소득세 부과처분의 취소를 구하는 심판청구를 할 수 있다.

② 납세보증인은 본래의 납세의무자에게 부과된 상속세 부과처분의 취소를 구하는 심판청구를 할 수 있다.

③ 국세청장의 과세표준 조사·결정에 따른 처분에 대해서는 심사청구를 할 수 없다.

④ 「법인세법」에 의한 소득처분으로 인하여 소득금액변동통지를 받은 법인은 해당 소득처분의 취소를 구하는 심판청구를 할 수 있다.

해설

③ 국세청장의 과세표준 조사·결정에 따른 처분에 대해서 **이의신청을 할 수 없을 뿐, 심사청구는 가능하다.**

정답 ③

225

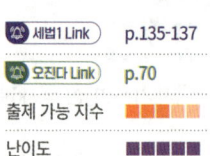

세법1 Link   p.135-137
오진다 Link   p.70
출제 가능 지수 ■■■■□
난이도 ■■■■■

「국세기본법」상 조세불복절차에 대한 설명으로 가장 옳은 것은?

① 심사청구인이 천재 등으로 인한 기한의 연장 사유로 청구 기간에 심사청구를 할 수 없을 때에는 그 사유가 소멸한 날부터 14일 이내에 심사청구를 할 수 있으며, 이 경우 심사청구인은 그 기간에 심사청구를 할 수 없었던 사유, 그 사유가 발생한 날과 소멸한 날, 그 밖에 필요한 사항을 기재한 문서를 함께 제출하여야 한다.

② 심사청구는 해당 처분을 하였거나 하였어야 할 세무서장에게 하거나 세무서장을 거쳐 관할 지방국세청장에게 해야 한다. 해당 심사청구서를 받은 세무서장은 이를 받은 날부터 7일 이내에 그 청구서에 처분의 근거·이유, 처분의 이유가 된 사실 등이 구체적으로 기재된 의견서를 첨부하여 관할 지방국세청장에게 송부해야 한다.

③ 심판청구는 해당 처분을 하였거나 하였어야 할 세무서장이나 조세심판원장에게 해야 한다. 이 경우 심판청구서를 받은 세무서장은 이를 받은 날부터 7일 이내에 조세심판원장에게 송부해야 한다.

④ 이의신청인 등은 요건을 모두 충족하는 경우 재결청에 국선대리인을 신청할 수 있으며 신청을 받은 재결청은 5일 이내 국선대리인을 선정하고 신청을 받은 날부터 10일 이내에 그 결과를 이의신청인등과 국선대리인에게 각각 통지해야 한다.

해설

② 심사청구는 해당 처분을 하였거나 하였어야 할 **세무서장을 거쳐 국세청장**에게 해야 한다. 해당 심사청구서를 받은 세무서장은 이를 받은 날부터 7일 이내에 그 청구서에 처분의 근거·이유, 처분의 이유가 된 사실 등이 구체적으로 기재된 의견서를 첨부하여 **국세청장**에게 송부하여야 한다.

③ 심판청구는 해당 처분을 하였거나 하였어야 할 세무서장이나 조세심판원장에게 해야 한다. 이 경우 심판청구서를 받은 세무서장은 이를 **지체 없이** 조세심판원장에게 송부해야 한다.

④ 이의신청인 등은 요건을 모두 충족하는 경우 재결청에 국선대리인을 신청할 수 있으며 신청을 받은 재결청은 **지체 없이** 국선대리인을 선정하고 신청을 받은 날부터 **5일** 이내에 그 결과를 이의신청인등과 국선대리인에게 각각 통지해야 한다.

정답 ①

226

「국세기본법」상 조세불복제도에 관한 설명으로 옳지 않은 것은?

세법1 Link p.133, 142, 147
오진다 Link p.68, 75, 78
출제 가능 지수 ■■■■■
난이도 ■■■■■

① 신고납부방식 세목의 경우 신고납부를 한 때에 처분이 있었던 것으로 보아 이를 불복청구의 대상으로 한다.
② 불복청구에 대한 결정에 오기·계산착오 기타 명백한 잘못이 있는 경우 재결청은 직권 또는 불복청구인의 신청에 의하여 이를 경정할 수 있다.
③ 이의신청 또는 심사청구에 있어서는 청구인이 주장하지 아니한 내용에 대하여도 불이익한 변경이 아닌 한도 내에서 심리·결정할 수 있다.
④ 조세범칙조사에 의하여 관할 세무서장이 범칙자에게 벌금 등을 납부할 것을 통고하는 처분에 대해서는 불복청구를 할 수 없다.

해설

① 불복청구의 대상이 되는 것은 법에 따라 처분하여 위법하거나 부당한 처분, 필요한 처분을 받지 못한 경우에 해당한다. 따라서 신고납부한 세목에 대하여 신고한 것만으로는 불복청구를 **할 수 없다**.
③ 국세기본법 기본통칙 55–0…12【불이익변경금지원칙】에서 '이의신청 또는 심사청구에 있어서는 청구인이 주장하지 아니한 내용에 대하여도 불이익한 변경이 아닌 한도 내에서 심리·결정할 수 있다.' 라고 명시되어 있다. 해당 법조문은 필요하다고 인정되는 경우 예외적으로 당사자가 주장하지 않은 사실에 대하여도 심리할 수 있으나 이 경우에도 청구인이 한 청구의 범위 안에서 당사자의 주장 외의 사실을 심리할 수 있다고 해석할 수 있다.

정답 ①

227

「국세기본법」상 조세심판에 관한 설명으로 옳은 것은?

세법1 Link p.137, 140, 146-147
오진다 Link p.71, 73, 77-78
출제 가능 지수 ■■■■■
난이도 ■■■■■

① 심판청구의 내용에 대한 보정요구를 받은 심판청구인은 보정할 사항을 반드시 서면으로 작성하여 조세심판원장에게 제출함으로써 보정해야 한다.
② 조세심판관(또는 심판조사관)은 자신에게 제척의 원인이 있을 때에는 주심조세심판관 또는 배석조세심판관의 지정에서 기피해야 한다.
③ 심판청구는 세법에 특별한 규정이 있는 것을 제외하고는 그 결정이 있기 전까지 해당 과세처분의 집행을 중지시킨다.
④ 조세심판관회의는 심판청구에 대한 결정을 할 때 심판청구를 한 처분보다 청구인에게 불리한 결정을 하지 못한다.

해설

① 심판청구의 내용에 대한 보정요구를 받은 심판청구인은 보정할 사항을 서면으로 작성하여 조세심판원장에게 제출하거나 **출석하여 보정할 사항을 말하고 그 말한 내용을 소속 공무원이 기록한 서면에 서명 또는 날인**함으로써 보정할 수 있다.
② 조세심판관(또는 심판조사관)은 자신에게 제척의 원인이 있을 때에는 주심조세심판관 또는 배석조세심판관의 지정에서 **회피**해야 한다.
③ 심판청구는 세법에 특별한 규정이 있는 경우를 제외하고는 해당 처분의 집행에 효력을 미치지 아니한다(국기법 57 ①). 즉, 그 결정이 있기 전까지 해당 **과세처분의 집행을 중지시키지 않는다.** 이는 불복청구제도의 악용을 방지하기 위함이다.

정답 ④

228

「국세기본법」상 불복제도에 대한 설명으로 옳은 것은?

세법1 Link p.139, 144-145
오진다 Link p.73, 76-77
출제 가능 지수 ■■■
난이도 ■■■■■

① 이의신청을 받은 세무서장과 지방국세청장은 그 신청을 받은 날부터 30일 이내에 각각 국세심사위원회의 심의를 거쳐 결정해야 한다.
② 담당 조세심판관에게 공정한 심판을 기대하기 어려운 사정이 있다고 인정될 때에는 심판청구인은 그 조세심판관의 회피를 신청할 수 있다.
③ 국세청장은 심사청구를 받으면 그 청구를 받은 날부터 90일 이내에 국세심사위원회의 심의를 거쳐 결정해야 한다.
④ 해당 심판청구사건에 관하여 세법의 해석이 쟁점이 되는 경우로서 이에 관하여 종전의 조세심판원 결정이 없는 경우 조세심판관회의가 심리를 거쳐 결정한다.

해설

② 담당 조세심판관에게 공정한 심판을 기대하기 어려운 사정이 있다고 인정될 때에는 심판청구인은 그 조세심판관의 **기피**를 신청할 수 있다.
③ 국세청장은 심사청구를 받으면 그 청구를 받은 날부터 90일 이내에 **국세심사위원회의 의결에 따라 결정**해야 한다.
④ 해당 심판청구사건에 관하여 세법의 해석이 쟁점이 되는 경우로서 이에 관하여 종전의 조세심판원 결정이 없는 경우 **조세심판관합동회의**가 심리를 거쳐 결정한다.

[국세심사위원회 vs 조세심판관회의]

구분	국세심사위원회	조세심판관회의
성격	자문 또는 의결(심사청구에 한함)기관	결정기관
소속	국세청, 지방국세청, 세무서	국무총리
적용 대상	① 국세청에 두는 국세심사위원회: 심사청구 및 과세전적부심사 청구사항 ② 세무서 및 지방국세청에 두는 국세심사위원회: 이의신청 및 과세전적부심사 청구사항	심판청구
구성원 임기	2년 (한 차례 연임가능)	3년 (한 차례 중임가능)
공개여부	원칙: 비공개 예외: 필요하다고 인정할 때에는 공개	
통지	국세심사위원회의 회의 소집 7일 전에 지정된 회의구성원(위원) 및 해당 청구인 또는 신청인에게 회의 소집 일시를 통지	개최일 14일 전까지 조세심판관회의의 일시 및 장소를 심판청구인과 처분청에 각각 통지

정답 ①

229

세법1 Link p.137-138, 143, 146

오진다 Link p.71-73, 76, 78

출제 가능 지수 ■■■■■

난이도 ■■■■■

「국세기본법」상 심판청구제도에 대한 설명으로 옳은 것은?

① 담당 조세심판관 외의 조세심판원 소속 공무원은 조세심판원장의 명에 따라 심판청구인의 장부나 서류의 제출을 요구할 수 있다.

② 심판청구는 해당 처분을 하였거나 하였어야 할 국세청장이나 조세심판원장에게 해야 한다.

③ 심판청구인 또는 처분청은 「국세기본법령」으로 정하는 바에 따라 해당 재결청에 의견을 진술할 수 있다.

④ 심판청구를 받은 세무서장은 이에 관한 조사와 심리를 담당할 주심조세심판관 1명과 배석조세심판관 2명 이상을 지정하여 조세심판관회의를 구성하게 한다.

해설

① 담당 조세심판관 외의 조세심판원 소속 공무원은 조세심판원장의 명에 따라 심판청구인·처분청·관계인 또는 참고인(이하 '심판청구인')에 대한 질문을 하거나 심판청구인의 제출된 장부·서류 그 밖의 물건에 대한 검사 또는 감정기관에 대한 감정의뢰를 할 수 있다. 그러나 심판청구인의 장부나 서류의 제출을 요구할 수 **없다.**

② 심판청구는 해당 처분을 하였거나 하였어야 할 **세무서장**이나 조세심판원장에게 해야 한다.

④ **조세심판원장**은 심판청구를 받으면 이에 관한 조사와 심리를 담당할 주심조세심판관 1명과 배석조세심판관 2명 이상을 지정하여 조세심판관회의를 구성하게 한다.

[심판청구의 질문·검사권 비교]

담당 조세심판관 권한	담당 조세심판관 외의 조세심판원 소속 공무원 권한
㉠ 심판청구인·처분청·관계인 또는 참고인에 대한 질문 ㉡ 위 ㉠에 열거된 자의 장부·서류 그 밖의 물건의 제출 요구 ㉢ 제출된 위 ㉡에 대한 검사 또는 감정기관에 대한 감정의뢰	㉠ 심판청구인·처분청·관계인 또는 참고인에 대한 질문 ㉡ 제출된 위 ㉠에 열거된 자의 장부·서류 그 밖의 물건에 대한 검사 또는 감정기관에 대한 감정의뢰

정답 ③

230

「국세기본법」상 불복청구에 관한 설명 중 옳은 것은?

세법1 Link p.132, 136-137, 146
오진다 Link p.68, 70-71, 77
출제 가능 지수 ■■■■□
난이도 ■■■■■

ㄱ. 담당 조세심판관에게 심판의 공정이 기대하기 어려운 사정이 있다고 인정되는 경우에는 심판청구인이 조세심판원장에게 해당 조세심판관의 제척을 신청할 수 있다.

ㄴ. 해당 재결청이 처분의 집행 또는 절차의 속행 때문에 이의신청인, 심사청구인 또는 심판청구인에게 중대한 손해가 생기는 것을 예방할 필요성이 긴급하다고 인정할 때에는 처분의 집행 또는 일부의 정지를 결정할 수 있다.

ㄷ. 국세기본법 또는 세법의 규정과 다른 처분 또는 외견상 세법의 규정을 따르고 있지만 과세형평을 침해하는 처분 등을 포함하는 것으로 국세의 부과처분뿐만 아니라 압류·매각·청산 등의 강제징수도 포함한다.

ㄹ. 납세자가 경영하는 사업에 현저한 손실이 발생하여 납부기한 등을 연장한 경우 원칙적인 불복청구 기간에도 불구하고 그 사유가 소멸한 날부터 14일 이내에 이의신청·심사청구 또는 심판청구를 할 수 있다.

① ㄱ, ㄴ 　　② ㄴ, ㄷ 　　③ ㄱ, ㄷ 　　④ ㄷ, ㄹ

해설

ㄱ. 담당 조세심판관에게 심판의 공정이 기대하기 어려운 사정이 있다고 인정되는 경우에는 심판청구인이 조세심판원장에게 해당 조세심판관의 **기피**를 신청할 수 있다.

ㄹ. 불복청구인이 **천재지변 등 기한연장 사유로** 기간 내에 불복청구를 할 수 없을 때에는 그 사유가 소멸한 날부터 14일 이내에 불복청구를 할 수 있다. ← 납세자가 경영하는 사업에 현저한 손실이 발생하거나 부도 또는 도산의 우려가 있는 경우에 해당되어 납부기한만 연장되는 사유로는 불복청구기간은 연장되지 않음 주의

정답 ②

납세자의 권리 및 보칙

231

「국세기본법」상 재조사 결정에 대한 설명으로 옳은 것은?

① 부분조사(특정사항에 대한 확인을 위하여 필요한 부분에 한정한 조사를 말한다)를 실시한 후 해당 조사에 포함되지 않는 부분에 대하여 조사하는 경우 같은 세목 및 같은 과세기간에 대하여 재조사할 수 있다.

② 재조사 결정이 있는 경우 처분청은 재조사 결정일로부터 30일 이내에 결정서 주문에 기재된 범위에 한정하여 조사하고, 그 결과에 따라 취소·경정하거나 필요한 처분을 하여야 한다.

③ 과세전적부심사 청구에 따른 재조사 결정에 따라 조사를 하는 경우 과세전적부심사의 청구대상이 된다.

④ 불복청구의 인용결정 또는 과세전적부심사 청구의 채택결정 중 재조사 결정에 의한 조사를 마친 경우 세무조사의 결과를 통지하여야 한다.

세법1 Link   p.141, 151, 160, 163

오진다 Link   p.74, 80, 82, 90

출제 가능 지수 ■■■■□

난이도 ■■■□□

해설

② 재조사 결정이 있는 경우 처분청은 재조사 결정일로부터 **60일** 이내에 결정서 주문에 기재된 범위에 한정하여 조사하고, 그 결과에 따라 취소·경정하거나 필요한 처분을 하여야 한다.

③ 과세전적부심사 청구에 따른 재조사 결정에 따라 조사를 하는 경우 **과세전적부심사 청구의 배제 대상**이 된다.

[과세전적부심사 청구의 배제 사유]

㉠ 납부기한 전 징수의 사유가 있거나 수시부과의 사유가 있는 경우
㉡ 「조세범 처벌법」위반으로 고발 또는 통고처분하는 경우(고발 또는 통고처분과 관련 없는 세목 또는 세액의 경우는 제외)
㉢ 세무조사 결과통지 및 과세예고통지를 하는 날부터 국세부과 제척기간의 만료일까지의 기간이 3개월 이하인 경우
㉣ 「국제조세조정에 관한 법률」에 따라 조세조약을 체결한 상대국이 상호합의절차의 개시를 요청한 경우
㉤ 불복청구 및 과세전적부심사의 재조사 결정에 의한 세무조사를 하는 경우

④ 불복청구의 인용결정 또는 과세전적부심사 청구의 채택결정 중 재조사 결정에 의한 조사를 마친 경우 세무조사의 결과를 **통지하지 않는다**.

정답 ①

232

「국세기본법령」상 세무조사에 대한 설명으로 옳은 것은?

세법1 Link p.151,154-155, 160
오진다 Link p.80, 82-83
출제 가능 지수 ■■■■
난이도 ■■■■■

① 증거인멸 등으로 조사 목적을 달성할 수 없다고 인정되는 경우를 제외하고, 세무공무원은 세무조사를 하는 경우에는 조사를 받을 납세자에게 조사를 시작하기 15일 전에 조사대상 세목, 조사기간 및 조사사유, 그 밖에 법령이 정하는 사항을 통지하여야 한다.

② 세무공무원은 국세환급금의 결정을 위한 확인조사를 하는 경우에는 같은 세목 및 같은 과세기간에 대하여 재조사를 할 수 있다.

③ 세무공무원은 거래처 현지 확인이 필요한 경우로서 「국세기본법」 제81조의8 제2항에 따라 기간을 정한 세무조사를 최초로 연장하는 경우에는 국세청장의 승인을 받아야 한다.

④ 국세청장이 심사청구에 대하여 처분청으로 하여금 사실관계를 재조사하여 그 결과에 따라 필요한 처분을 하도록 하는 재조사 결정에 따라, 세무공무원이 재조사 결정에 의한 조사를 마친 경우에는 세무조사 내용 등이 포함된 조사결과를 납세자에게 서면으로 통지할 의무가 있다.

해설

① 증거인멸 등으로 조사 목적을 달성할 수 없다고 인정되는 경우를 제외하고, 세무공무원은 세무조사를 하는 경우에는 조사를 받을 납세자에게 조사를 시작하기 **20일**(이의신청·심사청구·심판청구·과세전적부심사에 대한 재조사 결정으로 재조사를 하는 경우에는 **7일**) 전에 조사대상 세목, 조사기간 및 조사사유, 그 밖에 법령이 정하는 사항을 통지하여야 한다.

③ 세무공무원은 거래처 현지확인이 필요한 경우로서 「국세기본법」에 따라 기간을 정한 세무조사를 최초로 연장하는 경우에는 **관할 세무관서의 장의 승인만으로 세무조사 기간을 연장할 수 있다.**

④ 국세청장이 심사청구에 대하여 처분청으로 하여금 사실관계를 재조사하여 그 결과에 따라 필요한 처분을 하도록 하는 재조사 결정에 따라, 세무공무원이 재조사 결정에 의한 조사를 마친 경우에는 세무조사 내용 등이 포함된 조사결과를 납세자에게 서면으로 통지할 의무가 **없다.**

[세무조사 통지 배제 사유 비교]

세무조사 사전통지 배제 사유	세무조사통지서 교부 배제 사유	세무조사 결과통지 배제 사유
사전통지를 하면 증거인멸 등으로 조사 목적을 달성할 수 없다고 인정되는 경우	⊙ 폐업: 납세자가 세무조사 대상이 된 사업을 폐업한 경우 ⓒ 주소 불명: 납세관리인을 정하지 않고 국내에 주소 또는 거소를 두지 않는 경우 ⓒ 수령 거부: 납세자 또는 납세관리인이 세무조사통지서 수령을 회피하거나 거부하는 경우	⊙ 재조사 결정에 의한 조사결과: 불복청구의 인용결정 또는 과세전적부심사 청구의 채택결정 중 재조사 결정에 의한 조사를 마친 경우 ⓒ 주소 불명: 납세관리인을 정하지 않고 국내에 주소 또는 거소를 두지 않은 경우 ⓒ 수령거부: 세무조사 결과통지서 수령을 회피하거나 거부하는 경우

정답 ②

233

「국세기본법」상 납세자의 권리에 대한 설명으로 옳은 것은?

① 납세자가 세법에서 정하는 신고, 성실신고확인서의 제출, 세금계산서 또는 계산서의 작성·교부·제출, 지급명세서의 작성·제출 등의 납세협력의무를 이행하지 아니한 경우 납세자가 성실하며 납세자가 제출한 신고서 등이 진실한 것으로 추정할 수 없다.

② 납세자는 세무조사 시에 변호사, 공인회계사, 세무사 등으로 하여금 조사에 참여하게 할 수는 있으나 의견을 진술하게 할 수는 없다.

③ 세무공무원은 조사대상 세목·업종·규모, 조사 난이도 등을 고려하여 세무조사 기간이 최대한이 되도록 정하여야 하되, 금융거래 현지 확인이 필요한 경우에는 세무조사기간을 연장할 수 있다.

④ 세무공무원은 거래상대방에 대한 조사가 필요한 경우에도 같은 세목 및 같은 과세기간에 대하여 재조사를 할 수 없다.

해설

② 납세자는 세무조사 시에 변호사, 공인회계사, 세무사 등으로 하여금 조사에 참여하게 하거나 **의견을 진술하게 할 수 있다.**

③ 세무공무원은 조사대상 세목·업종·규모, 조사 난이도 등을 고려하여 세무조사 기간이 **최소한**이 되도록 정하여야 하되, 금융거래 현지 확인이 필요한 경우에는 세무조사기간을 연장할 수 있다.

④ 세무공무원은 거래상대방에 대한 조사가 필요한 경우에도 같은 세목 및 같은 과세기간에 대하여 재조사를 할 수 **있다.**   정답 ①

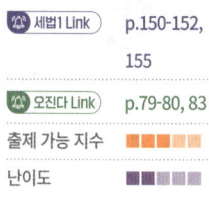
세법1 Link   p.150-152, 155
오진다 Link   p.79-80, 83
출제 가능 지수 ■■■■□
난이도   ■■■□□

234

「국세기본법」상 납세자의 권리에 대한 설명으로 옳은 것은?

① 세무공무원은 법령에서 정한 경우에 한하여 납세자가 성실하며 납세자가 제출한 신고서 등이 진실한 것으로 추정하여야 한다.

② 납세자는 세무조사를 받는 경우에 세무사로 하여금 조사에 참여하게 하거나 의견을 진술하게 할 수 없다.

③ 세무조사는 납세자의 사업과 관련하여 세법에 따라 신고·납부의무가 있는 세목을 통합하여 실시하는 것을 원칙으로 한다.

④ 세무공무원은 납세자가 자료의 제출을 지연하는 등 대통령령으로 정하는 사유로 세무조사를 진행하기 어려운 경우에는 세무조사를 중지할 수 있으며, 세무조사의 중지기간 중에도 납세자에 대하여 국세의 과세표준과 세액을 결정 또는 경정하기 위한 질문을 하거나 장부등의 검사·조사 또는 그 제출을 요구할 수 있다.

해설

① 세무공무원은 **법령에서 정한 경우를 제외하고는** 납세자가 성실하며 납세자가 제출한 신고서 등이 진실한 것으로 추정하여야 한다.

② 납세자는 세무조사를 받는 경우에 세무사로 하여금 조사에 참여하게 하거나 의견을 진술하게 할 수 **있다.**

④ 세무공무원은 납세자가 자료의 제출을 지연하는 등 대통령령으로 정하는 사유로 세무조사를 진행하기 어려운 경우에는 세무조사를 중지할 수 있으며, 세무조사의 중지기간 중에도 납세자에 대하여 국세의 과세표준과 세액을 결정 또는 경정하기 위한 질문을 하거나 장부 등의 검사·조사 또는 그 제출을 요구할 수 **없다.**   정답 ③

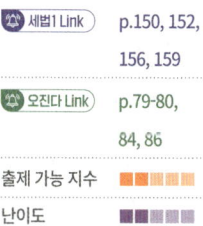
세법1 Link   p.150, 152, 156, 159
오진다 Link   p.79-80, 84, 86
출제 가능 지수 ■■■■□
난이도   ■■■■□

235

「국세기본법」상 세무조사에 관한 설명으로 옳은 것은?

① 납세자에 대한 구체적인 탈세 제보가 있는 경우로서 해당 탈세 혐의에 대한 확인이 필요한 사유로 인한 부분조사는 같은 세목 및 같은 과세기간에 대하여 2회를 초과하여 실시할 수 있다.

② 무자료거래, 위장·가공거래 등 거래 내용이 사실과 다른 혐의가 있어 실제 거래 내용에 대한 조사가 필요한 경우에는 세무조사 기간을 90일 이내로 할 수 있다.

③ 세금탈루 혐의가 포착되거나 조사 과정에서 「조세범 처벌절차법」에 따른 조세범칙조사를 개시하는 경우에는 세무조사 기간을 연장할 수 있다.

④ 세무조사 중 납세자의 장부 등을 납세자의 동의를 받아 적법하게 세무관서에 일시보관하는 경우, 세무공무원은 납세자가 그 장부등의 반환을 요청한 경우로서 세무조사에 지장이 없다고 판단될 때에는 요청한 장부 등을 3일 이내에 반환하여야 한다.

세법1 Link p.155-156, 158-159
오진다 Link p.83-86
출제 가능 지수
난이도

해설

① 납세자에 대한 구체적인 탈세 제보가 있는 경우로서 해당 탈세 혐의에 대한 확인이 필요한 사유로 인한 부분조사는 같은 세목 및 같은 과세기간에 대하여 2회를 초과하여 실시할 수 **없다**. 즉, 최대 2회로 제한된다.

② 무자료거래, 위장·가공거래 등 거래 내용이 사실과 다른 혐의가 있어 실제 거래 내용에 대한 조사가 필요한 경우에는 세무조사 **기간의 제한을 받지 아니한다.**

④ 세무조사 중 납세자의 장부 등을 납세자의 동의를 받아 적법하게 세무관서에 일시보관하는 경우, 세무공무원은 납세자가 그 장부등의 반환을 요청한 경우로서 세무조사에 지장이 없다고 판단될 때에는 요청한 장부 등을 **즉시** 반환하여야 한다.

정답 ③

236

「국세기본법」상 세무조사에 대한 설명으로 옳은 것은?

① 정기선정하여 세무조사를 하는 경우 세무공무원은 주관적 기준에 따라 공정하게 그 대상을 선정하여야 한다.

② 납세자가 세법이 정하는 신고 등의 납세협력의무를 이행하지 아니한 경우 정기선정에 의한 조사 외에 세무조사를 실시할 수 없다.

③ 세무공무원은 납세자가 장부·서류 등의 제출 거부 등 조사를 기피하는 행위가 명백한 경우 세무조사기간을 연장할 수 있다.

④ 납세관리인을 정하지 않고 국내에 주소 또는 거소를 두지 않는 경우에는 사전통지를 하지 아니하지만 세무조사 내용 등이 포함된 조사결과를 납세자에게 서면으로 통지해야 한다.

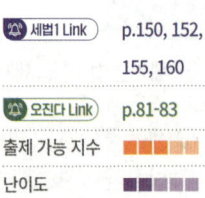

세법1 Link p.150, 152, 155, 160
오진다 Link p.81-83
출제 가능 지수
난이도

해설

① 정기선정하여 세무조사를 하는 경우 세무공무원은 **객관적** 기준에 따라 공정하게 그 대상을 선정하여야 한다.

② 납세자가 세법이 정하는 신고 등의 납세협력의무를 이행하지 아니한 경우 정기선정에 의한 조사 외에 세무조사를 실시할 수 **있다.**

④ 사전통지를 하면 증거인멸 등으로 조사 목적을 달성할 수 없다고 인정되는 경우 사전통지를 하지 아니한다. 사전통지를 하지 않고 세무조사를 하는 경우 세무조사를 개시할 때 세무조사를 받을 납세자에게 세무조사통지서를 교부해야 하는데 납세관리인을 정하지 않고 국내에 주소 또는 거소를 두지 않는 경우에는 그러하지 아니하다. 즉, **세무조사통지서 교부 배제사유다.** 또한 납세관리인을 정하지 않고 국내에 주소 또는 거소를 두지 않는 경우 세무조사 내용 등이 포함된 **세무조사 결과를 통지하지 않는다.**

정답 ③

237

「국세기본법」상 납세자의 권리에 관한 설명으로 옳은 것은?

세법1 Link p.154, 156,
158, 162
오진다 Link p.82, 84-
85, 89
출제 가능 지수 ■■■□□
난이도 ■■■□□

① 세무공무원은 수시선정 세무조사 사유에 해당하는 경우에는 납세자의 동의가 없는 경우에도 세무조사 기간 동안 세무조사의 목적으로 납세자의 장부 또는 서류 등을 세무 관서에 일시 보관할 수 있다.

② 납부고지하려는 세액이 1백만원 이상인 과세예고통지를 받은 자는 그 통지를 받은 날부터 30일 이내에 해당 세무서장 또는 지방국세청장에게 과세전적부심사를 청구할 수 있다.

③ 조사대상 과세기간 중 연간 수입금액 또는 양도가액이 가장 큰 과세기간의 연간 수입금액 또는 양도가액이 500억원 미만인 납세자에 대한 세무조사 기간은 20일 이내로 하는 것을 원칙으로 한다.

④ 세무공무원은 국세에 관한 조사를 위하여 해당 장부·서류 기타 물건을 조사하는 경우에는 조사를 받을 납세자에게 조사를 시작하기 7일 전에 조사대상 세목, 과세기간, 조사기간 및 조사사유 등을 문서로 통지해야 한다.

해설

① 세무공무원은 수시선정 세무조사 사유에 해당하는 경우로서 납세자의 **동의가 있는 경우**에는 세무조사 기간 동안 세무조사의 목적으로 납세자의 장부 또는 서류 등을 세무 관서에 일시 보관할 수 있다.

③ 조사대상 과세기간 중 연간 수입금액 또는 양도가액이 가장 큰 과세기간의 연간 수입금액 또는 양도가액이 **100억원** 미만인 납세자에 대한 세무조사 기간은 20일 이내로 하는 것을 원칙으로 한다.

④ 세무공무원은 국세에 관한 조사를 위하여 해당 장부·서류 기타 물건을 조사하는 경우에는 조사를 받을 납세자에게 조사를 시작하기 **20일**(이의신청·심사청구·심판청구·과세전적부심사에 대한 재조사 결정으로 재조사를 하는 경우에는 7일) 전에 조사대상 세목, 과세기간, 조사기간 및 조사 사유 등을 문서로 통지해야 한다. 다만, 사전통지를 하면 증거인멸 등으로 조사 목적을 달성할 수 없다고 인정되는 경우에는 그러하지 아니하다.

정답 ②

238

「국세기본법」에서 규정하고 있는 납세자의 권리에 대한 설명으로 옳은 것은?

세법1 Link   p.154, 156, 161
오진다 Link   p.83, 87
출제 가능 지수
난이도

① 세무조사의 사전통지를 받은 납세자가 장기출장을 사유로 조사를 받기 곤란한 경우에는 조사의 연기를 신청할 수 있다.

② 세무공무원은 무자료거래 등 거래 내용이 사실과 다른 혐의가 있어 실제 거래 내용에 대한 조사가 필요한 경우 관할 세무관서의 장의 승인을 받아 세무조사 기간을 연장할 수 있으나, 그 기한은 20일 이내여야 한다.

③ 납세자의 과세정보에 대한 비밀유지원칙에 따라 지방자치단체가 지방세 부과·징수 등을 위하여 사용할 목적으로 과세정보를 요구하는 경우 세무공무원은 이를 제공할 수 없다.

④ 납세자 본인의 권리행사에 필요한 정보를 납세자가 요구하는 경우 세무공무원은 이를 2일 이내에 제공하여야 한다.

해설

② 세무공무원은 무자료거래 등 거래 내용이 사실과 다른 혐의가 있어 실제 거래 내용에 대한 조사가 필요한 경우 **세무조사 기간의 제한 및 세무조사 연장기간의 제한을 받지 않는다.**

③ 납세자의 과세정보에 대한 비밀유지원칙에 불구하고 지방자치단체가 지방세 부과·징수 등을 위하여 사용할 목적으로 과세정보를 요구하는 경우 세무공무원은 이를 제공할 수 **있다.**

④ 납세자 본인의 권리행사에 필요한 정보를 납세자가 요구하는 경우 세무공무원은 이를 **신속하게** 제공하여야 한다.

정답 ①

239

「국세기본법령」상 과세전적부심사가 배제되는 경우를 모두 고른 것은?

세법1 Link p.163
오진다 Link p.90
출제 가능 지수 ■■■■■
난이도 ■■■■■

> ㄱ. 「국세징수법」에 규정된 납부기한 전 징수의 사유가 있거나 세법에서 규정하는 수시부과의 사유가 있는 경우
>
> ㄴ. 「조세범 처벌법」 위반으로 통고처분하는 경우(통고처분과 관련 없는 세목 또는 세액의 경우는 제외)
>
> ㄷ. 과세예고통지를 하는 날부터 국세부과 제척기간의 만료일까지의 기간이 3개월 이하인 경우
>
> ㄹ. 「국제조세조정에 관한 법률」에 따라 조세조약을 체결한 상대국이 상호합의 절차의 개시를 요청한 경우

① ㄱ, ㄴ   ② ㄷ, ㄹ   ③ ㄴ, ㄷ, ㄹ   ④ ㄱ, ㄴ, ㄷ, ㄹ

해설

④ ㄱ~ㄹ 모두 과세전적부심사가 **배제되는 경우에 해당한다.**   정답 ④

240

「국세기본법」상 세무공무원이 납세자권리헌장의 내용이 수록된 문서를 납세자에게 내주어야 하는 경우에 해당하는 것은?

세법1 Link p.150
오진다 Link p.79
출제 가능 지수 ■■■■■
난이도 ■■■■■

① 납세자가 이의신청서를 제출하는 경우
② 납세자가 과세전적부심사를 청구하는 경우
③ 압류하기 위해 체납자의 주거 등을 수색하는 경우
④ 사업자등록증을 발급하는 경우

해설

세무공무원은 다음 중 어느 하나에 해당하는 경우에는 이러한 납세자권리헌장의 내용이 수록된 문서를 납세자에게 내주어야 한다.

> ① 세무조사(「조세범 처벌절차법」에 따른 조세범칙조사를 포함)를 하는 경우
> ② **사업자등록증을 발급하는 경우**
> ③ 그 밖에 대통령령으로 정하는 경우(현재 위임입법된 내용 없음)

정답 ④

241

「국세기본법」상 납세자로부터 세금 관련 서류를 받은 사실을 세무공무원이 확인해 주는 방법에 대한 설명으로 옳은 것은?

세법1 Link   p.172
오진다 Link   p.95
출제 가능 지수 ■■■■□
난이도 ■■■□□

① 세무공무원은 납세자로부터 과세표준신고서를 국세정보통신망에 의하여 제출받은 경우 해당 접수 사실을 전자적 형태가 아닌 우편으로 통보하여야 한다.
② 세무공무원은 납세자로부터 경정청구서를 팩스로 제출받는 경우에는 해당 접수 사실을 우편으로 통보하여야 한다.
③ 세무공무원은 납세자로부터 과세표준수정신고서를 우편으로 제출받은 경우에는 해당 접수 사실을 우편으로 통보하여야 한다.
④ 세무공무원은 납세자로부터 이의신청서를 직접 제출받는 경우에는 납세자에게 접수증을 교부하여야 한다.

해설

① 세무공무원은 납세자로부터 과세표준신고서를 국세정보통신망에 의하여 제출받은 경우 해당 접수 사실을 **전자적 형태로 통보할 수 있다.**
② 세무공무원은 납세자로부터 경정청구서를 팩스로 제출받는 경우에는 **납세자에게 접수증을 교부하지 아니할 수 있다.**
③ 세무공무원은 납세자로부터 과세표준수정신고서를 우편으로 제출받은 경우에는 **납세자에게 접수증을 교부하지 아니할 수 있다.**

[서류제출 방법별 서류접수증 발급 절차]

납세자의 신고서 등 서류 제출 방법	서류접수증 발급
우편으로 제출하는 경우	접수증을 발급하지 않을 수 있음
팩스로 제출하는 경우	
지정된 신고함에 직접 투입하는 경우	
직접 제출하는 경우	접수증을 교부해야 함
국세정보통신망을 통해 제출하는 경우	전자적 형태로 통보할 수 있음

정답 ④

CHAPTER 09

납세자의 권리 및 보칙

242

「국세기본법」상 세무조사에 대한 설명으로 옳지 않은 것은?

① 세무공무원이 세무조사의 목적으로 납세자의 장부를 적법한 요건을 갖추어 일시 보관하려는 경우 납세자로부터 일시 보관 동의서를 받아야 하며, 일시 보관증을 교부하여야 한다.

② 세무공무원은 세무조사를 마쳤을 때에는 납세관리인을 정하지 아니하고 국내에 주소 또는 거소를 두지 아니한 경우 등 대통령령으로 정하는 경우를 제외하고는 법률에 규정된 사항이 포함된 조사결과를 납세자에게 서면으로 통지하여야 하는데, 이때 서류를 송달받아야 할 자의 주소 또는 영업소가 분명하지 아니하다면 그 조사를 마친 날부터 20일 이내에 통지를 하여야 한다.

③ 세무공무원은 세무조사를 하는 경우에는 조사를 받을 납세자에게 조사를 시작하기 20일(이의신청·심사청구·심판청구·과세전적부심사에 대한 재조사 결정으로 재조사를 하는 경우에는 7일) 전에 조사대상 세목, 과세기간, 조사기간 및 조사 사유 등을 문서로 통지해야 한다.

④ 세무공무원은 「조세범 처벌절차법」에 따른 조세범칙조사를 시작할 때 납세자권리헌장을 교부하고 그 요지를 직접 낭독해 주어야 한다.

해설

② 세무공무원은 세무조사를 마쳤을 때에는 그 조사를 마친 날부터 20일(공시송달 사유에 해당하는 경우에는 **40일**) 이내에 조사결과를 납세자에게 설명하고, 이를 서면으로 납세자에게 통지해야 한다.

[40일 이내에 세무조사 결과를 통지해야 하는 사유 = 공시송달 사유]

ⓐ 국외 주소(또는 영업소)로 송달하기 곤란
ⓑ 주소(또는 영업소) 불분명
ⓒ 수취인의 부재중으로 등기우편 서류가 반송됨으로써 납부기한 내에 송달이 곤란
ⓓ 세무공무원이 2회 이상 방문하였으나 수취인이 부재중인 것으로 확인되어 납부기한 내에 송달이 곤란

[세무조사의 결과통지 예외 사유]

ⓐ 납세관리인을 정하지 않고 국내에 주소 또는 거소를 두지 않은 경우
ⓑ 불복청구의 인용결정 또는 과세전적부심사 청구의 채택결정 중 재조사 결정에 의한 조사를 마친 경우
ⓒ 세무조사 결과통지서 수령을 회피하거나 거부하는 경우

정답 ②

세법1 Link　p.150, 154, 158, 160

오진다 Link　p.79, 82, 84-85

출제 가능 지수 ■■■■■

난이도 ■■■■■

243

「국세기본법」상 납세자의 권리에 관한 설명으로 옳지 않은 것은?

① 세무공무원은 세무조사를 시작할 때 조사원증을 납세자 또는 관련인에게 제시한 후 납세자권리헌장을 교부하고 그 요지를 직접 낭독해주어야 한다.

② 세무공무원은 납세자가 자료의 제출을 지연하여 세무조사를 진행하기 어려운 경우에는 세무조사를 중지할 수 있으며, 이 경우 그 중지기간은 세무조사 기간에 산입하지 않는다.

③ 세무조사는 납세자의 사업과 관련하여 세법에 따라 신고·납부의무가 있는 세목별로 나누어 실시하는 것을 원칙으로 한다.

④ 세무공무원은 법에 따라 세무조사의 범위를 확대하는 경우 그 사유와 범위를 납세자에게 문서로 통지하여야 한다.

해설

③ 세무조사는 특정한 세목만을 조사할 필요가 있는 등 대통령령으로 정하는 경우를 제외하고는 납세자의 사업과 관련하여 세법에 따라 신고·납부의무가 있는 세목을 **통합하여 실시**하는 것을 원칙으로 한다.　　　　정답 ③

244

「국세기본법」상 세무공무원이 같은 세목 및 같은 과세기간에 대하여 재조사를 실시할 수 있는 경우를 모두 고른 것은?

ㄱ. 조세탈루의 혐의를 인정할 만한 명백한 자료가 있는 경우
ㄴ. 거래상대방에 대한 조사가 필요한 경우
ㄷ. 2개 이상의 사업연도와 관련하여 잘못이 있는 경우
ㄹ. 납세자가 세무공무원에게 직무와 관련 없이 금품을 제공하거나 금품제공을 알선한 경우

① ㄱ　　　　　　　　　　　　　　② ㄱ, ㄴ

③ ㄱ, ㄴ, ㄷ　　　　　　　　　　④ ㄱ, ㄴ, ㄷ, ㄹ

해설

ㄹ. 납세자가 세무공무원에게 직무와 **관련하여** 금품을 제공하거나 금품제공을 알선한 경우에 같은 세목 및 같은 과세기간에 대하여 재조사를 실시할 수 있다.　　　　정답 ③

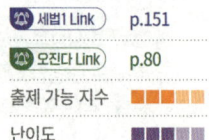

245

「국세기본법」상 세무조사에 대한 설명으로 옳은 것은?

ㄱ. 과세전적부심사에 따른 재조사 결정에 의한 조사(결정서 주문에 기재된 범위 외 조사 포함)를 하는 경우 같은 세목 및 같은 과세기간에 대하여 재조사를 할 수 있다.

ㄴ. 세무공무원은 납세자에 대한 구체적인 탈세 제보가 있는 경우에는 조사 목적에 필요한 최소한의 범위에서 납세자 등 정당한 권한이 있는 자가 임의로 제출한 장부등을 납세자의 동의를 받아 세무관서에 일시 보관할 수 있다.

ㄷ. 세무조사는 납세지 관할 세무서장 또는 지방국세청장이 수행하지만, 납세자의 주된 사업장이 납세지와 관할을 달리하는 경우에는 국세청장(같은 지방국세청 소관 세무서 관할 조정의 경우에는 지방국세청장)이 그 관할을 조정할 수 있다.

ㄹ. 상속세·증여세 조사, 주식변동 조사, 범칙사건 조사 및 출자·거래관계에 있는 관련자에 대하여 동시조사를 하는 경우에는 같은 세목 및 같은 과세기간에 대하여 재조사할 수 있다.

① ㄱ, ㄴ   ② ㄱ, ㄷ   ③ ㄴ, ㄷ   ④ ㄷ, ㄹ

해설

ㄱ. 과세전적부심사에 따른 재조사 결정에 의한 조사(결정서 주문에 기재된 **범위의 조사에 한정**)를 하는 경우 같은 세목 및 같은 과세기간에 대하여 재조사를 할 수 있다.

ㄹ. 상속세·증여세 조사, 주식변동 조사, 범칙사건 조사 및 출자·거래관계에 있는 관련자에 대하여 동시조사를 하는 경우에는 세무조사 기간의 제한 및 세무조사 연장기간의 제한을 받지 아니한다. 즉 세무조사 무제한 연장 사유에 해당하는 것이지, **재조사 가능 사유에 해당하는 것은 아니다.**   정답 ③

246

「국세기본법」상 조사진행 중 세무조사의 범위를 확대할 수 있는 사유에 해낭하는 것은?

ㄱ. 명백한 세금탈루 혐의가 있는 조사대상 과세기간의 특정 항목이 다른 과세기간에도 있어 동일하거나 유사한 세금탈루 혐의가 있을 것으로 의심되어 다른 과세기간의 그 항목에 대한 조사가 필요한 경우

ㄴ. 세법 적용의 착오 등이 있는 조사대상 과세기간의 특정 항목이 다른 과세기간에도 있어 동일하거나 유사한 세법 적용 착오 등이 있을 것으로 의심되어 다른 과세기간의 그 항목에 대한 조사가 필요한 경우

ㄷ. 다른 과세기간·세목 또는 항목에 대한 구체적인 세금탈루 증거자료가 확인되어 다른 과세기간·세목 또는 항목에 대한 조사가 필요한 경우

ㄹ. 납세자가 장부·서류 등을 은닉하거나 제출을 지연하거나 거부하는 등 조사를 기피하는 행위가 명백한 경우

① ㄱ   ② ㄱ, ㄴ   ③ ㄱ, ㄴ, ㄷ   ④ ㄱ, ㄴ, ㄷ, ㄹ

해설

ㄹ. 납세자가 장부·서류 등을 은닉하거나 제출을 지연하거나 거부하는 등 조사를 기피하는 행위가 명백한 경우 **세무조사 기간을 연장할 수 있다.** 즉, 세무조사 기간의 연장 사유에 해당한다.   정답 ③

세법1 Link	p.151-152, 156, 158
오진다 Link	p.80-81, 84-85
출제 가능 지수	
난이도	

세법1 Link	p.157
오진다 Link	p.85
출제 가능 지수	
난이도	

247

「국세기본법」상 세무조사에 관한 설명으로 옳지 않은 것은? (다툼이 있으면 판례에 따름)

① 세무공무원은 세무조사 과정에서 다른 과세기간·세목 또는 항목에 대한 구체적인 세금탈루 증거자료가 확인되어 다른 과세기간·세목 또는 항목에 대한 조사가 필요한 경우 조사진행 중 세무조사의 범위를 확대할 수 있다.

② 세무공무원이 납세의무자의 2023년도분 소득세에 대한 임대료수입금액 누락에 대하여 세무조사를 마친 후 다시 2023년도분 소득세에 대한 음식점수입금액 누락에 대하여 세무조사를 하는 경우에는 세무조사의 내용이 중첩되지 않으므로 원칙적으로 「국세기본법」에서 금지하는 재조사에 해당하지 않는다.

③ 과세당국은 납세자에 대한 구체적인 탈세제보가 있는 경우 정기선정에 의한 조사 외에 세무조사를 할 수 있다.

④ 세무공무원은 국외자료의 수집에 따라 외국 과세기관과의 협의가 필요하여 세무조사를 진행하기 어려운 경우에는 세무조사를 중지할 수 있고 이 중지기간은 세무조사 기간 및 세무조사 연장기간에 산입하지 않는다.

해설

② **같은 소득세에 대해서 2023년이라는 동일한 과세기간에 대해서는** 한 번 세무조사를 한 후에는 원칙적으로 **재조사를 할 수 없다.** 　　　　　　　　　　　　　　　　　　　　　　정답 ②

세법1 Link　p.150-151, 157

오진다 Link　p.80-81, 84-85

출제 가능 지수 ■■■■

난이도 ■■■■

248

「국세기본법」상 납세자의 권리에 관한 설명으로 옳지 않은 것은?

① 세무공무원은 부동산투기 등 경제질서 교란 등을 통한 세금탈루 혐의가 있는 자에 대하여 일제조사를 하는 경우 같은 세목 및 같은 과세기간에 대하여 재조사할 수 있다.

② 세무공무원은 납세자가 세법에서 정한 납세의무를 이행하기 위하여 제출한 자료나 국세의 부과·징수를 위하여 업무상 취득한 자료 등을 타인에게 제공 또는 누설하거나 목적 외의 용도로 사용해서는 안 된다.

③ 세무공무원은 거래처 조사 또는 거래처 현지확인 및 금융거래 현지확인이 필요한 경우 세무조사기간을 연장할 수 있다.

④ 해당 세무조사와 관련하여 세법의 해석 또는 사실관계 확정을 위하여 기획재정부장관 또는 국세청장에 대한 질의 절차가 진행 중인 경우로 인해 세무조사의 결과통지의 기간 이내에 조사결과를 통지할 수 없는 부분이 있는 경우에는 세무공무원이 직권으로 조사결과를 통지할 수 없는 부분을 제외한 조사결과를 납세자에게 설명하고, 이를 서면으로 통지할 수 있다.

해설

④ 해당 세무조사와 관련하여 세법의 해석 또는 사실관계 확정을 위하여 기획재정부장관 또는 국세청장에 대한 질의 절차가 진행 중인 경우로 인해 세무조사의 결과통지의 기간 이내에 조사결과를 통지할 수 없는 부분이 있는 경우에는 **납세자가 동의하는 경우에 한정하여** 조사결과를 통지할 수 없는 부분을 제외한 조사결과를 납세자에게 설명하고, 이를 서면으로 통지할 수 있다. 　　　　　　　　정답 ④

세법1 Link　p.151, 155, 160-161

오진다 Link　p.80, 82-83, 87

출제 가능 지수 ■■■■

난이도 ■■■■

249

「국세기본법」상 납세자의 권리와 보칙에 관한 설명으로 옳지 않은 것은?

① 세무공무원은 2개 이상의 과세기간과 관련하여 잘못이 있는 경우에는 같은 세목 및 같은 과세기간에 대하여 재조사를 할 수 있다.

② 세무공무원은 법령에 따라 일시 보관하고 있는 장부등에 대하여 납세자가 반환을 요청한 날부터 14일 이내에 반환하여야 하나, 조사목적 달성을 위해 필요한 경우에는 납세자보호위원회의 심의를 거쳐 14일 이내의 범위에서 보관 기간을 계속하여 필요한 횟수만큼 연장할 수 있다.

③ 역외거래를 이용하여 세금을 탈루하거나 국내 탈루소득을 해외로 변칙유출한 혐의로 조사하는 경우에는 세무조사 기간의 제한 및 세무조사 연장기간의 제한을 받지 아니한다.

④ 세무공무원은 공공기관의 운영에 관한 법률에 따른 공공기관이 급부·지원 등을 위한 자격의 조사·심사 등에 필요한 과세정보를 당사자의 동의를 받아 요구할 때에는 납세자의 과세정보를 제공할 수 있다.

세법1 Link   p.151, 156, 158, 161
오진다 Link   p.80, 84-87
출제 가능 지수 ■■■■□
난이도 ■■■□□

해설

② 세무공무원은 법령에 따라 일시 보관하고 있는 장부등에 대하여 납세자가 반환을 요청한 날부터 14일 이내에 반환하여야 하나, 조사목적 달성을 위해 필요한 경우에는 납세자보호위원회의 심의를 거쳐 **한 차례만** 14일 이내의 범위에서 보관 기간을 연장할 수 있다.　　　　　정답 ②

250

「국세기본법」상 재조사 금지에 관한 설명으로 옳지 않은 것은?

① 누구든지 세무공무원으로 하여금 법령을 위반하게 하거나 지위 또는 권한을 남용하게 하는 등 공정한 세무조사를 저해하는 행위를 해서는 안 된다.

② 국세환급금의 결정을 위한 확인조사를 하는 경우 같은 세목 및 같은 과세기간에 대하여 재조사를 할 수 있다.

③ 세무공무원은 원활한 세무조사를 하기 위하여 필요한 최대한의 범위에서 장부 등의 제출을 요구해야 하며, 조사대상 세목 및 과세기간의 과세표준과 세액의 계산과 관련 없는 장부등의 제출을 요구할 수도 있다.

④ 부동산투기 등 경제질서 교란 등을 통한 세금탈루 혐의가 있는 자에 대하여 일제조사를 하는 경우에도 재조사를 할 수 있다.

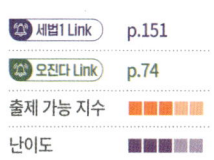
세법1 Link   p.151
오진다 Link   p.74
출제 가능 지수 ■■■■□
난이도 ■■■□□

해설

③ 세무공무원은 세무조사를 하기 위하여 필요한 **최소한의** 범위에서 장부등의 제출을 요구해야 하며, 조사대상 세목 및 과세기간의 과세표준과 세액의 계산과 **관련 없는 장부 등의 제출을 요구해서는 안 된다.**　　정답 ③

251

「국세기본법」상 세무조사권 남용 금지에 대한 설명으로 옳지 않은 것은?

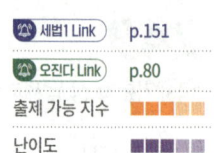

세법1 Link   p.151

오진다 Link   p.80

출제 가능 지수 ■■■■□

난이도 ■■■■□

① 세무공무원은 부분조사를 실시한 후 해당 조사에 포함되지 아니한 부분에 대하여 조사하는 경우에는 같은 세목 및 같은 과세기간에 대하여 재조사를 할 수 있다.

② 「조세범 처벌절차법」에 따른 조세범칙행위의 혐의를 인정할 만한 명백한 자료가 있는 경우(해당 자료에 대하여 「조세범 처벌절차법」에 따라 조세범칙조사심의위원회가 조세범칙조사의 실시에 관한 심의를 한 결과 조세범칙행위의 혐의가 없다고 의결한 경우 포함)에는 같은 세목 및 같은 과세기간에 대하여 재조사를 할 수 있다.

③ 세무공무원은 세무조사를 하기 위하여 필요한 최소한의 범위에서 장부 등의 제출을 요구하여야 하며, 조사대상 세목 및 과세기간의 과세표준과 세액의 계산과 관련 없는 장부 등의 제출을 요구해서는 아니 된다.

④ 과세관청 외의 기관이 직무상 목적을 위하여 작성하거나 취득해 과세관청에 제공한 자료의 처리를 위해 조사하는 경우 같은 세목 및 같은 과세기간에 대하여 재조사를 할 수 있다.

해설

② 「조세범 처벌절차법」에 따른 조세범칙행위의 혐의를 인정할 만한 명백한 자료가 있는 경우(해당 자료에 대하여 「조세범 처벌절차법」에 따라 조세범칙조사심의위원회가 조세범칙조사의 실시에 관한 심의를 한 결과 조세범칙행위의 혐의가 없다고 의결한 경우 **제외**)에는 같은 세목 및 같은 과세기간에 대하여 재조사를 할 수 있다.

정답 ②

252

「국세기본법」상 과세전적부심사에 대한 설명으로 옳은 것은?

세법1 Link p.162-164
오진다 Link p.89-91
출제 가능 지수
난이도

① 세무서장으로부터 세무조사 결과에 대한 서면통지를 받은 자는 과세전적부심사를 청구하지 아니한 채, 통지를 한 세무서장에게 통지받은 내용의 전부 또는 일부에 대하여 과세표준 및 세액을 조기에 결정하거나 경정결정해 줄 것을 신청할 수 없다.

② 세무서장으로부터 세무조사 결과에 대한 서면통지를 받은 자에게 「국세징수법」에 규정된 납부기한 전 징수의 사유가 있거나 세법에서 규정하는 수시부과 사유가 있는 경우에는 과세전적부심사를 청구할 수 없다.

③ 과세전적부심사 청구를 받은 지방국세청장은 해당 국세심사위원회의 심사를 거쳐 결정을 하고 그 결과를 청구를 받은 날부터 60일 이내에 청구인에게 통지하여야 한다.

④ 과세전적부심사 청구기간이 지났거나 보정기간에 보정하지 아니한 경우에는 과세전적부심사 청구를 받은 세무서장은 해당 국세심사위원회의 심사 절차 없이 직권으로 심사하지 아니한다는 결정을 한다.

해설

① 세무서장으로부터 세무조사 결과에 대한 서면통지를 받은 자는 과세전적부심사를 청구하지 아니하고 통지를 한 세무서장에게 통지받은 내용의 전부 또는 일부에 대하여 과세표준 및 세액을 조기에 결정하거나 경정결정해 줄 것을 신청할 수 **있다.**

③ 과세전적부심사 청구를 받은 지방국세청장은 해당 국세심사위원회의 심사를 거쳐 결정을 하고 그 결과를 청구를 받은 날부터 **30일** 이내에 청구인에게 통지하여야 한다.

④ 과세전적부심사 청구기간이 지났거나 보정기간에 보정하지 아니한 경우에는 과세전적부심사 청구를 받은 세무서장은 **국세심사위원회의 심사를 거쳐** 심사하지 아니한다는 결정을 한다.   정답 ②

253

「국세기본법령」상 세무조사 관할 및 대상자 선정에 대한 설명으로 옳은 것은?

세법1 Link p.150, 152
오진다 Link p.80-81
출제 가능 지수 ■■■□□
난이도 ■■■■□

ㄱ. 무작위추출방식으로 표본조사를 하려는 경우에 세무공무원은 정기적으로 신고의 적정성을 검증하기 위하여 대상을 선정하여 세무조사를 할 수 있다.

ㄴ. 납세자가 세법에서 정하는 신고, 성실신고확인서의 제출, 세금계산서 또는 계산서의 작성·교부·제출, 지급명세서의 작성·제출 등의 납세협력의무를 이행하지 아니한 경우 세무공무원은 정기적으로 신고의 적정성을 검증하기 위하여 대상을 선정하여 세무조사를 할 수 있다.

ㄷ. 국세청장이 납세자의 신고 내용에 대하여 정기적으로 성실도를 분석한 결과 불성실 혐의가 있다고 인정하는 경우에 세무공무원은 정기적으로 신고의 적정성을 검증하기 위하여 대상을 선정하여 세무조사를 할 수 있다.

ㄹ. 무자료거래, 위장·가공거래 등 거래내용이 사실과 다른 혐의가 있는 경우 세무공무원은 정기적으로 신고의 적정성을 검증하기 위하여 대상을 선정하여 세무조사를 할 수 있다.

① ㄱ, ㄴ   ② ㄱ, ㄷ   ③ ㄱ, ㄹ   ④ ㄴ, ㄷ

해설

ㄴ. 납세자가 세법에서 정하는 신고, 성실신고확인서의 제출, 세금계산서 또는 계산서의 작성·교부·제출, 지급명세서의 작성·제출 등의 납세협력의무를 이행하지 아니한 경우 **성실성 추정이 깨어진 것으로 보아 수시선정하여 세무조사**를 할 수 있다.

ㄹ. 무자료거래, 위장·가공거래 등 거래내용이 사실과 다른 혐의가 있는 경우 **성실성 추정이 깨어진 것으로 보아 수시선정하여 세무조사**를 할 수 있다.

정기선정 사유	수시선정 사유 = 성실성 추정에서 제외되는 사유
㉠ 국세청장이 납세자의 신고 내용에 대하여 과세자료, 세무정보 및 「주식회사의 외부감사에 관한 법률」에 따른 감사의견, 외부감사 실시내용 등 회계성실도 자료 등을 고려하여 정기적으로 **성실도를 분석한 결과 불성실 혐의**가 있다고 인정하는 경우 ㉡ **최근 4과세기간 이상** 같은 세목의 세무조사를 받지 않은 납세자(장기 미조사자)에 대하여 업종, 규모 등을 고려하여 신고내용이 적정한지를 검증할 필요가 있는 경우 ㉢ **무작위추출방식**으로 **표본조사**를 하려는 경우	㉠ 납세자가 세법에서 정하는 신고, 성실신고확인서의 제출, 세금계산서 또는 계산서의 작성·교부·제출, 지급명세서의 작성·제출 등의 **납세협력의무를 이행하지 아니한** 경우 ㉡ **무자료거래, 위장·가공거래** 등 거래내용이 사실과 다른 **혐의**가 있는 경우 ㉢ 납세자에 대한 **구체적인 탈세제보**가 있는 경우 ㉣ 신고내용에 **탈루나 오류**의 혐의를 인정할 만한 **명백**한 자료가 있는 경우 ㉤ 납세자가 세무공무원에게 직무와 관련하여 **금품을 제공**하거나 **금품 제공을 알선**한 경우

정답 ②

254

「국세기본법」상 세무조사에 관한 설명으로 옳지 않은 것은?

세법1 Link p.150, 152, 155, 158

오진다 Link p.80-81, 83-85

출제 가능 지수 ■■■■□

난이도 ■■■□□

① 납세자가 사업을 실질적으로 관리하는 장소의 소재지와 납세지가 관할을 달리하지만 각각을 관할하는 세무서가 같은 지방국세청 소관인 경우 국세청장이 세무조사의 관할을 조정하여야 한다.

② 납세자가 세법이 정하는 신고 등의 납세협력의무를 이행하지 아니한 경우 정기선정에 의한 조사 외에 세무조사를 실시할 수 있다.

③ 세무공무원은 일시 보관하고 있는 장부 등에 대하여 납세자가 반환을 요청할 경우에는 그 반환을 요청한 날부터 14일 이내에 장부 등을 반환해야 하지만 세무조사에 지장이 없다고 판단될 때에는 요청한 장부 등을 즉시 반환해야 한다.

④ 세무공무원은 납세자가 장부·서류 등의 제출거부 등 조사를 기피하는 행위가 명백한 경우 세무조사 기간을 연장할 수 있다.

해설

① 납세자가 사업을 실질적으로 관리하는 장소의 소재지와 납세지가 관할을 달리하지만 각각을 관할하는 세무서가 같은 지방국세청 소관인 경우 **지방국세청장**이 세무조사의 관할을 조정**할 수 있다.**　　　　　　정답 ①

255

「국세기본법」상 세무조사에 관한 설명으로 옳은 것은?

세법1 Link p.150, 155, 157

오진다 Link p.79, 83, 85

출제 가능 지수 ■■■■■

난이도 ■■■■□

① 성실신고확인서를 제출하면 세무조사를 면제해준다.

② 세무조사 대상자가 세금탈루혐의에 대한 해명 등을 위하여 세무조사 연기를 신청한 경우로서 납세자보호관 등이 이를 인정하는 경우에는 세무조사를 연기할 수 있다.

③ 세무공무원은 구체적인 세금탈루혐의가 해당 과세기간 이외의 다른 과세기간에도 있어 그 다른 과세기간에 대한 조사가 필요한 경우에는 이미 진행 중인 세무조사의 범위를 확대할 수 있다.

④ 관할 세무관서의 장은 조세채권을 확보하기 위하여 조사를 긴급히 개시할 필요가 있다고 인정되는 경우 세무조사 연기기간이 만료되기 전에 조사를 개시할 수 있으며 이때 조사를 개시하기 5일 전까지 조사를 받을 납세자에게 연기가 취소된 소멸한 사실과 조사기간을 통지하여야 한다.

해설

① 성실신고확인서를 제출하지 않을 경우 수시선정에 의한 세무조사 대상이 될 수 있다는 제재가 가해질 뿐, **성실신고확인서를 제출한다고 하여 세무조사가 면제되는 것은 아니다.**

② 세무조사 대상자가 세금탈루혐의에 대한 해명 등을 위하여 세무조사 **기간의 연장을** 신청한 경우로서 납세자보호관 등이 이를 인정하는 경우 세무조사 **기간을 연장**할 수 있다.

④ 관할 세무관서의 장은 조세채권을 확보하기 위하여 조사를 긴급히 개시할 필요가 있다고 인정되는 경우 세무조사 연기기간이 만료되기 전에 조사를 개시할 수 있으며 이때 **조사를 긴급히 개시하여야 하는 사유가 포함된 세무조사통지서를 세무조사를 받을 납세자에게 교부**하여야 한다. ← [비교] 납세자가 천재지변이나 그 밖에 대통령령으로 정하는 사유로 조사를 받기 곤란한 경우에 해당하여 세무조사가 연기되었으나 해당 연기 사유가 소멸한 경우 조사를 개시할 수 있으며 이때는 조사를 개시하기 5일 전까지 조사를 받을 납세자에게 연기 사유가 소멸한 사실과 조사기간을 통지하여야 한다.

정답 ③

256

세법1 Link   p.155
오진다 Link   p.83
출제 가능 지수   ■■■■□
난이도   ■■■■■

「국세기본법령」상 세무조사 기간의 연장사유에 대한 설명으로 옳은 것은?

ㄱ. 장부·서류 등을 은닉하거나 제출을 지연하거나 거부하는 등 조사를 기피하는 행위가 명백한 경우 20일 이내에서 최초의 경우 관할 세무관서의 장의 승인을 받아 연장할 수 있으며 2회 이후 연장의 경우에는 관할 상급 세무관서의 장의 승인을 받아 각각 20일 이내에서 연장할 수 있다.

ㄴ. 세금탈루 혐의가 포착되거나 조사 과정에서 「조세범 처벌절차법」에 따른 조세범칙조사를 개시하는 경우 세무조사 기간의 제한 및 세무조사 연장기간의 제한을 받지 않는다.

ㄷ. 거짓계약서 작성, 미등기양도 등을 이용한 부동산 투기 등을 통하여 세금을 탈루한 혐의로 조사하는 경우 20일 이내에서 최초의 경우 관할 세무관서의 장의 승인을 받아 연장할 수 있으며 2회 이후 연장의 경우에는 관할 상급 세무관서의 장의 승인을 받아 각각 20일 이내에서 연장할 수 있다.

ㄹ. 역외거래를 이용하여 세금을 탈루하거나 국내 탈루소득을 해외로 변칙유출한 혐의로 조사하는 경우 세무조사 기간의 제한 및 세무조사 연장기간의 제한을 받지 않는다.

① ㄱ, ㄴ   ② ㄴ, ㄷ   ③ ㄱ, ㄹ   ④ ㄴ, ㄹ

해설

ㄴ. 세금탈루 혐의가 포착되거나 조사 과정에서 「조세범 처벌절차법」에 따른 조세범칙조사를 개시하는 경우 **20일 이내에서 최초의 경우 관할 세무관서의 장의 승인을 받아 연장할 수 있으며 2회 이후 연장의 경우에는 관할 상급 세무관서의 장의 승인을 받아 각각 20일 이내에서 연장할 수 있다.**

ㄷ. 거짓계약서 작성, 미등기양도 등을 이용한 부동산 투기 등을 통하여 세금을 탈루한 혐의로 조사하는 경우 **세무조사 기간의 제한 및 세무조사 연장기간의 제한을 받지 않는다.**

[세무조사 기간 연장 사유 비교]

세무조사 기간 (20일 이내) 연장 사유	세무조사 기간 (무제한) 연장 사유
㉠ 장부·서류 등을 은닉하거나 제출을 지연하거나 거부하는 등 조사를 기피하는 행위가 명백한 경우 ㉡ 거래처 조사 또는 거래처 현지확인 및 금융거래 현지확인이 필요한 경우 ㉢ 세금탈루 혐의가 포착되거나 조사 과정에서 조세범칙조사를 개시하는 경우 ㉣ 천재지변이나 노동쟁의로 조사가 중단되는 경우 ㉤ 납세자보호관 또는 담당관이 세금탈루혐의와 관련하여 추가적인 사실 확인이 필요하다고 인정하는 경우 ㉥ 세무조사 대상자가 세금탈루혐의에 대한 해명 등을 위하여 세무조사 기간의 연장을 신청한 경우로서 납세자보호관 또는 담당관이 이를 인정하는 경우	㉠ 무자료거래, 위장·가공거래 등 거래 내용이 사실과 다른 혐의가 있어 실제 거래 내용에 대한 조사가 필요한 경우 ㉡ 역외거래를 이용하여 세금을 탈루하거나 국내 탈루소득을 해외로 변칙유출한 혐의로 조사하는 경우 ㉢ 명의위장, 이중장부의 작성, 차명계좌의 이용, 현금거래의 누락 등의 방법을 통하여 세금을 탈루한 혐의로 조사하는 경우 ㉣ 거짓계약서 작성, 미등기양도 등을 이용한 부동산 투기 등을 통하여 세금을 탈루한 혐의로 조사하는 경우 ㉤ 상속세·증여세 조사, 주식변동 조사, 범칙사건 조사 및 출자·거래관계에 있는 관련자에 대하여 동시조사를 하는 경우

정답 ③

257

세법1 Link p.158
오진다 Link p.85
출제 가능 지수 ■■■■■
난이도 ■■■■□

「국세기본법」상 납세자의 권리 중 '장부 등의 보관 금지'에 관한 설명으로 옳은 것은?

① 세무공무원은 「조세범 처벌절차법」에 따른 조세범칙조사를 제외하고는 세무조사의 목적으로 납세자의 장부 등을 세무관서에 임의로 보관할 수 없다.

② 세무공무원은 납세자에 대한 구체적인 탈세 제보가 있는 경우에는 조사 목적에 필요한 최소한의 범위에서 납세자, 소지자 또는 보관자 등 정당한 권한이 있는 자가 임의로 제출한 장부 등을 납세자의 동의없이 세무관서에 일시 보관할 수 있다.

③ 세무공무원은 일시 보관하고 있는 장부 등에 대하여 납세자가 반환을 요청할 경우에는 그 반환을 요청한 날부터 3일 이내에 장부 등을 반환하여야 한다.

④ 조사 목적을 달성하기 위하여 필요한 경우에는 납세자보호위원회의 심의를 거쳐 한 차례만 14일 이내의 범위에서 보관 기간을 연장할 수 있다.

해설

① 세무공무원은 조세범칙조사를 **포함하여** 세무조사의 목적으로 납세자의 장부를 임의로 관서에 보관할 수는 없다.

② 세무공무원은 구체적인 탈세제보가 있는 경우에는 조사 목적에 필요한 최소한의 범위에서 정당한 권한이 있는 자가 임의로 제출한 장부를 **'납세자의 동의를 받아'** 관서에 일시 보관할 수 있다.

③ 세무공무원은 일시 보관하고 있는 장부 등에 대하여 납세자가 반환을 요청할 경우에는 그 반환을 요청한 날부터 **14일** 이내에 장부 등을 반환하여야 한다.

정답 ④

258

세법1 Link p.162-164
오진다 Link p.89-91
출제 가능 시수 ■■■■□
난이도 ■■■■□

「국세기본법」상 과세전적부심사에 관한 설명으로 옳은 것은?

① 세무서장은 세무조사에서 확인된 것으로 조사대상자 외의 자에 대한 과세자료 및 현지 확인조사에 따라 세무서장이 과세하는 경우에는 미리 납세자에게 그 내용을 서면으로 통지하여야 한다.

② 세무서장에게 과세전적부심사를 청구할 수 있는 자가 법령과 관련하여 국세청장의 유권해석 변경이 필요한 경우, 국세청장에게 바로 과세전적부심사를 청구할 수는 없고 세무서장에게 청구하여야 한다.

③ 세무조사 결과통지 및 과세예고통지를 하는 날부터 국세부과 제척기간의 만료일까지의 기간이 1개월 이하인 경우에는 과세전적부심사를 청구할 수 없다.

④ 과세전적부심사 청구를 받은 세무서장은 국세심사위원회의 심사를 거쳐 결정을 하고 그 결과를 청구를 받은 날부터 2개월 이내에 청구인에게 통지하여야 한다.

해설

② 법령과 관련하여 국세청장의 유권해석 변경이 필요한 경우라면 세무서장에게 과세전적부심사를 청구할 수 있는 자는 **국세청장에게 바로 과세전적부심사를 청구할 수 있다.**

③ 세무조사 결과통지 및 과세예고통지를 하는 날부터 국세부과 제척기간의 만료일까지의 기간이 **3개월** 이하인 경우에는 과세전적부심사를 청구할 수 없다.

④ 과세전적부심사 청구를 받은 세무서장은 국세심사위원회의 심사를 거쳐 결정을 하고 그 결과를 청구를 받은 날부터 **30일** 이내에 청구인에게 통지하여야 한다.

정답 ①

259

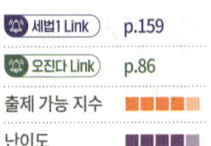

세법1 Link   p.159
오진다 Link   p.86
출제 가능 지수
난이도

「국세기본법」상 세무조사에 관한 설명으로 옳지 않은 것은?

① 불복청구의 인용결정 중 재조사 결정에 따라 사실관계의 확인 등이 필요한 경우 확인을 위하여 필요한 부분에 한정한 조사를 실시할 수 있는데 이때 같은 세목 및 같은 과세기간에 대하여 2회를 초과하여 실시할 수 없다.

② 거래상대방에 대한 세무조사 중에 거래 일부의 확인이 필요한 경우 확인을 위하여 필요한 부분에 한정한 조사를 실시할 수 있는데 이때 같은 세목 및 같은 과세기간에 대하여 2회를 초과하여 실시할 수 없다.

③ 과세관청 외의 기관이 직무상 목적을 위해 작성하거나 취득하여 과세관청에 제공한 자료의 처리를 위해 조사하는 경우 필요한 부분에 한정한 조사를 실시할 수 있는데 이때 같은 세목 및 같은 과세기간에 대하여 2회를 초과하여 실시할 수 없다.

④ 세무조사는 납세자의 사업과 관련하여 세법에 따라 신고·납부의무가 있는 세목을 통합하여 실시하는 것을 원칙으로 하지만 조세채권의 확보 등을 위하여 특정 세목만을 긴급히 조사할 필요가 있는 경우 특정한 세목만을 조사할 수 있다.

해설

① 불복청구의 인용결정 중 재조사 결정에 따라 사실관계의 확인 등이 필요한 경우 확인을 위하여 필요한 부분에 한정한 조사를 실시할 수 있는데 이때 **부분조사의 횟수에 제한이 없다.**

[통합조사의 예외]

특정 세목만 조사	부분조사
㉠ 세목의 특성, 납세자의 신고유형, 사업규모 또는 세금탈루 혐의 등을 고려하여 특정 세목만을 조사할 필요가 있는 경우 ㉡ 조세채권의 확보 등을 위하여 특정 세목만을 긴급히 조사할 필요가 있는 경우 ㉢ 그 밖에 세무조사의 효율성 및 납세자의 편의 등을 고려하여 특정 세목만을 조사할 필요가 있는 경우	㉠ 경정 등의 청구에 대한 처리[1] 또는 국세환급금의 결정을 위하여 확인이 필요한 경우 [2] ㉡ 불복청구의 인용결정 또는 과세전적부심사 청구의 채택 결정 중 재조사 결정에 따라 사실관계의 확인 등이 필요한 경우 [2] ㉢ 거래상대방에 대한 세무조사 중에 거래 일부의 확인이 필요한 경우 ㉣ 납세자에 대한 구체적인 탈세 제보가 있는 경우 ㉤ 명의위장, 차명계좌의 이용을 통하여 세금을 탈루한 혐의에 대한 확인이 필요한 경우 ㉥ 법인이 주식 또는 출자지분을 시가보다 높거나 낮은 가액으로 거래하거나 불공정자본거래에 대한 구체적인 혐의가 있는 경우 ㉦ 무자료거래, 위장·가공거래 등 구체적인 혐의가 있는 경우로서 조세채권의 확보 등을 위하여 긴급한 조사가 필요한 경우 ㉧ 과세관청 외의 기관이 직무상 목적을 위해 작성하거나 취득하여 과세관청에 제공한 자료의 처리를 위해 조사하는 경우 ㉨ 「소득세법」 및 「법인세법」 규정에 따른 조세조약상의 비과세·면제 적용 신청의 내용을 확인할 필요가 있는 경우

[1] 여기에는 '비거주자 또는 외국법인의 국내원천소득과 관련하여 조세조약상 비과세·면제 또는 제한 세율을 적용 받기 위한 경정청구에 대한 처리 및 비과세·면제 신청에 대한 요건 충족 여부 판단을 위한 확인'을 포함함

[2] ㉠과 ㉡의 경우 부분조사의 횟수 제한이 없음

정답 ①

260

「국세기본법」상 과세전적부심사의 청구를 할 수 있는 경우는 모두 몇 개인가?

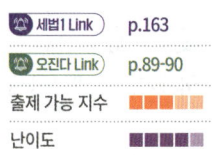

세법1 Link   p.163
오진다 Link   p.89-90
출제 가능 지수   ■■■□□
난이도   ■■■■■

ㄱ. 수시부과의 사유가 있는 경우

ㄴ. 지방국세청에 대한 국세청장의 업무감사결과(현지에서 시정조치하는 경우를 포함)에 따라 지방국세청장이 과세하는 경우

ㄷ. 납부고지하려는 세액이 200만원인 과세예고통지를 받은 경우

ㄹ. 「조세범 처벌법」 위반으로 통고처분하는 경우(통고처분과 관련 없는 세목 또는 세액의 경우는 제외)

ㅁ. 세무조사에서 확인된 것으로 조사대상자 외의 자에 대한 과세자료 및 현지 확인조사에 따라 세무서장 또는 지방국세청장이 과세하는 경우

ㅂ. 불복청구 및 과세전적부심사의 재조사 결정에 의한 세무조사를 하는 경우

ㅅ. 법령과 관련하여 국세청장의 유권해석을 변경해야 하거나 새로운 해석이 필요한 경우

ㅇ. 「국제조세조정에 관한 법률」에 따라 조세조약을 체결한 상대국이 상호합의 절차의 개시를 요청한 경우

① 2개   ② 3개   ③ 4개   ④ 5개

해설

ㄱ. 「수시부과의 사유가 있는 경우는 **과세전적부심사 배제사유**에 해당한다.

ㄹ. 「조세범 처벌법」 위반으로 통고처분하는 경우(통고처분과 관련 없는 세목 또는 세액의 경우는 제외)는 **과세전적부심사 배제사유**에 해당한다.

ㅂ. 불복청구 및 과세전적부심사의 재조사 결정에 의한 세무조사를 하는 경우는 **과세전적부심사 배제사유**에 해당한다.

ㅇ. 「국제조세조정에 관한 법률」에 따라 조세조약을 체결한 상대국이 상호합의절차의 개시를 요청한 경우는 **과세전적부심사 배제사유**에 해당한다.

정답 ③

261

「국세기본법」 및 「국세징수법」상 보칙에 대한 설명으로 옳은 것은?

세법1 Link p.168-169, 171, 173-174
오진다 Link p.93-97
출제 가능 지수 ■■■■■
난이도 ■■■■■

ㄱ. 고지할 국세(인지세는 제외) 및 강제징수비를 합친 금액이 10만원 미만일 때에는 그 금액은 없는 것으로 본다.

ㄴ. 국세청장은 「국세기본법」상 비밀 유지 규정에도 불구하고 「조세범처벌법」에 따른 범죄 유죄판결이 확정된 자로서 「조세범처벌법」에 따른 포탈세액 등이 연간 2억원 이상인 자의 인적사항 및 포탈세액 등을 공개할 수 있으나, 국세정보위원회가 공개할 실익이 없거나 공개하는 것이 부적절하다고 인정하는 경우에는 공개할 수 없다.

ㄷ. 국세청장은 체납자의 은닉재산을 신고한 자에게는 20억원의 범위에서 포상금을 지급할 수 있으며 국세청장은 포상금 지급에 관한 안내 기한의 종료일이 속하는 달의 말일부터 2개월 이내에 포상금을 지급해야 한다.

ㄹ. 국세청장은 비밀유지에 관한 규정에도 불구하고 「특정범죄 가중처벌 등에 관한 법률」 제8조의2에 따른 범죄로 유죄판결이 확정된 사람(세금계산서발급의무 등 위반자)의 인적사항, 부정 기재한 공급가액 등의 합계액 등을 공개할 수 있다.

ㅁ. 타인의 명의를 사용하여 사업을 경영하는 자를 신고한 자에게는 신고 건별로 100만원을 포상금으로 지급할 수 있다.

① ㄱ, ㄴ　　　② ㄴ, ㄷ　　　③ ㄱ, ㅁ　　　④ ㄴ, ㄹ

해설

ㄱ. 고지할 국세(인지세는 제외) 및 강제징수비를 합친 금액이 **1만원** 미만일 때에는 그 금액은 없는 것으로 본다.

ㄷ. 국세청장은 체납자의 은닉재산을 신고한 자에게는 **30억원**의 범위에서 포상금을 지급할 수 있으며 국세청장은 포상금 지급에 관한 안내 기한의 종료일이 속하는 달의 말일부터 2개월 이내에 포상금을 지급해야 함

ㅁ. 타인의 명의를 사용하여 사업을 경영하는 자를 신고한 자에게는 신고 건별로 **200만원**을 포상금으로 지급할 수 있다.

정답 ④

262

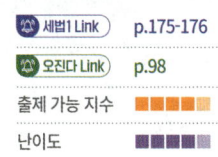

세법1 Link p.175-176

오진다 Link p.98

출제 가능 지수 ■■■■■

난이도 ■■■■■

「국세기본법」상 납세자의 권리와 보칙에 관한 설명으로 옳지 않은 것은?

① 국세청장은 조세정책의 평가 및 연구를 목적으로 기초자료를 이용하려는 자가 소득세 관련 기초자료의 일부의 제공을 요구하는 경우에는 표본자료(소득세 관련 기초자료의 일부를 검증된 통계작성기법을 적용하여 표본 형태로 처리한 기초자료)를 전자매체에 수록하거나 정보통신망을 통해 제공하는 방법으로 제공할 수 있다.

② 국세청장은 국회사무총장·국회도서관장, 국회의원, 중앙행정기관 또는 지방자치단체의 장 등 대통령령으로 정하는 자가 조세정책의 평가 및 연구 등에 활용하기 위하여 통계자료 작성에 사용된 기초자료를 직접 분석하기를 원하는 경우 전자매체에 수록하거나 정보통신망을 통해 제공하는 방법으로 제공할 수 있다.

③ 국세청장은 조세정책의 수립 및 평가 등에 활용하기 위하여 과세정보를 분석·가공한 통계자료를 작성·관리하여야 한다. 이 경우 통계자료는 납세자의 과세정보를 직접적인 방법 또는 간접적인 방법으로 확인할 수 없도록 작성되어야 한다.

④ 세원의 투명성, 국민의 알 권리 보장 및 국세행정의 신뢰증진을 위하여 국세청장은 통계자료를 국세정보위원회의 심의를 거쳐 일반 국민에게 정기적으로 공개해야 한다.

해설

② 국세청장은 국회사무총장·국회도서관장, 국회의원, 중앙행정기관 또는 지방자치단체의 장 등 대통령령으로 정하는 자가 조세정책의 평가 및 연구 등에 활용하기 위하여 통계자료 작성에 사용된 기초자료를 직접 분석하기를 원하는 경우 **국세청 내에 설치된 국세통계센터 내에서** 기초자료를 제공할 수 있다.   정답 ②

제 **3** 편

국세징수법

CHAPTER

총칙 및 보칙

263

「국세징수법」에 대한 설명으로 옳은 것은?

① 「국세징수법」에서 규정한 사항 중 「국세기본법」이나 다른 세법에 특별한 규정이 있는 것에 관하여는 그 법률에서 정하는 바에 따른다.
② 체납자란 납세자의 국세 또는 강제징수비의 납부를 보증한 자를 말한다.
③ 체납액의 징수 순위는 강제징수비, 가산세, 가산세를 제외한 국세로 한다.
④ 체납이란 국세를 법정납부기한까지 납부하지 않는 것을 말한다.

> **해설**
>
> ② 체납자란 **국세를 체납한 자**를 말한다.
> ③ 체납액의 징수 순위는 강제징수비, **가산세를 제외한 국세, 가산세**로 한다.
> ④ 체납이란 국세를 **지정**납부기한까지 납부하지 않는 것을 말한다.   정답 ①

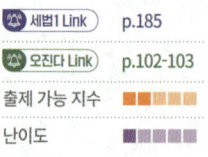

| 세법1 Link | p.185 |
| 오진다 Link | p.102-103 |

출제 가능 지수 ■■■■■
난이도 ■■■■■

264

「국세징수법」상 국세청장은 5천만원 이상의 국세를 정당한 사유 없이 체납한 자 중 '일정한 사람'으로서 관할 세무서장이 압류 · 공매, 담보 제공, 보증인의 납세보증서 등으로 조세채권을 확보할 수 없고, 강제징수를 회피할 우려가 있다고 인정되는 사람에 대하여 법무부장관에게 출국금지를 요청해야 한다. 이때 '일정한 사람'에 해당하는 자는?

> ㄱ. 미화 3만달러 상당액 이상의 국외자산이 발견된 자
> ㄴ. 사해행위취소소송 중이거나, 국세기본법에 따라 제3자와 짜고 한 거짓계약에 대한 취소소송 중인 자
> ㄷ. 배우자 또는 직계존비속이 국외로 이주(국외에 3년 이상 장기체류 중인 경우 포함)한 자
> ㄹ. 국세징수법에 따라 명단이 공개된 고액 · 상습체납자

① ㄱ   ② ㄴ, ㄷ   ③ ㄱ, ㄴ, ㄷ   ④ ㄴ, ㄷ, ㄹ

> **해설**
>
> ㄱ. 정당한 사유 없이 5천만원 이상의 국세를 체납한 자로서, **미화 5만달러** 상당액 이상의 국외자산이 발견된 자를 출국금지 대상자로 한다.   정답 ④

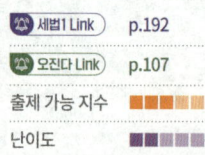

| 세법1 Link | p.192 |
| 오진다 Link | p.107 |

출제 가능 지수 ■■■■■
난이도 ■■■■■

265

세법1 Link p.186, 188
오진다 Link p.103-105
출제 가능 지수 ■■■■□
난이도 ■■■■□

「국세징수법령」상 납세증명서와 미납국세 등의 열람 제도에 대한 설명으로 옳은 것은? (단, 납세증명서 발급과 미납국세 등의 열람을 위한 다른 요건은 모두 충족된 것으로 본다.)

ㄱ. 납세자가 과세표준 및 세액을 신고한 후 납부하지 않아 납부고지서가 발급된 경우 그 시기가 아직 지정납부기한 이전이라면 체납액은 없으며 납세증명서를 통해 확인할 수 없다.

ㄴ. 납세증명서를 발급받으려는 자는 관할 세무서장에게 발급신청에 관한 일정한 문서를 제출하여야 한다. 이때 발급신청은 본인은 물론 본인의 위임을 받은 제3자도 가능하며, 우편에 의하여 할 수도 있다.

ㄷ. 임차인이 미납국세 등을 열람하는 경우, 임대인이 각 세법에 따른 과세표준 및 세액의 신고기한까지 신고한 국세 중 납부하지 아니한 국세의 열람이 가능하다.

ㄹ. 미납국세 등의 열람으로는 임대인에게 납부고지서를 발급한 후 납기가 도래하지 아니한 국세를 열람할 수 없다.

① ㄱ, ㄴ　　　　② ㄴ, ㄹ　　　　③ ㄱ, ㄴ, ㄷ　　　　④ ㄱ, ㄷ, ㄹ

해설

ㄹ. 미납국세 등의 열람으로 임대인에게 납부고지서를 발급한 후 지정납부기한이 도래하지 아니한 국세를 열람할 수 **있다**.

[미납국세 등의 열람 범위]

ⓐ 체납액
ⓑ 납부고지서를 발급한 후 지정납부기한이 도래하지 않은 국세
ⓒ 각 세법에 따른 과세표준 및 세액의 신고기한까지 신고한 국세 중 납부하지 않은 국세

정답 ③

266

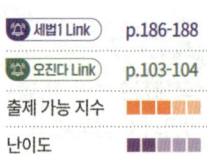

세법1 Link	p.186-188
오진다 Link	p.103-104
출제 가능 지수	■■■□□
난이도	■■□□□

「국세징수법」 상 납세증명서 제도에 관한 설명으로 옳은 것은?

① 납세증명서는 발급일 현재 독촉장에서 정하는 기한의 연장에 관계된 금액 또는 압류·매각의 유예액 등을 포함한 다른 체납액이 없다는 사실을 증명하는 것이다.

② 납세증명서를 관계 법령에 따라 의무적으로 제출해야 하는 경우 해당 주무관청 등은 납세자의 동의 없이 「전자정부법」 제36조 제1항에 따른 행정정보의 공동이용을 통하여 그 체납사실 여부를 확인함으로써 납세증명서의 제출을 갈음할 수 있다.

③ 납세증명서의 유효기간은 그 증명서를 발급한 날부터 30일간이며, 납세증명서 발급일 현재 해당 신청인에게 납부고지된 국세가 있는 경우에는 해당 국세의 지정납부기한까지로 할 수 있다.

④ 납세자가 국가로부터 받게 될 계약대금 중 일부 금액으로 체납세액 일부를 납부하려는 경우에는 국가에게 납세증명서를 제출하지 아니하여도 된다.

해설

① 납세증명서는 발급일 현재 독촉장에서 정하는 기한의 연장에 관계된 금액 또는 압류·매각의 유예액 등을 **제외하고는** 다른 체납액이 없다는 사실을 증명하는 것이다.

② 납세증명서를 제출해야 하는 경우 해당 주무관청 등이 국세청장 또는 관할 세무서장에게 조회(국세청장에게 조회하는 경우에는 국세정보통신망을 통한 방법으로 한정)하거나 **납세자의 동의를 받아** 「전자정부법」 제36조제1항에 따른 행정정보의 공동이용을 통하여 그 체납사실 여부를 확인하는 경우에는 납세증명서를 제출받은 것으로 볼 수 있다.

④ 납세자가 국가로부터 받게 될 계약대금 중 일부 금액으로 체납세액 **전액**을 납부하려는 경우에는 국가에게 납세증명서를 제출하지 아니하여도 된다. ← 참고로 납세자가 계약대금 전액을 체납세액으로 납부하는 경우에도 납세증명서를 제출하지 않아도 됨 주의

[납세증명서상 체납액에서 제외]

㉠ 납부고지의 유예액
㉡ 독촉장에서 정하는 기한의 연장에 관계된 금액
㉢ 압류·매각의 유예액
㉣ 「채무자 회생 및 파산에 관한 법률」에 따른 징수유예액 또는 강제징수에 따라 압류된 재산의 환가유예에 관련된 체납액
㉤ 「부가가치세법」에 따라 물적납세의무를 부담하는 수탁자가 그 물적납세의무와 관련하여 체납한 부가가치세 또는 강제징수비
㉥ 「종합부동산세법」에 따라 물적납세의무를 부담하는 수탁자가 그 물적납세의무와 관련하여 체납한 종합부동산세 또는 강제징수비
㉦ 「국세기본법」에 따라 물적납세의무를 부담하는 양도담보권자가 그 물적납세의무와 관련하여 체납한 국세 또는 강제징수비
㉧ 「조세특례제한법」에 따른 압류 또는 매각이 유예된 체납액
㉨ 「조세특례제한법」에 따른 납부고지의 유예 또는 지정납부기한 등의 연장에 관계된 국세 또는 체납액
㉩ 「조세특례제한법」에 따른 체납액 징수특례를 적용받은 징수곤란 체납액

정답 ③

267

「국세징수법령」상 국세를 납부하도록 강제하는 제도에 대한 설명으로 옳은 것은?

세법1 Link   p.187, 190, 192
오진다 Link   p.103-108
출제 가능 지수   ■■■■□
난이도   ■■□□□

① 관할 세무서장은 허가 등을 받아 사업을 경영하는 자가 해당 사업과 관련된 소득세, 법인세 및 부가가치세를 3회 이상 체납하고 그 체납된 금액의 합계액이 500만원 이상이면 공시송달의 방법으로 납부고지된 경우에도 그 주무관청에 사업의 정지를 요구할 수 있다.

② 납세자는 「국가를 당사자로 하는 계약에 관한 법률 시행령」에 따른 수의계약(비상재해가 발생한 경우에 국가가 소유하는 복구용 자재를 재해를 당한 자에게 매각하는 경우 포함)과 관련하여 국가로부터 대금을 지급받는 경우 납세증명서를 제출하지 아니하여도 된다.

③ 국세청장·지방국세청장 또는 관할 세무서장은 「금융실명거래 및 비밀보장에 관한 법률」에도 불구하고 제출받은 이자소득 또는 배당소득에 대한 지급명세서 등 금융거래에 관한 정보를 체납자의 재산조회와 강제징수를 위하여 사용할 수 있다.

④ 국세청장은 정당한 사유 없이 5천만원 이상의 국세를 체납한 자 중 미화 5만 달러 상당액 이상의 국외자산이 발견되었으나, 관할 세무서장이 압류 등으로 조세채권을 확보할 수 없고, 체납처분을 회피할 우려가 있다고 인정되는 자에 대하여 법무부 장관에게 법령에 따라 출국금지를 요청할 수 있다.

해설

① 관할 세무서장은 허가 등을 받아 사업을 경영하는 자가 해당 사업과 관련된 소득세, 법인세 및 부가가치세를 3회 이상 체납하고 그 체납된 금액의 합계액이 500만원 이상이더라도 **공시송달의 방법으로 납부고지된 경우**에는 그 주무관청에 사업의 정지를 요구할 수 **없다.**

② 납세자는 「국가를 당사자로 하는 계약에 관한 법률 시행령」에 따른 수의계약(비상재해가 발생한 경우에 국가가 소유하는 복구용 자재를 재해를 당한 자에게 매각하는 경우는 **제외**)과 관련하여 국가로부터 대금을 지급받는 경우 납세증명서를 제출하지 아니하여도 된다.

④ 국세청장은 정당한 사유 없이 5천만원 이상의 국세를 체납한 자 중 미화 5만 달러 상당액 이상의 국외자산이 발견되었으나, 관할 세무서장이 압류 등으로 조세채권을 확보할 수 없고, 체납처분을 회피할 우려가 있다고 인정되는 자에 대하여 법무부 장관에게 법령에 따라 출국금지를 **요청해야 한다.**

정답 ③

268

「국세징수법령」상 체납자에 대한 관허사업의 제한이나 출국금지의 요청 등을 설명한 것으로 옳은 것은?

세법1 Link   p.189, 192
오진다 Link   p.105, 107
출제 가능 지수 ■■■■
난이도   ■■■■■

① 관할 세무서장은 납세자가 허가·인가·면허 및 등록 등을 받은 사업과 관련된 모든 국세를 체납한 경우 해당 사업의 주무관청에 그 납세자에 대하여 허가 등의 갱신과 그 허가 등의 근거 법률에 따른 신규 허가 등을 하지 아니할 것을 요구할 수 있다.

② 관할 세무서장은 허가 등을 받아 사업을 경영하는 자가 해당 사업과 관련된 소득세, 법인세 및 부가가치세를 3회 이상 체납하고 그 체납된 금액의 합계액이 500만원 이상인 경우 해당 주무관청에 사업의 정지 또는 허가 등의 취소를 요구할 수 있으며, 해당 주무관청은 관할 세무서장의 요구가 있는 경우 정당한 사유가 없으면 요구에 따를 수 있다.

③ 대법원 판례는 재산을 해외로 도피할 우려가 있는지 여부 등을 확인하지 않은 채 단순히 일정 금액 이상의 조세를 미납하였고 그 미납에 정당한 사유가 없다는 사유만으로 바로 출국금지 처분을 하는 것은 「헌법」상의 기본권 보장 원리 및 과잉금지의 원칙에 비추어 허용되지 않는다고 본다.

④ 국세청장은 체납액 징수, 체납자 재산의 압류, 담보 제공 등으로 출국금지사유가 해소된 경우에는 법무부장관에게 출국금지의 해제를 요청할 수 있다.

해설

① 관할 세무서장은 납세자가 허가·인가·면허 및 등록 등을 받은 사업과 관련된 **소득세, 법인세 및 부가가치세** 를 체납한 경우 해당 사업의 주무관청에 그 납세자에 대하여 허가 등의 갱신과 그 허가 등의 근거 법률에 따른 신규 허가 등을 하지 아니할 것을 요구할 수 있다.

② 관할 세무서장은 허가 등을 받아 사업을 경영하는 자가 해당 사업과 관련된 소득세, 법인세 및 부가가치세를 3회 이상 체납하고 그 체납된 금액의 합계액이 500만원 이상인 경우 해당 주무관청에 사업의 정지 또는 허가 등의 취소를 요구할 수 있으며, 해당 주무관청은 관할 세무서장의 요구가 있는 경우 정당한 사유가 없으면 요구에 **따라야 한다.**

④ 국세청장은 체납액 징수, 체납자 재산의 압류, 담보 제공 등으로 출국금지사유가 해소된 경우에는 **즉시** 법무부장관에게 출국금지의 해제를 **요청하여야 한다.**   정답 ③

CHAPTER 01 총칙 및 보칙

269

다음 거주자 대한씨의 자료에 따른 세법상 설명으로 옳지 않은 것은?

| 세법1 Link | p.169, 189, 191, 193 |
| 오진다 Link | p.94, 105-108 |

출제 가능 지수　■■■■■
난이도　　　　　■■■■

- 대한씨는 허가 등을 받은 사업과 관련된 소득세 1억원을 법령에서 정하는 정당한 사유 없이 체납하고 있다.
- 2023. 4. 1. 현재 체납발생일부터 1년이 경과하였다.
- 체납국세와 관련하여 불복청구 중이거나 행정소송이 계류 중인 상태가 아니다.
- 대한씨는 납부기한의 연장, 납부고지의 유예 및 압류·매각 유예를 받은 사실이 없다.

① 국세청장은 비밀유지 규정에 불구하고 대한씨의 인적사항 및 체납액 등을 공개할 수 있다.

② 국세청장은 대한씨의 은닉재산을 신고한 자에 대하여 30억원의 범위에서 법령에 따라 계산한 포상금을 지급할 수 있다.

③ 관할 세무서장은 허가 등을 받은 사업의 주무관서에 대한씨에 대하여 그 허가의 갱신을 하지 아니할 것을 요구할 수 있다.

④ 관할 세무서장은 국세징수를 위하여 필요한 경우로서 신용정보집중기관 등 일정한 자가 대한씨의 체납자료를 요구하는 경우에는 이를 제공할 수 있다.

해설

① 국세청장은 체납발생일부터 1년이 경과한 국세가 **2억원** 이상일 때에는 체납자의 인적사항 등을 공개할 수 있으나 대한은 체납발생일로부터 1년이 경과한 국세가 1억원이므로 **공개할 수 없다.**　　　　정답 ①

270

「국세기본법」및「국세징수법」상 세무공무원의 비밀유지의무에도 불구하고 국세청장이 인적사항 등을 공개할 수 있는 자가 아닌 것은? (단, 체납된 국세가 이의신청·심사청구 등 불복청구 중에 있거나 그 밖에 대통령령으로 정하는 사유는 없다.)

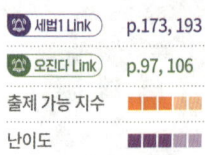
세법1 Link   p.173, 193
오진다 Link   p.97, 106
출제 가능 지수 ▉▉▉▉□
난이도 ▉▉▉▉□

① 「국제조세조정에 관한 법률」제34조 제1항에 따른 해외금융계좌 정보의 신고의무자로서 신고기한 내에 신고하지 아니한 금액이나 과소신고한 금액이 5억원을 초과하는 자
② 「조세범처벌법」제3조 제1항에 따른 범죄로 유죄판결이 확정된 자로서 포탈세액이 연간 2억원 이상인 자
③ 대통령령으로 정하는 불성실기부금수령단체
④ 체납발생일부터 1년이 지난 국세가 2억원 이상인 체납자

해설

① 「국제조세조정에 관한 법률」제34조 제1항에 따른 해외금융계좌 정보의 신고의무자로서 신고기한 내에 신고하지 아니한 금액이나 과소신고한 금액이 **50억원**을 초과하는 자

[명단공개대상]

㉠ 대통령령이 정하는 불성실기부금수령단체의 인적사항·국세추징명세 등은 공개할 수 있다.
㉡ 「조세범처벌법」에 따른 범죄 유죄판결이 확정된 자로서 「조세범처벌법」에 따른 포탈세액 등이 연간 2억원 이상인 자의 인적사항 및 포탈세액 등을 공개할 수 있다.
㉢ 「국제조세조정에 관한 법률」에 따른 해외금융계좌정보의 신고의무자로서 신고기한 내에 신고하지 않거나 과소신고한 금액이 50억원을 초과하는 자의 인적사항, 신고의무 위반금액 등을 공개할 수 있다.
㉣ 「특정범죄 가중처벌 등에 관한 법률」에 따라 세금계산서 교부의무 등을 위반하여 가중처벌된 자의 인적사항 및 공급가액등의 합계액, 판결요지 및 형량 등을 공개할 수 있다.

정답 ①

271

「국세징수법」상 납세증명서에 관한 설명으로 옳은 것은?

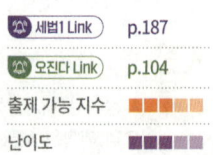
세법1 Link   p.187
오진다 Link   p.104
출제 가능 지수 ▉▉▉▉▉
난이도 ▉▉▉▉□

① 내국인이 재산을 해외로 도피하거나 조세를 포탈할 목적 없이 해외이주를 위해 「해외이주법」에 따라 재외동포청장에게 해외이주신고를 하는 경우에는 납세증명서를 제출하지 않아도 된다.
② 지방자치단체와 건설공사계약을 체결하는 때에는 납세증명서를 제출하여야 한다.
③ 국세 강제징수에 따른 채권 압류로 관할 세무서장이 그 대금을 지급받는 경우에도 납세증명서를 제출해야 한다.
④ 국가로부터 대금을 지급받는 경우로서 채권양도에 의하여 대금을 지급받는 자가 원래의 계약자 외의 자인 경우에는 해당 채권의 양도인뿐만 아니라 양수인의 납세증명서를 함께 제출해야 한다.

해설

① 내국인이 해외이주 목적으로 「해외이주법」에 따라 재외동포청장에게 해외이주신고를 하는 경우에는 조세포탈 등의 목적 유무와 상관없이 납세증명서를 **제출하여야 한다.**
② 국가, 지방자치단체 또는 법으로 정하는 정부 관리기관으로부터 **대금을 지급받을 경우** 납세증명서를 제출하여야 한다.
③ 국세 강제징수에 따른 채권 압류로 관할 세무서장이 국가로부터 대금을 지급받는 경우에는 납세증명서를 **제출하지 아니하여도 된다.**

정답 ④

272

「국세징수법령」상 고액·상습체납자에 대하여 행할 수 있는 사항으로 옳은 것은?

세법1 Link   p.192-195
오진다 Link   p.107-109
출제 가능 지수 ■■■■■
난이도   ■■■■□

① 국세청장은 정당한 사유 없이 3천만원 이상의 국세를 체납한 자 중 명단이 공개된 고액·상습 체납자로서 관할 세무서장이 압류·공매, 담보 제공, 보증인의 납세보증서 등으로 조세채권을 확보할 수 없고, 강제징수를 회피할 우려가 있다고 인정하는 사람에 대하여 법무부장관에게 출국금지를 요청하여야 한다.

② 국세청장은 체납 발생일부터 2년이 지난 국세의 합계액이 1억원 이상인 경우에 체납자의 인적 사항 및 체납액 등을 공개할 수 있으나 체납된 국세와 관련하여 심판청구가 계속 중인 경우에 는 공개할 수 없다.

③ 국세청장은 체납 발생일부터 1년이 지난 국세의 합계액이 2억원 이상인 경우에 체납자의 주소 또는 거소를 관할하는 지방검찰청 또는 지청의 검사에게 체납자의 감치(監置)를 신청할 수 있 다.

④ 법원의 결정으로 30일의 범위에서 체납된 국세가 납부될 때까지 체납자를 감치(監置)에 처할 수 있으며 감치의 집행 중에 체납된 국세를 납부한 경우 감치집행을 종료하여야 한다.

해설

① 국세청장은 정당한 사유 없이 **5천만원** 이상의 국세를 체납한 자 중 명단이 공개된 고액·상습체납자로서 관할 세무서장이 압류·공매, 담보 제공, 보증인의 납세보증서 등으로 조세채권을 확보할 수 없고, 강제징수를 회피할 우려가 있다고 인정하는 사람에 대하여 법무부장관에게 출국금지를 요청하여야 한다.

② 국세청장은 체납 발생일부터 **1년**이 지난 국세의 합계액이 **2억원** 이상인 경우에 체납자의 인적사항 및 체납액 등을 공개할 수 있으나 체납된 국세와 관련하여 심판청구가 계속 중인 경우에는 공개할 수 없다.

③ 국세청장은 체납자가 다음의 사유에 **모두 해당하는 경우**에는 체납자의 주소 또는 거소를 관할하는 지방검찰청 또는 지청의 검사에게 체납자의 감치를 신청할 수 있다.

ㄱ 국세를 3회 이상 체납하고 있고, 체납 발생일부터 각 1년이 경과하였으며, 체납된 국세의 합계액이 2억원 이상인 경우
ㄴ 체납된 국세의 납부능력이 있음에도 불구하고 정당한 사유 없이 체납한 경우
ㄷ 「국세기본법」에 따른 국세정보위원회의 의결에 따라 해당 체납자에 대한 감치 필요성이 인정되는 경우

정답 ④

273

「국세징수법」상 납세자가 납세증명서를 제출하여야 하는 경우를 모두 고른 것은?

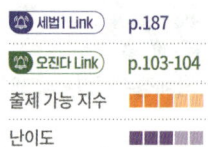

세법1 Link   p.187
오진다 Link   p.103-104
출제 가능 지수 ■■□□
난이도   ■■■□□

ㄱ. 국세 강제징수에 따른 채권 압류로 세무서장이 그 대금을 지급받는 경우

ㄴ. 「출입국관리법」에 따른 외국인등록 또는 「재외동포의 출입국과 법적 지위에 관한 법률」에 따른 국내거소신고를 한 외국인이 체류기간 연장허가 등 체류 관련 허가를 법무부장관에게 신청하는 경우

ㄷ. 내국인이 해외이주 목적으로 「해외이주법」에 따라 재외동포청장에게 해외이주신고를 하는 경우

ㄹ. 지방자치단체가 대금을 지급받아 그 대금이 지방자치단체금고에 귀속하는 경우

ㅁ. 국가, 지방자치단체 또는 정부 관리기관으로부터 대금을 지급받을 경우(체납액이 없다는 사실의 증명이 필요하지 아니한 경우에 해당하지 않음)

ㅂ. 국가 및 지방자치단체로부터 수의계약에 따라 대금을 지급받는 경우

① ㄱ, ㄴ, ㄷ   ② ㄱ, ㄷ, ㄹ   ③ ㄴ, ㄷ, ㅁ   ④ ㄴ, ㄹ, ㅂ

해설

납세자는 다음의 경우 납세증명서를 제출하여야 한다.

㉠ 국가, 지방자치단체 또는 법으로 정하는 정부 관리기관으로부터 대금을 지급받을 경우(체납액이 없다는 사실의 증명이 필요하지 아니한 경우로서 법령으로 정하는 경우는 제외)
㉡ 「출입국관리법」에 따른 외국인등록 또는 「재외동포의 출입국과 법적 지위에 관한 법률」에 따른 국내거소신고를 한 외국인이 체류기간 연장허가 등 체류 관련 허가를 법무부장관에게 신청하는 경우
㉢ 내국인이 해외이주 목적으로 「해외이주법」에 따라 재외동포청장에게 해외이주신고를 하는 경우

정답 ③

274

「국세징수법」상 납세자가 납세의무를 자발적으로 이행하도록 간접적으로 강제하는 제도에 대한 설명으로 옳은 것은?

세법1 Link p.187-188, 191-192
오진다 Link p.103-107
출제 가능 지수 ■■■□□
난이도 ■■■■□

ㄱ. 국세청장은 정당한 사유 없이 5천만원 이상의 국세를 체납한 자 중 대통령령으로 정하는 자에 대하여 법무부장관에게 「출입국관리법」에 따라 출국금지를 요청하여야 한다.

ㄴ. 체납된 국세와 관련하여 「국세기본법」에 따른 이의신청·심사청구 또는 심판청구 및 행정소송이 계류 중인 경우에는 「신용정보의 이용 및 보호에 관한 법률」에 따른 신용정보집중기관이 세무서장에게 체납자에 대한 자료를 요구하는 경우에도 체납자료를 제공할 수 없다.

ㄷ. 납세증명서의 발급일 현재 해당 신청인에게 고지된 국세가 있는 경우에는 납세증명서의 유효기간을 그 지정납부기한으로부터 30일간으로 할 수 있다.

ㄹ. 법원의 전부명령에 따라 원래의 계약자 외의 자가 지방자치단체로부터 대금을 지급받는 경우 압류채권자와 채무자의 납세증명서를 제출하여야 한다.

① ㄱ
② ㄱ, ㄴ
③ ㄱ, ㄴ, ㄷ
④ ㄱ, ㄴ, ㄷ, ㄹ

해설

ㄷ. 원칙적으로 납세증명서의 유효기간은 그 발급일부터 30일간이지만, 예외적으로 신청인에게 납부고지된 국세가 있는 경우에는 관할 세무서장이 **유효기간을 해당 국세의 지정납부기한까지** 단축시킬 수 있는 것이다.

ㄹ. 법원의 전부명령에 따라 원래의 계약자 외의 자가 지방자치 단체로부터 대금을 지급받는 경우 **압류채권자의 납세증명서를 제출**하여야 한다. 즉, 채무자의 납세증명서 제출 의무는 없다.

정답 ②

275

세법1 Link p.186, 189-191
오진다 Link p.104-106
출제 가능 지수 ■■■□□
난이도 ■■■■■

「국세징수법」상 납세자가 납세의무를 자발적으로 이행하도록 간접적으로 강제하는 제도에 대한 설명으로 옳지 않은 것은?

① 세무서장은 미납국세 등의 열람신청을 받은 경우 각 세법에 따른 과세표준 및 세액의 신고기한까지 임대인이 신고한 국세 중 납부하지 않은 국세에 대해서는 지정납부기한부터 30일(종합소득세의 경우에는 60일)이 지났을 때부터 열람 신청에 따라 열람할 수 있게 해야 한다.

② 납세증명서를 발급받으려는 내국법인은 본점 소재지를 관할하는 세무서장(단, 국세청장이 납세자의 편의를 위하여 발급 세무서를 달리 정하는 경우에는 그 발급세무서의 장)에게 발급신청에 관한 문서를 제출하여야 한다.

③ 관할 세무서장은 주무관청에 사업에 관한 허가 등의 제한 요구를 한 후 해당 국세를 징수한 경우 즉시 그 요구를 철회해야 한다.

④ 세무서장(지방국세청장 포함)은 국세징수 또는 공익 목적을 위하여 필요한 경우로서 신용정보집중기관 등 일정한 자가 체납 발생일부터 1년이 지나고 체납액이 500만원 이상인 자 또는 1년에 3회 이상 체납하고 체납액이 500만원 이상인 자의 체납자료를 요구하는 경우에는 이를 제공할 수 있다.

해설

① 세무서장은 미납국세 등의 열람신청을 받은 경우 각 세법에 따른 과세표준 및 세액의 신고기한까지 임대인이 신고한 국세 중 납부하지 않은 국세에 대해서는 **신고기한**부터 30일(종합소득세의 경우에는 60일)이 지났을 때부터 열람 신청에 따라 열람할 수 있게 해야 한다.

정답 ①

276

세법1 Link p.186, 188, 193
오진다 Link p.103-104, 108
출제 가능 지수 ■■■■□
난이도 ■■■■■

「국세징수법」상 납세증명서 등 제도에 관한 설명으로 옳지 않은 것은?

① 담보대출을 하고자 하는 은행이 납세의무자로부터 대출일 현재의 납세증명서를 전달받더라도 은행에 우선하는 국세채권의 존재를 확인할 수 없는 경우가 있다.

② 체납된 국세와 관련하여 심판청구가 계속 중인 경우에는 체납자의 인적사항 및 체납액 등을 공개할 수 없다.

③ 미납국세의 열람 대상에는 아직 체납상태에 이르지 아니한 국세채권도 일부 포함되어 있다.

④ 「주택임대차보호법」 제2조에 따른 주거용 건물을 임차하여 사용하려는 자가 임대인이 납부하지 아니한 국세 또는 체납액의 열람을 신청할 때에는 임차할 건물 소재지의 관할 세무서장에게 하여야 한다.

해설

④ 미납국세 등의 열람 신청은 관할 세무서장이 아닌 **다른 세무서장에게도 할 수 있으며**, 신청을 받은 세무서장은 열람 신청에 따라야 한다.

정답 ④

277

세법상 체납자로 하여금 간접적으로 국세를 납부하도록 유인하는 제도에 대한 설명으로 옳은 것은?

세법1 Link p.188, 192-194

오진다 Link p.104, 107-108

출제 가능 지수 ■■■□

난이도 ■■■□

① 국세의 납부능력이 있음에도 불구하고 정당한 사유 없이 국세를 3회 이상 체납하고 있고, 체납 발생일부터 각 1년이 경과하였으며, 체납된 국세의 합계액이 2억원 이상인 경우 또는 「국세기본법」에 따른 국세정보위원회의 의결에 따라 해당 체납자에 대한 감치 필요성이 인정되는 경우 국세청장은 30일의 범위에서 체납된 국세가 납부될 때까지 그 체납자를 감치에 처할 수 있다.

② 「주택임대차보호법」 제2조에 따른 주거용 건물 또는 「상가건물 임대차보호법」 제2조에 따른 상가건물을 임차하여 사용하려는 자는 해당 건물에 대한 임대차계약을 하기 전 또는 임대차계약을 체결하고 임대차 기간이 시작하는 날까지 임대인의 동의를 받아 그 자가 납부하지 아니한 국세 또는 체납액의 열람을 임차할 건물 소재지의 관할 세무서장에게 신청할 수 있다.

③ 국세청장은 정당한 사유 없이 3천만원 이상의 국세를 체납한 자 중 배우자 또는 직계존비속이 국외로 이주(국외에 3년 이상 장기체류 중인 경우를 제외)한 사람에 대하여 법무부장관에게 출국금지를 요청하여야 한다.

④ 체납된 국세가 이의신청·심사청구 등 불복청구 중에 있는 경우에도 체납발생일부터 1년이 지나고 국세가 2억원 이상인 체납자의 인적사항은 공개할 수 있다.

해설

① 국세의 납부능력이 있음에도 불구하고 정당한 사유 없이 국세를 3회 이상 체납하고 있고, 체납 발생일부터 각 1년이 경과하였으며, 체납된 국세의 합계액이 2억원 이상인 **경우로서** 「국세기본법」에 따른 국세정보위원회의 의결에 따라 해당 체납자에 대한 감치 필요성이 인정되는 경우 **법원은 검사의 청구에 따라** 30일의 범위에서 체납된 국세가 납부될 때까지 그 체납자를 감치에 처할 수 있다. ← 1년, 2억원, 3회 + 납부능력 있음에도 체납 + 국세정보위원회의 의결이 있어야 국세청장은 검사에게 체납자의 감치 신청을 할 수 있음 주의

③ 국세청장은 정당한 사유 없이 **5천만원** 이상의 국세를 체납한 자 중 배우자 또는 직계존비속이 국외로 이주(국외에 3년 이상 장기체류 **중인 경우를 포함**)한 사람에 대하여 법무부장관에게 출국금지를 요청하여야 한다.

④ 체납된 국세가 「국세기본법」에 따른 이의신청·심사청구·심판청구, 「감사원법」에 따른 심사청구 또는 「행정소송법」에 따른 행정소송이 계속 중인 경우에는 체납발생일부터 1년이 지나고 국세가 2억원 이상인 체납자의 인적사항은 공개할 수 **없다.**

[명단을 공개하지 않는 경우]

㉠ 체납된 국세와 관련하여 심판청구 등이 계속 중인 경우
㉡ 최근 2년간의 체납액의 납부비율이 50% 이상인 경우
㉢ 「채무자 회생 및 파산에 관한 법률」에 따른 회생계획인가의 결정에 따라 체납된 국세의 징수를 유예받고 그 유예기간 중에 있거나 체납된 국세를 회생계획의 납부일정에 따라 납부하고 있는 경우
㉣ 재산상황, 미성년자 해당 여부 및 그 밖의 사정 등을 고려할 때 「국세기본법」에 따른 국세정보위원회가 공개할 실익이 없거나 공개하는 것이 부적절하다고 인정하는 경우
㉤ 「부가가치세법」에 따라 물적납세의무를 부담하는 수탁자가 물적납세의무와 관련된 부가가치세 또는 강제징수비를 체납하는 경우
㉥ 「종합부동산세법」에 따라 물적납세의무를 부담하는 수탁자가 물적납세의무와 관련된 종합부동산세 또는 강제징수비를 체납한 경우
㉦ 「국세기본법」에 따라 물적납세의무를 부담하는 양도담보권자가 그 물적납세의무와 관련하여 체납한 국세 또는 강제징수비를 체납한 경우

정답 ②

278

세법1 Link p.190
오진다 Link p.105
출제 가능 지수 ■■■□□
난이도 ■■■■■

「국세징수법」상 세무서장은 납세자가 '법령이 정하는 사유' 없이 허가 등을 받은 사업과 관련된 소득세, 법인세 및 부가가치세를 체납한 때에는 허가 등을 요하는 사업의 주무관서에 해당 납세자에 대하여 그 허가 등을 하지 않을 것을 요구할 수 있다. '법령이 정하는 사유'로 옳지 않은 것은 몇 개인가?

ㄱ. 공시송달의 방법에 의하여 납부고지된 경우

ㄴ. 「민사집행법」에 따른 강제집행을 받은 경우

ㄷ. 「어음법」 및 「수표법」에 따른 어음교환소에서 거래정지처분을 받은 경우

ㄹ. 납세관리인을 정하지 아니한 경우

ㅁ. 납세자가 재난 또는 도난으로 재산에 심한 손실을 입은 경우

ㅂ. 납세자 또는 그 동거가족이 질병이나 중상해로 3개월 이상의 치료가 필요한 경우 또는 사망하여 상중인 경우

ㅅ. 납세자가 경영하는 사업에 현저한 손실이 발생하거나 부도 또는 도산의 우려가 있는 경우

---

① 1개   ② 2개   ③ 3개   ④ 4개

해설

- ㄹ. 납세관리인을 정하지 아니한 경우는 **법령이 정하는 사유가 아니다.**
- ㅂ. 납세자 또는 그 동거가족이 질병이나 중상해로 **6개월** 이상의 치료가 필요한 경우 또는 사망하여 상중인 경우 관할 세무서장은 체납에 정당한 사유가 있다고 보아 사업에 관한 허가등을 제한하지 않는다.   정답 ②

279

세법1 Link p.191
오진다 Link p.106
출제 가능 지수 ■■■■□
난이도 ■■■■□

다음은 「국세징수법」상 체납자료의 제공에 대한 설명으로 옳지 않은 것은?

① 체납 발생일부터 1년이 지나고 체납액이 500만원 이상인 자의 경우 세무서장(지방국세청장 포함)은 국세징수 또는 공익 목적을 위하여 필요한 경우로서 신용정보집중기관 등 일정한 자가 체납자의 체납자료를 요구하는 경우에는 이를 제공할 수 있다.

② 1년에 3회 이상 체납하고 체납액이 500만원 이상인 자의 경우 세무서장(지방국세청장포함)은 국세징수 또는 공익 목적을 위하여 필요한 경우로서 신용정보집중기관 등 일정한 자가 체납자의 체납자료를 요구하는 경우에는 이를 제공할 수 있다.

③ 「종합부동산세법」에 따라 물적납세의무를 부담하는 수탁자가 그 물적납세의무와 관련한 종합부동산세 또는 강제징수비를 체납한 경우에는 체납자료를 제공하지 아니한다.

④ 제공한 자료가 체납액의 납부 등으로 체납자료에 해당되지 않게 된 경우 그 사실을 체납자료에 해당하지 않게 된 사유가 발생한 날에 지체 없이 요구자에게 통지해야 한다.

해설

- ④ 제공한 자료가 체납액의 납부 등으로 체납자료에 해당되지 않게 된 경우 그 사실을 체납자료에 해당하지 않게 된 사유가 발생한 날부터 **15일 이내**에 요구자에게 통지해야 한다.   정답 ④

280

「국세징수법」상 고액 · 상습체납자의 감치와 관련된 설명 중 ㄱ~ㄷ에 들어갈 내용으로 옳은 것은?

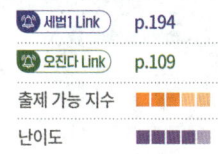
세법1 Link   p.194
오진다 Link   p.109
출제 가능 지수 ■■■■■
난이도 ■■■■■

법원은 검사의 청구에 따라 체납자가 다음의 사유에 모두 해당하는 경우 결정으로 (ㄱ)일의 범위에서 체납된 국세가 납부될 때까지 그 체납자를 감치에 처할 수 있다.
(1) 국세를 (ㄴ)회 이상 체납하고 있고, 체납 발생일부터 각 1년이 경과하였으며, 체납된 국세의 합계액이 (ㄷ)억원 이상인 경우
(2) 체납된 국세의 납부능력이 있음에도 불구하고 정당한 사유 없이 체납한 경우
(3) 「국세기본법」에 따른 국세정보위원회의 의결에 따라 해당 체납자에 대한 감치 필요성이 인정되는 경우

	(ㄱ)	(ㄴ)	(ㄷ)
①	30	2	3
②	30	3	2
③	60	2	3
④	60	3	2

해설

법원은 검사의 청구에 따라 체납자가 다음의 사유에 모두 해당하는 경우 결정으로 (ㄱ)30일의 범위에서 체납된 국세가 납부될 때까지 그 체납자를 감치에 처할 수 있다
(1) 국세를 (ㄴ)3회 이상 체납하고 있고, 체납 발생일부터 각 1년이 경과하였으며, 체납된 국세의 합계액이 (ㄷ)2억원 이상인 경우
(2) 체납된 국세의 납부능력이 있음에도 불구하고 정당한 사유 없이 체납한 경우
(3) 「국세기본법」에 따른 국세정보위원회의 의결에 따라 해당 체납자에 대한 감치 필요성이 인정되는 경우

정답 ②

CHAPTER 02 임의적 징수절차

281

「국세징수법」상 국세징수절차에 대한 설명으로 옳은 것은?

세법1 Link   p.33, 198, 201
오진다 Link   p.19, 110, 113
출제 가능 지수 ■■■■□
난이도 ■■□□□

① 관할 세무서장은 납세자로부터 국세를 징수하려는 경우 국세의 과세기간, 세목, 세액, 산출 근거, 납부하여야 할 기한(납부고지를 하는 날부터 30일 이내의 범위로 정함) 및 납부장소를 적은 과세예고통지서를 납세자에게 발급하여야 한다.
② 납세자가 국세의 체납으로 강제징수를 받은 때에는 이미 납세의무가 성립된 국세는 확정 전이라도 세무서장은 납기 전 징수를 할 수 있다.
③ 세무서장은 세법에서 국세(강제징수비 포함)의 납부기한을 정하는 경우 외에는 국세의 납부기한을 납부고지를 하는 날부터 30일 내로 지정할 수 있다.
④ 연대납세의무자에게 납부의 고지에 관한 서류를 송달할 때에는 그 대표자를 명의인으로 하며, 대표자가 없을 때에는 연대납세의무자 중 국세를 징수하기에 유리한 자를 명의인으로 한다.

해설

① 관할 세무서장은 납세자로부터 국세를 징수하려는 경우 국세의 과세기간, 세목, 세액, 산출 근거, 납부하여야 할 기한(납부고지를 하는 날부터 30일 이내의 범위로 정함) 및 납부장소를 적은 **납부고지서**를 납세자에게 발급하여야 한다.
② 납세자가 국세의 체납으로 강제징수를 받은 때에는 세무서장은 납기 전이라도 이미 납세의무가 **확정**된 국세는 징수할 수 있다.
④ 연대납세의무자에게 서류를 송달할 때에는 그 대표자(대표자가 없을 때에는 연대납세의무자 중 국세를 징수하기에 유리한 자)를 명의인으로 한다. 다만, 납부의 고지와 독촉에 관한 서류는 **연대납세의무자 모두에게 각각** 송달해야 한다.

정답 ③

282

「국세징수법」상 징수의 유예에 관한 설명으로 옳은 것은?

세법1 Link p.199, 203-204, 207

오진다 Link p.35, 115-117

출제 가능 지수 ■■■■□

난이도 ■■■■□

① 관할 세무서장은 납부기한이 시작되기 전에 납세자의 질병으로 3개월 이상의 치료가 필요하여 국세를 납부할 수 없다고 인정할 때에는 국세의 납부고지를 유예할 수 있다.

② 납부고지의 유예기간에는 국세징수권의 소멸시효가 진행된다.

③ 관할 세무서장은 납세자가 독촉을 받은 후 사업에 현저한 손실이 발생하여 체납액을 납부기한까지 납부할 수 없다고 인정할 때에는 법령에 따라 납부기한을 다시 정하여 징수를 유예할 수 있다.

④ 연장 또는 유예 받은 납세자의 재산 상황 변동으로 연장 또는 유예를 할 필요가 없다고 인정되어 관할 세무서장이 유예를 취소한 경우 그 국세와 체납액에 대하여 다시 징수유예를 할 수 없다.

해설

① 관할 세무서장은 납부기한이 시작되기 전에 납세자의 질병으로 **6개월** 이상의 치료가 필요하여 국세를 납부할 수 없다고 인정할 때에는 국세의 납부고지를 유예할 수 있다.

② 납부고지의 유예기간에는 국세징수권의 소멸시효가 진행되지 **아니한다.**

④ 재산 상황의 변동 등 대통령령으로 정하는 사유로 납부기한 등의 연장 또는 납부고지의 유예를 할 필요가 없다고 인정되는 경우에 해당하여 연장 또는 유예를 취소한 경우에는 그 국세와 체납액에 대하여 다시 징수유예를 할 수 **있다.**   정답 ③

283

세법상 징수절차에 대한 설명으로 옳은 것은?

세법1 Link p.198-199

오진다 Link p.110-111

출제 가능 지수 ■■■■■

난이도 ■■□□□

① 납부고지는 일반적으로 부과처분으로서의 성질과 징수처분으로서의 성질을 동시에 가진다.

② 우편에 의한 납부고지로 납세자에게 발송한 때에 효력이 발생한다.

③ 제2차 납세의무자로부터 납세자의 체납액을 징수하는 경우 징수하려는 체납액의 과세기간, 세목, 세액, 산출 근거, 납부하여야 할 기한, 납부장소를 기재한 납부고지서를 제2차 납세의무자에게 발급하여야 한다.

④ 「국세기본법」에 따른 납부지연가산세 및 원천징수 등 납부지연가산세 중 지정납부기한이 지난 후의 가산세를 징수하는 경우 납부고지서를 발급해야 한다.

해설

② 납세자의 우편에 의한 세금 신고는 발송한 때에 효력이 발생하지만, 우편에 의한 납부고지는 **납세자에게 도달함으로써 효력이 발생**한다.

③ 관할 세무서장은 제2차 납세의무자로부터 납세자의 체납액을 징수하는 경우 징수하려는 체납액의 과세기간, 세목, 세액, 산출 근거, 납부하여야 할 기한, 납부장소, **제2차 납세의무자로부터 징수할 금액, 그 산출 근거, 그 밖에 필요한 사항**을 적은 납부고지서를 제2차 납세의무자에게 발급하여야 한다.

④ 「국세기본법」에 따른 납부지연가산세 및 원천징수 등 납부지연가산세 중 **지정납부기한이 지난 후의 가산세를 징수하는 경우에는 납부고지서를 발급하지 아니할 수 있다.**   정답 ①

284

「국세징수법」상 납부기한 전 징수와 납부고지의 유예에 관한 설명으로 옳은 것은?

① 관할 세무서장은 납부기한 전 징수의 사유가 발생하여 납부기한 전에 국세를 징수하려는 경우 당초의 납부기한보다 단축된 기한을 정하여 납세자에게 납부고지를 하여야 한다.
② 납세자는 법 제13조제2항 또는 제14조제2항에 따라 납부기한 등의 연장 또는 납부고지의 유예를 신청하려는 경우 기한 만료일 5일 전까지 신청서(전자문서 포함)를 관할 세무서장에게 제출해야 하는 것이 원칙이다.
③ 세무서장은 납부고지를 유예하는 경우, 납세담보의 제공을 요구하여야 한다.
④ 관할 세무서장은 프로그램의 오류로 체신관서의 정보처리장치를 정상적으로 가동시킬 수 없어 납세자가 국세를 납부기한까지 납부할 수 없다고 인정되는 경우 대통령령으로 정하는 바에 따라 납부고지를 유예(세액을 분할하여 납부고지하는 것은 제외)할 수 있다.

세법1 Link   p.201, 204, 206
오진다 Link   p.113, 115-117
출제 가능 지수   ■■■■□
난이도   ■■■□□

해설

② 납세자는 법 제13조제2항 또는 제14조제2항에 따라 납부기한 등의 연장 또는 납부고지의 유예를 신청하려는 경우 기한 만료일 **3일** 전까지 신청서(전자문서 포함)를 관할 세무서장에게 제출해야 하는 것이 원칙이다.
③ 관할 세무서장은 부득이한 사유로 납부고지의 유예를 하는 경우 그 유예와 관계되는 금액에 상당하는 납세담보의 제공을 **요구할 수 있다.**
④ 관할 세무서장은 프로그램의 오류로 체신관서의 정보처리장치를 정상적으로 가동시킬 수 없어 납세자가 국세를 납부기한까지 납부할 수 없다고 인정되는 경우 대통령령으로 정하는 바에 따라 납부고지를 유예(세액을 분할하여 납부고지하는 것을 **포함**)할 수 있다.
                                                                    정답 ①

285

「국세징수법」상 납부고지의 유예에 대한 설명으로 옳은 것은?

① 세무서장은 납부기한이 시작되기 전에 납세자가 일정한 사유로 국세를 납부할 수 없다고 인정할 때에는 대통령령으로 정하는 바에 따라 납부고지를 유예하거나 결정한 세액을 분할하여 납부고지할 수 있다.
② 납부고지의 유예 또는 세액의 분할 납부고지를 신청받은 관할 세무서장은 그 신청일로부터 7일 이내에 해당 납세자에게 승인 여부를 통지해야 한다.
③ 납부의 독촉을 받은 후에는 해당 사유가 인정되더라도 납부기한을 연장할 수 없다.
④ 관할 세무서장은 납부고지를 유예한 경우 그 유예기간 동안 납부지연가산세 및 원천징수 등 납부지연가산세를 부과하지 않는다. 단, 납세자가 납부고지 또는 독촉을 받은 후에 「채무자 회생 및 파산에 관한 법률」에 따른 징수의 유예를 받은 경우에는 그러하지 아니하다.

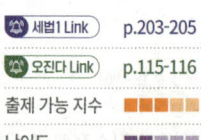

세법1 Link   p.203-205
오진다 Link   p.115-116
출제 가능 지수   ■■■■□
난이도   ■■□□□

해설

② 납부고지의 유예 또는 세액의 분할 납부고지를 신청받은 관할 세무서장은 **고지 예정인 국세의 납부기한의 만료일**까지 해당 납세자에게 승인 여부를 통지해야 한다.
③ 납부의 독촉을 받은 후라도 해당 사유가 인정되면 납부기한을 연장할 수 **있다.**
④ 관할 세무서장은 납부고지를 유예한 경우 그 유예기간 동안 납부지연가산세 및 원천징수 등 납부지연가산세를 부과하지 않는다. 납세자가 납부고지 또는 독촉을 받은 후에 「채무자 회생 및 파산에 관한 법률」에 따른 **징수의 유예를 받은 경우에도 또한 같다.**
                                                                    정답 ①

286

「국세징수법령」상 납세담보에 관한 설명으로 옳은 것은?

세법1 Link p.210-212
오진다 Link p.121-122
출제 가능 지수 ■■■■■
난이도 ■■■■■

① 상장된 유가증권을 납세담보로 제공한 자는 그 담보물로 국세 및 강제징수비를 납부할 수 있다.
② 납세보증보험증권은 보험기간이 납세담보를 필요로 하는 기간에 20일을 더한 기간 이상인 것으로 한정한다.
③ 납세담보를 현금화한 금전으로 징수해야 할 국세 및 강제징수비를 징수하고 남은 금전이 있는 경우 공매대금의 배분방법에 따라 배분한 후 납세자에게 지급한다.
④ 납세담보를 토지로 제공하는 경우에는 담보할 국세의 100분의 110의 가액에 상당하는 담보를 제공할 수 있다.

> **해설**
>
> ① 납세담보로서 **금전**을 제공한 자는 그 **금전**으로 담보한 국세 및 강제징수비를 납부할 수 있다.
> ② 납세보증보험증권은 보험기간이 납세담보를 필요로 하는 기간에 **30일**을 더한 기간 이상인 것으로 한정한다.
> ④ 납세담보를 토지로 제공하는 경우에는 담보할 국세의 100분의 **120**의 가액에 상당하는 담보를 제공할 수 있다.
>
> 정답 ③

287

「국세징수법령」상 납세담보에 대한 설명으로 옳은 것은?

세법1 Link p.210-211
오진다 Link p.120-122
출제 가능 시수 ■■■■■
난이도 ■■■■■

① 등록된 유가증권을 납세담보로 제공하려는 자는 그 유가증권을 공탁하고 그 공탁수령증을 세무서장(세법에 따라 국세에 관한 사무를 세관장이 관장하는 경우에는 세관장을 말함)에게 제출하여야 한다.
② 보험에 든 등기된 건물을 납세담보로 제공하려는 자는 그 화재보험증권을 제출하여야 한다. 이 경우 그 보험기간은 납세담보를 필요로 하는 기간에 30일 이상을 더한 것이어야 한다.
③ 납세담보를 제공한 자는 그 담보를 변경할 수 있다. 이때 세무서장의 승인을 요하지 않는다.
④ 납세담보로서 금전과 납세보증보험증권을 제공할 때에는 담보할 국세의 110% 이상의 가액에 상당하는 담보를 제공해야 하며 그 금전 또는 납세보증보험증권으로 담보한 국세 및 강제징수비를 납부할 수 있다.

> **해설**
>
> ① **미등록된** 유가증권을 납세담보로 제공하려는 자는 그 유가증권을 공탁하고 그 공탁수령증을 관할 세무서장(「국세징수법」 및 다른 세법에 따라 국세에 관한 사무를 세관장이 관장하는 경우에는 세관장을 말함)에게 제출하여야 한다. 등록된 유가증권의 경우에는 **담보 제공의 뜻을 등록하고 그 등록확인증을 제출**하여야 한다.
> ③ 납세담보를 제공한 자는 세무서장의 승인을 **받아** 그 담보를 변경할 수 있다.
> ④ 납세담보로서 금전을 제공한 자는 그 금전으로 담보한 국세 및 강제징수비를 납부할 수 있다. 즉, **금전만 가능**하다.
>
> 정답 ②

288

「국세징수법」상 납세담보에 대한 설명으로 옳은 것은?

세법1 Link p.210-211
오진다 Link p.121-122
출제 가능 지수 ■■■■□
난이도 ■■□□□

① 납세담보로서 유가증권을 제공한 자는 그 유가증권으로 담보한 국세 및 강제징수비를 납부할 수 있다.
② 납세보증보험증권의 납세담보의 가액은 보험금액의 110분의 100이다.
③ 은행의 납세보증서를 납세담보로 제공할 때에는 담보할 국세의 100분의 120 이상의 가액에 상당하는 담보를 제공해야 한다.
④ 관할 세무서장은 납세담보로 제공된 토지, 건물, 공장재단, 광업재단, 선박, 항공기 또는 건설기계와 함께 제시된 등기필증, 등기완료통지서 또는 등록필증이 사실과 일치하는지를 조사하여 법령에 따라 사용·수익이 제한되어 있는 등의 사유로 담보의 목적을 달성할 수 없다고 인정되는 경우에는 다른 담보를 제공하게 하여야 한다.

해설

① 납세담보로서 **금전**을 제공한 자는 그 **금전**으로 담보한 국세 및 강제징수비를 납부할 수 있다.
② 납세보증보험증권의 납세담보의 가액은 **보험금액**이다.
③ 은행의 납세보증서를 납세담보로 제공할 때에는 담보할 국세의 100분의 **110** 이상의 가액에 상당하는 담보를 제공해야 한다.

[담보 종류별 담보로 제공해야 하는 가액]

㉠ 금전, 납세보증보험증권 또는 은행의 납세보증서	담보할 국세의 110% 이상의 가액
㉡ 그 밖의 담보	담보할 국세의 120% 이상의 가액

④ 관할 세무서장은 납세담보로 제공된 토지, 건물, 공장재단, 광업재단, 선박, 항공기 또는 건설기계와 함께 제시된 등기필증, 등기완료통지서 또는 등록필증이 사실과 일치하는지를 조사하여 다음에 해당하는 경우에는 다른 담보를 제공하게 하여야 한다.

㉠ 법령에 따라 담보 제공이 금지되거나 제한된 경우(관계 법령에 따라 주무관청의 허가를 받아 제공하는 경우는 제외한다).
㉡ 법령에 따라 사용·수익이 제한되어 있는 등의 사유로 담보의 목적을 달성할 수 없다고 인정되는 경우

정답 ④

289

세법1 Link p.210-211
오진다 Link p.120-122

출제 가능 지수 ■■■□□
난이도 ■■□□□

「국세징수법」상 납세담보에 대한 설명으로 옳은 것은?

> ㄱ. 담보로 제공한 금전으로 국세 및 강제징수비를 납부하려는 자는 그 뜻을 적은 문서로 관할 세무서장에게 신청해야 하며, 신청한 금액에 상당하는 국세 및 강제징수비를 납부한 것으로 본다.
> ㄴ. 등록된 국채증권·지방채증권 또는 특수채증권의 경우에는 공탁하고 그 공탁수령증을 세무서장에게 제출하여야 한다.
> ㄷ. 보증인의 납세보증서로 납세담보를 제공한 자는 관할 세무서장의 승인을 얻어 그 담보를 변경할 수 있으나, 관할 세무서장은 보증인의 변경을 요구할 수 없다.
> ㄹ. 세무서장은 납세담보의 제공을 받은 국세 및 강제징수비가 납부된 때에는 지체 없이 담보해제의 절차를 밟아야 한다.
> ㅁ. 관할 세무서장은 납세담보로서 납세보증보험증권을 제공받은 국세 및 강제징수비가 그 담보의 기간에 납부되지 않으면 납세보증보험증권을 공매절차에 따라 매각하는 방법으로 현금화한 금전으로 해당 국세 및 강제징수비를 징수한다.

① ㄱ, ㄹ   ② ㄴ, ㄷ   ③ ㄱ, ㄷ, ㄹ   ④ ㄴ, ㄷ, ㅁ

해설

ㄴ. 등록된 유가증권의 경우에는 **담보 제공의 뜻을 등록하고 그 등록확인증을 제출**하여야 한다.
ㄷ. 보증인의 납세보증서로 납세담보를 제공한 자는 세무서장의 승인을 얻어 그 담보를 변경할 수 있으며, 세무서장은 담보물의 추가 제공 또는 보증인의 변경을 요구할 수 **있다**.

[보증인의 변경 요구 사유]

> ㉠ 납세담보물의 가액 감소
> ㉡ 보증인의 자력 감소
> ㉢ 그 밖의 사유로 그 납세담보로는 국세 및 강제징수비의 납부를 담보할 수 없다고 인정할 때

ㅁ. 관할 세무서장은 납세담보로서 납세보증보험증권을 제공받은 국세 및 강제징수비가 그 담보의 기간에 납부되지 않으면 납세보증보험증권을 **해당 납세보증보험사업자에게 보험금의 지급을 청구**하여 지급받은 금전으로 해당 국세 및 강제징수비를 징수한다.
관할 세무서장은 납세담보를 제공받은 국세 및 강제징수비가 그 담보의 기간에 납부되지 않으면 그 담보로서 그 국세 및 강제징수비를 징수하는데 이때 담보가 금전 외 담보의 경우 아래의 방법으로 현금화하거나 징수한 금전으로 해당 국세 및 강제징수비를 징수한다.

> ㉠ 일정한 유가증권, 토지, 건물, 공장재단, 광업재단, 선박, 항공기 또는 건설 기계인 경우: 공매절차에 따라 매각
> ㉡ 납세보증보험증권인 경우: 해당 납세보증보험사업자에게 보험금의 지급을 청구
> ㉢ 납세보증서인 경우: 납세보증인으로부터 징수절차에 따라 징수

정답 ①

CHAPTER 02 임의적 징수절차

290

다음 중 「국세징수법」에서 정하는 징수절차 및 납부고지의 유예에 관한 설명으로 옳지 않은 것은?

① 체납자별 체납액이 1억원 이상인 경우 관할 세무서장은 독촉에도 불구하고 납부되지 아니한 체납액을 징수하기 위하여 한국자산관리공사에 체납자의 재산 조사 등 징수 관련 사실행위를 위탁할 수 있다.

② 관할 세무서장이 국세를 징수하고자 하는 때에는 납세자에게 납부고지서를 발부하여야 하며, 「국세기본법」에서는 이를 우편으로 송달하는 경우에는 등기우편에 의하도록 하는 규정은 두고 있으나, 등기우편으로 송달하지 않은 납부고지의 효력에 관하여 명시하고 있는 규정은 없다.

③ 납부기한의 연장 및 납부고지의 유예는 납세자가 법령이 정하는 바에 의하여 관할 세무서장에게 신청하여 승인을 얻을 수도 있고 관할 세무서장이 법령이 정하는 바에 의하여 직권으로 실시할 수도 있다.

④ 체납된 국세가 10만원 미만인 경우 독촉장을 발급하지 않는다.

> **세법1 Link** p.34, 198, 200, 203-204, 213
> **오진다 Link** p.20, 110, 113, 116-117, 123
> 출제 가능 지수 ■■■□□
> 난이도 ■■■■□

해설

④ 체납된 국세가 **1만원** 미만인 경우 독촉장을 발급하지 않는다.　　　　　정답 ④

291

「국세징수법」상 납부고지 등 징수에 관한 설명으로 옳지 않은 것은?

① 체납액의 징수는 강제징수비, 가산세를 제외한 국세, 가산세의 순으로 한다.

② 독촉장을 발급하는 경우 독촉을 하는 날부터 30일 이내의 범위에서 기한을 정하여 발급한다.

③ 관할 세무서장은 납세담보를 제공받은 국세 및 강제징수비가 그 담보기간에 납부되지 않는 경우 납세담보가 납세보증서이면 보증인으로부터 징수절차에 따라 징수한 금전으로 해당 국세 및 강제징수비를 징수한다.

④ 국세를 포탈하려는 행위가 있다고 인정되는 경우 납부기한 전 징수를 할 수 있다.

> **세법1 Link** p.185, 200-201, 212
> **오진다 Link** p.103, 112-113, 122
> 출제 가능 지수 ■■■□□
> 난이도 ■■■■□

해설

② 독촉장을 발급하는 경우 독촉을 하는 날부터 **20일 이내**의 범위에서 기한을 정하여 발급한다.　　　　　정답 ②

292

「국세징수법」상 납부고지의 유예에 대한 설명으로 옳은 것은?

세법1 Link p.36, 203-204, 206

오진다 Link p.21, 115-117

출제 가능 지수 ■■■■□

난이도 ■■■■□

① 납세자가 재난 또는 도난으로 재산에 심한 손실을 입어 국세를 납부기한에서 정하는 기한까지 납부할 수 없다고 인정되는 경우 납부기한을 연장할 수 있다.
② 세무서장은 납부기한이 시작되기 전에 납세자 또는 그 동거가족의 질병이나 중상해로 90일 이상의 치료가 필요한 경우로서 국세를 납부기한까지 납부할 수 없다고 인정되는 경우에는 법령에 따라 납부고지를 유예할 수 있다.
③ 관할 세무서장은 주소 또는 영업소가 분명하지 않은 경우에는 납부고지를 유예할 수 있다.
④ 관할 세무서장은 부득이한 사유로 납부기한 등의 연장 또는 납부고지의 유예를 하는 경우 그 연장 또는 유예와 관계되는 금액에 상당하는 납세담보의 제공을 요구해야 한다.

해설

② 세무서장은 납부기한이 시작되기 전에 납세자 또는 그 동거가족의 질병이나 중상해로 **6개월** 이상의 치료가 필요한 경우로서 국세를 납부기한까지 납부할 수 없다고 인정되는 경우에는 법령에 따라 납부고지를 유예할 수 있다.
③ 관할 세무서장은 주소 또는 영업소가 분명하지 않은 경우에는 **공시송달을 할 수 있다**. 주소 또는 영업소가 분명하지 않은 경우는 납부고지의 유예 사유에 해당하지 않는다.
④ 관할 세무서장은 부득이한 사유로 납부기한 등의 연장 또는 납부고지의 유예를 하는 경우 그 연장 또는 유예와 관계되는 금액에 상당하는 납세담보의 제공을 **요구할 수 있다**. ← 납세담보를 요구할 수 없는 예외적인 경우 있음 주의 세법1 LINK p. 200

[납부고지의 유예, 납부기한의 연장 사유 vs 공시송달의 사유]

납부고지의 유예, 납부기한의 연장 사유	공시송달의 사유
㉠ 납세자가 재난 또는 도난으로 재산에 심한 손실을 입은 경우 ㉡ 납세자가 경영하는 사업에 현저한 손실이 발행하거나 부도 또는 도산의 우려가 있는 경우 ㉢ 납세자 또는 그 동거가족이 질병이나 중상해로 6개월 이상의 치료가 필요한 경우 또는 사망하여 상중인 경우 ㉣ 정전, 프로그램의 오류, 그 밖의 부득이한 사유로 한국은행 및 체신관서의 정보처리장치나 시스템을 정상적으로 가동시킬 수 없는 경우 ㉤ 금융회사 등 또는 체신관서의 휴무, 그 밖의 부득이한 사유로 정상적인 국세납부가 곤란하다고 국세청장이 인정하는 경우 ㉥ 권한 있는 기관에 장부나 서류 또는 그 밖의 물건이 압수 또는 영치된 경우 및 이에 준하는 경우 ㉦ 납세자의 장부 작성을 대행하는 세무사 또는 공인회계사가 화재, 전화, 그 밖의 재해를 입거나 해당 납세자의 장부를 도난당한 경우 ㉧ 위의 사유에 준하는 사유가 있는 경우	㉠ 주소 또는 영업소가 국외에 있고 송달하기 곤란한 경우 ㉡ 주소 또는 영업소가 분명하지 않은 경우 ㉢ 서류를 등기우편으로 송달하였으나 수취인이 부재중인 것으로 확인되어 반송됨으로써 납부기한까지 송달이 곤란하다고 인정되는 경우 ㉣ 세무공무원이 2회 이상 납세자를 방문해 서류를 교부하려고 하였으나 수취인이 부재중인 것으로 확인되어 납부기한까지 송달이 곤란하다고 인정되는 경우

정답 ①

293

「국세징수법령」상 납부기한의 연장과 납부고지의 유예에 관한 설명으로 옳은 것은?

세법1 Link p.203-204, 206
오진다 Link p.115-117
출제 가능 지수 ■■■■□
난이도 ■■■■□

① 납세자가 납부기한의 만료일 7일 전까지 납부기한 연장 신청을 하였으나 관할 세무서장이 그 신청일부터 10일 이내에 승인 여부를 통지하지 아니한 경우에는 신청일부터 7일이 되는 날에 그 신청을 승인한 것으로 본다.

② 납세자가 도난으로 재산에 심한 손실을 입은 경우는 납부기한의 연장사유에 해당하나 「세무사법」에 따라 납세자의 장부 작성을 대행하는 세무사가 해당 납세자의 장부를 도난당한 경우는 해당하지 아니한다.

③ 관할 세무서장은 납부고지의 유예를 신청받은 경우 납부고지 예정인 국세의 납부하여야 할 기한의 만료일의 3일 전까지 납세자에게 납부고지 유예의 승인 여부를 통지하여야 한다.

④ 관할 세무서장은 납부기한의 연장을 하는 경우 그 연장과 관계되는 금액에 상당하는 납세담보의 제공을 요구할 수 있으나 납세자가 재난 또는 도난으로 재산에 심한 손실을 입은 경우에는 그러하지 아니하다.

해설

① 납세자가 납부기한의 만료일 **10일** 전까지 납부기한 연장 신청을 하였으나 관할 세무서장이 그 신청일부터 10일 이내에 승인 여부를 통지하지 아니한 경우에는 신청일부터 **10일**이 되는 날에 그 신청을 승인한 것으로 본다.

② 납세자가 도난으로 재산에 심한 손실을 입은 경우는 납부기한의 연장사유에 해당하며, 「세무사법」에 따라 납세자의 장부 작성을 대행하는 세무사가 해당 납세자의 장부를 도난당한 경우도 납부기한의 연장사유에 **해당한다**.

③ 관할 세무서장은 납부고지의 유예를 신청받은 경우 납부고지 예정인 국세의 납부하여야 할 기한의 **만료일**까지 납세자에게 납부고지 유예의 승인 여부를 통지하여야 한다.

정답 ④

294

다음 중 「국세징수법」상 제2차 납세의무자에 대한 국세 징수와 관련된 설명으로 옳지 않은 것은 몇 개인가?

세법1 Link p.77, 186, 189-190, 203
오진다 Link p.40, 103, 105, 115-116

출제 가능 지수 ■■■■□
난이도 ■■■■□

ㄱ. 납세증명서상의 체납액에는 본래의 납세자로서의 체납액 외에 제2차 납세의무에 의하여 부담하는 국세의 체납액이 포함된다.

ㄴ. 관할 세무서장은 허가 등을 받아 사업을 경영하는 자가 해당 사업과 관련된 소득세, 법인세 및 부가가치세를 3회 이상 체납하고 그 체납된 금액의 합계액이 500만원 이상인 경우 해당 주무관청에 사업의 정지 또는 허가 등의 취소를 요구할 수 있으나 납세자가 「어음법」 및 「수표법」에 따른 어음교환소에서 거래정지처분을 받은 경우에는 그러하지 아니한다.

ㄷ. 주된 납세자의 국세에 관하여 납부고지를 유예한 기간 중에 있어서는 그 국세의 제2차 납세의무자에 대하여 납부고지서 또는 독촉장을 발급하거나 강제징수를 하지 않는다.

ㄹ. 제2차 납세의무자에 대한 독촉·압류 등으로 인한 시효중단의 효력은 주된 납세자의 납세의무에 대하여 그 효력이 미친다.

ㅁ. 제2차 납세의무자가 제2차 납세의무를 이행한 경우에는 제2차 납세의무의 목적이 된 주된 납세자의 납세의무는 그 이행된 금액의 범위 안에서 소멸한다.

① 0개 ② 1개 ③ 2개 ④ 3개

해설

ㄹ. 제2차 납세의무자에 대한 독촉·압류 등으로 인한 시효중단의 효력은 주된 납세자의 납세의무에 대하여 **그 효력이 미치지 않는다.** ← 그 효력이 미치지 않는다는 대법원 판례에 따라 주된 납세자의 납세의무에 대하여 효력이 미치는 것으로 규정했던 「국세기본법」 통칙은 2011년도에 폐지되었음

정답 ②

295

세법1 Link p.198-199
오진다 Link p.110-111
출제 가능 지수 ■■■□□
난이도 ■■■■□

「국세징수법」상 징수절차에 관한 설명으로 옳지 않은 것은? (다툼이 있으면 판례에 따름)

① 세무서장은 세법에서 국세(강제징수비 포함)의 납부기한을 정하는 경우 외에는 국세의 납부기한을 납부고지를 하는 날부터 20일 내로 지정할 수 있다.

② 세무서장은 국세를 징수하려면 납세자에게 그 국세의 과세기간, 세목, 세액 및 그 산출 근거, 납부하여야 할 기한과 납부장소를 적은 납부고지서를 발급하여야 한다.

③ 세무서장은 납세자가 체납액 중 국세만을 완납한 경우에 강제징수비를 징수하려면 납세자에게 강제징수비의 징수에 관계되는 국세의 과세기간, 세목 및 강제징수비의 산출 근거, 강제징수비의 금액, 납부기한과 납부장소를 적은 강제징수비고지서를 발급하여야 한다.

④ 납세의무를 확정 짓는 납부고지는 부과처분으로서의 성질과 확정된 조세채무의 이행을 명하는 징수처분으로서의 성질을 갖는다.

해설

① 세무서장은 세법에서 국세(강제징수비 포함)의 납부기한을 정하는 경우 외에는 국세의 납부기한을 납부고지를 하는 날부터 **30일** 내로 지정할 수 있다. 정답 ①

296

세법1 Link p.198-199, 201
오진다 Link p.110-113
출제 가능 지수 ■■■■□
난이도 ■■■■□

「국세징수법」상 국세의 징수절차에 관한 설명으로 옳지 않은 것은?

① 세무서장이 납세자에게 발급하는 납부고지서에는 국세의 과세기간, 세목, 세액 및 그 산출근거, 납부기한과 납부장소를 기재하여야 한다.

② 납세자가 지방세의 체납으로 체납처분을 받을 때에는 세무서장은 납기 전이라도 그 납세자의 납세의무가 이미 확정된 국세를 징수할 수 있다.

③ 세무서장이 양도담보권자로부터 납세자의 체납액을 징수하기 위해 양도담보권자에게 납부고지를 할 경우 양도담보권자의 주소 또는 거소를 관할하는 세무서장과 납세자에게도 그 사실을 통보하여야 한다.

④ 세법에 따라 납부고지를 유예한 경우 유예기간이 끝난 날에 납부고지서를 발급한다.

해설

④ 세법에 따라 납부고지를 유예한 경우 유예기간이 끝난 날의 **다음 날**에 납부고지서를 발급한다. 정답 ④

297

「국세징수법」상 징수절차에 관한 설명으로 옳지 않은 것은?

① 관할 세무서장은 세법에서 국세의 납부기한을 정하는 경우 외에는 국세의 납부기한을 납부의 고지를 하는 날부터 30일 내로 지정할 수 있다.

② 관할 세무서장은 납부고지서를 징수결정 즉시 발급하여야 한다.

③ 관할 세무서장은 납세자가 국세를 포탈하려는 행위가 있다고 인정될 때에는 납기 전이라도 이미 납세의무가 확정된 국세를 징수할 수 있다.

④ 제3자는 납세자를 위하여 납세자의 명의로 국세 및 강제징수비를 납부할 수 있으며, 납부한 제3자는 국가에 대하여 그 납부한 금액의 반환을 청구할 수 있다.

세법1 Link p.198, 201-202
오진다 Link p.110, 113, 115

출제 가능 지수 ■■■■■
난이도 ■■■■■

해설

④ 제3자는 납세자를 위하여 납세자의 명의로 국세 및 강제징수비를 납부할 수 있으며, 납부한 제3자는 국가에 대하여 그 납부한 금액의 반환을 청구할 수 **없다**.

정답 ④

298

「국세징수법」상 납부기한 전 징수에 관한 설명으로 옳지 않은 것은?

① 납부기한 전 징수는 납세의무가 확정된 조세를 대상으로 한다는 점에서 확정 전 보전압류와는 다르다.

② 납세자가 납부기한 전 징수의 고지를 받고 지정된 납부기한까지 완납하지 않으면 독촉절차를 거치지 않고 납세자의 재산을 압류할 수 있다.

③ 납부기한 전 징수를 하는 경우에는 납부고지서가 도달한 날을 납부하여야 할 기한으로 한다.

④ 납세자가 납세관리인을 정하지 아니하고 국내에 주소 또는 거소를 두지 아니하게 된 때에는 납부기한 전 징수 사유에 해당한다.

세법1 Link p.201, 208
오진다 Link p.113-114, 127

출제 가능 지수 ■■■■■
난이도 ■■■■■

해설

③ 납부기한 전 징수를 하는 경우로서 **납부고지서가 단축된 기한 전에 도달한 경우엔 단축된 기한을, 단축된 기한이 지난 후에 도달한 경우엔 도달한 날을** 납부하여야 할 기한으로 한다.

정답 ③

299

「국세징수법」상 납부기한 전 징수에 대한 설명으로 옳지 않은 것은?

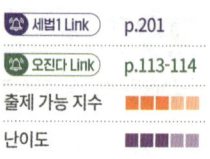
세법1 Link) p.201
오진다 Link) p.113-114
출제 가능 지수 ■■■■■
난이도 ■■■■■

① 세무서장은 납세자가 국세의 체납으로 강제징수를 받을 때에는 납부기한 전이라도 이미 납세의무가 확정된 국세를 징수할 수 있다.

② 세무서장이 납부기한 전에 국세를 징수하는 경우 당초 납부기한보다 단축된 기한을 정하여 납세자에게 납부고지를 하여야 한다.

③ 납부기한 전에 징수를 할 수 있는 국세에는 납부고지를 한 국세는 포함되나, 원천징수된 국세는 포함되지 않는다.

④ 납세자에게 「민사집행법」에 따른 강제집행 및 담보권 실행 등을 위한 경매가 시작된 경우는 납부기한 전 징수 사유에 해당한다.

해설

③ 이미 납세의무가 확정된 국세라면 납부기한 전 징수가 가능하다. 따라서 **원천징수한 국세도 납부기한 전 징수를 할 수 있다.**

정답 ③

300

「국세징수법」상 납부기한의 연장 및 납부고지의 유예에 관한 설명으로 옳지 않은 것은?

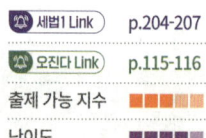
세법1 Link) p.204-207
오진다 Link) p.115-116
출제 가능 지수 ■■■■■
난이도 ■■■■■

ㄱ. 세무서장은 고지된 국세의 납부기한이 도래하기 전에 납부기한을 연장한 경우에는 그 연장된 기간 동안에도 납부지연가산세를 부과한다.

ㄴ. 납세자가 재난으로 재산에 심한 손실을 받아 국세를 납부할 수 없다고 인정되어 납부고지의 유예를 한 경우 유예기간을 그 유예한 날의 다음 날부터 9개월 이내로 하고, 그 유예 기간이 6개월을 초과하는 경우에는 가능한 한 유예 기간 시작 후 6개월이 지난 날부터 3개월 이내에 균등액을 분납할 수 있도록 정해야 한다.

ㄷ. 납세자가 도난으로 재산에 심한 손실을 받아 국세를 납부할 수 없다고 인정되는 때에 관할 세무서장은 납부고지를 유예할 수 있으며, 그 유예에 관계되는 금액에 상당하는 납세담보의 제공을 요구할 수 있다.

ㄹ. 관할 세무서장은 납부기한 등의 연장 또는 납부고지의 유예를 한 후 해당 납세자가 납부기한 전 징수 사유에 해당하게 된 경우 그 납부기한 등의 연장 또는 납부고지의 유예를 취소하고 연장 또는 유예와 관계되는 국세를 한꺼번에 징수할 수 있다.

① ㄱ, ㄴ   ② ㄱ, ㄷ   ③ ㄴ, ㄹ   ④ ㄱ, ㄹ

해설

ㄱ. 납부기한의 **연장기간 동안 납부지연가산세를 부과하지 아니한다.**

ㄷ. 납세자가 도난으로 재산에 심한 손실을 받아 국세를 납부할 수 없다고 인정되는 때에 관할 세무서장은 납부고지를 유예할 수 있으나, 그 유예에 관계되는 금액에 상당하는 납세담보의 제공은 요구할 수 **없다.** 정답 ②

301

세법1 Link p.201
오진다 Link p.113

출제 가능 지수 ■■■■■
난이도 ■■■■■

「국세징수법」상 납부기한 전에 국세를 징수할 수 있는 사유에 해당하는 것은 모두 몇 개인가?

ㄱ. 세무서장의 통고처분을 받은 경우

ㄴ. 법인이 해산한 경우

ㄷ. 담보권 실행 등을 위한 경매가 시작된 경우

ㄹ. 기업의 구조조정절차가 시작된 경우

ㅁ. 국세의 체납으로 강제징수가 시작된 경우

ㅂ. 「어음법」 및 「수표법」에 따른 어음교환소에서 거래정지 처분을 받은 경우

ㅅ. 납세자가 경영하는 사업에 현저한 손실이 발생하거나 부도 또는 도산의 우려가 있는 경우

ㅇ. 「민사집행법」에 따른 강제집행을 받은 경우

ㅈ. 국세를 포탈하려는 행위가 있다고 인정되는 경우

ㅊ. 납세관리인을 정하지 아니하고 국내에 주소 또는 거소를 두지 아니하게 된 경우

① 8개　　　　② 7개　　　　③ 6개　　　　④ 5개

해설

ㄱ, ㄹ, ㅅ은 납부기한 전 징수 사유에 해당하지 않는다.

ㄱ. 세무서장의 통고처분을 받은 경우는 국세기본법에 따른 불복 및 과세전적부심사를 청구할 수 없는 경우에 해당한다.

ㅅ. 납세자가 경영하는 사업에 현저한 손실이 발생하거나 부도 또는 도산의 우려가 있는 경우는 납부기한 등의 연장 또는 납부고지의 유예를 할 수 있는 사유에 해당한다. 또한 사업에 관한 허가 등을 제한하지 않는 사유이기도 하며, 동시에 체납자료를 제공하지 않는 사유다. 그러나 납부기한 전 징수 사유에는 해당하지 않는다.

[납부기한 전 징수 사유]

㉠ 국세, 지방세 또는 공과금이 체납으로 강제징수 또는 체납처분이 시작된 경우

㉡ 강제집행 및 담보권 실행 등을 위한 경매가 시작되거나 파산선고를 받은 경우

㉢ 「어음법」 또는 「수표법」에 따른 어음교환소에서 거래정지처분을 받은 경우

㉣ 법인이 해산한 경우

㉤ 국세를 포탈하려는 행위가 있다고 인정되는 경우

㉥ 납세관리인을 정하지 않고 국내에 주소·거소를 두지 않게 된 경우

정답 ②

302

「국세징수법」상 납부기한의 연장에 관한 설명으로 옳지 않은 것은?

세법1 Link p.204, 206, 208

오진다 Link p.114, 115-119

출제 가능 지수 ■■■■■

난이도 ■■■■□

① 납세자가 납부고지 예정인 국세의 납부하여야 할 기한의 만료일 10일 전까지 납부기한 연장 신청을 하였으나 관할 세무서장이 신청일부터 10일 이내에 승인 여부를 통지하지 아니한 경우에는 신청일부터 10일이 되는 날에 해당 신청을 승인한 것으로 본다.

② 관할 세무서장은 납부기한 등의 연장 또는 납부고지의 유예를 하는 경우 그 연장 또는 유예 기간을 연장 또는 유예한 날의 다음 날부터 9개월 이내로 정하며, 연장 또는 유예 기간 중의 분납기한 및 분납금액을 정할 수 있다.

③ 독촉장의 송달이 지연되어 도달한 날부터 14일 이내에 지정납부기한 등이 도래하는 경우 도달한 날부터 14일이 지난 날을 지정납부기한 등으로 한다.

④ 지방세의 체납으로 부동산 경매절차가 개시된 납세자에게 납부기한 전에 납부고지를 하는 경우로서 납부고지서의 송달이 지연되어 단축된 기한이 지난 후에 고지서가 도달한 경우 도달한 날부터 14일이 지난 날을 납부하여야 할 기한으로 한다.

해설

④ 지방세의 체납으로 부동산 경매절차가 개시된 납세자에게 납부기한 전에 납부고지를 하는 경우로서 납부고지서의 송달이 지연되어 단축된 기한이 지난 후에 고지서가 도달한 경우 **도달한 날**을 납부하여야 할 기한으로 한다.

정답 ④

303

「국세징수법」상 납세담보에 관한 내용 중 옳은 것은?

세법1 Link p.209

오진다 Link p.120

출제 가능 지수 ■■■■■

난이도 ■■■■■

> ㄱ. 상속세·증여세 납부세액이 2천만원을 초과하여 연부연납하는 경우 납세의무자는 납세담보를 제공해야 한다.
> ㄴ. 재산의 압류를 유예하거나 압류를 해제하는 경우 납세의무자는 납세담보를 제공해야 한다.
> ㄷ. 문화재자료 등의 상속세·증여세액을 징수유예하는 경우 납세의무자에게 납세담보를 요구할 수 있다.
> ㄹ. 과세 유흥장소의 경영자에 대한 납세 보전을 위하여 필요하다고 인정되는 경우 납세의무자에게 납세담보를 요구할 수 있다.
> ㅁ. 수입신고 수리 전에 과세물품을 보세구역으로부터 반출하고자 하는 경우 납세의무자에게 납세담보를 요구할 수 있다.

① ㄱ, ㄴ   ② ㄷ, ㄹ   ③ ㄱ, ㄹ   ④ ㄹ, ㅁ

해설

ㄴ. 재산의 압류를 유예하거나 압류를 해제하는 경우 납세의무자에게 납세담보를 **요구할 수 있다.**
ㄷ. 문화재자료 등의 상속세·증여세액을 징수유예하는 경우 납세의무자는 **납세담보를 제공해야 한다.**
ㅁ. 수입신고 수리 전에 과세물품을 보세구역으로부터 반출하고자 하는 경우 납세의무자는 **납세담보를 제공해야 한다.**

정답 ③

304

「국세징수법」상 납세담보에 관한 설명으로 옳지 않은 것은?

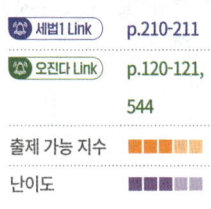
세법1 Link   p.210-211
오진다 Link   p.120-121, 544
출제 가능 지수 ■■■■■
난이도   ■■■■■

① 자본시장과 금융투자업에 관한 법률에 따른 유가증권시장에 상장된 유가증권 중 2개월 이상 매매 사실이 있는 것에 대한 납세담보의 평가는 담보로 제공하는 날 이전 2개월 동안 공표된 매일의 한국거래소 최종 시세가액의 평균액으로 한다.

② 금전을 납세담보로 제공하려는 자는 이를 공탁하고 그 공탁수령증을 세무서장에게 제출하여야 한다.

③ 관할 세무서장은 납세담보물의 가액 감소로 그 납세담보로는 국세 및 강제징수비의 납부를 담보할 수 없다고 인정할 때에는 담보를 제공한 자에게 담보물의 추가 제공을 요구할 수 있다.

④ 납세의무자가 보증인의 납세보증서를 담보로 제공하였다가 이에 갈음하여 다른 담보재산을 제공한 때에는 세무서장은 이를 승인하여야 한다.

해설

① 상장 유가증권이 납세담보로 제공된 경우에는 담보로 제공하는 날의 전날을 평가기준일로 하여 「상속세 및 증여세법 시행령」 제58조제1항을 준용하여 계산한 가액(평가기준일 이전 2개월간 공표된 최종 시세가액의 평균액과 평가기준일 이전 최근일의 최종 시세가액 중 **큰 금액**)으로 평가한다.   정답 ①

305

「국세징수법」상 납세담보에 관한 내용 중 옳지 않은 것은?

세법1 Link   p.206, 210-211
오진다 Link   p.117-121
출제 가능 지수 ■■■■■
난이도   ■■■■■

① 보험에 든 건물·공장재단·광업재단·선박·항공기 또는 건설기계를 납세담보로 제공하고자 하는 자는 그 화재보험증권을 제출하여야 한다. 이 경우에 그 보험기간은 납세담보를 필요로 하는 기간에 30일 이상을 더한 것이어야 한다.

② 제공한 납세담보의 가액이 변동되어 지나치게 많아진 때에 납세담보를 제공한 자는 세무서장의 승인을 얻어 그 담보를 변경할 수 있다.

③ 정전, 프로그램의 오류, 그 밖의 부득이한 사유로 한국은행 및 체신관서의 정보처리장치나 시스템을 정상적으로 가동시킬 수 없어 납부기한을 연장한 경우 관할 세무서장은 납세담보를 요구할 수 있다.

④ 납세담보의 제공에 있어서 납세보증보험증권의 경우에는 담보할 국세의 100분의 110 이상의 가액에 상당하는 담보를 제공하여야 한다. 다만, 그 국세가 확정되지 아니한 경우에는 국세청장이 정하는 가액에 상당하는 담보를 제공해야 한다.

해설

③ 정전, 프로그램의 오류, 그 밖의 부득이한 사유로 한국은행 및 체신관서의 정보처리장치나 시스템을 정상적으로 가동시킬 수 없어 납부기한을 연장한 경우 관할 세무서장은 납세담보를 요구할 수 **없다.**   정답 ③

CHAPTER 03 강제적 징수절차

306

「국세징수법령」상 신고납부 및 강제징수에 대한 설명으로 옳은 것은?

① 「국세징수법」에서 규정한 사항 중 「국세기본법」이나 다른 세법에 특별한 규정이 있는 것에 관하여는 「국세징수법」에서 정하는 바에 따른다.

② 금전을 납세담보로 제공하는 경우에는 담보할 확정된 국세의 100분의 120 이상의 가액에 상당하는 담보를 제공해야 한다.

③ 공매재산에 설정된 저당권은 매각으로 소멸되지 아니한다.

④ 「여신전문금융업법」에 따른 신용카드 또는 직불카드로 국세를 납부하는 경우에는 국세납부대행기관의 승인일을 납부일로 본다.

세법1 Link p.184, 202, 210, 252
오진다 Link p.52, 102, 121, 148
출제 가능 지수 ■■■□
난이도 ■■□□□

해설

① 「국세징수법」에서 규정한 사항 중 「국세기본법」이나 다른 세법에 특별한 규정이 있는 것에 관하여는 **그 법률에서 정하는 바에 따른다.**

② 금전을 납세담보로 제공하는 경우에는 담보할 확정된 국세의 100분의 **110** 이상의 가액에 상당하는 담보를 제공해야 한다.

③ 공매재산에 설정된 모든 질권·저당권 및 가등기담보권은 매각으로 **소멸된다.**

정답 ④

307

세법1 Link p.218, 227, 230-231
오진다 Link p.132, 134
출제 가능 지수 ■■■■■
난이도 ■■■■■

「국세징수법」상 국세의 강제징수에 관한 설명으로 옳은 것은?

① 압류하려는 채권에 국세보다 우선하는 질권이 설정되어 있어 압류에 관계된 체납액의 징수가 확실하지 아니한 경우 등 필요하다고 인정되는 경우 채권 전액을 압류할 수 있다.

② 제3자가 압류재산의 사용을 하는 경우 그 재산으로부터 생기는 모든 천연과실에 대하여 압류의 효력이 미친다.

③ 체납자의 재산에 대하여 강제징수를 시작한 후 체납자인 법인이 합병으로 소멸된 경우에는 그 재산에 대한 강제징수를 진행하지 아니한다.

④ 채권압류통지서의 송달을 받은 후에 제3채무자가 체납자에 대하여 이행을 한 경우에 그 채무 이행으로서 채권압류자인 국가에 대항할 수 있다.

해설

② 체납자 또는 제3자가 압류재산의 사용 또는 수익을 하는 경우 **그 재산의 매각으로 인하여 권리를 이전하기 전까지 이미 거두어들인 천연과실에 대해서는 압류의 효력이 미치지 아니한다.**

③ 체납자의 재산에 대하여 강제징수를 시작한 후 체납자인 법인이 합병으로 소멸된 경우에도 그 재산에 대한 강제징수는 **계속 진행하여야 한다.**

④ 채권압류통지서의 송달을 받은 후에 제3채무자가 체납자에 대하여 이행을 한 경우에 그 채무이행으로서 채권압류자인 국가에 대항할 수 **없다.**   정답 ①

308

세법1 Link p.185, 229, 231, 251
오진다 Link p.103, 133-134, 147
출제 가능 지수 ■■■■■
난이도 ■■■■■

「국세징수법」상 납부고지와 강제징수 등에 대한 설명으로 가장 적절한 것은? (단, 납부지연가산세, 원천징수 등 납부지연가산세는 고려하지 아니함)

① 관할 세무서장은 제3채무자와 체납자에게 통지를 한 경우 체납액을 한도로 하여 체납자인 채권자를 대위한다.

② 압류 또는 매각을 유예한 경우 공매를 취소하여야 한다.

③ 납부기한은 법정납부기한과 지성납부기한으로 구분되는 바, 체납이란 국세를 법정납부기한까지 납부하지 아니하는 것을 말한다.

④ 세무공무원은 체납자와 그 배우자의 공유재산으로서 체납자가 단독 점유하거나 배우자와 공동 점유하고 있는 동산 또는 유가증권을 압류할 수 없다.

해설

② 관할 세무서장은 압류 또는 매각을 유예한 경우 공매를 **정지**하여야 한다.

③ 납부기한은 법정납부기한과 지정납부기한으로 구분되는 바, 체납이란 국세를 **지정납부기한**까지 납부하지 아니하는 것을 말한다.

④ 세무공무원은 체납자와 그 배우자의 공유재산으로서 체납자가 단독 점유하거나 배우자와 공동 점유하고 있는 동산 또는 유가증권을 압류할 수 **있다.**   정답 ①

309

세법1 Link p.201, 236
오진다 Link p.113, 138
출제 가능 지수 ■■■□□
난이도 ■■□□□

「국세징수법」상 납부기한 전 징수 사유와 교부청구 사유에 공통으로 해당하는 사유로 옳은 것은?

① 「어음법」 또는 「수표법」에 따른 어음교환소에서 거래정지처분을 받은 경우

② 강제집행 및 담보권 실행 등을 위한 경매가 시작되거나 파산선고를 받은 경우

③ 국세를 포탈하려는 행위가 있다고 인정되는 경우

④ 납세관리인을 정하지 않고 국내에 주소·거소를 두지 않게 된 경우

해설

①, ③, ④의 경우는 납부기한 전 징수의 사유에만 해당되며 **교부청구의 사유에는 해당되지 않는다.**

[납부기한 전 징수 vs 교부청구]

납부기한 전 징수 사유	교부청구 사유
㉠ 국세, 지방세 또는 공과금의 체납으로 **강제**징수 또는 체납처분이 시작된 경우	㉠ 국세, 지방세 또는 공과금의 체납으로 **강제**징수 또는 체납처분이 시작된 경우
㉡ 강제집행 및 담보권 실행 등을 위한 **경매**가 시작되거나 **파산**선고를 받은 경우	㉡ 강제집행 및 담보권 실행 등을 위한 **경매**가 시작되거나 **파산**선고를 받은 경우
㉢ 법인이 **해산**한 경우	㉢ 법인이 **해산**한 경우
㉣ 「어음법」 또는 「수표법」에 따른 어음교환소에서 거래정지처분을 받은 경우	
㉤ 국세를 포탈하려는 행위가 있다고 인정되는 경우	
㉥ 납세관리인을 정하지 않고 국내에 주소·거소를 두지 않게 된 경우	

정답 ②

310

「국세징수법」상 강제징수에 대한 설명으로 옳은 것은?

세법1 Link p.216, 218
오진다 Link p.124-126
출제 가능 지수
난이도

ㄱ. 관할 세무서장은 재판상의 가압류 또는 가처분 재산이 강제징수 대상인 경우에는 「국세징수법」에 따른 강제징수를 할 수 없다.

ㄴ. 관할 세무서장은 강제징수를 할 때 납세자가 국세의 징수를 피하기 위하여 한 재산의 처분이나 그 밖에 재산권을 목적으로 한 법률행위(「신탁법」 제8조에 따른 사해신탁을 포함한다)에 대하여 「신탁법」 및 「민법」을 준용하여 사해행위의 취소 및 원상회복을 법원에 청구할 수 있다.

ㄷ. 관할 세무서장은 납세자가 독촉 또는 납부기한 전 징수의 고지를 받고 지정된 기한까지 국세를 완납하지 아니한 경우 재산의 압류, 압류재산의 매각·추심 및 청산의 절차에 따라 강제징수를 한다.

ㄹ. 체납자의 재산에 대하여 강제징수를 시작한 후 체납자가 사망한 경우에는 그 재산에 대한 강제징수는 중단한다.

① ㄱ, ㄴ   ② ㄷ, ㄹ   ③ ㄱ, ㄹ   ④ ㄴ, ㄷ

해설

ㄱ. 관할 세무서장은 재판상의 가압류 또는 가처분 재산이 강제징수 대상인 경우에도 「국세징수법」에 따른 강제징수를 한다.

ㄹ. 체납자의 재산에 대하여 강제징수를 시작한 후 체납자가 사망한 경우에도 그 재산에 대한 강제징수는 계속 진행하여야 한다.   정답 ④

311

「국세징수법」 상 압류에 관한 설명으로 옳은 것은 모두 몇 개인가?

세법1 Link p.68, 218, 222, 231
오진다 Link p.35, 124-126, 128, 134
출제 가능 지수
난이도

ㄱ. 불가분물 등 부득이한 경우 관할 세무서장은 국세를 징수하기 위하여 필요한 재산 외의 재산을 압류할 수 있다.

ㄴ. 관할 세무서장은 재판상의 가압류 또는 가처분을 받은 재산이 강제징수 대상인 경우에도 「국세징수법」에 따른 강제징수를 한다.

ㄷ. 체납자가 사망한 후 체납자 명의의 재산에 대하여 한 압류는 그 재산을 상속한 상속인에 대하여 한 것으로 본다.

ㄹ. 신원보증금·계약보증금 등의 조건부채권은 그 조건 성립 전에도 압류할 수 있다.

ㅁ. 교부청구는 국세징수권 소멸시효의 정지사유에 해당한다.

① 5개   ② 4개   ③ 3개   ④ 2개

해설

ㅁ. 교부청구는 국세징수권 소멸시효의 중단사유에 해당한다.   정답 ②

312

다음 중 「국세징수법」상 제3자의 소유권 주장에 관한 설명으로 옳은 것은?

세법1 Link   p.219
오진다 Link   p.126
출제 가능 지수 ■■■■■
난이도 ■■■■■

① 제3자가 압류한 재산에 대하여 소유권을 주장하고 반환을 청구하는 경우에도 세무공무원은 그 재산에 대하여 강제징수를 속행하여야 한다.

② 압류한 재산에 대하여 소유권을 주장하고 반환을 청구하려는 제3자는 그 재산의 매각 7일 전까지 소유자로 확인할 만한 증거서류를 관할 세무서장에게 제출하여야 한다.

③ 압류재산에 대하여 소유권 주장을 한 제3자는 세무공무원으로부터 반환청구가 부당하다는 통지를 받은 날로부터 14일 내에 체납자를 상대로 소유권에 관한 소송을 제기한 사실을 증명해야 한다.

④ 관할 세무서장은 제3자의 소유권 주장 및 반환 청구가 정당하다고 인정되는 경우 즉시 압류를 해제하여야 한다.

해설

① 관할 세무서장은 제3자가 소유권을 주장하고 반환을 청구하는 경우 그 재산에 대한 강제징수를 **정지**해야 한다.

② 압류한 재산에 대하여 소유권을 주장하고 반환을 청구하려는 제3자는 그 재산의 **매각 5일 전까지** 소유자로 확인할 만한 증거서류를 관할 세무서장에게 제출하여야 한다.

③ 압류재산에 대하여 소유권 주장을 한 제3자는 세무공무원으로부터 반환청구가 부당하다는 통지를 받은 날로부터 **15일 내**에 체납자를 상대로 소유권에 관한 소송을 제기한 사실을 증명해야 한다.

정답 ④

313

「국세징수법」상 강제징수의 절차에 관한 설명으로 옳은 것은?

세법1 Link p.223-225
오진다 Link p.128-130
출제 가능 지수
난이도

ㄱ. 세무공무원은 재산을 압류하기 위하여 필요한 경우에는 체납자의 주거 등을 수색할 수 있고, 해당 주거 등의 폐쇄된 문·금고 또는 기구를 열게 하거나 직접 열 수 있다.

ㄴ. 해가 지기 전에 시작한 수색은 해가 질 때까지만 할 수 있다.

ㄷ. 세무공무원은 체납자의 재산을 점유·보관하는 제3자가 재산의 인도 또는 이전을 거부하는 경우 제3자의 주거 등을 수색할 수 있고, 폐쇄된 문·금고 또는 기구를 열게 하거나 직접 열 수 있다.

ㄹ. 압류의 대상이 되는 재산은 체납자의 소유가 아니더라도 무방하며, 금전적 가치를 가지고 양도성을 가져야 하고, 압류금지재산이 아니어야 한다.

ㅁ. 세무공무원은 수색을 하는 경우 그 신분을 나타내는 증표 및 수색 통지서를 지니고 이를 관계자에게 보여주어야 한다.

① ㄱ, ㄷ   ② ㄴ, ㄷ   ③ ㄱ, ㄷ, ㅁ   ④ ㄴ, ㄹ, ㅁ

해설

ㄴ. 수색은 해가 뜰 때부터 해가 질 때까지만 할 수 있다. 다만, 해가 지기 전에 시작한 수색은 **해가 진 후에도 계속할 수 있다.**

ㄹ. 「국세징수법」상 압류의 대상이 되는 자산은 압류 당시에 **체납자가 소유**하는 **국내소재** 재산 중 금전적 가치가 있고 양도 가능하며 '압류금지재산' 또는 '압류제한급여채권' 이외의 자산으로 한다.

정답 ③

314

압류에 관한 설명으로 옳은 것은?

세법1 Link p.223, 225, 227, 232
오진다 Link p.128-132, 135
출제 가능 지수
난이도

① 발명 또는 저작에 관한 것으로서 이미 공표된 것은 압류금지 재산이므로 압류할 수 없다.

② 관할 세무서장은 체납자가 국가 또는 지방자치단체의 재산을 매수한 경우 소유권이전 전이라면 그 재산에 관한 체납자의 국가 또는 지방자치단체에 대한 권리를 압류할 수 없다.

③ 세무공무원은 체납자의 재산을 압류하는 경우 수색조서를 작성하여야 한다.

④ 압류는 국세징수권이라는 권리의 행사이므로 국세징수권의 소멸시효의 진행을 중단시킨다.

해설

① 발명 또는 저작에 관한 것으로서 **공표되지 아니한 것**은 압류금지 재산이므로 압류할 수 없다.

② 관할 세무서장은 체납자가 국가 또는 지방자치단체의 재산을 매수한 경우 소유권이전 전이라도 그 재산에 관한 체납자의 국가 또는 지방자치단체에 대한 권리를 **압류한다.**

③ 세무공무원은 체납자의 재산을 압류하는 경우 **압류조서**를 작성하여야 한다.

정답 ④

315

세법1 Link p.224-227
오진다 Link p.129-132
출제 가능 지수 ■■■■□
난이도 ■■■□□

「국세징수법」상 압류에 대한 설명으로 옳은 것은?

① 발명 또는 저작에 관한 것으로서 공표되지 아니한 것이라도 압류할 수 있다.

② 체납자가 압류재산을 사용하는 경우 그 재산으로부터 생기는 천연과실과 법정과실에 대해서는 압류의 효력이 미치지 아니한다.

③ 세무공무원은 강제징수를 하면서 압류할 재산의 소재 또는 수량을 알아내기 위하여 필요한 경우 체납자와 채권·채무관계가 있는 자에게 구두 또는 문서로 질문하거나 장부, 서류 및 그 밖의 물건을 검사할 수 있다.

④ 퇴직금에 대해서는 그 총액의 2분의 1에 해당하는 금액은 압류가 금지되는 금액으로 하되 그 금액이 최저생계비(월 185만원)에 미달하는 경우 최저생계비를 제외한 금액에 한해 압류할 수 있다.

해설

① 발명 또는 저작에 관한 것으로서 공표되지 아니한 것은 **압류금지**재산이며, '압류금지재산'이란 납세자의 체납에도 불구하고 세무공무원이 압류할 수 없는 재산을 말한다.

② 체납자 또는 제3자가 압류재산의 사용 또는 수익을 하는 경우 그 재산의 매각으로 인하여 권리를 이전하기 전까지 이미 거두어들인 천연과실에 대해서는 압류의 효력이 미치지 아니한다. 즉, 체납자가 압류재산을 사용하는 경우 그 재산으로부터 생기는 천연과실에 대해서는 압류의 효력이 미치지 아니하며 **법정과실에 대하여는 체납자의 사용수익 여부에 불문하고 압류의 효력이 미친다.**

④ 퇴직금이나 그 밖에 이와 비슷한 성질을 가진 급여채권에 대해서는 그 총액의 2분의 1에 해당하는 금액은 압류하지 못한다. 급료, 연금, 임금, 봉급, 상여금, 세비, 퇴직연금, 그 밖에 이와 비슷한 성질을 가진 급여채권과는 달리 **최저생계비 등을 고려하여 압류금지 금액을 계산하지 않는다.**

[압류금지재산]

① 체납자 또는 동거가족의 생활에 없어서는 아니 될 의복, 침구, 가구, 주방기구, 그 밖의 생활필수품

② 체납자 또는 동거가족에게 필요한 3개월간의 식료품 또는 연료

③ 인감도장이나 그 밖에 직업에 필요한 도장

④ 제사 또는 예배에 필요한 물건, 비석 또는 묘지

⑤ 체납자 또는 동거가족의 장례에 필요한 물건

⑥ 체납자 또는 동거가족에게 필요한 족보·일기 등

⑦ 직무 수행에 필요한 제복

⑧ 훈장이나 그 밖의 명예의 증표

⑨ 체납자·동거가족의 학업에 필요한 서적·기구

⑩ 발명 또는 저작에 관한 것으로서 공표되지 아니한 것

⑪ 주로 자기의 노동력으로 농업을 하는 사람에게 없어서는 아니 될 기구, 가축, 사료, 종자, 비료, 그 밖에 이에 준하는 물건

⑫ 주로 자기의 노동력으로 어업을 하는 사람에게 없어서는 아니 될 어망, 기구, 미끼, 새끼물고기, 그 밖에 이에 준하는 물건

⑬ 전문직 종사자 등 주로 자기의 육체적·정신적 노동으로 직업 또는 사업에 종사하는 사람에게 없어서는 아니 될 기구 등

⑭ 체납자 또는 그 동거가족의 일상생활에 필요한 안경·보청기·의수족·지팡이 등 신체보조기구 및 경형자동차

⑮ 재해 방지·보안을 위해 법에 따라 설치해야 하는 소방설비, 경보기구, 피난시설 등

⑯ 법에 따라 지급되는 사망급여·상이급여금

⑰ 「주택임대차보호법」에 따라 우선변제를 받을 수 있는 금액

⑱ 체납자의 생계 유지에 필요한 소액금융재산

정답 ③

316

「국제징수법」상 압류금지재산으로 옳은 것은?

ㄱ. 인감도장

ㄴ. 재해의 방지 또는 보안을 위하여 법령에 따라 설치하여야 하는 경보기구

ㄷ. 차용증서

ㄹ. 상이급여금

ㅁ. 미완성의 건물

ㅂ. 등기되지 않은 선박

① ㄱ, ㄴ, ㄹ   ② ㄴ, ㄷ, ㄹ   ③ ㄷ, ㅁ, ㅂ   ④ ㄱ, ㅁ, ㅂ

해설

ㄷ. 차용증서 또는 수취증권과 같은 증거증권은 채권의 압류절차에 따라 **압류한다.**

ㅁ. 미완성의 건물은 동산으로서 **압류한다.**

ㅂ. 등기되지 않은 선박은 동산으로서 **압류한다.**

미완성건물 등 그 외 압류재산(국징통 38-0…3~7)

구분	압류 분류
① 미완성의 건물	건축 중의 건물은 부동산이라 할 수 없으므로 동산으로서 압류한다.
② 등기되지 않은 선박	동산으로서 압류한다.
③ 등록되지 않은 항공기·건설기계·자동차 등	
④ 화물상환증, 창고증권 또는 선하증권이 발행된 물건	유가증권으로서 압류한다.
⑤ 유가증권이 아닌 것의 압류	차용증서 또는 수취증권과 같은 증거증권은 유가증권이 아니므로 채권의 압류절차에 따라 압류한다.

정답 ①

317

「국세징수법」상 압류의 효력에 대한 설명으로 옳은 것은?

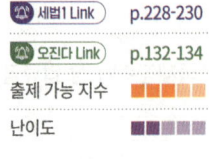
세법1 Link   p.228-230
오진다 Link   p.132-134
출제 가능 지수 ■■■□□
난이도 ■■□□□

① 부동산 등에 대한 압류의 효력은 세무공무원이 점유한 때에 발생한다.
② 동산에 대한 압류의 효력은 압류등기 또는 압류의 등록이 완료된 때에 발생한다.
③ 유가증권의 압류는 세무공무원이 점유함으로써 하고, 압류의 효력은 세무공무원이 점유한 때에 발생한다.
④ 채권 압류의 효력은 채권 압류 통지서가 채권자에게 송달된 때에 발생한다.

해설

① 부동산 등에 대한 압류의 효력은 그 **압류등기 또는 압류의 등록이 완료된 때**에 발생한다.
② 동산에 대한 압류의 효력은 **세무공무원이 점유한 때**에 발생한다.
④ 채권 압류의 효력은 채권 압류 통지서가 **제3채무자**에게 송달된 때에 발생한다.

정답 ③

318

「국세징수법」상 압류재산의 매각에 대한 설명으로 가장 적절한 것은?

세법1 Link   p.240, 259
오진다 Link   p.140
출제 가능 지수 ■■■■■
난이도 ■■□□□

① 심판청구 등이 계속 중인 국세의 체납으로 압류한 재산이 부패되기 쉬운 재산으로서 속히 매각하지 아니하면 그 재산가액이 줄어들 우려가 있는 경우에도 그 신청 또는 청구에 대한 결정이나 소에 대한 판결이 확정되기 전에는 공매할 수 없다.
② 압류 또는 매각의 유예의 기간은 그 유예한 날의 다음 날부터 9개월 이내로 한다.
③ 관할 세무서장은 압류한 부동산등, 동산, 유가증권, 그 밖의 재산권과 체납자를 대위하여 받은 물건(금전을 포함)을 공매한다.
④ 관할 세무서장은 압류한 재산이 증권시장에 상장된 증권인 경우 해당 시장에서 직접 매각할 수 있다.

해설

① 심판청구 등이 계속 중인 국세의 체납으로 압류한 재산은 그 신청 또는 청구에 대한 결정이나 소에 대한 판결이 확정되기 전에는 공매할 수 없다. 다만, 부패·변질 또는 감량되기 쉬운 재산으로서 속히 매각하지 아니하면 그 재산가액이 줄어들 우려가 있는 경우에는 이를 공매할 수 **있다.**
② 압류 또는 매각의 유예의 기간은 그 유예한 날의 다음 날부터 **1년** 이내로 한다.
③ 관할 세무서장은 압류한 부동산등, 동산, 유가증권, 그 밖의 재산권과 체납자를 대위하여 받은 물건(금전은 **제외**)을 공매한다.

정답 ④

319

「국세징수법」상 공매의 준비에 관한 설명으로 옳은 것은?

세법1 Link p.241, 243, 246-247

오진다 Link p.141-144

출제 가능 지수

난이도

① 제1회 공매 후 1년간 3회 이상 공매하여도 매각되지 아니하였다면 압류재산을 수의계약으로 매각할 수 있다.

② 공매보증은 금전, 국공채, 증권시장에 상장된 증권, 「보험업법」에 따른 보험회사가 발행한 보증보험증권의 어느 하나에 해당하는 것으로 한다.

③ 관할 세무서장은 공매재산에 압류와 관계되는 국세보다 우선하는 제한물권 등이 있는 경우 제한물권 등을 매수인에게 인수하게 하거나 매수대금으로 그 제한물권 등에 의하여 담보된 채권을 변제하는 데 충분하다고 인정된 경우가 아니면 그 재산을 공매한다.

④ 관할 세무서장은 거짓 명의로 매수신청을 한 사실이 있는 자에 대해서는 그 사실이 있은 후 1년간 공매장소 출입을 제한하거나 입찰에 참가시키지 아니할 수 있다.

해설

① 제1회 공매 후 1년간 **5회** 이상 공매하여도 매각되지 아니하였다면 압류재산을 수의계약으로 매각할 수 있다.

③ 관할 세무서장은 공매재산에 압류와 관계되는 국세보다 우선하는 제한물권 등이 있는 경우 제한물권 등을 매수인에게 인수하게 하거나 매수대금으로 그 제한물권 등에 의하여 담보된 채권을 변제하는 데 충분하다고 인정된 경우가 아니면 그 재산을 **공매하지 못한다**.

④ 관할 세무서장은 거짓 명의로 매수신청을 한 사실이 있는 자에 대해서는 그 사실이 있은 후 **2년**간 공매장소 출입을 제한하거나 입찰에 참가시키지 아니할 수 있다.

[수의계약 매각 사유]

㉠ 수의계약으로 매각하지 아니하면 매각대금이 강제징수비 금액 이하가 될 것으로 예상되는 경우

㉡ 부패·변질 또는 감량되기 쉬운 재산으로서 속히 매각하지 아니하면 그 재산가액이 줄어들 우려가 있는 경우

㉢ 압류한 재산의 추산가격이 1천만원 미만인 경우

㉣ 법령으로 소지 또는 매매가 금지 및 제한된 재산인 경우

㉤ 제1회 공매 후 1년간 5회 이상 공매하여도 매각되지 아니한 경우

㉥ 공매가 공익을 위하여 적절하지 아니한 경우

정답 ②

320

「국세징수법」상 압류재산의 매각에 대한 설명으로 옳은 것은?

세법1 Link p.246-248, 257

오진다 Link p.143-145, 153

출제 가능 지수 ■■■■□

난이도 ■■■□□

ㄱ. 공매예정가격 이상으로 매수신청한 자가 없는 경우 즉시 그 장소에서 재입찰을 실시할 수 있다.

ㄴ. 체납자는 직접적으로든 간접적으로든 압류재산을 매수하지 못한다.

ㄷ. 압류한 재산이 예술품 등인 경우라 하더라도 납세자의 신청이 없으면 세무서장은 전문매각기관을 선정하여 예술품 등의 매각을 대행하게 할 수 없다.

ㄹ. 관할 세무서장은 공매재산에 압류와 관계되는 국세보다 우선하는 제한물권 등이 있는 경우 제한물권 등을 매수인에게 인수하게 하거나 매수대금으로 그 제한물권 등에 의하여 담보된 채권을 변제하는 데 충분하다고 인정된 경우가 아니면 그 재산을 공매하지 못한다.

ㅁ. 관할 세무서장은 여러 사람의 공유자가 우선매수 신청을 하고 공유자 간의 특별한 협의가 없으면 즉시 추첨으로 매수자를 정한다.

① ㄱ, ㄴ   ② ㄴ, ㄷ   ③ ㄱ, ㄴ, ㄹ   ④ ㄴ, ㄷ, ㄹ

해설

ㄷ. 관할 세무서장은 압류한 재산이 예술적·역사적 가치가 있어 가격을 일률적으로 책정하기 어렵고, 그 매각에 전문적인 식견이 필요하여 직접 매각을 하기에 적당하지 아니한 물품(이하 '예술품 등')인 경우 **직권이나 납세자의 신청에 따라** 전문매각기관을 선정하여 예술품 등의 매각에 관련된 사실행위를 대행하게 할 수 있다 (국징법 104 ①). 즉, **납세자의 신청이 없더라도** 직권으로 세무서장은 전문매각기관을 선정하여 예술품 등의 매각을 대행하게 할 수 **있다.**

ㅁ. 관할 세무서장은 여러 사람의 공유자가 우선매수 신청을 하고 공유자 간의 특별한 협의가 없으면 **공유지분의 비율**에 따라 공매재산을 매수하게 한다.

[자기 또는 제3자의 명의나 계산으로 압류재산을 매수할 수 없는 자]

ㄱ 체납자
ㄴ 세무공무원
ㄷ 매각 부동산을 평가한 감정평가법인 등

정답 ③

CHAPTER
03 강제적 징수절차

321

「국세징수법」상 강제징수에 대한 설명으로 옳지 않은 것은 몇 개인가?

세법1 Link　p.68, 186, 200, 222, 227, 230

오진다 Link　p.35, 103, 112-114, 128, 131-133

출제 가능 지수　■■■□□
난이도　■■■■□

ㄱ. 압류는 국세징수권의 소멸시효의 진행을 정지시키며, 압류를 해제하면 소멸시효가 계속 진행한다.

ㄴ. 세무공무원이 재산을 압류한 경우 체납자는 압류한 재산에 관하여 양도, 제한물권의 설정, 채권의 영수, 그 밖의 처분을 할 수 없다.

ㄷ. 세무공무원이 채권 또는 그 밖의 재산권을 압류한 경우 해당 채권의 채무자 및 그 밖의 재산권의 채무자 또는 이에 준하는 자(제3채무자)는 체납자에 대한 지급을 할 수 없다.

ㄹ. 국세를 그 지정납부기한까지 완납하지 아니한 때에는 관할 세무서장은 지정납부기한 경과 후 10일 내에 독촉장을 발부하여야 하며, 납부기한 전 징수 규정에 의하여 국세를 징수할 때도 동일하다.

ㅁ. 압류재산이 동산 또는 유가증권, 채권, 채권과 소유권을 제외한 그 밖의 재산권 중 어느 하나에 해당하는 경우 압류조서 등본을 체납자에게 내주어야 한다.

ㅂ. 유가증권을 압류한 경우 그 유가증권에 따라 행사할 수 있는 금전의 급부를 목적으로 한 채권을 추심할 수 있다. 이 경우 관할 세무서장이 채권을 추심하였을 때에는 추심한 채권의 한도에서 체납자의 압류와 관계되는 체납액을 징수한 것으로 본다.

ㅅ. 납세증명서는 압류·매각 유예액이 없다는 사실을 증명하지 않는다.

① 2개　　　② 3개　　　③ 4개　　　④ 5개

해설

ㄱ. 압류는 국세징수권의 소멸시효를 **중단**시키며, 압류를 해제하면 소멸시효가 **새로이 시작**된다.

ㄹ. **납부기한 전 징수** 규정에 의하여 국세를 징수할 때에는 **독촉장을 발급하지 않는다.**　　　정답 ①

322

「국세징수법」상 압류재산의 매각에 관한 설명으로 옳지 않은 것은?

① 국가 및 지방자치단체로부터 수의계약에 따라 대금을 지급받는 경우(비상재해가 발생한 경우에 국가가 소유하는 복구용 자재를 재해를 당한 자에게 매각하는 경우는 제외) 납세증명서를 제출하지 않아도 된다.

② 참가압류를 한 관할 세무서장은 선행압류기관이 그 압류재산을 장기간이 지나도록 매각하지 아니한 경우 이에 대한 매각을 선행압류기관에 촉구할 수 있다.

③ 관할 세무서장이 전문매각기관을 선정하여 압류한 예술품의 매각을 대행하게 하는 경우에는 해당 전문매각기관은 그 매각을 대행하는 예술품을 간접적인 방법으로 매수할 수 있다.

④ 관할 세무서장은 압류 후 1년 이내에 매각을 위한 공매공고, 수의계약으로 매각하려는 사실의 체납자 등에 대한 통지, 공매 또는 수의계약을 대행하게 하는 의뢰서의 송부 중 어느 하나에 해당하는 행위를 하여야 한다.

해설

③ 관할 세무서장은 압류한 재산이 예술품인 경우 전문매각기관을 선정하여 압류한 예술품의 매각을 대행하게 할 수 있지만, 선정된 전문매각기관 및 전문매각기관의 임직원은 **직접적으로든 간접적으로든 매각을 대행하는 예술품을 매수하지 못한다.** 정답 ③

세법1 Link   p.187, 238-239, 258
오진다 Link   p.104, 139-140, 154
출제 가능 지수 ■■■■□
난이도 ■■■■□

323

세무공무원 대한씨가 「국세징수법령」에 따라 판단한 것으로 옳은 것은?

① 납부기한 전 징수 사유가 없는 A가 독촉장을 받은 상태(독촉장에 지정된 납부기한이 지나지 않음)로 체납된 국세를 완납하지 않으면 A의 소유재산은 압류의 대상이 된다.

② 체납자 B의 퇴직금 총액(소득세 및 소득세분 지방소득세를 뺀 총액)이 1천만 원일경우 5백만 원까지는 압류가 금지되므로 이를 제외한 퇴직금에 대한 압류를 집행할 수 있다.

③ 도난으로 재산에 심한 손실을 입어 납부기한이 연장된 납세자 C에게 납세담보를 요구할 수 있다.

④ 체납 발생일부터 2년이 지나고 체납액이 300만원인 D에 대한 체납자료를 신용정보회사에게 제공할 수 있다.

해설

① 납부기한 전 징수사유가 없는 A가 독촉장을 받은 상태로 체납된 국세를 완납하지 않았더라도 독촉장에 지정된 납부기한이 지나지 않았으므로 A의 소유재산은 압류의 **대상이 되지 않는다.**

③ 도난으로 재산에 심한 손실을 입어 납부기한이 연장된 납세자 C에게 납세담보를 요구할 수 **없다.**

④ 세무서장(지방국세청장 포함)은 국세징수 또는 공익 목적을 위하여 필요한 경우로서 신용정보집중기관 등 일정한 자가 체납 발생일부터 **1년**이 지나고 체납액이 **500만원 이상**인 체납자의 대한 체납자료를 체납자료를 요구하는 경우에는 이를 제공할 수 있다. 따라서 체납 발생일부터 2년이 지났더라도 체납액이 300만원인 D에 대한 체납자료는 신용정보회사에게 제공할 수 **없다.** 정답 ②

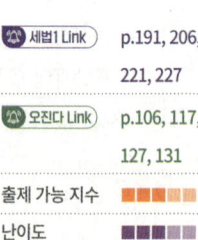
세법1 Link   p.191, 206, 221, 227
오진다 Link   p.106, 117, 127, 131
출제 가능 지수 ■■■■□
난이도 ■■■■□

324

조세채권자인 국가의 사해행위취소권 행사에 대한 설명으로 옳은 것 몇 개인가? (다툼이 있는 경우 판례에 의함)

세법1 Link p.192, 216-217

오진다 Link p.35, 107, 124-125

출제 가능 지수 ■■■■□

난이도 ■■■■■

ㄱ. 납세자의 재산처분행위가 사해행위에 해당하는지 여부는 사해행위취소권 행사 당시를 기준으로 판단하여야 한다.

ㄴ. 세무공무원이 「국세징수법」 제25조에 따른 사해행위 취소소송을 제기하여 그 소송이 진행 중인 기간 동안은 국세징수권의 소멸시효가 정지되고 시효정지의 효력은 소송이 각하·기각 또는 취하된 경우에도 유효하다.

ㄷ. 세무공무원은 강제징수를 집행할 때 납세자가 국세의 징수를 피하기 위하여 「신탁법」에 따른 사해신탁을 한 경우에는 사해행위의 취소 및 원상회복을 법원에 청구할 수 있다.

ㄹ. 사해행위의 취소를 요구할 수 있는 경우는 국세의 징수를 면탈하려고 재산권을 목적으로 한 법률행위를 한 재산 이외에 다른 자력이 없어 국세를 완납할 수 없는 경우로 한다.

ㅁ. 징수하고자 하는 국세의 금액이 사해행위의 목적이 된 재산의 처분예정가액보다 적은 때에는 사해행위의 목적이 된 재산이 분할가능하면 국세에 상당하는 사해행위의 일부의 취소와 재산의 일부의 반환을 청구하는 것으로 한다.

ㅂ. 5천만원 이상의 국세를 정당한 사유 없이 체납한 자로서 압류·담보 등으로 조세채권을 확보할 수 없고, 강제징수를 회피할 우려가 있다고 인정되는 자라 할지라도 「국세징수법」에 따라 사해행위 취소소송 중인 경우 국세청장은 법무부장관에게 출국금지 요청을 할 수 없다.

① 1개 ② 2개 ③ 3개 ④ 4개

해설

ㄱ. 납세자의 재산처분행위가 사해행위에 해당하는지 여부는 **사해행위 당시**를 기준으로 판단하여야 한다.

ㄴ. 세무공무원이 「국세징수법」 제25조에 따른 사해행위 취소소송을 제기하여 그 소송이 진행 중인 기간 동안은 국세징수권의 소멸시효가 정지되나 시효정지의 효력은 소송이 각하·기각 또는 취하된 경우에는 **효력이 없다.**

ㅂ. 국세청장은 5천만원 이상의 국세를 정당한 사유 없이 체납한 자로서 압류·담보 등으로 조세채권을 확보할 수 없고, 강제징수를 회피할 우려가 있다고 인정되는 자가 「국세징수법」에 따라 사해행위 취소소송 중인 경우 법무부장관에게 **출국금지를 요청해야 한다.**

정답 ③

325

세법1 Link p.216-217
오진다 Link p.124-125
출제 가능 지수 ■■■□□
난이도 ■■■■□

「국세징수법」상 사해행위 취소제도에 관한 설명으로 옳지 않은 것은?

① 「국세징수법」은 강제징수를 할 때 납세자가 국세의 징수를 피하기 위하여 한 재산의 처분이나 그 밖에 재산권을 목적으로 한 법률행위(「신탁법」에 따른 사해신탁을 포함)에 대하여 「신탁법」 및 「민법」을 준용하여 사해행위의 취소 및 원상회복을 법원에 청구할 수 있다고 규정하고 있다.

② 세무공무원이 사해행위의 취소를 청구하고자 할 때에는 수익자 또는 전득자를 상대로 민사소송을 제기하여야 한다.

③ 체납자에게 압류를 면하고자 양도한 재산 이외에 다른 자력이 있어 국세를 완납할 수 있는 경우는 사해행위의 취소를 요구할 수 없다.

④ 사해행위의 취소에 의해 반환받은 재산에 대하여 강제징수를 하고 국세에 충당한 후 잔여가 있는 경우에는 그 잔여분은 체납자에게 지급한다.

해설

④ 사해행위의 취소에 의해 반환받은 재산에 대하여 강제징수를 하고 국세에 충당한 후 잔여가 있는 경우에는 그 잔여분은 체납자에게 주지 아니하고 **그 재산의 반환을 한 수익자 또는 전득자에게 반환**한다.   정답 ④

326

세법1 Link p.227, 229,
231-232
오진다 Link p.131-135
출제 가능 지수 ■■■■□
난이도 ■■■□□

「국세징수법」상 강제징수에 관한 설명으로 옳지 않은 것은?

① 세무공무원은 체납자와 그 배우자의 공유재산으로서 양자가 공동점유하고 있는 동산을 압류할 수 있다.

② 체납자 또는 제3자가 압류재산의 사용 또는 수익을 하는 경우 그 재산의 매각으로 인하여 권리를 이전하기 전까지 이미 거두어들인 천연과실에 대해서는 압류의 효력이 미치지 아니한다.

③ 급료, 임금, 봉급, 세비, 퇴직연금 또는 그 밖에 계속적 거래관계에서 발생하는 이와 유사한 채권에 대한 압류의 효력은 체납액을 한도로 하여 압류 후에 발생할 채권에도 미친다.

④ 관할 세무서장은 체납자가 국가 또는 지방자치단체의 재산을 매수한 경우 소유권 이전 전에는 그 재산에 관한 체납자의 국가 또는 지방자치단체에 대한 권리를 압류할 수 없다.

해설

④ 관할 세무서장은 체납자가 국가 또는 지방자치단체의 재산을 매수한 경우 소유권 이전 전이라도 그 재산에 관한 체납자의 국가 또는 지방자치단체에 대한 권리를 **압류한다**.   정답 ④

327

「국세징수법」상 압류에 관한 설명으로 옳지 않은 것은?

① 국가 또는 지방자치단체의 재산에 관한 권리를 압류하여 매각함에 따라 이를 매수한 자는 그 매수계약을 하는 때에 그 재산에 관한 체납자의 국가 또는 지방자치단체에 대한 모든 권리·의무를 승계한다.

② 압류 또는 압류 말소의 등기 또는 등록에 관하여는 등록면허세를 면제한다.

③ 관할 세무서장은 채권을 압류하려는 경우 그 뜻을 제3채무자에게 통지하여야 하고 채권을 압류한 경우 그 사실을 체납자에게 통지하여야 한다.

④ 관할 세무서장은 필요하다고 인정하는 경우 보관자가 체납자 또는 정당한 권리자에게 그 압류재산을 직접 인도하게 할 수 있다.

세법1 Link p.219, 230, 232, 235
오진다 Link p.126, 134-135, 137
출제 가능 지수 ■■■■□□
난이도 ■■■■■

해설

① 국가 또는 지방자치단체의 재산에 관한 권리를 압류하여 매각함에 따라 이를 매수한 자는 그 **대금을 완납한 때**에 그 재산에 관한 체납자의 국가 또는 지방자치단체에 대한 모든 권리·의무를 승계한다.　　정답 ①

328

「국세징수법」상 국세의 확정 전 보전압류에 대한 설명으로 옳지 않은 것은?

ㄱ. 압류한 재산은 그 압류에 관계되는 국세의 납세의무가 확정되기 전에는 공매할 수 없다.

ㄴ. 납세자에게 납부기한 전 징수의 사유가 있어 국세가 확정된 후 그 국세를 징수할 수 없다고 인정될 때에는 미리 관할 세무서장의 승인을 받아 국세로 확정되리라고 추정되는 금액의 한도에서 납세자의 재산을 압류할 수 있다.

ㄷ. 세무서장은 압류한 재산이 금전, 납부기한 내 추심할 수 있는 예금 또는 유가증권인 경우 납세자의 신청이 있을 때에는 확정된 국세를 징수한 것으로 볼 수 있다.

ㄹ. 세무서장은 압류를 한 날부터 3개월(「국세기본법」에 따른 세무조사 중지기간은 포함)이 지날 때까지 압류에 의하여 징수하려는 국세를 확정하지 아니한 경우 확정 전 보전압류를 즉시 해제하여야 한다.

ㅁ. 관할 세무서장은 납부기한 전 징수 사유가 있음을 이유로 납세자의 재산을 압류하고자 하는 경우 해당 납세자에게는 압류할 것을 문서로 사전통지하여야 한다.

① ㄱ, ㄴ, ㄷ　　② ㄱ, ㄷ, ㅁ　　③ ㄴ, ㄷ, ㄹ　　④ ㄴ, ㄹ, ㅁ

세법1 Link p.221-222
오진다 Link p.127-128
출제 가능 지수 ■■■■□□
난이도 ■■■■□

해설

ㄴ. 납세자에게 납부기한 전 징수의 사유가 있어 국세가 확정된 후 그 국세를 징수할 수 없다고 인정될 때에는 미리 **지방국세청장**의 승인을 받아 국세로 확정되리라고 추정되는 금액의 한도에서 납세자의 재산을 압류할 수 있다.

ㄹ. 세무서장은 압류를 한 날부터 3개월(「국세기본법」에 따른 세무조사 중지기간은 **제외**)이 지날 때까지 압류에 의하여 징수하려는 국세를 확정하지 아니한 경우 확정 전 보전압류를 즉시 해제하여야 한다.

ㅁ. 관할 세무서장은 확정전 보전압류 규정에 따라 재산을 압류하였을 때에는 해당 납세자에게 문서로 통지해야 하지만, 압류할 것을 **미리 문서로 통지해야 하는 것은 아니다.**　　정답 ④

329

「국세징수법」상 압류의 효력에 대한 설명으로 옳지 않은 것은?

세법1 Link p.228-229, 233

오진다 Link p.133-134

출제 가능 지수 ■■■■□

난이도 ■■■■■

① 등기되지 않은 선박에 대한 압류의 효력은 세무공무원이 그 재산을 점유한 때에 발생한다.

② 미완성의 건물에 대한 압류의 효력은 그 재산을 점유한 때에 발생한다.

③ 화물상환증에 대한 압류의 효력은 세무공무원이 그 재산을 점유한 때에 발생한다.

④ 수취증권에 대한 압류의 효력은 세무공무원이 그 재산을 점유한 때에 발생한다.

해설

① 등기되지 않은 선박, 등록되지 않은 항공기·건설기계·자동차 등은 동산으로서 압류한다. 즉, 압류의 효력은 세무공무원이 그 재산을 점유한 때에 발생한다.

② 건축 중의 건물은 부동산이라 할 수 없으므로 동산으로서 압류한다. 즉, 압류의 효력은 세무공무원이 그 재산을 점유한 때에 발생한다.

③ 화물상환증, 창고증권 또는 선하증권이 발행된 물건은 유가증권으로서 압류한다. 즉, 압류의 효력은 세무공무원이 그 재산을 점유한 때에 발생한다.

④ 차용증서 또는 수취증권과 같은 증거증권은 채권의 압류절차에 따라 압류한다. 즉, 압류의 효력은 **채권 압류 통지서가 제3채무자에게 송달된 때에 발생**한다.

정답 ④

330

「국세징수법」상 강제징수에 대한 설명으로 옳지 않은 것은?

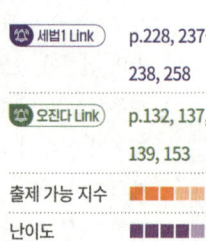

세법1 Link p.228, 237-238, 258

오진다 Link p.132, 137, 139, 153

출제 가능 지수 ■■■■□

난이도 ■■■■■

① 부동산에 대하여 압류등기를 행한 때에는 해당 압류부동산의 소유권이 제3자에게 이전되기 전에 법정기일이 도래한 국세의 체납액에 대하여도 그 효력이 미친다.

② 체납자의 부동산에 대하여 참가압류를 한 후 선행압류기관이 그 부동산에 대한 선행압류를 해제한 경우에 그 참가압류는 선행압류의 해제등기를 완료한 날에 소급하여 압류의 효력이 생긴다.

③ 관할 세무서장은 전문매각기관에 예술품 등에 대한 매각 관련 사실행위의 대행을 의뢰하는 경우 의뢰하는 예술품 등의 감정가액에 상응하는 담보의 제공을 전문매각기관에 요구할 수 있다.

④ 관할 세무서장은 참가압류를 한 경우 그 사실을 체납자, 제3채무자 및 저당권자 등에게 통지하여야 한다.

해설

② 선행압류기관의 압류해제 시 권리의 변동에 있어서 등기·등록을 요하는 재산에 대하여는 **참가압류의 등기· 등록이 완료된 때**로 소급하여 압류의 효력을 갖는다.

정답 ②

331

「국세징수법」상 강제징수에 대한 설명으로 옳지 않은 것은?

① 채권압류통지서의 송달을 받은 후에 제3채무자가 체납자에 대하여 이행을 한 경우에 그 채무 이행으로서 채권압류자인 국가에 대항할 수 없다.

② 국세청장은 법정요건을 모두 충족하는 기관 중에서 전문매각기관으로 선정될 수 있는 대상 기관을 관보 및 국세청 홈페이지에 공고해야 하며, 공고된 기관은 국세청장이 공고한 날부터 1년 동안 전문매각기관으로 선정될 수 있다.

③ 공매재산에 대하여 납부를 촉구하여도 매수인이 매수대금을 지정된 기한까지 납부하지 아니한 경우에 해당하는 사유로 매각결정을 취소한 경우 관할 세무서장은 재공매를 한다.

④ 매각으로 소멸되지 아니하는 전세권을 가진 자는 배분을 받으려는 경우 배분요구의 종기까지 배분을 요구하여야 한다.

세법1 Link p.230, 245, 250, 257-258

오진다 Link p.134, 143, 147, 153

출제 가능 지수

난이도

해설

② 국세청장은 법정요건을 모두 충족하는 기관 중에서 전문매각기관으로 선정될 수 있는 대상 기관을 관보 및 국세청 홈페이지에 공고해야 하며, 공고된 기관은 국세청장이 공고한 날부터 **2년** 동안 전문매각기관으로 선정될 수 있다.

정답 ②

332

「국세징수법」상 강제징수 중 채권의 압류에 관한 설명으로 옳지 않은 것은?

① 관할 세무서장은 신원보증금, 계약보증금 등의 조건부채권을 그 조건 성립 전에도 압류할 수 있다. 이 경우 압류한 채권이 성립되지 않는 것이 확정된 때에는 그 압류를 지체 없이 해제해야 한다.

② 원칙적으로 세무서장은 국세를 징수하기 위하여 필요한 재산 외의 재산을 압류할 수 없다.

③ 급료, 임금, 봉급, 세비, 퇴직연금 또는 그 밖에 계속적 거래관계에서 발생하는 이와 유사한 채권에 대한 압류의 효력은 체납액을 한도로 하여 압류 후에 발생할 채권에도 미친다.

④ 관할 세무서장은 제3채무자와 체납자에게 통지를 한 경우 체납액을 한도로 하여 체납자인 채권자를 대위한다. 이 경우 관할 세무서장은 채권압류 후 3개월 이내에 제3채무자에 대한 이행의 촉구와 채무 이행의 소송을 제기하여야 한다.

세법1 Link p.222, 230-231

오진다 Link p.128, 134

출제 가능 지수

난이도

해설

④ 관할 세무서장은 제3채무자와 체납자에게 통지를 한 경우 체납액을 한도로 하여 체납자인 채권자를 대위한다. 이 경우 관할 세무서장은 채권압류 후 **1년** 이내에 제3채무자에 대한 이행의 촉구와 채무 이행의 소송을 제기해야 한다.

정답 ④

333

「국세징수법」상 압류의 해제에 대한 설명으로 옳지 <u>않은</u> 것은?

세법1 Link   p.234
오진다 Link   p.127, 137
출제 가능 지수   ■■■■■
난이도   ■■■■■

ㄱ. 압류와 관계되는 체납액의 전부가 납부 또는 충당된 경우 압류를 즉시 해제해야 한다.

ㄴ. 국세 부과의 일부를 취소한 경우 압류를 즉시 해제해야 한다.

ㄷ. 납세자가 납세담보를 제공하고 확정 전 보전압류 해제를 요구한 경우 압류를 즉시 해제해야 한다.

ㄹ. 체납자가 압류할 수 있는 다른 재산을 제공하여 그 재산을 압류한 경우 압류를 즉시 해제해야 한다.

ㅁ. 확정 전 보전압류를 한 날부터 3개월(「국세기본법」에 따른 세무조사 중지기간은 제외)이 지날 때까지 압류에 따라 징수하려는 국세를 확정하지 아니한 경우 압류를 해제할 수 있다.

ㅂ. 압류재산의 매각을 유예하는 경우로서 필요하다고 인정하는 경우 압류를 해제할 수 있다.

ㅅ. 제3자가 체납자를 상대로 소유권에 관한 소송을 제기하여 승소 판결을 받고 그 사실을 증명한 경우 압류를 즉시 해제해야 한다.

① ㄱ, ㄷ, ㅂ   ② ㄴ, ㄹ, ㅁ   ③ ㄴ, ㄷ, ㄹ   ④ ㄴ, ㅁ, ㅅ

해설

ㄴ. 국세 부과의 일부를 취소한 경우 **압류를 해제할 수 있다.**

ㄹ. 체납자가 압류할 수 있는 다른 재산을 제공하여 그 재산을 압류한 경우 **압류를 해제할 수 있다.**

ㅁ. 확정 전 보전압류를 한 날부터 3개월(「국세기본법」에 따른 세무조사 중지기간은 제외)이 지날 때까지 압류에 따라 징수하려는 국세를 확정하지 아니한 경우 **압류를 즉시 해제해야 한다.**

[압류 해제 비교]

필요적 해제요건 (즉시 해제 사유)	임의적 해제요건
㉠ 압류와 관계되는 체납액의 **전부**가 납부 또는 충당된 경우	㉠ 압류와 관계되는 체납액의 **일부**가 납부 또는 충당된 경우
㉡ 국세 부과의 **전부**를 취소한 경우	㉡ 국세 부과의 **일부**를 취소한 경우
㉢ 여러 재산을 한꺼번에 공매하는 경우로서 일부 재산의 공매대금으로 체납액 **전부**를 징수한 경우	㉢ 압류 후 재산가격이 변동하여 체납액 전액을 현저히 초과한 경우
㉣ 총 재산의 추산가액이 강제징수비를 징수하면 남을 여지가 없어 강제징수를 종료할 필요가 있는 경우*	㉣ 재산의 압류나 압류재산의 매각을 **유예**하는 때에 필요하다고 인정하는 경우
㉤ **납세자가 납세담보를 제공하고 확정 전 보전압류 해제를 요구**한 경우	㉤ **체납자가 압류할 수 있는 다른 재산을 제공**하여 그 재산을 압류한 경우
㉥ 위 ㉠~㉣에 준하는 사유	
㉦ 압류금지재산을 압류한 경우	
㉧ 제3자의 재산을 압류한 경우	
㉨ 제3자의 소유권 주장 및 반환 청구가 정당하다고 인정되는 경우	
㉩ 제3자가 체납자를 상대로 소유권에 관한 소송을 제기하여 승소 판결을 받고 그 사실을 증명한 경우	
㉪ 확정 전 보전압류를 한 날부터 3개월(세무조사 중지기간은 제외)이 지날 때까지 압류에 따라 징수하려는 국세를 확정하지 아니한 경우	
㉫ 조건 성립 전에 압류한 조건부채권의 조건이 성립되지 않는 것으로 확정된 경우	

* 단, 교부청구 또는 참가압류가 있는 경우로서 교부청구 또는 참가압류와 관계된 체납액을 기준으로 할 경우 남을 여지가 있는 경우는 제외하며, 압류를 해제하려는 경우 국세체납정리위원회의 심의를 거쳐야 함

정답 ②

334

「국세징수법」상 압류의 해제 및 유예에 관한 설명으로 옳지 않은 것은?

세법1 Link p.232, 259-260
오진다 Link p.137, 154
출제 가능 지수 ■■■■□
난이도 ■■■■■

ㄱ. 강제징수의 목적물인 재산이 법정기일 전에 저당권 설정을 등기한 채권의 담보가 된 재산인 경우에 그 추산가액이 강제징수비와 해당 채권금액에 충당하고 남을 여지가 없을 때에는 압류를 해제해야 하며, 강제징수의 목적물인 재산에 대하여 교부청구 또는 참가압류가 있는 경우에도 세무서장은 압류를 해제하여야 한다.

ㄴ. 관할 세무서장은 고용재난지역 등에 사업장을 가진 자가 소득세, 법인세, 부가가치세 및 이에 부가되는 세목에 대한 압류 또는 매각의 유예를 신청하는 경우 그 압류 또는 매각의 유예기간을 유예한 날의 다음 날부터 2년 이내로 정할 수 있다.

ㄷ. 강제징수의 목적물인 총재산의 추산가액이 강제징수비에 충당하고 남을 여지가 없어 강제징수를 종료할 필요가 있는 사유로 압류를 해제하려는 경우에는 관할 세무서장은 국세체납정리위원회의 심의를 거쳐야 한다.

ㄹ. 세무서장은 체납자가 국세청장이 성실납세자로 인정하는 기준에 해당하는 경우에는 그 체납액에 대하여 납부고지를 유예하거나 강제징수에 의한 재산의 압류나 압류재산의 매각을 유예할 수 있다.

ㅁ. 관할 세무서장은 압류 또는 매각이 유예된 체납세액을 압류 또는 매각의 유예기간 동안 분할하여 징수할 수 있다.

① ㄱ, ㄴ   ② ㄷ, ㅁ   ③ ㄴ, ㄹ   ④ ㄱ, ㄹ

해설

ㄱ. 관할 세무서장은 총 재산의 추산가액이 강제징수비(압류에 관계되는 국세에 우선하는 「국세기본법」에 따른 채권 금액이 있는 경우 이를 포함)를 징수하면 남을 여지가 없어 강제징수를 종료할 필요가 있는 경우 국세체납정리위원회의 심의를 거쳐 압류를 즉시 해제하여야 한다. 단, **교부청구 또는 참가압류가 있는 경우로서 교부청구 또는 참가압류와 관계된 체납액을 기준으로 할 경우 남을 여지가 있는 경우는 제외한다.**

ㄹ. 세무서장은 체납자가 국세청장이 성실납세자로 인정하는 기준에 해당하는 경우에는 그 체납액에 대하여 강제징수에 의한 재산의 압류나 압류재산의 매각을 유예할 수 있다. 즉, **납부고지의 유예 사유에는 해당되지 않는다.**

관할 세무서장은 체납자가 다음 중 어느 하나에 해당하는 경우 체납자의 신청 또는 직권으로 그 체납액에 대하여 강제징수에 따른 재산의 압류 또는 압류재산의 매각을 유예할 수 있다.

　㉠ 국세청장이 성실납세자로 인정하는 기준에 해당하는 경우
　㉡ 재산의 압류나 압류재산의 매각을 유예함으로써 체납자가 사업을 정상적으로 운영할 수 있게 되어 체납액의 징수가 가능하게 될 것이라고 관할 세무서장이 인정하는 경우

정답 ④

335

「국세징수법」상 교부청구, 참가압류에 관한 설명으로 옳지 않은 것은?

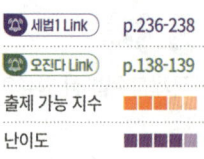
세법1 Link p.236-238
오진다 Link p.138-139
출제 가능 지수 ■■■■□
난이도 ■■■■■

① 관할 세무서장은 다른 관할 세무서장의 국세 체납자에 대한 강제징수가 시작된 경우 그 관할 세무서장에게 교부청구를 하여야 한다.

② 관할 세무서장은 압류하려는 재산이 이미 다른 기관에 압류되어 있는 경우 참가압류통지서를 그 재산의 선행압류기관에 송달함으로써 교부청구를 갈음하고 그 압류에 참가할 수 있다.

③ 참가압류를 한 후에 선행압류기관이 부동산에 대한 압류를 해제한 경우 그 참가압류는 선행압류의 등기가 완료된 때로 소급하여 압류의 효력을 갖는다.

④ 참가압류를 한 후에 선행압류기관이 채권에 대한 압류를 해제한 경우로서 둘 이상의 참가압류가 있는 경우에는 가장 먼저 참가압류 통지서가 송달된 때로 소급하여 압류의 효력을 갖는다.

해설

③ 참가압류를 한 후에 선행압류기관이 부동산에 대한 압류를 해제한 경우 그 참가 압류는 **참가압류의 등기 또는 등록이 완료된 때**로 소급하여 압류의 효력을 갖는다.

정답 ③

336

「국세징수법」상 압류재산의 매각과 청산에 관한 설명으로 옳은 것은?

세법1 Link p.242, 244, 250
오진다 Link p.141-143, 147
출제 가능 지수 ■■■□□
난이도 ■■■■□

① 공매보증 금액은 공매예정가격의 100분의 5 이상으로 한다.

② 공매공고 기간은 5일 이상으로 한다.

③ 매각결정을 한 후 매수인이 매수대금을 납부하기 전에 체납자가 압류와 관련된 체납액을 납부하고 매수인의 동의를 받아 매각결정의 취소를 신청하는 경우 관할 세무서장은 압류재산의 매각결정을 취소하고 그 사실을 매수인에게 통지해야 한다.

④ 대금납부기한은 매각결정을 한 날부터 10일 이내로 하며 관할 세무서장이 필요하다고 인정하는 경우에는 그 대금납부기한을 20일의 범위에서 연장할 수 있다.

해설

① 공매보증 금액은 공매예정가격의 100분의 **10** 이상으로 한다.

② 공매공고 기간은 **10일** 이상으로 한다. 다만, 그 재산을 보관하는 데에 많은 비용이 들거나 재산의 가액이 현저히 줄어들 우려가 있으면 이를 단축할 수 있다.

④ 대금납부기한은 매각결정을 한 날부터 **7일** 이내로 하며 관할 세무서장이 필요하다고 인정하는 경우에는 그 대금납부기한을 **30일**의 범위에서 연장할 수 있다.

정답 ③

337

세법1 Link   p.221, 246-247
오진다 Link   p.127, 144-145
출제 가능 지수
난이도

「국세징수법」상 공매에 대한 설명으로 옳은 것은?

① 최고가 매수신청가격이 둘 이상이면 즉시 그 장소에서 재입찰을 실시한다.
② 법률적으로 납세의무가 확정되기 전에 압류가 허용되어 압류한 재산의 경우에는 그 압류에 관계되는 국세의 납세의무가 확정되기 전에는 공매할 수 없다.
③ 공유자는 공매재산이 공유물의 지분인 경우 매각결정기일 5일 전까지 공매보증을 제공하고 공매재산을 우선매수하겠다는 신청을 할 수 있다.
④ 관할세무서장은 공매재산이 우선 매수하겠다고 신고한 민국씨 또는 만세씨에게 매각결정되었지만 그 매수인이 매각대금을 납부하지 아니한 경우에는 최고가 매수신청인이 있다고 하더라도 재공매하여야 한다.

해설

① 공매를 집행하는 공무원은 최고가 매수신청인을 정한다. 이 경우 최고가 매수신청가격이 둘 이상이면 **즉시 추첨으로** 최고가 매수신청인을 정한다. → [비교] 공매를 집행하는 공무원은 공매예정가격 이상으로 매수신청한 자가 없는 경우 즉시 그 장소에서 재입찰을 실시할 수 있다.
③ 공유자는 공매재산이 공유물의 지분인 경우 **매각결정기일 전까지** 공매보증을 제공하고 공매재산을 우선매수하겠다는 신청을 할 수 있다.
④ 관할 세무서장은 매각결정 후 매수인이 매수대금을 납부하지 아니한 경우 **최고가 매수신청인에게 다시 매각결정을 할 수 있다.**

정답 ②

338

세법1 Link   p.241
오진다 Link   p.141
출제 가능 지수
난이도

「국세징수법」상 압류한 재산을 수의계약으로 매각할 수 있는 경우가 아닌 것은?

① 법령으로 소지 또는 매매가 금지 및 제한된 재산인 경우
② 부패·변질 또는 감량되기 쉬운 재산으로서 속히 매각하지 아니하면 그 재산가액이 줄어들 우려가 있는 경우
③ 압류한 재산의 추산가격이 1천만원 미만인 경우
④ 수의계약으로 매각하지 아니하면 매각대금이 체납된 세액 이하가 될 것으로 예상되는 경우

해설

④ 수의계약으로 매각하지 아니하면 매각대금이 **강제징수비 금액** 이하가 될 것으로 예상되는 경우 압류한 재산을 수의계약으로 매각할 수 있다.

[수의계약 매각 사유]

㉠ 수의계약으로 매각하지 아니하면 매각대금이 강제징수비 금액 이하가 될 것으로 예상되는 경우
㉡ 부패·변질 또는 감량되기 쉬운 재산으로서 속히 매각하지 아니하면 그 재산가액이 줄어들 우려가 있는 경우
㉢ 압류한 재산의 추산가격이 1천만원 미만인 경우
㉣ 법령으로 소지(所持) 또는 매매가 금지 및 제한된 재산인 경우
㉤ 제1회 공매 후 1년간 5회 이상 공매하여도 매각되지 아니한 경우
㉥ 공매가 공익(公益)을 위하여 적절하지 아니한 경우

정답 ④

339

「국세징수법」상 공매에 관한 설명으로 옳은 것은? (다툼이 있으면 판례에 따름)

세법1 Link p.240, 243-244, 247
오진다 Link p.140-144
출제 가능 지수 ■■■■■
난이도 ■■■■■

ㄱ. 공매공고의 등기 또는 등록일 현재 공매재산에 대하여 전세권·질권·저당권 또는 그 밖의 권리를 가진 자도 공매통지를 받을 수 있다.

ㄴ. 입찰을 하려는 자의 공매참가, 최고가 매수신청인의 결정 또는 매수인의 매수대금 납부를 방해한 사실이 있는 경우 관할 세무서장은 해당 사실이 있는 자에 대해서 그 사실이 있은 후 1년간 공매장소 출입을 제한하거나 입찰에 참가시키지 아니할 수 있다.

ㄷ. 세무서장이 공매공고를 하는 경우 즉시 체납자에게 통지하여야 한다.

ㄹ. 「국세기본법」에 따른 심판청구 절차가 진행 중인 국세의 체납으로 압류한 재산이 감량되기 쉬운 재산으로서 속히 매각하지 아니하면 그 재산가액이 줄어들 우려가 있는 경우에도 청구에 대한 결정이 확정되기 전에 공매할 수 없다.

ㅁ. 공매보증은 금전, 국공채, 상장 증권, 「보험업법」에 따른 보험회사가 발행한 보증보험증권으로만 가능하다.

① ㄱ, ㄷ　　　　② ㄴ, ㄹ　　　　③ ㄷ, ㅁ　　　　④ ㄱ, ㅁ

해설

ㄱ. 공매공고의 등기 또는 등록 **전날** 현재 공매재산에 대하여 전세권·질권·저당권 또는 그 밖의 권리를 가진 자도 공매통지를 받을 수 있다.

ㄴ. 입찰을 하려는 자의 공매참가, 최고가 매수신청인의 결정 또는 매수인의 매수대금 납부를 방해한 사실이 있는 경우 관할 세무서장은 해당 사실이 있는 자에 대해서 그 사실이 있은 후 **2년간** 공매장소 출입을 제한하거나 입찰에 참가시키지 아니할 수 있다.

ㄹ. 심판청구 등이 계속 중인 국세의 체납으로 압류한 재산은 그 신청 또는 청구에 대한 결정이나 소에 대한 판결이 확정되기 전에는 공매할 수 없다. 다만, 그 재산이 **부패·변질 또는 감량되기 쉬운 재산으로서 속히 매각하지 아니하면 그 재산가액이 줄어들 우려가 있는 경우에는 공매할 수 있다.**

정답 ③

340

「국세징수법」상 교부청구와 참가압류에 관한 설명으로 옳지 않은 것은?

세법1 Link p.236-237
오진다 Link p.138
출제 가능 지수 ■■■■■
난이도 ■■■■■

① 교부청구의 경우에는 강제환가 절차가 해제 또는 취소되는 때에 교부청구의 효력이 상실되지만, 참가압류는 압류의 효력을 유지할 수 있다.

② 관할 세무서장은 납부, 충당, 국세 부과의 취소나 그 밖의 사유로 교부를 청구한 체납액의 납부의무가 소멸된 경우 그 교부청구를 해제하여야 한다.

③ 납세의무가 확정된 국세만이 교부청구의 대상이 될 수 있으나 징수 유예기간 중에는 교부청구를 할 수 없다.

④ 교부청구의 해제는 교부청구를 받은 기관에 그 뜻을 통지함으로써 행한다.

해설

③ 납세의무가 확정된 국세만이 교부청구의 대상이 될 수 있으며, 교부청구는 사전에 독촉장을 발부하여 압류의 요건이 충족될 것을 필요로 하지는 않으며, **징수 유예기간 중이라 할지라도 가능하다.**

정답 ③

341

대한씨와 민국씨, 만세씨가 공유하고 있는 재산 중 대한씨의 지분을 「국세징수법」상 대한씨의 체납으로 공매하는 경우에 관한 설명으로 옳지 않은 것은?

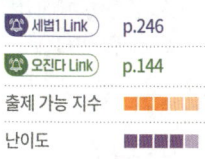
세법1 Link   p.246
오진다 Link   p.144
출제 가능 지수 ■■■□□
난이도   ■■■■■

① 최고가 매수신청인이 있는 경우, 민국씨 또는 만세씨는 매각결정 기일 전까지 공매보증을 제공하고 최고가 매수신청가격으로 공매재산을 우선 매수하겠다는 신청을 할 수 있다.

② 관할 세무서장은 민국씨 또는 만세씨가 공매재산을 우선 매수하겠다는 신청을 한 경우 민국씨 또는 만세씨에게 매각결정을 하여야 한다.

③ 관할 세무서장은 민국씨와 만세씨가 우선 매수하겠다는 신고를 하고 그 공유자에게 매각결정을 하였을 때에는 특별한 협의가 없으면 공유지분의 비율에 따라 공매재산을 매수하게 한다.

④ 관할세무서장은 공매재산이 우선 매수하겠다고 신고한 민국씨 또는 만세씨에게 매각결정되었지만 그 매수인이 매각대금을 납부하지 아니한 경우에는 최고가 매수신청인이 있다고 하더라도 재공매하여야 한다.

해설

④ 관할 세무서장은 공유자의 우선매수권 규정에 따라 공유자에게 매각결정된 경우에 매수인이 매각대금을 납부하지 아니하였을 때에는 **최고가 매수신청인에게 다시 매각결정을 할 수 있다.**

[재공매 사유]

㉠ 재산을 공매하여도 매수신청인이 없거나 매수신청가격이 공매예정가격 미만인 경우
㉡ 납부를 촉구하여도 매수인이 매수대금을 지정된 기한까지 납부하지 않아 매각결정을 취소한 경우

정답 ④

342

「국세징수법」상 청산에 대한 옳지 않은 것은?

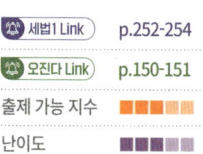
세법1 Link   p.252-254
오진다 Link   p.150-151
출제 가능 지수 ■■■□□
난이도   ■■■■□

① 청산이란 강제징수절차로 취득한 금전에 대하여 국세 및 강제징수비와 기타채권에 배분할 금액을 확정시키는 행정절차를 말한다.

② 관할 세무서장은 금전을 배분하려면 체납자, 제3채무자 또는 매수인으로부터 해당 금전을 받은 날부터 30일 이내에서 배분기일을 정하여 배분하되 30일 이내에 배분계산서를 작성하기 곤란한 경우에는 배분 기일을 30일 이내에서 연기할 수 있다.

③ 관할 세무서장은 국세보다 우선하는 채권이 있음에도 불구하고 배분 순위의 착오나 부당한 교부청구 또는 그외에 준하는 사유로 체납액에 먼저 배분한 경우 그 배분한 금액을 국세보다 우선하는 채권의 채권자에게 국세환급금 환급의 예에 따라 지급한다.

④ 관할 세무서장은 금전을 배분하는 경우 배분계산서 원안을 작성하고, 이를 배분기일 5일 전까지 갖추어야 하며 체납자 등이 관할 세무서장에게 배분계산서 원안의 열람 또는 복사를 요구할 경우 이에 따라야 한다.

해설

④ 관할 세무서장은 금전을 배분하는 경우 배분계산서 원안을 작성하고, 이를 배분기일 **7일** 전까지 갖추어야 하며 체납자 등이 관할 세무서장에게 배분계산서 원안의 열람 또는 복사를 요구할 경우 이에 따라야 한다.

정답 ④

CHAPTER

03 강제적 징수절차

343

체납자 대한씨의 재산이 다음과 같은 경우 「국세징수법」상 세무공무원이 압류할 수 있는 재산의 총액은 얼마인가? (단, 최저생계비를 감안하여 법령이 정하는 금액은 월 2,500,000원이다.)

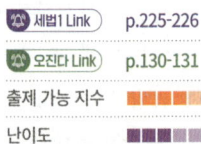

세법1 Link   p.225-226
오진다 Link   p.130-131
출제 가능 지수 ■■■■■
난이도 ■■■■□

- 생계 유지에 필요한 소액금융재산
  - 보장성보험의 해약환급금 2,500,000원
  - 적금잔액 : 1,500,000원
- 월급여 : 3,100,000원(소득세 및 지방소득세를 공제한 금액임)
- 법령에 따라 급여하는 상이급여금: 5,000,000원

① 600,000원   ② 1,250,000원
③ 3,600,000원   ④ 5,600,000원

해설

- 보장성 보험의 해약환급금은 **250만원 이하까지 압류금지금액이다.** 또한 **개인별 잔액이 250만원 미만인 예·적금 등도 압류금지금액**에 해당한다. 그러므로 적금잔액 150만원도 압류금지에 해당한다.
- 월급여총액이 500만원 이하인 경우에는 250만원을 압류금지금액으로 한다. 따라서 급여채권에 대하여 압류 가능한 금액은 60만원(= 310만원 − 250만원)이다.
- **법령에 따라 지급되는 사망급여금 또는 상이급여금은 압류금지재산 항목**에 해당하므로 상이급여금 500만원 은 압류금지금액이다.   정답 ①

344

체납자 대한씨의 재산이 다음과 같은 경우 「국세징수법」상 압류할 수 있는 재산의 총액은 얼마인가?

세법1 Link p.225-227
오진다 Link p.130-131
출제 가능 지수 ■■■■□
난이도 ■■■■■

(1) 질병을 원인으로 대한씨가 보험회사로부터 지급받은 보장성 보험의 보험금은 아래와 같다.
  ㉠ 치료를 위하여 진료비, 치료비, 수술비, 입원비, 약제비 등으로 실제 지출되는 비용을 보장하기 위한 보험금: 3,000,000원
  ㉡ 치료·장애 회복을 위한 보험금 중 위 ㉠에 해당하는 보험금을 제외한 보험금: 5,000,000원
(2) 보장성보험의 해약환급금: 3,000,000원
(3) 대한씨의 은행 예금 잔액: 1,200,000원
(4) 대한씨의 월급여(근로소득세와 소득세분 지방소득세 100만원 포함): 9,000,000원

① 500,000원   ② 2,500,000원
③ 3,000,000원   ④ 7,500,000원

해설

> 압류할 수 있는 재산의 총액: (1) 250만원 + (2) 50만원 + (4) 450만원 = 750만원

(1) 질병을 원인으로 대한씨가 보험회사로부터 지급받은 보장성 보험의 보험금
  ㉠ 치료를 위하여 진료비, 치료비, 수술비, 입원비, 약제비 등으로 실제 지출되는 비용을 보장하기 위한 보험금 300만원은 **전액이 압류금지 재산**이다.
  ㉡ 치료 목적 보장성 보험금 중 위 ㉠에 해당하는 보험금을 제외한 보험금의 경우 500만원 중 50%인 **250만원이 압류금지 재산**이다.
(2) 보장성 보험의 해약환급금의 경우 **250만원 이하가 압류금지 재산**이므로 300만원 중 50만원만 압류 가능하다.
(3) 개인별 잔액이 250만원 미만인 예금·적금·부금·예탁금 등은 체납자의 생계 유지에 필요한 소액금융재산으로서 압류금지 대상 자산이므로 **120만원 전액이 압류금지 재산**이다.
(4) 급여채권의 총액은 근로소득의 금액의 합계액(비과세소득의 금액은 제외) 또는 퇴직소득의 금액의 합계액(비과세소득의 금액은 제외)에서 그 근로소득 또는 퇴직소득에 대한 소득세 및 소득세분 지방소득세를 뺀 금액으로 한다. 따라서, 근로소득세와 소득세분 지방소득세 100만원을 제외한 800만원에 대하여 다음에 따라 구한 금액은 압류금지 금액이다.

$$300만원 + (급여총액의 \frac{1}{2} - 300만원) \times \frac{1}{2} = 300 + (400 - 300) \times \frac{1}{2} = 350$$

압류금지 금액은 350만원이며, 따라서 세무공무원이 압류할 수 있는 급여액은 450만원이다.   정답 ④

제 **4** 편

부가가치세법

CHAPTER

345

「부가가치세법」상 납세의무자에 관한 설명으로 옳은 것은? (단, 모든 거래는 2023년에 발생한 것으로 가정한다)

① 부가가치세 납세의무자인 '사업자'란 영리목적으로 사업상 독립적으로 재화 또는 용역을 공급하는 자를 말한다.

② 신탁재산과 관련된 재화 또는 용역을 공급하는 때에는 「신탁법」에 따른 위탁자가 신탁재산별로 각각 별도의 납세의무자로서 부가가치세를 납부할 의무가 있다.

③ 신탁 설정일 이후에 법정기일이 도래하는 부가가치세로서 해당 신탁재산과 관련하여 발생한 부가가치세 또는 강제징수비를 신탁재산으로 충당하여도 부족한 경우에는 그 신탁의 수익자는 지급받은 수익과 귀속된 재산의 가액을 합한 금액을 한도로 하여 그 부족한 금액에 대하여 제2차 납세의무를 진다.

④ 사업자가 아닌 자가 부가가치세가 과세되는 재화를 개인적 용도로 사용하기 위해 수입하는 경우 부가가치세 납세의무가 없다.

세법1 Link   p.269-271
오진다 Link   p.161-163
출제 가능 지수   ■■■■■
난이도   ■■■□□

해설

① 부가가치세 납세의무자인 '사업자'란 사업 목적이 **영리이든 비영리이든 관계없이** 사업상 독립적으로 재화 또는 용역을 공급하는 자를 말한다.

② 신탁재산과 관련된 재화 또는 용역을 공급하는 때에는 「신탁법」에 따른 **수탁자**가 신탁재산별로 각각 별도의 납세의무자로서 부가가치세를 납부할 의무가 있다.

④ 재화를 수입하는 자는 사업자 여부와 용도 및 목적에 관계없이 수입재화에 대한 부가가치세 납세의무가 **있다.**

정답 ③

346

「부가가치세법」상 사업장 및 사업자등록에 관한 설명이다. 옳은 것은?

① 무인자동판매기를 통하여 재화·용역을 공급하는 사업의 경우에는 그 사업에 관한 업무를 총괄하는 장소 외의 장소를 추가로 사업장으로 등록할 수 있다.

② 법인의 경우에는 지점을 주된 사업장으로 하여 주사업장 총괄납부를 신청할 수 없다.

③ 수탁자가 납세의무자가 되는 경우 수탁자(공동수탁자가 있는 경우 대표수탁자)는 해당 신탁재산을 사업장으로 보아 법으로 정하는 바에 따라 사업자등록을 신청하여야 한다.

④ 사업자가 사업장을 설치하지 않고 사업자등록도 하지 아니한 경우에는 주된 자산의 소재지를 사업장으로 한다.

해설

① 무인자동판매기를 통하여 재화·용역을 공급하는 사업의 경우에는 그 사업에 관한 업무를 총괄하는 장소 외의 장소를 추가로 사업장으로 등록할 수 **없다**.

② 법인의 주된 사업장은 본점(주사무소를 포함)으로 하며 지점(분사무소를 포함)을 주된 사업장으로 할 수 **있다**.

④ 사업자가 사업장을 설치하지 않고 사업자등록도 하지 아니한 경우에는 **과세표준 및 세액을 결정하거나 경정할 당시 사업자의 주소 또는 거소**를 사업장으로 한다.

정답 ③

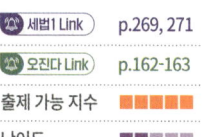

세법1 Link p.277, 279, 284
오진다 Link p.168-173
출제 가능 지수 ■■■■■
난이도 ■■■□□

347

「부가가치세법」상 납세의무자에 관한 설명으로 옳은 것은? (단, 모든 거래는 2023년에 발생한 것으로 가정한다)

① 사업자 또는 재화를 수입하는 자에 해당하는 자로서 개인, 법인(국가·지방자치단체와 지방자치단체조합은 제외), 법인격이 없는 사단·재단 또는 그 밖의 단체는 「부가가치세법」에 따라 부가가치세를 납부할 의무가 있다.

② 신탁재산과 관련된 재화 또는 용역을 위탁자 명의로 공급하는 경우 「신탁법」 제2조에 따른 수탁자가 부가가치세를 납부할 의무가 있다.

③ 위탁자가 신탁재산을 실질적으로 지배·통제하는 경우로서 대통령령으로 정하는 경우 「신탁법」 제2조에 따른 수탁자가 부가가치세를 납부할 의무가 있다.

④ 청산 중에 있는 내국법인은 「상법」 제229조에 따른 계속등기 여부에 불구하고 사실상 사업을 계속하는 경우에는 납세의무가 있다.

해설

① 사업자 또는 재화를 수입하는 자에 해당하는 자로서 개인, 법인(국가·지방자치단체와 지방자치단체조합 **포함**), 법인격이 없는 사단·재단 또는 그 밖의 단체는 「부가가치세법」에 따라 부가가치세를 납부할 의무가 있다.

② 신탁재산과 관련된 재화 또는 용역을 위탁자 명의로 공급하는 경우 「신탁법」 제2조에 따른 **위탁자**가 부가가치세를 납부할 의무가 있다.

③ 위탁자가 신탁재산을 실질적으로 지배·통제하는 경우로서 대통령령으로 정하는 경우 「신탁법」 제2조에 따른 **위탁자**가 부가가치세를 납부할 의무가 있다.

정답 ④

세법1 Link p.269, 271
오진다 Link p.162-163
출제 가능 지수 ■■■■■
난이도 ■■■□□

348

세법1 Link p.273, 280-281, 283
오진다 Link p.170-171

출제 가능 지수 ■■■■□

난이도 ■■□□□

「부가가치세법령」상 사업자등록에 관한 설명으로 옳은 것은?

① 신규로 제조업을 시작하려는 자는 제조장별로 재화의 제조를 시작하는 날 이전에는 사업자등록을 신청할 수 없다.

② 사업장 단위로 등록한 사업자가 사업자 단위 과세 사업자로 변경하려면 사업자 단위 과세 사업자로 적용받으려는 과세기간 개시 20일 전까지 사업장 관할 세무서장에게 변경등록을 신청하여야 한다.

③ 주사업장총괄납부 사업자는 사업자등록 정정사유(법인의 대표자를 변경하는 경우는 제외)가 발생하는 경우 주된 사업장 관할 세무서장에게 주사업장총괄납부 변경신청서를 제출하여야 한다.

④ 「소득세법」 및 「법인세법」에 의하여 사업자등록을 한 자로서 면세사업을 영위하던 자가 추가로 과세사업을 영위하는 경우 사업자등록정정신고서를 제출하면 사업자등록 신청을 한 것으로 본다.

해설

① 신규로 제조업을 시작하려는 자는 제조장별로 재화의 제조를 시작하는 날 이전이라도 사업자등록을 신청할 수 **있다**.

② 사업장 단위로 등록한 사업자가 사업자 단위 과세 사업자로 변경하려면 사업자 단위 과세 사업자로 적용받으려는 과세기간 개시 20일 전까지 **본점 또는 주사무소** 관할 세무서장에게 변경등록을 신청하여야 한다.

③ 주사업장총괄납부 사업자는 사업자등록 정정사유(법인의 대표자를 변경하는 경우는 제외)가 발생하는 경우 **그 정정사유가 발생한 사업장** 관할 세무서장(법인의 대표자를 변경하는 때에는 주된 사업장 관할 세무서장)에게 주사업장총괄납부 변경신청서를 제출하여야 한다.

[주사업장총괄납부 변경사유별 제출처]

사유	변경신청서의 제출처
① 종된 사업장을 신설하는 경우	그 신설하는 종된 사업장 관할 세무서장
② 종된 사업장을 주된 사업장으로 변경하려는 경우	주된 사업장으로 변경하려는 사업장 관할 세무서장
③ 사업자등록 정정사유가 발생하는 경우	그 정정사유가 발생한 사업장 관할 세무서장(법인의 대표자를 변경하는 때에는 주된 사업장 관할 세무서장)
④ 일부 종된 사업장을 총괄납부대상 사업장에서 제외하려는 경우	주된 사업장 관할 세무서장
⑤ 기존의 사업장을 총괄납부대상 사업장에 추가하려는 경우	주된 사업장 관할 세무서장

정답 ④

349

세법1 Link p.279, 281
오진다 Link p.170-172
출제 가능 지수 ■■■■■
난이도 ■■■□□

「부가가치세법」상 주사업장총괄납부와 사업자단위과세제도에 대한 설명으로 옳은 것은?

① 사업장이 둘 이상인 사업자(사업장이 하나이나 추가로 사업장을 개설하려는 사업자를 포함)가 법으로 정하는 바에 따라 주된 사업장의 관할 세무서장에게 주사업장 총괄 납부를 신청한 경우에는 법으로 정하는 바에 따라 납부할 세액을 주된 사업장에서 총괄하여 납부할 수 있다.

② 주사업장총괄납부 사업자에 대한 과세표준 및 세액의 결정·경정과 그 납부고지는 주사업장 관할 세무서장이 행한다.

③ 둘 이상의 사업장이 있는 사업자가 사업자단위과세를 적용받는 경우에는 부가가치세 신고·납부 업무를 수행하는 사업자단위적용 사업장을 본점(주사무소 포함) 또는 지점(분사무소 포함) 중에서 선택하여 지정할 수 있다.

④ 사업자단위과세제도를 적용하는 경우에도 사업자등록은 각 사업장별로 하고 각 사업장별 등록번호로 세금계산서를 발행하여야 한다.

해설

② 주사업장총괄납부 사업자에 대한 과세표준 및 세액의 결정·경정과 납부고지는 **각 사업장** 관할 세무서장이 행한다.

③ 사업자단위로 등록한 사업자단위과세사업자는 각 사업장을 대신하여 그 사업자의 **본점 또는 주사무소**의 소재지를 부가가치세 납세지로 한다. 반면, **법인이 주된 사업장에서 총괄하여 납부하려는 경우** 주된 사업장은 본점(주사무소 포함) 또는 지점(분사무소 포함) 중에서 선택하여 지정할 수 있다.

④ 사업자단위과세를 적용할 경우 적용되는 사업장에 **한 개의 등록번호만 부여**되기 때문에 신고와 **세금계산서 발급 등도 본점 또는 주사무소에서 총괄**하여 행하며 결정과 경정도 본점 또는 주사무소의 관할 세무서장이 행한다.

정답 ①

350

「부가가치세법」 총칙에 관한 설명으로 가장 적절한 것은?

① 소득세법 또는 법인세법에 따라 사업자등록을 한 면세사업자가 추가로 과세사업을 경영하려는 경우 사업자등록 정정신고서를 제출하면 부가가치세법에 따라 사업자등록 신청을 한 것으로 본다.

② 부동산상의 권리만을 대여하는 부동산임대업자의 경우 부동산의 등기부상의 소재지가 부가가치세 납세지다.

③ 사업개시 전에 사업장 설치를 마치고 사업자등록을 한 자가 정당한 사유없이 사업자등록일로부터 1년이 되는 날까지 재화와 용역의 공급실적이 없는 경우에는 그 1년이 된 날을 폐업일로 본다.

④ 사업자가 자기의 사업과 관련하여 생산 또는 취득한 재화를 직접 판매하기 위하여 특별히 판매시설을 갖춘 장소는 사업장으로 보지 않는다.

세법1 Link p.274, 277-278, 283

오진다 Link p.168, 170-173, 175

출제 가능 지수 ■■■□□

난이도 ■■□□□

해설

② 부동산상의 권리만을 대여하는 부동산임대업자의 경우 **그 사업에 관한 업무를 총괄하는 장소**가 부가가치세 납세지다.

③ 사업개시 전에 사업장 설치를 마치고 사업자등록을 한 자가 정당한 사유없이 사업자등록일로부터 **6개월**이 되는 날까지 재화와 용역의 공급실적이 없는 경우에는 그 **6개월**이 된 날을 폐업일로 본다.

④ 사업자가 자기의 사업과 관련하여 생산 또는 취득한 재화를 직접 판매하기 위하여 특별히 판매시설을 갖춘 장소는 사업장으로 **본다.**

정답 ①

CHAPTER
01 총칙 및 보칙

351

「부가가치세법」상 납세의무에 대한 설명으로 옳지 않은 것은?

① 사업상 독립적으로 재화 또는 용역을 공급하는 자는 그 사업 목적이 영리이든 비영리이든 관계 없이 부가가치세를 신고·납부할 의무가 있다.

② 재화를 수입하는 자가 재화의 수입에 대하여 「관세법」에 따라 관세를 세관장에게 신고하고 납 부하는 경우에는 재화의 수입에 대한 부가가치세를 함께 신고하고 납부하여야 한다.

③ 사업자등록 없이 부가가치세가 과세되는 용역을 공급하는 사업자의 경우 부가가치세를 신고· 납부할 의무가 없다.

④ 위탁자가 실질적으로 지배·통제하는 신탁재산과 관련하여 신탁 설정일 이후에 법정기일이 도 래하는 부가가치세 또는 강제징수비를 위탁자가 체납한 경우로서 그 위탁자의 다른 재산에 대 하여 강제징수를 하여도 징수할 금액에 미치지 못할 때에는 해당 신탁재산의 수탁자는 그 신 탁재산으로써 위탁자의 부가가치세 등을 납부할 물적납세의무가 있다.

해설

③ 사업자는 부가가치세 **거래징수 여부나 사업자등록 여부와 관계없이** 부가가치세에 대한 **납세의무를 진다.**

정답 ③

세법1 Link p.269-271
오진다 Link p.162-163
출제 가능 지수 ■■■■■
난이도 ■■■■□

352

「부가가치세법」상 납세의무에 관한 설명으로 옳은 것은?

① 영세율 적용 대상 거래만 있는 사업자는 「부가가치세법」상 신고의무가 없다.

② 부가가치세 납세의무자인 사업자란 사업상 독립적으로 재화 또는 용역을 공급하는 자로서 그 사업목적이 영리인 경우에 한정하지 않는다.

③ 농민이 자기농지의 확장 또는 농지개량 작업에서 생긴 토사석을 일시적으로 판매하는 경우 「부가가치세법」상 납세의무가 있다.

④ 여객자동차 운수사업법에 따른 여객자동차 운수사업 중 시내버스 운송사업을 영위하는 내국법인은 부가가치세 납세의무를 부담한다.

> **해설**
>
> ① **영세율 적용 사업자**도 「부가가치세법」상 **납세의무자**에 해당하므로 신고의무 등 「부가가치세법」상 제반 납세의무를 수행하여야 한다.
>
> ③ 농민이 자기농지의 확장 또는 농지개량 작업에서 생긴 토사석을 일시적으로 판매하는 경우 「부가가치세법」상 납세의무가 **없다.**
>
> ④ 시내버스 운송사업은 **면세사업**이므로 해당 업종을 영위하는 내국법인은 부가가치세 납세의무를 **부담하지 아니한다.**
>
> 정답 ②

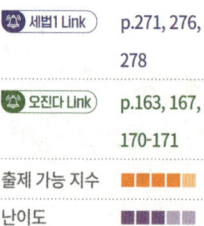

세법1 Link p.269, 327, 335

오진다 Link p.162, 199, 205

출제 가능 지수 ■■■■□

난이도 ■■■□□

353

다음 중 부가가치세 과세제도에 대한 설명으로 옳지 않은 것은?

> ㄱ. 재화를 수입하는 자의 부가가치세 납세지는 「관세법」에 따라 수입을 신고하는 세관의 소재지로 한다.
>
> ㄴ. 임시사업장을 개설하려는 자는 임시사업장 개설 신고서를 해당 임시사업장의 사업 개시일부터 10일 이내(임시사업장의 설치기간이 10일 이내인 경우 제외)에 임시사업장의 관할 세무서장에게 제출해야 하며 임시사업장을 폐쇄하였을 때에는 폐쇄일 10일 전까지 임시사업장 폐쇄신고서를 제출해야 한다.
>
> ㄷ. 사업장이 있는 사업자가 각종 경기대회나 박람회 등 행사가 개최되는 장소에 개설한 임시사업장은 사업장별 과세원칙에 따라 사업자등록을 해야 한다.
>
> ㄹ. 수탁자가 납부해야 하는 부가가치세가 체납된 경우에는 「국세징수법」에도 불구하고 해당 신탁재산에 대해서만 강제징수를 할 수 있다.

① ㄱ, ㄴ   ② ㄱ, ㄷ   ③ ㄴ, ㄷ   ④ ㄷ, ㄹ

> **해설**
>
> ㄴ. 임시사업장을 개설하려는 자는 임시사업장 개설 신고서를 해당 임시사업장의 사업 개시일부터 10일 이내(임시사업장의 설치기간이 10일 이내인 경우 제외)에 임시사업장의 관할 세무서장에게 제출해야 하며 임시사업장을 폐쇄하였을 때에는 **폐쇄일부터 10일 이내**에 임시사업장 폐쇄신고서를 제출해야 한다.
>
> ㄷ. 사업장이 있는 사업자가 각종 경기대회나 박람회 등 행사가 개최되는 장소에 개설한 임시사업장으로서 그 개설 신고된 장소는 기존에 사업자가 두고 있던 사업장에 포함되는 것으로 한다. 즉, 별도의 사업장으로 보지 않기 때문에 **별도로 사업자등록을 할 필요가 없다.**
>
> 정답 ③

세법1 Link p.271, 276, 278

오진다 Link p.163, 167, 170-171

출제 가능 지수 ■■■■■

난이도 ■■■□□

354

「부가가치세법」의 과세기간에 관한 설명으로 옳지 않은 것은?

세법1 Link p.273-274
오진다 Link p.164-167
출제 가능 지수 ■■■■■
난이도 ■■■■■

ㄱ. 간이과세자와 다르게 일반과세자는 6개월을 1과세기간으로 한다.

ㄴ. 신규로 광업을 시작하는 자에 대한 최초의 과세기간은 사업장별로 광물의 채취 또는 채광을 시작하는 날부터 그 날이 속하는 과세기간의 종료일까지로 한다.

ㄷ. 신규로 제조업을 시작하는 자에 대한 최초의 과세기간은 재화나 용역의 공급을 시작하는 날부터 그 날이 속하는 과세기간의 종료일까지로 한다.

ㄹ. 사업자가 폐업하는 경우의 과세기간은 폐업일이 속하는 과세기간의 개시일부터 폐업일까지로 한다. 이 경우 사업 개시일 전에 사업자등록을 한 자로서 사업자등록을 한 날부터 6개월이 되는 날까지 재화와 용역의 공급실적이 없는 자에 대해서는 그 6개월이 되는 날을 폐업일로 본다.

ㅁ. 간이과세자가 간이과세자에 관한 규정의 적용을 포기함으로써 일반과세자로 되는 경우 그 포기 이전 1월 1일부터 6월 30일까지의 기간은 간이과세자의 과세기간으로, 그 포기 이후 7월 1일부터 12월 31일까지의 기간은 일반과세자의 과세기간으로 한다.

① ㄱ, ㄹ   ② ㄱ, ㅁ   ③ ㄴ, ㄹ   ④ ㄷ, ㅁ

 해설

ㄷ. 신규로 제조업을 시작하는 자에 대한 최초의 과세기간은 **제조장별로 재화의 제조를 시작하는 날**부터 그 날이 속하는 과세기간의 종료일까지로 한다. 신규로 사업을 시작하는 자에 대한 최초의 과세기간은 다음의 날(사업 개시일)부터 그 날이 속하는 과세기간의 종료일까지로 한다.

제조업	제조장별로 재화의 제조를 시작하는 날
광업	사업장별로 광물의 채취 또는 채광을 시작하는 날
그 밖의 사업	재화나 용역의 공급을 시작하는 날

ㅁ. 간이과세자가 간이과세자에 관한 규정의 적용을 포기함으로써 일반과세자로 되는 경우 **간이과세의 적용 포기의 신고일이 속하는 과세기간의 개시일부터 그 신고일이 속하는 달의 마지막 날까지의 기간은 간이과세자의 과세기간으로, 간이과세의 적용 포기의 신고일이 속하는 달의 다음 달 1일부터 그 날이 속하는 과세기간의 종료일까지의 기간은 일반과세자의 과세기간으로 한다.

정답 ④

355

「부가가치세법시행령」상 납세지 및 사업자등록에 대한 설명으로 옳지 않은 것은?

세법1 Link   p.276-279
오진다 Link   p.168-171
출제 가능 지수 ■■■□□
난이도   ■■■■■

> ㄱ. 국가, 지방자치단체 또는 지방자치단체조합이 공급하는 부동산 임대용역에 있어서 사업장은 그 부동산의 등기부상 소재지이다.
>
> ㄴ. 사업자가 자기의 사업과 관련하여 생산한 재화를 직접 판매하기 위하여 특별히 판매시설을 갖춘 장소는 사업장으로 본다.
>
> ㄷ. 주된 사업장에서 총괄하여 납부하는 사업자가 되려는 자는 그 납부하려는 과세기간 개시 20일 전에 주사업장총괄납부 신청서를 주된 사업장의 관할 세무서장에게 제출하여 승인을 받아야 한다.
>
> ㄹ. 부동산임대업에 있어서 사업장은 부동산의 등기부상의 소재지이다. 다만, 사업자의 신청에 따라 부동산의 등기부상의 소재지 외의 장소도 추가로 사업장으로 등록할 수 있다.
>
> ㅁ. 재화를 보관하고 관리할 수 있는 시설만 갖춘 장소로서 법령이 정하는 바에 따라 하치장으로 신고된 장소는 사업장으로 보지 아니한다.
>
> ㅂ. 부가가치세는 사업장마다 신고·납부하는 것을 원칙으로 한다.

① ㄱ, ㄴ   ② ㄱ, ㄷ   ③ ㄹ, ㅂ   ④ ㄹ, ㅁ

해설

ㄱ. 국가, 지방자치단체 또는 지방자치단체조합이 공급하는 부동산임대업, 도매 및 소매업, 음식점업·숙박업, 골프장 및 스키장 운영업, 기타 스포츠시설 운영업에 있어서 사업장은 **그 사업에 관한 업무를 총괄하는 장소**이다.

ㄷ. 주된 사업장에서 총괄하여 납부하는 사업자가 되려는 자는 그 납부하려는 과세기간 개시 20일 전에 주사업장총괄납부 신청서를 주된 사업장의 관할 세무서장에게 제출해야 한다. 이러한 제출은 **승인을 요건으로 하지 않는다.**

[주사업장총괄납부 신청 절차]

구분	신청서 제출 기한
계속사업자	그 납부하려는 **과세기간 개시 20일 전까지** 신청서 제출
신규사업자	주된 사업장의 **사업자등록증을 받은 날부터 20일까지** 신청서 제출
사업장이 하나이나 추가로 사업장을 개설하려는 자	추가 사업장의 사업 개시일부터 20일(추가 사업장의 사업 개시일이 속하는 과세기간 이내로 한정)까지 신청서 제출

정답 ②

356

「부가가치세법」상 사업장에 관한 설명으로 옳지 않은 것은?

세법1 Link p.276-277
오진다 Link p.168
출제 가능 지수
난이도

① 사업자가 비거주자인 경우에는 「소득세법」 제120조에 따른 국내사업장을 사업장으로 하고, 외국법인인 경우에는 「법인세법」 제94조에 따른 국내사업장을 사업장으로 한다.
② 신탁재산의 수탁자가 납세의무자로서 해당 신탁재산을 사업장으로 보아 사업자등록을 신청하는 경우에는 해당 신탁재산의 등기부상 소재지, 등록부상 등록지 또는 신탁사업에 관한 업무를 총괄하는 장소를 사업장으로 한다.
③ 제조업에 있어서 최종 제품을 완성하는 장소를 사업장으로 한다. 이때 따로 제품의 포장만을 하거나 용기에 충전만을 하는 장소 또는 「개별소비세법」에 따른 저유소는 제외한다.
④ 부동산임대업에 있어서는 사업자가 법인인 경우에는 해당 법인의 등기부상 소재지를 사업장으로 하고 사업자가 개인인 경우에는 사업에 관한 업무를 총괄하는 장소를 사업장으로 한다.

해설

④ **부동산매매업**에 있어서는 사업자가 법인인 경우에는 해당 법인의 등기부상 소재지를 사업장으로 하고 사업자가 개인인 경우에는 사업에 관한 업무를 총괄하는 장소를 사업장으로 한다.   정답 ④

357

「부가가치세법」상 사업장에 관한 설명으로 옳지 않은 것은?

세법1 Link p.277-279
오진다 Link p.168-171
출제 가능 지수
난이도

① 「우정사업 운영에 관한 특례법」에 따른 우정사업조직이 「우편법」의 소포우편물을 방문접수하여 배달하는 용역을 공급하는 사업의 사업장은 그 사업에 관한 업무를 총괄하는 장소이다.
② 사업장이 둘 이상인 개인사업자(사업장이 하나이나 추가로 사업장을 개설하려는 개인사업자를 포함)가 주된 사업장에서 총괄하여 납부하려는 경우 주된 사업장은 주사무소만 가능하다.
③ 하치장설치신고서를 하치장 관할 세무서장에게 제출한 경우에도 하치장은 사업장으로 볼 수 없다.
④ 무인자동판매기를 통하여 재화·용역을 공급하는 사업의 경우에는 사업에 관한 업무를 총괄하는 장소 외의 장소를 추가로 사업장으로 등록할 수 있다.

해설

② 사업장이 둘 이상인 사업자(사업장이 하나이나 추가로 사업장을 개설하려는 사업자를 포함)가 주된 사업장에서 총괄하여 납부하려는 경우 주된 사업장은 법인의 본점(주사무소를 포함) 또는 **개인의 주사무소로** 한다. 다만, 법인의 경우에는 지점(분사무소를 포함)을 주된 사업장으로 할 수 있다. 즉, **개인사업자의 주된 사업장은 주사무소만 가능**하다.
③ 하치장은 **사업장으로 보지 않는다.** 하치장 설치 신고가 있을 경우 신고를 받은 하치장 관할 세무서장이 10일 이내에 납세지 관할 세무서장에게 그 사실을 통보할 의무가 있을 뿐이다.
④ 무인자동판매기를 통하여 재화·용역을 공급하는 사업의 경우에는 사업에 관한 업무를 총괄하는 장소 외의 장소를 추가로 사업장으로 등록할 수 **없다.**   정답 ④

358

「부가가치세법」상 주사업장총괄납부와 사업자단위과세에 관한 설명이다. 옳지 않은 것은?

① 주사업장총괄납부 사업자가 종된 사업장을 신설하는 경우 그 신설하는 종된 사업장 관할 세무서장에게 주사업장총괄납부 변경신청서를 제출하여야 한다.

② 주사업장총괄납부 사업자가 재화를 판매목적으로 자기의 다른 사업장에 반출한 경우로서 세금계산서를 발급하고 예정신고 또는 확정신고 규정에 따라 관할 세무서장에게 신고한 경우에는 재화의 공급으로 본다.

③ 사업자단위과세 사업자가 법인인 경우 본점소재지를 납세지로 하며 지점소재지는 납세지로 할 수 없다.

④ 사업자단위과세 사업자가 사업자단위과세를 적법하게 포기한 경우 그 포기한 날이 속하는 과세기간부터 각 사업장별로 신고·납부하거나 주사업장총괄납부를 해야 한다.

세법1 Link   p.280-281, 300

오진다 Link   p.170-172, 183

출제 가능 지수 ■■■■□

난이도 ■■■□□

해설

④ 사업자단위과세 사업자가 사업자단위과세를 적법하게 포기한 경우 그 포기한 날이 속하는 과세기간의 **다음 과세기간**부터 각 사업장별로 신고·납부하거나 주사업장총괄납부를 해야 한다. 정답 ④

359

「부가가치세법」상 납세지와 사업자등록에 관한 설명으로 옳지 않은 것은?

ㄱ. 주사업장총괄납부 사업자가 종된 사업장을 주된 사업장으로 변경하려는 경우 변경 전 주된 사업장 관할 세무서장에게 주사업장총괄납부 변경신청서를 제출해야 한다.

ㄴ. 사업자 단위로 등록한 사업자의 세금계산서 발급·수취 의무와 부가가치세 신고·납부 의무는 본점 또는 주사무소에서 사업자 단위로 이행한다.

ㄷ. 주사업장 총괄납부 사업자의 세금계산서 발급·수취 의무는 각 사업장 단위로 이행하지만, 부가가치세 신고·납부 의무는 주사업장에서만 이행한다.

ㄹ. 국외사업자가 전자적 용역을 국내에 제공하는 경우(등록사업자의 과세사업 또는 면세사업에 대하여 용역을 공급하는 경우는 제외)에는 사업의 개시일부터 20일 이내에 간편사업자등록을 하여야 한다.

ㅁ. 사업장은 사업자가 사업을 하기 위하여 거래의 전부 또는 일부를 하는 고정된 장소로 하며 사업장을 설치하지 아니하고 사업자등록도 하지 아니한 경우에는 과세표준 및 세액을 결정하거나 경정할 당시의 사업자의 주소 또는 거소를 사업장으로 한다.

세법1 Link   p.277, 279-281, 426

오진다 Link   p.169, 172, 258

출제 가능 지수 ■■■■□

난이도 ■■■■□

① ㄱ, ㄴ   ② ㄱ, ㄷ   ③ ㄷ, ㄹ   ④ ㄹ, ㅁ

해설

ㄱ. 주사업장 총괄납부 사업자가 종된 사업장을 주된 사업장으로 변경하려는 경우 **주된 사업장으로 변경하려는** 사업장 관할 세무서장에게 주사업장 총괄납부 변경신청서를 제출해야 한다.

ㄷ. 주사업장 총괄납부 사업자의 세금계산서 발급·수취 및 부가가치세 **신고 의무는 각 사업장 단위로 이행**하지만, 부가가치세 납부 의무는 주사업장에서만 이행한다. 정답 ②

360

「부가가치세법」상 사업자등록에 대한 설명으로 옳지 않은 것은?

① 사업자등록을 하려는 사업자는 사업장마다 사업 개시일부터 20일 이내에 사업장 관할 세무서 장에게 사업자등록을 신청하거나 사업장 관할 세무서장이 아닌 다른 세무서장에게도 할 수 있으며, 이 경우 사업장 관할 세무서장에게 사업자등록을 신청한 것으로 본다.

② 수탁자가 「부가가치세법」에 따라 사업자등록을 신청하는 경우로서, 수탁자가 하나 또는 둘 이상의 위탁자와 둘 이상의 신탁계약을 체결하고 신탁계약이 수탁자가 위탁자로부터 「자본시장과 금융투자업에 관한 법률」에 따라 재산을 위탁자의 채무이행을 담보하기 위해 수탁으로 운용하는 내용으로 체결되는 신탁계약에 해당하는 경우엔, 둘 이상의 신탁재산을 하나의 사업장으로 보아 신탁사업에 관한 업무를 총괄하는 장소를 관할하는 세무서장에게 사업자등록을 신청할 수 있다.

③ 사업자등록 신청을 받은 관할 세무서장은 사업자의 인적사항 및 사업자등록번호가 부여된 사업자등록증을 신청일부터 1일 이내(토요일, 공휴일 또는 근로자의 날은 산정에서 제외)에 신청자에게 발급해야 한다.

④ 사업장 관할 세무서장은 사업자가 폐업하게 되는 경우 지체 없이 사업자등록을 말소하여야 한다.

세법1 Link p.283-285, 287
오진다 Link p.172, 175
출제 가능 지수 ■■■■□
난이도 ■■■■□

> **해설**
>
> ③ 관할 세무서장은 사업자의 인적사항 및 사업자등록번호가 부여된 사업자등록증을 신청일부터 **2일 이내**(토요일 및 일요일, 공휴일 및 대체공휴일, 근로자의 날은 산정에서 제외)에 신청자에게 발급해야 한다. 정답 ③

361

「부가가치세법」상 사업자등록에 관한 설명으로 옳은 것은?

① 사업자가 등록사항 정정사유에 해당하는 경우에는 지체 없이 사업자등록 정정신고서에 사업자등록증을 첨부하여 관할 세무서장에게 제출해야 한다. 이때 관할 세무서장 외의 세무서장에게 제출한 정정신고서는 유효하지 않다.

② 법인의 대표자를 변경하는 사업자등록 정정신고를 받은 세무서장은 신고일 당일까지 사업자등록증의 기재사항을 정정하여 재발급해야 한다.

③ 상호를 변경하는 사업자등록 정정신고를 받은 세무서장은 신고일부터 2일 내에 변경 내용을 확인하고 사업자등록증의 기재사항을 정정하여 재발급해야 한다.

④ 사업장과 주소지가 동일한 사업자가 사업자등록 신청 또는 사업자등록 정정신고서를 제출하면서 「주민등록법」에 따른 주소가 변경되면 사업장의 주소도 변경된 것으로 동의한 경우에는 「주민등록법」에 따른 전입신고를 하면 사업자등록 정정신고서를 제출한 것으로 본다.

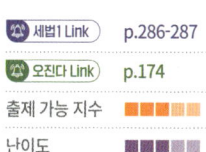

세법1 Link p.286-287
오진다 Link p.174
출제 가능 지수 ■■■■□
난이도 ■■■■□

> **해설**
>
> ① 사업자가 등록사항 정정사유에 해당하는 경우에는 지체 없이 사업자등록 정정신고서에 사업자등록증을 첨부하여 관할 세무서장이나 **그 밖에 신고인의 편의에 따라 선택한 세무서장에게게(국세정보통신망에 따른 제출을 포함)** 제출해야 한다.
> ② 법인의 대표자를 변경하는 사업자등록 정정신고를 받은 세무서장은 **신고일부터 2일 내**에 변경 내용을 확인하고 사업자등록증의 기재사항을 정정하여 재발급해야 한다.
> ③ 상호를 변경하는 경우 사업자등록 정정신고를 받은 세무서장은 **신고일 당일**에 변경 내용을 확인하고 사업자등록증의 기재사항을 정정하여 재발급해야 한다. 정답 ④

CHAPTER

02 과세거래

362

「부가가치세법령」상 재화 또는 용역의 공급에 대한 설명으로 옳은 것은?

세법1 Link   p.268, 292-
293, 297
오진다 Link   p.160, 178-
179, 182
출제 가능 지수
난이도

① 「부가가치세법」은 부가가치를 직접 산출하여 과세하지 않고 매출액에 세율을 곱하여 거래징수한 매출세액에서 재화 등을 매입할 때 거래징수 당한 매입세액을 공제하여 부가가치세 납부세액을 계산하는 방법인 전단계세액공제법에 따라 재화 또는 용역의 공급, 재화의 수입에 대하여 부가가치세를 부과한다.

② 재화의 공급은 계약상 또는 법률상의 모든 원인에 따라 재화를 인도하거나 양도하는 것으로 하므로 주식 등 지분상품과 회사채 등 채무상품도 일반적으로 과세대상 재화로 본다.

③ 재화의 공급은 사업자 여부에 관계없이 과세하고, 속지주의에 따라 국내에서 공급한 재화에 대해서만 과세하는 것을 원칙으로 한다.

④ 사업자가 자기의 과세사업과 관련하여 취득한 재화로서 「부가가치세법」 제38조에 따른 매입세액이 공제되지 않은 재화를 자기의 면세사업을 위하여 직접 사용하는 것은 재화의 공급으로 본다.

해설

② 재화의 공급은 계약상 또는 법률상의 모든 원인에 따라 재화를 인도하거나 양도하는 것으로 한다. 여기서 재화란, 재산 가치가 있는 물건과 권리를 말하는데 경제적 교환가치가 있다 하더라도 수표·어음·상품권 등 화폐대용증권이나 주식 등 지분상품 또는 회사채 등 채무상품은 거래를 위한 지불 수단으로서의 성격이 있기 때문에 **과세대상 재화로 보지 않는다.**

③ 재화의 공급은 **사업자가 공급한 것에 한하여** 과세하고, 속지주의에 따라 국내에서 공급한 재화에 대해서만 과세하는 것을 원칙으로 한다.

④ 사업자가 자기의 과세사업과 관련하여 취득한 재화로서 「부가가치세법」 제38조에 따른 매입세액이 **공제된** 재화를 자기의 면세사업을 위하여 직접 사용하는 것은 재화의 공급으로 본다.   정답 ①

363

「부가가치세법」상 과세대상에 관한 설명이다. 옳은 것은?

① 외국 선박에 의하여 공해에서 잡힌 수산물을 국내로 반입하는 거래는 과세대상이 아니다.
② 사업자가 사업을 위하여 「재난 및 안전관리 기본법」의 적용을 받아 특별재난지역에 물품을 증여하는 경우는 과세대상이 아니다.
③ 사업자가 「민사집행법」에 따른 경매로 재화를 공급하는 경우는 과세대상이지만, 「국세징수법」에 따른 공매로 재화를 공급하는 경우는 과세대상이 아니다.
④ 사업자가 복리후생적인 목적으로 그 사용인에게 무상으로 직장문화와 관련된 재화를 제공하는 경우에도 재화의 공급으로 본다.

세법1 Link p.295, 302-303, 310
오진다 Link p.180, 184-185, 190
출제 가능 지수
난이도

해설

① 외국 선박에 의하여 공해에서 잡힌 수산물로서 수입신고가 수리되기 전의 것을 국내로 반입하는 것은 **재화의 수입으로서 과세대상이다.**
③ 다음에 따라 재화를 인도 또는 양도하는 것은 재화의 공급으로 보지 아니한다.

　㉠ 「국세징수법」에 따른 공매(수의계약에 따라 매각하는 것을 포함)
　㉡ **「민사집행법」에 따른 경매(같은 법에 따른 강제경매 포함)**
　㉢ 담보권 실행을 위한 경매
　㉣ 「민법」, 「상법」 등 그 밖의 법률에 따른 경매

④ 사업자가 복리후생적인 목적으로 그 사용인에게 무상으로 직장문화와 관련된 재화를 제공하는 경우는 재화의 공급으로 **보지 않는다.**

정답 ②

364

「부가가치세법령」상 과세대상 거래인 것은?

① 사업자가 폐업할 때 자기의 과세사업과 관련하여 생산하거나 취득한 재화로서 매입세액이 공제되지 않은 재화 중 남아있는 것
② 사업자가 외국으로부터 국내에 도착한 물품으로서 수입신고가 수리되기 전의 것을 국내에 반입하는 것
③ 사업자가 양도담보의 목적으로 부동산상의 권리를 제공하는 것
④ 사업자가 「민사집행법」에 따른 경매로 재화를 인도하는 것

세법1 Link p.295, 304, 306, 310
오진다 Link p.181, 185, 187, 190
출제 가능 지수
난이도

해설

① 사업자가 폐업할 때 자기의 과세사업과 관련하여 생산하거나 취득한 재화로서 매입세액이 **공제된** 재화 중 남아있는 것은 「부가가치세법령」상 과세대상 거래이다.
③ 질권, 저당권 또는 양도담보의 목적으로 동산, 부동산 및 부동산상의 권리를 제공하는 것은 재화의 공급으로 **보지 아니한다.**
④ 사업자가 「민사집행법」에 따른 경매로 재화를 인도하는 것는 재화의 공급으로 **보지 아니한다.**

정답 ②

365

「부가가치세법」상 과세거래에 관한 설명으로 가장 적절한 것은?

세법1 Link p.297, 300, 306, 309
오진다 Link p.182-183, 187-188
출제 가능 지수 ■■■■□
난이도 ■■■□□

① 사업자가 자기의 과세사업과 관련하여 취득한 재화로서 매입세액이 불공제된 재화를 자기의 면세사업을 위하여 직접 사용하는 것은 재화의 공급으로 본다.

② 사업자가 자신의 용역을 자기의 사업을 위하여 대가를 받지않고 공급함으로써 다른 사업자와의 과세형평이 침해되지 않는 경우에는 자기에게 용역을 공급하는 것으로 본다.

③ 사업장별로 그 사업에 관한 모든 권리와 의무를 포괄적으로 승계하고, 그 사업을 양수받는 자가 그 대가를 지급하는 때에 그 대가를 받은 자로부터 부가가치세를 징수하여 납부한 경우에는 재화의 공급으로 본다.

④ 사업장이 둘 이상인 사업자가 주사업장총괄납부의 적용을 받는 과세기간에 자기의 다른 사업장에 반출하면서 세금계산서를 발급하고 예정신고 또는 확정신고 규정에 따라 관할 세무서장에게 신고한 경우에도 재화의 공급으로 보지 않는다.

해설

① 사업자가 자기의 과세사업과 관련하여 취득한 재화로서 매입세액이 **공제된** 재화를 자기의 면세사업을 위하여 직접 사용하는 것은 재화의 공급으로 본다.

② 사업자가 자신의 용역을 자기의 사업을 위하여 대가를 받지 않고 공급함으로써 다른 사업자와의 과세형평이 **침해되는** 경우에는 자기에게 용역을 공급하는 것으로 본다.

④ 사업장이 둘 이상인 사업자가 주사업장총괄납부의 적용을 받는 과세기간에 자기의 다른 사업장에 반출하면서 세금계산서를 발급하고 예정신고 또는 확정신고 규정에 따라 관할 세무서장에게 신고한 경우에는 재화의 공급으로 **본다**.

정답 ③

366

「부가가치세법」상 재화 또는 용역의 공급에 대한 설명으로 옳은 것은?

세법1 Link   p.302, 307-
            308
오진다 Link p.184, 187,
            189
출제 가능 지수 ■■■■■
난이도   ■■■■■

① 산업상·상업상의 경험에 관한 정보를 제공하는 것은 용역의 공급으로 보지 않는다.
② 사업자가 위탁가공을 위하여 원자재를 국외의 수탁가공 사업자에게 대가 없이 반출하는 것(영세율이 적용되는 것 제외)은 재화의 공급으로 본다.
③ 사업자가 실비변상적이거나 복리후생적인 목적으로 그 사용인에게 대가를 받지않거나 시가보다 낮은 대가를 받고 제공하는 것으로서 경조사, 설날·추석, 창립기념일 및 생일 등과 관련된 재화로서 각 항목별로 사용인 1명당 연간 10만원 이하의 재화를 제공하는 경우 재화의 공급으로 보지 않는다. 이때 10만원을 초과하는 경우 전액을 재화의 공급으로 본다.
④ 사업자가 특수관계인이 아닌 타인에게 대가를 받지 않고 용역을 공급하는 것은 용역의 공급으로 보지 않는다.

해설

① 산업상·상업상 또는 과학상의 지식·경험 또는 숙련에 관한 정보를 제공하는 것은 용역의 공급으로 **본다**.
② 사업자가 위탁가공을 위하여 원자재를 국외의 수탁가공 사업자에게 대가 없이 반출하는 것(영세율이 적용되는 것은 제외)은 재화의 공급으로 **보지 않는다**(부령 18 ② ⑶). 단, 원료를 대가 없이 국외의 수탁가공 사업자에게 반출하여 가공한 재화를 양도하는 경우에 그 원료의 반출에 대하여는 재화의 공급으로 보아 영세율을 적용한다(부령 31 ① ⑸).
③ 사업자가 실비변상적이거나 복리후생적인 목적으로 그 사용인에게 대가를 받지않거나 시가보다 낮은 대가를 받고 제공하는 것으로서 경조사, 설날·추석, 창립기념일 및 생일 등과 관련된 재화로서 각 항목별로 사용인 1명당 연간 10만원 이하의 재화를 제공하는 경우 재화의 공급으로 보지 않는다. 이때 10만원을 초과하는 경우 **초과금액에 대해** 재화의 공급으로 본다.

정답 ④

367

다음 중 「부가가치세법」상 재화와 용역의 공급에 관한 설명으로 옳은 것은?

① 비영업용 승용자동차의 장기할부판매는 「부가가치세법」상 재화의 공급으로 보지 않는다.

② 광업권자가 광업권을 대여하고 그 대가로 분철료를 받는 경우에는 과세대상에 해당하지 않는다.

③ 농부의 농업종사 중 일시적이고 부수적으로 생긴 물건의 매매는 재화의 공급으로 보지 않는다.

④ 대학이 사업용 부동산을 그 대학의 산학협력단에 대가를 받지 않고 임대하는 것은 용역의 공급으로 본다.

세법1 Link p.294, 308-309, 312
오진다 Link p.180, 189-190
출제 가능 지수 ■■■■□
난이도 ■■■□□

> **해설**
>
> ① 비영업용 승용자동차의 장기할부판매는 「부가가치세법」상 재화의 공급에 **해당한다**.
> ② 광업권자가 광업권을 대여하고 그 대가로 분철료를 받는 경우에는 과세대상이 **된다**.
> ④ 사업자가 대가를 받지 않고 타인에게 용역을 공급하는 것은 용역의 공급으로 보지 않는다(부법 12 ②). 단, 사업자가 특수관계자에게 사업용 부동산의 임대용역을 제공하는 것은 용역의 공급으로 보되 다음의 경우는 **용역의 공급으로 보지 아니한다**(부법 12 ②, 부령 26).
>
> ㉠ 산학협력단과 대학 간 사업 부동산의 임대용역
> ㉡ 「공공주택특별법」에 따른 공공주택사업자(국가, 또는 지방자치단체, 한국토지주택공사, 주택사업을 목적으로 설립된 지방공사 등)와 부동산투자회사 간 사업용 부동산의 임대용역
>
> 정답 ③

368

「부가가치세법」상 용역의 공급에 대한 설명으로 옳은 것은?

세법1 Link p.308-309
오진다 Link p.189-190
출제 가능 지수 ■■■■□
난이도 ■■■□□

> ㄱ. '용역의 공급'이란 계약상 또는 법률상의 모든 원인에 따른 것으로서 역무를 제공하는 것과 시설물, 권리 등 재화를 사용하게 하는 것을 말한다.
>
> ㄴ. 사업장이 각각 다른 수개의 사업을 겸영하는 사업자가 그 중 한 사업장의 재화 또는 용역의 공급에 필수적으로 부수되는 용역을 자기의 다른 사업장에서 공급하는 경우 용역의 자가공급으로 보아 부가가치세를 과세한다.
>
> ㄷ. 지연선적으로 인하여 하역회사로부터 선주가 받는 체선료는 용역 제공에 따른 대가이므로 과세대상이다.
>
> ㄹ. 고용관계에 의하여 근로를 제공하는 것은 용역의 공급으로 보지 아니한다.

① ㄱ, ㄴ　　　　② ㄷ, ㄹ　　　　③ ㄱ, ㄹ　　　　④ ㄴ, ㄷ

> **해설**
>
> ㄴ. 용역의 자가공급에 대하여는 부가가치세를 과세하지 아니한다. 용역의 무상공급에 대하여 부가가치세를 과세하지 않는 것과 형평을 맞추기 위함이다. 따라서 사업장이 각각 다른 수개의 사업을 겸영하는 사업자가 그 중 한 사업장의 재화 또는 용역의 공급에 필수적으로 부수되는 용역을 자기의 다른 사업장에서 공급하는 경우 용역의 자가공급으로 보아 **부가가치세를 과세하지 않는다**.
> ㄷ. 지연선적으로 인하여 하역회사로부터 선주가 받는 체선료는 용역 제공의 대가가 아니므로 **과세대상이 아니다**. ← 지연선적으로 인하여 선주가 화주로부터 받은 체선료는 항행용역의 제공에 따른 대가이므로 항행용역대가(과세대상)에 포함된다.
>
> 정답 ③

369

세법1 Link   p.311-312
오진다 Link   p.190-192
출제 가능 지수   ▮▮▮▯▯
난이도   ▮▮▯▯▯

「부가가치세법」상 부수재화 및 부수용역의 공급과 관련된 설명으로 옳은 것은?

① 주된 재화 또는 용역의 공급에 부수되어 공급되는 것으로서 해당 대가가 주된 재화 또는 용역의 공급에 대한 대가에 통상적으로 포함되어 공급되는 재화 또는 용역의 공급은 주된 재화 또는 용역의 공급에 포함되는 것으로 본다.

② 주된 재화 또는 용역의 공급에 부수되어 공급되는 것으로서 거래의 관행으로 보아 통상적으로 주된 재화 또는 용역의 공급에 부수하여 공급되는 것으로 인정되는 재화 또는 용역의 공급은 별도의 공급으로 본다.

③ 주된 사업에 부수되는 주된 사업과 관련하여 우연히 또는 일시적으로 공급되는 재화 또는 용역의 공급은 별도의 공급으로 보지 않는다.

④ 주된 사업에 부수되는 주된 사업과 관련하여 주된 재화의 생산 과정이나 용역의 제공 과정에서 필연적으로 생기는 재화의 공급은 별도의 공급으로 보며, 과세 및 면세 여부 등은 주된 사업과 별도로 판단한다.

해설

② 주된 재화 또는 용역의 공급에 부수되어 공급되는 것으로서 거래의 관행으로 보아 통상적으로 주된 재화 또는 용역의 공급에 부수하여 공급되는 것으로 인정되는 재화 또는 용역의 공급은 **주된 재화 또는 용역의 공급에 포함되는** 것으로 본다.

③ 주된 사업에 부수되는 주된 사업과 관련하여 우연히 또는 일시적으로 공급되는 재화 또는 용역의 공급은 **별도의 공급으로 보되, 과세 및 면세 여부 등은 주된 사업의 과세 및 면세 여부 등을 따른다.**

④ 주된 사업에 부수되는 주된 사업과 관련하여 주된 재화의 생산 과정이나 용역의 제공 과정에서 필연적으로 생기는 재화의 공급은 별도의 공급으로 보되, **과세 및 면세 여부 등은 주된 사업의 과세 및 면세 여부 등을 따른다.**

정답 ①

CHAPTER
02

과세거래

370

「부가가치세법령」상 재화 또는 용역의 공급에 대한 설명으로 옳은 것은?

> ㄱ. 사업자가 자신의 용역을 자기의 사업을 위하여 대가를 받지 아니하고 공급함으로써 다른 사업자와의 과세형평이 침해되는 경우에는 자기에게 용역을 공급하는 것으로 본다.
>
> ㄴ. 「국세징수법」에 따른 공매(수의계약에 따라 매각하는 것을 포함)에 따라 재화를 인도 또는 양도하는 것은 재화의 공급으로 보지 아니하나 「민법」, 「상법」 등 그 밖의 법률에 따른 경매에 따라 재화를 인도 또는 양도하는 것은 형식적으로는 경매이지만, 실질적으로는 매매계약에 해당하기 때문에 재화의 공급으로 간주한다.
>
> ㄷ. 출자자가 자기의 출자지분을 타인에게 양도·상속·증여하는 것은 재화의 공급에 해당하지 않으며 법인 또는 공동사업자가 출자지분을 현물로 반환하는 것 또한 재화의 공급에 해당하지 않는다.
>
> ㄹ. 자기가 주요자재의 일부를 부담하고 상대방으로부터 인도받은 재화를 가공하여 새로운 재화를 만드는 가공계약에 따라 재화를 인도하는 것은 용역의 공급에 해당한다.

① ㄱ   ② ㄱ, ㄴ   ③ ㄱ, ㄴ, ㄷ   ④ ㄱ, ㄴ, ㄷ, ㄹ

세법1 Link   p.294-295, 309
오진다 Link   p.180-181, 188
출제 가능 지수   ■■■■□
난이도   ■■■■□

해설

ㄴ. 사적으로 행해지는 경매는 형식적으로는 경매이지만, 실질적으로는 매매계약에 해당하기 때문에 재화의 공급으로 간주한다. 그러나 **법적 경매에 따라 재화를 인도 또는 양도하는 것은 재화의 공급으로 보지 아니한다**. 법적 경매는 다음과 같다.

> ㉠ 「국세징수법」에 따른 공매(수의계약에 따라 매각하는 것을 포함)
> ㉡ 「민사집행법」에 따른 경매(같은 법에 따른 강제경매 포함)
> ㉢ 담보권 실행을 위한 경매
> ㉣ **「민법」, 「상법」 등 그 밖의 법률에 따른 경매**

ㄷ. 출자자가 자기의 출자지분을 타인에게 양도·상속·증여하는 것은 재화의 공급에 해당하지 않는다. 법인 또는 공동사업자가 출자지분을 현금으로 반환하는 것은 재화의 공급에 해당하지 않지만, 출자지분을 **현물로 반환하는 것은 재화의 공급에 해당**한다.

ㄹ. 자기가 주요자재의 전부 또는 일부를 부담하고 상대방으로부터 인도받은 재화로 가공하여 새로운 재화를 만드는 가공계약에 따라 재화를 인도하는 것은 **재화**의 공급으로 본다.

정답 ①

371

「부가가치세법령」상 재화 또는 용역의 공급에 대한 설명으로 옳지 않은 것은?

세법1 Link p.300, 305, 308

오진다 Link p.183, 186-188

출제 가능 지수 ■■■■■

난이도 ■■■■■

> ㄱ. 사업장이 둘 있는 사업자(사업자단위과세사업자와 주사업장 총괄납부사업자에 모두 해당하지 아니함)가 자기의 사업과 관련하여 생산한 재화로서 매입세액이 불공제된 재화를 판매할 목적으로 자기의 다른 사업장에 반출하는 경우 재화의 공급으로 본다.
> ㄴ. 건설업자가 건설자재의 전부를 부담한 경우 용역의 공급으로 본다.
> ㄷ. 사업자가 대가를 받지 않고 특수관계인 외의 자에게 사업용 부동산의 임대용역을 공급하는 경우 용역의 공급으로 본다.
> ㄹ. 「신탁법」 제10조에 따라 위탁자의 지위가 이전되는 경우에는 기존 위탁자가 새로운 위탁자에게 신탁재산을 공급한 것으로 보지 않는다.

① ㄱ, ㄴ   ② ㄴ, ㄷ   ③ ㄷ, ㄹ   ④ ㄴ, ㄹ

해설

ㄱ. 사업장이 둘 있는 사업자(사업자단위과세사업자와 주사업장 총괄납부사업자에 모두 해당하지 아니함)가 자기의 사업과 관련하여 생산한 재화를 판매할 목적으로 자기의 다른 사업장에 반출하는 경우 **매입세액 공제 여부를 불문하고** 재화의 공급으로 본다.

ㄷ. 사업자가 특수관계자에게 사업용 부동산의 임대용역을 제공하는 것은 용역의 공급으로 보되, **특수관계인 외의 자에게 사업용 부동산의 임대용역을 제공하는 것은 용역의 공급으로 보지 않는다.**

ㄹ. 「신탁법」 제10조에 따라 위탁자의 지위가 이전되는 경우에는 **기존 위탁자가 새로운 위탁자에게 신탁재산을 공급한 것으로 본다.** 다만, 신탁재산에 대한 실질적인 소유권의 변동이 있다고 보기 어려운 경우로서 법으로 정하는 다음의 경우에는 신탁재산의 공급으로 보지 아니한다.

> ㉠ 집합투자업자가 다른 집합투자업자에게 위탁자지위를 이전한 경우
> ㉡ 위에 준하는 경우로서 실질적 소유권 변동이 없는 경우

정답 ③

372

「부가가치세법」상 부가가치세 과세대상에 해당하는 것은?

① 사업자가 사용인의 직무상 부상 또는 질병을 무상으로 치료하는 경우
② 공급받을 자의 해약으로 인하여 공급할 자가 재화 또는 용역의 공급없이 위약금 또는 이와 유사한 손해배상금을 받는 경우
③ 사업자가 자기의 사업과 관련하여 생산하거나 취득한 재화를 자기의 과세사업과 관련한 사후 무료서비스를 제공하기 위하여 사용·소비하는 경우
④ 사업자가 자기의 고객 중 추첨을 통하여 당첨된 자에게 자기생산·취득재화를 경품으로 제공하는 경우

세법1 Link p.301, 303, 307-308
오진다 Link p.184, 187-189
출제 가능 지수 ■■■■■
난이도 ■■■■

해설

① 사업자가 사용인의 직무상 부상 또는 질병을 무상으로 치료하는 경우는 용역의 자가공급에 해당하여 부가가치세를 **과세하지 아니한다.**
② 공급받을 자의 해약으로 인하여 공급할 자가 재화 또는 용역의 공급없이 위약금 또는 이와 유사한 손해배상금을 받는 경우는 재화의 공급으로 보지 않으므로 해당하여 부가가치세를 **과세하지 아니한다.**
③ 사업자가 자기의 사업과 관련하여 생산하거나 취득한 재화를 자기의 과세사업과 관련한 사후 무료서비스를 제공하기 위하여 사용·소비하는 경우는 판매목적 반출이 아니므로 재화의 공급으로 보지 않아 부가가치세를 **과세하지 아니한다.**
정답 ④

373

「부가가치세법」상 재화의 공급에 대한 설명으로 옳지 않은 것은?

세법1 Link p.293-294, 305, 310
오진다 Link p.179-180, 187, 190
출제 가능 지수 ■■■■■
난이도 ■■■■

> ㄱ. 동종업자로부터 차용한 원재료를 사용소비하고 동종의 원재료를 반환하는 경우는 재화의 공급에 해당한다.
> ㄴ. 특허권·실용신안권·건설업면허를 과세사업과 관련하여 양도한 경우는 재화의 공급에 해당하지 않는다.
> ㄷ. 동일한 보세구역 내에서 재화를 공급하는 것은 재화의 공급에 해당하지 않는다.
> ㄹ. 보세구역 외의 국내에서 보세구역으로 재화를 공급하는 것은 재화의 공급에 해당한다.
> ㅁ. 사업을 양도하는 것으로서 사업장별로 그 사업에 관한 모든 권리와 의무를 포괄적으로 승계시키는 것은 재화의 공급으로 보지 아니한다.

① ㄱ, ㄴ   ② ㄷ, ㅁ   ③ ㄴ, ㄷ   ④ ㄹ, ㅁ

해설

ㄱ. 사업자 간에 상품·제품·원재료 등의 재화를 차용하여 사용·소비하고 동종 또는 이종의 재화를 반환하는 소비대차의 경우에 해당 **재화를 차용하거나 반환하는 것은 각각 재화의 공급에 해당한다.**
ㄴ. 특허권·실용신안권·건설업면허 등 '권리'에 해당하는 것을 과세사업과 관련하여 양도한 경우는 **재화의 공급에 해당한다.**
ㄷ. 동일한 보세구역 내에서 재화를 공급하는 것은 **재화의 공급에 해당한다.**
ㅁ. 사업을 포괄적으로 양도하는 경우 **재화의 공급으로 보지 않는다.** 사업의 포괄적 양도는 그 사업에 관한 모든 권리와 의무를 포괄적으로 승계시키는 것을 의미한다.
정답 ③

374

다음 중 「부가가치세법」상 재화의 공급으로 보지 않는 거래는?

① 부동산매매업자가 판매용 부동산을 공급하는 경우
② 건설업에 있어서 건설업자가 건설용 자재를 일부 부담하는 경우
③ 운송업자가 취득 후 1년 동안 전세버스사업에 사용하던 자동차 수리용 설비를 신규로 겸영하게 된 시내버스사업에 공동으로 사용하는 경우
④ 자기가 주요자재의 전부 또는 일부를 부담하고 상대방으로부터 인도받은 재화에 공작을 가하여 새로운 재화를 만드는 가공계약에 의하여 재화를 인도하는 경우

세법1 Link p.294, 297, 308
오진다 Link p.180, 182, 188
출제 가능 지수 ■■■■□
난이도 ■■■■□

해설

② 건설업에 있어서 건설업자가 건설용 자재를 일부 부담하는 경우 **용역**의 공급으로 본다.   정답 ②

375

「부가가치세법」상 재화 또는 용역의 공급에 대한 설명으로 옳지 않은 것은?

세법1 Link p.294, 296, 300, 304
오진다 Link p.180-181, 183, 185
출제 가능 지수 ■■■■□
난이도 ■■■■□

> ㄱ. 사업자가 건물 등을 신축하여 국가 또는 지방자치단체에 기부채납하고 그 대가로 일정기간 동안 건물 등에 대한 무상사용·수익권을 얻는 경우 해당 건물 등의 공급거래는 과세대상이다.
> ㄴ. 매입세액이 공제되지 않은 재화가 잔존하는 상태에서 사업을 폐지하는 경우에 해당 재화는 사업자 자신에게 공급하는 것으로 본다.
> ㄷ. 한국석유공사가 「석유 및 석유대체연료 사업법」에 따라 비축된 석유를 수입통관하지 아니하고 보세구역에 보관하면서 국내사업장이 없는 비거주자 또는 외국법인과 무위험차익거래방식으로 소비대차하는 것은 재화의 공급으로 보지 아니한다.
> ㄹ. 사업장이 둘 이상 있는 사업자단위과세사업자가 자기의 사업과 관련하여 매입세액이 공제되지 않은 재화를 판매할 목적으로 자기의 다른 사업장에 반출하는 것은 재화의 공급으로 본다.

① ㄱ, ㄴ   ② ㄴ, ㄹ   ③ ㄷ, ㄹ   ④ ㄱ, ㄷ

해설

ㄴ. 매입세액이 **공제된** 재화가 잔존하는 상태에서 사업을 폐지하는 경우에 해당 재화는 사업자 자신에게 공급하는 것으로 본다. 당초 매입 시 매입세액이 공제되지 아니한 재화의 경우에는 폐업 시 남아 있는 재화로서 과세하지 않는다.

ㄹ. 판매목적 타사업장 반출재화의 간주공급과 관련된 설명이다. 이때, 일반적으로 공급으로 보되 사업자가 사업자단위과세사업자로 적용을 받는 과세기간에 자기의 다른 사업장에 반출하는 경우에는 재화의 공급으로 **보지 않는다.** ← 판매목적으로 자기의 다른 사업장(타사업장) 반출재화의 간주공급의 경우 다른 간주공급과는 달리 매입세액이 불공제된 재화도 공급으로 의제됨을 주의

정답 ②

376

「부가가치세법」상 과세대상이 아닌 것은 몇 개인가?

세법1 Link p.300, 309-310
오진다 Link p.183, 189-190
출제 가능 지수 ■■■■■
난이도 ■■■■□

> ㄱ. 정유회사가 정유사업 사용 용도로 석유를 구입하여 매입세액공제를 받은 후 그 석유를 비영업용 소형승용차에 주유하는 경우
> ㄴ. 소매업을 운영하는 사업자가 외국의 소매업자로부터 운동화를 구입하여 우리나라의 보세구역으로 반입한 경우
> ㄷ. 골프장 경영자가 골프장 이용자로부터 일정기간 거치 후 반환하지 아니하는 입회금을 받은 경우
> ㄹ. 선주와 하역회사와의 계약에 따라 조기선적으로 인하여 하역회사가 선주로부터 조출료를 받은 경우

① 0개   ② 1개   ③ 2개   ④ 3개

해설

ㄴ. 외국에서 보세구역으로 재화를 반입하는 경우 **재화의 수입에 해당하지 아니하므로 과세대상이 아니다.**

정답 ②

377

「부가가치세법」상 재화와 용역의 공급에 관한 설명으로 옳은 것은 몇 개인가?

세법1 Link p.293-294, 303, 308
오진다 Link p.179-181
출제 가능 지수 ■■■■□
난이도 ■■■■□

> ㄱ. 재화의 인도대가로 다른 용역을 제공받는 교환계약에 따라 재화를 인도하는 것은 재화의 공급으로 보지 않는다.
> ㄴ. 사업자가 자기의 사업과 관련하여 거래처에 경영컨설팅 용역을 무상으로 제공하는 경우에는 과세되는 용역의 공급으로 본다.
> ㄷ. 자기적립 마일리지 등으로만 전부를 결제받고 공급하는 재화는 사업상 증여로 보아 부가가치세를 과세한다.
> ㄹ. 사업자가 저작권을 양도하는 것은 용역의 공급으로 본다.
> ㅁ. 현물출자에 의하여 재화를 양도하는 것은 부가가치세 과세대상이 된다.

① 0개   ② 1개   ③ 2개   ④ 3개

해설

ㄱ. 재화의 인도대가로 다른 용역을 제공받는 교환계약에 따라 재화를 인도하는 것은 **재화의 공급으로 본다.**
ㄴ. 사업자가 특수관계인에게 사업용 부동산의 임대용역을 무상공급하는 경우를 제외하고 타인에게 용역을 무상공급하는 것은 용역의 공급으로 보지 아니한다. 그러므로 사업자가 자기의 사업과 관련하여 거래처에 경영컨설팅 용역을 무상으로 제공하는 경우에는 **과세되는 용역의 공급으로 보지 아니한다.**
ㄷ. 자기적립 마일리지 등으로만 전부를 결제받고 공급하는 재화는 **사업상 증여로 보지 않기 때문에 과세하지 않는다.**
ㄹ. 사업자가 저작권을 양도하는 것은 **재화**의 공급으로 본다.

정답 ②

378

「부가가치세법」상 재화 및 용역의 공급에 관한 설명으로 옳지 않은 것은?

① 협회 등 단체가 재화의 공급 또는 용역의 제공에 따른 대가관계 없이 회원으로부터 받는 협회비·찬조비 및 특별회비 등은 과세대상이다.

② 사업장이 둘 이상 있는 사업자가 자기의 사업과 관련하여 생산 또는 취득한 재화를 판매할 목적으로 주사업장총괄납부의 적용을 받는 과세기간에 자기의 다른 사업장에 반출하는 경우 재화의 공급으로 보지 아니한다.

③ 사업자가 생산·취득한 재화를 국가나 지방자치단체에 아무런 대가관계 없이 무상으로 기부채납하는 경우 부가가치세가 면제된다.

④ 사업자가 자기의 사업과 관련하여 취득한 재화(매입세액 공제되지 아니함)를 자기의 과세사업과 관련한 수선비 등에 대체하여 사용하거나 소비하는 경우에는 재화의 공급으로 보지 않는다.

해설

① 협회 등 단체가 재화의 공급 또는 용역의 제공에 따른 대가관계 없이 회원으로부터 받는 협회비·찬조비 및 특별회비 등은 **과세대상이 아니다.**   정답 ①

세법1 Link   p.296, 300-301, 309
오진다 Link   p.181-184, 190
출제 가능 지수 ■■■■□□
난이도 ■■■■□

379

「부가가치세법」상 재화 및 용역의 공급에 대한 설명으로 옳은 것은?

① 폐업일 현재 수입신고(통관)되지 아니한 미도착 재화는 폐업 시 남아 있는 재화로서 자기에게 공급하는 것으로 본다.

② 양도담보의 목적으로 부동산을 제공하는 것은 재화의 공급으로 보지 아니한다.

③ 부동산의 매매 또는 그 중개를 사업목적으로 나타내어 부동산을 판매하는 것은 용역의 공급이다.

④ 자기가 주요자재의 전부 또는 일부를 부담하는 가공계약에 의하여 재화를 인도하는 것은 용역의 공급에 해당한다.

해설

① 폐업일 현재 수입신고(통관)되지 아니한 미도착재화는 폐업 시 남아 있는 재화로서 **과세하지 않는다.**

③ 부동산의 매매 또는 그 중개를 사업목적으로 나타내어 부동산을 판매하는 것은 **재화**의 공급이다.

④ 자기가 주요자재의 전부 또는 일부를 부담하는 가공계약에 의하여 재화를 인도하는 것은 **재화**의 공급에 해당한다. 자기가 **주요 자재를 전혀 부담하지 아니하고,** 상대방으로부터 인도받는 재화를 **단순히 가공만 해주는 것은 용역의 공급**에 해당한다. ← 건설업의 경우에만 주요 자재의 부담 여부와 관계없이 용역의 공급에 해당한다.   정답 ②

세법1 Link   p.294, 304, 306
오진다 Link   p.180, 185, 187-188
출제 가능 지수 ■■■■■□
난이도 ■■■■□

380

「부가가치세법」상 재화와 용역의 공급에 관한 설명으로 옳지 않은 것은?

① 사업자가 직매장을 폐지하고 자기의 다른 사업장으로 이전하는 경우 해당 직매장의 재고재화는 폐업 시 남아 있는 재화로서 과세하지 않는다.
② 주사업장총괄납부를 적용받은 사업자가 자기사업과 관련하여 생산한 재화를 자기의 다른 사업장에 반출하면서 세금계산서를 발급하고 예정신고·확정신고 규정에 따라 관할 세무서장에게 신고한 경우에는 재화의 공급으로 본다.
③ 전기, 가스, 열 등 관리할 수 있는 자연력은 재화로 보지 아니한다.
④ 건설업과 부동산업 중 사업목적으로 1과세기간 중에 1회 이상 부동산을 취득하고 2회 이상 판매하는 사업은 재화를 공급하는 사업으로 본다.

세법1 Link   p.293, 300, 304, 307
오진다 Link   p.179, 183, 185, 188

출제 가능 지수 ■■■■□
난이도 ■■■■□

해설

③ 전기, 가스, 열 등 관리할 수 있는 자연력은 **재화에 해당**한다.   정답 ③

381

「부가가치세법」상 재화의 공급에 대한 설명으로 옳지 않은 것은?

① 위탁매매 또는 대리인에 의한 매매에서는 위탁자 또는 본인이 공급하거나 공급받은 것으로 보되, 위탁자 또는 본인을 알 수 없는 경우 수탁자(또는 대리인)에게 재화를 공급하거나 수탁자 또는 대리인으로부터 재화를 공급받은 것으로 간주한다.
② 위탁자가 신탁재산을 실질적으로 지배·통제하는 경우로서 위탁자의 지시로 수탁자가 위탁자의 특수관계인에게 신탁재산과 관련된 재화 또는 용역을 공급하는 때에는 「신탁법」 제2조에 따른 위탁자가 부가가치세를 납부할 의무가 있다.
③ 사업자가 세금계산서를 발급받지 아니하고 취득한 재화를 부가가치세가 면제되는 재화 또는 용역을 공급하는 사업을 위하여 사용 또는 소비하는 경우에는 재화의 공급에 해당한다.
④ 수용에 따라 재화를 인도하거나 양도하는 것도 재화의 공급으로 본다. 다만, 「도시 및 주거환경정비법」, 「공익사업을 위한 토지 등의 취득 및 보상에 관한 법률」 등에 따른 수용절차에서 수용대상 재화의 소유자가 수용된 재화에 대한 대가를 받는 경우에는 재화의 공급으로 보지 않는다.

세법1 Link   p.271, 295, 297, 305
오진다 Link   p.181-182, 186-187

출제 가능 지수 ■■■■■
난이도 ■■■■■

해설

② 위탁자가 신탁재산을 실질적으로 지배·통제하는 경우로서 법으로 정하는 다음의 경우 「신탁법」 제2조에 **른 위탁자가 부가가치세를 납부할 의무가 있다.**

> ㉠ 부동산개발사업을 목적으로 하는 신탁계약을 체결한 경우로서 그 신탁계약에 따른 부동산개발사업비의 조달의무를 수탁자가 부담하지 않는 경우
> ㉡ 수탁자가 「도시 및 주거환경정비법」 또는 「빈집 및 소규모주택 정비에 관한 특례법」에 따른 재개발사업·재건축사업 또는 가로주택정비사업·소규모재건축사업의 사업대행자인 경우
> ㉢ **위탁자의 지시로 수탁자가 위탁자의 특수관계인에게 신탁재산 관련 재화 또는 용역을 공급하는 경우**
>   ← 2022.1.1. 이후 공급분부터 적용함
> ㉣ 「자본시장과 금융투자업에 관한 법률」 제9조제18항제1호에 따른 투자신탁의 경우 ← 2022.7.1. 개정사항

③ 사업자가 세금계산서를 발급받지 아니하고 취득한 재화는 매입세액이 불공제되는 재화이므로, 이를 면세사업에 사용하는 경우에는 간주공급 규정을 적용하지 않기 때문에 **재화의 공급으로 보지 않는다.**   정답 ③

382

다음 중 「부가가치세법」에 따라 과세되는 경우는?

세법1 Link p.311-312, 343

오진다 Link p.190-191, 209

출제 가능 지수

난이도

① 쌀을 공급하면서 제공하는 운송용역
② 아이스크림 판매 시 제공하는 드라이아이스의 무상공급
③ 참치 통조림 생산 과정에서 필연적으로 발생하는 참치알의 공급
④ 국민주택규모 이하의 공급 및 건설용역을 공급하는 사업자가 일시적으로 본사 건물을 공급한 경우

해설

① 운송용역 자체는 원래 과세대상이지만, 면세대상인 쌀을 공급하면서 제공하는 **쌀의 운송용역은 주된 거래에 부수하여 공급되는 것이므로 주된 거래에 따라 면세**한다.
② 아이스크림 판매와 관련하여 거래의 **관행상 통상적으로 부수하여 공급하는 드라이아이스는** 무상공급하더라도 **사업상 증여로 보지 아니한다.**
④ 국민주택규모 이하의 공급 및 건설용역을 공급하는 것은 면세대상이며, 면세사업자가 일시적으로 본사 건물을 공급한 경우는 해당 재화가 과세대상이라도 **주된 사업이 면세사업이기 때문에 건물의 공급도 면세된다.**

정답 ③

383

다음 중 「부가가치세법」상 과세되는 거래는 무엇인가?

세법1 Link p.296, 301, 309, 312

오진다 Link p.181, 184, 189, 191

출제 가능 지수

난이도

① 사업자가 인허가조건에 의하여 사회기반시설 등을 국가 등에 기부채납하는 경우
② 사업자가 자기사업과 관련하여 취득한 재화에 대하여 매입세액공제를 받고, 자기 사업상의 기술개발을 위하여 시험용으로 사용·소비하는 경우
③ 은행이 사업상 사용 중이던 복사기를 처분하는 경우
④ 화주가 선주에게 지연선적에 대한 대가로 체선료를 지급하는 경우

해설

① 사업자가 **인허가조건에 의하여 사회기반시설 등을 국가등에 기부채납**하는 경우와 **사업자가 생산·취득한 재화를 국가 등 무상으로 기부채납하는 경우는 재화의 공급으로 보지 않는다.** 사업자가 건물 등을 신축하여 국가 또는 지방자치단체에 기부하고 그 대가로 일정기간 동안 건물 등에 대한 무상 사용·수익권을 얻는 경우에 재화의 공급으로 본다.
② 사업자가 자기사업과 관련하여 취득한 재화에 대하여 매입세액공제를 받았다고 하더라도 자기 사업상의 기술개발을 위하여 시험용으로 사용·소비하는 경우는 **재화의 공급으로 보지 않는다.**
③ 면세사업자가 우발적 또는 일시적으로 공급하는 재화나 용역은 모두 면세된다. 은행은 면세사업자에 해당하므로 은행이 사용중이던 복사기를 처분하는 경우에는 **과세되지 아니한다.**

정답 ④

384

다음 중 「부가가치세법」상 과세되는 거래에 해당하는 것은?

① 사업자가 상속재산인 사업용 건물을 상속세법에 따라 물납하는 경우
② 테니스장 경영자가 장소 이용자로부터 일정기간 거치 후 반환되는 입회금을 받은 경우
③ 전·답·과수원 등을 빌려주고 임대료를 받는 경우
④ 자기적립 마일리지 외의 마일리지로만 전부 결제받고 공급하는 재화

세법1 Link   p.303, 306, 309
오진다 Link   p.184, 187-188, 190
출제 가능 지수 ■■■■□
난이도   ■■■■■

> **해설**
>
> ① 물납은 재화의 공급으로 **보지 않는다**.
> ② 일정기간 거치 후 반환되지 않는 입회금은 재화의 공급으로 보지만, 반환되는 입회금은 재화의 공급으로 **보지 않는다**.
> ③ 전·답·과수원 등을 빌려주고 임대료를 받는 경우는 재화의 공급으로 **보지 않는다**.
>
> 정답 ④

385

다음 중 「부가가치세법」상 과세거래에 대한 설명으로 옳은 것은?

① 사업자가 자기의 사업과 관련하여 사업장에서 그 사용인에게 음식용역을 무상으로 제공하는 경우에 부가가치세가 과세된다.
② 건설업과 부동산업은 사업목적으로 1과세기간 중에 2회 이상 부동산을 취득하고 1회 이상 판매하는 사업이라면 재화를 공급하는 사업으로 본다.
③ 사업자가 위탁가공을 위하여 원자재를 국외 수탁가공업자에게 대가 없이 반출하는 경우 재화의 공급으로 보아 영세율을 적용한다.
④ 저당권을 설정한 후 채무불이행으로 담보물이 변제에 충당된 경우 재화의 공급으로 간주한다.

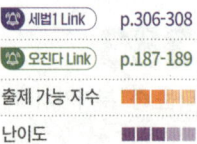
세법1 Link   p.306-308
오진다 Link   p.187-189
출제 가능 지수 ■■■■□
난이도   ■■■■□

> **해설**
>
> ① 사업자가 자기의 사업과 관련하여 사업장에서 그 사용인에게 음식용역을 무상으로 제공하는 경우에 **부가가치세가 과세되지 않는다**.
> ② 건설업과 부동산업은 사업목적으로 1과세기간 중에 **1회 이상 부동산을 취득**하고 **2회 이상 판매**하는 사업이라면 재화를 공급하는 사업으로 본다.
> ③ 사업자가 위탁가공을 하여 원자재를 국외 수탁가공업자에게 대가 없이 반출하는 경우 **재화의 공급으로 보지 않는다**.
>
> 정답 ④

386

다음 중 「부가가치세법」상 재화의 수입에 대한 설명으로 옳지 않은 것은?

세법1 Link   p.310
오진다 Link   p.190
출제 가능 지수
난이도

① 외국에서 보세구역으로 재화를 반입하는 것은 재화의 수입에 해당하지 아니한다.
② 수출신고가 수리된 물품으로서 선적되지 아니한 것을 보세구역으로부터 반입하는 것은 재화의 수입으로 본다.
③ 관세가 과세되지 아니한 물품을 보세구역으로부터 반입하는 것은 재화의 수입으로 보지 아니한다.
④ 동일한 보세구역 내에서 재화를 공급하거나 용역을 제공하는 것은 재화의 공급 또는 용역의 공급에 해당한다.

해설

② 수출신고가 수리된 물품으로서 **선적된 것을 보세구역으로부터 반입하는 것**은 재화의 수입으로 본다. 그러나 선적되지 않은 물품을 다시 보세구역으로 반입하는 것은 재화의 수입으로 보지 않는다. 내국물품의 국외반출의 경우 수출재화의 선(기)적일이 공급시기이다. 그러므로 수출신고가 수리된 것 만으로는 수출된 것이 아니므로, 선적되지 않은 재화가 다시 보세구역으로 돌아오는 것은 수입이 아니다. 　　　　　정답 ②

공급시기 및 공급장소

387

「부가가치세법령」상 용역의 공급시기에 대한 설명으로 옳은 것은?

① 공급 단위를 구획할 수 없는 용역(부동산의 임대)을 계속적으로 공급하는 경우에는 예정신고기간 또는 과세기간의 종료일로 한다.
② 장기할부조건부로 용역을 공급하는 경우에는 대가의 각 부분을 받기로 한 때로 한다.
③ 완성도기준지급조건부로 용역을 공급하는 경우 완성 후 인도한 때로 한다.
④ 부동산임대용역을 둘 이상의 과세기간에 걸쳐 공급하고 그 대가를 선불 또는 후불로 받는 경우에 월수에 따라 안분계산한 임대료의 경우 대가의 각 부분을 받기로 한 때로 한다.

해설

① 공급 단위를 구획할 수 없는 용역(부동산의 임대)을 계속적으로 공급하는 경우에는 **대가의 각 부분을 받기로 한 때**로 한다.
③ 완성도기준지급조건부로 용역을 공급하는 경우 **대가의 각 부분을 받기로 한 때**로 한다.
④ 부동산임대용역을 둘 이상의 과세기간에 걸쳐 공급하고 그 대가를 선불 또는 후불로 받는 경우에 월수에 따라 안분계산한 임대료의 경우 **예정신고기간 또는 과세기간의 종료일**로 한다.

[대가의 각 부분을 받기로 한 때가 공급시기인 경우 정리]

구분	거래형태
재화	㉠ 장기할부판매로 재화를 공급하는 경우 ㉡ 전력이나 그 밖에 공급단위를 구획할 수 없는 재화를 계속적으로 공급하는 경우 ㉢ 완성도기준지급조건부 또는 중간지급조건부로 재화를 공급하는 경우 (단, 재화가 인도되거나 이용가능하게 되는 날 이후에 받기로 한 대가의 부분에 대해서는 재화가 인도되거나 이용가능하게 되는 날을 공급시기로 봄)
용역	㉠ 장기할부조건부 또는 그 밖의 조건부로 용역을 공급하는 경우 ㉡ 공급 단위를 구획할 수 없는 용역(부동산의 임대)을 계속적으로 공급하는 경우 ㉢ 완성도기준지급조건부 또는 중간지급조건부로 용역을 공급하는 경우 (단, 역무의 제공 완료 이후 받기로 한 대가는 역무제공이 완료되는 날을 공급시기로 봄)

정답 ②

세법1 Link   p.316, 319
오진다 Link   p.195
출제 가능 지수 ■■■■□
난이도 ■■■□□

388

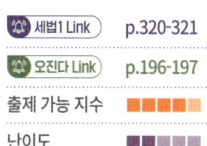

세법1 Link p.320-321
오진다 Link p.196-197
출제 가능 지수
난이도

「부가가치세법령」상 재화 또는 용역의 공급시기에 관한 내용으로 옳은 것은? (단, 재화 또는 용역의 공급시기 및 세금계산서는 법령에 따른 것으로 본다)

① 사업자가 「부가가치세법 시행령」 제28조제3항제4호에 따라 전력이나 그 밖에 공급단위를 구획할 수 없는 재화를 계속적으로 공급하는 경우의 공급시기가 되기 전에 세금계산서를 발급하는 경우 해당 세금계산서를 발급한 때를 재화 또는 용역의 공급시기로 본다.
② 사업자가 재화 또는 용역의 공급시기가 되기 전에 세금계산서를 발급하고 그 세금계산서 발급일부터 7일 이내에 대가를 받으면 그 대가를 받은 때를 재화 또는 용역의 공급시기로 본다.
③ 재화 또는 용역의 공급시기가 세금계산서 발급일이 속하는 과세기간 내(공급받는 자가 조기환급을 받은 경우에는 세금계산서 발급일부터 25일 이내)에 도래하는 경우에는 재화 또는 용역을 공급하는 사업자가 그 재화 또는 용역의 공급시기가 되기 전에 세금계산서를 발급하고 세금계산서 발급일이 속하는 과세기간 내에 대가를 받아야만 해당 세금계산서를 발급한 때를 재화 또는 용역의 공급시기로 본다.
④ 거래 당사자 간의 계약서·약정서 등에 대금 청구시기(세금계산서 발급일)와 지급시기를 따로 적고, 대금 청구시기와 지급시기 사이의 기간이 25일 이내인 경우에는 재화 또는 용역을 공급하는 사업자가 그 재화 또는 용역의 공급시기가 되기 전에 세금계산서를 발급하고 그 세금계산서 발급일부터 7일이 지난 후 대가를 받더라도 해당 세금계산서를 발급한 때를 재화 또는 용역의 공급시기로 본다.

해설

② 사업자가 재화 또는 용역의 공급시기가 되기 전에 세금계산서를 발급하고 그 세금계산서 발급일부터 7일 이내에 대가를 받으면 해당 **세금계산서를 발급한 때**를 재화 또는 용역의 공급시기로 본다.
③ 재화 또는 용역의 공급시기가 세금계산서 발급일이 속하는 과세기간 내(공급받는 자가 조기환급을 받은 경우에는 세금계산서 발급일부터 **30일** 이내)에 도래하는 경우에는 재화 또는 용역을 공급하는 사업자가 그 재화 또는 용역의 공급시기가 되기 전에 세금계산서를 발급하더라도 해당 세금계산서를 발급한 때를 재화 또는 용역의 공급시기로 본다. 즉, **세금계산서 발급일이 속하는 과세기간 내에 대가를 반드시 받아야 하는 것은 아니다.**
④ 거래 당사자 간의 계약서·약정서 등에 대금 청구시기(세금계산서 발급일)와 지급시기를 따로 적고, 대금 청구시기와 지급시기 사이의 기간이 **30일** 이내인 경우에는 재화 또는 용역을 공급하는 사업자가 그 재화 또는 용역의 공급시기가 되기 전에 세금계산서를 발급하고 그 세금계산서 발급일부터 7일이 지난 후 대가를 받더라도 해당 세금계산서를 발급한 때를 재화 또는 용역의 공급시기로 본다.

[세금계산서를 발급한 때를 공급시기로 보는 경우]

선세금계산서인 경우	㉠ 공급시기 전에 대가를 받고 발급한 경우 ㉡ 선세금계산서 발급 후 7일 이내 대가를 받은 경우 ㉢ 선세금계산서 발급 후 7일 지난 후 대금 수령 + 계약서·약정서 등에 대금청구시기와 지급시기(대금 청구시기와 지급시기 사이의 기간이 30일 이내)를 적은 경우 ㉣ 선세금계산서 발급 후 7일 지난 후 대금 수령 + 세금계산서 발급일이 속하는 과세기간(공급받는 자가 조기환급을 받은 경우에는 세금계산서 발급일부터 30일 이내)에 재화 또는 용역의 공급시기가 도래하는 경우
대가수령 여부와 무관하게 인정하는 경우	㉠ 장기할부판매로 재화를 공급하거나 장기할부조건부로 용역을 공급하는 경우 ㉡ 전력이나 그 밖에 공급단위를 구획할 수 없는 재화를 계속적으로 공급하는 경우 ㉢ 공급단위를 구획할 수 없는 용역을 계속적으로 공급하는 경우 ㉣ 외국항행용역을 공급하는 경우로서 「상법」에 따라 발행된 선하증권에 따라 거래사실이 확인되는 경우(용역의 공급시기가 선하증권 발행일부터 90일 이내인 경우로 한정)

정답 ①

389

「부가가치세법」상 재화와 용역의 공급장소에 대한 설명으로 옳은 것은?

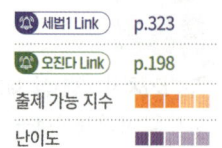

세법1 Link   p.323
오진다 Link   p.198
출제 가능 지수 ■■■□□
난이도   ■■■□□

① 재화와 용역의 공급장소와 과세권이 미치는지를 결정하는 기준은 서로 관계가 없다.
② 「부가가치세법」상 재화의 이동이 필요한 경우의 공급장소는 재화의 이동이 완료되는 장소이다.
③ 국내외에 걸쳐 국제운송 용역을 제공하는 국내법인의 경우는 여객이 탑승하거나 화물이 적재되는 장소를 공급장소로 한다.
④ 국외사업자가 국내에 공급하는 전자적 용역의 경우 용역을 공급받는 자의 사업장 소재지, 주소지 또는 거소지를 공급장소로 한다.

해설

① 재화와 용역의 공급장소는 우리나라의 과세권이 미치는 국내거래인지, 과세권이 미치지 않는 국외거래인지를 **결정하는 기준이 된다.**
② 「부가가치세법」상 재화의 이동이 필요한 경우의 공급장소는 재화의 이동이 **시작되는** 장소이다.
③ 국내외에 걸쳐 용역이 제공되는 국제운송의 경우 **사업자가 비거주자 또는 외국법인인 경우에 한하여** 여객이 탑승하거나 화물이 적재되는 장소를 공급장소로 한다.

정답 ④

CHAPTER 03 공급시기 및 공급장소

390

「부가가치세법」상 재화 또는 용역의 공급시기에 관한 설명으로 옳은 것은?

① 상품권을 현금으로 판매하고 그 후 상품권이 현물과 교환되는 경우에는 상품권이 판매되는 때를 재화의 공급시기로 한다.
② 재화의 공급으로 보는 가공의 경우에는 재화의 가공이 완료된 때를 재화의 공급시기로 한다.
③ 사업자가 재화 또는 용역의 공급시기가 되기 전에 세금계산서를 발급하고 그 세금계산서 발급일부터 7일 이내에 대가를 받으면 해당 대가를 받은 때를 재화 또는 용역의 공급시기로 본다.
④ 재화의 수입시기는 「관세법」에 따른 수입신고가 수리된 때로 한다.

해설

① 상품권을 현금으로 판매하고 그 후 상품권이 현물과 교환되는 경우에는 **재화가 실제로 인도되는 때**를 재화의 공급시기로 한다.
② 재화의 공급으로 보는 가공의 경우에는 **가공된 재화를 인도하는 때**를 재화의 공급시기로 한다.
③ 사업자가 재화 또는 용역의 공급시기가 되기 전에 세금계산서를 발급하고 그 세금계산서 발급일부터 7일 이내에 대가를 받으면 해당 **세금계산서를 발급한 때**를 재화 또는 용역의 공급시기로 본다.   정답 ④

세법1 Link   p.316, 320, 322
오진다 Link   p.193, 195-196
출제 가능 지수   ■■■■■
난이도   ■■■■■

391

「부가가치세법」상 재화의 공급시기에 대한 설명으로 옳지 않은 것은?

① 공급할 재화의 대가의 일부를 받고, 이와 동시에 그 받은 대가에 대하여 세금계산서를 발급하고, 그 발급하는 때를 해당 재화의 공급시기로 하였다. 재화는 한 달 후에 인도할 예정이다.
② 2023년 6월 중에 무인판매기를 이용하여 재화를 공급하고 7월 1일에 무인판매기에서 현금을 인취하면서 7월 1일을 재화의 공급시기로 하였다.
③ 선박을 이용하여 내국물품을 외국으로 수출하고 수출재화의 선적일을 재화의 공급시기로 하였다.
④ 할부판매(2023년 4월 1일 재화 인도, 4월말부터 매 3개월마다 3회에 걸쳐 1,000,000원씩 지급하기로 함)를 하고 대가의 각 부분을 받기로 한 때를 재화의 공급시기로 하였다.

해설

④ 해당 거래는 장기할부매매의 요건(2회이상 분할하여 대가수령 + 인도일의 다음 날부터 최종할부금의 지급기일까지 기간이 1년 이상)을 만족하지 못한다. 그러므로 일반 할부판매의 요건을 적용한다. 할부판매의 경우 공급시기는 재화가 인도되거나 이용가능하게 되는 때이다. 그러므로 재화의 공급시기는 **2023년 4월 1일**이다.   정답 ④

세법1 Link   p.316-317, 320
오진다 Link   p.193-194, 196
출제 가능 지수   ■■■■■
난이도   ■■■■■

392

「부가가치세법」상 공급시기에 관한 설명으로 옳지 않은 것은?

세법1 Link　p.316-318, 320

오진다 Link　p.193-194, 196

출제 가능 지수　■■■■■

난이도　■■■■■

① 재화의 현금판매의 경우에는 대금이 지급된 때를 재화의 공급시기로 한다.

② 사업자가 재화의 공급시기가 되기 전에 재화에 대한 대가의 전부 또는 일부를 받고, 그 받은 대가에 대하여 세금계산서를 발급하면 그 세금계산서를 발급하는 때를 그 재화의 공급시기로 본다.

③ 사업자가 폐업 전에 공급한 재화의 공급시기가 폐업일 이후에 도래하는 경우에는 그 폐업일을 공급시기로 본다.

④ 시설대여업자로부터 시설 등을 임차하고 그 시설 등을 공급자 또는 세관장으로부터 직접 인도받은 경우 사업자가 공급자로부터 재화를 직접 공급받거나 외국으로부터 재화를 직접 수입한 것으로 보아 공급시기의 규정을 적용한다.

해설

① 현금판매의 경우에는 일반적인 인도판매와 마찬가지로 **재화가 인도되거나 이용가능하게 되는 때**를 공급시기로 본다.　　　　　　　　　　　　　　　　　　　　　　　　　　정답 ①

393

「부가가치세법」상 공급시기에 관한 설명으로 옳지 않은 것은?

세법1 Link　p.316, 319

오진다 Link　p.193, 195

출제 가능 지수　■■■■■

난이도　■■■■■

① 반환조건부 판매, 동의조건부 판매, 그 밖의 조건부 판매 및 기한부 판매의 경우에는 그 조건이 성취되거나 기한이 지나 판매가 확정되는 때를 공급시기로 본다.

② 부동산임대용역을 공급하는 경우에 전세금 또는 임대보증금에 대한 간주임대료의 경우에는 예정신고기간 또는 과세기간의 종료일을 공급시기로 본다.

③ 「사회기반시설에 대한 민간투자법」의 방식을 준용하여 설치한 시설에 대하여 둘 이상의 과세기간에 걸쳐 계속적으로 시설을 이용하게 하고 그 대가를 받는 경우 예정신고기간 또는 과세기간의 종료일을 공급시기로 본다.

④ 역무의 제공이 완료된 때 또는 대가를 받기로 한 때를 공급시기로 볼 수 없는 경우 예정신고기간 또는 과세기간의 종료일을 공급시기로 본다.

해설

④ 역무의 제공이 완료된 때 또는 대가를 받기로 한 때를 공급시기로 볼 수 없는 경우 **역무의 제공이 완료되고 그 공급가액이 확정되는 때**를 공급시기로 본다.　　　　　　　　정답 ④

394

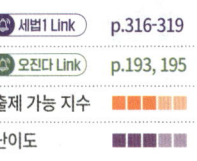

세법1 Link   p.316-319
오진다 Link   p.193, 195
출제 가능 지수   ■■■■□
난이도   ■■■■□

「부가가치세법」상 공급시기에 관한 설명으로 옳지 않은 것은? (단, 사업자는 계속해서 사업을 영위한다고 가정한다)

① 외상판매의 경우에는 재화가 인도되거나 이용가능하게 되는 때를 공급시기로 본다.

② 사업자가 보세구역 안에서 보세구역 밖의 국내에 재화를 공급하는 경우가 재화의 수입에 해당하는 경우 해당 재화를 인도하는 때를 공급시기로 본다.

③ 위탁가공무역방식으로 수출하거나 외국인도수출의 경우에는 외국에서 해당 재화가 인도되는 때를 공급시기로 본다.

④ 헬스클럽장 등 스포츠센터를 운영하는 사업자가 연회비를 미리 받고 둘 이상의 과세기간에 걸쳐 계속적으로 회원들에게 시설을 이용하게 하는 경우 해당 용역의 공급시기는 예정신고기간 또는 과세기간의 종료일이다.

해설

② 사업자가 보세구역 안에서 보세구역 밖의 국내에 재화를 공급하는 경우가 재화의 수입에 해당하는 경우 **수입신고 수리일**을 공급시기로 본다.   정답 ②

395

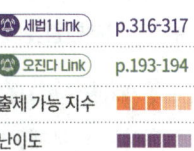

세법1 Link   p.316-317
오진다 Link   p.193-194
출제 가능 지수   ■■■■■
난이도   ■■■■■

「부가가치세법」상 재화의 공급시기(폐업 전에 공급한 재화의 공급시기가 폐업일 이후에 도래하는 경우에는 제외한다)로 옳지 않은 것은?

ㄱ. 내국신용장에 의하여 공급하는 재화의 경우 내국신용장이 개설된 때
ㄴ. 원양어업에 의한 수출재화의 경우 수출재화의 공급가액이 확정되는 때
ㄷ. 내국물품의 국외반출 및 중계무역 방식의 수출의 경우 수출재화의 선(기)적일
ㄹ. 전력이나 그 밖에 공급단위를 구획할 수 없는 재화를 계속적으로 공급하는 경우에는 대가의 각 부분을 받기로 한 때

① ㄱ   ② ㄱ, ㄴ   ③ ㄱ, ㄴ, ㄷ   ④ ㄱ, ㄴ, ㄷ, ㄹ

해설

ㄱ. 내국신용장에 의하여 공급하는 재화의 경우 **재화를 인도하는 때**   정답 ①

396

「부가가치세법」상 공급시기에 관한 설명으로 옳지 않은 것은?

세법1 Link   p.316, 319
오진다 Link   p.193-195
출제 가능 지수 ■■■■□
난이도 ■■■■■

① 개별소비세 승용자동차를 비영업용으로 사용하는 경우에는 재화를 사용·소비하는 때를 공급시기로 본다.

② 사업자가 다른 사업자와 상표권 사용계약을 할 때 사용대가 전액을 일시불로 받고 상표권을 사용하게 하는 용역을 둘 이상의 과세기간에 걸쳐 계속적으로 제공하고 그 대가를 선불로 받는 경우에는 예정신고기간 또는 과세기간의 종료일을 공급시기로 본다.

③ 사업장이 둘 이상 있는 사업자가 자기의 사업과 관련하여 생산 또는 취득한 재화를 판매할 목적으로 자기의 다른 사업장에 반출하는 경우에는 반출하는 때를 공급시기로 본다.

④ 건설회사가 공사도급계약(완성도기준지급조건부)의 기성고 대금을 약속어음으로 교부받은 경우에는 약속어음의 만기일이 공급시기가 된다.

해설

④ 건설회사의 공사도급계약과 같은 완성도기준지급조건부인 경우 공급시기는 **대가의 각 부분을 받기로 한 때** (단, 역무의 제공 완료 이후 받기로 한 대가는 **역무제공이 완료되는 날**)를 공급시기로 본다.   정답 ④

397

「부가가치세법령」상 용역의 공급시기에 대한 설명으로 옳지 않은 것은?

세법1 Link   p.316, 318-319
오진다 Link   p.193-195
출제 가능 지수 ■■■□□
난이도 ■■■■□

① 중간지급조건부로 용역을 공급하는 경우 역무의 제공 완료 이후 받기로 한 대가의 부분에 대해서는 역무제공이 완료되는 날을 공급시기로 본다.

② 수영장을 운영하는 사업자가 연회비를 미리 받고 회원들에게 시설을 이용하게 하는 것을 둘 이상의 과세기간에 걸쳐 계속적으로 제공하고 대가를 선불로 받은 경우에는 예정신고기간 또는 과세기간의 종료일을 공급시기로 본다.

③ 시설대여업자로부터 시설 등을 임차하고 그 시설 등을 공급자 또는 세관장으로부터 직접 인도받은 경우 사업자가 공급자로부터 재화를 직접 공급받거나 외국으로부터 재화를 직접 수입한 것으로 보아 공급시기의 규정을 적용한다.

④ 반환조건부판매의 경우 재화가 인도되거나 이용가능하게 되는 때를 공급시기로 한다.

해설

④ 반환조건부판매의 경우 **그 조건이 성취되거나 기한이 지나 판매가 확정되는 때**를 공급시기로 한다. 정답 ④

398

세법1 Link p.316, 320
오진다 Link p.193-196
출제 가능 지수 ■■■■□
난이도 ■■■■□

다음의 거래 중 「부가가치세법」상 2023년 제1기 과세기간(1.1~6.30)의 거래로 과세되는 것은?

① 6월 1일에 시용판매한 제품 A에 대하여 구매자는 7월 2일 구매의사표시를 하였다.

② 6월 10일 제품 B를 주문생산하기로 하고 그 판매대금은 계약 시 10%, 7월 10일 중도금으로 50%, 8월 10일(제품 인도 시 잔금정산)에 40%를 수령하기로 하였다.

③ 5월 1일 대가를 수령하고 수령한 대가에 대하여 6월 1일에 세금계산서를 발급하였으나, 제품 C는 7월 10일에 인도하였다.

④ 원재료의 일부를 부담하는 조건으로 위탁가공을 의뢰받고 6월 20일에 제품 D를 완성하여 7월 2일 거래처에 인도하였다.

해설

① 시용판매의 경우 공급시기는 그 조건이 성취되는 때이다. 즉, 구매자가 **구매의사표시를 한 7월 2일이 공급시기**이므로 2기 과세기간에 과세된다.

② 중간지급조건부 공급은 계약금을 받기로 한 날의 다음날부터 재화를 인도하는 날(또는 재화를 이용가능하게 하는 날)까지의 기간이 6개월 이상이고, 그 기간 이내에 계약금 이외의 대가를 분할해서 지급받는 경우에 해당한다. 제품 B의 인도거래는 계약금을 받은 날로부터 최종 대가를 수령하기까지의 기간이 3개월 이내이므로 **중간지급조건부 공급에 해당하지 않는다.** 그러므로 일반적인 판매의 공급시기인 **인도되는 시점인 8월 10일이 공급시기**로 2기 과세기간에 과세된다.

③ 대가를 미리 받고 선세금계산서를 발급한 경우이다. 이 경우 세금계산서 선발급일이 공급시기이므로 세금계산서 발급일인 6월 1일이 공급시기로 1기 과세기간에 과세된다.

④ 원재료의 일부를 부담하는 조건의 가공이므로 재화의 공급이다. 재화의 공급으로 보는 가공의 경우 공급시기는 **가공된 재화를 인도하는 시점**이므로 **7월 2일이 공급시기**로, 2기과세기간에 과세된다. 정답 ③

399

세법1 Link p.320-321
오진다 Link p.196-197
출제 가능 지수 ■■■■■
난이도 ■■■■■

다음 중 「부가가치세법령」상 세금계산서를 발급하는 때를 재화 또는 용역의 공급시기로 보는 경우에 해당하지 않는 것은?

① 사업자가 재화의 공급시기가 되기 전에 세금계산서를 발행하고 그 세금계산서의 발급일로부터 7일 이내에 대가를 받고 세금계산서를 발급한 경우

② 거래처별로 달의 1일부터 말일까지의 공급가액을 합하여 해당 달의 말일을 작성연월일로 하여 다음 달 10일까지 세금계산서를 발급한 경우

③ 장기할부판매로 재화를 공급하는 경우 공급시기가 되기 전에 세금계산서를 발급하는 경우

④ 대가를 지급하는 사업자가 거래 당사자 간의 계약서 등을 따로 적고, 대금 청구시기와 지급시기 사이의 기간이 30일인 경우로서 재화 또는 용역을 공급하는 사업자가 그 재화 또는 용역의 공급시기가 되기 전에 세금계산서를 발급하고 그 세금계산서의 발급일로부터 7일이 지난 후에 대가를 받은 경우

해설

② 거래처별로 달의 1일부터 말일까지의 공급가액을 합하여 해당 달의 말일을 작성연월일로 하여 다음 달 10일까지 세금계산서를 발급한 경우는 '후세금계산서'를 발급한 경우로, **세금계산서 발급일이 아닌 작성연월일을 공급시기**로 본다. 정답 ②

400

세법1 Link   p.323
오진다 Link   p.198
출제 가능 지수 ■■■□□
난이도 ■■■■□

다음 중 「부가가치세법」상 공급장소와 과세에 대한 설명으로 옳지 않은 것은?

① 재화의 이동이 필요하지 않은 경우에는 재화의 공급시기에 재화가 있는 장소가 재화의 공급장소이다.

② 일반적으로 역무가 제공되거나 시설물, 권리 등 재화가 사용되는 장소가 용역의 공급장소이다.

③ 외국의 광고매체에 광고게재를 의뢰하는 경우 용역을 공급받는 자의 사업장 소재지, 주소지 또는 거소지를 용역의 공급장소로 보아 과세한다.

④ 국외에 소재하는 부동산의 임대용역은 부동산이 사용되는 장소가 국외이므로 부가가치세가 과세되지 아니한다.

해설 ─────────────────────────

③ 외국의 광고매체에 광고게재를 의뢰하는 경우 광고매체가 사용되는 장소가 **국외**이므로 부가가치세가 **과세되지 아니한다**.

정답 ③

CHAPTER 04 영세율과 면세

401

세법1 Link   p.326-327
오진다 Link   p.199
출제 가능 지수 ■■■■■
난이도 ■■■■■

「부가가치세법」상 영세율과 면세에 대한 설명으로 옳은 것은?

① 영세율과 면세는 매출세액이 없다는 점에서 동일하나 매입세액의 환급에는 차이가 있다.
② 면세는 면세사업자의 매입세액을 전액 환급받을 수 있으므로 완전면세제도이다.
③ 영세율은 조세부담의 역진성 완화에 목적이 있으나 면세는 소비지국 과세원칙의 구현에 목적이 있다.
④ 「부가가치세법」상 영세율사업자는 납세의무자가 아니지만 면세사업자는 납세의무자이다.

해설

② **영세율**은 영세율사업자의 매입세액을 전액 환급받을 수 있으므로 **완전면세제도**이다. **면세는** 자신이 판매한 재화 또는 용역의 매출과 관련하여 부가가치세를 징수받지 않지만 자신이 재화 또는 용역을 구입하면서 부담한 부가가치세는 매입세액 공제로 환급받을 수 없다. 따라서 매입세액 공제의 혜택을 수령하지 못하기 때문에 일부 세부담을 갖고 있는 **부분면세제도에 해당**된다.
③ 영세율은 **소비지국 과세원칙의 구현**에 목적이 있으나 면세는 **조세부담의 역진성 완화**에 목적이 있다.
④ 「부가가치세법」상 영세율사업자는 **납세의무자이지만** 면세사업자는 **납세의무자가 아니다**.   정답 ①

402

세법1 Link   p.329-330, 333
오진다 Link   p.200-203
출제 가능 지수 ■■■■■
난이도 ■■■■■

「부가가치세법」상 영세율에 관한 실명이다. 옳은 것은?

① 사업자가 국내사업장이 없는 외국법인에게 공급한 컨테이너수리용역은 대금수취 방법에 관계없이 영세율 대상이다.
② 사업자가 내국신용장에 의해 공급하는 재화(금지금을 포함)는 영세율 대상이며 세금계산서를 발급할 의무가 있다.
③ 사업자가 자기의 명의와 계산으로 내국물품을 외국으로 유상반출하는 경우는 영세율 대상이며 세금계산서를 발급할 의무가 있다.
④ 수출품 생산업자가 수출업자와 수출대행계약을 체결하여 수출업자의 명의로 수출하는 경우에 수출품 생산업자가 외국으로 반출하는 재화는 영세율을 적용한다.

해설

① 사업자가 국내사업장이 없는 외국법인에게 공급한 컨테이너수리용역은 **그 대금을 외국환은행에서 원화로 받거나 기획재정부령으로 정하는 방법(국외의 비거주자 또는 외국법인으로부터 외화를 직접 송금받아 외국환은행에 매각하는 방법 등)으로 받을 경우** 영세율 대상이다.
② 사업자가 내국신용장에 의해 공급하는 재화(금지금은 **제외**)는 영세율 대상이며 세금계산서를 발급할 의무가 있다.
③ 사업자가 자기의 명의와 계산으로 내국물품을 외국으로 유상반출하는 경우는 영세율 대상이며 세금계산서를 발급할 의무가 **없다**.   정답 ④

403

「부가가치세법」상 국내에 사업장이 있는 사업자가 행하는 재화 또는 용역의 공급에 대한 영세율 적용과 관련한 설명으로 옳은 것은?

세법1 Link p.328, 333-334
오진다 Link p.202-204
출제 가능 지수 ■■■■▢
난이도 ■■■▢▢

① 외화를 획득하기 위한 것으로서 우리나라에 상주하는 국제연합과 이에 준하는 국제기구(우리나라가 당사국인 조약과 그 밖의 국내법령에 따라 특권과 면제를 부여받을 수 있는 경우에 한함)에 재화 또는 용역을 공급하는 것에 대해서는 영세율을 적용하지 않는다.

② 외국법인에 공급되는 임상시험용역을 공급하는 보건업에 해당하는 용역으로서 그 대금을 외국환은행에서 원화로 받거나 법으로 정하는 방법으로 받는 것은 영세율을 적용한다.

③ 국외에서 공급하는 용역에 대해서는 영세율이 적용되지 않는다.

④ 외화를 획득하기 위한 용역의 공급으로서 우리나라에 상주하는 외교공관에 공급하는 용역에 대해서는 영세율이 적용되지 않는다.

해설

① 외화를 획득하기 위한 것으로서 우리나라에 상주하는 국제연합과 이에 준하는 국제기구(우리나라가 당사국인 조약과 그 밖의 국내법령에 따라 특권과 면제를 부여받을 수 있는 경우에 한함)에 재화 또는 용역을 공급하는 것에 대해서는 영세율을 **적용한다.**

② 외화를 획득하기 위한 재화 또는 용역의 공급으로서 국내에서 국내사업장이 없는 비거주자(국내에 거소를 둔 개인, 외교공관 등의 소속 직원, 우리나라에 상주하는 국제연합군 또는 미합중국군대의 군인 또는 군무원은 제외) 또는 외국법인에 공급되는 일정 재화 또는 사업에 해당하는 용역으로서 그 대금을 외국환은행에서 원화로 받거나 법으로 정하는 방법으로 받는 것은 영세율을 적용하는데 이때 일정 사업에 **임상시험용역을 공급하는 보건업이 포함된다.**

③ 국외에서 공급하는 용역에 대해서는 **영세율이 적용된다.** 속지주의에 따라 국외에서 공급하는 용역은 원칙적으로는 과세권이 미치지 않아 과세할 수 없다. 하지만 **속인주의에 따르는 경우** 해당 용역을 제공하는 사업자의 **납세지가 국내에 있는 경우 거래 상대방이나 대금결제 방법을 불문하고 영세율을 적용**한다.

④ 외화를 획득하기 위한 용역의 공급으로서 우리나라에 상주하는 외교공관에 공급하는 용역에 대해서는 영세율이 **적용된다.**

정답 ②

404

「부가가치세법령」상 영세율제도에 관한 설명으로 옳은 것은?

① 영세율제도는 매출액에 영세율이 적용되지만 매입세액은 공제·환급되지 아니한다는 점에서 매출세액은 면제되나 매입세액은 전액 환급받는 면세제도와 구별된다.
② 영세율 적용대상이 되는 재화나 용역을 공급하는 사업자가 외국법인인 경우의 영세율 적용은 상호면세주의에 따른다.
③ 사업자가 대한적십자사에 공급하는 재화(대한적십자사가 해당 재화를 외국에 유상으로 반출하는 경우)에 대하여는 영세율을 적용한다.
④ 사업자가 국외에서 건설공사를 도급받은 사업자로부터 해당 건설공사를 재도급 받아 국외에서 건설용역을 제공하고 그 대가를 원도급자인 국내사업자로부터 받는 경우에는 영세율을 적용하지 아니한다.

세법1 Link p.326, 328, 330-331
오진다 Link p.199, 202-203
출제 가능 지수
난이도

해설

① 영세율제도는 매출액에 영세율이 적용되지만 매입세액은 **전액 환급받는다는** 점에서 매출세액은 면제되나 매입세액은 **공제·환급되지 아니하는** 면세제도와 구별된다.
③ 사업자가 대한적십자사에 공급하는 재화(대한적십자사가 해당 재화를 외국에 **무상**으로 반출하는 경우)에 대하여는 영세율을 적용한다.
④ 국외에서 공급하는 용역은 영세율을 적용한다(부법 22). 국외에서 공급하는 용역은 해당 용역을 제공하는 사업자의 납세지가 국내에 있는 경우 거래 상대방이나 대금결제 방법을 불문하고 영세율을 적용한다. 따라서 사업자가 국외에서 건설공사를 도급받은 사업자로부터 해당 건설공사를 재도급 받아 국외에서 건설용역을 제공하고 그 대가를 원도급자인 국내사업자로부터 받는 경우에도 거래 상대방이나 대금결제 방법을 불문하고 영세율을 **적용한다.**

정답 ②

405

「부가가치세법」상 면세대상인 재화 또는 용역에 해당하는 것은?

① 「철도건설법」상 고속철도에 의한 여객운송용역
② 신용정보서비스에 관련된 전산시스템의 판매·대여용역
③ 「도로교통법」상의 자동차운전학원에서 수강생에게 지식·기술 등을 가르치는 것
④ 도서대여용역

세법1 Link p.335, 337, 339, 341
오진다 Link p.205-207
출제 가능 지수
난이도

해설

① 지하철, 시내버스 등은 면세대상이나 전세버스, 택시, 고속철도에 의한 여객운송용역 등은 **과세대상**이다.
② 기업합병 또는 기업매수의 중개·주선·대리, 신용정보서비스 및 은행업에 관련된 전산시스템과 소프트웨어의 판매·대여용역은 면세 대상 금융·보험용역으로 보지 않으므로 **과세대상**이다.
③ 「도로교통법」상의 자동차운전학원에서 수강생에게 지식·기술 등을 가르치는 것 면세대상인 교육용역에 해당하지 않으므로 **과세대상**이다.

정답 ④

406

「부가가치세법」상 면세되는 재화 또는 용역에 해당하는 것은?

① 우정사업조직이 소포우편물을 방문·접수하여 배달하는 용역
② 국방부가 「군인사법」 제2조에 따른 군인에게 제공하는 골프 연습장 운영업과 관련한 재화 또는 용역
③ 미술관에 입장하게 하는 것
④ 국가에 유상으로 공급하는 재화 또는 용역

세법1 Link p.341-343
오진다 Link p.207-209
출제 가능 지수
난이도

해설

① 우정사업조직이 제공하는 다음의 용역은 **과세한다.**

> ㉠ 소포우편물을 방문·접수하여 배달하는 용역
> ㉡ 우편주문판매를 대행하는 용역

② 국방부 또는 「국군조직법」에 따른 국군이 「군인사법」 제2조에 따른 군인, 「군무원인사법」 제3조제1항에 따른 일반군무원, 그 밖에 이들의 직계존속·비속 등 법령으로 정하는 사람에게 제공하는 소매업, 음식점업·숙박업, 기타 스포츠시설 운영업 관련 재화 또는 용역은 면세 대상이나 골프연습장 운영업과 관련한 재화 또는 용역은 면세 대상에서 **제외한다**(부령 46 (3) (가)).

④ 국가·지방자치단체·지방자치단체조합 또는 공익단체에 **무상**으로 공급하는 재화 또는 용역이 면세 대상이다.

정답 ③

CHAPTER 04 영세율과 면세

407

다음 중 「부가가치세법」상 영세율 적용 대상에 해당하는 것은?

① 수출물품의 원자재는 2023년 12월 20일에 공급되었으나, 그에 대한 내국신용장이 2024년 1월 27일에 개설된 경우
② 국내사업장만 있는 사업자가 가공임을 지급하는 조건으로 베트남 현지 가공업자에게 원재료를 반출하여 가공시킨 후 가공물품을 현지에서 중국에 인도하는 경우
③ 신제품의 해외시장 확대를 위하여 신제품의 견본품 1,500개(시가 @10,000원)를 해외거래처에 무상 반출한 경우
④ 수출업자가 국내에서 수출품생산업자와의 계약에 따라 수출을 대행하고 수출대행수수료를 받는 경우

> 세법1 Link   p.329-330
> 오진다 Link   p.201-202
> 출제 가능 지수 ■■■□□
> 난이도   ■■■■□

해설

① 내국신용장은 공급시기가 속하는 과세기간이 끝난 후 25일까지 개설한 경우 영세율을 적용 받을 수 있다. 그러므로 **1월 27일에 개설된 내국신용장은 영세율이 적용될 수 없다.**
② 위탁가공무역 방식의 수출이므로 **영세율이 적용**된다. 위탁가공무역 방식의 수출이란 가공임을 지급하는 조건으로 외국에서 가공(제조·조립·재정·개조를 포함)할 원료의 전부 또는 일부를 거래 상대방에게 수출하거나 외국에서 조달하여 가공한 후 가공물품 등을 외국으로 인도하는 방식의 수출을 말한다.
③ **견본품의 무상반출은 과세거래에서 제외**되므로 영세율이 적용되지 않는다.
④ 수출업자가 국내에서 수출품 생산업자와의 계약에 따라 수출을 대행하고 수출대행 수수료를 받은 경우 **수출대행수수료는 10% 매출세액이 부과되는 국내거래로 과세**가 되고, 수출품 생산업자의 수출품의 공급은 영세율이 적용된다.

정답 ②

408

「부가가치세법」상 면세에 관한 설명으로 옳지 않은 것은?

① 면세의 포기를 신고한 사업자는 신고한 날부터 3년간 부가가치세를 면제받지 못한다.
② 토지의 공급은 면세하되, 건물의 공급(면세사업에 부수되는 건물의 공급은 제외)은 과세한다.
③ 면세를 포기하려는 사업자는 면세포기신고서를 관할 세무서장에게 제출하고, 지체 없이 사업자등록을 하여야 한다.
④ 「은행업」에 관련된 소프트웨어의 판매·대여 용역은 부가가치세가 면제된다.

> 세법1 Link   p.339, 344
> 오진다 Link   p.207, 210
> 출제 가능 지수 ■■■■□
> 난이도   ■■■■□

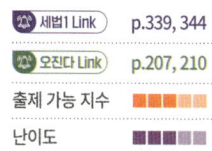

해설

④ 「은행업」에 관련된 **소프트웨어의 판매·대여 용역**은 부가가치세가 면제되는 금융·보험용역으로 보지 않는다.

정답 ④

409

「부가가치세법」상 영세율과 면세에 관한 설명으로 옳지 않은 것은?

① 사업자가 부가가치세를 별도로 적은 세금계산서를 발급하여 수출업자와 직접도급계약에 의한 수출재화 임가공용역을 제공한 경우 영세율을 적용한다.
② 간이과세자는 과세사업자에 해당하므로 영세율을 적용받을 수 있다.
③ 외국항행사업자가 자기의 사업에 부수하여 자기의 승객만이 전용하는 호텔에 투숙하게 하는 용역을 제공하는 것은 영세율 적용 대상이다.
④ 종교, 자선, 학술, 구호, 그 밖의 공익을 목적으로 하는 단체가 공급하는 일정한 재화 또는 용역으로 법에 정하는 것은 면세한다.

세법1 Link p.328, 332, 334, 342
오진다 Link p.199, 203, 204, 208
출제 가능 지수 ■■■■■
난이도 ■■■■■

> **해설**
> ① 수출업자(내국신용장에 의하여 수출재화를 수출업자에게 공급하는 사업자는 제외)와 직접도급계약에 의하여 수출재화를 임가공하는 용역을 제공한 경우 영세율을 적용한다. 단, 사업자가 **부가가치세를 별도로 기재한 세금계산서를 발급한 경우에는 영세율을 적용하지 아니한다.**
> 정답 ①

410

「부가가치세법」상 영세율과 면세에 관한 설명으로 옳지 않은 것은?

① 선박 또는 항공기에 의하여 여객이나 화물을 국내에서 국외로, 국외에서 국내로 또는 국외에서 국외로 수송하는 것에 대하여는 영세율을 적용한다.
② 사업자가 비거주자 또는 외국법인이면 그 해당 국가에서 대한민국의 거주자 또는 내국법인에 대하여 동일하게 면세하는 경우에만 영세율을 적용한다.
③ 외교공관 등의 소속 직원으로서 해당 국가로부터 공무원신분을 부여받은 자 중 내국인이 아닌 자에게 대통령령으로 정하는 방법에 따라 재화 또는 용역을 공급하는 경우에는 영세율을 적용한다.
④ 외국에서 생산되어 식용으로 제공되지 아니하는 수산물로서 원생산물의 수입에 대해서는 면세를 적용한다.

세법1 Link p.328, 332, 334-335
오진다 Link p.199, 203-205
출제 가능 지수 ■■■■■
난이도 ■■■■■

> **해설**
> ④ 외국에서 생산되어 식용으로 제공되지 아니하는 농·축·수·임산물로서 원생산물의 수입에 대해서는 면세를 **적용하지 아니한다.**
> 정답 ④

411

「부가가치세법」상 면세에 관한 설명으로 옳지 않은 것은?

① 시내버스에 의한 여객운송용역은 면세 대상이지만, 시외우등고속버스에 의한 여객운송용역은 과세 대상이다.
② 예술·문화행사는 영리목적 불문하고 면세 대상이다.
③ 약사가 제공하는 의약품의 조제용역은 면세 대상이지만, 약사가 조제하지 않고 단순히 판매하는 의약품은 과세 대상이다.
④ 도서의 공급은 면세 대상이지만, 도서에 게재되는 광고의 공급은 과세 대상이다.

세법1 Link p.335, 337, 341
오진다 Link p.205-207
출제 가능 지수 ■■■■■
난이도 ■■■■■

해설

② 예술·문화행사는 **영리를 목적으로 하지 않는 것만** 면세 대상이다.

정답 ②

412

「부가가치세법」상 면세포기에 관한 설명으로 옳지 않은 것은?

① 부가가치세가 면제되는 재화 또는 용역의 공급이 영세율 적용 대상이 되는 재화 또는 용역에 해당하는 경우와 공익단체 중 학술등 연구단체가 그 연구와 관련하여 실비 또는 무상으로 공급하는 재화 또는 용역에 대하여 부가가치세의 면제를 받지 아니하려는 사업자는 면세포기신고서를 관할 세무서장에게 제출(국세정보통신망에 의한 제출을 포함)해야 한다.
② 부가가치세의 면세포기를 적용받기 위해서는 그 적용을 받으려는 달의 마지막 날까지 사업장 관할 세무서장에게 신고하여야 한다.
③ 부가가치세가 면제되는 재화를 수출하는 사업자가 그 수출하는 재화에 대하여 영세율을 적용받기 위해서는 관할 세무서장에게 면세포기를 하고, 지체없이 사업자등록을 하여야 한다.
④ 면세되는 둘 이상의 사업 또는 종목을 영위하는 사업자는 면세포기대상이 되는 재화 또는 용역의 공급 중에서 면세포기하고자 하는 재화·용역의 공급만을 구분하여 면세포기 할 수 있다.

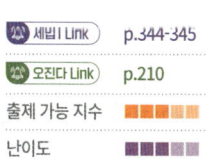
세법1 Link p.344-345
오진다 Link p.210
출제 가능 지수 ■■■■■
난이도 ■■■■■

해설

② 면세포기에는 **시기의 제한이 없어 언제든지 가능하며** 이는 승인을 요건으로 하지 아니한다.

정답 ②

413

「부가가치세법」상 영세율과 면세에 대한 설명으로 옳은 것은?

세법1 Link p.328, 334-335, 339

오진다 Link p.199, 204-205, 207

출제 가능 지수 ■■■■□

난이도 ■■■■□

> ㄱ. 가공하지 않은 비식용농산물은 국산과 수입산 모두 부가가치세 면세대상이다.
> ㄴ. 일반과세자만 영세율을 적용받을 수 있으며, 간이과세자는 영세율을 적용받을 수 없다.
> ㄷ. 용역의 공급시기가 속하는 과세기간이 끝난 후 25일(그 날이 공휴일 또는 토요일인 경우 바로 다음 영업일) 이내에 개설·발급된 내국신용장 또는 구매확인서에 의하여 공급하는 수출재화 임가공용역은 영세율 적용 대상이다.
> ㄹ. 「은행법」에 의한 은행업은 부가가치세 면제 대상이다.

① ㄱ, ㄴ　　　　② ㄷ, ㄹ　　　　③ ㄴ, ㄷ　　　　④ ㄱ, ㄹ

해설

ㄱ. 가공하지 않은 비식용농산물은 국산은 부가가치세 면세대상이나, **수입산은 부가가치세 과세 대상이다.**
ㄴ. 간이과세자도 영세율을 적용받을 수 **있다.**　　　　　　　　　　　　　정답 ②

414

「부가가치세법」상의 영세율과 면세에 관한 설명으로 옳지 않은 것은?

세법1 Link p.328-329, 334, 344

오진다 Link p.199, 201, 204, 210

출제 가능 지수 ■■■■□

난이도 ■■■■■

① 외교공관 등의 소속 직원으로서 해당 국가로부터 공무원신분을 부여받은자 중 내국인에게 대통령령으로 정하는 방법에 따라 재화 또는 용역을 공급하는 경우에는 영세율을 적용한다.
② 영세율은 원칙적으로 거주자 또는 내국법인에 대하여 적용되며, 사업자가 비거주자 또는 외국법인이면 상호주의에 따라 해당 국가에서 대한민국의 거주자 또는 내국법인에 대하여 동일하게 면세하는 경우에만 영세율을 적용한다.
③ 사업자가 자기사업을 위하여 대가를 받지 아니하고 국외의 사업자에게 견본품을 반출하는 경우에는 영세율을 적용하지 않는다.
④ 영세율 적용 대상이 되는 것만을 면세포기한 사업자가 면세되는 재화·용역을 국내에 공급하는 경우에는 면세포기의 효력이 없다.

해설

① 외교공관 등의 소속 직원으로서 해당 국가로부터 공무원 신분을 부여받은 자 또는 외교부장관으로부터 이에 준하는 신분임을 확인받은 자 중 **내국인이 아닌 자**에게 대통령령으로 정하는 방법에 따라 재화 또는 용역을 공급하는 경우에는 영세율을 적용한다.　　　　　　　　　　　　정답 ①

415

「부가가치세법」상 면세와 영세율에 관한 설명으로 옳지 않은 것은?

① 외국인도수출(수출대금을 국내에서 영수하지만 국내에서 통관되지 아니한 수출물품 등을 외국으로 인도하거나 제공하는 수출)로서 국내사업장에서 계약과 대가수령 등 거래가 이루어지는 것은 영세율을 적용하지 아니한다.

② 영세율은 사업자가 비거주자나 외국법인인 경우에는 그 외국에서 대한민국의 거주자 또는 내국법인에 대하여 동일한 면세를 하는 경우에만 적용한다.

③ 국가, 지방자치단체 또는 지방자치단체조합이 그 소속 직원의 복리후생을 위하여 구내에서 식당을 직접 경영하여 음식을 공급하는 용역은 면세대상으로 한다.

④ 면세사업 등에 관련된 매입세액은 매출세액에서 공제하지 아니한다.

해설

① 외국인도수출(수출대금을 국내에서 영수하지만 국내에서 통관되지 아니한 수출물품 등을 외국으로 인도하거나 제공하는 수출)로서 국내사업장과 계약과 대가수령 등 거래가 이루어지는 것은 **영세율을 적용**한다.

정답 ①

세법1 Link   p.328-329, 342, 403
오진다 Link   p.199-200, 208, 241
출제 가능 지수
난이도

416

「부가가치세법」상 면세와 영세율에 관한 설명으로 옳은 것은?

① 국내사업장에서 계약하고 대가를 수령한 위탁판매수출(물품 등을 무환으로 수출하여 해당 물품이 판매된 범위에서 대금을 결제하는 계약에 의한 수출)을 하고 판매대금을 외화로 수령하는 경우에는 영세율을 적용하지 아니한다.

② 내국신용장에 의해 공급되는 재화(금지금은 제외)는 공급받는 자인 비거주자가 지정하는 사업자에게 인도하는 경우에만 영세율을 적용한다.

③ 외국인도수출(수출대금을 국내에서 영수하지만 국내에서 통관되지 아니한 수출물품 등을 외국으로 인도하거나 제공하는 수출)로서 국내사업장에서 계약과 대가수령 등 거래가 이루어지는 것은 영세율을 적용하지 아니한다.

④ 국내에서 국내사업장이 없는 외국법인에게 상품 중개를 하고 용역대금을 외국환은행에서 원화로 받은 경우에는 영세율을 적용한다.

해설

① 국내사업장에서 계약하고 대가를 수령한 위탁판매수출(물품 등을 무환으로 수출하여 해당 물품이 판매된 범위에서 대금을 결제하는 계약에 의한 수출)의 경우에는 **대금결제방법에 상관없이 영세율을 적용한다.**

② 내국신용장에 의해 공급되는 재화(금지금은 제외)는 영세율을 적용한다. 따라서 공급받는 자인 비거주자가 **지정하는 사업자에게 인도하는 경우에만 영세율을 적용하는 것은 아니다.**

③ 외국인도수출(수출대금을 국내에서 영수하지만 국내에서 통관되지 아니한 수출물품 등을 외국으로 인도하거나 제공하는 수출)로서 국내사업장에서 계약과 대가수령 등 거래가 이루어지는 것은 **영세율을 적용한다.**

정답 ④

세법1 Link   p.329-330, 333
오진다 Link   p.201-203
출제 가능 지수
난이도

417

「부가가치세법」상 재화 또는 용역의 공급 중 면세가 적용되는 것을 모두 고른 것은?

세법1 Link p.335, 339, 341, 343
오진다 Link p.205-206
출제 가능 지수 ■■■□□
난이도 ■■■■□

> ㄱ. 외국으로부터 국가, 지방자치단체에 기증되는 재화의 수입
> ㄴ. 주무관청의 허가 또는 인가 등을 받은 수학학원에서 제공하는 교육용역
> ㄷ. 국가 또는 지방자치단체에 유상으로 공급하는 재화 및 용역
> ㄹ. 잡지 등 정기간행물의 진흥에 관한 법률에 따른 정기간행물(광고 제외)
> ㅁ. 「철도건설법」에 따른 고속철도에 의한 여객운송 용역

① ㄱ, ㄴ, ㄷ　　　　② ㄱ, ㄴ, ㄹ　　　　③ ㄱ, ㄷ, ㄹ　　　　④ ㄴ, ㄷ, ㄹ

해설

ㄷ. 국가 또는 지방자치단체에 유상으로 공급하는 재화 및 용역은 **과세대상 거래에 해당**한다.
ㅁ. 「철도건설업」에 따른 고속철도에 의한 여객운송용역은 **과세대상 거래에 해당**한다.　　　　정답 ②

418

「부가가치세법」상 영세율에 관한 설명으로 옳지 않은 것은?

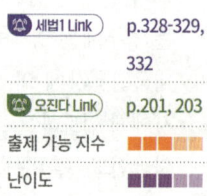
세법1 Link p.328-329, 332
오진다 Link p.201, 203
출제 가능 지수 ■■■■□
난이도 ■■■■□

① 「관세법」에 따른 수입신고 수리 전의 물품으로서 보세구역에 보관하는 물품을 외국으로 반출할 경우(국내 사업장에서 계약과 대가 수령 등 거래가 이루어짐) 영세율 적용이 된다.
② 국내사업장을 둔 사업자가 해외에서 도로건설 용역을 제공하는 경우 외화로 대금을 수령할 경우에만 영세율을 적용받는다.
③ 선박 또는 항공기에 의한 외국항행용역의 공급은 영세율을 적용한다. 이 때, 외국항행용역에는 선박 또는 항공기에 의하여 여객이나 화물을 국내에서 국외로, 국외에서 국내로 또는 국외에서 국외로 수송하는 것을 포함한다.
④ 「관광진흥법 시행령」에 따른 일반여행업자가 외국인 관광객에게 관광알선용역 공급하고 그 대가를 외국환은행에서 원화로 받은 경우에는 영세율을 적용한다.

해설

② 거주자 또는 내국법인이 국외에서 제공하는 용역은 **거래상대방 및 대금결제 방법에 상관없이 영세율을 적용한다.**　　　　정답 ②

419

「부가가치세법」상 영세율이 적용되지 않는 것은?

세법1 Link　p.329, 331, 333-334

오진다 Link　p.201-202, 204

출제 가능 지수　■■■■□

난이도　■■■■□

① 「관세법」에 따른 수입신고 수리 전의 물품으로서 보세구역에 보관하고 있는 물품을 외국으로 반출하는 것으로서 국내사업장에서 계약과 대가수령 등 거래가 이루어지는 것
② 사업자가 국내에서 국내사업장이 없는 비거주자에게 직접 재화를 공급하고 그 대가를 외국환은행에서 원화로 받는 경우
③ 사업자가 국외에서 건설공사를 도급받은 국내사업자로부터 해당 건설공사를 재도급받아 국외에서 건설용역을 제공하고 그 대가를 원도급자로부터 원화로 받는 경우
④ 외화를 획득하기 위한 용역의 공급으로서 우리나라에 상주하는 외교공관에 공급하는 용역

해설

② 사업자가 국내에서 국내사업장이 없는 비거주자에게 공급하는 경우로서 **비거주자가 지정하는 국내사업자에게 인도되어 해당 사업자의 과세사업에 사용되는 재화**를 공급하고 그 대가를 외국환은행에서 원화로 받는 경우 영세율을 적용한다.

정답 ②

420

「부가가치세법」상 면세와 영세율에 관한 설명으로 옳지 않은 것은? (단, 재화는 금지금이 아님)

세법1 Link　p.329, 331, 340

오진다 Link　p.201, 204, 207

출제 가능 지수　■■■■□

난이도　■■■■■

① 외국으로 반출되지 아니하는 재화의 공급과 관련하여 개설된 내국신용장(주한미군 군납계약서 등)에 의한 재화 또는 용역의 공급은 영세율이 적용된다.
② 사업자가 재화(견본품이 아님)를 국외로 무상으로 반출하는 경우에는 영의 세율을 적용한다.
③ 사업자가 국외에서 건설공사를 도급받은 사업자로부터 해당 건설공사를 재도급받아 국외에서 건설용역을 제공하고 그 대가를 원도급자인 국내사업자로부터 받는 경우에는 영의 세율을 적용한다.
④ 「가사근로자법」에 따른 가사서비스 제공기관이 독립된 자격으로 대가를 받고 제공하는 세탁, 주방일 등의 가사서비스 용역의 공급에 대하여는 부가가치세를 면제한다.

해설

① 외국으로 반출되지 아니하는 재화의 공급과 관련하여 개설된 내국신용장(주한미군 군납 계약서 등)에 의한 재화 또는 용역의 공급은 **영세율이 적용되지 아니한다.**
② 「부가가치세법」 기본통칙 21-31-4에 따르면 사업자가 재화를 국외로 무상으로 반출하는 경우에는 영의 세율을 적용한다. ← 다만, 자기사업을 위하여 대가를 받지 아니하고 국외의 사업자에게 견본품을 반출하는 경우에는 재화의 공급으로 보지 아니함 주의
④ 개인·법인 또는 법인격 없는 사단·재단 기타 단체가 독립된 자격으로 용역을 공급하고 대가를 받는 인적용역은 면세하는데 이때 대표적인 항목에 「가사근로자법」에 따른 가사서비스 제공기관이 제공하는 가사서비스 용역이 포함된다.

정답 ①

421

「부가가치세법」상 면세에 관한 설명이다. 옳은 것만을 모두 고른 것은?

세법1 Link   p.336, 339, 341, 343

오진다 Link   p.205, 207

출제 가능 지수 ■■■□

난이도 ■■■□

> ㄱ. 상시주거용(사업을 위한 주거용 제외)으로 사용하는 건물의 임대용역에 대해서는 부가가치세를 과세한다.
>
> ㄴ. 도서, 신문, 잡지, 관보, 「뉴스통신 진흥에 관한 법률」에 따른 뉴스통신 및 광고에 대해서는 부가가치세를 면제한다.
>
> ㄷ. 은행업에 관련된 전산시스템과 소프트웨어의 판매·대여 용역에 대해서는 부가가치세를 과세한다.
>
> ㄹ. 공익사업을 위하여 주무관청의 승인을 받아 금품을 모집하는 단체에 유상으로 공급하는 재화 또는 용역에 대해서는 부가가치세를 과세한다.

① ㄱ, ㄴ   ② ㄴ, ㄷ   ③ ㄱ, ㄹ   ④ ㄷ, ㄹ

해설

ㄱ. 상시주거용(사업을 위한 주거용 제외)으로 사용하는 건물의 임대용역에 대해서는 부가가치세를 **면제한다**.

ㄴ. 도서, 신문, 잡지, 관보, 「뉴스통신 진흥에 관한 법률」에 따른 뉴스통신은 부가가치세를 면제하나, 광고에 대해서는 부가가치세를 **과세한다**.

정답 ④

422

「부가가치세법」상 면세에 관한 설명으로 옳지 않은 것은?

세법1 Link   p.339, 341, 393

오진다 Link   p.207-208, 237

출제 가능 지수 ■■■□

난이도 ■■■□

① 우표(수집용 우표는 제외), 인지, 증지, 복권은 공익목적 또는 정책적 목적으로 면세한다.

② 미술창작품(제작 후 100년이 초과된 골동품과 모방제작한 미술품은 제외)의 공급에 대해서는 부가가치세를 면제한다.

③ 신용정보서비스 및 은행업에 관련된 전산시스템과 소프트웨어의 판매·대여용역은 면세 대상에 해당하지 않는다.

④ 면세 농산물을 수출하는 사업자가 면세포기를 하여 해당 농산물에 대하여 영세율이 적용되는 경우 수출을 위하여 당초 매입한 면세 농산물에 대하여 의제매입세액공제가 가능하다.

해설

④ 면세포기에 의하여 영세율이 적용되는 경우에는 **당초 매입한 면세 농산물에 대하여 의제매입세액 공제를 받을 수 없다**.

정답 ④

CHAPTER 05 세금계산서와 영수증

423

「부가가치세법」상 위탁매매에 대한 설명으로 옳은 것은?

세법1 Link   p.305, 354, 430
오진다 Link   p.187, 215, 259
출제 가능 지수   ■■■■■
난이도   ■■■■■

① 위탁매매 또는 대리인에 의한 매매를 할 때에는 수탁자 또는 대리인이 직접 재화를 공급하거나 공급받은 것으로 본다.
② 위탁판매의 경우에 수탁자가 재화를 인도하는 때에는 수탁자가 수탁자 명의로 세금계산서를 발급한다.
③ 위탁매입의 경우에는 공급자가 수탁자를 공급받는 자로 하여 세금계산서를 발급한다.
④ 국외사업자가 「부가가치세법」 제8조에 따른 사업자등록의 대상으로서 위탁매매인 등을 통하여 국내에서 용역 등을 공급하는 경우에는 해당 위탁매매인 등이 해당 용역 등을 공급한 것으로 본다.

해설

① 위탁매매 또는 대리인에 의한 매매를 할 때에는 **위탁자 또는 본인이** 직접 재화를 공급하거나 공급받은 것으로 본다.
② 위탁판매의 경우에 수탁자가 재화를 인도하는 때에는 수탁자가 **위탁자** 명의로 세금계산서를 발급한다.
③ 위탁매입의 경우에는 공급자가 **위탁자**를 공급받는 자로 하여 세금계산서를 발급한다.   정답 ④

424

세금계산서에 관한 설명 중 옳은 것은?

세법1 Link   p.320, 349, 351, 360
오진다 Link   p.196-197, 211, 213, 219
출제 가능 지수 ■■■■■
난이도 ■■■■■

> ㄱ. 음식점업은 영수증 발급대상이나 공급받는 사업자가 사업자등록증을 제시하고 세금계산서의 발급을 요구하더라도 세금계산서를 발급할 수 없다.
>
> ㄴ. 재화나 용역을 공급하는 과세사업자는 공급자용과 공급받는자용 국세청용 각 1매로 총 3매를 작성하여 1조로 세금계산서를 발급하되, 그 중 공급받는자용 1매는 거래 상대방에게 발급하여야 한다.
>
> ㄷ. 장기할부판매에 있어 공급시기가 도래하기 전에 세금계산서를 발급한 경우에는 그 발급하는 때를 공급시기로 본다.
>
> ㄹ. 세금계산서에 작성연월일을 기재하지 않은 경우에는 세금계산서불성실가산세를 적용한다.

① ㄱ, ㄴ   ② ㄷ, ㄹ   ③ ㄴ, ㄷ   ④ ㄱ, ㄹ

해설

ㄱ. 음식점업은 영수증 발급대상이나 공급받는 사업자가 사업자등록증을 제시하고 세금계산서의 발급을 요구하는 때에는 **세금계산서를 발급하여야 한다.**

ㄴ. 재화나 용역을 공급하는 과세사업자는 **공급자용과 공급받는자용 각 1매로 총 2매**를 작성하여 1조로 세금계산서를 발급하되, 그 중 공급받는 자용 1매는 거래 상대방에게 발급하여야 한다.   정답 ②

425

「부가가치세법」상 세금계산서에 관한 설명으로 옳은 것은?

세법1 Link   p.350, 352, 356, 358
오진다 Link   p.212-213, 217-218
출제 가능 지수 ■■■■■
난이도 ■■■■■

① 전자세금계산서를 발급하여야 하는 사업자가 아닌 사업자는 전자세금계산서를 발급하거나 전자세금계산서 발급명세를 전송할 수 없다.

② 공급한 재화가 환입된 경우에는 처음 세금계산서 작성일자를 작성일자로 적고 비고란에 재화가 환입된 날을 덧붙여 적은 후 붉은색 글씨로 쓰거나 음의 표시를 하여 발급한다.

③ 매입자발행 세금계산서의 신청인은 예정신고 및 확정신고 또는 「국세기본법」에 따른 경정청구 시 매입자발행세금계산서합계표를 제출한 경우 매입자발행세금계산서에 기재된 매입세액을 해당 재화 또는 용역의 공급시기에 해당하는 과세기간의 매출세액에서 매입세액으로 공제받을 수 있다.

④ 세관장은 수입되는 재화에 대하여 부가가치세를 징수할 때(부가가치세법 제50조의2에 따라 부가가치세의 납부가 유예되는 때를 제외)에는 수입된 재화에 대한 세금계산서를 법령으로 정하는 바에 따라 수입하는 자에게 발급하여야 한다.

해설

① 전자세금계산서를 발급하여야 하는 사업자가 아닌 사업자도 전자세금계산서를 **발급하거나 전자세금계산서 발급명세를 전송할 수 있다.**

② 공급한 재화가 환입된 경우에는 **재화가 환입된 날**을 작성일자로 적고 비고란에 **처음 세금계산서 작성일자**를 덧붙여 적은 후 붉은색 글씨로 쓰거나 음의 표시를 하여 발급한다.

④ 세관장은 수입되는 재화에 대하여 부가가치세를 징수할 때(부가가치세법 제50조의2에 따라 부가가치세의 납부가 유예되는 때를 **포함**)에는 수입된 재화에 대한 세금계산서를 법령으로 정하는 바에 따라 수입하는 자에게 발급하여야 한다.   정답 ③

CHAPTER 05

세금계산서와 영수증

426

「부가가치세법령」상 세금계산서에 대한 설명으로 옳은 것은?

세법1 Link　p.173, 320, 334, 350

오진다 Link　p.97, 196-197, 204, 212

출제 가능 지수　■■■■■
난이도　■■■■■

ㄱ. 사업자가 재화 또는 용역의 공급시기가 되기 전에 세금계산서를 발급하고 그 세금계산서 발급일부터 7일 이내에 대가를 받으면 해당 세금계산서를 발급한 때를 재화 또는 용역의 공급시기로 본다.

ㄴ. 수출업자와 직접도급계약에 의한 수출재화 임가공용역은 영세율이 적용되므로 세금계산서를 발급하지 않아도 된다.

ㄷ. 국세청장은 「특정범죄 가중처벌 등에 관한 법률」 제8조의2에 따른 범죄로 유죄판결이 확정된 사람(세금계산서 발급의무 등 위반자)의 인적사항, 부정 기재한 공급가액 등의 합계액 등을 공개할 수 있다.

ㄹ. 전자세금계산서를 발급하여야 하는 사업자가 아닌 사업자는 전자세금계산서를 발급할 수 없다.

① ㄱ, ㄴ　　　② ㄱ, ㄷ　　　③ ㄴ, ㄷ　　　④ ㄴ, ㄹ

해설

ㄴ. 영세율 적용 대상이라 하더라도 수출업자와 직접도급계약에 의한 수출재하 임가공용역은 국내사업자 간의 거래이므로 **세금계산서 발급의무가 면제되지 않는다**. ← 이때 영세율을 적용받기 위해서는 부가가치세가 기재되지 않은 세금계산서를 발급해야 함 주의

ㄹ. 전자세금계산서를 발급하여야 하는 사업자가 아닌 사업자도 전자세금계산서를 발급할 수 **있다**.　　정답 ②

427

「부가가치세법」상 세금계산서에 대한 설명으로 옳지 않은 것은?

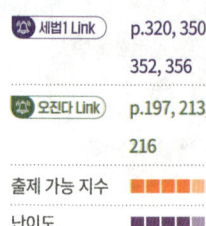
세법1 Link p.320, 350,
352, 356
오진다 Link p.197, 213,
216
출제 가능 지수 ■■■■■
난이도 ■■■■■

① 필요적 기재사항 등이 착오 외의 사유로 잘못 적힌 경우(과세표준 또는 세액을 경정할 것을 미리 알고 있는 경우는 제외)에는 재화나 용역의 공급일이 속하는 과세기간에 대한 확정신고기한 다음 날부터 1년까지 수정세금계산서를 발급할 수 있다.

② 전자세금계산서 발급 의무가 없는 사업자도 전자세금계산서를 발급할 수 있으며 필요적 기재사항을 착오로 잘못 적은 경우에는 수정전자세금계산서를 발급할 수 있다(단, 해당 사업자가 과세표준 또는 세액이 경정될 것을 미리 알고 있는 경우 제외).

③ 관계 증명서류 등에 따라 실제거래사실이 확인되는 경우로서 해당 거래일을 작성연월일로 하여 세금계산서를 발급하는 경우 재화 또는 용역의 공급일이 속하는 달의 다음 달 10일(그 날이 공휴일 또는 토요일인 경우 바로 다음 영업일)까지 세금계산서를 발급할 수 있다.

④ 세금계산서 발급의무가 있는 사업자(영수증 발급대상사업자 중 세금계산서 발급요구 시 발급의무가 있는 자 포함)가 재화 또는 용역을 공급하고 세금계산서 발급 시기에 세금계산서를 발급하지 아니한 경우(사업자의 부도·폐업, 공급 계약의 해제·변경 또는 그 밖에 법으로 정하는 사유가 발생한 경우로서 사업자가 수정세금계산서 또는 수정전자세금계산서를 발급하지 아니한 경우를 제외) 그 재화 또는 용역을 공급받은 자는 관할 세무서장의 확인을 받아 세금계산서를 발행할 수 있다.

해설

④ 매입자 발행 세금계산서와 관련된 규정으로 세금계산서 발급의무가 있는 사업자(영수증 발급대상사업자 중 세금계산서 발급요구 시 발급의무가 있는 자 포함)가 재화 또는 용역을 공급하고 세금계산서 발급 시기에 세금계산서를 발급하지 아니한 경우(사업자의 부도·폐업, 공급 계약의 해제·변경 또는 그 밖에 법으로 정하는 사유가 발생한 경우로서 사업자가 수정세금계산서 또는 수정전자세금계산서를 발급하지 아니한 경우를 **포함**) 그 재화 또는 용역을 공급받은 자는 관할 세무서장의 확인을 받아 세금계산서를 발행할 수 있다.

정답 ④

428

「부가가치세법」상 세금계산서 및 영수증에 대한 설명으로 옳지 않은 것은?

세법1 Link p.356-357, 361

오진다 Link p.216-219

출제 가능 지수

난이도

① 간이과세자에서 일반과세자로 과세유형이 전환된 후 과세유형전환 전에 공급한 재화가 환입된 경우 재화가 환입된 날을 수정세금계산서 또는 수정전자세금계산서의 작성일로 적고, 비고란에 처음에 발급한 세금계산서 작성일을 덧붙여 적은 후 추가되는 금액은 검은색 글씨로 쓰고 차감되는 금액은 붉은색 글씨로 쓰거나 음의 표시를 하여 수정세금계산서나 수정전자세금계산서를 발급할 수 있다.

② 공급한 재화가 환입된 경우에는 재화가 환입된 날을 작성일자로 적고 비고란에 처음 세금계산서 작성일자를 덧붙여 적은 후 붉은색 글씨로 쓰거나 음의 표시로 하여 발급한다.

③ 공급가액에 추가 또는 차감되는 금액이 발생한 경우에는 증감사유가 발생한 날을 작성일자로 적고 추가되는 금액은 검은색 글씨로 쓰고, 차감되는 금액은 붉은색 글씨로 쓰거나 음의 표시를 하여 발급한다.

④ 신규로 사업을 시작하는 개인사업자로서 간이과세자로 하는 최초의 과세기간 중에 있는 자는 영수증을 발급하여야 한다.

해설

① 간이과세자에서 일반과세자로 과세유형이 전환된 후 과세유형전환 전에 공급한 재화가 환입된 경우 **처음에 발급한 세금계산서 작성일**을 수정세금계산서 또는 수정전자세금계산서의 작성일로 적고, 비고란에 **재화가 환입된 날**을 덧붙여 적은 후 추가되는 금액은 검은색 글씨로 쓰고 차감되는 금액은 붉은색 글씨로 쓰거나 음의 표시를 하여 수정세금계산서나 수정전자세금계산서를 발급할 수 있다.   정답 ①

429

「부가가치세법령」상 세금계산서 발급의무에 대한 설명으로 옳지 않는 것은?

세법1 Link p.330, 331,
360, 364

오진다 Link p.201-202,
219

출제 가능 지수 ■■■■□

난이도 ■■■■□

① 여객운송업(「여객자동차 운수사업법 시행령」에 따른 전세버스운송사업은 제외)을 하는 사업자가 여객운송용역을 공급하는 경우로서 그 용역을 공급받는 사업자가 사업자등록증을 제시하고 세금계산서의 발급을 요구하는 경우에는 세금계산서를 발급해야 한다.

② 원료를 대가 없이 국외의 수탁가공 사업자에게 반출하여 가공한 재화를 양도하는 경우에 그 원료의 반출로서 국내사업장에서 계약과 대가 수령 등 거래가 이루어지는 경우 부가가치세가 기재되지 아니한(영세율) 세금계산서를 발급해야 한다.

③ 물품 등을 무환으로 수출하여 해당 물품이 판매된 범위에서 대금을 결제하는 계약에 의한 수출로서 국내사업장에서 계약과 대가 수령 등 거래가 이루어지는 경우 세금계산서를 발급하지 아니할 수 있다.

④ 국외에서 공급하는 용역으로서, 공급받는 자가 국내사업장이 없는 비거주자 또는 외국법인인 경우 세금계산서를 발급하지 아니할 수 있다.

해설

① 미용, 욕탕 및 유사 서비스업, 여객운송업(「여객자동차 운수사업법 시행령」에 따른 전세버스운송사업은 제외), 입장권을 발행하여 경영하는 사업 또는 면세하지 않는 의료보건용역을 제공하는 사업, 수의사가 제공하는 동물 진료용역, 무도학원, 자동차학원 사업을 하는 사업자가 재화 또는 용역을 공급하는 경우에는 그 재화 또는 용역을 공급받는 사업자가 사업자등록증을 제시하고 **세금계산서의 발급을 요구하더라도 세금계산서를 발급할 수 없다.** ← [심화] 단, 이러한 사업자가 감가상각자산을 공급하거나 법에 열거된 역무 외의 역무를 공급하는 경우로서 그 재화 또는 용역을 공급받는 사업자가 사업자등록증을 제시하고 세금계산서의 발급을 요구하는 경우에는 세금계산서를 발급해야 한다.

정답 ①

430

「부가가치세법」상 세금계산서에 관한 설명으로 옳지 않은 것은?

세법1 Link p.351-352,
356

오진다 Link p.212-214

출제 가능 지수 ■■■■□

난이도 ■■■■□

① 처음 공급한 재화가 환입된 경우 수정세금계산서 또는 수정전자세금계산서의 작성일에는 재화가 환입된 날을 적고 붉은색 글씨를 쓰거나 음(陰)의 표시를 하여 수정세금계산서 또는 수정전자세금계산서를 발급할 수 있다.

② 관할 세무서장은 개인사업자가 전자세금계산서 의무발급 개인사업자에 해당하는 경우에는 전자세금계산서를 발급해야 하는 날이 시작되기 1개월 전까지 그 사실을 해당 개인사업자에게 통지하여야 한다.

③ 매입자발행세금계산서를 발행하려는 자는 해당 재화 또는 용역의 공급시기가 속하는 과세기간의 종료일부터 1년 이내에 거래사실확인신청서에 거래사실을 객관적으로 입증할 수 있는 서류를 첨부하여 신청인 관할 세무서장에게 거래사실의 확인을 신청하여야 한다.

④ 법인사업자가 전자세금계산서를 발급하였을 때에는 전자세금계산서 발급일이 속하는 달의 다음 달 10일까지 전자세금계산서 발급명세를 국세청장에게 전송하여야 한다.

해설

④ 법인사업자가 전자세금계산서를 발급하였을 때에는 전자세금계산서 발급일의 **다음 날**까지 전자세금계산서 발급명세를 국세청장에게 전송하여야 한다.

정답 ④

431

`「부가가치세법」`상 거래징수 및 세금계산서에 대한 설명으로 옳지 않은 것은?

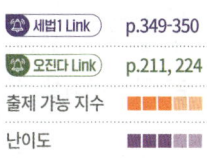
세법1 Link   p.349-350
오진다 Link   p.211, 224
출제 가능 지수 ■■■■□
난이도   ■■■■□

① 사업자가 재화 또는 용역을 공급하는 때에 공급가액에 10%의 세율을 적용하여 계산한 부가가치세를 그 공급을 받는 자로부터 징수하는 것을 거래징수라고 한다.
② 필요적 기재사항이 모두 기재된 신용카드매출전표와 현금영수증은 세금계산서로 본다.
③ 세금계산서 기재사항 중 작성연월일은 필요적 기재사항이고, 공급연월일은 임의적 기재사항이다.
④ 납세의무자로 등록한 사업자가 부가가치세 과세대상인 재화를 공급하는 경우에는 거래상대방이 면세사업자일지라도 세금계산서를 교부하여야 한다.

해설

② 신용카드매출전표와 현금영수증은 영수증에 해당하므로 **필요적 기재사항이 모두 기재되었다고 하여 세금계산서로 보는 것은 아니다.** 다만, 법정 요건을 충족하는 경우 신용카드매출전표와 현금영수증은 매입세액을 공제받을 수는 있다.

정답 ②

432

`「부가가치세법」`상 세금계산서에 대한 설명으로 옳은 것은? (2024년 2기 거래로 가정한다)

세법1 Link   p.351-352,
         358, 361
오진다 Link   p.212-213,
         218-219
출제 가능 지수 ■■■■■
난이도   ■■■■□

① 사업자는 공급가액에 관계없이 무조건 전자세금계산서를 발급하여야 한다.
② 간이과세자 중 직전 연도의 공급대가의 합계액(직전 과세기간에 신규로 사업을 시작한 개인사업자의 경우 환산한 금액)이 4천800만원 미만인 자가 재화 또는 용역을 공급(부가가치세가 면제되는 재화 또는 용역의 공급은 제외)하는 경우에는 재화 또는 용역의 공급시기에 그 공급을 받은 자에게 세금계산서를 발급하는 대신 영수증을 발급하여야 한다.
③ 전자세금계산서를 발급일의 다음 날까지 국세청장에게 전송한 경우에도 세금계산서를 5년간 보존해야 한다.
④ 국세청장은 수입되는 재화에 대하여 부가가치세를 징수할 때에는 수입된 재화에 대한 세금계산서(수입세금계산서)를 수입하는 자에게 발급해야 한다.

해설

① **법인사업자와** 직전 연도의 사업장별 재화 및 용역의 공급가액(면세공급가액을 포함)의 합계액이 **8천만원 이상인 개인사업자에 한해서** 전자세금계산서를 발급하여야 한다.
③ 전자세금계산서를 발급하고 국세청장에게 전송한 경우에는 세금계산서 **보존의무가 면제된다.**
④ **세관장**은 수입되는 재화에 대하여 부가가치세를 징수할 때에는 수입된 재화에 대한 세금계산서(수입세금계산서)를 수입하는 자에게 발급해야 한다.

정답 ②

433

「부가가치세법」상 세금계산서에 관한 설명으로 옳지 않은 것은?

세법1 Link p.350-352, 410

오진다 Link p.212, 241-242, 246

출제 가능 지수 ■■■■■

난이도 ■■■■■

① 3월 25일 재화를 인도하고 6월 25일 대금을 수령하면서 6월 25일자로 세금계산서가 발행된 경우, 해당 세금계산서는 잘못된 세금계산서이므로 공급받는 자는 해당 세금계산서로 매입세액을 공제받을 수 없다.

② 3월 25일 재화를 인도하고 6월 25일 대금을 수령하면서 6월 25일자로 세금계산서를 발급하는 경우, 공급자는 공급가액의 1%에 해당하는 가산세를 납부세액에 더하거나 환급세액에서 뺀다.

③ 세금계산서 발급의무가 있는 사업자가 공급대가 10만원의 재화를 공급하고 세금계산서 발급시기에 세금계산서를 발급하지 아니한 경우, 공급받은 자는 관할 세무서장의 확인을 받아 세금계산서를 발행할 수 있다.

④ 법인은 전자세금계산서를 발급하여야 하며, 전자세금계산서를 발급하였을 때에는 발급일의 다음 날까지 전자세금계산서 발급명세를 국세청장에게 전송하여야 한다.

해설

① 3월 25일 재화를 인도하고 6월 25일 대금을 수령하면서 6월 25일자로 세금계산서가 발행된 경우 공급일이 속하는 과세기간의 확정신고기한까지 발행하였으므로 **매입세액공제가 가능**하다. 다만, 가산세가 부과된다.

정답 ①

434

다음 중 「부가가치세법」상 세금계산서 발급의무가 면제되는 경우가 아닌 것은?

세법1 Link p.329, 332, 363-364

오진다 Link p.201-203, 219

출제 가능 지수 ■■■■■

난이도 ■■■■■

① 내국신용장에 의하여 수출업자에게 재화를 공급하는 경우

② 재화를 직접 수출하는 경우

③ 항공기에 의하여 외국항행용역을 제공하는 경우로서 공급받는 자가 국내에 사업장이 없는 비거주자 또는 외국법인인 경우

④ 간편사업자등록을 한 사업자가 국내에 공급하는 전자적 용역

해설

① 내국신용장에 의하여 수출업자에게 재화를 공급하는 경우는 **국내거래이므로 세금계산서 발급의무가 있다.**

정답 ①

435

세법1 Link p.350, 354, 363, 409

오진다 Link p.212-213, 215, 219

출제 가능 지수 ■■■■□

난이도 ■■■■□

「부가가치세법」상 세금계산서에 관한 설명으로 옳은 것은?

① 수탁자가 직접 재화를 인도하는 위탁판매의 경우 세금계산서는 수탁자가 위탁자 명의로 발급하며, 이 경우 위탁자의 등록번호를 부기하여야 한다.

② 미용, 욕탕 및 유사서비스업을 영위하는 자가 공급하는 재화·용역을 공급받는 사업자가 사업자등록증을 제시하고 세금계산서 발급을 요구할 경우 세금계산서를 발급할 의무가 있다.

③ 재화 및 용역이 2024년 7월 1일부터 12월 31일까지의 기간 중에 공급된 경우, 개인사업자와 직전 연도의 사업장별 재화 및 용역의 공급가액(면세공급가액 포함)의 합계액이 8천만원 이상인 법인사업자는 세금계산서를 발급하려면 전자세금계산서를 발급하여야 한다.

④ 법인사업자가 전자세금계산서를 발급하였을 경우 「부가가치세법령」에 따라 국세청장에게 세금계산서 발급명세를 전송해야 하며, 미전송 시 가산세가 부과된다.

해설

① 수탁자가 직접 재화를 인도하는 위탁판매의 경우 세금계산서는 수탁자가 위탁자 명의로 발급하며, 이 경우 **수탁자**의 등록번호를 부기하여야 한다.

② 미용, 욕탕 및 유사서비스업을 영위하는 자가 공급하는 재화·용역은 세금계산서 또는 영수증의 발급의무가 면제된 업종에 해당하므로 이를 공급받는 사업자가 사업자등록증을 제시하고 세금계산서 발급을 요구할 경우 **세금계산서를 발급할 수 없다.**

③ 재화 및 용역이 2024년 7월 1일부터 12월 31일까지의 기간 중에 공급된 경우, **법인사업자와** 직전 연도의 사업장별 재화 및 용역의 공급가액(면세공급가액 포함)의 합계액이 **8천만원 이상인 개인사업자는** 세금계산서를 발급하려면 전자세금계산서를 발급하여야 한다.

정답 ④

436

세법1 Link p.320, 352, 358

오진다 Link p.196-197, 213, 218

출제 가능 지수 ■■■□□

난이도 ■■■■■

「부가가치세법」상 세금계산서에 관한 설명으로 옳은 것은?

① 「관세법」에 따라 세관장이 과세표준 또는 세액을 결정 또는 경정하기 전에 수입하는 자가 수정신고를 하는 경우 관할 세무서장은 수입하는 자에게 수정세금계산서를 발급해야 한다.

② 공급시기가 2023년 8월 25일인 재화의 공급대가를 2023년 7월 25일에 수령한 경우 2023년 7월 20일자로 세금계산서를 발급할 수 있다.

③ 세금계산서 교부의무가 있는 일반과세자로부터 재화를 공급받은 간이과세자는 공급하는 자가 세금계산서를 발급하지 아니한 경우 매입자발행세금계산서를 발급할 수 없다.

④ 사업자는 15일 단위로 거래처별 공급가액을 합하여 그 기간이 속하는 달의 말일을 작성 연월일로 하여 세금계산서를 발급할 수 있다.

해설

① 「관세법」에 따라 세관장이 과세표준 또는 세액을 결정 또는 경정하기 전에 수입하는 자가 수정신고를 하는 경우 **세관장**은 수입하는 자에게 **수정수입**세금계산서를 발급해야 한다.

② 사업자가 재화 또는 용역의 공급시기가 되기 전에 세금계산서를 발급하고 그 **세금계산서 발급일로부터 7일 이내**에 대가를 받으면 해당 세금계산서를 발급할 때를 재화 또는 용역의 공급시기로 보므로 옳은 설명이다.

③ 세금계산서 교부의무가 있는 일반과세자로부터 재화를 공급받은 간이과세자는 공급하는 자가 세금계산서를 발급하지 아니한 경우 매입자발행 세금계산서를 발급할 수 **있다.**

④ 사업자는 15일 단위로 거래처별 공급가액을 합하여 **그 기간의 종료일**을 작성 연월일로 하여 세금계산서를 발급할 수 있다.

정답 ②

437

다음 중 「부가가치세법」상 세금계산서의 발급에 관한 설명으로 옳지 않은 것은?

세법1 Link p.321, 354-356

오진다 Link p.196-197, 215-216

출제 가능 지수 ■■■■□

난이도 ■■■■□

① 「조달사업에 관한 법률」에 따라 물자가 공급되는 경우에는 공급자는 세관장에게 직접 세금계산서를 발급하여야 한다.

② 위탁매입 또는 대리인에 의한 매입의 경우에는 공급자가 위탁자 또는 본인을 공급받는 자로 하여 세금계산서를 발급한다. 이 경우에는 수탁자 또는 대리인의 등록번호를 덧붙여 적어야 한다.

③ 대금청구시기와 지급시기사이의 기간이 30일 이내인 경우 등 소정의 법령 요건을 모두 갖춘 거래에서 공급하는 사업자가 재화 또는 용역의 공급시기가 도래하기 전에 세금계산서를 발급하고 그 세금계산서 발급일로부터 7일 이후에 대가를 지급받는 경우에도 정당한 세금계산서를 발급한 것으로 본다.

④ 필요적 기재사항 등이 착오로 잘못 기재된 경우에는 처음에 발급한 세금계산서의 내용대로 세금 계산서를 붉은색 글씨로 작성하여 발급하고, 수정하여 발급하는 세금계산서는 검은색 글씨로 작성하여 발급한다. 다만, 과세표준 또는 세액을 경정할 것을 미리 알고 있는 경우는 제외한다.

해설

① 「조달사업에 관한 법률」에 따라 물자가 공급되는 경우에는 **공급자 또는 세관장이 해당 실수요자에게** 직접 세금계산서를 발급하여야 한다. 다만, 물자를 조달할 때에 그 물자의 실수요자를 알 수 없는 경우에는 조달청장에게 세금계산서를 발급하고, 조달청장이 실제로 실수요자에게 그 물자를 인도할 때에는 그 실수요자에게 세금계산서를 발급할 수 있다.

정답 ①

438

세법1 Link p.361, 365, 409

오진다 Link p.219, 222, 246

출제 가능 지수 ■■■■■

난이도 ■■■■■

「부가가치세법」상 세금계산서에 대한 설명으로 옳은 것은?

① 간이과세자도 일반과세자와 동일하게 세금계산서의 발급의무가 있지만, 직전 연도의 공급대가의 합계액이 4,800만원 미만인 자 등 일정한 사유가 있는 간이과세자는 영수증을 발급하여야 한다.

② 공급시기가 5월 10일인 재화의 공급에 대하여 전자세금계산서를 공급시기에 발급하고 전자세금계산서 발급명세를 6월 12일에 국세청장에게 전송한 경우 매출처별세금계산서합계표의 제출을 생략할 수 없다.

③ 전자세금계산서 의무발급 사업자가 세금계산서의 발급시기가 지난 후 해당 재화 또는 용역의 공급시기가 속하는 과세기간에 대한 확정신고기한까지 세금계산서를 발급하지 아니한 경우에는 그 공급가액의 1%의 가산세가 적용된다.

④ 신규로 사업을 시작하는 개인사업자로서 「부가가치세법」 제61조제4항에 따라 간이과세자로 하는 최초의 과세기간 중에 있는 자는 재화 또는 용역을 공급(부가가치세가 면제되는 재화 또는 용역의 공급은 제외)하는 경우에는 재화 또는 용역의 공급시기에 대통령령으로 정하는 바에 따라 그 공급을 받은 자에게 세금계산서를 발급하는 대신 영수증을 발급할 수 있다.

해설

② 전자세금계산서 발급명세를 공급시기가 속하는 과세기간 마지막 날의 다음 달 11일인 7월 11일 이전에 전송하였으므로 매출처별세금계산서합계표를 **제출하지 아니할 수 있다.**

③ 확정신고기한까지 전자세금계산서를 미발급한 경우 **공급가액의 2%**의 가산세가 적용된다.

④ 신규로 사업을 시작하는 개인사업자로서 「부가가치세법」 제61조제4항에 따라 간이과세자로 하는 최초의 과세기간 중에 있는 자는 재화 또는 용역을 공급(부가가치세가 면제되는 재화 또는 용역의 공급은 제외)하는 경우에는 재화 또는 용역의 공급시기에 대통령령으로 정하는 바에 따라 그 공급을 받은 자에게 세금계산서를 발급하는 대신 영수증을 **발급하여야 한다.**   정답 ①

439

「부가가치세법」상 수정세금계산서를 발급할 수 있는 경우를 모두 고른 것은?

세법1 Link   p.356
오진다 Link   p.216
출제 가능 지수 ■■■■□
난이도   ■■■■□

> ㄱ. 세율을 잘못 적용하여 세금계산서를 발급하였으나 세무조사의 통지를 받은 경우로서 과세표준을 경정할 것을 미리 알고 있는 경우
>
> ㄴ. 재화를 공급한 후 공급시기가 속하는 과세기간 종료 후 25일(25일이 되는 날은 영업일임) 이내에 내국신용장이 개설된 경우
>
> ㄷ. 계약의 해지에 따라 공급가액에 추가되는 금액이 발생한 경우
>
> ㄹ. 면세 등 발급대상이 아닌 거래에 대하여 발급한 경우
>
> ㅁ. 계약의 해제로 재화 또는 용역이 공급되지 아니한 경우

① ㄱ   ② ㄴ, ㄷ   ③ ㄱ, ㄹ, ㅁ   ④ ㄴ, ㄷ, ㄹ, ㅁ

해설

ㄱ. 세율을 잘못 적용하여 세금계산서를 발급한 경우로서 세무조사의 통지를 받은 경우 등과 같이 과세표준을 경정할 것을 미리 알고 있는 경우에는 **수정세금계산서를 발급할 수 없다**.

정답 ④

440

「부가가치세법」상 세금계산서에 관한 설명으로 옳은 것은?

세법1 Link   p.352, 356-357
오진다 Link   p.214, 216-218
출제 가능 지수 ■■■■□
난이도   ■■■■□

① 착오로 전자세금계산서를 이중으로 발급한 경우 가장 마지막에 발급한 세금계산서의 내용대로 음의 표시를 하여 발급한다.

② 일반과세자에서 간이과세자로 과세유형이 전환된 후 과세유형 전환 전에 공급한 재화 또는 용역에 수정세금계산서 발급사유가 발생한 경우에는 처음 세금계산서 작성일자를 수정세금계산서의 작성일자로 적고 수정세금계산서를 발급할 수 있다.

③ 재화 또는 용역을 공급한 후 공급시기가 속하는 과세기간 종료 후 25일 이내에 내국신용장이 개설된 경우, 수정세금계산서의 작성일자는 내국신용장 개설일자를 적는다.

④ 매입자발행세금계산서를 발행하려는 자는 거래 건당 공급가액이 10만원 이상인 거래에 한하여 해당 재화 또는 용역의 공급시기가 속하는 과세기간의 종료일부터 6개월 이내에 신청인 관할 세무서장에게 거래사실의 확인을 신청하여야 한다.

해설

① 착오로 전자세금계산서를 이중으로 발급한 경우 **처음**에 발급한 세금계산서의 내용대로 음의 표시를 하여 발급한다.

③ 재화 또는 용역을 공급한 후 공급시기가 속하는 과세기간 종료 후 25일 이내에 내국신용장이 개설된 경우, 수정세금계산서의 작성일자는 **처음 세금계산서 작성일자**를 적는다.

④ 매입자발행세금계산서를 발행하려는 자는 거래 건당 **공급대가가 5만원** 이상인 거래에 한하여 해당 재화 또는 용역의 공급시기가 속하는 과세기간의 종료일부터 **1년** 이내에 신청인 관할 세무서장에게 거래사실의 확인을 신청하여야 한다.

정답 ②

441

「부가가치세법」상 세금계산서에 관한 설명으로 옳은 것은?

세법1 Link p.356, 360-361, 363
오진다 Link p.216, 219, 221
출제 가능 지수 ■■■□□
난이도 ■■■■□

① 사업자가 부동산임대용역을 공급하고 전세금 또는 임대보증금을 받는 경우 법령에 의하여 계산한 금액(간주임대료)에 대해서도 세금계산서를 발급하여야 한다.
② 소매업, 음식·숙박업, 여객운송업(전세버스운송사업)을 영위하는 일반과세사업자의 경우는 세금계산서 발급의무가 면제되기 때문에 공급받는 사업자가 사업자등록증을 제시하고 세금계산서 발급을 요구하더라도 세금계산서를 발급할 의무가 없다.
③ 신규사업자에 해당하는 간이과세자는 업종에 관계없이 영수증을 발급하여야 한다.
④ 세금계산서를 발급한 후 당초의 공급가액에 추가 또는 차감되는 금액이 발생한 경우에는 부가가치세의 과세표준과 납부세액을 경정하여 통지하기 전까지 세금계산서를 수정하여 발급할 수 없다.

해설

① 부동산임대보증금에 대한 간주임대료는 세금계산서 및 영수증 **발급의무가 면제된다**.
② 소매업, 음식·숙박업, 여객운송업(전세버스운송사업)은 일반적인 영수증 발급 대상 업종으로 공급받는 자의 **세금계산서 발급요구 시 발급하여야 한다**. ← [참고] 영수증 발급업종 중 미용, 욕탕 및 유사 서비스업, 여객운송업(전세버스운송업 제외) 등의 업종은 원칙적으로 세금계산서 발급이 불가능함 주의
④ 세금계산서를 발급한 후 당초의 공급가액에 추가 또는 차감되는 금액이 발생한 경우에는 부가가치세 과세표준과 납부세액을 경정하여 통지하기 전까지는 세금계산서를 수정하여 발급할 수 **있다**.   정답 ③

LEVEL 1   LEVEL 2   LEVEL 3

CHAPTER
06   **과세표준**

442

「부가가치세법령」상 공급가액에 대한 설명으로 옳은 것만을 모두 고르면? (단, 특수관계인과의 거래는 아닌 것으로 가정함)

세법1 Link   p.370-371, 374
오진다 Link   p.227-228
출제 가능 지수   ■■■■□
난이도   ■■■■□

> ㄱ. 개별소비세, 주세 및 교통·에너지·환경세가 부과되는 재화는 개별소비세, 주세 및 교통·에너지·환경세의 과세표준에 해당 개별소비세, 주세, 교육세, 농어촌특별세 및 교통·에너지·환경세 상당액을 공제한 금액을 공급가액으로 한다.
>
> ㄴ. 외상판매 및 할부판매의 경우에는 공급한 재화의 총가액을 공급가액으로 한다.
>
> ㄷ. 재화나 용역을 공급할 때 그 품질이나 수량, 인도조건 또는 공급대가의 결제방법이나 그 밖의 공급조건에 따라 통상의 대가에서 일정액을 직접 깎아 주는 금액은 공급가액에 포함하지 아니한다.
>
> ㄹ. 재화를 공급하고 대가를 공급시기 이후에 외국통화로 지급받은 경우 지급받은 날의 「외국환거래법」에 따른 기준환율 또는 재정환율에 따라 계산한 금액을 공급가액으로 한다.

① ㄱ, ㄴ   ② ㄴ, ㄷ   ③ ㄱ, ㄷ, ㄹ   ④ ㄴ, ㄷ, ㄹ

해설

ㄱ. 개별소비세, 주세 및 교통·에너지·환경세가 부과되는 재화에 대해서는 개별소비세, 주세 및 교통·에너지·환경세의 과세표준에 해당 개별소비세, 주세, 교육세, 농어촌특별세 및 교통·에너지·환경세 상당액을 **포함한** 금액을 공급가액으로 한다.

ㄹ. 재화의 공급대가를 공급시기 이후에 외국통화나 그 밖의 외국환 상태로 보유하거나 지급받은 경우 **공급시기**의 「외국환거래법」에 따른 기준환율 또는 재정환율에 따라 계산한 금액을 공급가액으로 한다.   정답 ②

443

「부가가치세법」상 공급가액에 관한 설명으로 가장 적절한 것은?

세법1 Link p.370, 372, 378, 382
오진다 Link p.226-230
출제 가능 지수 ■■■■■
난이도 ■■■□□

① 법령에 따른 특수관계자에게 재화를 공급하면서 부당하게 낮은 대가를 받는 경우 공급한 재화의 시가를 공급가액으로 본다.

② 사업자가 보세구역 내에 보관된 재화를 다른 사업자에게 공급하고, 그 재화를 공급받은 자가 그 재화를 보세구역으로부터 반입하는 경우 그 재화의 공급가액에서 세관장이 법령에 따라 부가가치세를 징수하고 발급한 수입세금계산서에 적힌 공급가액을 더한 금액을 과세표준으로 한다.

③ 사업자가 토지와 그 토지에 정착된 건물을 함께 공급하는 경우로서 토지와 건물을 함께 공급받은 후 건물을 철거하고 토지만 사용하는 경우에는 사업자가 실지거래가액으로 구분한 토지와 건물의 공급가액이 대통령령으로 정하는 바에 따라 안분계산한 금액과 100분의 30 이상 차이가 있는 경우에 안분계산한 금액을 공급가액으로 한다.

④ 재화를 장기할부판매조건으로 판매한 경우에는 공급한 재화의 총가액을 공급가액으로 한다.

해설

② 사업자가 보세구역 내에 보관된 재화를 다른 사업자에게 공급하고, 그 재화를 공급받은 자가 그 재화를 보세구역으로부터 반입하는 경우 그 재화의 공급가액에서 세관장이 법령에 따라 부가가치세를 징수하고 발급한 수입세금계산서에 적힌 공급가액을 **뺀** 금액을 과세표준으로 한다.

③ 사업자가 토지와 그 토지에 정착된 건물 등을 함께 공급하는 경우로서 사업자가 실지거래가액으로 구분한 토지와 건물 등의 공급가액이 법으로 정하는 바에 따라 안분계산한 금액과 30% 이상 차이가 있는 경우 법으로 정하는 바에 따라 안분계산한 금액을 공급가액으로 한다. 다만, **다음의 경우는 제외한다.**

　㉠ 다른 법령에서 정하는 바에 따라 토지와 건물 등의 가액을 구분한 경우
　㉡ **토지와 건물 등을 함께 공급받은 후 건물 등을 철거하고 토지만 사용하는 경우**

④ 장기할부판매의 경우에는 **계약에 따라 받기로 한 대가의 각 부분**을 공급가액으로 한다.

정답 ①

444

「부가가치세법」상 과세표준에 관한 설명으로 옳은 것은?

① 비상각자산의 간주공급으로 인한 과세표준을 계산하기 위해서 공급가액은 그 재화의 시가로 한다.

② 사업자가 재화 또는 용역을 공급받는 자에게 지급하는 장려금이나 이와 유사한 금액 및 대손 금액은 과세표준에서 공제한다.

③ 재화 또는 용역의 공급과 관련하여 금전 외의 대가를 받는 경우에는 해당 대가의 시가를 공급 가액으로 한다.

④ 조세의 부담을 부당하게 감소시킬 것으로 인정되는 경우로서 특수관계인에게 아무런 대가를 받지 아니하고 재화를 공급하는 경우에는 공급한 재화의 장부가액을 공급가액으로 본다.

세법1 Link   p.369, 372, 380
오진다 Link   p.224, 226-227, 229
출제 가능 지수 ■■■■□
난이도 ■■■□□

해설

② 사업자가 재화 또는 용역을 공급받는 자에게 지급하는 장려금이나 이와 유사한 금액 및 대손금액은 과세표준 에서 **공제하지 아니한다.**

③ 재화 또는 용역의 공급과 관련하여 금전 외의 대가를 받는 경우에는 **자기가 공급한 재화 또는 용역의** 시가 를 공급가액으로 한다.

④ 조세의 부담을 부당하게 감소시킬 것으로 인정되는 경우로서 특수관계인에게 아무런 대가를 받지 아니하고 재화를 공급하는 경우에는 공급한 재화의 **시가**를 공급가액으로 본다.   정답 ①

445

「부가가치세법」상 옳은 것은?

① 하치장설치신고서를 하치장 관할 세무서장에게 제출한 경우에는 하치장도 사업장으로 볼 수 있다.

② 재화와 용역을 공급하고 받은 대가에 공급가액과 세액이 별도 표시되지 아니한 경우에는 그 대가로 받은 금액을 공급가액으로 한다.

③ 부동산임대에 따른 간주임대료에 대하여는 세금계산서를 발급하여야 한다.

④ 공급시기 이후에 재화 또는 용역의 공급대가로 외국통화를 받은 경우 공급시기의 기준환율 또 는 재정환율에 의하여 환산한 금액을 공급가액으로 한다.

세법1 Link   p.278, 370, 374, 383
오진다 Link   p.169, 224, 227, 231
출제 가능 지수 ■■■■□
난이도 ■■□□□

해설

① '하치장'이란 재화를 보관하고 관리할 수 있는 시설만을 갖춘 장소로서 사업자가 하치장 관할 세무서장에게 하치장설치신고서를 통해 그 설치 신고를 한 장소를 말하는데 이러한 하치장은 「부가가치세법」상 사업장으 로 **보지 않는다.**

② 재화와 용역을 공급하고 받은 대가에 공급가액과 세액이 별도 표시되지 아니한 경우에는 그 대가로 받은 금 액의 **110분의 100을 공급가액**으로 한다.

③ 부동산임대에 따른 간주임대료에 대하여는 **세금계산서를 발급하거나 발급받을 수 없다.**   정답 ④

446

「부가가치세법」상 과세표준에 관한 설명으로 옳은 것은?

① 과세사업에 제공한 건물을 면세사업에 일부 사용하는 경우 면세사업에 일부 사용한 날이 속한 과세기간의 면세공급가액이 총 공급가액의 5% 이하인 경우 과세표준이 없는 것으로 본다.
② 반환조건으로 공급한 용기 및 포장을 회수할 수 없어 변제받는 경우 공급가액에 포함하지 않는다.
③ 사업자가 재화나 용역을 공급하면서 마일리지를 적립하는 경우, 해당 마일리지를 과세표준에서 공제한다.
④ 사업자가 토지와 그 토지에 정착된 건물 및 그 밖의 구축물을 함께 공급하는 경우에 그 공급가액은 실지거래가액이 있는 경우 이에 의한다.

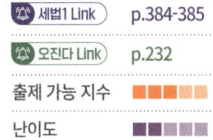

세법1 Link   p.371, 373, 381
오진다 Link   p.225, 229
출제 가능 지수
난이도

해설

① 과세사업에 제공한 건물을 면세사업에 일부 사용하는 경우 면세사업에 일부 사용한 날이 속한 과세기간의 면세공급가액이 총 공급가액의 5% **미만**인 경우 과세표준이 없는 것으로 본다.
② 반환조건으로 공급한 용기 및 포장을 회수할 수 없어 변제받는 경우 공급가액에 **포함한다**.
③ 사업자가 재화나 용역을 공급하면서 마일리지를 적립하는 경우, **기업회계기준과 달리 해당 마일리지를 과세표준에서 공제하지 않는다**.

정답 ④

447

「부가가치세법」상 대손세액공제에 대한 설명으로 옳은 것은? (단, 폐업은 고려하지 않기로 한다)

세법1 Link   p.384-385
오진다 Link   p.232
출제 가능 지수
난이도

① 「채무자 회생 및 파산에 관한 법률」에 따른 법원의 회생계획인가 결정에 따라 채무를 출자전환하는 경우 출자전환하는 시점의 출자전환된 매출채권의 시가와 출자전환으로 취득한 주식·출자지분의 장부가액과의 차액을 대손금으로 보아 대손세액공제를 받을 수 있다.
② 사업자는 부가가치세가 과세되는 재화를 공급하고 외상매출금(부가가치세를 포함한 것을 말한다)의 일부가 공급을 받은 자의 파산으로 대손되어 회수할 수 없는 경우에는 대손금액에 100분의 10을 곱한 금액을 매출세액에서 뺄 수 있다.
③ 대손세액공제를 적용하려는 사업자는 대손사실을 증명하는 서류와 해당 신고서를 예정신고 또는 확정신고 시 관할 세무서장에게 제출(국세정보통신망에 의한 제출을 포함)하여야 한다.
④ 「법인세법 시행령」 제19조의2제1항 및 「소득세법 시행령」 제55조제2항에 따른 대손금으로 인정되는 경우 대손세액공제를 적용받을 수 있다.

해설

① 「채무자 회생 및 파산에 관한 법률」에 따른 법원의 회생계획인가 결정에 따라 채무를 출자전환하는 경우 출자전환하는 시점의 출자전환된 매출채권 **장부가액**과 출자전환으로 취득한 주식·출자지분의 **시가**와의 차액을 대손금으로 보아 대손세액공제를 받을 수 있다.
② 사업자는 부가가치세가 과세되는 재화를 공급하고 외상매출금(부가가치세를 포함한 것을 말한다)의 일부가 공급을 받은 자의 파산으로 대손되어 회수할 수 없는 경우에는 대손금액에 **110분**의 10을 곱한 금액을 매출세액에서 뺄 수 있다.
③ 대손세액공제를 적용받고자 하는 사업자는 대손사실을 증명하는 서류와 대손세액 공제신고서를 **확정신고** 시 부가가치세 확정신고서와 함께 관할 세무서장에게 제출(국세정보통신망에 의한 제출을 포함)하여야 한다. 즉, 예정신고 시에는 대손세액공제를 적용할 수 없다.

정답 ④

CHAPTER 06 과세표준

448

「부가가치세법」상 공급가액 및 과세표준에 대한 설명으로 옳지 않은 것은?

① 사업자가 과세되는 부동산 임대용역과 면세되는 주택 임대용역을 함께 공급하여 그 임대구분과 임대료 등의 구분이 불분명한 경우의 공급가액은 법으로 정하는 바에 따라 계산한 금액으로 하는데 이때, 건물가액 또는 토지가액은 예정신고기간 또는 과세기간이 끝난 날 현재의 기준시가에 따른다.

② 사업자가 그와 특수관계있는 자에게 시가보다 낮은 대가를 받거나 대가를 받지 않고 제공하는 용역(부동산임대용역이 아님)의 경우 자기가 공급한 용역의 시가를 과세표준으로 한다.

③ 부가가치세 공급가액에는 거래상대자로부터 받은 대금·요금·수수료 기타 명목 여하에 불구하고 대가관계에 있는 모든 금전적 가치 있는 것을 포함한다.

④ 재화 또는 용역의 공급과 직접 관련되지 아니하는 공공보조금은 과세표준에 포함하지 아니한다.

세법1 Link   p.371, 373, 383
오진다 Link   p.225-226, 231
출제 가능 지수   ■■■■□
난이도   ■■■□□

해설

② **용역의 무상공급은 부가가치세가 과세되지 아니한다.** 다만, 사업자가 특수관계인에게 사업용부동산의 임대용역을 무상공급하는 경우에는 용역의 공급으로 보아 시가를 공급가액으로 본다.   정답 ②

449

세법1 Link p.370-373
오진다 Link p.224-225
출제 가능 지수 ▮▮▮▮▯
난이도 ▮▮▮▮▯

다음 중 「부가가치세법」상 일반과세자의 부가가치세 과세표준에 관한 설명으로 옳지 않은 것은?

① 공급에 대한 대가의 지급이 지체되었음을 이유로 받는 연체이자는 공급가액에 포함하지 아니한다.

② 사업자가 재화 또는 용역을 공급받는 자에게 지급하는 장려금 및 대손금액은 과세표준에서 공제한다.

③ 사업자가 재화 또는 용역을 공급하고 그 대가로 받은 금액에 부가가치세가 포함되어 있는지가 분명하지 아니한 경우에는 그 대가로 받은 금액에 110분의 100을 곱한 금액을 공급가액으로 한다.

④ 마일리지로 대금의 전부 또는 일부를 결제받은 경우 공급가액은 마일리지 외의 수단으로 결제받은 금액과 자기적립마일리지 외의 마일리지로 결제받은 부분에 대해 재화 또는 용역을 공급받는 자 외의 자로부터 보전받았거나 보전받을 금액을 합한 금액으로 한다.

해설

② 사업자가 재화 또는 용역을 공급받는 자에게 지급하는 장려금 및 대손금액은 과세표준에서 **공제하지 아니한다**.

정답 ②

450

세법1 Link p.369, 372-373
오진다 Link p.224-226
출제 가능 지수 ▮▮▮▮▮
난이도 ▮▮▮▮▯

다음 중 「부가가치세법」상 공급가액에 관한 설명으로 옳지 않은 것은?

① 사업자가 재화 또는 용역을 공급하고 금전 외의 대가를 받은 경우에는 자기가 공급한 재화 또는 용역의 시가를 공급가액으로 한다.

② 특수관계인에게 사업용 기계장치를 무상으로 임대하는 경우 공급가액은 시가로 한다.

③ 자기적립마일리지 등 외의 마일리지 등으로 결제받은 부분에 대해 공급받는 자 외의 자로부터 해당 금액을 보전받지 아니하고 자기생산·취득재화를 공급한 경우에는 공급한 재화의 시가를 공급가액으로 한다.

④ 「부가가치세법」상 재화의 공급에 대하여 특수관계인에게 부당하게 낮은 대가를 받거나 대가를 받지 아니하는 경우에는 자기가 공급한 재화의 시가를 공급가액으로 한다.

해설

② 특수관계인에게 **사업용 부동산**을 무상임대하는 경우를 제외한 용역의 무상공급은 과세대상 거래가 아니다.

← 사업용 기계, 사업용 자동차 등 사업용 '부동산'이 아닌 다른 자산 함정 주의. 특수관계인 여부도 함정으로 나오므로 주의

정답 ②

451

「부가가치세법」상 과세표준에 관한 설명으로 옳지 않은 것은?

세법1 Link   p.371, 374, 383

오진다 Link   p.225, 228

출제 가능 지수 ■■■■□

난이도   ■■■■□

① 기부채납의 경우 해당 기부채납의 근거가 되는 법률에 따라 기부채납된 가액을 과세표준으로 하되 기부채납된 가액에 부가가치세가 포함된 경우 그 부가가치세는 제외한다.

② 사업자가 제29조제2항제3호에 따라 둘 이상의 과세기간에 걸쳐 용역을 제공하고 그 대가를 선불로 받는 경우에는 해당 금액을 계약기간의 개월 수로 나눈 금액의 각 과세대상기간의 합계액을 공급가액으로 한다. 이 경우 개월 수의 계산에 관하여는 해당 계약기간의 개시일이 속하는 달이 1개월 미만이면 1개월로 하고, 해당 계약기간의 종료일이 속하는 달이 1개월 미만이면 산입하지 아니한다.

③ 위탁가공무역 방식으로 수출하는 경우 완성된 제품의 인도가액을 과세표준으로 한다.

④ 공급받는 자에게 도달하기 전에 파손·훼손 또는 멸실된 재화의 가액도 공급한 과세표준에 포함한다.

> **해설**
>
> ④ 공급받는 자에게 도달하기 전에 파손·훼손 또는 멸실된 재화의 가액은 공급한 과세표준에 **포함하지 아니한다**.
>
> 정답 ④

452

「부가가치세법」상 공급가액에 관한 설명으로 옳지 않은 것은?

세법1 Link   p.371-372, 374

오진다 Link   p.224-227

출제 가능 지수 ■■■■□

난이도   ■■■■□

① 재화의 공급에 대하여 특수관계인에게 부당하게 낮은 대가를 받거나 대가를 받지 않은 경우에는 자기가 공급한 재화의 시가를 공급가액으로 한다. 이 때 시가가 불분명한 경우에는 「상속세 및 증여세법」 규정에 따라 평가한 가액을 우선 적용하여야 한다.

② 사업자가 고객에게 매출액의 2%에 해당하는 마일리지를 적립해 주고 향후 고객이 재화를 공급받고 그 대가의 일부를 해당 사업자가 적립해 준 마일리지로 결제하는 경우 해당 마일리지 상당액은 공급가액에 포함하지 않는다.

③ 재화 또는 용역의 공급과 직접 관련되지 아니하는 국고보조금은 공급가액에 포함하지 아니한다.

④ 재화의 공급에 대한 대가를 미국 달러화로 받고 「부가가치세법」상의 공급시기 도래 전에 전액 원화로 환가한 경우에는 그 환가한 금액을 공급가액으로 한다.

> **해설**
>
> ① 시가가 불분명한 경우에는 「소득세법」 또는 「법인세법」상 부당행위계산의 부인 규정에서 적용되는 시가 산정기준을 준용한다.
>
> 정답 ①

453

세법1 Link p.370-371, 378
오진다 Link p.225-228
출제 가능 지수
난이도

「부가가치세법」상 공급가액에 관한 설명으로 옳지 않은 것은?

① 거래 상대방으로부터 인도받은 원자재 등을 사용하여 제조·가공한 재화를 공급하거나 용역을 제공하는 경우 해당 원자재 등의 가액은 공급가액에 포함하지 않는다.
② 중간지급조건부로 용역을 공급하는 경우 계약에 따라 받기로 한 대가의 각 부분을 공급가액으로 한다.
③ 음식점업을 영위하는 사업자가 음식용역을 공급하고 그 대가와 함께 받는 종업원의 봉사료를 세금계산서에 그 대가와 구분하여 기재한 경우로서 봉사료를 해당 종업원에게 지급한 사실이 확인되고, 사업자가 자기의 수입금액에 계상하지 아니한 경우에 그 봉사료는 공급가액에 포함하지 않는다.
④ 재화의 수입에 대한 부가가치세의 과세표준은 관세의 과세가격으로 한다.

> **해설**
>
> ④ 재화의 수입에 대한 부가가치세의 과세표준은 **관세의 과세가격과 관세, 개별소비세, 주세 및 교통·에너지·환경세, 교육세 및 농어촌특별의 합계액**으로 한다.
>
> 정답 ④

454

세법1 Link p.370-372
오진다 Link p.226-228
출제 가능 지수
난이도

「부가가치세법」상 공급가액에 관한 설명으로 옳지 않은 것은?

> ㄱ. 계약 등에 의하여 확정된 대가의 지급지연으로 인하여 지급받는 연체이자는 과세표준에서 공제하지 아니한다.
> ㄴ. 공급받는 자에게 도달하기 전에 파손, 훼손 또는 멸실된 재화의 가액은 공급가액에 포함하지 아니한다.
> ㄷ. 수탁자가 위탁자의 특수관계인에게 신탁재산과 관련된 용역을 부당하게 낮은 대가를 받고 공급하는 경우로서 조세의 부담을 부당하게 감소시킬 것으로 인정되는 경우에는 공급한 용역의 시가를 공급가액으로 본다.
> ㄹ. 사업자가 완성도기준지급조건부로 재화 또는 용역을 공급하고 계약에 따라 대가의 각 부분을 받을 때 하자보증을 위하여 공급받은 자에게 보관시키는 하자보증금은 공급가액에서 공제한다.

① ㄱ, ㄴ   ② ㄷ, ㄹ   ③ ㄴ, ㄷ   ④ ㄱ, ㄹ

> **해설**
>
> ㄱ. 계약 등에 의하여 확정된 대가의 지급지연으로 인하여 지급받는 연체이자는 공급가액에 포함되지 않는 것으로 **과세표준에 포함하지 않는다.** ← 과세표준(또는 공급가액)에서 '공제하지 않는다'와 과세표준(또는 공급가액)에 '포함하지 않는다'는 구분할 것!
>
> ㄹ. 사업자가 완성도기준지급 또는 중간지급조건부로 재화 또는 용역을 공급하고 계약에 따라 대가의 각 부분을 받을 때 일정 금액을 하자보증을 위하여 공급받는 자에게 보관시키는 **하자보증금은 공급가액에서 공제하지 아니한다.**
>
> 정답 ④

455

「부가가치세법」상 대손세액공제에 대한 설명으로 옳은 것은?

세법1 Link p.384-385
세법2 Link p.167
오진다 Link p.232-233
출제 가능 지수 ■■■■□
난이도 ■■■■□

① 대손세액공제를 받고자 하는 사업자는 부가가치세 예정신고서 및 확정신고서에 대손세액공제 신고서와 대손사실을 증명하는 서류를 첨부하여 관할 세무서장에게 제출하여야 한다.

② 사업자는 수표 또는 어음의 부도발생일로부터 6월이 경과하더라도 채무자의 재산에 저당권을 설정하고 있는 경우에는 대손세액공제를 받을 수 없다.

③ 대손세액공제의 범위는 사업자가 부가가치세가 과세되는 재화나 용역을 공급한 후 공급일로부터 10년이 경과하는 날이 속하는 과세기간까지 확정되는 대손세액으로 한다.

④ 대손세액공제는 간이과세자도 적용받을 수 있다.

해설

① 대손세액공제는 **확정신고 시에만 적용**된다.
③ 공급일로부터 10년이 경과하는 날이 속하는 과세기간에 대한 **확정신고기한까지** 확정되는 대손세액으로 한다.
④ 간이과세자는 대손세액공제를 **적용받을 수 없다.**

정답 ②

456

「부가가치세법」상 대손세액공제에 대한 설명으로 옳은 것은?

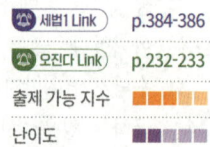
세법1 Link p.384-386
오진다 Link p.232-233
출제 가능 지수 ■■■■□
난이도 ■■□□□

① 매출세액에서 대손세액을 차감한 사업자가 대손금액의 전부 또는 일부를 회수한 경우에는 회수한 대손금액에 관련된 대손세액을 회수한 날이 속하는 과세기간의 매입세액에 가산한다.

② 2013년 2월 1일이 공급일인 경우 2023년 7월 1일에 법에서 정한 회수불능사유가 발생하였다면 공급자는 대손세액공제를 받을 수 없다.

③ 대손세액공제는 과세사업자와 면세사업자에 대하여 모두 적용할 수 있다.

④ 공급받은 자가 대손세액 상당액을 차감하여 신고하지 않아 공급받은 사업자의 관할 세무서장이 이를 결정 또는 경정하는 경우 신고불성실 가산세와 납부지연 가산세를 적용하지 않는다.

해설

① 매출세액에서 대손세액을 차감한 사업자가 대손금액의 전부 또는 일부를 회수한 경우에는 회수한 대손금액에 관련된 대손세액을 회수한 날이 속하는 과세기간의 **매출세액**에 가산한다.
② 대손세액공제는 과세재화·용역을 공급한 후 그 공급일로부터 10년이 경과된 날이 속하는 과세기간에 대한 확정신고기한(2023년 7월 25일)까지 대손세액공제사유가 발생한 경우에 **공제받을 수 있다.**
③ **면세사업자는 대손세액공제를 적용받을 수 없다.**

정답 ④

457

세법1 Link   p.384-386
오진다 Link   p.232-233
출제 가능 지수 ■■■■□
난이도 ■■□□□

「부가가치세법」상 일반과세자인 사업자에게 적용되는 대손세액공제에 관한 설명으로 옳지 않은 것은?

ㄱ. 사업자가 부가가치세가 과세되는 재화 또는 용역을 공급하는 경우 공급을 받는 자의 「소득세법」 및 「법인세법」상 대손사유로 그 재화·용역의 공급에 대한 외상매출금이나 그 밖의 매출채권(부가가치세 포함)의 전부 또는 일부가 대손되어 회수할 수 없는 경우에는 대손금액의 110분의 10을 그 대손이 확정된 날이 속하는 과세기간의 매출세액에서 뺄 수 있다.

ㄴ. 대손세액을 매입세액에서 차감한 해당 사업자가 대손금의 전부 또는 일부를 변제한 경우에는 변제한 대손금액에 관련된 대손세액을 변제한 날이 속하는 과세기간의 매입세액에서 차감한다.

ㄷ. 재화 또는 용역을 공급받은 사업자가 대손세액의 전부 또는 일부를 매입세액으로 공제받은 경우로서 공급자의 대손이 그 공급을 받은 사업자가 폐업하기 전에 확정되는 경우에는 관련 대손세액에 해당하는 금액을 그 공급받은 사업자의 폐업일이 속하는 과세기간의 매입세액에서 뺀다.

ㄹ. 재화 또는 용역의 공급자가 대손세액을 매출세액에서 차감한 경우 공급자의 관할 세무서장은 대손세액공제 사실을 공급받는 자의 관할 세무서장에게 통지하여야 한다.

① ㄱ, ㄴ   ② ㄷ, ㄹ   ③ ㄴ, ㄷ   ④ ㄱ, ㄹ

해설

ㄴ. 대손세액을 매입세액에서 차감한 해당 사업자가 대손금의 전부 또는 일부를 변제한 경우에는 변제한 대손금액에 관련된 대손세액을 변제한 날이 속하는 과세기간의 매입세액에 **가산한다**.

ㄷ. 공급자의 대손이 해당 공급을 받은 사업자의 폐업 전에 확정되는 때에는 관련 대손세액 상당액을 **대손이 확정된 날이 속하는 과세기간**의 매입세액에서 차감한다.   정답 ③

CHAPTER
06
과세표준

세법1 Link　p.316-317, 320
오진다 Link　p.193, 195, 224
출제 가능 지수 ■■■■□
난이도 ■■■■□

458

「부가가치세법」상 2023년 제1기 과세기간(1월 1일부터 6월 30일까지)의 과세표준 금액은 얼마인가?

가. 2022년 12월 10일에 제품을 5,000,000원으로 판매하기로 약정하고, 2022년 12월 31일에 대가를 수령하였으나, 세금계산서는 2023년 1월 5일에 발급하였고, 인도는 2023년 7월 10일에 하였다.

나. 2023년 3월 1일에 제품을 40,000,000원으로 할부판매하고 매월 말 2,000,000원씩 회수하기로 약정하였다. 3~5월분 할부대금은 약정일에 회수되었으나, 6월분은 8월 5일에 회수하였다.

다. 2023년 3월 20일에 상가를 잔금 지급 시 인도하기로 약정하고 당일에 계약금 10,000,000원을, 2023년 5월 20일에 중도금 40,000,000원을, 2023년 7월 20일에 잔금 50,000,000원을 각각 지급하기로 하였고, 계약대로 지급 및 인도되었다.

① 8,000,000원　　② 11,000,000원　　③ 13,000,000원　　④ 63,000,000원

해설

거래 유형	과세표준	풀이
선발급 세금계산서	5,000,000	본래의 재화의 공급시기(7월 10일)가 되기 전에 재화에 대한 대가의 전부 또는 일부를 받고(12월 31일), 그 받은 대가에 대하여 세금계산서를 발급하면 그 **세금계산서를 발급하는 때(1월 5일)**를 그 재화·용역의 공급시기로 본다. 따라서 2023년 1기의 과세표준에 해당하는 금액은 5,000,000원이다.
장기할부판매	8,000,000	장기할부판매에 해당하므로 **대가의 각 부분을 받기로 한 때**를 공급시기로 한다. 따라서 3월말~6월말에 받기로 약정한 금액인 8,000,000원이 2023년 1기의 과세표준에 해당하는 금액이다.
일반적인 재화의 공급	–	계약금을 받기로 한 날의 다음 날부터 재화를 인도하는 날(또는 재화를 이용가능하게 하는 날)까지의 기간이 6개월 이상에 해당하지 않음으로 중간지급조건부 공급에 해당하지 않는다. 따라서 일반적인 공급시기 규정에 따라 **재화가 인도되는 때**인 2023년 7월 20일을 공급시기로 보며 2023년 1기의 과세표준에 해당하는 금액은 없다.
합계	13,000,000	

정답 ③

459

다음은 반도체용 기계장치 및 소재 제조업을 영위하는 일반과세자인 ㈜한국의 2023년 제2기 과세기간 (2023. 7. 1. ~ 12. 31.)에 대한 자료이다. ㈜한국의 2023년 제2기 과세기간의 부가가치세 과세표준 금액은? (단, 다음 자료의 금액에는 부가가치세가 포함되지 않음을 가정한다)

세법1 Link p.307, 317, 372

오진다 Link p.188, 194, 226-227

출제 가능 지수 ■■■■□

난이도 ■■■■■

> (1) 7월 20일: 미국에 있는 거래처 A사에 ㈜한국의 제품을 직수출하기 위해 선적하였다. 해당 제품의 총공급가액은 $10,000로 선적일의 기준환율은 ₩1,000/$이다. 대금지급조건은 다음과 같다.
>   ① 계약금 $1,000: 2023년 7월 20일 지급(기준환율 ₩1,000/$)
>   ② 중도금 $5,000: 2023년 11월 20일 지급(기준환율 ₩1,100/$)
>   ③ 잔금 $4,000: 2024년 8월 30일 지급(기준환율 ₩1,200/$)
> (2) 11월 10일: ㈜한국의 제품을 거래처 B사에 판매장려목적으로 무상제공하였다. 해당 제품의 제조원가(적법하게 매입세액공제 받았음)는 ₩1,000,000이고 시가는 ₩2,000,000이다.
> (3) 12월 15일: ㈜한국은 C사의 해약으로 인하여 제품의 공급 없이 받은 손해배상금 ₩3,000,000을 수령하였다.

① ₩11,000,000   ② ₩12,000,000   ③ ₩13,300,000   ④ ₩15,000,000

 해설

거래일자	과세표준	풀이
7.20.	₩10,000,000	장기할부판매로 수출하는 경우라고 할지라도 내국물품의 국외반출거래는 선적일을 공급시기로 한다. $10,000 × ₩1,000/$ = ₩10,000,000
11.10.	₩2,000,000	사업상 증여에 해당하는 제품의 공급가액은 시가로 한다.
12.15.		재화의 공급없이 받은 손해배상금은 과세거래에 해당하지 않는다.
합계	₩12,000,000	

정답 ②

460

다음은 컴퓨터 판매 및 유지보수용역을 제공하는 일반과세자인 개인 대한씨가 2023년 1월부터 6월까지 거래한 내역이다. 2023년 제1기 부가가치세 과세표준은 얼마인가? (단, 모든 금액은 부가가치세를 제외한 공급가액이며, 세금계산서는 세법에서 정하는 원칙에 따라 발행되었다)

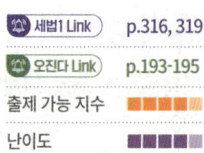
세법1 Link   p.316, 319
오진다 Link   p.193-195
출제 가능 지수 ■■■■□
난이도   ■■■■■

> (1) 1월 1일 A에게 대형컴퓨터를 ₩20,000,000에 판매하고 1월 1일부터 20개월간 매달 1일에 ₩1,000,000씩 받기로 하였다.
> (2) 1월 1일부터 20개월간 A와 컴퓨터 유지보수 계약을 맺고, 1월 1일부터 20개월간 매달 1일에 ₩200,000씩 받기로 하였다.
> (3) 2월 10일에 B에게 중형컴퓨터를 ₩10,000,000에 판매하여 인도하고 2월 10일부터 10개월간 매달 10일에 ₩1,000,000씩 받기로 하였다.

① ₩12,200,000   ② ₩17,200,000   ③ ₩18,200,000   ④ ₩21,000,000

해설

거래	과세표준	풀이
(1) 장기할부판매	₩6,000,000	장기할부판매에 해당되므로 공급시기는 대가의 각 부분을 받기로 한 때이다. ₩1,000,000 × 6 = ₩6,000,000
(2) 계속적인 용역의 공급	₩1,200,000	계속적인 용역의 공급의 경우 공급시기는 대가의 각 부분을 받기로 한 때이다. ₩200,000 × 6 = ₩1,200,000
(3) 단기할부판매	₩10,000,000	재화 인도일의 다음 날부터 최종 할부금 지급기일까지의 기간이 1년 이상이 아니므로 단기할부판매에 해당하며, 공급시기는 재화가 인도되거나 이용가능하게 되는 때이다.
합계	₩17,200,000	

정답 ②

461

과세사업을 영위하는 일반과세자 ㈜한국(제조업)의 공급에 대한 다음 자료에서 2023년 제2기 과세기간 (2023. 7. 1. – 12. 31.) 공급가액의 합계는 얼마인가? (단, 주어진 자료 이외에는 고려하지 않음)

세법1 Link   p.316, 320, 371

오진다 Link   p.193, 196-197, 225

출제 가능 지수 ■■■■□

난이도 ■■■□

(1) 2024.1.31.에 인도 예정인 재화(공급가액 ₩1,000,000)에 대한 대가를 2023.12.20.에 모두 받고, 그 받은 대가에 대한 세금계산서를 즉시 발급하였다.

(2) 2023.5.1.에 인도를 완료한 재화의 공급에 대하여 그 대가의 지급이 지체되었음을 이유로 2023.10.31.에 연체이자 ₩1,000,000을 수취하였다.

(3) 2023.12.1.에 상품권 ₩1,000,000을 현금판매하였고 그 후 해당 상품권은 2024.1.10.에 현물과 교환되었다.

① ₩0   ② ₩1,000,000   ③ ₩2,000,000   ④ ₩3,000,000

해설

(1) 사업자가 본래의 재화·용역의 공급시기가 되기 전에 재화·용역에 대한 대가의 전부 또는 일부를 받고, 그 받은 대가에 대하여 세금계산서 또는 영수증을 발급하면 그 **세금계산서 등을 발급하는 때**를 각각 그 재화·용역의 공급시기로 본다. 따라서, 공급가액 ₩1,000,000은 2023년 제2기 과세기간의 과세표준에 포함된다.

(2) 공급에 대한 대가의 지급이 지체되었음을 이유로 받는 **연체이자는 공급가액에 포함되지 않는 항목**이다.

(3) 상품권 등을 현금 또는 외상으로 판매하고 그 후 해당 상품권 등이 현물과 교환되는 경우 **재화가 실제로 인도되는 때를 공급시기**로 한다. 따라서 2024년 제1기 과세기간의 공급가액에 포함된다. ← 상품권 판매 시점 아님 주의

정답 ②

462

다음은 부가가치세 과세사업을 영위하는 ㈜한국에 관한 자료이다. 「부가가치세법」상 2023년 제2기 예정신고기간(2023.7.1.~9.30.)의 부가가치세 과세표준에 포함될 금액은? (단, 다음 자료의 금액에는 부가가치세가 포함되어 있지 않으며, 주어진 자료 이외에는 고려하지 않는다)

세법1 Link   p.319-321
오진다 Link   p.195-197
출제 가능 지수 ■■■■□
난이도   ■■■■■

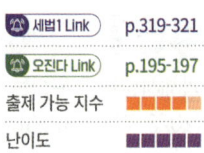

---

(1) 공급단위를 구획할 수 없는 용역을 계속적으로 공급하고 2023.7.5.에 계약금으로 1,000,000원, 2023.8.20.에 중도금으로 7,000,000원, 2023.10.30.에 잔금으로 2,000,000원을 받기로 하였다. 세금계산서는 대금을 받기로 한 날 발행하기로 하였다.

(2) 특허권을 2023.10.1.부터 2년간 대여하기로 하고, 2023.9.30.에 대가의 일부로서 5,000,000원을 받으면서 5,000,000원에 대하여 전자세금계산서를 발행하였다.

(3) 2023.8.20.에 세금계산서를 발행하는 시기(2023.8.20.)와 대금의 지급시기(2023.10.5.)를 명시한 약정서를 작성하고 이에 따라 용역의 공급가액을 2,000,000원으로 하는 전자세금계산서를 발행하였다(용역 제공을 완료한 때는 2024.1.3.임).

---

① 8,000,000원   ② 10,000,000원   ③ 13,000,000원   ④ 15,000,000원

해설

(1) 공급단위를 구획할 수 없는 용역을 계속적으로 공급하는 경우 그 공급시기는 **대가의 각 부분을 받기로 한 때**이다. 따라서 2023년 제2기 예정신고기간의 부가가치세 과세표준에 포함될 금액은 **8,000,000원**이다.

(2) 사업자가 본래의 재화·용역의 공급시기가 되기 전에 재화·용역에 대한 대가의 전부 또는 일부를 받고, 그 받은 대가에 대하여 세금계산서 또는 영수증을 발급하면 그 **세금계산서 등을 발급하는 때**를 각각 그 재화·용역의 공급시기로 본다. 따라서 2023년 제2기 예정신고기간의 부가가치세 과세표준에 포함될 금액은 **5,000,000원**이다.

(3) 재화 또는 용역을 공급하는 사업자가 그 재화 또는 용역의 공급시기가 되기 전에 세금계산서를 발급하고 그 세금계산서 발급일부터 7일이 지난 후 대가를 받더라도 다음의 경우에 해당할 때에는 해당 세금계산서를 발급한 때를 재화 또는 용역의 공급시기로 본다.

> ㉠ 거래 당사자 간의 계약서·약정서 등에 대금청구시기(세금계산서 발급일을 말함)와 지급시기를 따로 적고, 대금청구시기와 지급시기 사이의 기간이 30일 이내인 경우
> ㉡ 재화·용역의 공급시기가 세금계산서 발급일이 속하는 과세기간(공급받은 자가 조기환급을 받은 경우에는 세금계산서 발급일로부터 30일 이내)에 도래하는 경우

위 (3)의 경우 계약서에 명시된 세금계산서 발급일(2023.8.20.)과 대금의 지급시기(2023.10.5.) 사이의 기간이 **30일 이내가 아니므로** ㉠에 해당되지 않으며, 재화·용역의 공급시기(2024.1.3.)가 세금계산서 발급일(2023.8.20.)이 속하는 **과세기간에 도래하지 않으므로** ㉡에도 해당되지 않는다. 따라서 2023년 제2기 예정신고기간의 부가가치세 과세표준에 포함될 금액은 **0원**이다.

(4) 2023년 제2기 예정신고 시 부가가치세 과세표준에 포함될 금액은 다음과 같다.

> (1) 공급단위를 구획할 수 없는 용역의 계속적 공급 8,000,000원 + (2) 선발급 세금계산서 5,000,000원 + (3) 용역의 공급 0원 = **13,000,000원**

정답 ③

463

공기정화기 임대 및 판매 사업을 영위하는 ㈜한국의 2023년 제1기 예정신고기간 자료이다. 2023년 제1기 예정신고 시 부가가치세 과세표준은 얼마인가? (제시된 자료의 금액에는 부가가치세가 포함되지 아니하였다)

세법1 Link   p.372-373, 383

오진다 Link   p.224-227, 231

출제 가능 지수   ■■■■□

난이도   ■■■■■

(1) 2023년 1월 5일: 시가 ₩50,000,000의 재화를 공급하고 1개월 뒤 판매실적에 따라 시가 ₩2,000,000의 판매용 상품을 판매장려금품으로 지급하였다.

(2) 2023년 2월 16일: 특수관계인이 아닌 자에게 사무실 일부를 6개월간 임대해 주고 현금 ₩6,000,000을 받았다. 이 임대용역의 시가는 ₩9,000,000이다.

(3) 2023년 2월 25일: 시가 ₩10,000,000의 재화를 공급하고 현금 ₩6,000,000, 과거에 ㈜한국이 적립해 준 마일리지 ₩1,000,000 및 A통신사 마일리지 ₩3,000,000을 받았다. 회사는 이 거래에 대하여 A통신사로부터 현금 ₩2,000,000을 1개월 후에 보전 받았으며, 회사와 A통신사는 특수관계인이 아니다.

① ₩60,000,000   ② ₩62,000,000   ③ ₩63,000,000   ④ ₩66,000,000

해설

거래	과세표준	풀이
(1)	₩52,000,000	판매장려금을 현물로 지급하는 것은 사업상 증여에 해당하므로 공급가액에 포함한다.
(2)	₩2,000,000	둘 이상의 과세기간에 걸쳐 임대용역을 공급하고 대가를 받았으므로 예정신고기간 종료일 현재 경과된 부분을 공급가액으로 본다. 단, 월수의 계산 시 개시일이 속하는 달이 1개월 미만이면 1개월로 본다. ₩6,000,000 × 2개월/6개월 = ₩2,000,000
(3)	₩8,000,000	자기적립마일리지는 공급가액에 포함하지 않으며, 사기석립마일리지 외 마일리지로 결제받은 부분은 보전받았거나 보전받을 금액을 공급가액으로 한다. ₩6,000,000 + ₩2,000,000 = ₩8,000,000
합계	₩62,000,000	

정답 ②

464

다음 자료에 의하여 제조업을 영위하는 일반과세자인 대한씨(주사업장총괄납부 사업자 또는 사업자단위과세 사업자에 해당하지 않음)의 2023년 제1기 과세기간(2023.1.1.~6.30.)의 과세표준은 얼마인가? (단, 모두 국내거래이고, 금액에는 부가가치세가 포함되지 않았으며, 아래의 자료를 제외한 세무상 처리는 모두 적정하였음)

세법1 Link   p.302, 307, 381
오진다 Link   p.184, 187, 230
출제 가능 지수 ■■■■□
난이도 ■■■■■

거래일자	거래내용	금액
6.17.	제품을 직원의 생일선물로 제공함	시가 ₩150,000 원가 ₩80,000
6.27.	제품을 D에게 공급하기로 계약을 체결하였으나 D가 일방적으로 이를 해제함에 따라 위약금으로 받은 금액	₩200,000
6.30.	제조한 제품을 직매장으로 반출하고 세금계산서는 발급하지 않았음	시가 ₩1,000,000 원가 ₩800,000

① ₩50,000   ② ₩800,000   ③ ₩850,000   ④ ₩1,050,000

해설

거래일자	공급가액	풀이
6.17.	₩50,000	직원 1인당 연간 10만원을 초과한 경조사 관련 재화는 10만원 초과분 공급가액에 대하여 개인적 공급으로 본다.
6.27.	-	해약으로 인하여 재화의 공급 없이 받는 위약금은 재화의 공급으로 보지 않는다.
6.30.	₩800,000	주사업장총괄납부 사업자에 해당하지 않으므로 세금계산서의 발급 여부와 상관없이 판매목적 타사업장 반출 공급의제에 해당한다. 이 경우 공급가액은 「법인세법」 또는 「소득세법」 규정에 따른 취득가액이다.
합계	₩850,000	

정답 ③

465

다음은 ㈜한국의 부가가치세 관련 자료이다. 「부가가치세법」상 2023년 제2기 예정신고시 부가가치세 과세표준으로 옳은 것은? (단, ㈜한국은 주사업장총괄납부사업자나 사업자단위과세사업자가 아니며, 제시된 금액은 부가가치세를 포함하지 않은 금액이다.)

세법1 Link p.316, 320,
370, 381
오진다 Link p.193-197,
224, 229-
230
출제 가능 지수 ■■■■■
난이도 ■■■■■

(1) 2023년 7월 1일에 상품을 거래처에 인도하였다. 판매대금 중 10,000,000원은 인도일에 수령하였고, 나머지는 8월 1일부터 매월 1일에 1,000,000원씩 10회에 걸쳐 분할하여 수령하기로 약정하였다. 판매대금 20,000,000원에는 할부이자 상당액인 2,000,000원이 포함되어 있다.

(2) 2023년 8월 10일에 상품(취득가액 12,000,000원)을 판매하기 위하여 직매장으로 반출(반출가액 15,000,000원)하였다.

(3) 2023년 10월 3일에 거래처에 인도할 예정인 상품의 판매대금 1,000,000원에 대한 세금계산서를 2023년 9월 30일에 발급하고, 2023년 10월 5일에 당해 판매대금 전액을 회수하였다.

① 33,000,000원   ② 34,000,000원   ③ 35,000,000원   ④ 36,000,000원

해설

(1) 해당 상품의 인도일의 다음 날부터 최종할부금 지급기일까지의 기간이 1년 미만이므로 이 경우 할부판매에 해당한다. 할부판매의 경우 공급시기는 재화가 인도되거나 이용가능하게 되는 때이며 공급가액은 공급한 재화의 총가액으로 한다. 할부판매의 이자상당액은 공급가액에 포함되므로 2023년 제2기 예정신고 부가가치세 과세표준에 포함된 공급가액은 **20,000,000원**이다.

(2) 사업자가 자기의 사업과 관련하여 재화를 타사업장으로 판매목적으로 반출하는 경우 「법인세법」 또는 「소득세법」 규정에 따른 취득가액을 공급가액으로 하나 취득가액에 일정액을 가산하여 공급하는 경우 취득가액에 일정액을 더한 금액을 그 공급가액으로 한다. 따라서 2023년 제2기 예정신고 부가가치세 과세표준에 포함된 공급가액은 **15,000,000원**이다.

(3) 사업자가 재화 또는 용역의 공급시기가 되기 전에 세금계산서를 발급하고 그 세금계산서 발급일부터 7일 이내에 대가를 받으면 해당 세금계산서를 발급한 때를 재화 또는 용역의 공급시기로 본다. 따라서 해당 거래의 공급시기는 세금계산서 발급일인 2023년 9월 30일이므로 2023년 제2기 예정신고 부가가치세 과세표준에 포함된 공급가액은 **1,000,000원**이다.

(4) 2023년 제 2기 예정신고 시 부가가시세 과세표준은 다음과 같다.

	(1) 단기 할부	20,000,000원
+	(2) 간주공급	15,000,000원
+	(3) 선세금 계산서	1,000,000원
=		**36,000,000원**

[장기할부판매 vs 할부판매]

구분	할부판매	장기할부판매
공급시기	재화가 인도되거나 이용가능하게 되는 때	대가의 각 부분을 받기로 한 때
공급형태별 공급가액의 계산	공급한 재화의 총가액	계약에 따라 받기로 한 대가의 각 부분
이자상당액	공급가액에 포함	공급가액에 포함

정답 ④

466

세법1 Link   p.384-385
오진다 Link   p.232-233
출제 가능 지수 ■■■■□
난이도 ■■■■■

「부가가치세법」상 과세사업을 영위하는 ㈜한국에 관한 다음 자료에 따라 2023년 제2기 확정신고기간의 매입처별세금계산서합계표상 부가가치세 매입세액에 가감할 금액은? (단, 법령상 신고 등의 절차는 적법하게 이행되었으며, 주어진 자료 이외에는 고려하지 않음)

(1) 2021.7.1.에 공급한 재화에 대한 매출채권 22,000,000원(부가가치세 포함)이 2023.10.5.에 「부가가치세법」에 따른 대손으로 확정되었다.

(2) 2022.9.1.에 「부가가치세법」에 따른 대손으로 확정된 매출채권 16,500,000원(부가가치세 포함)을 2023.11.10.에 회수하였다.

(3) 2022년 제1기 부가가치세 확정신고 시 매입세액에서 차감한 대손세액은 1,210,000원이었고, 2023.12.15.에 해당 대손금액 전부를 변제하였다.

① 110,000원 가산   ② 710,000 차감   ③ 710,000원 가산   ④ 1,210,000원 가산

해설

(1) 2021.7.1.에 공급한 재화에 대한 매출채권 22,000,000원(부가가치세 포함)이 2023.10.5.에 「부가가치세법」에 따라 대손으로 확정된 경우 대손이 확정된 날이 속하는 과세기간(2023년 제2기)의 **매출세액에서** 2,000,000원을 차감한다.

(2) 2022.9.1.에 「부가가치세법」에 따른 대손으로 확정된 매출채권 16,500,000원(부가가치세 포함)을 2023.11.10.에 회수한 경우 대손세액을 회수한 날이 속하는 과세기간(2023년 제2기)의 **매출세액에** 1,500,000원을 가산한다.

(3) 2022년 제1기 부가가치세 확정신고 시 매입세액에서 차감한 대손세액은 1,210,000원이었고, 2023.12.15.에 해당 대손 금액 전부를 변제한 경우 대손세액을 변제한 날이 속하는 과세기간(2023년 제2기)의 **매입세액에 1,210,000원을 가산**한다.

정답 ④

467

세법1 Link p.382
오진다 Link p.230
출제 가능 지수 ■■■■□
난이도 ■■■■□

부동산매매업을 영위하는 ㈜국세는 신축한 건물을 토지와 함께 2023. 4. 30. 1,200만원(부가가치세 포함)에 양도하였는데 건물과 토지의 실지거래가액은 구분되지 않는다. 공급계약일 현재의 자료가 다음과 같을 때, 부가가치세 과세표준에 포함되는 공급가액은 얼마인가?

(단위 : 만 원)

구분	토지	건물
취득가액	424	160
장부가액	424	134
감정평가가액	760	400
기준시가	168	120

(단, 감정평가가액은 감정평가업자가 2023. 5. 31. 평가한 것임)

① 280만원 ② 320만원 ③ 400만원 ④ 480만원

해설

토지와 건물의 공급가액이 구분되지 않는 경우 다음의 방법에 따라 안분계산한 금액을 건물의 공급가액으로 하며, 건물가액과 토지가액은 감정평가가액[1] → 기준시가 → 장부가액 → 취득가액 순서로 기준을 적용한다.

[1] 감정평가가액: 공급시기(중간지급조건부 또는 장기할부판매의 경우에는 최초의 공급시기)가 속하는 과세기간의 직전 과세기간 개시일부터 공급시기가 속하는 과세기간의 종료일까지 감정평가법인 등이 평가한 감정평가가액.

구분	건물 등의 공급가액(과세표준)		
공급가액에 부가가치세가 포함되지 않은 경우	부가가치세가 제외된 일괄공급가액	×	$\dfrac{\text{건물 등 가액}}{\text{건물 등 가액 + 토지가액}}$
공급가액에 부가가치세가 포함된 경우	부가가치세가 포함된 일괄공급가액	×	$\dfrac{\text{건물 등 가액}}{\text{건물 등 가액} \times \frac{110}{100} + \text{토지가액}}$

$$\therefore 1,200\text{만원} \times \dfrac{400\text{만원}}{400\text{만원} \times \frac{110}{100} + 760\text{만원}} = 400\text{만원}$$

정답 ③

468

다음의 자료를 바탕으로 (주)한국의 2023년 제1기의 공급의제로 인한 부가가치세 과세표준은 각각 얼마인가?

세법1 Link   p.381
오진다 Link   p.229
출제 가능 지수
난이도

과세사업만을 영위하는 ㈜한국의 기계장치에 대한 명세는 다음과 같다.

종류	취득일	취득가액
기계장치	2022.1.20.	₩5,000,000

㈜한국은 2023년 5월 20일 사업을 확장하여 면세사업을 겸영하게 됨에 따라 위 기계장치(겸영 당시 시가 ₩2,000,000)를 과세사업과 면세사업에 공통으로 사용하게 되었다.

㈜한국의 과세기간별 공급가액에 대한 명세는 다음과 같다.

구분	과세공급가액	면세공급가액	합계
2022년 제2기	₩45,000,000	–	₩45,000,000
2023년 제1기	₩48,000,000	₩32,000,000	₩80,000,000

① ₩1,000,000   ② ₩1,200,000   ③ ₩1,800,000   ④ ₩2,700,000

해설

㈜한국의 부가가치세 과세표준은 다음과 같다.

$$₩5,000,000 \times (1 - 25\% \times 2) \times \frac{32,000,000}{80,000,000} = ₩1,000,000$$

정답 ①

469

제조업을 영위하는 영리내국법인 ㈜국세는 과세사업과 면세사업을 겸영하고 있다. 2022. 10. 1.에 과세사업용 기계를 취득가액 ₩200,000,000(취득가액은 매입세액을 공제받은 해당 재화의 가액임)에 구입하여 사용하다 2023. 10. 1.부터 과세사업과 면세사업에 같이 사용하였다. 과세사업용 기계를 면세사업에 일부 전용함에 따른 2023년 제2기 부가가치세 매출세액은 얼마인가? (단, 과세사업과 면세사업의 공급가액 비율은 2022년 제2기는 80:20, 2023년 제1기는 70:30, 2023년 제2기는 60:40이다.)

① ₩3,000,000   ② ₩4,000,000   ③ ₩6,000,000   ④ ₩40,000,000

세법1 Link   p.381
오진다 Link   p.229
출제 가능 지수
난이도

해설

과세사업에 제공한 감가상각자산을 면세사업에 일부 사용하는 경우에는 다음 산식에 따라 계산한 금액을 공급가액으로 하며, 면세공급가액비율이 5% 미만인 경우에는 공급가액이 없는 것으로 본다.

구분	공급가액 또는 과세표준
건물 및 구축물	취득가액 × $\left(1 - 5\% \times \dfrac{\text{경과된 과세기간 수}}{}\right)$ × $\dfrac{\text{일부 사용일이}}{\text{속하는 과세기간}}$ × $\dfrac{\text{면세공급가액}}{\text{총공급가액}}$
그 밖의 감가상각자산	취득가액 × $\left(1 - 25\% \times \dfrac{\text{경과된 과세기간 수}}{}\right)$ × $\dfrac{\text{일부 사용일이}}{\text{속하는 과세기간}}$ × $\dfrac{\text{면세공급가액}}{\text{총공급가액}}$

$$2023년 \ 제2기 \ 부가가치세 \ 매출세액 = [₩200,000,000 \times (1 - 25\% \times 2) \times 40 / (60 + 40)] \times 10\%$$
$$= ₩4,000,000$$

정답 ②

470

㈜한국은 과세사업에 사용하던 다음 자산을 2023.7.1.부터 과세사업과 면세사업에 공통으로 사용하기로 하였다. 다음 자료를 이용하여 ㈜한국의 2023년 제2기 부가가치세 확정신고 시 자산의 면세사업 전용과 관련된 부가가치세 과세표준을 계산하면 얼마인가?

세법1 Link p.381
오진다 Link p.229
출제 가능 지수 ■■■□□
난이도 ■■■■□

(1) 2023. 7. 1. 현재 자산보유 내역은 다음과 같다(취득 시 매입세액은 모두 공제되었다).

종류	취득일	취득가액	시가
건물	2021.4.1.	₩50,000,000	₩80,000,000
기계장치	2022.11.1.	₩30,000,000	₩20,000,000

(2) ㈜한국의 공급가액 관련 자료는 다음과 같다.

과세기간	과세사업 공급가액	면세사업 공급가액	합계
2023년 제1기	₩40,000,000	₩10,000,000	₩50,000,000
2023년 제2기	₩48,000,000	₩2,000,000	₩50,000,000

① ₩0 ② ₩2,100,000 ③ ₩2,400,000 ④ ₩2,800,000

해설

감가상각자산을 일부 면세전용하여 간주공급으로 과세되는 경우로서, 2023년 제2기의 면세공급가액비율 ($\frac{₩2,000,000}{₩50,000,000}$ = 4%)이 5% 미만이므로 **공급가액이 없는 것으로 본다.**

정답 ①

매입세액과 차가감납부세액의 계산

471

「부가가치세법령」상 매입세액과 관련된 설명으로 옳은 것은?

① 「법인세법」·「소득세법」에 따른 기업업무추진비 및 이와 유사한 비용의 지출과 관련된 매입세액은 공제한다.

② 부가가치세 면세사업 등에 관련된 매입세액(면세사업 등을 위한 투자에 관련된 매입세액 포함)은 매출세액에서 공제한다.

③ 개별소비세 과세대상 소형승용자동차의 구입과 임차 및 유지에 관한 지출은 매입세액으로 공제한다.

④ 사업자가 부가가치세를 면제받아 공급받거나 수입한 농산물·축산물·수산물 또는 임산물을 원재료로 하여 제조·가공한 재화 또는 창출한 용역의 공급에 대하여 부가가치세가 과세되는 경우(면세를 포기하고 영세율을 적용받는 경우는 제외)에는 면세농산물 등을 공급받거나 수입할 때 매입세액이 있는 것으로 보아 면세농산물 등의 가액(법령으로 정하는 금액을 한도로)에 일정율을 곱하여 계산한 금액을 매입세액으로 공제할 수 있다.

해설

① 「법인세법」·「소득세법」에 따른 기업업무추진비 및 이와 유사한 비용의 지출과 관련된 매입세액은 **공제하지 아니한다**.

② 부가가치세 면세사업 등에 관련된 매입세액(면세사업 등을 위한 투자에 관련된 매입세액 포함)은 매출세액에서 **공제하지 아니한다**.

③ 개별소비세 과세대상 소형승용자동차의 구입과 임차 및 유지에 관한 **매입세액은 공제되지 않는다**. ← 다만, 운수업, 자동차판매업, 자동차임대업, 운전학원업, 무인경비업(기계경비업무를 하는 경비업) 및 이와 유사한 업종에 직접 영업으로 사용되는 자동차에 대한 매입세액은 공제함 주의

정답 ④

세법1 Link   p.393, 403
오진다 Link   p.237, 241
출제 가능 지수 ■■■■■
난이도 ■■■■■

472

「부가가치세법」상 의제매입세액공제와 관련된 설명으로 옳은 것은?

세법1 Link   p.393, 396
오진다 Link   p.237
출제 가능 지수 ■■■■□
난이도 ■■□□□

① 의제매입세액은 원칙적으로 구입일이 속하는 예정신고기간 및 확정신고기간에 공제한다.
② 겸영사업자의 경우에는 의제매입세액공제를 적용받을 수 없다.
③ 간이과세자의 경우에도 의제매입세액공제를 적용받을 수 있다.
④ 외국산 비식용 농·축·수·임산물에 대해서도 의제매입세액공제를 적용받을 수 있다.

해설

② 겸영사업자의 경우에도 의제매입세액공제를 적용받을 수 **있다**.
③ 간이과세자는 의제매입세액공제를 적용받을 수 **없다**.
④ 국내산 비식용 농·축·수·임산물에 대해서는 면세규정이 적용되기 때문에 의제매입세액공제가 가능하지만, 외국산 비식용 농·축·수·임산물에 대해서는 과세규정이 적용되어 해당 매입세액은 공제가 가능하다. 따라서 이 경우 **의제매입세액 공제를 이중으로 받을 수는 없다**.
정답 ①

473

「부가가치세법령」상 매입세액공제에 대한 설명으로 옳은 것은?

세법1 Link   p.390, 400, 404
오진다 Link   p.234, 241
출제 가능 지수 ■■■■■
난이도 ■■■□□

① 세금계산서의 필요적 기재사항 중 일부가 착오로 사실과 다르게 적혔으나 그 세금계산서에 적힌 경우에는 나머지 필요적 기재사항 또는 임의적 기재사항으로 보아 거래사실이 확인되는 경우에도 매입세액을 매출세액에서 공제하지 아니한다.
②「부가가치세법」은 공제 여부와 관계없이 모든 세금계산서 수취분을 매입세액에 포함시킨 후, 공제하지 아니하는 매입세액을 별도로 빼는 계산식을 통해 매입세액공제액을 구한다.
③ 사업자가 자기의 사업을 위하여 사용할 목적으로 수입하는 재화의 수입에 대한 부가가치세액은 재화의 사용시기가 속하는 과세기간의 매출세액에서 공제한다.
④「부가가치세법」제8조에 따른 사업자등록을 신청하기 전의 매입세액은 매출세액에서 공제하지 않는다. 다만, 공급시기가 속하는 과세기간이 끝난 후 25일 이내에 등록을 신청한 경우 등록신청일부터 공급시기가 속하는 과세기간 기산일까지 역산한 기간 내의 매입세액은 매출세액에서 공제한다.

해설

① 세금계산서의 필요적 기재사항 중 일부가 착오로 사실과 다르게 적혔으나 그 세금계산서에 적힌 나머지 필요적 기재사항 또는 임의적 기재사항으로 보아 거래사실이 확인되는 경우의 매입세액은 매출세액에서 **공제한다**.
③ 사업자가 자기의 사업을 위하여 사용할 목적으로 수입하는 재화의 수입에 대한 부가가치세액은 **재화의 수입시기**가 속하는 과세기간의 매출세액에서 공제한다.
④「부가가치세법」제8조에 따른 사업자등록을 신청하기 전의 매입세액은 매출세액에서 공제하지 않는다. 다만, 공급시기가 속하는 과세기간이 끝난 후 **20일** 이내에 등록을 신청한 경우 등록신청일부터 공급시기가 속하는 과세기간 기산일까지 역산한 기간 내의 매입세액은 매출세액에서 공제한다.
정답 ②

474

「부가가치세법」상 매입세액공제에 관한 설명으로 가장 적절한 것은?

세법1 Link p.394, 403-404
오진다 Link p.238, 241
출제 가능 지수 ■■■■■
난이도 ■■■□□

① 건축물이 있는 토지를 취득하여 그 건축물을 철거하고 토지만 사용하는 경우 철거한 건축물의 취득 및 철거 비용과 관련된 매입세액은 매출세액에서 공제한다.
② 사업과 직접 관련이 없는 지출로서 「부가가치세법 시행령」으로 정하는 것에 대한 매입세액은 매출세액에서 공제한다.
③ 제조업을 운영하는 사업자가 자신의 사업을 위하여 직접 사용하는 「개별소비세법」에 따른 소형 승용차의 유지에 관한 매입세액은 매출세액에서 공제한다.
④ 수입한 면세농산물 등에 대하여 의제매입세액을 계산할 때 그 매입가액은 관세의 과세가격으로 한다.

해설

① 건축물이 있는 토지를 취득하여 그 건축물을 철거하고 토지만 사용하는 경우 철거한 건축물의 취득 및 철거 비용과 관련된 매입세액은 **공제하지 아니한다.**
② 사업과 직접 관련이 없는 지출로서 「부가가치세법 시행령」으로 정하는 것에 대한 매입세액은 매출세액에서 **공제하지 아니한다.**
③ 제조업을 운영하는 사업자가 자신의 사업을 위하여 직접 사용하는 개별소비세 과세대상 소형승용자동차의 구입과 임차 및 유지에 관한 매입세액은 **공제되지 않는다.** 운수업, 자동차판매업, 자동차임대업, 운전학원업, 무인경비업(기계경비업무를 하는 경비업) 및 이와 유사한 업종에 직접 영업으로 사용되는 자동차에 대한 매입세액만 공제한다.

정답 ④

475

「부가가치세법」상 일반과세자(면세를 포기하고 영세율을 적용받는 경우는 제외)가 면세농산물 등에 대해 의제매입세액공제를 받는 것에 대한 설명으로 옳은 것은?

세법1 Link p.393-394, 396
오진다 Link p.237-239
출제 가능 지수 ■■■■□
난이도 ■■■□□

① 의제매입세액공제는 면세원재료를 사용하여 과세재화·용역을 공급하는 경우에 발생하는 누적효과를 강화하기 위한 취지에서 마련된 제도이다.
② 의제매입세액은 면세농산물 등을 공급받은 날이 속하는 과세기간이 아니라, 그 농산물을 이용하여 과세대상 물건을 생산한 후 공급하는 날이 속하는 과세기간의 매출세액에서 공제한다.
③ 수입되는 면세농산물의 수입가액은 운임 등의 부대비용을 제외한 매입원가로 한다.
④ 의제매입세액을 공제받으려는 사업자는 면세농산물 등을 공급받은 사실을 증명하는 의제매입세액 공제신고서와 매입처별 세금계산서합계표, 신용카드매출전표등 수령명세서, 매입자발행계산서합계표를 납세지 관할 세무서장에게 제출해야 한다.

해설

① 의제매입세액공제는 면세원재료를 사용하여 과세재화·용역을 공급하는 경우에 발생하는 누적효과를 **제거하거나 완화시키기** 위한 취지에서 마련된 제도이다.
② **면세농산물 등을 공급받은 날이 속하는 과세기간**의 매출세액에서 공제한다. ← 의제매입세액은 매입세액이므로 매입일이 속하는 예정신고기간 및 확정신고기간에 공제하는 것을 원칙으로 함 주의. 공급'하는' 날은 함정
③ 수입되는 면세농산물의 수입가액은 **관세의 과세가격**으로 한다.

정답 ④

476

「부가가치세법」상 납부세액에 관한 설명으로 옳은 것은?

① 자기의 사업과 관련하여 생산하거나 취득한 재화를 국가·지방자치단체 등에 무상으로 공급하는 경우 해당 재화의 매입세액은 매출세액에서 공제하지 아니한다.
② 면세사업에 사용한 건물을 과세사업과 면세사업에 공통으로 사용하는 때에 그 과세사업에 사용한 날이 속하는 과세기간의 과세공급가액이 총공급가액의 5% 미만인 경우 공제세액이 없는 것으로 본다.
③ 부도발생일이 2022년 1월 10일인 어음상의 채권에 대한 대손세액은 2022년 제1기 과세기간의 매출세액에서 공제받을 수 있다.
④ 매입세액에서 대손세액에 해당하는 금액을 뺀(관할 세무서장이 결정 또는 경정한 경우 포함) 사업자가 대손금액을 변제한 경우에는 대통령령으로 정하는 바에 따라 변제한 대손금액에 관련된 대손세액에 해당하는 금액을 변제한 날이 속하는 과세기간의 매입세액에서 차감한다.

① 자기의 사업과 관련하여 생산하거나 취득한 재화를 국가·지방자치단체 등에 무상으로 공급하는 경우 해당 재화의 매입세액은 매출세액에서 **공제한다**.
③ 어음상의 채권은 부도발생일로부터 6개월 이상 지난 날에 대손이 확정된다. 따라서 대손이 확정된 날은 부도발생일인 2022년 1월 10일부터 6개월이 지난 시점인 2022년 7월 11일이며 대손세액은 대손이 확정된 날이 속하는 과세기간의 매출세액에서 뺄 수 있으므로 2022년 **제2기** 과세기간의 매출세액에서 공제받을 수 있다.
④ 매입세액에서 대손세액에 해당하는 금액을 뺀(관할 세무서장이 결정 또는 경정한 경우 포함) 사업자가 대손금액을 변제한 경우에는 대통령령으로 정하는 바에 따라 변제한 대손금액에 관련된 대손세액에 해당하는 금액을 변제한 날이 속하는 과세기간의 매입세액에 **더한다**.

정답 ②

세법1 Link p.384-385, 397, 403
세법2 Link p.173
오진다 Link p.232-233, 239, 243
출제 가능 지수 ■■■■□
난이도 ■■□□□

477

세법1 Link p.409-411
오진다 Link p.245-246
출제 가능 지수 ■■■□□
난이도 ■■■■□

「부가가치세법」상 가산세에 관한 설명으로 가장 적절한 것은?

① 사업자가 사업개시일부터 20일 이내에 사업자등록을 신청하지 않은 경우에는 사업개시일이 속하는 과세기간의 공급가액 합계액의 1%를 가산세로 한다.

② 사업자가 세금계산서의 발급시기가 지난 후 해당 재화의 공급시기가 속하는 과세기간에 대한 확정신고기한까지 세금계산서를 발급하는 경우 그 공급가액의 3%를 가산세로 한다.

③ 사업자가 재화를 공급하지 않고 세금계산서를 발급한 경우에는 그 세금계산서에 기재된 공급가액의 1%를 가산세로 한다.

④ 사업자가 제출한 매입처별 세금계산서합계표의 기재사항 중 공급가액을 사실과 다르게 과다하게 적어 신고한 경우에는 제출한 매입처별 세금계산서합계표의 기재사항 중 사실과 다르게 과다하게 적어 신고한 공급가액의 0.5%를 가산세로 한다.

해설

① 사업자가 사업개시일부터 20일 이내에 사업자등록을 신청하지 않은 경우에는 **사업 개시일부터 등록을 신청한 날의 직전일까지의** 공급가액 합계액의 1%를 가산세로 한다.

② 사업자가 세금계산서의 발급시기가 지난 후 해당 재화의 공급시기가 속하는 과세기간에 대한 확정신고기한까지 세금계산서를 발급하는 경우 그 공급가액의 **1%**를 가산세로 한다.

③ 사업자가 재화를 공급하지 않고 세금계산서를 발급한 경우에는 그 세금계산서에 기재된 공급가액의 **3%**를 가산세로 한다.

정답 ④

CHAPTER 07 매입세액과 차가감납부세액의 계산

478

「부가가치세법」상 매입세액공제에 대한 설명으로 옳지 않은 것은?

① 수탁자를 납세의무자로 하는 규정에 따라 부가가치세를 납부해야 하는 수탁자가 위탁자를 공급받는 자로 하여 발급된 세금계산서의 부가가치세액을 매출세액에서 공제받으려고 하는 경우로서 그 거래사실이 확인되고 재화 또는 용역을 공급한 자가 납세지 관할 세무서장에게 해당 납부세액을 신고하고 납부한 경우의 매입세액은 매출세액에서 공제한다.

② 토지의 가치를 현실적으로 증가시켜 토지의 취득원가를 구성하는 비용에 관련된 매입세액은 매출세액에서 공제하지 아니한다.

③ 재화의 공급시기 이후 해당 공급시기가 속하는 과세기간 내에 세금계산서를 교부받았다 하더라도 세금계산서는 공급시기에 교부받아야 하므로 매입세액공제를 받을 수 없다.

④ 거래의 실질이 위탁매매 또는 대리인에 의한 매매에 해당함에도 불구하고 거래 당사자 간 계약에 따라 위탁매매 또는 대리인에 의한 매매가 아닌 거래로 하여 세금계산서를 발급받은 경우로서 그 거래사실이 확인되고 거래 당사자가 납세지 관할 세무서장에게 해당 납부세액을 예정신고·확정신고하고 납부한 경우의 매입세액은 매출세액에서 공제한다.

해설

③ 재화의 공급시기 이후 해당 공급시기가 속하는 **과세기간에 대한 확정신고기한까지** 세금계산서를 발급받은 경우 **매입세액공제를 적용할 수 있다**. 또한 재화 또는 용역의 공급시기가 속하는 과세기간에 대한 확정신고기한이 지난 후 세금계산서를 발급받았더라도 그 세금계산서의 발급일이 확정신고기한 다음 날부터 1년 이내이고 다음 중 어느 하나에 해당하는 경우에는 매입세액공제를 적용할 수 있다.

㉠ 「국세기본법 시행령」에 따른 과세표준수정신고서와 경정청구서를 세금계산서와 함께 제출하는 경우
㉡ 해당 거래사실이 확인되어 납세지 관할 세무서장, 납세지 관할 지방국세청장 또는 국세청장이 결정 또는 경정하는 경우

정답 ③

세법1 Link p.400-401, 404
오진다 Link p.241-242

출제 가능 지수
난이도

479

다음 중 「부가가치세법」상 의제매입세액에 대한 설명으로 옳지 않은 것은?

세법1 Link   p.393-394, 396
오진다 Link   p.237-239
출제 가능 지수
난이도

① 면세농산물을 공급받아 과세재화와 면세재화를 공급하는 사업자가 당기 중에 매입하였으나 사용하지 않은 면세농산물은 의제매입세액공제를 적용하지 아니한다.

② 면세사업을 위하여 사용·소비하는 경우 또는 기타의 목적을 위해 사용하거나 소비하는 경우에는 의제매입세액공제를 적용하지 않으며, 적용된 의제매입세액은 추징된다.

③ 과세사업을 영위하는 사업자(간이과세자는 제외)가 면세농산물(농·축·수산물 또는 임산물을 말하며, 1차 가공을 거친 것, 단순가공식료품, 1차 가공과정에서 발생하는 부산물, 소금을 포함) 등을 원재료로 하여 과세되는 재화·용역을 공급하는 경우에는 의제매입세액공제가 적용된다.

④ 제조업을 경영하는 사업자가 농어민으로부터 면세농산물 등을 직접 공급받는 경우 의제매입세액공제를 받기 위해서는 세무서장에게 의제매입세액 공제신고서만 제출하면 된다.

해설

① 의제매입세액의 공제시점은 사용시점이 아니라 매입시점이므로 **당기 중 매입하였으나 아직 사용되지 않은 재고금액도 공제가능**하다.

정답 ①

480

일반과세자인 ㈜대한은 2023년 1월 10일에 사업을 개시한 후 2023년 2월 13일에 사업자등록을 신청하고 2월 17일에 사업자등록증을 발급받았다. 다음은 ㈜대한의 2023년 제1기 부가가치세 과세기간 중의 거래내역이다. 다음 중 부가가치세 납부세액을 계산할 때 공제가능한 매입세액은? (단, 특별한 언급이 없는 경우에는 세금계산서를 정상적으로 수취한 것으로 가정한다)

세법1 Link   p.400, 403-404
오진다 Link   p.241-242
출제 가능 지수
난이도

① 1월 13일: 업무와 관련이 없는 지출에 대한 매입세액

② 2월 10일: 포장재 매입과 관련된 매입세액. ㈜대한의 대표자의 주민등록번호를 기재하여 교부받은 세금계산서의 필요적 기재사항 중 일부가 착오로 기재되었으나 해당 세금계산서의 임의적 기재사항으로 보아 거래사실이 확인됨.

③ 2월 18일: 영업 외의 용도로 사용하는 개별소비세 과세대상 자동차의 구입에 관련된 매입세액

④ 2월 23일: 택지의 조성과 관련된 매입세액

해설

① 업무와 관련이 없는 지출에 대한 매입세액은 **매출세액에서 공제하지 아니한다.**

③ 영업 외의 용도로 사용하는 개별소비세 과세대상 자동차의 구입에 관련된 매입세액은 **매출세액에서 공제하지 아니한다.**

④ 택지의 조성과 관련된 매입세액은 **매출세액에서 공제하지 아니한다.**

정답 ②

481

「부가가치세법」상 매출세액에서 공제하는 매입세액에 관한 설명으로 옳은 것은?

① 사업자가 자기의 사업을 위하여 사용할 목적으로 공급받은 재화에 대한 부가가치세액은 재화가 사용되는 시기가 속하는 과세기간의 매출세액에서 공제한다.

② 토지의 가치를 현실적으로 증가시켜 토지의 취득원가를 구성하는 비용에 관련된 매입세액은 매출세액에서 공제한다.

③ 전자세금계산서 의무 발급 사업자로부터 발급받은 전자세금계산서가 국세청장에게 전송되지 않으면 발급사실이 확인되더라도 전자세금계산서 매입세액은 매출세액에서 공제하지 않는다.

④ 신용카드매출전표 등 수령명세서를 「국세기본법」에 따른 기한후과세표준신고서와 함께 제출하여 관할 세무서장이 결정하는 경우의 매입세액은 매출세액에서 공제한다.

세법1 Link p.390, 392, 401, 404
오진다 Link p.235, 237, 241
출제 가능 지수 ■■■■■
난이도 ■■■■■

> **해설**
>
> ① 사업자가 자기의 사업을 위하여 사용할 목적으로 공급받은 재화에 대한 부가가치세액은 재화가 **공급받은 시기**가 속하는 과세기간의 매출세액에서 공제한다.
> ② 토지의 가치를 현실적으로 증가시켜 토지의 취득원가를 구성하는 비용에 관련된 매입세액은 **매출세액에서 공제하지 아니한다.**
> ③ 전자세금계산서 의무 발급 사업자로부터 발급받은 전자세금계산서가 국세청장에게 전송되지 아니하였으나 발급한 사실이 확인되는 경우 해당 **전자세금계산서 매입세액은 매출세액에서 공제한다.**   정답 ④

482

「부가가치세법」상 매입자발행세금계산서에 따른 매입세액공제 특례에 대한 설명으로 옳지 않은 것은?

① 매입자발행세금계산서를 발행하려는 자(신청인)는 해당 재화 또는 용역의 공급시기로부터 3개월 이내에 거래사실확인신청서에 거래사실을 객관적으로 입증할 수 있는 서류를 첨부하여 신청인 관할 세무서장에게 거래사실의 확인을 신청하여야 한다.

② 거래사실의 확인신청 대상이 되는 거래는 거래건당 공급대가가 5만원 이상인 경우로 한다.

③ 매입자발행세금계산서에 기재된 부가가치세액은 공제받을 수 있는 매입세액으로 본다.

④ 신청인 관할 세무서장으로부터 거래사실 확인 통지를 받은 신청인은 공급자 관할 세무서장이 확인한 거래일자를 작성일자로 하여 매입자발행세금계산서를 발행하여 공급자에게 발급하여야 한다.

세법1 Link p.352-353
오진다 Link p.214-215
출제 가능 지수 ■■■■■
난이도 ■■■■■

> **해설**
>
> ① 매입자발행세금계산서를 발행하려는 자(신청인)는 해당 재화 또는 용역의 공급시기가 속하는 과세기간의 종료일로부터 **1년** 이내에 거래사실확인신청서에 거래사실을 객관적으로 입증할 수 있는 서류를 첨부하여 신청인 관할 세무서장에게 거래사실의 확인을 신청하여야 한다.   정답 ①

483

세법1 Link   p.393
오진다 Link   p.237-238
출제 가능 지수   ■■■■□
난이도   ■■■■□

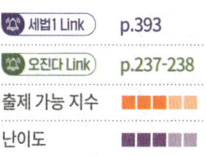

「부가가치세법」상 일반과세자에 대한 면세농산물 등의 의제매입세액공제에 대한 설명으로 옳지 않은 것은?

① 외국으로부터 수입한 면세농산물 등도 의제매입세액공제의 대상이 된다.
② 면세포기에 의하여 영세율이 적용되는 경우에도 동 사업에 사용한 면세농산물 등의 가액에 대하여 의제매입세액공제를 적용한다.
③ 면세재화를 제조·공급하는 사업자가 구입한 원재료 관련 부가가치세는 매입세액으로 공제받을 수 없다.
④ 제조업은 물론이고 음식점업을 경영하는 사업자도 의제매입세액공제를 받을 수 있다.

해설

② 면세포기에 의하여 영세율이 적용되는 경우에는 동 사업에 사용한 면세농산물 등의 가액에 대하여 의제매입세액공제를 **적용하지 아니한다**.   정답 ②

484

세법1 Link   p.344, 384, 393, 449
오진다 Link   p.210, 232, 237, 268
출제 가능 지수   ■■■■□
난이도   ■■■■□

다음 중 「부가가치세법」상 누적효과 또는 환수효과를 제거하기 위한 제도에 해당되지 않은 것은?

① 부가가치세법상 의제매입세액공제
② 간이과세포기
③ 면세포기
④ 대손세액공제

해설

④ 대손세액공제는 누적효과 또는 환수효과를 제거하기 위한 제도가 아니라, 공급한 사업자의 **세부담 가중문제를 해소하기 위한 제도**이다.   정답 ④

485

일반과세 사업장인 음식점을 운영하고 있는 대한씨는 2021년 7월 1일에 오피스텔을 11억원(부가가치세 포함)에 분양받아 비사업자인 민국씨에게 주택으로 임대하였다. 2023년 6월 30일에 민국씨와의 임대기간이 만료된 후, 2023년 7월 1일부터 동 오피스텔을 사업자인 만세씨에게 임대보증금 1억원, 월임대료 4,000,000원에 사무실로 1년간 임대하고 부동산임대사업자로 사업자등록을 하였다. 대한씨의 2023년 제2기 부가가치세 납세의무와 관련된 설명으로 옳은 것은?

세법1 Link   p.397, 443
오진다 Link   p.239, 265
출제 가능 지수 ■■■■□
난이도 ■■■■■

① 2023년 제2기 과세기간에 오피스텔의 주택임대를 사무실임대로 전환함에 따라 80,000,000 원의 매입세액공제가 가능하다.
② 2023년 제2기 과세기간에 오피스텔의 주택임대를 사무실임대로 전환함에 따라 75,000,000 원의 매입세액공제가 가능하다.
③ 2023년 제2기 과세기간에 오피스텔의 주택임대를 사무실임대로 전환함에 따라 발생하는 매입세액공제는 없다.
④ 부동산임대업은 공급가액에 관계없이 무조건 간이과세 배제 대상이므로 대한씨는 절대로 간이과세자가 될 수 없다.

해설

①, ②, ③ 면세사업용 감가상각자산을 과세사업에 전용하였으므로 ₩100,000,000 × (1 − 5% × 4) = **₩80,000,000원**을 매입세액으로 공제받을 수 있다.
④ 부동산임대업을 경영하는 사업자로서 직전 연도의 공급가액의 합계액이 4,800만원 이상인 경우 또는 기획재정부령으로 정하는 것만 간이과세가 배제되므로 **부동산임대업이 무조건 간이과세 배제 대상인 것은 아니다.**

정답 ①

486

「부가가치세법」상 매입세액공제에 관한 설명으로 옳지 않은 것은?

세법1 Link   p.339, 400, 404
오진다 Link   p.206, 241
출제 가능 지수 ■■■■■
난이도 ■■■■□

① 공급시기가 속하는 과세기간이 끝난 후 20일 이내에 사업자등록을 신청한 경우 등록 신청일부터 공급시기가 속하는 과세기간 기산일까지 역산한 기간 내의 매입세액은 매출세액에서 공제할 수 있다.
② 주무관청으로부터 허가·인가 또는 등록·신고하지 않은 학원의 경우 건물임차료에 대한 부가가치세는 매입세액으로 공제받을 수 없다.
③ 사업자등록을 신청한 후 등록증발급일까지의 거래에 대하여 사업자 또는 대표자의 주민등록번호를 기재한 세금계산서를 발급받은 경우에는 매입세액을 공제받을 수 있다.
④ 골프장 토지 소유자가 골프코스를 조성하기 위해 지출한 정지비에 대한 부가가치세는 매입세액으로 공제받을 수 없다.

해설

② 주무관청으로부터 허가·인가 또는 등록·신고하지 않은 학원의 교육용역은 면세대상에 해당하지 않으므로 **건물임차료에 대한 부가가치세는 과세사업 관련 매입세액으로 공제받을 수 있다.**
④ **토지의 조성 등을 위한 자본적 지출에 관련된 매입세액**으로서 토지의 취득 및 형질변경, 공장부지 및 택지의 조성 등에 관련된 매입세액은 **공제하지 않는다.** 즉, 골프코스를 조성하기 위해 지출한 정지비에 대한 부가가치세는 매입세액으로 공제받을 수 없다.

정답 ②

487

세법1 Link   p.392, 400, 402
오진다 Link   p.235, 242-243
출제 가능 지수 ■■■■■
난이도   ■■■■□

「부가가치세법」상 매입세액공제에 관한 다음 설명으로 옳지 않은 것은?

① 공급시기가 속하는 과세기간에 대한 확정신고기한 이후 세금계산서를 발급받았더라도 그 세금계산서의 발급일이 공급시기가 속하는 과세기간에 대한 확정신고기한 다음 날부터 1년 이내이고 발급받은 세금계산서와 함께 과세표준수정신고서와 경정청구서를 제출하는 경우 매입세액을 공제받을 수 있다.

② 재화 또는 용역의 공급시기 이전에 세금계산서를 발급받았더라도 그 세금계산서의 발급일로부터 공급시기가 6개월 이내에 도래하고 거래사실이 확인되어 납세지 관할 세무서장이 경정하는 경우 매입세액을 공제받을 수 있다.

③ 매입처별 세금계산서합계표를 경정청구서와 함께 제출하여 경정기관이 경정하는 경우 매입세액을 공제받을 수 있으며 가산세가 적용되지 않는다.

④ 직전 연도 공급대가가 4,800만원에 미달하는 간이과세자로부터 수취한 신용카드매출전표를 보관하고 수취명세서를 제출하는 경우에는 매입세액을 공제받을 수 있다.

해설

④ 직전 연도 공급대가가 4,800만원에 미달하는 간이과세자는 영수증을 발급하여야 하는 간이과세자이므로 그 간이과세자로부터 수취한 신용카드매출전표는 공제할 수 있는 매입세액으로 보지 않으므로 **매입세액 공제 대상이 되지 않는다.**

정답 ④

488

세법1 Link   p.393-395
오진다 Link   p.237-238
출제 가능 지수 ■■■■□
난이도   ■■■■□

「부가가치세법」상 의제매입세액공제에 관한 설명으로 옳지 않은 것은?

① 의제매입세액의 공제대상이 되는 원재료의 매입가액은 운임 등의 부대비용을 포함하지 아니한다.

② 일반과세자와 간이과세자는 해당 영위 업종과 관계없이 의제매입세액공제를 적용받을 수 있다.

③ 면세농산물을 과세사업과 면세사업에 공통으로 사용하는 경우에는 과세사업에 사용하였거나 사용할 부분에 대해서만 의제매입세액공제를 적용한다.

④ 의제매입세액공제는 사업자가 면세농산물 등을 공급받은 사실을 증명하는 서류를 관할 세무서장에게 제출하는 경우에 한하여 적용받을 수 있지만, 제조업을 영위하는 사업자가 농·어민으로부터 면세농산물 등을 직접 공급받는 경우에는 의제매입세액공제신고서만을 제출하더라도 공제받을 수 있다.

해설

② 간이과세자는 의제매입세액공제를 적용받을 수 없다.

정답 ②

489

세법1 Link   p.395-396
오진다 Link   p.237-239

출제 가능 지수 ■■■■■
난이도 ■■■■■

「부가가치세법」상 면세농산물 등의 의제매입세액공제에 대한 설명으로 옳지 않은 것은?

① 의제매입세액은 원칙적으로 면세농산물 등을 공급받은 날이 속하는 예정신고기간 또는 확정 신고기간의 매출세액에서 공제한다.

② 의제매입세액의 공제를 받은 면세농산물 등을 그대로 판매하는 때에는 그 판매가액을 부가가 치세의 과세표준에 가산하여야 한다.

③ 예정신고 시 공제받지 못한 의제매입세액은 그 예정신고기간이 속하는 과세기간의 확정신고 시 공제받을 수 있다.

④ 통조림 제조업을 영위하는 법인사업자(중소기업)의 의제매입세액 공제율은 면세농산물 등의 종류에 관계없이 4/104로 하고 있다.

해설

② 의제매입세액의 공제를 받은 면세농산물 등을 그대로 판매하거나 면세사업 또는 기타의 목적을 위하여 사용 하거나 소비하는 때에는 그 공제한 금액을 **납부세액에 가산하거나 환급세액에서 공제**하여야 한다.   정답 ②

490

세법1 Link   p.380, 404, 448
오진다 Link   p.229, 241, 272

출제 가능 지수 ■■■■■
난이도 ■■■■■

「부가가치세법」상 매입세액공제 및 납부세액에 관한 설명으로 옳은 것은?

① 건축물이 있는 토지를 취득하여 그 건축물을 철거하고 토지만 사용하는 경우에 철거한 건축 물의 취득 및 철거 비용과 관련된 매입세액은 공제하지 아니한다.

② 일반과세자가 간이과세를 적용받게 되면 일반과세인 경우에 공제받지 못한 매입세액을 추가 적으로 공제하기 위하여 간이과세자의 납부세액에서 차감한다.

③ 2023년 6월 15일에 사업을 개시하고 2023년 7월 15일 사업자등록 신청을 한 도매업자가 2023년 6월 28일에 매입한 상품에 대한 매입세액은 공제받을 수 없다.

④ 과세사업에만 사용하던 감가상각대상 재화를 면세사업에만 사용하게 된 경우에는 불공제되는 매입세액을 계산하여 납부세액에 가산한다.

해설

② 일반과세자가 간이과세자로 변경되면 **재고납부세액을 납부세액에 가산**한다.
③ 공급시기가 속하는 과세기간이 끝난 후 20일 이내에 등록을 신청한 경우 등록신청일부터 **공급시기가 속하는 과세기간 기산일까지 역산한 기간 내의 매입세액은 공제한다.** 여기서 사업자등록을 한 날이 2023.7.15.으 로서 공급시기인 2023.6.15.이 속하는 과세기간이 끝난 후 20일인 2023.7.20. 이내에 등록을 신청한 경우에 해당하므로 과세기간 기산일인 2023.1.1.까지 역산한 기간 내의 매입세액은 공제한다.
④ 과세사업에만 사용하던 감가상각대상 재화를 면세사업에만 사용하는 것은 면세사업전용 공급의제로서 **공급 가액에 포함되어 매출세액에 가산한다.**   정답 ①

491

「부가가치세법」상 매입세액공제와 관련된 설명으로 옳지 않은 것은?

세법1 Link   p.396-397,
             400, 402
오진다 Link   p.238, 239,
             242-243
출제 가능 지수 ■■■■■
난이도   ■■■■■

① 재화를 공급받고 실제로 그 재화를 공급한 사업장이 아닌 사업장을 적은 세금계산서를 발급받은 경우 그 사업장이 사업자 단위 과세 사업자에 해당하는 사업장인 경우로서 그 재화를 실제로 공급한 사업자가 부가가치세 확정신고를 통하여 해당 과세기간에 대한 납부세액을 신고하고 납부하였다면 그 매입세액은 매출세액에서 공제한다.

② 경정 시 경정기관의 확인을 거쳐 세금계산서를 제출한 경우에는 매입세액을 공제받을 수 있으나 가산세가 적용된다.

③ 예정신고나 확정신고 시 공제받지 못한 의제매입세액은 수정신고, 경정 등의 청구 또는 기한후신고와 함께 관련 서류를 제출하거나 경정에 있어서 경정기관의 확인을 거쳐 관련 서류를 제출함으로써 의제매입세액을 공제받을 수 있다.

④ 면세사업 등에 사용하던 감가상각자산 일부 또는 전부를 과세사업에 사용하거나 소비하는 경우, 과세사업에 사용하거나 소비하는 날이 속하는 과세기간에 대한 예정신고 또는 확정신고와 함께 과세사업전환 감가상각자산 신고서를 작성하여 각 납세지 관할 세무서장에게 신고함으로써 구입 시 공제받지 못한 매입세액을 과세사업전환 시 공제받을 수 있다.

해설

④ 면세사업 등에 사용하던 감가상각자산 일부 또는 전부를 과세사업에 사용하거나 소비하는 경우, 과세사업에 사용하거나 소비하는 날이 속하는 과세기간에 대한 **확정신고**와 함께 과세사업전환 감가상각자산 신고서를 작성하여 각 납세지 관할 세무서장에게 신고함으로써 구입 시 공제받지 못한 매입세액을 과세사업전환 시 공제받을 수 있다. 확정신고가 아닌 **예정신고기간인 경우에는 과세사업전환 매입세액을 적용받을 수 없다**.

정답 ④

492

의류제조업을 영위하는 내국법인인 ㈜한국의 2023.1.1.부터 2023.3.31.까지의 다음 거래 중에서 2023년 제1기 부가가치세 예정신고 시 매입세액으로 공제되는 것은?

세법1 Link p.400, 402-403

오진다 Link p.241

출제 가능 지수 ■■■□□

난이도 ■■■■□

① 의류제조용 원재료를 2023.2.1. 구입하여 인도받았으나, 이에 대한 세금계산서(공급가액 ₩300,000,000, 부가가치세액 ₩30,000,000)는 공급시기 이후인 2023. 3. 31. 발급받았다.

② 과세사업자인 대한씨로부터 건축물이 있는 토지를 취득하여 해당 건축물을 즉시 철거한 후 토지만을 야적장으로 사용하였다. 이 부동산을 취득하면서 세금계산서(공급가액 ₩100,000,000, 부가가치세액 ₩10,000,000)를 발급받았고, 건축물 철거비용에 대하여도 세금계산서(공급가액 ₩10,000,000, 부가가치세액 ₩1,000,000)를 발급받았다.

③ 영업부 직원의 의류제품 판매활동을 지원하기 위하여 소형승용자동차를 구입하고 세금계산서(공급가액 ₩20,000,000, 부가가치세액 ₩2,000,000)를 발급받았다.

④ 대표이사의 개인주택을 수리하고 수리비에 대해 세금계산서(공급가액 ₩3,000,000, 부가가치세액 ₩300,000)를 ㈜한국이 발급받았다.

해설

① 의료제조용 원재료의 경우 **공급시기 이후에 세금계산서를 발급받았으나 해당 공급시기가 속하는 과세기간의 확정신고기한 내에 발급받았으므로 매입세액은 공제된다.**

② 건축물이 있는 토지를 취득하여 그 건축물을 철거하고 토지만을 사용하는 경우에는 **철거한 건축물의 취득 및 철거비용에 관련된 매입세액은 토지관련 매입세액**으로 본다. 따라서 매출세액에서 공제되지 아니하는 매입세액이다.

③ 영업부 직원의 의류제품 판매활동을 지원하기 위한 소형승용차는 **비영업용 소형승용차**에 해당하므로 해당 매입세액은 **매출세액에서 공제되지 아니하는 매입세액**이다.

④ 대표이사의 개인주택 수리비와 관련된 매입세액은 **업무무관 매입세액**이므로 매출세액에서 공제되지 아니한다.

정답 ①

493

세법1 Link p.385, 391, 392, 395
오진다 Link p.233-237
출제 가능 지수 ■■■■□
난이도 ■■■■□

다음은 소시지 제조업을 영위하는 일반과세자인 개인사업자 대한씨의 2023년 제1기 과세기간(2023.1.1.~6.30.)에 대한 거래내역이다. 2023년 제1기 확정신고 시 매입세액으로 공제되는 것은? (단, 다음 거래는 세법상 요구되는 의무를 모두 이행하였으며, 의제매입세액공제 대상액은 공제한도 내 금액인 것으로 가정함)

> ㄱ. 외국산 미가공식료품을 ₩31,200,000에 매입하여 소시지 제조에 전부 사용하였다.
> ㄴ. 2021년 제1기 부가가치세 확정신고 시 매입세액에서 차감한 대손세액은 ₩300,000이었고 2023.3.10.에 관련 대손금액 전부를 변제하였다.
> ㄷ. 세금계산서 발급이 금지되지 않은 일반과세자로부터 사업용 냉장고를 ₩2,200,000(공급대가)에 구입하고 부가가치세가 별도로 구분 기재된 신용카드매출전표를 수령하였다.
> ㄹ. 2023년 제1기 예정신고 시 매입세액 ₩500,000이 신고누락되었다.

① ㄱ   ② ㄱ, ㄴ   ③ ㄱ, ㄴ, ㄷ   ④ ㄱ, ㄴ, ㄷ, ㄹ

해설

ㄱ. 외국산 미가공식료품은 의제매입세액 대상이며 대한씨는 제조업을 영위하는 개인사업자에 해당되므로, 아래와 같이 계산된 매입세액이 공제 가능하다.

$$₩31,200,000 × 4 / 104 = ₩1,200,000$$

ㄴ. 대손금을 변제하는 경우 매입세액에서 차감하였던 대손세액 중 변제된 금액(이 문제에서는 전액)을 매입세액에 가산한다.

ㄷ. 일반적인 영수증은 세금계산서의 효력을 가지지 못하므로, 영수증을 발급받는 자는 이를 근거로 한 매입세액 공제를 받지 못하지만 다음의 요건을 **모두 충족**한 경우에는 영수증 수취 시에도 매입세액 공제가 가능하다.

ⓐ 일반과세자(세금계산서 발급 금지 업종 제외) 또는 세금계산서 발급대상 간이과세자로부터 받은 신용카드매출전표 등 (신용카드매출전표, 현금영수증, 직불카드영수증, 기명식선불카드영수증 등)
ⓑ **공급가액과 부가가치세가 별도로 구분기재**
ⓒ 신용카드매출전표 등 수령명세서를 제출
ⓓ 해당 신용카드매출전표 등을 5년간 보존
ⓔ 간이과세자가 간이과세자의 영수증 발급 적용 기간 규정에 따라 영수증을 발급해야 하는 기간에 발급한 신용카드매출전표 등이 아닐 것

해당 문제 단서에서 세법상 요구되는 의무를 모두 이행했다고 명시되어 있고, '세금계산서 발급이 금지되지 않은 일반과세자'로부터 발급받은 신용카드매출전표이 공급가액과 부가가치세가 별도로 구분 기재되어 있으므로 해당 매입세액은 매출세액에서 공제되는 매입세액이다.

ㄹ. 예정신고 시 누락한 매입세액은 확정신고 때에 매입세액에 가산하여 신고하면 공제를 받을 수 있다.

정답 ④

494

「부가가치세법」상 수입세금계산서에 관련된 설명으로 옳지 않은 것은?

세법1 Link   p.365, 391, 400
오진다 Link   p.222, 241
출제 가능 지수 ■■■■■
난이도 ■■■■■

① 수입세금계산서를 발급받지 않은 경우의 매입세액 또는 발급받은 수입세금계산서에 필요적 기재사항의 전부 또는 일부가 적히지 않았거나 사실과 다르게 적힌 경우의 매입세액(공급가액이 사실과 다르게 적힌 경우에는 실제 공급가액과 사실과 다르게 적힌 금액의 차액에 해당하는 세액을 말함)은 공제하지 않는다.

② 사업양도자가 수입재화에 대한 수입세금계산서를 사업양도 시까지 발급받지 못하고 사업양도 후 사업양수자가 사업양도자 명의로 발급받은 경우에는 해당 수입세금계산서를 발급받은 과세기간에 매입세액으로 공제받을 수 있다.

③ 수입세금계산서를 발급한 세관장은 매출처별 세금계산서합계표를 해당 세관 소재지를 관할하는 세무서장에게 제출해야 한다.

④ 사업자가 자기의 사업과 관련된 재화의 수입에 따른 수입세금계산서를 수입일이 속하는 과세기간 경과 후에 발급받은 때에는 매출세액에서 공제받을 수 없다.

해설

④ 사업자가 자기의 사업과 관련된 재화의 수입에 따른 수입세금계산서를 수입일이 속하는 과세기간 경과 후에 발급받은 때에는 **수입세금계산서를 발급받은 날이 속하는 과세기간의 매출세액에서 공제받을 수 있다.**

정답 ④

CHAPTER 07

매입세액과 차가감납부세액의 계산

495

일반과세자로 제조업을 영위하는 ㈜한국의 2023년 제2기 매입거래이다. ㈜한국의 2023년 제2기 매입세액공제액으로 옳은 것은?

세법1 Link　p.361, 400, 403
오진다 Link　p.219, 236, 241
출제 가능 지수 ■■■■■
난이도 ■■■■■

(1) 공급가액 ₩9,000,000의 원재료를 구입하고 착오로 공급가액 ₩10,000,000의 세금계산서를 수령하였으나 기타의 기재사항으로 보아 그 거래사실과 금액이 동일 과세기간에 확인되었다.
(2) 업무용 소형승용차의 대여료를 지급하고 공급가액 ₩2,000,000의 세금계산서를 수령하였다.
(3) 종업원 식대를 지급하고 신규사업자에 해당하는 간이과세자로부터 공급대가 ₩1,320,000의 신용카드매출전표를 수령하였다.
(4) 직원 사택의 수리비를 지급하고 공급가액 ₩4,000,000의 세금계산서를 수령하였다.

① ₩900,000　　② ₩1,100,000　　③ ₩1,220,000　　④ ₩1,300,000

해설

구분	매입세액 공제액	풀이
(1)	₩900,000	발급받은 세금계산서(또는 수입세금계산서)에 필요적 기재사항의 전부 또는 일부가 사실과 다르게 적힌 경우의 매입세액은 공제하지 않는다. 이때 공제되는 않는 매입세액은 **실제 공급가액과 사실과 다르게 적힌 금액의 차액에 해당하는 세액**이다. 따라서 실제 공급가액으로 확인된 ₩900,000에 대한 매입세액은 공제받을 수 있다. ₩9,000,000 × 10% = ₩900,000
(2)	–	비영업용 개별소비세 과세대상 소형승용자동차의 임차에 관한 매입세액은 공제되지 않는다.
(3)	–	신규사업자에 해당하는 간이과세자로부터 수취한 신용카드매출전표는 영수증에 해당하므로 해당 매입세액은 공제되지 않는다.
(4)	₩400,000	사업자가 자기의 사업을 위하여 사용하였거나 사용할 목적으로 공급받은 재화·용역의 경우 매입세액을 공제받을 수 있다. 그러므로 직원사택의 수리비는 사업을 위해 사용된 것이므로 매입세액공제가 가능하다. ₩4,000,000 × 10% = ₩400,000
합계	₩1,300,000	

정답 ④

496

돈가스제조업(과세사업)을 영위하는 ㈜한국(중소기업)의 2023년 제1기 예정신고기간(2023 1. 1. ~ 2023.3. 31.)의 부가가치세 관련 자료다. 2023년 제1기 예정신고 시 의제매입세액 공제 대상 매입가액으로 옳은 것은? (단, 제시된 금액은 부가가치세를 포함하지 않은 금액이며, 모든 거래에 대한 세금계산서 및 계산서는 적법하게 발급받았으며, 의제매입세액 공제한도는 고려하지 않는다.)

세법1 Link p.394, 396
오진다 Link p.237-239
출제 가능 지수 ■■■□□
난이도 ■■■■■

(1) 매입내역

구분	취득가액	비고
돼지고기	₩26,000,000	–
밀가루	₩21,000,000	수입산으로 관세의 과세가격은 ₩20,000,000, 관세는 ₩1,000,000임
소금	₩9,000,000	운송사업자에게 지급한 매입운임 ₩400,0000이 포함된 금액임
김치	₩3,900,000	–

(2) 매입한 돼지고기 중 50%는 다른 사업자에게 그대로 판매하였으며, 40%는 돈가스제조에 사용하였고, 10%는 예정신고기간 종료일 현재 재고로 남아 있다.

(3) 매입한 밀가루와 소금은 모두 돈가스 제조에 사용하였으며, 김치는 모두 종업원에게 사내식당 반찬으로 제공하였다.

① ₩41,600,000   ② ₩42,000,000   ③ ₩42,600,000   ④ ₩54,600,000

해설

- 돼지고기: **다른 사업자에게 그대로 판매되는 것(50%)**은 과세사업의 원재료로 사용되지 않은 것이므로 **의제매입세액공제를 적용받을 수 없다.** 의제매입세액은 구입일이 속하는 예정신고기간 및 확정신고기간에 공제하는 것이므로 미사용 재고분도 공제 대상이다.
- 밀가루: 수입면세농산물의 경우 **관세의 과세가격을 공제대상 매입가액으로** 한다.
- 소금: **운임 등의 부대비용은 공제대상 매입가액에서 제외한다.**
- 김치: **과세사업의 원재료로 사용되지 않았으므로 의제매입세액 공제대상에 해당하지 않는다.**

따라서 의제매입세액 공제 대상 매입가액은 다음과 같다.

$$₩26,000,000 \times (40\% + 10\%) + ₩20,000,000 + (₩9,000,000 - ₩400,000) = ₩41,600,000$$

정답 ①

부가가치세 신고와 납부

497

「부가가치세법」상 대리납부제도에 대한 설명으로 옳은 것은?

① 「소득세법」·「법인세법」에 따른 국내사업장이 없는 비거주자 또는 외국법인으로부터 용역 등을 국내에 반입하는 경우 반입하는 때에 부가가치세를 징수해야 한다.

② 부가가치세 대리납부신고서는 과세표준신고서의 일종이므로 수정신고 및 경정청구의 대상이 될 수 있다.

③ 국내사업장이 없는 비거주자로부터 부가가치세 면세대상 용역을 공급받는 자는 부가가치세 대리납부 의무가 있다.

④ 국내사업장이 없는 비거주자 또는 외국법인으로부터 공급받은 용역 등을 과세사업과 면세사업 등에 공통으로 사용하여 그 실지귀속을 구분할 수 없는 경우 그 면세사업 등에 사용된 용역 등의 과세표준은 대가의 지급일이 속하는 과세기간의 면세공급가액 기준으로 안분계산한다.

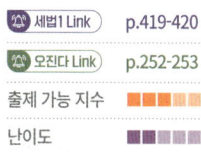

세법1 Link	p.419-420
오진다 Link	p.252-253
출제 가능 지수	▮▮▮▯
난이도	▮▮▯▯▯

해설

① 「소득세법」·「법인세법」에 따른 국내사업장이 없는 비거주자 또는 외국법인으로부터 용역 등을 국내에 반입하는 경우 **그 대가를 지급하는 때**에 부가가치세를 징수해야 한다.

② 부가가치세 대리납부신고서는 과세표준신고서가 **아니므로** 수정신고 및 경정청구의 대상이 될 수 **없다**

③ 국내사업장이 없는 비거주자로부터 부가가치세 면세대상 용역을 공급받는 자는 부가가치세 대리납부 의무가 **없다**. 부가가치세가 면제되는 용역은 대리납부의 대상이 되지 아니한다.   정답 ④

498

「부가가치세법령」상 환급 및 조기환급에 대한 설명으로 옳은 것은?

세법1 Link   p.416, 422-423

오진다 Link   p.254-255

출제 가능 지수 ■■■■□

난이도 ■■■□□

ㄱ. 예정신고기간 중 또는 과세기간 최종 3개월 중 매월 또는 매 2월에 조기환급기간이 끝난 날부터 25일 이내에 조기환급신고서와 함께 매출·매입처별 세금계산서합계표 등을 제출함으로써 조기환급기간에 대한 과세표준과 환급세액을 관할 세무서장에게 신고할 수 있다.

ㄴ. 사업자는 각 과세기간에 대한 과세표준과 납부세액 또는 환급세액을 그 과세기간이 끝난 후 25일(폐업하는 경우 폐업일이 속한 달의 다음 달 25일) 이내에 납세지 관할 세무서장에게 신고하여야 하며, 조기에 환급을 받기 위하여 신고한 사업자는 이미 신고한 과세표준과 환급받은 환급세액도 신고하여야 한다.

ㄷ. 조기환급세액은 영세율이 적용되는 공급분에 관련된 매입세액·시설투자에 관련된 매입세액 또는 국내공급분에 대한 매입세액을 구분하여 사업장별로 해당 매출세액에서 매입세액을 공제하여 계산한다.

ㄹ. 조기환급이 적용되는 사업자가 조기환급신고기한에 조기환급기간에 대한 과세표준과 환급세액을 관할 세무서장에게 신고하는 경우에는 조기환급기간에 대한 환급세액을 각 조기환급기간별로 해당 조기환급신고기한이 지난 후 15일 이내에 사업자에게 환급하여야 한다.

① ㄱ, ㄴ   ② ㄴ, ㄷ   ③ ㄷ, ㄹ   ④ ㄱ, ㄹ

해설

ㄴ. 조기환급신고를 할 때 이미 신고한 내용은 예정신고 및 확정신고 대상에서 제외한다. 따라서 사업자는 각 과세기간에 대한 과세표준과 납부세액 또는 환급세액을 그 과세기간이 끝난 후 25일(폐업하는 경우 폐업일이 속한 달의 다음 달 25일) 이내에 납세지 관할 세무서장에게 신고하여야 하며, 조기에 환급을 받기 위하여 신고한 사업자는 이미 신고한 과세표준과 환급받은 환급세액은 **신고 대상에서 제외한다.**

ㄷ. 조기환급세액은 영의 세율이 적용되는 공급분에 관련된 매입세액·시설투자에 관련된 매입세액 또는 국내공급분에 대한 매입세액을 **구분하지 아니하고** 사업장 별로 해당 매출세액에서 매입세액을 공제하여 계산한다.

정답 ④

499

「부가가치세법」상 부가가치세의 결정·경정·징수와 환급에 관한 설명으로 옳은 것은?

세법1 Link p.285, 421, 424-425

오진타 Link p.190, 251-256

출제 가능 지수 ■■■■■

난이도 ■■■■■

① 재화의 수입에 대한 부가가치세는 관할 세부서장이 관세징수의 예에 따라 징수한다.

② 조기환급사유에 해당하는 경우를 제외하고 환급세액은 각 과세기간별로 그 확정신고기한 경과 후 25일 내에 사업자에게 환급하여야 한다.

③ 추계하는 경우를 제외하고 각 과세기간에 대한 과세표준과 납부세액을 결정하는 경우에는 세금계산서·장부 또는 그 밖의 증명자료를 근거로 하여야 한다.

④ 사업장별로 사업자등록을 하지 않은 경우에는 과세표준과 납부세액 또는 환급세액을 조사하여 결정 또는 경정하고 국세징수의 예에 따라 징수할 수 있다.

해설

① 재화의 수입에 대한 부가가치세는 **세관장**이 「관세법」에 따라 징수한다.

② 조기환급사유에 해당하는 경우를 제외하고 환급세액은 각 과세기간별로 그 확정신고기한 경과 후 **30일 내**에 사업자에게 환급하여야 한다.

④ 사업자가 사업자등록을 하지 않는 경우에는 **사업장 관할 세무서장이 조사하여 등록할 수 있다.** 즉, 과세표준과 납부세액 또는 환급세액을 조사하여 결정 또는 경정하는 사유에 해당하지 않는다.　　　　　정답 ③

500

「부가가치세법」상 신고와 납부에 대한 설명으로 옳은 것은?

세법1 Link p.414, 419, 430, 459
오진다 Link p.248, 252, 259
출제 가능 지수 ■■■■■
난이도 ■■■■■

① 사업장 관할 세무서장이 개인사업자에 대하여 각 예정신고마다 직전 과세기간에 대한 납부세액의 2분의 1에 해당하는 금액을 결정하여 고지하고 징수할 때 징수하여야 할 금액이 100만원 미만인 경우에는 이를 징수하지 아니한다.

② 「부가가치세법」 제52조에 따른 국외사업자로부터 국내에서 용역을 공급받는 자(공급받은 그 용역을 과세사업에 제공하는 경우는 포함하되, 매입세액이 공제되지 않은 용역을 공급받는 경우는 제외)는 그 대가를 지급하는 때에 그 대가를 받은 자로부터 부가가치세를 징수하여야 한다.

③ 국외사업자가 「부가가치세법」에 따른 사업자등록의 대상으로서 위탁매매인을 통하여 국내에서 용역을 공급하는 경우에는 국외사업자가 해당 용역을 공급한 것으로 본다.

④ 납세지 관할 세무서장은 납세자가 재난·도난 등으로 재산에 심한 손실을 입어 징수해야 할 금액을 사업자가 납부할 수 없다고 인정되는 경우 예정고지·부과하지 아니한다.

해설

① 사업장 관할 세무서장이 개인사업자에 대하여 각 예정신고마다 직전 과세기간에 대한 납부세액의 2분의 1에 해당하는 금액을 결정하여 고지하고 징수할 때 징수하여야 할 금액이 **50만원** 미만인 경우에는 이를 징수하지 아니한다.

② 국외사업자로부터 국내에서 용역을 공급받는 자(공급받은 그 용역을 과세사업에 제공하는 경우는 **제외**하되, 매입세액이 공제되지 않은 용역을 공급받는 경우는 **포함**)는 그 대가를 지급하는 때에 그 대가를 받은 자로부터 부가가치세를 징수하여야 한다.

③ 국외사업자가 「부가가치세법」에 따른 사업자등록의 대상으로서 다음의 위탁매매인 등을 통하여 국내에서 용역 등을 공급하는 경우에는 해당 **위탁매매인 등이** 해당 용역 등을 공급한 것으로 본다.

> ㉠ 위탁매매인
> ㉡ 준위탁매매인
> ㉢ 대리인
> ㉣ 중개인(구매자로부터 거래대금을 수취하여 판매자에게 지급하는 경우에 한정)

정답 ④

501

「부가가치세법령」상 국외사업자의 전자적 용역 공급에 대한 설명으로 옳은 것은?

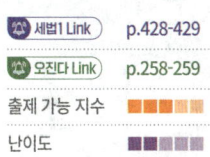

세법1 Link   p.428-429
오진다 Link   p.258-259
출제 가능 지수 ■■■■□
난이도   ■■■□□

① 국내사업징이 없는 비거주자 또는 외국법인이 국내에 이동통신 단말장치 또는 컴퓨터 등을 통하여 구동되는 전자적 용역을 공급하는 경우(「부가가치세법」, 「소득세법」 또는 「법인세법」에 따라 사업자등록을 한 자의 과세사업 또는 면세사업에 대하여 용역을 공급하는 경우는 제외)에는 국내에서 해당 전자적 용역이 공급되는 것으로 보아 사업개시일부터 30일 이내에 간편사업자등록을 하여야 한다.

② 간편사업자등록을 한 자의 국내로 공급되는 전자적 용역의 공급시기는 구매자가 공급하는 자로부터 전자적 용역을 제공받은 때와 구매자가 전자적 용역을 구매하기 위하여 대금의 결제를 완료한 때 중 늦은 때로 한다.

③ 간편사업자등록을 한 자는 외국환은행의 계좌에 납입하는 방식으로 신고세액 납부를 하여야 한다. 이때 간편사업자등록자가 국내에 공급한 전자적 용역의 대가를 외국통화나 그 밖의 외국환으로 받은 경우에는 과세기간 종료일(또는 예정신고기간 종료일)의 기준환율을 적용하여 환가한 금액을 과세표준으로 할 수 있다.

④ 간편사업자등록을 한 사업자가 국내에 전자적 용역을 공급하는 경우에는 국내사업자와 동일하게 세금계산서 및 영수증을 발급하여야 한다.

해설

① 국내사업장이 없는 비거주자 또는 외국법인이 국내에 이동통신 단말장치 또는 컴퓨터 등을 통하여 구동되는 전자적 용역을 공급하는 경우(「부가가치세법」, 「소득세법」 또는 「법인세법」에 따라 사업자등록을 한 자의 과세사업 또는 면세사업에 대하여 용역을 공급하는 경우는 제외)에는 국내에서 해당 전자적 용역이 공급되는 것으로 보아 사업개시일부터 **20일** 이내에 간편사업자등록을 하여야 한다.

② 간편사업자등록을 한 자의 국내로 공급되는 전자적 용역의 공급시기는 구매자가 공급하는 자로부터 전자적 용역을 제공받은 때와 구매자가 전자적 용역을 구매하기 위하여 대금의 결제를 완료한 때 중 **빠른 때**로 한다.

④ 간편사업자등록을 한 사업자가 국내에 전자적 용역을 공급하는 경우에는 세금계산서를 **발급하지 아니할 수 있다.**

정답 ③

부가가치세 신고와 납부

CHAPTER 08

502

부가가치세의 신고와 납부에 관한 설명 중 옳은 것은?

① 납세지 관할 세무서장은 법인사업자와 직전 과세기간 공급가액의 합계액이 1억 5천만원 미만인 개인사업자에 대하여는 각 예정신고기간마다 직전 과세기간에 대한 납부세액의 50%로 결정하여 해당 예정신고기간이 끝난 후 25일까지 징수한다.

② 2 이상의 사업장이 있는 경우 주된 사업장에서 총괄하여 납부하고자 하는 사업자는 그 총괄납부하고자 하는 과세기간 개시 20일 전에 주된 사업장의 관할 세무서장에게 신청하여야 한다.

③ 국내사업장이 없는 비거주자 또는 외국법인으로부터 용역을 공급받는 자가 해당 용역을 과세사업에 제공하는 경우에는 「부가가치세법」상 대리납부의무가 있다.

④ 환급세액의 재계산은 감가상각자산에 대한 매입세액이 「부가가치세법」에 따라 공제된 후 총공급가액에 대한 면세공급가액의 비율 또는 총사용면적에 대한 면세사용면적의 비율과 해당 감가상각자산의 취득일이 속하는 과세기간(그 후의 과세기간에 재계산하였을 때에는 그 재계산한 기간)에 적용하였던 비율 간의 차이가 5% 이하인 경우에는 적용하지 아니한다.

해설

① 납세지 관할 세무서장은 **개인**사업자와 직전 과세기간 공급가액의 합계액이 1억 5천 만원 미만인 **법인**사업자에 대하여는 각 예정신고기간마다 직전 과세기간에 대한 납부세액의 50%로 결정하여 해당 예정신고기간이 끝난 후 25일까지 징수한다.

③ 국내사업장이 없는 비거주자 또는 외국법인으로부터 용역을 공급받는 자가 해당 용역을 과세사업에 제공하는 경우에는 「부가가치세법」상 대리납부의무가 **없다**. 다만, 매입세액이 공제되지 아니하는 용역 등을 공급받는 경우는 대리납부의무가 있다.

④ 환급세액의 재계산은 감가상각자산에 대한 매입세액이 「부가가치세법」에 따라 공제된 후 총공급가액에 대한 면세공급가액의 비율 또는 총사용면적에 대한 면세사용면적의 비율과 해당 감가상각자산의 취득일이 속하는 과세기간(그 후의 과세기간에 재계산하였을 때에는 그 재계산한 기간)에 적용하였던 비율 간의 차이가 **5% 이상인 경우에만 적용**한다. 즉, 5% 미만인 경우에는 적용하지 아니한다.

정답 ②

세법1 Link   p.279, 414, 419, 441
오진다 Link   p.170, 248, 252, 263
출제 가능 지수 ▪▪▪▪□
난이도 ▪▪▪▪□

503

「부가가치세법」상 재화의 수입에 대한 부가가치세 납부의 유예에 관한 설명으로 옳지 않은 것은?

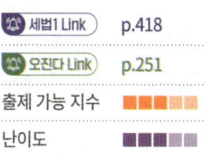
세법1 Link   p.418
오진다 Link   p.251
출제 가능 지수
난이도

① 부가가치세 납부가 유예되는 때에도 수입세금계산서는 발급해야 하며 이때 수입세금계산서에 부가가치세 납부유예 표시를 하여 발급한다.
② 납부를 유예받은 중소·중견사업자는 납세지 관할 세무서장에게 예정신고 또는 확정신고 등을 할 때 대통령령으로 정하는 바에 따라 그 납부가 유예된 세액을 정산하거나 납부하여야 한다.
③ 납부유예 신청을 받은 관할 세관장은 신청일부터 1개월 이내에 납부유예의 승인 여부를 정하여 해당 중소·중견사업자에게 통지하여야 하며, 납부유예를 승인하는 경우 그 유예기간은 6개월로 한다.
④ 세관장은 부가가치세의 납부가 유예된 중소·중견사업자가 국세를 체납하는 등 대통령령으로 정하는 사유에 해당하는 경우에는 그 납부의 유예를 취소할 수 있다. 이 경우 세관장은 해당 중소·중견사업자에게 그 취소 사실을 통지하여야 한다.

해설

③ 납부유예를 승인하는 경우 그 유예기간은 **1년**으로 한다.   정답 ③

504

「부가가치세법」상 전자적 용역을 공급하는 국외사업자의 용역 공급과 사업자등록 등에 관한 특례에 관한 설명으로 옳지 않은 것은?

세법1 Link   p.419, 429
오진다 Link   p.258
출제 가능 지수
난이도

① 간편사업자등록을 한 사업자의 납세지는 사업자의 신고·납부의 효율과 편의를 고려하여 국세청장이 지정한다.
② 국내로 공급되는 전자적 용역의 공급시기는 구매자가 공급하는 자로부터 전자적 용역을 제공받은 때로 한다.
③ 전자적 용역의 공급에 대하여 이를 국내공급으로 보아 과세하는 외국법인 또는 비거주자란 국내사업장이 없거나, 국내사업장이 있는 경우로서 해당 용역 등이 국내사업장에 귀속되지 않거나 관련되지 않은 경우에 한한다.
④ 간편사업자등록자가 국내에 공급한 전자적 용역의 대가를 외국통화로 받은 경우에는 예정신고기간 또는 과세기간 종료일의 기준환율을 적용하여 환가한 금액을 과세표준으로 할 수 있다.

해설

② 국내로 공급되는 전자적 용역의 공급시기는 구매자가 공급하는 자로부터 **전자적 용역을 제공받은 때와 구매자가 전자적 용역을 구매하기 위하여 대금의 결제를 완료한 때 중 빠른 때**로 한다.   정답 ②

505

「부가가치세법」상 환급 및 조기환급에 관한 설명으로 옳지 않은 것은?

세법1 Link   p.421-423
오진다 Link   p.254-255
출제 가능 지수   ■■■■□
난이도   ■■■■□

① 납세지 관할 세무서장은 각 과세기간별로 그 과세기간에 대한 환급세액을 확정신고한 사업자에게 그 확정신고기한이 지난 후 30일 이내(조기환급 제외)에 대통령령으로 정하는 바에 따라 환급하여야 한다.

② 사업장 관할 세무서장은 결정·경정에 의하여 추가로 발생한 환급세액을 지체 없이 사업자에게 환급하여야 한다.

③ 사업장 관할 세무서장은 사업자가 영세율을 적용하는 경우 또는 사업설비를 신설·취득·확장 또는 증축하는 경우에 한하여 환급세액을 사업자에게 조기환급할 수 있다.

④ 조기환급세액은 영세율이 적용되는 공급분에 관련된 매입세액, 시설투자에 관련된 매입세액 또는 국내공급분에 대한 매입세액을 구분하지 아니하고 사업장별로 해당 매출세액에서 매입세액을 공제하여 계산한다.

해설

③ 납세지 관할 세무서장은 다음 어느 하나에 해당하여 환급을 신고한 사업자에게 환급세액을 조기에 환급할 수 있다.

⊙ 사업자가 영세율을 적용받는 경우
ⓒ 사업자가 감가상각 대상인 사업 설비를 신설·취득·확장 또는 증축하는 경우
ⓒ **사업자가 재무구조개선계획을 이행 중인 경우**

정답 ③

506

「부가가치세법」상 일반과세자의 부가가치세 신고와 환급에 관한 설명으로 옳지 않은 것은?

세법1 Link   p.416, 421, 423
오진다 Link   p.249, 254
출제 가능 지수   ■■■■□
난이도   ■■■■□

① 2023년 제1기 확정신고 시에는 2023년 1월 1일부터 2023년 6월 30일까지의 과세기간에 대한 과세표준과 납부세액 중 예정신고 또는 조기환급신고 시 이미 신고한 부분을 제외한 부분을 2023년 7월 25일까지 신고하여야 한다.

② 2023년 제1기 과세기간에 대한 환급세액을 2023년 7월 15일에 신고한 경우, 조기환급이 아니면 2023년 7월 25일이 지난 후 30일 이내에 환급하여야 한다.

③ 예정신고기간에 대한 환급세액은 조기환급의 경우를 제외하고는 바로 환급되지 않으며, 확정신고 시 납부세액에서 차감한다.

④ 관할 세무서장의 경정에 따라 2023년 9월 9일 환급세액이 발생한 경우, 2023년 9월 9일이 지난 후 30일 이내에 환급하여야 한다.

해설

④ 관할 세무서장의 결정·경정에 의해 추가로 발생한 환급세액이 있는 경우 **지체없이** 사업자에게 환급하여야 한다.

정답 ④

507

세법1 Link p.323, 415, 419, 415
오진다 Link p.249, 252, 256
출제 가능 지수 ■■■■■
난이도 ■■■■■

「부가가치세법」상 납세질차에 관한 설명이다. 옳지 않은 것은?

① 비거주자 또는 외국법인으로부터 국내에서 용역 또는 권리를 공급받아 매입세액을 공제받고 과세사업에 사용하는 자는 대리납부 의무가 없다.
② 「소득세법」상 국내사업장이 없는 비거주자로부터 권리를 공급받는 경우 공급받는 자의 국내 사업장 소재지 또는 주소지를 해당 권리의 공급장소로 본다.
③ 과세표준과 납부세액을 추계결정하는 경우에도 그 기재내용이 분명한 세금계산서를 발급받아 관할 세무서장에게 제출하면 매입세액을 공제할 수 있다.
④ 예정신고·납부 시 신용카드매출전표 발급 등에 대한 세액공제 및 가산세를 적용한다.

해설

④ 예정신고·납부 시 신용카드매출전표 발급 등에 대한 세액공제는 적용하나 **가산세는 적용하지 아니한다.**

정답 ④

508

세법1 Link p.419
오진다 Link p.252
출제 가능 지수 ■■■■■
난이도 ■■■■■

「부가가치세법」상 외국법인 A로부터 용역을 공급받는 자인 B의 대리납부에 관한 설명으로 옳은 것은 모두 몇 개인가? (단, 각 지문은 상호 독립적이며, 대리납부에 관한 특례 규정은 고려하지 않음)

> ㄱ. 국내사업장이 없는 A로부터 용역의 공급을 받는 B는 공급받는 용역(매입세액공제 대상임)을 과세사업에 사용한 경우에는 대리납부의무가 있다.
> ㄴ. 국내사업장이 없는 A로부터 부가가치세 과세대상 용역을 공급받는 면세사업을 영위하는 사업자 B는 대리납부의무가 있다.
> ㄷ. 국내사업장이 없는 A로부터 「부가가치세법」상 매입세액이 공제되지 아니하는 용역을 공급받는 과세사업자 B는 대리납부의무가 있다.
> ㄹ. 대리납부 적용 요건을 충족하는 용역을 공급받는 사업자 B는 용역의 공급시기에 관계없이 그 대가를 지급하는 때에 부가가치세액을 징수한다.
> ㅁ. 대리납부 적용 요건을 충족하는 용역을 공급받는 사업자 B의 대리납부 시기는 외국법인 A로부터 용역의 제공이 완료되는 때이다.

① 2개   ② 3개   ③ 4개   ④ 5개

해설

옳은 지문 : ㄴ, ㄷ, ㄹ
ㄱ. 공급받는 자가 공급받는 용역을 과세사업에 사용하여 **매입세액공제 대상인 경우 대리납부의무가 없다.**
ㄴ, ㄷ. 공급받는 자가 공급받는 용역을 **면세사업에 사용하거나 매입세액이 공제되지 아니하는 용역 등을 공급받는 경우에는 대리납부의무가 있다.**
ㄹ, ㅁ. 용역의 공급시기에 관계없이 대가를 지급하는 때에 징수하며, 부가가치세를 징수한 자는 예정신고 및 확정신고 규정을 준용하여 부가가치세를 납부한다.

정답 ②

509

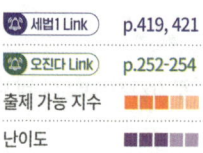

| 세법1 Link | p.419, 421 |
| 오진다 Link | p.252-254 |

출제 가능 지수 ■■■■□

난이도 ■■■□□

「부가가치세법」상 대리납부에 관한 설명으로 옳은 것은?

① 국내사업장이 없는 비거주자로부터 용역 등의 공급을 받는 자는 공급받는 용역 등을 과세사업에서의 사용 여부에 관계없이 부가가치세를 징수하여 납부하여야 한다.

② 사업의 포괄적 양도에 따라 그 사업을 양수받는 자는 그 대가를 지급하는 때에 그 대가를 받은 자로부터 부가가치세를 징수하여 납부하여야 한다.

③ 대리납부의무자는 사업자에 한한다.

④ 사업의 양도와 관련하여 법소정 절차에 따라 대리납부한 사업의 양수자는 사업의 양도거래에 대한 매입세액을 공제받을 수 있다.

해설

① 과세사업에 사용하여 매입세액이 공제가능한 경우 대리납부의무가 적용되지 않는다.

② 사업의 포괄적 양도에 따라 그 사업을 양수받는 자는 그 대가를 지급하는 때에 그 대가를 받은 자로부터 부가가치세를 징수하여 납부할 수 있다.

③ 대리납부의무는 비사업자인 경우도 적용된다.

정답 ④

510

| 세법1 Link | p.365, 414, 417, 459 |
| 오진다 Link | p.222, 248 |

출제 가능 지수 ■■■■□

난이도 ■■■■□

「부가가치세법」상 신고와 납부에 관한 설명으로 옳지 않은 것은?

① 예정신고를 하는 사업자가 예정신고와 함께 매출·매입처별 세금계산서합계표를 제출하지 못하는 경우 해당 예정신고기간이 속하는 과세기간의 확정신고를 할 때 함께 제출할 수 있다.

② 재화를 수입하는 자(납세의무자)가 재화의 수입에 대하여 「관세법」에 따라 관세를 세관장에게 신고하고 납부하는 경우에는 재화의 수입에 대한 부가가치세를 함께 신고납부해야 한다.

③ 개인사업자의 경우 관할 세무서장은 제1기 예정신고기간분 예정고지세액에 대해서 4월 1일부터 4월 25일까지의 기간 이내에 납부고지서를 발부해야 한다.

④ 간이과세자에서 해당 과세기간 개시일 현재 일반과세자로 변경된 경우에는 「부가가치세법」 제48조 제3항에 의한 예정고지세액을 징수하지 않는다.

해설

③ 개인사업자의 경우 관할 세무서장은 제1기 예정신고기간분 예정고지세액에 대해서 4월 1일부터 4월 10일까지의 기간 이내에 납부고지서를 발부해야 한다.

정답 ③

511

다음은 「부가가치세법」상 환급 및 조기환급에 관한 설명으로 옳지 않은 것은?

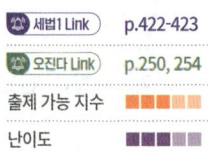
세법1 Link   p.422-423
오진다 Link   p.250, 254
출제 가능 지수 ■■■■□
난이도 ■■■■□

① 조기환급을 신고할 때 이미 신고한 과세표준과 납부한 납부세액 또는 환급받은 환급세액은 예정신고 및 확정신고 대상에 포함하며, 조기환급신고를 할 때 매출·매입처별 세금계산서합계표를 제출한 경우에도 예정신고 또는 확정신고와 함께 매출·매입처별 세금계산서합계표를 제출하여야 한다.

② 영세율 적용대상 사업자는 각 신고기간 단위별로 영세율의 적용대상이 되는 과세표준이 없는 경우 조기환급을 받을 수 없다.

③ 관할 세무서장은 결정·경정에 의하여 추가로 발생한 환급세액이 있는 경우에는 지체 없이 사업자에게 환급하여야 한다.

④ 조기환급을 받으려는 사업자가 부가가치세 예정신고서 또는 확정신고서를 제출한 경우에는 조기환급신고한 것으로 본다.

해설

① 조기환급을 신고할 때 이미 신고한 과세표준과 납부한 납부세액 또는 환급받은 환급세액은 예정신고 및 확정신고 대상에서 **제외**하며, 조기환급신고를 할 때 매출·매입처별 세금계산서합계표를 제출한 경우에는 예정신고 또는 확정신고와 함께 **매출·매입처별 세금계산서합계표를 제출한 것으로 본다**. 　　　　　　정답 ①

512

「부가가치세법」상 납세절차 등에 관한 설명으로 옳지 않은 것은?

세법1 Link   p.416, 424-425
오진다 Link   p.249, 256
출제 가능 지수 ■■■■□
난이도 ■■■■□

① 사업자는 각 과세기간에 대한 과세표준과 납부세액 또는 환급세액을 그 과세기간이 끝난 후 25일(폐업하는 경우에는 폐업일이 속한 달의 다음 달 25일) 이내에 각 사업장 관할 세무서장에게 신고·납부하여야 한다.

② 추계하는 경우를 제외하고 각 과세기간에 대한 과세표준과 납부세액을 결정하는 경우에는 세금계산서·장부 또는 그 밖의 증명자료를 근거로 하여야 한다.

③ 부가가치세를 추계결정·경정할 때, 재해 기타 불가항력으로 인하여 교부받은 세금계산서가 소멸됨으로써 이를 제출하지 못하는 때에는 납부세액에서 공제하는 매입세액은 해당 사업자에게 공급한 거래상대자가 제출한 세금계산서에 의하여 확인되는 것으로 한다.

④ 사업장 관할 세무서장 등은 조사에 의하여 결정 또는 경정한 과세표준과 납부세액 또는 환급세액에 오류 또는 탈루가 있는 것이 발견된 때에는 그 날로부터 30일 이내 이를 다시 경정한다.

해설

④ 사업장 관할 세무서장 등은 결정하거나 경정한 과세표준과 납부세액 또는 환급세액에 오류가 있거나 누락된 내용이 발견되면 **즉시 다시 경정한다**. 　　　　　　정답 ④

513

「부가가치세법」상 신고와 납부에 대한 설명으로 옳지 않은 것은?

세법1 Link   p.422-423, 429
오진다 Link   p.254-255, 259
출제 가능 지수 ■■■■■
난이도 ■■■■■

① 개인사업자의 경우 각 예정신고기간분에 대해 조기환급을 받으려는 자는 예정신고 할 수 있다.

② 납세지 관할 세무서장은 일반과세자가 예정신고기간에 대한 환급세액을 예정신고기한까지 신고하면 조기환급 대상이 아닌 경우에도 예정신고기한이 지난 후 15일 이내에 부가가치세를 환급하여야 한다.

③ 간편사업자등록을 한 자는 국세정보통신망에 접속하여 사업자이름 및 간편사업자등록번호 등을 입력하는 방식으로 부가가치세 예정신고(또는 확정신고) 및 납부를 하여야 한다.

④ 사업장 관할 세무서장은 조기환급신고 내용의 오류 또는 탈루의 사유로 부가가치세를 포탈할 우려가 있는 경우, 그 과세기간에 대한 부가가치세의 과세표준과 납부세액 또는 환급세액을 조사하여 결정 또는 경정한다.

해설

② 조기환급 대상에 해당하지 않는 경우 예정신고기간의 환급세액은 예정신고 시 환급되지 않고, **확정신고 시 예정신고미환급세액으로 납부세액에서 차감**된다.   정답 ②

CHAPTER 09 겸영사업자의 안분계산

514

과세사업과 면세사업에 공통으로 사용하던 재화를 공급한 경우 그 공급가액 및 과세표준에 대한 설명으로 옳은 것은?

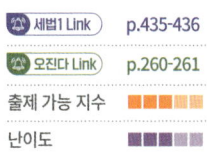

세법1 Link   p.435-436
오진다 Link   p.260-261
출제 가능 지수   ■■■■■
난이도   ■■■■■

① 재화의 공급단위별 공급가액이 100만원 미만인 경우 안분계산을 생략하고 해당 재화의 공급가액 전부를 과세표준으로 한다.

② 공통사용재화를 공급한 시점에서 공급가액을 안분계산하여 과세사업의 과세표준에 포함되는 공급가액을 계산하여야 한다.

③ 재화를 공급한 날이 속하는 과세기간의 직전 과세기간 총공급가액이 200,000,000원이고 그 중 면세공급가액이 8,000,000원인 경우로서 공통사용재화의 공급가액이 70,000,000원인 경우 과세표준에 포함되는 공급가액은 70,000,000원으로 한다.

④ 재화를 공급하는 날이 속하는 과세기간에 신규로 사업을 시작하여 직전 과세기간이 없는 경우 안분계산을 생략하고 과세표준은 없는 것으로 한다.

해설

① 재화의 공급단위별 공급가액이 **50만원** 미만인 경우 안분계산을 생략하고 해당 재화의 공급가액 전부를 과세표준으로 한다.

③ 직전 과세기간의 총공급가액 중 면세공급가액이 4%에 해당하지만 해당 재화의 공급가액이 5,000만원 미만이 아니므로 과세표준에 포함되는 공급가액 안분계산을 하여야 한다. 따라서 **과세표준에 포함되는 공급가액은 70,000,000원 × 96% = 67,200,000원이다.**

④ 재화를 공급하는 날이 속하는 과세기간에 신규로 사업을 시작하여 직전 과세기간이 없는 경우 안분계산을 생략하고 **해당 재화의 공급가액 전부**를 과세표준으로 한다.

정답 ②

515

「부가가치세법」상 사업자가 과세사업과 면세사업에 공통으로 사용되는 재화를 공급하였을 때, 다음 중 안분계산을 배제하는 경우의 개수는?

세법1 Link   p.435-436
오진다 Link   p.260-261
출제 가능 지수 ■■■■
난이도 ■■■■■

> 가. 공통사용재화를 5천만원에 공급하였으며, 공급하는 날이 속하는 과세기간의 직전 과세기간
>   총공급가액 2억원 중 면세공급가액이 400만원인 경우
> 나. 공통사용재화의 공급가액이 45만원인 경우
> 다. 휴업 등으로 인하여 직전 과세기간의 공급가액이 없는 경우

① 0개   ② 1개   ③ 2개   ④ 3개

해설

가. 재화를 공급하는 날이 속하는 과세기간의 직전 과세기간의 총공급가액 중 면세공급가액이 5% 미만인 경우 안분계산을 생략하고 해당 재화의 공급가액 전부를 과세표준으로 한다. 다만, **해당 재화의 공급가액이 5,000만원 이상인 경우는 제외한다.**

나. 재화의 공급단위별 공급가액이 **50만원 미만**인 경우 안분계산을 배제한다.

다. 휴업 등으로 인하여 직전 과세기간의 공급가액이 없을 때에는 **그 재화를 공급한 날에 가장 가까운 과세기간의 공급가액**으로 계산한다.

정답 ②

CHAPTER 09 겸영사업자의 안분계산

516

다음은 과세사업과 면세사업에 공통으로 사용하던 재화를 공급하는 경우 등의 공급가액에 대한 설명으로 옳지 않은 것은?

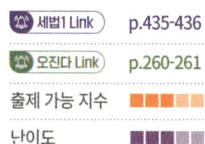

세법1 Link   p.435-436
오진다 Link   p.260-261
출제 가능 지수   ■■■■■
난이도   ■■■■■

ㄱ. 과세사업과 면세사업에 공통으로 사용하던 재화의 공급가액은 해당 재화를 공급한 날이 속하는 직전 과세기간의 총공급가액에 대한 과세공급가액을 기준으로 안분계산한다.

ㄴ. 휴업 등으로 인하여 직전 과세기간의 공급가액이 없는 경우에는 그 재화를 공급한 날에 가장 가까운 과세기간의 공급가액에 의하여 안분계산한다.

ㄷ. 재화를 공급한 날이 속하는 과세기간에 신규로 사업을 개시하여 직전 과세기간이 없는 경우에는 해당 재화를 공급한 날이 속하는 과세기간의 공급가액에 의하여 안분계산한다.

ㄹ. 공통사용재화의 건별 공급가액이 5만원 미만인 경우에는 안분계산을 생략하고 공급가액 전액을 과세표준으로 한다.

① ㄱ, ㄴ   ② ㄴ, ㄹ   ③ ㄱ, ㄷ   ④ ㄷ, ㄹ

해설

ㄷ. 신규로 사업을 개시하여 직전 과세기간이 없는 경우에는 **안분계산을 생략하고 해당 재화의 공급가액 전액을 과세표준**으로 한다.

ㄹ. 공통사용재화의 건별 공급가액이 **50만원 미만**인 경우에는 안분계산을 생략하고 공급가액 전액을 과세표준으로 한다.

정답 ④

517

모든 재화를 과세사업과 면세사업에 공통으로 사용하는 ㈜한국에 대한 설명으로 옳지 않은 것은? (단, ㈜한국은 재화를 매입하는 경우에는 정상적으로 세금계산서를 수취하고, 공급가액이나 공통매입세액을 안분계산하는 경우에는 공급가액을 기준으로 하고 있다)

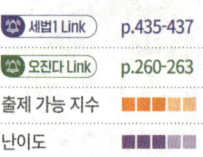

세법1 Link   p.435-437
오진다 Link   p.260-263
출제 가능 지수   ■■■■□
난이도   ■■■□□

① 재화를 공급하는 경우에는 직전 과세기간의 공급가액을 이용하여 공급가액을 안분계산하지만, 휴업 등으로 인하여 직전과세기간의 공급가액이 없는 경우에는 그 재화를 공급한 날에 가장 가까운 과세기간의 공급가액에 의하여 안분계산한다.

② 공통으로 사용하기 위하여 재화를 매입하는 경우에는 해당 과세기간의 공급가액을 이용하여 공통매입세액을 안분계산하며, 예정신고를 하는 때에는 예정신고기간의 총공급가액에 대한 면세공급가액의 비율에 의하여 안분계산하고, 확정신고를 하는 때에 정산한다.

③ 재화를 공급받은 과세기간 중에 해당 재화를 공급하는 경우에는 공급가액의 안분계산과 그 재화에 대한 매입세액의 안분계산 모두 직전 과세기간의 공급가액을 기준으로 한다.

④ 해당 재화의 공급가액이 40,000,000원이고 재화를 공급하는 날이 속하는 과세기간의 직전 과세기간의 총공급가액이 40,000,000원이며 그 중 면세공급가액이 1,000,000원인 경우에는 39,000,000원을 과세표준으로 한다.

해설

④ 재화를 공급하는 날이 속하는 과세기간의 직전 과세기간의 총공급가액 중 면세공급가액이 5% 미만이고, 해당 재화의 공급가액이 5,000만원 이상인 경우에 해당하지 않으므로 안분계산을 생략하고 **해당 재화의 공급가액 전부를** 과세표준으로 한다.   정답 ④

518

「부가가치세법」상 공통매입세액의 안분계산에 대한 설명으로 옳지 않은 것은?

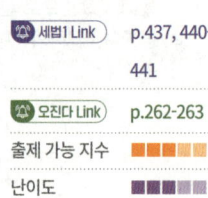

세법1 Link   p.437, 440-441
오진다 Link   p.262-263
출제 가능 지수   ■■■■□
난이도   ■■■■□

① 공통매입세액은 원칙적으로 실지귀속에 따라 구분하되, 실지귀속이 불분명한 경우에는 해당 과세기간의 공급가액을 기준으로 안분계산한다.

② 건물의 취득 시 부담한 공통매입세액은 해당 과세기간 중 과세사업과 면세사업의 공급가액이 없는 경우에는 예정사용면적의 비율, 매입가액의 비율, 예정공급가액의 비율의 순서로 안분계산한다.

③ 안분 계산 시 면세공급가액의 범위에는 사업자가 해당 면세사업 등과 관련하여 받았으나 과세표준에 포함되지 아니하는 국고보조금과 공공보조금 및 이와 유사한 금액이 포함된다.

④ 감가상각자산의 공통매입세액을 공제받은 경우에는 그 이후 예정신고 또는 확정신고 시에 과세기간의 면세공급가액 비율이 5% 이상 증감한다면 납부세액 또는 환급세액을 재계산하여야 한다.

해설

④ 감가상각자산의 공통매입세액을 공제받은 경우에는 그 이후 **확정신고** 시에 과세기간의 면세공급가액 비율이 5% 이상 증감한다면 납부세액 또는 환급세액을 재계산하여야 한다.   정답 ④

519

「부가가치세법」상의 납부세액에 관한 설명으로 옳지 않은 것은?

세법1 Link p.385, 402, 404, 437

오진다 Link p.232, 241, 243, 262

출제 가능 지수 ■■■■□

난이도 ■■■■□

① 매입처별세금계산서합계표를 제출하지 아니한 경우의 매입세액은 매출세액에서 공제하지 아니한다. 다만, 발급받은 세금계산서에 대한 매입처별세금계산서합계표를 경정청구서와 함께 제출하여 경정기관이 경정하는 경우의 매입세액은 매출세액에서 공제한다.

② 토지의 조성 등을 위한 자본적 지출에 관련된 매입세액으로서 토지의 취득 및 형질변경, 공장부지 및 택지의 조성 등에 관련된 것은 매출세액에서 공제하지 아니한다.

③ 사업자가 부가가치세가 과세되는 재화 또는 용역을 공급하는 경우 공급을 받는 자의 파산이나 강제집행의 사유로 그 재화 또는 용역의 공급에 대한 외상매출금의 전부 또는 일부가 대손되어 회수할 수 없는 경우에는 대손금액에 110분의 10을 곱한 금액을 그 대손이 확정된 날이 속하는 과세기간의 매출세액에서 뺄 수 있다.

④ 과세사업과 면세사업을 겸영하는 사업자가 신규로 사업을 개시하는 과세기간에 공급하는 재화(과세사업과 면세사업에 공통으로 사용됨)에 대한 매입세액은 실지 귀속을 구분할 수 없는 경우에는 총공급가액에 대한 과세공급가액의 비율에 의하여 안분계산한다.

해설

④ 과세사업과 면세사업을 겸영하는 사업자가 신규로 사업을 개시하는 과세기간에 공급하는 재화(과세사업과 면세사업에 공통으로 사용됨)에 대한 매입세액은 **안분계산을 하지 아니한다.**   정답 ④

520

다음은 과세사업과 면세사업에 공통으로 사용하던 재화를 공급하는 경우의 공급가액에 대한 설명으로 옳지 않은 것은?

세법1 Link p.435-436

오진다 Link p.261

출제 가능 지수 ■■■■□

난이도 ■■■■□

① 과세사업과 면세사업에 공통으로 사용하던 재화의 공급가액은 해당 재화를 공급한 날이 속하는 직전 과세기간의 총공급가액에 대한 과세공급가액을 기준으로 안분계산한다.

② 공통사용재화를 공급한 시점에서 공급가액을 안분계산하여 과세사업의 과세표준에 포함되는 공급가액을 계산하여야 한다.

③ 휴업 등으로 인하여 직전 과세기간의 공급가액이 없는 경우에는 그 재화를 공급한 날에 가장 가까운 과세기간의 공급가액에 의하여 안분계산한다.

④ 공통사용재화의 공급가액 합계액이 50만원 미만인 경우에는 안분계산을 생략하고 공급가액 전액을 과세표준으로 한다.

해설

④ 공통사용재화의 **공급단위별** 공급가액이 50만원 미만인 경우에는 안분계산을 생략하고 공급가액 전액을 과세표준으로 한다. ← 매입단계의 안분계산에서는 해당 과세기간 중 공통매입세액'합계액'이 5만원 미만인 경우 안분계산을 생략함에 주의!   정답 ④

겸영사업자의 안분계산

521

과세사업과 면세사업을 겸영하는 ㈜국세는 2023. 11. 30.에 사업용 건물을 10억원(부가가치세 제외)에 매입하였다. ㈜국세의 과세기간별 공급가액과 매입가액에 관한 자료가 다음과 같을 때 2023년 제2기 과세기간의 부가가치세 확정신고시 위 사업용 건물의 구입과 관련하여 공제받을 수 있는 매입세액은 얼마인가?

세법1 Link   p.437-438
오진다 Link   p.262-263
출제 가능 지수   ■■■■□
난이도   ■■■■□

> (1) 2023년 제1기 과세기간의 면세공급가액은 1억원이고, 총공급가액은 5억원이다.
> (2) 2023년 제2기 과세기간 중 예정신고기간의 면세공급가액은 2억원이고, 총공급가액은 5억원이다.
> (3) 2023년 제2기 과세기간의 면세공급가액은 5억원이고, 총공급가액은 10억원이다.

① 50,000,000원   ② 60,000,000원   ③ 100,000,000원   ④ 140,000,000원

해설

공통매입세액이 500만원 이상이므로 총공급가액 중 면세공급가액의 비율에 상관없이 안분계산을 하며, 해당 과세기간(2023년 제2기)의 공급가액을 기준으로 계산한다.

> 공제되는 매입세액 = 10억원 × 10% × (10억 − 5억) ÷ 10억 = 50,000,000원

정답 ①

세법1 Link p.437, 440
오진다 Link p.262
출제 가능 지수 ■■■■□
난이도 ■■■■■

522

과세사업과 면세사업을 겸영하는 ㈜한국의 자료이다. 2023년 제2기 부가가치세 확정신고 시 납부세액 재계산으로 인하여 납부세액에 가산할 금액으로 옳은 것은? 단, 제시된 금액은 부가가치세를 포함하지 않은 금액이다.

(1) ㈜한국은 2022년 10월 15일에 과세사업과 면세사업에 공통으로 사용하기 위하여 건물을 1,000,000,000원에 구입하고, 매입세액은 공급가액 비율로 안분하여 공제하였다.

(2) 과세사업과 면세사업의 공급가액비율

구분	과세사업	면세사업
2022년 제2기	60%	40%
2023년 제1기	58%	42%
2023년 제2기	50%	50%

① 0원   ② 7,200,000원   ③ 9,000,000원   ④ 10,000,000원

해설

재계산을 적용하기 위해서는 다음의 요건을 모두 충족하여야 한다.

㉠ 자산 요건: 과세사업과 면세사업에 공통으로 사용하고 있는 감가상각자산
㉡ 비율 요건: 해당 과세기간의 면세비율과 해당 감가상각자산의 취득일이 속하는 과세기간에 적용하였던 면세비율 간의 차이가 5%이상인 경우에만 적용
㉢ 확정신고 요건: 재계산세액은 확정신고와 함께 납부할 것

2023년 제1기의 면세비율은 42%이며 취득일이 속하는 과세기간에 적용하였던 면세비율 간의 차이가 2%에 불과해 **5%이상이 아니므로 재계산을 하지 아니한다.**
2023년 제2기의 면세비율은 50%이며 취득일이 속하는 과세기간에 적용하였던 면세비율 간의 차이가 10%로 5%이상에 해당하므로 재계산을 하며 방법은 아래와 같다.

공통매입세액 × (1 − 5% × 경과된 과세기간 수) × 증감된 면세비율
= 1,000,000,000원 × 10% × (1 − 5% × 2) × (50% − 40%)
= 100,000,000원 × 90% × 10% = **9,000,000원** (가산)

정답 ③

523

세법1 Link   p.441
오진다 Link   p.263
출제 가능 지수 ▪▪▪▪▫
난이도 ▪▪▪▪▫

통조림판매(과세)와 과일판매(면세)를 겸영하고 있는 ㈜한국은 2021. 10. 1. 공통사용하는 사업용건물을 ₩110,000,000(부가가치세 포함)에 매입하였다. 각 과세기간의 수입금액이 다음과 같을 때 2023년 제1기의 납부 및 환급세액 재계산으로 인하여 가산하거나 차감할 세액은? (단, 통조림판매부문과 과일판매부문의 건물사용면적은 구분되지 않음)

과세기간	과일공급가액	통조림공급가액 (부가가치세 제외)	합계
2021년 제2기	₩40,000,000	₩60,000,000	₩100,000,000
2022년 제1기	₩50,000,000	₩50,000,000	₩100,000,000
2022년 제2기	₩54,000,000	₩46,000,000	₩100,000,000
2023년 제1기	₩47,000,000	₩53,000,000	₩100,000,000

① 없음
② ₩300,000 납부세액에 가산
③ ₩300,000 납부세액에서 차감
④ ₩600,000 납부세액에서 차감

해설

㈜한국의 면세비율은 다음과 같다.

2021년 제2기	2022년 제1기	2022년 제2기	2023년 제1기
40%	50%	54%	47%

2022년 제1기 대비 2022년 제2기에 면세비율이 5% 이상 증감하지 않았으므로 납부세액을 재계산하지 않았다. 따라서 2023년 제1기 면세비율은 2022년 제1기 면세비율과 비교해야 하며, 2022년 제1기 대비 면세비율이 5% 이상 증감하지 않았으므로 2023년 제1기에 재계산에 따른 **납부세액 증감액은 발생하지 않는다.**

정답 ①

524

세법1 Link p.437
오진다 Link p.262
출제 가능 지수 ■■■■□
난이도 ■■■■□

㈜한국은 면세사업과 과세사업을 같이 영위하고 있다. 2023. 10. 20. 면세 · 과세사업에 공통으로 사용하기 위해 기계장치를 ₩15,000,000(공급가액)에 매입하여, 2023. 12. 20.에 ₩10,000,000(공급가액)에 매각하였다. 해당 2023년 제2기 확정신고 시 동 기계장치의 구입과 관련하여 공제되는 매입세액은 얼마인가?

기간	면세 공급가액	과세 공급가액
2023. 1. 1. ~ 3. 31.	₩100,000,000	₩400,000,000
2023. 4. 1. ~ 6. 30.	₩200,000,000	₩300,000,000
2023. 7. 1. ~ 9. 30.	₩400,000,000	₩400,000,000
2023. 10. 1. ~ 12. 31.	₩100,000,000	₩600,000,000

① ₩500,000 ② ₩850,000 ③ ₩1,000,000 ④ ₩1,050,000

해설

해당 과세기간에 매입한 재화를 해당 과세기간에 공급한 경우에는 **직전 과세기간의 공급가액 비율로 안분**한다. 따라서 공제되는 매입세액은 다음과 같다.

$$\text{₩}15{,}000{,}000 \times 10\% \times \frac{\text{₩}700{,}000{,}000}{\text{₩}300{,}000{,}000 + \text{₩}700{,}000{,}000} = \text{₩}1{,}050{,}000$$

정답 ④

525

다음은 과세사업과 면세사업을 겸영하는 ㈜한국의 2023년 제1기 확정신고기간(2023. 4. 1.~6. 30.)의 거래내역이다. 「부가가치세법」상 2023년 제1기 확정신고 시 매출세액에서 공제되는 매입세액은? (단, 2023년도 제1기 과세기간의 매입가액에 대한 부가가치세는 모두 매입세액공제대상이며 주어진 자료 이외에는 고려하지 않음)

세법1 Link p.437-438
오진다 Link p.262
출제 가능 지수 ■■■□□
난이도 ■■■■■

(1) 과세사업에 사용되는 재화의 매입: 부가가치세 매입세액 2,000,000원

(2) 면세사업에 사용되는 재화의 매입: 부가가치세 매입세액 1,000,000원

(3) 과세사업과 면세사업에 공통으로 사용될 기계설비의 매입: 매입세액 4,000,000원

(4) 과세사업과 면세사업의 공급가액(부가가치세 제외 금액)은 다음과 같다.

구분	과세사업 공급가액	면세사업 공급가액
2023. 1. 1.~3. 31.	200,000,000원	100,000,000원
2023. 4. 1.~6. 30.	400,000,000원	100,000,000원

① 3,000,000원　　② 3,200,000원　　③ 5,000,000원　　④ 5,200,000원

해설

해당 과세기간의 과세사업 공급가액과 면세사업의 공급가액은 다음과 같다.

2023.1.1.~2023.6.30. 과세사업 공급가액 = 200,000,000원 + 400,000,000원 = 600,000,000원
2023.1.1.~2023.6.30. 면세사업 공급가액 = 100,000,000원 + 100,000,000원 = 200,000,000원

해당 과세기간의 과세공급가액비율은 다음과 같다.

$$과세공급가액비율 = \frac{600,000,000원}{(600,000,000원 + 200,000,000원)} = \frac{3}{4}$$

따라서 과세사업과 면세사업에 공통으로 사용될 기계설비의 매입세액 중 공제되는 매입세액은 다음과 같다.

$$4,000,000원 \times 해당\ 과세기간의\ 과세공급가액비율 = 4,000,000원 \times \frac{3}{4} = 3,000,000원$$

2023년 제1기 확정신고 시 매출세액에서 공제되는 매입세액은 다음과 같다.

(1) 과세사업에 사용되는 재화의 매입: 공제되는 매입세액　　2,000,000원
(2) 면세사업에 사용되는 재화의 매입: 공제되는 매입세액　　　　　0원
(3) 공통으로 사용되는 기계설비의 매입: 공제되는 매입세액　　3,000,000원
　　　　　　　　　　　　　　　　　　　　　　　　= **5,000,000원**

정답 ③

간이과세

526

「부가가치세법」상 간이과세의 포기에 관한 설명으로 옳은 것은?

① 계속사업자가 간이과세를 포기하는 경우 일반과세자에 관한 규정을 적용받으려는 달의 1일부터 2년이 되는 날이 속하는 과세기간까지 원칙적으로 간이과세 적용이 불가능하다.

② 간이과세자가 간이과세포기신고서를 제출한 경우 제출일의 다음날부터 일반과세자에 관한 규정을 적용받게 된다.

③ 간이과세자는 간이과세를 포기하지 않으면 수출에 대하여 영세율을 적용받을 수 없다.

④ 예정부과기간에 세금계산서를 발급한 간이과세자는 예정부과기간의 과세표준과 납부세액을 예정부과기한까지 사업장 관할 세무서장에게 신고하여야 한다.

세법1 Link   p.449-450, 460

오진다 Link   p.269-270, 277

출제 가능 지수 ■■■■□

난이도 ■■■□□

해설

① 계속사업자가 간이과세를 포기하는 경우 일반과세자에 관한 규정을 적용받으려는 달의 1일부터 **3년**이 되는 날이 속하는 과세기간까지 원칙적으로 간이과세 적용이 불가능하다.

② 간이과세자가 간이과세포기신고서를 제출한 경우 **제출일이 속하는 달의 다음 달** 1일부터 일반과세자에 관한 규정을 적용받게 된다.

③ 간이과세자도 수출에 대하여 영세율을 적용받을 수 있으므로 **간이과세를 포기하지 아니하여도 된다.**

정답 ④

527

세법1 Link p.446-447
오진다 Link p.267-268
출제 가능 지수 ■■■■□
난이도 ■■□□□

「부가가치세법」상 간이과세에 대한 설명으로 옳은 것은?

① 「부가가치세법 시행령」 제109조제2항에 따른 사업(간이과세자로 보지 아니하는 사업)을 신규로 겸영하여 일반과세자로 전환된 사업자로서 해당 연도 공급대가의 합계액이 1억4백만원 미만인 사업자가 해당 간이과세자로 보지 아니하는 사업을 폐지하는 경우에는 해당 사업의 폐지일이 속하는 연도의 다음 연도 1월 1일부터 간이과세자에 관한 규정을 적용한다.

② 신규로 사업을 개시하는 개인사업자가 사업자등록신청 시 간이과세적용신고서를 제출한 경우에는 간이과세를 적용받을 수 있다.

③ 간이과세자인 경우 영세율은 적용되나 면세는 적용되지 아니한다.

④ 2024년의 공급대가가 1억4백만원에 미달되는 경우 간이과세자에 관한 규정이 적용되는 기간은 2025년 1월 1일부터 2025년 12월 31일까지로 한다.

해설

① 「부가가치세법 시행령」 제109조 제2항에 따른 사업(간이과세자로 보지 아니하는 사업)을 신규로 겸영하여 일반과세자로 전환된 사업자로서 해당 연도 공급대가의 합계액이 1억4백만원 미만인 사업자가 해당 간이과세자로 보지 아니하는 사업을 폐지하는 경우에는 해당 사업의 폐지일이 속하는 연도의 다음 연도 **7월** 1일부터 간이과세자에 관한 규정을 적용한다.

③ 간이과세자인 경우에도 영세율과 **면세가 적용된다.**

④ 간이과세자에 관한 규정이 적용되거나 적용되지 않게 되는 기간은 해의 1월 1일부터 12월 31일까지의 공급대가의 합계액이 1억4백만원에 미달되거나 그 이상이 되는 해의 '다음 해의 7월 1일부터 그 다음 해의 6월 30일까지'로 한다.

따라서 2024년의 공급대가가 1억4백만원에 미달되는 경우 간이과세자에 관한 규정이 적용되는 기간은 **2025년 7월 1일부터 2026년 6월 30일까지**로 한다.

정답 ②

528

세법1 Link p.360, 384, 414, 446
오진다 Link p.219, 232, 248
출제 가능 지수 ■■■■■
난이도 ■■■■□

「부가가치세법」상 과세사업자에 관한 설명으로 옳은 것은?

① 일반과세자 중 모든 법인 사업자는 예정신고기간이 끝난 후 25일 이내에 각 예정신고기간에 대한 과세표준과 납부세액 또는 환급세액을 납세지 관할 세무서장에게 신고하여야 한다.

② 모든 일반과세자는 세금계산서를 발급하여야 하며, 영수증을 발급할 수 없다.

③ 일반과세자만 영세율을 적용받을 수 있으며, 간이과세자는 영세율을 적용받을 수 없다.

④ 일반과세자만 대손세액공제를 적용받을 수 있으며, 간이과세자는 대손세액공제를 적용받을 수 없다.

해설

① 직전 과세기간의 공급가액의 합계액이 **1억 5천만원 미만인 법인사업자**에 대하여는 각 사업장 관할 세무서장이 예정신고기간마다 납부세액을 결정하여 **납부고지서를 발부**한다(예정고지납부 적용).

② 주로 사업자가 아닌 자에게 재화 또는 용역을 공급하는 사업자로서 소매업, 음식업, 미용업. 등 **법에서 규정하는 사업을 하는 사업자**는 영수증을 발급하여야 한다.

③ 간이과세자도 일반과세자와 마찬가지로 **영세율과 면세를 적용받을 수 있다.**

정답 ④

CHAPTER
10   **간이과세**

529

다음 중 간이과세자가 될 수 없는 자는 몇 명인가?

세법1 Link   p.444-445
오진다 Link   p.265-266
출제 가능 지수 ■■■■■
난이도   ■■■■■

> ㄱ. 변리사업을 영위하는 개인사업자로서 직전연도의 공급대가가 6,000만원인 자
>
> ㄴ. 음식점업을 영위하는 개인사업자로서 직전연도의 공급대가가 1억 1,000만원인 자
>
> ㄷ. 부동산임대업을 영위하는 개인사업자로서 직전연도의 공급대가가 6,000만원인 자
>
> ㄹ. 광고업을 영위하는 개인사업자로서 직전연도의 공급대가가 4,000만원인 자
>
> ㅁ. 출판업을 영위하는 법인사업자로서 직전연도의 공급대가가 4,500만원인 자

① 1명   ② 2명   ③ 3명   ④ 4명

해설

- ㄱ. **변리사업 등 일정한 전문자격사업**은 간이과세 적용 배제 업종이다.
- ㄴ. 직전 연도의 공급대가가 **1억4백만원 이상**이므로 적용배제된다.
- ㄷ. **부동산임대업은 4,800만원**이 기준금액이다.
- ㅁ. **법인사업자**는 간이과세를 적용받을 수 없다.   정답 ④

530

「부가가치세법」상 간이과세에 대한 설명으로 옳지 않은 것은?

세법1 Link   p.444, 447-
448, 460

오진다 Link   p.267-268,
272, 277

출제 가능 지수 ■■■■□

난이도 ■■■□□

① 간이과세는 직전 연도의 재화와 용역의 공급대가의 합계액이 1억4백만원에 미달하는 개인사업자를 대상으로 적용한다. 다만, 간이과세가 적용되지 아니하는 다른 사업장을 보유하고 있는 사업자 또는 법에서 정하는 사업자, 재화의 공급으로 보지 않는 사업의 양도에 따라 일반과세자로부터 양수한 사업자(사업을 양수한 이후 공급대가의 합계액이 1억4백만원에 미달하는 경우 제외), 둘 이상의 사업장이 있는 경우 그 둘 이상의 사업장의 공급대가 합계액이 1억4백만원 이상인 사업자의 경우에는 간이과세자로 보지 아니한다.

② 간이과세자는 과세기간의 과세표준과 납부세액을 그 과세기간이 끝난 후 25일(폐업하는 경우에는 폐업일이 속한 달의 다음 달 25일) 이내에 사업장 관할 세무서장에게 확정신고를 하고 납세지 관할 세무서장 등에 납부하여야 한다.

③ 일반과세자가 간이과세자로 변경되면 변경 당시의 재고품, 건설중인자산 및 감가상각자산(매입세액을 공제하지 아니한 경우도 포함)에 대하여 대통령령으로 정하는 바에 따라 계산한 금액을 납부세액에 더하여야 한다.

④ 간이과세자에서 일반과세자로 변경되어 간이과세가 적용되지 않게 되는 사업자에 대하여는 그 통지를 받은 날이 속하는 과세기간까지는 간이과세를 적용한다.

해설

③ 일반과세자가 간이과세자로 변경되면 변경 당시의 재고품, 건설중인자산 및 감가상각자산(**매입세액을 공제받은 경우만 해당하되, 재화의 공급으로 보지 아니한 사업양도에 의하여 사업양수자가 양수한 자산으로서 사업양도자가 매입세액을 공제받은 재화를 포함**)에 대하여 대통령령으로 정하는 바에 따라 계산한 금액을 납부세액에 더하여야 한다.   정답 ③

531

「부가가치세법」상 간이과세에 대한 설명으로 옳지 않은 것은?

세법1 Link   p.447, 449,
454

오진다 Link   p.267-269,
272

출제 가능 지수 ■■■■□

난이도 ■■■□□

① 음식점업을 영위하는 간이과세자가 일반과세자에 관한 규정을 적용받는 도매업 사업장을 신규로 개설하는 경우에는 해당 사업개시일이 속하는 과세기간의 다음 과세기간부터 음식점업 사업장도 간이과세를 적용하지 아니한다.

② 저장품에 해당하는 재고자산은 재고납부세액의 적용대상자산이 아니다.

③ 간이과세자가 2024년 1월 31일에 간이과세포기신고를 하는 경우에는 2024년 2월 1일부터 일반과세자가 된다.

④ 음식점업을 영위하는 일반과세자가 직전 연도의 공급대가가 1억4백만원에 미달하여 간이과세자로 전환하게 되는 경우, 관할 세무서장으로부터 과세유형의 전환에 관한 통지를 받은 날이 속하는 과세기간까지는 일반과세를 적용한다.

해설

④ 일반과세자가 간이과세자로 전환되는 경우에는 **통지와 관계없이** 전환시기에 간이과세자에 대한 규정이 적용된다. ← 다만, 부동산임대업을 영위하는 사업자의 경우에는 통지를 받은 날이 속하는 과세기간까지는 일반과세자에 관한 규정을 적용함 주의
정답 ④

532

「부가가치세법」상 간이과세에 관한 설명으로 옳지 않은 것은?

세법1 Link   p.446-447

오진다 Link   p.267, 271, 274

출제 가능 지수 ■■■■□

난이도 ■■■■■

① 2023년 1월 음식점을 개업한 개인사업자 대한씨(타사업장 없음)는 사업자등록을 하면서 간이과세 적용신고서를 제출하였다. 대한씨는 매출금액에 관계없이 2023년은 간이과세자 규정을 적용받는다.

② 사업개시일부터 간이과세를 적용받고 있는 간이과세자 민국씨는 2023년 과세기간에 대한 공급대가의 합계액이 4,300만원인 경우 2023년 부가가치세 납부세액의 납부의무를 면제받는다.

③ 2023년 납부의무가 면제되는 간이과세자 만세씨는 2023년 부가가치세 23,000원을 납부하였다. 이 경우 관할 세무서장은 납부금액에 대한 환급의무를 지지 아니한다.

④ 과세사업만을 영위하는 간이과세자 한국씨는 매입세액공제 대상 재화를 매입하면서 정상적인 세금계산서를 발급받아 해당 과세기간 신고를 하면서 매입처별 세금계산서합계표를 제출하였다. 이 경우 매입세금계산서상 공급대가에 0.5%를 곱한 금액을 납부세액에서 공제한다.

해설

③ 납부의무가 면제되는 사업자가 납부한 사실이 확인될 경우 관할 세무서장은 납부한 금액을 **환급하여야 한다**.

정답 ③

533

「부가가치세법」상 세액공제 및 신고 · 납부에 관한 설명으로 옳은 것은?

세법1 Link   p.302, 402, 419, 453

오진다 Link   p.184, 244, 252, 271

출제 가능 지수 ■■■□□

난이도 ■■■■■

① 간이과세자의 경우 해당 과세기간에 대한 부가가치세 납부세액이 4,800만원 미만인 경우 이를 납부하지 아니한다.

② 일반과세자 중 사업장을 기준으로 직전 사업연도 공급가액 합계액이 10억원 이하인 영수증 발급 대상 개인사업자가 부가가치세가 과세되는 재화·용역을 공급하고 신용카드매출전표를 발급한 경우에는 한도 없이 그 발급금액의 일정률을 공제한다.

③ 국내사업장이 없는 외국법인으로부터 용역 또는 권리를 공급받은 면세사업자는 그 대가를 지급하는 때에 부가가치세를 징수하여야 한다.

④ ㈜한국이 생산한 제품인 보온병을 직원에게 기념품으로 무상 지급하고 세금계산서를 발급하지 아니한 경우 세금계산서 불성실가산세가 적용된다.

해설

① 간이과세자의 경우 해당 과세기간에 대한 부가가치세 납부세액이 아니라 **공급대가의 합계액이 4,800만원 미만**인 경우 납부세액의 납부의무를 면제한다.

② 일반과세자 중 사업장을 기준으로 직전 사업연도 공급가액 합계액이 10억원 이하인 영수증 발급 대상 개인사업자가 부가가치세가 과세되는 재화·용역을 공급하고 신용카드매출전표를 발급한 경우에는 **그 발급금액의 일정률을 곱한 금액을 연 1,000만원 한도**로 납부세액에서 공제한다.

④ ㈜한국이 생산한 제품인 보온병을 직원에게 기념품으로 무상 지급한 경우 연간 10만원을 한도로 재화의 공급으로 보지 아니하며, 10만원을 초과하는 경우 해당 초과액에 대해서는 재화의 공급으로 보나 개인적 공급에 해당하므로 세금계산서 발급의무가 면제된다. 따라서 세금계산서를 발급하지 않더라도 **세금계산서 불성실가산세가 적용되지 아니한다**.

정답 ③

534

「부가가치세법」상 간이과세에 관한 설명으로 옳지 않은 것은?

① 간이과세자의 납부세액을 계산하는 경우 적용되는 업종별 부가가치율은 직전 3년간 신고된 업종별 평균 부가가치율 등을 고려하여 100분의 5에서 100분의 50의 범위 안에서 정해진다.

② 일반과세자가 간이과세자로 변경되는 경우에는 해당 변경 당시의 재고품 및 감가상각자산(매입세액을 공제받은 경우에 한한다)에 대하여 법령이 정하는 바에 따라 계산한 금액을 납부세액에 가산하여야 한다.

③ 직전 연도 공급대가의 합계액이 1억4백만원 미만인 부동산 임대업사업자는 간이과세를 적용할 수 있다.

④ 간이과세자 또는 간이과세자에 관한 규정을 적용받게 되는 일반과세자가 일반과세자에 관한 규정을 적용받고자 하는 경우에는 그 적용을 받고자 하는 달의 전달 마지막 날까지 간이과세 포기신고서를 납세지 관할 세무서장에게 신고하여야 한다.

> **해설**
>
> ③ 직전 연도 공급대가의 합계액이 **4,800만원** 이상인 부동산 임대업사업자는 간이과세를 적용할 수 없다.
>
> 정답 ③

세법1 Link p.445, 449, 452, 455

오진다 Link p.265, 269, 271-272

출제 가능 지수

난이도

535

「부가가치세법」상 일반과세자와 간이과세자에 대한 설명으로 옳지 않은 것은 몇 개인가?

> ㄱ. 일반과세자는 해당 과세기간의 공급가액을 합한 금액이 과세표준인데 비하여, 간이과세자는 해당 과세기간의 공급대가를 합한 금액이 과세표준이다.
>
> ㄴ. 소매업 등 일부 업종을 제외한다면 일반과세자는 직전 연도 공급대가와 관계없이 세금계산서 발급 의무가 있는데 비하여, 간이과세자는 직전 연도 공급대가가 4,800만원에 미달하는 경우 세금계산서 발급의무가 없다.
>
> ㄷ. 면세농산물을 매입하여 과세사업의 원재료로 사용하는 경우 일반과세자는 의제매입세액공제를 적용받을 수 있지만, 간이과세자는 의제매입세액공제를 적용받을 수 없다.
>
> ㄹ. 매입처별세금계산서합계표를 제출한 경우 일반과세자는 매입세액을 전액 공제하는데 비하여, 간이과세자는 기재된 매입세액의 일정 비율에 상당하는 금액을 납부세액에서 공제한다.
>
> ㅁ. 일반과세자는 「부가가치세법」상 모든 가산세를 적용하는데 비하여, 간이과세자는 미등록가산세, 신고관련가산세 및 납부지연가산세만 적용한다.

① 0개   ② 1개   ③ 2개   ④ 3개

> **해설**
>
> ㅁ. 간이과세자의 경우 미등록가산세, 신고관련가산세, 납부지연가산세뿐만 아니라 **세금계산서불성실 가산세, 매출처별세금계산서합계표불성실 가산세 및 전자세금계산서 발급명세전송불성실 가산세도 적용**된다.
>
> 정답 ②

세법1 Link p.393, 444, 446, 458

오진다 Link p.237, 266-267, 275, 277

출제 가능 지수

난이도

536

「부가가치세법」상 간이과세에 대한 설명으로 가장 옳지 않은 것은?

세법1 Link p.446, 453
오진다 Link p.266-267, 271
출제 가능 지수
난이도

① 일반과세자가 직전 연도의 공급대가가 1억4백만원에 미달하여 간이과세자로 변경되는 경우로서 간이과세자로 변경된 날이 속하는 과세기간에 대한 공급대가의 합계액을 12개월로 환산한 금액이 4,800만원에 미달하는 경우에는 해당 변경 당시의 재고품 및 감가상각자산(매입세액을 공제받은 경우에 한함)에 대한 재고납부세액의 납부의무가 면제된다.

② 간이과세자도 「부가가치세법」상 사업개시일부터 20일 이내에 사업자등록의무가 있다.

③ 확정신고의 내용에 오류가 있어 사업장 관할 세무서장이 결정 또는 경정한 공급대가가 1억4백만원 이상인 개인사업자는 그 결정 또는 경정한 날이 속하는 과세기간까지 간이과세자로 본다.

④ 사업자등록을 하지 아니한 개인사업자로서 사업을 개시한 날이 속하는 연도에 있어서 공급대가의 합계액이 1억4백만원에 미달하는 경우에는 최초의 과세기간에 있어서 간이과세자로 한다.

해설

① 간이과세자의 해당 과세기간의 공급대가가 4,800만원 미만인 경우에는 해당 과세기간에 대한 납부세액의 납부의무를 면제한다. 이 경우 가산세는 면제대상에 포함하지만, **재고납부세액은 면제대상에 포함되지 않으므로 납부할 의무가 있다.**

정답 ①

537

다음 중 「부가가치세법」상 간이과세자에 대한 설명으로 옳지 않은 것은?

세법1 Link p.448-449, 457-458
오진다 Link p.269, 274-275
출제 가능 지수
난이도

① 간이과세자가 세금계산서를 발급하여야 하는 사업자로부터 재화 또는 용역을 공급받고 세금계산서를 발급받지 아니한 경우(영수증을 발급하여야 하는 기간에 세금계산서를 발급받지 아니한 경우는 제외)에는 그 공급대가의 0.5%를 가산세로 부과한다.

② 일반과세자에서 간이과세자로 과세유형의 전환은 과세유형 전환에 관한 통지를 요건으로 한다.

③ 간이과세자가 과세사업과 관련하여 다른 사업자로부터 세금계산서를 발급받아 매입처별세금계산서합계표를 제출하는 경우 공급대가에 0.5%를 곱한 금액을 납부세액에서 공제한다.

④ 신규로 사업을 시작하는 개인사업자가 사업자등록을 신청할 때 납세지 관할 세무서장에게 간이과세자에 관한 규정의 적용을 포기하고 일반과세자에 관한 규정을 적용받으려고 신고한 경우에는 일반과세 규정을 적용받을 수 있다.

해설

② 일반과세자에서 간이과세자로 과세유형의 전환은 **변경통지와 관계없이** 간이과세자에 대한 규정을 적용한다. 다만, 부동산임대업을 경영하는 경우에는 간이과세자로 변경 시 거액의 재고납부세액을 납부하기 때문에, 이러한 세부담을 고려하여 변경통지를 받은 날이 속하는 과세기간까지는 일반과세자에 관한 규정을 적용한다.

정답 ②

538

「부가가치세법」상 간이과세제도에 대한 설명으로 옳지 않은 것은?

세법1 Link   p.445, 448, 450, 453
오진다 Link   p.265, 269-270
출제 가능 지수 ▦▦▦▦□
난이도 ▦▦▦▦□

① 부동산매매업을 영위하는 사업자는 직전 연도의 공급대가가 4,800만원 미만인 경우에는 간이과세자가 될 수 있다.

② 간이과세를 포기한 개인사업자는 그 적용받고자 하는 달의 1일(신규사업자의 경우에는 사업개시일이 속하는 달의 1일)부터 3년이 되는 날이 속하는 과세기간까지는 원칙적으로 간이과세를 적용받을 수 없다.

③ 간이과세자에 대한 납부의무의 면제 여부를 판단할 때 해당 과세기간에 신규로 사업을 시작한 간이과세자는 그 사업 개시일부터 그 과세기간 종료일까지의 공급대가의 합계액을 12개월로 환산한 금액을 기준으로 하며, 1개월 미만의 끝수가 있으면 1개월로 한다.

④ 간이과세자의 직전 연도의 공급대가가 1억4백만원 이상이 되어 일반과세자의 기준에 해당하더라도 관할 세무서장으로부터 일반과세자로 전환된 사실의 통지가 없는 때에는 그 통지를 받은 과세기간까지는 간이과세자에 관한 규정을 적용한다.

해설

① 부동산매매업을 영위하는 사업자는 직전 연도의 **공급대가의 크기에 관계없이 간이과세자가 될 수 없다.**

정답 ①

539

「부가가치세법」상 신고 및 납부에 관한 설명으로 옳지 않은 것은?

세법1 Link   p.414, 418, 430, 459
오진다 Link   p.248, 251, 259, 277
출제 가능 지수 ▦▦▦▦□
난이도 ▦▦▦▦□

① 국세청장은 간편사업자등록을 한 자가 국내에서 폐업한 경우(간편사업자가 정당한 사유 없이 계속하여 둘 이상의 과세기간에 부가가치세를 신고하지 않는 경우 등 사실상 폐업한 경우로서 법으로 정하는 경우를 포함)에는 간편사업자등록을 직권으로 말소할 수 있다.

② 일반과세자인 개인사업자가 사업부진으로 인하여 예정신고기간의 공급가액이 직전 과세기간 공급가액의 3분의 1에 미달하여 예정신고납부를 한 경우에는 예정고지세액의 결정은 없었던 것으로 본다.

③ 납부유예받은 중소·중견사업자는 납세지 관할 세무서장에게 예정신고 또는 확정신고 등을 할 때 그 납부유예된 세액을 정산하거나 납부해야 한다. 이 경우 납세지 관할 세무서장에게 납부한 세액은 세관장에게 납부한 것으로 본다.

④ 간이과세자는 사업부진으로 인하여 예정부과기간의 공급대가의 합계액이 직전 과세기간의 공급대가 합계액의 3분의 1에 미달하여도 예정부과기간의 과세표준과 납부세액을 예정부과 기한까지 사업장 관할 세무서장에 신고할 수 없다.

해설

④ 간이과세자라고 할지라도 휴업 또는 사업부진 등으로 인하여 예정부과기간의 공급대가 또는 납부세액이 직전 과세기간의 공급대가 또는 납부세액의 3분의 1에 미달하는 경우에는 예정부과기간의 과세표준과 납부세액을 예정부과기한까지 사업장 관할 세무서장에게 **신고할 수 있다.**

정답 ④

540

「부가가치세법」상 간이과세제도에 관한 설명으로 옳지 않은 것은?

세법1 Link p.445, 452, 460

오진다 Link p.265-266, 271, 277

출제 가능 지수 ■■■■□

난이도 ■■■■□

① 과자점업만을 영위하는 개인사업자로서 직전 연도의 공급대가의 합계액이 1억4백만원에 미달하는 경우에는 간이과세를 적용받을 수 있다.

② 광업 또는 부동산매매업을 영위하는 개인사업자의 경우에는 직전 연도의 공급대가의 합계액에 관계없이 간이과세를 적용받을 수 없다.

③ 간이과세자는 발급하거나 발급받은 세금계산서에 대한 매출·매입처별세금계산서합계표를 해당 확정신고와 함께 제출하여야 한다.

④ 간이과세자의 해당 과세기간에 대한 공급대가가 4,800만원 미만인 경우에는 그 과세기간의 공급대가에 해당 업종의 부가가치율을 곱한 금액의 100분의 10에 상당하는 납부세액과 납부세액에 더하여야 할 재고매입세액의 납부의무를 면제한다.

해설

④ 간이과세자의 해당 과세기간의 공급대가가 4,800만원 미만인 경우에는 해당 과세기간에 대한 납부세액의 **납부의무를 면제**한다. ← 이 경우 재고납부세액은 면제대상에 포함되지 않으므로 납부할 의무가 있음 주의

정답 ④

541

「부가가치세법」상 간이과세자가 일반과세자로 변경되는 경우의 설명으로 옳지 않은 것은?

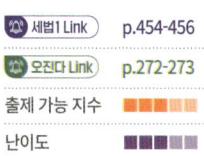

세법1 Link p.454-456

오진다 Link p.272-273

출제 가능 지수 ■■■■□

난이도 ■■■■□

① 일반과세자로 전환하는 경우에는 그 변경되는 날 현재의 재고품 및 감가상각자산을 변경되는 날의 직전 과세기간에 대한 확정신고와 함께 각 사업장 관할 세무서장에게 신고하여야 한다.

② 일반과세자로 전환하는 경우에 재고매입세액공제 대상 중 건물·구축물 이외의 감가상각자산(매입세액공제대상인 것에 한한다)은 취득, 제작 후 2년 이내의 것으로 한다.

③ 신고를 받은 관할 세무서장이 공제될 재고매입세액을 신고기한 경과 후 20일 이내에 해당 사업자에게 통지하지 않은 때에는 해당 사업자가 신고한 재고금액을 승인한 것으로 본다.

④ 재고매입세액은 그 승인을 얻은 날이 속하는 예정신고기간 또는 과세기간의 매출세액에서 공제한다.

해설

③ 신고기한 경과 후 **1개월 이내**에 승인통지를 하지 않은 경우에 해당 사업자가 신고한 재고금액을 승인한 것으로 본다.

정답 ③

542

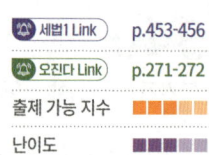
세법1 Link　　p.453-456
오진다 Link　　p.271-272
출제 가능 지수 ■■■■□
난이도　　　■■■■□

「부가가치세법」상 일반과세자가 간이과세자로 변경되는 경우의 설명으로 옳지 않은 것은?

① 간이과세자로 전환되는 경우 그 변경일 현재의 재고품 및 감가상각자산을 변경되는 날의 직전
　과세기간에 대한 확정신고와 함께 신고하여야 하며, 신고를 받은 관할 세무서장은 간이과세자
　로 변경된 날로부터 90일 이내에 재고납부세액을 통지하여야 한다.

② 간이과세자로 변경된 날의 재고품 등의 금액은 장부 또는 세금계산서에 의하여 확인되는 해당
　재고품 등의 취득가액으로 하며, 장부 또는 세금계산서가 없거나 장부에 기록이 누락된 경우
　해당 재고품 등의 가액은 시가에 따른다.

③ 간이과세자로 변경된 날이 속하는 과세기간(7월 1일부터 12월 31일까지)의 공급대가가 3,000
　만원인 경우에는 납부세액의 납부의무를 면제한다.

④ 간이과세자가 납부의무를 면제받는 경우에 해당하더라도 재고납부세액은 납부하여야 한다.

해설

③ 과세기간의 공급대가를 12개월로 환산하게 되면 다음과 같다.

$$3{,}000만원 \times \frac{12월}{6월} = 6{,}000만원$$

환산금액이 4,800만원을 초과하므로 **납부의무는 면제되지 않는다.**　　　　　　　정답 ③

CHAPTER 10

간이과세

543

제조업을 영위하는 A는 「부가가치세법」상 간이과세자에 해당한다. 다음 자료를 이용하여 2023년 부가가치세 확정신고 시 A의 차가감납부세액을 계산하면 얼마인가?

세법1 Link p.452, 457
오진다 Link p.271-273
출제 가능 지수 ■■■□□
난이도 ■■■■□

가. 과세분 공급대가 60,000,000원	
나. 매입세액: 2,000,000원(세금계산서 수령분)	
다. 제조업의 업종별 부가가치율: 20%	
라. 확정신고는 서면으로 신고함	

① 1,090,000원　　　② 1,100,000원　　　③ 1,190,000원　　　④ 1,200,000원

해설

A의 차가감납부세액은 다음과 같다.

납부세액 = 60,000,000원 × 20% × 10%	=	1,200,000원
공제세액 = 22,000,000원[*1] × 0.5%	=	(110,000원)
차가감납부세액	=	**1,090,000원**

[*1] 매입세금계산서 등에 대한 수취세액공제는 '세금계산서 등을 발급받은 공급대가'의 0.5%의 금액으로 한다. 매입세액이 2,000,000원이므로 공급대가는 $2,000,000원 \times \dfrac{110}{10} = 22,000,000원$이다.　　　정답 ①

제 **5** 편

법인세법

CHAPTER

CHAPTER 01 총칙

544

「법인세법」상 납세의무자와 과세소득의 범위에 관한 설명으로 옳은 것은?

① 내국법인 중 국가와 지방자치단체는 그 소득에 대한 법인세를 납부할 의무가 있다.

② 비영리내국법인은 청산소득에 대한 법인세를 납부할 의무가 있다.

③ 영리외국법인은 토지 등 양도소득에 대한 법인세 납세의무는 없지만 청산소득에 대한 법인세 납세의무는 있다.

④ 비영리내국법인은 주식·신주인수권 또는 출자지분의 양도로 인한 수입에 대하여 법인세 납세의무가 있다.

해설

① 내국법인 중 국가와 지방자치단체는 그 소득에 대한 법인세를 납부할 의무가 **없다**.

② 청산소득에 대한 법인세의 납세의무를 지는 것은 **영리내국법인**뿐이다.

③ 영리외국법인은 토지 등 양도소득에 대한 법인세 납세의무는 **있지만** 청산소득에 대한 법인세 납세의무는 **없다**.   정답 ④

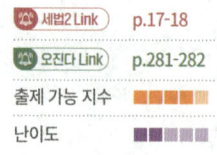

세법2 Link   p.17-18
오진다 Link   p.281-282
출제 가능 지수 ■■■■□
난이도   ■■■□□

545

「법인세법」에 따른 납세의무로 옳은 것은?

① 연결법인은 각 연결사업연도의 소득에 대한 법인세(각 연결법인의 토지 등 양도소득에 대한 법인세와 미환류소득에 대한 법인세 제외)를 연대하여 납부할 의무가 있다.

② 법인세 납세지는 본점 또는 주사무소이며 구분할 수 없는 경우 주된 자산 소재지로 구분한다.

③ 내국법인 중 국가 또는 지방자치단체는 토지 등 양도소득에 대한 법인세 납세의무를 진다.

④ 재산의 처분 등에 따라 법인과세 수탁자가 법인과세 신탁재산의 재산으로 그 법인과세 신탁재산에 부과되거나 그 법인과세 신탁재산이 납부할 법인세 및 강제징수비를 충당하여도 부족한 경우에는 그 신탁의 수익자(신탁이 종료되어 신탁재산이 귀속되는 자를 포함)는 분배받은 재산가액 및 이익을 한도로 그 부족한 금액에 대하여 제2차 납세의무를 진다.

해설

① 연결법인은 각 연결사업연도의 소득에 대한 법인세(각 연결법인의 토지 등 양도소득에 대한 법인세와 미환류소득에 대한 법인세 **포함**)를 연대하여 납부할 의무가 있다.

② 법인세 납세지는 본점 또는 주사무소이며 구분할 수 없는 경우 **사업의 실질적 관리장소**로 구분한다.

③ 내국법인 중 국가와 지방자치단체(지방자치단체조합을 포함)는 그 소득에 대한 법인세를 **납부할 의무가 없다**.   정답 ④

세법2 Link   p.17, 19, 24
오진다 Link   p.282-283, 287
출제 가능 지수 ■■■■□
난이도   ■■■□□

546

「법인세법」상 사업연도와 납세지에 관한 설명이다. 옳은 것은?

세법2 Link p.21, 23, 27
오진다 Link p.284-286, 288
출제 가능 지수 ■■■■□
난이도 ■■■■□

① 사업연도를 변경하려는 법인은 그 법인의 직전 사업연도 종료일부터 1개월 이내에 납세지 관할 세무서장에게 이를 신고하여야 한다.

② 국내사업장이 없는 외국법인으로서 「법인세법」 제93조 7호에서 규정하는 자산·권리를 양도함으로써 발생하는 소득이 있는 법인은 따로 사업연도를 정하여 그 소득이 최초로 발생하게 된 날부터 1개월 이내에 납세지 관할 세무서장에게 사업연도를 신고하여야 한다.

③ 내국법인이 사업연도 중에 「상법」의 규정에 따라 조직변경을 한 경우에는 그 사업연도 개시일부터 조직변경일까지의 기간과 조직변경일의 다음 날부터 그 사업연도 종료일까지의 기간을 각각 1사업연도로 본다.

④ 법인은 납세지가 변경된 경우에는 그 변경된 날부터 10일 이내에 변경 후의 납세지 관할 세무서장에게 이를 신고하여야 한다.

해설

① 사업연도를 변경하려는 법인은 그 법인의 직전 사업연도 종료일부터 **3개월** 이내에 납세지 관할 세무서장에게 이를 신고하여야 한다.

③ 내국법인이 사업연도 중에 「상법」 및 기타 법령에 의하여 따른 조직변경을 한 경우에는 **조직변경 전의 사업연도가 계속되는 것**으로 본다.

④ 법인은 납세지가 변경된 경우에는 그 변경된 날부터 **15일** 이내에 변경 후의 납세지 관할 세무서장에게 이를 신고하여야 한다.

정답 ②

547

「법인세법」상 납세지에 대한 설명으로 옳은 것은?

세법2 Link p.25-27
오진다 Link p.287-288
출제 가능 지수 ■■■■□
난이도 ■■□□□

① 내국법인의 본점 등의 소재지가 자산 또는 사업장과 분리되어 있어 조세포탈의 우려가 있다고 인정되는 경우 관할 세무서장은 그 법인의 납세지를 지정할 수 있다.

② 외국법인도 납세지가 변경된 경우에는 납세지 변경신고를 하여야 하며, 외국법인이 납세지를 국내에 가지지 아니하게 된 경우에는 그 사실을 납세지 관할 세무서장에게 신고하여야 한다.

③ 법인세에 대한 원천징수의무자가 거주자인 경우 원천징수한 법인세의 납세지는 사업장의 유무에 상관없이 해당 거주자의 주소지 또는 거소지로 한다.

④ 법인과세 신탁재산의 법인세 납세지는 그 법인과세 위탁자의 납세지로 한다.

해설

① 내국법인의 본점 등의 소재지가 자산 또는 사업장과 분리되어 있어 조세포탈의 우려가 있다고 인정되는 경우 관할 **지방국세청장이나 국세청장**은 그 법인의 납세지를 지정할 수 있다.

③ 원천징수하는 자가 거주자인 경우에는 그 거주자의 주된 사업장 소재지를 납세지로 한다. 다만, 주된 사업장 외의 사업장에서 원천징수를 하는 경우에는 그 사업장의 소재지, **사업장이 없는 경우에는 그 거주자의 주소지 또는 거소지**로 한다.

④ 법인과세 신탁재산의 법인세 납세지는 그 법인과세 **수탁자**의 납세지로 한다.

정답 ②

548

「법인세법」 총칙의 내용에 관한 설명으로 옳은 것은?

세법2 Link p.18, 22, 26

오진다 Link p.282, 285, 287-288

출제 가능 지수 ■■■■■

난이도 ■■■■■

① 법인의 지점·영업소 또는 그 밖의 사업장이 독립채산제에 의해 독자적으로 회계사무를 처리하는 경우에는 그 사업장의 소재지(그 사업장의 소재지가 국외에 있는 경우를 포함)를 납세지로 한다.

② 신탁재산에 귀속되는 소득에 대해서는 그 신탁의 이익을 받을 수익자가 그 신탁재산을 가진 것으로 보고 「법인세법」을 적용하는 것을 원칙으로 한다.

③ 사업연도가 변경된 경우 종전 사업연도 개시일부터 변경된 사업연도 개시일까지의 기간이 1월 미만인 경우에는 이를 변경된 사업연도에 포함한다.

④ 법인이 사업연도 중에 합병으로 인하여 소멸한 경우에 피합병법인의 각사업연도의 소득에 대한 법인세 납세지는 합병법인의 납세지로 할 수 있다. 이 경우 합병등기일부터 20일 이내에 변경 후 관할 세무서장에게 납세지의 변경을 신고해야 한다.

해설

① 법인의 지점·영업소 또는 그 밖의 사업장이 독립채산제에 의해 독자적으로 회계사무를 처리하는 경우에는 그 사업장의 소재지(그 사업장의 소재지가 국외에 있는 경우는 **제외**)를 납세지로 한다.

③ 사업연도가 변경된 경우 종전 사업연도 개시일부터 변경된 사업연도 개시일의 **전일까지의** 기간이 1월 미만인 경우에는 이를 변경된 사업연도에 포함한다.

④ 법인이 사업연도 중에 합병으로 인하여 소멸한 경우에 피합병법인의 각사업연도의 소득에 대한 법인세 납세지는 합병법인의 납세지로 할 수 있다. 이 경우 합병등기일부터 **15일** 이내에 변경 후 관할 세무서장에게 납세지의 변경을 신고해야 한다.

정답 ②

CHAPTER 01 총칙

549

신탁계약에 적용되는 소득세와 법인세 납세의무에 대한 설명으로 옳은 것은?

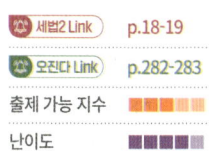

세법2 Link　p.18-19
오진다 Link　p.282-283
출제 가능 지수　■■■■□
난이도　■■■■■

① 법인과세 신탁재산이 수익자에게 배당한 경우(수익자에 대하여 배당에 대한 소득세 또는 법인세가 비과세되는 경우임)에는 그 금액을 해당 배당을 결의한 잉여금 처분의 대상이 되는 사업연도의 소득금액에서 공제한다.

② 신탁재산 원본을 받을 권리에 대한 수익자는 위탁자로, 수익을 받을 권리에 대한 수익자는 위탁자의 지배주주 등의 배우자 또는 생계를 같이 하는 직계존비속으로 설정한 신탁의 경우에는 신탁재산에 귀속되는 소득에 대하여 그 신탁의 수탁자가 법인세를 납부할 의무가 있다.

③ 「신탁법」에 따른 목적신탁 등으로서 법령으로 정하는 요건을 충족하는 신탁(「자본시장과 금융투자업에 관한 법률」에 따른 투자신탁 및 「소득세법」에 따른 비금전 신탁 수익증권이 발행된 신탁은 제외)의 경우에는 신탁재산에 귀속되는 소득에 대하여 신탁계약에 따라 그 신탁의 수익자 중 수익비율이 가장 많은 수익자(대표수익자)로 신고한 자가 법인세를 납부할 의무가 있다.

④ 위탁자가 신탁을 해지할 수 있는 권리 등 신탁재산을 실질적으로 지배·통제하는 신탁의 경우에는 신탁재산에 귀속되는 소득에 대하여 그 신탁의 위탁자가 법인세를 납부할 의무가 있다.

해설

① 법인과세 신탁재산이 수익자에게 배당한 경우(수익자에 대하여 배당에 대한 소득세 또는 법인세가 비과세되는 경우 **제외**)에는 그 금액을 해당 배당을 결의한 잉여금 처분의 대상이 되는 사업연도의 소득금액에서 공제한다.

② 신탁재산 원본을 받을 권리에 대한 수익자는 위탁자로, 수익을 받을 권리에 대한 수익자는 위탁자의 지배주주 등의 배우자 또는 생계를 같이 하는 직계존비속으로 설정한 신탁의 경우에는 신탁재산에 귀속되는 소득에 대하여 그 신탁의 **위탁자**가 법인세를 납부할 의무가 있다.

③ 「신탁법」에 따른 목적신탁 등으로서 법령으로 정하는 요건을 충족하는 신탁(「자본시장과 금융투자업에 관한 법률」에 따른 투자신탁 및 「소득세법」에 따른 비금전 신탁 수익증권이 발행된 신탁은 제외)의 경우에는 신탁재산에 귀속되는 소득에 대하여 **그 신탁의 수탁자(내국법인 또는 「소득세법」에 따른 거주자인 경우에 한정)**가 법인세를 납부할 의무가 있다. ← [비교] 하나의 법인과세 신탁재산에 둘 이상의 수탁자가 있는 경우 수탁자 중 신탁사무를 주로 처리하는 수탁자(대표수탁자)로 신고한 자가 법인과세 신탁재산에 귀속되는 소득에 대하여 법인세를 납부하여야 함　　정답 ④

550

「법인세법」상 법인과세 신탁재산에 관한 설명으로 옳지 않은 것은?

세법2 Link p.19-20, 26, 57

오진다 Link p.283, 288, 308

출제 가능 지수 ■■■■□

난이도 ■■■■□

① 법인과세 신탁재산의 법인세 납세지는 그 법인과세 수탁자의 납세지로 한다.
② 하나의 법인과세 신탁재산에 「신탁법」에 따라 둘 이상의 수탁자가 있는 경우에는 수탁자 중 신탁사무를 주로 처리하는 수탁자로 신고한 자가 법인과세 신탁재산에 귀속되는 소득에 대하여 법인세를 납부하여야 한다.
③ 지급한 배당에 대하여 소득공제를 적용받는 법인과세 신탁재산으로부터 받은 수입배당금에 대하여는 내국법인 수입배당금액의 익금불산입 규정을 적용하지 않는다.
④ 법인과세 신탁재산은 설립일로부터 1개월 이내에 법인설립신고서를 납세지 관할 세무서장에게 신고하여야 한다.

해설

④ 법인과세 신탁재산은 설립일로부터 **2개월** 이내에 법인설립신고서를 납세지 관할 세무서장에게 신고하여야 한다.

정답 ④

551

「법인세법」상 과세소득의 범위에 관한 설명으로 옳지 않은 것은?

세법2 Link p.16-17, 246

오진다 Link p.282, 397

출제 가능 지수 ■■■■□

난이도 ■■■■■

① 영리목적 유무에 불구하고 모든 내국법인은 청산소득에 대하여 법인세 납세의무가 있다.
② 외국법인은 비사업용토지의 양도소득에 대하여 법인세 납세의무가 있다.
③ 영리내국법인이 해산(합병이나 분할에 의한 해산 제외)한 경우 그 청산소득의 금액은 그 법인의 해산에 의한 잔여재산의 가액에서 해산등기일 현재의 자기자본의 총액(자본금 또는 출자금과 잉여금의 합계액)을 공제한 금액으로 한다.
④ 비영리내국법인은 주식의 양도로 인하여 생기는 수입에 대하여 법인세 납세의무가 있다.

해설

① 청산소득에 대한 납세의무를 지는 것은 영리내국법인에 국한되며, **비영리내국법인**과 외국법인은 **납세의무를 지지 않는다.**

정답 ①

552

「법인세법」상 납세의무와 사업연도에 관한 설명으로 옳지 않은 것은?

세법2 Link   p.15-16,
             20-21
오진다 Link   p.281-285
출제 가능 지수 ■■■■
난이도   ■■■■

① 법령이나 정관 등에 사업연도에 관한 규정이 없는 내국법인은 따로 사업연도를 정하여 「법인세법」상 법인설립신고 또는 사업자등록과 함께 납세지 관할 세무서장에게 사업연도를 신고하여야 한다.

② 사업연도를 변경하려는 법인은 그 법인의 직전 사업연도 종료일부터 3개월 이내에 납세지 관할 세무서장에게 신고하여야 한다.

③ 학술, 종교, 자선 등 영리 아닌 사업을 목적으로 설립된 비영리내국법인이라 하더라도 해당 법인의 수익사업에서 생기는 소득에 대해서는 각 사업연도의 소득에 대한 법인세 납세의무를 진다.

④ 외국에서 주된 영업을 하는 영리법인은 국내에 본점이나 주사무소 또는 사업의 실질적 관리장소를 두고 있다 하더라도 내국법인으로 분류될 수 없다.

해설

④ 외국에서 주된 영업을 하는 영리법인이라도 본점이나 주사무소 또는 사업의 실질적 관리장소가 국내에 있는 경우라면 **내국법인으로 분류된다**.   정답 ④

553

다음 중 법인세에 대한 설명으로 옳지 않은 것은?

세법2 Link   p.15, 17
오진다 Link   p.281-282
출제 가능 지수 ■■■■
난이도   ■■■■■

① 토지등 양도소득에 대한 법인세는 내국법인뿐만 아니라 외국법인도 납세의무를 진다.

② 영리내국법인이 국외 소재 부동산을 양도함으로 인해 발생한 소득에 대해서는 각사업연도소득에 대한 법인세 납세의무가 있다.

③ 외국의 지방자치단체가 국내에서 수익사업을 영위하는 경우 법인세 납세의무를 진다.

④ 내국법인 중 지방자치단체가 수익사업을 영위하여 획득한 소득에 대해서는 법인세 납세의무가 없으나, 토지등 양도소득에 대한 법인세에 대해서는 납세의무가 있다.

해설

④ 내국법인 중 국가 및 지방자치단체는 비과세법인이므로 **소득의 종류에 관계없이 법인세 납세의무가 없다**.   정답 ④

554

「법인세법」에 관한 다음 설명 중 옳은 것을 모두 묶은 것은?

세법2 Link p.15, 17, 23
오진다 Link p.281-282, 286
출제 가능 지수 ■■■■□
난이도 ■■■■■

> ㄱ. 영리외국법인은 청산소득에 대한 법인세 납세의무가 없다.
> ㄴ. 외국의 정부·지방자치단체는 각 사업연도의 소득, 청산소득에 대하여 납세의무를 지지 않는다.
> ㄷ. 외국법인이란 외국의 법률에 의하여 설립된 법인을 말한다.
> ㄹ. 청산 중에 있는 내국법인이 상법에 의하여 사업을 계속하는 경우에는 그 사업연도 개시일부터 사업연도 종료일까지의 기간을 1사업연도로 본다.

① ㄱ   ② ㄱ, ㄴ   ③ ㄴ, ㄷ   ④ ㄱ, ㄴ, ㄹ

해설

ㄴ. 외국의 정부지방자치단체는 비영리외국법인으로서 **국내원천 수익사업소득에 대하여 납세의무가 있다.**
ㄷ. 외국법인이란 **본점이나 주사무소 소재지가 해외인 법인**을 말하며, 본점이나 주사무소가 해외에 있는 경우라고 할지라도 사업의 실질적 관리장소가 국내에 있는 경우에는 내국법인에 해당한다.
ㄹ. 청산 중에 있는 법인이 사업을 계속하는 경우 **사업연도 개시일부터 계속등기일**(사실상 사업계속일)까지를 1사업연도로 하며, **계속등기일 다음 날부터 사업연도 종료일**까지를 1사업연도로 한다.　　　정답 ①

555

「법인세법」의 총칙에 관한 설명으로 옳지 않은 것은?

세법2 Link p.15, 17-18, 23
오진다 Link p.281-282, 286
출제 가능 지수 ■■■■□
난이도 ■■■■■

① 내국법인 중 국가와 지방자치단체에 대하여는 법인세를 부과하지 아니한다.
② 자산이나 사업에서 생기는 수입이 법률상 귀속되는 법인과 사실상 귀속되는 법인이 서로 다른 경우에는 그 수입이 사실상 귀속되는 법인에 대하여 「법인세법」을 적용한다.
③ 신탁재산(법인과세 신탁재산 제외)에 귀속되는 소득은 그 신탁의 이익을 받을 수익자가 특정된 경우 그 수익자가 그 신탁재산을 가진 것으로 보고 「법인세법」을 적용한다.
④ 둘 이상의 국내사업장이 있는 외국법인이 사업연도 중에 그 중 하나의 국내사업장을 가지지 아니하게 된 경우에는 국내에 다른 사업장을 계속하여 가지고 있더라도 그 사업연도 개시일부터 그 사업장을 가지지 아니하게 된 날까지의 기간을 그 법인의 1사업연도로 본다.

해설

④ 국내사업장이 있는 외국법인이 사업연도 중에 국내사업장을 가지지 아니하게 된 경우에는 그 사업연도 개시일부터 그 사업장을 가지지 아니하게 된 날까지의 기간을 그 법인의 1사업연도로 본다. 다만, **국내에 다른 사업장을 계속하여 가지고 있는 경우에는 그러하지 아니하다.**　　　정답 ④

556

「법인세법」에 관한 다음 설명 중 옳지 않은 것으로만 묶인 것은?

세법2 Link p.16, 24-26

오진다 Link p.282, 286-289

출제 가능 지수 ■■■■□

난이도 ■■■■□

> ㄱ. 국내사업장이 없는 외국법인으로서 부동산소득 또는 자산·권리양도 소득이 있는 외국법인의 경우에는 각각 그 자산의 소재지를 납세지로 하는데 이때 둘 이상의 자산이 있는 법인에 대하여는 국내원천소득이 발생하는 장소 중 해당 외국법인이 납세지로 신고하는 장소를 납세지로 한다.
>
> ㄴ. 학술, 종교, 자선 등 영리 아닌 사업을 목적으로 설립된 비영리내국법인이라 하더라도 해당 법인의 수익사업에서 생기는 소득에 대해서는 각 사업연도의 소득에 대한 법인세 납세의무를 진다.
>
> ㄷ. 법인이 사업연도 기간 중에 설립무효 또는 설립취소의 판결을 받은 경우에는 해당 사업연도 개시일로부터 확정판결일 전날까지를 1사업연도로 본다.
>
> ㄹ. 내국법인의 법인세 납세지는 그 법인의 등기부에 따른 본점이나 주사무소의 소재지로 한다. 다만, 법인으로 보는 단체의 경우에는 해당 단체가 신고하는 장소로 하고 신고가 없는 경우 관할 세무서장이 정하는 장소로 한다.
>
> ㅁ. 관할 지방국세청장이나 국세청장이 납세지를 지정하는 경우 그 법인의 해당 사업연도 종료일로부터 45일 이내에 지정통지를 하여야 한다.

① ㄱ, ㄹ　　　　　② ㄴ, ㄷ　　　　　③ ㄷ, ㄹ　　　　　④ ㄹ, ㅁ

해설

ㄷ. 법인이 사업연도 기간 중에 설립무효 또는 설립취소의 판결을 받은 경우에는 해당 사업연도 개시일로부터 **확정판결일까지**를 1사업연도로 본다.

ㄹ. 법인으로 보는 단체의 납세지는 **해당 단체의 사업장 소재지(주된 소득이 부동산임대소득인 단체의 경우에는 그 부동산 소재지)**로 하며, 사업장이 없는 단체의 경우에는 **해당 단체의 정관 등에 기재된 주사무소의 소재지(주사무소에 관한 규정이 없는 단체의 경우에는 그 대표자 또는 관리인의 주소)**로 한다.　　　정답 ③

557

「법인세법」상 납세의무에 관한 설명으로 옳지 않은 것은?

세법2 Link p.15-17

오진다 Link p.282

출제 가능 지수 ■■■■□

난이도 ■■■■□

① 사업의 실질적 관리장소가 국내에 있지 아니하면서 본점 또는 주사무소가 외국에 있고, 구성원이 유한책임사원으로만 구성된 단체는 외국법인으로 본다.

② 지방자치단체조합은 보유하고 있던 비사업용 토지를 양도하는 경우 토지등 양도소득에 대한 법인세 납세의무가 없다.

③ 비영리내국법인의 각 사업연도 소득은 세법상 수익사업에서 생기는 소득으로 한정한다.

④ 비영리외국법인은 청산소득에 대한 법인세 납세의무가 없으나, 비영리내국법인은 청산소득에 대한 법인세 납세의무가 있다.

해설

④ 비영리외국법인과 비영리내국법인 모두 청산소득에 대한 **법인세 납세의무가 없다.**　　　정답 ④

558

「법인세법」상 사업연도에 관한 설명으로 옳은 것은?

세법2 Link p.21-23
오진다 Link p.284-286
출제 가능 지수 ■■■■□
난이도 ■■■■□

① 법인의 사업연도는 원칙적으로 1년을 넘지 못하나 정당한 사유가 있어 관할 세무서장의 승인을 받으면 초과도 가능하다.

② 법령이나 정관상 사업연도에 관한 규정이 있다 하더라도 내국법인은 법인설립신고 또는 사업자등록과 함께 납세지 관할 세무서장에게 사업연도를 신고하여야 한다.

③ 국내사업장이 없는 외국법인이라도 국내에 소재한 건물의 양도에 따른 소득이 있을 경우 사업연도를 신고하여야 한다.

④ 법령에 따라 사업연도가 정하여지는 법인의 경우 사업연도를 정하고 있는 법령이 개정되어 사업연도가 변경되었을 때 신고를 하지 아니하면 종전의 사업연도가 적용된다.

> **해설**
>
> ① 법인의 사업연도는 원칙적으로 1년을 넘지 못하나, 종전의 사업연도 개시일부터 변경된 사업연도 개시일 전날까지의 기간이 1개월 미만인 경우 변경된 사업연도에 그 기간을 포함할 때 예외적으로 1년을 초과할 수 있다. 즉, 법령에서 정하는 예외적인 경우에 1년을 초과할 수 있는 것이지 **관할 세무서장의 승인을 요건으로 하지 않는다.**
>
> ② **법령이나 정관상 사업연도에 관한 규정이 없는 경우** 내국법인은 법인설립신고 또는 사업자등록과 함께 납세지 관할 세무서장에게 사업연도를 신고하여야 한다.
>
> ④ 법령에 따라 사업연도가 정하여지는 법인의 경우 사업연도를 정하고 있는 법령이 개정되어 사업연도가 변경되었을 때 변경신고를 하지 아니한 경우에도 **사업연도가 변경된 것으로 본다.**
>
> 정답 ③

559

「법인세법」상 내국법인의 사업연도에 관한 설명으로 옳지 않은 것은?

세법2 Link p.21, 23
오진다 Link p.284-286
출제 가능 지수 ■■■■□
난이도 ■■■□□

① ㈜대한이 최초 사업연도의 개시일 전에 생긴 손익을 사실상 ㈜대한에 귀속시킨 것이 있는 경우 조세포탈의 우려가 없을 때에는 ㈜대한에 귀속시킨 손익이 최초로 발생한 날을 사업연도의 개시일로 할 수 있다. 이때에는 예외적으로 사업연도의 기간이 1년을 초과할 수 있다.

② 내국법인(법인으로 보는 법인 아닌 단체에 해당하지 아니함)의 최초 사업연도 개시일은 설립등기일로 한다.

③ ㈜한국(법령에 의하여 사업연도가 정하여지는 법인이 아님)이 현행 사업연도(2022년 7월 1일 ~ 2023년 6월 30일)를 새로운 사업연도(2023년 12월 1일 ~ 2024년 11월 30일)로 변경하고자 2023년 11월 1일에 납세지 관할 세무서장에게 변경신고를 한 경우에는 새로운 사업연도(2023년 12월 1일 ~ 2024년 11월 30일)로 변경되지 아니한 것으로 본다.

④ ㈜민국(사업연도: 1월 1일 ~ 12월 31일)이 합병(합병등기일 5월 4일)에 의하여 해산한 경우에는 1월 1일부터 5월 4일까지를 1사업연도로 본다.

> **해설**
>
> ① 최초 사업연도의 개시일 전에 생긴 손익을 사실상 그 법인에 귀속시킨 것이 있는 경우 조세포탈의 우려가 없을 때에는 최초 사업연도의 기간이 **1년이 초과하지 아니하는 범위 내**에서 이를 최초 사업연도의 손익에 산입할 수 있으며 이 경우 최초 사업연도의 개시일은 해당 법인에 귀속시킨 손익이 최초로 발생한 날로 한다.
>
> 정답 ①

560

세법2 Link p.24-26
오진다 Link p.287, 289
출제 가능 지수 ■■■■□
난이도 ■■■■□

「법인세법」상 사업연도와 납세지에 관한 설명으로 옳지 않은 것은?

① 사업장도 없고 정관 등에 주사무소에 관한 규정도 없는 법인으로 보는 단체(주된 소득이 부동산임대소득이 아님)의 경우에는 그 대표자 또는 관리인의 주소를 납세지로 한다.

② 원천징수하는 자가 국내사업장이 없는 비거주자인 경우에는 그 비거주자의 거류지 또는 체류지를 납세지로 한다.

③ 납세지 관할 세무서장은 내국법인의 본점 소재지가 등기된 주소와 동일하지 아니한 경우 납세지를 지정할 수 있다.

④ 둘 이상의 국내사업장이 있는 외국법인의 경우 주된 사업장의 소재지를 납세지(최초로 납세지를 정하는 경우에 해당)로 한다.

해설

③ **납세지 관할 지방국세청장**이나 **국세청장**은 내국법인의 본점 소재지가 등기된 주소와 동일하지 아니한 경우 납세지를 지정할 수 있다.

정답 ③

561

세법2 Link p.20-23
오진다 Link p.284-286
출제 가능 지수 ■■■■□
난이도 ■■■■■

「법인세법」상 사업연도에 관한 설명으로 옳지 않은 것은?

① 내국법인이 사업연도 중에 「상법」 및 기타 법령에 의하여 따른 조직변경을 한 경우에는 조직변경 전의 사업연도가 계속되는 것으로 본다.

② 법령에 의하여 사업연도가 정해지는 법인이 아닌 ㈜한국(사업연도 1. 1. ~ 12. 31.)이 제12기 사업연도를 2022. 10. 1. ~ 2023. 9. 30.로 변경하기 위하여 2022. 4. 5. 에 사업연도 변경신고서를 납세지 관할 세무서장에게 제출한 경우 변경 후 최초 사업연도는 2023. 1. 1. ~ 2023. 9. 30.이다.

③ 내국법인이 사업연도 중에 합병 또는 분할에 따른 해산을 한 경우에는 그 사업연도 개시일부터 해산등기일까지의 기간을 1사업연도로 본다.

④ 국내사업장을 가지고 있으며 법령이나 정관 등에 사업연도에 관한 규정이 없는 외국법인 A가 사업연도 신고를 하지 않은 경우 A의 최초 사업연도는 국내사업장을 가지게 된 날부터 그 날이 속하는 해의 12. 31.까지로 한다.

해설

③ 내국법인이 사업연도 중에 해산(합병 또는 분할에 따른 해산과 조직변경은 제외)한 경우에는 그 사업연도 개시일부터 해산등기일까지의 기간을 1사업연도로 보나, 합병 또는 분할에 따라 해산한 경우에는 그 사업연도 개시일부터 **합병등기일 또는 분할등기일까지**의 기간을 1사업연도로 본다.

정답 ③

법인세 계산구조

562

「법인세법령」상 소득처분에 대한 설명으로 옳은 것은?

① 익금에 산입한 금액이 사외에 유출된 것이 분명한 경우에 귀속자가 사업을 영위하는 거주자이면 기타사외유출로(그 분여된 이익이 거주자의 사업소득을 구성하는 경우에 한함) 처분한다.
② 채권자가 불분명한 사채의 이자에 대한 원천징수세액은 기타로 처분한다.
③ 익금에 산입한 금액에 대한 소득처분은 비영리외국법인에 대해서는 적용되지 않는다.
④ 외국법인의 국내사업장의 각 사업연도의 소득에 대한 법인세의 과세표준을 신고하거나 결정 또는 경정함에 있어서 익금에 산입한 금액이 그 외국법인 등에 귀속되는 소득은 유보로 처분한다.

해설

② 채권자가 불분명한 사채의 이자에 대한 원천징수세액은 **기타사외유출로 처분**한다.
③ 법인세 과세표준의 신고·결정 또는 경정·수정신고가 있는 때 익금에 산입하거나 손금에 산입하지 아니한 금액은 그 귀속자 등에게 상여·배당·기타사외유출·사내유보 등 법령으로 정하는 바에 따라 소득처분하는데 이때 영리법인뿐만 아니라 법인세를 납부할 의무가 있는 **비영리내국법인과 비영리외국법인에 대해서도 같은 규정을 적용한다.**
④ 외국법인의 국내사업장의 각 사업연도의 소득에 대한 법인세의 과세표준을 신고하거나 결정 또는 경정함에 있어서 익금에 산입한 금액이 그 외국법인 등에 귀속되는 소득은 **기타사외유출로 처분**한다.   정답 ①

세법2 Link p.37, 39
오진다 Link p.294-297
출제 가능 지수 ■■■■□
난이도 ■■■□□

563

「법인세법」상 결산조정과 신고조정에 관련된 내용으로 옳은 것은?

① 신고조정항목을 손금으로 산입하기 위하여는 결산서상에 비용으로 계상하여야 한다.
② 소멸시효가 완성된 채권에 대한 대손금의 손금산입은 손금산입시기의 선택이 가능하다.
③ 일시상각충당금은 결산조정만 가능하다.
④ 법인세 신고 후 신고조정항목 중에 강제조정항목이 누락된 것을 알게 되었다면 경정청구가 가능하다.

해설

① **결산조정항목**을 손금으로 산입하기 위하여는 결산서상에 비용으로 계상하여야 한다.
② 소멸시효가 완성된 채권의 대손금은 **신고조정항목**이므로 손금산입시기를 선택할 수 없다.
③ 일시상각충당금은 **신고조정이 허용된다.**   정답 ④

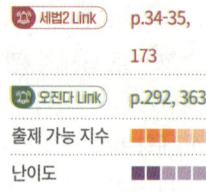세법2 Link p.34-35,
173
오진다 Link p.292, 363
출제 가능 지수 ■■■■□
난이도 ■■■□□

564

「법인세법령」상 결산서에 손비로 계상하지 않고도 손금산입이 가능한 것은? (단, 세무조정에 따른 손금산입요건은 충족된 것으로 가정함)

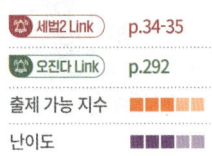
세법2 Link   p.34-35

오진다 Link   p.292

출제 가능 지수 ■■■■□

난이도   ■■■■□

ㄱ. 내국법인의 각 사업연도의 외상매출금·대여금, 그 밖에 이에 준하는 채권의 대손에 충당하기 위하여 계상한 대손충당금

ㄴ. 퇴직급여충당금

ㄷ. 내국법인이 보유하는 유형자산이 천재지변으로 파손되어 그 자산의 장부가액을 사업연도 종료일 현재의 시가로 평가함으로써 발생하는 평가차손

ㄹ. 일시상각충당금

ㅁ. 「주식회사의 외부감사에 관한 법률」에 따른 감사인의 회계감사를 받는 비영리내국법인의 고유목적사업준비금

① ㄱ, ㄴ   ② ㄴ, ㄷ   ③ ㄷ, ㄹ   ④ ㄹ, ㅁ

해설

결산서에 손비로 계상하지 않고도 손금산입이 가능한 사항은 신고조정사항을 말하는 것으로 해당 문제는 신고조정사항을 구별하는 문제이다.

ㄱ, ㄴ, ㄷ. 결산조정사항이다.

ㄹ. '일시상각충당금'이란 익금에 해당하는 일정 금액에 대하여 과세시점을 이연하여 법인세 부담을 완화시키기 위해 당기에 일시에 상각할 목적으로 설정하는 충당금을 말하며 이러한 **일시상각충당금은 신고조정에 의한 손금산입이 허용된다.**

ㅁ. 「주식회사의 외부감사에 관한 법률」에 따른 감사인의 회계감사를 받는 비영리내국법인의 고유목적사업준비금은 원칙적으로는 결산조정사항에 해당하나, 기업회계기준에서 인정하지 않고 있으므로 회계감사대상 비영리법인의 경우에는 예외적으로 결산서에 계상하지 않더라도 **신고조정으로 손금산입할 수 있는 임의신고조정사항이다.**   정답 ④

법인세 계산구조

565

영리내국법인 ㈜국세가 수행한 회계처리에 대한 세무조정 중 그 소득의 귀속자에게 추가적인 납세의무가 발생하는 것은?

① 업무무관자산에 대한 지급이자를 손익계산서에 비용으로 계상하였다.

② 채권자의 주소 및 성명을 확인할 수 없는 차입금에 대한 이자를 지급하고(원천징수하지 않음) 손익계산서에 비용으로 계상하였다.

③ 한 차례에 50만원을 지출한 기업업무추진비로서 세금계산서 등 적격증빙서류를 수취하지 않고 손익계산서에 비용으로 계상하였다(지출사실이 객관적으로 명백한 경우로서 증거자료를 구비하기 어려운 경우 등에 해당하지 않음).

④ 추계로 과세표준을 결정할 때 대표자에 대한 상여로 처분하여 발생한 소득세를 대납하고 그 대납한 금액을 손익계산서에 비용으로 계상하였다.

해설

② 대표자에 대한 **상여로 소득처분**되므로 소득의 귀속자에게 추가적인 납세의무가 발생한다.

①, ③, ④ 기타사외유출로 처분하므로 소득의 귀속자에게 추가적인 납세의무가 발생하지 않는다.   정답 ②

세법2 Link   p.38-39, 154
오진다 Link   p.295-297, 353
출제 가능 지수 ■■■■
난이도 ■■■■■

566

다음은 제조업을 영위하는 영리내국법인 ㈜한국의 제22기 사업연도 세무조정(모두 적법한 세무조정임) 내역이다. 다음 세무조정 중 『자본금과 적립금조정명세서(을)』에 적어서 관리하여야 하는 것이 아닌 것은?

① 「보험업법」 등 법률에 의하지 않은 고정자산의 평가차익을 수익으로 계상함에 따라 이를 익금불산입하였다.

② 채무의 출자전환으로 발생한 채무면제이익(수익으로 계상함)을 이월결손금(제18기 발생분)을 보전하는 데에 충당하고 익금불산입하였다.

③ 국고보조금을 지급받아 사업용 고정자산을 취득하는 데에 사용하였으며, 과세이연 요건을 충족함에 따라 일시상각충당금을 손금산입하였다.

④ 당기말 현재 건설 중인 공장건물의 취득에 소요되는 특정차입금에 대한 지급이자를 이자비용으로 계상함에 따라 이를 손금불산입하였다.

해설

② 『자본금과 적립금조정명세서(을)』에 적어서 관리하는 소득처분은 유보항목이며, 해당 문제는 유보(△유보)로 소득처분되는 경우를 구별하는 문제이다. **익금불산입(기타)**으로 소득처분된다.   정답 ②

세법2 Link   p.55, 113, 147, 177
오진다 Link   p.302, 307, 349, 365
출제 가능 지수 ■■■■
난이도 ■■■■■

567

「법인세법」에 따른 소득처분의 내용과 관련하여 옳지 않은 것은?

① 사외유출된 소득의 귀속자가 주주인 임원의 경우 상여로 처분한다.
② 「국제조세조정에 관한 법률」에 따른 정상가격·정상원가분담액 등에 따른 과세조정으로 익금에 산입한 금액이 국외특수관계인으로부터 반환되지 않은 소득은 기타사외유출로 소득처분한다.
③ 사외유출된 금액의 귀속이 불분명하여 대표자상여로 처분을 하였으나 이에 대한 소득세를 법인이 대신 납부하고 이를 법인의 손비로 계상한 경우 손금불산입하고 대표자상여로 처분한다.
④ 업무용승용차 처분손실 중 800만원을 초과하여 손금불산입한 경우의 소득처분은 기타사외유출로 한다.

해설

① 사외유출된 소득의 귀속자가 주주인 임원의 경우 출자임원에 대한 **상여**로 처분한다. ← 출자임원에 대한 "배당" 함정 주의
③ 사외유출된 금액의 귀속이 불분명하여 대표자상여로 처분을 하였으나 이에 대한 소득세를 법인이 대신 납부하고 이를 법인의 손비로 계상한 경우 손금불산입하고 **기타사외유출**로 소득처분한다.

정답 ③

568

「법인세법」상 소득처분에 관한 설명으로 옳지 않은 것은?

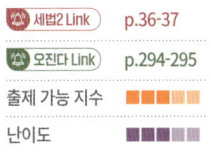

① 익금에 산입한 금액 중 사외로 유출된 것이 분명하나 그 처분이 배당, 상여, 기타사외유출에 해당하지 않는 경우 기타소득으로 처분한다.
② 세무조정으로 증가된 소득의 귀속자가 국가·지방자치단체인 경우 기타사외유출로 소득처분하고 그 귀속자에 대하여 소득세를 과세하지 않는다.
③ 익금에 산입한 금액이 사외에 유출된 것이 분명한 경우에 귀속자가 법인이면 그 분여된 이익이 내국법인(또는 외국법인의 국내사업장)의 각 사업연도소득을 구성하는 경우에 한정하여 기타사외유출로 처분한다.
④ 유보도 아니고 사외유출이 아닌 것은 기타로 처분하여 사후관리한다.

해설

④ 유보도 아니고 사외유출이 아닌 것은 '기타'로 처분하여 **사후관리 하지 않는다.**

정답 ④

569

「법인세법」상 소득처분에 관한 설명으로 옳지 않은 것은?

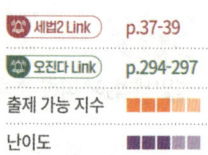
세법2 Link p.37-39
오진다 Link p.294-297
출제 가능 지수 ■■■■□
난이도 ■■■■□

① 소득처분은 각 사업연도 소득에 대한 법인세 납세의무가 있는 영리법인뿐만 아니라 비영리내국법인과 비영리외국법인에 대하여도 적용된다.

② 사외유출된 금액의 귀속자가 법인으로서 그 분여된 이익이 내국법인 또는 외국법인의 국내사업장의 각 사업연도의 소득을 구성하는 경우 기타사외유출로 처분한다.

③ 내국법인이 「국세기본법」상 수정신고기한 내에 매출누락, 가공경비 등 부당하게 사외유출된 금액을 회수하고 세무조정으로 익금에 산입하여 신고하는 경우 기타사외유출로 처분한다.

④ 채권자가 불분명한 사채이자(동 이자에 대한 원천징수세액에 해당하는 금액 제외)는 대표자상여로 처분하고 이자에 대한 원천징수세액은 기타사외유출로 처분한다.

해설

③ 내국법인이 「국세기본법」상 수정신고기한 내에 매출누락, 가공경비 등 부당하게 사외유출된 금액을 회수하고 세무조정으로 익금에 산입하여 신고하는 경우에는 **유보로 처분**한다.

정답 ③

570

「법인세법」상 세무조정 및 소득처분에 관한 사항으로 옳지 않은 것은?

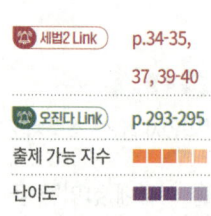
세법2 Link p.34-35,
37, 39-40
오진다 Link p.293-295
출제 가능 지수 ■■■■□
난이도 ■■■■□

① 세법상 법인의 자기자본총액은 자본금과 적립금 조정명세서(갑)를 통하여 파악할 수 있다.

② 배당·상여 및 기타소득으로 소득처분하는 경우 소득처분하는 법인에게는 원천징수의무가 있다.

③ 사외유출이란 손금산입·익금불산입한 금액에 대한 소득처분으로 그 금액이 법인 외부로 유출된 것이 명백한 경우 유출된 소득의 귀속자에 대하여 관련되는 소득세를 징수하기 위하여 행한다.

④ 신고조정사항은 손금산입시기를 조정할 수 없으나, 결산조정사항은 손금산입시기를 조정할 수 있다.

해설

③ 사외유출이란 **익금산입·손금불산입한** 금액에 대한 소득처분으로 그 금액이 법인 외부로 유출된 것이 명백한 경우 유출된 소득의 귀속자에 대하여 관련되는 소득세를 징수하기 위하여 행한다.

정답 ③

571

「법인세법」상 귀속자를 묻지 않고 반드시 기타사외유출로 처분하여야 하는 경우에 해당하지 않는 것은?

세법2 Link p.37, 39, 47
오진다 Link p.295-299
출제 가능 지수 ■■■■□
난이도 ■■■■□

① 외국법인의 국내사업장이 각 사업연도의 소득에 대한 법인세의 과세표준을 신고하거나 결정 또는 경정함에 있어서 익금에 산입한 금액이 동 외국법인의 본점에 귀속되는 소득
② 자기주식을 처분하여 발생한 이익을 자본잉여금으로 회계처리한 경우의 자기주식처분이익 금액
③ 법인이 합병과 같은 자본거래로 인하여 특수관계인인 다른 주주에게 이익을 분여함으로써 그 이익이 익금에 산입되는 경우로서 이익을 분여 받은 자에게 증여세가 과세되는 금액
④ 사외유출된 익금산입액의 귀속자가 사업소득이 있는 개인으로서 그 자의 사업소득을 구성하는 금액

해설

② 자본잉여금으로 회계처리한 자기주식처분이익은 익금에 산입하고 '**기타**'로 소득처분한다.
　나머지는 기타사외유출로 소득처분하는 항목이다. 사외유출된 금액이라도 그 성질상 귀속자를 가려내어 소득세를 과세할 대상이 아닌 경우에는 소득처분의 원칙에도 불구하고 무조건 기타사외유출로 소득처분한다.

정답 ②

572

다음 중 「법인세법」상 소득처분으로 법인에게 원천징수의무가 발생하는 항목끼리 짝지어진 것은 어느 것인가?

세법2 Link p.40, 62, 81, 84-85, 154
오진다 Link p.299, 310, 323, 353
출제 가능 지수 ■■■■□
난이도 ■■■■□

ㄱ. 판매비와관리비로 처리한 건설 현장 직원의 인건비(현재 공사중)
ㄴ. 매출액으로 처리한 부가가치세 매출세액
ㄷ. 수익으로 처리한 전기 법인세의 환급금
ㄹ. 업무와 관련하여 발생한 교통사고벌과금
ㅁ. 회사의 대주주에게 지급한 여행경비
ㅂ. 증명서류 누락 기업업무추진비로서 귀속자가 불분명한 금액
ㅅ. 대표이사의 사촌에게 업무와 관련없이 지급한 금액

① ㄱ, ㄷ, ㅁ　　② ㄴ, ㄷ, ㄹ　　③ ㄷ, ㄹ. ㅁ　　④ ㅁ, ㅂ, ㅅ

해설

법인에게 원천징수의무를 유발시키는 소득처분은 배당, 상여, 기타소득이다.
ㄱ. **유보**로 소득처분한다.
ㄴ. **△유보**로 소득처분한다.
ㄷ. **기타**로 소득처분한다.
ㄹ. **기타사외유출**로 소득처분한다.
ㅁ. **배당**으로 소득처분한다.
ㅂ. **상여**로 소득처분한다.
ㅅ. **기타소득**으로 소득처분한다.

정답 ④

법인세 계산구조

573

㈜한국의 제23기(2023.1.1.~12.31.)에 대한 다음 자료에 의해 상여 또는 배당으로 소득처분할 금액은 각각 얼마인가?

- 주주 대한씨에 대한 가지급금 인정이자 ₩2,000,000(대한씨는 ㈜한국의 임직원이 아니다.)
- 발행주식총수의 20%를 소유하고 있는 대표이사가 개인적으로 부담하여야 할 기부금을 법인이 지출한 금액 ₩1,000,000
- 퇴직한 주주임원 민국씨의 퇴직금 한도초과액 ₩2,000,000
- 손익계산서에 계상되지 아니한 매출누락액 ₩5,000,000(매출대금으로 수령한 금액은 사외로 유출되었으나 그 귀속이 불분명함)

	상여	배당
①	₩9,000,000	₩1,000,000
②	₩8,000,000	₩2,000,000
③	₩6,000,000	₩2,000,000
④	₩1,000,000	₩5,000,000

해설

- 상여로 소득처분할 금액은 다음과 같다.

  ₩1,000,000(대표이사 기부금) + ₩2,000,000(주주임원 민국씨의 퇴직금 한도초과액) + ₩5,000,000(매출누락액) = ₩8,000,000

- 배당으로 소득처분할 금액은 ₩2,000,000(주주 대한씨에 대한 인정이자)이다.   정답 ②

세법2 Link   p.37-39, 74, 196
오진다 Link   p.293, 295-296, 316, 374
출제 가능 지수 ■■■■□
난이도 ■■■■■

574

다음은 내국법인 ㈜한국의 제23기 사업연도(2023.1.1. ~ 12.31.) 자료이다. 세무조정 시 대표자에 대한 상여와 기타사외유출로 소득처분할 금액은 각각 얼마인가?

세법2 Link p.37-39, 154

오진다 Link p.295-297, 353

출제 가능 지수 ■■■□□

난이도 ■■■■■

ㄱ. 현금매출 누락 ₩100,000,000

ㄴ. 채권자가 불분명한 사채이자 ₩15,000,000 (원천징수세액 ₩4,000,000 포함)

ㄷ. 증빙불비 기업업무추진비 ₩4,000,000 (귀속자 불분명)

ㄹ. 사외유출된 금액의 귀속이 불분명하여 대표자에 대한 상여로 처분을 한 경우, ㈜한국이 그 처분에 따른 소득세를 대납하고 이를 손비로 계상한 금액 ₩2,500,000

	대표자에 대한 상여	기타사외유출
①	₩111,000,000	₩10,500,000
②	₩115,000,000	₩6,500,000
③	₩119,000,000	₩4,000,000
④	₩120,000,000	₩2,500,000

해설

각 문항별 세무조정은 다음과 같다.

ㄱ. 현금매출 누락	₩100,000,000 익금산입(상여)
ㄴ. 채권자불분명사채 이자(원천징수세액분 제외)	₩11,000,000 손금불산입(상여)
ㄴ. 채권자불분명사채 이자 원천징수세액분	₩4,000,000 손금불산입(기타사외유출)
ㄷ. 증빙불비 기업업무추진비	₩4,000,000 손금불산입(상여)
ㄹ. 소득세 대납액	₩2,500,000 손금불산입(기타사외유출)

따라서 대표자 귀속 상여 처분은 다음과 같다.

$$₩100,000,000 + ₩11,000,000 + ₩4,000,000 = ₩115,000,000$$

기타사외유출 처분은 다음과 같다.

$$₩4,000,000 + ₩2,500,000 = ₩6,500,000$$

정답 ②

575

다음은 제조업을 영위하는 영리내국법인 ㈜한국의 제23기 사업연도(2023.1.1.~12.31.)의 세무조정 관련 사항이며, 제시된 자료 이외의 추가사항은 없다. 전기의 세무조정은 적정하게 이루어졌으며 법인세 부담 최소화를 가정할 경우, 소득금액조정합계표와 자본금과 적립금 조정명세서(을)에 영향을 미치는 금액을 각각 순액으로 표시한 것으로 옳은 것은?

세법2 Link   p.37-38, 51, 57, 62, 105

오진다 Link   p.295, 308, 310, 331

출제 가능 지수 ■■■□□

난이도 ■■■■■

ㄱ. 무상으로 받은 자산의 가액을 장부상 자산수증이익으로 처리한 금액: ₩4,500,000(수증자산의 시가 ₩5,500,000)

ㄴ. 부가가치세 매출세액을 장부상 수익 처리한 금액: ₩500,000

ㄷ. 잉여금처분결의일이 속하는 당기 귀속 배당수입금액으로 당기말까지 해당 금액을 수령하지 못하여 장부상 회계처리하지 않은 금액: ₩2,000,000 (수입배당금 익금불산입 적용 조건을 만족하며 익금불산입률은 30%임)

	소득금액조정합계표	자본금과 적립금 조정명세서(을)
①	₩400,000	₩1,500,000
②	₩1,900,000	₩2,500,000
③	₩1,900,000	₩1,500,000
④	₩600,000	₩2,500,000

해설

각 문항별 세무조정은 다음과 같다.

ㄱ. 자산수증이익(시가로 추가반영분)	₩1,000,000 익금산입(유보)
ㄴ. 부가가치세 매출세액	₩500,000 익금불산입(△유보)
ㄷ. 미수배당금	₩2,000,000 익금산입(유보)
ㄷ. 수입배당금 익금불산입	₩600,000 익금불산입(기타)

따라서 소득금액조정합계표 반영 금액은 다음과 같다.

$$(₩1,000,000 + ₩2,000,000) - (₩500,000 + ₩600,000) = ₩1,900,000$$

자본금과 적립금조정명세서(을) 반영 금액은 다음과 같다.

$$₩1,000,000 + ₩2,000,000 - ₩500,000 = ₩2,500,000$$

정답 ②

576

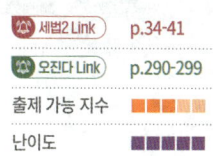
세법2 Link   p.34-41
오진다 Link   p.290-299
출제 가능 지수 ■■■■□
난이도 ■■■■■

다음의 자료를 이용하여 영리내국법인 ㈜한국의 제23기 사업연도(2023.1.1.~12.31.) 자본금과 적립금조정명세서(을)에 기재될 기말잔액의 합계 금액을 계산한 것으로 옳은 것은? (단, 전기까지 회계처리 및 세무조정은 정확하게 이루어졌고 당기 중 추인된 항목은 없다)

내용	금액
자본금과 적립금조정명세서(을) 기초잔액 합계	₩500,000
ㄱ. 비용으로 처리된 대주주가 부담해야 할 유류비	₩200,000
ㄴ. 비용으로 처리된 공정가치측정 금융자산 평가손실	₩200,000
ㄷ. 비용으로 처리된 기업업무추진비 중 증빙서류 미수취분(귀속자 불분명)	₩200,000
ㄹ. 비용으로 처리된 채권자 불분명 사채이자에 대한 원천징수세액 상당액	₩200,000

① ₩500,000   ② ₩700,000   ③ ₩900,000   ④ ₩1,100,000

해설

유보 기초잔액		₩500,000
유보관련 세무조정	ㄴ. 비용으로 처리된 공정가치측정 금융자산 평가손실	(+)₩200,000
유보 기말잔액		₩700,000

ㄱ. 비용으로 처리된 대주주가 부담해야할 유류비는 손금불산입(**배당**)으로 조정된다.
ㄷ. 비용으로 처리된 기업업무추진비 중 증빙서류 미수취분(귀속자 불분명)은 손금불산입(**상여**)로 조정된다.
ㄹ. 비용으로 처리된 채권자 불분명 사채이자에 대한 원천징수세액 상당액은 손금불산입(**기타사외유출**)로 조정된다.   정답 ②

CHAPTER

03 익금과 익금불산입

577
「법인세법」상 익금인 항목으로 옳은 것은?

① 토지의 양도금액
② 감자차익
③ 부가가치세 매출세액
④ 주식의 포괄적 교환차익

세법2 Link   p.47, 54-55, 62

오진다 Link   p.302, 306, 310

출제 가능 지수

난이도

해설

① 토지의 양도금액은 자산의 양도가액에 해당하여 **법인의 순자산을 증가시키므로 익금에 해당**한다.
② '감자차익'이란 자본감소의 경우로서 그 감소액이 주식의 소각·주금의 반환에 든 금액과 결손의 보전에 충당한 금액을 초과한 경우의 그 초과금액을 말한다. 이러한 감자차익은 성격상 **자본의 납입에 해당하기 때문에 익금불산입한다.**
③ 부가가치세 매출세액은 추후 세무당국에 납부해야 할 **예수금에 불과하기 때문에 익금불산입한다.**
④ '주식의 포괄적 교환'이란 이미 설립된 완전모회사가 다른 회사의 주주로부터 발행주식총수를 이전받고 그 대가로 완전모회사의 주식을 배정하는 것을 말하며, '주식의 포괄적 교환차익' 이란 자본금 증가의 한도액이 완전모회사의 증가한 자본금을 초과하는 경우의 그 초과액을 말한다. 이러한 주식의 포괄적 교환차익은 **주식발행초과액과 같은 성격으로서 익금불산입한다.**

정답 ①

578

「법인세법」상 익금에 관한 설명으로 옳은 것은?

세법2 Link p.47, 57, 62
오진다 Link p.302, 310
출제 가능 지수 ■■■□□
난이도 ■■□□□

① 자기주식의 양도금액은 익금불산입항목에 해당한다.

② 각 사업연도의 소득으로 이미 과세된 소득(법에 따라 비과세되거나 면제되는 소득을 제외)은 익금으로 보지 않는다.

③ 지출 시 손금으로 인정받지 못한 조세는 환급 시 익금으로 인정되지 않는다.

④ 연결모법인이 받은 연결자회사의 법인세 상당액은 익금항목에 해당한다.

해설

① 자기주식의 양도금액은 **익금항목**에 해당한다.

② 각 사업연도의 소득으로 이미 과세된 소득(법에 따라 비과세되거나 면제되는 소득을 **포함**)은 익금으로 보지 않는다.

④ 연결모법인이 받은 연결자회사의 법인세 상당액은 **익금불산입항목**에 해당한다.

정답 ③

579

다음 중 「법인세법」상 익금항목인 것은?

세법2 Link p.48-49, 51, 62
오진다 Link p.303-304, 310
출제 가능 지수 ■■■■□
난이도 ■■□□□

> ㄱ. 자사의 명예훼손으로 인한 타사로부터 지급받은 손해배상금
>
> ㄴ. 지출 당시 손금에 산입된 재산세의 환입
>
> ㄷ. 지방세 과오납금에 대한 환급가산금
>
> ㄹ. 법률에 의하지 아니한 자산의 평가차익
>
> ㅁ. 특수관계인인 개인으로부터 시가보다 낮게 취득한 유가증권의 차액

① ㄱ, ㄴ, ㄷ   ② ㄷ, ㄹ, ㅁ   ③ ㄱ, ㄷ, ㄹ   ④ ㄱ, ㄴ, ㅁ

해설

ㄱ. **손해배상청구권 또는 손실보상청구권에 의하여 받는 보상금 등(손해배상금)**은 법인의 순자산을 증가시키는 거래로 인하여 발생하는 수익이므로 각 사업연도의 소득금액계산상 이를 **익금에 산입**한다. 즉, **손해배상으로 받는 보상금은 익금불산입항목이 아닌 한 모두 익금에 산입**한다. ← [참고] 법원의 판결에 의하여 지급하거나 지급받는 손해배상금 등은 법원의 판결이 확정된 날이 속하는 사업연도의 익금 또는 손금에 산입한다.

ㄴ. 전기에 비용계상(또는 지출) 시 손금으로 인정된 금액이 환입(환급)되는 경우에 그 금액은 익금에 해당한다. 즉 지출 당시 손금에 산입된 재산세의 환급은 **익금에 해당**한다.

ㄷ. 국세 및 지방세를 과오납부하여 환급받는 경우 그 환급금에 대한 이자는 국가가 초과하여 수취한 금액에 대한 보상의 성격을 가지기 때문에 **어떤 세목이든지 익금으로 인정하지 않는다.**

ㄹ. 「보험업법」 등 일정한 법률에 따른 평가증을 인정하는 특례 규정이 존재하는 경우에만 평가차익을 익금으로 본다. 따라서 **법률에 의하지 아니한 자산의 평가차익은 익금에 해당하지 않는다.** ← [비교] 「소득세법」에서는 평가증에 대한 규정이 없기 때문에 모든 자산의 평가차익은 총수입금액 불산입함

ㅁ. 「법인세법」상 특수관계인인 개인으로부터 시가보다 낮게 취득한 유가증권의 시가와 매입가액의 차액은 **익금 산입한다.**

정답 ④

익금과 익금불산입

580

세법2 Link 　 p.47-49, 62
오진다 Link 　 p.302, 304, 307, 310
출제 가능 지수 ■■■□□
난이도 ■■■□□

「법인세법」상 해당 과세기간의 세무조정 및 소득처분에 관한 설명으로 옳지 않은 것은? (단, 전기 이전 세무조정은 모두 정상적으로 이루어졌다)

① 장부상 자기주식처분이익 500,000원을 손익계산서상 수익으로 회계처리한 경우 세무조정은 없다.

② 「보험업법」에 따른 유형자산의 평가로 재평가이익 3,000,000원을 장부상 자본항목으로 회계처리한 경우 세무조정은 없다.

③ 당기에 특수관계인 개인으로부터 유가증권을 500,000원(취득 당시 시가 800,000원)에 취득하고 지급액을 장부상 취득원가로 회계처리한 경우 300,000원을 익금산입한다.

④ 전기에 토지를 취득하면서 장부상 비용처리한 취득세 중 일부가 과오납금으로 환급되면서 환급금 이자 25,000원을 함께 받고 이를 잡이익으로 회계처리한 경우 25,000원을 익금불산입한다.

해설

　② 「보험업법」에 따른 유형자산의 평가증은 세법에서도 인정하므로, 회사가 재평가이익 3,000,000원을 자본항목으로 회계처리한 경우 **익금산입 3,000,000원(기타)로 처리하여야 한다.** 　　　　정답 ②

581

세법2 Link 　 p.46, 48, 52, 55
오진다 Link 　 p.300, 302, 306

출제 가능 지수 ■■■□□
난이도 ■■■■□

「법인세법」상 익금에 관한 설명으로 옳지 않은 것은?

① 익금은 자본 또는 출자의 납입 및 「법인세법」에서 규정하는 것은 제외하고 해당 법인의 순자산을 증가시키는 거래로 인하여 발생하는 수익의 금액으로 한다.

② 무상으로 받은 자산의 가액(국고보조금 등은 제외)과 채무의 면제 또는 소멸로 인한 부채의 감소액을 법으로 정하는 이월결손금의 보전에 충당하는 때에는 직접 상계하여 충당해야 한다.

③ 무액면주식의 경우 발행가액 중 자본금으로 계상한 금액을 초과하는 금액은 익금으로 보지 않는다.

④ 주식의 포괄적 교환차익은 내국법인의 각 사업연도의 소득금액계산에 있어서 익금으로 보지 않는다.

해설

　② 자산수증이익 및 채무면제이익과 직접 상계하여 충당하는 것도 가능하고, 기업회계기준에 따라 **수익으로 계상한 후** 자본금과 적립금조정명세서(갑)에 동 금액을 이월결손금의 보전에 충당한다는 뜻을 표시하고 **세무조정으로 익금불산입하는 것도 인정**된다. 　　　　정답 ②

582

「법인세법」상 익금에 관한 설명으로 옳은 것은?

① 영리내국법인이 특수관계인인 법인으로부터 유가증권을 시가보다 낮은 가액으로 매입하여 보유하는 경우 시가와 매입가액의 차액은 그 유가증권을 매입한 사업연도의 익금으로 본다.

② 채무의 출자전환으로 액면금액 10,000원인 주식을 시가 15,000원으로 발행하는 경우 그 주식의 액면금액을 초과하여 발행된 금액은 익금에 산입하지 아니한다.

③ 외국법인으로부터 받은 수입배당금에 대해서는 「법인세법」에 따른 수입배당금 익금불산입규정을 적용하지 아니한다.

④ 영리내국법인이 이미 보유하던 주식에 대하여 받은 주식배당은 익금을 구성하지 아니한다.

세법2 Link p.49, 53, 56, 59
오지다 Link p.304, 306, 309, 335

출제 가능 지수 ▰▰▰▰▱

난이도 ■■■■■

해설

① 영리내국법인이 특수관계인인 **개인**으로부터 유가증권을 시가보다 낮은 가액으로 매입하여 보유하는 경우 시가와 매입가액의 차액은 그 유가증권을 매입한 사업연도의 익금으로 본다.

③ 내국법인(「법인세법」상 외국납부세액공제 규정에 따른 간접투자회사 등은 제외)이 법령상 요건을 갖춘 경우 해당 법인이 출자한 외국자회사로부터 받은 수입배당금액의 95%에 해당하는 금액은 각 사업연도의 소득금액을 계산할 때 익금에 산입하지 아니한다. 즉, 법에 따른 요건을 만족할 경우 외국법인으로부터 받은 수입배당금에 대해서도 「법인세법」에 따른 수입배당금 익금불산입규정을 **적용한다.**

④ 이미 보유하던 주식에 대해 받은 주식배당 중 자본준비금을 감액해서 받은 배당인 경우 익금불산입항목(내국법인이 보유한 주식의 장부가액을 한도로 함)이지만, **그 재원이 의제배당에 해당하는 경우에는 익금을 구성한다.**

정답 ②

583

「법인세법」상 익금의 계산에 관한 사항으로 옳지 않은 것은?

① 사업자가 재화나 용역을 공급할 때 공급받는 자로부터 거래징수한 부가가치세 매출세액은 익금에 해당하지 않는다.

② 주식의 포괄적 교환차익과 주식의 포괄적 이전차익은 내국법인의 각사업연도 소득금액을 계산할 때 익금에 산입하지 아니한다.

③ 배당기준일 전 3월 이내에 취득한 주식을 보유함으로써 발생하는 수입배당금액에 대해서는 수입배당금액의 익금불산입규정을 적용하지 않는다.

④ 전기에 손금으로 처리한 업무용 건물에 대한 재산세를 환급받아 전기오류수정이익(이익잉여금)으로 회계처리한 경우에는 익금으로 보지 않는다.

세법2 Link p.48, 55, 58, 62
오지다 Link p.303, 306, 308, 310

출제 가능 지수 ▰▰▰▰▱

난이도 ■■■■▱

해설

④ 전기에 손금으로 처리한 업무용 건물에 대한 재산세를 환급받아 전기오류수정이익(이익잉여금)으로 회계처리한 경우에는 환급액을 **익금으로 본다.**

정답 ④

584

「법인세법」상 익금 및 익금불산입에 관한 설명으로 옳지 않은 것은?

① 법인세 과세표준을 추계결정하는 법인은 임대보증금에 대한 간주임대료를 익금에 산입하되, 주택임대보증금에 대한 간주임대료는 익금에 산입하지 아니한다.

② 국세·지방세를 과오납부하여 환급받는 경우 그 환급금에 대한 이자는 국가가 초과하여 수취한 금액에 대한 보상의 성격을 가지기 때문에 어떤 세목이든지 익금으로 인정하지 않는다.

③ 법인의 각 사업에서 생기는 사업수입금액은 익금에 산입하되, 기업회계기준에 의한 매출에누리 금액 및 매출할인 금액은 산입하지 아니한다.

④ 영리내국법인 ㈜한국이 자기주식을 소각하여 생긴 이익을 소각일로부터 2년 이내에 자본에 전입함에 따라 ㈜한국의 주주인 영리내국법인 ㈜민국이 수령하는 무상주는 의제배당으로 익금에 산입한다.

세법2 Link p.47, 51, 62, 117

오진다 Link p.301, 305, 310, 336

출제 가능 지수 ■■■■□

난이도 ■■■■□

해설

① 법인세 과세표준을 추계결정하는 법인은 임대보증금에 대한 간주임대료를 익금에 산입하고 **주택임대보증금에 대한 간주임대료도 익금에 산입**한다.

정답 ①

585

다음은 ㈜한국의 제23기 사업연도(2023년 1일 1일~12월 31일)의 법인세 계산을 위한 세무조정 내역이다. 설명 중 옳지 않은 것은?

① 채무 8,000,000원의 출자전환으로 주식(액면가액 5,000,000원, 시가 6,000,000원)을 발행하면서 차변에 차입금 8,000,000원, 대변에 자본금 5,000,000원, 주식발행초과금 3,000,000원으로 회계처리하고 2,000,000원을 익금산입하였다.

② 유가증권을 특수관계자인 개인으로부터 50,000원(시가 70,000원)에 매입하여 취득가액으로 회계처리하고, 시가와 구입가의 차이인 20,000원을 익금산입하였다.

③ 장부가액이 2,000,000원인 유형자산에 대하여 시가하락으로 인한 회수가능가액을 1,500,000원으로 평가하여 그 차액 500,000원을 손익계산서상 감액손실로 회계처리하고 500,000원을 손금불산입하였다.

④ 전기분 재산세 100,000원이 당기에 환입되어 이를 손익계산서상 잡이익으로 계상하고, 100,000원을 익금불산입하였다.

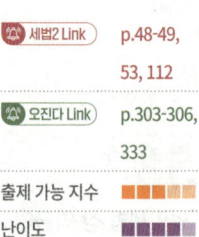

세법2 Link p.48-49, 53, 112

오진다 Link p.303-306, 333

출제 가능 지수 ■■■■□

난이도 ■■■■■

해설

④ 전기분 재산세 100,000원은 전기의 손금항목이므로 당기 재산세 환입액은 **익금항목**이다. 따라서 **잡이익으로 계상한 경우에는 세무조정이 필요없다.**

정답 ④

586

세법2 Link p.58-59
오진다 Link p.309-310
출제 가능 지수 ■■■■□
난이도 ■■■■□

「법인세법령」상 외국자회사 수입배당금액의 익금불산입에 관한 설명으로 옳지 않은 것은?

① 내국법인(법령에 따른 간접투자회사 등은 제외한다)이 해당 법인이 출자한 외국자회사로부터 받은 수입배당금액은 각 사업연도의 소득금액을 계산할 때 익금에 산입하지 아니한다.

② 내국법인이 수입배당금을 익금불산입할 수 있는 외국자회사란 내국법인이 의결권 있는 발행주식총수의 100분의 10(「조세특례제한법」에 따른 해외자원개발사업을 하는 외국법인의 경우에는 100분의 5) 이상을 출자하고 있는 외국법인을 말한다.

③ 「국제조세조정에 관한 법률」에 따라 특정외국법인의 유보소득에 대하여 내국법인이 배당받은 것으로 보는 금액에 대해서는 각 사업연도의 소득금액을 계산할 때 익금에 산입하지 아니한다.

④ 내국법인이 적격합병에 따라 다른 내국법인이 보유하고 있던 외국자회사의 주식 등을 승계받은 때에는 그 승계 전 다른 내국법인이 외국자회사의 주식 등을 취득한 때부터 해당 주식등을 보유한 것으로 본다.

해설

③ 「국제조세조정에 관한 법률」에 따라 특정외국법인의 유보소득에 대하여 내국법인이 배당받은 것으로 보는 금액에 대해서는 외국자회사 수입배당금액의 익금불산입 규정을 적용하지 아니한다. 따라서 각 사업연도의 소득금액을 계산할 때 익금에 **산입한다**.   정답 ③

587

세법2 Link p.53-55
오진다 Link p.302, 306
출제 가능 지수 ■■■■■
난이도 ■■■■□

「법인세법」상 익금에 관한 설명으로 옳지 않은 것은?

① 자기주식 소각에 따라 발생한 감자차익 ₩300,000을 손익계산서상 수익으로 회계처리한 경우, 익금불산입 ₩300,000으로 처리하여야 한다.

② 채무의 면제나 소멸로 인한 부채의 감소액 또는 무상으로 받은 자산의 가액(국고보조금 등은 제외) 중 세무상 공제되지 않은 이월결손금(합병·분할로 인한 결손금 아님)을 보전하는 데 충당한 금액은 익금으로 산입하지 않는다.

③ 「채무자 회생 및 파산에 관한 법률」에 따라 채무를 출자로 전환하는 내용이 포함된 회생계획인가의 결정을 받은 법인에 의한 채무의 출자전환의 경우로서 그 채무면제이익을 이월결손금 보전에 충당하고도 남은 잔액이 있는 경우 잔액을 해당 사업연도에 익금불산입할 수 있으며, 익금불산입된 금액은 이후 사업연도에 발생한 결손금 보전에 충당하고, 충당하기 전에 사업을 폐지하거나 해산하게 되는 경우에 충당하지 않은 금액 전액을 익금에 산입한다.

④ 법인의 채무 ₩6,000,000을 출자전환하면서 교부한 주식(액면가액 ₩3,500,000, 시가 ₩4,000,000)에 대해 채무감소액과 액면가액의 차액 ₩2,500,000을 손익계산서상 채무조정이익으로 회계처리한 경우, 익금불산입 ₩2,500,000으로 처리하여야 한다.

해설

① 감자차익은 자본감소의 경우로서 그 감소액이 주식의 소각·주금의 반환에 든 금액과 결손의 보전에 충당한 금액을 초과한 경우의 그 초과금액을 말하는데, 이는 성격상 자본의 납입에 해당하기 때문에 익금항목이 아니다. 따라서 장부상 수익으로 회계처리한 경우에는 익금불산입해야 한다.

④ 법인의 채무 ₩6,000,000을 출자전환하면서 교부한 주식(액면가액 ₩3,500,000, 시가 ₩4,000,000)에 대해 채무감소액과 액면가액의 차액 ₩2,500,000을 손익계산서상 채무조정이익으로 회계처리한 경우, 익금불산입 **₩500,000(기타)로** 처리하여야 한다.   정답 ④

588

「법인세법」에 따른 세무조정으로 옳지 않은 것은?

세법2 Link p.48, 55, 62, 112, 116

오진다 Link p.302, 310, 333, 337

출제 가능 지수 ■■■■□

난이도 ■■■■■

① 전기 이전 납부한 재산세 중 당기에 환급된 금액 ₩1,000,000과 지방세환급가산금 ₩150,000을 손익계산서상 잡이익으로 처리하고, 이 중 ₩1,000,000을 익금불산입하였다.

② 수입배당금 ₩3,000,000(이 중 수입배당금 익금불산입규정에 따라 익금불산입되는 금액은 ₩900,000임)을 수령하면서 투자주식을 지분법에 따라 감액한 경우, ₩3,000,000을 익금산입, ₩900,000은 익금불산입하여야 한다.

③ 이익잉여금의 자본전입에 따른 무상주 수령액 ₩1,500,000(이 중 수입배당금 익금불산입금액은 ₩450,000임)을 장부상 회계처리 하지 않은 경우, ₩1,500,000을 익금산입, ₩450,000을 익금불산입으로 처리하여야 한다.

④ 대주주로부터 결손보전 목적으로 ₩800,000,000의 토지를 수증받아 수익으로 계상하고 이 중 ₩600,000,000을 발생연도로부터 17년이 경과한 세무상 이월결손금(합병·분할 시 승계받은 결손금 아님)으로서 결손금 발생 후 각 사업연도 과세표준 계산 시 공제되지 아니한 금액의 보전에 충당하였다면 ₩600,000,000을 익금불산입한다.

해설

① 전기 이전 납부한 재산세 중 당기에 환급된 금액 ₩1,000,000과 지방세환급가산금 ₩150,000을 손익계산서상 잡이익으로 처리한 경우, 이 중 지방세환급가산금에 해당하는 **₩150,000을 익금불산입**한다. 정답 ①

589

「법인세법」상 수입배당금액에 관한 설명으로 옳지 않은 것은?

세법2 Link p.58-61, 207

오진다 Link p.308-309, 381

출제 가능 지수 ■■■■□

난이도 ■■■■□

① 고유목적사업준비금을 손금에 산입하는 비영리내국법인이 지분을 출자한 다른 내국법인으로부터 받은 수입배당금에 대해서는 일반법인에 대한 수입배당금액 익금불산입액의 50%를 익금불산입한다.

② 「자본시장과 금융투자업에 관한 법률」에 따른 투자회사가 법령으로 정한 배당가능이익의 90% 이상을 배당하는 경우에 그 금액은 잉여금처분 대상 사업연도의 소득금액에서 공제하며, 이를 수령한 법인주주에 있어서 해당 수입배당금에 대해서는 익금불산입을 적용하지 아니한다.

③ 지급한 배당에 대하여 소득공제를 적용받는 법인과세 신탁재산으로부터 받은 수입배당금에 대해서는 익금불산입을 적용하지 아니한다.

④ 내국법인(「법인세법」상 외국납부세액공제 규정에 따른 간접투자회사 등은 제외)이 해당 법인이 출자한 외국자회사로서 법령상 요건을 충족한 자회사로부터 받은 수입배당금액의 100분의 95에 해당하는 금액은 각 사업연도의 소득금액을 계산할 때 익금에 산입하지 아니한다.

해설

① 비영리법인은 배당소득금액에 대하여 고유목적사업준비금을 설정할 수 있기 때문에 **수입배당금 익금불산입 규정 적용대상에서 제외**된다. 정답 ①

CHAPTER

03 익금과 익금불산입

590

다음의 자료를 이용하여 영리내국법인 ㈜한국의 제23기 사업연도(2023.1.1.~ 12.31.) 수입배당금 익금불산입액을 계산한 것으로 옳은 것은?

세법2 Link   p.57-58
오진다 Link   p.308-309

출제 가능 지수 ■■■■■

난이도 ■■■■■

---

(1) ㈜한국은 2023년 3월 중 비상장 영리내국법인 ㈜민국, ㈜만세, ㈜우리로부터 수입배당금 ₩14,000,000을 수령하여 수익으로 계상하였다.

배당지급법인	현금배당금*	「법인세법」상 장부가액**	지분율**	주식 취득일
㈜민국	₩6,000,000	₩300,000,000	60%	2021년 8월 1일
㈜만세	₩6,000,000	₩600,000,000	99%	2022년 11월 15일
㈜우리	₩2,000,000	₩800,000,000	25%	2022년 9월 15일

* 배당기준일: 2022년 12월 31일, 배당결의일: 2023년 2월 20일

** 주식 취득 이후 주식수, 장부가액, 지분율의 변동은 없음

(2) ㈜민국, ㈜만세, ㈜우리는 지급배당에 대한 소득공제와 「조세특례제한법」상 감면규정 및 동업기업과세특례를 적용받지 않는다.

(3) ㈜한국의 제23기 사업연도에 지출한 차입금이자는 없다.

---

① ₩3,600,000   ② ₩4,000,000   ③ ₩7,600,000   ④ ₩9,600,000

해설

수입배당금 익금불산입액은 다음과 같이 계산한다.

㈜민국 수입배당금 익금불산입액 ₩6,000,000 + ㈜우리 수입배당금 익금불산입액 ₩1,600,000
= ₩7,600,000

㈜민국: ₩6,000,000 × 100%* = ₩6,000,000

㈜만세: ㈜만세의 주식은 **배당기준일 전 3개월 이내에 취득한 것이므로 수입배당금 익금불산입 대상이 아니다.**

㈜우리: ₩2,000,000 × 80%* = ₩1,600,000

* 수입배당금 익금불산입률

피출자법인에 대한 출자비율	익금불산입률
20% 미만	30%
20% 이상 50% 미만	80%
50% 이상	100%

정답 ③

CHAPTER
04 손금과 손금불산입

591

「법인세법」상 현실적인 퇴직의 범위에 해당하는 것은?

① 법인의 대주주 변동으로 인하여 계산의 편의, 기타 사유로 전 직원에게 퇴직급여를 지급한 경우
② 「근로자퇴직급여 보장법」에 따라 퇴직급여를 중간 정산하기로 하였으나 이를 실제로 지급하지 않은 경우
③ 외국법인의 국내지점 종업원이 본점(본국)으로 전출하는 경우
④ 법인의 상근임원이 비상근임원이 된 경우

세법2 Link   p.74
오진다 Link   p.316

출제 가능 지수   ■■■□□
난이도   ■■■□□□

해설

①, ②, ③은 현실적인 퇴직에 **해당하지 않는다.**

[현실적으로 퇴직한 임원]

현실적인 퇴직에 해당하는 경우	현실적인 퇴직에 해당하지 않는 경우
㉠ 직원이 임원으로 취임한 경우	㉯ 임원이 연임된 경우
㉡ **상근임원이 비상근임원으로 된 경우**	㉰ **법인의 대주주 변동으로 인하여 계산의 편의, 기타 사유로 전 직원에게 퇴직급여를 지급한 경우**
㉢ 임원 또는 직원이 그 법인의 조직변경·합병·분할 또는 사업양도에 따라 퇴직한 때	㉱ **외국법인의 국내지점 종업원이 본점(본국)으로 전출하는 경우**
㉣ 「근로자퇴직급여 보장법」의 규정에 따라 퇴직금을 중간정산하여* 지급한 경우	㉲ 정부투자기관 등이 민영화됨에 따라 전 종업원의 사표를 일단 수리한 후 다시 채용한 경우
㉤ 정관에서 위임된 퇴직급여지급규정에 따라 법에 정한 사유로 임원에게 퇴직급여를 중간정산하여* 지급한 때	㉳ **「근로자퇴직급여 보장법」에 따라 퇴직급여를 중간정산하기로 하였으나 이를 실제로 지급하지 않은 경우**

*㉣과 ㉤은 종전에 퇴직급여를 중간정산하여 지급한 적이 있는 경우에는 직전 중간정산 대상기간이 종료한 다음 날부터 기산하여 퇴직급여를 중간정산한 것을 말한다.   정답 ④

592

「법인세법령」상 각 사업연도 소득금액을 구하기 위해 세무조정을 해야 하는 것은?

① 영업자가 조직한 단체로서 법인이거나 주무관청에 등록된 조합 또는 협회에 지급한 일반회비를 손익계산서상 비용 계상하였다.
② 보세구역에 보관되어 있는 수출용 원자재가 「관세법」상의 장치기간 경과로 국고귀속이 확정된 자산의 가액을 손익계산서에 비용 계상하였다.
③ 기업업무추진비 관련 부가가치세 매입세액을 한도액의 범위에서 손익계산서상 비용 계상하였다.
④ 법인의 이익잉여금을 주주총회에서 처분하여 직원에게 지급하는 상여금을 전액 손익계산서상 비용 계상하였다.

세법2 Link) p.71, 73, 77-78, 81
오진다 Link) p.314-315, 318, 320
출제 가능 지수 ■■■■□
난이도 ■■■■□

해설

① 영업자가 조직한 단체로서 법인이거나 주무관청에 등록된 조합 또는 협회에 지급한 **일반회비는 한도 없이 전액 손금산입한다.**
② 벌금, 과료, 과태료(과태금 포함), 가산금 및 강제징수비는 손금에 산입하지 않지만 보세구역에 보관되어 있는 수출용 원자재가 「관세법」상의 장치기간 경과로 국고귀속이 확정된 자산의 가액은 **벌금 등으로 보지 않으므로 손금산입한다.**
③ 기업업무추진비 관련 부가가치세 매입세액은 **부담한 자의 손금으로 인정**한다.
④ **'이익처분에 의해 지급하는 상여금'**이란 법인의 이익잉여금을 주주총회에서 처분하여 임직원에게 지급하는 상여금을 말하는데 이는 일반적인 상여금과 달리 **임직원을 구분하지 않고 손금에 산입하지 않는다.**

[벌금 등에 해당하지 아니하는 지체상금 등]

㉠ 사계약상의 의무불이행으로 인하여 과하는 지체상금(정부와 납품계약으로 인한 지체상금을 포함하며 구상권 행사가 가능한 지체상금을 제외한다)
㉡ 보세구역에 보관되어 있는 수출용 원자재가 관세법상의 장치기간 경과로 국고귀속이 확정된 자산의 가액
㉢ 전기요금의 납부지연으로 인한 연체가산금
㉣ 「고용보험 및 산업재해보상보험의 보험료 징수 등에 관한 법률」 제25조에 따른 산업재해보상보험료의 연체금
㉤ 국유지 사용료의 납부지연으로 인한 연체료
㉥ 철도화차 사용료의 미납액에 대하여 가산되는 연체이자

[손금산입하는 부가가치세 매입세액]

㉠ 토지조성 관련 매입세액
㉡ 비영업용 승용자동차의 구입, 임차, 유지관련 매입세액
㉢ 영수증 교부거래분 매입세액
㉣ 면세 관련 매입세액
㉤ 기업업무추진비 관련 매입세액(기업업무추진비로 보아 한도액의 범위에서 손금 인정)
㉥ 간주임대료 관련 매입세액(임차인 또는 임대인 중 부담한 자의 손금으로 인정)

정답 ④

593

「법인세법」상 각 사업연도소득금액을 계산함에 있어서 손금에 산입되는 것은?

① 법인이 업무와 관련하여 지급한 손해배상금(실제 발생한 손해를 모르는 경우에 해당)에 3분의 2를 곱한 금액
② 법인의 주주 등(소액주주 등은 제외)이 사용하고 있는 사택의 유지비
③ 비영업용 소형승용차의 유지에 관한 부가가치세 매입세액
④ 법인지방소득세

세법2 Link   p.70-71,
             82, 195
오진다 Link   p.314, 317,
             320, 373
출제 가능 지수 ■■■■□
난이도   ■■■□□

해설

① 실제 발생한 손해액을 아는 경우에는 법률에 따른 손해배상금 중 실제 발생한 손해를 초과하여 지급하는 금액을 손금불산입하며, 실제 발생한 손해를 모르는 경우에는 **다음 계산식에 따라 계산한 금액을 손금불산입한다.**

> 손금불산입 대상 손해배상금 $= ① \times \dfrac{② - 1}{②}$
> ①: 법률에 따라 지급한 손해배상금
> ②: 법률상 손해액 대비 손해배상액의 배수 상한

② 직원·비출자임원·소액주주가 사용하는 사택의 유지비 등은 손금항목이나, 법인의 주주 등(소액주주 등은 제외)이 사용하고 있는 사택의 유지비는 **손금불산입한다.**
④ 법인지방소득세는 **손금에 산입하지 아니한다.**

정답 ③

594

「법인세법」상 익금과 손금에 관한 내용으로 옳은 것은?

① 소액주주인 임원에 대한 사택유지비는 손금불산입된다.
② 「노동조합 및 노동관계조정법」을 위반하여 지급하는 급여는 손금에 산입하지 않는다.
③ 법인이 부담한 간주임대료에 대한 부가가치세는 매입세액불공제 대상이며, 손금에 산입할 수 없다.
④ 자기주식소각손익은 손금 또는 익금항목이지만, 자기주식처분손익은 원칙적으로 손금 또는 익금항목이 아니다.

세법2 Link   p.47, 76-
             77, 84-85,
             195
오진다 Link   p.302, 314,
             323, 373
출제 가능 지수 ■■■■□
난이도   ■■■□□

해설

① 소액주주인 임원에 대한 사택유지비는 **손금에 산입**한다.
③ 법인이 부담한 간주임대료에 대한 부가가치세는 매입세액불공제 대상이지만, 손금에 산입할 수 **있다.**
④ 자기주식소각손익은 **손금 또는 익금항목이 아니지만,** 자기주식처분손익은 원칙적으로 **손금 또는 익금항목이다.**

정답 ②

손금과 손금불산입

595

다음 중 「법인세법」에 의하여 손금산입이 가능한 항목들만의 조합은?

세법2 Link   p.69, 71, 73, 75
오진다 Link   p.313-315
출제 가능 지수 ■■■■□
난이도 ■■■■□

ㄱ. 임직원(지배주주 제외)의 사망 이후 유족에게 학자금 등으로 일시적으로 지급하는 금액으로서 「기획재정부령」으로 정하는 요건을 충족하는 것
ㄴ. 합자회사가 노무출자사원에게 지급한 보수
ㄷ. 법인의 비영업용 소형승용차의 유지에 관한 부가가치세 매입세액
ㄹ. 법인이 「영유아보육법」에 의하여 설치한 직장어린이집의 운영비
ㅁ. 법인의 임원이나 직원이 아닌 지배주주에 대하여 지급한 교육훈련비

① ㄱ, ㄴ, ㅁ   ② ㄱ, ㄷ, ㄹ   ③ ㄱ, ㄷ, ㅁ   ④ ㄴ, ㄷ, ㄹ

해설

- ㄴ. **노무출자사원**은 근로제공 자체가 **출자**에 해당한다. 따라서 지급받은 보수는 이익처분에 의한 상여로 보므로 손금에 산입하지 아니한다.
- ㅁ. 법인의 임원이나 직원이 아닌 **지배주주**에 대하여 지급한 **교육훈련비**는 손금으로 보지 아니한다.   정답 ②

596

「법인세법」상 손금의 계산에 관한 사항으로 옳지 않은 것은?

세법2 Link   p.39, 144, 153, 162
오진다 Link   p.348, 352
출제 가능 지수 ■■■■□
난이도 ■■■■□

① 현물로 접대 또는 기부한 경우 기업업무추진비는 시가로, 기부금은 시가와 장부가액 중 큰 금액으로 평가한다.
② 주주 또는 출자자나 임원 또는 직원이 부담하여야 할 성질의 기업업무추진비를 법인이 지출한 경우 이를 기업업무추진비로 보지 않는다.
③ 채권자가 불분명한 사채이자는 손금불산입하며 그 원천징수세액은 기타사외유출로 소득처분한다.
④ 채권·증권의 발행법인이 그 이자와 할인액을 직접 지급하는 경우에 그 지급사실이 객관적으로 인정되지 아니하는 때에는 지급이자와 할인액을 손금불산입하며 그 원천징수세액은 기타사외유출로 소득처분한다.

해설

① **현물기업업무추진비**의 경우 **시가와 장부가액 중 큰 금액**으로 평가한다. 그리고 **현물기부금**의 경우 **시가와 장부가액 중 큰 금액**으로 평가하며, 특례기부금과 특수관계 없는 자에게 기부한 일반기부금은 **기부한 때의 장부가액**으로 평가한다.   정답 ①

597

「법인세법」상 인건비의 손금산입에 관한 설명으로 옳은 것은?

세법2 Link   p.73, 75, 170
오진다 Link   p.315, 317, 361
출제 가능 지수 ■■■■□
난이도   ■■■■□

① 법인이 임원에 대하여 퇴직 시까지 부담한 확정기여형 퇴직연금의 부담금은 전액 손금에 산입한다.

② 상근이 아닌 법인의 임원에게 지급하는 보수는 「법인세법」상 부당행위계산부인에 해당하는 경우에도 손금에 산입한다.

③ 「파견근로자보호 등에 관한 법률」에 따른 파견근로자를 위하여 지출한 직장문화비와 직장회식비는 기업업무추진비로 본다.

④ 임원이 아닌 종업원에게 주주총회의 결의에 의한 급여지급기준을 초과하여 지급한 상여금은 전액 손금에 산입한다.

해설

① 확정기여형 퇴직연금의 부담액은 전액 손금에 산입한다. 다만, **임원에 대한 부담금**은 법인이 퇴직 시까지 부담한 부담금의 합계액을 퇴직급여로 보아 임원퇴직급여한도 규정을 적용하되, 손금산입한도 초과금액이 있는 경우에는 퇴직일이 속하는 사업연도의 부담금 중 **손금산입 한도 초과금액 상당액을 손금에 산입하지 않고**, 손금산입 한도 초과금액이 퇴직일이 속하는 사업연도의 부담금을 초과하는 경우 그 초과금액은 퇴직일이 속하는 사업연도의 익금에 산입한다.

② 상근이 아닌 법인의 임원에게 지급하는 보수는 「법인세법」상 부당행위계산부인에 해당하는 경우 **손금에 산입하지 아니한다.**

③ 「파견근로자보호 등에 관한 법률」에 따른 파견근로자를 위하여 지출한 직장문화비와 직장회식비는 **복리후생비로 본다.**

정답 ④

598

제조업을 영위하는 영리내국법인 ㈜한국의 제23기 사업연도(2023.1.1.~2023.12.31.) 세무조정 및 소득처분에 관한 내용으로 옳지 않은 것은? (단, 전기까지 세무조정은 적정하게 이루어졌다)

세법2 Link   p.56, 73, 104, 154
오진다 Link   p.301, 315, 330, 352
출제 가능 지수 ■■■■■
난이도   ■■■■■

① 상업적 실질이 없는 교환으로 취득한 자산(공정가치 700,000원)의 취득원가를 제공한 자산의 장부가액(500,000원)으로 회계처리한 부분에 대해 200,000원을 익금산입(유보)로 조정하였다.

② 한 차례 접대에 지출한 기업업무추진비로서 임직원 명의로 발급받은 신용카드로 결제한 30만원 전액을 손금불산입(기타사외유출)로 조정하였다.

③ 직원에게 이익처분으로 지급한 상여금 1,500,000원을 손금산입(기타)로 조정하였다.

④ 유형자산의 임의평가이익 2,000,000원을 재무상태표상 자산과 기타포괄손익누계액의 증가로 회계처리한 부분에 대해 손금산입(△유보)와 손금불산입(기타)로 각각 조정하였다.

해설

③ 직원에게 이익처분으로 지급한 상여금은 **손금에 산입하지 아니한다.** 장부상 비용으로 계상하지 않았다면 따로 세무조정은 없다.

정답 ③

599

「법인세법」상 손금에 관한 설명으로 옳은 것은?

① 법인이 출자임원(지배주주와 특수관계에 있는 자)에게 지급한 여비 또는 교육훈련비는 업무와 관련된 지출이라 하더라도 전액 손금불산입한다.
② 회수할 수 없는 부가가치세 매출세액미수금은 「부가가치세법」에 따라 대손세액공제를 받은 것에 한정하여 손금으로 인정한다.
③ 법인(부동산임대업을 주업으로 하는 법인 등에 해당하지 않음)의 업무사용금액 중 업무용승용차별 감가상각비가 해당 사업연도에 400만원을 초과하는 경우 그 초과하는 금액은 해당 사업연도의 손금에 산입하지 않고 이월하여 손금에 산입한다.
④ 간이과세자로부터 부가가치세가 과세되는 재화를 공급받고 「부가가치세법」 제36조 제1항의 규정에 의한 영수증을 교부받은 거래분에 포함된 매입세액으로서 매입세액 공제대상이 아닌 금액은 손금으로 인정된다.

세법2 Link p.68, 71, 75, 88
오진다 Link p.314, 317, 322, 364
출제 가능 지수 ■■■■□
난이도 ■■■■□

해설

① 법인이 출자임원(지배주주와 특수관계에 있는 자)에게 **업무와 관련하여 지급**한 여비 또는 교육훈련비는 **손금에 산입**한다.
② 회수할 수 없는 부가가치세 매출세액미수금은 「부가가치세법」에 따라 **대손세액공제를 받지 않은 것에 한정**하여 손금으로 인정한다.
③ 법인(부동산임대업을 주업으로 하는 법인 등에 해당하지 않음)의 업무사용금액 중 업무용승용차별 감가상각비가 해당 사업연도에 **800만원**을 초과하는 경우 그 초과하는 금액은 해당 사업연도의 손금에 산입하지 않고 이월하여 손금에 산입한다. 부동산임대업을 주업으로 하는 법인 등의 경우에 400만원이 기준금액이다.

정답 ④

600

「법인세법」상 손금에 대한 설명으로 옳지 않은 것은?

① 「상법」 제417조에 따라 주식을 액면 미달의 가액으로 신주를 발행하는 경우 그 미달하는 금액과 신주발행비의 합계액은 손금에 산입한다.
② 각 세법에 규정된 의무불이행으로 인하여 납부하였거나 납부할 세액(가산세 포함)은 손금에 산입하지 않는다.
③ 합명회사 또는 합자회사의 노무출자사원에게 지급하는 보수는 이익처분에 의한 상여로 보아 이를 손금에 산입하지 아니한다.
④ 판매한 제품에 대한 원료의 매입 가액(기업회계기준에 따른 매입에누리 금액 및 매입할인금액을 제외한다)과 그 부대비용은 손금에 산입한다.

세법2 Link p.70, 73, 80-81
오진다 Link p.315, 320-322
출제 가능 지수 ■■■■■
난이도 ■■■■■

해설

① 「상법」 제417조에 따라 주식을 액면 미달의 가액으로 신주를 발행하는 경우 그 미달하는 금액과 신주발행비의 합계액은 **손금에 산입하지 아니한다.**

정답 ①

601

다음은 제조업을 영위하는 영리내국법인 ㈜한국의 제23기 사업연도(2023.1.1.~2023.12.31.) 회계처리 내역이다. 제23기 각 사업연도의 소득금액 계산을 위하여 세무조정이 필요한 경우가 아닌 것은?

① 환경미화의 목적으로 여러 사람이 볼 수 있는 복도에 항상 전시하기 위해 미술품 1점을 2천만 원에 취득하고, 그 취득가액을 손익계산서상 복리후생비로 계상하였다.
② 채무 1억원을 출자전환함에 따라 주식(액면가액 5천만원, 시가 7천만원)을 발행하고, 발행가 액과 액면가액의 차액인 5천만원을 주식발행초과금(자본)으로 회계처리하였다.
③ 판매한 제품의 판매장려금으로 사전 약정없이 지급한 금액을 손익계산서상 판매촉진비로 계 상하였다.
④ 해당 법인의 발행주식총수의 1%를 보유한 출자임원이 업무와 관련없이 사용하고 있는 사택의 유지관리비 5백만원을 손익계산서상 수선비로 계상하였다.

해설

① 환경미화의 목적으로 여러 사람이 볼 수 있는 복도에 항상 전시하기 위해 미술품 1점을 2천만원에 취득하고, 그 취득가액을 손익계산서상 복리후생비로 계상한 경우 미술품은 세법상 자산에 해당하므로 2천만원에 대하 여 **손금불산입하고 유보로 소득처분**한다. ← [참고]1000만원 이하의 것을 취득한 날이 속하는 사업연도의 손비로 계상하면 손 금으로 인정
② 채무 1억원을 출자전환함에 따라 주식(액면가액 5천만원, 시가 7천만원)을 발행하고, 발행가액과 액면가액의 차액인 5천만원을 주식발행초과금(자본)으로 회계처리한 경우 **발행가액과 시가의 차액인 3천만원에 대해서 익금산입하고 기타로 소득처분**한다.
④ 해당 법인의 발행주식총수의 1%를 보유한 출자임원이 업무와 관련없이 사용하고 있는 사택의 유지관리비 5 백만원을 손익계산서상 수선비로 계상한 경우 **손금불산입하고 상여로 소득처분**한다. 정답 ③

세법2 Link p.53, 68, 84-85

오진다 Link p.306, 312-313, 373

출제 가능 지수 ■■■■□

난이도 ■■■■■

602

「법인세법」상 손금에 관한 설명으로 옳지 않은 것은?

① 특정인에게 광고선전 목적으로 기증한 물품(개당 3만원 이하는 제외)의 구입비용으로 연간 5 만원 이내의 금액은 손금에 산입한다.
② 법인이 다른 법인과 출자에 의해 공동으로 사업을 운영하는 경우 발생하는 공동경비 중 출자 비율에 따른 분담금액을 초과하는 금액은 손금에 산입하지 아니한다.
③ 법인이 영리내국법인으로부터 건당 3만원(부가가치세 포함)을 초과하는 용역을 공급받고 그 대가를 지급하는 경우 법정증명서류 이외의 증명서류를 수취하면 손금에 산입하지 아니한다.
④ 제조업을 영위하는 법인이 보유한 개별소비세 과세대상인 승용자동차의 수선비에 대한 부가가 치세 매입세액은 손금에 산입한다.

해설

① 광고선전 목적으로 기증한 물품의 구입비용은 전액 손금으로 인정한다. 다만, 특정인에 기증한 물품(개당 3 만원 이하의 물품은 제외)의 경우에는 연간 5만원 이내의 금액에 한정하여 손금에 산입하며, 5만원을 초과하 는 경우에는 전액을 특정거래처에 대한 기업업무추진비로 보아 한도 내에서 손금산입한다. ← '5만원 초과분은 손금불산입한다' 아님 주의
③ 법인이 건당 3만원(부가가치세 포함)을 초과하는 용역을 공급받고 그 대가를 지급할 때 법정증명서류 이외 의 증명서류를 수취하면 **손금에 산입하되 증명서류 수취불성실 가산세를 부과**한다. 정답 ③

세법2 Link p.67, 71, 78-79, 83-84

오진다 Link p.311, 314, 319, 323

출제 가능 지수 ■■■■□

난이도 ■■■■□

603

다음은 제조업을 영위하는 영리내국법인 ㈜한국의 제25기 사업연도(2025.1.1.~12.31.) 회계처리 내역이다. 제25기 각 사업연도의 소득금액 계산을 위하여 세무조정이 필요한 경우가 아닌 것은?

① 법인이 「노동조합 및 노동관계조정법」을 위반하여 노조전임자에게 지급한 급여를 손익계산서 상 비용으로 계상하였다.
② ㈜한국의 업무에 직접 사용하지 않고 ㈜한국의 대주주인 ㈜민국이 사용하고 있는 건물의 외부도장비용 2백만원을 현금 지출하고 손익계산서상 수선비로 계상하였다.
③ 법인이 지급한 손해배상금의 실제 발생 손해액이 확정되어 지급한 금액 중 손해액에 해당하는 부분만 비용으로 처리하였다.
④ 업무에 사용하던 업무용승용차 1대(「법인세법」상 업무용승용차로서의 요건은 모두 충족함)를 처분하고, 이에 따른 처분손실 1천 2백만원을 결산서에 반영하였다.

> **해설**
> ① 법인이 「노동조합 및 노동관계조정법」을 위반하여 노조전임자에게 지급한 급여는 **손금으로 인정되지 않는다**.
> ② 대주주가 부담할 비용을 법인이 지출한 금액은 **손금불산입 항목**이다.
> ④ 업무용승용차의 처분손실은 **8백만원을 한도로 손금에 산입**한다.　　　정답 ③

세법2 Link　p.82, 84-85, 88
오진다 Link　p.320-323
출제 가능 지수 ■■■■□
난이도 ■■■■□

604

「법인세법」상 손금으로 인정되는 것은?

① 납부하였거나 납부할 개별소비세·주세(제품가격에 그 세액상당액을 가산한 경우에 해당하지 않음)
② 업무무관자산을 취득하기 위하여 지출한 취득세
③ 결산을 확정할 때 잉여금의 처분을 손비로 계상한 금액
④ 법령에 따라 의무적으로 납부하는 것이 아닌 공과금

> **해설**
> ① 납부하였거나 납부할 개별소비세·주세는 해당 물품을 판매할 때 구매자로부터 회수하게 되는 일종의 대납금 성격을 가진 소비세로서 '선급금'으로 계상되기 때문에 손금으로 인정되지 않는다. ← 단, 소비세를 신뢰성 있게 측정할 수 없어 제품 가격에 그 세액을 가산한 경우에는 손금으로 보고, 자산원가로 그대로 인정됨 주의
> ② 업무무관자산을 취득 및 관리함으로써 생기는 비용, 유지비, 수선비 및 이에 관련되는 비용은 손금에 산입하지 않는 것이 원칙이다. 다만 업무무관자산을 취득함으로써 생기는 비용이라도 **그 자산의 취득가액을 구성하는 취득세 등은** 취득부대비용으로 자산원가를 구성해야 하므로 **손금으로 인정된다**. 손금으로 인정되지 않는 금액은 자산원가를 구성할 수 없기 때문이다.　　　정답 ②

세법2 Link　p.80-81, 84-85
오진다 Link　p.320, 323
출제 가능 지수 ■■■■□
난이도 ■■■■□

605

「법인세법」상 각 사업연도 소득금액을 구하기 위해 세무조정이 필요한 경우가 아닌 것은?

세법2 Link p.69, 78-79, 81, 84-85

오진다 Link p.312, 320, 323

출제 가능 지수 ■■■□□

난이도 ■■■■■

> ㄱ. ㈜한국은 업무무관자산을 취득하기 위하여 지출한 자금의 차입과 관련되는 비용을 손익계산서상 비용처리 하였다.
> ㄴ. ㈜민국은 법령에 따른 의무를 불이행함으로써 부과된 폐수배출부담금을 손익계산서상 공과금으로 비용처리 하였다.
> ㄷ. ㈜대한은 ㈜우리와의 계약상 의무불이행으로 인하여 부과하는 지체상금을 손익계산서상 비용으로 계상하였다.
> ㄹ. ㈜나라는 「근로복지기본법」에 따른 사내근로복지기금 및 공동근로복지기금에 출연하는 금품을 손익계산서상 비용으로 계상하였다.

① ㄱ, ㄴ ② ㄷ, ㄹ ③ ㄱ, ㄷ ④ ㄴ, ㄹ

해설

ㄱ. 업무무관자산을 취득하기 위하여 지출한 자금의 차입과 관련되는 비용은 법인의 업무와 직접 관련이 없다고 인정되는 지출금액으로서 **손금에 산입하지 아니한다.**

ㄴ. 공과금은 손금에 산입하는 것이 원칙이지만 강제성이 없거나 폐수배출부담금과 같이 법령에 따른 의무를 불이행함으로써 부과된 공과금은 손금불산입한다. 즉, **법령에 따른 의무의 불이행 또는 금지·제한 등의 위반을 이유로 부과된 공과금은 손금불산입**한다.

ㄷ. 벌금, 과료, 과태료(과료와 과태금 포함), 가산금 및 강제징수비는 손금에 산입하지 않는다. 그러나 사계약상의 의무불이행으로 인하여 과하는 지체상금(정부와 납품계약으로 인한 지체상금을 포함하며 구상권 행사가 가능한 지체상금을 제외한다)은 벌금 등에 해당하지 아니하는 것으로 하므로 손금에 산입한다. 따라서 **세무조정이 필요없다.**

ㄹ. 「근로복지기본법」에 따른 사내근로복지기금 및 공동근로복지기금과 내국법인의 협력중소기업이 설립한 사내근로복지기금 및 공동근로복지기금에 출연하는 금품은 「법인세법」상 손금 항목에 해당된다. 따라서 **세무조정이 필요없다.**

정답 ②

CHAPTER **04**

손금과 손금불산입

606

영리내국법인 ㈜한국의 포괄손익계산서 세금과공과 계정에는 다음의 금액이 포함되어 있다. 소득금액조정합계표 작성 시 '익금산입 및 손금불산입'에 포함되어야 할 금액의 합계는?

세법2 Link   p.81
오진다 Link   p.320
출제 가능 지수 ■■■□□
난이도 ■■■■■

> ㄱ. 산업재해보상보험료의 가산금 : ₩1,000,000
>
> ㄴ. 업무와 관련하여 발생한 교통사고 벌과금 : ₩1,500,000
>
> ㄷ. 전기요금의 납부지연으로 인한 연체가산금 : ₩3,500,000
>
> ㄹ. 「국민건강보험법」에 따라 징수하는 연체금 : ₩4,000,000
>
> ㅁ. 국유지 사용료의 납부지연으로 인한 연체료 : ₩5,500,000
>
> ㅂ. 외국의 법률에 따라 국외에서 납부한 벌금 : ₩6,000,000

① ₩7,500,000   ② ₩9,000,000   ③ ₩11,500,000   ④ ₩12,500,000

해설

ㄱ. 산업재해보상보험료의 가산금	₩1,000,000
ㄴ. 업무와 관련하여 발생한 교통사고 벌과금	₩1,500,000
ㄹ. 「국민건강보험법」에 따라 징수하는 연체금	₩4,000,000
ㅂ. 외국의 법률에 따라 국외에서 납부한 벌금	₩6,000,000
합 계	₩12,500,000

[벌금 등의 손금·손금불산입 항목 구분]

벌금 등으로 보는 항목(손금불산입)	벌금 등으로 보지 않는 항목(손금항목)
㉠ 법인의 임원 또는 직원이 「관세법」을 위반하고 지급한 벌과금	㉠ 사계약상의 의무불이행으로 인하여 과하는 지체상금(정부와 납품계약으로 인한 지체상금을 포함하며, 구상권행사가 가능한 지체상금은 제외)
㉡ 교통사고벌과금(업무관련성 여부와 상관없이 손금불산입)	㉡ 보세구역에 장치되어 있는 수출용 원자재가 「관세법」상의 장치기간 경과로 국고귀속이 확정된 자산의 가액
㉢ 산업재해보상보험료의 가산금	㉢ 연체이자 등
㉣ 금융기관의 최저예금지불준비금부족에 대하여 「한국은행법」에 따라 금융기관이 한국은행에 납부하는 과태료	ⓐ 전기요금의 납부지연으로 인한 연체가산금
㉤ 「국민건강보험법」에 따라 징수하는 연체료	ⓑ 산업재해보상보험료의 연체금
㉥ 외국의 법률에 의하여 국외에서 납부한 벌금	ⓒ 국유지사용료의 연체료
	ⓓ 철도화차사용료의 미납액에 대한 연체이자

정답 ④

CHAPTER 05 손익의 귀속시기

607

「법인세법령」상 손익의 귀속사업연도 및 자산·부채의 평가에 관한 설명으로 옳은 것은?

① 중소기업인 법인이 수행하는 계약기간 1년 이상인 건설 등의 경우에는 그에 대한 수익과 비용을 각각 그 목적물의 인도일이 속하는 사업연도의 익금과 손금에 산입할 수 있다.

② 증권시장에서 증권시장업무 규정에 따라 보통거래방식으로 한 유가증권의 매매는 유가증권을 인도한 날을 귀속사업연도로 한다.

③ 결산을 확정할 때 이미 경과한 기간에 대응하는 임대료 상당액과 이에 대응하는 비용을 해당 사업연도의 수익과 손비로 계상한 경우 및 임대료 지급기간이 1년을 초과하는 경우 이미 경과한 기간에 대응하는 임대료 상당액과 비용은 이를 각각 해당 사업연도의 익금과 손금으로 하지 않는다.

④ 투자회사 등이 결산을 확정할 때 증권 등의 투자와 관련된 수익 중 이미 경과한 기간에 대응하는 이자 및 할인액과 배당소득을 해당 사업연도의 수익으로 계상한 경우에는 그 계상한 사업연도의 익금으로 한다.

세법2 Link   p.93, 95, 98
오진다 Link   p.325-328
출제 가능 지수 ■■■□□
난이도 ■■■■□

해설

① 중소기업인 법인이 수행하는 계약기간 1년 **미만**인 건설 등의 경우에는 그에 대한 수익과 비용을 각각 그 목적물의 인도일이 속하는 사업연도의 익금과 손금에 산입할 수 있다.

② 증권시장에서 증권시장업무 규정에 따라 보통거래방식으로 한 유가증권의 매매는 **매매계약을 체결한 날**을 귀속사업연도로 한다.

③ 결산을 확정할 때 이미 경과한 기간에 대응하는 임대료 상당액과 이에 대응하는 비용을 해당 사업연도의 수익과 손비로 계상한 경우 및 임대료 지급기간이 1년을 초과하는 경우 이미 경과한 기간에 대응하는 임대료 상당액과 비용은 이를 각각 해당 사업연도의 익금과 손금으로 **한다.**

정답 ④

608

「법인세법」상 손익의 귀속시기에 관한 설명으로 옳은 것은?

세법2 Link p.92-94, 97
오진다 Link p.324-326
출제 가능 지수
난이도

① 내국법인의 각 사업연도의 소득금액을 계산할 때 그 법인이 익금과 손금의 귀속사업 연도와 자산·부채의 취득 및 평가에 관하여 공정·타당하다고 인정되는 기업회계기준을 적용하거나 관행을 계속 적용하여 온 경우에는 「법인세법」 및 「조세특례제한법」에서 달리 규정하고 있는 경우에도 그 기업회계기준 또는 관행에 따른다.

② 상품 등의 시용판매의 경우 상대방이 그 상품 등에 대한 구입 의사를 표시한 날(구입의 의사 표시 기간에 대한 특약은 없음)을 익금 및 손금의 귀속사업연도로 한다.

③ 장기할부조건이라 함은 자산의 판매 또는 양도로서 판매금액 또는 수입금액을 월부·연부 기타의 지불방법에 따라 2회 이상으로 분할하여 수입하는 것 중 해당 목적물의 인도일부터 최종 할부금의 지급기일까지의 기간이 1년 이상인 것을 말한다.

④ 잉여금 처분에 따른 배당소득의 귀속사업연도는 잉여금을 처분한 법인의결산확정일이 속하는 사업연도로 한다.

해설

① 내국법인의 각 사업연도의 소득금액을 계산할 때 그 법인이 익금과 손금의 귀속사업연도와 자산·부채의 취득 및 평가에 관하여 공정·타당하다고 인정되는 기업회계기준을 적용하거나 관행을 계속 적용하여 온 경우에는 「법인세법」 및 「조세특례제한법」에서 달리 규정하고 있는 **경우를 제외하고는** 그 기업회계기준 또는 관행에 따른다.

③ 장기할부조건이라 함은 자산의 판매 또는 양도로서 판매금액 또는 수입금액을 월부·연부 기타의 지불방법에 따라 2회 이상으로 분할하여 수입하는 것 중 해당 목적물의 인도일의 **다음날**부터 최종 할부금의 지급기일까지의 기간이 1년 이상인 것을 말한다.

④ 잉여금 처분에 따른 배당소득의 귀속사업연도는 잉여금을 처분한 법인의 **잉여금처분결의일**이 속하는 사업연도로 한다.

정답 ②

609

「법인세법」상 손익의 귀속시기에 대한 설명으로 옳은 것은?

세법2 Link p.92-93, 95
오진다 Link p.325
출제 가능 지수 ■■■■□
난이도 ■■■■□

① 법인이 장기할부기간 중에 폐업한 경우에는 그 폐업일 현재 익금에 산입하지 아니한 금액과 이에 대응하는 비용을 폐업일이 속하는 사업연도의 익금과 손금에 각각 산입한다.
② 자산을 위탁판매하는 경우 위탁자가 그 위탁자산을 매매한 날이 속하는 사업연도의 익금으로 한다.
③ 제조업, 부동산매매업 등의 재고자산(부동산 포함)의 판매로 인한 익금 및 손금은 그 재고자산을 인도한 날이 속하는 사업연도에 귀속한다.
④ 상품 등 외의 자산의 양도인 경우에는 그 대금을 청산하기 전에 소유권 등의 이전등기를 하거나 해당 자산을 인도하거나 상대방이 해당 자산을 사용수익하는 경우에는 그 이전등기일, 인도일 또는 사용수익일 중 늦은 날로 한다.

해설

② 자산을 위탁판매하는 경우 **수탁자**가 그 위탁자산을 매매한 날이 속하는 사업연도의 익금으로 한다.
③ 재고자산(부동산 **제외**)의 판매로 인한 익금 및 손금은 그 재고자산을 인도한 날이 속하는 사업연도에 귀속한다. 단, **부동산매매업**을 하는 법인에게 있어 재고자산은 부동산인데, 부동산은 인도할 수 없기 때문에 **부동산의 양도는 대금을 청산한 날, 소유권 이전등기·등록일, 인도일, 사용수익일 중 가장 빠른 날이 속하는 사업연도**에 귀속한다.
④ 상품 등 외의 자산의 양도인 경우에는 그 대금을 청산하기 전에 소유권 등의 이전등기를 하거나 해당 자산을 인도하거나 상대방이 해당 자산을 사용수익하는 경우에는 그 이전등기일, 인도일 또는 사용수익일 중 **빠른 날**로 한다.

정답 ①

CHAPTER **05** 손익의 귀속시기

610

「법인세법」상 손익의 귀속시기에 관한 설명이다. 옳은 것만을 모두 고른 것은?

세법2 Link　p.47, 94, 97, 106
오진다 Link　p.301, 325-327

출제 가능 지수 ▪▪▪▪▫
난이도 ▪▪▪▪▫

ㄱ. 법인이 매출할인을 하는 경우 그 매출할인금액은 상대방과의 약정에 의한 지급기일(그 지급기일이 정하여 있지 아니한 경우에는 지급한 날)이 속하는 사업연도의 매출액에서 차감한다.

ㄴ. 법인이 결산을 확정함에 있어서 차입일부터 이자지급일이 1년을 초과하는 특수관계인과의 거래에 따른 기간경과분 미지급이자를 해당 사업연도의 손비로 계상한 경우에는 그 계상한 사업연도의 손금으로 한다.

ㄷ. 중소기업인 법인이 장기할부조건으로 자산을 판매하고 인도기준으로 회계처리한 경우, 그 장기할부조건에 따라 각사업연도에 회수하였거나 회수할 금액과 이에 대응하는 비용을 신고조정에 의하여 해당 사업연도의 익금과 손금에 산입할 수 있다.

ㄹ. 자산을 장기할부조건으로 취득하면서 발생한 채무를 기업회계기준이 정하는 바에 따라 현재가치로 평가하여 현재가치할인차금으로 계상한 경우 당해 현재가치할인차금은 취득가액에 포함한다.

① ㄱ, ㄴ　　　② ㄴ, ㄷ　　　③ ㄱ, ㄷ　　　④ ㄴ, ㄹ

해설

ㄴ. 결산을 확정할 때 이미 경과한 기간에 대응하는 이자 및 할인액(**차입일부터 이자지급일이 1년을 초과하는 특수관계인과의 거래에 따른 이자 및 할인액은 제외**)을 해당 사업연도의 손비로 계상한 경우 원천징수 여부와 상관없이 그 계상한 사업연도의 손금으로 한다.

ㄹ. 자산을 장기할부조건으로 취득하면서 발생한 채무를 기업회계기준이 정하는 바에 따라 현재가치로 평가하여 현재가치할인차금으로 계상한 경우 당해 현재가치할인차금은 취득가액에 **포함하지 않는다**.　　정답 ③

611

다음은 영리내국법인 ㈜한국(중소기업이 아님)의 제23기 사업연도(2023.1.1.~2023.12.31.) 회계처리 내역이다. 제23기의 각 사업연도 소득금액 계산을 위하여 세무조정이 반드시 필요한 것은?

① 장식 목적으로 복도에 항상 전시하기 위해 미술품을 4백만원에 취득하고 그 취득가액을 손익계산서상 비용으로 계상하였다.

② 지방세의 과오납금의 환급금에 대한 이자를 수취하고 수익으로 계상하지 않았다.

③ 토지의 취득과 함께 공채를 매입하고 기업회계기준에 따라 그 공채의 매입가액과 현재가치의 차액을 해당 토지의 취득가액으로 계상하였다.

④ 상업적 실질이 없는 교환으로 취득한 자산(공정가치 800,000원)의 취득원가를 제공한 자산의 장부가액(600,000원)으로 계상하였다.

> **해설**
>
> ④ 세법상으로는 상업적 실질 유무를 따질 필요 없이 **취득한 자산**의 **취득 당시 시가**를 취득가액으로 하므로 **세무조정이 필요하다.**
>
> 정답 ④

세법2 Link   p.60, 68, 104

오진다 Link   p.310, 312, 330

출제 가능 지수 ■■■■□

난이도 ■■■■□

612

제조업을 영위하는 영리내국법인 ㈜한국의 제23기(2023.1.1.~2023.12.31.) 각사업연도소득에 대한 법인세 세무조정에 관한 설명으로 옳지 않은 것은?

① 이미 경과한 기간에 대한 원천징수대상 정기예금 미수이자 10만원을 이자수익으로 계상한 경우에는 이를 익금불산입한다.

② 이미 경과한 기간에 대한 미지급이자 20만원을 이자비용으로 계상한 경우에는 세무조정이 필요 없다.

③ 당기 중 파산한 ㈜민국 주식(2023년 12월 31일 현재 시가 0원)의 장부가액 100만원을 전액 감액손실로 계상한 경우에는 1,000원을 손금불산입한다.

④ 건물을 2023년 10월 1일부터 2년간 임대하고 2년치의 임대료 2,400만원을 임대만료일에 회수하기로 약정하여 당기 임대료수익을 계상하지 아니한 경우 세무조정이 필요 없다.

> **해설**
>
> ④ 임대료 지급기간이 2년이므로 장기임대료에 해당한다. 그러므로 세무상 임대료를 **발생주의**에 따라 인식하여야 한다. 회사는 현금주의에 따라 손익을 인식하였으므로 그 차이를 세무조정한다. 즉, 임대료수익 300만원 익금산입(유보)의 세무조정이 발생한다.
>
> 정답 ④

세법2 Link   p.97-98, 110

오진다 Link   p.327-328, 332

출제 가능 지수 ■■■■□

난이도 ■■■■□

613

「법인세법」상 손익의 귀속시기와 자산 및 부채의 평가에 대한 설명으로 옳은 것은?

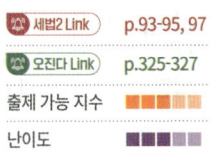
세법2 Link   p.93-95, 97
오진다 Link   p.325-327
출제 가능 지수 ■■■■□
난이도   ■■■■□

① 법인이 장기할부조건으로 자산을 판매 또는 양도한 경우에 각 사업연도에 회수하였거나 회수할 금액과 이에 대응하는 비용을 각각 해당 사업연도의 익금과 손금에 산입한다.

② 법인이 매매목적용 부동산을 양도한 경우 그 손익은 인도일이 속하는 사업연도에 귀속된다.

③ 법인이 결산을 확정함에 있어 이미 경과한 기간에 대응하는 이자비용(차입일부터 이자지급일이 1년을 초과하는 특수관계인과의 거래에 따른 이자 및 할인액은 제외)을 계상한 경우에는 세법상 이를 인정하지 않는다.

④ 건설·제조 기타 용역의 계약기간이 1년 미만인 경우에 법인이 해당 사업연도의 결산을 확정함에 있어서 작업진행률을 기준으로 손익을 계상한 경우 세법상 이를 인정한다.

해설

① 법인이 장기할부조건으로 자산을 판매 또는 양도한 경우 손익의 귀속사업연도는 **원칙적으로 인도기준**으로 하며, 회수기일도래기준은 결산을 확정함에 있어서 해당 사업연도에 회수하였거나 회수할 금액과 이에 대응하는 비용을 **각각 수익과 비용으로 계상한 경우에 한해서 적용**할 수 있다. 다만, 중소기업은 회수기일도래기준으로 신고조정이 가능하다.

② 법인이 매매목적용 부동산을 양도한 경우 그 손익은 **대금을 청산한 날이 속하는 사업연도**에 귀속된다. 다만, 대금을 청산하기 전에 소유권 등의 이전등기를 하거나 해당 자산을 인도하거나 상대방이 해당 자산을 사용수익하는 경우에는 그 **이전등기일과 인도일 또는 사용수익일 중 빠른 날이 속하는 사업연도**에 귀속된다.

③ 법인이 결산을 확정함에 있어 이미 경과한 기간에 대응하는 이자비용(차입일부터 이자지급일이 1년을 초과하는 특수관계인과의 거래에 따른 이자 및 할인액은 제외)을 계상한 경우에는 **세법상 이를 인정**한다.

정답 ④

614

「법인세법」상 익금과 손금의 귀속시기에 관한 설명으로 옳지 않은 것은?

세법2 Link p.94, 97, 99
오진다 Link p.325-327
출제 가능 지수 ■■■□□
난이도 ■■■■□

① 중소기업이 아닌 법인이 장기할부조건으로 자산을 판매하고 인도기준으로 회계처리한 경우, 그 장기할부조건에 따라 각 사업연도에 회수하였거나 회수할 금액과 이에 대응하는 비용을 신고조정에 의하여 해당 사업연도의 익금과 손금에 산입할 수 있다.

② 금융보험업을 영위하는 법인의 수입보험료로서 해당 법인이 결산을 확정할 때 이미 경과한 기간에 대응하는 보험료 상당액을 해당 사업연도에 수익으로 계상한 경우에는 그 계상한 사업연도의 익금으로 한다.

③ 법인이 사채를 발행하는 경우에 상환할 사채금액의 합계액에서 사채발행가액(사채발행수수료와 사채발행을 위하여 직접 필수적으로 지출된 비용을 차감한 후의 가액을 말한다)의 합계액을 공제한 금액을 기업회계기준에 의한 사채할인발행차금의 상각방법에 따라 상각한 금액은 각 사업연도의 손금에 산입한다.

④ 계약의 목적물을 인도하지 아니하고 목적물의 가액 변동에 따른 차액을 금전으로 정산하는 파생상품의 거래로 인한 손익은 그 거래에서 정하는 대금결제일이 속하는 사업연도의 익금과 손금으로 한다.

해설

① **중소기업인 법인이** 장기할부조건으로 자산을 판매하고 인도기준으로 회계처리한 경우, 그 장기할부조건에 따라 각 사업연도에 회수하였거나 회수할 금액과 이에 대응하는 비용을 신고조정에 의하여 해당 사업연도의 익금과 손금에 산입할 수 있다.

정답 ①

615

「법인세법」상 내국법인의 손익의 귀속사업연도에 관한 설명으로 옳지 않은 것은?

세법2 Link p.93-94
오진다 Link p.325-326
출제 가능 지수 ■■■□□
난이도 ■■■■□

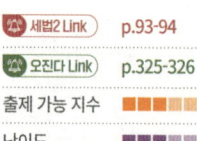

① 법인이 매출할인을 하는 경우 그 매출할인금액은 상대방과의 약정에 의한 지급기일(그 지급기일이 정하여 있지 아니한 경우에는 지급한 날)이 속하는 사업연도의 매출액에서 차감한다.

② 부동산매매업을 영위하는 법인이 재고자산인 부동산을 판매하는 경우의 귀속사업연도는 인도기준이 아닌 대금청산일, 소유권이전등기일·등록일, 인도일, 사용수익일 중 빠른 날로 한다.

③ 수탁가공계약에 따라 검사를 거쳐 인수 및 인도가 확정되는 물품의 경우에는 해당 물품을 계약상 인도하여야 할 장소에 보관한 날을 익금과 손금의 귀속사업연도로 한다.

④ 법인이 장기할부조건 등에 의하여 자산을 판매하거나 양도함으로써 발생한 채권에 대하여 기업회계기준이 정하는 바에 따라 현재가치로 평가하여 현재가치할인차금을 계상한 경우 해당 현재가치할인차금 상당액은 해당 채권의 회수기간 동안 기업회계기준이 정하는 바에 따라 환입하였거나 환입할 금액을 각 사업연도의 익금에 산입한다.

해설

③ 수탁가공계약에 의하여 물품을 납품하거나 가공하는 경우 해당 물품을 계약상 인도해야 할 장소에 보관한 날을 익금과 손금의 귀속사업연도로 한다. 다만, 계약에 따라 검사를 거쳐 인수 및 인도가 확정되는 물품의 경우 **해당 검사가 완료된 날**을 익금과 손금의 귀속사업연도로 한다.

정답 ③

616

「법인세법」상 손익의 귀속시기에 관한 설명으로 옳은 것은?

세법2 Link   p.93, 95,
97, 99
오진다 Link   p.325-328
출제 가능 지수   ■■■■□
난이도   ■■■■□

① 내국법인이 수행하는 계약기간 1년 미만인 건설 등의 제공으로 인한 익금과 손금은 그 목적물의 인도일이 속하는 사업연도의 익금과 손금에 산입하여야 한다.

② 상품 등 외의 자산의 양도로 인한 익금 및 손금의 귀속사업연도는 그 대금을 청산하기로 한 날이 속하는 사업연도로 한다.

③ 개발비로 계상하였으나 해당 제품의 판매 또는 사용이 가능한 시점이 도래하기 전에 개발을 취소한 경우로서 해당 개발로부터 상업적인 사용을 위한 시스템 등을 개선한 결과를 식별할 수 있고 해당 개발비를 전액 손비로 계상한 경우에는 해당 사업연도의 손금에 산입한다.

④ 결산을 확정할 때 이미 경과한 기간에 대응하는 이자 및 할인액(원천징수되는 이자 및 할인액은 제외)을 해당 사업연도의 수익으로 계상한 경우에는 그 계상한 사업연도의 익금으로 한다.

해설

① 건설·제조 기타 용역의 제공으로 인한 익금과 손금은 **진행기준에 의하여** 계산한 수익과 비용을 각각 해당 사업연도의 익금과 손금에 산입한다. 다만, 계약기간이 1년 미만인 단기건설 등으로서 다음 중 어느 하나에 해당하는 경우, 그 목적물의 인도일이 속하는 사업연도의 익금과 손금에 산입할 수 있다.
  ㉠ 중소기업
  ㉡ 기업회계기준에 따라 그 목적물의 인도일이 속하는 사업연도의 수익과 비용으로 계상

② 상품 등 외의 자산의 양도로 인한 익금 및 손금의 귀속사업연도는 **대금청산일, 소유권이전등기(등록)일·인도일 또는 사용수익일 중 빠른 날**이 속하는 사업연도로 한다.

③ 개발비로 계상하였으나 해당 제품의 판매 또는 사용이 가능한 시점이 도래하기 전에 개발을 취소한 경우에는 다음의 요건을 모두 충족하는 날이 속하는 사업연도의 손금에 산입한다.
  ㉠ 해당 개발로부터 상업적인 생산 또는 사용을 위한 해당 재료·장치·제품·공정·시스템 또는 용역을 개선한 **결과를 식별할 수 없을 것**
  ㉡ 해당 개발비를 전액 손비로 계상하였을 것

정답 ④

617

「법인세법」상 손익의 귀속시기에 대한 설명으로 옳지 않은 것은?

① 업무에 사용하던 트럭의 양도손익은 그 대금을 청산하기 전에 소유권 이전에 관한 등록을 한 경우에는 그 등록일이 속하는 사업연도의 익금 및 손금으로 한다.

② 잉여금의 처분에 따른 배당소득(기명주식)의 귀속사업연도는 잉여금의 처분을 결의한 날이 속하는 사업연도로 한다.

③ 법인이 매출할인을 하는 경우 그 매출할인금액은 지급한 날이 속하는 사업연도의 매출액에서 차감한다.

④ 임대료는 결산을 확정함에 있어서 이미 경과한 기간에 대응하는 임대료 상당액과 이에 대응하는 비용을 해당 사업연도의 수익과 손비로 계상한 경우 및 임대료 지급기간이 1년을 초과하는 경우 이미 경과한 기간에 대응하는 임대료 상당액과 비용은 이를 각각 해당 사업연도의 익금과 손금으로 한다.

> **해설**
>
> ③ 법인이 매출할인을 하는 경우 그 매출할인금액은 **상대방과의 약정에 따른 지급기일(그 지급기일이 정해져 있지 않은 경우에는 지급한 날)**이 속하는 사업연도의 매출액에서 차감한다.　　　　　　정답 ③

618

「법인세법」상 손익의 귀속시기에 대한 설명으로 옳지 않은 것은?

① 투자회사 등이 결산을 확정할 때 증권 등의 투자와 관련된 수익 중 이미 경과한 기간에 대응하는 이자 및 할인액과 배당소득을 해당 사업연도의 수익으로 계상한 경우에는 그 계상한 사업연도의 익금으로 한다.

② 건설·제조 기타 용역의 제공으로 인한 익금과 손금은 그 목적물의 인도일이 속하는 사업연도의 익금과 손금에 산입하는 것을 원칙으로 한다.

③ 법인이 수입하는 배당금은 「소득세법 시행령」에 따른 수입시기에 해당하는 날이 속하는 사업연도의 익금에 산입하되, 「법인세법 시행령」상 금융회사 등이 금융채무 등 불이행자의 신용회복 지원과 채권의 공동추심을 위하여 공동으로 출자하여 설립한 「자산유동화에 관한 법률」에 따른 유동화전문회사로부터 수입하는 배당금은 실제로 지급받은 날이 속하는 사업연도의 익금에 산입한다.

④ 단기할부판매의 경우 기업회계와 동일하게 예외 없이 인도한 날에 손익을 인식하며(인도기준) 채권은 명목가액으로 평가한다.

> **해설**
>
> ② 건설·제조 기타 용역(도급공사 및 예약매출을 포함)의 제공으로 인한 익금과 손금은 그 목적물의 건설 등의 착수일이 속하는 사업연도부터 그 목적물의 인도일(용역제공의 경우에는 그 제공을 완료한 날)이 속하는 사업연도까지 법으로 정하는 바에 따라 그 목적물의 건설 등을 완료한 정도(**'작업진행률'**)를 기준으로 하여 계산한 수익과 비용을 각각 해당 사업연도의 익금과 손금에 산입하는 것을 **원칙으로 한다.**　　　　　　정답 ②

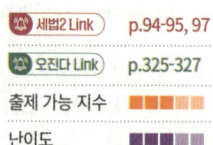

CHAPTER 05

손익의 귀속시기

619

다음은 제조업을 주업으로 하는 내국법인 ㈜한국(중소기업 아님)의 제23기 사업연도(2023.1.1.~ 12.31.) 세무조정을 위한 자료이다. 제23기에 필요한 세무조정을 적정하게 하였을 경우, 이 같은 세무조정이 제23기 각 사업연도의 소득금액에 미친 순영향으로 옳은 것은? (단, 「법인세법」에서 정하는 익금과 손금의 요건을 모두 충족하고, 손금에 대한 법정 한도금액은 초과하지 않으며, 주어진 자료 이외에는 고려하지 않음)

세법2 Link p.120, 153, 162

오진다 Link p.335, 352-353, 358

출제 가능 지수 ■■■■

난이도 ■■■■■

㈜한국의 제23기 결산서에 반영된 사항	비고
배당금수익 ₩1,000,000(해산한 법인 ㈜민국의 잔여재산 분배로 인한 의제배당)	• ㈜민국의 해산등기일 : 2023. 12. 31. • ㈜민국의 잔여재산가액 확정일 : 2024. 1. 31.
선급비용 ₩1,000,000(지출 후 이연처리한 기업업무추진비)	• 기업업무추진비 지출일 : 2023. 12. 31. • 결산상 손비계상일 : 2024. 1. 31.
영업외비용 ₩1,000,000(어음을 발행하여 지출한 기부금)	• 어음발행일 : 2023. 12. 31. • 어음결제일 : 2024. 1. 31.

① (−)₩2,000,000　　② (−)₩1,000,000　　③ ₩0　　④ (+)₩1,000,000

해설

(1) 배당금수익	△₩1,000,000[*1]	(△유보)
(2) 선급비용(기업업무추진비)	△₩1,000,000[*2]	(△유보)
(3) 영업외비용(기부금)	₩1,000,000[*3]	(유보)
합 계	△₩1,000,000	

[*1] 해산에 따른 의제배당수익의 귀속시기는 잔여재산가액 확정일이다.

[*2] 기업업무추진비를 지출한 사업연도의 손비로 처리하지 않고 이연처리한 경우에는 이를 지출한 사업연도의 기업업무추진비로 한다.

[*3] 어음으로 지급한 기부금의 귀속시기는 어음의 결제일이다.　　　　　　정답 ②

620

세법2 Link p.98
오진다 Link p.327
출제 가능 지수 ■■■■
난이도 ■■■■■

부동산임대업을 영위하고 있는 ㈜한국의 제23기 사업연도(2023.1.1.~12.31.)의 임대현황은 다음과 같다. 결산서상 당기순이익은 ₩100,000,000이고 임대료수익 이외의 항목에 대한 세무조정은 없다고 할 때 ㈜한국의 각 사업연도소득금액은 얼마인가? (단, 임대보증금은 없으며 임대료수익만 존재한다고 가정한다)

임대자산	임대기간	임대료 수령 약정내용	제23기 임대료수익 장부 계상액
A	2023. 9. 1. – 2024. 8. 31.	월 임대료 ₩1,000,000을 익월 10일에 수령	₩4,000,000(발생주의)
B	2023. 7. 1. – 2024. 6. 30.	월 임대료 ₩1,000,000을 익월 10일에 수령	₩5,000,000(약정 기준)
C	2023. 7. 1. – 2024. 6. 30.	총 임대료 ₩50,000,000을 임대종료일에 수령	₩25,000,000(발생주의)
D	2023. 7. 1. – 2025. 6. 30.	총 임대료 ₩24,000,000을 임대시작일에 수령	₩24,000,000(약정 기준)

① ₩76,000,000   ② ₩78,000,000   ③ ₩82,000,000   ④ ₩84,000,000

해설

(1) A, B, C 자산은 임대료 지급기간이 1년 이하이므로 그 지급일(지급일이 정해지지 않은 경우엔 그 지급을 받은 날)을 임대료수익의 귀속시기로 하되 **기간경과분 미수임대료를 인식한 경우 이를 인정**한다. 따라서 **A, B, C 모두 세무조정이 없다.**

(2) D 자산은 임대료 지급기간이 1년 초과이므로 발생주의에 따라 임대료수익의 귀속시기를 결정한다. 따라서 차기 이후 귀속분 임대료에 대한 **세무조정을 해야한다.**
   선수임대료   ₩18,000,000 익금불산입(△유보)

(3) 각 사업연도소득금액 : ₩100,000,000 - ₩18,000,000 = ₩82,000,000   정답 ③

자산의 취득가액 및 자산·부채의 평가

621

「법인세법」상 재고자산의 평가에 대한 설명으로 옳은 것은?

세법2 Link　p.109, 111

오진다 Link　p.332-333

출제 가능 지수　■■■■■

난이도　■■■■■

① 법인이 재고자산을 평가함에 있어 영업장별 또는 재고자산의 종류별로 동일한 방법으로 평가하여야 한다.

② 신설하는 영리법인은 설립일이 속하는 사업연도의 법인세 과세표준신고기한까지 평가방법신고서를 납세지 관할 세무서장에게 제출하여야 한다.

③ 재고자산의 평가방법을 임의변경한 경우에는 당초 적법하게 신고한 평가방법에 의한 평가금액과 무신고 시의 평가방법에 의한 평가금액 중 작은 금액으로 평가한다.

④ 재고자산의 평가방법을 변경하고자 하는 법인은 변경할 평가방법을 적용하고자 하는 사업연도의 종료일 이후 3월이 되는 날까지 신고하여야 한다.

해설

① 법인이 재고자산을 평가함에 있어 영업장별 또는 재고자산의 종류별로 **각각 다른 방법에 의하여** 평가할 수 있다.

③ 재고자산의 평가방법을 임의변경한 경우에는 당초 적법하게 신고한 평가방법에 의한 평가금액과 무신고시의 평가방법에 의한 평가금액 중 **큰 금액**으로 평가한다.

④ 재고자산의 평가방법을 변경하고자 하는 법인은 변경할 평가방법을 적용하고자 하는 사업연도의 종료일 **이전** 3월이 되는 날까지 신고하여야 한다.　　　　　　　　　　　정답 ②

622

「법인세법」상 손익의 귀속사업연도와 자산 및 부채의 평가에 관한 설명으로 옳은 것은?

세법2 Link p.105-106, 110-111
오진다 Link p.331-333
출제 가능 지수 ■■■■□
난이도 ■■■□□

① 법인이 장기금전대차거래에 대하여 장부가액과 현재가치와의 차액을 현재가치할인차금으로 계상하고, 이를 기업회계기준의 상각 또는 환입방법에 따라 손금 또는 익금으로 계상하는 경우에는 그 계상한 사업연도의 손금 또는 익금에 산입한다.

② 매매를 목적으로 소유하는 재고자산인 부동산의 평가방법을 법령에 따른 기한 내에 신고하지 아니한 경우, 납세지 관할 세무서장은 그 재고자산을 개별법에 의하여 평가한다.

③ 법인의 업무와 관련 없는 자산을 특수관계인으로부터 시가보다 3억 이상 높은 가액으로 매입한 경우 그 시가초과액은 취득가액에 포함한다.

④ 제조업을 영위하는 법인이 보유하는 주식을 시가법으로 평가하고 회계상 평가이익을 계상한 경우에는 그 계상한 사업연도의 익금에 산입한다.

해설

① 법인이 장기금전대차거래에 대하여 장부가액과 현재가치와의 차액을 현재가치할인차금으로 계상하고, 이를 기업회계기준의 상각 또는 환입방법에 따라 손금 또는 익금으로 계상하는 경우에는 그 계상한 사업연도의 손금 또는 익금에 **산입하지 아니한다.** 장기금전대차거래는 명목가액만이 인정된다.

③ 법인의 업무와 관련 없는 자산을 특수관계인으로부터 시가보다 3억 이상 높은 가액으로 매입한 경우 그 시가초과액은 취득가액에 **포함하지 않는다.**

④ 제조업을 영위하는 법인이 보유하는 주식을 시가법으로 평가하고 회계상 평가이익을 계상한 경우에는 그 계상한 사업연도의 **익금에 산입하지 아니한다.**

정답 ②

623

「법인세법」상의 익금과 손금에 관하여 기술한 내용으로 옳은 것은?

세법2 Link p.46, 48-49, 105
오진다 Link p.300, 303-304, 331
출제 가능 지수 ■■■■□
난이도 ■■■□□

① 익금은 법인의 순자산을 증가시키는 거래로 인하여 발생하는 수익의 금액으로 한다. 다만, 순자산을 증가시키는 거래로 인하여 발생하는 수익의 금액이라 할지라도 자본 또는 출자의 납입과 익금불산입항목은 익금에 포함하지 아니한다.

② 법인이 특수관계에 있는 법인으로부터 유가증권을 시가보다 낮은 가액으로 양수했을 때, 그 시가와 실제 양수가액과의 차액은 익금에 해당한다.

③ 해당 사업연도 전에 납부하였던 재산세를 과세처분의 취소 등을 이유로 환급받는 경우 그 금액은 익금에 해당하지 않는다.

④ 법인이 특수관계자로부터 토지를 시가보다 높은 가액으로 매입하여 부당행위계산 부인규정을 적용받은 후 양도한 경우, 양도 당시의 장부가액(법인의 실제 매입가액을 말함) 전액이 손금이다.

해설

② 법인이 특수관계에 있는 법인으로부터 유가증권을 시가보다 낮은 가액으로 양수했을 때, 그 시가와 실제 양수가액과의 차액은 **익금이 아니다.**

③ 해당 사업연도 전에 납부하였던 재산세를 과세처분의 취소 등을 이유로 환급받는 경우 그 금액은 **익금이다.**

④ 법인이 특수관계자로부터 고가매입한 경우의 부당행위계산 부인에 따라 매입가액과 시가와의 차액이 3억원 이상이거나 시가의 5% 이상이었다면, **시가초과액은 취득가액에 포함하지 아니한다.** 그러므로 양도 당시의 장부가액은 시가초과액을 제외한 금액이다.

정답 ①

자산의 취득가액 및 자산·부채의 평가

624

「법인세법」상의 자산의 취득가액에 관한 설명으로 옳지 않은 것은?

① 자산을 장기할부조건으로 취득함에 따라 발생한 채무를 기업회계기준이 정하는 바에 따라 현재가치로 평가하여 계상하는 현재가치할인차금은 취득가액에 포함한다.

② 금융기관이 아닌 법인이 합병에 의하여 취득한 자산은 적격합병의 경우 피합병법인의 자산의 장부가액을 그 자산의 취득가액으로 한다.

③ 특수관계에 있는 개인으로부터 유가증권을 시가에 미달하는 가액으로 매입한 경우에 그 유가증권의 시가와 매입가액과의 차액에 상당하는 금액은 취득가액에 포함한다.

④ ㈜한국의 증자에 있어서 주주인 ㈜민국이 신주를 시가보다 높은 가액으로 인수함으로써 부당행위계산의 부인 규정이 적용되는 경우, 그 시가초과액은 ㈜민국이 취득한 주식의 취득가액에 포함하지 않는다.

해설

① 자산을 장기할부조건으로 취득함에 따라 발생한 채무를 기업회계기준이 정하는 바에 따라 현재가치로 평가하여 계상하는 **현재가치할인차금은 취득가액에 포함하지 아니한다.**
                                                                     정답 ①

세법2 Link p.103, 105-106
오진다 Link p.330-331
출제 가능 지수
난이도

625

「법인세법」상 자산의 취득가액에 관한 설명으로 옳지 않은 것은?

① 적격물적분할에 따라 분할법인이 취득하는 주식의 세무상 취득가액은 물적분할한 순자산의 장부가액이다.

② 유형자산의 취득과 함께 국·공채를 매입하는 경우 기업회계기준에 따라 그 국·공채의 매입가액과 현재가치의 차액을 해당 유형자산의 취득가액으로 계상한 금액은 유형자산의 취득가액에 포함한다.

③ 매입대금을 매월 1백만원씩 30회에 걸쳐 분할하여 지급하는 조건으로 기계장치를 취득하고 명목가액인 3천만원(현재가치 2천만원)을 장부상 취득원가로 계상한 경우, 동 기계장치의 세무상 취득가액은 3천만원이다.

④ 특수관계인인 개인으로부터 토지를 10억원(시가 12억원)에 매입하고 실제지급액인 10억원을 장부상 취득원가로 계상한 경우, 동 토지의 세무상 취득가액은 10억원이다.

해설

① 적격물적분할에 따라 분할법인이 취득하는 주식의 세무상 취득가액은 물적분할한 순자산의 **시가**이다.
                                                                     정답 ①

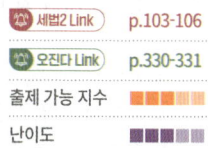
세법2 Link p.103-106
오진다 Link p.330-331
출제 가능 지수
난이도

626

다음은 제조업을 영위하는 ㈜한국의 자산평가와 관련한 설명으로 가장 옳지 않은 것은?

① 보유하고 있는 주식(장부가액: 3,000,000원)을 발행한 법인이 파산하여 당기 사업연도 종료일 현재의 시가가 0원인 경우에는 세법상 1,000원으로 감액할 수 있으며, 이 경우 그 감액한 금액을 해당 사업연도의 손비로 계상하여야 한다.

② 특수관계가 없는 법인으로부터 시가 10,000,000원의 유가증권을 14,000,000원에 취득한 경우에는 세법상 취득가액은 14,000,000원이다.

③ 토지를 매월 3백만원씩 20회에 걸쳐 분할하여 지급하는 조건으로 취득하고 기업회계기준에 따라 토지 50,000,000원과 현재가치할인차금 10,000,000원으로 계상한 경우에는 세무조정이 불필요하다.

④ 관할 세무서장에게 외화자산 및 부채의 평가방법에 대한 신고를 하지 않은 경우 전기 재무상태표에 1,300,000원(취득일 또는 발생일 현재의 매매기준율으로 평가된 금액)으로 계상된 장기외화외상매출금 $1,000은 해당 사업연도말의 매매기준율이 1,200원/$인 경우에도 세법상 1,300,000원으로 평가되어야 한다.

세법2 Link p.105-106, 110, 113
오진다 Link p.331, 332, 334
출제 가능 지수 ■■■■□
난이도 ■■■■□

> **해설**
>
> ② 특수관계가 없는 법인으로부터 시가 10,000,000원의 유가증권을 14,000,000원에 취득한 경우에는 세법상 취득가액은 **정상가액(시가의 130%)인 13,000,000원**이다. 정상가액을 초과하는 1,000,000원은 의제기부금으로 본다.　　　　　　　　　　　　　　　　　　정답 ②

627

「법인세법」상 자산 및 부채의 평가에 대한 설명으로 옳지 않은 것은?

① 국제회계기준을 적용하는 법인이 단기매매항목으로 분류한 금융자산의 취득가액은 매입가액으로 하고 매입관련부대비용을 포함하지 않는다.

② ㈜한국이 유형자산(장부가액 1,000원, 공정가치 1,200원)을 ㈜민국의 유형자산(장부가액 800원, 공정가치 1,200원)과 교환하면서 제공받은 자산의 장부가액을 취득원가로 계상하였다면 ㈜한국이 익금산입 또는 손금불산입 할 총금액은 400원이다.

③ ㈜만세가 유형고정자산의 취득과 관련된 국공채의 매입가액과 현재가치의 차이를 해당 유형고정자산의 취득가액으로 계상하거나 국공채의 취득가액으로 계상함에 관계없이 이에 대한 세무조정을 할 필요가 없다.

④ 특수관계가 없는 자로부터 유형고정자산을 취득하면서 정당한 사유없이 정상가액보다 높은 가격으로 매입하고 실제지급액을 장부상 취득원가로 계상한 경우, 동 유형고정자산의 세무상 취득가액은 시가이다.

세법2 Link p.102, 104-105
오진다 Link p.329-330
출제 가능 지수 ■■■■□
난이도 ■■■■□

> **해설**
>
> ④ 특수관계없는 자로부터 유형자산을 취득하면서 정당한 사유없이 정상가액보다 높은 가격으로 매입하고 실제지급액을 장부상 취득원가로 계상한 경우, 동 유형자산의 세무상 취득가액은 **정상가액(시가의 130%)**이다.　　　　　　　　　　　　　　　　　　정답 ④

628

「법인세법」상 재고자산과 유가증권의 평가방법에 대한 설명으로 옳지 않은 것은?

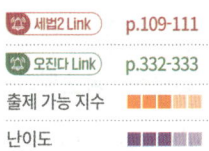
세법2 Link p.109-111
오진다 Link p.332-333
출제 가능 지수 ■■■■■
난이도 ■■■■■

① 재고자산의 평가방법상 원가법에는 개별법·선입선출법·후입선출법·총평균법·이동평균법 및 매출가격환원법이 있고, 채권의 평가방법상 원가법에는 개별법·총평균법·이동평균법이 있다.

② 「자본시장과 금융투자업에 관한 법률」에 의한 투자회사가 보유한 유가증권과 금융회사 등이 매매목적으로 보유하고 있는 유가증권은 재고자산에 해당하므로 법인이 기한 내에 평가방법을 신고하지 않은 경우에는 납세지 관할 세무서장은 선입선출법에 의해 평가한다.

③ 신설법인이 재고자산 또는 유가증권의 평가방법을 신고할 때에는 설립일이 속하는 사업연도의 법인세과세표준 신고기한까지 평가방법신고서를 납세지 관할 세무서장에게 제출해야 하며, 저가법을 신고하는 경우에는 시가와 비교되는 원가법을 함께 신고해야 한다.

④ 제조업을 영위하는 법인이 보유한 주식의 평가는 총평균법과 이동평균법 중 법인이 납세지 관할 세무서장에게 신고한 방법에 의한다.

해설

② 유가증권의 평가에 있어서는 **재고자산이 아닌 유가증권 평가방법을 적용**한다. 따라서 법인이 기한 내에 평가방법을 신고하지 않은 경우에는 납세지 관할 세무서장은 **총평균법**에 의하여 평가한다.　　정답 ②

629

「법인세법」상 자산 및 부채의 평가에 관한 설명이다. 옳지 않은 것은?

세법2 Link p.103-104,
　　110, 113
오진다 Link p.330, 332-
　　334, 404
출제 가능 지수 ■■■■■
난이도 ■■■■■

① 적격합병을 한 합병법인은 피합병법인의 자산을 장부가액으로 양도받은 것으로 한다. 이 경우 장부가액과 시가와의 차액을 법령으로 정하는 바에 따라 자산별로 계상하여야 한다.

② 제조업을 영위하는 법인이 신고한 화폐성 외화자산·부채의 평가방법은 그 후의 사업연도에도 계속하여 적용하여야 한다. 다만, 신고한 평가방법을 적용한 사업연도를 포함하여 3개 사업연도가 지난 후에는 다른 방법으로 신고하여 변경된 평가방법을 적용할 수 있다.

③ 기업회계에 따른 상업적 실질이 결여되어 있는 자산 간의 교환으로 취득한 자산의 취득원가는 교환으로 인하여 취득한 자산의 취득 당시의 시가로 한다.

④ 「자본시장과 금융투자업에 관한 법률」에 따른 투자회사 등(같은 법 제230조에 따른 환매금지형집합투자기구는 제외)이 보유하는 「법인세법 시행령」 제73조 제2호 다목의 집합투자재산은 시가법에 따라 평가한다.

해설

② 제조업을 영위하는 법인이 신고한 화폐성 외화자산·부채의 평가방법은 그 후의 사업연도에도 계속하여 적용하여야 한다. 다만, 신고한 평가방법을 적용한 사업연도를 포함하여 **5개** 사업연도가 지난 후에는 다른 방법으로 신고하여 변경된 평가방법을 적용할 수 있다.　　정답 ②

630

「법인세법」상 손익의 귀속사업연도 및 자산·부채의 평가에 관한 설명으로 옳지 않은 것은?

① 「은행법」에 의한 인가를 받아 설립된 내국법인 은행이 보유하는 화폐성 외화자산·부채는 사업연도 종료일 현재의 매매기준율 또는 재정된 기준율로 평가하여야 한다.

② 자재를 외국으로부터 연지급수입하면서 연지급수입에 따른 이자를 취득가액과 구분하여 결산서에 지급이자로 비용계상한 경우 동 비용계상한 금액은 해당 수입자재의 「법인세법」상 취득가액에 포함한다.

③ 영수증을 작성·교부할 수 있는 업종을 영위하는 법인이 금전등록기를 설치·사용하는 경우 그 수입하는 물품대금과 용역대가의 귀속사업연도는 그 금액이 실제로 수입된 사업연도로 할 수 있다.

④ 임대료 지급기간이 1년을 초과하는 경우 이미 경과한 기간에 대응하는 임대료 상당액과 비용은 이를 각각 해당 사업연도의 익금과 손금으로 한다.

> **해설**
>
> ② 자재를 외국으로부터 연지급수입하면서 연지급수입에 따른 이자를 취득가액과 구분하여 결산서에 지급이자로 비용계상한 경우 **그 금액은 손금으로 인정**한다. 　　　정답 ②

세법2 Link   p.98-99, 107, 113
오진다 Link   p.327, 331, 334
출제 가능 지수 ■■■■□
난이도 ■■■■□

631

「법인세법」상 자산·부채의 평가 및 손익의 귀속시기에 관한 설명으로 옳지 않은 것은?

① 법인이 사채를 발행하는 경우 사채할인발행차금은 기업회계기준에 의한 상각방법에 따라 이를 손금에 산입한다.

② 중소기업인 법인이 장기할부조건으로 자산을 판매한 경우 그 장기할부조건에 따라 각 사업연도에 회수하였거나 회수할 금액과 이에 대응하는 비용을 각각 해당 사업연도의 익금과 손금에 산입할 수 있다.

③ 주권상장법인이 발행한 주식으로서 발행법인이 부도가 발생했거나 「기업구조조정촉진법」에 따른 부실징후기업이 된 경우의 해당 주식은 감액사유가 발생한 사업연도 종료일 현재 시가(시가로 평가한 가액이 1천원 이하인 경우에는 1천원)로 장부가액을 감액할 수 있으며, 이 경우 그 감액한 금액을 해당 사업연도의 손비로 계상하여야 한다.

④ 제조업을 영위하는 법인이 보유하는 화폐성 외화자산·부채의 평가방법을 관할 세무서장에게 신고하여 적용하기 이전 사업연도의 경우 사업연도 종료일 현재의 매매기준율로 평가하여야 한다.

> **해설**
>
> ④ 제조업을 영위하는 법인이 보유하는 화폐성 외화자산·부채의 평가방법을 관할 세무서장에게 신고하여 적용하기 이전 사업연도의 경우 **취득일·발생일 현재의 매매기준율**로 평가하여야 한다. 　　　정답 ④

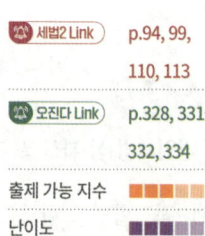

세법2 Link   p.94, 99, 110, 113
오진다 Link   p.328, 331-332, 334
출제 가능 지수 ■■■□□
난이도 ■■■■□

632

「법인세법」상 자산의 취득가액에 대한 다음의 설명 중 옳지 않은 것은?

세법2 Link p.103-105
오진다 Link p.329-331
출제 가능 지수 ■■■■■
난이도 ■■■■■

① 법인이 소유한 기계장치(시가 5천만원, 장부가액 6천만원)를 다른 법인이 소유한 기계장치(시가 4천만원, 장부가액 4천 5백만원)와 교환하였을 경우 교환으로 취득하는 기계장치의 취득가액은 4천만원으로 한다.

② 시가 10억원인 토지를 6억원에 매입한 경우 거래상대방이 특수관계인에 해당하는지 여부와 관계없이 해당 토지의 취득가액은 6억원이다.

③ 특수관계가 없는 자로부터 시가 2억원의 건물을 2억 5천만원에 매입하고 장부에 2억 5천만원으로 계상하였다면 건물의 세무상 취득가액은 2억 5천만원이다.

④ 장부가 1억원, 시가 1억 5천만원의 토지를 현물출자 받은 경우로서 과세이연요건이 충족된 경우 세무상 토지의 취득가액은 1억원으로 한다.

해설

④ 과세이연요건 충족 여부와 관계없이 현물출자에 의하여 취득한 자산은 해당 **자산의 시가를 취득가액**으로 한다.

정답 ④

633

「법인세법」에 따른 세무조정에 관한 설명으로 옳지 않은 것은?

세법2 Link p.94, 102, 107
오진다 Link p.324, 329-332
출제 가능 지수 ■■■■■
난이도 ■■■■■

① 전기에 ₩5,000,000을 외상매출하였으나 회계처리를 누락하였고, 이에 대한 세무조정도 누락한 상태에서 해당 금액을 당기에 회수하고 이를 손익계산서에 전기오류수정이익으로 계상하였다면 별도의 세무조정이 필요없다.

② ㈜한국으로부터 건물(명목가액 4억원, 현재가치 3억원)을 장기할부조건으로 매입하여 현재가치를 취득원가로 계상하고 명목가액과 현재가치의 차이를 현재가치할인차금으로 계상하였다면 별도의 세무조정이 필요 없다.

③ 기계설비 ₩60,000,000을 외국으로부터 수입하면서 연지급수입이자가 ₩2,000,000 발생하였고 이에 대해 해당 기계설비의 취득가액을 ₩62,000,000으로 계상하였다면 별도의 세무조정이 필요없다.

④ 단기금융자산을 ₩100,000,000에 매입하고, 해당 자산의 취득과 직접 관련되는 거래원가 ₩10,000,000을 포함한 ₩110,000,000을 장부상 취득가액으로 회계처리하였다면, ₩10,000,000을 익금불산입(△유보)으로 세무조정한다.

해설

① 해당 매출액은 전기 매출액이므로 당기 익금에 포함되어서는 안된다. **익금불산입으로 세무조정**을 하고 **전기분 과세표준을 수정신고**하여야 한다.

정답 ①

634

「법인세법」상 자산의 취득가액과 평가에 관한 설명으로 옳지 않은 것은?

① 특수관계인인 법인으로부터 시가 3천만원의 유가증권을 2천만원에 매입한 경우 해당 유가증권의 취득가액은 2천만원으로 한다.

② 물적분할에 따라 분할법인이 취득하는 주식 등의 취득가액은 물적분할한 순자산의 시가로 한다.

③ 법인의 업무와 관련없는 자산을 특수관계인으로부터 시가보다 높은 가액으로 매입한 경우 그 시가초과액은 취득가액에 포함한다.

④ 「은행법」에 의한 인가를 받아 설립된 은행이 보유하는 화폐성 외화자산·부채를 평가함에 따라 발생하는 평가한 원화금액과 원화기장액의 차익 또는 차손은 해당 사업연도의 익금 또는 손금에 산입한다.

세법2 Link p.104-105, 113

오진다 Link p.330-331, 334

출제 가능 지수 ■■■■□

난이도 ■■■□

해설

③ 특수관계인으로부터 고가매입한 경우 시가와 거래가액의 차액이 3억원 이상이거나 시가의 5% 이상에 해당하면(상장주식 제외) 부당행위계산의 부인 규정을 적용하여 **자산의 시가만 취득가액으로 계상**한다.   정답 ③

635

「법인세법」상 자산·부채의 평가 등에 관한 설명으로 옳지 않은 것은?

① 천재·지변 또는 화재 등으로 인해 파손되거나 멸실된 유형자산은 사업연도 종료일 현재 시가로 장부가액을 감액할 수 있다.

② 「보험업법」이나 그 밖의 법률에 따른 유형자산 및 무형자산 등의 평가손실은 평가일이 속하는 사업연도의 손금에 산입할 수 있다.

③ 재고자산으로서 파손·부패 등의 사유로 정상가격으로 판매할 수 없는 것은 사업연도 종료일 현재 처분가능한 시가로 감액할 수 있다.

④ 주식 등을 발행한 법인이 파산한 경우의 해당 주식은 사업연도 종료일 현재 시가(시가로 평가한 가액이 1천원 이하인 경우에는 1천원)로 장부가액을 감액할 수 있다.

세법2 Link p.76-77, 110, 112

오진다 Link p.301, 318, 333

출제 가능 지수 ■■■■□

난이도 ■■■□

해설

② 「보험업법」이나 그 밖의 법률에 따른 유형자산 및 무형자산 등의 평가는 **장부가액을 증액한 경우에만 이를 인정**한다.   정답 ②

자산의 취득가액 및 자산·부채의 평가

636

다음은 영리내국법인 ㈜A의 제23기(2023.1.1.~12.31.) 자료이다. 재고자산 평가 관련 세무조정이 제23기 각 사업연도 소득금액에 미치는 순영향으로 옳은 것은?

구분	장부상 평가액	선입선출법	총평균법	후입선출법
상품	₩10,000,000	₩10,000,000	₩8,700,000	₩7,000,000
제품	₩3,000,000	₩3,200,000	₩3,000,000	₩2,700,000
원재료	₩4,250,000	₩4,500,000	₩4,250,000	₩4,100,000

ㄱ. 회사는 상품 평가방법을 총평균법으로 신고하였으나 2023년 10월 5일에 선입선출법으로 변경신고하였다.

ㄴ. 제품은 선입선출법으로 신고하였으나, 제품 평가방법의 변경신고를 하지 않고 총평균법으로 평가하였다.

ㄷ. 원재료에 대한 평가방법은 신고하지 않았다.

① (+)₩450,000   ② (−)₩450,000   ③ (+)₩650,000   ④ (−)₩650,000

해설

세법상 평가액은 다음과 같이 구할 수 있다.

ㄱ. 변경할 평가방법을 적용하고자 하는 사업연도 종료일 이전 3월이 되는 날을 경과하여 변경신고 하였으므로 상품은 기존에 신고한 평가방법인 총평균법에 의해 평가해야한다. 따라서 상품을 선입선출법으로 평가한 것은 임의변경에 해당하므로 당초 적법한 신고방법에 따른 평가 방법(총평균법)과 무신고 시 방법(선입선출법) 중 큰 금액으로 평가한다.

ㄴ. 임의변경에 해당하므로 당초 적법한 신고방법에 따른 평가 방법(선입선출법)과 무신고 시 방법(선입선출법) 중 큰 금액으로 평가한다.

ㄷ. 평가방법을 신고하지 않았으므로 무신고시 평가방법인 선입선출법을 적용해야 한다.

구분	장부계상금액	세법상 평가액
상품	₩10,000,000	Max[총평균법, 선입선출법] = ₩10,000,000
제품	₩3,000,000	Max[선입선출법, 선입선출법] = ₩3,200,000
원재료	₩4,250,000	₩4,500,000(선입선출법)

따라서 재고자산 평가 관련 세무조정이 제23기 각 사업연도 소득금액에 미치는 순영향은 다음과 같다.

₩200,000(제품) + ₩250,000(원재료) = (+)₩450,000   정답 ①

의제배당

637

세법2 Link   p.117, 119

오진다 Link   p.335-337

출제 가능 지수

난이도

「법인세법」상 의제배당에 관한 설명으로 옳은 것은?

① 법인이 자기주식 또는 자기출자지분을 보유한 상태에서 자본전입을 함에 따라 그 법인 외의 법인주주의 지분 비율이 증가한 경우 증가한 지분 비율에 상당하는 주식 등의 가액은 법인주주의 익금에 산입하지 아니한다.

② 주식의 소각으로 인하여 주주가 취득하는 금전과 그 밖의 재산가액의 합계액이 주주가 해당 주식을 취득하기 위하여 사용한 금액을 초과하는 경우 그 초과 금액을 의제배당 금액으로 한다.

③ 감자·해산 등으로 인해 주주 등이 받는 대가 중 금전 외의 재산가액은 시가(부당행위계산부인으로 보는 자본거래로 인하여 특수관계인으로부터 분여받은 이익이 있는 경우 그 금액을 가산한 금액)로 평가한다.

④ 잉여금의 자본전입으로 인한 무상주를 의제배당으로 익금산입(유보)한 금액이 있다면 이는 세법상의 주식 취득가액에서 차감한다.

해설

① 법인이 자기주식 또는 자기출자지분을 보유한 상태에서 자본전입을 함에 따라 그 법인 외의 법인주주의 지분 비율이 증가한 경우 증가한 지분 비율에 상당하는 주식 등의 가액은 법인주주의 익금에 **산입한다**.

③ 감자·해산 등으로 인해 주주 등이 받는 대가 중 금전 외의 재산가액은 시가(부당행위계산부인으로 보는 자본거래로 인하여 특수관계인으로부터 분여받은 이익이 있는 경우 그 금액을 **차감한** 금액)로 평가한다.

④ 잉여금의 자본전입으로 인한 무상주를 의제배당으로 익금산입(유보)한 금액이 있다면 이는 세법상의 주식 취득가액에 **가산**한다.

정답 ②

638

「법인세법」상 의제배당에 대한 설명으로 옳은 것은?

세법2 Link p.116, 118
오진다 Link p.335-337
출제 가능 지수 ■■■■□
난이도 ■■■■□

① 감자 절차에 따라 주식을 주주로부터 반납받아 소각함으로써 발생한 일반적 감자차익을 자본에 전입하는 경우 의제배당에 해당한다.
② 법정적립금, 임의적립금. 미처분이익잉여금의 자본전입으로 수령하는 무상주는 의제배당에 해당하지 않는다.
③ 합병법인의 주주가 피합병법인으로부터 그 합병으로 인하여 취득하는 피합병법인의 합병대가가 그 합병법인의 주식 등을 취득하기 위하여 사용한 금액을 초과하는 금액은 배당으로 의제된다.
④ 1%가 적용되는 토지에 대한 재평가적립금의 자본전입으로 수령하는 무상주는 의제배당으로 본다.

해설

① 감자 절차에 따라 주식을 주주로부터 반납받아 소각함으로써 발생한 일반적 감자차익은 자본에 전입하더라도 의제배당에 **해당하지 않는다**. 감자차익은 자본감소의 경우로서 그 감소액이 주식의 소각·주금의 반환에 든 금액과 결손의 보전에 충당한 금액을 초과한 경우의 그 초과금액을 말하며 이는 성격상 자본의 납입에 해당하기 때문에 익금항목이 아니다. 세법에서는 익금으로 인정되지 않는 주식발행초과금, 감자차익 등은 과세되지 않는 자본잉여금에 해당하기 때문에 의제배당에 해당하지 않는다.
② 법정적립금, 임의적립금. 미처분이익잉여금의 자본전입으로 수령하는 무상주는 **의제배당으로 본다**.
③ **피합병법인**의 주주가 **합병법인**으로부터 그 합병으로 인하여 취득하는 **합병법인**의 합병대가가 그 **피합병법인**의 주식 등을 취득하기 위하여 사용한 금액을 초과하는 금액은 배당으로 의제된다.

정답 ④

CHAPTER

07　의제배당

639

「**법인세법**」상 의제배당에 관한 설명으로 옳지 않은 것은?

① 잉여금의 자본전입으로 인한 의제배당은 주주총회 또는 이사회에서 이를 결의한 날이 속하는 사업연도에 귀속한다.

② 법인이 자기주식을 보유한 상태에서 익금불산입 항목인 자본잉여금을 자본금에 전입함에 따라 그 법인 외의 주주가 지분비율이 증가한 경우 증가한 지분비율에 상당하는 주식의 가액은 배당으로 본다.

③ 자기주식처분이익을 자본금에 전입하는 경우 주주가 받은 무상주는 자기주식 취득 시기에 따라 의제배당 여부가 결정된다.

④ 자기주식 소각 당시의 시가가 취득가액을 초과한 경우로서 자기주식을 소각하여 생긴 이익을 소각일부터 4년이 지난 후 자본에 전입하여 주주가 받은 주식가액은 의제배당에 해당한다.

세법2 Link　p.116-117, 120
오진다 Link　p.335-337
출제 가능 지수 ■■■■■
난이도 ■■■■■

해설

③ 자기주식처분이익은 익금항목이므로 자기주식처분이익을 자본금에 전입하는 경우 주주가 받은 무상주는 **자기주식 취득시기에 관계없이 배당으로 본다.**

④ 자기주식 소각 당시의 시가가 취득가액을 초과하였으므로 자기주식소각일부터 자본전입일까지의 기간에 상관없이 해당 자기주식소각이익을 자본에 전입하여 주주가 받은 주식가액은 의제배당에 해당한다.　정답 ③

640

2023년 2월 1일 ㈜한국이 잉여금을 자본금에 전입함에 따라 이 회사의 주주인 ㈜민국은 무상주를 교부 받았다. 자본금 전입의 재원이 다음과 같을 때 교부받은 무상주의 가액이 ㈜민국의 배당소득에 해당하지 않는 것은? (단, 무상주 수령 후에도 ㈜민국의 지분율은 변동이 없다)

① 2018년 9월 1일에 자기주식을 처분하여 발생한 이익
② 2019년 5월 1일에 자기주식을 소각하여 발생한 이익(소각 당시 시가가 취득가액을 초과하였음)
③ 2020년 6월 1일에 채무의 출자전환으로 주식을 발행함에 있어서 해당 주식의 시가(액면가액 을 초과함)를 초과하여 발행된 금액
④ 2020년 8월 1일에 발생한 자본감소 시 그 감소액이 주식소각, 주금의 반환에 소요된 금액과 결손보전에 충당된 금액을 초과하는 금액

세법2 Link p.116-117
오진다 Link p.335
출제 가능 지수 ■■■■□□
난이도 ■■■■□

> **해설**
> ① 자기주식을 처분하여 발생한 이익을 자본에 전입하여 주주가 받은 주식가액은 의제배당에 해당한다.
> ② 자기주식 소각 당시의 시가가 취득가액을 초과한 자기주식소각이익을 자본에 전입하여 주주가 받은 주식가 액은 의제배당에 해당한다.
> ③ 채무의 출자전환으로 주식을 발행함에 있어서 해당 주식의 시가(액면가액을 초과함)를 초과하여 발행된 금액 인 채무면제익을 자본에 전입하여 주주가 받은 주식가액은 의제배당에 해당한다.
> ④ **일반적인 감자차익**을 자본금에 전입함에 따라 교부받은 무상주는 **의제배당으로 보지 아니한다.**   정답 ④

641

「법인세법」상 의제배당에 대한 설명으로 옳지 않은 것은?

① 피합병법인의 주주 등인 내국법인이 취득하는 합병대가가 그 피합병법인의 주식 등을 취득하 기 위하여 사용한 금액을 초과하는 금액은 배당으로 의제된다.
② 자기주식소각이익의 경우 소각 당시의 시가가 취득가액을 초과하지 아니하는 경우로서 소각일 부터 2년이 경과한 후 자본에 전입하는 경우 배당으로 의제된다.
③ 해산한 법인의 주주 등(법인으로 보는 단체의 구성원을 포함)인 내국법인이 법인의 해산으로 인한 잔여재산의 분배로서 취득하는 금전과 그 밖의 재산의 가액이 그 주식 등을 취득하기 위 하여 사용한 금액을 초과하는 금액은 배당으로 의제된다.
④ 분할법인 또는 소멸한 분할합병의 상대방 법인의 주주인 내국법인이 취득하는 분할대가가 그 분할법인 또는 소멸한 분할합병의 상대방 법인의 주식(분할법인이 존속하는 경우에는 소각 등 에 의하여 감소된 주식만 해당)을 취득하기 위하여 사용한 금액을 초과하는 금액은 배당으로 의제된다.

세법2 Link p.117-118
오진다 Link p.335-337
출제 가능 지수 ■■■■□□
난이도 ■■■■□

> **해설**
> ② 자기주식소각이익의 자본전입에 따른 무상주 수령은 **배당으로 의제되지 않는다.** 다만, 소각 당시 자기주식 의 시가가 취득가액을 초과하였거나 **소각일로부터 2년 이내**에 자기주식소각이익을 자본에 전입하는 경우에 는 수령한 무상주를 배당으로 의제한다.   정답 ②

CHAPTER
07　의제배당

642

다음의 자료를 이용하여 영리내국법인 ㈜한국의 제23기(2023.1.1.~12.31.) 의제배당금액을 계산한 것으로 옳은 것은?

세법2 Link	p.116-117
오진다 Link	p.335-337
출제 가능 지수	■■■■□
난이도	■■■■■

(1) ㈜한국은 ㈜민국의 주식 20,000주를 보유하고 있다.

(2) ㈜민국의 발행주식총수는 100,000주(주당 액면가액 ₩5,000)이며, ㈜민국이 보유한 자기주식은 없다.

(3) 2023년 6월 25일에 ㈜한국은 ㈜민국의 잉여금 자본전입으로 인한 무상주 10,000주를 수령하였다.

(4) ㈜민국의 무상주 재원은 다음과 같다.

ㄱ. 주식발행초과금　　₩30,000,000

ㄴ. 자기주식소각이익　 ₩10,000,000 (소각일: 2022년 2월 1일)

ㄷ. 자기주식처분이익　₩40,000,000

ㄹ. 이익잉여금　　　₩220,000,000

합 계　　　　　₩300,000,000

① ₩40,000,000　　② ₩45,000,000　　③ ₩48,000,000　　④ ₩50,000,000

해설

ㄱ. 익금 항목인 잉여금의 자본전입으로 수령하는 무상주는 의제배당으로 간주하지만, 익금불산입 항목인 자본잉여금의 자본전입으로 수령하는 무상주는 의제배당으로 보지 않는 것을 원칙으로 한다. 일반적인 주식발행초과금은 주식 익금으로 인정되지 않으므로 과세되지 않는 자본잉여금에 해당하기 때문에 의제배당으로 보지 않는다.

ㄴ. 자기주식소각이익을 자본에 전입한 경우로서 자기주식의 소각 당시 자기주식의 시가가 취득가액을 초과하거나 자기주식의 소각일로부터 자본전입일까지의 기간이 2년 이내인 경우에 해당할 때에는 해당 무상주 수령을 배당소득으로 의제한다. 자기주식소각이익 ₩10,000,000의 소각일은 2022.2.1.로 자본전입일까지의 기간이 2년 이내이므로 해당 무상주 수령을 배당소득으로 의제한다.

ㄷ. 자기주식처분이익을 자본에 전입한 경우 이를 배당소득으로 의제한다.

ㄹ. 이익잉여금의 자본전입으로 수령하는 무상주는 의제배당으로 간주한다.

따라서 영리내국법인 ㈜한국의 제23기(2023.1.1.~12.31.) 의제배당금액은 다음과 같이 구할 수 있다.

의제배당금액 = 의제배당에 해당하는 주식수 × 액면가액 =

$$10,000주 \times \frac{₩10,000,000 + ₩40,000,000 + ₩220,000,000}{₩300,000,000} \times ₩5,000 = ₩45,000,000$$

정답 ②

643

제조업을 영위하는 영리내국법인 ㈜한국의 제23기(2023.1.1.~12.31.) 자료이다. 의제배당 및 수입배당금 관련 세무조정이 각 사업연도 소득금액에 미치는 순영향으로 옳은 것은?

세법2 Link p.56, 57, 116-117
오진다 Link p.308-309, 335
출제 가능 지수 ■■■■■
난이도 ■■■■■

(1) ㈜한국은 ㈜민국이 잉여금 자본전입(결의일 : 2023. 3. 3.)으로 액면발행한 무상주 중 10%를 지분비율에 따라 수령하였으며 무상증자의 재원은 다음과 같다.

구분	금액
ㄱ. 주식발행초과금*1	₩3,000,000
ㄴ. 감자차익*2	₩2,500,000
ㄷ. 자기주식처분이익	₩1,100,000
ㄹ. 주식의 포괄적 교환차익	₩2,000,000

*1 이 중 ₩500,000은 채무를 출자전환하는 과정에서 발생한 채무조정이익임.

*2 이 중 ₩400,000은 2022년 7월 10일에 발생한 자기주식소각이익임.

(2) ㈜민국이 보유한 자기주식은 없다.

(3) ㈜한국은 당기에 차입금과 지급이자가 없고, 수입배당금 익금불산입율은 30%이며 수입배당금 익금불산입 요건을 충족한다.

① ₩120,000   ② ₩140,000   ③ ₩200,000   ④ ₩280,000

해설

(1) 무상주 수령에 따른 의제배당

ㄱ. 주식발행초과금 중 출자전환으로 인한 채무면제이익 ₩500,000은 배당소득으로 의제한다.

ㄴ. 감자차익은 익금이 아닌 잉여금이지만 자기주식소각이익을 자본에 전입한 경우로서 자기주식의 소각 당시 자기주식의 시가가 취득가액을 초과하거나 자기주식의 소각일로부터 자본전입일까지의 기간이 2년 이내인 경우에 해당할 때에는 해당 무상주 수령을 배당소득으로 의제한다. 감자차익 중 ₩400,000은 2022년 7월 10일에 발생한 자기주식소각이익이므로 자본전입일까지의 기간이 2년 이내에 해당한다. 따라서 ₩400,000은 배당소득으로 의제한다.

ㄷ. 자기주식처분이익 ₩1,100,000을 자본에 전입한 경우 이를 배당소득으로 의제한다.

㈜한국은 액면발행한 무상주 중 10%를 지분 비율에 따라 수령하였으므로 (주)한국의 무상주 수령에 따른 의제배당은 다음과 같다.

(₩500,000 + ₩400,000 + ₩1,100,000) × 10% = ₩200,000

(2) 수입배당금에 대한 익금불산입액

㈜한국은 당기에 차입금과 지급이자가 없고, 수입배당금 익금불산입율은 30%이며 수입배당금 익금불산입 요건을 충족하므로 (주)한국의 수입배당금에 대한 익금불산입액은 다음과 같다.

₩200,000 × 30% = ₩60,000

(3) 익금에 산입할 순액

의제배당 및 수입배 당금 관련 세무조정이 (주)한국의 각 사업연도 소득금액에 미치는 순영향은 다음과 같다.

₩200,000 − ₩60,000 = ₩140,000

정답 ②

644

세법2 Link   p.116-120
오진다 Link   p.335-337
출제 가능 지수 ■■■■□
난이도 ■■■■■

제조업을 영위하는 내국법인 ㈜한국은 제23기 과세기간(2023.1.1.~12.31.) 중 주식발행초과금 ₩150,000,000을 재원으로 하여 무상증자를 시행하였다. 무상증자 직전의 ㈜한국의 발행주식총수는 300,000주(1주당 액면가액은 ₩500)이며 주주구성 및 보유주식현황은 다음 표와 같을 때 ㈜민국의 의제배당금액을 계산하면 얼마인가?

무상증자 직전의 주주구성 및 보유주식현황	
주주구성	보유주식수
㈜대한	180,000주
㈜민국	60,000주
㈜한국	60,000주
합계	300,000주

무상증자 시 자기주식에 배정할 무상주 60,000주에 대하여 ㈜한국을 제외한 기타주주의 지분비율에 따라 배정하여 무상증자 후 총발행주식수가 600,000주가 되었다고 가정

① ₩6,500,000   ② ₩7,000,000   ③ ₩7,500,000   ④ ₩8,000,000

해설

주식발행초과금을 재원으로 한 무상주의 수령은 의제배당에 해당하지 않지만, 자기주식으로 인해 당초 배정분 외에 추가로 수령한 부분은 의제배당에 해당한다. 자기주식으로 인해 당초 배정분 외에 추가로 수령한 주식 수는 다음과 같이 구할 수 있다.

자기주식으로 인한 추가배정분 = 60,000주 × 60,000주 / (180,000주 + 60,000주) = 15,000주

㈜민국의 의제배당금액은 다음과 같다. 15,000주 × ₩500 = ₩7,500,000   정답 ③

CHAPTER 08 감가상각비

645

「법인세법」상 감가상각에 관한 설명으로 옳은 것은?

세법2 Link   p.124-125, 136
오진다 Link   p.338, 344
출제 가능 지수
난이도

① 토지나 골동품 등 시간이 경과해도 가치가 감소하지 않는 자산이나 건설중인자산은 감가상각 대상이 아니다.

② 장기할부조건으로 매입한 자산은 대금이 청산되거나 소유권이 이전되는 시점부터 감가상각 할 수 있다.

③ 기중에 발생한 자본적지출액은 발생시점부터 월할계산하여 상각범위액을 계산하는데 이 경우 1월 미만의 일수는 1월로 한다.

④ 리스회사가 대여하는 리스자산 중 금융리스 자산은 리스이용자의 감가상각자산에 포함하지 아니하고, 리스회사의 감가상각자산으로 한다.

해설

② 장기할부조건으로 매입한 자산은 법인이 해당 자산의 가액 전액을 자산으로 계상하고, 사업에 사용하는 경우에는 **대금청산 또는 소유권 이전 여부에 관계없이** 이를 감가상각자산에 포함한다.

③ 기중에 발생한 자본적 지출액은 그 **발생시점을 고려하지 않고 모두 기초에 발생한 것으로** 간주하여 상각범위액을 계산한다.

④ 리스회사가 대여하는 리스자신 중 금융리스 자산은 **리스이용자의 감가상각자산에 포함**한다.   정답 ①

646

「법인세법」상 내국법인이 유형자산과 관련하여 행하는 활동에 관한 설명으로 옳은 것은?

세법2 Link p.127-129
오진다 Link p.340-341
출제 가능 지수 ■■■■□
난이도 ■■■■□

① 내국법인이 감가상각자산을 취득하기 위하여 지출한 금액을 손비로 계상한 경우에는 해당 사업연도의 소득금액을 계산할 때 감가상각비로 계상한 것으로 보아 상각범위액을 계산한다.
② 법인이 개별자산별로 수선비로 지출한 금액이 600만원 미만인 경우로서 그 수선비를 해당 사업연도의 손비로 계상한 경우에는 자본적 지출에 포함한다.
③ 기술의 낙후로 인하여 생산설비의 일부를 폐기한 경우와 사업장 이전으로 임차한 사업장의 원상회복을 위해 시설물을 철거하는 경우에는 해당 자산의 장부가액을 폐기일이 속하는 사업연도의 손금에 산입할 수 있다.
④ 2년 전에 업무용 승용차의 타이어를 교체한 후 2023년 4월 1일 다시 전체적으로 타이어를 교체하기 위하여 지출한 ₩600,000은 자본적지출에 해당된다.

해설

② 법인이 개별자산별로 수선비로 지출한 금액이 600만원 미만인 경우로서 그 수선비를 해당 사업연도의 손비로 계상한 경우에는 자본적 지출에 **포함하지 않는다.**
③ 시설개체 또는 기술의 낙후로 인하여 생산설비의 일부를 폐기한 경우와 임차사업장의 원상회복을 위해 시설물을 철거하는 경우 해당 자산의 **장부가액에서 1천원을 공제한 금액**을 폐기일이 속하는 사업연도의 손금에 산입할 수 있다.
④ 2년 전에 업무용 승용차의 타이어를 교체한 후 2023년 4월 1일 다시 전체적으로 타이어를 교체하기 위하여 지출한 ₩600,000은 **수익적지출**에 해당된다.

정답 ①

647

「법인세법」상 감가상각에 관한 설명으로 옳은 것은?

세법2 Link p.125-126, 128, 130
오진다 Link p.338-339, 341-342
출제 가능 지수 ■■■■□
난이도 ■■■■□

① 취득 후에 사용하지 않고 보관중인 자산과 일시적 조업중단에 따른 유휴설비는 감가상각을 하지 아니한다.
② 감가상각대상 자산을 시가보다 고가로 매입한 것이 부당행위계산의 부인에 해당하는 경우 그 시가초과액은 해당 자산의 취득가액에 포함하지 아니한다.
③ 일반적인 유형자산의 감가상각은 결산조정사항이므로 감가상각비를 결산서에 반영한 경우에 한하여 손금으로 인정되지만, 무형자산의 감가상각비는 신고조정사항이므로 과소계상액은 세무조정 시 손금산입하면 인정된다.
④ 개발비의 감가상각에 적용할 내용연수를 신고하지 아니한 경우에는 관련 제품을 판매 또는 사용하여 수익을 얻을 것으로 예상되는 기간 동안 균등안분액을 상각한다.

해설

① 일시적 조업중단에 따른 **유휴설비는 감가상각 대상**이다.
③ **무형자산의 감가상각비** 또한 **결산조정사항**이다.
④ 개발비의 감가상각에 적용할 내용연수를 신고하지 아니한 경우에는 **5년 동안** 매년 균등액을 상각한다.

정답 ②

648

세법2 Link   p.124-125
오진다 Link   p.337
출제 가능 지수
난이도

「법인세법」상 감가상각에 대한 설명으로 옳은 것은?

① 유휴설비는 감가상각자산에 포함하지 아니한다.
② ㈜한국이 금전 외의 무형자산을 지방자치단체에 기부한 후 그 자산을 사용하는 경우 해당 자산은 ㈜한국의 감가상각대상이 아니다.
③ 합병 또는 분할로 인하여 합병법인 등이 계상한 영업권은 감가상각자산으로 보지 않는다.
④ 건설중인 것은 감가상각자산에 포함한다.

해설

① 취득 후 사업에 사용하지 않고 보관 중인 것은 감가상각자산에 포함하지 않는다. 단, 유휴설비는 **감가상각자산에 포함**한다.
② 금전 외의 무형자산을 지방자치단체에 기부한 후 그 자산을 사용하는 경우 해당 자산의 장부가액은 **감가상각 대상이다.**
④ 건설중인 것은 감가상각자산에 **포함하지 아니한다.**

정답 ③

649

세법2 Link   p.128-130
오진다 Link   p.340-341
출제 가능 지수
난이도

「법인세법」상 유형·무형자산의 감가상각에 관한 설명으로 옳은 것은?

① 빌딩의 피난시설을 설치하고 500만원 설치비용을 손비로 계상한 경우 동 지출에 대해서는 시부인계산을 할 필요가 없다.
② 수익적 지출액은 취득원가에 가산하여야 하며, 이를 비용처리한 경우에는 즉시상각의제 규정을 적용하는 것이 원칙이다.
③ 건물 또는 벽의 도장 비용을 자산의 취득원가에 포함한 경우에는 별도의 세무조정이 필요 없다.
④ 시험연구용자산의 경우 기준내용연수에 그 기준내용연수의 25%를 가감한 내용연수범위 안에서 법인이 탄력적으로 선택하여 납세지 관할 세무서장에게 신고한 내용연수를 적용하며, 신고기한 내에 신고하지 않은 경우에는 기준내용연수를 적용한다.

해설

① 빌딩의 피난시설은 자본적 지출인데, 개별 자산별로 600만원 미만의 소액 수선비로 처리한 경우(즉시상각의제) 시부인계산 없이 즉시상각의제액을 전액 손금으로 인정한다.
② **자본적 지출액**은 취득원가에 가산하여야 하며, 이를 비용처리한 경우에는 즉시상각의제 규정을 적용하는 것이 원칙이다.
③ 건물 또는 벽의 도장 비용은 수익적 지출에 해당하므로 지출한 연도의 비용으로 처리하여야 하며, 이를 자산의 취득원가에 포함한 경우에는 **손금산입하여야 한다.**
④ 시험연구용자산의 경우 **내용연수를 선택할 수 없다.** 시험연구용자산의 경우 세법에 정한 내용연수를 적용해야 한다. 세법에 정한 내용연수란 「법인세법 시행규칙」 제15조에서 정하는 [별표2](시험연구용자산)을 말한다. [별표2]에서 정한 내용연수는 이미 법에서 시험연구용자산의 특성을 감안하여 정한 내용연수이기 때문이다. ← [비교] 연구비는 자산으로 계상할 수 없으며, 확정된 사업연도의 손금으로 본다. 시험연구용자산과 혼동하지 않도록 주의

정답 ①

650

다음의 자료는 ㈜한국의 제23기 (2023.1.1.~2023.12.31.) 특정자산에 대한 감가상각과 관련된 것이다. 자료를 이용하여 각 자산별 세무조정에 대한 설명으로 옳은 것은?

세법2 Link   p.125
오진다 Link   p.339
출제 가능 지수
난이도

구분	감가상각비 부인누계액	제23기 감가상각비 범위액	제23기 회사 계상 감가상각비
자산 A	₩2,500,000	₩13,000,000	₩12,500,000
자산 B	₩1,000,000	₩700,000	₩1,200,000

① 자산 A의 경우 감가상각비 부인누계액 중 ₩500,000은 손금불산입(유보)한다.
② 자산 A의 경우 감가상각비 상각부인액이 ₩500,000이다.
③ 자산 B의 경우 회사 계상 감가상각비 중 ₩500,000은 손금불산입(유보)한다.
④ 자산 B의 경우 감가상각비 시인부족액이 ₩500,000이다.

해설

① 감가상각비 부인누계액 중 ₩500,000은 **손금산입(△유보)**한다.
② 자산 A의 경우 감가상각비 **시인부족액**이 ₩500,000이다.
④ 자산 B의 경우 감가상각비 **상각부인액**이 ₩500,000이다.

정답 ③

651

「법인세법」상 유형·무형자산의 감가상각에 대한 설명으로 옳은 것은?

세법2 Link   p.124-126
오진다 Link   p.338-339
출제 가능 지수
난이도

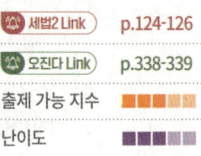

① 시인부족액이 나타나는 경우에는 차기 이후의 상각부인액을 한도로 하여 손금으로 추인한다.
② 상각부인액은 차기 이후의 시인부족액에 충당하지 못한다.
③ 감가상각비는 원칙적으로 법인이 결산서에 손금으로 계상한 경우에 한하여 손금으로 인정한다.
④ 감가상각시부인은 각 사업연도별로 자산의 종류별로 행하므로 같은 종류의 자산 간에는 상각부인액과 시인부족액을 상계한다.

해설

① **상각부인액**이 나타나는 경우에는 차기 이후의 **시인부족액**을 한도로 하여 손금으로 추인한다.
② **시인부족액**은 차기 이후의 **상각부인액**에 충당하지 못한다. 상각부인액은 차기 이후의 시인부족액을 한도로 손금으로 추인한다.
④ 감가상각시부인은 **개별자산별**로 행하므로 같은 종류의 자산 간에는 상각부인액과 시인부족액을 **상계할 수 없다**.

정답 ③

652

제조업을 영위하는 영리내국법인 ㈜한국(한국채택국제회계기준을 적용하지 않으며, 중소기업 아님)의 제23기 사업연도(2023.1.1.~2023.12.31.)의 「법인세법」상 자산·부채의 평가 및 고정자산의 감가상각에 관한 설명으로 옳은 것은?

세법2 Link   p.110, 103, 133, 136

오진다 Link   p.332-334, 342-344

출제 가능 지수 ■■■□□

난이도 ■■■■□

① ㈜한국이 2023년 3월 1일에 파산한 ㈜민국의 주식을 2023년 12월 31일 현재 시가로 감액하고, 그 감액한 금액을 해당 사업연도의 손금으로 계상한 경우 ㈜한국과 ㈜민국이 「법인세법」상 특수관계가 아니어야 ㈜민국 주식의 장부가액을 감액할 수 있다.

② 회사가 보유한 모든 외화자산·부채는 취득일 또는 발생일 현재의 매매기준율 등으로 평가하는 방법과 사업연도 종료일 현재의 매매기준율 등으로 평가하는 방법 중 납세지 관할 세무서장에게 신고한 방법에 따라 평가해야 한다.

③ ㈜한국에게 적용되는 기계장치의 기준내용연수가 5년일 때 기준내용연수의 100분의 50 이상이 경과된 기계장치를 다른 법인으로부터 취득한 경우 해당 중고자산의 내용연수는 2년과 5년의 범위에서 선택하여 납세지 관할 세무서장에게 신고한 연수로 할 수 있다.

④ 2023년 7월 2일에 취득 즉시 사업에 사용한 기계장치에 대한 상각범위액은 7월 2일부터 12월 31일까지 월수에 따라 계산한다. 이 때 월수는 역에 따라 계산하되 1월 미만의 일수는 없는 것으로 한다.

해설

① ㈜한국이 2023년 3월 1일에 파산한 ㈜민국의 주식을 2023년 12월 31일 현재 시가로 감액하고, 그 감액한 금액을 해당 사업연도의 손금으로 계상한 경우 ㈜한국과 ㈜민국이 「법인세법」상 **특수관계 여부에 관계없이** ㈜민국 주식의 장부가액을 감액할 수 있다.

② 회사가 보유한 **화폐성** 외화자산·부채는 취득일 또는 발생일 현재의 매매기준율 등으로 평가하는 방법과 사업연도 종료일 현재의 매매기준율 등으로 평가하는 방법 중 납세지 관할 세무서장에게 신고한 방법에 따라 평가해야 한다.

④ 2023년 7월 2일에 취득 즉시 사업에 사용한 기계장치에 대한 상각범위액은 7월 2일부터 12월 31일까지 월수에 따라 계산한다. 이 때 월수는 역에 따라 계산하되 **1월 미만의 일수는 1월로 한다.**

정답 ③

감가상각비

653

「법인세법」상 감가상각비에 대한 설명으로 옳지 않은 것은?

① 회사가 자산의 취득가액을 구성하는 항목을 비용으로 처리한 경우, 해당 금액을 즉시 전액 감가상각한 것으로 의제하는 것을 원칙으로 한다.

② 법인이 감가상각비를 손비로 계상하지 않은 경우에도 상각범위액을 한도로 그 상각부인액을 손금에 산입한다.

③ 전기에 과소계상한 감가상각비를 당기에 계상한 경우 이를 당기의 감가상각비로 보아 시부인 계산대상에 포함한다.

④ 신설법인이 상각방법을 신고하려는 때에는 감가상각방법신고서를 설립일이 속하는 사업연도의 법인세 과세표준의 신고기한까지 납세지 관할 세무서장에게 제출(국세정보통신망에 의한 제출 포함)해야 한다.

세법2 Link   p.126-127, 134
오진다 Link   p.339-340, 344
출제 가능 지수 ■■■■
난이도 ■■■■

해설

④ 신설법인이 상각방법을 신고하려는 때에는 감가상각방법신고서를 **그 영업을 개시한 날**이 속하는 사업연도의 법인세 과세표준의 신고기한까지 납세지 관할 세무서장에게 제출(국세정보통신망에 의한 제출 포함)해야 한다.
정답 ④

654

「법인세법」상 내국법인의 감가상각에 대한 설명으로 옳은 것은?

세법2 Link   p.125, 128, 138

오진다 Link   p.339-340, 346

출제 가능 지수 ■■■■■

난이도 ■■■■■

① 감가상각자산이 진부화, 물리적 손상 등(천재지변 등 제외)에 따라 시장가치가 급격히 하락하여 장부상 손상차손을 계상한 경우 해당 금액을 감가상각비로서 손비로 계상한 것으로 보아 시부인계산한다.

② 법인이 손비로 계상한 감가상각비가 1,000만원이고 상각범위액이 1,500만원인 경우, 그 차액에 해당하는 500만원은 그 후 사업연도의 상각부인액에 충당한다.

③ 법인이 감가상각자산에 대하여 감가상각과 평가증을 병행한 경우에는 먼저 평가증을 한 후 감가상각을 한 것으로 보아 상각범위액을 계산한다.

④ 사업의 폐지 또는 사업장의 이전으로 임대차계약에 따라 임차한 사업장의 원상회복을 위하여 시설물을 철거하는 경우 해당 자산의 장부가액을 폐기일이 속하는 사업연도의 손금에 산입할 수 있다.

해설

② 법인이 손비로 계상한 감가상각비가 1,000만원이고 상각범위액이 1,500만원인 경우, 그 차액에 해당하는 500만원을 '시인부족액'이라 하는데 이는 이전 상각부인액이 없는 이상 추가적인 세무조정은 없으며 차기로 이월되지 않고 소멸된다. 즉, 그 후 사업연도의 상각부인액에는 **충당하지 못한다.**

③ 법인이 감가상각자산에 대하여 감가상각과 평가증을 병행한 경우에는 **먼저 감가상각을 한 후 평가증을 한 것으로 보아** 상각범위액을 계산한다.

④ 사업의 폐지 또는 사업장의 이전으로 임대차계약에 따라 임차한 사업장의 원상회복을 위하여 시설물을 철거하는 경우 해당 자산의 **장부가액에서 1천원을 공제한 금액**을 폐기일이 속하는 사업연도의 손금에 산입할 수 있다.

정답 ①

655

「법인세법」상 감가상각비의 손금산입에 대한 설명으로 옳은 것은?

① 건물의 감가상각방법으로서는 정액법만이 인정된다.

② 법인이 감가상각비를 손비로 계상하거나 손금에 산입하는 경우에는 감가상각누계액으로 계상하여야 한다.

③ 내용연수를 변경(재변경 포함)한 법인이 해당 자산의 내용연수를 다시 변경하고자하는 경우 변경한 내용연수를 최초로 적용한 사업연도의 다음 사업연도의 종료일부터 3년이 경과해야 한다.

④ 기획재정부령이 정하는 회계정책의 변경에 따라 결산상각방법이 변경된 경우 (변경한 결산상각방법과 다른 방법으로 변경하는 경우 포함) 감가상각방법을 변경할 수 있다.

세법2 Link   p.126, 132, 134, 137
오진다 Link   p.339, 342-345
출제 가능 지수 ■■■■□
난이도 ■■■■□

해설

② 법인이 감가상각비를 손비로 계상하거나 손금에 산입하는 경우에는 해당 감가상각 자산의 **장부가액을 직접 감액하는 직접상각법 또는** 장부가액을 감액하지 않고 감가상각누계액으로 계상하는 **간접상각법 중 선택해야 한다.**

③ 내용연수를 변경(재변경 포함)한 법인이 해당 자산의 내용연수를 다시 변경하고자하는 경우 변경한 내용연수를 **최초로 적용한 사업연도의 종료일부터 3년**이 경과해야 한다.

④ 기획재정부령이 정하는 회계정책의 변경에 따라 결산상각방법이 변경된 경우 (변경한 결산상각방법과 **같은 방법으로 변경하는 경우에 한함**) 감가상각방법을 변경할 수 있다.

[감가상각방법의 변경사유]

㉠ 상각방법이 서로 다른 법인이 합병(분할합병 포함)한 경우
㉡ 상각방법이 서로 다른 사업자의 사업을 인수 또는 승계한 경우
㉢「외국인투자촉진법」에 따라 외국투자자가 내국법인의 주식 등을 20% 이상 인수 또는 보유하게 된 경우
㉣ 해외시장의 경기변동 또는 경제적 여건의 변동으로 인하여 종전의 상각방법을 변경할 필요가 있는 경우
㉤ 기획재정부령이 정하는 회계정책의 변경에 따라 결산상각방법이 변경된 경우 (변경한 결산상각방법과 같은 방법으로 변경하는 경우만 해당)

정답 ①

656

「법인세법」상 감가상각에 관한 설명으로 옳지 않은 것은?

세법2 Link p.133, 139-140

오진다 Link p.343, 346-347

출제 가능 지수 ■■■■□

난이도 ■■■■□

① 각 사업연도의 소득에 대하여 「법인세법」과 다른 법률에 따라 법인세를 면제받거나 감면받은 경우에는 감면기간 동안 개별 자산에 대한 감가상각비가 상각범위액이 되도록 감가상각비를 손금에 산입해야 한다.

② 추계결정 또는 경정을 하는 경우에도 감가상각자산에 대한 감가상각비를 손금에 산입한 것으로 본다.

③ 한국채택국제회계기준을 적용하는 내국법인이 보유한 감가상각자산 중 한국채택국제회계기준을 최초로 적용하는 사업연도 전에 취득한 영업권의 감가상각비는 법에 정한 금액을 추가로 손금에 산입할 수 있다.

④ 정액법에 의해 상각범위액을 계산함에 있어서 감가상각자산의 잔존가액은 취득가액의 5%로 한다.

해설

④ 정액법에 의해 상각범위액을 계산함에 있어서 감가상각자산의 잔존가액은 **"0"** 으로 한다. ← [비교] 정률법에 의해 상각범위액을 계산함에 있어서 감가상각자산의 잔존가액은 취득가액의 5%로 한다. 정답 ④

657

「법인세법」상 감가상각에 대한 설명으로 옳지 않은 것은?

세법2 Link p.128, 132, 138, 140

오진다 Link p.338, 342, 344, 347

출제 가능 지수 ■■■■■

난이도 ■■■■□

① 연구개발과 관련하여 유형자산의 감가상각비 중 개발비로 분류된 감가상각비도 회사가 계상한 감가상각비에 포함하여 시부인계산을 한다.

② 기준내용연수가 변경되는 경우 내용연수를 단축하는 경우로서 결산내용연수가 변경된 기준내용연수의 25%를 가감한 범위 내에 포함되는 경우는 결산내용연수보다 짧은 내용연수로 변경할 수 있다.

③ 감가상각자산을 양도한 경우 해당 자산의 상각부인액은 양도일이 속하는 사업연도의 손금에 산입한다.

④ 특수관계인으로부터 자산을 양수하면서 기업회계기준에 따라 장부에 계상한 감가상각자산의 가액이 시가에 미달하는 경우 감가상각비규정을 준용하여 계산한 감가상각비 상당액을 손금에 산입한다.

해설

② 기준내용연수가 변경되는 경우 내용연수를 단축하는 경우로서 결산내용연수가 변경된 기준내용연수의 25%를 가감한 범위 내에 포함되는 경우는 **결산내용연수보다 짧은 내용연수로 변경할 수 없다.** 기준내용연수의 변경에 따른 내용연수 변경에 대한 특례를 인정해주되, 결산상 상각하는 내용연수보다 짧게 변경하여 과도한 손금을 장부에 인식하는 것을 용인하지 않겠다는 규정이다. 정답 ②

658

「법인세법령」상 내국법인의 감가상각에 대한 설명으로 옳은 것은? (단, 「법인세법령」상 해당 요건은 충족하고, 「법인세법」과 「조세특례제한법」에 따른 법인세 면제, 감면 및 감가상각특례는 고려하지 아니한다)

세법2 Link p.128, 132-133, 137

오진다 Link p.340, 342-343, 345

출제 가능 지수 ■■■■□

난이도 ■■■■■

① 내국법인은 「법인세법 시행령」 제28조 제1항 제2호에 해당하는 감가상각자산에 대하여 한국채택국제회계기준을 최초로 적용하는 사업연도에 결산내용연수를 연장한 경우에는 기준내용연수에 기준내용연수의 100분의 50를 가감하는 범위에서 사업장별로 납세지 관할 지방국세청장의 승인을 받아 적용하던 내용연수를 연장할 수 있다.

② 감가상각방법의 변경승인을 얻고자 하는 법인은 그 변경할 상각방법을 적용하고자 하는 최초 사업연도의 종료일로부터 3개월 전까지 감가상각방법변경신청서를 납세지 관할 세무서장에게 제출(국세정보통신망에 의한 제출을 포함)해야 한다.

③ 내국법인이 기준내용연수(해당 내국법인에게 적용되는 기준내용연수를 말한다)의 100분의 50 이상이 경과된 자산을 다른 법인으로부터 취득한 경우에는 그 자산의 기준내용연수의 100분의 50에 상당하는 연수와 잔존내용연수의 범위에서 선택하여 납세지 관할 세무서장에게 신고한 연수를 내용연수로 할 수 있다.

④ 3년 미만의 기간마다 주기적인 수선을 위하여 지출하는 경우 해당 비용을 사업에 사용한 날이 속하는 사업연도의 손비로 계상한 경우에 시부인계산 없이 그 즉시상각의제액을 손금으로 전액 인정한다.

해설

① 내국법인은 「법인세법 시행령」 제28조 제1항 제2호에 해당하는 감가상각자산에 대하여 한국채택국제회계기준을 최초로 적용하는 사업연도에 결산내용연수를 연장한 경우에는 기준내용연수에 기준내용연수의 **100분의 25**를 가감하는 범위에서 사업장별로 납세지 관할 지방국세청장의 승인을 받아 적용하던 내용연수를 연장할 수 있다.

② 감가상각방법의 변경승인을 얻고자 하는 법인은 그 변경할 상각방법을 적용하고자 하는 **최초 사업연도의 종료일**까지 감가상각방법변경신청서를 납세지 관할 세무서장에게 제출(국세정보통신망에 의한 제출을 포함)해야 한다.

③ 내국법인이 기준내용연수(해당 내국법인에게 적용되는 기준내용연수를 말한다)의 100분의 50이상이 경과된 자산을 다른 법인으로부터 취득한 경우에는 그 자산의 기준내용연수의 100분의 50에 상당하는 연수와 **기준내용연수**의 범위에서 선택하여 납세지 관할 세무서장에게 신고한 연수를 내용연수로 할 수 있다.

정답 ④

659

「법인세법」상 즉시상각의 의제와 관련하여, 내국법인이 각 사업연도에 해당 자산의 가치를 현실적으로 증가시키기 위하여 지출한 다음 〈보기〉와 같은 수선비를 해당 사업연도의 손비로 계상한 경우에 자본적 지출에 포함하지 않는 경우를 모두 고른 것은? (단, 다음 〈보기〉의 각 항목들은 상호독립적이며, 각 항목은 해당 경우에서 제시된 사항 이외의 다른 조건은 고려하지 않음)

세법2 Link   p.128
오진다 Link   p.340
출제 가능 지수
난이도

ㄱ. 개별자산별로 수선비로 지출한 금액이 600만원 미만인 경우

ㄴ. 개별자산별로 수선비로 지출한 금액이 직전 사업연도종료일 현재 재무상태표상의 자산가액(취득가액에서 감가상각누계액상당액을 차감한 금액을 말한다)의 100분의 5에 미달하는 경우

ㄷ. 3년의 기간마다 주기적인 수선을 위하여 지출하는 경우

① ㄱ   ② ㄱ, ㄴ   ③ ㄴ, ㄷ   ④ ㄱ, ㄴ, ㄷ

해설

ㄱ. 개별자산별로 수선비로 지출한 금액이 **600만원 미만**인 경우 수선비를 해당 사업연도의 손비로 계상한 경우에 자본적 지출에 포함하지 않고 시부인계산 없이 그 즉시상각의제액을 손금으로 전액 인정한다.

ㄴ. 개별자산별로 수선비로 지출한 금액이 직전 사업연도종료일 현재 재무상태표상의 자산가액(취득가액에서 감가상각누계액상당액을 차감한 금액을 말한다)의 **100분의 5에 미달**하는 경우 수선비를 해당 사업연도의 손비로 계상한 경우에 자본적 지출에 포함하지 않고 시부인계산 없이 그 즉시상각의제액을 손금으로 전액 인정한다.

ㄷ. 3년 **미만**의 기간마다 주기적인 수선을 위하여 지출하는 경우 수선비를 해당 사업연도의 손비로 계상한 경우에 자본적 지출에 포함하지 않고 시부인계산 없이 그 즉시상각의제액을 손금으로 전액 인정한다.   정답 ②

CHAPTER
08

감가상각비

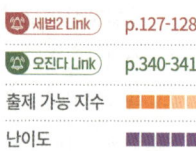

| 세법2 Link | p.127-128 |
| 오진다 Link | p.340-341 |

출제 가능 지수 ■■■□□

난이도 ■■■■■

660

다음은 제조업을 영위하는 영리내국법인 ㈜한국의 제23기 사업연도(2023.1.1.~12.31.) 포괄손익계산서상 수선비 계정의 내역이다. 「법인세법」상 감가상각 시부인계산 대상 금액으로 옳은 것은? (단, 제22기 이전의 모든 세무조정은 적정하게 이루어졌으며, 주어진 자료 이외의 다른 사항은 고려하지 않음)

과 목	금 액	내 역
수선비	₩5,000,000	㈜한국 소유 본사건물(전기 말 재무상태표상 장부가액 ₩40,000,000)에 대한 피난시설 설치비 ₩5,000,000
	₩8,000,000	신규 취득한 기계장치A(취득가액 ₩150,000,000)에 대한 증설비용
	₩8,000,000	기계장치B(전기 말 재무상태표상 장부가액 ₩180,000,000)에 대한 용도 변경 개조비용
	₩6,000,000	기계장치C(전기 말 재무상태표상 장부가액 ₩30,000,000)에 대하여 2년마다 주기적으로 실시하는 수선을 위해 지출한 금액이며, 이로 인해 기계의 성능이 향상됨

① ₩6,000,000 ② ₩7,000,000 ③ ₩8,000,000 ④ ₩14,000,000

해설

'즉시상각의제'란 회사가 자산의 취득가액을 구성하는 항목(ex. 취득세, 자본적 지출액)을 비용으로 처리한 경우, 해당 금액을 즉시 전액 감가상각한 것으로 의제하는 것을 의미한다.

이때 개별자산별로 수선비(그 자산에 대한 자본적 지출액과 수익적 지출액의 연간 합계액)로 지출한 금액이 MAX[600만원, 직전 사업연도 종료일 현재 재무상태표상 자산가액의 5%] 미만인 경우 소액수선비로서 해당 감가상각자산을 사업에 사용한 날이 속하는 사업연도의 손비로 계상한 경우에 시부인계산 없이 그 즉시상각의제액을 손금으로 전액 인정한다.

소액수선비는 다음과 같이 구할 수 있다.

(1) 건물수선비 – 　　　　　소액기준(Max[₩6,000,000, ₩40,000,000 × 5%])에 해당하므로 시부인계산 없이 그 즉시상각의제액을 손금으로 전액 인정한다.

(2) 기계장치A ₩8,000,000 　소액기준(Max[₩6,000,000, ₩150,000,000 × 5% = ₩7,500,000])에 해당하지 않으므로 시부인계산 대상이다.

(3) 기계장치B – 　　　　　소액기준(Max[₩6,000,000, ₩180,000,000 × 5%])에 해당하므로 시부인계산 없이 그 즉시상각의제액을 손금으로 전액 인정한다.

(4) 기계장치C – 　　　　　3년 미만의 주기적 수선이므로 시부인계산 없이 그 즉시상각의제액을 손금으로 전액 인정한다.

합 계　　₩8,000,000　　　　　　　　　　　　　　　　　　　　　　　정답 ③

661

다음은 제조업을 영위하는 영리내국법인 ㈜A(한국채택국제회계기준 적용대상 아님)의 감가상각 관련 자료이다. ㈜A의 제23기(2023.1.1.~12.31.) 감가상각과 관련하여 세무조정한 것으로 옳은 것은?

세법2 Link   p.125, 134, 138
오진다 Link   p.338-347
출제 가능 지수 ■■■■□
난이도 ■■■■■

> (1) 제22기의 세무조정계산서상 감가상각비 조정내역은 다음과 같으며, 세무조정은 적정하게 이루어졌다고 가정한다.(정액법 20년)
>
> | | 취득원가 | 기초감가상각
누계액 | 기초 상각 부인
액누계 | 당기
감가상각비 | 당기
상각범위액 |
> |---|---|---|---|---|---|
> | 건물 | ₩800,000,000 | ₩240,000,000 | – | ₩60,000,000 | ₩40,000,000 |
>
> (2) 제23기 회계상 건물 감가상각비는 ₩30,000,000이며, 적절한 회계처리가 이루어졌다.

① 손금불산입 ₩8,000,000   ② 손금산입 ₩8,000,000
③ 손금불산입 ₩10,000,000   ④ 손금산입 ₩10,000,000

해설

건물에 대한 세무조정은 다음과 같다.
(1) 22기 세무조정
건물: 〈손금불산입〉 감가상각비한도초과액 ₩20,000,000 (유보)
(2) 23기 건물에 대한 세무조정은 다음과 같다.

구분	회사계상액	상각범위액	세무조정
건물	₩30,000,000	₩40,000,000	〈손금산입〉 ₩10,000,000 손금산입 (△유보)

상각범위액은 ₩40,000,000(₩800,000,000 × $\frac{1}{20년}$)이다. 회사계상액은 ₩30,000,000이니 시인부족액

₩10,000,0000이 생긴다. 전기 이월 상각부인액이 있으니 시인부족액의 범위에서 ㄱ 상각부인액 손금산입(△유보)하며 추인한다. 즉, 전기 상각부인액 ₩20,000,000 중 ₩10,000,000을 손금산입(△유보)한다.   정답 ④

662

세법2 Link   p.125, 135, 138

오진다 Link   p.338-347

출제 가능 지수 ■■■■■

난이도 ■■■■■

다음은 제조업을 영위하는 영리내국법인 ㈜A의 제23기(2023.1.1.~12.31.) 감가상각과 관련된 자료이다. 관련된 세무조정과 소득처분으로 옳은 것은? (단, 전기 이전의 모든 세무조정은 적정하였으며, 주어진 자료 이외에는 고려하지 않음)

---

(1) 기계장치 취득가액: ₩50,000,000

(2) 기계장치 취득일: 2022. 1. 1.

(3) 감가상각방법 및 상각률: 정률법(상각률: 0.4)

(4) 감가상각비 장부상 계상금액

 • 2022년: ₩22,500,000

 • 2023년: ₩10,000,000

---

① 세무조정 없음

② 손금산입·익금불산입 ₩2,000,000(△유보)

③ 익금산입·손금불산입 ₩2,500,000(유보)

④ 손금산입·익금불산입 ₩2,500,000(△유보)

해설

사업연도	회사계상액	상각범위액	세무조정
2022년	₩22,500,000	₩20,000,000[*1]	〈손금불산입〉 ₩2,500,000 (유보)
2023년	₩10,000,000	₩12,000,000[*2]	〈손금산입〉 ₩2,000,000 (△유보)

[*1] ₩50,000,000 × 0.4 = ₩20,000,000

[*2] (₩50,000,000 − ₩20,000,000) × 0.4 = ₩12,000,000

정답 ②

663

제조업을 영위하는 영리내국법인 ㈜한국(일반기업회계기준 적용기업)의 제23기(2023. 1.1.~12. 31.) 감가상각 관련 자료이다. 감가상각과 관련하여 세무조정금액으로 옳은 것은?

세법2 Link p.125, 134-135

오진다 Link p.338-344

출제 가능 지수 ■■■■■

난이도 ■■■■■

(1) 제23기의 감가상각비 조정을 위한 자료는 다음과 같다.

구 분	취득원가*	기초감가상각누계액*	기초상각 부인누계액	당기 감가상각비*
건 물	₩900,000,000	₩435,000,000	₩4,000,000	₩30,000,000
기계장치	₩400,000,000	₩250,000,000	₩50,000,000	₩25,000,000

* 회계장부상 수치임

(2) 상각률

구분	상각률	
	정액법	정률법
건물(내용연수 20년)	0.050	0.15
기계장치(내용연수 10년)	0.100	0.3

(3) 신고한 건물의 내용연수는 20년, 기계장치의 내용연수는 10년이며 감가상각방법은 신고하지 않았다.

	건물	기계장치
①	손금불산입 ₩15,000,000	손금불산입 ₩25,000,000
②	손금산입 ₩4,000,000	손금산입 ₩25,000,000
③	손금산입 ₩4,000,000	손금산입 ₩35,000,000
④	손금불산입 ₩15,000,000	손금불산입 ₩35,000,000

해설

감가상각방법을 신고하지 않은 경우 무신고시 자산별 평가방법을 적용한다. 그러므로 건물은 정액법으로 0.05의 상각률을 적용하고 기계장치의 경우 정률법으로 0.3의 상각률을 적용한다.

(1) 건물
① 회사계상 감가상각비: ₩30,000,000
② 상각범위액: ₩900,000,000 × 0.050 = ₩45,000,000
③ 시인부족액: ₩30,000,000 − ₩45,000,000 = △₩15,000,000
④ 세무조정: 〈손금산입〉 상각부인액 ₩4,000,000(△유보)

(2) 기계장치
① 회사계상 감가상각비: ₩25,000,000
② 상각범위액: (₩400,000,000 − ₩250,000,000 + ₩50,000,000) × 0.3 = ₩60,000,000
③ 시인부족액: ₩25,000,000 − ₩60,000,000 = △₩35,000,000
④ 세무조정: 〈손금산입〉 상각부인액 ₩35,000,000(△유보)

정답 ③

664

㈜한국보험사는 보유건물을 기말에 「보험업법」에 따라 다음과 같이 감정가액으로 평가하였다. 해당 평가에 따른 감가상각 관련 세무조정으로 옳은 것은?

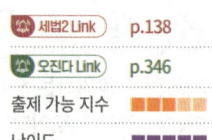
세법2 Link   p.138
오진다 Link   p.346
출제 가능 지수 ■■■□□
난이도   ■■■■■

자산의 종류	건물A	건물B
취득가액	₩70,000,000	₩200,000,000
당기말 감가상가누계액	₩60,000,000	₩150,000,000
당기말 상각부인액*	₩6,000,000	₩20,000,000
감정가액	₩15,000,000	₩80,000,000

* 당기에 감가상각 시부인계산을 적정하게 한 후의 잔액임

① 손금산입 ₩25,000,000 (△유보)　　② 손금산입 ₩26,000,000 (△유보)
③ 손금불산입 ₩26,000,000 (유보)　　④ 손금불산입 ₩9,500,000 (유보)

해설

(1) 건물의 평가증액에 대한 세무조정
*유형자산을 법률에 의하여 평가증한 경우 상각부인액은 평가증액을 한도로 손금에 산입한다.

① 건 물(A) : 전기상각부인액 ₩5,000,000 손금산입 (△유보)
Min[평가증액 ₩5,000,000, 상각부인액 ₩6,000,000] = ₩5,000,000
평가증액을 초과하는 상각부인액 ₩1,000,000은 이월된다.

② 건 물(B) : 전기상각부인액 ₩20,000,000 손금산입 (△유보)
Min[평가증액 ₩30,000,000, 상각부인액 ₩20,000,000] = ₩20,000,000

(2) 세무조정 합계
₩5,000,000 + ₩20,000,000 = ₩25,000,000 손금산입 (△유보)　　　　　정답 ①

지급이자 손금불산입

665

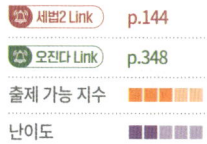

세법2 Link   p.144
오진다 Link   p.348
출제 가능 지수 ■■■■□
난이도 ■■□□□

「법인세법」상 법인에게 귀속되는 지급이자의 손금불산입 사항이 다음에 열거한 항목들에서 동시에 발생하는 경우, 지급이자 손금불산입의 적용순서로 옳은 것은?

> ㉠ 건설자금에 충당한 자금의 이자   ㉡ 채권자가 불분명한 사채이자
> ㉢ 업무무관 자산에 대한 지급이자   ㉣ 국외지배주주에게 지급하는 배당간주이자
> ㉤ 비실명 채권·증권의 이자

① ㉤ → ㉠ → ㉡ → ㉢ → ㉣
② ㉡ → ㉤ → ㉠ → ㉢ → ㉣
③ ㉣ → ㉤ → ㉡ → ㉠ → ㉢
④ ㉣ → ㉡ → ㉤ → ㉠ → ㉢

해설

④ 「국제조세조정에 관한 법률」에서 내국법인이나 외국법인의 국내사업장을 실질적으로 지배하는 자를 국외지배주주라고 한다. 이들에게 지급하는 지급이자의 손금불산입 적용 순서는 **「법인세법」보다 우선하여 적용한다.** 또한 「법인세법」상 지급이자의 손금불산입에 관하여 규정이 동시에 적용되는 경우 채권자가 불분명한 사채이자, 지급받은 자가 불분명한 채권·증권의 이자, 건설자금에 충당한 차입금이자, 업무무관자산 등에 대한 지급이자의 순서대로 적용하는 것을 원칙으로 한다.   정답 ④

666

세법2 Link   p.145-147
오진다 Link   p.349-350
출제 가능 지수 ■■■■□
난이도 ■■■■□

「법인세법」상 건설자금이자에 대한 다음 설명 중 가장 옳은 것은?

① 건설자금이자의 계상 대상에 사업용 유·무형자산뿐 아니라 투자자산 및 제조 등에 장기간 소요되는 재고자산을 포함시킨다.
② 세법상 특정차입금 건설자금이자는 건설 등이 준공된 날이 속하는 사업연도 종료일까지 이를 자본적 지출로 하여 그 원본(취득원가)에 가산한다.
③ 건설자금의 명목으로 차입한 것으로서 그 건설 등이 준공된 후 남은 차입금에 대한 이자는 각 사업연도 익금으로 한다.
④ 차입한 건설자금의 연체로 인하여 생긴 이자를 원본에 가산한 경우 그 가산한 금액은 해당 사업연도의 자본적 지출로 하고, 그 원본에 가산한 금액에 대한 지급이자는 손금으로 한다.

해설

① 건설자금이자의 계상대상에는 **사업용 유·무형자산만 해당**한다. 따라서 투자자산 및 제조 등에 장기간 소요되는 재고자산은 건설자금이자의 계상대상에 포함하지 아니한다.
② 세법상 특정차입금 건설자금이자는 건설 등이 **준공된 날**까지 이를 자본적 지출로 하여 그 원본(취득원가)에 가산한다.
③ 건설자금의 명목으로 차입한 것으로서 그 건설 등이 준공된 후 남은 차입금에 대한 이자는 각사업연도 **손금**으로 한다.   정답 ④

CHAPTER 09 지급이자 손금불산입

667

「법인세법」상 지급이자 손금불산입에 대한 설명으로 옳지 않은 것은?

① 투자부동산에 대한 건설자금이자를 취득원가로 계상한 경우 그 계상액을 손금산입(△유보)하고 그 투자부동산의 처분 혹은 감가상각 시 익금산입(유보)로 추인한다.

② 「법인세법」에서 건설자금에 충당한 차입금의 이자에서 특정차입금에 대한 지급이자를 뺀 금액(일반차입금에 대한 지급이자)은 내국법인의 각 사업연도의 소득금액을 계산할 때 손금에 산입하지 않을 수 있다.

③ 특수관계인으로부터 시가를 초과하는 가액으로 업무무관자산을 매입한 경우 부당행위계산의 부인 규정에 의한 시가초과액을 포함하지 않은 가액으로 업무무관자산을 평가하여 지급이자를 계산한다.

④ 차입한 건설자금의 일부를 운영자금에 전용한 경우 그 부분에 대한 지급이자는 이를 운영자금 전용분 이자로 보아 손금으로 한다.

> **해설**
> ③ 특수관계인으로부터 시가를 초과하는 가액으로 업무무관자산을 매입한 경우 부당행위계산의 부인 규정에 의한 시가초과액을 **포함**한 가액으로 업무무관자산을 평가하여 지급이자를 계산한다. 정답 ③

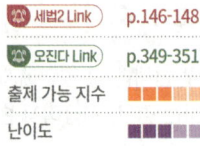
세법2 Link p.146-148
오진다 Link p.349-351
출제 가능 지수 ■■■□□
난이도 ■■■■□

668

「법인세법」상 지급이자 손금불산입에 관한 내용으로 옳지 않은 것은?

① 채권자가 불분명한 사채의 이자 중 원천징수세액에 상당하는 금액은 기타사외유출로 처분한다.

② 재고자산에 대하여 건설자금이자를 계상한 경우에는 건설자금이자 상당액을 손금산입하고 △유보로 처분한다.

③ 직원에 대한 학자금의 대여액은 업무무관자산 등에 대한 지급이자 손금불산입의 대상이 아니나, 직원의 자녀에 대한 학자금의 대여액은 업무무관자산 등에 대한 지급이자 손금불산입의 대상이다.

④ 중소기업에 근무하는 직원(지배주주 등인 직원은 제외)에 대한 주택구입 또는 전세자금의 대여액은 업무무관자산 등에 대한 지급이자 손금불산입의 대상이 아니다.

> **해설**
> ③ 직원(직원의 자녀 **포함**)에 대한 학자금의 대여액은 업무무관자산 등에 대한 지급이자 손금불산입의 대상이 아니다. 정답 ③

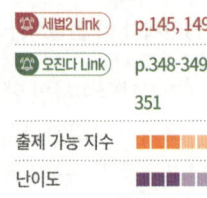
세법2 Link p.145, 149
오진다 Link p.348-349, 351
출제 가능 지수 ■■■■□
난이도 ■■■■□

669

「법인세법」상 지급이자의 손금불산입에 관한 설명으로 옳은 것은?

세법2 Link p.144-146, 149
오진다 Link p.348-349, 351
출제 가능 지수 ■■■■■
난이도 ■■■■■

① 「소득세법」에 따른 채권의 이자 중 그 지급받은 자가 불분명한 것으로서 채권의 이자를 당해 채권의 발행법인이 직접 지급하는 경우 그 지급사실이 객관적으로 인정되지 아니하는 이자는 내국법인의 각 사업연도의 소득금액을 계산할 때 손금에 산입한다.

② 거래일 현재 주민등록표에 의하여 그 거주사실 등이 확인된 채권자가 차입금을 변제받은 후 소재불명이 된 경우의 차입금에 대한 이자는 채권자가 불분명한 사채의 이자에 포함한다.

③ 특정차입금에 대한 지급이자 등은 건설 등이 준공된 날이 속하는 사업연도 종료일까지 이를 자본적 지출로 하여 그 원본에 가산한다.

④ 「국민연금법」에 의하여 근로자가 지급받은 것으로 보는 퇴직금전환금(당해 근로자가 퇴직할 때까지의 기간에 상당하는 금액에 한한다)은 특수관계인에게 해당 법인의 업무와 관련 없이 지급한 가지급금 등에서 제외한다.

해설

① 「소득세법」에 따른 채권의 이자 중 그 지급받은 자가 불분명한 것으로서 채권의 이자를 당해 채권의 발행법인이 직접 지급하는 경우 그 지급사실이 객관적으로 인정되지 아니하는 이자는 내국법인의 각 사업연도의 소득금액을 계산할 때 손금에 **산입하지 아니한다**.

② 거래일 현재 주민등록표에 의하여 그 거주사실 등이 확인된 채권자가 차입금을 변제받은 후 소재불명이 된 경우의 차입금에 대한 이자는 채권자가 불분명한 사채의 이자에서 **제외한다**.

③ 특정차입금에 대한 지급이자 등은 건설 등이 **준공된 날**까지 이를 자본적 지출로 하여 그 원본에 가산하며, 특정차입금 중 건설 등이 준공된 후에 남은 차입금에 대한 이자는 각 사업연도의 손금으로 한다. 정답 ④

지급이자 손금불산입

670

제조업을 영위하고 있는 ㈜한국의 제23기(2023.1.1.~12.31.)의 자료에 의한 지급이자 손금불산입액에 대한 설명으로 옳지 않은 것은? (단, 1년은 365일로 가정한다)

세법2 Link　p.144-149
오진다 Link　p.348-351
출제 가능 지수 ■■■□□
난이도 ■■■■■

(1) 손익계산서상 지급이자의 내역

구분	이자지급	차입금적수
ㄱ. 채권자불분명 사채이자	₩3,000,000	₩7,300,000,000
ㄴ. 진행 중인 공사의 건설자금이자	₩10,400,000	₩29,200,000,000
ㄷ. 운영자금이자	₩10,000,000	₩24,000,000,000

ㄱ. 채권자불분명 사채이자: ㈜한국은 소득세 및 개인지방소득세 ₩1,300,000을 적법하게 원천징수하였다.

ㄴ. 진행중인 공사의 건설자금이자: 차입금 일시 예치에 따른 이자수익이 ₩400,000 발생하였다. 소득금액 계산 시 일반차입금 이자는 자본화하지 않기로 하였으며, 건설자금이자는 모두 특정차입금에서 발생한 것이다.

(2) 업무무관 대여금 내역

구분	대여금	적수
대주주	₩18,000,000	₩6,000,000,000

① 채권자불분명 사채이자 중 ₩1,700,000은 손금불산입하고 대표자에 대한 상여로 소득처분한다.

② 채권자불분명 사채이자 원천징수세액 ₩1,300,000은 손금불산입(기타사외유출)한다.

③ 건설자금이자 ₩10,400,000은 손금불산입(유보)하고 취득원가에 산입한다.

④ 대주주에 대한 업무무관 대여금과 관련된 이자 ₩2,500,000은 손금불산입(기타사외유출)한다.

해설

③ 특정차입금의 일시예금에서 생기는 수입이자는 일시예금분 수입이자로 원본에 가산하는 자본적 지출금액에서 차감한다. 따라서 차입금 일시 예치에 따른 이자수익 ₩400,000을 차감한 **건설자금이자 ₩10,000,000**은 손금불산입(유보)하고 취득원가에 산입한다.

④ 손금불산입하는 대주주에 대한 업무무관 대여금과 관련된 이자는 다음과 같이 구한다.
₩10,000,000 (지급이자) × ₩6,000,000,000 / ₩24,000,000,000 = ₩2,500,000

정답 ③

671

제조업을 영위하는 영리내국법인 ㈜한국의 제23기(2023.1.1.~12.31.) 차입금 및 업무무관자산 관련 자료이다. 「법인세법」상 손금불산입으로 세무조정하는 지급이자 중에서 기타사외유출로 소득처분되는 금액으로 옳은 것은? (단, 1년은 365일이다)

세법2 Link p.144-149
오진다 Link p.348-351
출제 가능 지수
난이도

(1) 포괄손익계산서상 지급이자의 내역

구분	이자비용	비고
사채이자	₩3,000,000	채권자불분명사채이자로 동 이자와 관련하여 원천징수하여 납부한 세액은 ₩1,200,000임
은행차입금 A	₩5,000,000	사옥신축을 위한 차입금이자 ₩4,000,000과 장기건설 중인 재고자산에 대한 차입금이자 ₩1,000,000으로 구성됨
은행차입금 B	₩3,000,000	연지급수입이자 ₩1,000,000 포함

(2) 재고자산에 대한 차입금 지급이자의 차입금 적수는 ₩7,300,000,000이며 은행차입금 B 지급이자 ₩2,000,000의 차입금적수는 ₩17,700,000,000이다.

(3) 재무상태표상 대여금 ₩3,500,000(적수: ₩1,250,000,000)은 업무와 관련이 없는 특수관계인에 대한 것이다.

① ₩1,260,000   ② ₩1,350,000   ③ ₩1,960,000   ④ ₩2,010,000

해설

(1) 채권자불분명사채이자
채권자불분명사채이자 ₩1,800,000 손금불산입(상여)
채권자불분명사채이자 원천징수세액 ₩1,200,000 손금불산입(기타사외유출)
(2) 건설자금이자
건설자금이자 ₩4,000,000 손금불산입(유보)
* 자본화 대상 자산에 재고자산은 포함되지 않는다.
(3) 업무무관자산 및 가지급금 관련 지급이자
① 대상 지급이자

구분	지급이자	차입금적수
은행차입금 A	₩1,000,000	₩7,300,000,000
은행차입금 B	₩2,000,000**	₩17,700,000,000
합계	₩3,000,000	₩25,000,000,000

** 연지급수입이자는 지급이자에 포함되지 않는다.

② 손금불산입액: $₩3,000,000 \times \dfrac{₩1,250,000,000}{₩25,000,000,000} = ₩150,000$

업무무관자산 및 가지급금 관련 이자 ₩150,000 손금불산입(기타사외유출)
(4) 기타사외유출로 소득처분된 지급이자 손금불산입액: ₩1,200,000 + ₩150,000 = ₩1,350,000   정답 ②

672

다음은 ㈜한국의 제23기(2023.1.1.~2023.12.31.) 손익계산서상 지급이자의 내역이다. ㈜한국이 자산원가로 계상할 건설자금이자로 옳은 것은? (단, ㈜한국은 가능한 한 많은 금액을 자산원가로 계상하려고 한다)

세법2 Link p.145-147
오진다 Link p.348-351
출제 가능 지수 ■■■□□
난이도 ■■■■■

구분	이자율	지급이자	차입금 적수
특정차입금	5%	₩5,000,000	₩14,000,000,000
일반차입금 A	6%	₩3,000,000	₩18,500,000,000
일반차입금 B	7%	₩7,000,000	₩36,500,000,000

(1) 특정차입금의 일부를 은행에 예치하여 ₩3,000,000의 수입이자가 발생하였다.
(2) 제23기 초부터 건물을 건설하고 있으며 제24기 말에 완공할 예정이다. 이에 대한 당기 건설비 적수는 ₩36,000,000,000이다.

① ₩2,000,000   ② ₩4,000,000   ③ ₩6,000,000   ④ ₩8,000,000

해설

㈜한국이 자산원가로 계상할 건설자금이자는 다음과 같다.

> 자본화 가능한 건설자금이자 = ㉠ ₩2,000,000 + ㉡ ₩4,000,000 = ₩6,000,000

㉠ 특정차입금이자: ₩5,000,000 − ₩3,000,000 = ₩2,000,000
㉡ 일반차입금이자: MIN[ⓐ, ⓑ] = ₩4,000,000
　ⓐ 건설기간 중에 발생한 일반차입금 이자: ₩3,000,000 + ₩7,000,000 = ₩10,000,000
　ⓑ 한도 = (건설비 적수 − 특정차입금 적수) × $\dfrac{\text{일반차입금 이자}}{\text{일반차입금 적수}}$

　= (₩36,000,000,000 − ₩14,000,000,000) × $\dfrac{₩10,000,000}{₩18,500,000,000 + ₩36,500,000,000}$

　= ₩22,000,000,000 × $\dfrac{₩10,000,000}{₩55,000,000,000}$ = ₩4,000,000

정답 ③

기업업무추진비와 기부금

673

세법2 Link	p.152-153
오진다 Link	p.352
출제 가능 지수	■■■■□
난이도	■■■■□

「법인세법」상 기업업무추진비에 대한 설명으로 옳은 것은?

① 법인이 그 직원이 조직한 단체에 복리시설비를 지출한 것은 이를 기업업무추진비로 보지 아니한다.

② 특수관계자 외의 자와의 거래에서 발생한 채권으로서 채무자의 부도발생 등으로 회수가 불확실한 어음·수표상의 채권 등을 조기에 회수하기 위하여 해당 채권의 일부를 불가피하게 포기한 경우 동 채권의 일부를 포기하거나 면제한 행위에 객관적으로 정당한 사유가 있는 때에는 동 채권포기액을 기부금 또는 기업업무추진비로 본다.

③ 정상적인 업무를 수행하기 위하여 지출하는 회의비로서 사내 또는 통상회의가 개최되는 장소에서 제공하는 다과 및 음식물 등의 가액 중 사회통념상 인정될 수 있는 범위 내의 금액은 이를 각 사업연도의 소득금액 계산상 손금에 산입하고 통상회의비를 초과하는 금액은 기업업무추진비로 본다.

④ 기업업무추진비 관련 부가가치세 매입세액은 「부가가치세법」상 공제되지만, 「법인세법」에서는 기업업무추진비 관련 매입세액을 기업업무추진비로 보지 않는다.

해설

① 법인이 그 직원이 조직한 조합 또는 단체에 복리시설비를 지출한 경우 해당 조합이나 단체가 **법인인 때에는 이를 기업업무추진비로 보며**, 해당 조합이나 단체가 법인이 아닌 때에는 그 법인의 경리의 일부로 본다.

② 약정에 의하여 채권의 전부 또는 일부를 포기하는 경우 이를 대손금으로 보지 않고 기부금 또는 기업업무추진비로 본다. 다만, 특수관계자 외의 자와의 거래에서 발생한 채권으로서 채무자의 부도발생 등으로 회수가 불확실한 어음·수표상의 채권 등을 조기에 회수하기 위하여 해당 채권의 일부를 불가피하게 포기한 경우 동 채권의 일부를 포기하거나 면제한 행위에 객관적으로 정당한 사유가 있는 때에는 동 채권포기액을 **전액 손금에 산입**한다.

④ 기업업무추진비 관련 부가가치세 매입세액은 「부가가치세법」상 **불공제되지만**, 「법인세법」에서는 기업업무추진비 관련 매입세액도 기업업무추진비로 **본다**.   정답 ③

674

「법인세법」상 기업업무추진비와 기부금에 관한 설명으로 옳은 것은?

① 법인이 기부금의 지출을 위하여 어음을 발행한 경우에는 그 어음을 발행한 날에 지출한 것으로 본다.
② 법인이 기업업무추진비를 지출한 사업연도의 손비로 처리하지 않고 이연처리한 경우에는 이를 지출한 사업연도의 기업업무추진비로 보지 않고 그 후 사업연도에 있어서 이를 기업업무추진비로 보아 시부인계산한다.
③ 재화 또는 용역을 공급하는 신용카드 등의 가맹점이 아닌 다른 가맹점의 명의로 작성된 매출전표 등을 발급받은 경우 해당 지출액은 신용카드 등을 사용하여 지출한 기업업무추진비로 보지 않는다.
④ 법인이 특수관계인 외의 자에게 정당한 사유 없이 자산을 정상가액보다 낮은 가액으로 양도함으로써 실질적으로 증여한 것으로 인정되는 금액은 기업업무추진비로 본다.

세법2 Link   p.153-154, 158, 162
오진다 Link   p.352-353, 355, 358
출제 가능 지수 ■■■■□
난이도 ■■■■□

해설

① 기부금의 지출을 위하여 어음을 발행(배서를 포함)한 경우에는 **그 어음이 실제로 결제된 날**에 지출한 것으로 본다.
② 법인이 기업업무추진비를 지출한 사업연도의 손비로 처리하지 않고 이연처리한 경우에는 이를 지출한 사업연도의 **기업업무추진비로서 시부인계산하고** 그 후 사업연도에 있어서는 이를 **기업업무추진비로 보지 않는다.**
④ 법인이 특수관계인 외의 자에게 정당한 사유 없이 자산을 정상가액보다 낮은 가액으로 양도함으로써 실질적으로 증여한 것으로 인정되는 금액은 **기부금**으로 본다.

정답 ③

기업업무추진비와 기부금

675

「법인세법」상 기업업무추진비와 기부금에 대한 설명으로 옳지 않은 것은?

① 광고선전 목적으로 기증한 물품의 구입비용[특정인에게 기증한 물품(개당 3만원 이하의 물품은 제외)의 경우에는 연간 5만원 이내의 금액으로 한정]은 광고선전비로 전액 손금인정한다.

② 기업업무추진비를 지출(그 지출사실은 객관적으로 명백함)한 국외에서 현금 외 다른 지출수단이 없어 적격증빙을 갖추지 못한 경우에는 해당 국외 지출을 기업업무추진비로 보아 한도 내에서 계산하고 손금산입한다.

③ 법인이 청소년복지시설에 정당한 사유 없이 자산을 정상가액보다 낮은가액으로 양도한 경우 그 차액이 실질적으로 증여한 것으로 인정되는 금액은 일반기부금으로 의제하여 한도 내에서 손금산입한다.

④ 법인이 국군장병 위문금품을 금전 외의 자산으로 제공한 경우 해당 자산의 가액은 이를 제공한 때의 장부가액과 시가 중 큰 금액으로 한다.

세법2 Link p.153-154, 158, 162

오진다 Link p.352-353, 355, 358

출제 가능 지수 ■■■■■

난이도 ■■■■■

해설

④ 국군장병 위문금품은 특례기부금 대상이다. 법인이 국군장병 위문금품을 금전 외의 자산으로 제공한 경우 해당 자산의 가액은 이를 제공한 때의 **장부가액**으로 한다.

[참고] 현물의 평가

구분		현물평가액
특례기부금		기부한 때의 장부가액
일반기부금	특수관계인이 아닌 자에게 기부	
	특수관계인에게 기부	기부한 때의 MAX[시가, 장부가액]
비지정기부금		

정답 ④

676

「법인세법」상 영리내국법인의 인건비, 기업업무추진비 및 지급이자에 관한 설명으로 옳은 것은?

세법2 Link p.73, 77-78, 157

오진다 Link p.315, 318, 354

출제 가능 지수 ■■■■□

난이도 ■■■■□

① 법인이 임원 또는 직원에게 지급하는 상여금 중 이사회의 결의에 의하여 결정된 급여지급기준을 초과하여 지급한 경우 그 초과금액은 이를 손금에 산입하지 아니한다.
② 비상근임원에게 지급하는 보수 중 부당행위계산부인에 해당하는 보수는 적합한 보수가 아닌 것으로 보고 손금불산입한다.
③ 기업업무추진비 한도초과액은 손금불산입(유보)으로 처리하고 한도미달액을 한도로 하여 전기에 손금불산입한 기업업무추진비 한도초과액을 추인한다.
④ 영업자가 조직한 단체로서 법인이거나 주무관청에 등록된 조합 또는 협회에 지급한 일반회비는 기업업무추진비로 보아 한도 내에서 손금인정한다.

해설

① 임원의 급여지급기준 초과 상여금은 손금불산입하나, **직원의 급여지급기준 초과 상여금은 손금산입**한다.
③ 기업업무추진비 한도초과액은 손금불산입(**기타사외유출**)으로 처리하고 한도미달액은 따로 세무조정을 하지 않는다.
④ 영업자가 조직한 단체로서 법인이거나 주무관청에 등록된 조합 또는 협회에 지급한 일반회비는 **한도 없이 전액 손금에 산입**한다.

정답 ②

677

「법인세법」상 기업업무추진비에 관한 설명으로 옳지 않은 것은?

세법2 Link p.153-154, 162

오진다 Link p.352-353

출제 가능 지수 ■■■■□

난이도 ■■■■□

① 주주 또는 출자자나 임원 또는 직원이 부담하여야 할 성질의 기업업무추진비를 법인이 지출한 것은 기업업무추진비로 보지 않는다.
② 재화 또는 용역을 공급하는 신용카드 등의 가맹점이 아닌 다른 가맹점의 명의로 작성된 매출전표 등을 발급받은 경우 해당 지출액은 신용카드 등을 사용하여 지출한 기업업무추진비로 보지 않는다.
③ 법인이 기업업무추진비를 금전 외의 자산으로 제공한 경우 해당 자산의 가액은 제공한 때의 장부가액과 시가 중 큰 금액으로 산정한다.
④ 기업업무추진비를 신용카드로 결제한 경우 실제로 접대행위를 한 사업연도가 아니라 대금청구일이 속하는 사업연도를 손금의 귀속시기로 한다.

해설

④ 기업업무추진비를 신용카드로 결제한 경우 **실제로 접대행위를 한 사업연도**를 손금의 귀속시기로 한다.

정답 ④

678

「법인세법」상 기부금에 관한 설명이다. 옳은 것은?

세법2 Link   p.159, 162-163
오진다 Link   p.356-358
출제 가능 지수 ■■■■□
난이도 ■■■■□

① 법인이 기부금을 금전 외의 자산으로 제공한 경우 특수관계인이 아닌 자에게 기부한 일반기부금은 기부했을 때의 장부가액과 시가 중 큰 금액으로 해당 자산가액을 산정한다.

② 법령에 따라 특별재난지역으로 선포된 경우 그 선포의 사유가 된 재난으로 생기는 이재민을 위한 구호금품의 가액은 일반기부금이다.

③ 내국법인이 각 사업연도에 지출하는 일반기부금 중 손금산입한도액을 초과하여 손금에 산입하지 아니한 금액은 해당 사업연도의 다음 사업연도 개시일부터 15년 이내에 끝나는 각 사업연도로 이월하여 그 이월된 사업연도의 소득금액을 계산할 때 손금산입한도액의 범위에서 손금에 산입한다.

④ 내국법인이 각 사업연도에 지출하는 기부금을 이연계상한 경우에는 이를 그 지출한 사업연도의 기부금으로 하고, 그 후의 사업연도에 있어서는 이를 기부금으로 보지 아니한다.

해설

① 법인이 기부금을 금전 외의 자산으로 제공한 경우 특수관계인이 아닌 자에게 기부한 일반기부금은 **기부했을 때의 장부가액**으로 산정한다.

② 법령에 따라 특별재난지역으로 선포된 경우 그 선포의 사유가 된 재난으로 생기는 이재민을 위한 구호금품의 가액은 **특례기부금**이다.

③ 내국법인이 각 사업연도에 지출하는 일반기부금 중 손금산입한도액을 초과하여 손금에 산입하지 아니한 금액은 해당 사업연도의 다음 사업연도 개시일부터 **10년** 이내에 끝나는 각 사업연도로 이월하여 그 이월된 사업연도의 소득금액을 계산할 때 손금산입한도액의 범위에서 손금에 산입한다.

정답 ④

679

「법인세법」상 기부금에 관한 설명으로 옳지 않은 것은?

세법2 Link   p.158, 161-162
오진다 Link   p.355, 357-358
출제 가능 지수 ■■■■□
난이도 ■■■■□

① 특수관계인에게 업무와 무관하게 증여한 경우에는 부당행위계산의 부인에 해당하지만, 그 특수관계인이 세법에 열거된 기부금대상 단체 등인 경우에는 기부금으로 본다.

② 기부금한도액 계산 시 기준소득금액에서 차감하는 이월결손금은 해당 사업연도 개시일 전 15년(2020. 1. 1. 이전 개시 사업연도 발생분은 10년) 이내에 개시한 사업연도에서 발생한 세무상 결손금을 대상으로 한다.

③ 법인이 특수관계인 외의 자에게 정당한 사유 없이 자산을 정상가액보다 낮은 가액으로 양도함으로써 그 차액 중 실질적으로 증여한 것으로 인정되는 금액은 기부금으로 본다.

④ 법인이 기부금을 미지급금으로 계상한 경우 당해 사업연도의 소득금액계산에 있어서 이를 기부금으로 본다.

해설

④ 법인이 기부금을 미지급금으로 계상한 경우 실제로 **이를 지출할 때까지는** 당해 사업연도의 소득금액계산에 있어서 이를 기부금으로 **보지 아니한다.**

정답 ④

CHAPTER
10

기업업무추진비와 기부금

680

제조업을 영위하는 영리내국법인 ㈜국세의 제23기(2023.1.1.~2023.12.31.) 자료이다. 「법인세법」상 기업업무추진비 한도 계산대상이 되는 기업업무추진비 해당액으로 옳은 것은? 단, 기업업무추진비 해당액은 적격증명서류를 수취하였다.

세법2 Link   p.152-153
오진다 Link   p.352-353
출제 가능 지수 ■■■□□
난이도 ■■■■□

> 손익계산서상 판매비와관리비 중 기업업무추진비로 비용처리한 금액은 100,000,000원으로 다음의 금액이 포함되어 있다.
>
> ㉠ 전기에 접대가 이루어졌으나 당기 지급시점에 비용처리한 금액: 10,000,000원
> ㉡ 직원이 조직한 단체(법인)에 복리시설비를 지출한 금액: 4,000,000원
> ㉢ 거래처에 접대 목적으로 증정한 제품에 대해 다음과 같이 회계처리하였다. 해당 제품의 원가는 8,000,000원, 시가는 10,000,000원(부가가치세 미포함)이다.
>
> (차) 접 대 비 9,000,000   (대) 제 품   8,000,000
>   부가가치세예수금 1,000,000

① 92,000,000원   ② 96,000,000원
③ 102,000,000원   ④ 106,000,000원

해설

㉠ 기업업무추진비는 **지급할 의무가 확정된(접대행위가 일어난)** 사업연도의 기업업무추진비로 본다. 따라서 해당 금액은 제22기의 기업업무추진비이므로 제23기의 기업업무추진비에 **포함시키지 않는다.**

㉡ 법인이 그 직원이 조직한 조합 또는 단체에 복리시설비를 지출한 경우 해당 조합이나 단체가 법인인 때에는 이를 기업업무추진비로 본다. 따라서 손익계산서상 제23기의 기업업무추진비로 바르게 포함되었다.

㉢ 법인이 기업업무추진비를 금전 외의 자산으로 제공한 경우 해당 자산의 가액은 제공한 때의 **시가와 장부가액 중 큰 금액**으로 산정하며, 기업업무추진비 관련 부가가치세 매입세액은 「부가가치세법」상 불공제되지만, 「법인세법」에서는 기업업무추진비 관련 매입세액도 기업업무추진비로 본다. 따라서 부가가치세를 포함한 시가를 제23기의 기업업무추진비로 본다.

손익계산서상 기업업무추진비	100,000,000원
㉠ 전기 기업업무추진비 제거	(10,000,000원)
㉡ 복리시설비	–
㉢ 현물 기업업무추진비 금액 조정	2,000,000원
기업업무추진비 해당액	**92,000,000원**

정답 ①

681

다음은 ㈜한국(중소기업)의 당기 제23기 사업연도(2023.1.1.~12.31.)의 기부금 관련 자료이다. 제23기의 특례기부금의 손금산입 한도액은? (단, ㈜한국은 사업연도 종료일 현재 「사회적기업 육성법」에 따른 사회적기업이 아님)

세법2 Link p.158-161
오진다 Link p.355-358
출제 가능 지수 ■■■■■
난이도 ■■■■■

---

(1) 차가감소득금액 : ₩100,000,000

(2) 손익계산서에 계상된 기부금 내역

ㄱ. 천재지변으로 생기는 이재민을 위한 구호금품의 가액 : ₩13,000,000

ㄴ. 사립학교법에 따른 사립학교가 운영하는 병원에 시설비로 지출하는 기부금 : ₩7,000,000

ㄷ. 법령에 정한 종교단체에 지출한 기부금 : ₩5,000,000

(3) 제22기에 발생한 세무상 미공제 이월결손금 : ₩15,000,000

(4) 우리사주조합기부금은 없으며 주어진 자료 이외에는 고려하지 않는다.

특례기부금 손금산입 한도액

① ₩55,000,000
② ₩55,500,000
③ ₩57,000,000
④ ₩57,500,000

해설

(1) 기부금 구분
특례기부금 : ₩13,000,000(이재민 구호금품) + ₩7,000,000(병원 시설비) = ₩20,000,000
일반기부금 : ₩5,000,000(종교단체 기부금)
(2) 특례기부금의 손금산입 한도액은 다음과 같이 구할 수 있다.

특례기부금 손금산입 한도액 = 기준금액 × 50%

여기서 기준금액은 다음과 같다.

기준금액 = ⓐ 기준소득금액 − ⓑ 이월결손금 = ₩110,000,000

ⓐ 기준소득금액 = 차가감소득금액 + (특례기부금 + 우리사주조합기부금 + 일반기부금) = ₩100,000,000 + (₩20,000,000 + ₩0 + ₩5,000,000) = ₩125,000,000
ⓑ 이월결손금: ₩15,000,000
따라서 기부금 구분별 손금산입 한도액은 다음과 같다.

특례기부금 손금산입 한도액 = 기준금액 × 50% = ₩55,000,000

정답 ①

충당금

682

「법인세법」상 신고조정 대손사유에 해당하는 것은?

세법2 Link　p.173
오진다 Link　p.363
출제 가능 지수　■■■■□
난이도　■■■□□

① 「채무자 회생 및 파산에 관한 법률」에 따른 회생계획인가의 결정에 따라 회수불능으로 확정된 채권
② 물품의 수출 또는 외국에서 용역제공으로 발생한 채권으로 법에 정하는 사유로 무역에 관한 법령에 따라 회수불능으로 확인된 채권
③ 채무자의 사업 폐지로 인하여 회수할 수 없는 채권
④ 부도발생일부터 6개월 이상 지난 중소기업의 외상매출금

해설

① 「채무자 회생 및 파산에 관한 법률」에 따른 회생계획인가의 결정에 따라 회수불능으로 확정된 채권은 **신고조정 대손사유에 해당**하며, 나머지는 모두 **결산조정 대손사유**에 해당한다.　　정답 ①

683

「법인세법」상 충당금에 대한 설명으로 옳은 것은?

세법2 Link p.169-170, 164, 177

오진다 Link p.360-361, 364-365

출제 가능 지수 ■■■■□

난이도 ■■■■□

① 내국법인이 임원 또는 직원의 퇴직을 퇴직급여의 지급사유로 하고 임원 또는 직원을 수급자로 하는 연금으로서 법으로 정하는 것을 퇴직연금이라 하는데 퇴직연금의 부담금으로 지출하는 금액은 해당 사업연도의 소득금액계산에 있어서 이를 손금에 산입하지 않는다.

② 일시상각충당금 또는 압축기장충당금은 결산조정에 의한 손금산입만이 허용된다.

③ 현실적으로 퇴직하지 않은 임직원에게 지급한 퇴직급여는 현실적으로 퇴직할 때까지 업무무관 가지급금으로 본다.

④ 채무보증(법령에서 허용하는 채무보증 등 일정한 채무보증은 제외)으로 인하여 발생한 구상채권은 대손사유가 충족되면 법으로 정하는 사업연도의 소득금액을 계산할 때 손금에 산입한다.

해설

① 퇴직연금의 부담금으로 지출하는 금액은 해당 사업연도의 소득금액계산에 있어서 이를 손금에 **산입한다**.

② 일시상각충당금 또는 압축기장충당금은 신고조정에 의한 손금산입이 **허용된다**.

④ 채무보증(법령에서 허용하는 채무보증 등 일정한 채무보증은 제외)으로 인하여 발생한 구상채권은 **대손사유가 충족되더라도 손금에 산입할 수 없다.**

[참고] 다음의 채권은 대손사유가 충족되더라도 손금에 산입할 수 없다.

㉠ 채무보증(법령에서 허용하는 채무보증 등 일정한 채무보증은 제외)으로 인하여 발생한 구상채권 ← 처분손실도 인정되지 않음 주의

㉡ 대여시점 기준 특수관계인에게 지급한 업무무관가지급금 ← 처분손실도 인정되지 않음 주의

㉢ 「부가가치세법」에 따른 대손세액공제를 받은 부가가치세 매출세액

정답 ③

충당금

684

「법인세법」상 퇴직급여충당금과 퇴직연금충당금에 관한 설명으로 옳지 않은 것은?

① 퇴직급여충당금의 손금산입은 결산조정사항이나, 퇴직연금충당금의 손금산입은 강제신고조 정사항이다.

② 법인이 지출하는 확정기여형 퇴직연금의 부담금은 전액 손금에 산입한다. 다만, 임원에 대한 부담금은 법인이 퇴직 시까지 부담한 부담금의 합계액을 임원퇴직급여로 보아 한도초과 여부 를 계산하여야 한다.

③ 퇴직급여충당금의 당기설정액이 세법상 한도액을 초과하는 경우 그 초과액은 손금불산입(유 보)으로 처리하고, 그 이후 퇴직급여를 지급하는 경우 손금산입한 퇴직급여충당금과 상계하고 남은 금액에 대하여는 이전에 손금불산입된 금액을 손금으로 추인한다.

④ 일시퇴직급여지급기준에 의한 퇴직급여추계액을 산정하는 경우 정관이나 기타 퇴직급여지급 규정에 의해 계산한 금액과 「근로자퇴직급여보장법」에 따라 계산한 금액 중 큰 금액으로 한다.

해설

① 퇴직급여충당금의 손금산입은 결산조정사항이나, 퇴직연금충당금의 손금산입은 강제신고조정사항이다. ←
"확정급여형 퇴직연금 부담금의 손금산입은 신고조정사항이다"라고 나와도 옳은 지문이므로 챙겨가자

④ '일시퇴직기준 퇴직급여추계액'이란 당기말 현재 재직하고 있는 임직원이 모두 퇴직할 경우 지급할 퇴직급여 의 총액으로 **정관이나 기타 퇴직급여지급규정에 따라 계산**하되, **규정이 없는 경우에 한해 「근로자퇴직급여 보장법」에 따라 계산**한다.

정답 ④

세법2 Link   p.166, 168-170

오진다 Link   p.359-361

출제 가능 지수

난이도

685

「법인세법령」상 내국법인의 대손금에 대한 설명으로 옳지 않은 것은?

세법2 Link p.173-174
오진다 Link p.363-364
출제 가능 지수 ■■■■□
난이도 ■■■■□

① 「민사소송법」에 따른 화해에 따라 회수불능으로 확정된 채권은 해당 사유가 발생하여 손비로 계상한 날이 속하는 사업연도의 소득금액을 계산할 때 손금에 산입한다.
② 부도발생일이 6개월 이상 경과된 채권(해당 법인이 저당권을 설정한 경우는 제외)은 해당 사유가 발생하여 손비로 계상한 날이 속하는 사업연도의 손금으로 한다.
③ 채무보증(「법인세법 시행령」 제19조의2 제6항에 정하는 채무보증은 제외)으로 인하여 발생한 구상채권은 대손사유가 충족되더라도 손금에 산입할 수 없다.
④ 「법인세법」 제19조의2 제1항에 따라 손금에 산입한 대손금을 그 다음 사업연도에 회수한 경우 그 회수금액은 해당 대손금을 손금에 산입한 사업연도에 익금 산입한다.

해설

④ 「법인세법」 제19조의2 제1항에 따라 손금에 산입한 대손금을 그 다음 사업연도에 회수한 경우 그 회수금액은 **회수한 날이 속하는** 사업연도의 소득금액을 계산할 때 익금에 산입한다. 정답 ④

686

「법인세법」상 영리내국법인의 각사업연도소득금액에 관한 설명으로 옳은 것은?

세법2 Link p.49, 53,
173-174
오진다 Link p.304, 306,
363-364
출제 가능 지수 ■■■■□
난이도 ■■■■□

① 채무의 출자전환으로 주식을 발행함에 있어 시가가 액면가액에 미달하는 경우, 그 주식의 시가를 초과하여 발행된 금액 중에는 채무면제이익을 제외한 주식발행액면초과액만큼의 익금 불산입항목이 존재한다.
② 「법인세법」상 특수관계인이 아닌 개인으로부터 유가증권을 시가보다 낮은 가액으로 매입하는 경우 시가와 그 매입가액의 차액에 상당하는 금액은 익금으로 본다.
③ 중소기업의 외상매출금(특수관계인과의 거래로 인하여 발생한 것은 제외)으로서 회수기일이 6개월 이상 지난 것은 손금에 산입한다.
④ 「부가가치세법」에 따른 대손세액공제를 받은 부가가치세 매출세액은 대손사유가 충족되더라도 손금에 산입하지 않는다.

해설

① 채무의 출자전환으로 주식을 발행함에 있어 시가가 액면가액에 미달하는 경우, 그 주식의 액면가액을 초과하여 발행된 금액은 채무면제이익으로 하며, **주식발행액면초과액은 존재하지 아니한다.**
② 「법인세법」상 특수관계인이 아닌 개인으로부터 유가증권을 시가보다 낮은 가액으로 매입하는 경우 시가와 그 매입가액의 차액에 상당하는 금액은 **익금으로 보지 아니한다.**
③ 중소기업의 외상매출금(특수관계인과의 거래로 인하여 발생한 것은 제외)으로서 **회수기일이 2년 이상** 지난 것은 손금에 산입한다. ← [비교] 내국법인이 채무자의 부도발생일 이전부터 보유하고 있는 채권 중 채무자의 재산에 대한 저당권이 없이 채무자의 부도발생일부터 6개월 이상이 경과해 회수할 수 없는 중소기업의 외상매출금은 손금에 산입한다. 정답 ④

687

「법인세법」상 손금에 관한 설명으로 옳지 않은 것은?

① 내국법인이 기업회계기준에 따른 채권의 재조정에 따라 채권의 장부가액과 현재가치의 차액을 대손금으로 계상한 경우에는 이를 손금에 산입하며, 손금에 산입한 금액은 기업회계기준의 환입 방법에 따라 익금에 산입한다.
② 특수관계인에 대한 업무무관가지급금의 처분손실은 손금에 산입하지 아니한다.
③ 감자차손은 손금에 산입하지 아니한다.
④ 내국법인이 보유하고 있는 채권이 「상법」상 소멸시효의 완성으로 인하여 소멸한 경우에는 해당 대손금은 그 사유가 발생하여 손금으로 계상한 날이 속하는 사업연도의 손금에 산입한다.

세법2 Link p.54, 173-174
오진다 Link p.319, 363-364
출제 가능 지수 ■■■■□
난이도 ■■■■□

해설

④ 내국법인이 보유하고 있는 채권이 「상법」상 소멸시효의 완성으로 인하여 소멸한 경우는 신고조정사항이다. 신고조정사항 대손금은 회계처리와 관계없이 **그 사유가 발생한 날이 속하는 사업연도의 손금에 산입**한다.
  ← [비교]결산조정사항 대손금은 그 사유가 발생하여 손금으로 계상한 날이 속하는 사업연도의 손금에 산입한다.   정답 ④

688

「법인세법」상 충당금의 손금산입에 관한 설명으로 옳은 것은?

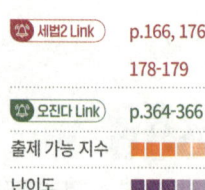
세법2 Link p.166, 176, 178-179
오진다 Link p.364-366
출제 가능 지수 ■■■■□
난이도 ■■■■□

> ㄱ. 법인이 기업회계기준에 따라 제품보증충당부채를 손금으로 계상한 때에는 일정한 한도 내에서 이를 손금에 산입한다.
> ㄴ. 동일인에 대하여 매출채권과 매입채무가 함께 있는 경우에는 당사자간 약정 유무와 관계없이 해당 매입채무를 상계하고 대손충당금을 계상한다.
> ㄷ. 구상채권상각충당금을 손금에 산입한 내국법인은 신용보증사업으로 인하여 발생한 구상채권 중 대손금이 발생한 경우 그 대손금을 구상채권상각충당금과 먼저 상계하고, 상계하고 남은 구상채권상각충당금의 금액은 다음 사업연도의 소득금액을 계산할 때 익금에 산입한다.
> ㄹ. 내국법인이 「보조금 관리에 관한 법률」에 따라 국고보조금을 지급받아 그 지급받은 날이 속하는 사업연도의 종료일까지 법으로 정하는 사업용자산을 취득하거나 개량하는 데에 사용한 경우 해당 사업용 자산의 가액 중 그 사업용 자산의 취득 또는 개량에 사용된 국고보조금 상당액을 그 사업연도의 소득금액을 계산할 때 손금에 산입할 수 있다.

① ㄱ, ㄷ   ② ㄴ, ㄹ   ③ ㄴ, ㄷ   ④ ㄷ, ㄹ

해설

ㄱ. 제품보증충당부채는 「법인세법」상 열거되지 아니한 미열거충당금에 해당하므로 손금으로 계상한 때에는 이를 인정하지 않고 **전액 손금불산입한다.**
ㄴ. 동일인에 대하여 매출채권과 매입채무가 함께 있는 경우에는 **해당 매입채무를 상계하지 아니하고** 대손충당금을 계상할 수 있다. 다만, **당사자 간 약정에 의하여 상계하기로 한 경우에는 그러하지 아니하다.**
                                                                            정답 ④

689

「법인세법령」상 내국법인의 대손금 및 대손충당금에 대한 설명으로 옳은 것은? (단, 「법인세법령」에 따른 손금산입요건은 충족하고, 「조세특례제한법」에 따른 특례는 고려하지 아니한다)

세법2 Link p.172-173, 176

오진다 Link p.362-364

출제 가능 지수 ■■■■■

난이도 ■■■■■

ㄱ. 법인이 다른 법인과 합병하거나 분할하는 경우로서 채무자의 파산으로 회수할 수 없는 채권에 해당하는 대손금을 합병등기일 또는 분할등기일이 속하는 사업연도까지 손비로 계상하지 아니한 경우 그 대손금은 해당 법인의 합병등기일 또는 분할등기일이 속하는 사업연도의 손비로 보지 아니한다.

ㄴ. 내국법인(금융회사 등 제외)이 각 사업연도의 결산을 확정할 때 외상매출금, 대여금 및 그 밖에 이에 준하는 채권의 대손에 충당하기 위하여 대손충당금을 손비로 계상한 경우에는 해당 사업연도종료일 현재의 채권잔액(외상매출금·대여금, 그 밖에 이에 준하는 채권의 장부가액의 합계액)의 100분의 1에 상당하는 금액과 채권잔액에 대손실적률을 곱하여 계산한 금액 중 큰 금액의 범위에서 그 계상한 대손충당금을 해당 사업연도의 소득금액을 계산할 때 손금에 산입한다.

ㄷ. 「서민의 금융생활 지원에 관한 법률」에 따른 채무조정을 받아 신용회복지원 협약에 따라 면책으로 확정된 채권은 해당 사유가 발생하여 손비로 계상한 날이 속하는 사업연도의 손금으로 한다.

ㄹ. 「법인세법」 제34조제1항에 따라 대손충당금을 손금에 산입한 내국법인은 대손금이 발생한 경우 그 대손금을 대손충당금과 먼저 상계하여야 하고, 상계하고 남은 대손충당금의 금액은 다음 사업연도의 소득금액을 계산할 때 익금에 산입한다.

① ㄱ, ㄴ　　　　② ㄷ, ㄹ　　　　③ ㄱ, ㄷ　　　　④ ㄴ, ㄹ

해설

ㄱ. 법인이 다른 법인과 합병하거나 분할하는 경우로서 채무자의 파산으로 회수할 수 없는 채권에 해당하는 대손금을 합병등기일 또는 분할등기일이 속하는 사업연도까지 손비로 계상하지 아니한 경우 그 대손금은 해당 법인의 합병등기일 또는 분할등기일이 속하는 사업연도의 **손비로 한다**. 채무자의 파산으로 회수할 수 없는 채권에 해당하는 대손금은 결산조정사항이다. 따라서 해당 대손금을 법인이 대손처리하지 않은 경우 신고조정으로 손금산입할 수 없는 것이 원칙이지만 **합병·분할하는 경우에는 예외적으로 손비로 계상하지 아니하더라도 손금산입**하는 것이다.

ㄷ. 「서민의 금융생활 지원에 관한 법률」에 따른 채무조정을 받아 신용회복지원 협약에 따라 면책으로 확정된 채권에 대한 대손금은 신고조정사항이므로 **해당 사유가 발생한 날이 속하는 사업연도의 손금**으로 한다.

정답 ④

CHAPTER 11 충당금

세법2 Link   p.172
오진다 Link   p.362
출제 가능 지수 ■■■■□
난이도 ■■■■■

690

다음은 ㈜한국의 제23기(2023.1.1. ~ 2023.12.31.)의 대손충당금에 관한 자료다. 「법인세법」상 각 사업연도의 소득금액을 계산할 때 대손충당금에 대한 세무조정의 결과가 제23기 각 사업연도의 소득금액에 미친 영향은?

(1) ㈜한국의 대손충당금계정은 다음과 같다.

기초잔액	당기 감소(상계)액	당기 증가(설정)액	기말잔액
₩100,000,000	₩50,000,000	₩20,000,000	₩70,000,000

(2) 전기말 대손충당금 한도초과액 ₩10,000,000이 손금불산입되었다.

(3) 당기 상계한 금액은 모두 대손사유를 충족한 금액이며, 당기 세법상 대손충당금한도액은 ₩50,000,000이다.

① ₩10,000,000 손금불산입(유보)   ② ₩20,000,000 손금불산입(유보)
③ ₩10,000,000 손금산입(△유보)   ④ ₩20,000,000 손금산입(△유보)

해설

(1) 전기말 대손충당금 한도초과액의 자동 유보 추인에 의해 다음의 세무조정이 나온다(∵ 총액법을 사용하기 때문에 전기말 대손충당금 한도초과액은 모두 추인한다).

① 전기말 대손충당금 한도초과액 ₩10,000,000 익금불산입(△유보)

(2) 당기말 대손충당금 잔액은 ₩70,000,000이나 한도가 ₩50,000,000이므로 다음의 세무조정이 나온다.

② 대손충당금 한도초과액 ₩20,000,000 손금불산입(유보)

(∵ 보충법이 아닌 총액법을 사용하기 때문에 당기 설정액이 아닌 기말잔액과 한도를 비교해야 한다.)

(3) 그러므로 대손충당금에 대한 세무조정의 결과가 제23기 각 사업연도의 소득금액에 미친 영향은 다음과 같다.

① (₩10,000,000) 익금불산입(△유보) + ② ₩20,000,000 손금불산입(유보) = ₩10,000,000 손금불산입(유보)

정답 ①

691

제조업을 영위하는 영리내국법인인 ㈜한국의 제23기 사업연도(2023.1.1.~2023.12.31.) 자료를 이용하여 「법인세법」상 각 사업연도의 소득금액을 계산할 때 대손충당금에 대한 세무조정의 결과가 제23기 각 사업연도의 소득금액에 미친 영향은?

세법2 Link   p.172, 175-176
오진다 Link   p.362-364
출제 가능 지수
난이도

(1) 매출채권과 관련된 대손충당금 계정은 다음과 같다.

기초 잔액	당기 설정액	당기 상계액	기말 잔액
₩230,000	₩180,000	₩150,000	₩260,000

(2) 전기 이월 중에는 전기에 한도초과로 부인된 금액 ₩30,000이 포함되어 있다.

(3) 당기 상계액은 「법인세법」에 따른 대손요건을 충족한 매출채권과 상계된 것이며, 그 외 대손처리된 매출채권은 없다.

(4) 대손충당금 설정대상이 되는 「법인세법」상 매출채권 잔액은 다음과 같다.
  - 제22기 말 현재 매출채권: ₩3,000,000
  - 제23기 말 현재 매출채권: ₩4,000,000

① ₩30,000 손금불산입(유보)
② ₩90,000 손금불산입(유보)
③ ₩30,000 손금산입(△유보)
④ ₩90,000 손금산입(△유보)

해설

세법에서는 대손충당금을 계산하는 방법으로 **총액법을 채택**하고 있다. 따라서 전기까지 계상된 대손충당금 한도초과액은 당기에 전부 익금불산입(△유보)으로 추인하고 당기의 대손충당금 한도액은 당기 설정액이 아닌 기밀잔액과 비교하여 새롭게 한도를 계산한다. 회사가 당기에 설정한 대손충당금이 한도액을 초과하는 경우에는 그 금액을 손금불산입(유보)한다.

ㄱ. 전기 대손충당금 한도초과액에 대한 세무조정: ₩30,000 익금불산입 (△유보)

ㄴ. 대손충당금 한도초과액에 대한 세무조정: ₩60,000 손금불산입 (유보)

(1) 일반법인 대손실적률 $= \dfrac{\text{해당 사업연도의 대손금(당기 대손 금액)}}{\text{직전 사업연도 종료일 현재의 채권잔액}} = \dfrac{₩150,000}{₩3,000,000} = 5\%$

(2) 손금산입 한도액 = 당기말 설정대상채권의 장부가액 합계 × 설정률
= (기말 재무상태표상 채권가액 − 설정제외대상 채권가액 ± 채권 유보) × 설정률
= ₩4,000,000 × MAX[대손실적률 5%, 1%] = ₩200,000

(3) 대손충당금 한도초과액 = 대손충당금 기말잔액 − 한도액
= ₩260,000 − ₩200,000 = ₩60,000

그러므로 대손충당금에 대한 세무조정의 결과가 제23기 각 사업연도의 소득금액에 미친 영향은 다음과 같다.

(₩30,000) 익금불산입(△유보) + ₩60,000 손금불산입(유보) = ₩30,000 손금불산입(유보)

정답 ①

CHAPTER
12 준비금

692

다음 중 「법인세법」상 준비금에 대한 설명으로 옳은 것은?

세법2 Link   p.182, 186
오진다 Link   p.367-369
출제 가능 지수 ■■■■□
난이도 ■■■■□

① 준비금은 사업을 영위하는 법인이 그 사업의 목적을 달성하기 위하여 적립하는 금액을 말하며, 세법에서는 준비금을 손금으로 인정하는 것을 원칙으로 한다.

② 비영리법인을 대상으로 하는 고유목적사업준비금은 설정여부를 비영리법인이 선택할 수 있는 결산조정사항만 인정이 된다.

③ 해약환급금준비금을 손금에 산입하려는 보험회사는 사업연도 종료일로부터 2월 이내에 해약환급금준비금 명세서를 납세지 관할 세무서장에게 제출해야 한다.

④ 비영리 내국법인의 수익사업에서 발생한 소득에 대하여 「법인세법」 또는 「조세특례제한법」에 따른 비과세·면제, 준비금의 손금산입, 소득공제 또는 세액감면을 적용받는 경우에는 고유목적사업준비금의 손금산입 규정의 적용을 배제한다. 다만, 고유목적사업준비금만을 적용받는 것으로 수정신고한 경우는 제외한다.

해설

① 준비금은 사업을 영위하는 법인이 그 사업의 목적을 달성하기 위하여 적립하는 금액을 말하며, 준비금은 적립하는 동안에는 미실현부채에 해당하므로 권리의무확정주의를 따르는 세법에서는 준비금을 손금으로 **인정하지 않는 것**을 원칙으로 한다.

② 「주식회사의 외부감사에 관한 법률」에 따른 감사인의 회계감사를 받는 비영리내국법인은 기업회계기준에 따라 고유목적사업준비금을 손익계산서에 비용으로 계상할 수 없기 때문에 예외적으로 잉여금처분에 의한 **신고조정을 허용**한다.

③ 해약환급금준비금을 손금에 산입하려는 보험회사는 **법인세 과세표준 신고를 할 때** 해약환급금준비금 명세서를 납세지 관할 세무서장에게 제출해야 한다.

정답 ④

CHAPTER 12 준비금

693

「법인세법」상 고유목적사업준비금에 관한 설명으로 옳은 것은?

세법2 Link　p.183-184
오진다 Link　p.368-369
출제 가능 지수　■■■□□
난이도　■■■■□

ㄱ. 고유목적사업준비금을 손금에 산입한 비영리내국법인이 사업에 관한 모든 권리와 의무를 다른 비영리내국법인에 포괄적으로 양도하고 해산하는 경우 해산등기일 현재의 고유목적사업준비금 잔액은 그 다른 비영리내국법인이 승계할 수 있다.

ㄴ. 손금에 산입한 고유목적사업준비금의 잔액이 있는 비영리내국법인이 고유목적사업을 일부라도 폐지한 경우 그 잔액은 해당 사유가 발생한 날이 속하는 사업연도의 소득금액을 계산할 때 익금에 산입한다.

ㄷ. 고유목적사업준비금을 손금에 산입한 사업연도의 종료일 이후 5년이 되는 날까지 고유목적사업에 일부만 사용한 경우 미사용 잔액을 익금에 산입한다.

ㄹ. 고유목적사업준비금은 「소득세법」상 이자소득금액 및 배당소득금액에 100분의 50을 곱하여 산출한 금액을 한도로 손금에 산입한다.

① ㄱ, ㄴ　　　② ㄷ, ㄹ　　　③ ㄴ, ㄹ　　　④ ㄱ, ㄷ

해설

ㄴ. 고유목적사업을 **전부 폐지**한 경우 고유목적사업준비금의 잔액을 익금에 산입한다.

ㄹ. 고유목적사업준비금은 「소득세법」상 이자소득금액 및 배당소득금액의 **100%와 이외 수익사업소득에 대해 법정산식에 따라 계산한 금액의 50%를 합한 금액**을 한도로 손금에 산입한다.　　　　정답 ④

CHAPTER

12

준비금

694

다음은 비영리내국법인 A의 제23기 사업연도(2023.1.1.~ 12.31.) 고유목적사업과 수익사업에 관련된 자료이다. 고유목적사업준비금의 최대 손금산입 범위액으로 옳은 것은?

세법2 Link   p.182-183
오진다 Link   p.368-369

출제 가능 지수 ■■■■■

난이도 ■■■■■

---

(1) 제23기 A의 고유목적사업에서 발생한 소득은 ₩300,000,000이다.

(2) 제23기 A의 고유목적사업 이외의 수익사업소득(고유목적사업준비금 및 특례기부금을 손금에 산입하기 전의 소득금액)내역은 다음과 같다.

구분	금액
이자소득*	₩80,000,000
배당소득**	₩20,000,000
사업소득***	₩90,000,000

* 이자소득은 정기예금이자이다.

** 배당소득은 내국법인 ㈜한국으로부터 받은 배당으로 「상속세 및 증여세법」 제16조 또는 동법 제48조에 따라 상속세 과세가액 또는 증여세 과세가액에 산입되거나 증여세가 부과되는 주식으로부터 발생한 것이 아니다.

*** 사업소득은 부동산임대업에서 발생하였다.

(3) 제21기에 발생한 세무상 결손금으로서 그 후의 각 사업연도의 과세표준을 계산할 때 공제되지 아니한 금액 ₩10,000,000이 있다.

(4) 비영리내국법인 A는 특례비율을 적용하는 비영리법인이 아니다.

(5) 조세부담 최소화를 가정한다.

---

① ₩124,000,000   ② ₩140,000,000   ③ ₩164,000,000   ④ ₩180,000,000

해설

고유목적사업준비금 설정한도 : ① + ② = ₩140,000,000
① 이자, 배당소득 : (₩80,000,000 + ₩20,000,000) × 100% = ₩100,000,000
② 이자, 배당소득 이외: (₩90,000,000 − ₩10,000,000) × 50% = ₩40,000,000

정답 ②

부당행위계산의 부인

695

「법인세법령」상 부당행위 계산의 부인에 대한 설명으로 옳은 것은?

세법2 Link   p.192, 198
오진다 Link   p.370-371
출제 가능 지수
난이도

ㄱ. 주권상장법인이 발행한 주식의 거래에 대해 부당행위계산의 부인 규정을 적용할 때에는 중요성 기준을 적용하지 않는다.

ㄴ. 특수관계인인 법인 간 합병에 있어서 불공정한 비율로 합병하여 합병에 따른 양도손익을 감소시킨 거래에 대해 부당행위계산으로 부인함에 있어서 특수관계인인 법인의 판정은 합병등기일이 속하는 사업연도의 전전 사업연도 개시일부터 합병등기일 전날까지의 기간에 의한다.

ㄷ. 연결납세방식을 적용받는 연결법인 간에 연결법인세액의 변동이 없는 등 일정한 요건을 갖추어 용역을 제공하는 경우로서 용역을 시가보다 낮게 적용하는 경우 부당행위계산의 부인 규정을 적용한다.

ㄹ. 무수익자산(법인의 수익 창출과 관련이 없는 자산)을 현물출자받은 경우 부당행위계산부인 규정에 의한 부당행위에 해당한다.

① ㄱ, ㄴ   ② ㄷ, ㄹ   ③ ㄱ, ㄹ   ④ ㄴ, ㄷ

해설

ㄴ. 특수관계인인 법인 간 합병에 있어서 불공정한 비율로 합병하여 합병에 따른 양도손익을 감소시킨 거래에 대해 부당행위계산으로 부인함에 있어서 특수관계인인 법인의 판정은 합병등기일이 속하는 사업연도의 **직전** 사업연도 개시일(개시일이 서로 다른 법인이 합병한 경우에는 먼저 개시한 날)부터 **합병등기일까지의** 기간에 의한다.

ㄷ. 연결납세방식을 적용받는 연결법인 간에 연결법인세액의 변동이 없는 등 일정한 요건을 갖추어 용역을 제공하는 경우로서 용역을 시가보다 낮게 제공한 경우 **부당행위계산의 부인 규정을 적용하지 아니한다**.

정답 ③

696

「법인세법」상 부당행위계산 부인에 관한 설명으로 옳은 것은?

① 특수관계에 해당하는지의 여부는 과세표준의 결정·경정 시점을 기준으로 하여 판단한다.
② 가중평균차입이자율은 대여시점 현재 각각의 차입금 잔액에 차입 당시의 각각의 이자율을 나눈 금액의 합계액을 해당 차입금 잔액의 총액으로 곱한 이자율을 말한다.
③ 법인이 주주가 아닌 임원에게 사택을 무상으로 제공하는 경우에는 부당행위계산의 부인 규정을 적용할 수 없다.
④ 법인이 특수관계에 있는 다른 법인으로부터 제품을 저가에 매입한 경우, 그 제품의 취득가액은 시가이다.

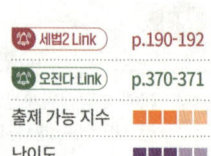

세법2 Link p.105, 191, 195-196
오진다 Link p.331, 370, 373-374
출제 가능 지수 ■■■■□
난이도 ■■■■□

> **해설**
>
> ① 특수관계에 해당하는지의 여부는 **행위 당시**를 기준으로 하여 판단한다.
> ② 가중평균차입이자율은 대여시점 현재 각각의 차입금 잔액에 차입 당시의 각각의 이자율을 **곱한** 금액의 합계액을 해당 차입금 잔액의 총액으로 **나눈** 이자율을 말한다.
> ④ 법인이 특수관계에 있는 다른 법인으로부터 제품을 저가에 매입한 경우에는 부당행위계산부인규정을 적용하지 않으므로, **실제 매입가액을 취득가액**으로 본다.
>
> 정답 ③

697

「법인세법」상 부당행위계산의 부인에 관한 설명으로 옳은 것은? (다툼이 있으면 판례에 따름)

① 법인과 특수관계인 간의 거래는 반드시 당사자 간의 직접적인 거래이어야 한다.
② 부당행위계산에 해당하는 경우 시가와의 차액 등을 익금에 산입하여 해당 법인의 각 사업연도의 소득금액을 계산하고 귀속자에게 증여세를 과세하는 것을 원칙으로 한다.
③ 법령으로 정하는 파생상품에 근거한 권리를 행사하지 아니하거나 그 행사기간을 조정하는 방법으로 이익을 분여하는 경우는 '조세의 부담을 부당하게 감소시킨 것으로 인정되는 경우'에 해당한다.
④ 부당행위계산부인 규정은 세법상 과세소득계산상의 범위 내에서만 변동을 초래할 뿐만 아니라 당사자 간에 약정한 사법상 법률행위의 효과에도 영향을 미친다.

세법2 Link p.190-192
오진다 Link p.370-371
출제 가능 지수 ■■■■□
난이도 ■■■■□

> **해설**
>
> ① 법인과 특수관계인 간의 거래는 반드시 직접적인 거래관계에 **국한하지 않고 특수관계인 외의 자를 통하여 이루어진 거래도 포함한다.**
> ② 부당행위계산에 해당하는 경우 그 귀속자에게는 **해당 법인의 소득처분에 의하여 소득세를 과세**하는 것을 원칙으로 한다.
> ④ 부당행위계산부인 규정은 세법상 과세소득계산상의 범위 내에서만 변동을 초래할 뿐 당사자 간에 약정한 사법상 법률행위의 효과와는 **무관하다.**
>
> 정답 ③

CHAPTER 13 부당행위계산의 부인

698

「법인세법」상 부당행위계산 부인의 관한 설명으로 옳지 않은 것은?

① 법인이 약정 없는 미수이자를 계상하면 이를 가공자산으로 보아 미수이자계상액을 익금불산입으로 세무조정한다.

② 불공정자본거래를 부당행위계산으로 부인하기 위해서는 시가와 거래가액의 차액이 3억원 이상이거나 시가의 100분의 5에 상당하는 금액 이상인 경우이어야 한다.

③ 허위의 거래일 경우에는 부당행위계산부인의 대상이 되지 않는다.

④ 행위 또는 계산의 결과 조세부담이 부당히 감소하여야 한다.

해설

② 고가매입·저가양도 거래와 고리차용·저리대여 거래 등에서 사용했던 중요성 요건과는 다르게 불공정자본거래를 부당행위계산으로 부인하기 위해서는 시가와 거래가액의 차액이 3억원 이상이거나 시가의 100분의 **30**에 상당하는 금액 이상인 경우이어야 한다.　　　　　　　　　　　　　　　　정답 ②

세법2 Link　p.190-191, 197-198
오진다 Link　p.370, 374-375
출제 가능 지수　■■■■■
난이도　■■■■■

699

「법인세법」상 부당행위계산 부인에 관한 설명으로 옳지 않은 것은?

① 부당행위계산부인 규정에 의하여 행위 또는 소득금액의 계산을 부인하려는 법인(부인대상법인)에 100분의 30 이상을 출자하고 있는 법인에 100분의 30 이상을 출자하고 있는 법인도 그 부인대상법인의 특수관계인에 해당한다.

② 부당행위계산의 부인에서 특수관계의 존재 여부는 해당 법인과 법령이 정하는 일정한 관계에 있는 자를 말하며, 이 경우 해당 법인도 그 특수관계인의 특수관계인으로 본다.

③ 비상장주식의 양도 또는 매입에 있어서 시가가 불분명한 경우에는 감정평가법인이 감정한 가액을 시가로 한다.

④ 특수관계인으로부터 용역을 시가보다 높은 요율로 제공받은 경우에는 시가와 거래가액의 차액이 3억원 이상이거나 시가의 5%에 상당하는 금액 이상인 경우에 부당행위계산부인 규정에 의한 부당행위에 해당한다.

해설

③ 비상장주식의 양도 또는 매입에 있어서 시가가 불분명한 경우에는 「상속세 및 증여세법」을 준용하여 평가한 가액을 시가로 한다.　　　　　　　　　　　　　　　　정답 ③

세법2 Link　p.191-193
오진다 Link　p.370-372
출제 가능 지수　■■■■■
난이도　■■■■■

700

세법2 Link   p.191-192
오진다 Link   p.370-371
출제 가능 지수   ■■■■■
난이도   ■■■■

「법인세법」상 부당행위계산의 부인에 관한 설명이다. 옳은 것은?

① 내국법인A가 「독점규제 및 공정거래에 관한 법률」에 따른 기업집단에 속하는 법인인 경우 그 기업집단에 소속되어 있는 다른 계열회사는 내국법인A의 특수관계인에 해당하지 않는다.

② 내국법인이 특수관계인의 출연금을 대신 부담하는 것은 조세의 부담을 부당하게 감소시킨 것으로 인정되지 아니한다.

③ 내국법인B에 과반수 이상을 출자하고 있는 내국법인C에 40%를 출자하고 있는 내국법인이나 개인은 내국법인B의 특수관계인에 해당한다.

④ 특수관계가 있는 내국법인간의 합병(분할합병은 포함하지 아니함)에 있어서 주식을 시가보다 높거나 낮게 평가하여 불공정한 비율로 합병한 경우 조세의 부담을 부당하게 감소시킨 것으로 인정된다.

해설

① 내국법인A가 「독점규제 및 공정거래에 관한 법률」에 따른 기업집단에 속하는 법인인 경우 그 기업집단에 소속되어 있는 다른 계열회사는 내국법인A의 특수관계인에 **해당한다.**

② 내국법인이 특수관계인의 출연금을 대신 부담하는 것은 조세의 부담을 부당하게 감소시킨 것으로 **인정된다.**

③ 해당 법인에 30% 이상을 출자하고 있는 법인에 30% 이상을 출자하고 있는 법인이나 개인은 **특수관계인으로 본다.**

④ 특수관계가 있는 내국법인간의 합병(**분할합병을 포함**)에 있어서 주식을 시가보다 높거나 낮게 평가하여 불공정한 비율로 합병한 경우 조세의 부담을 부당하게 감소시킨 것으로 인정된다.   정답 ③

701

세법2 Link   p.192-193, 196
오진다 Link   p.371-372, 374
출제 가능 지수   ■■■■■
난이도   ■■■■■

「법인세법」상 부당행위계산의 부인에 관한 설명으로 옳은 것은?

① 주식매수선택권의 행사에 따라 주식을 양도하는 경우로서 주식을 시가보다 낮은 가액으로 양도한 경우는 조세의 부담을 부당히 감소시킨 것으로 인정되는 경우에 해당하지 않는다.

② 금전의 대여 또는 차용에서 고리차용·저리대여에 해당하는지 여부를 판단할 때 법인은 당좌대출이자율을 시가로 해야 한다.

③ 토지의 시가가 불분명한 경우로 「부동산가격공시 및 감정평가에 관한 법률」에 의한 감정평가법인이 감정한 가액이 2 이상인 경우에는 그 중 가장 큰 금액으로 평가한다.

④ 법인이 우리사주조합 또는 그 조합원에게 당해 법인의 주식취득에 소요되는 자금을 대여한 금액에 대해서는 부당행위계산부인 대상으로 보아 인정이자를 계산한다.

해설

② 금전의 대여 또는 차용에서 고리차용·저리대여에 해당하는지 여부를 판단할 때 적용하는 이자율은 **가중평균차입이자율**을 시가로 한다. 다만, 법인이 가중평균차입이자율을 선택하기 어렵거나 당좌대출이자율을 과세표준신고를 할 때 법인이 선택한 경우에는 당좌대출이자율(선택하지 않은 경우 가중평균차입이자율)을 시가로 한다. 즉, 금전의 대여 또는 차용에서 고리차용·저리대여에 해당하는지 여부를 판단할 때 법인은 **당좌대출이자율과 가중평균차입이자율 중 법인이 선택한 율을 시가로 할 수 있다.**

③ 토지의 시가가 불분명한 경우로 「부동산가격공시 및 감정평가에 관한 법률」에 의한 감정평가법인이 감정한 가액이 2 이상인 경우에는 **그 감정한 가액의 평균액으로** 평가한다.

④ 법인이 우리사주조합 또는 그 조합원에게 당해 법인의 주식취득에 소요되는 자금을 대여한 금액은 **업무무관 가지급금에 해당하지 않으므로 인정이자를 계산하지 않는다.**   정답 ①

702

「법인세법」상 특수관계인 간 부당행위계산의 부인과 관련된 설명으로 옳지 않은 것은?

세법2 Link p.192-194, 197

오진다 Link p.371-372

출제 가능 지수 ■■■■■

난이도 ■■■■□

① 주식을 제외한 자산의 시가가 불분명한 경우 감정평가업자의 감정가액이 있으면 그 가액을 적용하며, 감정한 가액이 2 이상인 경우에는 감정가액의 평균액을 적용한다.

② 금전의 대여 또는 차용의 경우 해당 법인이 법인세 과세표준신고와 함께 기획재정부령이 정하는 당좌대출이자율을 선택한 경우 선택한 사업연도와 이후 2개 사업연도는 당좌대출이자율을 시가로 한다.

③ 기계를 임대하고 임대료를 계산할 때 해당 자산의 시가에서 그 자산의 제공과 관련하여 받은 보증금을 차감한 금액에 정기예금 이자율을 곱하여 산출한 금액을 시가로 한다.

④ 출연금을 대신 부담한 경우 부당행위계산 부인의 규정은 그 행위 당시를 기준으로 하여 해당 법인과 특수관계인 간의 거래에 대하여 적용한다.

해설

③ 기계를 임대하고 임대료를 계산할 때 해당 자산의 **시가의 50%**에서 그 자산의 제공과 관련하여 받은 보증금을 차감한 금액에 정기예금이자율을 곱하여 산출한 금액을 시가로 한다. 정답 ③

703

「법인세법」상 가지급금 인정이자에 관한 설명으로 옳지 않은 것은?

세법2 Link p.196-197

오진다 Link p.374

출제 가능 지수 ■■■■■

난이도 ■■■■□

① 국외에 자본을 투자한 내국법인이 해당 국외투자법인 종사자의 여비를 대신하여 부담하고 이를 가지급금으로 계상한 금액(그 금액을 실지로 환부받을 때까지의 기간에 상당하는 금액에 한함)은 가지급금 인정이자 계산대상 가지급금으로 보지 아니한다.

② 특수관계인이 아닌 자로부터 차입한 금액이 없는 경우에는 해당 대여금 또는 차입금에 한정하여 기획재정부령으로 정하는 당좌대출이자율을 적용하여 가지급금 인정이자를 계산한다.

③ 익금산입액의 귀속이 불분명하여 대표자에게 상여처분한 금액에 대한 소득세를 법인이 납부하고 이를 가지급금으로 계상한 금액(특수관계가 소멸될 때까지의 기간에 상당하는 금액에 한함)은 가지급금 인정이자 계산대상 가지급금으로 보지 아니한다.

④ 대여한 날(계약을 갱신한 경우에는 그 갱신일)부터 해당 사업연도 종료일(해당 사업연도에 상환하는 경우 상환일)까지의 기간이 5년을 초과하는 대여금이 있는 경우 해당 대여금(또는 차입금)은 가중평균차입이자율을 시가로 한다.

해설

④ 대여한 날(계약을 갱신한 경우에는 그 갱신일)부터 해당 사업연도 종료일(해당 사업연도에 상환하는 경우 상환일)까지의 기간이 5년을 초과하는 대여금이 있는 경우 해당 대여금(또는 차입금)에 한정하여 **당좌대출이자율**을 시가로 한다. 정답 ④

704

「법인세법」에 따른 부당행위계산의 부인에 관한 설명으로 옳은 것을 모두 고른 것은?

세법2 Link p.190-192, 194
오진다 Link p.370-372
출제 가능 지수 ■■■■□
난이도 ■■■■■

> ㄱ. 거래행위(불공정합병의 경우에 해당하지 아니함) 당시에 해당 법인과 특수관계가 없는 자의 거래에 대하여는 부당행위계산부인 규정을 적용하지 아니한다.
>
> ㄴ. 법인이 시가 10억원인 토지를 개인 대주주에게 1억원에 매각한 거래에 대해 부당행위계산부인 규정을 적용받게 된 경우 법인과 대주주 간 거래의 사법상 법률효과에는 영향을 미치지 아니한다.
>
> ㄷ. 법인이 불량자산을 차환한 경우에는 부당행위계산부인 규정을 적용하지 아니한다.
>
> ㄹ. 특수관계인으로부터 금전을 시가보다 낮은 이율로 차용한 경우로서 시가와 거래가액의 차액이 시가의 100분의 5에 상당하는 금액 이상인 경우에는 부당행위계산부인 규정에 의한 부당행위에 해당한다
>
> ㅁ. 부동산을 임대하거나 임차함에 있어서 시가가 불분명한 경우에는 해당 자산 시가의 100분의 50에 상당하는 금액에 정기예금이자율을 곱하여 산출한 금액을 시가로 한다.

① ㄱ, ㄴ   ② ㄷ, ㄹ   ③ ㄹ, ㅁ   ④ ㄷ, ㅁ

해설

ㄷ. 법인이 불량자산을 차환하거나 불량채권을 양수한 경우에는 **부당행위계산부인 규정을 적용한다.**

ㄹ. 시가보다 낮은 이율로 차용한 경우는 **부당행위계산부인 규정에 의한 부당행위에 해당하지 않는다.** ← [비교]
시가보다 높은 이율로 차용한 경우 부당행위계산부인 규정에 의한 부당행위에 해당한다.

ㅁ. 부동산을 임대하거나 임차함에 있어서 시가가 불분명한 경우에는 해당 자산 시가의 50%에 상당하는 금액에서 **전세금 또는 보증금을 차감한 금액**에 정기예금이자율을 곱하여 산출한 금액을 시가로 한다.   정답 ①

705

영리내국법인 ㈜한국의 제23기(2023.1.1.~12.31.) 거래로 부당행위계산의 부인과 관련하여 제23기에 세무조정이 필요한 경우는? (단, A, B, C, D는 모두 거주자이며 다른 요건은 모두 충족한 것으로 가정한다. ㈜한국의 가중평균차입이자율은 5%이다.)

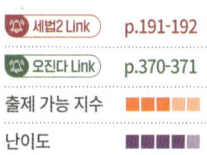

세법2 Link   p.191-192
오진다 Link   p.370-371
출제 가능 지수
난이도

ㄱ. 2023. 2. 1. ㈜한국의 경리부장 A로부터 시가 2억원인 ㈜민국의 주식을 3억원에 매입한 경우

ㄴ. 2023. 1. 1. ㈜한국의 출자임원(지분율 1 %) B에게 3년간 주택매입자금 3억원을 무상으로 대여해 준 경우

ㄷ. ㈜한국의 임원에 대한 임면권을 사실상 행사하는 창업주 명예회장 C가 법인설립 시부터 사용하는 사택(무수익자산임)의 연간 유지비 1억원을 ㈜한국이 2023년말 현재까지 전액 부담하고 있는 경우

ㄹ. 2023. 3. 5. ㈜한국의 주주 D(지분율 2 %)에게 시가 30억원인 토지를 29억원에 매각한 경우

ㅁ. ㈜한국의 발행주식의 30%를 출자하고 있는 내국법인 ㈜대한에게 2023. 4. 1. 운영자금 10억원을 3년간 무상으로 대여해준 경우

---

① ㄱ, ㄴ, ㄷ, ㄹ   ② ㄴ, ㄷ, ㄹ, ㅁ   ③ ㄱ, ㄴ, ㄷ, ㅁ   ④ ㄱ, ㄴ, ㄷ, ㄹ, ㅁ

해설

ㄹ. 특수관계인에게 자산을 무상 또는 시가보다 낮은 가액으로 양도하는 경우에는 시가와 거래가액의 차액이 3억원 이상이거나 시가의 5%에 상당하는 금액 이상인 경우에 한하여 부당행위계산의 부인 규정을 적용한다. (30억원 − 29억원) < Min[30억원 × 5%, 3억원]이므로 현저한 이익분여에 해당하지 않아 **부당행위계산의 부인 세무조정이 필요하지 않다.**   정답 ③

706

「법인세법」상 영리내국법인의 익금과 손금에 대한 설명으로 옳지 않은 것은?

세법2 Link   p.198-199
오진다 Link   p.375
출제 가능 지수   ■■■■□
난이도   ■■■■■

① ㈜한국과 ㈜민국이 불공정자본거래(합병·증자·현물출자·감자)를 하는 경우, 이익을 준 주주 ㈜한국은 해당 거래를 부당행위계산으로 보아 익금산입(기타)로 소득처분하고 이익을 얻은 주주 ㈜민국은 해당 이익을 익금불산입(△유보)으로 소득처분한다.

② 법인의 자본(출자액 포함)을 증가시키는 거래에 있어서 주주인 ㈜한국이 신주인수권부사채를 배정·인수받을 수 있는 권리의 전부 또는 일부를 포기(법에 따른 모집방법으로 배정되는 경우는 제외)함으로써 ㈜한국이 특수관계인 다른 주주에게 이익을 분여한 경우 그 분여 받은 이익은 익금에 해당한다.

③ 법인의 자본(출자액 포함)을 증가시키는 거래에 있어서 주주인 ㈜한국이 전환사채를 시가보다 높은 가액으로 인수함으로써 특수관계인인 다른 주주 등에게 이익을 분여한 경우 그 분여 받은 이익은 익금에 해당한다.

④ 법인의 감자에 있어서 주주의 소유주식의 비율에 의하지 아니하고 일부 주주의 주식을 소각하는 자본거래로 인하여 법인이 특수관계인 다른 주주에게 이익을 분여한 경우 그 분여 받은 이익은 익금에 해당한다.

해설

① ㈜한국과 ㈜민국이 불공정자본거래(합병·증자·현물출자·감자)를 하는 경우, 이익을 준 주주 ㈜한국은 해당 거래를 부당행위계산으로 보아 **익금산입(기타사외유출)**로 소득처분하고 이익을 얻은 주주 ㈜민국은 해당 이익을 **익금항목(유보)**으로 소득처분한다.   정답 ①

707

「법인세법」상 가지급금 인정이자에 관한 설명으로 옳지 않은 것은?

세법2 Link   p.196-197
오진다 Link   p.374
출제 가능 지수   ■■■■□
난이도   ■■■■□

① 직원에 대한 월정급여액의 범위 안에서 일시적인 급료의 가불금은 가지급금 인정이자 계산대상 가지급금으로 보지 아니한다.

② 특수관계인이 아닌 자로부터 차입한 금액이 없는 경우에는 해당 대여금 또는 차입금에 한정하여 기획재정부령으로 정하는 당좌대출이자율을 적용하여 가지급금 인정이자를 계산한다.

③ 익금산입액의 귀속이 불분명하여 대표자에게 상여처분한 금액에 대한 소득세를 법인이 납부하고 이를 가지급금으로 계상한 금액(특수관계가 소멸될 때까지의 기간에 상당하는 금액에 한함)은 가지급금 인정이자 계산대상 가지급금으로 보지 아니한다.

④ 법인이 과세표준 신고와 함께 기획재정부령으로 정하는 바에 따라 당좌대출이자율을 시가로 선택하는 경우 선택한 사업연도에 한해 기획재정부령으로 정하는 당좌대출이자율을 시가로 하여 가지급금 인정이자를 계산한다.

해설

④ 법인이 과세표준 신고와 함께 기획재정부령으로 정하는 바에 따라 당좌대출이자율을 시가로 선택하는 경우 **선택한 사업연도와 이후 2개 사업연도**는 기획재정부령으로 정하는 당좌대출이자율을 시가로 하여 가지급금 인정이자를 계산한다.   정답 ④

CHAPTER
13

부당행위계산의 부인

708

비상장법인인 ㈜한국의 손익계산서상의 거래는 다음과 같다. 양도거래의 상대방별 세무조정으로 옳은 것은? (단, 다른 요건은 모두 충족된 것으로 가정한다)

> ㈜한국은 2022년 1월 1일 건물(장부가액 ₩200,000,000, 시가 ₩500,000,000)을 A에게 ₩300,000,000에 매도하고 유형자산처분이익 ₩100,000,000을 손익계산서에 계상하였다.

세법2 Link   p.158, 194-195

오진다 Link   p.355, 373

출제 가능 지수   ■■■□□

난이도   ■■■■■

A가 ㈜한국의 대표이사인 경우	A가 특수관계가 없는 일반법인인 경우
① ₩100,000,000 익금산입(상여)	₩50,000,000 익금산입(기타)
② ₩200,000,000 익금산입(상여)	₩50,000,000 익금산입(기타사외유출)
③ ₩100,000,000 익금산입(상여)	₩200,000,000 익금산입(기타)
④ ₩200,000,000 익금산입(상여)	₩200,000,000 익금산입(기타사외유출)

해설

ㄱ. A가 ㈜한국의 대표이사인 경우

해당 거래가 저가 매도이므로 A가 **특수관계인인 경우** 부당행위계산 부인 여부를 판정해야 한다.

> **부당행위계산부인액** = ₩500,000,000 − ₩300,000,000 = ₩200,000,000

이 금액은 3억원 미만이지만 시가의 5%인 ₩25,000,000(₩500,000,000 × 5%) 이상이므로 부당행위계산 부인을 적용한다. 따라서 세무조정은 다음과 같다.

> 부당행위계산부인 ₩200,000,000 익금산입(상여)

ㄴ. A가 특수관계가 없는 일반법인인 경우

특수관계가 없는 자에게 저가양도한 경우, **정상가액**(시가에 시가의 30%를 더하거나 뺀 범위의 가액)을 초과하였는지 여부에 따라 의제기부금을 판정한다. 정상가액을 초과하는 다음의 금액은 의제기부금으로 본다.

> 기부금의제액 = {₩500,000,000 × (1 − 30%)} − ₩300,000,000 = ₩50,000,000

의제기부금이란, 해당 귀속자에게 법인이 기부했다고 의제하는 것을 말하며 귀속자가 적법한 기부금 대상자라면 손금으로 인정되지만, 적법하지 않은 기부금 대상자라면 비지정기부금으로 손금불산입(기타사외유출)한다. A가 특수관계가 없는 일반법인이므로 비지정기부금에 해당되어 전액 손금불산입한다. 따라서 세무조정은 다음과 같다.

> 비지정기부금 ₩50,000,000 익금산입(기타사외유출)

정답 ②

709

건설업을 영위하는 영리내국법인 ㈜국세의 제23기(2023.1.1.~2023.12.31.) 자료이다. 사택 임대와 관련된 세무조정이 제23기 각 사업연도 소득금액에 미치는 순영향으로 옳은 것은?

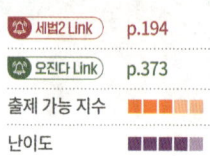
세법2 Link   p.194
오진다 Link   p.373
출제 가능 지수 ■■■□□
난이도   ■■■■□

○ ㈜국세는 출자임원(소액주주 아님)인 대한에게 사택을 임대(임대기간: 2022.1.1.~2024.12.31.)하고 보증금 ₩100,000,000원을 임대개시일에 수령하였으며, 제23기에 약정에 의해 수령한 연간 임대료 총액 ₩3,000,000원을 손익계산서상 수익으로 계상하였다.

○ 사택 제공에 대한 임대료의 시가는 불분명하나 사택의 시가는 ₩400,000,000원으로 확인된다.

○ 기획재정부령으로 정하는 정기예금이자율은 5%로 가정한다.

---

① 0원
② (+)250,000원
③ (+)1,750,000원
④ (+)2,000,000원

해설

(1) 사택 임대료 시가 = (₩400,000,000 × 50% − 100,000,000) × 5% × $\dfrac{365일}{365일}$ = ₩5,000,000

(2) 사택 임대료 시가와 약정에 의해 수령한 임대료의 차액인 ₩2,000,000이 사택 임대료 시가의 5%인 ₩250,000보다 크므로 부당행위계산부인 대상에 해당한다. 따라서 해당 차액만큼 익금산입 ₩2,000,000(상여)로 소득처분한다.

(3) 각 사업연도 소득금액에 미치는 순영향: (+)2,000,000원   정답 ④

과세표준의 계산

710

「법인세법」상 과세표준계산에 관한 설명 중 옳은 것은?

① 비과세소득은 각 사업연도 소득금액에 포함되지 않는다.

② 두 사업연도 이상에서 발생되어 이월된 결손금이 있는 경우 나중에 발생한 사업연도의 결손금 부터 차례대로 공제한다.

③ 배당을 지급하는 내국법인이 사모방식으로 설립되었고, 개인 2인이 발행주식총수의 100분의 95 이상의 주식을 소유한 법인(개인에게 배당 및 잔여재산의 분배에 관한 청구권이 없는 경우 는 제외)인 경우에는 유동화전문회사 등에 대한 배당소득공제를 적용하지 않는다.

④ 이월결손금으로 공제될 수 있는 결손금은 법인세 과세표준 신고에 포함되었거나 과세행정청의 법인세 결정·경정에 포함된 결손금이어야 하며, 그 외 납세자가 「국세기본법」 제45조에 따라 수정신고하면서 과세표준에 포함된 경우에는 그 대상이 될 수 없다.

세법2 Link   p.202-203, 208
오진다 Link   p.376-377, 380
출제 가능 지수   ■■■■■
난이도   ■■■■□

해설

① 익금불산입은 각 사업연도 소득금액에 포함되지 않지만, **비과세소득은 일단 각 사업연도 소득금액에 포함한 후 과세표준을 계산하는 과정에서 차감**한다.

② 두 사업연도 이상에서 발생되어 이월된 결손금이 있는 경우 **먼저** 발생한 사업연도의 결손금부터 차례대로 공제한다.

④ 이월결손금으로 공제될 수 있는 결손금은 법인세 과세표준 신고에 포함되었거나 과세행정청의 법인세 결정· 경정에 포함된 결손금이어야 하며, 그 외 납세자가 「국세기본법」 제45조에 따라 수정신고하면서 과세표준에 포함된 경우에도 그 대상이 **될 수 있다**.   정답 ③

711

「법인세법」상 과세표준의 계산에 관한 설명으로 옳은 것은?

세법2 Link   p.202-205
오진다 Link   p.376-378
출제 가능 지수 ■■■□
난이도 ■■■■□

① 각사업연도소득금액에서 비과세소득, 소득공제, 이월결손금의 순서로 차감하여 과세표준을 계산한다.
② 천재지변 등으로 장부나 그 밖의 증명서류가 멸실되어 과세표준과 세액을 추계결정하는 경우에는 이월결손금공제를 적용할 수 있다.
③ 각 사업연도에 발생한 이월결손금은 합산되어 발생연도에 관계없이 차기 이후 사업연도소득에서 공제한다.
④ 중소기업이 전기 사업연도에 대한 법인세 과세표준과 세액을 신고기한 내에 신고하고, 당기 사업연도에 대한 법인세 과세표준과세액은 기한 후 신고한 경우 결손금소급공제를 받을 수 있다.

해설

① 각사업연도소득금액에서 **이월결손금, 비과세소득, 소득공제의 순서**로 차감하여 과세표준을 계산한다.
③ 각 사업연도의 개시일 전 **15년(2020.1.1. 전에 개시하는 사업연도에서 발생한 결손금은 10년) 이내**에 개시한 사업연도에서 발생한 결손금에 한정하여 공제한다.
④ 결손금소급공제를 적용받기 위해서는 해당 내국법인이 법인세 과세표준 및 세액의 신고기한 내에 결손금이 발생한 사업연도와 그 직전 사업연도의 소득에 대한 법인세의 과세표준 및 세액을 각각 신고한 경우에만 적용한다. 따라서 **기한 후 신고한 경우에는 결손금소급공제를 적용받을 수 없다.**　　　　　　정답 ②

712

「법인세법」상 내국법인의 과세표준 및 세액의 계산에 관한 설명으로 옳은 것은? (단, 중소기업의 경우 법령상 요건을 모두 갖추고 있는 것으로 가정함)

세법2 Link p.203, 205, 208

오진다 Link p.377-378, 380

출제 가능 지수 ■■■■■■

난이도 ■■■■■

① 과세표준 계산 시 각사업연도소득금액에서 공제되는 결손금은 각 사업연도 개시일 전 10년(2020.1.1. 전에 개시하는 사업연도에서 발생한 결손금은 15년) 이내에 개시한 사업연도에서 발생한 세법상 결손금으로서 이미 공제받았거나 자산수증이익, 채무면제이익으로 충당된 이월결손금을 제외한 결손금이다.

② 배당을 지급하는 내국법인이 사모방식으로 설립되었고, 개인 2인이 발행주식총수의 100분의 95의 주식을 소유한 법인(개인에게 배당 및 잔여재산의 분배에 관한 청구권이 없는 경우는 제외)인 경우에는 유동화전문회사 등에 대한 소득공제 규정을 적용할 수 있다.

③ 「조세특례제한법」에 따른 중소기업과 회생계획을 이행 중인 기업 등 대통령령으로 정하는 법인을 제외한 내국법인의 경우 이월결손금에 대한 공제는 각 사업연도 소득의 100분의 60을 한도로 한다.

④ 중소기업은 결손금이 발생한 사업연도와 직전 사업연도의 소득에 대한 법인세 과세표준 및 세액을 각각의 과세표준신고기한 내에 적법하게 신고하고 환급신청을 한 경우에만 결손금 소급공제를 적용할 수 있으며, 발생한 결손금의 일부만을 소급공제 신청할 수도 있다.

해설

① 과세표준 계산 시 각사업연도소득금액에서 공제되는 결손금은 각 사업연도 개시일 전 **15년**(2020.1.1. 전에 개시하는 사업연도에서 발생한 결손금은 **10년**) 이내에 개시한 사업연도에서 발생한 세법상 결손금으로서 이미 공제받았거나 자산수증이익, 채무면제이익으로 충당된 이월결손금을 제외한 결손금이다.

② 배당을 지급하는 내국법인이 다음의 요건을 모두 갖춘 법인일 경우 배당소득공제를 **적용하지 않는다**.

ㄱ 사모방식으로 설립되었을 것
ㄴ 개인 2인 이하 또는 개인 1인 및 그 친족(이하 '개인 등')이 발행주식총수 또는 출자총액의 95% 이상의 주식 등을 소유할 것 (단, 개인 등에게 배당 및 잔여재산의 분배에 관한 청구권이 없는 경우는 제외)

③ 「조세특례제한법」에 따른 중소기업과 회생계획을 이행 중인 기업 등 대통령령으로 정하는 법인을 제외한 내국법인의 경우 이월결손금에 대한 공제는 각 사업연도 소득의 100분의 **80**을 한도로 한다.

정답 ④

과세표준의 계산

713

「법인세법」상 이월결손금의 공제시한에 대한 설명으로 옳지 않은 것은?

① 내국법인의 각 사업연도 소득에 대한 과세표준 계산상 공제가능한 이월결손금은 각 사업연도의 개시일 전 15년(2020.1.1. 전에 개시하는 사업연도에서 발생한 결손금은 10년) 이내에 개시한 사업연도에서 발생한 이월결손금에 한한다.
② 무상으로 받은 자산(국고보조금 등은 제외)의 가액으로 충당하여 보전할 수 있는 이월결손금은 발생시점에 제한이 없다.
③ 내국법인의 해산에 의한 청산소득의 금액을 계산함에 있어서 자기자본총액과 상계하는 이월결손금은 발생시점에 제한이 없다.
④ 기부금의 손금산입한도액을 계산함에 있어 공제하는 이월결손금은 발생시점에 제한이 없다.

해설

④ 기부금의 손금산입한도액을 계산함에 있어 공제하는 이월결손금은 발생시점에 제한이 있다. 즉, 특례기부금·일반기부금의 손금산입한도액을 계산함에 있어 공제하는 이월결손금은 해당 **사업연도 개시일 전 15년** (2020.1.1. 전에 개시하는 사업연도에서 발생한 결손금은 10년) 이내에 개시한 사업연도에 발생한 결손금으로서 그 후의 각 사업연도의 과세표준을 계산할 때 공제되지 않은 금액을 말하며, 각 사업연도 소득의 80%를 한도로 이월결손금 공제를 적용받는 법인은 기준소득금액의 80%를 한도로 한다.　　　　　정답 ④

세법2 Link　p.55, 161, 202, 247
오진다 Link　p.302, 357, 377, 398
출제 가능 지수　■■■■
난이도　■■■■

714

「법인세법령」이 정하는 배당가능이익의 100분의 90 이상을 배당한 경우 그 금액을 잉여금처분 대상 사업연도의 소득금액에서 공제할 수 있는 내국법인이 아닌 것은?

① 「자본시장과 금융투자업에 관한 법률」에 의한 신탁업을 영위하는 금융회사
② 「자산유동화에 관한 법률」에 따른 유동화전문회사
③ 「자본시장과 금융투자업에 관한 법률」에 따른 투자회사
④ 「기업구조조정투자회사법」에 따른 기업구조조정투자회사

해설

① 「자본시장과 금융투자업에 관한 법률」에 의한 신탁업을 영위하는 금융회사는 **소득공제대상 법인이 아니다.**
　　　　　정답 ①

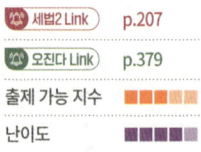
세법2 Link　p.207
오진다 Link　p.379
출제 가능 지수　■■■■
난이도　■■■■

715

세법2 Link p.202-204, 207
오진다 Link p.376-379
출제 가능 지수 ■■■■■
난이도 ■■■■■

「법인세법」상 과세표준의 계산에 관한 설명이다. 옳지 않은 것은?

① 유동화전문회사 또는 기업구조조정투자회사 등이 배당가능이익의 90% 이상을 배당하는 경우 그 금액을 해당 사업연도의 소득금액에서 공제하며, 이는 법인소득의 이중과세문제를 완화하기 위함이다.

② 소급공제받은 결손금은 과세표준을 계산할 때 이미 공제받은 금액으로 보기 때문에 해당 사업연도 이후 이월결손금으로 다시 공제할 수 없다.

③ 내국법인의 각 사업연도 소득에 대한 법인세의 과세표준은 각 사업연도 소득의 범위에서 비과세소득, 이월결손금 및 소득공제액을 차례로 공제한 금액으로 한다.

④ 「채무자 회생 및 파산에 관한 법률」에 따라 법원이 인가결정한 회생계획을 이행 중인 법인의 공제대상 이월결손금은 각 사업연도 소득금액의 100%를 한도로 공제한다.

해설

③ 내국법인의 각 사업연도 소득에 대한 법인세의 과세표준은 각 사업연도 소득의 범위에서 **이월결손금, 비과세소득,** 및 소득공제액을 차례로 공제한 금액으로 한다.　　　　　　　　　정답 ③

716

세법2 Link p.203, 206-207
오진다 Link p.377-380
출제 가능 지수 ■■■■■
난이도 ■■■■■

「법인세법」상 내국법인의 각 사업연도의 소득과 과세표준의 계산에 관한 설명 중 옳지 않은 것은?

① 익금불산입한 출자전환 채무면제이익으로 그 후 이월하여 충당된 이월결손금은 공제가 가능한 이월결손금으로 볼 수 없다.

② 유동화전문회사 또는 기업구조조정투자회사 등이 배당가능이익의 90% 이상을 배당하는 경우 그 금액을 배당을 결의한 잉여금 처분의 대상이 되는 사업연도의 소득금액에서 전액을 공제한다.

③ 공익신탁의 신탁재산에서 생기는 소득에 대하여는 각 사업연도 소득에 대한 법인세를 과세한다.

④ 결손금소급공제 규정에 따라 법인세를 환급한 후 결손금이 발생한 사업연도에 대한 법인세 과세표준과 세액을 경정함으로써 결손금이 감소된 경우 납세지 관할 세무서장은 환급취소세액에 이자상당액을 더한 금액을 해당 결손금이 발생한 사업연도의 법인세로서 징수한다.

해설

③ 공익신탁의 신탁재산에서 생기는 소득은 **비과세 소득**이다.　　　　　　　　　정답 ③

CHAPTER
14
과세표준의 계산

717

세법2 Link   p.205
오진다 Link   p.378-379
출제 가능 지수   ■■■□□
난이도   ■■■■■

다음은 「법인세법령」상 중소기업에 해당하는 내국법인 ㈜국세의 제22기(2022.1.1.~2022.12.31.)와 제23기(2023.1.1.~2023.12.31.) 자료이다. ㈜국세가 제22기 법인세액의 환급을 신청하는 경우 제23기 「법인세법령」상 결손금 중 최대로 받을 수 있는 소급공제결손금액은? (단, 결손금 소급공제에 따른 환급요건을 충족하며 조세특례는 고려하지 않는다)

(1) 제23기 법인세법 상 결손금 700,000,000원
(2) 제22기 법인세법 상 과세표준 500,000,000원
(3) 제22기 공제·감면된 법인세액 40,000,000원
(4) 제22기 가산세액 10,000,000원
(5) 제22기와 제23기에 적용되는 법인세율: 과세표준 2억 원 이하 10%, 2억 원 초과 200억 원 이하 20%로 가정한다.

① 200,000,000원   ② 300,000,000원   ③ 400,000,000원   ④ 500,000,000원

해설

소급공제결손금액을 a라고 하면
(1) 환급대상액 = 직전 사업연도 법인세 산출세액 − (직전 사업연도 과세표준 − a) × 직전사업연도 법인세율
　　　　　　 = ₩80,000,000 − (₩500,000,000 − a) × (2억 원 이하 10%, 2억 원 초과 20%)
(2) 한도액 = 직전 사업연도 법인세 산출세액 − 직전 사업연도 공제·감면세액
　　　　 = ₩80,000,000 − ₩40,000,000 = ₩40,000,000[*1]
[*1] 한도액 계산 시 산출세액을 기준으로 계산하므로 가산세액은 고려하지 않는다.
(3) 소급공제결손금액이 최대가 될 때는 '(1) = (2)'가 될 때이다.
　　　　₩80,000,000 − (₩500,000,000−a) × (2억 원 이하 10%, 2억 원 초과 20%) = 40,000,000
⇒ (₩500,000,000 − a) × (2억 원 이하 10%, 2억 원 초과 20%) = 40,000,000
⇒ ₩500,000,000 − a = 300,000,000
∴ a = 200,000,000

정답 ①

CHAPTER 15

산출세액 및 차감납부세액의 계산

718

「법인세법」상 세액감면과 세액공제에 관한 규정이 동시에 적용되는 경우 그 적용순서로 옳은 것은?

세법2 Link   p.215
오진다 Link   p.381
출제 가능 지수 ■■■■■
난이도 ■■■■■

> ㉠ 세액감면
> ㉡ 이월공제가 인정되는 세액공제
> ㉢ 사실과 다른 회계처리로 인한 경정에 따른 세액공제
> ㉣ 이월공제가 인정되지 않는 세액공제

① ㉡ - ㉣ - ㉠ - ㉢
② ㉣ - ㉡ - ㉢ - ㉠
③ ㉠ - ㉣ - ㉡ - ㉢
④ ㉠ - ㉡ - ㉣ - ㉢

 해설

세액감면과 세액공제에 관한 규정이 동시에 적용되는 경우 그 적용순위는 「법인세법」 및 다른 법률에 별도의 규정이 있는 경우 외에는 다음의 순서에 따른다.

㉠ 세액감면 → ㉣ 이월공제가 인정되지 않는 세액공제 → ㉡ 이월공제가 인정되는 세액공제 → ㉢ 사실과 다른 회계처리로 인한 경정에 따른 세액공제

정답 ③

719

다음 중 「법인세법」상 세액공제로서 기한의 제한 없이 이월공제가 허용되는 것은?

① 외국납부세액공제

② 사실과 다른 회계처리에 기인한 경정에 따른 세액공제

③ 투자세액공제

④ 재해손실세액공제

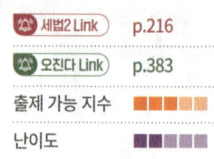

세법2 Link   p.216
오진다 Link   p.383
출제 가능 지수 ■■■■□
난이도 ■■■□□

해설

① 외국법인세액이 해당 사업연도의 공제한도를 초과하는 경우 그 초과하는 금액은 해당 사업연도의 다음 사업연도 개시일부터 **10년** 이내에 끝나는 각 사업연도로 이월하여, 그 이월된 사업연도의 공제한도 내에서 공제받을 수 있다.

② 사실과 다른 회계처리에 기인한 경정에 따른 세액공제는 각 사업연도별로 과다납부한 세액의 20%를 한도로 공제하고, 공제 후 남아 있는 과다납부 세액은 이후 사업연도에 **기한의 제한 없이** 이월하여 공제한다.

③ 투자세액공제는 「조세특례제한법」상 세액공제로서 공제받지 못한 부분에 상당하는 금액은 해당 과세연도의 다음 과세연도 개시일부터 **10년** 이내에 끝나는 각 과세연도에 이월하여 공제한다.

④ 재해손실세액공제는 **이월이 허용되지 않는다.**

정답 ②

720

「법인세법」상 원천징수에 대한 설명으로 옳은 것은?

① 원천징수세액 10,000원 미만인 경우 해당 법인세를 징수하지 않는다.

② 내국법인에게 이자소득, 배당소득, 기타소득을 지급하는 경우에는 원천징수하여야 한다.

③ 외국법인이 발행한 채권 또는 증권에서 발생하는 원천징수대상소득을 내국법인에 지급하는 경우에는 국내에서 그 지급을 대리하거나 그 지급권한을 위임받거나 위탁받은 자가 그 소득에 대한 법인세를 원천징수하여야 한다.

④ 납세지 관할 세무서장은 원천징수의무자가 그 징수해야 할 세액을 징수하지 않았거나 징수한 세액을 기한까지 납부하지 않으면, 지체 없이 원천징수의무자로부터 그 원천징수하여 납부해야 할 세액상당액을 징수해야 하며, 원천징수의무는 협력의무에 불과하므로 별도의 가산세는 부과하지 않는다.

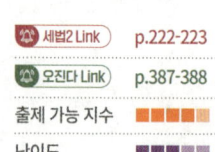

세법2 Link   p.222-223
오진다 Link   p.387-388
출제 가능 지수 ■■■■□
난이도 ■■■□□

해설

① 원천징수세액 **1,000원** 미만인 경우 해당 법인세를 징수하지 않는다.

② 내국법인에게 이자소득, **집합투자기구로부터의 이익 중 투자신탁의 이익**을 지급하는 경우에는 법에 정한 원천징수세율을 적용하여 계산한 금액에 상당하는 법인세를 원천징수하여야 한다.

④ 납세지 관할 세무서장은 원천징수의무자가 그 징수해야 할 세액을 징수하지 않았거나 징수한 세액을 기한까지 납부하지 않으면, 지체 없이 원천징수의무자로부터 그 원천징수하여 납부해야 할 세액상당액에 **원천징수 납부 불성실가산세를 더한 금액을** 법인세로서 징수해야 한다.

정답 ③

산출세액 및 차감납부세액의 계산

721

「법인세법」상 세액공제에 관한 설명으로 옳은 것은?

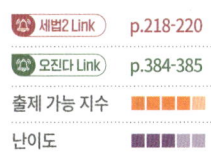

세법2 Link　p.218-220
오진다 Link　p.384-385
출제 가능 지수 ■■■■■
난이도 ■■■■■

① 재해손실세액공제를 받으려는 내국법인은 재해발생일 현재 미납된 법인세와 납부해야 할 법인세의 경우에는 재해발생일부터 3개월까지 재해손실세액공제신청서를 납세지 관할 세무서장에게 제출해야 한다.

② 재해손실세액공제 대상이 되는 법인세에는 재해발생일이 속하는 사업연도의 소득에 대한 법인세와 재해발생일 현재 부과된 법인세로서 미납된 법인세가 포함되며, 재해발생일 현재 부과되지 아니한 법인세는 공제 대상에 포함되지 않는다.

③ 국외사업장이 2개 이상의 국가에 있는 경우에도 외국납부세액공제의 한도액은 국가별로 구분하지 않고 계산한다.

④ 외국정부에 납부하였거나 납부할 외국법인세액이 외국납부세액공제한도를 초과하는 경우 그 초과하는 금액은 해당 사업연도 개시일부터 15년 이내에 끝나는 각 사업연도에 이월하여 그 이월된 사업연도의 공제한도 범위에서 공제받을 수 있다.

해설

① 재해손실세액공제를 받으려는 내국법인은 재해발생일 현재 미납된 법인세와 납부해야 할 법인세의 경우에는 재해발생일부터 **3개월**, 재해발생일 현재 과세표준신고기한이 지나지 않은 법인세의 경우에는 그 신고기한까지 재해손실세액공제신청서를 납세지 관할 세무서장에게 제출해야 한다. 다만, 재해발생일부터 신고기한까지의 기간이 **3개월** 미만인 경우에는 재해발생일부터 **3개월**로 한다.

② 재해손실세액공제 대상이 되는 법인세에는 재해발생일이 속하는 사업연도의 소득에 대한 법인세와 재해발생일 현재 부과된 법인세로서 미납된 법인세가 포함되며, **재해발생일 현재 부과되지 아니한 법인세도 공제 대상에 포함된다.**

③ 국외사업장이 2개 이상의 국가에 있는 경우 외국납부세액공제의 한도액은 **국가별로 구분하여 계산**한다.

④ 외국정부에 납부하였거나 납부할 외국법인세액이 외국납부세액공제한도를 초과하는 경우 그 초과하는 금액은 해당 사업연도의 **다음 사업연도 개시일부터 10년** 이내에 끝나는 각 사업연도에 이월하여 그 이월된 사업연도의 공제한도 범위에서 공제받을 수 있다.

정답 ①

722

세법2 Link   p.203, 205, 216, 219
오진다 Link   p.377-378, 383-385
출제 가능 지수 ■■■■■
난이도   ■■■■□

「조세특례제한법」상의 중소기업인 ㈜한국의 제23기(2023.1.1.~2023.12.31.) 각사업연도소득에 대한 법인세 과세표준과 세액 계산에 관한 설명으로 옳지 않은 것은?

① 이월결손금공제는 각사업연도소득의 80%까지만 할 수 있다.
② 당기에 발생한 결손금에 대하여 소급공제를 신청한 경우, 환급가능액은 직전 사업연도의 법인세 산출세액(토지 등 양도소득에 대한 법인세는 제외)에서 직전 사업연도의 소득에 대한 법인세로서 공제 또는 감면된 법인세액을 차감한 금액을 한도로 한다.
③ 천재지변으로 자산총액의 20% 이상을 상실하여 납세가 곤란하다고 인정되는 경우에는 재해손실세액공제를 적용받을 수 있다.
④ 내국법인의 각 사업연도의 소득에 대한 과세표준에 국외원천소득이 포함되어 있는 경우로서 그 국외원천소득에 대하여 법령으로 정하는 외국법인세액을 납부하였거나 납부할 것이 있는 경우에는 공제한도금액 내에서 외국법인세액을 해당 사업연도의 산출세액에서 공제할 수 있다.

해설

① **중소기업**의 경우 이월결손금공제는 각사업연도소득의 **100%를 한도**로 한다.   정답 ①

723

세법2 Link   p.224-225
오진다 Link   p.388-389
출제 가능 지수 ■■■■□
난이도   ■■■■□

「법인세법」상 법인세 중간예납에 관한 설명으로 옳지 않은 것은?

① 각 사업연도의 기간이 6개월 이하인 법인은 중간예납세액의 납부의무를 지지 않는다.
② 합병이나 분할에 의하지 아니하고 새로 설립된 법인의 경우 설립 후 최초의 사업연도에는 중간예납세액의 납부의무를 지지 않는다.
③ 중간예납세액은 그 중간예납기간이 지난 날부터 2개월 이내에 납부하여야 한다.
④ 중간예납세액에 대해서는 분납이 허용되지 않는다.

해설

④ 내국법인이 납부할 중간예납세액이 1천만원을 초과하는 경우 **분납할 수 있다.**   정답 ④

724

「법인세법」상 중간예납에 관한 설명으로 옳은 것은?

세법2 Link p.224-225
오진다 Link p.388-389
출제 가능 지수
난이도
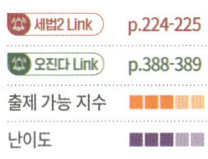

① 해당 중간예납기간의 법인세액을 기준으로 중간예납세액을 계산할 경우 중간예납기간의 수시부과세액은 차감하지 않는다.

② 내국법인이 납부하여야 할 중간예납세액의 일부를 납부하지 아니한 경우 납부지연가산세는 적용되지 않는다.

③ 직전 사업연도의 중소기업으로서 직전 사업연도의 산출세액을 기준으로 하는 방법에 따라 계산한 중간예납세액이 50만원 미만인 내국법인은 중간예납세액을 납부할 의무가 없다.

④ 합병이나 분할에 의한 신설 내국법인은 최초 사업연도의 기간이 6개월을 초과하더라도 최초 사업연도에 대한 중간예납의무가 없다.

해설

① 해당 중간예납기간의 법인세액을 기준으로 중간예납세액을 계산할 경우 중간예납기간의 수시부과세액은 **차감한다.**

② 내국법인이 납부하여야 할 중간예납세액의 일부를 납부하지 아니한 경우 **납부지연가산세는 적용된다.**

④ 합병이나 분할에 의한 신설 내국법인은 최초사업연도의 기간이 6개월을 초과하는 경우 최초사업연도에 대한 중간예납의무가 **있다.**

정답 ③

725

다음 중 「법인세법」상 법인세의 중간예납에 관한 설명으로 옳지 않은 것은?

세법2 Link p.224-225
오진다 Link p.388-389
출제 가능 지수
난이도

① 중간예납세액은 직전 사업연도의 납부실적을 기준으로 하는 방법과 해당 사업연도의 중간예납기간의 실적을 기준으로 하는 방법을 선택하여 적용하되, 중간예납의 납부기한까지 중간예납세액을 납부하지 않은 경우엔 원칙적으로 직전 사업연도의 납부실적을 기준으로 하는 방법을 적용해야 한다.

② 중간예납세액을 직전 사업연도에 확정된 법인세에 의하여 계산하는 경우 직전 연도의 산출세액계산에서는 가산세와 토지 등 양도소득에 대한 법인세 및 투자·상생협력 촉진을 위한 과세특례를 적용하여 계산한 법인세를 제외한다.

③ 납세지 관할 세무서장은 내국법인이 납부해야 할 중간예납세액의 전부 또는 일부를 납부하지 않으면, 그 미납된 중간예납세액을 「국세징수법」에 따라 징수해야 한다.

④ 사업연도의 기간이 6개월을 초과하는 「고등교육법」에 따른 사립학교를 경영하는 학교법인은 각 사업연도(합병이나 분할에 의하지 아니하고 새로 설립된 법인의 최초 사업연도는 제외) 중 중간예납세액을 납부할 의무가 없다.

해설

② 중간예납세액을 직전 사업연도에 확정된 법인세에 의하여 계산하는 경우 **가산세를 포함**하고 토지 등 양도소득에 대한 법인세와 투자·상생협력 촉진을 위한 과세특례를 적용하여 계산한 법인세는 제외한다.

정답 ②

726

「법인세법」상 과세표준 및 세액의 계산에 관한 설명으로 옳지 않은 것은?

세법2 Link p.204, 217-218, 220

오진다 Link p.377, 383-385

출제 가능 지수 ■■■■■

난이도 ■■■■□

① 국외원천소득이 있는 내국법인이 조세조약의 상대국에서 해당 국외원천소득에 대하여 법인세를 감면받은 세액 상당액은 그 조세조약으로 정하는 범위에서 외국납부세액공제방식에서의 세액공제 대상이 되는 외국법인세액으로 본다.

② 납세지 관할 세무서장은 법인이 재해손실세액공제를 받을 법인세에 대하여 해당 세액공제가 확인될 때까지 「국세징수법」에 따라 그 법인세의 지정납부기한·독촉장에서 정하는 기한을 연장하거나 납부고지를 유예할 수 있다.

③ 외국법인세액을 이월공제기간 내에 공제받지 못한 경우 그 공제받지 못한 외국법인세액은 소멸한다.

④ 천재지변 등으로 장부나 그 밖의 증명서류가 멸실되어 법인세를 추계하여 결정하는 경우에는 이월결손금 공제와 외국납부세액공제 모두 적용 가능하다.

해설

③ 외국법인세액을 이월공제기간 내에 공제받지 못한 경우 그 공제받지 못한 외국법인세액은 **이월공제기간의 종료일 다음 날이 속하는 사업연도의 소득금액을 계산할 때 손금에 산입**할 수 있다.

정답 ③

산출세액 및 차감납부세액의 계산

727

세법2 Link   p.216-217
오진다 Link   p.383-384
출제 가능 지수 ■■■■■
난이도   ■■■■■

다음은 영리내국법인 ㈜대한의 제23기 사업연도(2023.1.1.~12.31.)의 외국납부세액 관련 자료이다. ㈜대한은 외국에서 사업을 영위하는 외국자회사 ㈜민국의 의결권 있는 주식 30%를 보유하고 있다. 2020.1.1. ㈜민국의 주식을 취득한 이후 지분율에는 변동이 없는 상태이다. ㈜대한이 외국납부세액공제를 적용할 경우 제23기 법인세 산출세액에서 공제 대상이 되는 외국법인세은? (단, 「법인세법」상 외국자회사 수입배당금액 익금불산입 규정과 한도 및 주어진 자료 이외의 것은 고려하지 않음)

---

(1) ㈜민국으로부터 외국법인세 원천징수세액 400,000원 차감 후 배당금 3,600,000원을 수령하고 다음과 같이 회계처리하였다.

> (차) 현   금 3,600,000원   (대) 배당금수익 4,000,000원
>   선급법인세   400,000원

(2) ㈜민국의 제23기 사업연도(2023.1.1.~12.31.) 소득금액은 10,000,000원이고, 이에 대한 외국법인세는 2,000,000원이다.

---

① 400,000원   ② 1,000,000원   ③ 1,200,000원   ④ 1,400,000원

해설

㈜대한의 세액공제의 대상이 되는 외국법인세액은 다음과 같다.

> 외국법인세액 = ㄱ. 직접외국납부세액 + ㄴ. 간접외국납부세액 = ₩400,000 + ₩1,000,000 = ₩1,400,000

ㄱ. 직접외국납부세액: ₩400,000
외국정부(지방자치단체를 포함)에 납부하였거나 납부할 세액으로서 내국법인의 각 사업연도의 과세표준에 포함된 국외원천소득에 대하여 직접적으로 납부하였거나 납부할 것으로 확정된 세액을 말한다. 즉, 원천징수세액 ₩400,000이 직접외국납부세액이다.

ㄴ. 간접외국납부세액: ₩1,000,000
내국법인이 직접 의결권 있는 발행주식총수 또는 출자총액의 10%(「조세특례제한법」에 따른 해외자원개발사업을 하는 외국법인의 경우에는 5%) 이상을 해당 외국자회사의 배당기준일 현재 6개월 이상 계속하여 보유하고 있는 외국법인으로부터 받은 수입배당금만 간접외국납부세액 계산대상이 되는데 ㈜대한은 의결권 있는 ㈜민국 주식의 30%를 출자하고 있으므로 간접외국납부세액을 다음과 같이 계산한다.

$$\text{간접외국납부세액} = \text{외국자회사의 해당 사업연도의 법인세액} \times \frac{\text{수입배당금액}}{\text{외국자회사의 해당 사업연도의 소득금액} - \text{외국자회사의 해당 사업연도의 법인세액}}$$

$$= ₩2,000,000 \times \frac{₩4,000,000}{₩10,000,000 - ₩2,000,000} = ₩1,000,000$$

정답 ④

728

제조업을 영위하는 영리내국법인 ㈜한국의 제23기(2023.1.1.~12.31.)에 발생한 화재와 관련된 자료이다. 재해손실세액공제액으로 옳은 것은?

세법2 Link   p.219-220
오진다 Link   p.385
출제 가능 지수
난이도

(1) 사업용 자산의 화재내역

구분	화재 전 장부가액	재해상실가액	화재 후 장부가액
건물	₩350,000,000	₩250,000,000	₩100,000,000
토지	₩400,000,000	–	₩400,000,000
기계장치	₩150,000,000	₩50,000,000	₩100,000,000
계	₩900,000,000	₩300,000,000	₩600,000,000

(2) 건물은 화재보험에 가입되어 있어 보험금 ₩250,000,000을 수령하였다.

(3) 재해발생일 현재 미납법인세액은 ₩170,000,000이다.

(4) 당기 사업연도의 법인세 관련 자료는 다음과 같다.

법인세 산출세액	공제 · 감면세액	가산세액
₩150,000,000	₩25,000,000*	₩5,000,000**

* 「조세특례제한법」상 통합투자세액공제액임

** 무신고가산세 해당액임

① ₩150,000,000   ② ₩170,000,000   ③ ₩180,000,000   ④ ₩300,000,000

해설

(1) 재해상실비율은 다음과 같이 구한다. 이때 사업용자산가액 계산 시 토지는 제외하며 보험금 수령액은 반영하지 아니한다.

$$\text{재해상실비율} = \frac{\text{상실된 자산총액}}{\text{상실 전의 자산총액}} = \frac{₩250,000,000 + ₩50,000,000}{₩350,000,000 + ₩150,000,000} = 60\%$$

(2) 자산총액의 20% 이상을 상실하였으므로 다음 금액을 산출세액에서 공제한다.

재해손실세액공제액 = MIN[①, ②] = MIN[₩180,000,000, ₩300,000,000] = ₩180,000,000

① 공제세액 = 공제대상 법인세액[*1] × 재해상실비율

 = (₩150,000,000 − ₩25,000,000 + ₩5,000,000 + ₩170,000,000) × 60%

 = ₩180,000,000

② 한도액 = 상실된 자산가액 = ₩300,000,000

[*1] 공제대상 법인세액에는 다른 법률에 의한 공제감면세액은 차감하고 무기장가산세 및 「국세기본법」상 가산세를 포함한다. 또한 재해발생일 현재 미납법인세액도 세액공제의 대상이다.

정답 ③

729

세법2 Link p.212-226
오진다 Link p.381-390
출제 가능 지수 ■■■■■
난이도 ■■■■■

제조업을 영위하는 영리내국법인 ㈜한국의 제23기 사업연도(2023.1.1.~12.31.)의 법인세 신고 관련 자료이다. ㈜한국의 제23기 차감납부할 법인세액을 계산한 것으로 옳은 것은?(단, 주어진 자료 외에는 고려하지 않는다.)

> (1) 각 사업연도의 소득금액 : ₩50,000,000
>
> (2) 이월결손금의 내역
>
> | 발생사업연도 | 발생액 |
> | --- | --- |
> | 제21기 (2021.1.1.~12.31.) | ₩40,000,000* |
>
> *이 중 ₩5,000,000이 2022. 5. 20. 채무면제이익으로 충당됨.
>
> (3) 연구·인력개발비에 대한 세액공제액 : ₩100,000
>
> (4) 외국납부세액공제액 : ₩200,000
>
> (5) 중간예납세액 : ₩550,000
>
> (6) 토지등 양도소득에 대한 법인세액, 가산세, 추징세액은 없다.
>
> (7) ㈜한국의 법인세율은 9%이며 최저한세는 고려하지 않는다.
>
> (8) ㈜한국은 유동화거래를 목적으로 설립된 법인이 아니며, 회생계획, 기업개선계획, 경영정상화 계획을 이행 중에 있지 않다.
>
> (9) 법인세부담 최소화를 가정하며, 주어진 자료 이외의 다른 사항은 고려하지 않는다.

① ₩500,000   ② ₩1,250,000   ③ ₩1,650,000   ④ ₩1,750,000

해설

	과세표준	일반기업의 이월결손금 공제한도는 다음과 같다 이월결손금 공제액 = MIN[공제대상 이월결손금, 각사업연도 소득금액 × 80%] = MIN[(₩40,000,000 − ₩5,000,000), ₩50,000,000 × 80%] = MIN[₩35,000,000, ₩40,000,000] = ₩35,000,000 따라서 과세표준은 다음과 같다. ₩50,000,000 − ₩35,000,000 = ₩15,000,000
×	세율	× 9%
	산출세액	= ₩1,350,000
−	세액감면·공제	− ₩100,000 − ₩200,000
+	가산세	+ ₩0
+	감면분추가 납부세액	+ ₩0
=	**총 부담세액**	= ₩1,050,000
−	기납부세액	− ₩550,000
=	**차감납부세액**	= ₩500,000

정답 ①

법인세 납세절차

730

「법인세법」상 신고 및 납부, 결정, 징수에 대한 설명으로 옳은 것은?

① 「주식회사 등의 외부감사에 관한 법률」에 따라 감사인의 감사를 받아야 하는 내국법인이 해당 사업연도의 감사가 종결되지 않아 결산이 확정되지 않았다는 사유로 신고기한 종료일까지 신고기한의 연장을 신청한 경우에는 그 신고기한을 1개월의 범위에서 연장할 수 있다.

② 납세지 관할 세무서장 또는 관할 지방국세청장은 납세의무가 있는 내국법인이 각 사업연도 종료일이 속하는 달의 말일부터 4개월(내국법인이 성실신고확인서를 제출한 경우에는 3개월) 이내에 과세표준과 세액을 관할 세무서장에게 신고하지 않은 때에는 해당 법인의 각 사업연도 소득에 대한 법인세의 과세표준과 세액을 결정한다.

③ 납세지 관할 세무서장 또는 관할 지방국세청장은 내국법인이 그 사업연도 중에 신고를 하지 않고 본점을 이전함으로 인하여 법인세 포탈의 우려가 있다고 인정되는 경우에는 수시로 그 법인에 대한 법인세를 부과할 수 있다.

④ 중간예납의무자는 내국법인(사립학교법인과 산학협력단 등 일정한 법인 제외)으로서 각 사업연도의 기간이 1년을 초과하는 법인이며, 해당 사업연도 개시일로부터 6월 간을 중간예납기간으로 하여 중간예납세액을 납부하여야 한다.

세법2 Link p.224-225, 232, 234
오진다 Link p.388, 390, 392-393
출제 가능 지수 ■■■■□
난이도 ■■■■□

해설

① 「주식회사 등의 외부감사에 관한 법률」에 따라 감사인의 감사를 받아야 하는 내국법인이 해당 사업연도의 감사가 종결되지 않아 결산이 확정되지 않았다는 사유로 신고기한 종료 **3일 전까지** 신고기한의 연장을 신청한 경우에는 그 신고기한을 1개월의 범위에서 연장할 수 있다.

② 납세지 관할 세무서장 또는 관할 지방국세청장은 납세의무가 있는 내국법인이 각 사업연도 종료일이 속하는 달의 말일부터 **3개월**(내국법인이 성실신고확인서를 제출한 경우에는 **4개월**) 이내에 과세표준과 세액을 관할 세무서장에게 신고하지 않은 때에는 해당 법인의 각 사업연도 소득에 대한 법인세의 과세표준과 세액을 결정한다.

④ 중간예납이란 사업연도의 기간이 **6개월**을 초과하는 내국법인이 해당 사업연도 개시일부터 6개월이 되는 날까지를 중간예납기간으로 하여 그 기간에 대한 법인세를 납세지 관할세무서 등에 미리 납부하는 것을 의미한다.

정답 ③

731

세법2 Link p.225, 232, 234

오진다 Link p.389, 392-393

출제 가능 지수 ■■■□□

난이도 ■■■■□

「법인세법」상 영리내국법인의 신고 및 납부에 대한 설명으로 옳은 것은?

① 자진납부할 세액이 있고 사업연도가 2023년 10월 31일로 종료하는 법인은 2024년 1월 31일까지 법인세를 납부하여야 한다.

② 자진납부할세액이 1천만원을 초과하는 중소기업의 경우 납부기한이 경과한 날로부터 1개월 이내에 분납할 수 있다.

③ 각 사업연도의 소득금액이 없거나 결손금이 있는 법인은 법인세과세표준신고의무가 없다.

④ 중간예납세액의 신고·납부는 중간예납기간이 경과한 날로부터 3개월 이내에 하여야 한다.

해설

② 납부할 세액이 1천만원을 초과하는 경우 납부기한이 지난 날부터 1개월(중소기업은 **2개월**) 이내 분납할 수 있다. ← [참고] 분납은 세무서장의 승인을 요건으로 하지 않는다.

③ 각 사업연도의 소득금액이 없거나 결손금이 있는 법인도 법인세과세표준신고를 **하여야 한다**.

④ 내국법인은 중간예납기간이 경과한 날로부터 **2개월** 이내에 중간예납세액을 납부하여야 한다.　　　　　정답 ①

법인세 납세절차

732

「법인세법」상 성실신고확인서 제출에 관한 설명으로 옳은 것은?

세법2 Link	p.233-234, 237
오진다 Link	p.393-394
출제 가능 지수	
난이도	

① 「주식회사 등의 외부감사에 관한 법률」에 따라 감사인에 의한 감사를 받은 내국법인은 성실신고확인서를 제출하여야 한다.

② 성실신고확인 대상인 내국법인이 법령에 따라 성실신고확인서를 제출하는 경우에는 각 사업연도의 종료일이 속하는 달의 말일부터 3개월 이내에 그 사업연도의 소득에 대한 법인세의 과세표준과 세액을 납세지 관할 세무서장에게 신고하여야 한다.

③ 「소득세법」에 따른 성실신고확인대상사업자가 사업용자산을 현물출자하여 내국법인으로 전환한 경우 그 내국법인은 법인으로 전환한 후 3년 동안 성실신고확인서를 제출해야 한다.

④ 성실신고확인서 제출 불성실 가산세는 산출세액이 없는 경우에는 적용하지 아니한다.

해설

① 「주식회사 등의 외부감사에 관한 법률」에 따라 감사인에 의한 감사를 받은 내국법인은 성실신고확인서를 **제출하지 아니할 수 있다.**

② 성실신고확인 대상인 내국법인이 법령에 따라 성실신고확인서를 제출하는 경우에는 각 사업연도의 종료일이 속하는 달의 말일부터 **4개월** 이내에 그 사업연도의 소득에 대한 법인세의 과세표준과 세액을 납세지 관할 세무서장에게 신고하여야 한다.

④ 성실신고확인서 제출 불성실 가산세는 산출세액이 없는 경우에도 **적용한다.**   정답 ③

733

「법인세법」상 법인세의 납세절차에 관한 설명으로 옳은 것은?

세법2 Link p.222, 224, 232, 234

오진다 Link p.387-388, 392-393

출제 가능 지수 ■■■■□

난이도 ■■■■□

① 「주식회사의 외부감사에 관한 법률」에 따라 감사인에 의한 감사를 받아야 하는 내국법인이 해당 사업연도의 감사가 종결되지 아니하여 결산이 확정되지 아니하였다는 사유로 법인세 과세표준과 세액의 신고기한을 연장하고자 하는 경우에는, 법정신고기한의 종료일 이전 3일 전까지 신고기한 연장신청서를 납세지 관할 세무서장에게 제출하여야 한다.

② 새로 설립된 모든 내국법인의 경우 설립 후 최초의 사업연도에는 중간예납을 하지 않는다.

③ 내국법인이 법인세 과세표준의 신고기한까지 자진납부할 세액이 1천만원을 초과하는 경우에는 해당 세액의 50% 이하의 금액을 분납할 수 있다.

④ 내국법인 ㈜한국(제조업)이 해당 법인의 주주인 내국법인 ㈜민국(제조업)에게 배당금을 지급하는 경우에는 그 배당금에 대한 법인세의 원천징수를 하여야 한다.

해설

② 합병·분할에 의한 신설법인은 중간예납의무가 있다.

③ 내국법인이 법인세 과세표준의 신고기한까지 자진납부할 세액이 1천만원을 초과하는 경우로서 납부할 세액이 2천만원 이하인 경우에는 1천만원을 초과하는 금액을, 납부할 세액이 2천만원을 초과하는 경우에는 세액의 50% 이하 금액을 분납할 수 있다.

④ 내국법인이 해당 법인의 주주인 내국법인에게 배당금을 지급하는 경우에는 그 배당금에 대한 법인세의 원천징수를 하지 아니한다. ← [비교] 내국법인에게 이자소득금액 또는 집합투자기구로부터의 이익 중 투자신탁의 이익을 지급할 때 그 금액에 대한 법인세(1,000원 이상인 경우만 해당)를 원천징수한다.   정답 ①

734

「법인세법」상 각 사업연도의 소득에 대한 법인세 과세표준 및 세액의 계산과 신고 및 납부에 관한 설명으로 옳지 않은 것은?

세법2 Link   p.218, 228, 234, 236

오진다 Link   p.384, 391, 393-394

출제 가능 지수

난이도

① 납세지 관할 세무서장은 내국법인이 각 사업연도의 소득에 대한 법인세로서 납부해야 할 세액(중간예납의 경우 중간예납세액)의 전부 또는 일부를 납부하지 않으면 그 미납된 법인세액을 「국세징수법」에 따라 징수해야 한다.

② 외국납부세액공제 적용 시 외국정부에 납부하였거나 납부할 외국법인세액이 공제한도를 초과하는 경우 그 초과하는 금액은 해당 사업연도의 다음 사업연도 개시일부터 10년 이내에 끝나는 각 사업연도에 이월하여 그 이월된 사업연도의 공제한도 범위에서 공제받을 수 있다.

③ 내국법인은 「법인세법」에 따른 납부할 세액이 10,000,000원을 초과하는 경우에 납부할 세액의 일부를 분납할 수 있으나, 가산세와 감면분추가납부세액은 분납대상세액에 포함하지 아니한다.

④ 감면 등을 적용받은 후의 법인세액이 「법인세법」에 따른 최저한세액에 미달하여 법인세를 경정하는 경우에는 법정순서에 따라 그 미달하는 세액에 상당하는 부분에 대해서는 감면 등을 하지 아니하지만, 중소기업에 적용되는 「조세특례제한법」상 모든 세액감면은 이같은 순서의 적용을 받지 아니한다.

해설

④ 감면 등을 적용받은 후의 법인세액이 「법인세법」에 따른 최저한세액에 미달하여 법인세를 경정하는 경우에는 **법정순서에 따라 감면을 배제**하여 세액을 계산한다. ← 이 규정에는 예외규정이 없다.

정답 ④

735

「법인세법」상 영리내국법인의 각 사업연도의 소득에 대한 법인세 과세표준 및 세액의 계산과 신고 및 납부에 관한 설명으로 옳은 것은?

세법2 Link   p.232, 234
오진다 Link   p.392-393
출제 가능 지수   ■■■■☐
난이도   ■■■■☐

① 과세표준 신고 시, 법인세과세표준신고서에 기업회계기준을 준용하여 작성한 개별 내국법인의 재무상태표, 포괄손익계산서, 이익잉여금처분계산서, 현금흐름표, 세무조정계산서와 세무조정계산서 부속서류 등 필수첨부서류를 제출해야 하며 미첨부 시, 무신고로 보아 무신고 가산세를 적용한다.

② 성실신고확인대상 내국법인은 성실신고를 확인하는 세무사 등을 선임하여 각 사업연도 종료일이 속하는 달의 말일부터 2개월 이내에 성실신고확인자 선임신고서를 납세지 관할 세무서장에게 신고해야 한다.

③ 중소기업에 해당하는 내국법인의 납부할 세액이 2천만원인 경우에는 1천만원을 초과하는 금액을 납부기한이 지난 날부터 2개월 이내에 분납할 수 있다.

④ 성실신고확인대상자가 해당 과세연도의 과세표준을 과소신고한 경우로서 그 과소신고한 과세표준이 경정된 사업소득금액의 5% 이상인 경우 공제받은 성실신고 확인비용에 대한 세액공제 전액을 추징하고, 경정일이 속하는 과세연도부터 3개 과세연도 동안 성실신고 확인비용에 대한 세액공제를 적용하지 않는다.

해설

① 과세표준 신고 시, 법인세과세표준신고서에 기업회계기준을 준용하여 작성한 개별 내국법인의 **재무상태표, 포괄손익계산서, 이익잉여금처분계산서, 세무조정계산서 (현금흐름표 X)** 등 필수첨부서류를 제출해야 하며 미첨부 시, 무신고로 보아 무신고 가산세를 적용한다. ← 세무조정계산서 부속서류 및 성실신고확인서와 기업회계기준에 따라 작성한 현금흐름표(외부감사의 대상이 되는 법인에 한함)는 필수첨부서류 아님 주의

② 성실신고확인대상 내국법인은 성실신고확인자 **선임 신고서를 제출할 의무가 없다.** ← 2022.02.15. 납세자의 편의를 위해 폐지되었음. 삭제 개정되었으므로 챙겨가자

④ 성실신고확인대상자가 해당 과세연도의 과세표준을 과소신고한 경우로서 그 과소신고한 과세표준이 경정된 사업소득금액의 **10%** 이상인 경우 공제받은 성실신고 확인비용에 대한 세액공제 전액을 추징하고, 경정일이 속하는 과세연도의 **다음 과세연도부터 3개 과세연도** 동안 성실신고 확인비용에 대한 세액공제를 적용하지 않는다.

정답 ③

736

「법인세법」상 영리내국법인의 각 사업연도 소득에 대한 법인세 과세표준 및 세액의 계산과 신고 및 납부에 대한 설명으로 옳지 않은 것은?

세법2 Link   p.225, 233-234
오진다 Link   p.391-393
출제 가능 지수
난이도

① 성실신고확인서를 제출하는 법인의 경우 과세표준과 세액의 신고기한은 각 사업연도의 종료일이 속하는 달의 말일부터 3개월이다.

② 납부할 중간예납세액이 2,400만원인 경우 1,200만원을 납부기한이 지난 날부터 1개월(중소기업은 2개월) 이내에 분납할 수 있다.

③ 외부조정대상법인이 외부조정계산서를 첨부하지 아니하는 경우 신고를 하지 않은 것으로 보고 무신고가산세를 적용한다.

④ 사업부진 기타 사유로 인하여 휴업 또는 폐업 상태에 있는 경우로서 법인세를 포탈할 우려가 있다고 인정되는 경우에는 납세지 관할 세무서장이 수시로 그 법인에 대한 법인세를 부과할 수 있다.

해설

① 성실신고확인서를 제출하는 법인의 경우 과세표준과 세액의 신고기한은 각 사업연도의 종료일이 속하는 달의 말일부터 **4개월**이다.   정답 ①

737

「법인세법」상 과세표준 및 세액의 신고 및 결정 · 경정에 관한 설명으로 옳지 않은 것은?

세법2 Link   p.232, 234-235
오진다 Link   p.392-394
출제 가능 지수
난이도

① 납세지 관할 세무서장은 법인세의 과세표준과 세액을 결정한 후 그 결정에 오류가 있는 것을 발견한 경우에는 1개월 이내에 이를 경정한다.

② 납세지 관할 세무서장은 제출된 성실신고확인서에 미비한 사항 또는 오류가 있을 때에는 보정할 것을 요구할 수 있다.

③「법인세법」에 따른 과세표준과 세액의 결정은 법인세 과세표준 신고기한부터 1년 내에 완료해야 한다. 다만, 국세청장이 조사기간을 따로 정하거나 부득이한 사유로 인하여 국세청장의 승인을 받은 경우에는 예외로 한다.

④「주식회사의 외부감사에 관한 법률」에 따라 감사인에 의한 감사를 받아야 하는 내국법인이 신고기한의 연장을 신청한 경우에는 그 신고기한을 1개월의 범위에서 연장할 수 있으나 이에 따라 신고기한이 연장된 경우 연장일수에 금융회사 등의 이자율을 고려하여 법에서 정하는 이자율을 적용하여 계산한 금액을 가산하여 납부해야 한다.

해설

① 납세지 관할 세무서장은 법인세의 과세표준과 세액을 결정한 후 그 결정에 오류가 있는 것을 발견한 경우에는 **즉시** 이를 경정한다.   정답 ①

738

「법인세법」상 내국법인의 청산소득금액의 계산에 관한 설명으로 옳은 것은?

① 해산(합병·분할에 의한 해산은 제외)에 의한 청산소득의 금액은 그 법인의 해산에 의한 잔여재산의 가액에서 해산등기일 현재의 자기자본의 총액을 가산한 금액으로 한다.

② 해산에 의한 청산소득의 금액을 계산함에 있어서 그 청산기간 중에 「국세기본법」에 의하여 환급되는 법인세액이 있는 경우 이에 상당하는 금액은 자기자본의 총액에서 공제한다.

③ 청산소득의 금액을 계산함에 있어서 그 청산기간 중에 생기는 각 사업연도의 소득금액이 있는 경우에는 이를 청산소득의 금액에 가산한다.

④ 영리내국법인에 한해서만 청산소득에 대한 법인세 납세의무를 진다.

해설

① 해산(합병·분할에 의한 해산은 제외)에 의한 청산소득의 금액은 그 법인의 해산에 의한 잔여재산의 가액에서 해산등기일 현재의 자기자본의 총액을 **공제한** 금액으로 한다.

② 해산에 의한 청산소득의 금액을 계산함에 있어서 그 청산기간 중에 「국세기본법」에 의하여 환급되는 법인세액이 있는 경우 이에 상당하는 금액은 자기자본의 총액에 **가산한다.**

③ 청산소득의 금액을 계산함에 있어서 그 청산기간 중에 생기는 **각 사업연도의 소득금액이 있는 경우에는 각 사업연도소득으로 과세**하며, 청산소득에 포함하지 아니한다.

정답 ④

739

「법인세법」상 신고 및 납부의무에 대한 설명으로 옳은 것은?

세법2 Link   p.224, 232, 247

오진다 Link   p.388, 392, 397

출제 가능 지수 ■■■■■■

난이도 ■■■■■

① 법인세 납세의무가 있는 내국법인은 해당 사업연도 소득금액이 없거나 결손금이 발생한 경우에는 법인세 신고의무가 없다.

② 신설 법인의 최초 사업연도가 6개월을 초과하는 경우에는 중간예납 신고의무가 있다.

③ 「주식회사 등의 외부감사에 관한 법률」에 따라 감사인에 의한 감사를 받아야 하는 내국법인이 해당 사업연도의 감사가 종결되지 아니하여 결산이 확정되지 아니하였다는 사유로 대통령령으로 정하는 바에 따라 신고기한의 연장을 신청한 경우에는 그 신고기한을 2개월의 범위에서 연장할 수 있다.

④ 내국법인이 주식회사에서 유한회사로 「상법」상의 조직변경을 하는 경우에는 청산소득에 대한 법인세를 과세하지 않는다.

해설

① 법인세 납세의무가 있는 내국법인은 해당 사업연도 소득금액이 없거나 결손금이 발생한 경우에도 **법인세 신고의무가 있다.**

② 합병이나 분할에 의하지 아니하고 신설된 법인의 경우에는 **설립 후 최초의 사업연도는 중간예납의무가 없다.**

③ 「주식회사 등의 외부감사에 관한 법률」에 따라 감사인에 의한 감사를 받아야 하는 내국법인이 해당 사업연도의 감사가 종결되지 아니하여 결산이 확정되지 아니하였다는 사유로 대통령령으로 정하는 바에 따라 신고기한의 연장을 신청한 경우에는 그 신고기한을 **1개월**의 범위에서 연장할 수 있다.

정답 ④

기타 법인세

740

「법인세법」상 비영리법인의 각 사업연도 소득에 대한 법인세와 관련된 설명으로 옳지 않은 것은?

① 비영리내국법인이 고유목적사업준비금을 손금산입할 때에는 결산조정에 의하는 것이 원칙이지만 「주식회사 등의 외부감사에 관한 법률」에 따른 감사인의 회계감사를 받는 비영리내국법인의 경우에는 잉여금처분에 의한 신고조정도 허용된다.

② 고유목적사업준비금을 손금으로 계상한 사업연도의 종료일 이후 5년이 되는 날까지 고유목적사업 등에 사용하지 않은 때에는 그 잔액을 해당 사유가 발생하는 날이 속하는 사업연도의 익금에 산입한다.

③ 비영리내국법인의 경우에는 국내뿐만 아니라 국외의 수익사업소득에 대해서도 각 사업연도의 소득으로 법인세가 과세된다.

④ 제조업 등 사업소득에 해당하는 수익사업이 있는 비영리내국법인은 토지·건물 등의 양도소득에 대하여 「소득세법」상의 양도소득에 관한 규정을 준용하여 계산한 과세표준에 양도소득세율을 적용하여 계산한 금액을 법인세로 납부할 수 있다.

해설

④ 제조업 등 사업소득에 해당하는 수익사업이 **없는** 비영리내국법인은 토지·건물 등의 양도소득에 대하여 「소득세법」상의 양도소득에 관한 규정을 준용하여 계산한 과세표준에 양도소득세율을 적용하여 계산한 금액을 법인세로 납부할 수 있다.
정답 ④

741

「법인세법」상 비영리법인의 각 사업연도의 소득에 대한 법인세에 관한 설명으로 옳지 않은 것은?

① 비영리내국법인의 각 사업연도의 소득에는 고유목적사업에 직접 사용하는 자산의 처분으로 인한 법령으로 정하는 수입은 제외한다.

② 비영리법인이 수익사업을 하는 경우에는 자산·부채 및 손익을 그 수익사업에 속하는 것과 수익사업이 아닌 그 밖의 사업에 속하는 것을 각각 다른 회계로 구분하여 기록해야 한다.

③ 수익사업을 하는 비영리내국법인은 유형자산인 토지의 양도로 인하여 발생하는 소득이 있는 경우에 과세표준 신고를 하여야 한다.

④ 수익사업을 하는 비영리내국법인은 정부의 기록·보관 불성실 가산세의 적용을 받는다.

해설

④ 수익사업(법령으로 정하는 사업소득과 채권매매차익에 한정)을 영위하는 비영리법인은 복식부기의 방식으로 장부를 기장하고 이를 비치할 의무는 있지만, 이를 이행하지 않았을 경우에 장부의 기록·보관 불성실 가산세의 **적용을 받지 않는다.**
정답 ④

세법2 Link   p.182, 184, 242-243
오진다 Link   p.368-369, 395-396
출제 가능 지수   ■■■■■
난이도   ■■■■■

세법2 Link   p.242-245
오진다 Link   p.395-396
출제 가능 지수   ■■■■■
난이도   ■■■■■

742

「법인세법」상 청산소득에 관한 설명이다. 옳지 않은 것은?

세법2 Link p.247-249
오진다 Link p.397-398
출제 가능 지수 ■■■■□
난이도 ■■■■□

① 청산소득에 대한 법인세의 납부의무가 있는 법인은 과세표준과 세액을 납세지 관할 세무서장에게 신고하여야 하며 청산소득의 금액이 없는 경우에도 신고하여야 한다.
② 내국법인의 해산에 의한 청산소득의 금액을 계산할 때 그 청산기간에 생기는 각 사업연도의 소득금액이 있는 경우에는 그 법인의 해당 각 사업연도의 소득금액에 산입한다.
③ 내국법인의 해산에 의한 청산소득의 금액을 계산할 때 그 청산기간에 「국세기본법」에 따라 환급되는 법인세액이 있는 경우 이에 상당하는 금액은 그 법인의 해산등기일 현재 자기자본의 총액에서 차감한다.
④ 특별법에 따라 설립된 법인이 그 특별법의 개정이나 폐지로 인하여 「상법」에 따른 회사로 조직변경하는 경우에는 청산소득에 대한 법인세를 과세하지 아니한다.

해설

③ 내국법인의 해산에 의한 청산소득의 금액을 계산할 때 그 청산기간에 「국세기본법」에 따라 환급되는 법인세액이 있는 경우 이에 상당하는 금액은 그 법인의 해산등기일 현재 자기자본의 총액에 **가산한다.**   정답 ③

743

「법인세법」상 법인세 납세의무에 관한 설명이다. 옳지 않은 것은?

세법2 Link p.242-243, 249
오진다 Link p.395-398
출제 가능 지수 ■■■□□
난이도 ■■■■□

① 청산소득에 대한 법인세를 계산할 때 각 사업연도 소득에 대한 법인세율과 동일한 세율을 적용한다.
② 비영리내국법인이 주식 또는 출자지분을 양도함에 따라 생기는 수입에 대하여는 각 사업연도 소득에 대한 법인세로 과세된다.
③ 청산소득에 대한 법인세 납세의무가 있는 내국법인은 잔여재산가액 확정일부터 3개월 이내에 청산소득에 대한 법인세의 과세표준과 세액을 납세지 관할 세무서장에게 신고하여야 한다.
④ 비영리내국법인은 이자소득(비영업대금의 이익은 제외하고 투자신탁의 이익은 포함)으로서 원천징수된 이자소득에 대하여는 과세표준신고를 하지 않을 수 있다.

해설

③ 청산소득에 대한 법인세 납세의무가 있는 내국법인은 **잔여재산가액 확정일이 속하는 달의 말일부터** 3개월 이내에 청산소득에 대한 법인세의 과세표준과 세액을 납세지 관할 세무서장에게 신고하여야 한다.   정답 ③

744

「법인세법」상 비영리내국법인의 법인세 납세의무 및 과세소득의 범위에 관한 설명으로 가장 옳지 않은 것은?

세법2 Link   p.17, 242, 244-245
오진다 Link   p.282, 395-396
출제 가능 지수 ■■■■■
난이도 ■■■■■

① 비영리법인이 구분경리하는 경우 수익사업과 기타의 사업의 공통익금은 수익사업과 기타의 사업의 수입금액 또는 매출액에 비례하여 안분계산한다.
② 비영리내국법인은 토지 등 양도소득에 대한 법인세에 대해선 납부할 의무가 없다.
③ 비영리내국법인이 「법인세법」에 따른 양도소득과세표준 예정신고를 한 경우에는 「법인세법」에 따른 과세표준에 대한 신고를 한 것으로 본다.
④ 외국법인 중 외국의 정부·지방자치단체 및 영리를 목적으로 하지 않는 법인은 비영리외국법인으로 본다.

해설

② 토지 등 양도소득에 대한 법인세는 내국법인과 외국법인, 영리법인과 비영리법인 등 **모든 형태의 법인에 대해** 과세한다.   정답 ②

745

「법인세법」상 외국법인의 각사업연도소득에 대한 법인세부과와 관련된 다음의 설명 중 옳지 않은 것은?

세법2 Link   p.252-254, 256
오진다 Link   p.400-401
출제 가능 지수 ■■■■■
난이도 ■■■■■

① 외국법인이 국내에 있는 자산을 증여받아 생기는 소득은 국내원천소득에 해당하지 않는다.
② 각 사업연도의 소득에 대한 법인세의 과세표준을 신고하여야 할 외국법인으로서 본점 등의 결산이 확정되지 아니하거나 기타 부득이한 사유로 그 신고기한까지 신고서를 제출할 수 없는 외국법인은 해당 사업연도 종료일부터 60일 이내에 사유서를 갖추어 납세지 관할 세무서장의 승인을 받아 그 신고기한을 연장할 수 있다.
③ 국내사업장과 국내원천 부동산소득이 없는 외국법인의 부동산 등 양도소득은 종합과세하지 않고 예납적 원천징수 후 별도로 분리하여 신고납부한다.
④ 외국법인이 국내에 상점이나 기타 고정된 판매사업장을 가지고 있지 않더라도 자기를 위하여 계약을 체결할 권한을 갖고 그 권한을 반복적으로 행사할 수 있는 자를 두고 사업을 영위한다면 국내사업장이 있는 것으로 본다.

해설

① 외국법인이 국내에 있는 자산을 증여받아 생기는 소득은 국내원천소득에 **해당한다.**   정답 ①

746

「법인세법」상 외국법인에 대한 설명으로 옳은 것은?

세법2 Link p.254, 256
오진다 Link p.400-401
출제 가능 지수
난이도

① 국내사업장이 없는 외국법인에게 지급하는 국가, 지방자치단체 및 내국법인이 발행하는 채권에서 발생하는 이자소득에 대한 원천징수세율은 20%이다.

② 고용인을 통하여 용역을 제공하는 경우로서 용역의 제공이 계속되는 12개월 중 총 6개월을 초과하지 아니하는 경우에는 외국법인의 국내사업장으로 보지 아니한다.

③ 외국법인의 국내원천소득 사업소득으로서 국내사업장과 실질적으로 관련되지 않거나 그 국내사업장에 귀속되지 않은 소득금액을 외국법인에게 지급하는 자는 그 지급을 할 때에 20%를 적용한 금액을 원천징수하여 그 원천징수한 날이 속하는 달의 다음 달 10일까지 납세지 관할 세무서장 등에 납부해야 한다.

④ 정보의 수집 및 제공, 시장조사만을 하기 위하여 사용하는 일정한 장소가 외국법인의 사업 수행상 예비적 또는 보조적인 성격을 가진 활동을 하기 위하여 사용되는 경우에는 국내사업장에 포함되지 아니한다.

해설

① 국내사업장이 없는 외국법인에게 이자소득을 지급하는 경우의 원천징수세율은 20%이나, 이 중 **국가, 지방자치단체 및 내국법인이 발행하는 채권에서 발생하는 이자소득에 대한 원천징수세율은 14%**이다.

② 고용인을 통하여 용역을 제공하는 경우로서 용역의 제공이 계속되는 12개월 중 총 6개월을 초과하지 아니하더라도 **유사한 종류의 용역이 2년 이상 계속적 반복적으로 수행되는 장소**는 외국법인의 국내사업장이다.

③ 외국법인의 국내원천소득 사업소득으로서 국내사업장과 실질적으로 관련되지 않거나 그 국내사업장에 귀속되지 않은 소득금액을 외국법인에게 지급하는 자는 그 지급을 할 때에 **2%**를 적용한 금액을 원천징수하여 그 원천징수한 날이 속하는 달의 다음 달 10일까지 납세지 관할 세무서장 등에 납부해야 한다. 정답 ④

기타 법인세

747

다음 자료를 이용하여 제23기 사업연도(2023.1.1.~12.31.)말에 해산을 결의하고 청산 절차에 착수한 영리내국법인 ㈜한국의 「법인세법」상 청산소득금액을 계산하면 얼마인가? (단, 주어진 자료 이외에 다른 사항은 고려하지 않는다)

세법2 Link   p.247-248
오진다 Link   p.397-398
출제 가능 지수 ■■■■
난이도 ■■■■■

(1) 해산등기일 현재 재무상태표상 자본의 내역

자본금	₩80,000,000
자본잉여금	₩30,000,000
이익잉여금	₩10,000,000

(2) 해산등기일 현재 법령으로 정하는 이월결손금은 ₩50,000,000이며, 이 금액 중 자기자본의 총액에서 이미 상계되었거나 상계된 것으로 보는 금액은 없다.

(3) 해산에 의한 잔여재산의 가액은 ₩100,000,000으로 확정되었다.

(4) 해산등기일 전 2년 이내에 자본금에 전입한 잉여금은 ₩20,000,000이다.

① ₩10,000,000　　② ₩20,000,000　　③ ₩30,000,000　　④ ₩40,000,000

해설

(1) 해산에 의한 잔여재산의 가액: ₩100,000,000

(2) 해산등기일 전 2년 이내에 자본금에 전입한 잉여금이 있는 경우 이를 자본에 전입하지 않은 것으로 보고 계산한다. 따라서 자기자본은 다음과 같이 구한다.

> 자기자본 = 자본금 + 잉여금 − 이월결손금
> = (₩80,000,000 − ₩20,000,000) + (₩30,000,000 + ₩10,000,000 + ₩20,000,000) − ₩50,000,000
> = ₩70,000,000

(3) 내국법인의 청산소득에 대한 법인세의 과세표준은 청산소득금액으로 하는데, 그 청산소득 금액(계속사업의 경우 제외)은 다음과 같이 계산한다.

> 청산소득금액 = 잔여재산가액 − 자기자본총액 = ₩100,000,000 − ₩70,000,000 = ₩30,000,000

정답 ③

CHAPTER 18 합병 및 분할

748

「법인세법령」상 합병 및 분할 등에 관한 특례의 내용으로 옳은 것은?

① 적격합병이 아닌 경우 합병법인이 합병으로 피합병법인의 자산을 승계한 경우에는 그 자산을 피합병법인으로부터 합병등기일 현재의 장부가액으로 양도받은 것으로 본다.

② 적격합병이 아닌 경우 합병법인이 피합병법인에게 지급한 양도가액과 피합병법인의 합병등기일 현재의 순자산 시가가 서로 일치하지 않으면, 그 차액은 합병매수차익 또는 합병매수차손으로 한다.

③ 적격분할이 아닌 경우 분할신설법인 등이 분할로 분할법인 등의 자산을 승계한 경우에는 그 자산을 분할법인 등으로부터 분할등기일 현재의 장부가액으로 양도받은 것으로 본다.

④ 중소기업간 적격합병인 경우 합병법인이 승계한 피합병법인의 결손금에 대한 공제는 피합병법인으로부터 승계받은 사업에서 발생한 소득금액의 80%를 한도로 한다.

해설

① 적격합병이 아닌 경우 합병법인이 합병으로 피합병법인의 자산을 승계한 경우에는 그 자산을 피합병법인으로부터 합병등기일 현재의 **시가**로 양도받은 것으로 본다.

③ 적격분할이 아닌 경우 분할신설법인 등이 분할로 분할법인 등의 자산을 승계한 경우에는 그 자산을 분할법인 등으로부터 분할등기일 현재의 **시가로** 양도받은 것으로 본다.

④ 중소기업간 적격합병인 경우 합병법인이 승계한 피합병법인의 결손금에 대한 공제는 피합병법인으로부터 승계받은 사업에서 발생한 소득금액의 **100%**를 한도로 한다.

정답 ②

세법2 Link   p.262-263, 269, 272

오진다 Link   p.402, 406, 408-409

출제 가능 지수 ■■■■□

난이도 ■■■■□

CHAPTER 18 합병 및 분할

749

세법2 Link p.260, 263
오진다 Link p.402
출제 가능 지수 ■■■□□
난이도 ■■■■□

「법인세법」상 적격합병에 관한 설명이다. 옳은 것은?

① 합병등기일 현재 1년을 초과해 사업을 계속하던 내국법인 간의 합병이어야 한다는 것은 적격합병의 요건 중 하나이다.

② 피합병법인의 주주 등이 합병으로 인하여 받은 합병대가의 90% 이상이 합병법인의 주식 등이어야 한다는 것은 적격합병의 요건 중 하나이다.

③ 합병법인이 합병등기일이 속하는 사업연도의 다음 사업연도 종료일까지 피합병법인으로부터 승계받은 사업을 계속하여야 한다는 것은 적격합병의 요건 중 하나이다.

④ 피합병법인의 합병으로 발생하는 양도손익을 계산할 때 적격합병의 경우에는 피합병법인이 합병법인으로부터 받은 양도가액을 피합병법인의 합병등기일 현재의 순자산 장부가액으로 보아 양도손익이 없는 것으로 할 수 있다.

해설

① 합병등기일 현재 1년 **이상** 사업을 계속하던 내국법인 간의 합병이어야 한다는 것은 적격합병의 요건 중 하나이다.

② 피합병법인의 주주 등이 합병으로 인하여 받은 합병대가의 **80% 이상**이 합병법인의 주식 등이어야 한다는 것은 적격합병이 요건 중 하나이다.

③ 합병법인이 **합병등기일이 속하는 사업연도의 종료일까지** 피합병법인으로부터 승계받은 사업을 계속하여야 한다는 것은 적격합병의 요건 중 하나이다.

정답 ④

합병 및 분할

750

㈜한국은 ㈜민국을 다음과 같이 흡수합병하였다. 다음의 자료에 의하여 계산되는 합병매수차익과 자산 조정계정으로 옳은 것은?

세법2 Link   p.262-263
오진다 Link   p.403
출제 가능 지수   ■■■■■
난이도   ■■■■■

---

(1) 합병 직전 ㈜민국의 재무상태표는 다음과 같다.

㈜민국의 재무상태표			
자 산	₩10,000,000	부채	₩5,000,000
		자본금	₩3,000,000
		이익잉여금	₩2,000,000
	₩10,000,000		₩10,000,000

(2) ㈜한국은 ㈜민국을 흡수합병하면서 자산을 평가하여 승계하였다. ㈜한국이 합병 시 계상한 ㈜민국 자산의 승계가액은 ₩15,000,000이며 부채의 승계가액은 ㈜민국의 장부가액과 동일하다.

(3) ㈜한국은 ㈜민국의 주주에게 합병대가로 액면가액 ₩1,000,000 (시가 ₩6,000,000)의 합병신주를 교부하였다.

(4) 과세이연요건을 충족하지 않았다.

	자산조정계정	합병매수차익
①	₩5,000,000	₩4,000,000
②	₩5,000,000	₩5,000,000
③	₩0	₩4,000,000
④	₩0	₩5,000,000

해설

과세이연요건을 충족하지 않아 적격합병요건을 만족하지 않으므로 합병매수차익은 인식하고 자산조정계정은 계상되지 않는다. ㈜한국의 과세대상 합병매수차익은 다음과 같이 구할 수 있다.

㈜한국의 과세대상 합병매수차익
= 피합병법인 순자산 시가 − 피합병법인에게 지급한 합병대가(양도가액)
= (₩15,000,000 − ₩5,000,000) − ₩6,000,000 = ₩4,000,000

정답 ③

연결납세제도

751

「법인세법」상 연결납세제도에 대한 설명으로 옳은 것은?

세법2 Link   p.277-280
오진다 Link   p.413-415
출제 가능 지수
난이도

① 연결납세방식을 적용하는 경우 연결가능 자법인이 둘 이상인 경우에 해당 법인 모두가 연결납세방식을 적용하여야 하는 것은 아니다.

② 추계조사결정 사유로 장부나 그 밖의 증명서류에 의하여 연결법인의 소득금액을 계산할 수 없는 경우 연결자법인의 납세지 관할 지방국세청장은 연결납세방식의 적용승인을 취소할 수 있다.

③ 연결납세방식을 최초로 적용받은 연결사업연도와 그 다음 연결사업연도의 개시일부터 5년 이내에 끝나는 연결사업연도까지는 연결납세방식의 적용을 포기할 수 없다.

④ 법인의 설립등기일로부터 연결모법인이 연결지배하는 내국법인은 설립등기일이 속하는 사업연도부터 연결납세방식을 적용하여야 한다.

해설

① 연결납세방식을 적용하는 경우 연결가능 자법인이 둘 이상일 때에는 **해당 법인 모두 연결납세방식을 적용하여야 한다.**

② 추계조사결정 사유로 장부나 그 밖의 증명서류에 의하여 연결법인의 소득금액을 계산할 수 없는 경우 **연결모법인**의 납세지 관할 지방국세청장은 연결납세방식이 적용승인을 취소할 수 있다.

③ 연결납세방식을 최초로 적용받은 연결사업연도와 그 다음 연결사업연도의 개시일부터 **4년** 이내에 끝나는 연결사업연도까지는 연결납세방식의 적용을 포기할 수 없다.

[참고] 연결납세법인 승인 취소 사유

ⓐ 연결법인의 사업연도가 연결사업연도와 일치하지 않는 경우
ⓑ 연결모법인이 연결지배하지 아니하는 내국법인에 대하여 연결납세방식을 적용하는 경우
ⓒ 연결모법인의 연결가능 자법인에 대하여 연결납세방식을 적용하지 아니하는 경우
ⓓ 추계조사결정사유로 장부나 그 밖의 증명서류에 의하여 연결법인의 소득금액을 계산할 수 없는 경우
ⓔ 연결법인에 수시부과사유가 있는 경우
ⓕ 연결모법인이 다른 내국법인(비영리내국법인 제외)의 연결지배를 받는 경우

정답 ④

연결납세제도

752

「법인세법」상 연결납세제도에 관한 설명으로 옳지 않은 것은?

① 연결납세방식을 적용받는 각 연결법인의 사업연도는 연결사업연도와 일치하여야 한다. 이 경우 연결사업연도의 기간은 1년을 초과하지 못하며, 연결사업연도의 변경에 관하여는 일반적인 내국법인의 사업연도 변경규정을 준용한다

② 연결납세방식을 처음으로 적용받는 경우에는 각 연결법인의 중간예납세액의 합계액을 연결중간예납세액으로 한다.

③ 연결자법인은 연결과세표준 신고기한까지 연결법인별 산출세액에서 해당 연결사업연도의 연결법인별 중간예납세액을 뺀 금액에 해당 연결사업연도의 해당 법인의 감면세액, 원천징수된 세액 및 가산세를 가산하여 연결모법인에 지급하여야 하며, 그 금액이 음의 수인 경우 연결모법인은 음의 부호를 뗀 금액을 연결자법인에 지급하여야 한다.

④ 연결법인은 각 연결사업연도의 소득에 대한 법인세(토지 등 양도소득에 대한 법인세와 미환류소득에 대한 법인세 포함)를 연대하여 납부할 의무가 있다.

해설

③ 연결자법인은 연결과세표준 신고기한까지 연결법인별 산출세액에서 해당 연결사업연도의 연결법인별 중간예납세액을 뺀 금액에 해당 연결사업연도의 해당 법인의 감면세액, 원천징수된 세액을 **차감하고** 가산세를 가산하여 연결모법인에 지급하여야 하며, 그 금액이 음의 수인 경우 연결모법인은 음의 부호를 뗀 금액을 연결자법인에 지급하여야 한다. 　　　　　　정답 ③

세법2 Link 　 p.277, 285-286

오진다 Link 　 p.413, 419-420

출제 가능 지수 ■■■■■

난이도 ■■■■■

753

「법인세법」상 각 연결사업연도의 소득에 대한 법인세에 관한 설명으로 옳은 것은?

세법2 Link p.279-280,
              284-285
오진다 Link p.414-415,
              418-419
출제 가능 지수 ■■■■■
난이도   ■■■■■

① 연결사업연도 중에 연결납세방식의 적용 승인이 취소된 경우 취소된 날이 속하는 연결사업연도의 개시일로부터 그 연결사업연도의 종료일까지의 기간과 취소된 날이 속하는 연결사업연도의 종료일의 다음 날부터 본래 사업연도 개시일 전날까지의 기간을 각각 1사업연도로 본다.

② 연결모법인은 각 연결사업연도의 종료일이 속하는 달의 말일부터 3개월 이내에 해당 연결사업연도의 소득에 대한 법인세의 과세표준과 세액을 납세지 관할 세무서장에게 신고하여야 한다.

③ 각 연결사업연도의 기간이 6개월을 초과하는 연결모법인은 해당사업연도 개시일부터 6개월간을 중간예납기간으로 하여 연결중간예납세액을 중간예납기간이 지난 날부터 3개월 이내에 납세지 관할세무서에 납부하여야 한다.

④ 연결모법인이 새로 다른 내국법인을 연결지배하게 된 경우에는 연결지배가 성립하는 날이 속하는 연결사업연도부터 해당 내국법인은 연결납세방식을 적용하여야 한다.

해설

② 연결모법인은 각 연결사업연도의 종료일이 속하는 달의 말일부터 **4개월** 이내에 해당 연결사업연도의 소득에 대한 법인세의 과세표준과 세액을 납세지 관할세무서장에게 신고하여야 한다.

③ 각 연결사업연도의 기간이 6개월을 초과하는 연결모법인은 해당사업연도 개시일부터 6개월간을 중간예납기간으로 하여 연결중간예납세액을 중간예납기간이 지난 날부터 **2개월** 이내에 납세지 관할세무서에 납부하여야 한다.

④ 연결모법인이 새로 다른 내국법인을 연결지배하게 된 경우에는 연결지배가 성립하는 날이 속하는 연결사업연도의 **다음 연결사업연도**부터 해당 내국법인은 연결납세방식을 적용하여야 한다.

정답 ①

754

「법인세법」상 연결납세제도에 관한 설명으로 옳지 않은 것을 모두 고른 것은?

세법2 Link   p.278, 282, 285
오진다 Link   p.413, 417, 419
출제 가능 지수 ■■■■■
난이도 ■■■■■

> ㄱ. 내국법인인 연결모법인과 그 다른 내국법인인 연결가능 자법인은 연결모법인의 납세지 관할 지방국세청장의 승인을 받아 연결납세방식을 적용할 수 있다.
>
> ㄴ. 연결납세방식을 적용받으려는 내국법인과 해당 내국법인의 연결가능 자법인은 최초의 사업연도 개시일부터 20일 이내에 연결납세방식 적용신청서를 해당 내국법인의 납세지 관할 세무서장을 경유하여 관할 지방국세청장에게 제출하여야 한다.
>
> ㄷ. 이월결손금은 연결소득 개별귀속액의 60%를 한도로 공제한다.
>
> ㄹ. 연결법인이 중간예납기간이 지나기 전 연결가능 자법인에 해당하지 않게 되거나 해산(연결자법인이 다른 연결법인에 흡수합병되어 해산함에 따라 연결납세방식을 적용하는 경우는 제외)하는 경우 연결모법인은 해당 연결법인의 중간예납세액 귀속분을 빼고 납부할 수 있다.
>
> ㅁ. 연결법인의 납세지는 연결모법인의 납세지로 한다.

① ㄱ, ㄴ   ② ㄴ, ㄷ   ③ ㄹ, ㅁ   ④ ㄴ, ㄷ, ㄹ

해설

ㄴ. 연결납세방식을 적용받으려는 내국법인과 해당 내국법인의 연결가능 자법인은 최초의 사업연도 개시일부터 **10일** 이내에 연결납세방식 적용신청서를 해당 내국법인의 납세지 관할 세무서장을 경유하여 관할 지방국세청장에게 제출하여야 한다.

ㄷ. 이월결손금은 일반 법인과 마찬가지로 **일반적인 연결법인은 연결소득 개별귀속액의 80%를, 중소기업 등에 해당하는 연결법인은 100%를 한도**로 공제할 수 있다.

정답 ②

 **MEMO**

제 **6** 편

소득세법

CHAPTER

총칙

755

세법상 납세의무에 대한 설명으로 옳은 것은?

① 사업목적이 비영리이며 사업상 독립적으로 재화를 공급하는 개인사업자의 경우 부가가치세 납세의무가 없다.

② 거주자는 국내원천소득뿐만 아니라 국외원천소득에 대해서도 납세의무를 진다.

③ 원천징수되는 소득으로서 종합소득세과세표준에 합산되지 아니하는 소득이 있는 자는 그 원천징수되는 소득세의 납세의무를 지지 않는다.

④ 내국법인 중 국가와 지방자치단체(지방자치단체조합을 포함)도 법인세 납세의무를 진다.

해설

① 사업목적이 **영리든 비영리든** 과세되는 재화를 독립적으로 공급하는 개인사업자는 부가가치세 납세의무가 있다.

③ 원천징수되는 소득으로서 종합소득세과세표준에 합산되지 아니하는 소득이 있는 자는 그 원천징수되는 **소득세의 납세의무를 진다.**

④ 내국법인 중 국가와 지방자치단체(지방자치단체조합을 포함)는 **법인세 납세의무를 지지 않는다.**   정답 ②

세법1 Link   p.269
세법2 Link   p.17, 296, 299
오진다 Link   p.162, 282, 426-427
출제 가능 지수 ■■■■■
난이도   ■■□□□

756

「소득세법령」상 납세의무 등에 관한 설명으로 옳은 것은?

① 비거주자는 국내에 거소를 둔 기간이 182일이 되는 날에 거주자가 된다.

② 외국법인의 국내지점 또는 국내영업소는 원천징수한 소득세를 납부할 의무를 진다.

③ 거주자의 사업소득에 대한 소득세 납세지는 주된 사업장 소재지로 한다.

④ 거주기간을 계산할 경우 국내에 거소를 둔 기간은 입국하는 날의 다음날부터 출국하는 날의 전일까지로 한다.

해설

① 비거주자는 국내에 거소를 둔 기간이 **183일**이 되는 날에 거주자가 된다.

③ 거주자의 소득세 납세지는 그 **주소지**로 한다. 다만, 주소지가 없는 경우에는 그 **거소지**로 한다. 이는 사업소득에 대한 소득세의 경우에도 마찬가지이다.

④ 거주기간을 계산할 경우 국내에 거소를 둔 기간은 입국하는 날의 다음날부터 **출국하는 날**까지로 한다.

정답 ②

세법2 Link   p.296-298, 302
오진다 Link   p.426-428
출제 가능 지수 ■■■■□
난이도   ■■■□□

CHAPTER 01

총칙

757

「소득세법」상 납세의무에 대한 설명으로 옳지 않은 것은?

세법2 Link   p.296-298
오진다 Link   p.426-427
출제 가능 지수
난이도

① 비거주자는 국내원천소득에 대하여 소득세를 납부할 의무가 있고 거주자는 국내·외 원천소득에 대해서 소득세를 납부할 의무가 있다.

② 국내에 거주하는 개인이 국내에 생계를 같이하는 가족이 있고, 그 직업 및 자산상태에 비추어 계속하여 183일 이상 국내에 거주할 것으로 인정되는 경우에는 국내에 주소를 가진 것으로 본다.

③ 외국을 항행하는 항공기 승무원의 경우 그 승무원과 생계를 같이하는 가족이 거주하는 장소가 국내에 있는 때에는 해당 승무원의 주소는 국내에 있는 것으로 본다.

④ 국외에서 근무하는 내국법인의 국외사업장에 파견된 직원의 경우 계속하여 183일 이상 국외에 거주하는 경우 비거주자로 본다.

해설

④ 국외에서 근무하는 내국법인의 **국외사업장에 파견된 직원**의 경우 계속하여 183일 이상 국외에 거주하는 경우에도 **거주자**로 본다.

정답 ④

758

「소득세법」상 납세의무에 관한 설명으로 옳지 않은 것은?

세법2 Link   p.296-298
오진다 Link   p.426-427
출제 가능 지수 ■■■■□
난이도   ■■■■□

① 한국 국적인 대한은 외교부 공무원으로 영국에서 국외근무하고 있으며, 영국에 거소를 둔 기간은 1년을 넘고 있다. 이 경우 대한은 국내·외 원천소득에 대하여 납세의무를 진다.
② 한국 국적인 민국은 외국법인 L.A. Ltd.에서 외국을 항행하는 선박 승무원으로 근무하며, 생계를 같이하는 가족과 함께 인천에 살고 있다. 이 경우 민국은 국내·외 원천소득에 대하여 납세의무를 진다.
③ 미국 국적인 A는 내국법인 ㈜한국IT에 네트워크관련 기술자로 근무하고 있으며, 해당 과세기간 종료일 10년 전부터 서울에 주소나 거소를 둔 기간의 합계는 3년이다. 이 경우 A는 국내·외 원천소득에 전부에 대하여 납세의무를 진다.
④ 「재외동포의 출입국과 법적 지위에 관한 법률」 제2조에 따른 재외동포가 입국한 경우 생계를 같이 하는 가족의 거주지나 자산소재지 등에 비추어 그 입국목적이 관광, 질병의 치료 등 법령으로 정하는 사유에 해당하여 그 입국한 기간이 명백하게 일시적인 것으로 인정되는 때에는 해당 기간은 국내에 거소를 둔 기간으로 보지 아니한다.

해설

③ 해당 과세기간 종료일 10년 전부터 국내에 주소나 거소를 둔 기간의 합계가 **5년 이하인 외국인 거주자**에게는 과세대상 소득 중 **국외에서 발생한 소득의 경우 국내에서 지급되거나 국내로 송금된 소득에 대해서만 과세**한다.

정답 ③

759

「소득세법」상 납세의무에 관한 설명으로 옳지 않은 것은?

세법2 Link   p.298, 301, 473
오진다 Link   p.426-427, 502
출제 가능 지수 ■■■□□
난이도   ■■■■□

① 비거주자는 원천징수한 소득세를 납부할 의무를 진다.
② 「국세기본법」상 법인으로 보는 단체 외의 법인 아닌 단체가 국내에 주사무소를 둔 경우 구성원 간 이익의 분배비율이 정하여져 있지 않고 사실상 구성원별로 이익이 분배되지 않는 것으로 확인되면 1거주자로 본다.
③ 거주자가 특수관계인에게 자산을 증여한 후 그 자산을 증여받은 자가 그 증여일부터 10년 이내에 다시 타인에게 양도하여 증여자가 그 자산을 직접 양도한 것으로 보는 경우 그 양도소득에 대해서는 증여자가 납세의무를 지며 증여받은 자는 납세의무를 지지 아니한다.
④ 신탁재산에 귀속되는 소득은 그 신탁의 이익을 받을 수익자(수익자가 사망하는 경우에는 그 상속인)에게 귀속되는 것으로 본다.

해설

③ 거주자가 특수관계인에게 자산을 증여한 후 그 자산을 증여받은 자가 그 증여일부터 10년 이내에 다시 타인에게 양도하여 증여자가 그 자산을 직접 양도한 것으로 보는 경우 그 양도소득에 대해서는 증여자와 증여받은 자가 **연대하여 납세의무를 진다.**

정답 ③

760

「소득세법」상 납세의무와 납세지에 관한 설명으로 옳지 않은 것은?

① 공동으로 소유한 자산에 대해 양도소득금액을 계산하는 경우에는 해당 자산을 공동으로 소유하는 각 거주자가 납세의무를 진다.

② 거주자는 납세지가 변경된 경우 변경된 날부터 15일 이내에 그 변경 후의 납세지 관할세무서장에게 신고하여야 하나, 주소지 변경으로 「부가가치세법」상 사업자등록 정정을 한 경우에는 그 변경 전의 납세지 관할 세무서장에게 신고하여야 한다.

③ 국외에서 근무하는 공무원 또는 거주자나 내국법인의 국외사업장에 파견된 임원 또는 직원은 거주자로 본다.

④ 국내사업장이 있는 비거주자가 납세관리인을 둔 경우 그 비거주자의 소득세 납세지는 그 국내사업장의 소재지 또는 그 납세관리인의 주소지나 거소지 중 납세관리인이 그 관할 세무서장에게 납세지로서 신고하는 장소로 한다.

> **해설**
>
> ② 거주자나 비거주자는 납세지가 변경된 경우 변경된 날부터 15일 이내에 그 변경 후의 납세지 관할 세무서장에게 신고하여야 한다. 이 경우 납세자의 주소지 변경으로 「부가가치세법」규정에 의하여 사업자등록 정정을 한 경우에는 **납세지의 변경신고를 한 것으로 보아 별도로 변경신고를 할 필요가 없다.**   정답 ②

세법2 Link   p.297, 299, 303, 305
오진다 Link   p.426-427, 429-430
출제 가능 지수 ■■■■□
난이도   ■■■■□

761

「소득세법」상 납세의무자와 납세지에 관한 설명으로 옳지 않은 것은?

① 해당 과세기간 종료일 10년 전부터 국내에 주소나 거소를 둔 기간의 합계가 5년 이하인 외국인 거주자에게는 과세대상 소득 중 국외에서 발생한 소득의 경우 국내에서 지급되거나 국내로 송금된 소득에 대해서만 과세한다.

② 국외에서 근무하는 공무원은 거주자로 본다.

③ 피상속인의 소득금액에 대해서 과세하는 경우에는 그 상속인이 납세의무를 진다.

④ 납세지 지정사유가 소멸한 경우 국세청장 또는 관할 지방국세청장은 납세의무자가 요청하는 경우에 한하여 납세지의 지정을 취소할 수 있다.

> **해설**
>
> ④ 납세지 지정사유가 소멸한 경우 국세청장 또는 관할 지방국세청장은 납세지의 지정을 취소하여야 한다. 즉, **납세자의 요청이 있어야만 취소할 수 있는 것은 아니다.**   정답 ④

세법2 Link   p.296, 299, 304-305
오진다 Link   p.426-427, 430
출제 가능 지수 ■■■■□
난이도   ■■■■□

762

「소득세법」상 거주자 및 비거주자의 납세의무에 관한 설명으로 옳은 것은?

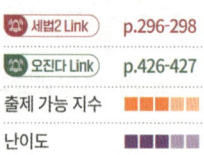
세법2 Link   p.296-298
오진다 Link   p.426-427
출제 가능 지수 ■■■■□
난이도 ■■■■□

① 국내에 거소를 둔 기간이 1과세기간 동안 183일 이상인 경우에는 국내에 거소를 둔 것으로 본다.

② 거주자는 거소의 국외 이전을 위하여 출국하는 날부터 비거주자가 된다.

③ 비거주자는 국내에 주소를 둔 기간이 183일이 되는 날부터 거주자가 된다.

④ 거소는 국내에서 생계를 같이 하는 가족 및 국내에 소재하는 자산의 유무 등 생활관계의 객관적 사실에 따라 판정하며, 주소는 거소지 외의 장소 중 상당기간에 걸쳐 거주하는 장소로서 거소와 같이 밀접한 일반적 생활관계가 형성되지 아니한 장소로 한다.

해설

② 거주자가 비거주자로 되는 시기는 거주자가 거소의 국외 이전을 위하여 **출국하는 날의 다음날**이다.

③ 비거주자가 거주자가 되는 시기는 다음과 같다.

> ㉠ 국내에 주소를 둔 날
> ㉡ 국내에 주소를 가지거나 국내에 주소가 있는 것으로 보는 사유가 발생한 날
> ㉢ 국내에 **거소**를 둔 기간이 183일이 되는 날

④ **주소는** 국내에서 생계를 같이 하는 가족 및 국내에 소재하는 자산의 유무 등 생활관계의 객관적 사실에 따라 판정하며, **거소는** 주소지 외의 장소 중 상당기간에 걸쳐 거주하는 장소로서 **주소와** 같이 밀접한 일반적 생활관계가 형성되지 아니한 장소로 한다.

정답 ①

763

「소득세법」상 거주자 및 납세지에 관한 설명으로 옳지 않은 것은?

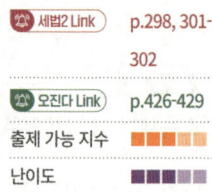
세법2 Link   p.298, 301-
                302
오진다 Link   p.426-429
출제 가능 지수 ■■■■□
난이도 ■■■■□

① 거주자가 주소를 국외로 이전하여 비거주자가 되는 경우의 과세기간은 1월 1일부터 출국한 날까지로 한다.

② 국내에 거주하는 개인이 계속하여 183일 이상 국내에 거주할 것을 통상 필요로 하는 직업을 가진 경우에는 국내에 주소를 가진 것으로 본다.

③ 내국법인이 발행주식총수의 100분의 50 이상을 직접 출자한 해외현지법인에 파견된 직원은 거주자로 본다.

④ 비거주자의 소득세 납세지는 국내사업장이 둘 이상 있는 경우 주된 국내사업장의 소재지로 하고, 국내사업장이 없는 경우에는 국내원천소득이 발생하는 장소로 한다.

해설

③ 내국법인이 발행주식총수의 **100분의 100을 직접 또는 간접 출자**한 해외현지법인에 파견된 직원은 거주자로 본다.

정답 ③

764

「소득세법」상 납세의무에 관한 설명으로 옳은 것을 모두 고른 것은?

세법2 Link   p.296-298
오진다 Link   p.426-427
출제 가능 지수   ■■■■□
난이도   ■■■■□

ㄱ. 내국법인인 ㈜한국의 직원인 한국 국적의 대한은 ㈜한국이 100% 출자한 미국 현지법인 Seoul Ltd.에 파견되어 근무하고 있으며, 대한은 미국에서 1년 이상 거소를 두고 있다. 이러한 경우 대한은 국내원천소득에 대해서만 납세의무를 진다.

ㄴ. 한미행정협정에 규정된 합중국군대에서 군무원으로 근무하고 있는 미국 국적인 A는 가족과 함께 서울에 살고 있으며 거소지 선정과 관련하여 조세회피목적은 없다. 이 경우 「소득세법」상 A는 거주자로 본다.

ㄷ. 내국법인인 ㈜한국항공에서 승무원으로 근무하기 위하여 입국한 미국 국적인 B는 가족이 없는 미혼이고, 근무시간 외에는 ㈜한국항공에서 제공한 서울시 마포구 소재 기숙사에서 통상 생활하고 있다. 이 경우 B는 비거주자로 본다.

ㄹ. 국내에 거소를 두고 있으면서 서울과 미국 LA에서 부동산임대업을 영위하고 있는 한국 국적의 민국은 2026. 1. 1에 질병 치료차 일시적으로 미국으로 출국하였다가 2026. 10. 10.에 다시 입국하였다. 민국은 2026년 과세연도의 경우 서울 및 LA에서 발생한 부동산임대소득 모두에 대해서 국내에서 소득세 납세의무를 진다.

ㅁ. 미국 국적인 C는 2025년과 2026년에 걸쳐서 2025년에 90일, 2026년에 100일을 국내에 거소를 두고 있다. 이 경우 C는 2026년도의 소득세 납세의무를 국내·외 원천소득에 대하여 진다.

① ㄱ, ㄴ   ② ㄱ, ㅁ   ③ ㄴ, ㄷ   ④ ㄹ, ㅁ

해설

ㄱ. 내국법인이 100%출자한 해외현지법인에 파견된 임직원은 **거주자**에 해당하므로 **국외원천소득에 대하여도 납세의무가 있다.**

ㄴ. 한미행정협정에 규정된 합중국군대의 군무원은 국내에 주소가 있다고 할지라도 **비거주자**로 본다.

ㄷ. 항공기 승무원의 경우 그 승무원과 생계를 같이하는 가족이 거주하는 장소 또는 그 승무원이 근무기간 외의 기간 중 통상 체재하는 장소가 국내에 있는 경우 **거주자**로 간주한다.

ㄹ. 국내에 거소를 두고 있던 개인이 출국 후 다시 입국한 경우에 질병의 치료로서 명백하게 일시적인 것으로 인정되는 때에는 그 출국한 기간도 국내에 거소를 둔 기간으로 보므로 **거주자**에 **해당하여 국내외소득에 대하여 납세의무를 진다.**

ㅁ. 다음의 하나에 해당하는 경우 국내에 183일 이상 거소를 둔 것으로 본다.

  ㉠ 국내에 거소를 둔 기간이 1과세기간 동안 183일 이상인 경우
  ㉡ 국내에 거소를 둔 기간이 2과세기간에 걸쳐 183일 이상인 경우(2026.1.1.부터 시행)

따라서 C는 **거주자**에 해당하므로 2026년도의 소득세 납세의무를 **국내·외 원천소득에 대하여 진다.**

정답 ④

765

소득세의 납세의무자 및 납세지에 대한 「소득세법」상의 규정으로 옳은 것은?

① 내국법인이 발행주식총수 또는 출자지분의 90% 이상을 출자한 해외현지법인(간접 출자한 자본은 없음)에 파견된 임원 또는 직원은 거주자로 본다.

② 외국을 항행하는 선박 또는 항공기의 승무원의 경우 그 승무원과 생계를 같이 하는 가족이 거주하는 장소 또는 그 승무원이 근무기간 외의 기간 중 통상 체재하는 장소가 국내에 있는 때에는 해당 승무원의 주소는 국내에 있는 것으로 본다.

③ 비거주자의 소득세 납세지는 국내사업장(국내사업장이 둘 이상 있는 경우에는 주된 국내사업장)의 소재지로 하되, 국내사업장이 없는 경우에는 그 비거주자의 거류지 또는 체류지로 한다.

④ 원천징수하는 자가 비거주자인 경우 원천징수하는 소득세의 납세지는 그 비거주자의 주된 국내사업장 소재지로 하되, 주된 국내사업장 외의 국내사업장에서 원천징수를 하는 경우에는 그 국내사업장의 소재지로 하며, 국내사업장이 없는 경우에는 국세청장 또는 관할 지방국세청장이 지정하는 장소로 한다.

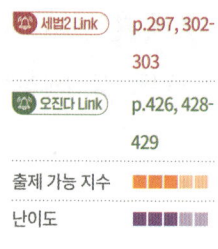

세법2 Link   p.297, 302-303
오진다 Link   p.426, 428-429
출제 가능 지수   ■■■■□
난이도   ■■■■□

해설

① **100%** 출자한 해외현지법인에만 적용된다.
③ 국내사업장이 없는 경우 **국내원천소득이 발생한 장소**를 납세지로 한다.
④ 국내사업장이 없는 경우 그 **비거주자의 거류지 또는 체류지**를 납세지로 한다.

정답 ②

766

「소득세법」상 납세지에 관한 설명으로 옳지 않은 것은?

① 국내사업장이 있는 비거주자가 주된 국내사업장 외의 국내사업장에서 소득세를 원천징수한 경우에는 그 국내사업장의 소재지가 납세지가 된다.

② 소득세 납세의무가 있는 거주자의 납세지가 불분명한 경우로서 주소지나 거소지가 2 이상인 때에는 생활관계가 보다 밀접한 곳을 납세지로 한다.

③ 소득세 납세의무가 있는 거주자가 취학, 질병의 요양, 근무상 또는 사업상의 형편으로 본래의 주소 또는 거소를 일시 퇴거한 경우에는 본래의 주소지 또는 거소지를 납세지로 본다.

④ 사업소득이 있는 거주자가 사업장 소재지를 납세지로 지정신청하고자 할 경우 해당 과세기간의 10. 1.부터 12. 31.까지 「소득세법령」에 따라 납세지 지정신청서를 사업장 관할 세무서장에게 제출(국세정보통신망에 의한 제출을 포함)하여야 한다.

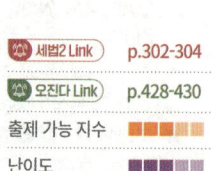

세법2 Link   p.302-304
오진다 Link   p.428-430
출제 가능 지수   ■■■■□
난이도   ■■■■□

해설

② 소득세 납세의무가 있는 거주자의 납세지가 불분명한 경우로서 주소지가 2이상인 때에는 **주민등록법에 의하여 등록된 곳을 납세지**로 하고, 거소지가 2이상인 때에는 **생활관계가 보다 밀접한 곳**을 납세지로 한다.

정답 ②

767

「소득세법」상 납세의무와 납세지에 관한 설명으로 옳지 않은 것은?

세법2 Link p.297-298, 302, 305
오진다 Link p.427-430
출제 가능 지수 ■■■■■
난이도 ■■■■■

① 법인 아닌 단체 중 법인으로 보는 단체 외의 단체의 구성원 간 이익의 분배비율이 정하여져 있지 아니하나 사실상 구성원별로 이익이 분배되는 것으로 확인되는 경우에는 소득구분에 따라 해당 단체의 각 구성원별로 소득세 또는 법인세를 납부할 의무를 진다.

② 비거주자 A가 국내에 두 곳의 사업장을 둔 경우, 주된 사업장을 판단하기가 곤란한 때에는 둘 중 하나를 선택하여 신고한 장소를 납세지로 한다.

③ 납세지의 지정이 취소된 경우 그 취소 전에 한 소득세에 관한 신고, 신청, 청구, 납부, 그 밖의 행위의 효력에도 영향을 미친다.

④ 국외에 근무하는 자가 외국법령에 의하여 그 외국의 영주권을 얻은 자로서 국내에 생계를 같이 하는 가족이 없고 그 직업 및 자산상태에 비추어 다시 입국하여 주로 국내에 거주하리라고 인정되지 아니하는 때에는 국내에 주소가 없는 것으로 본다.

해설

③ 납세지의 지정이 취소된 경우 그 취소 전에 한 소득세에 관한 신고, 신청, 청구, 납부, 그 밖의 행위의 효력에는 **영향을 미치지 않는다.**

정답 ③

768

다음은 「소득세법」상 납세의무자 및 납세지에 관한 설명으로 옳지 않은 것은?

세법2 Link p.296-298, 301, 305
오진다 Link p.426-427, 430
출제 가능 지수 ■■■■■
난이도 ■■■■■

① 거주자가 주소를 국외로 이전하여 비거주자가 되는 경우의 과세기간은 1월 1일부터 출국한 날까지로 한다.

② 거주자는 납세지가 변경된 경우 변경된 날부터 15일 이내에 그 변경 후의 납세지 관할 세무서장에게 신고하여야 한다.

③ 내국법인이 발행주식총수 100%를 간접출자한 해외현지법인에 파견된 해당 내국법인의 직원이, 생계를 같이 하는 가족이나 자산상태로 보아 파견기간 종료 후 재입국할 것으로 인정되는 경우라면, 외국의 국적 취득과는 관계없이 거주자로 본다.

④ 국내에 거소를 둔 기간은 입국하는 날부터 출국하는 날까지로 한다.

해설

④ 국내에 거소를 둔 기간은 **입국하는 날의 다음 날**부터 출국하는 날까지로 한다.

정답 ④

CHAPTER 02 금융소득

769

「소득세법령」상 이자소득의 수입시기에 대한 설명으로 옳은 것은?

① 채권 등으로서 무기명인 것의 이자는 약정에 의한 지급일로 한다.

② 비영업대금의 이익으로서 약정에 의한 이자지급일 전에 이자를 지급받는 경우에는 약정에 의한 이자지급일로 한다.

③ 이자소득이 발생하는 상속재산이 상속되는 경우에는 실제 지급일로 한다.

④ 저축성보험의 보험차익(기일 전에 해지하는 경우 제외)은 보험금 또는 환급금의 지급일로 한다.

해설

① 채권 등으로서 무기명인 것의 이자는 **그 지급을 받은 날**로 한다.
② 비영업대금의 이익으로서 약정에 의한 이자지급일 전에 이자를 지급받는 경우에는 **그 이자지급일**로 한다.
③ 이자소득이 발생하는 상속재산이 상속되는 경우에는 **상속개시일**로 한다.   정답 ④

세법2 Link   p.312
오진다 Link   p.433
출제 가능 지수 ■■■■□
난이도 ■■■□□

770

「소득세법」상 배당소득의 수입시기에 대한 설명으로 옳은 것은?

① 잉여금처분에 의한 배당 — 그 지급을 받은 날

② 법인이 해산으로 인하여 소멸한 경우 의제배당 — 해산등기일

③ 출자공동사업자의 배당 — 배당을 지급받은 날

④ 「법인세법」에 의하여 처분된 배당 — 해당 법인의 해당 사업연도의 결산확정일

해설

① 잉여금처분에 의한 배당은 **잉여금처분결의일**로 한다.
② 법인이 해산으로 인하여 소멸한 경우 의제배당은 **잔여재산의 가액이 확정된 날**로 한다.
③ 출자공동사업자의 배당은 **과세기간 종료일**로 한다.   정답 ④

세법2 Link   p.319
오진다 Link   p.436
출제 가능 지수 ■■■■□
난이도 ■■■□□

771

「소득세법령」상 이자소득과 배당소득에 대한 설명으로 옳은 것은?

세법2 Link　p.310-311, 316
오진다 Link　p.431-434
출제 가능 지수 ■■■■■
난이도 ■■■■■

① 이자소득금액 또는 배당소득금액을 계산할 때 과세기간 총 수입금액에 대응되는 비용으로 일반적으로 용인되는 지급 수수료 등은 필요경비로 산입하여 산출한다.
② 공동사업에서 발생하는 소득금액 중 출자하여 경영에 참가한 경우 출자공동사업자가 손익분배비율에 따라 지급받는 소득은 배당소득으로 과세된다.
③ 거주자가 일정기간 후 같은 종류로서 같은 양의 채권을 반환받는 조건으로 채권을 대여하고 해당 채권의 차입자로부터 지급받은 해당 채권에서 발생하는 이자에 상당하는 금액은 이자소득으로 본다.
④ 비영업대금을 채무자의 파산, 사망, 사업의 폐지 등으로 회수할 수 없는 경우, 이자부터 회수한 것으로 보아 수령액에서 이자소득을 먼저 과세하고 나머지 수령분을 원금으로 간주한다.

> **해설**
>
> ① 이자소득과 배당소득은 **필요경비가 인정되지 않는다.**
> ② 공동사업에서 발생하는 소득금액 중 출자하여 **경영에 참가하지 않은 경우** 출자공동사업자가 손익분배비율에 따라 지급받는 소득은 배당소득으로 과세된다. 경영에 참가하고 손익분배비율에 따라 지급받는 소득은 사업소득으로 과세된다.
> ④ 비영업대금을 채무자의 파산, 사망, 사업의 폐지 등으로 회수할 수 없는 경우, **원금부터 회수한 것**으로 보아 수령액에서 원금을 차감한 금액을 이자소득으로 간주한다.　　　정답 ③

772

「소득세법」상 이자소득 및 배당소득에 대한 설명으로 옳은 것은?

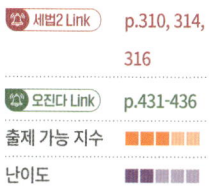
세법2 Link　p.310, 314, 316
오진다 Link　p.431-436
출제 가능 지수 ■■■■■
난이도 ■■■■■

① 주식의 소각이나 자본의 감소로 인하여 주주가 취득하는 금전 기타 재산의 가액이 주주가 해당 주식을 취득하기 위하여 소요된 금액에 미달하는 금액은 배당소득에 해당한다.
② 근로자가 퇴직하거나 탈퇴하여 그 규약에 따라 직장공제회로부터 받는 반환금에서 납입공제료를 뺀 직장공제회 초과반환금은 배당소득으로 과세된다.
③ 공동사업에서 발생하는 소득금액 중 공동사업에 성명 또는 상호를 사용하게 하는 자에 대한 손익분배비율에 상당하는 금액은 배당소득으로 보고 종합과세한다.
④ 「국세조정에 관한 법률」에 따른 특정외국법인에 대하여 내국인이 출자한 경우에는 특정외국법인의 각 사업연도 말 현재 배당 가능한 유보소득 중 내국인에게 귀속될 금액은 내국인이 배당받은 것으로 본다.

> **해설**
>
> ① 주식의 소각이나 자본의 감소로 인하여 주주가 취득하는 금전 기타 재산의 가액이 주주가 해당 주식을 취득하기 위하여 소요된 금액을 **초과하는** 금액은 배당소득에 해당한다.
> ② 근로자가 퇴직하거나 탈퇴하여 그 규약에 따라 직장공제회로부터 받는 반환금에서 납입공제료를 뺀 직장공제회 초과반환금은 **이자소득**으로 과세된다.
> ③ 공동사업에서 발생하는 소득금액 중 공동사업에 성명 또는 상호를 사용하게 하는 자에 대한 손익분배비율에 상당하는 금액은 배당소득이 아닌 **사업소득**으로 과세된다.　　　정답 ④

773

「소득세법」상 배당소득에 대한 설명으로 옳은 것은?

세법2 Link p.314, 318, 320

오진다 Link p.434-437

출제 가능 지수 ■■■■□

난이도 ■■■■□

① 법인세가 과세되지 않은 잉여금을 재원으로 하는 배당과 14%의 세율이 적용되는 배당소득은 Gross – up 대상에 해당한다.

② 1%의 재평가세율이 적용된 토지의 재평가차액을 자본에 전입함으로 인한 의제배당은 Gross – up 대상이다.

③ 출자공동사업자의 배당소득에 대해서는 100분의 14의 원천징수세율을 적용한다.

④ 주식의 소각이나 자본의 감소로 인하여 주주가 취득하는 금전 기타재산의 가액이 주주가 당해 주식을 취득하기 위하여 소요된 금액을 초과하는 금액은 배당소득에 해당된다.

해설

① 법인세가 과세되지 않은 잉여금을 재원으로 하는 배당과 14%의 세율이 적용되는 배당소득은 Gross – up 대상이 **아니다**.

② 1%의 재평가세율이 적용된 토지의 재평가차액을 자본에 전입함으로 인한 의제배당은 Gross–up **대상이 아니다**.

③ 출자공동사업자의 배당소득에 대해서는 100분의 **25**의 원천징수세율을 적용한다.

정답 ④

CHAPTER 02 금융소득

774

다음 중 「소득세법」상 배당소득이 종합과세되더라도 배당세액공제의 적용 대상에서 제외되는 것으로 옳지 않은 것은?

① 자기주식소각이익의 자본전입으로 인한 의제배당인 경우
② 외국법인으로부터 받는 배당인 경우
③ 이익준비금을 자본에 전입함에 따라 무상주식을 받은 경우
④ 법인과세 신탁재산으로부터 배당금·분배금을 받은 경우

해설

해당 문제는 Gross-Up 대상에서 배제되는 배당소득을 구별하는 문제다.
③ 이익준비금을 자본에 전입함에 따라 무상주식을 받은 경우 배당소득에 해당하며, 종합과세되는 경우 **배당세액공제 적용 대상이 된다.**

정답 ③

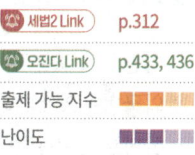

세법2 Link　p.317-318
오진다 Link　p.435
출제 가능 지수　■■■■□
난이도　■■■■□

775

다음은 거주자 대한씨의 국내소득 자료로 「소득세법」상 2023년도에 귀속되는 소득을 모두 열거한 것은?

> ㄱ. 이자지급 약정일은 2022년 12월 26일이지만 2023년 1월 10일에 수령한 정기예금이자
> ㄴ. 이자지급 약정일은 2022년 12월 26일이지만 2023년 1월 10일에 수령한 기명식 회사채이자
> ㄷ. 이자지급 약정일은 2022년 12월 26일이지만 2023년 1월 10일에 수령한 비영업대금의 이익
> ㄹ. 임대료지급 약정일은 2022년 12월 26일이지만 2023년 1월 10일에 수령한 임대료 수입액

① ㄱ　　　② ㄹ　　　③ ㄴ, ㄷ　　　④ ㄱ, ㄴ, ㄷ

해설

ㄱ. 정기예금이자의 수입시기는 이자지급일인 2023년이다.
ㄴ. **기명식 회사채이자의 수입시기는 약정일**인 2022년이다.
ㄷ. **비영업대금의 이익의 수입시기는 약정일**인 2022년이다.
ㄹ. **임대료 수입액의 수입시기는 약정일**인 2022년이다.

정답 ①

세법2 Link　p.312
오진다 Link　p.433, 436
출제 가능 지수　■■■■□
난이도　■■■■□

776

다음 중 「소득세법」상 배당소득의 수입시기로서 옳지 않은 것은?

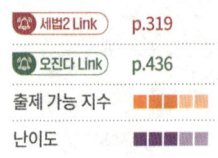

① 잉여금의 자본전입에 의한 의제배당 : 자본전입을 결정한 날
② 법인의 해산으로 인한 의제배당 : 잔여재산가액확정일
③ 법인의 합병으로 인한 의제배당 : 합병등기일
④ 「국제조세조정에 관한 법률」상 특정외국법인의 유보소득의 간주배당 : 그 지급을 받은 날

해설

　④ 「국제조세조정에 관한 법률」상 특정외국법인의 유보소득의 간주배당의 수입시기는 **특정외국법인의 해당 사업연도 종료일의 다음 날부터 60일이 되는 날**이다.　　　　　　　　　정답 ④

777

「소득세법」상 배당소득에 관한 설명으로 옳은 것은?

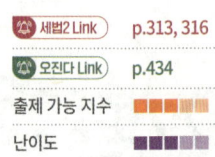

① 법인으로 보는 단체로부터 받는 분배금은 배당소득에 해당하지 않는다.
② 외국법인으로부터 받는 이익이나 잉여금의 배당은 배당소득에 해당하지 않는다.
③ 합병으로 소멸한 법인의 주주가 합병 후 존속하는 법인으로부터 그 합병으로 취득한 주식의 가액과 금전의 합계액이 그 합병으로 소멸한 법인의 주식을 취득하기 위하여 사용한 금액을 초과하는 금액은 배당소득에 해당하지 않는다.
④ 거주자가 일정기간 후에 같은 종류로서 같은 양의 주식을 반환 받는 조건으로 주식을 대여하고 해당 주식의 차입자로부터 지급받는 해당 주식에서 발생하는 배당에 상당하는 금액은 배당소득에 해당된다.

해설

　①, ② 내국법인, 외국법인 및 법인으로 보는 단체로부터 받는 배당 또는 분배금은 **배당소득에 해당**한다.
　③ 합병으로 소멸한 법인의 주주가 합병 후 존속하는 법인으로부터 그 합병으로 취득한 주식의 가액과 금전의 합계액이 그 합병으로 소멸한 법인의 주식을 취득하기 위하여 사용한 금액을 초과하는 금액은 **배당소득에 해당**한다(합병 시 **의제배당**).　　　　　　　　　정답 ④

778

「소득세법」상 금융소득의 수입시기에 관한 설명으로 옳지 않은 것은?

세법2 Link p.312, 319
오진다 Link p.433, 436
출제 가능 지수 ■■■■□
난이도 ■■■■□

① 직장공제회 초과반환금(일시수령) – 약정에 의한 납입금 초과이익의 지급일
② 주식의 소각·자본감소로 인한 의제배당 – 해당 사업연도의 결산확정일
③ 통지예금의 이자 – 인출일
④ 잉여금의 자본전입으로 인한 의제배당 – 자본전입을 결정한 날

해설

② 주식의 소각·자본감소로 인한 의제배당은 **소각·감자 결의일**을 수입시기로 한다.

정답 ②

779

「소득세법」제16조제1항제10호에서 규정하는 직장공제회 초과반환금에 관한 설명으로 옳지 않은 것은?

세법2 Link p.312, 322-323
오진다 Link p.430, 437-438
출제 가능 지수 ■■■■□
난이도 ■■■■□

① 「소득세법령」이 정하는 직장공제회 초과반환금은 이자소득에 해당한다.
② 과세대상이 되는 초과반환금에는 반환금에서 납입공제료를 뺀 금액인 '납입금 초과이익'만이 아니라 반환금 분할지급 시 발생하는 '반환금 추가이익'도 포함된다.
③ 직장공제회 초과반환금은 종합소득 과세표준에 합산하지 않는다.
④ 직장공제회 초과반환금에 대한 원천징수세율은 14%를 적용한다.

해설

③ 직장공제회 초과반환금은 **무조건 분리과세** 대상이다.
④ 직장공제회 초과반환금에 대한 원천징수세율은 **기본세율**을 적용한다.

정답 ④

780

다음 중 「소득세법」상 거주자가 자기주식을 보유하지 아니한 법인으로부터 무상주를 수령한 경우 배당소득으로 과세되지만 배당세액공제대상이 아닌 경우는?

세법2 Link   p.319-320
오진다 Link   p.435
출제 가능 지수 ■■■■□
난이도   ■■■■□

① 주식발행액면초과액을 자본에 전입함에 따라 무상주를 받은 경우

② 소각 당시 시가가 취득가액을 초과하지 않는 자기주식소각이익을 소각일로부터 2년이 지난 후에 자본에 전입함에 따라 무상주를 받은 경우

③ 토지의 재평가차액으로 1% 재평가 세율이 적용되는 것을 자본에 전입함에 따라 무상주를 받은 경우

④ 채무의 출자전환으로 발생한 채무면제이익을 자본에 전입함에 따라 무상주를 받은 경우

해설

① 주식발행액면초과액을 자본에 전입함에 따라 무상주를 받은 경우 「법인세법」 익금항목이 아닌 자본준비금을 전입하는 것으로 **의제배당으로 과세되지 아니한다.**

② 소각 당시 시가가 취득가액을 초과하지 않는 자기주식소각이익을 소각일로부터 2년이 지난 후에 자본에 전입함에 따라 무상주를 받은 경우 「법인세법」상 **의제배당으로 과세되지 않는다.** 소각 당시 시가가 취득가액을 초과하거나, 자기주식소각이익을 소각일로부터 2년 이내에 자본에 전입함에 따라 무상주를 받은 경우가 의제배당으로 과세된다.

③ 토지의 재평가차액으로 1% 재평가 세율이 적용되는 것을 자본에 전입함에 따라 무상주를 받은 경우 「법인세법」상 익금항목으로 과세되는 자본준비금을 전입하는 것으로 **의제배당으로 과세된다.** 그러나 Gross – up으로 조정되지 않은 소득에 해당하여 **배당세액공제대상이 아니다.**

④ 채무의 출자전환으로 발생한 채무면제이익은 「법인세법」상 익금항목을 자본에 전입한 것으로 **의제배당으로 과세된다.** 또한 Gross – Up으로 조정되어, **배당세액공제 대상이 된다.**

정답 ③

781

「소득세법령」상 이자소득에 포함되지 않는 것은?

세법2 Link   p.310, 312
오진다 Link   p.431-432
출제 가능 지수 ■■■■■
난이도   ■■■■□

① 국가가 발행한 채권으로서 그 원금이 물가에 연동되는 채권의 경우 해당 채권의 원금 증가분

② 「신용협동조합법」에 따른 조합이 환매기간에 따른 사전약정이율을 적용하여 환매수하는 조건으로 매매하는 증권의 매매차익

③ 국채를 공개시장에서 통합발행하는 경우 그 매각가액과 액면가액과의 차액

④ 근로자가 퇴직하거나 탈퇴하여 그 규약에 따라 직장공제회로부터 받는 반환금에서 납입공제료를 뺀 초과반환금

해설

③ 국채를 공개시장에서 통합발행하는 경우 그 매각가액과 액면가액과의 차액은 **과세되는 소득으로 보지 않는다.**

정답 ③

782

「소득세법」상 종합소득 과세표준에 합산되는 금융소득으로 옳은 것은?

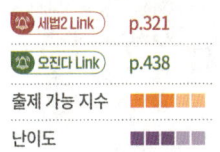

세법2 Link   p.321
오진다 Link   p.438

출제 가능 지수 ■■■■□

난이도 ■■■■□

① 「민사집행법」에 의한 경매입찰 법원 보증금 및 경락대금에서 발생하는 이자소득
② 직장공제회 초과반환금
③ 국내에서 원천징수되지 않은 국외금융소득
④ 법인으로 보는 단체 외의 단체 중 수익을 구성원에게 배분하지 않는 단체로서 단체명을 표기하여 금융거래를 하는 단체가 금융회사 등으로부터 받는 이자·배당소득

해설

①, ②, ④ **무조건 분리과세 대상**이다.   정답 ③

금융소득

783

거주자 대한씨(금융업을 영위하지 않음)의 2023년 이자소득 관련 자료이다. 「소득세법」상 소득세가 과세되는 이자소득 합계액으로 옳은 것은? 단, 제시된 금액은 원천징수세액을 차감하기 전 금액이다.

세법2 Link   p.308-311, 321
오진다 Link   p.431-433
출제 가능 지수 ■■■■■
난이도 ■■■■■

(1) 환매조건부 채권의 매매차익: ₩2,000,000
(2) 2019년 5월 1일에 저축성 보험에 가입하여 2023년 5월 1일에 보험금을 만기 환급받았으며, 그 내역은 다음과 같다.
　① 보험금: ₩10,000,000
　② 납입보험료: ₩7,000,000
(3) 계약의 위약에 따른 손해배상금 법정이자: ₩1,000,000
(4) 「공익신탁법」에 따른 공익신탁의 이익: ₩2,000,000

① ₩5,000,000   ② ₩6,000,000   ③ ₩8,000,000   ④ ₩12,000,000

해설

(1) 금융기관이 환매기간에 따른 사전약정이율을 적용하여 환매수·환매도하는 조건으로 매매하는 채권 또는 증권의 매매차익은 **이자소득으로 과세**한다.
(2) 계약기간이 10년 이상이면서 특정 요건을 만족하는 저축성보험의 보험차익은 이자소득 과세대상에서 제외하나 위 문제에서 제시한 저축성 보험의 계약기간은 4년이므로 이에 해당되지 아니한다. 따라서 보험계약에 따라 만기 또는 보험의 계약기간 중에 받는 보험금·공제금 또는 계약기간 중도에 해당 보험계약이 해지됨에 따라 받는 환급금에서 납입보험료 또는 납입공제료를 뺀 금액은 **이자소득으로 과세**한다.
(3) 계약의 위약 또는 해약을 원인으로 인해 지급받는 손해배상금과 법정이자는 **기타소득으로 과세**한다. ← [참고] 계약의 위약 또는 해약 외의 원인으로 인해 지급받은 손해배상금과 법정이자는 비과세
(4) 「공익신탁법」에 따른 공익신탁의 이익은 **비과세한다.**
(5) 따라서 과세되는 이자소득 합계액은 다음과 같다.

(1) 환매조건부 채권의 매매차익	₩2,000,000
+ (2) 저축성 보험의 보험차익	₩3,000,000*
= 과세되는 이자소득 합계액	**₩5,000,000**

* 저축성 보험의 보험차익 = 보험금 − 납입보험료
　　　　　　　　　　　 = ₩10,000,000 − ₩7,000,000

정답 ①

784

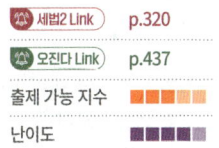
세법2 Link   p.320
오진다 Link   p.437
출제 가능 지수 ■■■■□
난이도 ■■■■■

다음은 거주자 대한씨가 국내에서 지급받은 2023년 귀속 금융소득 관련 자료이다. 「소득세법」 상 2023년 귀속금융소득에 대하여 원천징수되는 소득세액은? (단, 대한씨는 출자공동사업자가 아니며 금융소득은 「소득세법령」에 따른 실지명의가 확인된 것이고 이자소득 또는 배당소득 원천징수시기에 대한 특례, 원천징수의 배제, 집합투자기구 및 특정금전신탁 등의 원천징수 특례는 고려하지 않음)

구분	금액	비고
회사채의 이자	₩10,000,000	내국법인이 2022년에 발행한 회사채(만기 10년)임
정기예금의 이자	₩10,000,000	국내은행으로부터 지급받음
비영업대금의 이익	₩10,000,000	개인 간 금전대차거래로서 차입자로부터 직접 지급받은 이자임
내국법인으로부터 받은 현금배당	₩10,000,000	
합 계	₩40,000,000	

① ₩6,00,000 ② ₩6,700,000 ③ ₩7,000,000 ④ ₩8,100,000

해설

구분	금액	비고
회사채의 이자	₩1,400,000	₩10,000,000 × 14%
정기예금의 이자	₩1,400,000	₩10,000,000 × 14%
비영업대금의 이익	₩2,500,000	₩10,000,000 × 25%
내국법인으로부터 받은 현금배당	₩1,400,000	₩10,000,000 × 14%
합 계	₩6,700,000	

정답 ②

785

다음은 거주자 대한씨의 2024년 금융거래에서 발생한 소득 관련 자료이다. 「소득세법」상 대한씨의 종합소득금액에 합산할 이자소득금액과 배당소득금액의 합계액은? (단, 원천징수는 적법하게 이루어졌으며 제시된 금액은 원천징수 전의 금액이다. 주어진 자료 외의 다른 사항은 고려하지 않는다)

세법2 Link　p.317-318, 321

오진다 Link　p.435, 438

출제 가능 지수　■■■■□

난이도　■■■■■

---

(1) 국내 상장법인으로부터 받은 현금배당: ₩9,000,000

(2) 국내 은행으로부터 받은 정기예금이자: ₩8,000,000

(3) 법인과세 신탁재산으로부터 받는 배당금: ₩5,000,000

---

① ₩2,000,000　　② ₩2,200,000　　③ ₩22,000,000　　④ ₩22,200,000

해설

구분	금액	Gross – up 가능 여부
(1) 국내 상장법인으로부터 받은 현금배당	₩9,000,000	Gross – up 가능 배당
+ (2) 국내은행으로부터 받은 정기예금이자	₩8,000,000	이자소득이므로 해당없음
+ (3) 법인과세 신탁재산으로부터 받는 배당금	₩5,000,000	Gross – up 불가능 배당
합계액	₩22,000,000	

종합과세하는 금융소득 중 종합과세기준금액을 초과하는 Gross – up 가능 배당소득에 대해서 그 배당소득의 10%에 해당하는 금액을 해당 과세기간의 총수입금액에 더하여 금융소득금액을 구한다.

(1) 국내 상장법인으로부터 받은 현금배당 ₩9,000,000 중 종합과세기준금액(₩20,000,000)을 초과하는 금액인 ₩2,000,000만 Gross – up 대상에 포함되는 배당소득이며, 종합과세되는 금융소득금액은 다음과 같다.

$$₩22,000,000 + MIN[₩9,000,000, ₩22,000,000 - ₩20,000,000] × 10\% = ₩22,200,000$$

위 (1)~(3)은 모두 조건부 종합과세 대상 금융소득이다. 비과세 및 무조건 분리과세되는 금융소득을 제외한 이자·배당소득의 합계액이 ₩20,000,000을 초과하는 경우 그 초과분만 종합과세되는 것이 아니라, 그 합계금액 전체에 대하여 종합과세한다. 따라서 위 금액 모두 종합과세한다.　　　　　　정답 ④

786

「소득세법령」상 거주자가 해당 과세기간에 지급하였거나 지급할 금액 중 사업소득금액을 계산할 때 필요경비에 산입하는 것만을 모두 고르면? (단, 다음 항목은 거주자에게 모두 해당된다)

세법2 Link   p.335, 337, 339

오진다 Link   p.444, 446

출제 가능 지수   ■■■■□

난이도   ■■■■□

> ㄱ. 통고처분에 따른 벌금 또는 과료에 해당하는 금액
> ㄴ. 사업용자산의 합계액이 부채의 합계액에 미달하는 경우에 그 미달하는 금액에 상당하는 부채의 지급이자로서 법령에 따라 계산한 금액
> ㄷ. 선급비용
> ㄹ. 「부가가치세법」에 따른 간이과세자가 납부한 부가가치세액
> ㅁ. 사업과 관련이 있는 외국소득세액(외국납부세액공제를 적용하지 않음)

① ㄱ, ㄹ   ② ㄴ, ㅁ   ③ ㄷ, ㄹ   ④ ㄹ, ㅁ

해설

ㄱ. 벌금, 과료(통고처분에 따른 벌금 또는 과료에 해당하는 금액 포함)와 과태료는 **위반에 대한 제재로서 부과되는 징벌적 비용**이므로 필요경비에 불산입하도록 한다.

ㄴ. 사업용 자산의 합계액이 부채(충당금 및 준비금을 제외)의 합계액에 미달하는 경우 그 미달하는 금액을 **초과인출금**이라 한다. 이런 초과인출금은 업무와 무관한 자금의 이자로 보아 **필요경비에 불산입하도록 한다.**

ㄷ. 선급비용은 차기 이후의 필요경비를 미리 계상한 **자산**에 해당하므로 해당 과세기간에는 **필요경비에 불산입**하도록 한다.

[필요경비에 산입되지 않는 항목]

> ㉠ 소득세와 개인지방소득세
> ㉡ 벌금, 과료(통고처분에 따른 벌금 또는 과료에 해당하는 금액 포함)와 과태료 및 사업자가 공여한 형법상의 뇌물 또는 외국공무원에 대한 뇌물, 금지·제한 등의 위반을 이유로 부과되는 공과금
> ㉢ 「국세징수법」이나 그 밖에 조세에 관한 법률에 따른 강제징수비
> ㉣ 조세에 관한 법률에 따른 징수의무의 불이행으로 인하여 납부하였거나 납부할 세액 (가산세액을 포함)
> ㉤ 가사의 경비와 이에 관련되는 경비, 개인기업체의 사업주에 대한 급료
> ㉥ 감가상각비 한도초과액, 기업업무추진비 한도초과액, 충당금 한도초과액
> ㉦ 자산의 평가차손 (단, 파손·부패 등에 의한 재고자산 평가차손과 천재지변 등의 사유로 파손·멸실된 유형자산 평가차손 제외)
> ㉧ 반출하였으나 판매하지 않은 제품에 대한 개별소비세, 주세 또는 교통·에너지·환경세의 미납액
> ㉨ 부가가치세의 매입세액 (단, 부가가치세가 면제되거나 간이과세자가 납부한 부가가치세액은 제외)
> ㉩ 차입금 중 건설자금에 충당한 금액의 이자
> ㉪ 채권자가 불분명한 차입금의 이자, 사업과 무관하다고 인정되는 금액
> ㉫ 선급비용
> ㉬ 업무와 관련하여 고의 또는 중대한 과실로 타인의 권리를 침해한 경우에 지급되는 손해배상금
> ㉭ 각 과세기간에 지출한 경비 중 직접 그 업무와 관련이 없다고 인정되는 금액

정답 ④

787

다음 중 「소득세법」상 사업소득의 총수입금액에 해당하는 것은?

① 채무면제이익 중 이월결손금의 보전에 충당된 금액
② 이전 과세기간으로부터 이월된 소득금액
③ 통신판매·중개업자를 통한 물품·장소의 대여소득으로 계속적·반복적으로 영위하는 소득
④ 간편장부대상자의 기계장치 매각액

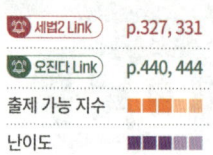

세법2 Link p.327, 331
오진다 Link p.440, 444
출제 가능 지수 ■■■□
난이도 ■■■□

해설

①, ②, ④의 경우는 총수입금액에 **산입되지 않는 항목**이다.
③ 통신판매중개를 하는 자를 통하여 물품·장소를 대여하고 사용료를 받는 사업은 다음의 구분에 따라 사업소득 또는 기타소득으로 과세한다.

> ㉠ 통신판매중개를 하는 자를 통하여 물품·장소를 대여하고 사용료를 받는 사업을 계속적·반복적으로 영위하는 경우: 사업소득
> ㉡ 통신판매중개를 하는 자를 통하여 물품·장소를 대여하고 연간 수입금액이 500만원 이하의 사용료로서 받은 금품을 기타소득으로 원천징수하거나 과세표준확정신고를 한 경우: 기타소득

정답 ③

788

다음 중 「소득세법」상 사업소득에 대한 설명으로 옳은 것을 모두 고르면?

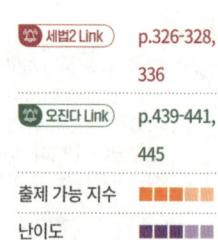

세법2 Link p.326-328, 336
오진다 Link p.439-441, 445
출제 가능 지수 ■■■□
난이도 ■■■□

> ㄱ. 「국민건강보험법」에 의한 직장가입자로서 부담하는 사용자 본인 甲의 보험료 3,000,000원과 甲의 사업장에서 근무하는 아들 乙에 대한 「국민건강보험법」·「고용보험법」에 의하여 사용자로서 부담하는 보험료 2,500,000원이 지출된 경우 아들 乙에 대한 보험료 2,500,000원만을 필요경비에 산입한다.
> ㄴ. 부동산업에서 발생하는 소득으로서 「공익사업을 위한 토지 등의 취득 및 보상에 관한 법률」에 따른 공익사업과 관련하여 지역권·지상권을 설정하거나 대여함으로써 발생하는 소득을 제외한 소득은 사업소득에 해당한다.
> ㄷ. 광업권자 등이 자본적 지출이나 수익적 지출의 일부 또는 전부를 제공하는 것을 조건으로 광업권·조광권 또는 채굴에 관한 권리를 대여하고 덕대 또는 분덕대로부터 받는 분철료는 기타소득으로 본다.
> ㄹ. 전답을 작물생산에 이용하게 함으로써 발생하는 소득에 대하여는 소득세를 과세하지 않는다.

① ㄱ, ㄴ   ② ㄱ, ㄷ   ③ ㄴ, ㄷ   ④ ㄴ, ㄹ

해설

ㄱ. 「국민건강보험법」 및 「노인장기요양보험법」에 의한 사용자로서 부담하는 보험료·부담금 및 **직장가입자로서 부담하는 사용자 본인의 보험료는 필요경비에 산입한다**. 따라서 **5,500,000원**을 필요경비에 산입한다.
ㄷ. 광업권자 등이 자본적 지출이나 수익적 지출의 일부 또는 전부를 제공하는 것을 조건으로 광업권·조광권 또는 채굴에 관한 권리를 대여하고 덕대 또는 분덕대로부터 받는 분철료는 **일반 사업소득으로** 본다.

정답 ④

789

다음은 세법상 간주임대료에 대한 설명으로 가장 옳은 것은?

① 「법인세법」과 「소득세법」 모두 추계 시 간주임대료를 산정할 때는 금융수익을 차감한다.

② 주택 이외의 부동산을 임대한 모든 법인과 개인은 임대보증금에 대한 간주임대료를 익금 또는 총수입금액으로 계산하여야 한다.

③ 2주택 이하를 보유한 법인 또는 개인이 주택을 임대한 경우, 법인이 추계에 의해 소득금액을 계산하는 경우를 포함해 「법인세법」이나 「소득세법」 상 간주임대료를 계산할 필요가 없다.

④ 간주임대료 계산 시 임대용 부동산의 건설비 상당액에 대하여는 「법인세법」과 「소득세법」 그리고 「부가가치세법」상 취급이 동일하지 않다.

세법1 Link   p.383
세법2 Link   p.50, 333-334
오진다 Link   p.231, 306, 442
출제 가능 지수 ■■■■□
난이도 ■■■■□

해설

① 「법인세법」과 「소득세법」 모두 추계 시 간주임대료를 산정할 때는 금융수익을 **차감하지 않는다.**

② 법인의 경우 추계 이외의 경우에는 부동산임대업을 주업으로 하는 영리내국법인으로서 **차입금 과다 등 법령상 요건을 모두 충족한 법인에 한하여** 간주임대료를 계산한다.

③ 2주택 이하를 보유한 법인 또는 개인이 주택을 임대한 경우, 법인이 추계에 의해 소득금액을 계산하는 경우를 **제외하고는** 「법인세법」이나 「소득세법」상 간주임대료를 계산할 필요가 없다.

정답 ④

790

「소득세법」상 사업소득의 필요경비에 관한 설명으로 옳은 것은?

① 법령에 따른 의무의 불이행 또는 금지·제한 등의 위반을 이유로 부과되는 공과금은 필요경비에 산입되지 아니한다.

② 도소매업을 영위하는 거주자의 사업소득 총수입금액에 대응하는 필요경비에는 상품 또는 제품 판매와 관련하여 사전약정 없이 지급하는 판매장려금 및 판매수당은 제외된다.

③ 거주자가 해당 과세기간에 납부한 소득세와 개인지방소득세는 사업소득금액 계산 시 필요경비에 산입한다.

④ 거주자의 필요경비 귀속연도는 그 필요경비가 발생된 날이 속하는 과세기간으로 한다.

세법2 Link   p.335, 337, 347
오진다 Link   p.444, 450
출제 가능 지수 ■■■■□
난이도 ■■■■□

해설

② 도소매업을 영위하는 거주자의 사업소득 총수입금액에 대응하는 필요경비에는 상품 또는 제품 판매와 관련하여 사전약정 없이 지급하는 판매장려금 및 판매수당도 **포함된다.**

③ 거주자가 해당 과세기간에 납부한 소득세와 개인지방소득세는 사업소득금액 계산 시 필요경비에 **산입되지 아니한다.**

④ 거주자의 필요경비 귀속연도는 그 필요경비가 **확정된 날**이 속하는 과세기간으로 한다. 회계상은 발생주의를 기반으로 비용을 인식하지만, 소득세법은 권리의무 확정주의를 기반으로 손익을 인식한다.

정답 ①

791

「소득세법」상 거주자의 소득세 과세에 관한 설명으로 옳은 것은?

세법2 Link p.316, 343, 347, 391
오진다 Link p.432, 444, 451, 470

출제 가능 지수 ■■■■□
난이도 ■■■■□

① 사업소득(주거용 건물 임대업이 아닌 부동산임대업은 제외) 결손금 또는 이월결손금을 다른 종합소득금액에서 공제할 때 이자소득금액과 배당소득금액에서는 공제할 수 없다.

② 거주자가 일정기간 후에 같은 종류로서 같은 양의 주식을 반환받는 조건으로 주식을 대여하고 해당 주식의 차입자로부터 지급받는 해당 주식에서 발생하는 배당에 상당하는 금액은 이자소득에 포함된다.

③ 연예인이 계약기간 1년을 초과하는 일신전속계약에 대한 대가를 일시에 받는 경우에는 용역대가를 지급받기로 한 날 또는 용역의 제공을 완료한 날 중 빠른 날을 수입시기로 한다.

④ 거주자가 재고자산 또는 임목을 가사용으로 소비하거나 종업원 또는 타인에게 지급한 경우에도 이를 소비하거나 지급하였을 때의 가액에 해당하는 금액은 그 소비하거나 지급한 날이 속하는 과세기간의 사업소득금액 또는 기타소득금액을 계산할 때 총수입금액에 산입한다.

해설

① 사업소득(주거용 건물 임대업이 아닌 부동산임대업은 제외) 결손금 또는 이월결손금 공제 시 종합과세 되는 배당소득, 이자소득 중 원천징수세율을 적용받는 부분은 결손금 또는 이월결손금의 공제대상에 제외하나, 기본세율을 적용받는 부분에 대하여는 **사업자가 그 소득금액의 범위 내에서 공제여부 및 공제금액을 결정할** 수 있다.

② 거주자가 일정기간 후에 같은 종류로서 같은 양의 주식을 반환받는 조건으로 주식을 대여하고 해당 주식의 차입자로부터 지급받는 해당 주식에서 발생하는 배당에 상당하는 금액은 **배당소득에 포함**된다.

③ 연예인이 계약기간 1년을 초과하는 일신전속계약에 대한 대가를 일시에 받는 경우에는 계약기간에 따라 해당 **대가를 균등하게 안분한 금액을 각 과세기간 종료일**에 수입한 것으로 한다.

정답 ④

792

「소득세법」상 필요경비에 관한 설명으로 옳은 것은?

세법2 Link p.334, 337,
382
오진다 Link p.442-444,
467
출제 가능 지수 ■■■■□
난이도 ■■■■□

① 사업자가 유형자산의 멸실로 인하여 보험금을 지급받아 그 멸실한 유형자산을 대체하여 같은 종류의 자산을 취득한 경우 해당 자산의 가액 중 그 자산의 취득에 사용된 보험차익 상당액을 보험금을 받은 날이 속하는 과세기간의 소득금액을 계산할 때 필요경비에 산입할 수 없다.

② 업무와 관련하여 중대한 과실로 타인의 권리를 침해한 경우에 지급되는 손해배상금은 「소득세법」상 거주자가 과세기간에 지급하였거나 지급할 금액 중 사업소득금액을 계산할 때 필요경비에 산입한다.

③ 의무적으로 납부하는 것이 아닌 공과금이나 법령에 따른 의무의 불이행 또는 금지·제한 등의 위반을 이유로 부과되는 공과금은 사업소득금액을 계산할 때 필요경비에 산입한다.

④ 기타소득으로 과세되는 골동품의 양도로 거주자가 받은 금액이 1억원 이하인 경우 받은 금액의 100분의 90을 필요경비로 하며, 실제 소요된 필요경비가 이를 초과하면 그 초과하는 금액도 필요경비에 산입한다.

해설

① 사업자가 유형자산의 멸실로 인하여 보험금을 지급받아 그 멸실한 유형자산을 대체하여 같은 종류의 자산을 취득한 경우 해당 자산의 가액 중 그 자산의 취득에 사용된 보험차익 상당액을 보험금을 받은 날이 속하는 과세기간의 소득금액을 계산할 때 필요경비에 산입할 수 **있다.**

② 업무와 관련하여 중대한 과실로 타인의 권리를 침해한 경우에 지급되는 손해배상금은 「소득세법」상 거주자가 과세기간에 지급하였거나 지급할 금액 중 사업소득금액을 계산할 때 필요경비에 **산입하지 않는다.**

③ 의무적으로 납부하는 것이 아닌 공과금이나 법령에 따른 의무의 불이행 또는 금지·제한 등의 위반을 이유로 부과되는 공과금은 사업소득금액을 계산할 때 필요경비에 **산입하지 아니한다.**　　　　정답 ④

793

「소득세법」상 총수입금액 계산에 대한 다음 설명 중 옳은 것은?

세법2 Link p.331, 337
오진다 link p.444, 448-
449
출제 가능 지수 ■■■□□
난이도 ■■■■□

① 사업과 관련하여 무상으로 받은 자산의 가액과 채무의 면제 또는 소멸로 인하여 발생하는 부채의 감소액은 총수입금액에 이를 산입하지 아니한다.

② 거주자가 재고자산을 가사용으로 소비하거나 종업원에게 지급한 경우에도 이를 소비하거나 지급하였을 때의 가액에 해당하는 금액은 그 소비하거나 지급한 날이 속하는 과세기간의 사업소득금액을 계산할 때 총수입금액에 산입한다.

③ 거주자의 사업소득금액을 계산할 때 이전 과세기간으로부터 이월된 소득금액은 해당 과세기간의 소득금액을 계산할 때 총수입금액에 산입한다.

④ 「국세징수법」에 따른 강제징수비는 「소득세법」상 거주자가 해당 과세기간에 지급한 금액 중 사업소득금액을 계산할 때 필요경비에 산입한다.

해설

① 사업과 관련하여 무상으로 받은 자산의 가액과 채무의 면제 또는 소멸로 인하여 발생하는 부채의 감소액은 **자산수증이익으로 총수입금액에 이를 산입**한다.

③ 거주자의 사업소득금액을 계산할 때 이전 과세기간으로부터 이월된 소득금액은 해당 과세기간의 소득금액을 계산할 때 총수입금액에 **산입하지 아니한다.**

④ 「국세징수법」에 따른 강제징수비는 「소득세법」상 거주자가 해당 과세기간에 지급한 금액 중 사업소득금액을 계산할 때 필요경비에 **산입하지 아니한다.**　　　　정답 ②

794

「소득세법」상 비과세소득에 해당하는 것을 모두 고른 것은? (단, 거주자의 2023년 귀속 소득이며, 조림기간, 전통주 및 민박은 「소득세법령」에 정한 해당 요건을 충족하고 각 내용은 상호 독립적임)

세법2 Link   p.328-329
오진다 Link   p.441
출제 가능 지수
난이도

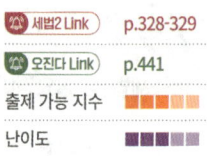

> ㄱ. 밭을 작물 생산에 이용하게 함으로써 발생한 소득금액 5천5백만원
> ㄴ. 한국표준산업분류에 따른 연근해어업에서 발생한 소득금액 5천만원
> ㄷ. 조림기간 5년 이상인 임지의 임목의 양도로 발생한 소득금액 5백만원
> ㄹ. 「수도권정비계획법」 제2조 제1호에 따른 수도권 밖의 읍·면 지역에서 전통주를 제조함으로써 발생한 소득금액 1천5백만원
> ㅁ. 농민이 부업으로 민박을 운영하면서 발생한 소득금액 2천만원

① ㄱ, ㄴ, ㅁ   ② ㄴ, ㄷ, ㄹ   ③ ㄱ, ㄴ, ㄷ, ㅁ   ④ ㄱ, ㄴ, ㄹ, ㅁ

해설

ㄱ. 논·밭을 작물생산에 이용하게 함으로써 발생하는 소득에 대해서는 **전액 비과세**한다.

ㄴ. 한국표준산업분류에 따른 연근해어업과 내수면어업 또는 양식어업에서 발생하는 소득으로서 해당 과세기간의 소득금액의 합계액이 **5천만원 이하의 것에 대해서는 비과세**한다.

ㄷ. 조림기간 5년 이상인 임지의 임목의 벌채·양도로 발생하는 소득으로서 **연 600만원 이하의 소득금액에 대해서는 소득세를 과세하지 않는다.** ← [비교] 임목과 임지를 함께 양도하는 경우의 임지의 양도는 양도소득 과세 대상임

ㄹ. 전통주 제조에서 발생한 소득은 수도권 밖의 읍·면지역에서 제조함으로써 발생하는 소득으로서 소득금액의 합계액이 **연 1,200만원 이하인 것에만 비과세를 적용한다.** ← [참고] 1,200만원을 초과하면 초과분만 과세하는 것이 아니라 전액을 과세함 주의

ㅁ. 농·어민이 부업으로 경영하는 축산·고공품 제조·민박·음식물판매·특산물(전통식품, 수산전통식품 및 수산특산물)제조·전통차제조·양어 및 그 밖에 이와 유사한 활동에서 발생한 소득 중 **3,000만원 이하의 소득에 대해서는 소득세를 과세하지 않는다.**   정답 ③

795

「소득세법」상 사업소득에 관한 설명으로 옳은 것은?

세법2 Link   p.328, 332, 390
오진다 Link   p.440, 444, 470
출제 가능 지수
난이도

① 부동산 임대업에서 발생하는 소득은 사업소득이지만, 부동산 임대업(주거용 건물 임대업 제외)에서 발생한 결손금은 종합소득과세표준계산 시에 공제한다.

② 총수입금액을 계산할 때 용역의 제공대가로 판매업자로부터 금전 이외의 물품을 인도받은 경우에는 판매업자의 판매가격을 총수입금액으로 인식한다.

③ 작물재배업(농업) 중 곡물재배업에서 발생하는 소득은 사업소득으로 과세된다.

④ 한국표준산업분류상의 연구 및 개발업에 대하여는 소득세를 과세하나, 계약 등에 의하여 그 대가를 받고 연구 및 개발용역을 제공하는 사업은 과세하지 아니한다.

해설

① 부동산 임대업에서 발생하는 소득은 사업소득이며, 부동산 임대업(주거용 건물 임대업 제외)에서 발생한 결손금은 종합소득과세표준계산 시에 **공제하지 아니한다.**

③ 작물재배업 중 곡물 및 기타 식량작물 재배업은 **과세 제외 업종**에 해당한다.

④ 한국표준산업분류상의 연구 및 개발업에 대하여는 소득세를 **과세하지 아니하나,** 계약 등에 의하여 그 대가를 받고 연구 및 개발용역을 제공하는 사업은 **과세한다.**   정답 ②

796

법인세와 소득세의 차이점에 대한 설명으로 옳은 것은?

세법2 Link   p.57, 317, 338-339
오진다 Link   p.308, 435, 445
출제 가능 지수 ■■■■□
난이도 ■■■■□

① 배당소득에 대한 이중과세를 조정하기 위하여 법인세법에서는 수입배당금의 일정부분에 대하여 각사업연도소득금액을 계산할 때 익금불산입으로 조정하는 규정을 두고 있지만, 소득세법은 사업소득 금액을 계산할 때 필요경비불산입을 통해 조정하는 규정을 두고 있다.
② 법인세법과 소득세법 모두 대표자의 인건비에 대하여 필요경비에 대하여 인정하지 않으므로 대표자의 인건비를 손금 또는 필요경비로 인식한 경우 조정이 필요하다.
③ 법인세법상에서는 일반차입금이자를 사업용 유형자산의 취득원가에 산입하는 것과 이자비용으로 손금산입하는 것 중 선택이 가능하지만, 소득세법에서는 일반차입금이자를 사업용 유형자산의 취득원가에 산입할 수 없다.
④ 법인세법과 소득세법 모두 시설개체 및 기술낙후로 인한 생산설비의 폐기 손실과 관련하여 결산서상에 인식한 경우 1,000원을 제외한 금액을 손금 또는 필요경비로 인정한다.

해설

① 배당소득에 대한 이중과세를 조정하기 위하여 법인세법에서는 수입배당금의 일정부분에 대하여 각사업연도소득금액을 계산할 때 익금불산입으로 조정하는 규정을 두고 있지만, 소득세법에서는 사업소득에서 조정하는 것이 아니라 **배당소득금액 계산 시 Gross - up금액을 가산한 후 배당세액공제를 적용하여 이중과세를 조정**한다.
② **법인세법상 대표자의 인건비는 손금으로 인정**되고, 소득세법상 대표자의 인건비는 손금으로 인정되지 않는다.
④ 법인세법은 시설개체 및 기술낙후로 인한 생산설비의 폐기손실에 대해 인정하지만, **소득세법은 해당 규정이 없다.** 그러므로 소득세법상에서는 폐기손실을 필요경비로 인정하지 않고, 향후 처분했을 때 장부상의 금액 전체를 필요경비로 인식한다.   정답 ③

797

「소득세법령」상 사업소득의 수입시기에 관한 설명으로 옳은 것은?

세법2 Link   p.347
오진다 Link   p.450-451
출제 가능 지수 ■■■■■
난이도 ■■■□□

① 인적용역의 제공: 용역대가를 지급받기로 한 날 또는 용역제공 완료일 중 빠른 날
② 무인판매기에 의한 판매: 그 재고자산을 인도한 날
③ 금융보험업에서 발생하는 이자: 결산을 확정할 때 이자를 수익으로 계상한 날
④ 어음의 할인: 실제로 수입된 날

해설

② 무인판매기에 의한 판매: **당해 사업자가 무인판매기에서 현금을 인출하는 때**
③ 금융보험업에서 발생하는 이자는 **실제로 수입된 날**을 수입시기로 한다.
④ 어음의 할인: **그 어음의 만기일로 하되, 만기 전에 그 어음을 양도하는 때에는 그 양도일**   정답 ①

798

「소득세법」상 총수입금액 혹은 소득금액의 계산에 관한 설명으로 옳지 않은 것은?

① 거주자의 각 소득에 대한 총수입금액(총급여액과 총연금액 포함)은 해당 과세기간에 수입하였거나 수입할 금액의 합계액이다.

② 거주자의 사업소득금액을 계산할 때 이전 과세기간으로부터 이월된 소득금액은 해당 과세기간의 소득금액을 계산할 때 총수입금액에 산입하지 않는다.

③ 사업소득금액을 계산할 때, 해당 과세기간 전의 총수입금액에 대응하는 비용으로서 그 과세기간에 확정된 것에 대해서는 그 과세기간 전에 필요경비로 계상하지 아니한 것만 그 과세기간의 필요경비로 본다.

④ 제조업을 영위하는 복식부기의무자인 거주자가 사업소득을 계산할 때 2023년말 현재 외상매출금 100,000,000원과 금전소비대차거래로 인한 대여금 30,000,000원의 합계액 130,000,000원에 대해 100분의 1과 대손실적률 100분의 2를 곱하여 계산한 금액 중 큰 금액인 2,600,000원을 대손충당금으로 필요경비에 산입하였다.

해설

② 이전 과세기간으로부터 이월된 소득금액이란 각 과세기간의 소득으로 이미 과세된 소득을 다시 해당 과세기간의 소득에 산입한 금액을 말한다. 즉 법인세의 이월익금과 동일한 개념으로 총수입금액 불산입 항목이다.

④ 「소득세법」에 따른 대손충당금 설정 시 **대여금**, 유형자산 처분과 관련된 미수금은 **충당금 설정 대상 채권이 아니다**. 따라서 외상매출금에 대한 대손충당금만 필요경비에 산입할 수 있다.　　　　정답 ④

세법2 Link　　p.331, 335, 344

오진다 Link　　p.444, 448~449

출제 가능 지수　■■■■□

난이도　■■■■□

799

「소득세법」상 총수입금액 및 필요경비에 관한 설명으로 옳지 않은 것은?

세법2 Link   p.332-333, 337

오진다 Link   p.442-444

출제 가능 지수 ■■■■■

난이도 ■■■■■

① 부가가치세의 매출세액은 해당 과세기간의 소득금액을 계산할 때 총수입금액에 산입하지 않는다.

② 벌금, 과료(통고처분에 따른 벌금 또는 과료에 해당하는 금액 포함)는 사업소득금액을 계산할 때 필요경비에 산입하지 아니한다.

③ 부동산을 임대하거나 지역권·지상권을 설정 또는 대여하고 받은 선세금을 계약기간의 월수로 나눈 금액의 각 과세기간의 합계액을 총수입금액에 산입한다.

④ 건설업을 경영하는 거주자가 자기가 생산한 물품을 자기가 도급받은 건설공사의 자재로 사용한 경우 그 사용된 부분에 상당하는 금액은 해당 과세기간의 소득금액을 계산할 때 총수입금액에 산입한다.

해설

④ 건설업을 경영하는 거주자가 자기가 생산한 물품을 자기가 도급받은 건설공사의 자재로 사용한 경우 그 사용된 부분에 상당하는 금액은 해당 과세기간의 소득금액을 계산할 때 총수입금액에 **산입하지 아니한다.**

정답 ④

800

「소득세법」과 「법인세법」상 과세소득의 범위 및 계산에 관한 설명으로 옳지 않은 것은?

세법2 Link   p.195, 292, 338, 344, 388

오진다 Link   p.280, 365, 373, 424, 445

출제 가능 지수 ■■■■■

난이도 ■■■■■

① 「소득세법」은 직계존비속에게 주택을 무상으로 사용하게 하고 직계존비속이 그 주택에 실제 거주하는 경우 부당행위계산부인대상에서 제외하지만, 「법인세법」은 소액주주가 아닌 출자임원에게 사택을 무상으로 제공하는 경우 부당행위계산부인대상이 된다.

② 「소득세법」은 일시상각충당금의 신고조정을 허용하지만, 「법인세법」은 일시상각충당금의 신고조정을 허용하지 않는다.

③ 「소득세법」은 사업연도 중에 양도한 자산에 대하여도 감가상각시부인 계산을 하지만, 「법인세법」은 감가상각시부인계산을 별도로 하지 아니하고 기존 상각부인액을 손금에 산입한다.

④ 「소득세법」은 개인의 과세대상 소득의 범위를 원칙적으로 소득원천설에 따라 정하지만, 「법인세법」은 영리법인의 과세대상 소득의 범위를 순자산증가설에 따라 정하고 있다.

해설

② **「법인세법」**은 일시상각충당금의 신고조정을 허용하지만, **「소득세법」**은 일시 상각충당금의 신고조정을 허용하지 않는다.

정답 ②

801

「소득세법」상 총수입금액 및 필요경비의 귀속연도 등에 관한 설명으로 옳지 않은 것은?

세법2 Link   p.343, 346-347
오진다 Link   p.448-451
출제 가능 지수
난이도

① 거주자의 각 과세기간 총수입금액 및 필요경비의 귀속연도는 총수입금액과 필요경비가 확정된 날이 속하는 과세기간으로 한다.

② 거주자가 보유하는 무형자산의 장부가액을 증액한 경우 그 평가일이 속하는 과세기간 및 그 후의 과세기간의 소득금액을 계산할 때 해당 자산의 장부가액은 평가한 후의 가액으로 한다.

③ 거주자가 각 과세기간의 소득금액을 계산할 때 총수입금액 및 필요경비의 귀속연도와 자산·부채의 취득 및 평가에 대하여 일반적으로 공정·타당하다고 인정되는 기업회계의 기준을 적용하거나 관행을 계속 적용하여 온 경우에는 「소득세법」 및 「조세특례제한법」에서 달리 규정하고 있는 경우 외에는 그 기업회계의 기준 또는 관행에 따른다.

④ 사업소득으로 과세되는 상품의 위탁판매로 인한 소득의 경우에는 수탁자가 그 위탁품을 판매하는 날을 수입시기로 한다.

해설

② 거주자가 보유하는 자산의 장부가액을 증액한 경우 그 평가일이 속하는 과세기간 및 그 후의 과세기간의 소득금액을 계산할 때 해당 자산의 장부가액은 평가 전의 가액으로 한다. 즉 「소득세법」은 **자산의 평가증을 인정하지 아니한다.**

정답 ②

802

「소득세법」상 주택임대소득에 대한 소득세의 비과세에 관한 설명으로 옳지 않은 것은?

세법2 Link   p.329
오진다 Link   p.441
출제 가능 지수
난이도

① 1개의 고가주택을 소유하는 자가 그 고가주택을 임대하고 수령한 1,800만원의 임대소득에 대하여는 소득세를 과세한다.

② 거주자와 생계를 같이 하는 자녀가 각각 주택을 소유하고 있는 경우에는 자녀의 주택수를 합산하여 비과세 여부를 판단한다.

③ 국내에 주택(고가주택은 제외)을 1개 소유하는 자가 그 1개의 주택을 임대함으로써 얻는 2,500만원의 임대소득에 대하여는 소득세를 비과세한다.

④ 주택 수의 계산에 있어서 다가구주택은 1개의 주택으로 보되, 구분등기된 경우에는 각각을 1개의 주택으로 계산한다.

해설

② 배우자의 주택수만 합산하며, **자녀의 주택수는 합산하지 않는다.**

보유 주택 수	과세대상 O	과세대상 X
1주택	국외주택 월세 수입 고가 주택 월세 수입	고가 주택이 아닌 주택의 월세 수입 모든 보증금·전세금
2주택	모든 월세 수입	모든 보증금·전세금
3주택 이상	모든 월세 수입 비소형주택 3채 이상 보유 & 해당 보증금·전세금 합계 3억원을 초과하는 경우	소형주택의 보증금·전세금 비소형주택 3채 미만 보유한 경우 보증금·전세금 비소형주택의 보증금·전세금 합계 3억원 이하인 경우

정답 ②

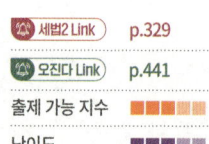

803

「소득세법」상 부동산임대업 소득에 대한 설명으로 옳지 않은 것은?

세법2 Link p.327, 333-334
오진다 Link p.440-442
출제 가능 지수 ▩▩▩▩
난이도 ■■■■

① 공장의 토지 또는 건물에 설치된 기계·기구 등의 시설이 공장재단에서 분리되어 공장재단과 기계 등 시설을 별도로 임대한 경우에는 공장재단은 부동산임대업에서 발생하는 소득이며, 기계 등 시설의 임대는 일반 임대업에서 발생하는 소득으로 본다.

② 2주택 이하를 소유한 경우 주택과 법 소정 부수토지의 임대에 대하여는 간주임대료를 총수입금액에 산입하지 아니한다.

③ 부동산임대업을 영위하는 자가 사업용자산의 손실로 인하여 취득하는 보험차익은 부동산임대업의 총수입금액으로 보지 않는다.

④ 월임대료를 받는 사업자와의 과세형평을 맞추기 위해 보증금·전세금 등을 받는 사업자에게도 해당 보증금·전세금 등에 정기예금이자율을 적용한 만큼을 임대료로 간주하여 사업소득으로 과세하는데 이때 총수입금액에 산입할 간주임대료가 0보다 적은 때에는 이를 없는 것으로 본다.

해설

③ 부동산임대사업과 관련하여 해당 사업용 자산의 손실로 취득하는 보험차익은 **총수입금액에 산입**한다. 이는 보험료의 납입액이 사업소득 계산 시 필요경비에 산입되었기 때문이다.　　　　정답 ③

804

다음 중 「소득세법」상 부동산임대업 소득에 관한 설명으로 옳지 않은 것은?

세법2 Link p.327, 333
오진다 Link p.440-442
출제 가능 지수 ▩▩▩▩▩
난이도 ■■■■

① 부동산 또는 부동산상의 권리의 대여로 인하여 발생하는 소득은 사업소득이며, 이때 부동산상의 권리에는 공익사업과 관련한 지역권·지상권을 포함하지 아니한다.

② 공장재단 또는 광업재단의 대여로 인하여 발생하는 소득도 사업소득이다.

③ 부동산임대업 소득금액은 일반적인 사업소득과 동일하게 해당 과세기간의 총수입금액에서 이에 소요된 필요경비를 공제한 금액으로 한다.

④ 광업권자 등이 자본적 지출이나 수익적 지출의 일부 또는 전부를 제공하는 것을 조건으로 광업권·조광권 또는 채굴에 관한 권리를 대여하고 덕대로부터 받는 분철료도 부동산임대업에서 발생한 소득으로 본다.

해설

④ 자본적 지출이나 수익적 지출의 일부 또는 전부를 제공하는 조건은 실질적으로 사업을 함께 영위하는 것으로 보아 단순히 부동산임대소득이 아닌 **일반 사업소득으로 과세**된다.　　　　정답 ④

805

「소득세법」상 거주자의 주택임대소득의 과세에 관한 설명으로 옳지 않은 것은? (단, 「소득세법령」에 정한 해당 요건을 모두 충족하며, 공동소유 및 공동사업자인 경우는 고려하지 않음)

세법2 Link p.329-330, 334
오진다 Link p.441-442
출제 가능 지수
난이도

① 해당 과세기간에 주거용 건물 임대업에서 발생한 수입금액의 합계액(공동사업자인 경우 공동사업장에서 발생한 주택임대수입금액의 합계액을 손익분배비율에 의하여 공동사업자에게 분배한 금액을 합산한 금액)이 2천만원 이하인 자의 주택임대소득은 분리과세와 종합과세 중 과세방법을 선택할 수 있다.

② 1개의 주택을 소유하는 자의 주택 임대소득에 대하여는 소득세를 과세하지 아니하나, 대통령령에서 정하는 고가주택의 임대소득은 비과세대상에서 제외한다.

③ 주택을 대여하고 보증금 등을 받은 경우 3주택(법령에 정한 요건을 충족한 주택 제외) 이상을 소유하고 해당 주택의 보증금 등의 합계액이 3억원을 초과한다면 총수입금액 계산의 특례가 적용된다.

④ 임차 또는 전세받은 주택을 전대하거나 전전세하는 경우에는 해당 임차 또는 전세받은 주택을 임차인 또는 등기부등본상 소유주의 주택으로 계산한다.

해설

④ 임차 또는 전세받은 주택을 전대하거나 전전세하는 경우에는 해당 임차 또는 전세받은 주택을 임차인 또는 **전세받은 자**의 주택으로 계산한다.　　　　　　　　　　　　　　　　정답 ④

806

「소득세법」상 사업소득에 관한 설명이다. 옳지 않은 것은?

세법2 Link p.329, 331, 348-349
오진다 Link p.441, 444, 451
출제 가능 지수
난이도

① 부가가치세 면세대상인 수의사가 제공한 의료보건용역에서 발생하는 사업소득은 원천징수대상이다.

② 간편장부대상자인 보험모집인에 해당하는 사업자에게 모집수당 등의 사업소득을 지급하는 원천징수의무자는 사업소득에 대한 소득세의 연말정산을 해야 한다.

③ 조림기간 3년 이상인 임지의 임목의 벌채 또는 양도로 발생하는 소득으로서 연 900만원 이하의 금액은 비과세 사업소득에 해당한다.

④ 거주자가 재고자산을 가사용으로 소비한 경우 이를 소비한 때의 시가에 해당하는 금액은 그 소비한 날이 속하는 과세기간의 사업소득금액을 계산할 때 총수입금액에 산입한다.

해설

③ 조림기간 **5년** 이상인 임지의 임목의 벌채 또는 양도로 발생하는 소득으로서 연 **600만원** 이하의 금액은 비과세 사업소득에 해당한다.　　　　　　　　　　　　　　　　정답 ③

사업소득

807

다음에 주어진 자료에 의하여 판매업을 영위하는 거주자 대한씨의 사업소득 총수입금액을 계산하면 얼마인가?

세법2 Link   p.308, 331, 335

오진다 Link   p.431, 444

출제 가능 지수 ■■■□□

난이도 ■■■■■

---

(1) 과 세 기 간 : 2023.1.1.~2023.12.31.

(2) 총 매 출 액 : ₩20,000,000

(3) 매출에누리와 환입 : ₩2,000,000, 매출할인 : ₩2,000,000

* 외상매출금에 대한 약정지급일은 해당 과세기간 내임

(4) 매입할인 : ₩2,000,000

(5) 지급받은 장려금 : ₩1,000,000

(6) 가사용으로 소비된 재고자산 : 시가 ₩1,200,000(원가 : ₩1,000,000)

(7) 예금이자 수입 : ₩1,000,000

---

① ₩16,200,000   ② ₩17,200,000   ③ ₩18,200,000   ④ ₩22,200,000

해설

(1) 매입할인 : 필요경비 계산시 매입가액에서 차감

(2) 가사용으로 소비된 재고자산: 시가는 총수입금액에, 원가는 필요경비에 산입

(3) 예금이자 수입: 이자소득

(4) 따라서 거주자 대한씨의 사업소득 총수입금액은 다음과 같다.

구분	금액
사업수입금액	₩16,000,000[*1]
지급받은 장려금	₩1,000,000
가사용 재고자산	₩1,200,000
합 계	₩18,200,000

*1 ₩20,000,000(매출액) − ₩2,000,000(매출에누리와 환입) − ₩2,000,000(매출할인) = ₩16,000,000   정답 ③

808

제조업을 영위하는 거주자 한국의 2023년 귀속 사업소득금액을 계산함에 있어서 해당 과세기간 중 제조업과 관련하여 발생한 다음 자료에 의하여 필요경비에 해당하는 것의 금액을 합산하면 얼마인가?

세법2 Link p.336, 343
오진다 Link p.445, 448-
449
출제 가능 지수 ■■■■□
난이도 ■■■■■

(1) 국민건강보험법 및 노인장기요양보험법에 의하여 사용자로서 부담하는 보험료는 ₩8,000,000, 직장가입자로서 부담하는 한국 본인의 보험료는 ₩2,000,000임

(2) 2023. 1. 1. 사업용으로 사용하기 위하여 $10,000를 차입함(차입 당시 원화기장액은 ₩9,000,000이고, 2023. 12. 31. 현재 기준환율로 평가한 금액은 ₩9,800,000임)

(3) 2023. 1. 1. 사업용으로 사용하기 위하여 ¥1,000,000을 차입하여 2023. 12. 31. 상환함 (차입 당시 원화기장액은 ₩7,000,000, 상환하는 원화금액은 ₩8,000,000임)

① ₩1,800,000   ② ₩3,000,000   ③ ₩9,000,000   ④ ₩11,000,000

해설

(1) 필요경비 계산

건강보험료 등 : ₩8,000,000 + ₩2,000,000[*1] =	₩10,000,000
외화차입금 상환손실 : ₩8,000,000 − ₩7,000,000 =	₩1,000,000[*2]
합계	₩11,000,000

[*1] 직장가입자로서 부담하는 **사용자 본인의 건강보험료 및 노인장기요양 보험료도 필요경비에 해당**한다.

[*2] 외화상환손익은 인정되지만 외화평가손익은 인정되지 않는다.

정답 ④

809

노량진에 위치한 10층 규모의 빌딩 중 일부를 법인이 임대한 경우와 개인이 임대한 경우 다음 자료를 이용하여 계산한 2023년도의 「법인세법」에 의한 사업수입금액과 「소득세법」에 의한 부동산임대업의 총수입금액은 각각 얼마인가? (주어진 자료 이외에는 고려하지 않는다)

세법2 Link   p.50-51,
            333
오진다 Link   p.305, 442
출제 가능 지수 ■■■■□
난이도   ■■■■■

(ㄱ) 임대보증금: 10억원

(ㄴ) 월임대료: 5백만원

(ㄷ) 임대기간: 2023.1.1.~2023.12.31.

(ㄹ) 임대부동산의 건설비상당액: 15억원(토지구입가액 10억원 포함)

(ㅁ) 정기예금이자율: 연 2%

(ㅂ) 사업연도: 2023.1.1~2023.12.31

(ㅅ) 임대법인은 부동산임대업을 주업으로 하지 않으며 개인, 법인 모두 추계결정대상은 아니다.

(ㅂ) 해당 과세기간의 해당 임대사업부분에서 발생한 수입이자와 할인료 및 배당금은 없는 것으로 가정한다.

	법인	개인
①	₩60,000,000	₩70,000,000
②	₩70,000,000	₩60,000,000
③	₩60,000,000	₩65,000,000
④	₩55,000,000	₩60,000,000

해설

(1) 법인의 경우

추계할 때는 모든 법인이 간주임대료를 계산하지만, 일반적인 경우 '부동산임대업을 주업으로 하며, '차입금이 자기자본의 2배를 초과하는' 영리내국법인만 간주임대료를 계산한다. 해당 법인은 부동산임대업을 주업으로 하지 않으므로 간주임대료를 계산하지 아니한다. 그러므로 월 임대료만 사업수입금액으로 산정된다.

∴ ₩5,000,000 × 12개월 = ₩60,000,000

(2) 개인의 경우

1. 임대료 = ₩5,000,000 × 12개월 = ₩60,000,000

2. 간주임대료: 「소득세법」에서는 보증금·전세금 등을 받는 사업자의 경우 해당 보증금·전세금 등에 정기예금 이자율을 적용한 만큼을 임대료로 간주하여 사업소득으로 과세하는데 이때 주택 외 부동산 간주임대료는 다음과 같이 구할 수 있다.

간주임대료 = (보증금 적수 − 건설비 적수[*1]) × 정기예금 이자율 × 1 / 365(366) − 금융수익[*2]

= (10억원 − 5억원) × 365 × 2% × 1/365 = ₩10,000,000

따라서 「소득세법」에 의한 부동산임대업의 총수입금액은 다음과 같다.

부동산임대업의 총수입금액 = 임대료 + 간주임대료 = ₩60,000,000 + ₩10,000,000 = ₩70,000,000

[*1] 취득가액에 자본적 지출을 가산한 금액으로 계산하되, 토지는 제외하므로 (15억원 − 10억원)

[*2] 해당 과세기간의 해당 임대사업부분에서 발생한 수입이자와 할인료 및 배당금의 합계액이 없으므로 ₩0으로 계산한다.

정답 ①

810

다음 자료를 이용하여 개인사업자인 거주자 대한씨의 2023년 사업소득 총수입금액을 계산한 것으로 옳은 것은?

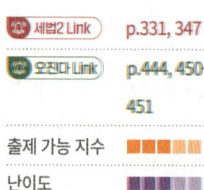
세법2 Link   p.331, 347
오진다 Link   p.444, 450-451
출제 가능 지수 ■■■■□
난이도   ■■■■□

(1) 2023년 과세기간의 손익계산서상 총매출액 : ₩25,000,000(매출에누리와 환입 ₩700,000과 매출할인 ₩800,000이 차감되어 있지 않음)

(2) 위의 총매출액에 포함되지 않은 기타 매출거래는 다음과 같음

  ㄱ. 시용판매

  – 2023년 7월 4일에 거래처로부터 제품 ₩500,000(원가 ₩400,000)에 대한 구입의사표시를 받았지만 2023년 말까지 대금결제를 받지 못함

  ㄴ. 무인판매기에 의한 판매

  – 2023년 과세기간의 무인판매기에 의한 매출액은 ₩1,200,000(원가 ₩800,000)이며 2024년 1월 3일에 동 금액을 무인판매기에서 현금으로 인출함

  ㄷ. 위탁판매

  – 2023년 11월 7일에 수탁자에게 제품(판매가 ₩1,600,000, 원가 ₩1,300,000)을 발송하여 수탁자는 이중의 절반을 2023년 12월 29일에 판매하고, 나머지는 2024년 1월 7일에 판매함

① ₩23,500,000   ② ₩24,800,000   ③ ₩25,000,000   ④ ₩26,000,000

해설

구분	금액
손익계산서 총매출	₩25,000,000
매출에누리와 환입	(₩700,000)
매출할인	(₩800,000)
시용판매분	₩500,000[*1]
무인판매기	–[*2]
위탁판매	₩800,000[*3]
합계	₩24,800,000

[*1] 재고자산 시용판매의 수입시기는 매입의사표시일인 2023년이다.

[*2] 무인판매기에 의한 판매의 수입시기는 현금인출일인 2024년이다.

[*3] 위탁판매는 수탁자가 판매한 시점에 수입을 인식한다. 그러므로 2023년에 판매한 50%을 2023년 수입금액에 산입하고, 나머지 절반은 2024년 수입금액에 산입한다.

  ∴ ₩1,600,000 × 50% = ₩800,000

정답 ②

811

다음은 제조업을 영위하는 개인사업자 대한씨(복식부기의무자)의 2023년도 사업과 관련된 자료이다. 대한씨의 2023년도 사업소득금액으로 옳은 것은?

세법2 Link   p.331, 337-338

오진다 Link   p.444-445, 450

출제 가능 지수   ■■■□□

난이도   ■■■■■

> (1) 손익계산서상 당기순이익은 ₩10,000,000이다.
> (2) 손익계산서상 주요 수익항목은 다음과 같다.
>   가. 사업과 관련이 없는 자산수증이익 : ₩400,000
>   나. 사업과 관련하여 해당 사업용자산의 손실로 인한 보험차익 : ₩1,000,000
>   다. 업무용화물차 처분이익 : ₩100,000
>   라. 사업에 사용하는 토지의 처분이익 : ₩2,000,000
> (3) 손익계산서상 주요 비용항목은 다음과 같다.
>   가. 소득세비용 : ₩2,000,000
>   나. 업무와 관련하여 지급한 손해배상금: ₩10,000,000(경과실로 타인의 권리를 침해한 경우에 해당함)
> (4) 재고자산(취득원가 ₩300,000, 시가 ₩500,000)을 가사용으로 소비하고 이에 대하여 아무런 회계처리를 하지 아니하였다.

① ₩5,000,000   ② ₩9,700,000   ③ ₩9,800,000   ④ ₩10,200,000

해설

(1) 가. 자산수증이익의 경우 사업관련분만 총수입금액에 산입하고, 사업과 관련이 없는 것은 증여세로 과세한다.

구분	사업소득금액
(1) 당기순이익	₩10,000,000
(2) 가. 자산수증이익	(₩400,000)
(2) 라. 토지처분이익	(₩2,000,000)[*1]
(3) 기. 소득세	₩2,000,000
(4) 자가소비(시가)	₩500,000
자가소비(원가)	(₩300,000)
합계	₩9,800,000

[*1] 복식부기의무자의 유형자산처분이익(토지·건물 제외)은 사업소득 과세대상이다.

[참고]

(2) 라. 사업에 사용하는 토지의 처분이익은 양도소득세가 과세되므로 사업소득에 반영되어서는 안된다.

(3) 가. 소득세비용은 필요경비불산입항목이다.

(3) 나. 업무관련 고의 또는 중대한 과실로 지급되는 손해배상금은 필요경비불산입하지만, 경과실로 지급되는 손해배상금은 필요경비에 산입한다.

(4) 소득세법은 재고자산을 가사용으로 사용 소비하는 경우, 사용소비한 시가는 총수입금액에 산입하고 해당 재고자산의 원가는 필요경비에 산입한다.

정답 ③

812

다음 자료를 이용하여 개인사업자인 거주자 대한씨의 2023년도 사업소득금액을 계산한 것으로 옳은 것은?

세법2 Link p.331, 338-339, 343

오진다 Link p.444-445, 448-449

출제 가능 지수 ■■■■■

난이도 ■■■■■

---

(1) 손익계산서(2023. 1. 1. ~ 2023. 12. 31.)

매출	₩310,000,000
매출원가	(₩100,000,000)
급 여(대한씨의 급여 ₩30,000,000 포함)	(₩100,000,000)
판매비	(₩30,000,000)
이자수익	₩10,000,000
토지처분이익	₩20,000,000
이자비용	(₩8,000,000)
비품평가손실	(₩2,000,000)
당기순이익	₩100,000,000

(2) 추가자료

가. 2023년 중 부채의 합계액이 사업용 자산의 합계액을 초과하는 금액의 적수는 50억원이며, 2023년 총차입금 적수는 500억원이다.

나. 2023년 중 재고자산(취득원가 ₩1,000,000, 시가 ₩2,000,000)을 가사용으로 소비하였으며, 아무런 회계처리를 하지 않았다.

다. 비품평가손실은 업무에 사용하던 비품을 창고에 보관하면서 기말에 장부가액을 비용으로 계상한 것이다.

---

① ₩94,800,000   ② ₩103,000,000   ③ ₩103,800,000   ④ ₩123,800,000

해설

구분	사업소득금액
(1) 당기순이익	₩100,000,000
(2) 대한씨(대표자)의 급여	₩30,000,000
(3) 이자수익	(₩10,000,000)
(4) 토지처분이익	(₩20,000,000)
(5) 자가소비(시가)	₩2,000,000
자가소비(원가)	(₩1,000,000)
(6) 초과인출금 관련이자	₩800,000*
(7) 비품평가손실	₩2,000,000
합계	₩103,800,000

* 초과인출금 관련이자 : ₩8,000,000 × $\dfrac{50억원}{500억원}$ = ₩800,000

정답 ③

813

다음 중 「소득세법」상 근로소득에 포함되는 것을 모두 고른 것은?

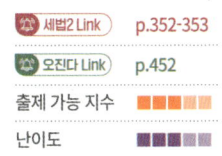 세법2 Link   p.352-353

오진다 Link   p.452

출제 가능 지수 ■■■■□

난이도 ■■■■□

> ㉠ 비중소기업의 종업원이 주택의 구입·임차에 소요되는 자금을 저리 또는 무상으로 대여받음으로써 얻는 이익
> ㉡ 종업원이 계약자이거나 종업원 또는 그 배우자 기타의 가족을 수익자로 하는 보험·신탁 또는 공제와 관련하여 사용자가 부담하는 보험금·신탁부금 또는 공제부금
> ㉢ 근로관계 없이 부여받은 주식매수선택권을 행사하여 발생한 행사차익
> ㉣ 퇴직으로 인하여 받는 소득으로서 퇴직소득에 속하지 아니하는 소득
> ㉤ 종업원의 수학 중인 자녀가 사용자로부터 받는 학자금 또는 장학금

① ㉠, ㉡, ㉢   ② ㉠, ㉡, ㉣   ③ ㉠, ㉡, ㉣, ㉤   ④ ㉠, ㉡, ㉢, ㉣, ㉤

해설

㉠ **중소기업 종업원**이 주택(주택에 부수된 토지 포함)의 구입·임차 소요되는 자금을 저리 또는 무상으로 대여받음으로써 얻은 이익은 **비과세**하지만(종업원이 친족관계, 지배주주 등에 해당하는 경우는 제외), **비중소기업의 종업원**이 주택의 구입·임차에 소요되는 자금을 저리 또는 무상으로 대여받음으로써 얻는 이익은 **근로소득으로 본다.**

㉡ 종업원이 계약자이거나 종업원 또는 그 배우자 기타의 가족을 수익자로 하는 보험·신탁 또는 공제와 관련하여 사용자가 부담하는 보험금·신탁부금 또는 공제부금은 **근로소득으로 본다.**

㉢ 근로관계 없이 부여받은 주식매수선택권을 행사하여 발생한 행사차익은 **기타소득으로 과세한다.**

㉣ 퇴직으로 인하여 받는 소득은 퇴직소득으로 보고, 퇴직소득에 속하지 아니하는 소득은 **근로소득으로 본다.**

㉤ 종업원이 받는 공로금·위로금·개업축하금·학자금·장학금(종업원의 수학 중인 자녀가 사용자로부터 받는 학자금·장학금을 포함) 기타 이와 유사한 성질의 급여는 **근로소득으로 본다.**   정답 ③

814

「소득세법」상 근로소득에 대한 설명으로 옳은 것은?

① 판공비 명목으로 받는 것으로서 업무를 위하여 사용된 것이 분명하지 아니한 급여는 근로소득으로 과세하지 않는다.

② 주주인 임원이 법령으로 정하는 사택을 제공받음으로서 얻은 이익이지만 근로소득으로 과세하지 않는 경우도 있다.

③ 기초생활수급자인 휴학생이 「교육기본법」에 따라 대학으로부터 받는 근로장학금은 「소득세법」상 비과세소득에 해당된다.

④ 법령으로 정하는 일용근로자의 근로소득은 예납적 원천징수를 하고 종합소득과세표준을 계산할 때 합산하여 종합소득신고를 하여야 한다.

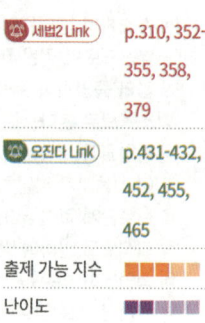

세법2 Link p.352, 356, 358, 361
오진다 Link p.452-457
출제 가능 지수 ■■■■□
난이도 ■■□□□

해설

① 판공비 명목으로 받는 것으로서 업무를 위하여 사용된 것이 분명하지 아니한 급여는 근로소득으로 **과세한다.**

② **소액주주 임원**의 경우는 사택을 제공받음으로서 얻은 이익에 대하여 비과세한다.

③ 「교육기본법」에 따라 받는 장학금 중 대학생(대학, 산업대학, 교육대학, 전문대학에 **재학하는 대학생에 한함**)이 근로의 대가로 지급받는 장학금은 소득세를 과세하지 않는다. 따라서 **휴학생**이 대학으로부터 받는 근로장학금은 **비과세소득에 해당하지 않는다.**

④ 일용근로자는 상용근로자와 다르게 근로소득공제액을 적용하며, 이에 따른 금액을 종합과세하지 않고, **분리과세로 납세의무를 종결**한다.

정답 ②

815

다음 중 「소득세법」상 근로소득으로 과세되는 것은 모두 몇 개인가?

(ㄱ) 법인세법에 의하여 상여로 소득처분된 금액
(ㄴ) 임원이 아닌 직원이 사택을 제공받음으로써 얻은 이익
(ㄷ) 사용자가 건강보험료 중 근로자부담분을 대신 부담한 금액
(ㄹ) 종업원 등이 사용자로부터 퇴직한 후에 지급받는 직무발명보상금
(ㅁ) 직장공제회 초과반환금을 분할하여 지급하는 기간 동안 원본 및 초과반환금 등에 추가로 발생하는 이익
(ㅂ) 재직기간 중 행사한 주식매수선택권의 행사이익
(ㅅ) 퇴직으로 인하여 받는 소득으로서 퇴직소득에 속하지 않는 소득
(ㅇ) 사내근로복지기금으로부터 수령하는 장학금

① 2개　　　　② 3개　　　　③ 4개　　　　④ 5개

세법2 Link p.310, 352-355, 358, 379
오진다 Link p.431-432, 452, 455, 465
출제 가능 지수 ■■■■■
난이도 ■■□□□

해설

(ㄴ)	복리후생적인 성격의 급여로 **비과세**된다.
(ㄹ)	퇴직후 지급받은 직무발명보상금은 **기타소득**으로 과세된다.
(ㅁ)	직장공제회초과반환금은 **이자소득**으로 과세된다.
(ㅇ)	사내근로복지기금으로부터 수령하는 장학금은 **비과세**된다.

정답 ③

816

다음 중 「소득세법」상 과세되는 근로소득에 포함되는 것을 모두 고르면?

세법2 Link   p.353-355, 358, 379
오진다 Link   p.453-456
출제 가능 지수 ■■■■■
난이도 ■■■■■

ㄱ. 계약기간 만료 전 또는 만기에 종업원에게 귀속되는 단체환급부보장성보험의 환급금
ㄴ. 퇴직 전에 부여받은 주식매수선택권을 퇴직 후에 행사하거나 고용관계 없이 주식매수선택권을 부여 받아 이를 행사함으로써 얻은 이익
ㄷ. 임직원의 고의(중과실 포함) 외의 업무상 행위로 인한 손해의 배상청구를 보험금의 지급사유로 하고 임직원을 피보험자로 하는 보험의 보험료를 사용자가 부담하는 경우
ㄹ. 법인인 중소기업의 종업원(「법인세법 시행령」에 따른 지배주주 등에 해당하지 아니함)이 주택임차에 소요되는 자금을 무상으로 대여받음으로써 얻은 이익
ㅁ. 근로자가 적립금액 등을 선택할 수 없는 것으로서 퇴직급여로 지급되기 위하여 법령으로 정한 적립 방법에 따라 적립되는 급여

① ㄱ   ② ㄱ, ㄴ   ③ ㄴ, ㅁ   ④ ㄷ, ㄹ

해설

ㄱ	계약기간 만료 전 또는 만기에 종업원에게 귀속되는 단체 환급부보장성보험의 환급금은 **근로소득**으로 보아 과세한다. 그 외, 환급부보장성보험의 보험료 중 보험료 대납액이 70만원 이하의 금액은 과세되지 않고, 70만원을 초과하는 금액은 초과분을 근로소득으로 보아 과세한다.
ㄴ	주식매수선택권을 퇴직 후에 행사하거나 고용관계 없이 주식매수선택권을 부여 받아 이를 행사함으로써 얻은 이익은 **기타소득**으로 과세된다. 주식매수선택권을 부여받아 **재직 중에** 행사하는 경우에만 **근로소득**으로 과세된다.
ㄷ	임직원의 고의(중과실 포함) 외의 업무상 행위로 인한 손해의 배상청구를 보험금의 지급사유로 하고 임직원을 피보험자로 하는 보험의 보험료를 사용자가 부담하는 경우는 전액 **비과세**된다.
ㄹ	중소기업 종업원이 주택임차에 소요되는 자금을 무상으로 대여받음으로써 얻은 이익은 **비과세**된다(종업원이 친족관계, 지배주주 등에 해당하는 경우는 제외). 다만, 중소기업 외의 종업원의 주택 구입 및 임차에 소요되는 자금을 저리 또는 무상으로 대여받음으로써 얻은 이익은 근로소득으로 과세된다.
ㅁ	근로자가 적립금액 등을 선택할 수 없는 것으로서 퇴직급여로 지급되기 위하여 법령으로 정한 적립 방법에 따라 적립되는 급여는 **근로소득에 포함하지 않는다.**

정답 ①

817

다음 중 「소득세법」상 거주자가 2023년도에 받은 소득내역으로 소득세가 과세되는 것은?

① 국내에 1가구 1주택(고가주택 아님)을 소유한 거주자가 그 주택을 임대하고 받은 임대료 2천
   만원
② 근로자가 사내급식 또는 이와 유사한 방법으로 제공받는 식사 기타 음식물
③ 주권상장법인의 종업원이 사택을 제공받음으로써 얻은 이익 3천만원
④ 회사로부터 지원받은 근로자 아들의 대학등록금 7백만원

해설

④ 종업원이 받는 학자금·장학금(종업원의 수학 중인 자녀가 사용자로부터 받는 학자금·장학금을 포함) 기타
  이와 유사한 성질의 급여는 근로소득으로 본다.   정답 ④

세법2 Link   p.329, 353,
            358-359
오진다 Link   p.439, 453,
            455-456
출제 가능 지수 ■■■■■
난이도   ■■■■■

818

「소득세법」상 원천징수와 관련한 설명으로 옳은 것은?

① 비영업대금의 이익에 대해서는 일반적인 경우의 이자소득과 마찬가지로 100분의 14의 세율로
   원천징수한다.
② 보험모집인의 사업소득과 공적연금소득에 대하여는 간이세액표를 적용하여 원천징수를 하되
   추가로 연말정산을 실시한다.
③ 근로소득에 대한 원천징수의무자가 12월분의 급여액을 다음 연도 3월 말일까지 지급하지 아
   니한 때에는 그 급여액은 3월 말일에 지급한 것으로 본다.
④ 국내 근로소득으로서 그 발생된 소득이 지급되지 아니함으로써 소득세가 원천징수되지 아니
   한 해당 소득이 종합소득에 합산되어 과세된 경우에 해당 소득을 지급하는 때에는 소득세를
   원천징수하지 아니한다.

해설

① 비영업대금의 이익에 대해서는 100분의 **25**의 세율로 원천징수한다.
② 간편장부대상자인 보험모집인의 사업소득에 대해서는 **총수입금액의 3%를 원천징수**한다.
③ 근로소득에 대한 원천징수의무자가 12월분의 근로소득을 다음 연도 2월 말일까지 지급하지 아니한 때에는
  그 근로소득을 다음연도 **2월 말일**에 지급한 것으로 보아 소득세를 원천징수한다.   정답 ④

세법2 Link   p.320, 348,
            365, 430
오진다 Link   p.437, 451,
            458, 464,
            486
출제 가능 지수 ■■■■■
난이도   ■■■■■

819

「소득세법」상 근로소득에 대한 설명으로 옳지 않은 것은? (해당 근로소득은 모두 국내 근로소득이라 가정한다)

① 잉여금처분에 의한 상여의 수입시기는 해당 법인의 잉여금처분결의일이다.
② 원천징수의무자는 해당 과세기간의 다음 연도 2월분의 근로소득을 지급할 때에 연말정산을 하여야 한다.
③ 해당 사업연도의 소득금액을 법인이 신고함에 따라 발생한 그 법인의 임원에 대한 상여(인정상여)의 수입시기는 결산확정일이다.
④ 만기에 종업원에게 귀속되는 단체환급부보장성의 환급금은 근로소득에 해당한다.

세법2 Link p.358, 362, 366
오진다 Link p.455-458
출제 가능 지수 ■■■■
난이도 ■■■■

해설

③ 인정상여의 수입시기는 **근로를 제공한 날**이다.

정답 ③

820

「소득세법」상 근로소득에 관한 설명으로 옳지 않은 것은?

① 대기업의 종업원이 주택의 구입에 소요되는 자금을 무상으로 대여 받음으로써 얻는 이익은 근로소득에 포함된다.
② 공무원이 공무수행과 관련하여 국가로부터 받는 상금과 사기업체 종업원이 법에 따라 받는 직무발명보상금은 연 700만원까지 비과세한다.
③ 일용근로자가 아닌 근로자의 경우 총급여액에서 공제하는 근로소득공제는 연간 2,000만원을 한도로 한다.
④ 근로를 제공하고 받은 대가라 하더라도 독립된 지위에서 근로를 제공하였다면 그 대가는 근로소득으로 보지 않는다.

세법2 Link p.352-353, 360, 362
오진다 Link p.452-453, 457
출제 가능 지수 ■■■■
난이도 ■■■■

해설

② 공무원이 국가 또는 지방자치단체로부터 공무 수행과 관련하여 받는 상금과 부상은 **연 240만원** 이내의 금액이 비과세된다.
④ 고용관계를 기초로 비독립적인 지위에서 근로를 제공한 경우에 근로소득으로 과세하며, 독립된 지위에서 근로를 제공하는 경우에는 **사업소득으로 과세**한다.

정답 ②

821

「소득세법」상 과세되는 근로소득에 포함되는 것은?

① 퇴직급여로 지급되기 위하여 사용자가 적립한 급여 중 근로자가 적립금액 등을 선택할 수 없는 것으로서 「기획재정부령」으로 정하는 방법에 따라 적립되는 급여
② 「발명진흥법」에 따른 종업원 등이 사용자 등으로부터 받는 직무발명보상금(종업원은 현재 재직 중인 상태임) 중 700만원 초과액
③ 임직원의 업무상 과실(고의나 중과실 제외)로 인한 손해배상청구를 지급사유로 하는 손해배상보험료를 사용자가 부담하는 경우
④ 사원이 업무와 관계없이 독립된 자격으로 사내에서 발행하는 사보 등에 원고를 게재하고 받는 대가

세법2 Link   p.355, 358-359

오진다 Link   p.453-456, 465

출제 가능 지수 ■■■■□

난이도 ■■■■□

해설

①은 **근로소득에 해당하지 않고**, ③은 **비과세 근로소득**이며, ④는 업무와 관계없이 수령하는 원고료이므로 **기타소득**에 해당한다.

정답 ②

822

다음 중 「소득세법」상 근로소득에 대한 다음의 설명으로 옳지 않은 것은?

① 원천징수대상 근로소득(일용근로자 제외)은 연말정산의 절차를 거치지만 원천징수 제외 대상 근로소득은 납세조합에 가입된 경우를 제외하고는 연말정산의 절차를 거치지 않는다.
② 원천징수대상 근로소득(일용근로자 제외)만 있는 자는 연말정산에 의하여 납세의무가 종결되므로 과세표준확정신고를 할 필요가 없다.
③ 외국법인의 국내지점에서 지급되는 급여는 원천징수 제외 대상에 해당하므로 원천징수 의무가 없다.
④ 일용근로자의 근로소득은 분리과세되므로 연말정산이나 확정신고의 의무가 없다.

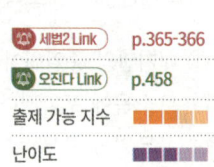

세법2 Link   p.365-366

오진다 Link   p.458

출제 가능 지수 ■■■■□

난이도 ■■■■□

해설

③ 외국법인의 국내지점에서 지급되는 급여는 **원천징수대상 근로소득에 해당**하므로 **원천징수 의무가 있다.**

정답 ③

823

세법2 Link p.359-360
오진다 Link p.454-456
출제 가능 지수 ■■■■■
난이도 ■■■■■

「소득세법」상 근로소득 비과세에 대한 설명으로 옳지 않은 것은?

① 국외 또는 북한지역에서 원양어업 선박 또는 국외 등을 항행하는 선박 또는 국외 등의 건설현장 등에서 근로(설계 및 감리 업무를 포함)를 제공하고 받는 보수 중 월 500만원의 급여는 비과세한다.

② 공무원(재외공관 행정직원을 포함), 대한무역투자진흥공사, 한국관광공사, 한국국제협력단 및 한국국제보건의료재단의 종사자가 국외 등에서 근무하고 받는 수당 중 해당 근로자가 국내에서 근무할 경우에 지급받을 금액상당액을 초과하여 받는 금액 중 실비변상적 성격의 급여는 전액 비과세한다.

③ 근로자 또는 그 배우자의 출산과 관련하여 자녀의 출생일 이후 2년 이내에 사용자로부터 법령으로 정하는 바에 따라 최대 두 차례에 걸쳐 지급받는 급여는 전액 비과세한다.

④ 대학의 교직원 또는 대학과 고용관계가 있는 학생이 소속 대학에 설치된 산학협력단으로부터 받는 보상금으로서 연 700만원 이하의 금액은 비과세한다.

해설

② 공무원(재외공관 행정직원을 포함), 대한무역투자진흥공사, 한국관광공사, 한국국제협력단 및 한국국제보건의료재단의 종사자가 국외 등에서 근무하고 받는 수당 중 해당 근로자가 국내에서 근무할 경우에 지급받을 금액상당액을 초과하여 받는 금액 중 실비변상적 성격의 급여는 **기획재정부장관과 협의하여 고시하는 금액**을 비과세한다.

정답 ②

824

㈜한국(중소기업)에 근무하는 영업사원인 거주자 대한씨(일용근로자 아님)의 2024년 귀속 근로소득 내역이다. 거주자 대한씨의 총급여액은 얼마인가?

> (1) 급여 : ₩50,000,000
> (2) 식사를 제공받고 별도로 받은 식대 : ₩1,200,000(월 ₩100,000씩 수령)
> (3) 「발명진흥법」에 따라 사용자로부터 받은 직무발명보상금 : ₩10,000,000(보상금을 지급한 사용자 등과 법령으로 정하는 특수관계에 있지 아니함)
> (4) 주택 취득에 소요되는 자금을 무상제공 받음으로써 얻은 이익(중소기업과 친족관계 등에 해당하지 아니함) : ₩5,000,000
> (5) 대한씨의 8세 아들의 보육과 관련하여 ㈜한국으로부터 지급받은 보육수당: ₩1,200,000 (월 ₩100,000씩 수령)
> (6) 대한씨가 자기차량을 업무수행에 이용하고 실제 여비 대신 회사의 규정에 따라 지급받은 자가운전보조금 : ₩2,000,000(10개월간 월 ₩200,000씩 수령)
> (7) 시간외 근무수당 : ₩2,000,000

① ₩55,000,000   ② ₩57,400,000   ③ ₩62,500,000   ④ ₩63,000,000

세법2 Link   p.357-360
오진다 Link   p.454-456
출제 가능 지수 ■■■□□
난이도 ■■■■■

해설

	비과세	총급여액
(1) 급여		₩50,000,000
(2) 식대 : 현물식사를 제공받고 있으므로 금전식대는 전액 과세한다.	현물식대	₩1,200,000
(3) 직무발명보상금 : 직무발명보상금은 연 700만원까지 비과세를 적용한다.	₩7,000,000	₩3,000,000
(4) 주택취득자금의 무상대여이익 : 중소기업의 종업원이 주택구입·임차에 소요되는 자금을 저리 또는 무상으로 대여받음으로써 얻는 이익은 비과세 근로소득에 해당한다(중소기업과 친족관계 등에 해당하는 경우는 제외).	₩5,000,000	−
(5) 보육수당 : 6세 이하(해당 과세기간 개시일을 기준으로 판단)의 자녀의 보육과 관련하여 받는 급여는 자녀수와 무관하게 월 20만원을 한도로 비과세	−	₩1,200,000
(6) 자가운전보조금 : 자기차량 또는 종업원명의의 임차차량을 업무수행에 이용하고 실제여비 대신 회사의 규정에 따라 지급받는 자가운전보조금은 월 20만원까지 비과세 된다.	₩2,000,000	−
(7) 시간외 근무수당 : 대한씨는 생산직 근로자에 해당하지 않으므로 시간외 근무수당에 대하여 비과세를 적용하지 않는다.	−	₩2,000,000
	₩14,000,000	₩57,400,000

정답 ②

825

다음 자료를 바탕으로 소득세법상 A씨(출자임원이 아님)의 2023년 근로소득 총급여액은 얼마인가?

세법2 Link   p.356, 358, 363
오진다 Link   p.453, 456-458
출제 가능 지수 ■■■■■
난이도 ■■■■■

가. 급여는 ₩52,000,000이고, 상여금은 ₩10,000,000이다. 단, 상여금에는 2024년에 개최된 주주총회에서 이익잉여금처분 결의에 의해서 지급된 금액 ₩4,000,000이 포함되어 있다.

나. 사택(사용자가 소유하고 무상으로 제공하고 있는 주택) 제공이익은 ₩10,000,000이고, 자녀의 학자금으로 받은 금액은 ₩8,000,000이다.

다. 회사가 A씨를 수익자로 하는 단체순수보장성보험의 보험료를 대납한 금액은 ₩1,000,000이다.

① ₩66,000,000   ② ₩66,300,000   ③ ₩67,000,000   ④ ₩71,000,000

해설

항목	내용	금액
급여 및 상여금	㉠ 근로를 제공함으로써 받는 봉급·급료·보수·세비·임금·상여·수당과 이와 유사한 성질의 급여는 근로소득에 해당한다.	₩52,000,0000
	㉡ 법인의 주주총회·사원총회 또는 이에 준하는 의결기관의 결의에 따라 상여로 받는 소득은 근로소득에 해당한다. ㉢ 잉여금 처분에 의한 상여의 수입시기는 당해 법인의 잉여금 처분결의일로 한다.	₩6,000,000
사택	사택을 무상 또는 저가로 제공받음으로써 얻는 이익은 출자임원(소액주주 제외)만 근로소득으로 본다.	–
학자금	종업원이 받는 공로금·위로금·개업축하금·학자금·장학금(종업원의 수학 중인 자녀가 사용자로부터 받는 학자금·장학금을 포함) 기타 이와 유사한 성질의 급여는 근로소득으로 본다.	₩8,000,000
단체 순수보장성 보험료 대납액	단체순수보장성보험과 단체환급부보장성보험의 보험료 대납액이 70만원을 초과하는 경우 그 초과분에 대해서는 근로소득으로 보아 과세한다.	₩300,000
합계		₩66,300,000

정답 ②

LEVEL 1   LEVEL 2   LEVEL 3

CHAPTER

연금소득 및 기타소득

826

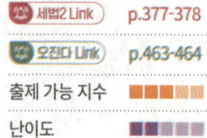

「소득세법령」상 거주자의 연금소득에 대한 설명으로 옳은 것은?

① 「공적연금 관련법」에 따라 받는 연금은 납입연도에 연금보험료 공제를 받지 않았더라도 수령연도에 연금소득으로 과세된다.
② 사적연금의 운용수익은 연금 외 수령의 경우 퇴직소득으로 과세된다.
③ 연금소득공제액이 1,000만원을 초과하는 경우에는 1,000만원을 공제한다.
④ 공적연금소득은 연말정산으로 과세가 종결되기 때문에 다른 종합소득이 없이 공적연금소득만 있는 자는 확정신고를 하지 않아도 된다.

해설

① 「공적연금 관련법」에 따라 받는 연금은 납입연도에 **연금보험료 공제를 받지 않았다면** 수령연도에 **연금소득으로 과세되지 않는다.**
② 사적연금의 운용수익은 연금 외 수령의 경우 **기타소득**으로, 연금수령분은 연금소득으로 과세된다.
③ 연금소득금액의 공제 한도는 **900만원**이다. 그러므로 900만원을 초과하는 경우에는 900만원을 공제한다.

정답 ④

827

「소득세법령」상 기타소득에 포함되는 것은?

① 지상권을 설정함으로써 발생하는 소득(「공익사업을 위한 토지 등의 취득 및 보상에 관한 법률」 제4조에 따른 공익사업과 관련하여 지상권을 설정하는 경우는 제외)
② 통신판매중개를 하는 자를 통하여 물품·장소를 대여하고 사용료를 받는 사업을 계속적·반복적으로 영위하는 경우
③ 부동산·부동산상의 권리를 일시적으로 대여하는 사업
④ 고용관계를 통해 다수인에게 강연하고 강연료 등 대가를 받는 용역

해설

① 「공익사업을 위한 토지 등의 취득 및 보상에 관한 법률」 제4조에 따른 공익사업과 관련하여 지상권을 설정하는 경우는 기타소득으로 과세되고, 그 외의 지상권 설정으로 인해 발생하는 소득은 **부동산임대소득**으로 과세된다.
② 통신판매중개를 하는 자를 통하여 물품·장소를 대여하고 사용료를 받는 사업을 계속적·반복적으로 영위하는 경우는 **사업소득**으로 과세되고, 연간 수입금액 500만원 이하의 사용료로서 금품을 기타소득으로 원천징수하거나 과세표준 확정신고를 하는 경우에는 기타소득으로 과세한다.
④ 고용관계 없이 다수인에게 강연하고 강연료 등 대가를 받는 용역은 기타소득으로 과세한다. 그러나 고용관계를 통해 강연료 등의 대가를 받는 경우는 **근로소득**으로 과세된다.

정답 ③

세법2 Link   p.370, 374-375
오진다 Link   p.459, 462-463
출제 가능 지수
난이도

세법2 Link   p.377-378
오진다 Link   p.463-464
출제 가능 지수
난이도

828

「소득세법령」상 국내에서 거주자에게 지급하는 기타소득으로서 원천징수 대상인 것으로만 묶인 것은? (단, 기타소득의 비과세, 과세최저한, 원천징수의 면제 · 배제 등 특례는 고려하지 아니한다)

세법2 Link p.384
오진다 Link p.466
출제 가능 지수 ■■■■□
난이도 ■■□□□□

ㄱ. 소기업·소상공인 공제부금 해지 일시금

ㄴ. 뇌물·알선수재·배임수재에 의하여 받는 금액

ㄷ. 계약의 위약 또는 해약으로 인하여 받는 소득 중 계약금이 위약금·배상금으로 대체되는 경우의 위약금·배상금

ㄹ. 연금계좌에서 연금외 수령한 기타소득

---

① ㄱ, ㄴ   ② ㄴ, ㄷ   ③ ㄱ, ㄹ   ④ ㄷ, ㄹ

해설

③ 다음의 기타소득에 대하여는 **원천징수를 하지 않는다.**

㉠ 뇌물·알선수재·배임수재에 의하여 받는 금품
㉡ 계약의 위약 또는 해약으로 인하여 받는 소득 중 계약금이 위약금·배상금으로 대체되는 경우의 위약금·배상금

정답 ③

829

「소득세법」상 소득세 과세에 관한 설명으로 옳은 것은?

세법2 Link p.353, 363, 378
오진다 Link p.432, 440, 453, 457
출제 가능 지수 ■■■■□
난이도 ■■■■□□

① 「공익사업을 위한 토지 등의 취득 및 보상에 관한 법률」에 따른 공익사업과 관련하여 지역권·지상권(지하 또는 공중에 설정된 권리를 포함)을 설정하거나 대여함으로써 발생하는 소득은 사업소득으로 과세한다.

② 일용근로자의 근로소득에 대해서 원천징수를 하는 경우에는 근로소득세액공제를 적용하지 아니한다.

③ 명예훼손으로 인한 정신적 고통에 대한 손해배상금에 대해서는 소득세를 과세하지 않는다.

④ 종업원의 수학중인 자녀가 사용자로부터 받는 학자금에 대해서는 소득세를 과세하지 않는다.

해설

① 「공익사업을 위한 토지 등의 취득 및 보상에 관한 법률」에 따른 공익사업과 관련하여 지역권·지상권(지하 또는 공중에 설정된 권리를 포함)을 설정하거나 대여함으로써 발생하는 소득은 **기타소득**으로 과세한다.

② 일용근로자의 근로소득에 대해서 원천징수를 하는 경우에는 **해당 근로소득에 대한 산출세액의 100분의 55에 해당하는 금액을 그 산출세액에서 공제한다.**

④ 종업원의 수학중인 자녀가 사용자로부터 받는 학자금에 대해서는 근로소득으로 보아 **소득세를 과세한다.**

정답 ③

830

「소득세법」상 소득의 구분에 대한 설명으로 옳은 것은?

① 부동산상의 권리를 계속적·반복적으로 대여하는 사업을 영위하는 경우 기타소득으로 과세하며, 공익사업과 관련된 지역권 또는 지상권의 대여로 받는 금품은 사업소득이 된다.

② 뇌물·알선수재·배임수재에 의하여 받는 금품은 기타소득이 되고, 재산권에 관한 알선 수수료는 사업소득이 된다.

③ 퇴직 전에 부여받은 주식매수선택권을 퇴직 후에 행사함으로써 얻는 이익은 퇴직소득이 되고, 고용관계 없이 주식매수선택권을 부여받아 이를 행사함으로써 얻는 이익은 기타소득이 된다.

④ 소유자가 없는 물건의 점유로 소유권을 취득하는 자산은 기타소득이 된다.

세법2 Link p.327, 353, 378-379

오진다 Link p.440, 453, 465

출제 가능 지수 ■■■■■

난이도 ■■■■■

해설

① 부동산상의 권리를 계속적·반복적으로 대여하는 사업을 영위하는 경우 **사업소득**으로 과세하며, 공익사업과 관련된 지역권 또는 지상권의 대여로 받는 금품은 **기타소득**이 된다.

② 뇌물·알선수재·배임수재에 의하여 받는 금품은 기타소득이 되고, 재산권에 관한 알선 수수료도 **기타소득**이 된다

③ 퇴직 전에 부여받은 주식매수선택권을 퇴직 후에 행사함으로써 얻는 이익도 **기타소득**이 된다.   정답 ④

연금소득 및 기타소득

831

세법2 Link　　p.372-374, 376

오진다 Link　　p.462-463

출제 가능 지수 ■■■■

난이도 ■■■■

「소득세법」상 연금소득에 관한 설명으로 옳은 것은?

① 공적연금의 경우 2002. 1. 1.(과세기준일) 이후부터 과세로 전환되었으므로 연금수령액 중 과세연금액은 '과세기준일 이후 기여금 납입월수'가 '총 기여금 납입월수'에서 차지하는 비율에 따라서 분할하여 계산한다.

② 연금계좌에서 인출하는 금액이 연금수령요건을 충족한 경우 퇴직연금계좌 인출액이든 연금저축계좌 인출액이든 연금소득공제를 적용한다.

③ 연금계좌에서 일부 금액이 인출되는 경우 인출순서는 이연퇴직소득 → 과세제외금액 → 연금계좌세액공제를 받은 납입액과 운용수익 순서로 인출되는 것으로 한다.

④ 이연퇴직소득을 연금수령하는 경우로서 실제수령연차가 10년을 초과하는 경우 원천징수세율은 연금외수령 원천징수세율의 60%가 된다.

해설

① 공적연금 중 국민연금 및 연계노령연금의 과세연금액은 '과세기준일 이후 납입기간의 환산소득 누계액'이 '총 납입기간의 환산소득 누계액'에서 차지하는 비율에 따라 계산하며, **국민연금 및 연계노령연금을 제외한 공적연금에 한하여** '과세기준일 이후 기여금 납입월수'가 '총 기여금 납입월수'에서 차지하는 비율에 따라 계산한다.

② 연금수령요건을 충족한 인출액 중에서도 **종합과세되는 인출액에 한하여 연금소득공제를 적용**한다. 따라서 퇴직연금계좌에서 인출되거나 의료목적 또는 부득이한 인출의 요건을 충족하여 인출되는 경우에는 분리과세되므로 연금소득공제를 적용하지 아니한다.

③ 연금계좌에서 일부 금액이 인출되는 경우 인출순서는 **과세제외금액 → 이연퇴직소득 → 연금계좌세액공제**를 받은 납입액과 운용수익 순서로 인출되는 것으로 한다.　　정답 ④

832

「소득세법」상 연금소득에 관한 설명으로 옳지 않은 것은?

세법2 Link · p.371, 373, 404

오진다 Link · p.461-462, 476

출제 가능 지수 ■■■□□

난이도 ■■■■□

① 공적연금소득은 2002년 1월 1일 이후에 납입된 연금 기여금 및 사용자 부담금을 기초로 하거나 2002년 1월 1일 이후 근로 제공을 기초로 하여 받는 연금소득으로 한다.

② 연금계좌의 운용실적에 따라 증가된 금액을 그 소득의 성격에도 불구하고 연금저축계좌 또는 퇴직연금계좌에서 법령상 정하는 연금형태로 인출하는 경우의 그 연금은 연금소득에 해당한다.

③ 연금소득이 있는 거주자가 주택담보노후연금 이자비용공제를 신청한 경우 법령상 요건에 해당하는 주택담보노후연금 수령액에서 해당 과세기간에 발생한 이자비용 상당액을 200만원 한도 내에서 공제하고 연금소득금액을 초과하는 경우 그 초과금액은 없는 것으로 한다.

④ 공적연금소득을 지급하는 자가 연금소득의 일부 또는 전부를 지연하여 지급하면서 지연지급에 따른 이자를 함께 지급하는 경우 해당 이자는 기타소득으로 본다.

해설

④ 공적연금소득을 지급하는 자가 연금소득의 일부 또는 전부를 지연하여 지급하면서 지연지급에 따른 이자를 함께 지급하는 경우 해당 이자는 **연금소득**으로 본다.

정답 ④

833

「소득세법」상 연금소득에 관한 설명이다. 옳지 않은 것은?

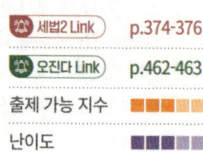

세법2 Link · p.374-376

오진다 Link · p.462-463

출제 가능 지수 ■■■■■

난이도 ■■■■□

① 공적연금소득을 받는 사람이 해당 과세기간 중에 사망한 경우 공적연금소득에 대한 원천징수의무자는 그 사망일이 속하는 달의 다음다음 달 말일까지 그 사망자의 공적연금소득에 대한 연말정산을 하여야 한다.

② 연금소득이 있는 거주자의 해당 과세기간에 받은 총연금액(분리과세연금소득은 제외함)에서 공제하는 연금소득공제액이 900만원을 초과하는 경우에는 900만원을 공제한다.

③ 연금계좌에서 인출된 금액이 연금수령한도를 초과하는 경우에는 연금외수령분이 먼저 인출되고 그 다음으로 연금수령분이 인출되는 것으로 본다.

④ 이연퇴직소득을 연금수령하는 연금소득의 금액은 종합소득 과세표준을 계산할 때 합산하지 아니한다.

해설

③ 연금계좌에서 인출된 금액이 연금수령한도를 초과하는 경우에는 **연금수령분**이 먼저 인출되고 그 다음으로 **연금외수령분**이 인출되는 것으로 본다.

정답 ③

834

다음 중 「소득세법」상 기타소득으로 과세되는 것이 아닌 것은?

세법2 Link   p.377, 379
오진다 Link   p.464-465
출제 가능 지수
난이도

① 저작자가 저작권의 양도 또는 사용의 대가로 받는 금품
② 노동조합의 전임자가 「노동조합 및 노동관계조정법」을 위반하여 사용자로부터 지급받은 급여
③ 영화필름의 양도로 받는 금품
④ 「발명진흥법」에 따라 종업원 또는 대학의 교직원이 퇴직한 후에 지급받는 직무발명보상금으로서 비과세한도를 초과하는 소득

해설

① 저작자가 저작권의 양도 또는 사용의 대가로 받는 금품은 **사업소득**으로 과세된다.   정답 ①

835

「소득세법령」상 기타소득에 관한 설명으로 옳지 않은 것은? (서화·골동품의 양도로 발생하는 소득은 고려하지 아니함)

세법2 Link   p.379, 381
오진다 Link   p.465, 467
출제 가능 지수
난이도

① 노동조합업무종사자로서 근로시간면제자가 「노동조합 및 노동관계 조정법」상의 근로시간면제 한도를 초과하는 범위에서 지급받는 급여는 기타소득에 해당한다.
② 특정 소득이 기타소득으로 법령에 열거된 것 중 어떤 소득에 해당하는지 여부는 기타소득금액에 영향을 미치지 아니한다.
③ 퇴직 전에 부여받은 주식매수선택권을 퇴직 후에 행사하거나 고용관계 없이 주식매수선택권을 부여받아 이를 행사함으로써 얻은 이익은 기타소득에 해당한다.
④ 종교인소득에 대하여 근로소득으로 원천징수한 경우에는 해당소득을 근로소득으로 본다.

해설

② 종합소득금액에 합산되는 기타소득금액은 기타소득 총수입금액에서 필요경비를 차감하여 계산한다. 따라서 특정 소득이 기타소득으로 법령에 열거된 것 중 어떤 소득에 해당하는지 여부에 따라 인정되는 필요경비가 달라지게 되므로 기타소득금액에 영향을 **미치게 된다**.   정답 ②

836

「소득세법」상 기타소득에 관한 설명으로 옳지 않은 것은?

세법2 Link   p.378-379, 381-382
오진다 Link   p.432, 464-467
출제 가능 지수
난이도

① 광업권을 대여하고 그 대가로 받은 금품은 그 대금을 청산한 날 또는 사용·수익일 중 빠른 날을 수입시기로 한다.
② 뇌물과 알선수재 및 배임수재에 따라 받은 금품은 기타소득에 해당한다.
③ 정신적 피해를 전보하기 위하여 받는 배상금은 기타소득으로 과세되지 아니한다.
④ 10년 이상 보유한 서화의 양도로 발생하는 소득이 기타소득으로 구분되는 경우, 최소한 해당 거주자가 받은 금액의 100분의 90에 상당하는 금액을 필요경비로 인정받을 수 있다.

해설

① 광업권을 대여하고 그 대가로 받은 금품에 대한 수입시기는 **그 지급을 받은 날(현금주의)**이다.   정답 ①

837

「소득세법」상 과세되는 기타소득을 모두 고른 것은? (다툼이 있으면 판례에 따름)

세법2 Link　p.359, 378-380, 448
오진다 Link　p.455-456, 465-466, 495
출제 가능 지수　■■■■□
난이도　■■■■□

> ㄱ. 거주자·비거주자 또는 법인의 대통령령으로 정하는 특수관계인이 그 특수관계로 인하여 그 거주자·비거주자 또는 법인으로부터 받는 경제적 이익으로서 급여·배당 또는 증여로 보지 아니하는 금품
> ㄴ. 법령에 의하여 위촉된 위원(보수를 받지 아니함)이 지급받는 위원회 참석수당
> ㄷ. 퇴직 전에 부여받은 주식매수선택권을 퇴직 후에 행사함으로써 얻은 이익
> ㄹ. 사업용 토지 및 건물과 함께 양도하는 영업권
> ㅁ. 서화·골동품을 박물관에 양도함으로써 발생하는 소득
> ㅂ. 판매를 위한 사무실을 갖추고 서화·골동품을 계속·반복적으로 양도함으로써 발생하는 소득
> ㅅ. 공무원이 국가 또는 지방자치단체로부터 공무 수행과 관련하여 받는 200만원의 상금

① ㄱ, ㄷ　　② ㄴ, ㄷ, ㅂ　　③ ㄱ, ㄴ, ㄹ, ㅂ　　④ ㄱ, ㄷ, ㅅ

해설

ㄱ. 거주자·비거주자 또는 법인의 대통령령으로 정하는 특수관계인이 그 특수관계로 인하여 그 거주자·비거주자 또는 법인으로부터 받는 경제적 이익으로서 급여·배당 또는 증여로 보지 아니하는 금품은 **기타소득**으로 과세한다.
ㄴ. 법령·조례에 따른 위원회 등의 보수를 받지 아니하는 위원 등이 받는 수당은 **비과세 기타소득**에 해당한다.
ㄷ. 퇴직 전에 부여받은 주식매수선택권을 퇴직 후에 행사함으로써 얻은 이익은 **기타소득**으로 과세한다.
ㄹ. 사업용 토지 및 건물과 함께 양도하는 영업권은 **양도소득**으로 과세한다.
ㅁ. 서화·골동품을 박물관에 양도함으로써 발생하는 소득은 **비과세 기타소득**에 해당한다.
ㅂ. 서화·골동품을 계속·반복적으로 양도하는 경우에도 기타소득으로 과세하지만, 사업장을 갖추고 양도하는 경우에는 **사업소득**으로 과세한다.
ㅅ. 공무원이 국가 또는 지방자치단체로부터 공무 수행과 관련하여 받는 상금과 부상은 근로소득에 해당하며, 이 중 **연 240만원** 이내의 금액은 **비과세**된다.　　정답 ①

838

「소득세법」상 기타소득에 관한 설명으로 옳지 않은 것은?

세법2 Link　p.379, 381, 384
오진다 Link　p.440, 467-468
출제 가능 지수　■■■■□
난이도　■■■■□

① 법령에 기타소득으로 열거된 항목이라 하더라도 사업소득으로 과세하는 것이 가능한 경우가 있을 수 있다.
② 다수가 순위 경쟁하는 대회에서 입상자가 받는 상금 및 부상의 경우, 최소한 해당 거주자가 받은 금액의 100분의 80에 상당하는 금액을 필요경비로 인정받을 수 있다.
③ 계약금이 위약금·배상금으로 대체되어 원천징수되지 아니한 위약금과 배상금도 분리과세를 적용할 수 있다.
④ 특정한 소득이 기타소득의 어느 항목에 해당하는지 여부는 세액에 영향이 없다.

해설

① 기타소득이면서 다른 소득에 해당된다면 다른 소득으로 먼저 구분된다. 즉, 기타소득으로 열거되어 있더라도, 계속 반복적으로 발생하는 소득 등은 사업소득으로 과세될 수 있다.
④ 기타소득의 필요경비는 실제 필요경비를 원칙으로 하나 **특정한 기타소득은 필요경비를 의제**한다. 따라서 기타소득의 어느 항목에 해당하는지에 따라 소득금액이 변동되어 **세액에 영향을 미치게 된다.**　　정답 ④

839

「소득세법」상 소득구분에 대한 설명으로 옳지 않은 것은?

① 영화필름, 라디오·텔레비전 방송용 테이프 또는 필름, 그 밖에 이와 유사한 자산이나 권리의 양도로 받는 금품은 양도소득에 해당한다.
② 퇴직 전에 부여받은 주식매수선택권을 퇴직 후에 행사함으로써 얻는 이익은 기타소득에 해당한다.
③ 공적연금 관련법에 따라 받는 일시금에 해당하는 금액은 퇴직소득에 해당한다.
④ 광업권을 대여하고 그 대가로 받는 금품은 기타소득에 해당한다.

세법2 Link   p.377, 379, 438
오진다 Link   p.464-465, 490
출제 가능 지수 ■■■■■
난이도 ■■■■■

해설

① 영화필름, 라디오·텔레비전 방송용 테이프 또는 필름, 그 밖에 이와 유사한 자산이나 권리의 양도로 받는 금품은 **기타소득**에 해당한다.   정답 ①

840

「소득세법」상 거주자의 소득구분에 관한 설명으로 옳지 않은 것은?

① 직장공제회 초과반환금(2005년 직장공제회에 최초로 가입하고 수령)은 이자소득으로 과세한다.
② 종교인소득에 대하여 근로소득으로 원천징수하거나 과세표준확정신고를 한 경우에는 해당 소득을 근로소득으로 본다.
③ 저작자 또는 실연자·음반제작자·방송사업자 외의 자가 저작권 또는 저작인접권의 양도 또는 사용의 대가로 받는 금품은 기타소득으로 과세한다.
④ 「한국마사회법」에 따른 승마투표권, 「경륜·경정법」에 따른 승자투표권, 「전통소싸움경기에 관한 법률」에 따른 소싸움경기투표권 및 「국민체육진흥법」에 따른 체육진흥투표권의 구매자가 받는 환급금이 적법한 경우 사업소득으로 과세하고 불법인 경우에는 기타소득으로 과세한다.

세법2 Link   p.310, 377, 379
오진다 Link   p.431, 464-465
출제 가능 지수 ■■■■■
난이도 ■■■■■

해설

④ 「한국마사회법」에 따른 승마투표권, 「경륜·경정법」에 따른 승자투표권, 「전통소싸움경기에 관한 법률」에 따른 소싸움경기투표권 및 「국민체육진흥법」에 따른 체육진흥투표권의 구매자가 받는 환급금의 경우 발생 원인이 되는 행위의 **적법 또는 불법 여부는 고려하지 않고 모두 기타소득으로 과세**한다.   정답 ④

841

다음은 거주자 대한씨와 관련된 2023년도 소득내역이다. 소득세(원천징수소득세 포함)가 과세되지 않는 항목은?

① 곡물 및 기타 식량작물재배업에서 발생한 소득 1,000만원
② 계약의 위약으로 인한 손해배상금 수령액 500만원
③ 아파트 건설현장에서 일용근로자로 일하고 받은 일당 30만원
④ 주택복권당첨소득 2,000만원

세법2 Link p.328, 366, 378, 384
오진다 Link p.440, 457, 464-465, 467-468
출제 가능 지수 ■■■■□
난이도 ■■■■□

해설

① 곡물 및 기타 식량작물재배업에서 발생한 소득은 **과세하지 아니한다.**
② 계약의 위약으로 인한 손해배상금은 **기타소득**으로 원천징수되지 않고 소득금액이 300만원 이상이므로 종합과세 된다.
③ 아파트 건설현장에서 일용근로자가 일하고 받은 일당은 **일용근로소득으로 일당 15만원까지 비과세**이므로 15만원을 **초과하는 15만원은 6%세율로 분리과세**된다.
④ 주택복권당첨소득은 **기타소득으로 20% 원천징수하여 분리과세**된다.

정답 ①

842

「소득세법」상 소득별 원천징수세율로 옳은 것은?

① 「복권 및 복권기금법」상 복권 당첨금의 소득금액이 3억원을 초과하는 경우 그 초과하는 분에 대해서는 100분의 30
② 일용근로자의 근로소득에 대해서는 100분의 5
③ 원천징수대상 사업소득에 대해서는 100분의 8
④ 출자공동사업자의 배당소득에 대해서는 100분의 14

세법2 Link p.320, 348, 366, 384
오진다 Link p.437, 451, 457, 467
출제 가능 지수 ■■■■□
난이도 ■■■■□

해설

② 일용근로자의 근로소득에 대해서는 **100분의 6**
③ 원천징수대상 사업소득에 대해서는 **100분의 3**. 다만, 외국인 직업운동가가 한국표준산업분류에 따른 스포츠 클럽 운영업 중 프로스포츠구단과의 계약에 따라 용역을 제공하고 받는 소득에 대해서는 계약기간과 관계없이 **100분의 20**
④ 출자공동사업자의 배당소득에 대해서는 **100분의 25**

정답 ①

843

다음 중 「소득세법」상 원천징수 되는 소득세가 가장 적은 것은?

세법2 Link p.382-383
오진다 Link p.466-467
출제 가능 지수 ■■■■■
난이도 ■■■■■

① 대학생이 재학 중인 대학교의 대학신문에 글을 기고하고 원고료 ₩300,000을 받았다.

② 대학교수가 TV토론방송에 출연하고 ₩1,000,000을 받았다.

③ 주택입주지체상금 ₩1,000,000을 받았다.

④ 슬롯머신에 ₩500을 투입하여 당첨금으로 ₩2,000,000을 받았다.

해설

문제에서의 소득은 모두 기타소득이며 원천징수세액은 다음과 같다.
① ₩300,000 × (1 − 60%) × 20% = ₩24,000
② ₩1,000,000 × (1 − 60%) × 20% = ₩80,000
③ ₩1,000,000 × (1 − 80%) × 20% = ₩40,000
④ 200만원 이하의 슬롯머신 당첨금은 과세최저한에 해당하므로 **원천징수되는 세액이 없다.**

정답 ④

844

「소득세법」에 관한 설명으로 옳지 않은 것은?

세법2 Link p.310, 382-383
오진다 Link p.431, 467
출제 가능 지수 ■■■■■
난이도 ■■■■■

① 직장공제회 초과반환금(2008년 직장공제회에 최초로 가입하고 수령)은 이자소득으로 과세한다.

② 기타소득으로 과세되는 골동품의 양도로 거주자가 받은 금액이 1억원 이하인 경우 받은 금액의 90%를 필요경비로 하며, 실제 소요된 필요경비가 이를 초과하면 그 초과하는 금액도 필요경비에 산입한다.

③ 「한국마사회법」에 따른 승마투표권의 구매자가 받는 환급금에 대하여는 그 구매자가 구입한 적중된 투표권의 단위투표금액을 필요경비로 한다.

④ 산업정보·산업상비밀을 양도하거나 대여하고 그 대가로 받는 금품의 경우 별도로 필요경비를 입증하지 못하더라도 그 받은 금품의 80%를 필요경비로 한다.

해설

④ 산업정보·산업상비밀을 양도하거나 대여하고 그 대가로 받는 금품의 경우 별도로 필요경비를 입증하지 못하더라도 그 받은 금품의 **60%**를 필요경비로 한다.

정답 ④

845

「소득세법」상 다음의 내용 중 옳은 것은 모두 몇 개인가?

세법2 Link p.372-373, 377-378
오진다 Link p.461, 464
출제 가능 지수
난이도

> ㄱ. 연금계좌의 가입일부터 5년(최소 납입기간)이 경과된 연금계좌의 취급자에게 가입자가 55세 이후 연금수령 개시를 신청한 후 인출한 금액 중 연금수령한도 내의 금액은 연금수령으로 본다.
> ㄴ. 정신적 고통에 대한 대가로 지급받는 손해배상금은 기타소득으로 과세한다.
> ㄷ. 통신판매중개를 하는 자를 통하여 물품 또는 장소를 대여하고 받은 연간 400만원의 사용료를 기타소득으로 과세표준확정신고한 경우에는 기타소득으로 과세한다 .
> ㄹ. 공적연금소득의 수입시기는 「공적연금 관련법」에 따라 공적연금을 지급받기로 한 날로 한다.

① 1개   ② 2개   ③ 3개   ④ 4개

해설

ㄴ. 정신적 고통에 대한 대가로 지급받는 손해배상금은 **비열거소득**으로 과세되지 않는다.

ㄷ. 「전자상거래 등에서의 소비자보호에 관한 법률」에 따라 통신판매중개를 하는 자를 통하여 물품 또는 장소를 대여하고 연간 수입금액이 **500만원 이하**의 사용료로서 받은 금품 중 기타소득으로 원천징수하거나 과세표준확정신고를 한 경우 **기타소득으로 과세**한다. ← 500만원 초과 시 사업소득으로 과세함 주의   정답 ③

846

「소득세법」상 비과세소득이 아닌 것은?

세법2 Link p.329, 371-372, 380
오진다 Link p.441, 460-461, 465
출제 가능 지수
난이도

① 퇴직하여 퇴직소득을 지급받은 날부터 60일 이내에 연금계좌에 입금됨으로써 원천징수되지 않은 퇴직소득을 연금형태로 인출하는 경우
② 사업소득 중 조림기간 5년 이상인 임지의 임목의 벌채 또는 양도로 발생하는 소득으로서 연 600만원 이하의 금액
③ 기타소득 중 서화·골동품을 박물관 또는 미술관에 양도함으로써 발생하는 소득
④ 「산업재해보상보험법」에 따라 받는 각종 연금

해설

① 퇴직하여 퇴직소득을 지급받은 날부터 60일 이내에 연금계좌에 입금됨으로써 원천징수되지 않은 퇴직소득을 연금형태로 인출하는 경우 **연금소득으로 과세**된다.   정답 ①

847

다음 중 「소득세법」상 종교인소득 과세제도에 대한 설명으로 옳지 않은 것은?

세법2 Link   p.379-380,
382, 385
오진다 Link   p.465-468
출제 가능 지수
난이도

① 종교인소득은 기타소득에 해당하지만, 종교인소득에 대하여 근로소득으로 원천징수한 경우에는 해당 소득을 근로소득으로 본다.

② 기타소득으로 과세되는 종교인소득은 해당 과세기간에 받은 금액(비과세소득 제외)의 60%를 필요경비로 한다. 다만, 실제 소요된 필요경비가 해당 금액을 초과하면 그 초과하는 금액도 필요경비에 산입한다.

③ 기타소득으로 과세되는 종교인소득의 원천징수세액은 종교인소득 간이세액표를 기준으로 한다.

④ 종교인소득 중 종교관련종사자가 소속된 종교단체의 종교관련종사자로서의 활동과 관련있는 교육·훈련을 위하여 받는 학교 또는 시설의 입학금·수업료·수강료, 그 밖의 공납금 등의 학자금은 비과세소득에 해당한다.

해설

② 기타소득으로 과세되는 종교인소득의 필요경비는 **소득 구간별로 80%~20%**의 필요경비율을 적용한다.

정답 ②

연금소득 및 기타소득

848

세법2 Link p.373-374
오진다 Link p.462
출제 가능 지수 ■■■■□
난이도 ■■■■■

거주자 대한씨의 2023년 연금소득 관련 자료이다. 「소득세법」상 총연금액으로 옳은 것은? (자료 외에 다른 것은 고려하지 않는다)

대한씨는 2023년에 「국민연금법」에 따라 연금 ₩50,000,000(원천징수세액을 차감하기 전 금액임)을 수령하였다. 해당 국민연금보험료 납입내역은 아래와 같다.

구분	연금보험료 납입 누계액	환산소득 누계액	연금보험료 납입월수
2001.12.31. 이전 납입기간	₩140,000,000	₩150,000,000	50개월
2002.1.1. 이후 납입기간	₩210,000,000*	₩350,000,000	200개월

* 전액 연금보험료 소득공제를 받음

① ₩30,000,000 ② ₩35,000,000 ③ ₩40,000,000 ④ ₩50,000,000

해설

총연금액 = ㉠ 과세기준금액 − ㉡ 과세제외기여금 = ₩35,000,000 − 0원 = **₩35,000,000**
㉠ 과세기준금액은 과세기준일(2002.1.1.)을 기준으로 지급자별로 다음의 산식에 따라 계산한 금액을 말한다.

국민연금과 연계노령연금	$\dfrac{\text{과세기간}}{\text{연금수령액}}$ × $\dfrac{\text{과세기준일 이후 납입기간의 환산소득누계액}}{\text{총 납입기간의 환산소득누계액}}$
그 밖의 공적연금소득	$\dfrac{\text{과세기간}}{\text{연금수령액}}$ × $\dfrac{\text{과세기준일 이후 기여금 납입월수}}{\text{총 기여금 납입월수}}$

거주자 대한씨는 국민연금을 수령하였으므로 환산소득 누계액을 적용하여 과세기준금액을 계산하며 이는 다음과 같다.

$$\text{과세기준금액} = ₩50,000,000 \times \frac{₩350,000,000}{₩150,000,000 + ₩350,000,000}$$

$$= ₩50,000,000 \times \frac{₩350,000,000}{₩500,000,000}$$

$$= ₩35,000,000$$

㉡ 과세제외기여금 등은 과세기준일 이후에 연금보험료공제를 받지 않고 납입한 기여금 또는 개인부담금(소득공제확인서에 따라 확인되는 금액만 해당)을 말한다. 위 문제에서 2002.1.1. 이후 납입한 개인부담금은 전액 연금보험료 공제를 받았다고 명시되어 있으므로 과세제외기여금은 없다. 정답 ②

849

거주자 대한의 2023년 기타소득 관련 자료이다. 원천징수 대상 기타소득금액으로 옳은 것은? 단, 제시된 금액은 원천징수세액을 차감하기 전 금액이며, 기타소득의 실제 필요경비는 확인되지 않는다.

세법2 Link p.382-385
오진다 Link p.467-468
출제 가능 지수 ■■■□
난이도 ■■■■□

(1) 배임수재로 받은 금품: ₩7,000,000
(2) 고용관계 없이 받은 일시적인 외부 강연료: ₩4,000,000
(3) 계약금이 위약금으로 대체된 경우의 위약금: ₩5,000,000
(4) 상표권을 대여하고 대가로 받은 금품: ₩2,000,000
(5) 주택입주 지체상금: ₩4,000,000

① ₩2,600,000　　② ₩2,800,000　　③ ₩3,000,000　　④ ₩3,200,000

해설

(1) 배임수재로 받은 금품: **원천징수대상 아님**
(2) 고용관계 없이 받은 일시적인 외부 강연료: ₩4,000,000 × (1 − 60%) = ₩1,600,000
(3) 계약금이 위약금으로 대체된 경우의 위약금: **원천징수대상 아님**
(4) 상표권을 대여하고 대가로 받은 금품: ₩2,000,000 × (1 − 60%) = ₩800,000
(5) 주택입주 지체상금: ₩4,000,000 × (1 − 80%) = ₩800,000
∴ 원천징수 대상 기타소득금액 = ₩1,600,000 + ₩800,000 + ₩800,000 = ₩3,200,000

정답 ④

850

다음은 ㈜한국에 근무하는 거주자 대한씨의 2023년도 소득자료이다. 대한씨의 기타소득으로 원천징수될 소득세액은 얼마인가? (단, 다음 소득은 일시·우발적으로 발생하였으며, 소득과 관련된 필요경비는 확인되지 않는다.)

세법2 Link p.327, 380,
382-385
오진다 Link p.440, 465-
467
출제 가능 지수 ■■■□
난이도 ■■■■□

(1) 상가입주 지체상금	₩1,500,000
(2) 차량 대여료(통신판매중개업자를 통해 대여한 것이며, 기타소득으로 원천징수됨)	₩1,000,000
(3) 지상권 설정대가(공익사업과 관련 없음)	₩2,000,000
(4) 서화를 미술관에 양도하고 받은 대가	₩10,000,000
(5) 복권당첨금	₩3,000,000

① ₩300,000　　② ₩460,000　　③ ₩980,000　　④ ₩989,000

해설

(1) 상가입주 지체상금: ₩1,500,000[*1] × 20% = ₩300,000
(2) 차량 대여료: ₩1,000,000 × (1 − 60%) × 20% = ₩80,000
(3) 지상권 설정대가: 공익사업과 관련없는 지상권 설정대가는 **사업소득으로 과세**한다.
(4) 서화를 미술관에 양도하고 받은 대가: 미술관에 양도하고 받은 대가는 **비과세소득**에 해당한다.
(5) 복권당첨금: ₩3,000,000 × 20% = ₩600,000
∴ 원천징수될 소득세액 = ₩300,000 + ₩80,000 + ₩600,000 = ₩980,000
[*1] 주택입주 지체상금에 한하여 80% 필요경비 의제규정을 적용하며, 상가입주 지체상금은 적용대상이 아니다.

정답 ③

소득금액계산의 특례

851

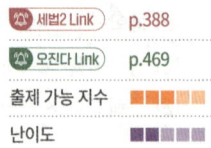

「소득세법」상 특수관계인인 한국과 민국간의 거래내용이다. 한국의 소득금액계산에 있어 부당행위계산의 부인대상으로 옳은 것은?

① 한국은 민국에게 시가 10억원의 토지를 9억 6천만원에 양도하였다.
② 한국은 민국으로부터 무수익자산을 5억원에 매입하여 그 유지비용을 매년 3억원씩 부담하고 있다.
③ 한국은 민국으로부터 정상적 요율이 5억원인 용역을 제공받고 4억원을 지불하였다.
④ 한국은 민국으로부터 시가 9억원의 토지를 6억원에 매입하였다.

해설

조세부담을 감소시켜야 하므로, 부당행위계산의 부인은 정당한 거래보다 거래에 참여하는 본인의 손해로 특수관계인인 상대방이 이익을 취해야 한다.
① 시가 10억원의 토지를 9억 6천만원에 양도하였으므로 시가보다 4천만원 손해를 본 거래를 한 것이다. 그러나 시가의 5%(5천만원) 이상이거나 시가와의 차이가 3억 이상인 거래가 아니므로 중요성 기준에 미달하기 때문에 부당행위계산의 부인대상이 아니다.
③ 한국은 민국으로부터 정상적 요율보다 낮은 요율로 용역을 제공받았으므로 부당행위계산의 부인대상이 아니다.
④ 한국은 민국으로부터 토지를 시가보다 저가매입하였으므로 부당행위계산의 부인대상이 아니다.　　　정답 ②

852

「소득세법」상 부당행위계산 부인규정이 적용될 수 있는 소득으로만 짝지어진 것은?

① 출자공동사업자의 배당소득, 기타소득, 양도소득
② 사업소득, 연금소득, 양도소득
③ 기타소득, 사업소득, 이자소득
④ 배당소득, 이자소득, 근로소득

해설

①「소득세법」상 부당행위계산부인 규정의 적용대상 소득은 출자공동사업자의 배당소득, 사업소득, 기타소득, 양도소득이다.　　　정답 ①

853

「소득세법」상 거주자의 결손금 및 이월결손금의 공제에 대한 설명으로 옳은 것은?
(단, 이월결손금은 세법상 공제 가능하고, 국세부과의 제척기간이 지난 후에 그 제척기간 이전 과세기간의 이월결손금이 확인된 경우가 아니고, 추계신고·추계조사 결정하는 경우에도 해당하지 않는다)

세법2 Link   p.390-391
오진다 Link   p.470
출제 가능 지수
난이도

ㄱ. 사업자(부동산임대업은 제외하되 주거용 건물 임대업은 포함)가 비치·기록한 장부에 의하여 해당 과세기간의 사업소득금액을 계산할 때 발생한 결손금은 그 과세기간의 종합소득과세표준을 계산할 때 근로소득금액·연금소득금액·기타소득금액·배당소득금액·양도소득에서 순서대로 공제한다.

ㄴ. 부동산임대업(주거용 건물 임대업 포함)에서 발생한 이월결손금은 해당 과세기간의 부동산임대소득금액에서만 공제한다.

ㄷ. 결손금 및 이월 결손금을 공제할 때 종합과세되는 배당소득금액 또는 이자소득이 있으면 그 배당소득 또는 이자소득 중 기본세율을 적용받는 부분에 대해서는 사업자가 그 소득금액의 범위에서 공제 여부 및 공제금액을 결정할 수 있다.

ㄹ. 결손금 및 이월결손금을 공제할 때 해당 과세기간에 결손금이 발생하고 이월결손금이 있는 경우에는 그 과세기간의 결손금을 먼저 소득금액에서 공제한다.

① ㄱ, ㄴ   ② ㄱ, ㄹ   ③ ㄴ, ㄷ   ④ ㄷ, ㄹ

해설

ㄱ. 사업소득에서 발생한 결손금의 공제 순서는 근로소득금액·연금소득금액·기타소득금액·이자소득금액·배당소득금액이다. 즉, **분류과세되는 양도소득과 퇴직소득에서는 공제되지 않고** 종합소득 범위 안에서 공제된다.

ㄴ. 부동산임대업에서 발생한 이월결손금은 해당 과세기간의 부동산임대소득금액에서만 공제한다. 다만, **주거용 건물 임대업에서 발생한 이월결손금**은 일반 사업소득과 마찬가지로 해당 과세시간에 **다른 소득에서 공제할 수 있다.**

정답 ④

854

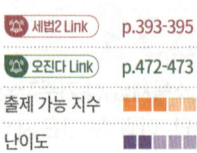

세법2 Link   p.393-395
오진다 Link   p.472-473
출제 가능 지수   ■■■■■
난이도   ■■■■■

「소득세법」상 공동사업에 대한 소득금액 계산과 납세의무의 범위 대한 설명으로 옳은 것은?

① 사업소득이 발생하는 사업을 공동으로 경영하고 그 손익을 분배하는 공동사업의 경우에는 공동사업장을 1거주자로 보아 공동사업장별로 그 소득금액을 계산한다.

② 공동사업에서 발생한 소득금액은 해당 공동사업을 경영하는 각 거주자 간에 약정된 손익분배비율이 있더라도 지분비율에 따라 분배되었거나 분배될 소득금액에 따라 각 공동사업자별로 분배한다.

③ 거주자 1인과 그의 특수관계인이 공동사업자에 포함되어 있는 경우로서 손익분배비율을 거짓으로 정하는 등 법에 정하는 사유가 있는 경우에는 그 특수관계자의 소득금액은 그 손익분배비율이 작은 공동사업자(손익분배비율이 같은 경우에는 법에서 정하는 자)의 소득금액으로 본다.

④ 주된 공동사업자에게 합산과세되는 경우 그 합산과세되는 소득금액에 대해서는 주된 공동사업자의 특수관계인은 그 소득금액 전액에 대하여 주된 공동사업자와 연대하여 납세의무를 진다.

해설

② 공동사업에서 발생한 소득금액은 해당 공동사업을 경영하는 각 거주자 간에 약정된 손익분배비율(**약정된 손익분배비율이 없는 경우에는 지분비율**)에 의하여 분배되었거나 분배될 소득금액에 의하여 각 공동사업자별로 분배한다.

③ 거주자 1인과 그의 특수관계인이 공동사업자에 포함되어 있는 경우로서 손익분배비율을 거짓으로 정하는 등 법에 정하는 사유가 있는 경우에는 그 특수관계자의 소득금액은 그 손익분배비율이 **큰** 공동사업자(손익분배비율이 같은 경우에는 법에서 정하는 자)의 소득금액으로 본다.

④ 주된 공동사업자에게 합산과세되는 경우 그 합산과세되는 소득금액에 대해서는 주된 공동사업자의 특수관계인은 **손익분배비율에 해당하는 그의 소득금액을 한도로** 주된 공동사업자와 연대하여 납세의무를 진다.

정답 ①

06 소득금액계산의 특례

855

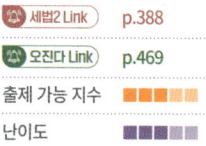

아래에 제시한 것은 사업소득이 있는 거주자 한국씨가 2023년도에 특수관계자와 거래한 내용이다. 「소득세법」상 부당행위계산 부인대상이 되는 거래가 아닌 경우는? 아래의 거래는 모두 기장되어 관련 소득금액을 계산할 때 포함되었다고 가정할 것.

① 한국씨는 자신의 회사 생산품을 시가의 50% 가격으로 아들에게 양도하였다.
② 한국씨는 모친에게 자신이 임대용으로 보유하고 있는 주택을 무상으로 사용하게 하였고, 모친은 현재 이 주택에 거주하고 있다.
③ 한국씨는 부친이 소유하고 있던 요트를 시가로 매입하였는데, 이는 회사의 사업과 무관하며, 매입 후 요트 수리비를 지출하였다.
④ 한국씨는 사채업을 운영하고 있는 삼촌으로부터 회사운영자금을 시중 금리보다 40% 높은 이율로 차입하였다.

해설

② 직계존비속에게 주택을 무상으로 사용하게 하고 직계존비속이 **그 주택에 실제 거주하는 경우**에는 부당행위계산부인에서 제외된다.　　　　　　　　　　　　　　　　정답 ②

856

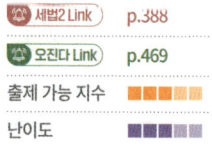

「소득세법」상 부당행위계산 부인에 관한 설명으로 옳지 않은 것은?

① 필요경비의 크기에 대하여 입증을 요구하지 않는 소득인 근로소득과 연금소득은 부당행위계산 부인의 대상이 되는 소득으로 규정되어 있지 않다.
② 배당소득과 이자소득은 필요경비가 인정되지 않는 소득이다. 따라서 모든 배당소득과 이자소득은 부당행위계산 부인의 대상이 되는 소득으로 규정되어 있지 않다.
③ 과세표준의 계산과정이 세법의 규정대로 이루어지는 퇴직소득은 부당행위계산 부인의 대상이 되는 소득으로 규정되어 있지 않다.
④ 제조업 영위 개인사업자가 여유자금을 인출하여 부친에게 무상으로 대여한 경우에는 부당행위계산 부인의 대상이 되지 않으나 부친으로부터 높은 이자율(시가의 2배)로 사업자금을 차입하여 그 이자를 필요경비에 산입한 경우에는 부당행위계산 부인의 대상이 된다.

해설

② 배당소득 중 **출자공동사업자 배당소득은 부당행위계산 부인의 대상에 해당하는 소득**이다.
④ 개인사업자가 부친에게 여유자금을 대여하고 받는 이자는 이자소득에 해당하므로 부당행위계산부인의 대상이 아니지만, 부친에게 **사업자금을 차입하고 지급하는 이자는 사업소득의 필요경비에 해당**하므로 부당행위계산부인의 대상에 해당한다.　　　　　　　　　　　정답 ②

857

「소득세법」상 부당행위계산의 부인에 관한 설명으로 옳은 것을 모두 고른 것은?

세법2 Link   p.310, 388
오진다 Link   p.431-432, 469
출제 가능 지수 ■■■■■
난이도 ■■■■■

> ㄱ. 대금업을 영위하지 아니하는 거주자 한국이 아버지에게 연 이자율 5%(자금대여 시 이자율의 시가는 연 10%임)의 조건으로 10억원을 대여한 경우 부당행위계산의 부인 대상이 된다.
>
> ㄴ. 거주자 민국이 형으로부터 사업자금을 연 이자율 40%(자금대여 시 이자율의 시가는 연 10%임)의 조건으로 10억원을 차입한 경우 부당행위계산의 부인 대상이 된다.
>
> ㄷ. 거주자 대한이 운영자금을 마련하기 위하여 사무실로 사용하고 있던 상가건물을 시가의 절반 가격으로 사촌동생에게 매각하였다면 부당행위계산의 부인 대상이 된다.
>
> ㄹ. 부당행위계산의 부인에 의하여 총수입금액에 산입하거나 필요경비에 불산입한 금액은 사기·기타 부정한 행위에 의해 조세를 포탈한 것으로 간주하여 조세범처벌법의 적용 대상이 된다.
>
> ㅁ. 사업소득이 있는 거주자 만세가 사업자인 형으로부터 시가 1,000만원의 재고자산을 2,000만원에 구입하여 전부 판매한 경우, 사업소득금액을 계산할 때 만세의 필요경비는 1,000만원, 형의 총수입금액은 2,000만원으로 계산한다.

① ㄱ, ㄴ   ② ㄱ, ㄴ, ㄷ   ③ ㄴ, ㄷ, ㄹ   ④ ㄴ, ㄷ, ㅁ

해설

ㄱ. 비영업대금의 이익은 **이자소득**으로 부당행위계산의 부인 대상소득에 해당되지 않는다.

ㄴ. 사업자금을 높은 이자율로 차입한 것이므로 사업소득의 필요경비에 해당하며, 사업소득은 **부당행위계산의 부인 대상소득**에 해당한다.

ㄷ. 사무실로 사용하던 상가건물의 양도는 양도소득에 해당하며, 양도소득은 **부당행위계산의 부인 대상소득**에 해당한다.

ㄹ. 소득금액 결정에 있어서 **세무회계와 기업회계의 차이**로 인하여 생긴 금액은 이를 사기나 그 밖의 부정한 행위로 인하여 생긴 소득금액으로 보지 아니한다. 부당행위계산의 부인에 의한 세무조정금액은 세무회계와 기업회계의 차이로 인하여 생긴 금액이므로 사기나 그 밖의 부정한 행위에 의해 **조세를 포탈한 것으로 간주되지 않는다.**

ㅁ. 거주자 만세는 재고자산을 고가매입한 경우로 부당행위계산의 부인대상에 해당하므로 **시가인 1,000만원을 필요경비**로 하며, 형은 고가양도한 자로 부당행위계산의 부인대상에 해당하지 않으므로 **실제 거래가액인 2,000만원을 사업소득의 총수입금액**으로 한다.

정답 ④

858

「소득세법」상 공동사업장 및 출자공동사업자에 관한 설명으로 옳은 것은?

세법2 Link p.316, 319, 393, 396

오진다 Link p.465, 467, 472-473

출제 가능 지수 ■■■■■

난이도 ■■■■■

① 공동사업자 간 특수관계가 없는 경우 공동사업에서 발생한 소득금액은 공동사업을 경영하는 각 거주자 간에 손익분배비율에 의하여 분배되었거나 분배될 소득금액에 따라 각 공동사업자별로 분배한다.

② 공동사업에서 발생한 채무에 대하여 무한책임을 부담하기로 약정한 자는 출자공동사업자에 해당한다.

③ 공동사업장의 해당 공동사업을 경영하는 각 거주자는 자신의 주소지 관할 세무서장에게 사업자등록을 해야 한다.

④ 출자공동사업자의 배당소득 수입시기는 그 배당을 지급받는 날이다.

해설

② 공동사업에서 발생한 채무에 대하여 **무한책임**을 부담하기로 약정한 자는 **출자공동사업자에 해당하지 아니한다**.

③ 공동사업장은 해당 공동사업장을 **1사업자로 보아 사업자등록**을 하여야 하며, 사업자등록을 할 때에는 공동사업자(출자공동사업자 해당 여부에 관한 사항 포함), 약정한 손익분배비율 등을 사업장 소재지 관할세무서장에게 신고하여야 한다.

④ 출자공동사업자의 배당소득 수입시기는 **과세기간 종료일**이다.   정답 ①

859

「소득세법」이 정하는 공동사업장에 대한 소득금액계산특례의 설명으로 옳지 않은 것은?

세법2 Link p.328, 395-396

오진다 Link p.472-473

출제 가능 지수 ■■■■■

난이도 ■■■■■

① 「소득세법」은 해당 소득이 발생한 공동사업장별로 소득금액을 계산하는 경우로는 사업소득이 있는 경우로 한정하고 있다.

② 공동사업장에 관련되는 가산세는 각 공동사업자의 손익분배비율에 따라 배분하고 공동사업장으로부터 분배받은 소득금액에 대하여 장부의 기록·보관 불성실 가산세를 적용할 경우에는 거주자별로 가산세를 계산한다.

③ 공동사업에서 발생하는 소득금액의 결정 또는 경정은 사업장 관할 세무서장이 한다. 다만, 국세청장이 특히 중요하다고 인정하는 것에 대하여는 대표 공동사업자의 주소지 관할 지방국세청장이 한다.

④ 공동사업장의 소득금액을 계산함에 있어 부당행위계산의 부인규정을 적용하는 경우에는 공동사업자를 거주자로 본다.

해설

③ 공동사업에서 발생하는 소득금액의 결정 또는 경정은 **대표 공동사업자의 주소지 관할 세무서장**이 한다. 다만, 국세청장이 특히 중요하다고 인정하는 것에 대하여는 **사업장 관할 세무서장 또는 주소지 관할 지방국세청장**이 한다.   정답 ③

860

「소득세법」상 공동사업에 대한 소득금액계산의 특례에 관한 설명으로 옳지 않은 것은?

① 공동사업자 중 1인에게 경영에 참가한 대가로 급료명목의 보수를 지급한 때에는 해당 공동사업자의 소득분배로 보고 그 공동사업자의 분배소득에 가산한다.

② 공동사업자에 출자공동사업자가 포함되어 있는 경우 공동사업에서 발생한 소득금액 중 출자공동사업자의 손익분배비율에 해당하는 금액은 배당소득이다. 이 경우 공동사업에 성명 또는 상호를 사용하게 한 자로서 해당 공동사업의 경영에 참여하지 아니하고 출자만 하는 자는 출자공동사업자에 해당하지 않는다.

③ 공동사업자의 소득금액을 계산하는 경우 기업업무추진비 한도액, 지정기부금 한도액은 공동사업에 출자한 공동사업자별로 각각 계산한다.

④ 공동사업장에서 발생한 사업소득의 결손금은 각 공동사업자별로 분배된 금액의 범위 내에서 각 공동사업자의 다른 사업장의 동일 소득 또는 다른 종합소득과 통산한다.

세법2 Link p.316, 393, 395

오진다 Link p.434, 472-473

출제 가능 지수 ■■■■■

난이도 ■■■■□

해설

② 공동사업에 성명 또는 상호를 사용하게 한 자는 **출자공동사업자에 해당하지 아니한다.** 즉, 성명 또는 상호를 사용하게 한 자는 사실상 경영에 참가한 것과 다름 없는 것으로 간주하여 공동사업으로 본다.

③ 공동사업장의 소득금액을 계산함에 있어 공동사업장을 1거주자로 보아 소득금액을 계산하므로 기업업무추진비 한도액, 지정기부금 한도액은 공동사업자별로 각각 계산하지 않고 **공동사업장별로 계산**한다.

정답 ③

861

「소득세법」상 소득금액 계산의 특례와 관련된 설명으로 옳지 않은 것은?

① 사업소득, 기타소득, 출자공동사업자의 배당소득 그리고 양도소득은 부당행위계산 부인의 대상이 된다.

② 사업소득이 발생하는 사업을 공동으로 경영하고 그 손익을 분배하는 공동사업(출자공동사업자가 있는 공동사업을 포함)의 경우에는 공동사업장을 1거주자로 보아 공동사업장별로 그 소득금액을 계산한다.

③ 주된 공동사업자와 특수관계에 있는 자의 소득금액이 주된 공동사업자에게 합산과세되는 경우 그 합산과세되는 소득금액에 대해서는 주된 공동사업자의 특수관계자는 그의 손익분배비율에 해당하는 그의 소득금액을 한도로 주된 공동사업자와 연대하여 납세의무를 진다.

④ 결손금 및 이월결손금을 공제할 때 '이자소득 등에 대한 종합과세 시 세액계산의 특례'에 따라 세액계산을 하는 경우 종합과세되는 배당소득 또는 이자소득 중 기본세율을 적용받는 부분은 결손금 또는 이월결손금의 공제대상에서 제외한다.

세법2 Link p.388, 391, 393-394

오진다 Link p.469-470, 472

출제 가능 지수 ■■■■■

난이도 ■■■■■

해설

④ 결손금 및 이월결손금을 공제할 때 '이자소득 등에 대한 종합과세 시 세액계산의 특례'에 따라 세액계산을 하는 경우 종합과세되는 배당소득 또는 이자소득 중 기본세율을 적용받는 부분은 결손금 또는 이월결손금의 **공제여부 및 공제금액을 납세자가 선택**할 수 있다.

정답 ④

862

「소득세법」상 소득금액계산의 특례에 관한 다음의 설명으로 옳은 것을 모두 묶은 것은?

세법2 Link   p.391, 394, 396
오진다 Link   p.471-474
출제 가능 지수   ■■■■□
난이도   ■■■■□

> ㄱ. 피상속인의 소득금액에 대해서 과세하는 경우에는 그 상속인이 납세의무를 지되 피상속인의 소득금액에 대한 소득세로서 상속인에게 과세할 것과 상속인의 소득금액에 대한 소득세는 구분하여 계산해야 한다.
>
> ㄴ. 사업소득금액을 계산할 때 해당 과세기간에 결손금이 발생하고 이월결손금이 있는 경우에는 이월결손금을 먼저 소득금액에서 공제한다.
>
> ㄷ. 공동사업자가 과세표준확정신고를 할 때에는 과세표준확정신고서와 함께 해당 공동사업장에서 발생한 소득과 그 외의 소득을 구분한 계산서를 제출하여야 한다.
>
> ㄹ. 공동사업합산과세 규정에 따라 특수관계인의 소득금액이 주된 공동사업자에게 합산과세되는 경우, 주된 공동사업자의 특수관계인은 그 합산과세되는 소득금액 전체에 대하여 주된 공동사업자와 연대하여 납세의무를 진다.

① ㄱ, ㄴ　　　　② ㄴ, ㄷ　　　　③ ㄱ, ㄷ　　　　④ ㄱ, ㄷ, ㄹ

해설

ㄴ. 사업소득금액을 계산할 때 해당 과세기간에 결손금이 발생하고 이월결손금이 있는 경우에는 그 과세기간의 **결손금을 먼저** 소득금액에서 공제한다.

ㄹ. 공동사업합산과세 규정에 따라 특수관계인의 소득금액이 주된 공동사업자에게 합산과세되는 경우, 그 합산과세되는 소득금액에 대해서는 주된 공동사업자의 특수관계인은 **손익분배비율에 해당**하는 **그의 소득금액을 한도**로 주된 공동사업자와 연대하여 납세의무를 진다.

정답 ③

863

「소득세법」상 소득금액계산의 특례에 대한 다음 설명 중 옳지 않은 것은?

세법2 Link   p.388, 391, 396
오진다 Link   p.469, 471-474
출제 가능 지수   ■■■■■
난이도   ■■■■□

① 조세특례제한법상 중소기업을 영위하는 거주자는 해당 중소기업의 사업소득을 계산함에 있어 해당 과세기간의 이월결손금(부동산임대업에서 발생한 이월결손금은 제외)이 발생한 경우 해당 중소기업의 직전 과세기간 사업소득에 부과된 종합소득 결정세액을 한도로 하여 결손금 소급공제세액을 환급신청할 수 있다.

② 피상속인의 소득금액에 대한 소득세를 상속인에게 과세할 경우 피상속인의 소득금액과 상속인의 소득금액을 합산하여 계산한다.

③ 종합과세되는 배당소득 또는 이자소득 중 원천징수세율을 적용받는 부분은 결손금 또는 이월결손금의 공제대상에서 제외된다.

④ 사업소득이 있는 거주자의 행위 또는 계산이 그 거주자와 특수관계 있는 자와의 거래로 인하여 해당 소득에 대한 조세의 부담을 부당하게 감소시킨 것으로 인정되는 때에는 그 거주자의 행위 또는 계산에 관계없이 해당 연도의 소득금액을 계산할 수 있다.

해설

② 피상속인의 소득금액에 대한 소득세를 상속인에게 과세할 경우 피상속인의 소득금액과 상속인의 소득금액을 **합산하여 계산하지 아니한다.**

정답 ②

864

「소득세법」상 소득금액계산의 특례에 관한 설명으로 옳은 것은?

세법2 Link p.391, 393, 385, 397
오진다 Link p.471-474
출제 가능 지수 ■■■■□□
난이도 ■■■■□

① 거주자 1인과 특수관계인이 공동사업자에 포함되어 있는 경우로서 손익분배비율을 거짓으로 정하는 등의 사유가 있는 경우에는 손익분배비율에 따른 소득분배규정에 따라 소득금액을 산정한다.

② 대통령령으로 정하는 중소기업을 영위하는 거주자는 사업소득에서 결손금이 발생되는 경우 종합소득금액이 있더라도 여기에서 이를 공제하는 대신 직전 과세기간으로 소급공제하여 직전 과세기간의 사업소득에 부과된 결정세액을 한도로 환급신청할 수 있다.

③ 거주자가 채권을 내국법인에게 매도하는 경우에는 채권을 매도하는 거주자가 자신의 보유기간 이자 등 상당액을 이자소득으로 보아 소득세를 원천징수한다.

④ 공동사업장에서 이월결손금은 이월결손금을 공제하지 아니한 해당 과세기간의 소득금액을 공동사업자별로 분배한 후, 각 공동사업자의 차후 소득금액에서 이월결손금으로 공제한다.

해설

① 거주자 1인과 특수관계인이 공동사업자에 포함되어 있는 경우로서 손익분배비율을 거짓으로 정하는 등의 사유가 있는 경우에는 그 특수관계인의 소득금액은 **주된 공동사업자의 소득금액으로 본다(공동사업합산과세 적용).**

② 대통령령으로 정하는 중소기업을 영위하는 거주자는 사업소득에서 결손금(부동산임대업에서 발생한 이월결손금은 제외)이 발생되는 경우 이를 다른 **종합소득금액에서 공제한 후** 잔액이 있으면 **소급공제** 할 수 있다.

③ 거주자가 채권을 내국법인에게 매도하는 경우에는 채권을 매수하는 **내국법인**이 거주자의 보유기간 이자 등 상당액에 대하여 소득세를 원천징수한다.

정답 ④

865

「소득세법」상 소득금액 계산의 특례에 관한 설명으로 옳지 않은 것은?

세법2 Link p.390, 393, 396-397
오진다 Link p.470, 472, 474
출제 가능 지수 ■■■■□
난이도 ■■■■□

① 종합소득과세표준 확정신고 후 예금 또는 신탁계약의 중도 해지로 이미 지난 과세기간에 속하는 이자소득금액이 감액된 때에는, 경정청구를 하지 아니한 경우라면 그 중도 해지일이 속하는 과세기간의 종합소득금액에 포함된 이자소득금액에서 그 감액된 이자소득금액을 뺄 수 있다.

② 부동산임대업(주거용건물 임대업 제외)에서 발생한 이월결손금은 해당 이월결손금이 발생한 과세기간의 종료일부터 15년 이내에 끝나는 과세기간의 소득금액을 계산할 때 먼저 발생한 과세기간의 이월결손금부터 순서대로 부동산임대업의 소득금액에서 공제한다.

③ 사업소득이 발생하는 사업을 공동으로 경영하고 그 손익을 분배하는 공동사업(경영에 참여하지 아니하고 출자만 하는 대통령령으로 정하는 출자공동사업자가 있는 공동사업을 포함)의 경우에는 각 공동사업자별로 그 소득금액을 계산한다.

④ 연금계좌의 가입자가 사망하였으나 그 배우자가 연금외수령 없이 해당 연금계좌를 상속으로 승계하는 경우에는 그 연금계좌에 있는 피상속인의 소득금액은 상속인의 소득금액으로 보아 소득세를 계산한다.

해설

③ 사업소득이 발생하는 사업을 공동으로 경영하고 그 손익을 분배하는 공동사업(경영에 참여하지 아니하고 출자만 하는 대통령령으로 정하는 출자공동사업자가 있는 공동사업을 포함)의 경우에는 **해당 사업을 경영하는 장소(공동사업장)를 1거주자로 보아 공동사업장별로** 그 소득금액을 계산한다.   정답 ③

866

다음은 「소득세법」상 소득금액계산의 특례에 대한 설명으로 옳지 않은 것은?

세법1 Link p.27
세법2 Link p.301, 390, 394
오진다 Link p.428, 469-470, 472
출제 가능 지수 ■■■■■
난이도 ■■■□□

① 부당행위계산의 부인규정에서 해당 거주자의 종업원 또는 그 종업원과 생계를 같이하는 친족도 특수관계인에 해당된다.

② 부동산임대업(주거용 건물 임대업 제외)에서 발생한 이월결손금은 해당 과세기간의 부동산임대업 소득금액에서 공제한다.

③ 신탁재산에 귀속되는 소득은 그 신탁의 수익자가 특정되지 아니하거나 존재하지 아니하는 경우에는 신탁의 위탁자에게 그 소득이 귀속되는 것으로 보아 소득금액을 계산한다.

④ 주된 공동사업자에게 합산과세되는 경우 그 합산과세되는 소득금액에 대해서는 주된 공동사업자의 특수관계인은 공동사업소득금액 전액에 대하여 주된 공동사업자와 연대하여 납세의무를 진다.

해설

④ 주된 공동사업자에게 합산과세되는 경우 그 합산과세되는 소득금액에 대해서는 주된 공동사업자의 특수관계인은 **손익분배비율에 해당하는 그의 소득금액을 한도로** 주된 공동사업자와 연대하여 납세의무를 진다.   정답 ④

867

다음은 「소득세법」상 소득금액의 계산 및 그 특례에 관한 설명으로 옳지 않은 것은?

세법2 Link p.388, 390, 394, 396
오진다 Link p.469-470, 472-473
출제 가능 지수 ■■■■□
난이도 ■■■■□

① 이자소득이 있는 거주자가 그의 동생에게 무이자부로 금전을 대여한 경우 그 무이자부소비대차에 대하여는 부당행위계산부인규정을 적용할 수 없다.

② 공동사업장에 관계된 부가가치세와 소득세에 대하여는 공동사업장합산과세규정이 적용되지 않는 한 공동사업자의 연대납세의무는 없다.

③ 1개의 공동사업장(음식점)과 1개의 단독사업장(세무컨설팅업)을 영위하고 있는 거주자의 기업업무추진비 한도액을 산정함에 있어서 1개의 공동사업장과 1개의 단독사업장에 각각 기본액(1,200만원 또는 3,600만원)을 적용해야 한다.

④ 상가임대업에서 발생한 이월결손금이 있는 자가 그 이월결손금을 공제받기 전에 상가 임대업을 폐업하고 음식점업을 개시한 경우로서 장래에 다시 상가임대업을 재개하지 않는다면 위의 미공제 이월결손금은 공제받을 수 없게 된다.

해설

① 이자소득은 **부당행위계산 부인규정을 적용하지 않는다.**

② 소득세는 「국세기본법」에서 규정하고 있는 공동사업에 대한 연대납세의무의 예외사항으로 공동사업에 대한 연대납세의무의 예외 규정을 두고 있다. 그러나 「**부가가치세법**」에서는 따로 연대납세 예외 규정을 두고 있지 않으므로 「**국세기본법**」상의 연대납세의무 규정을 그대로 준수한다.

③ 공동사업장은 **공동사업장을 1거주자로 보아 기업업무추진비 한도 등의 규정을 적용**한다. 그러므로 공동사업장과 단독사업장 각각 기업업무추진비 기본한도를 적용한다.

④ 상가임대업에서 발생한 이월결손금은 **부동산 임대업에서만 공제**받을 수 있으므로 상가 임대업을 폐업한 경우 음식점업에서 공제받을 수 없다.

정답 ②

868

「소득세법」상 소득금액계산의 특례에 관한 설명이다. 옳지 않은 것은?

세법2 Link p.390, 393, 397
오진다 Link p.470, 472, 474
출제 가능 지수 ■■■□□
난이도 ■■■■□

① 공동사업장에서 이월결손금은 이월결손금을 공제하지 아니한 해당 과세기간의 소득금액을 공동사업자별로 분배한 후, 각 공동사업자의 차후 소득금액에서 이월결손금으로 공제한다.

② 거주자가 채권을 내국법인에게 매도하는 경우에는 당해 거주자가 자신의 보유기간 이자 등 상당액을 이자소득으로 보아 소득세를 원천징수하여야 한다.

③ 부동산임대업(주거용 건물 임대업은 제외)에서 발생하는 결손금은 종합소득 과세표준을 계산할 때 다른 소득금액에서 공제하지 않는다.

④ 종합소득 과세표준 확정신고 후 예금 또는 신탁계약의 중도 해지로 이미 지난 과세기간에 속하는 이자소득금액이 감액된 경우, 그 중도 해지일이 속하는 과세기간의 종합소득금액에 포함된 이자소득금액에서 그 감액된 이자소득금액을 뺄 수 있다.

해설

② 거주자가 채권을 내국법인에게 매도하는 경우에는 **매수하는 내국법인**이 매도하는 거주자의 이자상당액에 대한 소득세의 원천징수의무를 부담한다.

정답 ②

869

「소득세법」상 결손금 및 이월결손금 공제에 관한 설명으로 옳지 않은 것은?

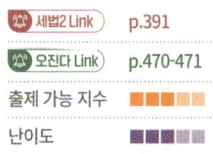

세법2 Link   p.391
오진다 Link   p.470-471
출제 가능 지수   ■■■■□
난이도   ■■■■□

① 부동산임대업에서 발생한 이월결손금은 소급공제할 수 없다.

② 사업소득의 결손금을 해당 과세기간의 다른 종합소득에서 먼저 공제하고 남은 결손금은 중소기업에 한해 직전 과세기간에서 소급공제할 수 있다.

③ 중소기업을 경영하는 비거주자가 그 사업소득금액을 계산할 때 해당 과세기간의 이월결손금이 발생한 경우에는 결손금 소급공제세액을 환급신청할 수 있다.

④ 결손금 및 이월결손금을 공제할 때 종합과세되는 배당소득 또는 이자소득이 있으면 그 배당소득 또는 이자소득 중 기본세율을 적용받는 부분에 대해서는 사업자가 그 소득금액의 범위에서 공제 여부 및 공제금액을 결정할 수 있다.

해설

③ 결손금 소급공제는 중소기업을 경영하는 거주자에 한하여 적용하는 것이므로 **비거주자는 적용받을 수 없다.**

정답 ③

870

거주자 대한씨가 비치·기록한 장부에 의하여 해당 과세기간의 종합소득금액을 계산할 때 다른 종합소득에서 공제할 수 없는 결손금 또는 이월결손금으로 옳은 것을 모두 고른 것은? (단, 거주자 대한씨는 해당 과세기간에 근로소득과 아래의 사업에서 발생한 결손금 또는 이월결손금만 있으며, 다른 사업은 영위하지 않는 것으로 가정한다)

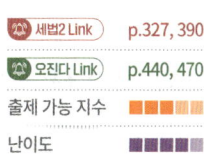

세법2 Link   p.327, 390
오진다 Link   p.440, 470
출제 가능 지수   ■■■□□
난이도   ■■■■■

ㄱ. 공장재단을 대여하는 사업에서 발생한 결손금

ㄴ. 주거용 건물을 임대하는 사업에서 발생한 결손금

ㄷ. 채굴에 관한 권리를 대여하는 사업으로서 광업권자가 자본적 지출이나 수익적 지출의 일부 또는 전부를 제공한다는 조건 없이 채굴시설과 함께 광산을 대여하는 사업에서 발생한 결손금

ㄹ. 직전 과세기간에 지상권(공익사업과 관련되지 않음)을 설정하고 수령한 임대소득에서 발생한 결손금

① ㄱ, ㄷ   ② ㄱ, ㄷ, ㄹ   ③ ㄱ, ㄴ, ㄹ   ④ ㄱ, ㄹ

해설

ㄱ, ㄷ. 부동산임대업에서 발생하는 결손금이므로 **다른 종합소득에서 공제하지 아니한다.**

ㄴ. 주거용 건물을 임대하는 사업에서 발생한 결손금은 부동산임대업에서 발생하는 결손금이기는 하지만 다른 종합소득에서 공제할 수 있다.

ㄹ. 직전 과세기간에 지상권(공익사업과 관련되지 않음)을 설정하고 수령한 임대소득은 **부동산임대소득**으로부터의 이월결손금으로 부동산임대소득의 이월결손금은 **다른 종합소득에서 공제할 수 없다.**

정답 ②

871

「소득세법」상 종합소득과세표준 계산과 관련한 설명으로 옳은 것은?

세법2 Link p.311, 388, 393, 397

오진다 Link p.431-432, 469, 472, 474

출제 가능 지수 ■■■■□

난이도 ■■■■□

① 사업소득이 발생하는 사업을 공동으로 경영하고 그 손익을 분배하는 공동사업(경영에 참여하지 아니하고 출자만 하는 출자공동사업자가 있는 공동사업을 포함)의 경우에는 해당 사업을 경영하는 공동사업장을 1거주자로 보아 공동사업장별로 그 소득금액을 계산한다.
② 대금업을 영위하지 않는 자의 비영업대금의 이익에 대하여는 필요경비 공제가 인정된다.
③ 거주자가 상업어음의 발행법인으로부터 해당 상업어음에서 발생하는 할인액을 지급받는 경우에는 거주자에게 그 보유기간별로 귀속되는 할인액 상당액을 해당 거주자의 이자소득으로 보아 소득금액을 계산한다.
④ 출자공동사업자의 배당소득 이외의 배당소득과 이자소득·근로소득·연금소득·기타소득에 대하여는 부당행위계산부인 규정이 적용되지 아니한다.

해설

② 대금업을 영위하지 않는 자의 비영업대금의 이익은 이자소득으로 과세하므로 필요경비 공제가 **인정되지 아니한다**.
③ 거주자가 채권 또는 증권(**상업어음과 소득세 면제채권은 제외**)의 발행법인으로부터 해당 채권 등에서 발생하는 이자 등(이자 또는 할인액)을 지급받는 경우에는 거주자에게 그 보유기간별로 귀속되는 이자 등 상당액을 해당 거주자의 이자소득으로 보아 소득금액을 계산한다.
④ 기타소득에 대하여는 부당행위계산부인 규정이 **적용된다**.   정답 ①

872

「소득세법」상 소득금액 및 세액의 계산과 관련된 설명으로 옳은 것은?

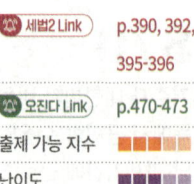
세법2 Link p.390, 392, 395-396

오진다 Link p.470-473

출제 가능 지수 ■■■■□

난이도 ■■■■□

① 공동사업자가 과세표준확정신고를 할 때에는 과세표준확정신고서와 함께 해당 공동사업장에서 발생한 소득과 그 외의 소득을 합산하여 종합소득금액 합산계산서를 제출하여야 한다.
② 공동사업장에서 발생한 소득금액에 대하여 원천징수된 세액은 각 공동사업자의 손익분배비율에 따라 배분하지 않고 공동사업장의 기납부세액으로 공제한다.
③ 부동산임대업(주거용건물 임대업 제외)에서 발생한 이월결손금은 해당 이월결손금이 발생한 과세기간의 종료일부터 10년 이내에 끝나는 과세기간의 소득금액을 계산할 때 먼저 발생한 과세기간의 이월결손금부터 순서대로 부동산임대업의 소득금액에서 공제한다.
④ 결손금소급공제 환급요건을 갖춘 자가 환급을 받으려면 과세표준확정신고기한까지 납세지 관할세무서장에게 환급을 신청하여야 하며, 환급신청을 받은 납세지 관할세무서장은 지체없이 환급세액을 결정하여 「국세기본법」에 따라 환급하여야 한다.

해설

① 공동사업자가 과세표준확정신고를 할 때에는 과세표준확정신고서와 함께 해당 공동사업장에서 발생한 소득과 그 외의 소득을 **구분한 계산서**를 제출하여야 한다.
② 공동사업장에서 발생한 소득금액의 원천징수된 세액은 각 공동사업자의 **손익분배비율에 따라 배분**한다.
③ 부동산임대업(주거용건물 임대업 제외)에서 발생한 이월결손금은 해당 이월결손금이 발생한 과세기간의 종료일부터 **15년** 이내에 끝나는 과세기간의 소득금액을 계산할 때 먼저 발생한 과세기간의 이월결손금부터 순서대로 부동산임대업의 소득금액에서 공제한다.   정답 ④

873

세법2 Link p.301, 304, 396-397
오진다 Link p.430, 473-474
출제 가능 지수 ■■■■□
난이도 ■■■■□

「소득세법」에 관한 설명으로 옳지 않은 것은?

① 거주자가 내국법인이 발행한 채권(상업어음과 소득세 면제채권은 제외)에서 발생하는 이자를 지급받거나 해당 채권을 매도하는 경우에는 그 보유기간별로 거주자에게 귀속되는 이자 상당액을 해당 거주자의 이자소득으로 보아 소득금액을 계산한다.

② 공동사업장의 소득금액을 계산하는 경우 기업업무추진비 한도액, 지정기부금 한도액 계산은 공동사업에 출자한 공동사업자별로 각각 계산한다.

③ 사업소득이 있는 거주자가 사업장 소재지를 소득세의 납세지로 신청한 경우에 관할 지방국세청장은 해당 사업장 소재지를 납세지로 지정할 수 있다.

④ 거주자가 사망한 경우의 과세기간은 1월 1일부터 사망한 날까지로 한다.

해설

② 공동사업장에 대해서는 그 공동사업장을 1사업자로 보아 장부기장 및 사업자등록에 관한 규정을 적용한다. 이는 거주자 단위로 계산하는 기업업무추진비 한도액 및 기부금 한도액 등도 각 **공동사업장별**로 계산해야 한다는 것을 뜻한다.　　　　　　　　　정답 ②

874

세법2 Link p.377-378, 390, 448
오진다 Link p.464, 470, 495
출제 가능 지수 ■■■■□
난이도 ■■■■□

「소득세법」상 거주자의 소득구분 등에 관한 설명으로 옳지 않은 것은?

① 공익사업과 관련하여 지역권·지상권(지하 또는 공중에 설정된 권리를 포함한다)을 설정하거나 대여하고 받는 금품은 기타소득으로 과세한다.

② 등기된 부동산임차권과 함께 양도하는 영업권(영업권을 별도로 평가하지 아니하였으나 사회통념상 자산에 포함되어 함께 양도된 것으로 인정되는 영업권과 행정관청으로부터 인가·허가·면허 등을 받음으로써 얻는 경제적 이익을 포함한다)은 양도소득으로 과세한다.

③ 주거용 건물 임대업에서 발생한 결손금은 그 발생연도의 종합소득 과세표준을 계산함에 있어서 공제하지 않는다.

④ 저작자가 저작권의 양도 또는 사용의 대가로 받는 금품은 사업소득으로 과세한다.

해설

③ 부동산임대업 중 주거용 건물 임대업에서 발생한 결손금은 해당 과세기간의 **다른 소득금액에서 공제한다.**　　　　　　　　　정답 ③

소득금액계산의 특례

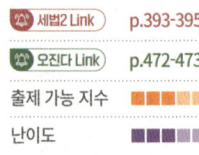

세법2 Link   p.393-395
오진다 Link   p.472-473
출제 가능 지수 ■■■■■
난이도 ■■■■■

875

거주자 A는 며느리(장남의 처)B와 동생 C, 조카 D와 공동사업으로 제조업을 영위하고 있다. 손익분배비율은 A : B : C : D가 40% : 20% : 10% : 30%이지만, 소득세 누진부담을 회피하기 위하여 손익분배비율을 허위로 정한 것이다. 해당 과세기간 종료일 현재 A는 B, D와는 동일한 주소지에서 생계를 같이 하고 있으나, C와는 생계를 같이 하고 있지 않다. 다음은 공동사업장에서 발생한 소득금액에 관한 자료이다. 공동사업장에서 발생한 소득금액 중 A가 2023년 귀속 종합소득과세표준에 포함하여 신고하여야할 소득금액은 얼마인가?

> (1) 2023.3.31.에 공동사업장의 2022년도(2022.1.1~12.31.)의 결산을 확정함과 동시에 2022년도의 이익금 중 1억을 공동사업자 각자에게 손익분배비율에 따라 금전으로 배분하도록 하였다.
>
> (2) 2023년도(2023.1.1.~12.31.)에 공동사업장에서 발생한 사업소득금액은 2억원이며, 2023년도에 발생한 이익금은 2023.12.31.까지 공동사업자에게 배분하지 않았다.

① 9천만원   ② 1억8천만원   ③ 2억원   ④ 2억7천만원

해설

(1) 공동사업장에서 발생한 소득의 귀속시기는 사업연도 종료일이다. 즉, 2023년 3월 31일에 결산을 확정하였다고 하더라도 2022년 소득으로 귀속된다.

(2) A의 동생 C는 특수관계자의 요건은 만족하지만 생계를 같이 하고 있지 않으므로 공동사업합산과세대상에서 제외된다. 그러므로 A와 공동사업합산과세대상은 B와 D이므로 출자 비율 총 90%가 A의 소득(손익분배비율이 가장 큰 주된 공동사업자)의 소득금액으로 합산되어 과세되고, B와 D는 각자의 분배비율에 상당하는 소득을 한도로 A와 연대납세의무를 부담한다.

(3) A의 공동사업소득금액 = 2억원 × 90% = 1억 8천만원   정답 ②

876

다음 자료에 의하여 거주자 한국의 2023년도 귀속 배당소득금액을 계산하면 얼마인가?

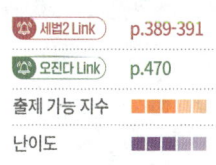
세법2 Link   p.389-391
오진다 Link   p.470
출제 가능 지수 ■■■■□
난이도   ■■■■□

(1) 甲의 2023년 귀속 소득금액 내역은 다음과 같다. (△은 결손금을 의미함)

구분		금액
A	이자소득금액	₩21,000,000
B	배당소득금액	₩10,000,000
C	상가임대업의 사업소득금액	₩5,000,000
D	유통업 사업소득금액	△ ₩27,000,000
E	근로소득금액	₩8,000,000
F	연금소득금액	₩5,000,000
G	기타소득금액	₩7,000,000

(2) 한국의 2023년 귀속 소득은 모두 종합과세대상이다. 그리고 기본세율을 적용 받는 이자소득금액과 배당소득금액에서도 결손금과 이월결손금을 제한 없이 공제하는 것으로 하며, 이자소득금액과 배당소득금액 중 원천징수세율을 적용받은 2천만원은 전부 이자소득금액으로 구성되어 있다.

(3) 한국의 2022년 귀속 결손금은 상가임대업으로부터 발생한 금액 ₩8,000,000과 유통업으로부터 발생한 ₩5,000,000이 있다. 이들은 모두 2023년으로 이월되었으며 이들 중에서 자산수증이익 등으로 충당된 것은 없다.

① ₩1,000,000   ② ₩4,000,000   ③ ₩5,000,000   ④ ₩10,000,000

해설

구분	결손금공제전 종합소득금액	일반사업소득 결손금공제	일반사업소득 이월결손금 공제	결손금공제 후 종합소득금액
이자소득금액	₩21,000,000	△ ₩1,000,000		–
배당소득금액	₩10,000,000	△ ₩1,000,000	△ ₩5,000,000	₩4,000,000
상가임대업의 사업소득금액	₩5,000,000	△ ₩5,000,000		–
유통업 사업소득금액	△ ₩27,000,000	₩27,000,000		–
근로소득금액	₩8,000,000	△ ₩8,000,000		–
연금소득금액	₩5,000,000	△ ₩5,000,000		–
기타소득금액	₩7,000,000	△ ₩7,000,000		–
유통업 이월결손금	△₩5,000,000		₩5,000,000	
상가임대업 이월결손금	△₩8,000,000			△₩8,000,000

1. 결손금과 이월결손금 중 결손금을 먼저 공제한다.
2. 부동산임대소득에 대한 결손금 및 이월결손금은 부동산임대소득에서만 공제할 수 있다.
3. 부동산임대소득 외의 사업소득에서 발생한 결손금 및 이월결손금의 공제순서는 사업소득(이월결손금의 경우) → 부동산임대소득 → 근로소득 → 연금소득 → 기타소득 → 이자소득 → 배당소득의 순서이다.
4. 배당소득 또는 이자소득 중 원천징수세율을 적용받는 부분은 결손금 또는 이월결손금의 공제대상에서 제외한다.

정답 ②

CHAPTER 07 종합소득과세표준의 계산

877

「소득세법」상 거주자를 대상으로 하는 종합소득공제에 대한 설명으로 옳은 것은?

① 분리과세이자소득, 분리과세배당소득, 분리과세 연금소득과 분리과세 기타소득만 있는 경우라고 하더라도 종합소득공제를 적용한다.
② 종합소득공제 중 인적공제의 합계액이 종합소득공제금액을 초과하는 경우 그 초과액은 차기로 이월된다.
③ 「소득세법」상 수시부과결정의 경우 기본공제 중 거주자 본인에 대한 공제분만을 공제한다.
④ 둘 이상의 거주자가 공제대상가족을 서로 자기의 공제대상가족으로 신고서에 적은 경우에는 먼저 신고한 거주자의 공제대상가족으로 한다.

세법2 Link   p.402-403, 409
오진다 Link   p.476, 479
출제 가능 지수 ■■■■■
난이도 ■■■■■

해설

① 분리과세이자소득, 분리과세배당소득, 분리과세 연금소득과 분리과세 기타소득만 있는 경우라면 **종합소득공제를 적용하지 아니한다.**
② 인적공제의 합계액이 종합소득공제금액을 초과하는 경우 **그 초과하는 공제액은 없는 것으로 한다.**
④ 둘 이상의 거주자가 공제대상가족을 서로 자기의 공제대상가족으로 신고서에 적은 경우에 거주자의 공제대상 배우자가 다른 거주자의 공제대상 부양가족에 해당하는 때에는 **공제대상 배우자로 하며,** 공제대상 부양가족이 다른 거주자의 공제대상 부양가족에 해당할 때는 **직전 과세기간에 부양가족으로 인적공제를 받은 거주자** (없는 경우, 해당 과세기간의 종합소득금액이 가장 많은 거주자)의 공제대상 부양가족으로 한다.   정답 ③

878

「소득세법」상 종합소득공제에 대한 설명으로 옳은 것은?

① 경로우대자공제를 받기 위한 최소한의 연령은 65세이다.
② 종합소득이 있는 거주자와 생계를 같이 하면서 소득이 없는 장애인 아들은 20세 이하인 경우에 한하여 그 거주자의 기본공제대상자가 된다.
③ 기본공제대상자가 아닌 자는 추가공제대상자가 될 수 없다.
④ 거주자 갑의 배우자가 양도소득금액만 8백만원이 있는 경우 종합소득금액이 2천만원인 갑은 배우자공제를 받을 수 있다.

세법2 Link   p.401-402
오진다 Link   p.475
출제 가능 지수 ■■■■■
난이도 ■■■■■

해설

① 경로우대자공제를 받기 위한 최소한의 연령은 **70세**이다.
② 종합소득이 있는 거주자와 생계를 같이 하면서 소득이 없는 장애인 아들은 **연령에 관계없이** 그 거주자의 기본공제대상자가 된다.
④ 배우자의 경우 소득금액요건(연간 소득금액 합계액이 **100만원 이하**)을 충족하지 못하면 기본공제대상자가 될 수 없다. 이때 소득은 비과세·과세제외 및 분리과세대상소득을 제외한 종합·퇴직·양도소득금액의 연간 합계액으로 계산하며 근로소득만 있는 경우 총 급여액이 500만원(근로소득금액 150만원) 이하인 경우를 포함한다.   정답 ③

CHAPTER 07 종합소득과세표준의 계산

879

「소득세법」상 거주자의 종합소득공제에 대한 설명으로 옳지 않은 것만 모두 고른 것은?

> ㄱ. 기본공제대상자가 70세 이상인 경우 1명당 연 150만원을 추가로 공제한다.
> ㄴ. 거주자의 직계존속은 나이와 소득에 관계없이 기본공제대상자가 된다.
> ㄷ. 분리과세이자소득, 분리과세배당소득, 분리과세연금소득과 분리과세기타소득만 있는 자에 대해서는 종합소득공제를 적용하지 아니한다.
> ㄹ. 과세기간종료일 전에 사망한 사람 또는 장애가 치유된 사람은 해당 종합소득공제의 공제대상자에 해당하지 아니한다.
> ㅁ. 주택담보노후연금에 대해서 발생한 이자비용 상당액은 연금소득금액을 초과하지 않는 범위에서 연 200만원을 한도로 연금소득금액에서 공제한다.

① ㄱ, ㄴ, ㅁ   ② ㄴ, ㄹ, ㅁ   ③ ㄱ, ㄴ, ㄹ   ④ ㄴ, ㄷ, ㅁ

세법2 Link   p.401-402, 404, 409

오진다 Link   p.475-476, 479

출제 가능 지수 ■■■■□

난이도 ■■■□

해설

ㄱ. 기본공제대상자가 70세 이상인 경우 1명당 **연 100만원**을 추가로 공제한다.
ㄴ. 거주자의 직계존속은 **나이요건과 소득요건, 생계를 같이 하는 거주요건**을 모두 만족해야 기본공제대상자가 된다.
ㄹ. 과세기간종료일 전에 사망한 사람 또는 장애가 치유된 사람은 **사망일의 전날 또는 치유일의 전날** 상황에 따른다.

정답 ③

880

「소득세법」상 추가공제에 대한 설명으로 옳은 것은? (단, 이들은 거주자 한국씨 본인(여성)과 생계를 같이하는 동거가족이다)

세법2 Link   p.401~402
오진다 Link   p.475
출제 가능 지수 ■■■■□
난이도 ■■■■□

부양 가족	부양 가족	소득현황	
본인	49세	사업소득금액	5,000만원
배우자	47세	이자소득금액	150만원
장남	6년10월	소득없음	
장녀(장애인)	26세	근로소득금액	200만원
시아버지	77세	양도소득금액	100만원

① 본인이 배우자 있는 부녀자이므로 부녀자 공제대상이다.
② 장녀에 대하여는 장애인 공제를 받을 수 있다.
③ 장남에 대하여는 추가 공제를 받을 수 없다.
④ 시아버지는 기본공제대상자가 아니므로 경로우대공제를 받을 수 없다.

해설

① 본인이 배우자 있는 부녀자이기는 하지만 부녀자공제는 해당 과세기간의 종합소득금액이 3,000만원 이하인 거주자로 한정된다. 그러므로 사업소득금액이 **5,000만원인 부녀자는 공제대상이 아니다.**

② 장녀는 장애인으로 **나이요건에서는 제한이 없으나** 소득요건은 만족해야 한다. 기본공제대상자가 되기 위해 **연간소득금액 100만원 이하의 조건을 만족**해야 하는데, 이때 소득이란 비과세·과세제외 및 분리과세 대상 소득을 제외한 종합·퇴직·양도소득금액의 연간 합계액으로 계산하여 근로소득만 있는 경우 총급여액이 500만원(근로소득금액 150만원) 이하인 경우를 의미한다. 그러므로 장녀는 **기본공제대상자가 될 수 없고,** 기본공제대상자인 경우 추가공제 대상이 될 수 있으므로 **추가공제 대상자도 될 수 없다.**

④ 부양가족에는 배우자의 직계존속도 요건을 만족할 경우 기본공제 대상 가족으로 본다. 시아버지의 경우 나이 요건(60세 이상)도 만족하고, 양도소득금액이 100만원으로서 소득 요건(100만원 이하)도 만족하므로 기본공제 대상자다. 따라서 추가공제 사유에 해당하는 경우 추가공제도 적용 받을 수 있다. 시아버지의 경우 70세 이상이므로 경로우대공제를 받을 수 **있다.**

정답 ③

881

세법2 Link   p.401-403
오진다 Link   p.475-476
출제 가능 지수 ■■■■■
난이도   ■■■■■

「소득세법」상 종합소득공제 중 인적공제에 관한 설명으로 옳지 않은 것은?

① 거주자의 부양가족 중 거주자(그 배우자 포함)의 직계존속이 주거의 형편에 따라 별거하고 있는 경우에도 이를 생계를 같이하는 자로 본다.

② 거주자에게 부녀자공제가 적용되기 위하여는 거주자의 종합소득금액이 3천만원 이하여야 하는 소득금액의 요건이 필요하지만, 한부모소득공제가 적용되기 위하여 필요한 거주자의 종합소득금액요건은 존재하지 않는다.

③ 해당 과세기간의 중도에 사망한 거주자의 공제대상가족이 그 상속인의 공제대상가족에도 해당하는 때에는 과세표준확정신고서에 기재된 바에 따라 피상속인 또는 그 상속인 중 1명의 공제대상가족으로 한다.

④ 거주자와 생계를 같이 하는 부양가족 중에 나이가 33세로서 장애인인 아들(연간소득금액이 없다) 1명이 포함되어 있다면 그 아들에 대하여는 기본공제 150만원과 추가공제(장애인) 200만원을 공제한다.

해설

③ 해당 과세기간의 중도에 사망하였거나 외국에서 영주하기 위하여 출국한 거주자의 공제대상가족으로서 상속인 등 다른 거주자의 공제대상가족에 해당하는 자에 대하여는 **피상속인** 또는 **출국한 거주자**의 공제대상가족으로 한다.   정답 ③

882

세법2 Link   p.404, 406, 408-409
오진다 Link   p.476, 478-479
출제 가능 지수 ■■■■■
난이도   ■■■■■

다음은 「소득세법」상 소득세 계산에 있어서의 종합소득공제에 대한 설명으로 옳지 않은 것은?

① 종합소득이 있는 거주자가 「공적연금 관련법」에 의한 기여금 또는 개인부담금을 납입한 경우에는 해당 과세기간의 종합소득금액에서 그 과세기간에 납입한 연금보험료를 공제한다.

② 수시부과 결정의 경우 기본공제 중 거주자 본인에 대한 분만을 공제한다.

③ 연금보험은 개인의 노후생활 대비책이므로, 특수관계자의 소득금액이 주된공동사업자의 소득금액에 합산되는 경우라 할지라도 특수관계자가 지출하는 연금보험료(「공적연금 관련법」에 따른 기여금 또는 개인부담금)는 주된 공동사업자의 합산과세되는 종합소득금액 계산에서 소득공제를 받을 수 없다.

④ 신용카드 등 사용금액에 대한 소득공제를 적용할 때 신용카드 등 사용금액에는 국외에서 사용한 금액은 포함하지 아니한다.

해설

③ 연금보험료공제의 경우 공동사업합산과세 규정에 따라 소득금액이 주된 공동사업자의 소득금액에 합산과세되는 특수관계인이 납입한 금액이 있으면 주된 공동사업자의 소득에 합산과세되는 소득금액의 한도에서 주된 공동사업자가 납입한 금액으로 보아 주된 **공동사업자의 합산과세되는 종합소득금액**에서 **소득공제**를 받을 수 있다.   정답 ③

883

「소득세법」상 종합소득세 계산에 적용되는 규정에 관한 설명으로 옳은 것은?

① 공적연금소득을 지급하는 자가 연금소득의 일부 또는 전부를 지연하여 지급하면서 지연지급에 따른 이자를 함께 지급하는 경우 해당 이자는 이자소득으로 본다.

② 거주자가 받은 뇌물 또는 알선수재 및 배임수재에 따라 받은 금품은 종합소득세 과세대상 소득에서 제외된다.

③ 사업소득의(주거용 건물 임대업이 아닌 부동산임대업은 제외) 결손금은 그 과세기간의 종합소득과세표준을 계산할 때 근로소득금액·기타소득금액·연금소득금액·이자소득금액·배당소득금액 순으로 공제한다.

④ 한 사람이 다른 거주자의 부양가족에도 해당되면서 신고서에 기재가 명확하지 않은 경우 거주자의 부양가족은 직전 과세기간에 공제받은자(해당 사실이 없는 경우에는 종합소득금액이 가장 많은 자)의 부양가족으로 간주한다.

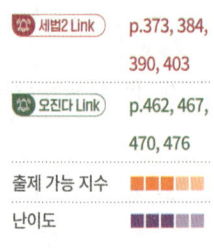
세법2 Link   p.373, 384, 390, 403

오진다 Link   p.462, 467, 470, 476

출제 가능 지수 ■■■■□

난이도 ■■■■□

> **해설**

① 공적연금소득을 지급하는 자가 연금소득의 일부 또는 전부를 지연하여 지급하면서 지연지급에 따른 이자를 함께 지급하는 경우 해당 이자는 **공적연금소득**으로 본다.

② 뇌물·알선수재·배임수재에 의하여 받는 금품에 해당하는 기타소득은 원천징수 대상에서 제외되며 **무조건 종합과세한다.**

③ 사업소득의(주거용 건물 임대업이 아닌 부동산임대업은 제외) 결손금은 그 과세기간의 종합소득과세표준을 계산할 때 **근로소득금액·연금소득금액·기타소득금액·이자소득금액·배당소득금액 순**으로 공제한다.

정답 ④

884

「소득세법」상 종합소득공제에 대한 설명으로 옳지 않은 것은?

① 종합소득이 있는 거주자가 「공적연금 관련법」에 따른 기여금 또는 개인부담금을 납입한 경우에는 해당 과세기간의 종합소득금액에서 그 과세기간에 납입한 연금보험료를 공제한다.

② 거주자의 배우자(연간소득금액이 없다)로서 연령이 71세인 자가 1월 10일에 사망하였다면 그 사망일이 속하는 연도에 있어서 그 배우자에 대해서는 기본공제 150만원과 경로우대자공제 100만원을 공제한다.

③ 해당 거주자(해당 과세기간에 종합소득 과세표준을 계산할 때 합산하는 종합소득금액이 3천만원 이하인 거주자로 한정)가 배우자가 있는 여성인 경우에는 기본공제 외에 50만원을 추가로 공제한다.

④ 수시부과 결정의 경우에는 기본공제 중 거주자 본인에 대한 인적공제와 표준세액공제만을 적용한다.

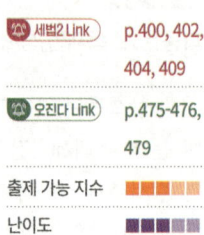
세법2 Link   p.400, 402, 404, 409

오진다 Link   p.475-476, 479

출제 가능 지수 ■■■■■

난이도 ■■■■□

> **해설**

④ 수시부과 결정의 경우에는 기본공제 중 **거주자 본인에 대한 인적공제만을 공제**한다.

정답 ④

885

「소득세법」상 종합소득공제에 대한 설명으로 옳은 것은?

세법2 Link p.400-402, 405

오진다 Link p.475, 477

출제 가능 지수 ■■■■■

난이도 ■■■■■

① 본인 제외 기본공제대상 가족은 만 20세 이하(위탁아동은 18세 미만) 또는 만 60세 이상이어야 한다.

② 종합소득에서 공제받지 못한 소득공제액은 퇴직·양도소득에서 공제받을 수 있다.

③ 한부모공제와 부녀자공제가 중복되는 경우에는 부녀자공제만 적용한다.

④ 근로소득이 없는 사업자는 종합소득과세표준계산 시 종합소득공제 중 특별소득공제로서 국민주택규모 이하의 주택자금 차입금의 원리금 상환액에 대한 주택자금공제를 적용받을 수 없다.

해설

① 본인과 **배우자** 제외 기본공제대상 가족은 만 20세 이하(위탁아동은 18세 미만) 또는 만 60세 이상이어야 한다.

② 종합소득에서 공제받지 못한 소득공제액은 퇴직·양도소득에서 공제받을 수 **없다**.

③ 한부모공제와 부녀자공제가 중복되는 경우에는 **한부모공제**만 적용한다.

정답 ④

886

「소득세법」상 종합소득공제에 대한 설명으로 옳지 않은 것은?

세법2 Link p.401-402, 409

오진다 Link p.475, 479

출제 가능 지수 ■■■■■

난이도 ■■■■■

① 기본공제의 요건을 따질 때 '소득금액'은 비과세·과세제외 및 분리과세대상 소득을 제외한 종합소득금액·퇴직소득금액·양도소득금액의 연간 합계액으로 계산한다.

② 공제대상자의 적용나이가 정해진 경우 과세기간 종료일을 기준으로 나이 요건을 충족하지 못하더라도 해당 과세기간 중에 해당 나이에 해당하는 날이 하루라도 있는 경우에는 공제대상자로 본다.

③ 신고서류를 미제출한 경우에 기본공제 중 거주자 본인에 대한 공제와 표준세액공제만을 공제한다. 다만, 과세표준확정신고 여부와 관계없이 그 서류를 나중에 제출하는 경우에는 그러하지 않는다.

④ 비거주자의 경우 인적공제 중 비거주자 본인의 인적공제만 적용되고, 비거주자 본인 외의 자에 대한 자녀세액공제 및 특별세액공제가 인정된다.

해설

④ 비거주자의 경우 인적공제 중 비거주자 본인의 인적공제만 적용된다. 인적공제 외 부양할 생계가족이 국내에 없는 것으로 보기 때문에 비거주자 본인 외의 자에 대한 특별소득공제와 **자녀세액공제 및 특별세액공제는 인정되지 않는다.**

정답 ④

887

해당 과세기간 총급여액이 2,400만원인 거주자 대한씨의 2023년 종합소득과세표준을 계산하기 위한 종합소득공제에 대한 설명으로 옳지 않은 것은?

세법2 Link   p.400, 403-
             406, 424

오진다 Link   p.475-476,
             478, 484

출제 가능 지수 ■■■■■

난이도   ■■■■□

① 기본공제, 추가공제, 연금보험료공제는 대한씨가 근로소득자가 아니더라도 적용받을 수 있다.

② 대한씨의 소득없는 30세의 아들이 해당 과세기간에 지정기부금을 지출한 경우 기부금세액공제를 받을 수 있다.

③ 대한씨가 소득이 없고 생계를 같이하는 배우자 우리씨를 배우자공제로 신청하고 대기업 이사인 장인이 우리씨를 부양가족으로 동시에 신고한 경우, 배우자공제만을 적용하고 부양가족공제를 적용하지 않는다.

④ 신용카드사용금액에 대한 소득공제는 소득이 없는 대한씨의 동생(18세)이 사용한 금액도 공제대상이 된다.

해설

④ 형제자매의 신용카드사용금액은 신용카드사용금액에 대한 소득공제에 **포함되지 아니한다**.   정답 ④

CHAPTER 07

종합소득과세표준의 계산

🔺 세법2 Link　p.401-402
🟢 오진다 Link　p.475
출제 가능 지수 ■■■■□
난이도 ■■■■□

888

다음 자료에 의하여 사업소득이 있는 거주자 A의 2023년 종합소득공제 중 인적공제액을 계산하면 총 얼마인가?

> 1. 거주자 A(남자, 50세)의 종합소득금액은 50,000,000원이다.
> 2. 부양가족 현황
>   − 아버지 B(2023년 5월 20일에 69세의 나이로 사망)
>   − 어머니 C(71세)
>   − 배우자 D(48세, 총급여액 5,000,000원)
>   − 아들 E(21세, 장애인)
> 3. 부양가족은 모두 생계를 같이 하고 있으며, 배우자 D씨를 제외한 나머지의 소득은 없다.

① 6,000,000원　　② 7,500,000원　　③ 9,000,000원　　④ 10,500,000원

해설

대상자	내용	인적공제액
본인		150만원
아버지 B*1	㉠ 기본공제 대상자에 해당함(나이요건 60세 이상과 연간소득금액 100만원 이하 충족)	150만원
	㉡ 경로우대자공제는 해당 없음(나이요건 70세 이상 불충족)	−
어머니 C	㉠ 기본공제 대상자에 해당함(나이요건 60세 이상과 연간소득금액 100만원 이하 충족)	150만원
	㉡ 경로우대자공제 대상에 해당함(나이요건 70세 이상 충족)	100만원
배우자 D	기본공제 대상자에 해당함(배우자는 나이요건 없으며 연간소득금액 100만원 이하 충족*2)	150만원
아들 E	㉠ 기본공제 대상자에 해당함(자녀의 경우 원칙적으로 20세 이하 나이요건이 있으나 장애인인 경우 고려하지 않으며, 연간소득금액 100만원 이하 충족)	150만원
	㉡ 장애인공제 대상(기본공제 대상자가 장애인인 경우)에 해당함	200만원
합계		1,050만원

*1 과세기간 종료일 전에 사망한 사람 또는 장애가 치유된 사람에 대해서는 사망일 전날 또는 치유일 전날의 상황에 따른다.

*2 근로소득만 있는 경우 해당 과세기간의 총 급여액이 500만원(근로소득금액 150만원) 이하인 경우를 포함

정답 ④

889

거주자 한국씨의 2023년 자료이다. 한국씨의 「소득세법」상 종합소득공제액은 얼마인가?

세법2 Link p.328, 358,
382-383,
401-405

오진다 Link p.441, 467,
475-476

출제 가능 지수 ■■■□□
난이도 ■■■■■

(1) 본인 및 부양가족 현황은 다음과 같다.

관계	연령	소득
ㄱ. 본인(여성)	38세	총급여액 ₩60,000,000
ㄴ. 배우자	40세	「고용보험법」에 따라 수령한 육아휴직 급여 ₩6,000,000
ㄷ. 부친	72세	일시적 강연으로 수령한 금액 ₩8,000,000
ㄹ. 모친	67세	수도권 밖의 읍·면 지역에서 전통주를 제조함으로써 발생한 소득금액 ₩8,000,000
ㅁ. 장남	16세	소득 없음
ㅂ. 동생(장애인)	38세	생계를 같이 하고 있으며 소득 없음

(2) 국민건강보험료 및 노인장기요양보험료 본인부담분 ₩600,000과 국민연금보험료 본인부담분 ₩1,500,000을 납부하였다.

(3) 부친과 모친은 주거형편상 별거하고 있으며, 장남은 기숙사 생활로 별거하고 있다.

① ₩7,500,000   ② ₩8,100,000   ③ ₩10,100,000   ④ ₩11,600,000

해설

ㄱ. 본인이 여성이나 종합소득금액이 3천만원을 초과하므로 부녀자공제를 적용받을 수 없다.

ㄴ. 부친과 모친이 주거형편상 별거하고 있는 경우에는 생계를 같이하는 것으로 본다 (배우자, 직계비속·입양자, 주거형편에 따라 별거하고 있는 직계존속 등은 일정한 사유로 동거하지 않더라도 부양가족으로 간주한다). 배우자의 「고용보험법」에 따라 수령한 육아휴직급여는 '법소정의 요양비'의 성격으로 비과세근로소득에 해당한다. 그러므로 배우자는 기본공제대상자에 해당한다.

ㄷ. 부친의 일시적강연으로 인한 소득은 기타소득이다. 일시적강연에 의한 기타소득 필요경비 60%를 적용한 기타소득금액은 ₩3,200,000(= ₩8,000,000 × (1 − 60%))이다. 기타소득금액이 300만원 이상이므로 종합과세 대상이며 기본공제대상자에 해당하지 않는다.

ㄹ. 모친의 전통주 제조 소득금액이 1,200만 이하이므로 비과세 사업소득 요건을 충족한다. 그러므로 기본공제대상자에 해당한다.

ㅁ. 장남은 직계비속에 해당하므로 별거하고 있더라도 생계를 같이하는 것으로 본다.

ㅂ. 동생은 장애인이므로 나이 요건을 적용하지 않는다. 그러므로 기본공제대상자에 해당하며, 추가공제인 장애인공제를 받을 수 있다.

따라서 한국씨의 인적공제는 다음과 같다.

(1) 인적공제 : ① + ② = ₩9,500,000
   ① 기본공제 : ₩1,500,000 × 5명(본인, 배우자, 모친, 장남, 동생) = ₩7,500,000
   ② 추가공제 : ₩2,000,000(장애인공제)

(2) 특별소득공제 : ₩600,000(보험료공제)

(3) 연금보험료공제 : ₩1,500,000

(4) 종합소득공제 : (1) + (2) + (3) = ₩11,600,000

정답 ④

890

거주자 대한씨(45세 남성이며 일용근로자 아님)의 2023년 근로소득 및 소득공제 관련 자료이다. 「소득세법」상 종합소득 과세표준으로 옳은 것은? (주어진 자료 외의 다른 것은 고려하지 아니한다)

세법2 Link p.358, 400-405

오진다 Link p.475-477

출제 가능 지수 ■■■□□

난이도 ■■■■■

(1) 근로소득 및 보험료 납부 내역

기본급 및 상여금	62,000,000원
여비(실비변상정도의 금액)	1,200,000원
국민연금보험료 본인부담분	3,000,000원(회사가 대신 부담)
국민건강보험료 본인부담분	4,000,000원

(2) 부양가족 현황

구분	나이	소득
배우자	40세	10,000,000원 이자소득
딸(장애인)	10세	소득 없음

(3) 근로소득공제

> 총급여액 4,500만원 초과 1억원 이하의 경우 근로소득공제
> = 1,200만원 + (총급여액 − 4,500만원) × 5%

① 35,650,000원   ② 38,500,000원   ③ 41,350,000원   ④ 42,490,000원

해설

종합소득 과세표준 = (1) 종합소득금액 − (2) 종합소득공제 = 52,000,000원 − 13,500,000원 = **38,500,000원**

(1) 대한씨의 근로소득금액 = 총급여액 − 근로소득공제 − ㉠ − ㉡ = 52,000,000원

 ㉠ 총급여액 = 기본급 및 상여금 + 국민연금보험료 대납분 = 62,000,000원 + 3,000,000원 = 65,000,000원
 ㉡ 대한씨의 근로소득공제 = 12,000,000원 + (65,000,000원 − 45,000,000원) × 5% = 13,000,000원

(2) 대한씨의 종합소득공제 = ㉢ + ㉣ + ㉤ = 6,500,000원 + 3,000,000원 + 4,000,000원 = 13,500,000원

 ㉢ 인적공제 = 기본공제 + 추가공제 = (본인 + 배우자[*1] + 딸) × 1,500,000원 + 장애인공제(딸) × 2,000,000원 = 6,500,000원
 ㉣ 국민연금보험료공제: 종합소득이 있는 거주자가 공적연금 관련 법에 따른 기여금 또는 개인부담금(연금보험료)을 납입한 경우에는 해당 과세기간의 종합소득금액에서 그 과세기간에 납입한 연금보험료를 전액 공제하므로 3,000,000원을 전액 공제한다. ☒ [비교] 사적연금보험료는 소득공제가 아닌 세액공제(연금계좌세액공제)를 적용함
 ㉤ 근로소득이 있는 거주자(일용근로자 제외)가 해당 과세기간에 국민건강보험료를 지급한 경우 지급한 보험료 전액을 해당 과세기간의 근로소득금액에서 공제하므로 4,000,000원을 전액 공제한다.

*1 기본공제 요건을 따질 때 '소득금액'은 비과세·과세제외 및 분리과세대상 소득을 제외한 종합소득금액·퇴직소득금액·양도소득금액의 연간 합계액으로 계산한다. 2천만원 이하의 금융소득은 분리과세대상 소득이므로 배우자는 기본공제대상자에 해당한다.

정답 ②

차감납부세액의 계산

891

세법2 Link   p.429-431
오진다 Link   p.486-487
출제 가능 지수   ■■■■■
난이도   ■■■■■

「소득세법령」상 원천징수에 대한 설명으로 옳은 것은?

① 원천징수의무자는 소득세가 과세되지 아니하거나 면제되는 소득에 대해서도 원천징수하여야 한다.

② 법인세 과세표준을 결정 또는 경정하는 경우 「법인세법」에 따라 소득처분되는 배당에 대하여는 소득금액변동통지서를 받은 날에 그 배당소득을 지급한 것으로 보아 소득세를 원천징수한다.

③ 직전 연도 상시고용인원이 20명인 원천징수의무자(금융 및 보험업을 영위하는 자는 제외)는 그 징수일이 속하는 반기의 마지막 달의 10일까지 원천징수세액을 납부할 수 있다.

④ 직장공제회 초과반환금에 대한 원천징수세율은 100분의 14이다.

해설

① 원천징수의무자는 소득세가 과세되지 아니하거나 면제되는 소득에 대해서는 **원천징수하지 않는다**.

③ 직전 연도 상시고용인원이 20명인 원천징수의무자(금융 및 보험업을 영위하는 자는 제외)는 그 징수일이 속하는 반기의 마지막 달의 **다음 달** 10일까지 원천징수세액을 납부할 수 있다.

④ 직장공제회 초과반환금에 대한 원천징수세율은 **기본세율에 따른 연분연승법**을 적용한다.   정답 ②

892

세법2 Link p.419
오진다 Link p.483
출제 가능 지수 ■■■■□
난이도 ■■■□□

「소득세법」상 거주자의 외국납부세액공제에 관한 설명으로 옳은 것은?

① 거주자의 종합소득금액에 국외원천소득이 합산되지 않은 경우에는 그 국외원천소득에 대하여 외국에서 과세된 외국소득세액을 납부하였거나 납부할 것이 있는 때에는 외국납부세액공제를 적용받을 수 있다.

② 사업소득이 있는 거주자가 외국납부세액공제 한도를 계산함에 있어서 국외사업장이 2이상의 국가에 있는 경우에는 국가별로 구분하여 계산한다.

③ 외국납부세액을 15년의 이월공제기간 내에 공제받지 못한 경우 그 금액은 이월공제기간 종료일 다음 날이 속하는 과세기간에 필요경비에 산입할 수 있다.

④ 국외원천소득이 있는 거주자가 조세조약의 상대국에서 그 국외원천소득에 대하여 조세조약에 정함에 따라 소득세를 감면받은 세액의 상당액은 외국납부세액공제 대상이 아니다.

해설

① 거주자의 종합소득금액에 국외원천소득이 **합산되어 있는 경우**에는 그 국외원천소득에 대하여 외국에서 과세된 외국소득세액을 납부하였거나 납부할 것이 있는 때에는 외국납부세액공제를 적용받을 수 있다.

③ 외국납부세액을 **10년**의 이월공제기간 내에 공제받지 못한 경우 그 금액은 이월공제기간 종료일 다음 날이 속하는 과세기간에 필요경비에 산입할 수 있다.

④ 국외원천소득이 있는 거주자가 조세조약의 상대국에서 그 국외원천소득에 대하여 조세조약에 정함에 따라 소득세를 감면받은 세액의 상당액은 **외국납부세액공제 대상이 되는 외국납부세액으로 본다(의제외국납부세액).** 다만, 「법인세법」과는 달리 「소득세법」에서는 간접외국납부세액의 경우는 공제대상이 되지 않는다.

정답 ②

893

세법2 Link p.429-431
오진다 Link p.486-487
출제 가능 지수 ■■■■■
난이도 ■■■□□

「소득세법령」상 국내에서 거주자에게 발생한 소득의 원천징수에 대한 설명으로 옳은 것은?

① 원천징수의무자가 국내에서 지급하는 이자소득으로서 소득세가 과세되지 아니하는 소득을 지급할 때에도 소득세에 대하여 원천징수하고 추후 기납부세액으로 공제한다.

② 내국인 직업운동가가 직업상 독립된 사업으로 제공하는 인적용역의 공급에서 발생하는 소득의 원천징수세율은 100분의 20이다.

③ 법인세 과세표준을 결정 또는 경정할 때 익금에 산입한 금액을 배당으로 처분한 경우에는 법인세 과세표준 신고일에 그 배당소득금액을 지급한 것으로 보아 소득세를 원천징수한다.

④ 동업기업으로부터 배분받은 이자·배당·기타소득금액은 해당 동업기업의 과세기간 종료일 후 3개월이 되는 날까지 지급하지 아니한 소득은 해당 동업기업의 과세기간 종료 후 3개월이 되는 날 지급한 것으로 의제하여 원천징수한다.

해설

① 원천징수의무자가 국내에서 지급하는 이자소득으로서 소득세가 과세되지 아니하는 소득을 지급할 때에도 소득세에 대하여 **원천징수하지 않는다.**

② 내국인 직업운동가가 직업상 독립된 사업으로 제공하는 인적용역의 공급에서 발생하는 소득의 원천징수세율은 **100분의 3**이다. 외국인 연예인이나 직업운동가의 경우 100분의 20을 원천징수한다.

③ 법인세 과세표준을 결정 또는 경정할 때 익금에 산입한 금액을 배당으로 처분한 경우에는 **소득금액변동통지서를 받은 날**에 소득을 지급하지 않았어도 지급한 것으로 의제하여 원천징수한다.

정답 ④

894

「소득세법」에 의한 종합소득공제항목 또는 세액공제항목 중 근로소득이 있는 거주자만이 공제받을 수 있는 것은?

① 거주자의 형제자매로서 20세 이하인 자에 대한 기본공제
② 기본공제대상이 되는 자가 배우자가 있는 여성인 경우의 추가공제
③ 기본공제대상이 되는 자를 위하여 지출한 보장성보험료의 보험료세액공제
④ 연금계좌 납입액에 대한 연금계좌세액공제

세법2 Link   p.401-402, 416, 421
오진다 Link   p.475, 482, 484
출제 가능 지수   ■■■■□
난이도   ■■■□□

> **해설**
>
> ③ **보험료세액공제**는 근로소득자에 한하여만 적용되는 항목이다.   정답 ③

895

다음 중 「소득세법」상 종합소득 과세표준을 계산할 때 공제되는 의료비에 해당하는 것은?

① 미용목적 성형수술을 위하여 지급하는 비용
② 정밀건강진단비로 지출한 비용
③ 건강증진을 위한 의약품 구입비용
④ 암치료를 위하여 외국대학병원에 지급하는 비용

세법2 Link   p.422
오진다 Link   p.484
출제 가능 지수   ■■■■□
난이도   ■■■□□

> **해설**
>
> ①, ③, ④ 지출한 의료비 중 미용·성형수술을 위한 비용 및 건강증진을 위한 의약품 구입비용, 국외에서 지출한 의료비는 의료비세액공제 대상에 **포함하지 아니한다.**   정답 ②

차감납부세액의 계산

896

세법2 Link   p.415, 417, 420-422, 424

오진다 Link   p.482-484

출제 가능 지수 ■■■■■

난이도 ■■■■■

「소득세법」상 세액공제에 대한 설명으로 옳은 것은?

① 간편장부대상자가 과세표준 확정신고를 할 때 복식부기에 따라 기장하여 소득금액을 계산하고 「소득세법」에 따른 서류를 제출하는 경우에는 해당 장부에 의하여 계산한 사업소득금액이 종합소득금액에서 차지하는 비율을 종합소득산출세액에 곱하여 계산한 금액의 100분의 10에 해당하는 금액(다만, 공제세액이 100만원을 초과하는 경우에는 100만원으로 한다)을 종합소득산출세액에서 공제한다.

② 종합소득 있는 거주자가 해당 과세기간에 출산하거나 입양 신고한 공제대상자녀가 둘째인 경우에는 연 30만원을 종합소득산출세액에서 공제한다.

③ 일용근로자의 근로소득에 대해서 원천징수를 하는 경우에는 해당 근로소득에 대한 산출세액의 100분의 45에 해당하는 금액을 그 산출세액에서 공제한다.

④ 근로소득이 있는 거주자에 한하여 보험료세액공제, 의료비세액공제, 교육비세액공제를 적용하고 기부금세액공제는 근로소득이 없는 거주자의 경우에도 적용 받을 수 있다.

해설

① 기장세액공제에 대한 설명이다. 간편장부대상자가 과세표준 확정신고를 할 때 복식부기에 따라 기장하여 소득금액을 계산하고 「소득세법」에 따른 서류를 제출하는 경우에는 해당 장부에 의하여 계산한 사업소득금액이 종합소득금액에서 차지하는 비율을 종합소득산출세액에 곱하여 계산한 금액의 **100분의 20**에 해당하는 금액(다만, 공제세액이 100만원을 초과하는 경우에는 100만원으로 한다)을 종합소득산출세액에서 공제한다.

② 종합소득 있는 거주자가 해당 과세기간에 출산하거나 입양 신고한 공제대상자녀가 둘째인 경우에는 **연 50만원**을 종합소득산출세액에서 공제한다.

③ 일용근로자의 근로소득에 대해서 원천징수를 하는 경우에는 해당 근로소득에 대한 산출세액의 **100분의 55**에 해당하는 금액을 그 산출세액에서 공제한다.

정답 ④

897

「소득세법」상 소득공제 및 세액공제에 대한 설명으로 옳지 않은 것은?

세법2 Link   p.405, 415, 419-420

오진다 Link   p.477, 482-483

출제 가능 지수 ■■■□□

난이도 ■■■■□

① 근로소득이 있는 거주자(일용근로자 제외)가 해당 과세기간에 「국민건강보험법」, 「고용보험법」에 따라 근로자가 부담하는 보험료를 지급하는 경우 지급한 보험료 전액을 해당 과세기간의 근로소득금액에서 공제한다.

② 외국납부세액공제액이 공제한도를 초과하는 경우 그 초과하는 금액은 해당 과세기간의 다음 과세기간 개시일부터 10년 이내에 끝나는 과세기간으로 이월하여 그 이월된 과세기간의 공제한도 범위내에서 공제받을 수 있다.

③ 2025년 귀속분 종합소득이 있는 거주자의 기본공제대상자에 해당하는 자녀가 3명(8세인 장녀, 4세인 장남, 2025년 3월 1일 출생인 차녀)인 경우 자녀세액공제로 100만원을 종합소득산출세액에서 공제한다.

④ 기장세액공제와 관련된 장부 및 증명서류를 해당 확정신고기간 종료일로부터 5년간 보관하는 경우 기장세액공제를 적용 받을 수 있다.

해설

2025년도 귀속분 종합소득이 있는 거주자의 기본공제대상자에 해당하는 **8세 이상의 자녀**(입양자 및 위탁아동을 포함)는 **장녀 1명**이므로 기본공제는 **25만원**이다. 또한 해당 과세기간에 출산한 공제대상 자녀가 **셋째**이므로 출산공제는 **70만원**을 적용받는다.

∴ 자녀세액공제 = 기본공제 + 출산·입양 공제 = 25만원 + 70만원 = **95만원**   정답 ③

898

「소득세법」상 세액공제에 관한 설명으로 옳지 않은 것은?

세법2 Link   p.418-420

오진다 Link   p.482-483

출제 가능 지수 ■■■□□

난이도 ■■■□□

① 기장세액공제와 관련된 장부 및 증명서류를 해당 과세표준확정신고기간 종료일로부터 5년간 보관하지 않은 경우(천재지변 등 부득이한 사유 제외) 기장세액공제를 적용하지 않는다.

② 외국납부세액공제의 한도를 초과하는 외국소득세액은 해당 과세기간의 다음 과세기간부터 10년 이내에 끝나는 과세기간에 이월하여 공제받을 수 있으며, 이월공제기간 내에 공제받지 못한 외국소득세액은 소멸한다.

③ 외국납부세액공제의 대상이 되는 외국소득세액에는 외국정부에 의하여 과세된 개인소득세 및 이와 유사한 세목으로 수입금액을 과세표준으로 하여 과세된 세액이 포함된다.

④ 사업자가 재해손실세액공제를 받기 위한 재해상실비율을 계산할 때는 사업자의 소득별로 계산하는 것이기 때문에 사업장 단위가 아니라 전체 사업장을 기준으로 상실 전 사업용 자산가액에 대하여 상실된 사업용 자산가액을 기준으로 산출한다.

해설

② 외국납부세액공제의 한도를 초과하는 외국소득세액은 해당 과세기간의 다음 과세기간부터 10년 이내에 끝나는 과세기간에 이월하여 공제받을 수 있으며, 이월공제기간 내에 공제받지 못한 외국소득세액은 이월공제기간의 종료일 다음 날이 속하는 과세기간의 소득금액을 계산할 때 **필요경비에 산입할 수 있다.**   정답 ②

899

세법2 Link p.419
오진다 Link p.483
출제 가능 지수 ■■■■■
난이도 ■■■■■

「소득세법」상 거주자의 외국납부세액공제에 대한 설명으로 옳은 것은?

① 거주자의 종합소득금액에 국외원천소득이 합산되어 있는 경우로서 그 국외원천소득에 대하여 외국으로 대통령령으로 정하는 외국소득세액을 납부한 세액에 대해서만 해당 과세기간의 종합소득산출세액에서 공제할 수 있다.

② 「소득세법」상 외국납부세액공제의 대상이 되는 외국소득세액이란 외국정부에 납부했거나 납부할 세액(가산세를 포함) 중 대통령령으로 정하는 것을 말한다. 다만, 해당 세액이 조세조약에 따른 비과세·면제·제한세율에 관한 규정에 따라 계산한 세액을 초과하는 경우에는 그 초과하는 세액은 제외한다.

③ 거주자의 퇴직소득금액에 국외원천소득이 합산되어 있는 경우에는 외국납부세액공제규정을 적용받을 수 있다.

④ 외국정부에 납부하였거나 납부할 외국소득세액을 이월공제 기간 내에 공제 받지 못한 경우 그 공제받지 못한 외국소득세액은 이월공제기간의 종료일이 속하는 과세기간의 소득금액을 계산할 때 필요경비에 산입할 수 있다.

해설

① 거주자의 종합소득금액에 국외원천소득이 합산되어 있는 경우로서 그 국외원천소득에 대하여 외국으로 대통령령으로 정하는 외국소득세액을 납부하였거나 **납부할 것이 있을 때**에는 공제한도금액 내에서 외국소득세액을 해당 과세기간의 종합소득산출세액에서 공제할 수 있다.

② 「소득세법」상 외국납부세액공제의 대상이 되는 외국소득세액이란 외국정부에 납부했거나 납부할 세액(가산세는 **제외**) 중 대통령령으로 정하는 것을 말한다. 다만, 해당 세액이 조세조약에 따른 비과세·면제·제한세율에 관한 규정에 따라 계산한 세액을 초과하는 경우에는 그 초과하는 세액은 제외한다.

④ 외국정부에 납부하였거나 납부할 외국소득세액을 이월공제 기간 내에 공제 받지 못한 경우 그 공제받지 못한 외국소득세액은 이월공제기간의 **종료일 다음 날**이 속하는 과세기간의 소득금액을 계산할 때 필요경비에 산입할 수 있다.

정답 ③

900

세법2 Link   p.420
오진다 Link   p.483
출제 가능 지수   ■■■■■
난이도   ■■■■■

「소득세법」상 기장세액공제에 관한 설명으로 옳지 않은 것은?

① 사업자가 해당 과세기간에 천재지변이나 그 밖의 재해로 법으로 정하는 자산총액의 20% 이상에 해당하는 자산을 상실하여 납세가 곤란하다고 인정되는 경우에는 소득세액에 자산상실비율을 곱하여 계산한 금액을 상실된 자산의 가액을 한도로 그 세액에서 공제한다. 이 경우 기장세액공제가 있을 때에는 이를 공제한 후의 세액을 소득세액으로 하여 계산한다.

② 기장세액공제와 관련된 장부 및 증명서류를 해당 과세표준확정신고기간 종료일로부터 5년 간 보관하지 못한 사유가 화재를 입거나 도난을 당한 경우에 해당하면 기장세액공제를 허용한다.

③ 기장세액공제를 받고자 하는 자는 과세표준확정신고서에 기장세액공제신청서를 첨부하여 납세지 관할 세무서장에게 신청하여야 한다.

④ 「소득세법」상 기장세액공제가 인정되는 경우는 간편장부대상자 및 복식부기의무자가 복식부기에 의하여 장부를 기장하고 종합소득에 대한 과세표준확정신고를 하는 경우로 한정하고 있다.

해설

① 사업자가 해당 과세기간에 천재지변이나 그 밖의 재해로 법으로 정하는 자산총액의 20% 이상에 해당하는 자산을 상실하여 납세가 곤란하다고 인정되는 경우에는 소득세액에 자산상실비율을 곱하여 계산한 금액을 상실된 자산의 가액을 한도로 그 세액에서 공제한다. 이 경우 배당세액공제, 외국납부세액공제, 기장세액공제가 있을 때에는 이를 공제한 후의 세액을 소득세액으로 하여 계산한다.

④ **복식부기의무자**는 기장세액공제를 적용받지 못한다.　　　　　　　　정답 ④

901

세법2 Link   p.422-423, 425
오진다 Link   p.484-485
출제 가능 지수   ■■■■■
난이도   ■■■■■

「소득세법」상 세액공제에 관한 설명으로 옳지 않은 것은?

① 미용·성형수술을 위한 비용 및 건강증진을 위한 의약품 구입비용은 의료비 세액공제의 공제대상이 되지 않는다.

② 교육비 세액공제의 공제대상 교육비에는 「초·중등교육법」에 따른 학교에서 실시하는 방과후학교수업료는 포함되나 도서구입비는 포함되지 않는다.

③ 기본공제대상인 직계존속(장애인)을 위한 법령에 정한 장애인특수교육비는 그 연령 또는 소득금액에 관계없이 교육비 세액공제의 공제대상이 된다.

④ 종합소득이 있는 거주자(근로소득이 있는 자는 제외)로서 「조세특례제한법」에 따른 세액공제신청을 하지 아니한 경우 종합소득산출세액에서 연 7만원(성실사업자의 경우 12만원)을 공제한다.

해설

② 학교에 지급한 급식비와 학교에서 구입한 교과서대 및 방과후 학교 수강료 및 교재구입비 등의 특별활동비는 교육비 세액공제의 공제대상 일반교육비에 **포함된다**.　　　　　　　　정답 ②

902

「소득세법」상 거주자의 종합소득공제 및 세액공제에 관한 설명으로 옳지 않은 것은?

세법2 Link   p.415, 422,
            425, 490
오진다 Link   p.482, 484-
            485, 509
출제 가능 지수 ■■■■□
난이도   ■■■■□

① 기본공제대상자에 해당하는 자녀(8세 미만 자녀는 없음)가 2명인 사업소득자는 55만원의 자녀세액공제를 적용받는다.

② 성실신고확인대상사업자로서 성실신고확인서를 제출한 자는 교육비 세액공제를 적용받을 수 있다.

③ 근로소득자가 소득공제 및 세액공제 증명서류를 제출하지 않은 경우에도 종합소득공제로 150만원을 공제하고 표준세액공제로 13만원을 공제한다.

④ 재학 중인 학교로부터 해당 과세기간에 받은 장학금 등 소득세 또는 증여세가 비과세되는 교육비는 종합소득 산출세액에서 공제한다.

해설

④ 재학 중인 학교로부터 해당 과세기간에 받은 장학금 등 소득세 또는 증여세가 비과세되는 교육비는 종합소득 산출세액에서 **공제하지 아니한다**.

정답 ④

903

「소득세법」상 소득세 관련 세액감면 및 세액공제에 관한 설명으로 옳지 않은 것은?

세법2 Link   p.414, 426
오진다 Link   p.481, 484-
            485
출제 가능 지수 ■■■■□
난이도   ■■■■□

① 성실신고확인 대상사업자가 종합소득과세표준 확정신고를 할 때에 확정신고시 첨부서류에 더하여 세무사 등이 작성한 성실신고확인서를 납세지 관할 세무서장에게 제출하는 경우 성실신고 확인에 직접 사용한 비용의 60%와 120만원 중 작은 금액을 종합소득산출세액에 공제한다.

② 이월공제가 인정되는 세액공제로서 해당 과세기간 중에 발생한 세액공제액과 이전 과세기간에서 이월된 미공제액이 함께 있을 때에는 이월된 미공제액을 먼저 공제한다.

③ 세액감면을 적용받는 사업자가 해당 과세기간에 산출세액이 없어 감면을 받지 못하는 경우 그 감면세액 상당액을 해당 과세기간의 다음 과세기간부터 15년 이내에 끝나는 과세기간으로 이월하여 그 이월된 과세기간의 산출세액 범위에서 공제받을 수 있다.

④ 거주자 중 대한민국의 국적을 가지지 아니한 자가 대통령령으로 정하는 선박과 항공기의 외국항행사업으로부터 얻는 소득이 있는 경우 종합소득 산출세액에서 그 세액에 해당 근로소득금액 또는 사업소득금액이 종합소득금액에서 차지하는 비율을 곱하여 계산한 금액 상당액을 감면한다. 다만, 그 거주자의 국적지국에서 대한민국 국민이 운용하는 선박과 항공기에 대해서도 동일한 면제를 하는 경우만 해당한다.

해설

③ 해당 연도 산출세액에서 차감되지 않은 세액감면에 대하여 **이월감면이 적용되지 않는다.**

정답 ③

904

「소득세법」상 종합소득공제와 특별세액공제에 대한 다음 설명 중 옳지 않은 것은?

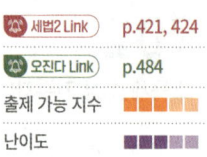
세법2 Link   p.421, 424
오진다 Link   p.484
출제 가능 지수 ■■■■□
난이도   ■■■■□

① 사업소득만 있는 거주자는 거주자 본인 및 기본공제대상자에 대한 보험료세액공제를 적용받지 못한다.
② 연간 사업소득금액이 1억원인 부친(60세)을 위해 지출한 의료비도 의료비세액공제대상이 된다.
③ 연간 소득금액이 없는 배우자가 지출한 일반기부금에 대해서도 거주자가 기부금 세액공제를 받을 수 있다.
④ 사업소득만 있는 거주자(연말정산대상 사업소득자 등 대통령령으로 정하는 자는 제외)도 해당 과세기간에 지급한 기부금에 대해서 기부금세액공제를 적용 받을 수 있다.

해설

④ 사업소득만 있는 거주자(연말정산대상 사업소득자 등 대통령령으로 정하는 자는 제외)는 해당 과세기간에 지급한 기부금에 대해서 기부금세액공제를 적용 받을 수 없고, **사업소득 계산 시 필요경비에 산입**한다. 다만, 연말정산대상 사업소득자 등은 기부금세액공제가 가능하다.   정답 ④

905

「소득세법」상 소득세 관련 세액감면 및 세액공제에 관한 설명으로 옳지 않은 것은?

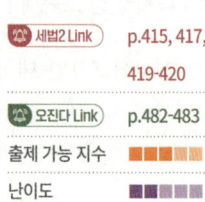
세법2 Link   p.415, 417,
         419-420
오진다 Link   p.482-483
출제 가능 지수 ■■■■□
난이도   ■■■■□

① 거주자의 종합소득금액 또는 퇴직소득금액에 국외원천사업소득이 합산되어 있는 경우로서 그 국외원천사업소득에 대하여 국외에서 외국소득세액을 납부하였거나 납부할 것이 있을 때에는 공제한도금액 내에서 외국소득세액을 해당 과세기간의 종합소득산출세액 또는 퇴직소득 산출세액에서 공제할 수 있다.
② 근로소득이 있는 거주자에 대해서는 그 근로소득에 대한 종합소득산출세액에서 근로소득세액공제를 하되 한도가 있다.
③ 종합소득이 있는 거주자의 기본공제대상자에 해당하는 자녀(입양자 및 위탁아동을 포함)가 2명(8세 이상에 해당하며, 입양 신고한 공제대상자녀는 없다고 가정)인 경우 연 55만원을 종합소득산출세액에서 공제한다.
④ 기장세액공제와 관련된 장부 및 증명서류를 해당 납세의무 성립일로부터 5년간 보관하는 경우 기장세액공제를 적용받을 수 있다.

해설

④ 기장세액공제와 관련된 장부 및 증명서류를 해당 **과세표준 확정신고기간 종료일부터** 5년간 보관하는 경우 기장세액공제를 적용받을 수 있다.   정답 ④

906

「소득세법」의 중간예납제도에 대한 설명으로 옳지 않은 것은?

① 중간예납기간은 「소득세법」의 경우 1월 1일부터 6월 30일까지이고, 「법인세법」의 경우 원칙적으로는 법인의 사업연도 개시일로부터 6개월이다.
② 중간예납기준액이 없는 거주자 중 복식부기의무자가 해당 중간예납기간 중 사업소득이 있는 경우 중간예납추계액을 중간예납세액으로 신고할 수 있다.
③ 「소득세법」에서는 중간예납세액을 11월 중에 납부하여야 하나 「법인세법」에서는 중간예납기간이 지난 날부터 2개월 이내에 납부하여야 한다.
④ 해당 과세기간의 중간예납기간을 기준으로 계산한 소득세(중간예납추계액)가 중간예납기준액의 30%에 미달하는 경우 중간예납추계액을 중간예납세액으로 신고할 수 있다.

세법2 Link p.224-225, 432, 433
오진다 Link p.388-389, 488
출제 가능 지수 ■■■■■
난이도 ■■■■■

해설

② 중간예납기준액이 없는 거주자 중 복식부기의무자가 해당 중간예납기간 중 사업소득이 있는 경우 중간예납추계액을 중간예납세액으로 **신고하여야 한다.**
정답 ②

907

「소득세법」상 중간예납에 관한 설명이다. 옳지 않은 것은?

① 「소득세법」상 중간예납은 직전 과세기간의 납부실적을 기준으로 전년도 납부세액의 1/2를 법에 정한 산식으로 계산하여 세무서장이 11월 1일부터 11월 30일까지 중간예납세액의 납세고지서를 발급하여 12월 31일까지 징수하는 것을 원칙으로 한다.
② 분리과세 주택임대소득만이 있는 거주자는 중간예납의무가 없다.
③ 중간예납의무가 있는 거주자는 중간예납추계액이 중간예납기준액의 30%에 미달하는 경우, 중간예납추계액을 중간예납세액으로 하여 납세지 관할 세무서장에게 신고할 수 있다.
④ 납세조합이 중간예납기간 중 「소득세법」 제150조에 따라 그 조합원의 해당 소득에 대한 소득세를 매월 징수하여 납부한 경우에는 그 소득에 대한 중간예납을 하지 아니한다.

세법2 Link p.432-433
오진다 Link p.488-489
출제 가능 지수 ■■■■■
난이도 ■■■■■

해설

① 「소득세법」상 중간예납은 직전 과세기간의 납부실적을 기준으로 전년도 납부세액의 1/2를 법에 정한 산식으로 계산하여 세무서장이 11월 1일부터 **11월 15일**까지 중간예납세액의 납세고지서를 발급하여 **11월 30일**까지 징수하는 것을 원칙으로 한다.
정답 ①

908

「소득세법」상 원천징수에 관한 설명으로 옳지 않은 것은?

① 외국법인이 발행한 채권에서 발생하는 이자소득을 거주자에게 지급하는 경우 국내에서 그 지급을 대리하거나 그 지급 권한을 위임 또는 위탁받은 자가 그 소득에 대한 소득세를 원천징수하여야 한다.

② 국내에서 거주자 및 비거주자에게 배당소득을 지급하는 자는 소득세 원천징수의무를 진다.

③ 근로소득을 지급하여야 할 원천징수의무자가 1월부터 11월까지의 근로소득을 해당 과세기간의 12월 31일까지 지급하지 아니한 경우 그 근로소득을 12월 31일에 지급한 것으로 보아 소득세를 원천징수한다.

④ 직전 연도의 상시고용인원이 20명 이하인 원천징수의무자는 「법인세법」 제67조에 따라 처분된 상여·배당 및 기타소득에 대한 원천징수세액을 그 징수일이 속하는 반기의 마지막 달의 다음 달 10일까지 납부할 수 있다.

세법2 Link p.319, 365, 430

오진다 Link p.437, 458, 486

출제 가능 지수 ■■■■□

난이도 ■■■□□

해설

④ 직전 연도의 상시고용인원이 20명 이하인 원천징수의무자는 원천징수한 소득세를 그 징수일이 속하는 반기의 마지막 달의 다음 달 10일까지 납부할 수 있다. 다만 다음의 원천징수세액에 대하여는 **반기별 납부를 허용하지 않는다.**

  ㉠ 「법인세법」에 따라 배당·상여 및 기타소득으로 소득처분된 금액에 대한 원천징수세액
  ㉡ 「국제조세조정에 관한 법률」에 따른 이전가격세제 및 과소자본세제에 따라 처분된 배당소득에 대한 원천징수세액
  ㉢ 비과세 연예인 등의 용역제공과 관련된 원천징수절차 특례규정에 따른 원천징수세액

정답 ④

909

「소득세법」상 원천징수에 대한 설명으로 옳지 않은 것은 ?

세법2 Link p.376, 395, 430-431

오진다 Link p.464, 473, 486

출제 가능 지수 ■■■■□

난이도 ■■■■□

① 공적연금을 지급하는 자는 공적연금소득을 지급하는 때에 지급금액의 5%를 원천징수하고 다음 연도 1월분 공적연금소득을 지급하는 때에 연말정산을 하여야 한다.

② 직전 과세기간의 상시고용인원이 20인 이하인 원천징수의무자(금융 및 보험업을 영위하는 자 제외)로서 원천징수 관할 세무서장으로부터 승인을 얻거나 국세청장이 정하는 바에 따라 지정을 받은 자는 원천징수한 소득세를 그 징수일이 속하는 반기의 마지막 달의 다음 달 10일까지 납부할 수 있다.

③ 공동사업장에서 발생한 소득금액에 대하여 원천징수된 세액은 각 공동사업자의 손익분배비율에 따라 배분한다.

④ 법인이 잉여금의 처분에 의한 배당금을 그 처분을 결의한 날부터 3개월이 되는 날까지 지급하지 아니한 경우에는 그 3개월이 되는 날에 그 배당소득을 지급한 것으로 보아 소득세를 원천징수한다.

해설

① 공적연금을 지급하는 자는 공적연금소득을 지급하는 때에 **연금소득 간이세액표에 의하여 원천징수**하고 다음연도 1월분 공적연금소득을 지급하는 때에 연말정산을 하여야 한다.   정답 ①

910

「소득세법」상 종합소득세의 신고 및 납부에 관한 설명이다. 옳지 않은 것은?

세법2 Link p.430, 433-435

오진다 Link p.486, 488-489

출제 가능 지수 ■■■□□

난이도 ■■■■□

① 납세지 관할 세무서장 또는 지방국세청장은 거주자가 과세기간 중에 사업부진으로 장기간 휴업상태에 있는 때로서 소득세를 포탈할 우려가 있다고 인정되는 경우에는 수시로 그 거주자에 대한 소득세를 부과할 수 있다.

② 중간예납 의무가 있는 거주자가 중간예납기간의 종료일 현재 그 중간예납기간 종료일까지의 종합소득금액에 대한 소득세액이 중간예납기준액의 100분의 50에 미달하는 경우에는 중간예납추계액을 중간예납세액으로 하여 납세지 관할 세무서장에게 신고할 수 있다.

③ 원천징수대상 소득이 발생 후 지급되지 아니함으로써 소득세가 원천징수되지 아니하고 종합소득에 합산되어 종합소득세가 과세된 경우에 그 소득을 지급할 때에는 소득세를 원천징수하지 아니한다.

④ 부동산매매업자는 토지의 매매차익(매매차익이 없거나 매매차손이 발생한 경우를 포함)과 그 세액을 매매일이 속하는 달의 말일부터 2개월이 되는 날까지 납세지 관할 세무서장에게 신고하여야 한다.

해설

② 중간예납 의무가 있는 거주자가 중간예납기간의 종료일 현재 그 중간예납기간 종료일까지의 종합소득금액에 대한 소득세액이 중간예납기준액의 100분의 **30**에 미달하는 경우에는 중간예납추계액을 중간예납세액으로 하여 납세지 관할 세무서장에게 신고할 수 있다.   정답 ②

차감납부세액의 계산

911

다음은 근로소득이 있는 거주자 대한(일용근로자 아님)이 2023년 기본공제대상자를 위해 지출한 교육비 관련 자료이다. 대한의 「소득세법」상 교육비세액공제 대상 교육비의 합계는?

세법2 Link	p.422-423
오진다 Link	p.484
출제 가능 지수	■■■□□
난이도	■■■■■

(1) 기본공제대상자 관련 자료

구분	나이	소득현황	지출내역
본인	50	총급여액 50,000,000원	
배우자	48	총급여액 4,000,000원	대학원 박사과정 등록금 15,000,000원
모친	68	이자소득 5,000,000원	대학교 등록금 8,000,000원
딸	17	소득없음	고등학교 교복구입비용 1,200,000원 사설 영어학원 수강료 3,000,000원
아들	14	소득없음	중학교 방과후 과정 특별활동비 2,000,000원

(2) 본인 이외의 기본공제대상자는 「초·중등교육법」또는 「고등교육법」상 학교에 다니고 있다.
(3) 위에 주어진 자료 외의 다른 사항은 고려하지 않는다.

① 2,500,000원　　② 3,200,000원　　③ 18,200,000원　　④ 26,200,000원

해설

대상자	내용	금액
배우자	소득금액 100만원[근로소득만 있는 경우 소득금액 150만원(총급여 500만원)] 이하 요건은 충족하지만 대학원 교육비는 본인에 대한 것만 공제 대상이다.	–
모친	직계존속에 대한 교육비는 장애인특수교육비만이 공제 대상이다(소득의 제한을 받지 아니함).	–
딸	교복구입비는 중·고생에 한하며, 1명당 연 50만원을 한도로 한다. 사설 학원 수강료는 미취학아동만을 공제대상으로 한다.	500,000
아들	1인당 연 300만원을 한도로 교육비 공제대상금으로 하며, 학교 방과후 과정 특별활동비는 공제 대상 교육비이다.	2,000,000
합계액		2,500,000

정답 ①

CHAPTER
09

퇴직소득세

912

현행 「소득세법」상 퇴직소득에 대한 다음 설명 중 옳은 것은?

세법2 Link   p.439, 441-442
오진다 Link   p.490-492
출제 가능 지수 ■■■■□
난이도 ■■■□□

① 거주자의 종합소득에는 「국민연금법」에 따라 지급받는 일시금액(2002년 1월 1일 이후에 납입된 연금 기여금 및 사용자 부담금을 기초로 하거나 2002년 1월 1일 이후 근로의 제공을 기초로 하여 받은 일시금)을 포함한다.

② 퇴직소득 중 이연퇴직소득이 있는 경우 해당 퇴직소득에 대한 소득세를 연금외수령하기 전까지 원천징수하지 아니한다.

③ 퇴직소득세 계산에서는 외국납부세액공제가 없다.

④ 퇴직소득에 대한 총수입금액의 수입시기는 원칙적으로 퇴직급여를 실제로 지급받는 날이다.

해설

① 공적연금 관련법에 따라 받는 일시금(2002년 1월 1일 이후에 납입된 연금 기여금 및 사용자 부담금을 기초로 하거나 2002년 1월 1일 이후 근로의 제공을 기초로 하여 받은 일시금)은 퇴직소득이므로 종합과세하지 않고 분류과세한다. 따라서 거주자의 종합소득에는 「국민연금법」에 따라 지급받는 해당 일시금액을 **포함하지 않는다.**

③ 거주자의 퇴직소득금액에 국외원천소득이 합산되어 있는 경우로서 그 국외원천소득에 대하여 외국에서 법으로 성하는 외국소득세액을 납부하였거나 납부할 것이 있을 때에는 공제한도 내에서 외국소득세액을 해당 과세기간의 퇴직소득산출세액에서 공제할 수 있다. 즉, 퇴직소득세 계산에서는 **외국납부세액공제가 있다.**

④ 퇴직소득에 대한 총수입금액의 수입시기는 원칙적으로 **퇴직한 날**이다.   정답 ②

913

「소득세법」상 퇴직소득에 대한 설명으로 옳은 것은?

① 법인의 상근임원이 비상근임원이 된 경우에는 퇴직급여를 실제로 받았는지 여부에 관계없이 퇴직으로 보지 않을 수 있다.
②「근로자퇴직급여 보장법 시행령」에서 정하는 퇴직급여 중간정산 사유에 해당하여 퇴직급여를 미리 지급받은 경우에는 그 사유가 발생한 날에 퇴직한 것으로 본다.
③「한국교직원공제회법」에 따라 설립된 한국교직원공제회로부터 지급받는 초과반환금은 퇴직소득으로 과세한다.
④ 퇴직자가 퇴직소득을 지급받을 때 해당 과세기간에 이미 지급받은 퇴직소득에 대한 원천징수영수증을 원천징수의무자에게 제출하는 경우 원천징수의무자는 퇴직자에게 이미 지급된 퇴직소득과 자기가 지급할 퇴직소득을 합계한 금액에 대하여 정산한 소득세를 원천징수하여야 한다.

해설

① 법인의 상근임원이 비상근임원이 된 경우에는 **퇴직급여를 실제로 받지 않은 경우** 퇴직으로 보지 않을 수 있다.
②「근로자퇴직급여 보장법 시행령」에서 정하는 퇴직급여 중간정산 사유에 해당하여 퇴직급여를 미리 지급받은 경우에는 **그 지급받은 날**에 퇴직한 것으로 본다.
③ 직장공제회 초과반환금은 **이자소득**으로 과세한다.   정답 ④

세법2 Link   p.310, 438, 443
오진다 Link   p.431-432, 490-492
출제 가능 지수 ■■■■□
난이도 ■■■■□

914

「소득세법」상 수입시기에 관한 설명으로 옳은 것은?

① 무기명주식의 이익이나 배당의 경우 수입시기는 해당 법인의 잉여금처분결의일로 한다.
② 근로소득 중 잉여금처분에 의한 상여의 수입시기는 해당 법인의 결산확정일이다.
③ 산업재산권 등 각종 권리를 양도한 경우 그 대금을 청산하기 전 그 자산을 인도하거나 사용·수익하는 경우 수입시기는 대금청산일로 한다.
④ 퇴직소득 중「국민연금법」에 따른 일시금은 소득을 지급받는 날(분할하여 지급받는 경우에는 최초로 지급받는 날)을 수입시기로 한다.

해설

① 무기명주식의 이익이나 배당의 경우 수입시기는 **그 지급을 받은 날**로 한다.
② 근로소득 중 잉여금처분에 의한 상여의 수입시기는 해당 법인의 **잉여금처분결의일**이다.
③ 산업재산권 등 각종 권리를 양도한 경우 그 대금을 청산하기 전 그 자산을 인도하거나 사용·수익하는 경우 수입시기는 **인도일 또는 사용·수익일**로 한다.   정답 ④

세법2 Link   p.319, 353, 381, 439
오진다 Link   p.436, 457, 466, 491
출제 가능 지수 ■■■□□
난이도 ■■■□□

퇴직소득세

915

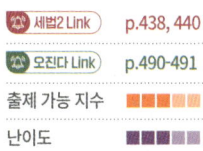

세법2 Link   p.438, 440
오진다 Link   p.490-491
출제 가능 지수 ■■■□□
난이도 ■■■□□

「소득세법」상 퇴직소득과 관련된 설명으로 옳지 않은 것은?

① 종업원이 임원으로 취임하면서 노사합의에 의하여 퇴직금을 받는 경우, 동 퇴직금은 퇴직소득에 해당하지 아니한다.

② 퇴직소득과세표준을 계산하는 경우, 퇴직소득금액에서 근속연수에 따라 계산한 금액을 공제한다.

③ 「과학기술인공제회법」에 따라 지급받는 과학기술발전장려금은 퇴직소득에 포함된다.

④ 공적연금 관련법에 따라 받는 일시금(2002년 1월 1일 이후에 납입된 연금 기여금 및 사용자 부담금을 기초로 하거나 2002년 1월 1일 이후 근로의 제공을 기초로 하여 받은 일시금)은 퇴직소득에 포함된다.

해설

① 종업원이 임원으로 취임하면서 노사합의에 의하여 퇴직금을 받는 경우 현실적인 퇴직이므로, 동 퇴직금은 **퇴직소득에 해당한다.**

정답 ①

916

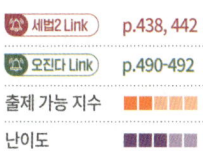

세법2 Link   p.438, 442
오진다 Link   p.490-492
출제 가능 지수 ■■■□□
난이도 ■■■□□

「소득세법」상 퇴직소득에 관한 설명이다. 옳지 않은 것은?

① 거주자가 출자관계에 있는 법인으로의 전출이 이루어졌으나 퇴직급여를 실제로 받지 않은 경우는 퇴직으로 보지 않을 수 있다.

② 거주자가 퇴직소득을 지급받은 날부터 30일 이내에 연금계좌에 입금하는 경우, 해당 거주자는 퇴직소득의 원천징수세액에 대한 환급을 신청할 수 있다.

③ 사용자 부담금을 기초로 하여 현실적인 퇴직을 원인으로 지급받는 소득은 퇴직소득이다.

④ 임원인 근로소득자가 계속근로기간 중에 「근로자퇴직급여 보장법」의 퇴직금 중간정산 사유에 해당하여 퇴직급여를 미리 지급받은 경우에는 그 지급받은 날에 퇴직한 것으로 본다.

해설

② 거주자가 퇴직소득을 지급받은 날부터 **60일** 이내에 연금계좌에 입금하는 경우, 해당 거주자는 퇴직소득의 원천징수세액에 대한 환급을 신청할 수 있다.

정답 ②

917

「소득세법」상 퇴직소득 과세에 관한 설명으로 옳지 않은 것은?

① 법인의 상근임원이 비상근임원이 되었지만 퇴직급여를 받지 아니한 경우 퇴직으로 보지 않을 수 있다.

② 법인의 회장 등 대통령령으로 정하는 임원의 퇴직소득금액(공적연금 관련법에 따라 받는 일시금은 제외하며, 2011년 12월 31일에 퇴직하였다고 가정할 때 지급받을 대통령령으로 정하는 퇴직소득금액이 있는 경우에는 그 금액을 뺀 금액)이 소득세법 제22조 3항에 따라 계산한 한도금액을 초과하는 경우 그 초과하는 금액은 근로소득으로 본다.

③ 거주자가 국외원천의 퇴직소득금액이 있고 그 소득에 대하여 국외에 외국소득세액을 납부한 경우에는 법정한도 내에서 외국납부세액공제를 받을 수 있다.

④ 퇴직소득에 대하여 외국정부에 납부하였던 외국소득세액에 의한 외국납부세액공제의 한도초과액은 10년간 이월공제를 적용받을 수 있다.

세법2 Link p.438, 440-441
오진다 Link p.490-492
출제 가능 지수 ■■■■□
난이도 ■■■■■

> **해설**
>
> ④ 퇴직소득에 대하여 외국정부에 납부하였던 외국소득세액에 의한 외국납부세액공제의 한도초과액은 10년간 **이월공제를 적용받을 수 없다.**
>
> 정답 ④

918

「소득세법」상 연금소득 및 퇴직소득에 관한 설명으로 옳지 않은 것은?

① 계속근로기간 중에 「근로자퇴직급여 보장법」에 따라 퇴직연금제도가 폐지되는 퇴직급여를 미리 지급받은 경우에는 그 지급받은 날에 퇴직한 것으로 본다.

② 종업원이 임원이 된 경우 퇴직급여를 실제로 받지 아니한 경우는 퇴직으로 보지 않을 수 있다.

③ 퇴직소득이 퇴직일 현재 연금계좌에 있거나 연금계좌로 지급되는 경우 또는 퇴직하여 지급받은 날부터 60일 이내에 연금계좌에 입금되는 경우에 해당 퇴직소득으로 인한 소득세는 연금외수령 시 비과세가 적용된다.

④ 연금계좌세액공제를 받은 연금계좌 납입액과 연금계좌의 운용실적에 따라 증가된 금액을 그 소득의 성격에 불구하고 연금외수령하면 기타소득으로 과세한다.

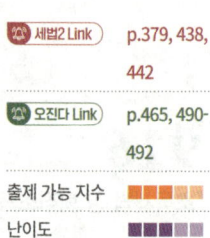

세법2 Link p.379, 438, 442
오진다 Link p.465, 490-492
출제 가능 지수 ■■■■□
난이도 ■■■■□

> **해설**
>
> ③ 퇴직소득이 퇴직일 현재 연금계좌에 있거나 연금계좌로 지급되는 경우 또는 퇴직하여 지급받은 날부터 60일 이내에 연금계좌에 입금되는 경우에 연금수령분은 연금소득으로 과세되고, 연금외수령분은 퇴직소득으로 과세된다. 이때, 해당 퇴직소득으로 인한 소득세는 연금외수령하기 전까지 원천징수하지 아니하고, 연금외수령할 때 원천징수의무자는 **이연퇴직소득세를 원천징수해야 한다.**
>
> 정답 ③

919

「소득세법」상 거주자의 퇴직소득에 관한 설명으로 옳지 않은 것은?

세법2 Link p.438, 440-441
오진다 Link p.490-492
출제 가능 지수 ■■■□□
난이도 ■■■■□

① 거주자의 퇴직소득에 대한 소득세는 해당 과세기간의 퇴직소득 과세표준에 기본세율을 적용하여 계산한 금액을 12로 나눈 금액에 근속연수를 곱하여 계산한 금액으로 한다.
② 퇴직소득이 있는 거주자는 누구든지 근속연수공제와 환산급여공제를 받을 수 있지만 근속연수공제를 받기 위해서는 관할 세무서장에게 공제를 신청해야 한다.
③ 종업원이 임원이 되었으나 퇴직급여를 실제로 받지 아니한 경우에는 퇴직으로 보지 아니할 수 있다.
④ 계속근로기간 중에 「근로자퇴직급여보장법」에 따른 퇴직금 중간정산으로 퇴직급여를 미리 지급받은 경우에는 그 지급받은 날에 퇴직한 것으로 본다.

해설

② 퇴직소득이 있는 거주자는 누구든지 퇴직소득공제(근속연수공제, 환산급여공제)를 받을 수 있고 **별도의 신청을 요하지 않는다.**

정답 ②

920

「소득세법」상 세액공제에 관한 설명으로 옳은 것은?

세법2 Link p.417-418, 420, 441
오진다 Link p.482-484
출제 가능 지수 ■■■■□
난이도 ■■■■□

① 간편장부대상자가 비치·기록한 장부에 의하여 신고하여야 할 소득금액의 20%를 누락하여 신고한 경우 기장세액공제를 적용하지 않는다.
② 종합소득세와 퇴직소득세 계산 시 외국납부세액이 공제한도를 초과하는 경우 해당 과세기간의 다음 과세기간부터 10년 이내에 이월공제가 가능하다.
③ 사업자가 해당 과세기간에 천재지변이나 그 밖의 재해로 자산총액의 15%에 상당하는 자산을 상실한 경우 재해손실세액공제를 적용한다.
④ 일용근로자의 근로소득에 대한 소득세 계산 시 근로소득세액공제를 적용하지 않는다.

해설

② **퇴직소득세** 계산 시 외국납부세액에 대해서는 **이월공제가 허용되지 아니한다.**
③ 사업자가 해당 과세기간에 천재지변이나 그 밖의 재해로 자산총액의 **20%** 이상에 상당하는 자산을 상실한 경우 재해손실세액공제를 적용한다.
④ 일용근로자의 근로소득에 대한 소득세 계산 시 **산출세액의 55%**에 해당하는 **근로소득세액공제를 적용**한다.

정답 ①

양도소득세

921

「소득세법」상 양도소득세의 과세대상이 되는 부동산 양도에 해당하는 것으로만 묶인 것은?

세법2 Link   p.446-447
오진다 Link   p.494
출제 가능 지수 ■■■■■
난이도 ■■■■■

> ㄱ. 토지 경계를 변경하기 위한 토지의 교환
> ㄴ. 건물의 무상이전
> ㄷ. 경매에 의한 소유권 이전
> ㄹ. 타인과 주택의 교환
> ㅁ. 이혼 시 재산분할에 따른 소유권 이전

① ㄱ, ㄷ   ② ㄱ, ㅁ   ③ ㄷ, ㄹ   ④ ㄴ, ㄹ

해설

- ㄴ. 양도소득세는 유상으로 이전된 자산의 양도에 대하여 매매, 교환, 현물출자, 대물변제, 부담부증여, 경매, 수용 등을 양도로 보아 과세한다. 건물의 무상이전은 양도소득세가 과세되는 것이 아니라 **증여세가 과세**된다.
- ㄷ. 경매 절차에 의해 부동산에 대한 매각허가결정이 확정되고 그 대금이 완납된 경우라면 양도에 해당하며, 수용자체도 대가수반이 이루어지는 양도에 해당한다. 즉, 경매에 의한 소유권 이전은 **양도소득세의 과세대상이 되는 부동산 양도**이다.
- ㄹ. 타인과의 주택의 교환도 대가를 유상으로 이전된 자산의 양도로 보아 **양도소득세가 과세**된다.
- ㄱ, ㅁ. 은 유상으로 대가를 받고 과세대상 자산을 이전하였다고 하더라도 **사실상 양도로 보지 않아 양도소득세를 과세하지 않는다.** ← [비교]이혼으로 인한 위자료의 대물변제는 양도소득세 과세함 주의

[양도로 보지 않는 경우]

> ㉠ 양도담보: 채무변제 담보를 위하여 채무자가 자산을 양도하는 계약을 체결하고 이러한 뜻을 포함한 계약서의 사본을 과세표준확정신고서에 첨부하여 신고하는 경우(단, 해당 자산을 변제에 충당할 경우 실질적인 소유권 이전에 해당하므로 양도로 본다.)
> ㉡ 법률에 따른 환지처분으로 지목·지번이 변경되거나 보류지로 충당되는 경우
> ㉢ 토지 경계를 변경하기 위한 토지의 교환: 다음의 요건을 모두 만족하는 경우
>   ⓐ 불합리한 지상경계를 합리적으로 바꾸기 위하여 법률에 따라 토지를 분할하여 교환할 것
>   ⓑ 분할된 토지 전체 면적이 분할 전 토지 전체 면적의 20%를 초과하지 않을 것
> ㉣ 위탁자의 자산에 신탁이 설정되고 그 신탁재산의 소유권이 수탁자에게 이전된 경우로서 위탁자가 신탁재산을 실질적으로 지배하고 소유하는 것으로 볼 수 있는 경우
> ㉤ 법원의 확정판결에 의한 신탁해지를 원인으로 하는 소유권이전등기를 하는 경우
> ㉥ 매매원인 무효의 소에 의해 그 매매사실이 원인무효로 판시되어 환원될 경우
> ㉦ 공유토지의 분할: 공동소유의 토지를 소유지분별로 단순히 분할만 하거나 공유자지분 변경 없이 2개 이상의 공유토지로 분할하였다가 그 공유토지를 소유지분별로 단순히 재분할하는 경우(다만, 공유 지분이 변경되는 경우에는 변경되는 부분은 양도로 봄)
> ㉧ 증여추정: 배우자·직계존비속에게 재산을 양도한 경우로서 실제 양도거래라고 입증하지 못한 경우
> ㉨ 이혼으로 인하여 혼인 중에 형성된 부부공동재산을 「민법」에 따라 재산분할하는 경우
> ㉩ 경매 등을 통한 소유자산 재취득: 경매나 공매로 인해 소유자산을 자신이 재취득하는 경우

정답 ③

922

「소득세법」상 소득의 구분에 관한 설명으로 옳은 것은?

① 토지·건물과 함께 양도하는 이축권: 양도소득
② 광업권 및 어업권 등의 자산이나 권리를 양도하거나 대여하고 그 대가로 받은 금품: 사업소득
③ 외상매출금이나 미수금이 소비대차로 전환된 경우의 소득: 기타소득
④ 영업권: 양도소득

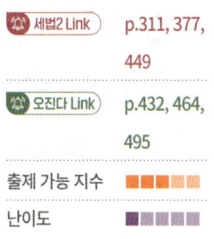
세법2 Link p.311, 377, 449
오진다 Link p.432, 464, 495
출제 가능 지수 ■■■■□
난이도 ■■■■□

해설

② 광업권 및 어업권 등의 자산이나 권리를 양도하거나 대여하고 그 대가로 받은 금품은 **기타소득**으로 과세한다.
③ 외상매출금이나 미수금이 소비대차로 전환된 경우의 소득은 **이자소득**으로 과세한다.
④ 사업에 사용하는 토지·건물·부동산에 관한 권리와 함께 양도하는 영업권은 양도소득으로 과세한다. 그러나 단순히 영업권만을 양도하는 경우에는 **기타소득**으로 과세한다.   정답 ①

923

다음 중 「소득세법」상 양도소득세가 과세되는 경우에 해당하는 것은?

① 미등기된 지상권의 양도
② 법원의 확정판결에 의한 신탁해지를 원인으로 한 소유권이전등기
③ 「파산법」에 따른 파산선고에 의한 자산의 처분
④ 미등기된 부동산임차권의 양도

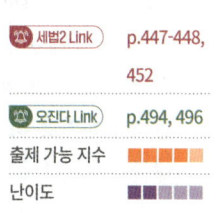
세법2 Link p.447~448, 452
오진다 Link p.494, 496
출제 가능 지수 ■■■■■
난이도 ■■■□□

해설

② 법원의 확정판결에 의한 신탁해지를 원인으로 한 소유권이전등기를 한 경우는 자산을 이전하였다고 하더라도 사실상 양도로 보지 않아 양도소득세를 **과세하지 않는다.**
③ 「파산법」에 따른 파산선고에 의하여 처분한 자산에서 발생한 소득에 대하여는 양도소득세를 **과세하지 아니한다.**
④ 부동산임차권(점포임차권 제외)을 양도하는 경우에는 등기된 경우에 한하여 양도소득세가 과세된다. 즉, 미등기된 부동산임차권(점포임차권 제외)의 양도는 **과세하지 않는다.**   정답 ①

924

「소득세법」상 양도소득금액 계산 시 자산의 취득시기 및 양도시기에 대한 설명으로 옳은 것은?

① 대금을 청산하기 전에 소유권이전등기를 한 경우에는 대금청산일로 한다.
② 점유로 인한 부동산소유권의 취득시효(「민법」 제245조 제1항)에 의하여 부동산의 소유권을 취득하는 경우에는 해당 부동산의 등기부에 기재된 등기접수일로 한다.
③ 건축허가를 받지 아니하고 자기가 건축물을 건설한 경우에는 그 건축물의 사실상 사용일로 한다.
④ 완성 또는 확정되지 아니한 자산을 양도 또는 취득한 경우로서 해당 자산의 대금을 청산한 날까지 그 목적물이 완성 또는 확정되지 아니한 경우에는 대금을 청산한 날로 한다.

세법2 Link   p.459
오진다 Link   p.498
출제 가능 지수
난이도

해설

① 대금을 청산하기 전에 소유권이전등기를 한 경우에는 **등기부에 기재된 등기접수일**로 한다.
② 점유로 인한 부동산소유권의 취득시효(「민법」 제245조 제1항)에 의하여 부동산의 소유권을 취득하는 경우에는 해당 부동산의 **점유개시일**로 한다.
④ 완성 또는 확정되지 아니한 자산을 양도 또는 취득한 경우로서 해당 자산의 대금을 청산한 날까지 그 목적물이 완성 또는 확정되지 아니한 경우에는 **그 목적물이 완성 또는 확정된 날**로 한다.   정답 ③

925

「소득세법」상 양도소득에 대한 설명으로 옳은 것은?

① 지상권, 전세권과 지역권은 양도소득세 과세대상이다.
② 양도란 자산에 대한 등기 또는 등록과 관계없이 매도·교환·법인에 대한 현물출자 등으로 인하여 그 자산이 유상 또는 무상으로 사실상 이전되는 것을 말한다.
③ 손해배상에 있어서 당사자 간의 합의에 의하거나 법원의 확정판결에 의하여 일정액의 위자료를 지급하기로 하고, 동 위자료의 지급에 갈음하여 당사자 일방이 소유하고 있던 부동산으로 대물변제한 때에는 그 자산을 양도한 것으로 보지 않는다.
④ 상속받은 주택과 그 밖의 주택을 국내에 각각 1개씩 소유하고 있는 1세대가 그 밖의 주택을 양도하면 국내에 1개의 주택을 소유하고 있는 것으로 보아 1세대 1주택 비과세 여부를 판정한다.

세법2 Link   p.446-447,
            456
오진다 Link   p.494-495,
            497
출제 가능 지수
난이도

해설

① 지상권, 전세권은 양도소득세 과세대상이나, **지역권은 양도할 수 있는 권리가 아니므로 과세대상으로 규정되지 않는다.**
② 양도란 자산에 대한 등기 또는 등록과 관계없이 매도·교환·법인에 대한 현물출자 등으로 인하여 그 자산이 **유상으로 사실상 이전**되는 것을 말한다. 즉 무상으로 이전되는 경우에는 양도세 과세 대상이 아니다.
③ 손해배상에 있어서 당사자 간의 합의에 의하거나 법원의 확정판결에 의하여 일정액의 위자료를 지급하기로 하고, 동 위자료의 지급에 갈음하여 당사자 일방이 소유하고 있던 부동산으로 대물변제한 때에는 그 자산을 **양도한 것으로 본다.**   정답 ④

926

「소득세법」상 국외자산 양도에 대한 양도소득세에 대한 설명으로 옳은 것은?

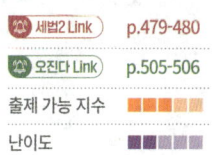

세법2 Link p.479-480
오진다 Link p.505-506
출제 가능 지수
난이도

① 국외자산의 양도소득에 대하여 해당 외국에서 과세를 하는 경우에 그 양도소득에 대하여 대통령령으로 정하는 국외자산 양도소득에 대한 세액을 납부하였거나 납부할 것이 있을 때에는 그 세액을 해당 과세기간의 양도소득금액 계산상 필요경비에 산입한다.

② 국외자산의 양도에 대한 양도소득세는 해당 자산의 양도일까지 계속 3년 이상 국내에 주소 또는 거소를 둔 거주자에 한하여 납세의무를 진다.

③ 국외자산의 양도가액은 양도 당시의 실지거래가액을 확인할 수 없는 경우에 양도자산이 소재하는 국가의 양도 당시 현황을 반영한 시가에 따르되, 시가를 산정하기 어려울 때에는 그 자산의 종류, 규모, 거래상황 등을 고려하여 대통령령으로 정하는 방법에 따른다.

④ 국외자산 양도에 따른 양도소득 과세표준 계산 시 양도소득기본공제 및 장기보유특별공제를 적용한다.

해설

① 국외자산의 양도소득에 대하여 해당 외국에서 과세를 하는 경우에 그 양도소득에 대하여 대통령령으로 정하는 국외자산 양도소득에 대한 세액을 납부하였거나 납부할 것이 있을 때에는 그 세액을 해당 과세기간의 양도소득금액 계산상 필요경비에 산입하는 방법과 **외국납부세액 공제액을 계산하여 산출세액에서 공제하는 방법 중 납세자가 선택할 수 있다.**

② 국외자산의 양도에 대한 양도소득세는 해당 자산의 양도일까지 계속 **5년** 이상 국내에 주소 또는 거소를 둔 거주자에 한하여 납세의무를 진다.

④ 국외자산 양도에 따른 양도소득 과세표준 계산 시 양도소득기본공제는 적용하되 **장기보유특별공제는 적용하지 않는다.** 이때 국외자산의 양도소득에 대한 양도소득기본공제는 등기 여부와 상관없이 양도소득이 있는 거주자에 대해서 해당 과세기간의 양도소득금액에서 연 250만원을 공제한다. ← 국외미등기자산은 양도소득기본공제 받지 못한다는 함정 주의

정답 ③

양도소득세

927

다음 중 「소득세법」에 따라 양도소득세가 과세되는 경우는?

① 거주자 A는 본인 명의의 부동산을 법인에 현물출자하였다.
② 거주자 B(사업자)는 사업용으로 사용하던 기계장치를 처분하였다.
③ 거주자 C는 골프회원권을 채권자에게 양도담보로 제공하였다.
④ 거주자 D는 건설업을 영위하고 있으며, 주택을 신축하여 판매하였다.

> **해설**
>
> ② 기계장치는 **양도소득세 과세대상 자산이 아니므로** 양도소득세가 과세되지 아니한다.
> ③ 양도담보로 제공한 경우 **양도로 보지 아니한다.**
> ④ 건설업을 영위하는 자가 주택을 신축하여 판매한 경우에는 **사업소득**으로 과세한다.　　　　정답 ①

세법2 Link　p.326, 446-448
오진다 Link　p.439, 445, 494
출제 가능 지수 ■■■■■
난이도 ■■■■□

928

「소득세법」상 1세대 1주택과 관련된 설명으로 옳지 않은 것은?

① 지정문화재에 해당하는 주택과 그 밖의 주택을 국내에 각각 1개씩 소유하고 있는 1세대가 그 밖의 주택을 양도하는 경우에는 국내에 1개의 주택을 소유하고 있는 것으로 본다.
② 1세대를 구성하려면 배우자가 있어야 하는 것이 원칙이지만 해당 거주자의 연령이 30세 이상이면 배우자가 없어도 1세대 구성이 가능하다.
③ 1주택을 보유하고 1세대를 구성하는 자가 1주택을 보유하고 있는 60세의 부친을 동거봉양하기 위하여 세대를 합침으로써 1세대가 2주택을 보유하게 되는 경우 합친 날부터 10년 이내에 먼저 양도하는 주택은 이를 1세대 1주택으로 본다.
④ 상속받은 주택과 그 밖의 주택을 국내에 각각 1개씩 소유하고 있는 1세대가 상속받은 주택을 양도하는 경우에는 국내에 1개의 주택을 소유하고 있는 것으로 본다.

> **해설**
>
> ④ 상속받은 주택과 그 밖의 주택을 국내에 각각 1개씩 소유하고 있는 1세대가 **그 밖의 주택**을 양도하는 경우에는 국내에 1개의 주택을 소유하고 있는 것으로 본다.　　　　정답 ④

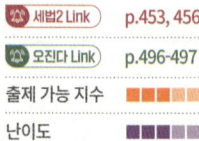

세법2 Link　p.453, 456
오진다 Link　p.496-497
출제 가능 지수 ■■■■■
난이도 ■■■■□

929

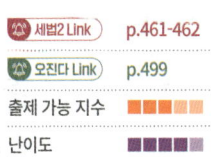

세법2 Link p.461-462
오진다 Link p.499

출제 가능 지수 ■■■■

난이도 ■■■■■

거주자 대한씨의 「소득세법」상 양도소득세 계산에 관한 설명으로 옳지 않은 것은? 각 지문은 독립적인 상황이다.

	토지 X	토지 Y
거래가액	15억원	6억원
시가	8억원	10억원

① 거주자 대한씨가 임원으로 근무하는 영리내국법인 ㈜한국에 토지 X를 처분하고 ㈜한국은 부당행위계산 부인 규정에 따라 7억원을 거주자 대한씨에게 상여 처분하였다면, 해당 토지의 양도소득 계산 시 적용할 양도가액은 15억원이다.

② 거주자 대한씨가 특수관계가 없는 개인인 거주자 민국씨에게 토지 X를 처분하고 거주자 대한씨에게 증여재산가액 4억 6천만원에 대한 증여세가 과세되었다면, 해당 토지의 양도소득 계산 시 적용할 양도가액은 10억 4천만원이다.

③ 거주자 대한씨가 임원으로 근무하는 영리내국법인 ㈜민국으로부터 토지 Y를 취득하고 취득 당시 ㈜민국이 부당행위계산부인 규정에 따라 4억원을 거주자 대한씨에게 상여 처분하였다면, 이후 해당 토지의 양도소득 계산 시 적용할 취득가액은 10억원이다.

④ 거주자 대한씨가 특수관계가 없는 개인인 거주자 민국씨로부터 토지 Y를 취득하고 취득 당시 거주자 대한씨에게 증여재산가액 1억원에 대한 증여세가 과세되었다면, 이후 해당 토지의 양도소득 계산 시 적용할 취득가액은 7억원이다.

해설

① 거주자가 자산을 특수관계인에 해당하는 법인에 양도한 경우로서 해당 거주자의 상여·배당 등으로 치분된 금액이 있는 경우에는 「법인세법」에 따른 시가를 해당 자산의 양도 당시의 실지거래가액으로 본다. 그러므로 거주자 대한씨가 임원으로 근무하는 영리내국법인 ㈜한국에 토지 X를 처분하고 ㈜한국은 부당행위계산부인 규정에 따라 7억원을 거주자 대한씨에게 상여 처분하였다면, 해당 토지의 양도소득 계산 시 적용할 양도가액은 **8억원**이다.

② 거주자 대한씨에게 증여재산가액 4억 6천만원이 증여세로 과세되었다면, 양도 시 실지거래가액 15억 중에서 이를 **차감한 10억 4천만원이** 양도가액이다.

③ 거주자 대한씨에게 상여처분으로 인하여 4억원의 소득세가 과세되었으므로 해당 금액만큼 장부금액으로 인정되어 토지 Y의 취득원가는 실지거래가액 6억원에 4억을 **가산한 10억**이다.

④ 거주자 대한씨에게 토지 Y를 취득하는 과정에서 증여재산가액 1억원이 증여세로 과세되었다면 취득원가는 실지거래가액 6억원에 1억원을 **가산한 7억원**이다.

정답 ①

930

「소득세법」상 양도소득세의 과세에 대한 설명으로 옳은 것은?

① 양도소득금액을 계산할 때 양도차손이 발생한 자산이 있는 경우에는 각 호별로 해당자산 외의 다른 자산에서 발생한 양도소득금액에서 그 양도차손을 공제하되, 이때 양도차손이 발생한 자산과 같은 세율을 적용받는 자산의 양도소득금액에서 먼저 공제한다.

② 1세대 1주택에 해당하는 주택과 조합원입주권을 보유한 상태에서 그 주택을 양도한 경우에는 양도소득세가 비과세됨이 원칙이다.

③ 장기할부조건의 매매인 경우 해당 자산의 취득시기 또는 양도시기는 장기할부조건에 따라 대가의 각 부분을 받기로 한 날로 한다.

④ 해당 과세기간 중에 부동산에 관한 권리와 토지를 양도한 경우에는 부동산에 관한 권리의 양도소득금액과 토지의 양도소득금액 각각에 대하여 연 250만원의 양도소득기본공제를 적용받을 수 있다.

세법2 Link   p.458-459, 468, 471
오진다 Link   p.497-498, 500, 502
출제 가능 지수   ■■■■■
난이도   ■■■■■

해설

② 1세대 1주택에 해당하는 주택과 조합원입주권을 보유한 상태에서 그 주택을 양도한 경우에는 양도소득세가 **과세**됨이 원칙이다. ← 【심화】 1세대가 주택(주택부수토지를 포함)과 조합원입주권 또는 분양권을 보유하다가 그 주택을 양도하는 경우에는 양도소득세를 과세한다. 다만, 국내에 1주택을 소유한 1세대가 그 주택(종전의 주택)을 양도하기 전에 조합원입주권을 취득함으로써 일시적으로 1주택과 1조합원입주권을 소유하게 된 경우 종전의 주택을 취득한 날부터 1년 이상이 지난 후에 조합원입주권을 취득하고 그 조합원입주권을 취득한 날부터 3년 이내에 종전의 주택을 양도하는 경우(3년 이내에 양도하지 못하는 경우로서 법으로 정하는 사유에 해당하는 경우를 포함) 등 법정 요건을 충족하는 경우에는 1세대 1주택으로 보아 비과세한다.

③ 장기할부조건의 매매인 경우 해당 자산의 취득시기 또는 양도시기는 **소유권이전등기(등록·명의개서)접수일, 인도일, 사용수익일 중 빠른 날**로 한다.

④ 해당 과세기간 중에 부동산에 관한 권리와 토지를 양도한 경우 모두 1그룹자산에 해당하므로 **먼저 양도한 자산**의 양도소득에서 250만원을 공제한다.

정답 ①

931

「소득세법」상 거주자의 양도소득세에 관한 설명으로 옳지 않은 것은?

① 등기 또는 등록과 관계없이 실질적인 내용이 양도에 해당하는 경우 미등기·미등록된 자산의 양도도 양도소득세 과세대상이다.

② 파산선고에 의한 처분으로 발생하는 소득에 대해서는 양도소득세를 과세하지 아니한다.

③ 거주자가 양도일로부터 소급하여 1년 전에 그의 아버지로부터 증여받은 토지를 양도함에 따라 그 양도차익을 계산할 때, 취득가액은 그 아버지의 취득 당시를 기준으로 계산한다.

④ 토지의 양도로 발생한 양도차손은 지상권의 양도로 발생한 양도소득금액에서 공제될 수 없다.

세법2 Link   p.446, 452, 472
오진다 Link   p.494, 496, 502
출제 가능 지수   ■■■■■
난이도   ■■■■■

해설

④ 토지의 양도로 발생한 양도차손은 지상권의 양도로 발생한 양도소득금액에서 **공제될 수 있다.**

정답 ④

932

다음 중 「소득세법」상 양도소득세에 대한 설명으로 옳지 않은 것은?

세법2 Link   p.455, 466, 476
오진다 Link   p.496, 499, 505
출제 가능 지수 ■■■■□
난이도 ■■■■□

① 납세자가 직접 「국세기본법」에 따른 전자신고의 방법으로 법으로 정하는 소득세, 양도소득세 또는 법인세과세표준 신고를 하는 경우 해당 납부세액에서 2만원을 공제한다.

② 지상권, 전세권, 등기된 부동산임차권에 대하여는 보유기간에 관계없이 장기보유특별공제를 적용하지 않는다.

③ 고가주택을 포함하여 1세대 2주택을 보유한 자가 2023년 1월 중 고가주택인 주택 1채를 양도하였을 경우 양도소득 예정신고기한은 2023년 3월 말까지이다.

④ 거주자가 고가주택이 아닌 1세대 1주택을 취득 후 6개월간 거주하고 1년 이상의 치료나 요양을 필요로 하는 질병의 치료 또는 요양을 위하여 세대전원이 다른 시·군으로 이전하면서 해당 주택을 양도하는 경우 비과세된다.

> **해설**
>
> ④ 질병의 치료 또는 요양을 위하여 세대전원이 다른 시·군으로 이전하면서 해당 주택을 양도하는 경우에는 **1년 이상 거주한 경우에 한하여** 비과세된다.   정답 ④

933

「소득세법」상 양도소득세에 관한 설명으로 옳지 않은 것은?

세법2 Link   p.447, 459, 476, 479
오진나 Link   p.494, 505
출제 가능 지수 ■■■■□
난이도 ■■■■□

① 국외에 있는 토지에 대한 양도소득세는 해당 토지의 양도일까지 계속 5년 이상 국내에 주소 또는 거소를 둔 거주자에 한하여 납세의무를 진다.

② 법원의 확정판결에 의하여 신탁해지를 원인으로 소유권이전등기를 하는 경우에는 양도로 보지 않는다.

③ 토지를 매매하는 거래당사자가 매매계약서의 거래가액을 실지거래가액과 다르게 적은 경우에는 해당 자산에 대하여, 「소득세법」에 따른 양도소득세의 비과세에 관한 규정을 적용할 때 비과세 받을 세액에서 비과세에 관한 규정을 적용하지 않았을 경우의 양도소득 산출세액과 매매계약서의 거래가액과 실지거래가액과의 차액 중 큰 금액을 뺀다.

④ 건물을 양도한 거주자는 양도일이 속하는 달의 말일부터 2개월 이내에 양도소득 과세표준 예정신고를 하여야 하며, 양도차익이 없거나 양도차손이 발생한 경우에도 예정신고를 하여야 한다.

> **해설**
>
> ③ 토지를 매매하는 거래당사자가 매매계약서의 거래가액을 실지거래가액과 다르게 적은 경우에는 해당 자산에 대하여, 「소득세법」에 따른 양도소득세의 비과세에 관한 규정을 적용할 때 비과세 받을 세액에서 비과세에 관한 규정을 적용하지 않았을 경우의 양도소득 산출세액과 매매계약서의 거래가액과 실지거래가액과의 차액 중 **적은 금액**을 뺀다.   정답 ③

934

「소득세법」상 거주자의 양도소득세 과세에 관한 설명으로 옳은 것은?

세법2 Link   p.446, 453, 468

오진다 Link   p.494, 496, 500

출제 가능 지수 ■■■■□

난이도 ■■■■□

① 거주자가 비사업용 토지를 양도한 경우 양도소득 기본공제액은 양도소득금액에서 공제할 수 있다.

② 거주자가 토지를 내국법인에 현물출자하고 그 대가로 내국법인의 주식을 받는 경우에는 이를 양도로 보지 아니한다.

③ 비과세되는 1세대 1주택에 있어서 부부가 각각 단독세대를 구성하였을 경우에는 동일한 세대로 보지 않는다.

④ 1세대 1주택이란 1세대가 양도일 현재 국내에 1주택(주택 및 부수토지의 실지거래가 합계액이 12억을 초과하는 고가주택은 제외)을 보유하고 있는 경우로서 해당 주택의 보유기간이 1년 이상인 것(취득 당시 조정 대상지역에 있는 주택은 보유기간 2년 이상이고 그 보유기간 중 거주기간이 1년 이상인 것)을 말한다.

해설

② 거주자가 토지를 내국법인에 현물출자하고 그 대가로 내국법인의 주식을 받는 경우에는 이를 **양도로 본다**.

③ 비과세되는 1세대 1주택에 있어서 부부가 각각 단독세대를 구성하였을 경우에도 **동일한 세대**로 본다.

④ 1세대 1주택이란 원칙적으로 1세대가 양도일 현재 국내에 1주택(주택 및 부수토지의 실지거래가 합계액이 12억을 초과하는 고가주택은 제외)을 보유하고 있는 경우로서 해당 주택의 보유기간이 **2년** 이상인 것(취득 당시 조정 대상지역에 있는 주택은 보유기간 2년 이상이고 그 보유기간 중 거주기간이 **2년** 이상인 것)을 말한다.

정답 ①

935

「소득세법」상 양도소득에 대한 과세를 설명한 것으로 옳은 것은?

① 보유기간이 3년 미만인 토지 및 건물에 대하여는 장기보유특별공제와 양도소득기본공제가 배제된다.

② 취득시기 및 양도시기는 해당 자산의 대금을 청산한 날로 함을 원칙으로 하되, 대금을 청산한 날이 불분명한 경우에는 인도일 또는 사용수익일 중 빠른 날로 한다.

③ 특수관계법인 외의 자에게 양도소득세 과세대상자산을 시가보다 높은 가격으로 양도한 경우로서 「상속세 및 증여세법」에 따라 해당 거주자의 증여재산가액으로 하는 금액이 있는 경우에는 그 양도가액에 증여재산가액을 더한 금액을 양도당시의 실지거래가액으로 본다.

④ 실지거래가액에 따른 양도차익 산정과 관련하여, 토지와 건물 등을 함께 취득하거나 양도한 경우로서 그 토지와 건물 등을 구분기장한 가액이 대통령령으로 정하는 바에 따라 안분계산한 가액과 100분의 30 이상 차이가 있는 경우에는 토지와 건물 등의 가액 구분이 불분명한 때로 본다.

해설

① 보유기간이 3년 미만인 토지 및 건물에 대하여는 장기보유특별공제는 배제되지만, **양도소득기본공제는 적용**된다.

② 대금을 청산한 날이 불분명한 경우에는 등기부·등록부 또는 명부 등에 기재된 **등기·등록접수일** 또는 **명의개서일**로 한다.

③ 특수관계법인 외의 자에게 자산을 시가보다 높은 가격으로 양도한 경우로서 「상속세 및 증여세법」상 고가양도에 따른 이익의 증여규정에 따라 해당 거주자의 증여재산가액으로 하는 금액이 있는 경우에는 그 양도가액에서 증여재산가액을 **뺀 금액**을 양도 당시의 실지거래가액으로 본다.

정답 ④

936

「소득세법」상 양도소득세에 관한 설명으로 옳은 것은?

세법2 Link p.448, 471, 475, 479
오진다 Link p.495, 502, 504-505
출제 가능 지수 ■■■■■
난이도 ■■■■■

① 양도자산은 등기 여부에 관계없이 양도소득에 대한 소득세의 비과세에 관한 규정이 적용된다.

② 양도소득금액 계산 시 양도차손이 발생한 자산이 있는 경우에는 다른 자산에서 발생한 양도소득금액에서 그 양도차손을 공제하되, 이때 양도차손이 발생한 자산과 다른 세율을 적용받는 자산의 양도소득금액에서 우선 공제한다.

③ 국외에 있는 토지의 양도일까지 계속 5년 이상 국내에 주소를 둔 거주자가 해당 토지를 양도하여 발생한 소득은 양도소득이다.

④ 시설물을 배타적으로 이용할 수 있도록 약정한 단체의 구성원이 된 자에게 부여되는 시설물 이용권의 양도로 발생하는 소득은 양도소득에 해당하지 아니한다.

해설

① 등기할 수 없는 정당한 사유가 있는 것으로 간주하여 미등기양도자산으로 보지 않는 경우를 제외하고는 **미등기 양도자산에 대하여** 양도소득에 대한 소득세의 비과세에 관한 규정을 **적용하지 않는다.**

② 양도소득금액 계산 시 양도차손이 발생한 자산이 있는 경우에는 각 그룹별로 해당 자산 외의 다른 자산에서 발생한 양도소득금액에서 그 양도차손을 공제하되, 이때 양도차손이 발생한 자산과 **같은 세율**을 적용받는 자산의 양도소득금액에서 우선 공제한다.

④ 시설물을 배타적으로 이용할 수 있도록 약정한 단체의 구성원이 된 자에게 부여되는 시설물 이용권의 양도로 발생하는 소득은 **양도소득에 해당한다.**

정답 ③

937

「소득세법」상 양도소득세의 과세대상이 될 수 있는 경우에 해당하지 않는 것은?

세법2 Link p.447-449
오진다 Link p.494-495
출제 가능 지수 ■■■■■
난이도 ■■■■■

① 한국토지주택공사가 발행하는 토지상환채권 및 주택상환사채를 양도하는 경우

② 토지·건물과 함께 양도하는 이축권(개발제한구역 내의 건축물을 법에 따른 취락지구 등으로 이축할 수 있는 권리)으로서 이축권 가액을 별도로 평가하지 않고 이축권을 양도하는 경우

③ 부동산매매계약을 체결한 자가 계약금만 지급한 상태에서 권리를 양도한 경우

④ 소유자산을 경매·공매로 인하여 자기가 재취득하는 경우

해설

④ 소유자산을 경매·공매로 인하여 자기가 재취득한 경우에는 **양도로 보지 아니한다.**

정답 ④

938

세법2 Link   p.446-447,
452
오진다 Link   p.494, 496
출제 가능 지수 ■■■
난이도   ■■■■

「소득세법」상 거주자의 양도소득에 대한 납세의무와 관련하여 양도에 관한 설명으로 옳지 않은 것은?

① 법원의 파산선고에 의한 부동산의 처분은 양도로 보지 아니한다.

② 공동사업을 경영할 것을 약정하는 계약에 따라 토지나 건물을 해당 공동사업체에 현물출자하는 경우 그 공동사업체에 유상으로 양도된 것으로 본다.

③ 「도시개발법」에 따른 환지처분으로 지번이 변경되는 경우는 양도로 보지 아니한다.

④ 양도담보계약에 따라 소유권을 이전하는 경우라 하더라도 법정요건을 갖춘 경우에는 양도로 보지 아니하나, 채무불이행으로 인하여 담보 자산을 변제에 충당한 때에는 양도한 것으로 본다.

해설

① 법원의 파산선고에 의한 부동산의 처분은 양도의 범위에 **포함**된다. 다만 **비과세 규정에 의하여 과세되지 않는다.**

정답 ①

939

세법2 Link   p.451, 453-
454, 456
오진다 Link   p.495-496
출제 가능 지수 ■■■
난이도   ■■■■

「소득세법」상 1세대 1주택 양도소득세 비과세에 관한 설명으로 옳은 것은? (단, 해당 주택은 등기된 것으로 고가주택이 아니다)

① 1세대 1주택 비과세 규정을 적용함에 있어서 2개 이상의 주택을 같은 날에 양도하는 경우에는 양도 주택 중 실지거래가액이 가장 큰 주택을 먼저 양도한 것으로 본다.

② 1주택을 보유하고 1세대를 구성하는 자가 70세의 아버지와 58세의 어머니를 동거봉양하기 위하여 세대를 합침으로써 1세대가 2주택을 보유하게 되는 경우, 세대를 합친 날로부터 10년 이내에 양도하는 종전 아버지 소유였던 주택에 한하여 이를 1세대 1주택으로 보아 비과세 규정을 적용한다.

③ 양도소득과 관련하여 주택이란 공부상의 용도에 주택으로 구분된 것을 말한다.

④ 신탁의 이익을 받을 권리의 양도로 발생하는 소득에 대해서 양도소득세를 과세한다. 다만, 신탁수익권의 양도를 통하여 신탁재산에 대한 지배·통제권이 사실상 이전되는 경우는 신탁재산 자체의 양도로 본다.

해설

① 2개 이상의 주택을 같은 날에 양도하는 경우에는 해당 **거주자가 선택하는 순서**에 따라 주택을 양도한 것으로 본다.

② 직계존속의 주택 및 거주자의 주택 중 **먼저 양도하는 주택**에 대하여 비과세를 적용받을 수 있다.

③ 주택은 허가 여부나 **공부상의 용도 구분과 관계없이** 세대의 구성원이 독립된 주거생활을 할 수 있는 구조로서 법령으로 정하는 구조를 갖추어 사실상 주거용으로 사용하는 건물을 말한다.

정답 ④

940

「소득세법」상 양도소득세에 관한 설명으로 옳은 것은?

세법2 Link   p.452, 454, 463
오진다 Link   p.496, 499
출제 가능 지수 ■■■■■
난이도 ■■■■■

① 1세대가 1주택을 취득 후 1년 이상 거주하고 세대원 일부가 사업상 형편으로 다른 시·군으로 이전하면서 해당 주택을 양도하는 경우에는 2년 미만 보유한 때에도 1세대 1주택 비과세한다.

② 1세대 1주택 비과세요건 판정 시 1세대가 소유하는 주택수를 계산할 때 여러사람이 공동으로 1주택을 소유한 경우 「소득세법」에서 특별한 규정이 있는 것을 제외하고는 공동소유자 각자가 그 주택을 소유한 것으로 본다.

③ 추계 시 양도가액이나 취득가액은 매매사례가액, 환산취득가액, 감정가액, 기준시가 순으로 순차적으로 적용하여 산정한 가액에 의하는 것이 원칙이다.

④ 파산선고에 의한 처분과 강제경매로 인하여 발생하는 소득에는 양도소득세를 과세하지 아니한다.

해설

① 취학, 질병요양, 근무상 형편, 그 밖에 부득이한 사유로 세대 **전원**이 다른 시·군으로 주거를 이전하게 되어 1년 이상 거주한 주택을 양도하는 경우에는 2년 미만 보유한 때에도 비과세가 가능하다.

③ 추계 시 양도가액이나 취득가액은 매매사례가액, **감정가액, 환산취득가액**, 기준시가 순으로 순차적으로 적용하여 산정한 가액에 의하는 것이 원칙이다.

④ 파산선고에 의한 처분으로 인하여 발생하는 소득에 한하여 비과세되며, **강제경매**로 인하여 발생하는 소득은 양도소득으로 **과세**된다.

정답 ②

941

「소득세법」상 양도소득금액의 계산에서 양도가액과 취득가액에 관한 설명으로 옳지 않은 것은? (다툼이 있으면 판례에 따름)

세법2 Link   p.461, 463
오진다 Link   p.499
출제 가능 지수 ■■■■■
난이도 ■■■■■

① 토지 및 건물의 양도가액계산은 원칙적으로 당해 자산의 양도 당시의 양도자와 양수자 간에 실제로 거래한 가액에 의한다.

②「법인세법」에 따른 특수관계인에 해당하는 법인 외의 자에게 부동산을 시가보다 높은 가격으로 양도하는 경우로서 「상속세 및 증여세법」에 따라 해당 거주자의 증여재산가액으로 하는 금액이 있는 경우 그 부동산의 시가를 실지양도가액으로 본다.

③ 취득일로부터 3년이 지난 후에 취득 당시로 소급하여 한 감정에 의하여 평가한 가액은 취득 당시의 실지거래가액을 대체할 수 있는 감정가액에 해당하지 않는다.

④ 양도차익 계산시 양도가액을 매매사례가액으로 하는 경우 취득가액을 실지거래가액에 따를 수 있다.

해설

② 특수관계법인 외의 자에게 고가양도한 경우로서 증여재산가액으로 과세하는 금액이 있는 경우 **그 양도가액에서 증여재산가액을 뺀 금액**을 실지거래가액으로 한다.

③ 감정가액은 취득일 전후 3개월 이내의 것만 인정되므로 취득일로부터 3년이 지난 후의 소급 감정가액은 인정하지 않는 것이 통상의 판례이다.

정답 ②

942

「소득세법」상 거주자의 양도자산에 대한 양도차익을 계산하는 경우 필요경비에 산입되는 취득가액에 관한 설명으로 옳지 않은 것은? (주어진 자료 이외에는 고려하지 않는다)

세법2 Link   p.461, 463, 472, 474
오진다 Link   p.499, 502-503
출제 가능 지수 ■■■■□
난이도 ■■■□□

① 양도차익을 계산할 때 양도가액을 기준시가에 따를 때에는 취득가액도 기준시가에 따른다.

② 丙은 회사로부터 100주의 주식매수선택권(행사가격 ₩10,000)을 부여받아 1주당 시가가 ₩12,000일 때 주식매수선택권을 행사하여 100주를 취득하였다. 丙이 주식매수선택권 행사로 취득한 주식을 모두 양도하는 경우 취득가액은 ₩1,000,000이다.

③ 丁은 취득당시 실지거래가액이 ₩80,000,000인 건물(증여일 현재 「상속세 및 증여세법」에 따른 평가액은 ₩500,000,000이고, 금융기관으로부터의 차입금 ₩100,000,000에 대한 저당권이 설정되어 있음) 1채를 특수관계인이 아닌 戊에게 부담부 증여하였다. 이 경우 丁의 양도차익 계산 시 건물의 취득가액은 ₩16,000,000이 된다.

④ 근는 ₩400,000,000에 취득한 토지를 배우자에게 ₩600,000,000(증여일 현재 「상속세 및 증여세법」에 따라 평가한 금액)에 증여하였으며 증여받은 후 4년이 되는 날 배우자가 해당 토지를 제3자에게 ₩900,000,000에 양도하였다면, 배우자의 양도차익 계산 시 취득가액은 ₩400,000,000이 된다.(단, 양도당시 혼인관계가 소멸한 경우에 해당하지 않음)

해설

② 주식매수선택권 행사로 취득한 주식의 취득가액은 주식매수선택권을 **행사할 당시의 시가**인 ₩1,200,000으로 한다.

③ 취득가액 : $₩80,000,000 \times \dfrac{₩100,000,000}{₩500,000,000} = ₩16,000,000$

④ 이월과세를 적용받는 거래이므로 증여한 배우자의 취득가액을 양도한 배우자의 취득가액으로 한다.   정답 ②

943

세법2 Link   p.471-472
오진다 Link   p.502
출제 가능 지수 ■■■■□
난이도   ■■■■□

거주자 甲은 배우자인 거주자 乙이 2013. 3. 1 .에 ₩300,000,000에 취득한 토지를 2019. 4. 1 .에 乙로 부터 증여(증여 당시 시가 ₩700,000,000) 받아 소유권이전등기를 마쳤다. 이후 甲은 2023. 6. 1.에 토지를 甲 또는 乙과 특수관계 없는 거주자 丙에게 ₩1,000,000,000에 양도하였다. 甲 또는 乙의 「소득세법」상 양도소득 납세의무에 관한 설명으로 옳은 것은? (단, 양도소득은 실질적으로 甲에게 귀속되지 아니하고, 토지는 법령상 협의매수 또는 수용된 적이 없으며, 양도 당시 甲과 乙은 혼인관계를 유지하고 있음)

① 토지의 양도차익 계산시 양도가액에서 공제할 취득가액은 ₩700,000,000이다.
② 토지의 양도차익 계산시 취득시기는 2013. 3. 1. 이다.
③ 토지의 양도차익 계산시 甲의 증여세 산출세액은 양도가액에서 공제할 수 없다.
④ 甲과 乙은 연대하여 토지의 양도소득세 납세의무를 진다.

> **해설**
>
> 배우자로부터 증여받은 토지를 증여일로부터 10년 이내에 양도했으므로 배우자간 증여재산에 대한 이월과세규정이 적용된다.
> ① 배우자간 증여재산에 대한 이월과세 규정을 적용하여 양도가액에서 공제할 취득가액은 증여한 배우자 乙의 취득가액인 **₩300,000,000**이다.
> ② 배우자간 증여재산에 대한 이월과세 규정에 따라 취득시기는 **증여자의 취득일**인 2013. 3. 1.이다.
> ③ 배우자간 증여재산에 대한 이월과세 규정에 따라 甲의 증여세 산출세액을 양도소득금액 계산시 **필요경비로 공제**한다.
> ④ 배우자간 증여재산에 대한 이월과세 규정은 수증자 甲과 증여자 乙간 **연대납세의무를 지우지 아니한다.**
>
> 정답 ②

944

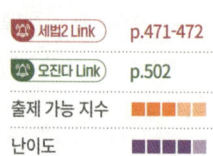
세법2 Link   p.471-472
오진다 Link   p.502
출제 가능 지수 ■■■■□
난이도   ■■■■■

거주자 대한씨는 2018. 3. 1. 자신의 토지 중 2분의 1지분을 배우자인 우리씨에게 증여하였다. 우리씨는 2023. 2. 5. 대한씨로부터 증여받은 소유지분 전부를 민국씨에게 양도하였다. 이 경우 「소득세법」상 양도소득세 등 과세표준 및 세액계산에 대한 설명으로 가장 옳은 것은?

① 우리씨가 대한씨로부터 증여받은 토지를 양도함에 따라 세부담이 부당히 감소된 경우에 한하여 대한씨가 그 자산을 민국씨에게 직접 양도한 것으로 본다.
② 우리씨가 증여받은 토지에 대하여는 증여세를 부과하지 아니한다.
③ 우리씨가 민국씨에게 양도한 것으로 보아 양도소득세를 계산하되 양도차익을 계산함에 있어서 취득가액은 우리씨가 대한씨로부터 증여로 취득한 당시를 기준으로 계산한다.
④ 우리씨가 민국씨에게 양도한 것으로 보아 양도소득세를 계산하되 우리씨가 증여받은 토지에 대하여 납부하였거나 납부할 증여세상당액이 있는 경우에는 법령에 의하여 계산한 금액을 양도차익계산상 필요경비에 산입한다.

> **해설**
>
> ① 배우자간 증여재산에 대한 이월과세 규정의 경우 **조세부담의 부당한 감소여부와 상관없이 적용**한다.
> ② 배우자간 증여재산에 대한 이월과세 규정에 따라 우리씨가 증여받은 토지에 대하여는 **증여세를 부과**하며, 그 증여세는 양도소득금액 계산 시 필요경비로 공제한다.
> ③ 배우자간 증여재산에 대한 이월과세 규정에 따라 양도차익을 계산함에 있어서 취득가액은 해당자산을 증여한 **대한씨의 취득당시를 기준**으로 계산한다.
>
> 정답 ④

945

세법2 Link p.473
오진다 Link p.502
출제 가능 지수 ■■■■□
난이도 ■■■■□

「소득세법령」상 거주자 甲이 배우자 및 직계존비속이 아닌 특수관계인에게 2023. 3. 1.에 자산을 증여한 후 그 자산을 증여받은 자가 그 증여일부터 10년 이내에 다시 타인에게 양도한 경우에 관한 설명으로 옳은 것은?

① 특수관계인의 증여세와 양도소득세를 합한 세액이 甲이 직접 양도하는 경우로 보아 계산한 양도소득세보다 큰 경우에는 甲이 그 자산을 직접 타인에게 양도한 것으로 본다.

② 甲이 자산을 직접 양도한 것으로 보는 경우 그 양도소득에 대해서는 甲과 증여받은 자가 연대하여 납세의무를 지지 않는다.

③ 甲에게 양도소득세가 과세되는 경우에는 당초 증여받은 자산에 대해서는 증여세를 부과하지 않는다.

④ 양도소득이 수증자에게 실질적으로 귀속된 경우에도 甲이 그 자산을 직접 양도한 것으로 본다.

해설

① 특수관계인의 증여세와 양도소득세를 합한 세액이 甲이 직접 양도하는 경우로 보아 계산한 양도소득세보다 **적은** 경우에는 甲이 그 자산을 직접 타인에게 양도한 것으로 본다.

② 甲이 자산을 직접 양도한 것으로 보는 경우 그 양도소득에 대해서는 甲과 증여받은 자가 연대하여 납세의무를 **진다.**

④ 양도소득이 수증자에게 실질적으로 귀속된 경우에는 증여를 통한 우회양도 시 부당행위계산의 부인 규정을 적용하지 않으므로 甲이 그 자산을 직접 양도한 것으로 **보지 않는다.**

정답 ③

946

세법2 Link p.476-477
오진다 Link p.505
출제 가능 지수 ■■■□□
난이도 ■■■■□

「소득세법령」상 양도소득과세표준 예정신고에 관한 설명으로 옳은 것은?

① 건물을 양도(부담부증여 아님)한 경우에는 그 양도일이 속하는 달의 말일부터 3개월 내에 예정신고를 하여야 한다.

② 양도소득 과세표준의 예정신고는 양도차익이 없거나 양도차손이 발생한 경우에도 하여야 한다.

③ 해당 과세기간에 누진세율의 적용대상 자산에 대한 예정신고를 2회 이상 하는 경우에는 이미 신고한 양도소득금액과 합산하여 신고하여야 한다.

④ 건물을 부담부증여하는 경우 부담부증여의 채무액에 해당하는 부분으로서 양도로 보는 경우에는 그 양도일이 속하는 달의 말일부터 2개월 내에 예정신고를 하여야 한다.

해설

① 건물을 양도(부담부증여 아님)한 경우에는 그 양도일이 속하는 달의 말일부터 **2개월** 내에 예정신고를 하여야 한다.

③ 해당 과세기간에 누진세율의 적용대상 자산에 대한 예정신고를 2회 이상 하는 경우에는 이미 신고한 양도소득금액과 합산하여 **신고할 수 있으며,** 합산하여 신고하지 아니한 경우 해당 과세기간의 다음 연도 5월 1일부터 5월 31일까지 확정신고를 하여야 한다.

④ 건물을 부담부증여하는 경우 부담부증여의 채무액에 해당하는 부분으로서 양도로 보는 경우에는 그 양도일이 속하는 달의 말일부터 **3개월** 내에 예정신고를 하여야 한다.

정답 ②

947

거주자 甲이 외국에 소재하는 시가 7억원 상당의 주택 1채를 2019. 4. 1.에 취득하여 보유하고 있다가 2023. 4. 23. 양도한 경우의「소득세법」상 양도소득세에 관한 설명으로 옳지 않은 것은?

① 甲이 주택의 양도일까지 계속 5년 이상 국내에 주소 또는 거소를 둔 거주자인 경우 양도소득세 납세의무자에 해당한다.
② 장기보유특별공제의 적용은 배제되지만 양도소득기본공제는 적용받을 수 있다.
③ 해당 주택이 양도당시 甲의 유일한 소유주택이라 하더라도 1세대 1주택 비과세 규정을 적용받을 수 없다.
④ 양도일 현재「외국환거래법」에 의한 기준환율 또는 재정환율에 의하여 양도차익을 원화로 환산한다.

세법2 Link   p.453, 477-479
오진다 Link   p.496, 505-506
출제 가능 지수
난이도

> **해설**
>
> ④ 양도가액 및 필요경비를 **수령하거나 지출한 날**의 기준환율 또는 재정환율에 의하여 양도차익을 원화로 환산한다.
>
> 정답 ④

948

「소득세법」상 거주자의 국외자산의 양도에 관한 설명으로 옳지 않은 것은? (단, 거주자는 국외자산의 양도일까지 계속 5년 이상 국내에 주소 또는 거소를 둔 자이다)

① 국외자산의 양도소득에 대한 소득세는 기본세율을 적용하여 계산한다.
② 국외자산 양도차익의 외화환산은 양도가액 및 필요경비를 수령하거나 지출한 날 현재「외국환거래법」에 의한 기준환율 또는 재정환율을 적용한다.
③ 국외자산의 양도소득에 대하여 해당 외국에서 과세를 하는 경우 그 양도소득에 대하여 법령으로 정하는 국외자산 양도소득세액을 납부하였을 때에는 외국납부세액의 공제를 적용받을 수 있다.
④ 거주자의 국외에 있는 지상권과 전세권의 양도로 인하여 발생하는 소득은 국외자산의 양도소득범위에 속하지 아니한다.

세법2 Link   p.477-479
오진다 Link   p.505-506
출제 가능 지수
난이도

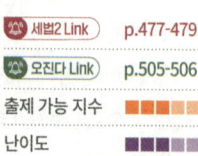

> **해설**
>
> ④ 국외에 있는 지상권과 전세권의 양도로 인하여 발생하는 소득도 국외자산의 **양도소득 범위에 속한다.**
>
> 정답 ④

CHAPTER 10

양도소득세

949

거주자인 갑은 2023년에 토지A(등기된 토지로서 비사업용 토지가 아님)를 양도하였다. 다음의 자료를 이용하여 갑의 토지양도와 관련한 「소득세법」상 양도차익을 계산한 것으로 옳은 것은?

세법2 Link p.461, 464-465
오진다 Link p.499-500
출제 가능 지수
난이도

---

(1) 갑은 2016년 10월 15일에 부친으로부터 시가 ₩400,000,000인 토지A를 ₩200,000,000에 양수하였다. 갑은 토지A의 저가양수와 관련하여 「상속세 및 증여세법」의 규정에 따라 증여세를 과세받았으며, 증여재산가액은 ₩80,000,000이다.

(2) 갑은 2023년 8월 10일에 특수관계인이 아닌 을(개인)에게 부친으로부터 양수한 토지A를 ₩500,000,000(시가 ₩600,000,000) 에 양도하였다.

(3) 토지A에 대한 자본적 지출액과 토지A를 양도하기 위하여 직접 지출한 비용으로서 증명서류에 의하여 확인되는 금액은 ₩10,000,000이다.

---

① ₩90,000,000　　② ₩130,000,000　　③ ₩210,000,000　　④ ₩290,000,000

해설

양도가액	₩500,000,000[*1]
취득가액	(₩280,000,000)[*2]
기타필요경비	(₩10,000,000)
양도차익	**₩210,000,000**

[*1] 특수관계인 이외의 자에게 저가양도한 경우에는 실제거래가액을 양도가액으로 한다.
[*2] 부친(특수관계인)으로부터 토지A를 저가양수하여 「상속세 및 증여세법」의 규정에 따라 증여세를 과세받은 경우에는 해당 증여재산가액을 취득가액에 가산한다.

$$₩200,000,000 + ₩80,000,000 = ₩280,000,000$$

정답 ③

950

다음 자료를 이용하여 거주자 갑이 소유하고 있는 토지를 특수관계인 을(갑의 동생임)에게 양도한 경우 갑의 「소득세법」상 양도차익은 얼마인가?

세법2 Link   p.461, 474-
475
오진다 Link   p.499-500
출제 가능 지수 ■■■□□
난이도   ■■■■□

---

(1) 갑은 토지를 2007년 1월 10일에 갑이 대주주로 있는 법인으로부터 현금 ₩100,000,000에 취득하였으며, 이와 관련하여 갑에게 배당으로 소득처분된 금액이 ₩10,000,000 있다.

(2) 토지 취득 시 취득세 ₩3,000,000(납부영수증은 분실하였고, 「지방세법」 등에 의해 감면된 세액은 없음)을 납부하였다.

(3) 토지의 양도일은 2023년 2월 20일이고 양도가액은 ₩200,000,000이며, 양도 당시의 시가는 ₩210,000,000이다.

(4) 동 토지는 국내에 소재한 등기된 토지로서 비사업용토지에 해당한다.

---

① ₩87,000,000   ② ₩88,000,000   ③ ₩90,000,000   ④ ₩91,000,000

해설

양도가액		200,000,000[*1]
취득가액	₩100,000,000 + ₩10,000,000[*2] + ₩3,000,000[*3]	(₩113,000,000)
양도차익		₩87,000,000

[*1] 현저한 이익 요건을 충족하지 않았으므로 부당행위계산의 부인규정을 적용할 수 없다. 따라서 양도가액은 실질거래가액인 ₩200,000,000을 적용한다.

₩210,000,000 − ₩200,000,000 = ₩10,000,000 < Min[₩210,000,000 × 5%, ₩300,000,000]

[*2] 「법인세법」상 특수관계인에 해당하는 법인으로부터 취득한 경우로서 거주자의 상여 · 배당 등으로 처분된 금액이 있는 때에는 그 상여 · 배당 등으로 처분된 금액을 취득가액에 가산한다.

[*3] 취득세는 납부영수증이 없는 경우에도 양도차익 계산 시 필요경비로 공제한다.

정답 ①

951

세법2 Link   p.462-465
오진다 Link   p.499-500
출제 가능 지수   ■■■■□
난이도   ■■■■■

거주자 대한씨가 양도한 주택(등기된 국내 소재 주택임) 관련 자료이다. 「소득세법」상 주택 양도로 인한 양도차익으로 옳은 것은?

(1) 주택의 취득 및 양도 관련 자료

구분	거래일자	실지거래가	기준시가
양도	2023.7.20.	1,000,000,000원	800,000,000원
취득*	1985. 1. 2.	불분명	200,000,000원

* 취득 당시의 매매사례가액과 감정가액도 확인되지 않음

(2) 거래 증명서류로 확인되는 추가 지출 내역
  ㉠ 자본적 지출: 200,000,000원
  ㉡ 양도 시 부동산 중개수수료 50,000,000원
(3) 주택의 필요경비 개산공제: 취득 당시 기준시가의 3%
(4) 환산취득가액 산식

$$환산취득가액 = \frac{양도\ 당시의\ 실거래가액\cdot}{매매사례가액\cdot감정가액} \times \frac{취득\ 당시의\ 기준시가}{양도\ 당시의\ 기준시가}$$

① 744,000,000원   ② 700,000,000원   ③ 600,000,000원   ④ 494,000,000원

 해설

양도차익은 다음의 산식에 따라 계산한다.

양도차익 = 양도가액 − 필요경비

취득 당시의 실지거래가액이 불분명하므로 취득가액을 추계조사하여 결정·경정할 수 있는데 추계 시 시가에 근접한 것부터 순차적으로 적용하여 산정한 가액으로 한다.

매매사례가액 → 감정가액 → 환산취득가액 → 기준시가

매매사례가액과 감정가액도 확인되지 않음을 해당 문제에서 명시했으므로 환산취득가액을 적용하며, 취득가액을 환산취득가액으로 하는 경우의 필요경비 계산은 다음과 같다.

필요경비 = MAX [㉠, ㉡]
㉠ 취득가액(환산취득가액) + 필요경비개산공제
㉡ 자본적지출액 + 양도비용

㉠ 취득가액(환산취득가액) + 필요경비개산공제

$$= \frac{양도\ 당시의}{실지거래가액} \times \frac{취득\ 당시의\ 기준시가}{양도\ 당시의\ 기준시가} + 취득\ 당시의\ 기준시가 \times 3\%$$

$$= 1,000,000,000원 \times \frac{200,000,000원}{800,000,000원} + 200,000,000원 \times 3\%$$

 = 250,000,000원 + 6,000,000원 = 256,000,000원
㉡ 자본적지출액 + 양도비용 = 200,000,000원 + 50,000,000원 = 250,000,000원
∴ 환산취득가액으로 하는 경우의 필요경비 = MAX[256,000,000원, 250,000,000원] = 256,000,000원

양도차익 = 양도가액 − 필요경비 = 1,000,000,000원 − 256,000,000원 = 744,000,000원

정답 ①

952

다음 자료에 의하여 「소득세법」상 양도소득세의 납세의무자와 그가 부담하여야 할 양도소득세액으로 각각 옳은 것은?

세법2 Link   p.471-472
오진다 Link   p.502
출제 가능 지수 ■■■■□
난이도 ■■■■□

(1) 민국씨는 대한씨로부터 토지 A를 2020. 4. 10. 증여받아 취득 등기함

(2) 토지 A의 증여에 대한 법정신고납부기한내 민국씨의 증여세 신고납부세액은 ₩5,000,000임

(3) 민국씨는 토지 A를 특수관계 없는 만세씨에게 2023. 4. 25. 양도함(양도소득은 실질적으로 민국씨에게 귀속되지 아니함)

(4) 토지 A의 양도에 대한 법정신고납부기한내 민국씨의 양도소득세 신고납부세액은 ₩10,000,000임

(5) 토지 A를 대한씨가 만세씨에게 직접 양도하였다면, 법정신고납부기한내 대한씨가 신고납부하여야 할 양도소득세액은 ₩20,000,000임

(6) 대한씨와 민국씨는 모두 거주자이며 형제임

① 대한씨, ₩20,000,000
② 대한씨, ₩25,000,000
③ 민국씨, ₩10,000,000
④ 민국씨, ₩15,000,000

 해설

해당 거래는 증여일로부터 양도일까지의 기간이 10년 이내이며 형제(이월과세를 적용받는 배우자 및 직계존비속이 아님)에게 증여를 한 것으로 증여받은 자의 증여세(₩5,000,000)와 양도소득(₩10,000,000)를 합한 세액(₩15,000,000)이 증여자가 직접 양도하는 경우로 보아 계산한 양도소득세(₩20,000,000)보다 적은 경우에 해당하므로 우회양도에 대한 부당행위계산의 부인 규정을 적용한다. 따라서, 납세의무자는 증여자인 대한씨가 되며, 양도소득세는 증여자인 대한씨가 직접 양도하는 경우로 보아 계산한 ₩20,000,000이다.   정답 ①

소득세의 납세절차

953

「소득세법」상 거주자의 종합소득 및 퇴직소득에 대한 신고, 납부 및 징수에 관한 설명으로 옳은 것은?

① 국내에서 거주자에게 퇴직소득을 지급하는 내국법인은 그 거주자에 대한 소득세를 원천징수하여 그 징수일이 속하는 달의 다음 달 20일까지 납부하여야 한다.
② 근로소득 및 퇴직소득만 있는 거주자는 해당 소득에 대하여 과세표준확정신고를 하여야 한다.
③ 원천징수대상 소득으로서 발생 후 지급되지 아니함으로써 원천징수되지 아니한 소득이 종합소득에 합산되어 종합소득에 대한 소득세가 과세된 경우에는 그 소득을 지급할 때 소득세를 원천징수하고 이미 납부된 소득세는 환급하여야 한다.
④ 복식부기의무자가 재무상태표, 손익계산서, 합계잔액시산표 및 조정계산서를 제출하지 않은 경우에는 종합소득 과세표준확정신고를 하지 않은 것으로 본다.

> **해설**
>
> ① 국내에서 거주자에게 퇴직소득을 지급하는 내국법인은 그 거주자에 대한 소득세를 원천징수하여 그 징수일이 속하는 달의 다음 달 **10일**까지 납부하여야 한다.
> ② 근로소득 및 퇴직소득만 있는 거주자는 해당 소득에 대하여 과세표준확정신고를 **하지 아니할 수 있다.**
> ③ 원천징수대상 소득으로서 발생 후 지급되지 아니함으로써 원천징수되지 아니한 소득이 종합소득에 합산되어 종합소득에 대한 소득세가 과세된 경우에는 그 소득을 지급할 때 소득세를 **원천징수하지 아니한다.**
>
> 정답 ④

세법2 Link　　p.430, 442, 488
오진다 Link　　p.486-487, 492
출제 가능 지수 ■■■■□
난이도 ■■■■□

954

「소득세법」상의 비거주자에 대한 설명으로 옳은 것은?

① 국외에서 근무하는 공무원은 183일 이상 국외에 거주하는 경우 국내원천소득에 한하여 납세의무를 진다.
② 비거주자에 대하여 과세하는 소득세는 해당 국내원천소득을 종합하여 과세하는 경우와 분류하여 과세하는 경우 및 해당 국내원천소득을 분리하여 과세하는 경우로 구분하여 계산한다.
③ 비거주자에 대하여 종합과세하는 경우 본인 외의 자에 대한 인적공제는 적용하지 않고 특별소득공제 및 특별세액공제는 적용한다.
④ 비거주자의 국내원천 퇴직소득은 분리과세한다.

> **해설**
>
> ① 국외에서 근무하는 공무원은 183일 이상 국외에 거주하더라도 **국내외원천소득에 대하여 무제한 납세의무를 진다.**
> ③ 비거주자에 대하여 종합과세하는 경우 인적공제 중 비거주자 본인 외의 자에 대한 공제와 **특별소득공제, 자녀세액공제 및 특별세액공제는 적용하지 아니한다.**
> ④ 비거주자의 국내원천 퇴직소득은 **분류과세**한다.
>
> 정답 ②

세법2 Link　　p.296-298, 496
오진다 Link　　p.426, 511
출제 가능 지수 ■■■■□
난이도 ■■■■□

955

「소득세법」상 거주자와 비거주자에 관한 설명으로 옳은 것은?

① 비거주자로서 국외원천소득이 있는 개인은 소득세를 납부할 의무를 진다.
② 거주자가 국내 주소의 국외 이전을 위하여 출국하는 경우 출국하는 날에 비거주자로 된다.
③ 내국법인의 국외사업장(내국법인이 발행주식총수 또는 출자지분의 100%를 직접 또는 간접 출자한 경우에 한정)에 파견된 직원은 거주자로 본다.
④ 비거주자에 대하여 종합과세하는 경우 종합소득공제는 본인 및 배우자에 대한 인적공제만 적용되고 특별소득공제는 적용되지 않는다.

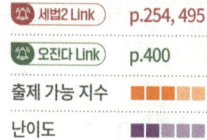

해설

① 비거주자로서 **국내원천소득**이 있는 개인은 소득세를 납부할 의무를 진다.
② 거주자가 국내 주소의 국외 이전을 위하여 출국하는 경우 출국하는 날의 **다음 날**에 비거주자로 된다.
④ 비거주자에 대하여 종합과세하는 경우 종합소득공제는 인적공제 중 **비거주자 본인 외의 자에 대한 공제와 특별소득공제는 적용하지 아니한다.**

정답 ③

956

「소득세법」상 외국법인 혹은 비거주자의 국내사업장은 국내에 존재하는 사업의 전부 또는 일부를 수행하는 고정된 장소를 말한다. 이러한 국내사업장은 영구적시설(permanent establishment)로 불리기도 하는데, 다음 중 국내사업장으로 볼 수 있는 것으로만 바르게 묶인 것은?

> ㄱ. 상점
> ㄴ. 3개월을 초과하여 존속하는 건축장소
> ㄷ. 외국법인의 광고, 선전, 정보의 수집 및 제공, 시장조사, 그 밖에 이와 유사한 활동만을 위하여 사용하는 일정한 장소(외국법인의 사업 수행상 예비적 또는 보조적인 성격을 가진 활동을 하기 위하여 사용되는 경우에 해당)
> ㄹ. 천연자원의 탐사 및 채취장소

① ㄱ, ㄴ　　　　　　　　② ㄴ, ㄷ
③ ㄱ, ㄹ　　　　　　　　④ ㄷ, ㄹ

해설

ㄴ. **6개월**을 초과하여 존속하는 건축장소의 경우 국내사업장에 해당되는 장소로 본다.
ㄷ. 외국법인의 광고, 선전, 정보의 수집 및 제공, 시장조사, 그 밖에 이와 유사한 활동만을 위하여 사용하는 일정한 장소(외국법인의 사업 수행상 예비적 또는 보조적인 성격을 가진 활동을 하기 위하여 사용되는 경우에 해당)는 국내사업장에 **포함되지 아니한다.**

정답 ③

CHAPTER

11　소득세의 납세절차

957

세법2 Link　　p.489, 493
오진다 Link　　p.509
출제 가능 지수　■■■■□
난이도　■■■■□

「소득세법령」상 성실신고 확인서 제출에 대한 설명으로 옳은 것은?

① 성실신고 확인대상 사업자는 종합소득과세표준 확정신고와 양도소득세 신고 시 소득금액의 적정성을 세무사 등이 확인하고 작성한 성실신고확인서를 납세지 관할 세무서장에게 제출하여야 한다.

② 성실신고 확인대상사업자가 성실신고확인서를 제출하는 경우에는 종합소득과세표준 확정신고를 해당 연도 6월 1일부터 6월 30일까지 하여야 한다.

③ 세무사가 성실신고확인대상사업자에 해당하는 경우에는 자신의 사업소득금액의 적정성에 대하여 해당 세무사가 성실신고 확인서를 작성·제출할 수 있다.

④ 성실신고확인대상사업자가 성실신고확인서를 그 과세기간의 다음 연도 6월 30일까지 성실신고확인서를 납세지 관할 세무서장에게 제출하지 아니한 경우 사업소득금액이 종합소득금액에서 차지하는 비율을 종합소득산출세액에 곱하여 계산한 금액의 100분의 5에 해당하는 금액과 해당 과세기간 사업소득의 총수입금액에 1만분의 2를 곱한 금액 중 큰 금액을 결정세액에 기산한다.

해설

① 성실신고 확인대상 사업자는 **종합소득과세표준 확정신고 시** 소득금액의 적정성을 세무사 등이 확인하고 작성한 성실신고확인서를 납세지 관할 세무서장에게 제출하여야 한다. **양도소득에 대해서는 성실신고 확인서 제출에 대한 의무가 없다.**

② 성실신고 확인대상사업자가 성실신고확인서를 제출하는 경우에는 종합소득과세표준 확정신고를 해당 연도 **5월 1일부터 6월 30일**까지 하여야 한다.

③ 세무사가 성실신고확인대상사업자에 해당하는 경우에는 자신의 사업소득금액의 적정성에 대하여 해당 세무사가 성실신고 확인서를 작성·제출할 수 **없다.**

정답 ④

958

「소득세법」상 성실신고확인제도에 관한 설명으로 옳지 않은 것은?

세법2 Link p.489-490
오진다 Link p.509
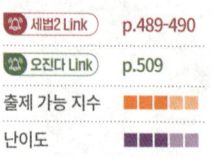

① 성실신고확인대상사업자로서 성실신고확인서를 제출한 자가 법령상 의료비를 지출한 경우 의료비세액공제를 적용받을 수 있다.
② 성실신고확인대상사업자가 성실신고확인서를 제출하는 경우에는 종합소득과세표준 확정신고를 그 과세기간의 다음 연도 5월 1일부터 6월 30일까지 하여야 한다.
③ 세무사가 성실신고확인대상사업자에 해당하는 경우에는 자신의 사업소득금액의 적정성에 대하여 해당 세무사가 성실신고확인서를 작성·제출해서는 아니된다.
④ 성실한 납세를 위해 필요하다고 인정되어 당기 수입금액(사업용 유형자산을 양도함으로써 발생한 수입금액은 포함)의 합계액이 업종별로 법으로 정하는 일정 규모 이상인 개인사업자는 종합소득과세표준 확정신고를 할 때 성실신고확인서를 납세지 관할 세무서장에게 제출해야 한다.

해설

④ 성실한 납세를 위해 필요하다고 인정되어 당기 수입금액(사업용 유형자산을 양도함으로써 발생한 수입금액은 **제외**)의 합계액이 업종별로 법으로 정하는 일정 규모 이상인 개인사업자는 종합소득 과세표준 확정신고를 할 때 성실신고확인서를 납세지 관할 세무서장에게 제출해야 한다.   정답 ④

959

「소득세법」상 비거주자의 국내사업장에 해당하는 것으로 옳은 것은?

세법2 Link p.254, 495
오진다 Link p.400
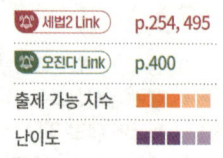

① 비거주자가 6개월 이상 존속하는 건축장소, 건설·조립·설치공사의 현장 또는 이와 관련되는 감독활동을 수행하는 장소
② 비거주자가 고용인을 통하여 용역을 제공하는 장소로서 용역의 제공이 계속되는 12월 기간 중 합계 6월을 초과하지 아니하는 경우로서 유사한 종류의 용역이 1년 이상 계속적·반복적으로 수행되는 장소
③ 비거주자가 자기의 자산을 타인으로 하여금 가공하게 하기 위하여만 사용하는 일정한 장소
④ 비거주자가 고용인을 통하여 용역을 제공하는 장소로서 용역의 제공이 계속되는 12월 기간 중 합계 6월을 초과하는 기간 동안 용역이 수행되는 장소

해설

① 비거주자가 6월을 **초과**하여 존속하는 건축장소, 건설·조립·설치공사의 현장 또는 이와 관련되는 감독활동을 수행하는 장소
② 비거주자가 고용인을 통하여 용역을 제공하는 장소로서 용역의 제공이 계속되는 12월기간 중 합계 6월을 초과하지 아니하는 경우로서 유사한 종류의 용역이 **2년 이상** 계속적·반복적으로 수행되는 장소
③ 비거주자가 자기의 자산을 타인으로 하여금 가공하게 하기 위하여만 사용하는 일정한 장소는 **국내사업장에 해당하지 않는다**.   정답 ④

960

다음은 거주자별 2023년도 소득내역이다. 2024년 5월 말까지 「소득세법」상 과세표준확정신고를 하지 않아도 되는 거주자는? 단, 원천징수 대상이 되는 소득에 대해서는 적법하게 원천징수되었으며, 연말정산 대상이 되는 소득에 대해서는 세법에 따라 연말정산이 이루어졌고, 그에 따른 소득세 또한 납부되었다고 가정한다.

거주자	소득 내용
① 보험모집인 A	보험회사로부터 받은 모집수당 50,000,000원 복권당첨소득 10,000,000원
② 대학교수 B	대학으로부터 받은 총급여 70,000,000원 상표권 양도소득 20,000,000원
③ 연예인 C	광고모델 전속계약금 50,000,000원 정기예금이자 30,000,000원
④ 은행원 D	은행으로부터 받은 총급여 60,000,000원 신문 및 잡지에 글을 기고하고 받은 원고료 20,000,000원

해설

① 간편장부대상자인 보험모집인이 보험회사로부터 받은 모집수당은 연말정산 사업소득에 해당하며, 복권당첨소득은 무조건 분리과세대상인 기타소득에 해당한다. 따라서 **연말정산대상 사업소득과 분리과세기타소득만 있는 자는** 확정신고를 아니 할 수 있다.   정답 ①

961

다음의 거주자 중 「소득세법」에 따라 반드시 종합소득 과세표준 확정신고를 하여야 하는 경우로 묶은 것은?

ㄱ. 연말정산대상 근로소득과 퇴직소득만 있는 경우
ㄴ. 연말정산대상 근로소득과 공적연금소득만 있는 경우
ㄷ. 공적연금소득과 퇴직소득만 있는 경우
ㄹ. 퇴직소득과 연말정산대상 사업소득만 있는 경우
ㅁ. 수시부과 후 추가로 발생한 소득이 없는 경우
ㅂ. 연말정산대상 사업소득과 연말정산대상 근로소득만 있는 경우
ㅅ. 원천징수되는 기타소득으로서 종교인소득만 있는 경우

① ㄱ, ㄹ   ② ㄴ, ㅂ   ③ ㄷ, ㅁ   ④ ㄱ, ㅅ

해설

② **연말정산대상 근로소득과 공적연금소득만 있는 거주자, 연말정산대상 사업소득과 연말정산대상 근로소득만 있는 거주자는** 반드시 과세표준확정신고를 하여야 한다. 나머지는 과세표준확정신고를 하지 아니할 수 있다.   정답 ②

962

다음 중 「소득세법」상 종합소득과세표준 확정신고를 하여야 하는 자로만 묶인 것은? 단, 원천징수 및 연말정산 대상 소득에 대해서는 적법하게 원천징수와 연말정산이 이루어졌으며, 모든 금액은 원천징수세액을 차감하기 전 금액이다. 또한 아래 금액 중 과세제외되거나 비과세되는 소득은 없다.

세법2 Link p.320-321, 327, 382-383, 488

오진다 Link p.438, 440, 465, 467, 508

출제 가능 지수 ■■■■□

난이도 ■■■■■

> ㄱ. 내국법인으로부터 받은 총급여 70,000,000원과 내국법인으로부터 받은 현금배당 15,000,000원이 있는 자
>
> ㄴ. 내국법인으로부터 받은 퇴직급여 50,000,000원과 공적연금 수령액 15,000,000원이 있는 자
>
> ㄷ. 내국법인으로부터 받은 총급여 20,000,000원과 공적연금 수령액 30,000,000원이 있는 자
>
> ㄹ. 공적연금 수령액 10,000,000원과 외국법인으로부터 받은 현금배당(국내에서 원천징수되지 않음) 10,000,000원이 있는 자
>
> ㅁ. 공적연금 수령액 40,000,000원과 상가임대료 수입 10,000,000원이 있는 자
>
> ㅂ. 국내은행 정기예금이자 15,000,000원과 고용관계 없이 다수인에게 강연하고 받은 강연료(기타소득에 해당) 5,000,000원이 있는 자

① ㄴ, ㄹ, ㅁ   ② ㄴ, ㅁ, ㅂ   ③ ㄱ, ㄷ, ㅂ   ④ ㄷ, ㄹ, ㅁ

해설

ㄱ. 연말정산되는 근로소득과 분리과세되는 금융소득만 있는 자는 종합소득 **확정신고를 하지 아니할 수 있다.**

ㄴ. 퇴직소득과 연말정산되는 공적연금소득만 있는 자는 종합소득 **확정신고를 하지 아니할 수 있다.**

ㄷ. 연말정산되는 근로소득과 연말정산되는 공적연금소득이 있는 자는 종합소득 **확정신고를 하여야 한다.**

ㄹ. 연말정산되는 공적연금소득과 종합과세되는 금융소득이 있는 자는 종합소득 **확정신고를 하여야 한다.**

ㅁ. 연말정산되는 공적연금소득과 종합과세되는 사업소득이 있는 자는 종합소득 **확정신고를 하여야 한다.**

ㅂ. 분리과세되는 이자소득과 분리과세가 가능한 기타소득이 있는 자를 종합소득 **확정신고를 하지 아니할 수 있다.**

정답 ④

963

「소득세법」상 소득세의 신고 · 납부 · 결정 및 징수에 대한 설명으로 옳지 않은 것은?

세법2 Link p.488, 492, 496

오진다 Link p.508, 510

출제 가능 지수 ■■■

난이도 ■■■■

① 납세지 관할 세무서장은 중간예납세액, 토지 등 매매차익 예정신고·납부, 수시부과세액 및 원천징수세액이 종합소득 총결정세액과 퇴직소득 총결정세액의 합계액을 각각 초과하는 경우에는 그 초과하는 세액은 환급하거나 다른 국세 및 강제징수비에 충당하여야 한다.

② 이자소득 이외의 소득에 대한 원천징수세액이 1,000원 미만인 때에는 해당 소득세를 징수하지 아니한다.

③ 비거주자의 중간예납에 관하여는 거주자의 신고와 납부에 관한 규정을 준용하지 아니한다.

④ 수시부과 후 추가로 발생한 소득이 없을 경우에는 과세표준확정신고를 하지 아니할 수 있다.

> **해설**
>
> ③ 비거주자의 소득에 대하여 종합과세하는 경우 비거주자의 신고와 납부(**중간예납을 포함**)에 관하여는 거주자의 신고와 납부에 관한 규정을 준용한다.
>
> 정답 ③

964

「소득세법」상 거주자의 신고 · 납부 및 징수와 관련된 규정에 관한 설명으로 옳지 않은 것은?

세법2 Link p.431, 434, 486

오진다 Link p.486-488, 507

출제 가능 지수 ■■■

난이도 ■■■■

① 중간예납기준액이 없는 거주자 중 복식부기의무자가 해당 과세기간의 중간예납기간 중 사업소득(중간예납의무가 있음)이 있는 경우에는 11월 1일부터 11월 30일까지의 기간에 중간예납추계액을 중간예납세액으로 하여 납세지 관할세무서장에게 신고하여야 한다.

② 근로소득을 지급하여야 할 원천징수의무자가 1월부터 11월까지의 근로소득을 해당 과세기간의 12월 31일까지 지급하지 아니한 경우에는 그 근로소득을 12월 31일에 지급한 것으로 보아 소득세를 원천징수한다.

③ 내국법인이 법인세 과세표준을 신고하는 때 「법인세법」에 따라 처분되는 배당에 대하여는 그 신고일에 그 배당소득을 지급한 것으로 보아 소득세를 원천징수한다.

④ 「부가가치세법」에 따른 간이과세자가 각 과세기간의 부가가치세 과세표준과 납부세액을 신고한 경우에는 해당 사업장의 현황을 해당 과세기간의 다음 연도 2월 10일까지 사업장 소재지 관할 세무서장에게 신고하여야 한다.

> **해설**
>
> ④ 부가가치세 과세사업자로 「부가가치세법」에 따라 예정신고 또는 확정신고한 경우에는 사업장 현황신고를 한 것으로 본다. 따라서 간이과세자가 각 과세기간의 부가가치세 과세표준과 납부세액을 신고한 경우에는 해당 **사업장의 현황신고 의무가 없다.**
>
> 정답 ④

965

「소득세법」상 거주자의 종합소득에 대한 신고, 납부 및 징수와 관련된 다음의 설명 중 옳지 않은 것은?

① 거주자가 사망한 경우 그 상속인은 그 상속 개시일이 속하는 달의 말일부터 6개월이 되는 날 (이 기간 중 상속인이 출국하는 경우에는 출국일 전날)까지 사망일이 속하는 과세기간에 대한 그 거주자의 과세표준을 대통령령으로 정하는 바에 따라 신고하여야 한다.

② 해당 과세기간의 개시일 현재 사업자가 아닌 자로서 그 과세기간 중 신규로 사업을 개시한 자는 해당 과세기간에 대한 중간예납 의무가 없다.

③ 납세지 관할 세무서장 또는 지방국세청장은 과세표준확정신고를 하여야 할 자가 그 신고를 하지 아니한 경우에는 해당 거주자의 해당 과세기간 과세표준과 세액을 결정한다.

④ 간편장부사업자 이외의 사업자가 복식부기에 따라 기장한 경우에는 기장세액공제를 받으며, 기장하지 않은 경우에는 장부의 기록·보관 불성실 가산세가 적용된다.

세법2 Link p.420, 433, 487, 490, 493
오진다 Link p.483, 488, 508-509
출제 가능 지수 ■■■■□
난이도 ■■■■□

> **해설**
>
> ④ 간편장부사업자 이외의 사업자가 복식부기에 따라 기장한 경우에는 **기장세액공제를 적용하지 아니하며**, 기장하지 않은 경우에는 장부의 기록·보관 불성실 가산세가 적용된다.
>
> 정답 ④

966

「소득세법」상 종합소득의 신고, 납부 및 징수에 관한 설명으로 옳지 않은 것은?

① 둘 이상의 사업장이 있는 사업자는 각 사업장별로 사업장현황신고를 하여야 한다.

② 과세표준확정신고를 하여야 할 거주자가 출국하는 경우에는 출국일이 속하는 과세기간의 과세표준을 출국일 전날까지 신고하여야 한다.

③ 종합소득의 납부할 세액이 1천만원을 초과하는 경우에는 납부기한이 지난 후 2개월 이내에 분할납부할 수 있다.

④ 해당 과세기간의 상시고용인원이 20명 이하인 원천징수의무자(금융·보험업자는 제외)로서 원천징수 관할 세무서장의 승인을 받거나 국세청장의 지정을 받은 자는 원천징수세액을 그 징수일이 속하는 분기의 마지막 달의 다음 달 10일까지 납부할 수 있다.

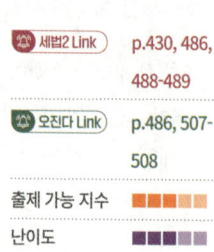
세법2 Link p.430, 486, 488-489
오진다 Link p.486, 507-508
출제 가능 지수 ■■■□□
난이도 ■■■□□

> **해설**
>
> ④ **직전 과세기간**(신규로 사업을 개시한 사업자의 경우 신청일이 속하는 반기를 말한다)의 상시고용인원이 20명 이하인 원천징수의무자(금융. 보험업자는 제외)로서 원천징수 관할세무서장의 승인을 받거나 국세청장의 지정을 받은 자는 원천징수세액을 그 징수일이 속하는 **반기**의 마지막 달의 다음 달 10일까지 납부할 수 있다.
>
> 정답 ④

967

「소득세법」상 신고 · 납부 · 가산세에 대한 설명으로 옳지 않은 것은?

세법2 Link p.435-436, 492-493

오진다 Link p.488-489, 510

출제 가능 지수 ■■■■□

난이도 ■■■■□

① 사업자(소규모사업자 및 소득금액이 추계되는 자는 제외)가 지출건당 3만원 초과인 경우로서 법정증명서류(신용카드매출전표 등)를 받지 아니하거나 사실과 다른 증명서류를 받은 경우에는 증명서류 수취 불성실 가산세를 부과한다.

② 수시부과를 하는 경우 무신고가산세와 과소신고가산세는 적용하지 아니한다.

③ 중간예납세액이 30만원 미만인 경우 소득세를 징수하지 아니한다.

④ 부동산매매업자는 토지 등의 매매차익(매매차익이 없거나 매매차손이 발생한 경우 포함)과 그 세액을 매매일이 속하는 달의 말일부터 2개월이 되는 날까지 납세지 관할 세무서장에게 신고하여야 한다.

해설

③ 중간예납세액이 **50만원** 미만인 경우 소득세를 징수하지 아니한다.   정답 ③

968

소득세의 과세방법에 대한 「소득세법」상의 규정으로 옳지 않은 것은?

세법2 Link p.396, 435, 488, 496

오진다 Link p.428, 488-489, 511

출제 가능 지수 ■■■■□

난이도 ■■■■□

① 피상속인의 소득금액에 대한 소득세로서 상속인에게 과세할 것과 상속인의 소득금액에 대한 소득세는 구분하여 계산하여야 한다.

② 국내원천 퇴직소득 및 국내원천 부동산 등 양도소득이 있는 비거주자에 대해서는 거주자와 같은 방법으로 분류하여 과세한다.

③ 수시부과 후 추가로 발생한 소득이 없을 경우에도 과세표준확정신고를 하여야 한다.

④ 과세표준 확정신고를 할 때에는 그 신고서에 법에서 정한 서류를 첨부하여 납세지 관할 세무서장에게 제출하여야 한다. 이 경우 복식부기의무자가 기업회계기준을 준용하여 작성한 재무상태표 · 손익계산서와 그 부속서류, 합계잔액시산표 및 조정계산서를 제출하지 아니한 경우에는 종합소득과세표준확정신고를 하지 아니한 것으로 본다.

해설

③ 수시부과 후 추가로 발생한 소득이 없는 경우에는 **과세표준 확정신고를 하지 않고 수시부과로만 과세를 종결할 수 있다.**   정답 ③

969

「소득세법령」상 과세표준의 확정신고와 납부에 관한 설명으로 옳은 것은?

① 공적연금소득만 있는 거주자는 해당 소득에 대해 과세표준확정신고를 해야 한다.

② 분리과세이자소득, 분리과세배당소득, 분리과세연금소득과 분리과세기타소득만이 있는 자에 대해서는 종합소득공제를 적용하지 아니한다.

③ 해당 과세기간의 종합소득금액이 있는 거주자가 종합소득과세표준이 없는 경우에는 종합소득 과세표준 확정신고 의무가 없다.

④ 거주자로서 과세표준의 확정신고에 따라 납부할 세액이 1,800만원인 자는 900만원을 납부기 한이 지난 후 90일 이내에 분납할 수 있다.

세법2 Link   p.409, 487-489
오진다 Link   p.479, 508
출제 가능 지수 ▮▮▮▮
난이도 ▮▮▮▮▮

해설

① 공적연금소득만 있는 경우 **연말정산으로 과세가 종결되기 때문에 확정신고를 하지 않아도 된다.**

③ 확정신고는 과세표준이 없거나 결손금이 있는 경우에도 **하여야 한다.**

④ 거주자로서 과세표준의 확정신고에 따라 납부할 세액이 1,800만원인 자는 **800만원**을 납부기한이 지난 후 **2개월** 이내에 분납할 수 있다.

정답 ②

970

「소득세법」상 소득의 신고, 납부 및 징수에 관한 설명으로 옳지 않은 것은?

① 거주자는 해당 과세기간의 과세표준에 대한 종합소득, 퇴직소득, 양도소득에 따른 소득세를 과세표준확정신고기한까지 납세지 관할 세무서, 한국은행 또는 체신관서에 납부해야 한다.

② 성실신고확인대상 사업자가 성실신고확인서를 제출하는 경우에는 성실신고확인에 직접 사용한 비용의 60%에 해당하는 금액을 120만원 한도 내에서 세액공제를 적용할 수 있다.

③ 납세지 관할 세무서장 또는 지방국세청장은 과세표준확정신고를 하여야 할 자가 신고를 하지 않은 경우에는 과세표준확정신고기일로부터 1년 이내에 해당 과세기간의 과세표준과 세액을 결정해야 하는 것이 원칙이다.

④ 납세조합의 징수세액이 50만원 미만인 경우 소득세를 징수하지 아니한다.

세법2 Link   p.489-490, 492
오진다 Link   p.508, 509-510
출제 가능 지수 ▮▮▮▮
난이도 ▮▮▮▮▮

해설

④ 납세조합의 징수세액이 **1,000원 미만**인 경우 소득세를 징수하지 아니한다.

정답 ④

971

「소득세법」상 지급명세서의 제출에 관한 설명으로 옳지 않은 것은?

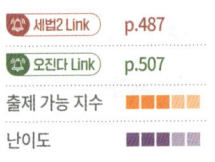
세법2 Link   p.487
오진다 Link   p.507
출제 가능 지수 ■■■■□
난이도 ■■■■□

① 원천징수대상 이자소득을 국내에서 지급하는 자는 다음 연도 2월 말일까지 지급명세서를 원천징수 관할 세무서장·지방국세청장 또는 국세청장에게 제출하여야 한다.

② 원천징수대상 사업소득을 국내에서 지급하는 자는 다음 연도 3월 10일까지 지급명세서를 원천징수 관할 세무서장·지방국세청장 또는 국세청장에게 제출하여야 한다.

③ 원천징수대상 소득을 국내에서 지급하는 자가 휴업 또는 폐업한 경우에는 휴업일 또는 폐업일이 속하는 달의 다음 달 말일까지 원천징수 관할 세무서장, 지방국세청장 또는 국세청장에게 제출하여야 한다.

④ 일용근로자의 근로소득을 국내에서 지급하는 자는 지급일이 속하는 달의 다음 달 말일까지 지급명세서를 원천징수 관할 세무서장·지방국세청장 또는 국세청장에게 제출하여야 한다.

해설

③ 원천징수대상 소득을 국내에서 지급하는 자가 휴업 또는 폐업한 경우에는 휴업일 또는 폐업일이 속하는 달의 **다음다음 달 말일**까지 원천징수 관할 세무서장, 지방국세청장 또는 국세청장에게 제출하여야 한다.

정답 ③

972

「소득세법」상 신고·납부절차에 관한 설명으로 옳지 않은 것은?

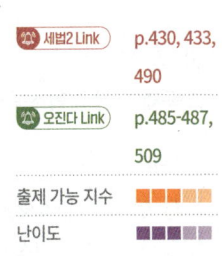
세법2 Link   p.430, 433, 490
오진다 Link   p.485-487, 509
출제 가능 지수 ■■■□□
난이도 ■■■■□

① 사업소득 중 수시부과하는 소득만 있는 자는 중간예납의무를 부담하지 않는다.

② 분리과세되는 주택임대소득만 있는 사업소득자는 중간예납의무가 없다.

③ 금융업을 경영하는 사업자가 직전 과세기간의 상시고용인원의 평균인원수가 20인 이하인 원천징수의무자로서 관할 세무서장으로부터 승인을 얻은 경우에는 원천징수한 소득세를 그 징수일이 속하는 반기의 마지막 달의 다음 달 10일까지 납부할 수 있다.

④ 과세표준확정신고를 한 자로서 사업용계좌를 이용하여야 할 사업자가 이를 이행하지 아니한 경우로서 시설규모나 영업상황으로 보아 신고내용이 불성실하다고 판단되는 경우 납세지 관할 세무서장 또는 지방국세청장은 해당 과세기간의 과세표준과 세액을 경정한다.

해설

③ 원천징수세액의 반기별 납부 승인대상자에는 **금융 및 보험업**을 경영하는 자는 제외한다.

정답 ③

973

「소득세법」상 과세표준과 세액의 결정 및 경정에 관한 설명으로 옳지 않은 것은?

세법2 Link p.396, 491
오진다 Link p.473, 509
출제 가능 지수 ■■■■■
난이도 ■■■■■

① 공동사업에서 발생하는 소득금액의 결정 또는 경정은 대표 공동사업자의 주소지 관할세무서 장이 한다. 다만, 국세청장이 특히 중요하다고 인정하는 것에 대하여는 사업장 관할 세무서장 또는 주소지 관할 지방국세청장이 한다.

② 사업자의 수입금액을 장부 기타 증빙서류에 의하여 계산할 수 없는 경우, 단순경비율 또는 기 준경비율을 적용하여 소득금액을 결정·경정하되 기준경비율 또는 단순경비율이 결정되지 아 니하였거나 천재지변이나 그 밖의 불가항력으로 장부나 그 밖의 증명서류가 멸실된 때에는 기 장이 가장 정확하다고 인정되는 동일업종의 다른 사업자의 소득금액을 참작하여 소득금액을 결정·경정한다.

③ 납세지 관할 세무서장은 해당 과세기간의 과세표준과 세액을 결정하는 경우, 기장의 내용이 원자재사용량·전력사용량 기타 조업상황에 비추어 허위임이 명백하여 장부나 그 밖의 증명서 류에 의하여 소득금액을 계산할 수 없는 때에는 소득금액을 추계조사결정할 수 있다.

④ 「소득세법」에 따라 총수입금액에 산입할 충당금이 있는 자에 대한 소득금액을 추계결정하는 때에는 추계결정에 따라 계산한 소득금액에 해당 과세기간의 총수입금액에 산입할 충당금을 가산하지 않는다.

해설

④ 총수입금액에 산입할 충당금·준비금 등이 있는 자에 대한 소득금액을 추계결정하는 때에는 추계소득금액에 해당 과세기간의 총수입금액에 산입할 충당금·준비금 등을 **가산한다.**

정답 ④

974

「소득세법」상 종합소득세의 납세절차에 관한 설명으로 옳은 것은?

세법2 Link p.486, 488-489, 492
오진다 Link p.507-510
출제 가능 지수 ■■■■■
난이도 ■■■■■

① 근로소득 및 공적연금소득만이 있는 자는 과세표준 확정신고를 하지 아니하여도 된다.

② 둘 이상의 사업장이 있는 사업자는 주된 사업장에 대해서만 사업장현황신고를 하여야 한다.

③ 성실신고확인대상사업자가 성실신고확인서를 제출하는 경우에는 종합소득과세표준 확정신고 를 그 과세기간의 다음 연도 5월 1일부터 6월 30일까지 하여야 한다.

④ 이자소득에 대한 원천징수세액이 1,000원 미만인 때에는 해당 소득세를 징수하지 않는다.

해설

① 연말정산대상 근로소득, 연금소득이 각각 한 종류만 있는 경우에는 연말정산으로 과세가 종결되지만 이 중 둘 이상이 있는 경우에는 **종합소득으로 합산**하여 과세표준확정신고를 하여야 한다.

② 둘 이상의 사업장이 있는 사업자는 **각 사업장별로** 사업장현황신고를 하여야 한다.

④ **이자소득 이외의 소득**에 대한 원천징수세액이 1천원 미만인 때에는 해당 소득세를 징수하지 아니한다.

정답 ③

 **MEMO**

제 **7** 편

상속세 및 증여세법

CHAPTER

상속세

975

「상속세 및 증여세법」상 부의 무상이전에 대한 과세에 관한 설명으로 옳은 것은?

① 비영리법인의 고유목적사업과 관련한 자산수증이익은 법인세를 과세한다.
② 수익자연속신탁의 수익자가 사망함으로써 타인이 새로 신탁의 수익권을 취득하는 경우 그 타인이 취득한 신탁의 이익을 받을 권리의 가액은 사망한 수익자의 상속재산에 포함하지 않는다.
③ 유증은 상속세 과세대상이 되는 것에 반하여 사인증여는 증여세 과세대상이 된다.
④ 비거주자가 사망한 경우에는 상속개시일 현재 국내에 있는 비거주자의 모든 상속재산에 대하여 상속세를 부과한다.

세법2 Link   p.492, 494, 507
오진다 Link   p.514-515, 518
출제 가능 지수 ■■■■■
난이도 ■■■■■

> **해설**
>
> ① 비영리법인의 고유목적사업과 관련한 자산수증이익은 **법인세를 과세하지 않고 상속세나 증여세로 과세한다**.
> ② 수익자연속신탁의 수익자가 사망함으로써 타인이 새로 신탁의 수익권을 취득하는 경우 그 타인이 취득한 신탁의 이익을 받을 권리의 가액은 사망한 수익자의 상속재산에 **포함한다**.
> ③ 「상속세 및 증여세법」에서 상속의 범위에는 유증과 사인증여가 포함되므로, **사인증여 또한 상속세 과세대상에 해당**한다.   정답 ④

976

「상속세 및 증여세법」상 상속세에 관한 설명으로 옳은 것은?

① 상속개시일 현재 피상속인이 거주자인 경우 모든 상속재산에 대하여 상속세를 부과한다.
② 피상속인의 상속인이 그 배우자 단독인 경우 일괄공제를 적용받을 수 있다.
③ 상속세 과세표준이 100만원 미만인 경우에는 상속세를 부과하지 아니한다.
④ 납세지 관할 세무서장은 상속세 납부세액이 1천만원을 초과하는 경우 납세의무자의 신청을 받아 연부연납을 허가할 수 있다.

세법2 Link   p.504-505, 513, 551
오진다 Link   p.515, 517, 520-521, 535
출제 가능 지수 ■■■■■
난이도 ■■■■■

> **해설**
>
> ② 피상속인의 배우자가 단독으로 상속받는 경우 기초공제와 그 밖의 인적공제액을 합친 금액으로만 공제하며 **일괄공제는 선택할 수 없다**.
> ③ 상속세 과세표준이 **50만원** 미만인 경우에는 상속세를 부과하지 아니한다.
> ④ 납세지 관할 세무서장은 상속세 납부세액이 **2천만원**을 초과하는 경우 납세의무자의 신청을 받아 연부연납을 허가할 수 있다.   정답 ①

CHAPTER
01

상속세

977

다음 중 「상속세 및 증여세법」상 상속세 과세가액 계산 시 포함되지 않는 것은?

① 피상속인이 상속개시일 6개월 전에 처분한 토지의 처분가액 3억원의 용도가 객관적으로 명백하지 아니한 경우
② 피상속인이 상속개시일 1년 8개월 전에 부담한 채무 4억원의 용도가 객관적으로 명백하지 아니한 경우
③ 피상속인의 사망으로 인하여 지급받는 생명보험의 보험금 1억원(보험계약자가 피상속인 외의 자이지만 피상속인이 실질적으로 보험료를 지불한 것으로 확인됨)
④ 상속개시일 4년 전에 피상속인이 상속인에게 증여한 토지가액 4억원

세법2 Link　　p.507-508, 511
오진다 Link　　p.519
출제 가능 지수 ■■■■
난이도 ■■■■

해설

① 피상속인이 상속개시일 전 **1년 이내** 토지를 처분한 금액이 **2억원 이상**이므로 **추정상속재산가액에 포함**된다.
② 피상속인이 상속개시일 전 **2년 이내**에 부담한 채무가 **5억원 이상**이 아니므로 **추정상속재산가액에 포함되지 않는다.** 즉, 상속세과세가액에 포함되지 않는다.
③ 피상속인의 사망으로 인하여 지급받는 **생명보험의 보험금**은 의제상속재산에 포함된다.
④ 상속개시일 전 **10년 이내**에 피상속인이 상속인에게 **증여한 재산가액은 상속세 과세가액에 포함**한다.　　정답 ②

978

「상속세 및 증여세법」상 상속세 과세가액의 계산에 관한 설명으로 옳지 않은 것은?

① 상속개시일 전 10년 이내에 피상속인이 상속인에게 진 증여채무는 상속재산의 가액에서 빼지 아니한다.
② 상속재산 중 상속인이 상속세 과세표준신고기한 이내에 국가, 지방자치단체 또는 공공단체에 증여한 재산에 대해서는 상속세를 부과하지 아니한다.
③ 상속세 과세가액 계산 시 상속재산의 가액에서 빼는 장례비용은 ₩15,000,000원을 초과할 수 없다.
④ 피상속인에게 지급될 퇴직금이 피상속인의 사망으로 인하여 지급되는 경우 그 금액은 상속재산으로 보지 아니한다.

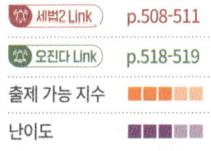

세법2 Link　　p.508-511
오진다 Link　　p.518-519
출제 가능 지수 ■■■■
난이도 ■■■■

해설

③ 피상속인의 사망일부터 장례일까지 장례에 직접 소요된 금액(500만원 미만인 경우 입증되지 않더라도 500만원)은 1,000만원을 초과할 수 없고, 봉안시설 또는 자연장지의 사용에 소요된 금액은 500만원을 초과할 수 없으니 총 장례비용은 1,500만원을 초과할 수 없다.
④ 피상속인에게 지급될 퇴직금, 퇴직수당, 공로금, 연금 또는 이와 유사한 것이 피상속인의 사망으로 인하여 지급되는 경우 그 금액은 **상속재산으로 본다.**　　정답 ④

979

다음 중 「상속세 및 증여세법」상 상속세 과세표준의 계산에 관한 설명으로 옳지 않은 것은?

① 피상속인이 신탁으로 인하여 타인으로부터 신탁의 이익을 받을 권리를 소유하고 있는 경우에는 그 이익에 상당하는 가액을 상속재산에 포함한다.

② 피상속인이 국가·지방자치단체 및 금융기관이 아닌 자에 대하여 부담한 채무로서 서류 등에 의하여 상속인이 변제할 의무가 없는 것으로 추정되는 경우 이를 상속세과세가액에 산입한다.

③ 상속개시 전 10년 내에 피상속인이 상속인에게 증여한 재산가액은 상속개시일 현재의 시가로 상속세 과세가액에 포함하여 상속세를 과세하여야 한다.

④ 「근로복지기본법」에 따른 우리사주조합, 공동근로복지기금 및 근로복지진흥기금에 유증 등을 한 재산에 대해서는 상속세를 부과하지 아니한다.

해설

③ 상속개시 전 10년 이내에 피상속인이 상속인에게 증여한 재산가액은 **증여일** 현재의 시가로 상속세 과세가액에 포함하여 상속세를 과세한다.

정답 ③

🔢 세법2 Link   p.507-509, 511
🔢 오진다 Link   p.518-519
출제 가능 지수 ■■■■□
난이도   ■■■■□

980

「상속세 및 증여세법」상 상속재산에 관한 설명이다. 옳은 것은?

① 피상속인에게 귀속되는 재산적 가치가 있는 사실상의 모든 권리는 상속재산이나, 피상속인의 일신에 전속하는 것으로서 피상속인의 사망으로 인하여 소멸되는 것은 제외한다.

② 피상속인이 신탁한 재산은 상속재산으로 보며, 수익자의 증여재산가액으로 하는 신탁의 이익을 받을 권리의 가액도 상속재산으로 본다.

③ 상속인이 비거주자인 경우 상속개시일 현재 국내에 있는 상속인의 모든 상속재산에 대하여 상속세를 부과한다.

④ 피상속인의 사망으로 인하여 「국민연금법」에 따라 지급되는 반환일시금은 상속재산으로 본다.

해설

② 피상속인이 신탁한 재산은 상속재산으로 본다. 다만, 신탁이익의 증여의제규정에 따라 수익자의 증여재산가액으로 하는 해당 신탁의 이익을 받을 권리의 가액은 상속재산으로 **보지 아니한다.**

③ **피상속인**이 비거주자인 경우 상속개시일 현재 국내에 있는 **피상속인**의 모든 상속재산에 대하여 상속세를 부과한다.

④ 피상속인에게 지급될 퇴직금, 퇴직수당·공로금·연금 또는 이에 유사한 것이 피상속인의 사망으로 인하여 지급되는 경우 그 금액은 상속재산으로 본다. 다만, 다음에 해당하는 경우에는 상속재산으로 **보지 아니한다.**

㉠ 「국민연금법」·「공무원연금법」·「사립학교교원연금법」·「군인연금법」·「전직대통령예우에 관한 법률」·「별정우체국법」에 따라 지급되는 유족연금·유족보상금·유족일시금 등

㉡ 「산업재해보상보험법」에 따라 지급되는 유족보상연금·유족보상일시금 또는 유족특별급여

㉢ 근로자의 업무상 사망으로 인하여 「근로기준법」 등을 준용하여 사업자가 해당 근로자의 유족에게 지급하는 유족보상금 또는 재해보상금과 그 밖에 이와 유사한 것

정답 ①

🔢 세법2 Link   p.503-504, 507-508
🔢 오진다 Link   p.515, 518
출제 가능 지수 ■■■■■
난이도   ■■■■□

981

「상속세 및 증여세법」상 상속세에 대한 설명으로 옳지 않은 것은?

세법2 Link p.512-513, 517-518
오진다 Link p.520-521
출제 가능 지수 ■■■□□
난이도 ■■■■□

① 배우자 상속공제의 최대금액은 20억원을 초과할 수 없다.
② 상속인 및 동거가족 중 장애인에 대해서는 장애인 1명당 1,000만원에 기대여명(「통계법」에 따라 통계청장이 승인하여 고시하는 통계표상의 기대여명)의 연수를 곱하여 계산한 금액을 공제한다.
③ 거주자의 사망으로 상속이 개시되는 경우 상속재산가액 중 「상속세 및 증여세법」상 최대주주가 보유하고 있는 주식은 금융재산상속공제대상에 포함되지 않는다.
④ 동거주택상속공제의 최대금액은 6억원을 초과할 수 없다.

해설

① 배우자 상속공제의 최대금액은 **30억원**을 초과할 수 없다.

정답 ①

982

「상속세 및 증여세법」에 관한 설명이다. 옳지 않은 것은?

세법2 Link p.508, 512-513, 523
오진다 Link p.519-522
출제 가능 지수 ■■■□□
난이도 ■■■■□

① 거주자의 사망으로 외국에 있는 상속재산에 대하여 부과된 외국납부세액에 상당하는 금액은 상속세 산출세액에서 공제된다.
② 상속개시일 전 1년 이내에 피상속인이 부담한 채무금액이 2억원 이상인 경우로서 용도가 객관적으로 명백하지 아니한 경우에는 이를 상속받은 것으로 추정하여 상속세 과세가액에 산입한다.
③ 거주자의 사망으로 상속이 개시되는 경우 자녀공제는 자녀의 나이나 동거여부와는 무관하게 자녀(태아를 포함) 1명당 5천만원을 인원 수의 제한 없이 상속세과세가액에서 공제한다.
④ 거주자의 사망으로 상속에 개시되는 경우 (배우자가 단독으로 상속받는 경우 제외) 기초공제 2억원과 그 밖의 인적공제를 합친 금액과 일괄공제 5억원 중 큰 금액을 선택하여 공제받을 수 있다. 단, 과세표준신고기한 내에 과세표준의 신고 또는 기한후신고가 없는 경우에는 일괄공제를 선택할 수 없다.

해설

④ 거주자의 사망으로 상속에 개시되는 경우 기초공제 2억원과 그 밖의 인적공제를 합친 금액과 일괄공제 5억원 중 큰 금액을 선택하여 공제받을 수 있다. 단, 과세표준신고기한 내에 과세표준의 신고 또는 기한후신고가 없는 경우에는 **선택 없이 일괄공제(5억원)를 적용한다**. 반면에 피상속인의 배우자가 단독으로 상속받는 경우에는 일괄공제(5억원)를 선택할 수 없다.

정답 ④

상속세

983

2023년 7월 13일에 사망한 거주자 대한씨의 상속세 관련 자료이다. 「상속세 및 증여세법」상 상속세 과세가액으로 옳은 것은?

세법2 Link　p.506-510
오진다 Link　p.518, 520-521
출제 가능 지수 ■■■□□
난이도 ■■■■■

---

(1) 상속재산 내역

구분	금액
주택	1,200,000,000원
생명보험금 (대한씨가 계약자로서 보험료를 전액 납입함)	100,000,000원
유족일시금 (「국민연금법」에 따라지급함)	105,000,000원

(2) 사망 당시 대한씨의 공과금과 채무는 없고, 장례비용은 확인되지 않는다.

(3) 대한씨는 2021년 7월 13일에 상속인인 아들에게 토지(증여 당시 가액 500,000,000원)를 증여하였고, 당해 자산의 상속개시 당시의 가액은 600,000,000원이다.

---

① 1,700,000,000원　② 1,795,000,000원　③ 1,800,000,000원　④ 1,805,000,000원

해설

해당 문제의 상속세 과세가액은 다음과 같이 계산한다.

> 상속세 과세가액 = ㉠ 상속재산가액 + ㉡ 증여재산가액 − ㉢ 과세가액공제액(장례비용)

㉠ 상속재산가액* = 주택 1,200,000,000원 + 생명보험금 100,000,000원 = **1,300,000,000원**

㉡ 증여재산가액 = **500,000,000원** (증여 당시의 시가로 한다)

㉢ 장례비용은 피상속인의 사망일부터 장례일까지 장례에 직접 소요된 금액을 말하는데 이때 해당 금액이 500만원 미만이거나 해당 금액이 입증되지 않더라도 최소 500만원을 과세가액공제액으로 하여 상속재산의 가액에서 뺀다. 따라서 장례비용은 **5,000,000원**이다.

∴ 상속세 과세가액 = 1,300,000,000원 + 500,000,000원 − 5,000,000원 = **1,795,000,000원**

* 「국민연금법」·「공무원연금법」·「사립학교교원연금법」·「군인연금법」·「전직대통령예우에 관한 법률」·「별정우체국법」에 따라 지급되는 유족연금·유족보상금·유족일시금 등은 상속재산으로 보지 아니한다.　　정답 ②

증여세

984

「상속세 및 증여세법」상 증여세 과세에 관한 설명으로 옳은 것은?

세법2 Link p.526, 530-531

오진다 Link p.515, 524

출제 가능 지수 ■■■■■

난이도 ■■■■■

① 증여를 받은 후 그 증여받은 재산(금전 포함)을 당사자 간의 합의에 따라 증여세 과세표준신고기한 이내에 반환하는 경우에는 처음부터 증여가 없었던 것으로 본다. 다만, 반환하기 전에 「상속세 및 증여세법」에 따라 과세표준과 세액을 결정받은 경우에는 그러하지 아니하다.

② 증여재산에는 수증자에게 귀속되는 재산으로서 금전으로 환산할 수 있는 모든 경제적 이익을 포함한다.

③ 수증자가 비거주자인 경우에는 증여세 과세대상이 되는 국내·외 모든 증여재산에 대해서 증여세를 납부할 의무를 진다.

④ 수증자가 증여받은 토지를 증여세 과세표준신고기한이 지난 후 6개월 이내에 증여자에게 반환하거나 증여자에게 다시 증여하는 경우에는 그 반환하거나 다시 증여하는 것에 대하여 증여세를 부과하지 아니한다.

해설

① 증여를 받은 후 그 증여받은 재산(금전 제외)을 당사자 간의 합의에 따라 증여세 과세표준신고기한 이내에 반환하는 경우에는 저음부터 증여가 없었던 것으로 본다. 다만, 반환하기 전에 「상속세 및 증여세법」에 따라 과세표준과 세액을 결정받은 경우에는 그러하지 아니하다.

③ 수증자가 **거주자**인 경우에는 증여세 과세대상이 되는 국내·외 모든 증여재산에 대해서 증여세를 납부할 의무를 진다.

④ 수증자가 증여받은 토지를 증여세 과세표준신고기한이 지난 후 **3개월** 이내에 증여자에게 반환하거나 증여자에게 다시 증여하는 경우에는 그 반환하거나 다시 증여하는 것에 대하여 증여세를 부과하지 아니한다.

정답 ②

985

「상속세 및 증여세법」상 증여세에 대한 설명으로 옳은 것은?

세법2 Link   p.502, 526, 545

오진다 Link   p.514, 532-533

출제 가능 지수 ■■■■

난이도 ■■■■

① 증여자의 사망으로 인하여 효력이 발생하는 증여에는 증여세가 과세된다.

② 「민법」 규정에 의한 특별연고자에 대한 상속재산의 분여에 대하여는 상속세가 과세된다.

③ 「상속세 및 증여세법」에서 증여라 함은 그 행위 또는 거래의 명칭·형식·목적 등에 불구하고 경제적 가치를 계산할 수 있는 유형·무형의 재산을 타인에게 직접 또논 간접적인 방법에 의하여 무상으로 이전(현저히 저렴한 대가로 이전하는 경우는 제외)하는 것 또는 기여에 의하여 타인의 재산가치를 증가시키는 것을 말한다.

④ 토지의 실제소유자와 명의자가 다른 경우 「국세기본법」상 실질과세원칙에도 불구하고 그 재산의 가액을 명의자가 실제소유자로부터 증여받은 것으로 본다.

해설

① 증여자의 사망으로 인하여 효력이 발생하는 증여에는 **상속세가** 과세된다.

③ 「상속세 및 증여세법」에서 증여라 함은 그 행위 또는 거래의 명칭·형식·목적 등에 불구하고 경제적 가치를 계산할 수 있는 유형·무형의 재산을 타인에게 직접 또는 간접적인 방법에 의하여 무상으로 이전(현저히 저렴한 대가로 이전하는 경우를 **포함**)하는 것 또는 기여에 의하여 타인의 재산가치를 증가시키는 것을 말한다.

④ 권리의 이전이나 그 행사에 등기 등이 필요한 재산(**토지와 건물은 제외**)에 있어서 실제소유자와 명의자가 다른 경우에는 「국세기본법」상 실질과세원칙에도 불구하고 그 명의자로 등기 등을 한 날(그 재산이 명의개서를 하여야 하는 재산인 경우에는 소유권취득일이 속하는 해의 다음 해 말일의 다음 날)에 그 재산의 가액을 실제소유자가 명의자에게 증여한 것으로 본다. ← 명의신탁재산의 증여의제 규정은 토지와 건물에 대해서는 적용하지 않음을 주의

정답 ②

CHAPTER 02 증여세

986

「상속세 및 증여세법」상 증여재산의 범위에 대한 설명으로 옳지 않은 것은?

세법2 Link p.531, 544
오진다 Link p.524-525, 532-533

출제 가능 지수 ■■■□□
난이도 ■■■■□

① 상속개시 후 상속재산에 대하여 당초 상속재산의 분할에 대하여 무효 또는 취소 등 대통령령으로 정하는 정당한 사유가 있는 경우 특정 상속인이 당초 상속분을 초과하여 취득하는 재산가액은 해당 분할에 의하여 상속분이 감소된 상속인으로부터 증여받은 재산가액에 포함한다.

② 상속개시 후 상속재산에 대하여 등기에 의하여 각 상속인의 상속분이 확정되어 등기된 후 상속세 과세표준 신고기한 이내에 재분할에 의하여 특정상속인이 당초 상속분을 초과하여 취득하는 재산가액은, 당해 분할에 의하여 상속분이 감소된 상속인으로부터 증여받은 재산가액에 포함하지 아니한다.

③ 취득원인 무효 판결로 증여세 과세대상 재산의 권리가 말소된 경우 증여세가 과세되지 않는다.

④ 재산 취득자의 직업, 연령, 소득 및 재산 상태 등으로 볼 때 재산을 자력으로 취득하였다고 인정하기 어려운 경우로서 대통령령으로 정하는 경우에는 그 재산을 취득한 때에 그 재산의 취득자금을 그 재산 취득자가 증여받은 것으로 추정하여 이를 그 재산 취득자의 증여재산가액으로 한다.

해설

① 당초 상속재산의 분할에 대하여 무효 또는 취소 등 대통령령으로 정하는 정당한 사유가 있는 경우에는 **증여로 보지 않는다.**

정답 ①

987

「상속세 및 증여세법」상 증여세에 관한 설명으로 옳지 않은 것은?

① 증여세의 과세대상이 되는 증여재산에 대하여 수증자에게 소득세가 부과되는 경우 증여세와 소득세 중 큰 금액을 부과한다.

② 수증자가 증여재산을 당사자 간의 합의에 따라 증여세과세표준 신고기한으로부터 6개월이 지난 후 증여자에게 반환하는 경우 당초의 증여 및 반환 모두에 대하여 증여세가 부과된다.

③ 재산을 양수하거나 양도하는 경우로서 그 대가가 「법인세법」상 부당행위계산부인의 판단기준이 되는 시가에 해당하여 그 거래에 대하여 「법인세법」 제52조 제1항에 따른 부당행위계산의 부인 및 「소득세법」 제101조 제1항(같은 법 제87조의 27에 따라 준용되는 경우를 포함)에 따른 양도소득의 부당행위계산이 적용되지 아니하는 경우에는 「상속세 및 증여세법」상 부당행위계산부인 규정을 적용하지 아니한다.

④ 토지를 증여받아 증여세 납부의무가 있는 자는 증여받은 날이 속하는 달의 말일부터 3개월 이내에 증여세과세가액 및 과세표준을 납세지 관할 세무서장에게 신고하여야 한다.

> **해설**
>
> ① 증여재산에 대해 수증자에게 「소득세법」에 따른 **소득세가 부과되는 경우에는 증여세를 부과하지 않는다.**
>
> 정답 ①

세법2 Link p.526, 531, 539, 550

오진다 Link p.524, 529, 534

출제 가능 지수 ■■■■□

난이도 ■■■■□

988

「상속세 및 증여세법」상 거주자 대한씨의 증여세과세가액 산정에 관한 다음 설명으로 옳지 않은 것은?

① 대한씨가 특수관계 없는 민국씨로부터 채무인수를 조건으로 증여받은 경우 그 인수한 채무액은 증여재산가액에서 공제한다.

② 대한씨의 주택이 법원의 결정으로 경매절차에 의하여 아들에게 처분된 경우 증여로 추정되어 그 가액은 대한씨의 아들의 증여재산가액으로 한다.

③ 특수관계인에게 양도한 재산을 그 특수관계인이 양수일부터 3년 이내에 당초 양도자의 배우자 등에게 다시 양도한 경우에는 특수관계인이 그 재산을 양도한 당시의 재산가액을 그 배우자 등이 증여받은 것으로 추정하여 이를 배우자 등의 증여재산가액으로 한다.

④ 대한씨가 부친의 사망 후 상속재산의 등기 전에 다른 공동상속인과 상속재산을 협의분할하여 법정지분을 초과해 취득한 재산가액은 증여재산에 포함시키지 아니한다.

> **해설**
>
> ② 법원의 결정으로 경매절차에 따라 처분된 경우에는 배우자·직계존비속에게 양도한 재산의 **증여 추정 규정을 적용하지 않는다.**
>
> 정답 ②

세법2 Link p.531, 533, 543-544

오진다 Link p.524-525, 532

출제 가능 지수 ■■■■□

난이도 ■■■■□

989

세법2 Link p.527-528, 534, 541

오진다 Link p.516, 526, 530

출제 가능 지수 ■■■■□

난이도 ■■■■□

「상속세 및 증여세법」상 증여세 납세의무 및 과세표준계산에 관한 설명으로 옳지 않은 것은?

① 증여세는 수증자가 납세의무를 지며 수증자가 증여세를 납부하지 못할 경우 증여자는 항상 연대납세의무를 진다.

② 명의신탁재산의 증여 의제 규정에 따라 재산을 증여한 것으로 보는 경우 증여자의 주소지를 관할하는 세무서장 등이 과세한다.

③ 법인이 잉여금을 배당하는 경우로서 그 법인의 최대주주 또는 최대출자자가 본인이 지급받을 배당의 금액의 전부 또는 일부를 포기함으로써 그 최대주주 등의 특수관계인이 초과배당금액을 받은 경우에는 법인이 배당을 실제로 지급한 날을 증여일로 하여 초과배당금액에서 해당 초과배당금액에 대한 소득세 상당액을 공제한 금액을 그 최대주주 등의 특수관계인의 증여재산가액으로 한다.

④ 거주자가 배우자로부터 증여를 받는 경우로서 증여재산 공제액을 계산하여 증여세 과세가액에서 공제할 때 증여세 과세가액에서 공제받을 금액과 수증자가 그 증여를 받기 전 10년 이내에 공제받은 금액을 합한 금액이 6억원을 초과하는 경우 그 초과분을 공제하지 아니한다.

해설

① 증여자는 수증자가 주소나 거소가 분명하지 아니한 경우로서 증여세에 대한 조세채권을 확보하기 곤란한 경우 등 **일정한 경우에 한해서 수증자가 납부할 증여세를 연대하여 납부할 의무가 있다.**

③ 법인이 이익이나 잉여금을 배당 또는 분배하는 경우로서 그 법인의 최대주주 또는 최대출자자가 본인이 지급받을 배당 등의 금액의 전부 또는 일부를 포기하거나 본인이 보유한 주식 등에 비례하여 균등하지 않은 조건으로 배당 등을 받음에 따라 그 최대주주 등의 특수관계인이 초과배당금액을 받은 경우에는 법인이 **배당을 실제로 지급한 날**을 증여일로 하여 초과배당금액에서 해당 초과배당금액에 대한 소득세 상당액을 공제한 금액을 그 최대주주 등의 특수관계인의 증여재산가액으로 한다.

정답 ①

990

세법2 Link p.526, 528, 532, 544

오진다 Link p.515-516, 525, 532

출제 가능 지수 ■■■□□

난이도 ■■■□□

「상속세 및 증여세법」상 증여세에 관한 설명이다. 옳지 않은 것은?

① 수증자가 비거주자인 경우에는 증여재산의 소재지를 관할하는 세무서장 등이 증여세를 과세한다.

② 해당 증여일 전 10년 이내에 동일인으로부터 받은 증여재산가액을 합친 금액이 1천만원 이상인 경우에는 그 가액을 증여세 과세가액에 가산한다.

③ 수증자가 거주자(본점이나 주된 사무소의 소재지가 국내에 있는 비영리법인을 포함)인 경우에는 증여세 과세대상이 되는 모든 증여재산에 대하여 증여세를 납부할 의무가 있다.

④ 파산선고로 인해 재산이 처분된 경우에는 배우자 또는 직계존비속에 대한 증여추정 규정을 적용하지 아니한다.

해설

① 수증자가 비거주자인 경우에는 **증여자의 주소지**를 관할하는 세무서장 등이 과세한다.

정답 ①

991

「상속세 및 증여세법」상 증여세 비과세 및 과세가액불산입에 관한 설명으로 옳지 않은 것은?

세법2 Link   p.532-533
오진다 Link   p.525
출제 가능 지수 ■■■■■
난이도   ■■■■■

① 국가나 지방자치단체로부터 증여받은 재산의 가액에 대해서는 증여세를 부과하지 아니한다.
② 항시 치료를 요하는 중증환자인 장애인을 수익자로 하는 보험의 보험금은 전액 비과세한다.
③ 설립근거 법령의 변경으로 비영리법인이 해산되어 해당 법인의 재산과 권리·의무를 다른 비영리법인이 승계받은 경우 승계받은 해당 재산의 가액에 대해서는 증여세를 부과하지 아니한다.
④ 증여재산 중 증여자가 공익신탁을 통하여 공익법인 등에 출연하는 재산의 가액은 증여세과세가액에 산입하지 아니한다.

해설

② 장애인을 보험금수취인으로 하는 보험의 보험금은 **연간 4천만원을 한도로 비과세**한다.   정답 ②

992

「상속세 및 증여세법」상 상속세와 증여세에 대한 설명 중 옳은 것은?

세법2 Link   p.509, 531-
             532
오진다 Link   p.519, 524-
             525
출제 가능 지수 ■■■■■
난이도   ■■■■■

ㄱ. 정당이나 사내근로복지기금·우리사주조합·공동근로복지기금·근로복지진흥기금에 유증 또는 사인증여한 재산에 대해서는 상속세를 부과하지 아니한다.
ㄴ. 「민법」의 규정에 따라 제사를 주재하는 상속인(다수의 상속인이 공동으로 제사를 주재하는 경우에는 그 공동으로 주재하는 상속인 전체를 말함)을 기준으로 1,000만원 이하의 족보와 제구에 대해서는 상속세를 부과하지 아니한다.
ㄷ. 법에 의하여 정당(후원회 포함)에 기부한 정치자금은 증여세 과세대상이다.
ㄹ. 이혼위자료는 증여세 과세대상이다.

① ㄱ, ㄴ   ② ㄴ, ㄷ   ③ ㄷ, ㄹ   ④ ㄱ, ㄷ

해설

ㄷ. 법에 의하여 정당(후원회 포함)에 기부한 정치자금에 대해서는 증여세를 **부과하지 아니한다.**
ㄹ. 이혼위자료는 조세포탈의 목적이 있다고 인정되는 경우를 제외하고는 이를 **증여로 보지 아니한다.**   정답 ①

상속세 및 증여세의 납세절차

993

「상속세 및 증여세법」상 상속세 및 증여세의 납세절차에 대한 설명 중 옳은 것은?

세법2 Link　　p.550
오진다 Link　　p.534
출제 가능 지수　■■■■
난이도　■■■■■

① 상속세 납부의무가 있는 상속인 또는 수유자는 상속개시일이 속하는 달의 말일부터 9개월(피상속인이나 상속인이 외국에 주소를 둔 경우에는 1년) 이내에 상속세의 과세가액 및 과세표준을 상속세과세표준신고 및 자진납부계산서에 의하여 납세지 관할 세무서장에게 신고해야 한다.

② 관할 세무서장 등은 상속세 과세표준 신고기한으로부터 6개월 이내에 납세자가 신고한 과세표준과 세액을 결정해야 한다. 다만, 상속재산의 조사, 가액의 평가 등에 장기간이 걸리는 등 부득이한 사유가 있어 그 기간 이내에 결정할 수 없는 경우에는 그 사유를 상속인·수유자에게 알려야 한다.

③ 증여세 납부의무가 있는 자는 증여받은 날이 속하는 달의 말일부터 6개월 이내에 증여세의 과세가액 및 과세표준을 증여세과세표준신고및자진납부계산서에 의하여 납세지 관할 세무서장에게 신고해야 한다.

④ 관할 세무서장 등은 증여세 과세표준 신고기한으로부터 6개월 이내에 납세자가 신고한 과세표준과 세액을 결정해야 한다. 다만, 증여재산의 조사, 가액의 평가 등에 장기간이 걸리는 등 부득이한 사유가 있어 그 기간 이내에 결정할 수 없는 경우에는 그 사유를 수증자에게 알려야 한다.

해설

① 상속세 납부의무가 있는 상속인 또는 수유자는 상속개시일이 속하는 달의 말일부터 **6개월**(피상속인이나 상속인이 외국에 주소를 둔 경우에는 **9개월**) 이내에 상속세의 과세가액 및 과세표준을 상속세과세표준신고 및 자진납부계산서에 의하여 납세지 관할 세무서장에게 신고해야 한다.

② 관할 세무서장 등은 상속세 과세표준 신고기한으로부터 **9개월** 이내에 납세자가 신고한 과세표준과 세액을 결정해야 한다.

③ 증여세 납부의무가 있는 자는 증여받은 날이 속하는 달의 말일부터 **3개월** 이내에 증여세의 과세가액 및 과세표준을 증여세과세표준신고및자진납부계산서에 의하여 납세지 관할 세무서장에게 신고해야 한다.　정답 ④

994

「상속세 및 증여세법」상 상속세 및 증여세의 납세절차에 대한 설명으로 옳은 것은?

세법2 Link p.551
오진다 Link p.535
출제 가능 지수 ■■■□□
난이도 ■■□□□

① 상속세 또는 증여세의 납부할 금액이 2천만원을 초과하는 납부기한이 지난 후 1개월 이내에 분할납부할 수 있다.

② 납세지 관할 세무서장은 상속세납부세액이나 증여세 납부세액이 1천만원을 초과하는 경우에는 납세의무자의 신청을 받아 연부연납을 허가할 수 있다.

③ 금전, 국채 또는 지방채, 세무서장이 확실하다고 인정하는 유가증권·납세보증보험증권·납세보증서를 납세담보로 제공하여 연부연납 허가를 신청한 경우에는 그 신청일에 연부연납을 허가받은 것으로 본다.

④ 연부연납의 허가를 받은 경우에도 분할납부할 수 있다.

해설

① 상속세 또는 증여세의 납부할 금액이 **1천만원**을 초과하는 납부기한이 지난 후 **2개월** 이내에 분할납부할 수 있다.

② 납세지 관할 세무서장은 상속세납부세액이나 증여세 납부세액이 **2천만원**을 초과하는 경우에는 납세의무자의 신청을 받아 연부연납을 허가할 수 있다.

④ 연부연납의 허가를 받은 경우에는 분할납부할 수 **없다**.

정답 ③

CHAPTER 03 상속세 및 증여세의 납세절차

995

「상속세 및 증여세법」상 연부연납과 물납에 관한 설명으로 옳지 않은 것은?

① 납세지 관할세무서장은 상속재산 중 법령에 따른 부동산과 유가증권의 가액이 해당 재산가액의 1/2을 초과하고 상속세 납부세액이 1천만원을 초과할 경우 물납을 허가할 수 있다.

② 납세지 관할세무서장은 물납허가일부터 30일 이내의 범위에서 물납재산의 수납일을 지정하여야 한다.

③ 납세지 관할세무서장은 물납신청을 받은 재산에 저당권이 설정되어 관리·처분상 부적당하다고 인정하는 경우에는 물납허가를 하지 않을 수 있다.

④ 납세지 관할세무서장이 상속세의 연부연납을 허가하는 경우 납세의무자는 담보를 제공하여야 한다.

세법2 Link p.551, 553, 555

오진다 Link p.535, 537-538

출제 가능 지수 ■■■■□

난이도 ■■■■□

해설

① 납세지 관할 세무서장은 상속재산 중 법령에 따른 부동산과 유가증권의 가액이 해당 재산가액의 1/2을 초과하고 상속세 납부세액이 **2천만원을 초과하며 상속세 납부세액이 상속재산가액 중 대통령령으로 정하는 금융재산의 가액을 초과**하는 경우에는 납세의무자의 신청을 받아 물납을 허가할 수 있다.

정답 ①

996

세법2 Link p.553, 555
오진다 Link p.536-538
출제 가능 지수 ■■■■□
난이도 ■■■■□

「상속세 및 증여세법」상 상속세 및 증여세의 납세절차에 대한 설명으로 옳지 않은 것은?

① 상속받은 사업을 폐업하거나 해당 상속인이 그 사업에 종사하지 않게 된 경우 등 법으로 정하는 사유에 해당하는 경우 납세지 관할 세무서장은 그 연부연납 허가를 취소하거나 변경하고, 그에 따라 연부연납에 관계되는 세액의 전부 또는 일부를 징수할 수 있다.

② 연부연납의 허가를 받은 자는 연부연납가산금을 각 회분의 분할납부 세액에 가산하여 납부해야 한다.

③ 물납재산의 변경명령을 받은 자는 변경명령의 통보를 받은 날부터 20일(납세의무자가 국외에 주소를 둔 때에는 3개월) 이내에 상속재산 중 물납에 충당하고자 하는 다른 재산의 명세서를 첨부하여 납세지 관할 세무서장에게 신청하며 기간 내에 신청이 없는 경우 해당 물납의 신청은 그 효력을 상실한다.

④ 재산을 분할하거나 재산의 분할을 전제로 하여 물납신청을 하는 경우에는 물납을 신청한 재산의 가액이 분할 전보다 감소되더라도 물납을 허가할 수 있다.

> **해설**
>
> ④ 재산을 분할하거나 재산의 분할을 전제로 하여 물납신청을 하는 경우에는 물납을 신청한 재산의 가액이 **분할 전보다 감소되지 않는 경우에만** 물납을 허가할 수 있다.
>
> 정답 ④

997

세법2 Link p.560-561
오진다 Link p.540
출제 가능 지수 ■■■□□
난이도 ■■■■□

「상속세 및 증여세법」상 상속세 및 증여세의 납세절차에 대한 설명으로 옳지 않은 것은?

① 세무서장 등은 신고에 의하여 과세표준과 세액을 결정하되 신고를 하지 아니하였거나 그 신고한 과세표준이나 세액에 탈루·오류가 있는 경우에는 그 과세표준과 세액을 조사하여 결정한다.

② 상속세 과세표준 및 세액을 신고한 자 또는 상속세 과세표준 및 세액의 결정 또는 경정을 받은 자는 상속개시 후 1년이 되는 날까지 상속재산의 수용 등 법으로 정하는 사유로 상속재산의 가액이 크게 하락한 경우 그 사유가 발생한 날부터 1년 이내에 결정이나 경정을 청구할 수 있다.

③ 세무서장 등은 「국세징수법」상 납부기한 전 징수의 사유가 있는 경우에는 과세표준신고기한 전이라도 수시로 과세표준과 세액을 결정할 수 있다.

④ 세무서장 등은 결정된 상속재산의 가액이 30억원 이상인 경우로서 상속개시일부터 5년 이내에 상속인이 보유한 부동산, 주식, 금융재산 등 주요재산의 가액이 상속개시 당시에 비하여 크게 증가한 경우에는 그 결정한 과세표준과 세액에 탈루 또는 오류가 있는지를 조사해야 한다.

> **해설**
>
> ② 상속세 과세표준 및 세액을 신고한 자 또는 상속세 과세표준 및 세액의 결정 또는 경정을 받은 자는 상속개시 후 1년이 되는 날까지 상속재산의 수용 등 법으로 정하는 사유로 상속재산의 가액이 크게 하락한 경우 그 사유가 발생한 날부터 **6개월** 이내에 결정이나 경정을 청구할 수 있다.
>
> 정답 ②

CHAPTER 04 재산의 평가

998

「상속세 및 증여세법」상 상속세 또는 증여세가 부과되는 재산의 평가원칙에 대한 설명으로 옳지 않은 것은?

① 상속세가 부과되는 재산의 가액은 상속세과세표준 신고일 현재의 시가에 의한다.
② 「상속세 및 증여세법」에 따라 상속재산을 평가할 때 지가가 급등하지 않은 지역으로서 개별공시지가가 없는 토지의 가액은 납세지 관할 세무서장이 인근 유사 토지의 개별공시지가를 고려하여 법령으로 정하는 방법으로 평가한 금액으로 한다.
③ 「상속세 및 증여세법」상 상속받을 서화에 대해서는 해당 재산의 종류, 규모, 거래상황 등을 고려하여 법령으로 정하는 방법으로 평가한다.
④ 상속재산의 가액에 가산하는 증여재산의 가액은 증여일 현재의 시가에 의한다.

해설

① 상속세가 부과되는 재산의 가액은 **상속개시일** 현재의 시가에 따른다.　　　　　　　　　정답 ①

세법2 Link	p.511, 564-566
오진다 Link	p.519, 541, 543-544
출제 가능 지수	■■■■□
난이도	■■■■□

999

다음 중 「상속세 및 증여세법」상 상속세 및 증여세가 부과되는 재산에 대해 시가를 산정하기 어려운 경우의 평가방법에 관한 설명으로 옳지 않은 것은?

① 주택의 가액은 「부동산 가격공시에 관한 법률」에 따른 개별주택가격 및 공동주택가격(국세청장이 결정·고시한 공동주택가격이 있는 때에는 그 가격)으로 한다.
② 건물에 딸린 토지를 공유로 하고 건물을 구분소유하는 것으로서 건물의 용도·면적 및 구분소유하는 건물의 수 등을 고려하여 대통령령으로 정하는 오피스텔 및 상업용 건물(이들에 딸린 토지를 포함)에 대해서는 건물의 종류, 규모, 거래 상황, 위치 등을 고려하여 매년 1회 이상 국세청장이 토지와 건물에 대하여 일괄하여 산정·고시한 가액으로 한다.
③ 예금의 경우 평가기준일 현재의 예입 총액에 이미 지난 미수이자 상당액을 가산하고 「소득세법」에 의한 원천징수세액을 차감한 값으로 평가한다.
④ 부동산과다보유법인의 비상장주식 등은 1주당 순자산가치에 의하여 평가한다.

해설

④ 부동산과다보유법인의 비상장주식 등은 **1주당 순손익가치와 1주당 순자산가치를 각각 2와 3의 비율로 가중평균한 가액**으로 평가한다. 다만, 그 가중평균한 가액이 1주당 순자산가치에 80%를 곱한 금액보다 낮은 경우에는 1주당 순자산가치에 80%를 곱한 금액을 비상장주식의 가액으로 한다. ← 3과 2의 비율은 함정이니 주의
정답 ④

세법2 Link	p.565, 568, 570
오진다 Link	p.542-544
출제 가능 지수	■■■□□
난이도	■■■■■

1000

「상속세 및 증여세법」상 상속 또는 증여재산의 시가를 산정하기 어려울 경우의 보충적 평가방법에 대한 설명으로 옳지 않은 것은?

세법2 Link   p.566-567,
               570-571
오진다 Link   p.542-544
출제 가능 지수 ■■■■■
난이도   ■■■■■

① 차량은 처분할 경우 다시 취득할 수 있다고 예상되는 가액과 장부가액 중 큰 가액으로 한다.

② 저당권 등이 설정된 자산, 양도담보재산, 전세권이 등기된 재산 등 담보제공자산은 「상속세 및 증여세법」상 평가액과 그 재산이 담보하는 채권액 등을 기준으로 한 평가액 중 큰 금액으로 평가한다.

③ 조건부 권리, 존속기간이 확정되지 아니한 권리, 신탁의 이익을 받을 권리 또는 소송 중인 권리 및 대통령령으로 정하는 정기금을 받을 권리에 대해서는 해당 권리의 성질, 내용, 남은 기간 등을 기준으로 대통령령으로 정하는 방법으로 그 가액을 평가한다.

④ 판매용이 아닌 서화·골동품 등 예술적 가치가 있는 유형재산의 가액은 전문분야별로 2인 이상의 전문가가 감정한 가액의 평균액으로 한다. 다만, 그 가액이 국세청장이 위촉한 3인 이상의 전문가로 구성된 감정평가심의회에서 감정한 감정가액에 미달하는 경우에는 그 감정가액에 의한다.

해설

① 차량에 대해서는 해당 재산의 종류, 규모 및 거래 상황 등을 고려하여 해당 유형자산을 처분할 경우 다시 취득할 수 있다고 **예상되는 가액(그 가액이 확인되지 않는 경우 장부가액 및 「지방세법 시행령」의 시가표준액에 따른 가액을 순차로 적용한 가액)**으로 평가한다. ← [참고] 선박, 항공기, 기계장비 및 「입목에 관한 법률」을 적용받는 입목의 보충적 평가방법도 차량과 같음

정답 ①